KOREAN/ENGLISH
ENGLISH/KOREAN
DICTIONARY

KOREAN/ENGLISH
ENGLISH/KOREAN
DICTIONARY

HIPPOCRENE BOOKS
New York

Hippocrene Books Edition, 1992

For information, contact:
HIPPOCRENE BOOKS, INC.
171 Madison Ave.
New York, NY 10016

ISBN 0-87052-092-X

Printed in the United States of America

머 리 말

해외여행 자유화 조치에 따라 해외 나들이를 하는 사람들의 수가 날로 늘어가고 있다. 그러나 막상 해외 여행시에 부딪히는 가장 큰 곤란은 언어문제라고 할 수 있다. 「영어를 좀더 잘할 수 있었다면 보다 즐거웠을 텐데」하는 느낌은 외국을 다녀온 사람이라면 아마 경험해보지 않은 사람이 드물 것이다. 그만큼 영어는 이제 세계 어디를 가든 다 통용되고 있으므로 영어만 제대로 한다면 큰 불편없이 외국 여행을 즐길 수 있을 것이다.

이 사전에서는, 해외 여행자에게 꼭 필요하다고 생각되는 영어어휘를 집대성한 영한편 외에도, 한영편을 추가 수록하여 여행자의 즉석 영어회화·영작문에 커다란 도움이 되도록 하였다. 따라서 이 사전을 최대한도로 활용한다면 여행시의 모든 커뮤니케이션에 있어서 별지장이 없을 것으로 확신한다. 또한 수첩 크기의 판형 안에 풍부한 내용을 수록하여 항상 휴대하고 다니면서 필요에 따라 수시로 이용할 수 있도록 했다.

그외에도 이 사전은 다음과 같은 여러가지 특색을 지니고 있다.

1. 일상 학습은 물론, 해외 여행에 필요한 어귀와 표현을 모두 수록하였다.

중학생으로부터 고교생·대학생·일반 성인의 일상적인 학습과 해외여행에 필요하다고 생각되는 영한 1만 2천단어, 한영 5천 단어를 엄선·수록하였으며, 신어·시사어를 비롯하여 해외여행에 필요한 회화표현·고유명칭·외래어 등을 포함시켰다.

2. 철자·발음·어의(語義)는 모두 미식·영식을 병기하였다.

미식 영어와 영식 영어가 지닌 뜻과 비중을 고려하여 철자·발음은 물론, 단어·숙어의 어의(語義)·어법(語法)에 이르기까지 미식·영식의 두가지 용법을 모두 표시해 놓았다.

3. 활용도가 많은 구어(口語)·동의어·반의어·관련어 등을 자세히 표시하였다.

어의(語義)뒤에는 그 단어와 결합해서 사용되는 전치사 등의 어귀(語句)나 절(節)등을 표시함으로써 용례와 더불어 문장중에서의 어휘 기능을 자세히 밝혔다. 또한 어휘력의 향상을 도모하기 위해 동의어·반의어·관련어 등도 가급적 많이 수록하였다.

4. 이용도가 많은 부록을 풍부히 수록하였다.

해외 여행에 필요한 여행 기초지식, 해외여행 필수회화, 4개 국어(한·일·불·독)회화, 시차표, 세계 주요도시·공항약호, 세계 주요 항공사명및 그 약호, 해외주재 한국공관 주소, 세계 각국의 통화 환율표 등 해외여행에 긴요한 8가지의 부록을 수록하여 필요에 따라 편리하게 이용할 수 있도록 했다.

그러므로 이 사전은 현대인의 마스코트로서 학교나 가정, 직장에서는 물론이고, 해외 여행시의 반려자로서 큰 도움이 될 것으로 믿어 의심치 않는다.

(주)시사영어사 대표이사 민 영 빈

일 러 두 기

【표제어】(1) 가장 굵은 활자를 사용하고, 분절은 「·」로 나타냈다.
단, 완전히 영어화되지 않은 외래어는 굵은 이탤릭체 활자를 사
용하였다.
　보기 : **mod·el** [……] *n.* ……/***com·mu·ni·qué***[……] *F. n.* …
(2) 미국식 철자를 위주로 하고 영국식 철자를 병기하였다. 이 경
우, 공통부분은 음절단위에서 하이픈으로 생략하였다.
　보기 : **fi·ber**, 《英》**-bre** [fáibər] *n.* ……
(3) 같은 단어로서 두가지 방식의 철자가 있는 것은 병기하였다.
　보기 : **ad·vis·er, -vi·sor** [ədváizər] *n.*
　　　 al·pha·bet·ic [ælfəbétik], **-i·cal** [-ik(ə)l] *a.*
(4) 철자는 같되 어원이 다른 것은 원칙적으로 표제어를 분리하여,
오른쪽 위에 작은 수자를 달아 구별하였다.
　보기 : **hold¹ hold² / leave¹ leave²**
(5) 두 단어 이상으로 된 연어표제어에는 해당 표제어의 모음자
위에 연어로서의 액센트를 붙였다. 또한 연어 중에 따로 표제
어로서 수록되어 있지 않은 낱말은 분절하여 발음기호를 달
았다.
　보기 : **Búck·ing·ham Pálace** [bʌ́kiŋəm] ……
(6) 본문에서 사용된 「~」, 「~」는 표제어와 일치한다 (파생어·어
형변화·용례·숙어 등 참조).

【파생어】(1) 특히 중요한 것을 제외하고는 표제어에 해당하는 부
분을 생략하여 풀이, 기타 뒤에 **~·ly** *ad.* 등의 형식으로 배열하
였다.
(2) 표제어의 어미가 다소 변화하여 파생어로 된 것은 표제어의
음절을 따라 공통부분을 「-」로 나타내고, 액센트가 이동해 오는
경우에는 액센트 기호를 달았다.
　보기 : **com·pen·sate** [kʌ́mpənsèit/kɔ́mpen-] *vi., vt.* …… **-sá-
tion** *n.* ……

【발음】(1) 발음은 표제어 바로 뒤에 [　]로 싸서 미식과 영식 발음
을 병기하였다.
(2) 미음과 영음이 다를 경우에는 미음을 먼저 적고 사선(/)을 한
다음에 영음을 적었다. 다만 액센트의 위치만이 바뀌는 경우는
음절단위에 ⌐ᐨᐤ처럼 나타냈다.
　보기 : **Chev·ro·let** [ʃèvrəléi/⌐ᐨᐤ, ᐤᐨ⌐] *n.* ……
(3) 액센트는 그 모음 바로 위에 제1 액센트는 「ˊ」, 제2 액센트는
「ˋ」로 나타냈다.
(4) 두 가지 이상의 발음이 있는 것은 코머「,」를 사이에 두고 병
기하였다.
　보기 : **di·rect** [dirékt, dai-] *a.* ……
(5) 복합어의 발음은 공통부분을 하이픈으로 나타냈다. 액센트가
있는 경우는 「ᐤ」, 「ᐥ」처럼 나타냈다.
　보기 : **space** [speis] *n.* ……/**space·ship** [ᐤʃip] *n.* ……
(6) 같은 표제어에서 미·영, 품사, 어의 등에 따라 발음이 다른

경우는 각각 다음과 같이 나타냈다.

보기 : **com·pact²** a. [kəmpǽkt→n.] …… —n. [kámpækt/kɔ́m-]
house·wife [háuswaif→2] n. 1 (가정)주부 2 [hʌ́zif] 반짇
고리

(7) 생략할 수 있는 발음은 ( )로 싸서 나타냈다.

보기 : **flu·ent** [flú(:)ənt] a. ……/**ac·tion** [ǽkʃ(ə)n] n. ……

【품사】 품사는 원칙적으로 발음 기호 바로 다음에 약자로 n., a.,
ad. 등과 같이 나타냈다. 같은 표제어에서 두 가지 이상의 품사로
나누어지는 경우는 각각 그 바로 앞에 「—」를 놓아 표시하였다.

【어형 변화】 동사, 형용사, 부사, 명사의 불규칙 변화는 그 품사
뒤에 ( )로 싸서 나타냈다. 이때 표제어와 공통되는 부분은 하
이픈을 사용하여 생략했다. 불규칙 변화형인데 그 어형이 표제
어로서 따로 수록되어 있지 않은 것은 분절하고, 발음 기호를
달았다.

【어의·풀이】 (1) 풀이는 어의의 차이에 따라 코머「,」, 세미콜론「;」
으로 구분하였고, 특히 구별을 요할 경우는 1, 2, 3……의 번호를
사용하였다.
(2) 어의는 원칙적으로 사용 빈도에 따라 배열하였다. 특히 중요
한 단어에는 《 》로 문법적·용법적인 설명을 부가하였다.
보기 : **own** [oun] a. 《소유격 뒤에 강조어로 씀》……
(3) 풀이 앞의 (pl.) 표시는 그 뜻으로는 복수형을 사용함을 나타
내고, (H~), (h~), (the ~) 표시는 그 뜻으로는 대문자, 소
문자로 시작하고 또 정관사가 붙음을 나타낸다. 그리고 n. pl.
은 그 단어가 복수임을 나타내고, sing. & pl.은 단수와 복수의
형태가 같음을 나타낸다.
(4) 풀이 바로 뒤의 ( ) 속에는 동의어를 나타내고, 《 》 속에는
표제어에 따르는 전치사, 부사, 목적어 등을 나타냈다.
(5) 풀이는 보충적 설명과 생략 가능한 어구를 ( )속에, 또 대체
할 수 있는 말은 [ ]속에 나타냈다.
보기 : **box** …… (극장의) 간막이 좌석……/**com·plaint**…… 불평
(거리) **ad·lib** …… 즉흥적으로 노래하다[말하다, 연주하다]

【용례·숙어·성구】 (1) 용례는 풀이 바로 다음에 「 : 」으로써 들었
으며, 용례와 용례 사이는 「/」로써 구분하였다.
(2) 숙어·성구는 각 품사·풀이 뒤에 일괄해서 굵은 이탤릭체 활
자로 수록하였다.
(3) 용례·숙어·성구 가운데 대체해도 되는 경우는 [ ]를 쓰고,
생략해도 무방한 경우는 ( )를 써서 나타냈다. 또 표제어 해당
부분은 「~」, 「~」로 나타냈다.
보기 : **ra·di·o** …… : a ~ receiver [set] 라디오 수신기
ex·cuse …… ~ oneself 변명하다 ……E~ me, (but) 실례
지만

【동의어·반의어·관련어】 역어 뒤에 ( ) 속에 동의어·반의어·관련
어 등을 수록하였다. 반의어는 opp.로, 관련어는 cf.로 나타냈다.

약 어 표

a.	adjective(형용사)	*pp.*	past participle (과거분사)
ad.	adverb(부사)	*ppr.*	present participle (현재분사)
art.	article(관사)	*pref.*	prefix(접두사)
aux. v.	auxiliary verb(자동사)	*prep.*	preposition(전치사)
cf.	compare(참조하라)	*pron.*	pronoun(대명사)
conj.	conjunction(접속사)	*sing.*	singular(단수)
fem.	feminine(여성형)	*suf.*	suffix(접미사)
int.	interjection(감탄사)	*v.*	verb(동사)
n.	noun(명사)	*vi.*	intransitive verb(자동사)
opp.	opposite(반의어)	*vt.*	transitive verb(타동사)
p.	past(과거)		
pl.	plural(복수)		

F	French(프랑스어)	L	Latin(라틴어)
G	German(독일어)	Russ.	Russian(러시아어)
It.	Italian(이탈리아어)	Sp.	Spanish(스페인어)

《美》	미국	《俗》	속어
《英》	영국	《方》	방언
《加》	캐나다	《詩》	시어
《스코》	스코틀란드	《雅》	아어
《伊》	이탈리아	《兒語》	소아어
《古》	고어	《揭示》	게시문
《口》	구어	(略：…)	약어

ㄱ	〖建〗	건축	〖植〗	식물학
	〖經〗	경제	〖心〗	심리학
	〖空〗	항공	ㅇ 〖藥〗	약학
	〖鑛〗	광물	〖魚〗	어류
	〖軍〗	군사	〖倫〗	윤리학
	〖그神〗	그리이스신화	〖音〗	음악
	〖劇〗	연극	〖醫〗	의학
	〖機〗	기계	〖理〗	물리학
ㄴ	〖農〗	농업	〖印〗	인쇄
ㄷ	〖動〗	동물학	ㅈ 〖電〗	전기
ㄹ	〖로神〗	로마신화	〖鳥〗	조류
ㅁ	〖文〗	문법	〖宗〗	종교
	〖紋〗	문장(紋章)	〖地〗	지리
ㅂ	〖法〗	법률	ㅊ 〖天〗	천문학
	〖簿〗	부기	〖哲〗	철학
ㅅ	〖史〗	역사	〖蟲〗	충류
	〖寫〗	사진	ㅍ 〖貝〗	패류
	〖商〗	상업	ㅎ 〖海〗	해양
	〖聖〗	성서	〖解〗	해부학
	〖狩〗	수렵	〖化〗	화학

英韓篇
ENGLISH - KOREAN

A

a [ə, ei], **an** [ən, æn] *art.* 《부정관사》 하나의; 어떤; …같은; 《어떤 계급 전부를 가리켜서》 …이라는 것은, 어느 것이나; …에 (대해)

A l [éiwʌn] *a.* 《俗》 일류의

A.A.U. = *Amateur Athletic Union* 아마튜어 체육연맹

a·back [əbǽk] *ad.* 뒤에

a·baft [əbǽft/əbáːft] *ad., prep.* 《海》 선미에[로]; …의 후부에

a·ban·don [əbǽndən] *vt.* 버리다; 단념하다; 맡기다 (*to*)

a·base [əbéis] *vt.* (품위를) 손상시키다

a·bash [əbǽʃ] *vt.* 무안하게하다

a·bate [əbéit] *vi., vt* 감소하다

ab·bey [ǽbi] *n.* 수도원; 대사원

ab·bot [ǽbət] *n.* 수도원장

ab·bre·vi·a·tion [əbriːviéiʃ(ə)n] *n.* 생략, 단축

ABC = *American Broadcasting Corporation* 미국 방송 협회

ab·do·men [ǽbdəmən, æbdóu-/ǽbdəmèn] *n.* 배, 복부

a·beam [əbíːm] *ad.* 《海》 정우[좌]현으로

ab·hor [əbhɔ́ːr] *vt.* 몹시 싫어하다

a·bide [əbáid] *v.* (*p., pp.* **a·bid·ed** *or* **a·bode**) 《보통 부정구문》 견디다 —*vi.* 머물다, 지속하다 ~ **by** …에 따라 행동하다

a·bil·i·ty [əbíliti] *n.* 능력, 수완; (*pl.*) 재능

ab·ject [ǽbdʒekt, +美 -⸌] *a.* 비천한; 비참한; 비굴한

a·ble [éibl] *a.* 유능한 (competent); 뛰어난 **be ~ to do** …할 수 있다

-able [-əbl] *suf.* 「…할 수 있는」, 「하기 쉬운」의 뜻

a·ble-bod·ied [éiblbɑ́did/-bɔ́d-] *a.* 건장한; (선원이) 숙련된

ab·nor·mal [æbnɔ́ːrm(ə)l] *a.* 비정상의; 변칙의 (*opp.* normal)

a·board [əbɔ́ːrd] *ad., prep.* 배위[안]에; 《美》 (차 따위에) 타고: go ~ ship 배에 타다/All ~! 여러분 승선[승차]해 주십시오

a·bode[1] [əbóud] *n.* 거주; 거처

a·bode[2] *v.* abide의 과거 (분사)

a·bol·ish [əbɑ́liʃ/əbɔ́l-] *vt.* 폐지[철폐]하다

ab·o·li·tion [æbəlíʃ(ə)n] *n.* 폐지, 철폐

a·bom·i·na·ble [əbɑ́minəbl/-bɔ́m-] *a.* 지긋지긋한; 《口》 지독한

ab·o·rig·i·nal [æbərídʒin(ə)l] *a.* 토착(민)의; 원생의

a·bor·tion [əbɔ́ːrʃ(ə)n] *n.* 낙태; (계획 따위의) 실패

ÁBO sỳstem (*the* ~) 혈액형 ABO 분류(법)

a·bound [əbáund] *vi.* 많이 있다, …이 풍부하다 (*in, with*)

a·bout [əbáut] *prep.* …경, 쯤; …에 대하여; …의 주위에[를] —*ad.* 대략, 약; 주위를, 근방을 [에]; 유행하여; 한바퀴 돌아 **be ~ to do** 막 …하려 하고 있다

a·bove [əbʌ́v] *ad.* 위에 (*opp.* below), 머리 위에, 상공에; 이상 —*prep.* …위에; 상류에; 보다 상위에; …이 미치지 못하는, …을 초월하여 —*a.* 상기(上記)한 —*n.* 상기, 상술

a·bridge [əbrídʒ] *vt.* 단축하다

a·broad [əbrɔ́ːd] *ad.* 널리; 밖에, 외출하여; 해외로, 외국에; 유포하여: a trip ~ 해외여행/news from ~ 해외통신 **go ~** 외국에 가다; 외출하다

ab·rupt [əbrʌ́pt] *a.* 갑작스러운; 무뚝뚝한; 가파른

ab·sence [ǽbs(ə)ns] *n.* 부재, 결석; 없음, 결핍; 멍한 상태

ab·sent *a.* [ǽbs(ə)nt→*v.*] 부재의, 결석한 (*from*); 결여된, 없는; 멍하니 있는 —*vt.* [æbsént] 결석[결근]하다 (oneself *from*) **~·ly** *ad.* 멍하니

ab·sent·mind·ed [ǽbs(ə)ntmáindid] *a.* 멍한, 넋잃은

ab·sinthe, -sinth [ǽbsinθ] *n.* 압상트(술)

ab·so·lute [ǽbsəluːt, -ljùːt] *a.* 절대적인; 무조건의; 순수한

ab·solve [æbsálv, əbzálv/əbzɔ́lv] *vt.* 용서하다; 해제하다

ab·sorb [əbsɔ́ːrb] *vt.* 흡수하다; 몰두시키다

ab·sorb·ent [əbsɔ́ːrbənt] *a.* 흡수성의: ~ cotton 《美》 탈지면

ab·sorp·tion [əbsɔ́ːrpʃ(ə)n] *n.* 흡수; 몰두 (*in*); 병합

ab·stain [əbstéin] *vi.* 삼가다

ab·sti·nence [ǽbstinəns] *n.* 금욕, 금주

ab·stract [ǽbstrækt→*v.*] *a.* 추상적인; 난해한 —*n.* 추상(개념); 적요, 발췌 —*vt.* [-⸌] 추상하다; 추출하다; 발췌하다

ab·strac·tion [æbstrǽkʃ(ə)n] *n.* 추상, 추상적 개념; 멍한 상태

ab·surd [əbsə́ːrd, +美 -zə́ːrd] *a.*

어리석은, 터무니 없는, 불합
리한

a·bun·dance [əbʌ́ndəns] *n.* 풍
부, 부유: a year of ～ 풍년

a·bun·dant [əbʌ́ndənt] *a.* 풍부
한, …이 많은《in》

a·buse *n.* [əbjúːs～*v.*] 남용; (말
의) 오용; 욕지거리 —*vt.*[əbjúːz]
남용[오용]하다; 욕하다

a·byss [əbís] *n.* 심연(深淵)「아

a·ca·cia [əkéiʃə] *n.* 『植』아카시

ac·a·dem·ic [æ̀kədémik] *a.* 대
학의; academy의, 학계의; 학구
적인; 비실용적인;《美》(학부 하
위) 인문과학의, 일반교양의

a·cad·e·my [əkǽdəmi] *n.* 학원;
전문학교;학사[예술]원 *the A～
Award*《美》 아카데미상

A·ca·pul·co [à:kəpú:lkou] *n.*
아카풀코(멕시코서남부의 항구)

ac·cede [æksíːd, ək-] *vi.* 동의하
다, 응하다《to》; 취임하다

ac·cel·er·ate [æksélərèit/ək-]
vt. 가속하다, 촉진하다 —*vi.*
빨라지다 **-a·tor** *n.* 가속 장치,
액셀러레이터

ac·cent *n.* [ǽksent/-s(ə)nt/⌐ *v.*]
액센트; 말투; 사투리 —*vt.*
[æksént] 세게 발음하다; 강조
하다

ac·cept [æksépt] *vt.* 수령하다,
받아들이다; 수락하다: ～ an
invitation 초대에 응하다 **～-
ance** *n.*

ac·cept·a·ble [ækséptəbl] *a.* 수
락할 수 있는, 만족스러운

ac·cess [ǽkses] *n.* 접근; 면접;
(병의) 발작

ac·ces·so·ry, -sa·ry[æksésəri/
əksés-] *n.* 액세서리; 부속품 —
a. 부속의, 보조적인

ac·ci·dent [ǽksid(ə)nt] *n.* 돌발
사고, 재난 *by ～* 우연히

ac·ci·den·tal [æ̀ksidént(ə)l] *a.*
우연의, 돌발적인

áccident insúrance 상해보험

ac·claim [əkléim] *vi., vt.* 갈채
[환호]하다

ac·com·mo·date [əkámədèit/
əkɔ́m-] *vt.* 적응시키다《to》; 화
해시키다; 수용하다; 융통하다,
빌려주다《with》

ac·com·mo·da·tion [əkàmə-
déiʃ(ə)n/əkɔ̀mə-] *n.* (美에서는
때로 *pl.*) 숙박 시설(때로는 식
사도 포함); (열차·항공기·선
박 내부의) 좌석·침대·방 따위
의 시설; 적응《to》; 조절; 화해;
(돈의) 융통; 편의; (때로 *pl.*) 수
용력《for》 ～ *ladder* 『海』선
측(船側)의 승강 계단 ～ *train*
《美》(역마다 정차하는)보통 열
차(local train)

ac·com·pa·ny [əkʌ́mp(ə)ni] *vt.*
동반하다;『音』반주하다 **-ni-
ment** *n.* 부수물; 반주

ac·com·plish [əkámpliʃ/əkɔ́m-]
vt. 성취하다 **～ed** *a.* 완성된;
숙달한《in》; 교양있는

ac·com·plish·ment [⌐mənt]*n.*
성취, 수행; 업적; (*pl.*) 재능

ac·cord [əkɔ́:rd] *n.* 조화; 일치,
합의 —*vi.* 일치[조화]하다 —
vt. 일치[조화]시키다; 주다, 허
용하다

ac·cord·ance [əkɔ́:rd(ə)ns] *n.*
일치, 조화 *in ～ with* …에
따라서 **-ant** *a.* 일치한, 화합한
《with, to》

ac·cord·ing [əkɔ́:rdiŋ] *ad.* 따라
서 ～ *to* …에 따라서 ～·*ly ad.*
따라서, 그러므로

ac·cor·di·on [əkɔ́:rdiən] *n.* 손
풍금, 아코오디언

ac·count [əkáunt] *n.* 계산(서),
셈; 보고서, 설명; 기사; 이유; 평
가: an ～ book 경리장부 *give
an ～ of* …을 설명하다 *on ～
of* …때문에 —*vt.* …으로 간
주하다 —*vi.* 설명하다

ac·count·ant [əkáuntənt] *n.* 경
리계원, 계리사

ac·cóunt·ing fìrm [əkáuntiŋ]
회계사무소

ac·cu·mu·late [əkjú:mjulèit]
vi., vt. 쌓다, 모이다; 축적하다
-lá·tion *n.* 퇴적(물); 축적(물)

ac·cu·ra·cy [ǽkjurəsi] *n.* 정확

ac·cu·rate [ǽkjurit] *a.* 정확한

ac·cuse [əkjúːz] *vt.* 비난하다;
『法』고소하다 **-cu·sá·tion** *n.*
비난

ac·cus·tom [əkʌ́stəm] *vt.* 익숙
해지게 하다 ～ *oneself to* …
에 익숙해지다 **～ed** *a.* 익숙한;
평소의

ace [eis] *n.* (주사위·트럼프 따
위의) 1, 1점; 극소량; 최우수자

ache [eik] *vi.* 아프다;《口》…하
고 싶어 못견디다《to do》—
n. 아픔

a·chieve [ətʃíːv] *vt.* 성취하다;
획득하다; (목적을) 달성하다

a·chieve·ment [ətʃíːvmənt] *n.*
성취; 공적, 위업

ac·id [ǽsid] *n.* 산;《美俗》=
LSD —*a.* 신맛이 나는; 산의

ácid hèad LSD 상용자

ac·knowl·edge [əknálidʒ/-nɔ́l-]
vt. 인정하다; 알리다; 감사하다

ac·knowl·edg·ment, (英)
-edge- [əknálidʒmənt/-nɔ́l-]*n.*
승인(서);감사(의 편지·말); 영
수증

a·corn [éikɔːrn, +美 -kərn] *n.*
도토리(oak의 열매)

ac·quaint [əkwéint] *vt.* 알리다; 자세히 알게 하다 《*with*》

ac·quaint·ance [əkwéint(ə)ns] *n.* 안면; 지식; 아는 사람

ac·quire [əkwáiər] *vt.* 얻다, 습득하다 **~·ment** *n.* 습득; (*pl.*) 학예

ac·qui·si·tion [ækwizíʃ(ə)n] *n.* 획득, 습득; 취득물

a·cre [éikər] *n.* 에이커 (약 4046.7㎡); (*pl.*) 논밭; 소유지

ac·ro·bat [ækrəbæt] *n.* 곡예사

ac·ro·pho·bi·a [ækrəfóubiə] *n.* 고소공포증

A·crop·o·lis [əkrɑ́pəlis/-krɔ́p-] *n.* (*the ~*) 아크로폴리스 (아테네에 있고, 신전 등 유적이 있음)

a·cross [əkrɔ́ːs/əkrɔ́s] *ad.*, *prep.* 횡단하여, 건너편에; 교차하여

a·cross-the-board [-ðəbɔ́ːrd] *a.* 전반[전면]적인; 《라디오·텔레비전》 일일 연속 프로의 —*ad.* 일제히

act [ækt] *n.* 행위; 동작; 결의(서); 법령; 《美》 의사록, 회보(會報); (연극의) 막; 연예(물); 가장 — *vt.* (연극을) 상연하다, (역을) 맡아하다; …인 체하다 —*vi.* 행동[처신]하다; 작용[작동]하다 **~ for** …을 대리하다

act·ing [æktiŋ] *a.* 대리의, 직무 대행의 —*n.* 연극의 상연; 연기

ac·tion [ækʃ(ə)n] *n.* 움직임, 활동; 실행, 행위; 몸짓, 동작; 연기; (연극·이야기의) 줄거리; 《法》 소송; 기능

áction páinting 행동회화, 액션 페인팅

ac·tive [æktiv] *a.* 활동적인; 활발한; 《軍》 현역의

ac·tiv·i·ty [æktíviti] *n.* 활동 (성), 활기, 활황(活況); (*pl.*) 활약

ac·tor [æktər] *n.* 남자배우·

ac·tress [æktris] *n.* 여자배우

ac·tu·al [æktʃu(ə)l] *a.* 실제의, 현실의; 현행의: ~ locality 현지 **-ál·i·ty** *n.* 현실, 실재

ac·u·punc·ture [ækjupʌ̀ŋktʃər] *n.*, *vt.* 침술, 침(을 놓다)

a·cute [əkjúːt] *a.* 날카로운; (고통이) 격심한; (두뇌가) 예민한; 《醫》 급성의

ad [æd] *n.* 《美口》 광고

A.D. = *Anno Domini* 서기 (*cf.* B.C.)

Ad·am [ædəm] *n.* 《聖》 아담 (인류의 시조) (*cf.* Eve)

a·dapt [ədæpt] *vt.* 적응시키다; 개작하다; 《劇》 각색하다 **-dap·tá·tion** *n.* 적응, 각색, 번안

add [æd] *vt.* 보태다; 늘리다; (말을) 덧붙이다 —*vi.* 보태지다; 늘다

ad·ded-vál·ue táx [ædidvælju:] 부가가치세

ad·dict *vt.* [ədíkt→*n.*] (…에) 빠지다, (심신을) 맡기다 《one-self *to*》 —*n.* [ædikt] 탐닉자

ad·di·tion [ədíʃən] *n.* 부가(물), 증가 in ~ to …에 더하여

ad·di·tion·al [ədíʃ(ə)n(ə)l] *a.* 부가의 **~·ly** *ad.* 덧붙여, 게다가

ad·di·tive [æditiv] *n.* (식품 등의) 첨가제

ad·dress [ədrés→*n.* 2] *n.* **1** 연설, (청중에의) 인사: ~ of thanks 감사의 말 **2** [+美 ∠—] 주소 —*vt.* …에 주소를 쓰다; 말을 걸다; 연설하다; 신청하다 **~·ee** [ædresíː] *n.* 수신인 **~·er** *n.* 발신인 《*to*, *for*》

ad·e·quate [ædikwit] *a.* 적당 [충분]한

ADF = automatic *direction find-er* 자동방향탐지기

ad·here [ədhíər] *vi.* 들러붙다, 집착[고수, 고집]하다 《*to*》

ad·her·ent [ədhí(ə)rənt] *a.* 부착하는; 고수하는 —*n.* 지지자, 신봉자 **-ence** *n.* 부착; 고수

ad·he·sive [ədhíːsiv, æd-] *a.* 점착성의: ~ tape 반창고

a·dieu [ɑd(j)úː/ədjúː] *int.* 안녕 (good-bye) [F]

a·di·os [ædióus, ɑːdjóus] *Sp. int.* 안녕, 잘 가시오

ad·ja·cent [ədʒéis(ə)nt] *a.* 인접한, 근접한 《*to*》

ad·jec·tive [ædʒiktiv] *n.*, *a.* 형용사(의)

ad·join [ədʒɔ́in] *vt.*, *vi.* 인접하다, 이웃하다 **~·ing** *a.* 인접하는, 접속하는 (adjacent): ~*ing* rooms (호텔 등의) 서로 접한 [통하는] 방

ad·journ [ədʒə́ːrn] *vt.*, *vi.* 연기하다; 휴회하다; 《俗》 자리를 옮기다 《*to*》

ad·junct [ædʒʌ̀ŋ(k)t] *a.* 부속[보조]의 —*n.* 부속물; 조수

ad·jure [ədʒúər] *vt.* 간청하다

ad·just [ədʒʌ́st] *vt.* 조정[조절]하다; 정산하다; (올바로) 맞추다

ad·lib [ædlíb] *vt.*, *vi.* 《口》 즉흥적으로 노래하다 [말하다, 연주하다]

ad lib *n.* 즉흥적 연주[연기] — *ad.* 즉흥적으로, 자유로이

ad·man [ædmæn, +美 -mən] *n.* (*pl.* -men) 《美》 광고업자

ad·min·is·ter [ədmínistər] *vt.*, *vi.* 관리하다, 지배[처리]하다; (법을) 집행하다, (조치를) 취하다 《*to*》

ad·min·is·tra·tion [ədmìnis-tréiʃ(ə)n] *n.* 관리, 통제; 행정;

A

(the A∼) 정부; 시행; 투약

ad·min·is·tra·tive [ədmínis-trèitiv/-trətiv] a. 관리(상)의; 행정(상)의

ad·min·is·tra·tor [ədmínistrèi-tər] n. 행정관; 이사

ad·mi·ra·ble [ǽdm(ə)rəbl] a. 찬탄할 만한; 훌륭한

ad·mi·ral [ǽdm(ə)rəl] n. 해군 장성

ad·mi·ra·tion [ædməréiʃ(ə)n] n. 찬탄, 감탄 (for); 찬탄의 대상

ad·mire [ədmáiər] vt. 감탄하다, 찬미 [숭배]하다; 《口》칭찬하다; 《美》…하고 싶어 하다

ad·mis·si·ble [ədmísəbl] a. 허락되는

ad·mis·sion [ədmíʃ(ə)n] n. 입장, 입회; 입장료; 허가 ∼ free 입장무료

ad·mit [ədmít] vi., vt. 들이다, 입장[입학]을 허가하다; 인정하다

ad·mit·tance [ədmít(ə)ns] n. 입장(허가); 입장할 권리 No A∼ 《게시》입장금지

ad·mit·ted [ədmítid] a. (일반적으로) 인정된, 분명한

ad·mon·ish [ədmániʃ/-mɔ́n-] vt. 타이르다, 충고하다

a·do [ədú:] n. 소동 make[have] much ∼ 법석을 떨다

ad·o·les·cence [ædoulésns], **-cen·cy** [-sensi] n. 청년기

ad·o·les·cent [ædoulésnt] a. 청년[사춘기]의 —n. 사춘기의 남자[여자]

a·dopt [ədápt/ədɔ́pt] vt. (의견 등을) 채택하다; 양자로 삼다 **-dop·tion** n. 채택; 입양

a·dore [ədɔ́:r] vi., vt. 숭배하다; 동경하다, 사모하다

a·dorn [ədɔ́:rn] vt. 장식하다; 돋보이게 하다

a·droit [ədrɔ́it] a. 솜씨있는, 교묘한

a·dult [ədʌ́lt/ǽdʌlt] n. 어른, 성인: One ∼, please. 어른표 한 장 주세요 —a. 성인이 된, 성숙한 (grown up), 어른의

a·dults-on·ly mov·ie [ədʌ́lts-ounli] 성인용 영화

ad·vance [ədvǽns/-vá:ns] vi., vt. 나아가(게하)다; 승진하다 [시키다]; (시일을) 앞당기다; (값 등) 오르다, 올리다; (의견 등을) 제출하다; 선불[가불]하다; 촉진하다 —n. 진보, 승진; 앙등; 선불, 가불, 선금, 대출금; (pl.) 말을 걸기, 접근 in ∼ 미리; 선금으로 —a. 앞의, 미리하는 ∼d [-t] a. 전진한, 고등의

advánce sàle 예매

advánce tìcket 예매권

ad·van·tage [ədvǽntidʒ/-vá:n-] n. 이익, 편의; 유리한 입장, 강점, 우월 (over, of); 〖정구〗= vantage take ∼ of …을 이용하다, 을 틈타다; 을 속이다 **-ta·geous** a. 유리한

ad·van·taged [⌐d] a. 《美》사회적으로 혜택받은(특히 앵글로색슨계 백인을 가리킴)

ad·vent [ǽdvənt] n. 출현; (A∼) 강림절(성탄절 전의 약 4주간)

ad·ven·ture [ədvéntʃər] n. 모험; 투기; 희한한 경험 —vi., vt. 모험하다; 감행하다

ad·verb [ǽdvəːrb] n. 부사

ad·ver·sar·y [ǽdvərsèri/-vəs-(ə)ri] n. 적; 반대자; 상대(편)

ad·verse [ædvə́:rs/⌐] a. 반대의, 역의; 불리한, 불온한: ∼ winds 역풍 / ∼ balance of trade 무역역조

ad·ver·tise, -tize [ǽdvərtàiz, +美 ⌐⌐] vi., vt. 광고하다 ∼·ment [ǽdvərtáizmənt/ədvə́:-tiz-, -tis-] n. 광고 (ad)

ad·ver·tis·ing, -tiz- [ǽdvərtài-ziŋ] n. 광고(술) —a. 광고의

ádvertising àgent 광고대리점

ádvertising mèdia 광고매체

ad·ver·to·ri·al [ædvərtɔ́:riəl] n. (PR을 위한) 기사형식 광고

ad·vice [ədváis] n. 충고, 조언, 의견; 《商》 통지(서); (pl.) 보고

ad·vise [ədváiz] vi., vt. 충고[조언]하다; 통지하다; 상담하다

ad·vised [ədváizd] a. 숙고한

ad·vis·er, -vi·sor [ədváizər] n. 충고[조언]자, 의논상대: 고문

ad·vi·so·ry [ədváizəri] a. 충고[조언]의; 상담을 위한, 고문의

ad·vo·cate n. [ǽdvəkit, -kèit→v.] 옹호[주창]자; 《英》변호사 —vt. [ǽdvəkèit] 옹호[주창]하다; 변호하다

aer·i·al [ɛ́(:)riəl] a. 공기[기체]의; 희박한; 공중의; 항공에 관한

áerial lìner = air liner

áerial màil [pòst] = air mail

áerial ràilway 공중 케이블

áerial refúeling 공중급여

áerial sìckness = airsickness

aer·ob·ic [ɛ(:)róubik/ɛərɔ́bik] a. 호기성(好氣性)의; 에어로빅스의, ∼s n. 에어로빅스(신체의 산소공급·이용을 촉진하기 위한 운동, 조깅, 제조, 수영 등)

aer·o·bus [ɛ́(:)rəbʌs] n. = airbus

Aer·o·flot [ɛ́(:)rəflát/-flɔ́t] n. 소련 국영 항공회사

aer·o·gram [ɛ́(:)rougræm] n. 무선전보[전신]; 항공 봉함엽서

aer·o·ma·rine [ɛ́(:)roumərí:n] a.

《美》 해양비행의

aer·o·naut [ɛ́(:)rənɔ̀:t/ɛ́ərə-] *n.* 우주비행사

aer·o·plane [ɛ́(:)rəplèin] *n.* = airplane

aes·thet·ic [esθétik/i:s-] *a.* 미 (학)의; 미를 아는

af·fa·ble [ǽfəbl] *a.* 붙임성있는, 상냥한

af·fair [əfɛ́ər] *n.* 일, 사건; (막 연히) 것; (pl.) 일, 사무 social ～ 《美俗》 파아티

af·fect [əfékt] *vt.* 영향을 미치 다; (병이) 침범하다; 감동시키다; 즐겨 사용하다; 가장하다; …인 체하다

af·fec·tion [əfékʃ(ə)n] *n.* 애정, 애착; 질병

af·fec·tion·ate [əfékʃ(ə)nit] *a.* 애정어린 ～·ly *ad.* 애정어리게: Yours ～ly 편지의 끝맺음말

af·fil·i·ate [əfílièit] *vt.* 입양[결 연]하다; 회원으로 가입시키다, 제휴시키다 《with》—*vi.* 가입 [제휴]하다

af·firm [əfə́:rm] *vt., vi.* 확언[단 언]하다; 긍정하다; 《法》 확인하 다

af·flict [əflíkt] *vt.* 괴롭히다

af·ford [əfɔ́:rd] *vt.* 공급하다, 주 다; 《can과 함께》 …할 여유가 있다

af·front [əfrʌ́nt] *vt.* 모욕하다

Af·ghan·i·stan [æfgǽnistæn] *n.* 아프가니스탄

AFL-CIO = American Federation of Labor and Congress of Industrial Organizations 미 국노동총동맹 산업별회의

a·float [əflóut] *ad., a.* 떠서; 해 상에; 침수하여; 유포되어

AFP = Agence France Presse 프 랑스 통신사

a·fraid [əfréid] *a.* 두려워하여, 염려하여 《of, to do, that》

Af·ri·ca [ǽfrikə] *n.* 아프리카

Af·ro [ǽfrou] *n.* 아프리카식 둥 근 머리모양

aft [æft/ɑ:ft] *ad.* 《海》 고물에

af·ter [ǽftər/ɑ́:f-] *ad.* 뒤에, 나 중에 (opp. before) —*prep.* … 뒤[후]에; …다음에; …을 (뒤) 쫓 아, …을 구하여; …에 따라서; …이므로; …에도 불구하고: A～ you. 먼저 가십시오 ～ all 결 국, 역시 one ～ another 차 례차례, 연달아 one ～ the other 번갈아, 교대로 —*conj.* (…한)다음에 —*a.* 후의; 《海》 뒤쪽의: ～ ages 후세

af·ter·cab·in [ǽkæbin] *n.* 후부 선실 「갑판

af·ter·deck [ǽdèk] *n.* 《海》 후

af·ter-din·ner [ǽdìnər] *a.* 정찬 [만찬] 후의: an ～ speech 테 이블 스피이치/ ～ drinks 식후 의 음료

af·ter-hours [ǽàuərz] *a.* 영업 시간후에도 개업하는

af·ter·noon [ǽnú:n] *n.* 오후

af·ters [ǽftərz/ɑ́:f-] *n. pl.* 《英 口》 (식후의) 디저어트

af·ter·ward [ǽftərwərd/ɑ́:ftə-], **-wards** [-wərdz] *ad.* 그후

a·gain [əgén, + 英 əgéin] *ad.* 다시; 또, 다시 한번; 원점에 돌 아가서; 게다가 now and ～ 때 때로

a·gainst [əgénst, + 英 əgéinst] *prep.* …에 대하여; …에 반대 [대항]하여 (opp. for); …에 기 대어; …과 대조하여; …에 대비 하여; …에 불리하여

age [eidʒ] *n.* 나이; 성년; 노령; 시 대, 연대 —*vi., vt.* 늙(게하)다; 낡(게하)다 ～·less *a.* 늙지 않는

a·ged *a.* [éidʒid →2] **1** 늙은 **2** [eidʒd] …살의 ～·ness *n.* 노년

age·ism [éidʒiz(ə)m] *n.* 노인차별

a·gen·cy [éidʒ(ə)nsi] *n.* 작용; 주 선; 대리(점)

a·gen·da [ədʒéndə] *n. pl.* (sing, **-dum** [-dəm]) (의사)일정; 협의 사항; 비망록

a·gent [éidʒ(ə)nt] *n.* 작인(作因); 행위자; 대리인[점]: the sole ～ 총대리인/station ～ 《美》역장/ theatre ～ 《英》입장권 예매소/ ticket ～ 《美》 매표원[점]

ag·gra·vate [ǽgrəvèit] *vt.* 악화 시키다; 《口》 화나게하다

ag·gre·gate *vt.* [ǽgrigèit →*a., n.*] 모으다; 합계 …이 되다 — *a.* [-git] 집합한; 합계한 —*n.* [-git] 집합; 합계

ag·gres·sion [əgréʃ(ə)n] *n.* 공 격, 침략, 침해

ag·gres·sive [əgrésiv] *a.* 침략 [공격]적인, 공세의

ag·i·tate [ǽdʒitèit] *vt., vi.* 동요 [진동]시키다; 선동[소란케]하 다; 소란피우다

ag·i·ta·tion [ædʒitéiʃ(ə)n] *n.* 동 요, 소란; 흥분; 선동

a·go [əgóu] *a.* 지금부터 …전의 —*ad.* 전에: a moment ～ 방금

ag·o·ny [ǽgəni] *n.* 고통, 고뇌; 단말마의 고통: the ～ column (신문의) 사사(私事) 광고란

a·gree [əgrí:] *vi.* 동의하다 《with, to》, 승낙하다 《to》; 의견이 일 치하다, 합의되다 《upon》; 부 합하다 《with》; (성미에) 맞다 《with》 ～·a·ble *a.* 기분좋은; 쾌히 응하는; 일치하는

a·greed [əgrí:d] *a.* 일치[동의, 협

정]한: A~ ! 좋아 합의됐다

a·gree·ment [əgríːmənt] n. 동의, 승낙; 일치; 《法》협정, 규약

ag·ri·busi·ness [ǽgribìznis] n. 농업관련산업

ag·ri·cul·tur·al [ægrikΛltʃ(ə)r-(ə)l] a. 농업의 ~ *cooperative association* 농업협동조합

ag·ri·cul·ture [ǽgrikΛltʃər] n. 농업, 농경

a·head [əhéd] ad. 앞쪽에 [으로]; 앞날에; 앞서서, 전진하여

aid [eid] vi., vt. 돕다, 원조하다 —n. 도움; 원조자; 보조금 *give first ~* 응급치료를 하다

ail [eil] vt. 괴롭히다 —vi. 몸이 편치않다, 앓다

aim [eim] vi., vt. 노리다, (총 등을) 겨누다(*at*); 목적하다(*at doing, to* do)) —n. 겨냥; 목적

aim·less [ɛ́lis] a. 목적없는 ~·ly ad.

ain't [eint] 《俗》are [am, is, have, has] not의 단축형

air [ɛər] n. 공기, 대기; 미풍; 《音》 곡, 선율; 태도, 외양; (pl.) 젠체 하는 태도 *by ~* 비행기로; 무 전으로 *in the open ~* 야외 [옥외]에서 *on the ~* 방송되 어 *take the ~* 바깥에 나가다, 산책하다; 비행 [이륙]하다 —vt. 공기 [바람]에 쐬다; 과시하다

áir attàck =air raid

áir bàg 에어백(자동차 충돌시의 안전장치)

air·borne [ɛ́bɔːrn] a. 공수의

áir bùs 《口》에어버스 (예약 없 이도 타는 단거리 여객기)

áir càrgo 항공 화물

air·cast [ɛ́kæst/ɛ́kɑːst] n. 현 지방송 「객기

áir còach (요금이 싼) 보통 여

air-con·di·tion·ing [ɛ́kəndìʃ-(ə)niŋ] n. 공기조절, 냉 [난]방

air·craft [ɛ́kræft/ɛ́krɑːft] n. sing. & pl. 항공기

áircraft bèacon (고층건물옥상 등의) 항공표지등

air·crew [ɛ́krùː] n. 《총칭》항 공기승무원

áir-cush·ion véhicle [ɛ́kùʃ(ə)n] 호버크래프트

air·drome [ɛ́dròum] n. 《美》 비행장

áir edition (항행중인 배 안에 서 발행되는) 무전뉴우스 신문

áir exprèss (특별취급의) 항공 소하물; 소하물 공수

air·field [ɛ́fìːld] n. 비행장

Áir Fòrce Óne 미국대통령 전 용비행기

Air France [F ɛːr frɑ̃ːs] 프랑 스 항공

air·freight [ɛ́frèit] n. 항공화 물; 화물 공수

air·graph [ɛ́ græf/ɛ́grɑ̀ːf] n. 《英》항공 축사(縮寫) 우편

áir hòstess =stewardess

Áir Índia 인도 항공

áir lètter 항공 편지

air·lift [ɛ́lìft] n. 공수

air·line [ɛ́làin] n. (정기)항공 로; 항공회사

air·lin·er [ɛ́làinər] n. 정기 항 공기, 여객기

áir màil [《英》pòst] 항공우편

air·man [ɛ́mən] n. (pl. -men [-mən]) 비행가, 비행사

áir pìracy 비행기 납치

air·plane [ɛ́plèin] n. 《美》 비 행기 (《英》 aeroplane)

áir pòcket 〔空〕에어포켓

áir pollùtion 대기오염

air·port [ɛ́pɔ̀ːrt] n. 공항

áir ràid 공습

air·route [ɛ́rùːt] n. 항공로

áir sèrvice 항공수송(편); 공군; 항공근무

air·ship [ɛ́ʃìp] n. 비행선

air·sick [ɛ́sìk] a. 비행기 멀미 한 ~·ness n. 비행기 멀미

áir stòp 헬리콥터 발착장

áir tàxi 단거리 여객기

air·time [ɛ́tàim] n. 방송시간

áir tùrbulence 난(亂)기류

Áir Únion 항공회사 연합(Air France, Lufthansa, Alitalia, Sabena 4회사의 조직)

air·way [ɛ́wèi] n. 항공로: an ~ beacon 항공 표지

air·y [ɛ́(ː)ri] a. 통풍이 잘 되는, 바람맞이의; 공기같은; 쾌활한

aisle [ail] n. 통로; 복도; 《美》 숲 속의 오솔길

áisle sèat (탈것의)통로쪽 좌석

a·kin [əkín] a. 혈족의; 동족의

Al·a·bam·a [æləbǽmə] n. 미국 남부의 주(略: Ala.)

à la carte [àːlɑːkɑ́ːrt] F. 메뉴에 따라[따른] *meal ~* 일품요리

à la king [àːləkíŋ] F. 고추·버 섯 등을 넣고 소오스를 친

à la mode [àːləmóud] F. 유행 의[에 따라] *beef ~* 쇠고기 전 골 *pie ~* 아이스크림을 곁들인 파이

a·larm [əláːrm] n. 경보(장치); 놀람: an ~ signal 비상경보 —vt. 경보하다; 깜짝 놀라게 하

alárm bèll 경보벨, 경종 「다

alárm clòck 자명종

a·las [əlǽs/əláːs] int. 아아, 슬 프도다 !

A·las·ka [əlǽskə] n. 알래스카 (북미 서북부의 미국의 주)

Al·ba·ni·a [ælbéiniə] n. 알바

니아(발칸반도 서안의 공화국)

al·bum [ǽlbəm] *n.* 앨범;방명록

al·co·hol [ǽlkəhɔ̀(:)l, -hàl/-hɔ̀l] *n.* 알코올 ~·**ism** *n.* 알코올 중독

al·co·hol·ic [ǽlkəhɔ́:lik, -hál/ -hɔ́l-] *a.* 알콜(성)의 —*n.* 알콜 중독자

Alcohólics Anónymous 《美》 알콜중독자 구제회

al·com·e·ter [ǽlkámitər/-kɔ́m-] *n.* 취도계

al·cove [ǽlkouv] *n.* 벽의 일부 가 들어간 곳, 반침;정자

al·der·man [ɔ́:ldərmən] *n.* (*pl.* **-men** [-mən])《英》시 참사회 원;《美》시의회 의원

ale [eil] *n.* (일종의) 맥주

ale·house [⌐hàus] *n.* 맥주집

a·lert [ələ́:rt] *a.* 빈틈없는; 기민 한 —*n.* 경계

ale·wife [éilwàif] *n.* (*pl.* **-wives** [-wàivz]) 맥주집 안주인;《美》 청어의 일종(대서양 연안산)

Al·ex·an·der [æ̀ligzǽndər/ -igzɑ́:n-] *n.* 알렉산더(크림드카 카오를 넣은 칵테일의 일종)

a·lex·i·phar·mic [əlèksifɑ́:r mik] *a.* 해독의 —*n.* 해독제

al·fres·co [ælfréskou] *a., ad.* 옥외의[에서]: an ~ café 옥외 다방

al·ge·bra [ǽldʒibrə] *n.* 대수(학)

Al·ge·ri·a [ældʒí(:)riə] *n.* 알제 리(아프리카 북부의 공화국)

Al·ham·bra [ælhǽmbrə] *n.* 알 함브라 궁전(스페인 남부 그라 나다의 언덕에 있음)

a·li·as [éiliəs] *ad.* 일명…, 별명 은 —*n.* 별명

al·i·bi [ǽlibài] *n.* (*pl.* ~**s**) 【法】 알리바이;《美口》핑계,변명 *set up* [*prove*] *an* ~ 알리바이를 대다

al·ien [éiliən] *a.* 외국(인)의;성 질이 다른 (*from*);　상충하는 (*to*) —*n.* (거류)외국인

al·ien·age [éiljənidʒ] *n.* 외국인 의 신분

a·light[1] [əláit] *vi.* 내리다 (*from*); (새가)앉다, (비행기가) 착륙하다 (*on*); (역에서)내리다

a·light[2] *a.* 불이 켜져, 불타고

a·like [əláik] *a., ad.* 마찬가지 로 : young and old ~ 노소가 함께

Al·i·tal·ia [æ̀litǽliə] *n.* 이탈리 아 국영 항공회사

a·live [əláiv] *a.* 살아 있는;기운 찬;민감한 (*to*); 활발한 *Look* ~ *!* 꾸물대지 말아

al·ka·li [ǽlkəlài] *n.* (*pl.* ~**s**, ~ **es**) 【化】 알칼리

all [ɔ:l] *a.* 모든, 전부의, 온갖

—*n.* 전부, 전원; 전재산 —*ad.* 전적으로;양쪽 다 ~ *right* 좋아

Al·lah [ɑ́:lə] *n.* 알라, (회교)신

al·lay [əléi] *vt.* 진정[완화]하다

all-day [ɔ́:ldéi] *a.* 온종일의 : an ~ trip 하루 꼬박 걸리는 여행

al·le·giance [əlí:dʒ(ə)ns] *n.* 충 성(맹세)

al·le·gor·ic [æ̀ləgɔ́:rik, ＋美 -gár-/-gɔ́rik], **-i·cal** [-ik(ə)l] *a.* 우화[우의]적인

al·ley [ǽli] *n.* (정원 공원 등의) 오솔길;《美》뒷길;《英》골목; (보우링의)레인　　　　　　「목

al·ley·way [⌐wèi] *n.* 《美》골

All·hal·lows [ɔ̀:lhǽlouz, ⌐⌐⌐] *n.* 제성첨례 (11월 1일) (All Saints' Day)

al·li·ance [əláiəns] *n.* 동맹(국); 결연; 협력, 협조; 유사, 공통점

al·lied [əláid, ǽlaid] *a.* 동맹 한; 근연(近緣)의; 유사한 : the *A*~ Forces 연합군

al·li·ga·tor [ǽligèitər] *n.* (미 국산) 악어 (*cf.* crocodile)

all-in [ɔ́:lín] *a.* 《英》 모두 포함 한;【재즈】 총 출연의,앙상블의

all-night [ɔ́:lnàit] *a.* 철야의, 철 야영업의

al·lo·cate [ǽləkèit] *vt.* 할당하 다, 배분하다; 배치하다

al·lot [əlát/əlɔ́t] *vt.* 할당하다, 분배하다 (*to*); 충당하다 (*for*); 《美》…이라고 생각하다, …할 작정이다 (*upon*) ~·**ment** *n.* 할당, (할당된) 몫

all-out [ɔ́:láut] *a., ad.* 《美口》 온힘을 기울인[기울여]; 철저한

al·low [əláu] *vt., vi.* 허락하다; (…하도록)내버려 두다 (a per- son *to* do); 인정하다, 여지가 있다(*of*); 주다; (셈에서)빼다, 할인하다; 참작하다 (*for*) : No passengers ~*ed* on the bridge. 《게시》선객의 선교 출입금지

al·low·ance [əláuəns] *n.* 지급 액, 수당, …비; 참작; 할인, 정량: 누리, (허락되는) 한도, 정량: free ~ (소하물의) 무료 휴대 량/ time ~ 제한시간

all-pur·pose [ɔ́:lpə̀:rpəs] *a.* 무 엇에나 쓸 수 있는, 만능의

Áll Rèd, áll rèd 《英》영국 영토 만을 통과하는: ~ line [route] 영령(英領) 연락 항로

Áll Sáints' Dày 〖가톨릭〗제성 첨례

Áll Sóuls' Dày 〖가톨릭〗위령 의 날, 추사이망

all-star [ɔ́:lstɑ̀:r/⌐⌐] *a.* 인기 배우 총출연의, 일류 선수로 구 성된

all-time [ɔ́:ltàim] *a.* 《美》 공전

의, 기록적인 「하다

al·lure [əlúər/əl(j)úə] vt. 유혹

al·lu·sion [əlú:ʒ(ə)n/əl(j)ú:-] n. 암시, 언급 《to》

al·ly [əlái→n.] vi., vt. 동맹[연합]하다 《to, with》; 결연하다 —n. [ǽlai, əlái] 동맹자[국]; 연합국; 자기편

al·ma ma·ter [ǽlməmáːtər] 모교, 출신교 [L]

al·ma·nac [ɔ́:lmənæk] n. 달력, 책력; 연감

al·might·y [ɔ:lmáiti] a. 전능의; 《美口》터무니없는, 대단한

al·mond [ɑ́:mənd,+ 美 ǽmənd] n. 아몬드, 편도(扁桃)

al·most [ɔ́:lmoust, + 美 —́] ad. 거의 (nearly)

alms [ɑːmz] n. 《단복동형》보시, 희사금

a·loft [əlɔ́:ft, əláft/əlɔ́ft] ad. 높이; 《海》돛대 위에

a·lo·ha [əlóuə, ɑːlóuhɑ:] n. (하와이의)인사 —int. 안녕; 어서 오십시오

a·lone [əlóun] a. 혼자의; 유일한; 단독의; 다만 …뿐 《명사 뒤에서》—ad. 홀로, 단지

a·long [əlɔ́:ŋ/əlɔ́ŋ] ad., prep. …을 따라[끼고]; 함께 《with》

a·long·side [—́sáid] ad., prep. 곁에, (…에)옆으로 대어; …과 나란히

a·loof [əlú:f] ad. 떨어져, 멀리 —a. 냉담한, 무관심한, 새침한

a·loud [əláud] ad. 큰소리로, 소리내어

al·pen·stock [ǽlpinstɑ̀k/-stɔ̀k] n. 등산지팡이

al·pha·bet [ǽlfəbit, -bèt] n. 알파벳; 초보

al·pha·bet·ic [ælfəbétik],**-i·cal** [-ik(ə)l] a. 알파벳(순)의

al·pine [ǽlpain] a. 고산의; (A~) 알프스 산맥의

al·pin·ist [ǽlpinist] n. 등산가

Alps [ælps] n. pl. (the ~) 알프스 산맥

al·read·y [ɔ:lrédi] ad. 이미, 벌써

al·so [ɔ́:lsou] ad., conj. 또한, 역시 (too, besides)

al·so-ran [—́ræ̀n] n. (경마의)낙선말; 낙선후보, 패자

al·tar [ɔ́:ltər] n. 제단, 제상

al·ter [ɔ́:ltər] vt., vi. 바꾸다, 변하다 (change); 고치다; (집 등을) 개조하다 ~·á·tion n. 변경, 개조; 변화

al·ter·nate vi., vt. [ɔ́:ltərnèit →a., n.] 교대하다, 번갈다 《with》 —a. [-nit] 교대의, 하나 걸러의: on ~ days 하루 걸러 —n. [-nit] 교대; 《美》대리자

al·ter·na·tive [ɔ:ltə́:rnətiv] a. 대신하는 —n. 양자택일; 대안 ~·ly ad. 양자택일식으로

al·though [ɔ:lðóu] conj. 비록 …일지라도, …이지만 (though)

al·tim·e·ter [ǽltimitər, æltímitər] n. 《空》고도계

al·ti·tude [ǽltit(j)ùd/-tjù:d] n. 고도, 높이; 해발; (흔히 pl.) 높은 곳

al·to [ǽltou] n. (pl. ~s) 《音》알토(가수, 악기)

al·to·geth·er [ɔ̀:ltəgéðər] ad. 전적으로, 아주; 통틀어; 대체로

a·lu·mi·num [əlú:minəm/ə-ljú:-], 《英》**-min·i·um** [æljumíniəm/-njəm] n. 알루미늄

a·lum·ni [əlʌ́mnài] n. pl. 동창생: an ~ association 동창회

al·ways [ɔ́:lwəz, ɔ́:lweiz] ad. 늘

am [æm, əm] v. be의 1인칭·단수·현재형

a.m., A.M. [éiém] =ante meridiem 오전 (cf. p.m., P.M.)

am·a·teur [ǽmətʃuər/-tə(:)] n. 아마튜어 (cf. professional) ~**·ism** [ǽmətʃuərìz(ə)m / ǽmətə̀:riz(ə)m] n. 도락, 아마튜어 솜씨

a·maze [əméiz] vt. 놀라게 하다

a·maz·ing [əméiziŋ] a. 놀랄만한

Am·a·zon [ǽməzɑn/-z(ə)n] n. (the ~) 아마존강

am·bas·sa·dor [æmbǽsədər] n. 대사; 사절 (cf. embassy)

am·big·u·ous [æmbígjuəs] a. (뜻이)모호한, 불명확한

am·bi·tion [æmbíʃ(ə)n] n. 야심, 대망; 포부

am·bi·tious [æmbíʃəs] a. 야심[대망]을 품은; 야심적인

am·bu·lance [ǽmbjuləns] n. 구급차

am·bush [ǽmbuʃ] n. 매복(기습) —vt., vi. 매복(기습)하다

a·men [ɑ́:mén, éimén/ɑ:mén] int., n. 아멘(기독교에서 기도 끝에 하는 말)

a·mend [əménd] vi., vt. 수리[수정]하다; 개선하다

a·mends [əméndz] n. pl. 보상

A·mer·i·ca [əmérikə] n. 아메리카; 미국

A·mer·i·can [əmérikən] a. 아메리카[미국]의 —n. 미국인 ~**·ism** n. 미어; 미국인 기질, 미국정신

A·mer·i·ca·na [əmèrikéinə, -kɑ́:-/-kɑ́:-] n. pl. 미국에 관한 사물[기록], 미국지(誌)

American Express 아메리칸 엑스프레스 (운수·은행·여행· traveler's checks의 발행 등을

취급하는 회사)

A·mer·i·can·ize [əmérikənàiz] *vt., vi.* 미국화하다

América League (*the* ~) 미국 프로야구의 2대 리이그의 하나(*cf.* National League)

América Légion (*the* ~) 미 국재향군인회

América plàn (*the* ~) 호텔 요금에 세끼의 식사대를 포함시키는 지불방식 (*cf.* European plan, Continental plan)

América Président Línes 미국 기선회사

a·mi·a·ble [éimiəbl] *a.* 온순한, 상냥한

am·i·ca·ble [ǽmikəbl] *a.* 우호[평화]적인, 온화한

a·mid [əmíd] *prep.* …중에, …의 복판[한창때]에

a·mid·ships [əmídʃips] *ad.* 《海》 배의 중앙에

a·miss [əmís] *a., ad.* 잘못된[되어], (계제가) 나쁜[나쁘게]

am·i·ty [ǽmiti] *n.* 친목, 친선

am·mo·nia [əmóunjə, -niə] *n.* 암모니아(수)

am·mu·ni·tion [æ̀mjuníʃ(ə)n] *n.* 탄약

Ám·nes·ty Internátional [ǽmnisti] 정치범구제 국제위원회

a·mong [əmʌ́ŋ] *prep.* …중에 (서), …가운데서(셋 이상의 경우) ~ *others* [*other things*] 그 중에서도, 특히

am·o·rous [ǽmərəs] *a.* 호색적인; 연애의; 요염한

a·mount [əmáunt] *vi.* 도합 … 에 이르다 《*to*》; …과 같다 — *n.* 총계, 총액; 양; 요지: in ~ 결국, 도합

am·phi·the·a·ter, 《英》 **-tre** [ǽmfiθìətər] *n.* (고대로마의) 원형 극장, 투기장

am·ple [ǽmpl] *a.* 넓은; 충분한

am·pli·fy [ǽmplifài] *vi., vt.* 확대하다; 상설하다 **-fi·er** *n.* 《電》 증폭기, 앰프

am·poule [ǽmpuːl], **-pule** [-pjuːl] *n.* 주사액을 밀봉한 작은 유리병, 앰푸울

Am·ster·dam [ǽmstərdæm/⊿-⊿] *n.* 암스텔담 (네덜란드의 수도)

amt. =amount

Am·trac [ǽmtræk] *n.* 《美》 전국철도여객공사(정식명칭은National Railroad Passenger Corporation) [<American+track] 「막이

am·u·let [ǽmjulit] *n.* 부적, 액

A·mur [aːmúər] *n.* (*the* ~) 아무르강, 흑룡강

a·muse [əmjúːz] *vt.* 즐겁게 하다

a·muse·ment [əmjúːzmənt] *n.* 즐거움, 오락: an ~ center 환락가 / an ~ park 유원지

a·mus·ing [əmjúːziŋ] *a.* 재미있는

a·nach·ro·nism [ənǽkrəniz(ə)m] *n.* 시대착오; 시대에 뒤진 것[사람]

an·a·con·da [æ̀nəkándə/-kɔ́n-] *n.* (남미산) 큰 구렁이

a·nae·mi·a [əníːmjə, -miə] *n.* 빈혈증

a·nal [éin(ə)l] *a.* 항문의

a·nal·o·gous [ənǽləgəs] *a.* 유사한, 상사의 《*to*》

a·nal·o·gy [ənǽlədʒi] *n.* 유사; 유추

a·nal·y·sis [ənǽlisis] *n.* (*pl.* **-y·ses** [-siːz]) 분해; 해부; 《化》 분석 「석]

an·a·lyze [ǽnəlàiz] *vt.* 분해[분

an·ar·chy [ǽnərki] *n.* 무정부 상태; 무질서 **-chism** *n.* 무정부 주의

a·nat·o·my [ənǽtəmi] *n.* 해부 (학, 술); 분해, 분석

an·ces·tor [ǽnsestər/-sis-] *n.* 조상; 《法》 피상속인 (*cf.* descendant)

an·ces·tral [ænséstrəl] *a.* 조상 (대대)의

an·ces·try [ǽnsestri, -sis-] *n.* 《총칭》 조상; 가계; 가문

an·chor [ǽŋkər] *n.* 닻; (릴레이 경기의)최종 주자 be [*lie, ride*] *at* ~ 정박해 있다 *cast* [*come to, drop*] ~ 닻을 내리다, 정박하다 *weigh* ~ 닻을 올리다, 출항하다 —*vi., vt.* 닻을 내리다, 정박하다

An·chor·age [ǽŋkəridʒ] *n.* 앨라스카 남부의 도시, 북극 경유 유럽 노선의 급유지

an·chor·age *n.* 투묘, 정박(소); 정박세[료]

an·chor·man [⊿mæn] *n.* (라디오·텔레비전의)앵커맨, 종합사회자

an·cho·vy [ǽntʃouvi/-tʃə-] *n.* 《魚》 앤초비(멸치의 일종)

an·cient [éinʃ(ə)nt] *a.* 고대의, 옛날의; 오래된 (old)—*n.* 고대인

and [ænd, ənd, ən, n] *conj.* …과 …, 그리고, 및; …이 딸린; 그러자; 게다가; 《명령문 뒤에서》 그러면 ~ *Co.* …회사 [상회] (인명이 앞에 오는 경우, & Co. 로 줄임) ~ *so on* [*so forth, what not*] …등, 등등, 따위

an·ec·dote [ǽnikdòut] *n.* 일화

a·ne·mi·a [əníːmiə] *n.* 빈혈(증)

an·e·mom·e·ter [æ̀nimámitər/

·mɔ́mitə] *n.* 풍속[풍력]계

an·em·o·ne [ənéməni] *n.* 〔植〕
아네모네

an·er·oid [ǽnɔ̀rɔ̀id] *n.* 아네로
이드 기압[청우]계

an·es·the·sia [æ̀nisθíːʒə/ -ziə,
-zjə] *n.* 마취

an·es·the·tize [ənésθətàiz /
æníːs-] *vt.* 마취시키다

a·new [ənjúː/ənjúː] *ad.* 새로이,
다시 「호신」

an·gel [éindʒ(ə)l] *n.* 천사; 수

ángel dùst 〔美〕 마약 PCP
(phencyclidine)의 속칭

an·gel·ic [ændʒélik] *a.* 천사의
[같은]

An·ge·lus [ǽndʒiləs] *n.* 〔가톨
릭〕도고(禱告)의 기도[종]

an·ger [ǽŋgər] *n.* 화, 성 : in
~ 화가나서 —*vt.* 화나게 하다

Ang·kor Thom [Tom] [ǽŋ-
kɔːrtɔ́m] 앙코르톰 (캄보디아에
있는 고대 크메르 왕조의 유적)

Áng·kor Wát [ˊ-wáːt] 앙코르
와트(캄보디아에 있는 고대 크
메르 왕조의 대유적)

an·gle¹ [ǽŋgl] *n.* 각, 각도; 모퉁
이; 관점, 견지: right ~ 직각

an·gle² *vi.* 낚시질하다 ~**r** *n.*
낚시꾼

An·gles [ǽŋglz] *n.* 앵글족 (5세
기에 Britain 섬으로 이주·정착
한 게르만 민족)

An·gli·can [ǽŋglikən] *a.* 영국
국교[성공회]의; 〔美〕영국(민)
의 *the* ~ *Church* 성공회 —
n. 성공회 신자

Anglo- [ǽŋglou-] *pref.* 「영국,
영국 및」의 뜻: ~-American
영미의/ ~-Korean 한영의

An·glo-Sax·on [ǽŋglousǽks-
(ə)n] *n.* 앵글로색슨 민족[어];
영국계 사람 —*a.* 영국인종의

An·go·la [æŋgóulə, ＋美 æn-]
n. 앙골라 (아프리카 서남부의
공화국)

an·gri·ly [ǽŋgrili] *ad.* 노하여

an·gry [ǽŋgri] *a.* 화난, 노한
《*at, about, with*》; (상처 등이)
부은, 성난

an·guish [ǽŋgwiʃ] *n.* 고뇌, 고통

an·gu·lar [ǽŋgjulər] *a.* 모난;
각도로 잰, 각의; 뼈가 앙상한

an·i·mal [ǽnim(ə)l] *n.* 동물, 짐
승 (beast) —*a.* 동물의; 동물
적인

an·i·mate *vt.* [ǽniméit→a.] 활
기띠게 하다 (enliven), 격려하
다 —*a.* [-mit] 살아 있는; 생물
의; 활발한 「동화(動畫)」

ánimated cartóon 만화영화,

an·i·ma·tion [æ̀niméiʃ(ə)n] *n.*
생기; 활발; 동화

an·i·mism [ǽnimìz(ə)m] *n.* 애
니미즘, 물활론(物活論)

an·i·mos·i·ty [æ̀nəmásəti/æn-
imɔ́siti] *n.* 적개[증오]심 《*a-
gainst, towards*》

an·kle [ǽŋkl] *n.* 발목

an·nals [ǽn(ə)lz] *n. pl.* 연대기,
연보, 역사; 정기간행물, 연감

an·nex *vt.* [ənéks→n.] 덧붙이다
—*n.* [ǽneks] 부가물; 별관

an·ni·hi·late [ənáiəlèit] *vt.* 전
멸[멸망]시키다

an·ni·ver·sa·ry [æ̀nivɔ́ːrs(ə)ri]
n. 기념일[제]

An·no Dom·i·ni [æ̀noudámi-
nai/-dɔ́m-] *L.* 서기 (略 : A.D.)
(*cf.* B.C.) 「주석」

an·no·ta·tion [æ̀noutéiʃ(ə)n] *n.*

an·nounce [ənáuns] *vt.* 알리다
…의 도착을 알리다; 광고하다,
발표[공고]하다: Your flight is
being ~*d.* 당신이 탈 비행기가
아나운스되고 있습니다 ~-
ment *n.* 통보

an·noy [ənɔ́i] *vt.* 괴롭히다, 난
처하게[신경질나게]하다

an·nu·al [ǽnjuəl] *a.* 1년의, 1년
1회의 —*n.* 1년생 식물; 연보
(年報), 연감

An·nun·ci·a·tion [ənʌ̀nsiéi-
ʃ(ə)n] *n.* 〔聖〕수태고지; (*the* ~)
수태고지의 축제(Lady Day)(3
월 25일)

an·o·dyne [ǽnoudàin] *a.* 진통
의 —*n.* 진통제

a·noint [ənɔ́int] *vt.* 기름을 바
르다; 〔宗〕기름을 부어 정하게
하다

an·o·nym [ǽnənìm] *n.* 익명(자)

a·non·y·mous [ənániməs/-nɔ́n-]
a. 익명의; 작자 미상의

an·o·rak [ǽnəræk, ＋美 áːnə-
ràːk] *n.* 아노락(두건이 달린
방한 자켓)

an·oth·er [ənʌ́ðər] *a.* 또 하나
의; 다른 : for ~ *ten years* 또
다시 10년간 —*pron.* 다른 한
사람, 다른 하나, 다른 것 [사
람] *one after* ~ 잇따라 *one*
~ 서로

an·ovu·lant [ənávjələnt, ənóu-/
ənɔ́v-] *n.* 배란억제제

an·swer [ǽnsər/áːnsə] *n.* 대답,
회답; 해답 *in* ~ *to* …에 답하
여 [응하여] —*vt., vi.* 대답하다;
풀다; 응하다; 회답하다 《*to*》; 일
치[부합]하다; 만족시키다

ant [ænt] *n.* 개미 : an ~ *hill*
개미둑

an·tag·o·nism [æntǽgəniz(ə)m]
n. 반대, 적대 《*to, against*》

ant·arc·tic [æntáːrktik] *a.* 남
극의 (*opp.* arctic)

Ant·arc·ti·ca [æntάːrktikə] *n.* 남극대륙

an·te·ced·ent [æntisíːd(ə)nt] *a.* 앞선, 선행하는 —*n.* 앞선 일, 전례; (*pl.*) 경력, 이력

an·te·cham·ber [æntitʃèimbər] *n.* 대기실

an·te·date [æntidèit, ⌐ーⵁ/ⵁ ーⵁ, ⵁーー] *vt.* (실제보다)날 짜를 앞당기다

an·ten·na [ænténə] *n.* (*pl.* ~s) 《무전》 안테나; (*pl.* -nae) 촉각

an·te·ri·or [æntí(ː)riər/-tíər-] *a.* 전의, 먼저의 《to》 (*opp.* posterior)

an·them [ǽnθəm] *n.* 찬송가, 성가 : a national ~ 국가

an·thol·o·gy [ænθάlədʒi/-θɔ́l-] *n.* 시집, 명시선집

an·thro·pol·o·gy [ænθrəpάlə-dʒi/-pɔ́l-] *n.* 인류학

anti- [æntai-, -ti-/ǽnti-] *pref.* 「반, 비, 항, 금지」 등의 뜻

an·ti·bi·ot·ic [æntibaiάtik/-ɔ́t-] *n., a.* 항생물질(의)

an·ti·can·cer [æntikǽnsər] *a.* 항암성(抗癌性)의

an·tic·i·pate [æntísipèit] *vt.* 예기하다 (expect); 예상하고 손 쓰다; 선수치다

an·tic·i·pa·tion [æntìsipéiʃ(ə)n] *n.* 예기, 예상, 서수쓰기 in ~ of …을 예상하고

an·ti·Com·mu·nist [ǽnti-kάmjunist/-kɔ́m-] *n., a.* 반공 주의자(의), 반공의

an·ti·dote [ǽntidòut] *n.* 해독 제; 교정(矯正) 수단

an·ti·his·ta·mine [ænt(a)ihístə-mìːn/ǽnti-] *n.* 《藥》 항히스타 민제

ànti-lítter làws 쓰레기·휴지버 리기 금지령

an·ti·ma·cas·sar [æntiməkǽ-sər] *n.* 의자의 등 커버

an·ti·pas·to [æntipǽstou, àːnti-pάːstou] *It. n.* 전채(前菜), 오르되브르

an·tip·a·thy [æntípəθi] *n.* 반 감, 혐오

an·tip·o·des [æntípədìːz] *n. pl.* 지구상의 정반대의 곳; (*the* ~) 《英》 오스트레일리아, 뉴우지일 란드

an·ti·pol·lu·tion [æntipəlúːʃ(ə)n] *a.* 공해방지의

an·ti·py·rine, -rin [ænt(a)ipái-rin/-páiə-] *n.* 《藥》 안티피린

an·ti·quar·i·an [æntikwé(ː)riən/-kwéər-] *a.* 골동품 연구의 —*n.* 골동품 애호가

an·ti·quar·y [ǽntikwèri/-kwɔ̀r-i] *n.* 골동품 수집가; 골동품상

an·ti·quat·ed [ǽntikwèitid] *a.* 낡은, 구식의, 노후한

an·tique [æntíːk] *a.* 고대의; 구 식의 —*n.* 골동품; (*the* ~) 고대 문화[미술]; 앤틱체 활자 (획이 굵은 자체)

an·tiq·ui·ty [æntíkwiti] *n.* 태 고; 고대인; (*pl.*) 고대의 풍습[문 화], 고대의 유물

an·ti·Se·mit·ic [æntisimítik] *a.* 반유태주의의

an·ti·sep·tic [æntiséptik] *a., n.* 방부성의; 방부제

an·ti·so·cial [æntisóuʃ(ə)l/ǽnti-] *a.* 반사회적인; 비사교적인

an·ti·trust [æntitrʌ́st] *a.* 트러 스트 반대의, 독점 금지의

an·to·nym [ǽntənim] *n.* 반의 어 (*cf.* synonym)

Ant·werp [ǽntwəːrp] *n.* 앤트워 프 (벨기에 북부의 항구도시)

anx·i·e·ty [æŋzáiəti] *n.* 근심, 불안; 염원 《to do, for》: with ~ 걱정하여

anx·ious [ǽŋ(k)ʃəs] *a.* 걱정하는 《about》; 열망하는 《to do》

an·y [éni] *a., pron.* 1 《의문·조 건》 무슨, 얼마든, 누구든 2 《부정》 아무것도, 누구도, 조금 도 (not *any*=no) 3 《긍정》 무엇이나, 누구든지, 얼마든지 —*ad.* 얼마간, 조금은; 조금이라 도; 조금도《흔히 비교급과 함 께 씀》 if ~ 만약 있다면; 만 약 있어도 in ~ case 어떤 경 우에도, 어차피

an·y·bod·y [⌐bάdi, -bʌ̀di/-bɔ̀di] *pron.* =anyone

an·y·how [⌐hàu] *ad.* 어떻게든; 그럭저럭 : feel ~ 《口》 어쩐지 기분이 언짢다

an·y·one [⌐wʌ̀n] *pron.* 누군가; 아무도; 누구라도

an·y·thing [⌐θiŋ] *pron.* 무엇인 가; 《부정》 아무것도; 《긍정》 무 엇이나 ~ *but* …외에는 무엇 이든; 결코 …은 아니다 : He is ~ *but* a scholar. 학자라니 당 치도 않다 if ~ 어느 편인가 하면 *just about* ~ 거의 무엇 이나 —*ad.* 조금은 : Is it ~ like mine? 그것은 내 것과 조 금은 비슷한가 「어쨌든

an·y·way [éniwèi] *ad.* 아뭏든,

an·y·where [⌐(h)wɛ̀ər] *ad.* 어 디엔가, 어디에도; 아무데도

a/o =account of …의 계산

A-OK [éioukéi] *a.* 《美》 완전한, 순조로운

A.P. =Associated Press 미국 연합 통신사

a·part [əpάːrt] *ad.* 따로 떨어져; 따로따로 ~ *from* …은 차치하

고 *set something* ~ *for* …을 위해 따로 두다 *take* ~ 분해 하다 *joking* ~ 농담은 그만 두고

a·part·heid [əpáːrt(h)eit] *n.* (남 아프리카의)민족 분리 정책 [G]

a·part·ment [əpáːrtmənt] *n.* 방; 《美》 아파트(공동주택내의 1세 대분의 방) : an ~ house 《美》 공동주택, 아파트/ an ~ hotel 아파트식 호텔(보통의 호텔 서어비스 외에, 1주일 이상 체재 할 때는 자취도 할 수 있음)

ap·a·thy [ǽpəθi] *n.* 무감동; 냉담

ape [eip] *n.* 유인원, 원숭이

a·pé·ri·tif [ɑːpèritíːf/əpéritif] *F. n.* 반주(식욕을 돋구려고 마시는 술)

ap·er·ture [ǽpərtʃər/-tjuə] *n.* 구멍, 틈; (렌즈의)구경

a·pex [éipeks] *n.* (*pl.* ~·es, ap·i·ces [éipisìːz]) 꼭대기, 정점; 절정

aph·o·rism [ǽfərìz(ə)m] *n.* 격언

Aph·ro·di·te [ǽfrədáiti] *n.* 《그神》 아프로디테(사랑과 미의 여신) (*cf.* Venus)

a·piece [əpíːs] *ad.* 각각, 한개에

APL = *American President Lines* 미국의 선박회사

a·poc·a·lypse [əpákəlips/-pók-] *n.* 계시; (*the* A~) 《聖》 계시록

A·pol·lo [əpálou/-pól-] *n.* 《그神》 아폴로(태양·음악의 신); 미남자

a·pol·o·gize [əpálədʒàiz/-pól-] *vi.* 사과하다, 변명하다

a·pol·o·gy [əpálədʒi/-pól-] *n.* 사과; 변명

ap·o·plex·y [ǽpəplèksi] *n.* 졸도

a·pos·tate [əpásteit, -tit/əpós-] *n.* 배신자, 변절자

a·pos·tle [əpásl/-pósl] *n.* (예수의)사도; 전도자; 주창자

ap·pall·ing [əpóːliŋ] *a.* 무시무시한; 《俗》 지독한

ap·pa·ra·tus [ǽpəréitəs, + 美 -rǽ-] *n.* (*pl.* ~, ~·es) 기구, 장치; 기관(器官)

ap·par·ent [əpǽr(ə)nt, əpéər-] *a.* 명백한, 외관상의 ~·ly *ad.* 명백히

ap·peal [əpíːl] *vi.* 호소하다 《*to*》; 청하다 《*for*》; 흥미를 끌다 《*to*》 ―*n.* (여론 등에의) 호소; 흥미, 매력; 애원; 《法》 공소

ap·pear [əpíər] *vi.* 나타나다; (…처럼) 보이다

ap·pear·ance [əpí(ː)r(ə)ns] *n.* 출현; 출장; 외관; 풍채 *to all* ~ 어디로 보이

ap·pen·di·ci·tis [əpèndisáitis] *n.* 《醫》 맹장염, 충수염

ap·pen·dix [əpéndiks] *n.* (*pl.* ~·es, -di·ces [-disìːz]) 부록; 《解》 충양돌기, 충수 「구

ap·pe·tite [ǽpitàit] *n.* 식욕; 욕

ap·pe·tiz·er [ǽpitàizər] *n.* 식욕을 돋구는 것; 식전의 반주, 오르되브르

ap·plaud [əplɔ́ːd] *vi., vt.* 박수 갈채하다; 칭찬하다

ap·plause [əplɔ́ːz] *n.* 박수갈채; 칭찬

ap·ple [ǽpl] *n.* 사과(나무)

ápple píe 사과파이

ap·ple-pie [ǽplpái] *a.* 완전한, 훌륭한; 미국의 전통적 가치관을 나타내는

ap·ple-pol·ish·er [⁼pàliʃər/-pɔ̀l-] *n.* 《口》 아첨꾼

ap·pli·ance [əpláiəns] *n.* 기계, 장치

ap·pli·ca·ble [ǽplikəbl] *a.* 적용할 수 있는, 적절한

ap·pli·cant [ǽplikənt] *n.* 지원자, 응모자

ap·pli·ca·tion [ǽplikéiʃ(ə)n] *n.* 적용, 응용; 지원, 원서; 신청(서); (약의) 도포(塗布); 외용: an ~ blank [form] 신청용지 *make an* ~ *for* …을 신청하다 *on* ~ 신청하는 대로

ap·plied [əpláid] *a.* 응용의

ap·ply [əplái] *vt.* 적용[응용]하다; 충당하다; (열을) 가하다; 사용하다, (마음·정력 등을)쏟다 ―*vi.* 적용되다 《*to, in*》; 출원 [신청]하다 《*for*》; 문의하다

ap·point [əpɔ́int] *vi., vt.* 임명하다; (날짜·장소를)정하다, 약속하다 ~·ment *n.* (모임 등의) 약속; 임명 : make an ~ment 약속하다

ap·praise [əpréiz] *vt.* 평가하다

ap·pre·ci·a·ble [əpríːʃ(i)əbl] *a.* 평가할 수 있는; 감지할 수 있는

ap·pre·ci·ate [əpríːʃièit] *vt.* 감상하다; 감사하다; (진가·장점을) 인정하다, 올바로 판단 [이해] 하다

ap·pre·ci·a·tion [əprìːʃiéiʃ(ə)n] *n.* 감상; 감사; 진가를 인정하기

ap·pre·ci·a·tive [əpríːʃièitiv, -ʃiə-] *a.* 감식안이 있는, 감상하는; 감사의

ap·pre·hend [ǽprihénd] *vi., vt.* 이해하다; 염려하다

ap·pre·hen·sion [ǽprihénʃ(ə)n] *n.* (때로 *pl.*) 불안, 염려

ap·pren·tice [əpréntis] *n.* 견습생, 도제(徒弟) ―*vt.* 도제로 보내다

ap·proach [əpróutʃ] *vt., vi.* 다가가다, 접근하다 ―*n.* 접근; (학문 등에의)입문, 길잡이

ap·pro·ba·tion [æprəbéiʃ(ə)n] *n.* 시인, 허가, 찬성, 칭찬

ap·pro·pri·ate *a.* [əpróupriit→ *v.*] 적당한 —*vt.* [-prièit] 전유 (專有)하다; 사물(私物) 화하다

ap·prov·al [əprúːv(ə)l] *n.* 시인, 찬성; 인가

ap·prove [əprúːv] *vi., vt.* 시인 하다, 찬성하다; …임을 보이다

ap·prox·i·mate *vi., vt.* [əpráksi-mèit/-rɔ́ksi-] // →*a.*] 접근하다[시 키다] —*a.* [-mit] 대략의, 비슷한

après-guerre [aprεgε:r] *F. n., a., ad.* 전후의[에]

a·pri·cot [éiprikàt/-kɔ̀t] *n.* 살구

A·pril [éipr(ə)l, -pril] *n.* 4월

a·pron [éipr(ə)n] *n.* **1** 앞치마 **2** 격납고 앞 광장 **3** 〖劇〗 앞무대

apt [æpt] *a.* …하기 쉬운 《to do》; 적당한 《for》; 영리한, 재주 있는

ap·ti·tude [ǽptit(j)ùːd] *n.* 적응 성, 재능 《for》; 소질, 경향 《to》

aq·ua·lung [ǽkwəlʌ̀ŋ] *n.* 애퀄렁 (잠수용 수중 호흡기)

a·quar·i·um [əkwέ(:)riəm] *n.* (*pl.* ~ **s, -i·a**) 수족관

a·quat·ic [əkwǽtik, +美 -kwát-, +英 -kwɔ́t-] *a.* 물의, 수생의: ~ plants 수초

Ar·ab [ǽrəb] *n.* 아랍인; 아라비 아말; 부랑아 —*a.* 아랍인의

ar·a·besque [æ̀rəbésk] *n., a.* 당초(唐草) 무늬(의), 아라베스 크(식의)

A·ra·bi·a [əréibiə] *n.* 아라비아

A·ra·bi·an [əréibiən] *a.* 아라비 아(사람)의 —*n.* 아라비아어 [사람]

Ar·a·bic [ǽrəbik] *a.* 아라비아 (사람·어)의: ~ numerals[fig-ures] 아라비아 숫자 —*n.* 아라 비아어

ar·a·ble [ǽrəbl] *a.* 경작할 수 있 는 —*n.* 경작지

Árab Léague (*the* ~) 아랍연맹

ar·bi·trar·y [ɑ́ːrbitrèri/-trəri] *a.* 임의의; 멋대로의; 독단적

ar·bi·trate [ɑ́ːrbitrèit] *vt., vi.* 중재하다, 조정하다

ar·bi·tra·tion [ɑ̀ːrbitréiʃ(ə)n] *n.* 중재, 조정, 중재재판, 재정(裁定)

ar·bor [ɑ́ːrbər] *n.* 수목; 정자

Árbor Dày 《美》식목일

arc [ɑːrk] *n.* 원호, 활모양

ar·cade [ɑːrkéid] *n.* 아아케이드

arch [ɑːrtʃ] *n.* 아아치; 반달꼴

ar·chae·ol·o·gy [ɑ̀ːrkiɑ́lədʒi/ ɑ̀ːkiɔ́l-] *n.* 고고학 **-gist** *n.* 고고학자

ar·cha·ic [ɑːrkéiik] *a.* 고대의, 고풍의, 구식의

ar·cha·ism [ɑ́ːrkiìz(ə)m, -kei-] iz(ə)m] *n.* 고어; 고체(古體); 의 고주의; 고풍

arch·bish·op [ɑ́ːrtʃbíʃəp] *n.* 대 감독, 대주교

ar·chi·pel·a·go [ɑ̀ːrkipéligou, -pélə-] *n.* (*pl.* ~(e)s) 군도; (*the* A~) 다도해, 에게해

ar·chi·tect [ɑ́ːrkitèkt] *n.* 건축 가, 건축기사; 설계자

ar·chi·tec·ture [ɑ́ːrkitèktʃər] *n.* 건축; 건축학[양식]

arc·tic [ɑ́ːrktik] *a.* 북극(지방) 의 (*opp.* antarctic)

ar·dent [ɑ́ːrd(ə)nt] *a.* 열렬한; 불 같은: ~ spirits 독한 술

ar·dor, 《英》**-dour** [ɑ́ːrdər] *n.* 열렬; 열심 (zeal)

ar·du·ous [ɑ́ːrdʒuəs/-dju-] *a.* 힘 드는; 정력적인, 끈기있는, 불굴 의 【재형】

are¹ [ɑːr, ər] *v.* be의 복수·현

are² [ε(:)r, ɑːr/ɑː] *n.* 아르(100m²)

ar·e·a [έ(:)riə] *n.* 면적; 지면; 지 역; (생각 등의) 범위: ~ code (전화의)지역 번호

a·re·na [əríːnə] *n.* (고대로마의 원형극장 중앙의) 투기장; 경쟁 무대

Ar·es [έ(:)riːz] *n.* 〖그神〗 아레 스(군신) (*cf.* Mars)

Ar·gen·ti·na [ɑ̀ːrdʒ(ə)ntíːnə] *n.* 아르헨티나

Ar·gen·tine [ɑ́ːrdʒ(ə)ntàin, -tìːn] *a., n.* 아르헨티나의[사람]

ar·gue [ɑ́ːrgjuː] *vi., vt.* 논하다, 주장하다; 설득하여 …시키다

ar·gu·ment [ɑ́ːrgjumənt] *n.* 토 론, 논쟁

a·ri·a [ɑ́ːriə] *It. n.* 〖音〗 아리아

a·rise [əráiz] *vi.* (*p.* **a·rose** [ə-róuz], *pp.* **a·ris·en** [ərízn]) 생 기다, 나타나다, 일어나다

ar·is·toc·ra·cy [æ̀ristɑ́krəsi/ -tɔ́k-] *n.* 귀족정치[정체]; (*the* ~) 《총칭》 귀족, 귀족사회[계 급]

ar·is·to·crat [ərístəkræ̀t/ǽris-] *n.* 귀족; 귀족정치주의자

a·rith·me·tic [əríθmətik] *n.* 산 수, 셈본

Ar·i·zo·na [æ̀rizóunə] *n.* 미국 서남부의 주

ark [ɑːrk] *n.* 〖聖〗 (노아의)방주

Ar·kan·sas [ɑ́ːrkənsɔ̀ː] *n.* 미국 중부의 주

Ar·ling·ton [ɑ́ːrliŋtən] *n.* 워싱 턴 교외의 국립묘지

arm¹ [ɑːrm] *n.* 팔;팔 비슷한 것; (의자의)팔걸이; (옷의)소매 ~ *in* ~ 《with》 (…과)팔짱을 끼 고 *with open* ~*s* 두 팔을 벌 리고, 기꺼이

arm² *n.* (보통 *pl.*) 병기, 무기;

무력 —*vt.* 무장시키다 : ~*ed forces* 군대

ar·ma·da [ɑ:rmɑ́:də, +美·méidə] *n.* 함대 *the Invincible A*~ 〖史〗 스페인의 무적함대

ar·ma·ment [ɑ́:rməmənt] *n.* 군비, 무장; 장비; (*pl.*) 군대

arm·chair [ɑ́:rmtʃ[ɛ̀ər/二二] *n.* 팔걸이 의자

Ar·me·ni·a [ɑ:rmíːniə] *n.* 아르메니아(아시아 서부의 소련방 내의 공화국) 「(조약)

ar·mi·stice [ɑ́:rmistis] *n.* 휴전

ar·mor, 《英》 **-mour** [ɑ́:rmər] *n.* 갑옷; 장갑(裝甲) —*vi., vt.* 갑옷을 입다, 장갑하다

ar·mor·y, 《英》 **-mour·y** [ɑ́:rməri] *n.* 무기고; 문장(紋章) (학)

arm·pit [ɑ́:rmpìt] *n.* 겨드랑밑

árms cùt 군축, 군비삭감

árms ràce 군비경쟁

ar·my [ɑ́:rmi] *n.* 육군; 군대

a·ro·ma [əróumə] *n.* 향기, 방향(芳香)

a·round [əráund] *ad., prep.* 둘레에[를]; 《美》 여기저기에[를]; 《美》 …근처에[를]; 《美》 돌아서 (《英》 round); 《美口》 …경, 약 (about): *travel* ~ *the world* 세계를 두루 여행하다/~ *nine o'clock* 9시경 *all* ~ 도처에; 전부에게

a·round-the-clock [二ðəklɑ́k/·klɔ́k] *a.* 24시간 내내의

a·rouse [əráuz] *vt.* 깨우다, 일어나게 하다; (주의 등을) 환기

arr. =arrive (*cf.* lv.) 「시키다

ar·range [əréindʒ] *vt.* 정돈하다, 가지런히 하다; 준비하다; 편곡하다: ~ *flowers* 꽃꽂이하다 —*vi.* 준비하다; 마련하다 : ~ *for the bus tour* 버스여행의 준비를 갖추다 ~·**ment** *n.* 정리, 배열; 준비; 결정

arránged màrriage 중매결혼

ar·ray [əréi] *vt.* 정렬시키다; 차려입다 —*n.* 정렬, 늘어서기

ar·rest [ərést] *vt.* 체포하다; (주의를)끌다 —*n.* 체포; 정지

ar·riv·al [əráiv(ə)l] *n.* 도착, 도착자[물] : *the estimated time of* ~ 도착 예정 시간 ~ *lobby* [*lounge*] (공항의) 도착로비[대기실] *cash* [*delivery*] *on* ~ 〖商〗 착하(着荷) 지불[인도]

ar·rive [əráiv] *vi.* 도착하다; 도달하다 《*at*》; (사건이)일어나다

ar·ro·gant [ǽrəgənt] *a.* 거만한

ar·row [ǽrou] *n.* 화살; 화살표

art [ɑ:rt] *n.* 예술, 미술; 기술; 학예 ~ *gallery* 미술관

árt diréctor (광고·편집 등의)

미술감독

Ar·te·mis [ɑ́:rtimis] *n.* 〖그神〗 달·사냥의 여신 (*cf.* Diana)

ar·ter·y [ɑ́:rtəri] *n.* 〖解〗 동맥; 간선(도로)

art·ful [ɑ́:rtf(ə)l] *a.* 기교부리는, 능수능란한

Ar·thur [ɑ́:rθər] *n.* 6세기경의 전설적 영국왕

ar·ti·cle [ɑ́:rtikl] *n.* 물품, 상품; (법령·계약 등의) 개조, 항목; 논설, 기사; 〖文〗 관사 *a leading* ~ 《英》 (신문의)사설

ar·tic·u·late [ɑ:rtíkjuleit → *a.*] *vt., vi.* 똑똑히 발음하다 —*a.* [-lit] 발음이 또렷또렷한

ar·ti·fi·cial [ɑ̀:rtifíʃ(ə)l] *a.* 인공의 (*opp.* natural); 부자연한 ~ *insemination* 인공수정

ar·til·ler·y [ɑ:rtíləri] *n.* 《총칭》 대포; 포병(대)

art·ist [ɑ́:rtist] *n.* 예술가, 화가

ar·tis·tic [ɑ:rtístik], **-ti·cal** [-tik(ə)l] *a.* 예술(가)의, 예술적

árt théater 외국영화·실험영화 전문 영화관

as [æz, əz] *ad.* …만큼, …처럼, …과 같은 정도로 : ~ *fast as you can* 가능한한 빨리 —*conj.* 1 …에 따라, …처럼, …대로 : *Quite* ~ *you like!* 원하시는 대로 2 …하면서 3 …이므로; …이지만 4 …함에 따라 —*prep.* 1 …으로서; …으로서는 2《예를 이끌어》 가령 —*pron.* 《관계대명사》 1《선행사로서 such, the same, as와 함께》 …과 같은, …이라는 일 2《앞문의 내용을 선행사로 하여》 그것은 …이지만 ~ *ever* 여전히 ~ *for* [*to*] …에 관해서(는); …로 말할것 같으면 ~ *good* ~ (사실은) …이나 마찬가지 ~ *if* [*though*] 마치 …인듯이 ~ *it is* 그대로; 그러나 실제는 ~ *it were* 마치, 말하자면 ~ *soon* ~ …하자마자 ~ *yet* 현재로는; 아직도

as·cend [əsénd] *vi., vt.* 오르다 (*opp.* descend); (값이)등귀하다

as·cen·sion [əsén∫(ə)n] *n.* 상승; (*the A*~) 예수승천(제)

as·cent [əsént] *n.* 오르기 (*opp.* descent); 오르막길, 치받이

as·cer·tain [æ̀sərtéin] *vt.* 확인하다, 규명하다

As·cot [ǽskət] *n.* 애스컷 경마(장) (영국 Berkshire에 있음)

as·cribe [əskráib] *vt.* …에 귀착하다, …의 탓으로 돌리다

ash¹ [æʃ] *n.* 재; (*pl.*) 유골

ash² 〖植〗 서양물푸레나무

a·shamed [ə∫éimd] *a.* 부끄러워: *be* ~ *of* …을 부끄럽게

여기다
a·shore [əʃɔ́ːr] *ad.* 기슭에[으로], 육지에 *go* ~ 상륙하다
ash·tray [ǽʃtrei] *n.* 재떨이
A·sia [éiʒə, éiʃə/-ʃə] *n.* 아시아
A·si·ad [éiʒiæd/éiʃi-] *n.* 아시아 경기대회(Asian Games)
A·sian [éiʒən / éiʃ(ə)n, -ʃiən], **A·si·at·ic** [èiʒiǽtik, -ʃi-/-ʃi-] *a.* 아시아(사람)의 —*n.* 아시아 사람
Ásian Gámes 아시아 경기대회
a·side [əsáid] *ad.* 옆에, 곁으로[에]; 떨어져서 ~ *from* …은 차치하고, 을 제외하고 *lay* ~ 그만두다, 저버리다; 저장해두다 *put* [*set*] ~ 제외하다, 그치다 —*n.* 〖劇〗 방백
ask [æsk/ɑːsk] *vt., vi.* 묻다, 질문하다 (inquire); 부탁[요구]하다 (demand); 초대하다 ~ *a favor of a person* 남에게 부탁하다 : May I ~ *a favor of* you? 부탁할 일이 있읍니다만
ásk·ing príce [-iŋ] 부르는 값
a·sleep [əslíːp] *ad., a.* 잠들어: *be fast* [sound] ~ 깊이 잠들어 있다
ASPAC = *A*sian and *P*acific *C*ouncil 아시아태평양협의회
as·par·a·gus [əspǽrəgəs] *n.* 〖植〗 아스파라거스
as·pect [ǽspekt] *n.* 용모, 외관; 형세, 양상
as·phalt [ǽsfɔːlt, -fælt / -fælt] *n., vt.* 아스팔트(로 포장하다)
ásphalt júngle (생존경쟁이 치열한) 대도시
as·pi·ra·tion [æspəréiʃ(ə)n] *n.* 열망 (longing), 포부
as·pire [əspáiər] *vi.* 열망하다, 대망을 품다 (*after, to do*)
as·pi·rin [ǽsp(ə)rin, -pirín] *n.* 〖藥〗 아스피린
ass [æs] *n.* 나귀; 〖흔히 ɑːs〗 바보, 고집장이
as·sail [əséil] *vt.* 맹렬히 공격하다, 습격하다 「자객
as·sas·sin [əsǽsin] *n.* 암살자,
as·sas·si·nate [əsǽsineit] *vt.* 암살하다 **-ná·tion** *n.* 암살
as·sault [əsɔ́ːlt] *n.* 〖法〗 폭행 —*vt.* 공격[습격]하다
as·sem·ble [əsémbl] *vt., vi.* 모으다, 모이다 (collect); 조립하다
as·sem·bly [əsémbli] *n.* 집회; (A~) (미국 주의회의) 하원: an ~ *line* 일관 작업렬(列) / General A~ 유우엔 총회; (미국의) 주의회; (프랑스의)국회
as·sent [əsént] *vi.* 동의하다 (agree) 《*to*》 —*n.* 동의, 승낙, 찬동

as·sert [əsə́ːrt] *vt.* 주장하다; 단언하다 **-ser·tion** *n.* 단언, 주장
as·sess [əsés] *vt.* (금액을) 사정하다; (세금·벌금 등을) 과하다
as·ses·sor [əsésər] *n.* 배석판사; 보좌역; (세액 등의) 사정자
as·set [ǽset] *n.* (*pl.*) 자산: ~s *and liabilities* 자산과 부채
as·si·du·i·ty [æsid(j)ú(ː)iti / -djú(ː)-] *n.* 근면, 부지런함
as·sid·u·ous [əsídʒuəs/-dju-] *a.* 부지런한, 꾸준히 힘쓰는
as·sign [əsáin] *vt.* 할당하다 (allot); (시간을) 지정하다 《*for*》, …의 탓으로 돌리다; 〖法〗 양도하다 《*to*》 ~·**ment** *n.* 지정, 할당; 《美》 숙제; 〖法〗 양도(증)
as·sim·i·late [əsímileit] *vt., vi.* 흡수하다, 소화[동화]하다; 비유하다
as·sist [əsíst] *vt.* 돕다, 원조하다
as·sist·ance [əsíst(ə)ns] *n.* 원조
as·sist·ant [əsíst(ə)nt] *a.* 보조의; 부… : an ~ *professor* 조교수 —*n.* 조수, 보좌인
as·so·ci·ate *v.* [əsóuʃièit →*n.*] *vt.* 연합시키다 —*vi.* 교제하다 《*with*》 —*n.* [-ʃiit] 동료; 준회원: an ~ *member* 준회원, 준사원
as·so·ci·a·tion [əsòusiéiʃ(ə)n] *n.* 연합; 교제; 조합; 연상: ~ *football* 아식축구 (soccer)
as·sort [əsɔ́ːrt] *vt.* 분류하다; 구색을 갖추다 —*vi.* 어울리다 ~·**ment** *n.* 분류; 여러가지 구색을 갖춘 것
as·sum·a·ble [əs(j)úːməbl] *a.* 가정할 수 있는 **-bly** *ad.* 아마
as·sume [əs(j)úːm] *vt.* (임무·책임 등을) 떠맡다; 가장하다; 가정하다
as·sum·ing [əs(j)úːmiŋ] *a.* 거만한; 주제넘은
as·sump·tion [əsʌ́mpʃ(ə)n] *n.* 가정, 억설
as·sur·ance [əʃúərəns] *n.* 보증; 확신; 《英》 (생명)보험
as·sure [əʃúər] *vt.* 보증하다 (guarantee); 확인하다; 안심시키다; 보험을 걸다 : I ~ you. 확실합니다
as·sured [əʃúərd] *a.* 보증된, 확실한; 보험을 건
ASTA = *A*merican *S*ociety of *T*ravel *A*gents 미국 여행업자 협회
a·stern [əstə́ːrn] *ad.* 〖海〗 선미에 [쪽으로]; 뒤쪽으로
as·ton·ish [əstániʃ/-tɔ́n-] *vt.* 깜짝 놀라게 하다 *be* ~*ed at* …에 놀라다 ~·**ing** *a.* 놀랄 만한
as·tound [əstáund] *vt.* 깜짝 놀

라게 하다, 간담을 서늘케 하다

a·stray [əstréi] *ad.* 길을 잃고 *go ~* 길을 잃다, 행방불명이 되다

as·trol·o·gy [əstrálədʒi / -trɔ́l-] *n.* 점성술 「비행사」

as·tro·naut [ǽstrənɔ̀:t] *n.* 우주

as·tro·nau·tics [⁼iks] *n.* 우주 항행학[법]

as·tro·nom·i·cal [æ̀strənámik-(ə)l /-nɔ́m-] *a.* 천문학의: an ~ observatory 천문대

as·tron·o·my [əstránəmi/-trɔ́n-] *n.* 천문학

A·sun·cion [əsu:nsjóun / əsùn-sióun] *n.* 아순시온(파라구아이의 수도)

As·wán Dám [æswǽn⁼] 아스완댐(나일강 중류의 댐)

Aswán Hígh Dám 아스완 하이댐(아스완댐 상류의 댐)

a·sy·lum [əsáiləm] *n.* 보호소, 수용소

at [æt, ət] *prep.* 1 《장소·지점》 …에 있어서, …에서 (*cf.* in): ~ the lobby of the hotel 호텔의 로비에서 2 《때·나이》에: ~ noon 정오에 3 《종사》 …하고, …중: ~ sea 항해중 4 《방향·목표》 …을 향해서 5 《원인》 …을 보고 [듣고]: ~ the news of …의 소식을 듣고 6 《정도·비율·가격》 …으로: ~ full speed 전속력으로 / ~ two shillings 2실링으로

ATC =*air traffic control* 항공교통관제

ate [eit/et] *v.* eat의 과거

at·el·ier [ǽtəljèi/ -ièi, -jèi] *n.* 아틀리에, 화실

a·the·ism [éiθiìz(ə)m] *n.* 무신론

A·the·na [əθí:nə] *n.* 《그神》 아테나(지혜·학예의 신) (*cf.* Minerva)

A·the·ni·an [əθí:niən] *a.* 아테네의 —*n.* 아테네 사람

Ath·ens [ǽθinz] *n.* 아테네(그리스의 수도) 「동가」

ath·lete [ǽθli:t] *n.* 경기자, 운

ath·let·ic [æθlétik] *a.* 경기의, 운동의; 건장한 ~**s** *n.* 《총칭》 운동경기

At·lan·ta [ətlǽntə, æt-] *n.* 미국 Georgia주의 수도

At·lan·tic [ətlǽntik, æt-/ət-] *a.* 대서양의 (*cf.* Pacific) —*n.* (the A~) 대서양

at·las [ǽtləs] *n.* 지도책, 도해

at·mos·phere [ǽtməsfìər] *n.* 대기, 공기; 분위기, 환경; 기압

at·mos·pher·ic [æ̀tməsférik], **-i·cal** [-ik(ə)l] *a.* 대기(중)의: ~ pressure 기압 / ~ pollution

대기오염

at·om [ǽtəm] *n.* 《化》 원자; 극소량

a·tom·ic [ətámik/ətɔ́m-] *a.* 원자의, 원자력에 의한; 극소의, 미세한: the ~ age 원자력 시대 / an ~ bomb [weapon] 원자폭탄[무기] / ~ energy 원자력 / an ~ power plant 원자력 발전소

a·tone [ətóun] *vi., vt.* 보상하다, 갚다, 죗값을 하다 ~**·ment** *n.* 보상, 갚음; (the A~) 그리스도의 속죄

a·tro·cious [ətróuʃəs] *a.* 흉악한, 잔인한

a·troc·i·ty [ətrásiti / ətrɔ́s-] *n.* 극악, 포학, 잔학(행위)

at·tach [ətǽtʃ] *vt.* 붙이다, 부착시키다; 소속시키다; 애착을 갖게 하다 *be ~ed to* …에 부착하다; …에 애착을 갖고 있다 ~**·a·ble** *a.* 붙일 수 있는 ~**·ment** *n.* 부속물[품]; 애착, 애정

at·ta·ché [æ̀təʃéi/ətæ̀ʃei] *n.* 수행원, 대사[공사]관원; an ~ case (서류용)손가방

at·tack [ətǽk] *vt.* 습격[공격]하다; 비난하다; (병이)침범하다 —*n.* 공격; 비난; (병의)발작

at·tain [ətéin] *vi., vt.* 달하다, 이루다, 수행[도달]하다 ~**·ment** *n.* 달성; (흔히)학식, 예능

at·tempt [ətémpt] *vt.* 시도하다 —*n.* 시도, 기도 《at, to do》

attémpted múrder 살인미수

at·tend [əténd] *vi., vt.* 출석하다, 참석하다《at》; 수반하다; 시중들다; 주의하다《to》

at·tend·ance [əténdəns] *n.* 출석; 서어비스(료) (호텔 등에서)서어비스료 포함

at·tend·ant [əténdənt] *a.* 수행하는, 시중드는; 참석한 —*n.* 수행원, 시중드는 사람; 출석자

at·tend·ee [ətèndí:] *n.* 출석차, 참석자

at·ten·tion [əténʃ(ə)n] *n.* 주의; 보살핌; (*pl.*) 친절, 공손: A~ please! 안내말씀드리겠읍니다 / May I have your ~? 잠깐 실례합니다마는

at·ten·tive [əténtiv] *a.* 주의깊은

at·test [ətést] *vt., vi.* 증명[증언] 하다

At·tic [ǽtik] *a.* 아티카(Attica)의, 아테네의

at·tic [ǽtik] *n.* 다락(방)

at·tire [ətáiər] *vt.* 차려입다, 성장시키다 —*n.* 의상, 복장

at·ti·tude [ǽtit(j)ù:d/-tju:d] *n.* 태도, 자세

at·tor·ney [ətə́:rni] *n.* 대리인;

《美》 변호사

At·tór·ney Géner·al 《美》 법무장관 「끌다」

at·tract [ətrǽkt] *vt.* 매혹하다;

at·trac·tion [ətrǽkʃ(ə)n] *n.* 유인(력), 매력; 인기물

at·trac·tive [ətrǽktiv] *a.* 매력적인; 끄는 힘이 있는

at·trib·ut·a·ble [ətríbjutəbl] *a.* (…에)돌릴 수 있는, (…에) 기인하는

at·trib·ute *vt.* [ətríbju(:)t →*n.*] (…에)돌리다, (원인을)…이라고 하다 (*to*) —*n.* [ǽtribju:t] 특성; 특질; 속성

auc·tion [ɔ́:kʃ(ə)n] *n.* 경매 ~ **bridge** 카아드놀이의 일종

au·dac·i·ty [ɔːdǽsəti] *n.* 대담(성), 호담; 뻔뻔스러움

au·di·ble [ɔ́:dibl] *a.* 들리는, 들을 수 있는 (*cf.* inaudible)

au·di·ence [ɔ́:diəns] *n.* 청중, 관객 *in the ~ of* …의 면전에서

áudience ràting 시청률

au·di·o-vis·u·al [ɔ̀:dio(u)víʒuəl] *a.* 시청각의 ~ **education** 시청각교육 —*n.* (*pl.*) 시청각교재

au·dit [ɔ́:dit] *n.* (회계)감사 —*vt.* (회계를)감사하다; 《美》(강의를)청강하다

au·di·tion [ɔːdíʃ(ə)n] *n.* 시청(試聽); 음성 테스트, 오오디션

au·di·tor [ɔ́:ditər] *n.* 회계감사관, 감사역; 《美》 청강생

au·di·to·ri·um [ɔ̀:ditɔ́:riəm] *n.* (*pl.* ~**ri·a** [-riə]) 청중석; 강당; 《美》 공회당

aug·ment [ɔːgmént] *vt., vi.* 증가[증대]하다

Au·gust [ɔ́:gəst] *n.* 8월

aunt [ænt/ɑ:nt] *n.* 백모, 숙모, 고모, 이모 (*cf.* uncle); 아주머니

au·ral [ɔ́:r(ə)l] *a.* 귀의, 청각의

au revoir [ɔ̀urəvwɑ́:r] *F.* 안녕, 잘 가

aus·pice [ɔ́:spis] *n.* (*pl.*) 주최, 후원 *under the ~s of* …의 주최로

Aus·sie [ɔ́:si/ɔ́:zi] *n.* 《俗》 오스트레일리아 사람

aus·tere [ɔːstíər] *a.* 엄한; 내핍의, 검소한

Aus·tin [ɔ́:stin/ɔ́s-, ɔ́:s-] *n.* 영국제 소형자동차의 상표명

Aus·tral·ia [ɔːstréiljə] *n.* 오스트레일리아 ~**n** *a., n.* 오스트레일리아의[사람]

au·tar·ky [ɔ́:tɑːrki] *n.* 자급자족

au·then·tic [ɔːθéntik] *a.* 믿을만한, 확실한; 확증된; 진짜의

au·thor [ɔ́:θər] *n.* (*fem.* ~**·ess** [ɔ́:θəris]) 저자, 작가

au·thor·i·tar·i·an [əθɔ̀:ritɛ́:ri-**·**ən/ɔ:θɔ̀rit-] *a.* 독재주의의: ~ **rule** 독재적지배

au·thor·i·ta·tive [əθɔ́:ritêitiv/ ɔ:θɔ́ritə-] *a.* 권위있는; 명령적인; 당국의, 관계부처의 *the ~ sources* 권위있는 소식통

au·thor·i·ty [əθɔ́:riti, əθɑ́r-/ ɔ:θɔ́r-] *n.* 권위, 권력, 권한; 권위자(*on*); 확실한 소식통; (*pl.*) 당국 *the authorities concerned* 관계당국

au·thor·ize [ɔ́:θəràiz] *vt.* 권한을 부여하다; 인가하다; 정당하다고 인정하다 ~*d money exchanger* 공인 환전상 *the A~d Version* 흠정역(欽定譯) 성서

au·tism [ɔ́:tiz(ə)m] *n.* 자폐증

au·to [ɔ́:tou] *n.* (*pl.* ~**s**) 《美口》 자동차 : ~ **show** 자동차전시회

Au·to·bahn [áutobɑ̀:n, ɔ́:t-] *G. n.* (독일의) 자동차 전용 고속도로

au·to·bi·og·ra·phy [ɔ̀:təbaiɑ́g-rəfi/-ɔ́g-] *n.* 자서전

au·toc·ra·cy [ɔ:tɑ́krəsi/ -tɔ́k-] *n.* 전제정치; 독재권

au·to·crat [ɔ́:təkræt] *n.* 전제군주, 독재자

au·to·fó·cus·ing cámera [ɔ́:təfóukəsiŋ] 자동초점카메라

au·to·graph [ɔ́:təgræf/-grɑ̀:f] *n.* 자필(서명) —*vt.* 자필(서명)하다

au·to·mat [ɔ́:təmæt] *n.* 자동판매기; 자동판매식 음식점

au·to·mat·ic [ɔ̀:təmǽtik] *a.* 자동식의, 기계적인; 무의식의 —*n.* 자동장치[기계]

au·to·ma·tion [ɔ̀:təméiʃ(ə)n] *n.* 오토메이션, 자동조작

au·to·mo·bile [ɔ́:təməbì:l, ̀ ̀ ̀ ̀—, ɔ̀:təmóubi:l] *n.* 《美》 자동차

au·ton·o·mous [ɔ:tɑ́nəməs / -tɔ́n-] *a.* 자치권있는, 자율[자주]적인

au·ton·o·my [ɔ:tɑ́nəmi / -tɔ́n-] *n.* 자치(권), 자치단체

au·to·stra·da [ɔ̀:təstrɑ́:də] *n.* 아우토스트라다(이탈리아의 고속도로) [It.]

au·to·truck [ɔ́:to(u)trʌ̀k] *n.* 《美》 화물자동차 (*cf.* motor lorry) 「fall)

au·tumn [ɔ́:təm] *n.* 가을 (《美》

aux·il·ia·ry [ɔːgzíljəri] *a.* 보조의, 예비의

a·vail [əvéil] *vi., vt.* 유용하다; 이가 되다 ~ *oneself of* …을 이용하다 —*n.* 이익, 효용 ~**·a·ble** *a.* 유용한, 이용할 수 있는; 통용되는; 입수 가능한 : ~*able on day of issue only* (표가)

발행당일만 유효한

av·a·lanche [ǽvəlæ̀ntʃ/-lὰːnʃ] *n.* (눈)사태

av·ant-garde [ὰːvɑːn(t)gάːrd] *F. n.* 전위: ~ picture 전위 영화

av·a·rice [ǽvəris] *n.* 탐욕

Ave. = Avenue

a·venge [əvéndʒ] *vt.* 복수하다, 원수갚다

av·e·nue [ǽvinjùː, +美 ǽvinuː] 가로수길; 《美》 큰 거리 (street 에 대하여 직각으로 뻗은 길)

av·er·age [ǽv(ə)ridʒ] *n.* 평균, 보통 **on an [the]** ~ 평균하여 —*a.* 평균의, 보통의 —*vt.* 평균 하다; 평균 …이다

a·ver·sion [əvə́ːrʒ(ə)n, -ʃ(ə)n/ -ʃ(ə)n] *n.* 혐오, 싫증 《to, to do》; 싫은 것

a·vert [əvə́ːrt] *vt.* (눈·생각을) 돌리다, 피하다

a·vi·ate [éivièit] *vi.* 비행하다

a·vi·a·tion [èiviéiʃ(ə)n] *n.* 비행 (술), 항공

a·vi·a·tor [éivièitər] *n.* (*fem.* **-tress, -trice** [éivièitris], **-trix** [èiviéitriks])비행사

Avis [éivis] *n.* 렌터카아 회사명

a·vo·ca·do [ævəkάːdou, ὰː-] *n.* 아보카도나무; 그 열매 (식용)

a·void [əvɔ́id] *vt.* 피하다 ~·**a·ble** *a.* 피할 수 있는 ~·**ance** *n.* 회피

a·vow [əváu] *vt.* 공언[언명]하다

a·wait [əwéit] *vt.* 기다리다

a·wake [əwéik] *v.* (*p.* **a·woke**, *pp.* **a·waked, a·woke**) *vt.* 깨

우다; 일으키다; 일깨우다 —*a.* 깨다; 깨닫다 —*vi.* 눈뜬, 깬; 알 아채고 있는: be wide ~ 완전 히 깨어 있다

a·wak·en [əwéik(ə)n] *vi., vt.* = awake ~·**ing** *a.* 깨어가는, 각 성하는 —*n.* 눈뜸, 각성

a·ward [əwɔ́ːrd] *vt.* (심사후 상 을)수여하다 —*n.* 상(품)

a·ware [əwɛ́ər] *a.* 알고 있는, 알아차린 《of, that》

a·way [əwéi] *ad.* 1 떨어져, 멀리 에: ~ from home 출타중/ keep ~ 멀리하다 2 저쪽에 3 차차 줄어, …해버리다 4 보내 다, 잃다: idle ~ one's time 빈둥거리며 시간을 보내다 5 꾸 준히, 부지런히: work ~ 부 지런히 일하다 right [straight] ~ 《美口》 지금 당장

awáy gàme 원정[방문] 경기

awe [ɔː] *n.* 외경, 두려움 —*vt.* 두려움을 갖게 하다

aw·ful [ɔ́ːf(u)l] *a.* 무서운; 《俗》 지독한, 심한

a·while [ə(h)wáil] *ad.* 잠시

awk·ward [ɔ́ːkwərd] *a.* 어색한; 꼴사나운; 다루기 힘든; 난처한

awn·ing [ɔ́ːniŋ] *n.* (창문의)차 양; (갑판 위의)천막

a·woke [əwóuk] *v.* awake의 과 거(분사)

ax(e) [æks] *n.* (*pl.* **ax·es**[ǽksiz]) 도끼

ax·is [ǽksis] *n.* (*pl.* **ax·es** [-siːz]) 굴대, 축, 추축(국)

ax·le [ǽksl] *n.* 굴대, 차축

ay, aye [ai] *int., ad.* 네(yes) — *n.* 찬성, 찬성투표; 찬성(투표)자

B

B.A. = *Bachelor of Arts*

BA = *British Airways* 영국항공

ba·by [béibi] *n.* 갓난애, 아기; 어린애같은 사람 —*a.* 유아의; 소형의: a ~ carriage 《美》 유 모차/a ~ sitter 《美》 아이보 는 사람 ~·**hood** *n.* 유아기 ~·**ish** *a.* 어린애같은

Bab·y·lon [bǽbilən] *n.* 바빌론 (고대 바빌로니아의 수도); 영 화와 악덕의 도시

ba·by-sit [béibisit] *vi.* (부모 외 출중)아이를 보다 ~·**ter** *n.* 아 이보는 사람

bac·co [bǽkou], **bac·cy** [bǽki] *n.* 《俗》 담배

bach [bætʃ] *n.* 《俗》 =bachelor

bach·e·lor [bǽtʃ(ə)lər] *n.* 총각 (*cf.* spinster); 학사: B~ of Arts 문학사 (略: B.A. 또는 A.B.)

back [bæk] *n.* 등; 등쪽, 뒤쪽,

이면 (*opp.* front); (축구 등의) 후위(선수) (*cf.* forward) **be·hind** a person's ~ …의 등뒤 에서, …에게 비밀로 **on** one's ~ 반듯하게; 등에 지고 —*a.* 배후의, 뒤쪽의; 이면의; 안쪽 의; 먼; 밀려 있는; 묵은: the ~ country 《美》 벽지, 벽촌/ a ~ entrance 뒷문/ a ~ number 백넘버 —*ad.* 뒤로 [에]; 원래대로, 되돌아, 되풀 이; 이전에: come ~ 돌아오다/ go ~ 돌아가다/two cars ~ 두 차 뒤에 **and** ~ 왕복: What is the fare to New York **and** ~ ? 뉴우요오크까 지 왕복요금은 얼맙니까 ~ **and forth** 오락가락 —*vt.* 되 돌리다; (어음에) 배서하다; 후 원[지지]하다 —*vi.* 돌아오다 ~ **up** 후원하다

back·bite [⸆bàit] *vt., vi.* (*p.* **-bit**, *pp.* **-bit·ten**) 험담을 하다

back·bone [⸆bòun] *n.* 등뼈; 중추, 중견; 기골, 줏대

back·door [⸆dɔ̀ːr] *n.* 뒷문

Back·fire [⸆fàiər] *n.* (소련의) 초음속 중형폭격기

back·gam·mon [⸆gǽmən/⸆⸅-] *n.* 서양 쌍륙 「경

back·ground [⸆gràund] *n.* 배

báckground mùsic 배경음악

back·hand [⸆hǽnd] *n., a.* 〖정구〗 역타(로 친)

back·pack [⸆pæk] *n.* (캠프용) 배낭

back·stage [⸆stéidʒ] *ad., a.* 무대 뒤에(의]

back·stairs [⸆stɛ̀ərz/⸆⸅] *n.* 뒷계단 「〖背泳〗

back·stroke [⸆stròuk] *n.* 배영

back·up [⸆ʌ̀p] *a.* 교체용의 — *n.* 지지, 후원; 대체, 대안

back·ward [⸆wərd] *a.* 뒤쪽(으로)의 (*opp.* forward); 거꾸로의; 수줍어하는; 뒤진 — *ad.* 뒤쪽으로 (backwards): go ~ 되돌아가다/ look ~ 뒤돌아보다

back·yard [⸆jɑ̀ːrd] *n.* 뒤뜰

ba·con [béik(ə)n] *n.* 베이컨: ~ and eggs 베이컨에그

bac·te·ri·a [bæktí(ː)riə] *n. pl.* (*sing.* **-ri·um** [-riəm]) 박테리아, 세균

bad[1] [bæd] *a.* (**worse, worst**) 나쁜; 해로운; 불쾌한; 부적절한; (음식이) 썩은, 상한; (고통·추위 등이) 심한; 불길한, 불행한: in a ~ temper 기분이 나빠/ feel ~ 기분이 언짢다/ That's too ~. 그것 안됐군 *be ~ at* ~이 서투르다 *go ~* (음식이) 상하다, 썩다 *have a ~ time (of it)* 혼이 나다 *not ~* 《口》 그다지 나쁘지 않은 *go from ~ to worse* 점점 나빠지다

bad[2] *v.* bid 의 과거

bade [bæd/beid, bæd] *v.* bid 의 과거

badge [bædʒ] *n.* 배지, 기장

bad·ly [bǽdli] *ad.* (**worse, worst**) 나쁘게, 서투르게; 《口》 매우, 몹시 *be ~ off* 못살다, 궁색하다

baf·fle [bǽfl] *vt.* 당황[낭패]하게 하다; 좌절시키다, 꺾다

bag [bæg] *n.* 봉지, 가방: a traveling ~ 여행 가방

Bag·dad [bǽgdæd/-⸅] *n.* 바그다드(이라크의 수도)

bag·gage [bǽgidʒ] *n.* 《美》 수하물 (《英》 luggage): hand ~ (비행기·배안에 휴대하는) 수하물/ cabin ~ 선실 수하물/ hold ~ 화물창 수하물/ ~ counter 수하물 접수 카운터 ~ *allowance* 《美》 수하물 중량제한 ~ *check* [*claim tag*] 《美》 수하물 물표 ~ *declaration form* [*card*] 수하물 관세신고서 ~ *insurance* 하물보험 ~ *office* 《美》 수하물 취급소 ~ *sticker* 여행가방 등에 붙이는 라벨[스티커]

bag·pipe [bǽgpàip] *n.* (흔히 *pl.*) (스코틀랜드 고지인 등의) 풍적, 백파이프

Ba·ha·mas [bəhéimə/-há:-] *n.* (*the ~*) 바하마(서인도 제도로 된 나라)

Bai·kal [baiká:l] *n.* **Lake ~** 바이칼호(시베리아의 호수)

bail [beil] *n.* 보석(금); 보석보증인

bait [beit] *n.* 미끼, 유인물; (여행중의) 휴식

bake [beik] *vi., vt.* (빵 등을) 굽다, 구워지다; (피부를) 태우다

bak·er [béikər] *n.* 빵 굽는 사람, 빵집 주인

bak·er·y [béikəri] *n.* 빵 제조소, 빵집

bak·sheesh, -shish [bǽkʃi:ʃ] *n.* (인도·이집트 지방에서) 팁

bal·ance [bǽləns] *n.* 저울, 천칭; 균형; 비교; 차액, 잔고; 거스름돈: You may keep the ~. 거스름돈은 가지시오/ ~ of payments 수지/ a ~ sheet 〖부기〗 대차대조표 — *vi., vt.* 균형잡다 [잡히다]

bal·co·ny [bǽlkəni] *n.* 발코니, 노대; (극장의) 2층 특별석

bald [bɔːld] *a.* 털이 없는, 대머리의; 노골적인, 있는 그대로의 ~·**ish** *a.* 약간 벗어진 ~·**ly** *ad.* 노골적으로

bale [beil] *n.* (선적을 위한) 곤포(梱包); (*pl.*) 화물

Ba·li [bá:li] *n.* 발리섬 (인도네시아의 섬)

Bal·kan [bɔ́:lkən] *a.* 발칸반도[제국]의, 발칸사람의: the ~s 발칸 제국

ball[1] [bɔːl] *n.* 공; 구기, 야구; 〖야구〗 볼 (*cf.* strike) ~*park* 야구장

ball[2] *n.* 무도회: a masked [fancy] ~ 가면[가장] 무도회

bal·lad [bǽləd] *n.* (이야기식) 민요 「바닥짐

bal·last [bǽləst] *n.* 자갈; 〖海〗

bal·le·ri·na [bæ̀lərí:nə] *n.* 여자 무용수, 발레리나

bal·let [bæléi, ⸆⸅] *n.* 발레; 발레단

bal·lís·tic míssile [bəlístik] 탄도미사일

bal·loon [bəlú:n] n. 기구; 풍선

bal·lot [bǽlət] n. 투표용지; 투표 —vi. (무기명)투표하다

bállot stùffing 부정투표(부정표를 투표함에 넣기)

báll-point pén 볼펜 「실

ball·room [bɔ́:lrù(:)m] n. 무도

balm [ba:m] n. 진통제; 향유

bal·sam [bɔ́:lsəm] n. 발삼, 향고(香膏)

Bal·tic [bɔ́:ltik] a. (the ~) 보올트해

bam·boo [bæmbú:] n. (pl. ~s) 대(나무): ~ work 죽세공

ban [bæn] n. 금지령

ba·nan·a [bənǽnə/-ná:nə] n. 바나나

band [bænd] n. 띠, 끈; 기반(羈絆), 속박하는 것; (사람·짐승의) 무리; 악대: a ~ master 악장/a ~ man 악대원 —vi., vt., (끈 등으로) 묶다; 단결하다[시키다]

band·age [bǽndidʒ] n., vt. 붕대(를 하다)

ban·dit [bǽndit] n. 산적, 노상강도; 악당

bang [bæŋ] vt. 쾅 치다 [닫다] —vi. 쾅하고 울리다, 쾅 닫히다 —n. 딱, 쾅, 쿵 (강타·발포 등의 소리)

Bang·kok [bǽŋkɑk, —́/-kɔ́k, —́] n. 방콕 (태국의 수도)

Bang·la·desh [bǽŋglədeʃ] n. 방글라데시 (1972년 동파키스탄에서 독립한 공화국)

ban·ish [bǽniʃ] vt. 추방하다 ~·ment n. 추방

ban·jo [bǽndʒou] n. (pl. ~(e)s) 밴조우 (일종의 현악기)

bank[1] [bæŋk] n. 둑, 제방; (둑 같은) 퇴적

bank[2] 은행: a ~ clerk 《英》 은행 출납원 (teller) —vt., vi. 은행에 예금하다; 은행거래하다

bánk accòunt 은행계정; 당좌예금

bánk bìll 《英》 은행도어음; 《美》 은행권, 지폐

bank·book [—́bùk] n. 은행통장

bank·er [bǽŋkər] n. 은행가

bánk nòte 《美》 은행도어음; 《英》 은행권, 지폐

Bánk of América 아메리카은행 (American Express와 함께 traveler's checks를 취급)

bank·roll [—́ròul] n. 자금(지원) —vt. 자금지원하다

bank·rupt [—́rʌpt, -rəpt] n. 파산자 —a. 파산한: go ~ 파산하다 —vt. 파산시키다

bank·rupt·cy [bǽŋkrəp(t)si] n. 파산

ban·ner [bǽnər] n. 기, 국기

Banque de France [ba:k] 프랑스 은행(중앙은행)

ban·quet [bǽŋkwit] n. (정식) 향연, (일반적으로) 연회

ban·tam(·weight) [bǽntəm(-wèit)] n. 《권투》 밴텀급(선수)

bap·tism [bǽptiz(ə)m] n. 세례

Bap·tist [bǽptist] n. 침례교신자; (b~) 세례자

bap·tize [bæptáiz, —́—] vi., vt. 세례하다[를 베풀다]

bar [ba:r] n. 술집, 식당; 빗장, 막대기; (창)살; 법정; (the ~) 변호사: a quick lunch ~ 경식당 —vt. (문 등을) 잠그다; 빗장을 지르다; (통행을) 방해하다; 금하다

bar·bar·i·an [ba:rbɛ́(:)riən] n. 야만인; 교양없는 사람, (태도가) 거친 사람 —a. 야만의; 교양없는

bar·ba·rous [bá:rb(ə)rəs] a. 야만적인; 잔인한 (cruel); 야비한

bar·be·cue [bá:rbikjù:] n. 통째로 구운 돼지 (등); (통째로 구운 요리가 나오는) 야외연회 —vt. (돼지 등을) 통째로 굽다 (간판에는 Bar-B Q로도 쓰임)

bar·bell [bá:rbèl] n. 역기

bar·ber [bá:rbər] n. 이발사

bar·ber·shop [—́ʃàp/-ʃɔ̀p] n. 《美》 이발관 (barber's shop이라고도 함)

Bar·ce·lo·na [bà:rsilóunə] n. 바르셀로나 (스페인 동북부의 항구도시)

bare [bɛər] a. 발가벗은; 무일푼의; 간신히 …한, 단지 …뿐인: a ~ floor 아무것도 깔지 않은 마루 with ~ life 간신히 목숨을 건져 —vt. 발가벗기다, 벗겨내다

bare·foot [—́fùt], **-foot·ed** [—́fùtid] a., ad. 맨발의[로]

bare·head·ed [—́hédid] a., ad. 모자를 쓰지 않은 [않고]

bare·ly [—́li] ad. 간신히; 거의 …아닌; 드러내어, 발가벗고: I ~ caught the train. 간신히 기차 시간에 대어갔다

bar·fly [bá:rflài] n. 술집의 단골손님

bar·gain [bá:rgin] n. 거래, 매매계약; 산 물건; 싸게 산 물건: a good [bad] ~ 싸게 [비싸게] 산 물건/a ~ sale 염가판매/the ~ counter 《美》 염가판매장 buy at a ~ 싸게 사다 drive a hard ~ 값을 되게 깎다 pick up ~s 좋은 물

전을 싸게 사다 —*vi.*, *vt.* 상담
하다, (매매를) 약정하다; 값을
깎다.

barge [ba:rdʒ] *n.* 거룻배; 유람
선 —*vt.* 거룻배로 나르다

bar·i·tone, bar·y- [bǽritoun]
n. 〔音〕 바리톤(가수)

bark¹ [ba:rk] *n.* 나무껍질 —*vt.*
나무껍질을 벗기다; 《俗》(피
부를) 까다

bark² *n.* (개 등의) 짖는 소리;
《口》기침 —*vi.* 짖다; 《俗》크
게 기침을 하다; 고함치다

bar·keep·er [bá:rkì:pər] *n.*
《美》술집 주인

bar·ley [bá:rli] *n.* 보리

bar·maid [bá:rmèid] *n.* 《英》
술집 여자, 바아의 여급

bar·man [bá:rmən] *n.* (*pl.*
-men[-mən]) 술집주인[지배인]

ba·rom·e·ter [bərάmitər/-rɔ́m-
itə] *n.* 기압계, 청우계; (여론
등의) 표준, 배로미터

bar·on [bǽr(ə)n] *n.* (*fem.* **~-
ess** [-is]) 남작; (영국외 국가
의) 귀족

bar·on·et [bǽrənèt] *n.* 준남작

ba·roque [bəróuk] *a.* 괴상한,
괴기한; 〔建〕 바로크식의 —*n.*
(*the* ~) 〔建〕 바로크식; 괴기
취미

bar·rack [bǽrək] *n.* (보통 *pl.*)
병영; 바라크식 건물

bar·rel [bǽr(ə)l] *n.* 통; 한 통의
분량; 총신

bárrel hòuse 통술집, 대포집

bar·ren [bǽr(ə)n] *a.* (초목이)
열매 맺지 않는; (땅이) 불모
의; 불임의

bar·ri·cade [bǽrikéid, ＋美
ᴗᴗᴗ] *n.* 방책, 바리케이드; 장
애물 —*vt.* 방책을 치다, 바리
케이드로 통행을 차단하다

bar·ri·er [bǽriər] *n.* 울타리;
관문; 장애

bar·tend·er [bá:rtèndər] *n.*
《美》바아텐더

bar·ter [bá:rtər] *n.* 물물교환,
교역품

base¹ [beis] *a.* 야비한, 상스런

base² *n.* 기초 (ground); 토대;
(산의) 기슭; 기지; 〔야구〕 누
—*vt.* 기초를 두다 **~·less** *a.*
근거[기초] 없는

base·ball [ᴗbɔ̀:l] *n.* 야구 (공)
B~ Hall of Fame 《美》야구
의 전당 (New York주 Cooper-
stown에 있음)

báse exchànge 해군·공군기지
의 물품판매소(略: BX)

base·ment [ᴗmənt] *n.* 지하층,
지하실

bash·ful [bǽʃ(u)l] *a.* 수줍어하

는, 부끄럼타는

bas·ic [béisik] *a.* 기초[근본]의

ba·sin [béisn] *n.* 세면기, 대야;
유역

ba·sis [béisis] *n.* (*pl.* **ba·ses**
[béisi:z]) 기초, 근거, 토대

bask [bæsk/ba:sk] *vi.* (햇빛·
열에) 쬐다, 몸을 녹이다

bas·ket [bǽskit/bá:s-] *n.* 바스
켓, 바구니, 광주리: a waste-
paper ~ 휴지통 **~·ful** *n.* 한
바구니 (의 분량) **~·ry** [-ri]
n. 바구니 세공 〔(공)

bas·ket·ball [ᴗbɔ̀:l] *n.* 농구

bas·ket·work [ᴗwə̀:rk] *n.* 바
구니 세공(품)

bas-re·lief [bà:rilí:f, bæs-/bǽs-
rili:f] *n.* 얕은 돋을새김

bass [beis] *n.* 〔音〕 베이스(가수)

bas·tard [bǽstərd] *n.* 사생아;
가짜, 저질품; 《俗》 놈, 너석

Bas·tille [bæstí:l] *n.* (*the* ~)
바스티유감옥 (파리에 있었음)
~ *Day* 프랑스 혁명기념일
(7월 14일)

bat [bæt] *n.* 〔크리켓·야구〕 타
봉, 배트; 〔정구·탁구〕 라켓
—*vi.*, *vt.* 배트로 치다

bath [bæθ/ba:θ] *n.* (*pl.* ~**s**
[bæðz/ba:ðz]) 목욕; 욕조; 욕실
take a ~ 목욕하다 *with*
[*without*] ~ 욕실딸린[없는]

bathe [beið] *vi.* 멱감다, 수영하
다 《in》; 목욕하다 —*vt.* (얼굴
등을) 씻다, 담그다 —*n.* 《英》
수영, 해수욕 *go for a* ~ 수
영하러 가다 *take* [*have*] *a* ~
《in》(…에서) 멱감다

bath·house [bǽθhàus/bá:θ-] *n.*
목욕탕; (해수욕장의) 탈의장

bath·ing [béiðiŋ] *n.* 목욕, 수
영: ~ costume [dress, suit]
수영복/~ drawers 수영 팬츠/
a ~ house 탈의장

bath·robe [bǽθròub/bá:θ-] *n.*
《美》목욕복, 화장복

bath·room [bǽθrù:m/bá:θ-] *n.*
욕실; 변소 〔조

bath·tub [bǽθtʌb/bá:θ-] *n.* 욕

ba·ton [bətán, bǽt(ə)n/bǽ-
t(ə)n] *n.* 관장(官杖)(관직을 상
징); (경관의) 곤봉; (악단.지
휘자의) 지휘봉; (릴레이용) 바
톤 ~ *twirler* 바톤거얼

bat·tal·ion [bətǽljən] *n.* 〔軍〕
대대

bat·ter [bǽtər] *n.* 〔야구·크리
켓〕 타자

bat·tle [bǽtl] *n.* 전투 (fight);
투쟁 (struggle) —*vi.* 싸우다,
분투하다 《for, against, with》

bat·tle·field [ᴗfì:ld] *n.* 전장

bat·tle·ship [ᴗʃìp] *n.* 전함

baux·ite [bɔ́:ksait] *n.* 보오크사이트(알루미늄 원광)

bawl [bɔ:l] *vi.*, *vt.* 외치다, 소리치다

bay [bei] *n.* (작은) 만 (*cf.* gulf)

bay·o·net [béi(i)ənit, +美 -nèt] *n.* 총검; (the ~) 무력

báy rúm 베이럼 (향수)

ba·zaar, ba·zar [bəzɑ́:r] *n.* (아라비아·터어키의) 시장, 상가; (백화점의) 특매장; 자선시

B.B.C. = British Broadcasting Corporation 영국 방송 협회

B.C. = Before Christ 서력 기원전 (*cf.* A.D.)

be [bi:, bi] *vi.*, *aux. v.* (변화 《현재》 I **am**, we [you] **are**, he [she, it] **is**, they **are** 《과거》 I [he, she, it] **was**, we [you, they] **were** 《과거분사》 **been** 《현재분사》 **being**) 1 있다, 존재하다 2 《주어와 술어명사·형용사 등을 이어》 …이다 Let it ~ 그대로 놔두어라, 상관말아

b.e. = bill of exchange 환어음

BEA(C), B.E.A.(C.) = British European Airways (Corporation) 영국 유럽 항공회사

beach [bi:tʃ] *n.* 물가, 해안, 해변 ~ umbrella 비이치파라솔

bea·con [bí:k(ə)n] *n.* 봉화; 등대, (항로) 표지; 신호소

bead [bi:d] *n.* 구슬, 염주알; (*pl.*) 염주 ~ed handbag 구슬백

beak [bi:k] *n.* (새의)부리

beam [bi:m] *n.* (건물·배의) 들보, 도리; 광선; (표정의) 빛남;신호전파 —*vt.*(빛을)발하다; (비행기에)신호전파를 보내다; …을 향해 발신하다 —*vi.* 빛을 발하다, 빛나다 《on, at》 ~·ing *a.* 빛나는; 미소짓는

bean [bi:n] *n.* 콩, 강남콩; 《英俗》돈, (특히)금화; 《俗》머리: ~ curd 두부/a broad ~ 잠두/a kidney ~ 강남콩/~ ball 《美俗》 비인보울

bear¹ [bɛər] *n.* 곰; 《商》 매방 (賣方)

bear² *v.* (*p.* **bore**, *pp.* **borne**, 《「태어나다」의 뜻에서는》 **born**) *vt.* 버티다; 지다; 나르다; 견디다; (아이를) 낳다, (열매를) 맺다; (이름·지위를) 갖다; (애정·악감을) 품다 — *vi.* 지탱하다, 버티다; 견디다; 열매맺다; 관계를 갖다 《on, upon》; 기대다; 누르다, 압박하다 《on, upon》; (배가) 나아가다; (어떤 방향에) 위치하다 ~ in mind 명심하다

bear·a·ble [bɛ́(:)rəbl] *a.* 견딜

수 있는

beard [biərd] *n.* 턱수염

bear·er [bɛ́(:)rər] *n.* (편지·수표 등의) 지참인: a ~ check 지참인불 수표

bear·ing [bɛ́(:)riŋ] *n.* 인내; 거동, 태도; 관계

beast [bi:st] *n.* 짐승, 동물 (animal); 짐승 같은 놈

beat [bi:t] *v.* (*p.* **beat**, *pp.* **beat·en** [bí:tn], **beat**) *vt.* 두들기다; 패배시키다; (달걀 등을) 휘젓다; (금속을) 두들겨 펴다 —*vi.* 때리다, 연타하다 《at》; (비·바람·파도가) 부딪다; 맥박치다 —*n.* (연달아) 치기, 치는 소리; 고동, 맥박; 《音》 박자

beat·nik [bí:tnik] *n.* 비이트족 (族)

beau [bou] *n.* (*pl.* ~s, ~x [-z]) 멋장이(남자) (*cf.* belle); 여자를 경호하는 남자; 애인 [F]

beau·ti·ful [bjú:tif(u)l] *a.* 아름다운, 어여쁜; 훌륭한

beau·ti·fy [bjú:tifài] *vt.*, *vi.* 미화하다, 장식하다

beau·ty [bjú:ti] *n.* 미, 아름다움; 미인; 아름다운 것, 미점: a ~ parlor [shop, salon] 미장원/a ~ spot (피부의) 점; 명승지

bea·ver [bí:vər] *n.* 《動》 해리 (海狸) 「과거

be·came [bikéim] *v.* become 의

be·cause [bikɔ́:z, +美 -kʌ́z] *conj.* 왜냐하면 …이므로; 《부정어와 함께》 …이라고 해서 —*ad.* …때문에, …이므로 ~ of …때문에

beck·on [bék(ə)n] *vt.*, *vi.* 손짓 [고갯짓]으로 부르다, 신호하다

be·come [bikʌ́m] *v.* (*p.* **-came**, *pp.* **-come**) *vi.* …이 [으로] 되다 —*vt.* 어울리다

be·com·ing [bikʌ́miŋ] *a.* 어울리는, 알맞은 (fitting)

bed [bed] *n.* 침대, 잠자리; 강바닥; 모판, 화단; 지층: a double ~ 2인용 침대/twin ~s 1인용 침대 2개/a single ~ 1인용 침대/go to ~ 잠자리에 들다, 자다/keep [be confined to] one's ~ 병상에 있다 be sick [《英》 ill] in ~ 앓아 눕다 lie in ~ 누워 자다 make a ~ 잠자리를 펴다

bed·cham·ber [⸗tʃèimbər] *n.* 침실

bed·clothes [⸗klòuz, ·klòuðz] *n. pl.* 침구

bed·cover [⸗kʌ̀vər] *n.* 침대보, 침대커버

bed·ding [bédiŋ] *n.* 침구류

bed·room [⁼rù(ː)m] *n.* 침실
bed·side [⁼sàid] *n.* 침대 옆
(환자의) 머리말
bed·sit·ter [⁼sìtər] *n.* 《英》 침
실·거실 겸용의 방 「버
bed·spread [⁼sprèd] *n.* 침대커
bed·time [⁼tàim] *n.* 취침시간
bee [biː] *n.* 〖蟲〗 꿀벌
beef [biːf] *n.* 쇠고기: corned ~
코온비이프 / roast ~ 불고기
beef·cake [⁼kèik] *n.* 《俗》 남성
육체미를 과시한 사진
beef·steak [⁼stèik] *n.* 두껍게
썬 쇠고기; 비이프스테이크
bee·hive [bíːhàiv] *n.* 꿀벌집
[통]; 사람이 북적대는 곳
been [biːn, bin] *v.* be의 과거
분사
beep·er [bíːpər] *n.* 《口》 원격조
종으로 무인비행기를 조종하는
사람[장치]
beer [biər] *n.* 맥주 (*cf.* ale,
lager, porter, stout): a ~ hall
《美》 맥주호을 / black [dark]
~ 흑맥주 / draft [draught] ~
생맥주
beet [biːt] *n.* 〖植〗 사탕무우
bee·tle [bíːtl] *n.* 투구풍뎅이
be·fit [bifít] *vt.* 적합하다, 어울
리다
be·fore [bifɔ́ːr] *ad.* 전에, 앞에;
이전에 —*prep.* …앞에, …보다
이전에; …의 면전에서; …의
힘으로; …보다 뛰어나; …보다
는 오히려 ~ *long* 멀지않아,
이윽고 —*conj.* …하기 전에,
…하기 보다는 오히려
be·fore·hand [⁼hænd] *ad.* 미리
(준비하여); (그보다) 이전에
be·fore·men·tioned [⁼mèn-
ʃ(ə)nd] *a.* 앞서 말한
beg [beg] *vt.* 빌다, 청하다 —
vi. 허락을 빌다, 간청하다; 빌
어먹다 ~ *for* …을 빌다 *I* ~
[*B~*] *your pardon.* (1) 실례
했읍니다, 미안합니다 (2) 《끝
을 올려서 발음하여》 다시 한
번 말씀해 주십시오
beg·gar [bégər] *n.* 거지
be·gin [bigín] *vi., vt.* (*p.* -**gan**
[-gǽn], *pp.* -**gun** [-gʌ́n]) 시작
되다 [하다], 착수하다 ~ *at*
[*on, in*] …에서 시작하다 ~
with …에서 시작하다 *to* ~
with 우선 첫째로 ~·**ner** *n.*
초심자, 초학자 ~·**ning** *n.* 시
작, 발달, 기원
be·guile [bigáil] *vt.* 속이다, 기
만하다(cheat); (지루함 등을)잊
게 하다, 심심풀이하다
be·half [biháf/-háːf] *n.* 《숙어
로만 쓰임》 on [in] ~ of …
(의 이익)을 위하여; …을 대신

[대표]하여
be·have [bihéiv] *vi., vt.* 처신하
다 (conduct); (어린이가) 얌전
히 처신하다: *B~* yourself!
얌전히 있어라 / ~ well 행동이
얌전하다
be·hav·ior, 《英》 **-iour** [bihéi-
vjər] *n.* 행위, 행동; 품행
be·hav·ior·al science [⁼əl]
행동과학
be·hind [biháind] *ad.* 뒤에
[를], 나중에; 숨어서, 배후에;
늦어서: fall ~ 남에게 뒤지다
—*prep.* …의 뒤[배후]에; …보다
못하여; …에 뒤져서: ~ the times
시대에 뒤져서 ~ *time* 시간에
늦어 leave ~ …을 두고 오다
be·hind-the-scenes [⁼ðəsíːnz]
a. 무대 뒤의, 막후의
be·ing [bíːiŋ] *n.* 존재, 생존; 생
물, 인간: human ~s 인류
for the time ~ 당분간은
Bei·rut, Bey·routh [beirúːt,
⁼—] *n.* 베이루트 (레바논의 수도)
belch [beltʃ] *vi., vt.* 트림하다,
내뿜다 《*out, forth*》
bel·fry [bélfri] *n.* 종루(鐘樓)
Bel·gian [béldʒ(ə)n, +美 -dʒi-
ən] *a.* 벨기에 (사람)의 —*n.*
벨기에 사람
Bel·gium [béldʒəm, +美 -dʒi-
əm] *n.* 벨기에
Bel·grade [belgréid, +美 ⁼—]
n. 벨그라드 (유고슬라비아의
수도) 「양
be·lief [bilíːf] *n.* 신념, 신용; 신
be·lieve [bilíːv] *vt.* 믿다; …이
라고 생각하다: *B~* me. 정말
이예요 —*vi.* 믿다, 신앙하다
《*in*》
bell [bel] *n.* 종; 방울, 초인종;
〖海〗 시종(時鐘): a ~ button
초인종의 누름단추 / There is
the ~. 벨이 울리고 있다 —*vt.*
벨을 달다 「보이
bell·boy [⁼bɔ̀i] *n.* 《美》 호텔의
bell·cap·tain [⁼kæpt(ə)n] *n.*
보이장: ~'s desk 보이장의 방
belle [bel] *n.* 미녀, 미인 (*cf.*
beau) [F]
bell·hop [⁼hɔ̀p] *n.* 《美》 =
bellboy
bel·lig·er·ent [bilídʒərənt] *a.*
교전중의; 교전국의; 호전적인
bel·low [bélou] *vi., vt.* (소가)을
다; 울부짖다; 노호하다; 고함
치다
bell·pull [⁼pùl] *n.* 벨의 당김줄
béll tòwer 종루
bel·ly [béli] *n.* 배, 복부; 위; 식욕
bel·ly-land·ing [⁼lændiŋ] *n.*
동체착륙
be·long [bilɔ́ːŋ/-lɔ́ŋ] *vi.* 속하다

《to》, (…의) 소유(물)이다

be·long·ings [bilɔ́:ŋiŋz/-lɔ́ŋ-] *n.*
pl. 소유물, 소지품, 재산: per-
sonal ～ 사물(私物), 소지품

be·lov·ed [bilʌ́vid, -lʌ́vd/-lʌ́vd]
a., n. 가장 사랑하는 (사람)

be·low [bilóu] *ad.* 밑에 [으로,
을], 아래층에; 하위에 (있는)
—*prep.* …의 밑에; …보다 하
위에; …이하의; …보다 못한

belt [belt] *n.* 혁대, 허리띠, 벨
트; (산출)지대

bélt tìghtening 내핍, 긴축

be·lu·ga [bəlú:gə/be-] *n.* 큰 철
갑상어

bel·ve·dere [bèlvidíər/ bélvi-
diə] *n.* 전망대 [It.]

bench [bentʃ] *n.* 벤치, 긴 의자

bench·warm·er [⌐wɔ̀:rmər] *n.*
보결[대기] 선수

bend [bend] *v.* (*p., pp.* **bent**)
vt. 구부리다; 굴복시키다; (어
떤 방향으로) 향하게 하다; (마
음 등을) 기울이다 —*vi.* 굽다;
몸을 굽히다; 굴복하다; 경주하
다; 향하다 —*n.* 굽이, 굴곡

be·neath [biní:θ] *ad.* 아래쪽에;
하위에, 보다 못하여 —*prep.*
…아래에; …할 가치가 없는,
…에 어울리지 않는

ben·e·dic·tion [bènidíkʃ(ə)n] *n.*
축복; (식전·식후의)감사기도

ben·e·fac·tor [bénifæktər, ⌐⌐
⌐⌐] *n.* 은혜를 베푸는 사람,
은인, 보호자

be·nef·i·cent [binéfis(ə)nt] *a.*
인정 많은, 친절한 (kind)

ben·e·fi·cial [bènifíʃ(ə)l] *a.* 유
익한

ben·e·fit [bénifit] *n.* 이익(prof-
it); 은혜, 은총; 자선흥행 —
vi., vt. 이익을 얻다, 은혜를
베풀다

Ben·e·lux [bénəlʌ̀ks] *n.* 벨기
에·네덜란드·룩셈부르크 3국
[<Belgium + Netherlands +
Luxembourg]

be·nev·o·lent [binévələnt] *a.* 자
애로운, 인정많은; 박애의

Ben·gal [beŋɡɔ́:l, beŋɡɔ́:l] *n.* 벤
골 (원래 인도 동북부의 주)

be·nign [bináin] *a.* 자애로운;
(날씨 등이)좋은, 온화한; 양성
(良性)의 (*opp.* malignant)

bent [bent] *v.* bend 의 과거(분
사) —*a.* 굽은; 열중한 《on》,
결심한 —*n.* 경향, 성벽(性癖)

be·queath [bikwí:ð, -kwí:θ] *vt.*
(동산을)유언으로   양도하다
《to》; (후세에)전하다

be·reave [birí:v] *vt.* (～**d** or
be·reft [biréft]) (죽음이)…에게
서 육친을 빼앗다; (희망·재산
을)빼앗다

Ber·lin [bə:rlín] *n.* 베를린 (동
독의 수도)

Ber·mu·da [bərmjú:də] *n.* ～
Islands 버어뮤다제도 (대서양
서부의 영령제도, 휴양지)

Bern [bə:rn] *n.* 베른 (스위스의
수도)

ber·ry [béri] *n.* (딸기 등의)열매

berth [bə:rθ] *n.* (배·기차의) 침
대; 【海】 정박소: a ship on
the ～ 정박중인 배 ～ *ticket*
침대표

be·seech [bisí:tʃ] *vt.* (**be·sought**
[-sɔ́:t]) 간청하다; 원하다 《*to*
do, *for*》

be·set [bisét] *vt.* (*p., pp.* **-set**) 둘
러싸다 《*with*》; 장식하다

be·side [bisáid] *prep.* …곁에,
…과 비교하여; …을 벗어나
be ～ *oneself* 《*with*》 정신이
나가다

be·sides [bisáidz] *ad.* 게다가
(moreover), 또한 (also), 그밖
에 —*prep.* …외에

be·siege [bisí:dʒ] *vt.* 포위하다;
둘러싸다; 밀어닥치다

be·span·gle [bispǽŋgl] *vt.* 금
[은]박으로 장식하다, 번쩍거
리게 하다

be·speak [bispí:k] *vt.*   (*p.*
-spoke [-spóuk], *pp.* **-spok-
en** [-spóuk(ə)n], **-spoke**) 《英》
예약하다; 보이다; 사전에 요구
하다: ～ *a room in a hotel*
호텔에 방을 예약하다

best [best] *a.* 《good, well 의 최
상급》 가장 좋은, 최상 [최선]
의 *the ～ dresser* 복장이 세
련된 사람 *the ～ seller* 가장
잘 팔리는 물건 (특히 책) ～
ten 10위까지의 우수작 —*ad.*
《well 의 최상급》 가장 좋게;
가장, 제일 *had ～* 《do》…
하면 제일 좋을 것이다 —*n.*
최선, 최상 *at* [*the*] ～ 기껏해
야 ～ *of all* 무엇보다도, 첫
째로 *make the ～ of* …을 최
대로 이용하다

be·stow [bistóu] *vt.* 주다 《*on,
upon*》; (시간·힘 등을) 쓰다

bet [bet] *vt., vi.* (*p., pp.* **bet** *or*
bet·ted) (내기에) 걸다 *I ～
you.* 《美口》 틀림없어 *You
～* 《俗》 틀림없어, 그렇고말고
—*n.* 내기

Beth·le·hem [béθlihèm, -liəm]
n. 베들레헴 (예수의 탄생지)

be·tray [bitréi] *vt.* 배반하다;
(무심코) 누설하다 ～ *oneself*
본성을 드러내다; 비밀을 누설
하다 ～·**al** *n.* 배반

bet·ter [bétər] *a.* 《good, well

의 비교급》 더 좋은; (환자가) 나아가는; 보다 많은: one's ~ half 아내/one's ~ self 양심; 분별/the ~ part of …의 대부분/feel ~ 전보다 기분이 좋다 be ~ in …을 더 잘하다 be the ~ for …이 도리어 잘되다 had ~ …한 편이 낫다 no ~ than …이나 다름없다 not ~ than …에 지나지 않다 so much the ~ 더욱 좋다 —ad. 《well의 비교급》 더 좋게; 오히려, 더욱, 한층 all the ~ 더욱 좋게 know ~ 철들다 think ~ of …을 고쳐 생각하다 —n. 더 좋은 것[일]; (pl.) 손윗사람, 선배 get the ~ of …에게 이기다 —vi., vt. 좋아지다, 좋게 하다, 개선하다 ~·ment n. 개선, 개량

be·tween [bitwíːn] prep., ad. 《장소·때·사람 등》 …사이에 [를]; 이도 저도 아닌: the air service ~ London and New York 런던-뉴욕요오크간의 항공편 ~ ourselves 우리끼리의 이야기지만

bev·er·age [bév(ə)ridʒ] n. 음료

Bév·er·ly Hílls [bévərli] California주 남부의 고급 주택지

be·ware [biwέər] vi., vt. 조심하다, 경계하다 《of》: B~ of pickpockets! 소매치기 주의

be·wil·der [biwíldər] vt. 당황하게 하다

be·witch [biwítʃ] vt. 마법에 걸다; 매혹하다, 넋을 빼앗다

be·yond [bijánd/-jɔ́nd] prep. …을 넘어서; …의 저쪽에; 《시간》 …을 지나서; …보다 뛰어나; …이상으로; …외에 ~ all things 무엇보다도 먼저 ~ compare [comparison] 비교가 안되는 ~ expression [description] 이루 말할 수 없이 ~ doubt 의심할 여지없이 —ad. 저쪽에, 그밖에

B-girl [bíːgə̀ːrl] n. 바아 여급

BGM =back ground music

bi·as [báiəs] n. 사선; 치우침; 편견 —a. 비스듬한 —vt. 치우치게 하다

bi·ath·lon [baiǽθlən] n. 바이아들론(스키이와 사격의 2종경기)

Bi·ble [báibl] n. (the ~) 성경

bick·er [bíkər] vi. 말다툼하다; 언쟁하다 —n. 말다툼

bi·cy·cle [báisikl] n. 자전거

bid [bid] v. (p. bade, bad, bid, pp. bid·den [bídn], bid) vt. 명령[지시]하다: (인사 등을) 말하다; 값을 매기다 —vi. 값을 매기다, 입찰하다 《for》

bi·det [bidét, bíːdei] F. n. (여성용) 세정기, 비데

bi·en·ni·al [baiéniəl, -njəl] a. 2년마다의; 2년생의 —n. 2년생 식물

bier [biər] n. 관(棺)

big [big] a. 큰; 위대한; 중대한 talk ~ 호언장담하다

Bíg Bèn 영국 국회의사당에 있는 종시계

bi·jou [bíːʒuː] F. n. (pl. ~x [-z]) 보석; 작은 장신구

bike [baik] n. 《口》=bicycle

bike·way [⌐wèi] n. 자전거 전용도로

bi·ki·ni [bikíːni] n. 《美俗》 비키니 (노출이 심한 여자 수영복)

bi·lat·er·al [bailǽt(ə)rəl] a. 쌍무적인: a ~ agreement 쌍무협정

bi·lin·gual [bailíŋgwəl] a. 2개국어의; 2개국어를 말하는

bill [bil] n. 청구서, 계산서; 삐라, 광고, 표; 《商》 어음, 환어음, 증서; 법안; 《美》 지폐, (세관의) 신고서: a ~ of credit 신용장/a ~ of debt [exchange] 약속[환]어음/a ~ of fare 식단표, 메뉴/a ~ of lading 선하증권 《略: B/L》/a ~ of clearance 《세관에 내는》 출항신고서/a ~ of entry 입항[통관] 신고서

bill·board [bílbɔ̀ːrd] n. 《美》 광고판, 게시판

bill·fold [bílfòuld] n. 《美》 지갑

bil·liards [bíljərdz] n. pl. 당구

bil·lion [bíljən] n. 《美·佛》 10억, 《英·獨》 조(兆)

bil·lion·aire [bìljənέər] n. 억만장자

bil·low [bílou] n. 큰물결, 놀

bi·met·al·lism [baimét(ə)liz(ə)m] n. (금은) 복본위제

bi·month·ly [báimʌ́nθli] a., ad. 격월의[로] —n. 격월간지

bin [bin] n. 뚜껑달린 큰통[상자]

bind [baind] vt., vi. (p., pp. bound) 묶다, 매다; 붕대로 감다 《up》; 속박하다 ~ oneself to …(할 것)을 맹세하다

bi·noc·u·lar [bainákjulər, bi-/-nɔ́kjulə] n. (보통 pl.) 쌍안경

bi·o·chem·i·cal [bàioukémik-(ə)l] a. 생화학의 ~ oxygen demand 생물화학적 산소요구량《略: BOD》

bi·og·ra·phy [baiágrəfi/-ɔ́g-] n. 전기; 《총칭》 전기문학

bi·ol·o·gy [baiáladʒi/-ɔ́l-] n. 생물학 -gist n. 생물학자

bi·par·ti·san [baipáːrtiz(ə)n] a. 두 당의, 초당적인: ~ diplo-

macy 초당파적 외교 「기
bi·plane [báiplèin] *n.* 복엽비행
birch [bəːrtʃ] *n.* 자작나무
bird [bəːrd] *n.* 새; 《俗》 녀석,
bírd càge 새장 └놈
bird·ie [bə́:rdi] *n.* 《애칭》 작은
새; 《골프》 버어디 (규준 타수
(par) 보다 1타수 적음)
bird's-eye [∠zài] *a.* 조감적인:
a ∼ view 조감도
birth [bəːrθ] *n.* 탄생; 태생, 가
문: a man of ∼ 가문이 좋은
사람 *by* ∼ 태생은; 타고난
bírth contròl 산아제한
bírth contròl píll 경구피임약
birth·day [∠dèi] *n.* 생일
birth·place [∠plèis] *n.* 출생지
Bis·cay [bíski, -kei] *n.* 비스케
만(the Bay of Biscay) (프랑스
서부와 스페인 북부 사이의 만)
bis·cuit [bískit] *n.* 《英》 비스킷
(《美》 cracker); 《美》 작은 식빵
bish·op [bíʃəp] *n.* 《기독교》 감
독, 《가톨릭》 주교, 《그正敎》
주교
bi·son [báisn, -zn] *n.* 들소
bit [bit] *n.* 조금; 작은 조각, 한
입; 잠시; 잔돈: Wait a ∼. 잠
깐 기다려 *a* ∼ (*of*) 조금, 잠깐
every ∼ 완전히, 어디로 보나
quite a ∼ (*of*) 상당한, 꽤
ite [bait] *vi.*, *vt.* (*p.* **bit** [bit],
pp. **bit·ten** [bít(ə)n], **bit**) 물
다; (모기 등이) 물다; (추위
가) 살을 에다 ∼ *at* …을 물
다, …에게 대들다 ∼ *one's
lips* 입술을 깨물고 (분노 등
을) 참다 —*n.* 물기; 한 입 깨
물기; 물린 상처: have [take]
a ∼ 한 입 베어먹다 ∼ *and
sup* 간단한 식사 **bit·ing** *a.* 무
는 듯한; 자극[부식]성의
bit·ter [bítər] *a.* 쓴 (*opp.*
sweet); 매서운; 지독한; 쓰라린
bi·week·ly [báiwí:kli] *a.*, *ad.*
격주의[로] —*n.* 격주간행물
b.l., B/L = *bill of lading* 선하증
권
black [blæk] *a.* 검은; 흑인의;
어두운; 음산한; 시무룩한; 사악
한 ∼-*and-tan* (가게 등이)
흑인과 백인이 출입하는 ∼
coffee 크리임을 넣지 않은 코
오피 —*n.* 검정, 흑색; 검은
옷, 상복; 흑인; 오점 —*vi.*, *vt.*
검게 되다 [하다], 더럽히다;
(구두를) 닦다
black·a·moor [∠əmùər] *n.* 흑
인; 피부가 검은 사람
bláck bèer 흑맥주 「칠판
black·board [∠bɔ̀ːrd] *n.* 흑판,
bláck bóx 《俗》 전자장치, 자동
비행기록장치(flight recorder)

black·en [blǽk(ə)n] *vi.*, *vt.* 검
게 되다 [하다]; 어둡게 되다
[하다]; 헐뜯다 「명부
black·list [∠list] *n.* 요주의 인물
black·mail [∠mèil] *n.* 공갈,
갈취 —*vt.* 공갈[갈취]하다
bláck márket 암시장
black·out [∠aut] *n.* 정전, 소등,
등화관제; 보도관제
Bláck Pàn·thers [∠pǽnθərz]
흑표범단 (미국의 흑인 해방운
동 정치단체)
Bláck Séa (the ∼) 흑해
black·smith [∠smìθ] *n.* 대장
장이
bláck téa 홍차 「식의
black-tie [∠tài] *a.* 정장한, 정
blad·der [blǽdər] *n.* (the ∼)
《解》 방광; (물고기의)부레
blade [bleid] *n.* 풀잎; 날
Bláir Hòuse 《美》 백악관 앞쪽
에 있는 영빈관
blam·a·ble [bléiməbl] *a.* 비난
[책망]해야 할
blame [bleim] *n.* 비난 (cen-
sure); 책망, 탓 《*for*》; 과오
—*vt.* 비난하다; 책망하다; …
의 탓으로 돌리다 《*upon*》 *be
to* ∼ 책임이 있다 ∼·**ful** *a.*
비난받을 만한
blanch [blæntʃ/blɑːntʃ] *vt.*, *vi.*
희게 하다, 표백하다; 희어지다
창백하게 하다[되다]
blank [blæŋk] *a.* 백지의; 공백
의; 빈; 멍한; 장식 없는 ∼
check 백지 수표 ∼ *form* (기
입란이 있는) 용지 —*n.* 공백,
여백; (마음의) 공허; 백지;
《美》 = ∼ form; 빈 터: an
application ∼ 신청용지/a
telegram ∼ 전보용지 *fill in
[out] a* ∼ 빈칸 [용지]에 기
입하다 —*vt.* 비우다, 무효로
하다
blan·ket [blǽŋkit] *n.* 담요
—*vt.* 담요로 싸다; (추문 등을)
얼버무리다; (철도운임 등이)
전구간에 적용하다 —*a.* 총괄적
인 ∼ *visa* 일괄사증 (세관이
선객 전원에게 일괄해서 내주
는 비자)
blas·phe·my [blǽsfimi] *n.* (신
에 대한)모독
blast [blæst/blɑːst] *n.* 돌풍;
(용광로에의) 송풍; (나팔 등
의) 취주; 폭발 —*vi.*, *vt.* 시들
(게하)다; 폭파하다
blast-off [∠ɔ̀ːf/∠ɔ̀f] *n.* (로켓등
의) 발사
blaze [bleiz] *n.* 불꽃; 반짝임;
격발 —*vi.*, *vt.* 타다, 태우다;
빛나다; 격노하다; 일에 열중하
다 **blaz·ing** *a.* 타는(듯한)

blaz·er [bléizər] *n.* 블레이저코
우트

bleach [bli:tʃ] *vt., vi.* 표백하다;
희어지다 —*n.* 표백(제)

bleak [bli:k] *a.* 바람받이의; (경
치가) 황량한, 쓸쓸한 (dreary);
실망적인; 엄한

bleat [bli:t] *vi.* (양 등이)매애매
애 울다

bleed [bli:d] *vi., vt.* (*p., pp*
bled [bled]) 출혈하다[시키다]

blem·ish [blémiʃ] *n.* 오점; 결
점; 더럼 —*vt.* (명성을) 더럽
히다

blend [blend] *vi., vt.* 섞(이)다,
혼합하다 (mix) —*n.* 혼합; (빛
깔·담배·차 등의) 혼합물

bless [bles] *vt.* (*p., pp.* ~·ed
or **blest** [blest]) (신을) 찬양
하다; (신이) 은총을 베풀다
《*with*》; (사람이) 축복하다 *B~
me* [*my soul*]! 어머나 *B~
you*! 신의 축복있으라, 아 가
엾어라

bless·ed [blésid] *a.* 신성한
(holy); 축복받은, 행복한

bless·ing [blésiŋ] *n.* 축복, 은
총, 고마운 것; 식전[후]의 기도

blew [blu:] *v.* blow¹의 과거

blight [blait] *n.* (식물의)말라죽
는 병; 충해

blind [blaind] *a.* 장님의; 맹목
적인; 안식이 없는 《*to*》; 시야
없는; 막다른 ~ *alley* 막다른
골목 ~ *door* 블라인드 도어
~ *date* 안면이 없는 남녀의
데이트, 맞선 —*vt.* 눈이 멀게
하다 —*n.* 시야를 가리는 것;
차양, 블라인드 —*ad.* 맹목적
으로

blink [bliŋk] *vi.* 눈을 깜박거리
다; (등불 등이) 깜박이다; 흘
끗 보다 《*at*》 *vt.* 눈을 깜작
이며 보다; 못본체하다 —*n.* 깜
짝임; 일순간

blink·er [blíŋkər] *n.* (건널목
의) 명멸(明滅) 신호등

bliss [blis] *n.* 무상의 행복

blis·ter [blístər] *n.* (피부의)물
집, 수포 —*vt., vi.* 물집이 생
기(게하)다

blithe [blaið] *a.* 유쾌한, 쾌활한

blitz [blits] *n.* 전격작전; 급습
[G]

bloc [blɑk/blɔk] *n.* (정치적·국
제적)단체, 연맹, 권(圈), 블록

block [blɑk/blɔk] *n.* (나무·돌
등의) 덩어리; 받침대; 《英》
(여러 집[가게]으로 된 채
의) 큰 건물; 《美》 (대로로 둘러
싸인 네모진) 한 구획, 그 거리;
장애 ~ *letter* 블록체 —*vt.* 방
해하다; (통로 등을)막다

block·ade [blɑkéid/blɔk-] *n.*
《軍》 (항구 등의) 봉쇄, 폐색;
교통차단[두절]

block·head [blɑkhèd/blɔk-] *n.*
명청이, 돌대가리

blond, blonde [blɑnd/blɔnd]
a., n. 금발에 피부가 흰(사람)

blood [blʌd] *n.* 피; 생명; 혈통,
가문; 유혈, 살인; 기질; 혈기
a ~ group 혈액형 ~·less *a.*
냉혹한; 피를 흘리지 않는; 핏
기가 없는

blóod bànk 혈액은행

blóod prèssure 혈압

blood·y [blʌdi] *a.* 피의, 피같은,
피투성이의; 잔인한; 지독한

bloom [blu:m] *n.* 꽃 (flower,
blossom), 개화; 한창 때 *in*
(*full*) ~ 만발하여 —*vi., vt.*
개화하다[시키다]

bloom·ing [blú:miŋ] *a.* 꽃이 만
발한; 꽃다운; (도시 등이) 번
영하는

blos·som [blɑsəm/blɔs-] *n.* (특
히 과수의) 꽃; 개화(기) —*vi.*
꽃이 피다; 번영하다; …이 되
다 《*into*》

blot [blɑt/blɔt] *n.* (잉크 등의)
얼룩; (인격 등의) 흠, 오점
—*vt.* 더럽히다; (압지로) 빨아
들이다 —*vi.* (잉크 등이) 번
지다 [압지]

blót·ting pàper [blátiŋ/blɔ́t-]

blouse [blaus, +美 blauz] *n.*
(여자·어린이용) 블라우스; 작
업복

blow¹ [blou] *v.* (*p.* blew, *pp.*
blown [bloun]) *vi.* (바람이)
불다; 바람에 날리다; (사이렌
등이) 울리다; 헐떡이다; 폭발
하다; (퓨우즈가) 끊어지다;
(타이어가) 빵꾸나다; 자랑하다
—*vt.* 휘몰아치다; 불다; 취주하
다; (불어서) 부풀리다 ~
one's nose 코를 풀다 ~ *out*
(등불을) 불어 끄다; (타이어가)
빵꾸나다 —*n.* 한번 불기, 강
풍; 코를 풀기

blow² *n.* 타격; 강타; 불행 *come
to* ~ 주먹다짐이 되다

blow·out [blóuàut] *n.* 폭발, 파
열; (타이어의) 빵꾸(puncture)

blue [blu:] *a.* 푸른; 창백한; 침울
한; feel ~ 우울하다/ look ~
우울해 보이다 *B~ Book* 《美》
자동차도로로 안내서 ~ *sex* 동
성애 ~ *film* 외설영화 ~
Monday 사순절 (Lent) 전의
월요일; 《美俗》우울한 월요일
—*n.* 청색; (*pl.*) 《音》 블루우스

blúe jèans 청바지

bluff [blʌf] *n.* 벼랑, 절벽 (cliff)
—*a.* 절벽의; 퉁명스러운

B

blun·der [blʌ́ndər] *n.* 큰 실수 —*vi.*, *vt.* 큰 실수를 저지르다; 뒤뚝거리다 《along, on》

blunt [blʌnt] *a.* 무딘 (dull), 끝이 둔해진; 퉁명스러운; (머리가) 둔한 —*vi.*, *vt.* 무디어지다, 무디게 하다

blush [blʌʃ] *vi.*, *vt.* 얼굴을 붉히다 《at, for》 —*n.* 얼굴 붉히기

B.M. = British Museum 대영박물관

B.O.A.C = British Overseas Airways Corporation 영국 해외 항공운수회사

boar [bɔːr] *n.* 수퇘지; 멧돼지 (고기)

board [bɔːrd] *n.* 널빤지; 게시판; 판지; 식사; 회의, 위원회; 성, 국, 부, 원, 청; (*pl.*) 무대; (배의) 갑판, 현(舷), 선내; 《美》 (기차 등의) 차내 ~ *and lodging* 식사를 주는 하숙 *on* ~ 배 [기차, 비행기] 를 타고 *go* [*get*] *on* ~ 승선 [승차]하다: *go on* ~ *a ship* 승선하다 *take ... on* ~ …을 싣다 [태우다] —*vt.* 침식을 제공하다, 하숙시키다; 승선 [승차]하다 —*vi.* 하숙[기숙]하다 ~ *out* 외식하다 ~·**er** *n.* 하숙인, 기숙생

board·ing [bɔ́ːrdiŋ] *n.* 하숙; 승선, 승차 *a* ~ *pass* 탑승권, 승선권 ~ *procedures* [*process*] 탑승 수속

board·ing·house [◁hàus] *n.* (식사를 주는) 하숙집; 기숙사

boast [boust] *vi.*, *vt.* 자랑하다, 자랑이다 《of, about, that》 —*n.* 자랑

boat [bout] *n.* 보우트, 작은 배; (일반적으로) 배: take a ~ 승선하다 / a sightseeing ~ 유람선

bóat ràce 보우트 레이스

boat-swain [bóusn, bóut-swèin] *n.* (상선의) 갑판장

bob [bab/bɔb] *vi.* 깐닥 움직이다; 꾸뻑 절하다 《at》 —*vt.* 깐닥 움직이다; 짧게 자르다 —*n.* (시계·저울 등의) 추; 낚시찌; 단발머리; 깐닥 움직이기; 꾸뻑 절하기

bob·sled [bábslèd / bɔ́b-], **-sleigh** [-slèi] *n.* 연결썰매, 봅슬레이

BOD = biochemical oxygen demand(⇒biochemical)

bode [boud] *vt.*, *vi.* 전조가 되다

bod·i·ly [bádili/bɔ́d-] *a.* 몸의, 육체의

bod·y [bádi/bɔ́di] *n.* 몸; 동체; 시체; 주요부; (서적·편지 등의) 본문; 차체, 선체, 기체; 물체; 일단, 단체 ~ *and soul* 몸도 마음도, 온 심신을 *in a* ~ 한 덩어리가 되어

bódy Énglish 《美》 던진 공의 움직임을 고쳐보려는 무의식적 동작

bod·y·guard [bádigàːrd/bódigàːd] *n.* 호위(병), 경호원

bódy lànguage 육체언어(의사 전달을 위한 몸짓·표정)

bod·y·suit [◁sùːt/-s(j)uːt] *n.* 보디수우트(몸에 꼭 맞는 경쾌한 여성복)

Boe·ing [bóːiŋ] *n.* 미국의 항공기 제조회사; 그 회사에서 만든 항공기

bog [bag, bɔːg/bɔg] *n.* 늪, 수렁

bo·gey [bóugi] *n.* 〖골프〗 보우기(기준 타수(par)보다 1타수 많음)

Bo·go·tá [bòugətáː] *n.* 보고타 (남미 콜롬비아의 수도)

Bo·he·mi·an [bouhíːmiən] *a.* 보헤미아(Bohemia)의, 방랑적인; 자유분방한 —*n.* 방랑자, 보헤미안

boil[1] [bɔil] *vi.*, *vt.* 끓(이)다; 삶(기)다; 비등하다 [시키다]; 흥분[격분]하다: a ~*ed egg* 삶은 달걀

boil[2] *n.* 종기, 부스럼

boil·er [bɔ́ilər] *n.* 끓이는 기구 (남비·솥 등); 증기솥; 보일러

boil·ing [bɔ́iliŋ] *a.* 비등하는; 격분하는; 몹시 뜨거운 —*n.* 끓음; 비등

bóiling pòint 비등점

Bois de Bou·logne [bwɑːdə-buːlóun, -buːlɔ́ːnj] 불로뉴의 숲 (파리 서쪽에 있는 대공원)

bois·ter·ous [bɔ́ist(ə)rəs] *a.* 떠들썩한; 사나운

bold [bould] *a.* 대담한; 뻔뻔스러운; 두드러진; (문자 등) 굵은

Bo·liv·i·a [bəlíviə] *n.* 볼리비아 (남미 중서부의 공화국)

Bo·lo·gna [bəlóunə/-njə] *n.* 볼로냐 (이탈리아 북부의 도시); [b~ (sausage)] 볼로냐소시지

bolt [boult] *n.* 빗장; 볼트 (*cf.* nut); 번개 —*vt.* 빗장을 걸다, 볼트로 죄다; (식사를) 급히 삼키다

bomb [bam/bɔm] *n.* 폭탄 —*vt.* 폭격하다

bom·bard [bambɑ́ːrd/bɔm-] *vt.* 포격[폭격]하다

Bom·bay [bambéi/bɔm-] *n.* 봄베이 (인도 최대의 도시)

bo·nan·za [bounǽnzə] *n.* 노다지; 대성공

bon·bon [bánban / bɔ́nbɔn] *n.*

봉봉, 사탕과자 [F]

bond [band/ bɔnd] n. 묶는 것; 기반(羈絆); (pl.) 구속; 계약; 증서, 채권; 〖세관〗보세창고 유치 —vt. 보세창고에 맡기다, 저당잡히다; (증권으로) 지불을 약속하다

bond·age [bándidʒ/bɔ́n-] n. 속박, 굴종; 얽매인 몸, 노예신세

bónd·ed fáctory [⌐id] 보세공장 「류 상가)

Bónd Strèet 본드가 (런던의 일

bone [boun] n. 뼈; 골제품; (pl.) 해골, 시체; (pl.) 주사위 *to the ~* 뼈속까지, 철저히

bone-dry [⌐drái] a. 바싹 마른

Bo·nin [bóunin] n. ~ **Islands** 오가사와라제도

bon jour [bɔ̀ʒuːr] F. 안녕하십니까 (낮인사)

Bonn [ban/bɔn] n. 본 (서독의 수도)

bon soir [bɔ̀swaːr] F. 안녕하십니까 (밤인사)

bo·nus [bóunəs] n. 보우너스

bon vo·yage [bɑ̀nvwaiɑ́ːʒ/bɔ̀n-] (배타는 사람에게) 안녕히 다녀오시오 [F]

bon·y [bóuni] a. 뼈의; 야윈, 앙상한

boo·by [búːbi] n. 바보, 얼간이: a ~ prize 꼴찌상

bóo·by tràp [búːbi] 은밀히 장치한 폭발물

book [buk] n. 책; (*the* B~) 성경; 권(卷), 편: a guest ~ 숙박부/~ review 서평/~ value 장부가격 ~ *of tickets* 회수권 —vt. 기장하다; (방·좌석 등을) 예약하다 (reserve); (극장·열차 등의 표를) 사다: ~ a seat 좌석을 예약하다; ~ a passage for Paris 파리까지의 표를 사다 —vi. 예약하다; 《英》 출찰하다; 기장하다 *already ~ed* 예약필 *be ~ed for …* 행 표를 사놓고 있다 *be ~ed up* 예매가 매진되다 *~.through to …* 까지의 직행표를 사다

book·case [⌐kèis] n. 책장

book·ing [búkiŋ] n. 예약하기; 기입; 출찰: a ~ clerk 출찰계; (호텔의) 예약계/a ~ office 《英》 출찰 [매표]소 (《美》 a ticket office) /~ commission 예약 수수료

book·keep·ing [⌐kìːpiŋ] n. 부기 「자

book·let [⌐lit] n. 팜플렛, 소책

book·sell·er [⌐sèlər] n. 책장수, 서적상인

book·stall [⌐stɔ̀ːl] n. 서적매점, 고본 노점; 《英》 신문매점

book·stand [⌐stænd] n. 서적 매점; 서가, 책꽂이

book·store [⌐stɔ̀ːr] n. 《美》 서점, 책방

boom [buːm] n. 벼락경기 [인기], 붐; 우르르하는 소리 —vi. 갑자기 경기가 좋아지다 [인기가 오르다]; 우르르 울리다 「우머랭

boom·er·ang [búːməræŋ] n. 부

boon [buːn] n. 혜택, 은혜

boost [buːst] 《美俗》 vt. 밀어올리다; 후원하다; (값을) 올리다 《up》 —n. 후원; (값의)인상

boot [buːt] n. 《英》 부츠, 장화 (*cf.* shoe); (마차·자동차의) 짐칸: high ~s 《英》 장화 —vt. 구두를 신기다

boot·black [⌐blæk] n. 《美》 구두닦이 (《英》 bootpolish)

booth [buːθ, buːð/buːð] n. (시장 등의) 매점; 간막이한 작은 방; (전화 등의) 복스: a telephone ~ 《美》 전화실

boot·jack [búːtdʒæk] n. 장화벗는 기구

Bor·deaux [bɔːrdóu] n. 보르도 (프랑스 서남부의 항구도시; 그곳에서 나는 포도주)

bor·der [bɔ́ːrdər] n. 가장자리, 변두리; 경계, 국경 (지방) —vi., vt. 인접하다; 가장자리를 만들다

bor·der·land [⌐lænd] n. 국경지대

bor·der·line [⌐làin] n. 경계선 —a. 경계선상의; 이도저도 아닌, 아슬아슬한

bore¹ [bɔːr] vt., vi. (구멍을) 뚫다; 지루하게 [지겹게] 하다 《with》: be ~d to death 몹시 지루하다

bore² v. bear²의 과거

bore·dom [bɔ́ːrdəm] n. 지루함, 권태

bor·ing [bɔ́ːriŋ] a. 지루한

born [bɔːrn] v. bear²의 과거분사 —a. 타고난 「분사

borne [bɔːrn] v. bear²의 과거

Bor·ne·o [bɔ́ːrniòu] n. 보르네오섬

bor·ough [bə́ːrou/bʌ́rə] n. 《英》 자치도시; 《美》 자치시 [읍]; (New York 시의)구

bor·row [bɔ́ːrou, bár-/bɔ́r-] vt., vi. 빌다, 차용하다

borsch(t) [bɔːrʃ(t)/bɔːʃ(t)] n. 보르시치 (러시아식 짙은 수우프)

bos·om [búzəm] n. 가슴; 흉중, 마음; 내부: a ~ friend 친한 친구

boss [bɔːs, bas/bɔs] n. 주인; 우두머리, 보스 (사장·상사 등)

Bos·ton [bɔ́:st(ə)n/ bɔ́s-] *n.* 미국 Massachusetts 주의 수도

bo·tan·i·cal [bətǽnik(ə)l] *a.* 식물학(상)의: ~ gardens 식물원「학

bot·a·ny [bátəni/ bɔ́t-] *n.* 식물

both [bouθ] *pron., a.* 양쪽(의), 둘 다(의) —*ad.* 《both ... and의 형태로》둘다, 어느 쪽이나, …도 …도

both·er [báðər/ bɔ́ðə] *vt.* 괴롭히다, 귀찮게 굴다 —*vi.* ´속을 썩이다 *Don't ~!* 신경쓰지 마십시오 —*n.* 성가심; 골칫거리

bot·tle [bátl/ bɔ́tl] *n.* 병; 한 병(의 양): a ~ opener 병마개 따개 *over a ~* 술을 마시면서 —*vt.* 병에 담다

bot·tle·neck [⌐nèk] *n.* 애로

bot·tom [bátəm/ bɔ́t-] *n.* 밑바닥; 근저; 진상; (산)기슭; 말석; 꼴찌; 선저, 선복, 선박; (의자의) 앉는 부분 *at (the) ~* 마음속으로는, 사실은 *B ~ s up!* 건배 —*vi., vt.* 근거를 두다, 근거로 삼다 《*on, upon*》; 바닥에 닿다 ~·**less** *a.* 밑없는, 헤아릴 수 없는

bough [bau] *n.* 큰 가지

bought [bɔ:t] *v.* buy의 과거(분사)

bouil·la·baisse [bù:ljəbéis] *F. n.* 부이야베스 (남프랑스 명물인 생선스튜우)

bouil·li [bu:jí:] *F. n.* 삶은 [찜] 고기

bouil·lon [bú:ljan/ bú:jɔ̃:(ŋ)] *F. n.* 부이용 (고깃국물)

boul·e·vard [bú(:)ləvà:rd/ bú:l-và:, -va:d] *n.* 한길, 대로

bounce [bauns] *vi.* 튀다; 뛰어오르다 —*vt.* 튀게 하다, 바운드시키다 —*n.* 뜀, 뛰어오르기

bound¹ [baund] *n.* (보통 *pl.*) 한계, 경계; 범위: go beyond [keep within] ~s 도를 지나치다 [지나치지 않다] —*vt.* 접경하다; 제한하다

bound² *vi., vt.* 튀(게 하)다; 뛰어오르다 —*n.* 뜀, 바운드

bound³ *v.* bind의 과거(분사) —*a.* 묶인; 속박된; …할 의무가 있는 《*to*》

bound⁴ *a.* …행의 《*for, to*》: a ship ~ for …행의 배

bound·a·ry [báund(ə)ri] *n.* 경계 (border); 한계 (limit); 범위

boun·ty [báunti] *n.* 자비심, 관대; 하사품, 장려금

bou·quet [boukéi, bu:- / bú(:)-kei] *n.* 꽃다발

bout [baut] *n.* 한바탕 일하기; 경기, 시합; 병의 발작

bou·tique [bu:tí:k] *n.* 고급양장점 [F]

bow¹ [bou] *n.* 활; (현악기의) 활; 나비꼴 매듭 [넥타이] ~ *tie* 나비넥타이 —*vt., vi.* 활모양으로 휘다

bow² [bau] *n.* 절 —*vi.* 절하다; 굴복하다 《*to*》 —*vt.* 구부리다; 굴복시키다

bow³ [bau] *n.* (때로 *pl.*) 선수, 뱃머리 (*cf.* stern)

bow·el [báuəl] *n.* 창자; (보통 *pl.*) 장(전체); (*pl.*) 내부

bowl [boul] *n.* 사발, 주발, 공기; (수저 등의) 오목한 곳 ~·**ful** *n.* 한 사발(의 분량)

bowl·ing [bóuliŋ] *n.* 보울링: a ~ alley 보울링장

box [baks/ bɔks] *n.* 상자; 한 상자(의 양); 간막이 좌석; 파수막, 초소; 마부석; 교차점; 〖야구〗 투수[타자]석: a police ~ 파출소 —*vt.* 상자에 넣다; 간막이하다

box·ing [báksiŋ/ bɔ́ks-] *n.* 권투

Bóx·ing Dày 《英》 크리스마스 다음날 (우체부 등에게 선물 (Christmas box)을 주는 날)

bóx òffice (극장의) 매표소

boy [bɔi] *n.* 소년 (*cf.* girl); 아들; 급사, 보이 ~·**hood** *n.* 소년기

boy·cott [bɔ́ikàt/ -kət] *n.* 불매동맹, 보이콧 —*vt.* 보이콧하다; 따돌리다

brace [breis] *n.* 버팀대, 지주; (*pl.*) 《英》 바지멜빵 —*vt.* (지주로)버티다; 죄다; 긴장시키다

brack·et [brǽkit] *n.* 〖建〗까치발; (때로 *pl.*) 괄호; 같은 계층: high income ~s 고소득층

brag [bræg] *vi., vt.* 자랑하다

braid [breid] *n.* 짠[끈] 끈, 연사(撚絲); 납작한 끈 —*vt.* 짜다, 꼬다, 땋다

brain [brein] *n.* 뇌, 골; (보통 *pl.*) 두뇌, 지력(知力)

bráin trùst 《美》고문단

brain·wash [⌐wàʃ/-wɔ̀ʃ] *n., vt.* 세뇌(하다)

bráin wàve 뇌파

braise [breiz] *vt.* (고기 등을) 덖은 다음 천천히 지지다

brake [breik] *n.* 브레이크 —*vi., vt.* 브레이크를 걸다

branch [bræntʃ/ brɑ:ntʃ] *n.* 가지; 지류; 지점, 지부, 지선; 부분 —*vi.* 가지가 나오다 《*forth*》; 분기하다

brand [brænd] *n.* 상표, 품질; 낙인; 타다남은 나무 —*vt.* 낙인을 찍다; 오명을 씌우다

Bran·den·burg·er Gate [brǽndenbə́rgərgéit] 브란덴부르그 문(동서베를린의 경계)

brand-new [brǽn(d)n(j)ú:/-njú:] *a.* 신품인, 아주 새로운

bran·dy [brǽndi] *n.* 브랜디: ~ and soda 소오다수를 탄 브랜 디/~ and water 물 탄 브랜디

Bra·sil·ia [brəzí:ljə] *n.* 브라질 리아 (브라질의 수도)

brass [bræs/brɑːs] *n.* 놋쇠; (보 통 *pl.*) 놋쇠제품; (the ~) 취주 악기

brave [breiv] *a.* 용감한 (bold), 씩씩한 —*n.* 용사 —*vt.* (곤란 등에) 용감히 맞서다

brawl [brɔːl] *n.*, *vi.* 말다툼 (하 다), 언쟁(하다)

bra·zen [bréizn] *a.* 놋쇠로 만든

Bra·zil [brəzíl] *n.* 브라질

breach [briːtʃ] *n.* 깨뜨리기, 위 반, 불이행

bread [bred] *n.* 빵; 음식, 양식; 생계 ~ *crumb* 빵의 말랑한 부분; 빵가루 ~ *and butter* [brédnbátər] 버터바른 빵; 호 구지책 *break* ~ *with* …과 식사를 같이하다

breadth [bredθ, bretθ] *n.* 폭, 너비 (*cf.* broad); (마음의) 여 유, 관용

break [breik] *v.* (*p.* **broke**, *pp.* **bro·ken**) *vt.* 부수다, 깨다; (큰 돈을) 헐다; (여행 등을) 중단하다; (저항 등을) 꺾다; (비밀 등을) 누설하다: *one's journey* 도중하차하다 —*vi.* 부서지다, 흩어지다, 꺾이 다; (날씨가) 변하다; 헤쳐나가 다 (*in, through*); (폭풍등이) 갑자기 일어나다; 날이 새다; (목소리가) 변하다; 쇠약해지다 ~ *down* 고장나다; (건강이) 쇠퇴하다; 주저앉아 울다 ~ *into* …에 침입하다; 갑자기 … 하기 시작하다; (큰 돈을) 헐다 ~ *out* 일어나다, 발생하다 —*n.* 깨짐, 파괴, 깨진 틈; 중단; 짧은 휴식 Let's take a ~. 잠 깐 쉬자

break·a·ble [bréikəbl] *a.* 깨지 기 쉬운 (fragile) —*n.* (*pl.*) 깨 지기 쉬운 것

break·down [bréikdàun] *n.* (기계 등의) 고장, 파손; (건 강의) 쇠약; 붕괴; 분석

break·fast [brékfəst] *n.* 조반 —*vi.*, *vt.* 조반을 먹다[주다]

break·through [bréikθrù:] *n.* 급진전, 돌파구

breast [brest] *n.* 가슴; 유방; 마 음속 「영(平泳)」

breast·stroke [ᅩstròuk] *n.* 평

breath [breθ] *n.* 숨, 호흡; 미

풍 *hold* [*keep*] *one's* ~ 숨을 죽이다 *under* [*below*] *one's* ~ 소곤소곤

breathe [briːð] *vi.* 호흡하다; 휴 식하다 (rest); (바람이) 솔솔 불다 —*vt.* 호흡하다; (생명을) 불어넣다 (*into*); 속삭이다; 쉬 게 하다; (향기 등을) 발산하다

breath·less [bréθlis] *a.* 숨가쁜, 숨을 죽인 ~**·ly** *ad.*

breath-tak·ing [bréθtèikiŋ] *a.* 손에 땀을 쥐게 하는, 아슬아 슬한 「사)

bred [bred] *v.* breed의 과거

breech·es [brítʃiz] *n. pl.* (승마 용) 반바지; 《俗》 바지

breed [briːd] *vi.*, *vt.* (*p.*, *pp.* **bred**) 낳다, 부화하다; 번식시 키다, 사육[양육]하다; 발생시 키다 —*n.* 품종; 종류 ~**·er** *n.* 종축(種畜); 사육자

breeze [briːz] *n.* 미풍; 《英口》 소동 —*vi.* 미풍이 불다 **bréez-y** *a.* 미풍이 부는, 쾌활한

Bre·men [bréimən] *n.* 브레멘 (서독 북부의 항구도시)

breth·ren [bréðrin] *n. pl.* (⇨ brother) 동포 (현재는 혈연관 계에는 안씀); 교우(敎友), 동 업자

brev·i·ty [bréviti] *n.* 간결함

brew [bruː] *vt.*, *vi.* 양조하다; (차 등을) 끓이다; (음모 등을) 꾸미다; 무르익다 —*n.* 양조 (량) ~**·er·y** [brú(ə)ri] *n.* 양조장

bribe [braib] *n.*, *vi.*, *vt.* 뇌물 (을 주다) 「동품

bric-a-brac [bríkəbræk] *n.* 골

brick [brik] *n.* 벽돌; (쌓기놀이 의) 토막나무 「의

brid·al [bráidl] *a.* 신부의; 혼례

bride [braid] *n.* 신부 「랑

bride·groom [ᅩgrù(ː)m] *n.* 신

bridge [bridʒ] *n.* 다리; 선교, 함 교; 콧마루; 《카아드놀이》 브 리지

bri·dle [bráidl] *n.* 말굴레 (고 삐 등의 총칭); 《海》 계선삭 (繫船索)

brief [briːf] *a.* 짧은; 간단한 *to be* ~ 간단히 말하면 —*n.* 요 점, 개요; (로마교황의)교서(bull 보다도 비공식); (*pl.*) 《美》팬티 *in* ~ 요는, 요컨대

brief case 서류가방

brief·ing [bríːfiŋ] *n.* 간결한 보

brig [brig] *n.* 두대박이 「고

bri·gade [brigéid] *n.* 《軍》 여 단; 조, 대: a fire ~ 소방대

bright [brait] *a.* 빛나는, 밝은; 갠; 영리한 —*ad.* 빛나서, 밝 게, 선명하게

bright·en [bráitn] *vt.* 빛내다, 밝게 하다 —*vi.* 빛나다, 밝아 오다 「치

brill [bril] *n.* 〔魚〕 가자미; 넙

bril·liant [bríljənt] *a.* 빛나는, 반짝이는; 훌륭한; 재치있는

brim [brim] *n.* 가장자리, 테두리

brine [brain] *n.* 소금물

bring [briŋ] *vt.* (*p., pp.* brought) 가져[데려]오다, 같이 오다; 오게 하다; 초래하다; 생기게 하다; 이끌다, …하도록 유도하다, 일으키다 ~ *about* 생기게 하다, 야기시키다 ~ *back* 도로 데려오다; 상기시키다 ~ *down* 쏘아 떨어뜨리다, 끌어 내리다; 넘어뜨리다 ~ *forth* 낳다 ~ *forward* 제출[제기] 하다 ~ *in* 들여[데려]오다; 소개하다, 수입하다; (이익을) 낳다 ~ *on* 야기시키다 ~ *out* 가지고 [데리고] 나오다; 발표 [공표]하다 ~ *over* 넘겨주다 ~ *to* (배를) 세우다, 서다 ~ *up* 기르다; (문제를) 제기하다

brink [briŋk] *n.* (벼랑의)가장자리; 물가; (…할)순간

bri·oche [bríːouʃ, -ɑʃ/ -ɔʃ, -ouʃ] F. *n.* 말랑한 과자빵의 일종

Bris·bane [brízbein, -bən] *n.* 오스트레일리아 동부의 항구도시

brisk [brisk] *a.* 활발한 「시

bris·tle [brísl] *n.* 강모, 센털 —*vt., vi.* 곤두세우다 [서다]

Brit·ain [brít(ə)n] *n.* 영국 (Great Britain 의 약칭)

Brit·ish [brítiʃ] *a.* 영국(인)의 —*n.* 영어; (the ~) 《총칭》영 국민[인] *the ~ Museum* 대 영박물관

Brit·on [brít(ə)n] *n.* 브리튼인(고 대영국남부에 살았음); 영국인

broad [brɔːd] *a.* 넓은; 관대한

broad·cast [△kæst/–kàːst] *vi., vt.* (*p., pp.* -cast *or* ~ed)방송하 다; 흩뿌리다 —*n.* 방송 (프로); 흩뿌리기

broad·en [brɔ́ːdn] *vi., vt.* 넓어 지다, 넓히다

broad-mind·ed [brɔ́ːdmáindid] *a.* 도량이 넓은

Broad·way [△wèi] *n.* New York 의 극장가

bro·chure [brouʃúər/ bróuʃjuə] *n.* 팜플렛 [F]

broil [brɔil] *vi., vt.* 굽다 —*n.* 굽기; 불고기; 염열(炎熱) ~-er *n.* 불고기판; (구이용)닭고기

broke [brouk] *v.* break 의 과거

bro·ken [bróuk(ə)n] *v.* break 의 과거분사 —*a.* 깨진, 부러 진, 망가진; 변칙의, 엉터리의: ~ English 엉터리 영어

bro·ken-heart·ed [△háːrtid] *a.* 실연한, 비탄에 잠긴

bro·ker [bróukər] *n.* 브로우커, 중매인

bró·mide pàper [bróumaid] 브로마이드 인화지[사진]

bron·chi·tis [braŋkáitis/brɔŋ-] *n.* 기관지염

bron·co [bráŋkou/ brɔ́ŋ-] *n.* (*pl.* ~s) 미국 서부산의 야 생마 ~ *busting* 야생마타기 (카우보이의 경기) (*cf.* rodeo)

bronze [branz/ brɔnz] *n.* 청동; 청동제품 —*a.* 청동의 —*vt., vi.* 청동색이 되(게하)다

brooch [broutʃ] *n.* 브로우치

brood [bruːd] *n.* (한 배의) 병 아리; 어린아이들 —*vi., vt.* (알 을) 품다; (구름·근심 등이) 뒤 덮다; 곰곰 생각하다

brook [bruk] *n.* 시내 (stream)

Brook·lyn [brúklin] *n.* 뉴우요 오크시의 한 구

broom [bruː)m] *n.* 비(청소도구)

broth [brɔːθ/ brɔ(ː)θ] *n.* 묽은 고 기 수우프 「갈보집

broth·el [brɔ́θəl, -ðəl/ brɔ́ːθl]*n.*

broth·er [brʌ́ðər] *n.* (*pl.* ~s, brethren) 형제; 동료; 동업자; 동포; 교우(敎友) ~-*in-law* 매 부, 처남 ~-*hood* *n.* 형제 [동 포·동료]임, 형제간; 조합

brought [brɔːt] *v.* bring 의 과거 (분사)

brow [brau] *n.* (보통 *pl.*) 눈 썹; 이마; 산[벼랑]의 끝

brown [braun] *a.* 갈색의: ~ bread 흑빵/~ sugar 흑설탕 *do* ~ 노르께하게 굽다 —*n.* 갈색

browse [brauz] *n.* 새싹 [잎], 순 —*vt., vi.* 1 (소 등이 새싹 을)뜯어먹다, 뜯게 하다 2 (책 을)훑어보다, 상품을 구경하다

bruise [bruːz] *n.* 타박상, 멍 —*vt., vi.* 타박상을 입히다

brunch [brʌntʃ] *n.* 《口》 조반 겸 점심

brunet, -nette [bruːnét] *a., n.* 거무스름한 눈과 머리를 가진 (사람)

brush [brʌʃ] *n.* 브러시, 솔; 붓; 화필; (the~) 화법, 회화; (여 우 등의) 꼬리; 스치기 —*vt., vi.* 솔질하다; 털다; 스치다 ~ *up* 연마하다

Brus·sels [brʌ́slz] *n.* 브뤼셀 (벨기에의 수도) ~ *sprouts* 싹눈양배추

bru·tal [brúːt(ə)l] *a.* 짐승같은, 잔인한

brute [bruːt] *n.* 짐승 (같은 사 람); 수성(獸性) —*a.* 짐승 같

은, 잔인한

b.s.= bill of sale 매도증서; balance sheet 대차대조표

bub·ble [bʌ́bl] n. 거품 —vi., vt. 거품이 일다[일게 하다]

Bu·cha·rest [b(j)ùːkərést/⌐—, ⌐—⌐] n. 부카레스트(루마니아 의 수도)

buck [bʌk] n. 수사슴, (동물의) 수컷 「통

buck·et [bʌ́kit] n. 바께쓰, 들

Búck·ing·ham Pàlace [bʌ́kiŋ-əm] (London 의) 영국왕궁

buck·le [bʌ́kl] n. 죔쇠, 버클 —vt., vi. (버클로) 죄다 「죽

buck·skin [bʌ́kskin] n. 사슴가

bud [bʌd] n. (잎)눈, 꽃눈, 꽃 봉오리 —vi., vt. 싹트다 (out); 눈접하다

Bu·da·pest [b(j)úːdəpèst, ⌐—⌐] n. 부다페스트(헝가리의 수도)

Bud·dha [búdə] n. 부처 「교

Bud·dhism [búdiz(ə)m] n. 불

Bud·dhist [búdist] n. 불교도

bud·dy [bʌ́di] n. 《美口》 동료

budge [bʌdʒ] vi., vt. 《부정구문》 움직이(게 하)다, 꼼짝하다

budg·et [bʌ́dʒit] n. 예산(안); 무더기, 다발

Búdget Mèssage (미국대통령 의)예산교서

Bue·nos Ai·res [bwéinəsáiriz, bóunəsé(ː)riːz / bwénəsáiəriz] 부에노스아이레스 (아르헨티나 의 수도)

buf·fa·lo [bʌ́fəlòu] n. (pl. ~(e)s, 《총칭》~) 물소, 《美》 들소

búff·er zòne [bʌ́fər] 완충지대

buf·fet n. **1** [bʌféi/ bʌ́fit] 찬장, 뷔페; **2** [buféi, ⌐—/⌐—] 간이식당, 뷔페: a ~ car 식당차/ a ~ lunch 〔셀프 서어비스식〕 간이 점심/a ~ restaurant 일정한 요금으로 마음대로 먹는 식당

bug [bʌg] n. 《美》 벌레, (특히) 투구풍뎅이; 《英》 빈대; Volks-wagen 의 애칭;《俗》 도청장치

bug·gy [bʌ́gi] n. 1인용 마차; 《美俗》 자동차

bu·gle [bjúːgl] n. 군대나팔

Bu·ick [bjúːik] n. 미국 GM 사 제의 자동차

build [bild] vi., vt. (p., pp. **built** [bilt]) (집이) 세워지다, 짓다, 건설[건축]하다 —n. 구 조; 체격

build·ing [bíldiŋ] n. 건(축)물

built-in [bíltin] a. (가구·시설 이)붙박이의

bulb [bʌlb] n. 〔植〕 구근; 전구

bulge [bʌldʒ] n. (통 등의)배 —vi., vt. 부풀(리)다

bulk [bʌlk] n. 부피, 용적; 대부

분 (of); 뱃짐, 선하 ~·y a. 부 피가 큰, 방대한

bulk·head [bʌ́lkhèd] n. 배의 간막이벽

bull [bul] n. 황소; (코끼리·고래 등의) 수컷; 〔商〕 매방(買方); (로마교황의)교서 (cf. brief)

bull·dog [búldɔ̀ːg/-dɔ̀g] n. 불 독(개); 끈질긴 사람

bull·doz·er [búldòuzər] n. 불 도우저; 《美俗》 협박자

bul·let [búlit] n. 탄환, 소총탄

bul·le·tin [búlitin] n. 고시, 게시

bull·fight [búlfàit] n. 투우

bull·frog [búlfrɑ̀g, -frɔ̀ːg/ -frɔ̀g] n. 식용 개구리

búll pèn 《美》 소우리; 《美》 유 치장; 〔야구〕 투수 연습장

búll rìng 투우장

bul·wark [búlwərk] n. 성채, 보루; 방파제, 보호물

bump [bʌmp] vi. 충돌하다; 쿵 떨어지다; (차가) 덜컹거리며 나아가다 —vt. 쾅 부딪치다 — n. 충돌; 동요; 혹

bump·er [bʌ́mpər] n. 《美》 (자 동차의) 완충기; 부딪치는 사람 [것] 「기

bump·kin [bʌ́mpkin] n. 시골뜨

bunch [bʌntʃ] n. 송이, 다발; 《口》 (사람의) 떼, 무리 —vt. 다발로 짓다 —vi. 한떼가 되 다, 모이다

Bun·des·bank [búndəsbæ̀ŋk] n. 서독 중앙은행

bun·dle [bʌ́ndl] n. 다발, 꾸러미 —vt. 꾸리다, 다발짓다 「로

bun·ga·low [bʌ́ŋgəlòu] n. 방갈

bunk [bʌŋk] n. (배·기차·막사 등의) 선반식 침대

bunk·er [bʌ́ŋkər] n. (배의) 석 탄고; 〔골프〕 모래구멍; 벙커

búnker òil 벙커유

bun·ny [bʌ́ni] n. 《口》 토끼; 《美口》 다람쥐 ~ **girl** 토끼 모양을 한 호스테스

bunt [bʌnt] n. (뿔로) 찌르기, (머리로) 받기; 〔야구〕 번트 —vi., vt. 찌르다, 받다; 〔야 구〕 번트하다

buoy [bɔi, +美 búːi] n. 부표; 구명부대(浮袋)

buoy·ant [bɔ́iənt, +美 búːjənt] a. 뜨는; 탄력있는, 경쾌한

Bur·ber·ry [báːrbèri, -bəri/ -bəri] n. 방수포 〔복〕

bur·den [báːrdn] n. 짐 (load), 부담, 의무; 근심; 적재량 —vt. 짐을 지우다; 괴롭히다

bu·reau [bjú(ː)rou] n. (pl. ~s, ~x[-z]) 성, 국, 부; 관청;《英》 서랍달린 큰 책상

bu·reauc·ra·cy [bju(ː)rákrəsi/

-rɔ́k-] *n.* 관료정치; 《총칭》관료

bu·reau·crat [bjú(ː)rəkræt] *n.* 관료; 관료주의자

bur·glar [bə́ːrglər] *n.* (밤)도둑

Bur·gun·dy [bə́ːrgəndi] *n.* 부르고뉴 포도주(프랑스 동남부산의 적포도주) 「식

bur·i·al [bériəl] *n.* 매장, 장례

Bur·ma [bə́ːrmə] *n.* 버어마

Bur·mese [bəːrmíːz] *a.* 버어마의, 버어마 사람[말]의 —*n. sing. & pl.* 버어마 사람[말]

burn [bəːrn] *v.* (*p., pp.* **burnt** *or* ~**ed**) *vi.* 타다; 빛나다; 노하다; 열중하다 —*vt.* 태우다 —*n.* 화상; 햇볕에 타기; 눋기: receive ~s 화상을 입다

burn·er [bə́ːrnər] *n.* 태우는 사람; 연소기, 버어너

burn·ing [bə́ːrniŋ] *a.* 불타는; 열렬한

burnt [bəːrnt] *v.* burn의 과거(분사) —*a.* 탄, 눋은; 덴

bur·row [bə́ːrou/bʌ́r-] *n.* (토끼 등의) 굴; 숨는 곳 —*vi., vt.* 구멍을 파다; 숨다; 찾다

burst [bəːrst] *v.* (*p., pp.* **burst**) *vi.* 파열[폭발]하다, 터지다; 갑자기 …하다 —*vt.* (안에서) 터뜨리다, 파열시키다 ~ *into* 갑자기 …하다 ~ *out* 뛰어나가다; 갑자기 …하기 시작하다 —*n.* 파열, 폭발, 돌발

bur·y [béri] *vt.* 매장하다; 가리다; 잊다 ~ *at sea* 수장하다

bus [bʌs] *n.* (*pl.* ~**es,** ~**ses** [bʌ́siz]) 버스, 합승자동차; 단거리 왕복비행기: a ~ termi-nal 버스 터어미날/a ~ stop 버스 정류소

bus·boy [⌐bɔ̀i] *n.* 《美》식당 웨이터의 조수[잡일꾼]

bush [buʃ] *n.* 관목, 덤불; 삼림

bush·el [búʃ(ə)l] *n.* 부셸 (건량의 단위, 약 36*l*)

bus·i·ly [bízili] *ad.* 바쁘게

busi·ness [bíznis] *n.* 직업, 일; 장사, 상점; 사건, 문제: a ~ college [school] 《美》실업학교/~ hours 영업시간/a ~ firm 상사회사/a ~ trip [trav-eler] 상용여행 [여행자] *know one's* ~ 자기 할일을 잘 알고 있다 *on* ~ 볼일[용무]로

busi·ness·like [⌐làik] *a.* 사무[실제]적인

busi·ness·man [⌐mæ̀n] *n.* (*pl.* -**men** [-mèn]) 실업가; 사무가

bust [bʌst] *n.* 반신상, 흉상; 흉부

bus·tle [bʌ́sl] *vi.* 법석대다, 부산떨다 《*about*》 —*vt.* 서두르게 하다, 몰아치다 —*n.* 법석, 혼잡

bus·y [bízi] *a.* 바쁜, 부지런히

일하는; 번화한; (전화가) 통화중인: Line's ~. 통화중입니다 (=《英》Number's engaged.) —*vt.* 바쁘게 하다[일시키다]

bus·y·bod·y [bízibàdi/-bɔ̀di] *n.* 남의 일에 참견 잘하는 사람

but [bʌt, bət] *conj.* 1 《반대》그러나, 그렇지만 2 …이 아니고 3 …하지 않으면, …아니면 —*pron.* 《관계대명사》…아닌 (사람) —*ad.* 다만, …뿐: He has ~ just arrived. 방금 막 도착했다 —*prep.* …을 제외하고: all ~ me 나 말고는 모두 *all* ~ 거의 ~ *for* …이 없(었)다면 *cannot choose* ~ …하지 않을 수 없다

butch·er [bútʃər] *n.* 푸주한; 백정이; 《美》(열차내의)판매원

but·ler [bʌ́tlər] *n.* 집사, 하인우두머리

butt [bʌt] *vt.* (머리·뿔로) 받다 —*vi.* 부딪치다

but·ter [bʌ́tər] *n.* 버터

but·ter·fly [bʌ́tərflài] *n.* 《蟲》나비; 멋장이; 접영(蝶泳)

but·tocks [bʌ́təks] *n. pl.* 궁둥이

but·ton [bʌ́tn] *n.* (옷의) 단추; (초인종 등의) 누름단추

but·ton·hole [⌐hòul] *n.* 단추구멍; 《英》단추구멍에 꽂는 꽃

buy [bai] *vt., vi.* (*p., pp.* **bought**) 사다; 매수하다; (돈으로) 살 수 있다 ~ *on credit* 외상으로 사다, 매수하다 ~ *up* 매점하다

buy·er [báiər] *n.* 사는 사람; 구매계

buzz [bʌz] *vt., vi.* (벌 등이) 윙윙거리다, 와글와글 떠들다 —*n.* 윙윙소리, 웅성거리는 소리 ~·**er** *n.* 버저

BX =**b**ase **e**xchange 해군·공군의 물품판매소

by [bai] *prep.* 1 …곁에(서), 가까이에: North ~ East 동미북(東微北) 2 …을 경유하여: enter ~ the door 문으로 해서 들어가다 3 …에 .의해서 4 …까지에는 (*cf.* till): ~ now 지금쯤은 5 《표준·단위》…단위로, …으로: sell ~ the yard 야아드당 얼마로 팔다/~ the hour 시간 단위로 —*ad.* 1 옆에, 곁에 2 지나서: pass ~ 지나가다 ~ *and large* 전반에 걸쳐; 《美》대체로 ~ *the way* 그런데; 도중에

bye-bye [báibài] *int.* 《口·兒語》안녕!, 빠이빠이

by-e·lec·tion [báiilèkʃ(ə)n] *n.* 보궐선거

Bye·lo·rus·sia [bjèlourʌ́ʃə] *n.*

= White Russia 「의
by·gone [báigɔːn/-gɔn] *a.* 과거
BYOB = bring your own booze [bottle] 각자가 술을 갖고오는 파아티
by-pass [báipæːs/-pàːs] *n.* 바이패스, 우회도로 「샛길
by-path [bǽpæθ/-pàːθ] *n.* 옆길,
by·play·er [<plèiər] *n.* 조연자
by·prod·uct [<prɑ̀dəkt/-prɔ̀d-]

n. 부산물
by·stand·er [<stændər] *n.* 방관자, 구경꾼 「길
by-street [<striːt] *n.* 뒷길, 옆
Byz·an·tine [bíz(ə)ntiːn, -tàin, bizǽntin/bizǽntain] *a.* 비잔틴[동로마]제국의; 비잔틴식의 ~ *Empire* 비잔틴[동로마]제국 —*n.* 비잔틴사람; 비잔틴파의 건축가 〔화가〕

C

cab [kæb] *n.* 택시; 마차
cab·a·ret [kæbəréi/<-<] *n.* 카바레(의 여흥); 작은 테이블
cab·bage [kǽbidʒ] *n.* 양배추
cab·in [kǽbin] *n.* 오두막(hut); 승객실, (1·2등) 선실: ~ baggage 선실로 들고가는 짐 [cf. hold baggage]/ a ~ boy 선객 담당급사 /a ~ passenger 1·2 등 선객/ ~ plan 선내 배치도
cab·i·net [kǽbinit] *n.* 장, 농; 사실(私室); 진열장[실]; (때로 C~) 내각; 〔寫〕 캐비넷판
ca·ble [kéibl] *n.* 동아줄; 해저전선[전신] : by ~ 해저전신으로/ a ~ car 케이블카아/ ~ address (해외전보용) 전신약호/ a ~ form 전보용지/ send a ~ to …에 국제전보를 치다
cáble TV 유선 텔레비전(略: CATV)
ca·boose [kəbúːs] *n.* 기선의 조리실; 《美》 화물열차의 차장실
ca·ca·o [kəkéiou, -káː-] *n.* (pl. ~s) 〔植〕 카카오나무(의 열매)
cac·tus [kǽktəs] *n.* (pl. -ti [-tai], ~·es) 〔植〕 선인장
cad·die [kǽdi] *n.* 〔골프〕 캐디
cad·dish [kǽdiʃ] *a.* 야비한, 상스러운
cad·dy [kǽdi] *n.* = caddie
ca·det [kədét] *n.* (육해군)사관학교 생도, 사관후보생; 차남, 삼남, 아우
Cad·il·lac [kǽdilæk] *n.* 미국 GM 사제의 고급자동차
ca·fé [kəféi, kæ-/kǽfei] F. *n.* 코오피점, 다방; 요리점, 코오피: ~ au lait [<ouléi] 우유를 탄 코오피/ ~ noir [<nwáːr] = black coffee
caf·e·te·ri·a [kæfití(ː)riə] *n.* 《美》 셀프서어비스 간이식당
cage [keidʒ] *n.* 새장, 우리; 감옥
cairn [kɛərn] *n.* 도표(道標)
Cai·ro [káirou] *n.* 카이로(이집트의 수도)
cake [keik] *n.* 과자; (비누 등의) 단단한 덩어리, 한 개: a ~ of

soap 비누 한 개
Cal·ais [kǽlei] *n.* 칼레 (Dover 해협에 면한 프랑스의 도시)
ca·lam·i·ty [kəlǽmiti] *n.* 재난, 참화
cal·cu·late [kǽlkjuleit] *vi., vt.* 계산하다; 계획하다
cal·cu·la·tion [kæ̀lkjuléiʃ(ə)n] *n.* 계산; 예측
Cal·cut·ta [kælkʌ́tə] *n.* 캘커타 (인도 동북부의 항구도시)
cal·de·ra [kɑːldé(ː)rə] *n.* 〔地〕 칼데라
cal·en·dar [kǽlindər] *n.* 달력
calf [kæf/kɑːf] *n.* (pl. **calves**) 송아지; (코끼리·고래의)새끼
cal·i·ber [英] -bre [kǽlibər] *n.* (총포의) 구경, (탄환의)직경; 도량, 능력
cal·i·co [kǽlikou] *n.* (pl. ~es, ~s) 《英》 캘리코
Cal·i·for·nia [kælifɔ́ːrnjə] *n.* 미국 태평양연안의 주
calk, caulk [kɔːk] *vt.* (배의 널판 틈을) 뱃밥으로 메우다
call [kɔːl] *vi.* **1** 부르다, 외치다; (전화로)불러대다 **2** 방문하다 《on, at》 —*vt.* **1** 부르다, 외치다; 전화를 걸다; 이름짓다: C~ me at seven. 7시에 전화 주십시오/ C~ a taxi for me. 택시를 불러 주세요 **2** 불러오다; 초대[소집]하다 **3** 임명[명령]하다 ~ after (남의 이름을)따서 이름짓다 ~ away (주의를) 딴데로 돌리게 하다 ~ back 《주로 美》 나중에 다시 전화하다 ~ed game 〔야구〕 코울드게임 ~ for …을 요구하다; 가지러오다[가다] ~ off 취소하다; 딴곳으로 돌리다 ~ on [upon] 방문하다 ~ out 소집하다; 외치다 ~ over 점호하다 ~ to …을 상기하다; 전화로 불러내다 —*n.* 부르는 [외치는]소리; 소집; (짧은)방문: an emergency ~ 긴급전화/ collect ~ 《美》 요금 수화인 지불 전화/ a morning ~ (호텔에

서)아침에 깨워주는 전화/a per-son to person ~ 통화인 지정 전화 *at* [*on*] ~ 청구하는 대로

cáll bòx 소방서[경찰서] 연락용 전화;《英》공중전화실

call·boy [⌐bɔ̀i] *n.* (호텔의)보이

call·er [⌐ər] *n.* 방문자; 호출자

cáll girl (전화로 불리는)매춘부

call·ing [⌐iŋ] *n.* 천직, 직업; 부르기, 외침; 방문; 소집 ~ *card*《美》명함 (《英》 visiting card)

cal·lous [kǽləs] *a.* (피부가)굳은, 못이 박힌; 무감각한; 무정한

calm [kɑːm] *a.* (날씨·파도 등이)온화한, 고요한;《口》뻔뻔스러운 ─*n.* 잔잔함; 평온 ─*vt.*, *vi.* 가라앉(히)다

ca·lor·ic [kəlɔ́ːrik, -lɑ́r-/ -lɔ́r-] *n.*, *a.* 열(의), 칼로리(의)

cal·o·rie, -ry [kǽləri] *n.* 칼로리

cal·u·met [kǽljumèt] *n.* (북미 토인의)긴 담뱃대(평화의 상징)

cal·va·dos [kǽlvədɔ̀ːs, -dóus] *F. n.* (프랑스의) 사과술의 일종

Cal·va·ry [kǽlvəri] *n.* 예수가 십자가에 못박힌 곳

calves [kævz/kɑːvz] *n.* calf의 복수

Cal·vin·ism [kǽlvinìz(ə)m] *n.* 칼빈 (Calvin)주의

ca·lyp·so [kəlípsou] *n.* 칼립소 (서인도제도의 재즈의 일종)

Cam·bo·di·a [kæmbóudiə] *n.* 캄보디아(동남아시아의 국가)

Cam·bridge [kéimbridʒ] *n.* England 동부의 도시; 케임브리지대학 (Oxford와 함께 유명한 영국의 대학)

came [keim] *v.* come의 과거

cam·el [kǽm(ə)l] *n.* 낙타

Cam·em·bert [kǽməmbèər] *n.* 카망베르(프랑스산 치이즈)

cam·e·o [kǽmiòu] *n.* (*pl.* ~s) 카메오(돌을새김을 한 보석)

cam·er·a [kǽm(ə)rə] *n.* (*pl.* ~s) 《寫》사진기, 카메라

cam·er·a·man [⌐mæn] *n.* (*pl.* -men [⌐mèn]) 사진사; 사진기자; 《영화》촬영기사

Cam·e·roun, -roon [kæmərúːn] *n.* 카메룬(서아프리카 대서양 연안의 공화국)

cam·i·sole [kǽmisòul] *n.* 여자용 화장옷;《英》여자용 소매없는 내복

cam·ou·flage [kǽmuflàːʒ] *n.* 위장, 카무플라지 ─*vt.* 위장하다

camp [kæmp] *n.* 야영; 노숙; 캠프; 군대생활 ─*vi.*, *vt.* 야영하다 (*out*)

cam·paign [kæmpéin] *n.* 전투;

Cámp Dàvid (미국 Maryland 주에 있는)대통령 별장

camp·er [kǽmpər] *n.* 캠프하는 사람; 캠핑카아

camp·fire [kǽmpfàiər] *n.* 야영의 모닥불

camp·ground [kǽmpgràund] *n.* 캠프장

cam·po [kǽmpou, kɑ́ːm-] *n.* (*pl.* ~s) (남미의)대초원

cam·pus [kǽmpəs] *n.*《美》교정(校庭): a ~ life 학교생활

can[1] [kæn, kən, kn] *aux. v.* (*p.* could) …할 수 있다; …해도 좋다;《부정문에서》…일리가 없다

can[2] [kæn] *n.* 깡통: a ~ opener 깡통따개/ be in the ~ 준비되어 있다 ─*vt.*《美》통조림으로 만들다

Ca·naan [kéinən] *n.*《聖》가나안의 땅; 약속의 땅, 천당.

Can·a·da [kǽnədə] *n.* 캐나다

Ca·na·di·an [kənéidiən] *n.* 캐나다사람 ─*a.* 캐나다(산)의

ca·nal [kənǽl] *n.* 운하, 수로

can·a·pé [kǽnəpi/-pèi] *F. n.* 카나페(얇은 토우스트에 치이즈 등을 얹은 것)

ca·nar·y [kənɛ́(ː)ri] *n.*《鳥》카나리아; 밝은 노란색

Canáry Íslands *pl.* (*the* ~) 카나리아군도

Can·ber·ra [kǽnberə] *n.* 오스트레일리아의 수도

can·can [kǽnkæn] *n.* 캉캉춤

can·cel [kǽns(ə)l] *vt.* (예약 등을)취소하다; 말살하다/ ~ an order 주문을 취소하다/I have to ~ hotel reservation. 호텔의 예약을 취소해야겠다

can·cer [kǽnsər] *n.* 암

can·did [kǽndid] *a.* 솔직한, 공평한 (impartial)

can·di·da·cy [kǽndidəsi] *n.* 입후보

can·di·date [kǽndidèit, -dit/ -dit] *n.* 후보자; 지원자

can·dle [kǽndl] *n.* 양초; 촉광(燭光)

can·dle·light [⌐làit] *n.* 촛불, 등불; 황혼

Can·dle·mas [⌐məs] *n.*《가톨릭》성촉절(2월 2일)

can·dle·stick [⌐stìk] *n.* 촛대

can·dy [kǽndi] *n.*《美》사탕; 《英》얼음사탕 ─*vi.*, *vt.* 설탕에 절이다

cane [kein] *n.* (등[대]나무의)줄기; 지팡이, 매 ─*vt.* 지팡이로 치다

canned [kænd] *a.*《美》통조림한: ~ goods 통조림류 / ~ music《美俗》레코오드음악

can·ner·y [kǽnəri] *n.* 통조림공장

Cannes [kæn(z)] *n.* 칸(프랑스의 지중해 연안에 있는 휴양지) **~ Film Festival**칸 국제영화제

can·ni·bal [kǽnib(ə)l] *n.* 식인종 —*a.* 식인(종)의

can·non [kǽnən] *n.* (*pl.* ~s, 《총칭》~) 대포; 《당구》캐넌 **~ ball** 《俗》특급열차

ca·noe [kənúː] *n.* 카누, 통나무배

can·ta·loup [kǽntəlòup/-lùːp] *n.* 《植》참외의 일종

can·ta·ta [kæntáːtə] *It. n.* 《音》칸타타, 교성곡(交聲曲)

Can·ter·bur·y [kǽntərbèri/-b(ə)ri] *n.* England 동남의 도시(영국국교회의 총본부가 있음)

Can·ton [kæntán/-tɔ́n] *n.* 광동(廣東)(중국 남부의 도시)

can·ton [kǽntən, -tan/-tɔn] *n.* (스위스의)주; (프랑스의)읍

can·vas [kǽnvəs] *n.* 돛베, 즈크; 캔버스, 화포; 회화; 천막

can·yon [kǽnjən] *n.* 협곡

cap [kæp] *n.* (테없는)모자, 제모 (*cf.* hat) —*vt.* 모자를 씌우다; 꼭대기를 덮다

ca·pa·bil·i·ty [kèipəbíliti] *n.* 가능성; 능력

ca·pa·ble [kéipəbl] *a.* 수완이 있는, …할 수 있는 《of》

ca·pa·cious [kəpéiʃəs] *a.* 넓은

ca·pac·i·ty [kəpǽsiti] *n.* 용적, 용량 (volume); 자격; 재능

cape¹ [keip] *n.* 케이프, 어깨망토

cape² *n.* 갑(岬) **C~ Kennedy** 플로리다주에 있는 로켓 발사장 *the C~ of Good Hope* 희망봉(아프리카 남단의 갑)

ca·per [kéipər] *n.* 《植》(지중해 연안산의)백화채나무; 그 꽃봉오리의 초절임

Cape·town [kéiptàun] *n.* 케이프타운(남아프리카의 항구도시)

cap·i·tal [kǽpit(ə)l] *a.* 수위의, 중요한, 첫째의; 멋진;자본의 —*n.* 수도; 대문자; 자본

cap·i·tal·ism [kǽpitəlìz(ə)m] *n.* 자본주의

cápital púnishment 사형

Cap·i·tol [kǽpitl] *n.* (고대로마의) Jupiter 신전; 《美》(*the ~*)국회의사당, (c~)주의회의사당

Cápitol Híll 《美》국회(의사당)

Ca·pri [káːpriː/kǽ-, káː-] *n.* 카프리섬(이탈리아 나폴리만의 섬)

ca·pri·cious [kəpríʃəs] *a.* 변덕스러운

cap·stan [kǽpstən] *n.* (닻의)권양기

cap·tain [kǽpt(ə)n/-tin] *n.* 장(chief); 함장, 선장; 기장; 육군대위, 해군대령; 반장, (티임의)주장

cap·tion [kǽpʃ(ə)n] *n.* 표제어, 부제목; 《영화》자막

cap·tive [kǽptiv] *n.* 포로

cap·ture [kǽptʃər] *n.* 노획(품) —*vt.* 잡다, 노획하다

car [kɑːr] *n.* 자동차, 전차;(철도)차량: a compact ~ 소형차/ a regular ~ 보통차/a' sleeping ~ 침대차/ a vista-dome ~ 《美》전망차 **~ port** 간이차고 **~ rental service** 렌타카아의 서어비스 **~ wash** 세차장

Ca·ra·cas [kərɑ́ːkəs, -rǽ-] *n.* 카라카스(베네수엘라의 수도)

car·a·mel [kǽrəmèl] *n.* 졸인 설탕; 캬라멜(과자)

car·at [kǽrət] *n.* 캐럿 (보석의 무게 단위, 200mg); 금의 순도

car·a·van [kǽrəvæn/ˌ—ˈ—] *n.* 대상(隊商); (집시의)포장마차

car·a·van·sa·ry [kærəvǽnsəri], **-se·rai** [-sərài, -sərèi] *n.* 대상의 숙사; 큰 여관[호텔]

car·bon [káːrbən] *n.* 탄소; 카아본지; 복사 **~ dioxide** [*monoxide*] 이산화[일산화]탄소

car·bo·na·do [kàːrbənéidou] *n.* 구운 고기[생선]. —*vt.* 굽다

car·cin·o·gen [kɑːrsínədʒən] *n.* 발암물질

card [kɑːrd] *n.* **1** 트럼프의 카아드; (*pl.*)카아드놀이: a pack of ~s 카아드 한벌 **2** 카아드 **3** 경기의 프로그램

card·board [﹣bɔ̀ːrd] *n.* 판지(板紙)—*a.* ~ box 판지상자

car·di·ac [káːrdiæk] *a.* 심장의 —*n.* 강심제

car·di·gan [káːrdigən] *n.* 카아디건

car·di·nal [káːrdin(ə)l] *a.* 기본적인, 주요한 (chief); 주홍색의 —*n.* 추기경; 주홍색

care [kɛər] *n.* 걱정(거리); 돌봄, 보호; 주의, 조심 《for, to》 take ~ of …을 돌보다; …에 주의하다 with ~ 조심하여; 걱정하여 —*vi., vt.* 걱정하다, 돌보다 《for》; 좋아하다

ca·reer [kəríər] *n.* 생애, 경력 **~ woman** 직업여성

care·free [kɛ́ərfrìː] *a.* 걱정없는

care·ful [kɛ́ərf(u)l] *a.* 주의깊은 《about, of》; 세심한

care·less [kɛ́ərlis] *a.* 부주의한

ca·ress [kərés] *n.* 애무, 포옹 —*vt.* 애무하다

care·tak·er [kɛ́ərtèikər] *n.* 관리인, 문지기

care·worn [kɛ́ərwɔ̀ːrn] *a.* 고생[근심]으로 찌든

car·go [káːrgou] *n.* (*pl.* ~(e)s) 선하(船荷), 적하

car·hop [káːrhàp/-hɔ̀p] *n.* 《美》 드라이브인식당의 웨이트레스

Càr·ib·bé·an Séa [kæribí(ː)ən] (*the ~*) 카리브해(중미와 서인도제도 사이의 바다)

car·i·ca·ture [kǽrikətʃùər / kǽrikətjúə] *n.* 풍자화, 만화

car·nal [káːrn(ə)l] *a.* 육체의, 육욕의: ~ *desire* 육욕

car·na·tion [kɑːrnéiʃ(ə)n] *n.* 카아네이션

Car·né·gie Hàll [kɑːrnéigi/-négi] New York시의 연주회장

car·ni·val [káːrniv(ə)l] *n.* 사육제; 축제(소동)

car·ol [kǽrəl] *n.* 축가, 찬가

Cár·o·line Íslands [kǽrəlàin, -lin] (*the ~*) 카롤린제도(필리핀 동쪽에 있는 제도)

ca·rouse [kəráuz] *n.* 주연, 술잔치 —*vi., vt.* 술마시며 떠들다

carp [kɑːrp] *n.* (*pl.* **~s,** (총칭) **~**) 잉어

car·pen·ter [káːrpintər] *n.* 목수 —*vi., vt.* 목수일을 하다

car·pet [káːrpit] *n.* 융단; 깔개 —*vt.* 융단을 깔다

car·riage [kǽridʒ] *n.* 마차, 차; 《英》 (철도의)객차; 운반, 운임; 태도; 처리: ~ *forward* 운임선불로/~ *free* 운임 무료로

car·ri·er [kǽriər] *n.* 운반인; 《美》 배달인; 운송업자, 항공회사; 운반기, 짐판: *an aircraft ~* 항공모함

cárrier bàg 《英》 쇼핑백(shopping bag)

car·rot [kǽrət] *n.* 《植》 당근; (*pl.*) 《俗》 빨간머리(의 사람)

car·ry [kǽri] *vt., vi.* 운반하다, 데려가다; 옮기다; 전하다; 성공하다, 지탱하다 ~ *away* 운반해 가다 ~ *a person back* 회상시키다 ~ *off* 빼앗아가다; (상을)타다 ~ *on* 속행하다 ~ *out* 수행[실행]하다

cart [kɑːrt] *n., vi., vt.* 짐차(로 나르다)

cárte blánche [káːrt bláːnʃ] (서명한) 백지위임장 [F]

car·tel [kɑːrtél, káːrtl] *n.* 포로교환 협정서; 《經》카르텔

car·ton [káːrtn] *n.* 종이상자

car·toon [kɑːrtúːn] *n.* 풍자화, 만화

car·tridge [káːrtridʒ] *n.* 《軍》 탄약통

carve [kɑːrv] *vi., vt.* 조각하다; (요리한 고기를)베어 나누다

Cas·a·blan·ca [kæsəblǽŋkə] *n.* 카사블랑카(모로코의 항구도시)

cas·cade [kæskéid] *n.* 작은 폭포; 물결모양의 레이스장식

case[1] [keis] *n.* 경우; 사건; 소송; 환자; 《文》 격: *as the ~ may be* 경우에 따라/ *in any ~* 어떤 경우에나/ *in ~ (that)* 만약 …이라면/*such being the ~* 이런 까닭으로

case[2] [keis] *n.* 상자; 접, 통, 자루, 가방; (시계의)딱지 —*vt.* 상자[집, 통]에 넣다; 싸다

case·ment [kéismənt] *n.* 젖혀서 여는 창

case·work·er [ˊ-wə̀ːrkər] *n.* 사회복지사업원

cash [kæʃ] *n.* 현금, 현찰: ~ *down* 《商》 현찰 지불/ ~ *in* [《英》 *on*] *hand* 현금 보유액/ ~ *on arrival* 착하 현금지불/~ *on delivery* 대금 상환 인도 (略: c.o.d.) —*vt.* 현찰로 지불하다, (수표를) 현금으로 바꾸다

cash·ier [kæʃíər] *n.* 현금 출납계

cash·mere [kǽʃmiər / kæʃmíə] *n.* 캐시미어직(織)

ca·si·no [kəsíːnou] *n.* (*pl.* **~s**) 카지노(음악·춤·도박 등을 하는 오락장)

cask [kæsk/kɑːsk] *n.* 통

cas·ket [kǽskit/káːs-] *n.* (보석) 상자; 《美》 관(coffin)

Cás·pi·an Séa [kǽspiən] (*the ~*) 카스피해

cast [kæst/kɑːst] *v.* (*p., pp.* **cast**) *vt.* 던지다; 벗어버리다, 내던지다; 계산하다; (표를)던지다; 주조하다, 배역을 정하다; (시선을)향하다 —*vi.* 궁리하다; 예상하다 —*n.* 던지기; 투기; 주조; 배역

cast·a·way [kǽstəwèi/káːst-] *a.* 버림받은; 난파한 —*n.* 난파선, 표류자

caste [kæst/kɑːst] *n.* 카아스트 (인도의 세습적 계급)

cas·ter [kǽstər/káːstə] *n.* 양념병; (*pl.*) 양념병꽂이

cást·ing vóte [kǽstiŋ/kɑːst-] (의장의 행사하는)채결권

cas·tle [kǽsl/káːsl] *n.* 성: *a ~ in the air* [*in Spain*] 공중누각, 공상

cas·u·al [kǽʒu(ə)l, kǽʒjuəl] *a.* 우연의; 되는대로의; 평상복의

cas·u·al·ty [kǽʒu(ə)lti/kǽʒjuəl-] *n.* 재해; 사상자 「풋잠

cat [kæt] *n.* 고양이: ~ *nap* 《美》

cat·a·comb [kǽtəkòum] *n.* (보통 *pl.*) 지하묘지

cat·a·log, -logue [kǽtələ(ː)g, + 美 -làg] *n., vi., vt.* 목록, 카탈로그(로 만들다, 에 싣다)

cat·a·ma·ran [kæ̀təmərǽn] *n.* 쌍동선

cat·a·ract [kǽtərækt] *n.* 큰 폭

포; 큰비; 호우

ca·tas·tro·phe [kətǽstrəfi] *n.* (비극의)대단원; 대이변

catch [kætʃ] *vt.*, *vi.* (*p.*, *pp.* **caught**) 잡다 (capture); (기차 시간에)대다; 움켜쥐다; (던진 것 을)받다; 감염되다; (주의·남의 눈을)끌다; 알아듣다, 이해하다: ~ (a) cold 감기들다 / ~ a train 기차시간에 대어가다 / be [get] caught in the rain [a trap] 비를 만나다[함정에 빠지다] ~ *hold of* …을 붙잡다 ~ *up with* 따라잡다 ~ *n.* 잡기, 포착, 파악; 〖야구〗포구, 포수; 포획고: a ~ phrase 캐치프레 이즈, 표어/ a ~ boat 포경선 ~·**er** *n.* 잡는 사람

catch·word [ˈwə̀ːrd] *n.* 유행어, 표어; (사전의)난외 표제어

cat·e·go·ry [kǽtigɔ̀ːri/-gə-] *n.* 부류, 부문

ca·ter [kéitər] *vi.*, *vt.* 음식을 장 만하다, 음식주문에 응하다

cat·er·pil·lar [kǽtərpìlər] *n.* 쐐기벌레; 무한궤도

Ca·thay [kæθéi] *n.* 《詩》 중국 ~ *Pacific Airways* 홍콩의 항 공회사

ca·the·dral [kəθíːdrəl] *n.* 대성 당, 대사원

Cath·o·lic [kǽθəlik] *a.* 가톨릭 [천주교]의; (c-) 보편적인 —*n.* 가톨릭교도

Ca·thol·i·cism [kəθɑ́lisìz(ə)m/-θɔ́l-] *n.* 가톨릭교회[신앙]

cat's-eye [kǽtsài] *n.* 묘안석(猫 眼石); (도로의)야간 반사장치

cat·tle [kǽtl] *n. sing. & pl.* 가 축, (특히)소; 《俗》 말

CATV = cable TV 유선 텔레비 전; community antenna television 공동시청 안테나 텔레비전

Cau·ca·sus [kɔ́ːkəsəs] *n.* (the ~) 소련 Caucasia에 있는 산맥; 코카시아

caught [kɔːt] *v.* catch의 과거 (분사)

cau·li·flow·er [kɔ́ːliflàuər/kɔ́li-] *n.* 〖植〗꽃양배추

cause [kɔːz] *n.* 원인; 이유; 주의; 목적: ~ and effect 원인과 결 과, 인과 *have* ~ *for* …하는 것이 당연하다 —*vt.* 원인이 되 다, 야기하다; …시키다 ~·**less** *a.* 원인[이유]없는; 우연의

cau·tion [kɔ́ːʃ(ə)n] *n.* 조심, 경 계; 경고; 주의 —*vt.* 경고하다

cau·tious [kɔ́ːʃəs] *a.* 조심성있는

cav·a·lier [kæ̀vəlíər] *n.* 기사; 멋장이(남자)

cav·al·ry [kǽv(ə)lri] *n.* 《총칭》 기병(대)

cave [keiv] *n.* 동굴

cav·i·ar, -are [kǽviàːr, ˌ–ˈ–/ˌ–ˈ–, –ˈ–] *n.* 캐비아(철갑상 어의 알젓)

cav·i·ty [kǽviti] *n.* 공동(空洞); 〖解〗강(腔)

CB Rádio ⇨ Citizens Band Radio

CBS = Columbia Broadcasting System 《美》콜럼비아방송회사

cease [siːs] *vi.*, *vt.* 그치다, 그만 두다《from》, 중지하다《doing》

cease·fire [ˈfáiər] *n.* 휴전

cease·less [ˈlis] *a.* 끊임없는

ce·dar [síːdər] *n.* 〖植〗히말라 야삼목

ceil·ing [síːliŋ] *n.* 천장(판); 최 고한도; 〖空〗상승한계

cel·a·don [sélədàn/-dɔ̀n] *n.* 청 자(색)

cel·e·brate [sélibrèit] *vi.*, *vt.* (식·축전을)거행하다; 축하하다

cel·e·brat·ed [sélibrèitid] *a.* 세 상에 알려진, 유명한(famous)

cel·e·bra·tion [sèlibréiʃ(ə)n] *n.* 축하(회), 식전; 찬양

ce·leb·ri·ty [silébriti] *n.* 명성; 명사(名士)

cel·er·y [séləri] *n.* 〖植〗셀러리

ce·les·tial [siléstʃəl/-tjəl] *a.* 하 늘의, 천체의; 천상의; 신성한

cell [sel] *n.* 작은 방; 세포; 전지

cel·lar [sélər] *n.* 지하실; 포도주 저장실; 저장된 포도주

cel·lo [tʃélou] *n.* (*pl.* ~**s**) 첼 로(악기)

ce·ment [simént] *n.* 시멘트; 접 착제; 유대 —*vt.* 시멘트로 접합 하다[칠하다]; (우정 등을)굳히다

cem·e·ter·y [sémitèri/-tri] *n.* 공동묘지

cen·sure [sénʃər] *vt.* 비난하다, 나무라다; 혹평하다 —*n.* 비난, 혹평

cen·sus [sénsəs] *n.* 국세[인구] 조사: take a ~ 국세조사를 하다

cent [sent] *n.* 센트(1달러의 100 분의 1); (단위로서의) 100 *per* ~ 100에 대하여, 퍼센트

cen·ten·ni·al [senténiəl] *a.* 백 의; 백년(마다)의 —*n.* 백년제(祭)

cen·ter, 《英》-**tre** [séntər] *n.* 중 앙, 중심; 중심지[인물]; 핵심, 중 추; 〖야구〗중견(수) —*vt.*, *vi.* 중 심에 두다[모으다]; 중심을 결정 하다; 중심에 있다[모이다]

cen·ti·grade [séntigrèid] *a.* 백 분도의; 섭씨의: a ~ thermom- eter 섭씨온도계

cen·time [sáːntiːm] *F. n.* 상팀 (프랑스의 화폐, 1/100프랑)

cen·ti·me·ter, 《英》-**tre** [séntimìːtər] *n.* 센티미터(略: cm.)

cen·tral [séntrəl] *a.* 중심[중앙]의; 주요한: ~ heating 중앙난방법 C~ *Park* (뉴우요오크의) 중앙공원 —*n.* 《美》전화교환국 (의 교환수) (《英》exchange) *get* ~ 교환국을 불러내다

Céntral Áfrican Repúblic (*the* ~) 중앙아프리카공화국

cen·tral·ize [séntrəlàiz] *vt.* 중심에 모으다

Céntral Tìme (미국의)중앙표준시

cen·tu·ry [séntʃuri] *n.* 1세기, 「백년

ce·ram·ic [siræmik] *a.* 도기의; 요업의 —*s* *n.* 요업; 《복수취급》도자기류

ce·re·al [sí(ː)riəl] *a.* 곡물의 — *n.* (보통 *pl.*) 곡물; 《美》조반용 오우트밀, 코온플레이크류

cer·e·mo·ni·al [sèrimóuniəl] *a.* 의식의; 정식의 —*n.* 의식

cer·e·mo·ni·ous [sèrimóuniəs] *a.* 의식의; 격식차린; 딱딱한

cer·e·mo·ny [sérimòuni / -mə-] *n.* 의식; 예의, 격식

cer·tain [sə́ːrt(i)n] *a.* 확실한 (sure); 확신한; 일정한; 어떤; 어느 정도의: a ~ Mr. Smith 스미드씨라고 하는 사람 *for* ~ 확실히 *make* ~ *of* …을 확인하다

cer·tain·ly [sə́ːrt(i)nli] *ad.* 확실히, 반드시; (대답으로서) 알았읍니다

cer·tain·ty [sə́ːrt(i)nti] *n.* 확실(한 일); 확신

cer·tif·i·cate [sərtífikit→*v.*] 증명서; 면허장; 증권: a ~ for the exchange of foreign currency 외화교환증명서 —*vt.* [sərtífikèit] 증명서를 내주다; 면허하다

cer·ti·fi·ca·tion [sə̀ːrtifikéiʃ(ə)n] *n.* 증명, 보증; 면허

cer·ti·fy [séːrtifài] *vi., vt.* 증명[보증]하다: a *certified* check 지불보증수표/a *certified* public accountant 공인회계사

ces·sa·tion [seséiʃ(ə)n] *n.* 중지

ces·sion [séʃ(ə)n] *n.* 양도, 할양

Cey·lon [silán/-lɔ́n] *n.* 실론(인도 남쪽의 섬, 국명 Sri Lanka)

cf. =confer 참조하라

C.F.I., c.f.i. =cost, *f*reight and *i*nsurance 운임·보험 포함가격

Chad [tʃæd] *n.* 차드(아프리카 중북부의 공화국)   「리다

chafe [tʃeif] *vt.* 마찰하다; 쓸

chaf·fer [tʃǽfər] *vi., vt.* 값을 깎다, 흥정하다 —*n.* 값을 깎기

cha·grin [ʃəgrín/ʃǽgrin, ʃəgríːn] *n.* 분함, 원통함 —*vt.* 분하게 [원통하게] 하다

chain [tʃein] *n.* 쇠사슬; (보통 *pl.*) 속박, 구속; 연속 ~ *store* 《美》연쇄점 —*vt.* 속박하다; 쇠사슬로 묶다

chain·smoke [⌐smòuk] *vi., vt.* 줄담배를 피우다 -**smok·er** *n.*

chair [tʃɛər] *n.* 의자; 강좌; 의장직: an easy ~ 안락의자

chair·man [tʃɛərmən] *n.* (*pl.* -**men** [-mən]) 의장, 회장, 사회자

chaise [ʃeiz] *n.* 놀이용 마차

cha·let [ʃæléi, ʃæli/⌐—] *n.* (스위스 산속의)양치기 오두막

chalk [tʃɔːk] *n.* 백묵; 백악 —*vt.* 백묵으로 쓰다; 백악을 칠하다

chal·lenge [tʃǽlindʒ] *n.* 도전 (*to*); 결투 신청; 도전장 —*vt.* 도전하다; 결투를 신청하다

cham·ber [tʃéimbər] *n.* 방; 침실; 회의장; 의회: a ~ *boy* 객실당번 보이/~ *music* 실내악/ *the lower* [*upper*] ~ 하[상]원 *the C~ of commerce* 상공회의소

cham·ber·maid [⌐mèid] *n.* (호텔 등의)객실 담번 하녀

chámber pòt 요강

cha·me·le·on [kəmíːliən,-ljən] *n.* 카멜레온; 변덕장이

cham·ois [ʃǽmi/-mwɑ] *n.* (남유럽·서남아시아산)영양; 새미가죽

Cha·mo·nix [ʃǽməni] *n.* 샤모니(프랑스 동부 몽블랑 북쪽의 협곡)   「페인

cham·pagne [ʃæmpéin] *n.* 샴

cham·paign [ʃæmpéin / tʃǽmpein] *n.* 평야, 들판

cham·pi·gnon [ʃæmpínjən, tʃæm-/tʃæm-] *n.* 《植》양송이

cham·pi·on [tʃǽmpiən / -pjən] *n.* (경기의)우승자, 선수권 보유자; 투사 —*a.* 일등[일류]의; 우승한 ~·**ship** *n.* 선수권, 우승

Champs E·ly·sées [ʃɑ̀zelize] *F.* 샹젤리제(파리의 번화가)

chance [tʃæns/tʃɑːns] *n.* 기회, 호기; 우연(한 일), 운; 행운; (*pl.*) 가망 *by any* ~ 만약 *by* ~ 우연히 *on the* ~ *of* …을 기대하고 *take the* [*one's*] ~ 운에 맡기고 해보다 —*a.* 우연한 —*vi.* 우연히 …하다[일어나다] —*vt.* (모험적으로)해보다

chan·cel·lor [tʃǽnsələr / tʃɑ́ːnsələ] *n.* 《英》고관; 장관; (독일의)수상; 대학총장; (대사관의)1등서기관 C~ *of the Exchequer* 《英》재무장관   「리에

chan·de·lier [ʃændilíər] *n.* 샹들

change [tʃeindʒ] *vt.* 바꾸다 (alter), 고치다; 환전하다; (수표 등을)현찰로 바꾸다; 교환하다; 갈

아 타다, 갈아 입다 : ~ flights 비행기를 갈아 타다/~ dollars into francs 달러를 프랑으로 바꾸다/ Can you ~ this $20 note for me? 20달러 지폐를 잔돈으로 바꾸어 주시겠읍니까 —vi. 바뀌다; 갈아타다, 갈아입다 : ~ for Boston to express 보스턴행 급행으로 갈아타다/ All ~ here! 손님은 모두 갈아 타 주십시오 —n. 변화, 변경; 교대, 갈아입기, 갈아타기; 전지; 거스름돈, 잔돈; (C~) 거래소 ('Change로도 씀) : small ~ 잔돈/ Here's your ~. 거스름돈 받으세요/I have no (small) ~ about me. 마침 잔돈 가진 것이 없다/ Keep the ~. 거스름돈은 가지시오/No ~ given. 《게시》 잔돈을 준비하십시오

change·a·ble [tʃéindʒəbl] a. 변하기 쉬운; 변할 수 있는

chan·nel [tʃǽn(ə)l] n. 해협; 수로; 경로; (문지방 등의)홈; (텔레비전의)채널 the (English) C~ 영국해협

chan·son [ʃɑ̃sɔ̃] F. n. 노래, 상송

chant [tʃænt / tʃɑ:nt] vi., vt. 노래하다; 찬송하다 —n. 노래; 성가

cha·os [kéias/-ɔs] n. (천지개벽 이전의)혼돈; 혼란, 무질서

chap [tʃæp] n. 《英口》 녀석, 놈

chap·eau [ʃæpóu] F. n. 모자

chap·el [tʃǽp(ə)l] n. 예배당[식]

chap·ter [tʃǽptər] n. (책의)장; (역사 등의)한 장, 사건

char·a·banc [ʃǽrəbæŋ(k)/-bæŋ] n. 《英》 유람버스

char·ac·ter [kǽriktər] n. 성격, 인격; (인격있는)사람; 성질; 자격, 신분; 평판; (소설·연극 등의) 인물; 문자, 기호 in [out of] ~ 어울리는[어울리지 않는] ~·less a. 평범한

cháracter assassinàtion 인신공격, 중상

char·ac·ter·is·tic [kæriktərístik] a. 특유의, 독특한 —n. 특성, 특질, 특징

char·ac·ter·ize [kǽriktəràiz] vt. 특성[성격]을 부여하다; 특색을 말하다

charge [tʃɑ:rdʒ] vt. (차·배 등에)짐을 싣다; 채우다; 충전하다; 명령하다 《to do》; (책임·죄를)지우다; 고발하다; (대가·지불 등을)청구하다; (세금을) 부과하다; 위탁하다 —vi. 지불을 청구하다; 돌격하다 —n. 짐; (총의)장전; 충전; 명령; 책임, 의무; 고소; 죄; 비난; 청구금액; (때로 pl.) 비용; 세금; 요금; 보호, 감독; 관리; 위탁 : room ~ 방값/No ~ is

made for the service. 서어비스요금은 받지 않습니다 *free of* ~ 무료로 *have* ~ *of* …을 감독하다, 담당하다 *in* ~ 담당[감독]의 *in* ~ *of* …에 위탁되어, …담당의 *take* ~ *of* …을 떠맡다

cha·ris·ma [kərízmə] n. (pl. **-ma·ta**) (대중에 영향력과 권위를 발휘하는)인간적 매력, 영도자로서의 매력

char·i·ty [tʃǽriti] n. 박애; 자선(사업); 구호금[품] : a ~ show 자선흥행

charm [tʃɑ:rm] n. 매력, 마력; (보통 pl.) 애교; 주문 —vi., vt. 넋을 잃게 하다, 매료하다

charm·ing [tʃɑ́:rmiŋ] a. 매력있는; 아름다운, 즐거운

chart [tʃɑ:rt] n. 해도, 수로도; (일반적으로)도표 —vt. 해도로 만들다

char·ter [tʃɑ́:rtər] n. 특허(장); 헌장; (버스·비행기 등의) 전세계약(서); 《商》 용선계약 —vt. 특허하다; (버스·비행기 등을)전세내다, 대절하다

char·tered [tʃɑ́:rtərd] a. 특허를 받은; 전세낸 : a ~ plane 전세비행기

chase [tʃeis] vt. 쫓아가다; 몰아내다 —n. 추적; 쫓기는 것

chas·er [tʃéisər] n. 《美口》 독한 술 뒤의 입가심(물·맥주)

chasm [kǽz(ə)m] n. 깊이 갈라진 틈; (감정·지위 등의)큰 차이

chas·sis [ʃǽsi(:)] n. (pl. ~(·es)) (자동차 등의)차대; 포가(砲架)

chaste [tʃeist] a. 정숙한, 우아한

chat [tʃæt] vi. 한담[잡담]하다, 담소하다 —n. 잡담, 한담

châ·teau [ʃætóu/ʃɑ́tou] F. n. 성; 대저택

cha·teau·bri·and [ʃætóubriənd] n. 감자 튀김을 곁들인 비이프 스테이크

chát shòw 《英》 (라디오·텔레비전의)유명인과의 대화프로 (talk show)

chat·ter [tʃǽtər] vi. 수다떨다; (새가)지저귀다, 푀푀거리다 —n. 수다; (새의)울음소리

chat·ty [tʃǽti] a. 잘 지껄이는

chauf·feur [ʃóufər, -ɚ] n. 《주로英》 (자가용차의)운전수

chau·vin·ism [ʃóuvinìz(ə)m] n. 열광적 애국주의

cheap [tʃi:p] a. (값)싼 (opp. expensive); 싸구려의; 《英》 할인의: a ~ car [ticket] 할인전차[표] *on the* ~ 싸게 (여행하다 등) —ad. 싸게

cheat [tʃi:t] vt., vi. 속이다 (de-

ceive), 사취하다; 용케 모면하다;
(지루함을)달래다, 풀다 —n. 사
기; 사기꾼
check [tʃek] *n.* 정지, 저지; 방해;
저지하는 것; 《美》 수표 (《英》
cheque); 대조; 검사; 물표; 보관
증; 체크무늬: a baggage ~ 물
표, 꼬리표 —*vt.* 저지[방해, 억
제]하다; (짐을)물표를 받고 부
치다; 일시보관시키다; 대조하다,
검사하다 (*up*); 체크표를 하다;
《美》 수표로 (현찰을)인출하다:
~ a baggage through to Chi-
cago 시카고까지 수하물을 물표
로 부치다/Parcels ~ed here.
《게시》 소하물 보관소 —*vi.*
〖사냥〗(개가)냄새를 잃고 멈춰
서다 ~ *in* 《美》(호텔에 기장
하고)숙박하다; 수하물보관증을
받다; 탁송수속을 하다 ~ *out*
《美》계산을 마치고 호텔에서
나오다; 맡긴 물건을 보관증을
주고 찾다; (슈우퍼마아켓에서)
물건값을 합계하다 —*int.* 〖체
스〗장군!
check·book [⸺bùk] *n.* 《美》 수
표장 (《英》 chequebook)
check-in [⸺in] *n.* 호텔에의 투
숙(수속)
check-out [⸺àut] *n.* 《美》계산
을 치르고 호텔을 나오기[나오
는 시간]
check·room [⸺rù(:)m] *n.* 《美》
휴대품 보관소
check·up [⸺ʌp] *n.* 검사, 조사;
《美口》신체검사
cheek [tʃi:k] *n.* (보통 *pl.*) 뺨;
《口》건방짐, 건방진 말[태도]
cheer [tʃiər] *n.* 기분; 음식(대
접); 격려; 갈채 *make good* ~
성찬을 먹다 —*vt., vi.* 기운나
(게하)다 (*up*); 갈채하다 ~·
less *a.* 쓸쓸한, 음산한
cheer·ful [⸺f(u)l] *a.* 명랑한, 기
분이 좋은, 원기왕성한
cheer·i·o [tʃí(:)ri(:)òu / tʃíərióu]
int. 《英口》안녕!; (축배를 들며)
축하합니다!
cheer·lead·er [⸺lì:dər] *n.* 응원
단장(주로 여성)
cheer·y [tʃí(:)ri/tʃíəri] *a.* 쾌활
한, 기운좋은
cheese [tʃi:z] *n.* 치이즈: green
~ 날치이즈 ~ *burger* 치이즈
를 얹은 햄버거
cheese·cake [⸺kèik] *n.* 《美俗》
각선미(누우드) 사진
chef [ʃef] *n.* 주방장 [F] ~ *'s sug-
gestions* [*special*] 주방장이 권
하는 요리
chem·i·cal [kémik(ə)l] *a.* 화학의
—*n.* (보통 *pl.*) 화학제품, 약품
che·mise [ʃəmí:z] *n.* 시미이즈

chem·ist [kémist] *n.* 화학자;
《英》약제사 (《美》druggist)
chem·o·ther·a·py [kèmou-
θérəpi] *n.* 화학요법
cheque [tʃek] *n.* 《英》수표 (《美》
check)
cheque·book [⸺bùk] *n.* 《英》
checkbook
cher·ish [tʃériʃ] *vt.* 소중히 하
다, 귀여워하다; 마음에 품다
che·root [ʃərú:t] *n.* 양절(兩切)
엽궐련
cher·ry [tʃéri] *n.* 버찌(색); 벚나
무(재목); ~ *blossom* 벚꽃 —
a. 진분홍색의
chess [tʃes] *n.* 서양장기, 체스
chest [tʃest] *n.* 가슴; 상자, 궤:
a ~ of drawers 《英》 장농
chest·nut [tʃésnət / -nʌt] *n.* 밤,
밤나무; 밤색
Chev·ro·let [ʃèvrəléi/⸺⸺, ⸻⸺]
n. 미국 GM사제의 대중차
chew [tʃu:] *vt., vi.* 씹다, 깨물어
부수다; 숙고하다 (*on, over*):
~*ing* gum 껌 / ~*ing* tobacco
씹는 담배 —*n.* 씹기
chic [ʃi(:)k] *n., a.* 멋(있는) [F]
Chi·ca·go [ʃiká:gou, -kɔ́:-, tʃi-]
n. 시카고
Chi·ca·no [tʃiká:nou] *n.* 멕시코
계 미국인
chick [tʃik] *n.* 병아리; 어린애;
(*the* ~s) (집안의)아이들 「아리
chick·en [tʃíkin] *n.* 닭고기; 병
chief [tʃi:f] *n.* 우두머리; 추장; …
장, 부장, 계장; 주요부 *in* ~ 최
고위의; 주로 —*a.* 최고의; 주요
한 (principal), 제1의 ~ *mate*
1등운전사 ~ *officer* 1등항해사
Chief Executive 《美》대통령;
행정장관(주지사 등)
chief·ly [tʃí:fli] *ad.* 주로
child [tʃaild] *n.* (*pl.* **chil·dren**)
어린이, 아동; 어린애같은 사람;
자손 ~ *specialist* 소아과의사
~·**hood** *n.* 어린시절
child abúse 아동학대
child·ish [tʃáildiʃ] *a.* 어린이다
운; 어린애같은, 유치한 「복수
chil·dren [tʃíldr(ə)n] *n.* child의
Chil·e [tʃíli] *n.* 칠레(남미 서남
부의 공화국)
chill [tʃil] *n.* 냉기, 추위; 〖醫〗오
한, 한기; 냉담 *catch* [*take*] *a*
~ 오한이 나다 —*a.* =chilly
—*vt.* 차게하다; 낙심시키다 —
vi. 차가와지다; 오한이 나다; 낙
심하다
chill·y [tʃíli] *a.* 차가운; 추위타
는; 냉담한
chime [tʃaim] *n.* (가락을 맞춘)
한벌의 종; (때로 *pl.*)그 종소리;
차임 —*vt.* (한벌의 종을)울리다,

(울려 시간을)알리다 —*vi.*(한벌의 종이)울리다; 조화하다

chim·ney [tʃímni] *n.* 굴뚝; (남포의)등피; 굴뚝모양의 것 a ~ corner 난로가/ a ~ piece 벽난로의 선반 (mantelpiece)

chim·pan·zee [tʃìmpænzíː, +英 tʃímpən-] *n.* 침팬지

chin [tʃin] *n.* 턱(끝)

Chi·na [tʃáinə] *n., a.* 중국(의) Red [*Communist*] ~ 중공 the Republic of [*National-ist*] ~ 중화민국, 자유중국

chi·na [tʃáinə] *n.* 자기, 사기그릇: a ~ shop 도자기점

China·town [⌐tàun] *n.* 화교거주지구

chi·na·ware [⌐wɛ̀ər] *n.* 도자기

Chi·nese [tʃainíːz/⌐⌐] *a.* 중국(어)의 —*n. sing. & pl.* 중국인[어]

chip [tʃip] *n.* (나무)토막, 조각; (*pl.*)《英》얇은 감자조각 튀김 (potato chips);《英俗》(*pl.*) 돈 —*vt.* 깎다, 자르다 —*vi.* (사기그릇이)가 빠지다

chirp [tʃəːrp] *n.* 짹짹(참새 등의 울음소리) —*vi.* 짹짹 울다

chis·el [tʃízl] *n.* 끌, 정

chiv·al·ry [ʃív(ə)lri] *n.* 기사도; 기사도적 정신

choc·o·late [tʃɔ́:kəlit, tʃák-/tʃɔ́k(ə)-] *n., a.* 초콜렛(의); 초콜렛색(의)

choice [tʃɔis] *n.* 선택; 가리기; 선택권[력]; 선택된 것[사람] *of* ~ 고르고 고른 —*a.* 정선한, 우수한

choir [kwáiər] *n.* 합창단, (교회의)성가대; 성가대석

choke [tʃouk] *vt.* 질식시키다; 막다, 막히게 하다;(감정을)누르다 —*vi.* 질식하다, (목이)메다; (관이)막히다 —*n.* 질식; (관 등의)막힌 부분

chok·er [tʃóukər] *n.* 목걸이

chol·er·a [kálərə/kɔ́l-] *n.*《醫》콜레라

choose [tʃuːz] *vi., vt.* (*p.* chose, *pp.* cho·sen) 고르다, 선택하다, …으로 정하다, 원하다《to》 as you ~ 좋으실대로 cannot ~ but《do》…하지 않을 수 없다

chop [tʃap/tʃɔp] *vt., vi.* (도끼 등으로)자르다; 저미다; (길을)내다《through》; (바람이)갑자기 변하다 —*n.* 절단; 두껍게 썬 고깃점 「식점

chop·house [⌐hàus] *n.* 식당, 음

chop·per [tʃápər/tʃɔ́pə] *n.* 도끼, 식칼;《美俗》헬리콥터, 대형 오오토바이 「가락

chop·sticks [⌐stìks] *n. pl.* 젓

chop·su·ey [tʃápsúːi/tʃɔ́ps(j)ú-**

(:)i] *n.* 잡채(중국요리의 일종)

chore [tʃɔːr] *n.*《美》허드렛일; (*pl.*) (집안)잔일(빨래·청소 등), 싫은 일

cho·rus [kɔ́:rəs] *n.*《音》합창(단); 합창곡 *in* ~ 합창하여; 이구동성으로

chose [tʃouz] *v.* choose의 과거

cho·sen [tʃóuzn] *v.* choose의 과거분사 —*a.* 선택된; 정선한 the ~ people 신의 선민; 이스라엘 사람

chow·der [tʃáudər] *n.*《美》잡탕요리의 일종 「세주

Christ [kraist] *n.* 그리스도, 구

chris·ten [krísn] *vi., vt.* 세례를 베풀다; (세례하여)명명하다

Chris·ten·dom [krísndəm] *n.* 《총칭》기독교국[교도]

Chris·tian [krístʃ(ə)n] *n.* 기독교도[신자] —*a.* 그리스도(교)의: a ~ name 세례명 ~ *Science Monitor* 미국 Boston에서 발행되는 지식인 대상의 신문

Chris·ti·an·i·ty [krìstʃiǽniti/-ti-] *n.* 기독교(의 신앙·정신)

Christ·mas [krísməs] *n.* 크리스마스, 성탄절: a ~ card 크리스마스카아드/ ~ carols 크리스마스 축가/ ~ Eve 크리스마스전야 — *box*《英》크리스마스 행하 ~ *holidays* 크리스마스 휴가

Christ·mas·tide [⌐tàid] *n.* 크리스마스철(12월 24일부터 1월6일까지)

chron·ic [kránik/krɔ́n-] *a.*(병이)만성인

chron·i·cle [kránikl/krɔ́n-] *n.* 연대기; 기록; (C~) …신문 —*vt.* 연대기에 싣다

chro·nom·e·ter [krənámitər/-nɔ́m-] *n.* 크로노미터, 정밀시계

chrys·an·the·mum [krisǽn-θ(ə)məm] *n.* 국화

Chrys·ler [kráislər/kráizlə] *n.* 미국제 고급자동차(회사)

chum [tʃʌm] *n.*《口》한방 친구; 친구, 단짝 —*vi.* 한방을 쓰다《together, with》; 친하게 지내다《with》

chump [tʃʌmp] *n.* 큰 나무토막 [고깃덩이]

Chung·king [tʃúŋkiŋ] *n.* 중경 (重慶) (중국의 도시)

church [tʃəːrtʃ] *n.* 교회당;(C~) 교파;(《총칭》)기독교도; (the C~) 성직 the Anglican C~ 영국국교회, 성공회= the Church of England *at* ~ 예배중 the established [*state*] ~ 국교 *go to* [attend] ~ 예배보러 가다

church·yard [⌐jɑ̀ːrd] *n.* 교회의 구내;(구내의)묘지

chute [ʃuːt] *n.* 급류,폭류; (짐 등의)활강 장치: a mail ~ 빌딩에서 우편물을 아래로 내려보내는 장치

CIA = Central *I*ntelligence *A*gency (미국의)중앙정보국

ci·ca·da [sikáːdə, -kéidə] *n.* 매미(《美》locust)

ci·der [sáidər] *n.* 사과주

C.I.F., c.i.f. = *c*ost, *i*nsurance and *f*reight 〔商〕보험료·운임 포함가격

ci·gar [sigɑ́ːr] *n.* 엽궐련: a ~ store 《美》담배가게 (《英》tobacconist's)

cig·a·rette, -ret [sìgərét, + 美 ⌐⌐] *n.* 궐련: a ~ case 담배케이스/ a ~ holder 궐련 물부리/a ~ lighter 라이터/a pack [packet] of ~s 담배 한 갑

cin·e·ma [sínimə] *n.* 영화관;영화 (《美》motion picture)

cin·na·mon [sínəmən] *n.* 〔植〕육계(肉桂) (나무, 피, 색)

ci·pher [sáifər] *n.* 영(零); 자리수; 암호 —*vi., vt.* 암호로 쓰다

CIQ = *c*ustoms(세관), *i*mmigration(입국관리), *q*uarantine(검역) 입국수속

cir·cle [sə́ːrkl] *n.* 원, 원주;원형의 것;순환, 주기;원형관람석;그룹,…계,사회 business [political] ~s 실업계[정계] ~ trip 주유(週遊)여행 come full ~ 일주하다 the upper ~s 상류사회 —*vi., vt.* 둘러싸다 (surround); 회전하다

cir·cuit [sə́ːrkit] *n.* 순회(구); 주유;우회(로); 〔電〕회로

cir·cu·i·tous [sə(ː)rkjúː(ː)itəs] *a.* 우회하는; 에둘러 말하는

cir·cu·lar [sə́ːrkjulər] *a.* 원형의;순환[순회]하는,회람의: a ~ ticket [tour] 일주 차표[여행] —*n.* 회람장, 안내장

cir·cu·late [sə́ːrkjulèit] *vi., vt.* 순환하다; 유포하다[시키다]; 배부하다; 유통하다[시키다]; 회람하다

cir·cu·la·tion [sə̀ːrkjuléiʃ(ə)n] *n.* 순환;유통;발행부수;통화

cir·cum·ci·sion [sə̀ːrkəmsíʒ(ə)n] *n.* 할례(割禮)

cir·cum·fer·ence [sərkʌ́mf(ə)rəns] *n.* 원주;주위, 둘레

cir·cum·nav·i·gate [sə̀ːrkəmnǽvigèit] *vt.* 배로 일주하다

cir·cum·spect [sə́ːrkəmspèkt] *a.* 조심성있는, 신중한, 용의주도한

cir·cum·stance [sə́ːrkəmstæns/

-stəns] *n.* (보통 *pl.*) (주위의)사정, 상황, 환경; (*pl.*) (사람의)처지, 형편; 일, 사건; 상세

cir·cus [sə́ːrkəs] *n.* 서어커스; 《英》원형 광장 *Piccadilly* C~ (런던의)피커딜리광장

ci·ta·tion [saitéiʃ(ə)n] *n.* 표창장, 감사장

cite [sait] *vt.* 인용하다, 예로들다

Cit·i·bank [sítibæ̀ŋk] *n.* 미국의 대은행(구칭 First National City Bank)

cit·i·zen [sítizn] *n.* 시민, 공민; 국민, 주민;(군인 등과 대칭하여) 일반인 ~·ry *n.* (총칭) 시민 ~·ship *n.* 시민[공민]권, 국적

Cítizens Bànd Rádio 시민 밴드 라디오(CB Radio) (미국 시민에게 개방된 주파수를 이용하여 교신하는 라디오)

cit·y [síti] *n.* 시, 도시, 도회지; (the ~) 전시민; (the C~) 시티(런던시의 금융·상업의 중심지구): a ~ hall 시청/ ~ planning 도시계획 (《英》town planning)/a ~ map 시가지도/ ~ information booth 시내 안내소/ ~ terminal 시내 터어미널

civ·ic [sívik] *a.* 시의,시민[공민]의: ~ rights 시민권

civ·il [sív(i)l] *a.* 시민의; (공무원·군인과 대칭하여) 민간인의; (중과 대칭하여)속인의; 민간의; 국내의; 예의바른; 문명의: ~ aviation 민간항공 / ~ rights 공민권/a ~ servant 공무원

ci·vil·ian [sivíljən] *a.* 민간의, 일반시민의 —*n.* (군인·중과 대칭하여) 일반시민; 문관; 공무원

civ·i·lize [sívilàiz] *vt.* 문명화하다; 교화(教化)하다 ~d *a.* 문명화된; 교양있는, 우아한 **-li·zá·tion** *n.* 문명; 교화

claim [kleim] *vt.* 요구하다;승인을 요구하다; 공언[주장]하다; (주의할)만하다 —*vi.* 손해배상을 요구하다 (*against*) —*n.* 요구, 권리; 주장: Where can I make a ~? 어디에 신청하면 됩니까 a ~ tag (짐의)보관증, 수하물 물표

claim·ant [kléimənt], **claim·er** [kléimər] *n.* 청구[신청]자

clam [klæm] *n.* 〔貝〕대합

clam·ber [klǽmbər] *vi., vt.* 기어오르다 (*up*)

clam·or, 《英》**-our** [klǽmər] *n.* 소동, 외침 —*vi., vt.* 떠들어대다

clam·or·ous [klǽmərəs] *a.* 시끄러운, 소란한

clamp [klæmp] *vt.* 탄압하다, 단속하다 (*down*)

clan [klæn] *n.* 씨족, 일족; 일단

clang [klæŋ] *vi.*, *vt.* (무기·종 등이)뗑[뗑그렁] 울리다 —*n.* 뗑, 뗑그렁

clap [klæp] *vi.*, *vt.* 손뼉치다, 박수하다; 날개치다; 가볍게 두드리다; 갑자기 …하다 《*to*, *on*》 —*n.* 박수소리, 찰싹(때리기)

clar·et [klǽrət] *n.* (보르도산의) 붉은 포도주; 빨간 자주색

clar·i·fy [klǽrifài] *vt.*, *vi.* 맑게 하다, 맑아지다; 명백히하다, 명백해지다

clasp [klæsp/klɑːsp] *vt.*, *vi.* 쥐다, 껴안다;(걸쇠로)잠그다, 죄다 —*n.* 악수, 포옹; 걸쇠

class [klæs/klɑːs] *n.* 계급, 등급; (객차의)등; 종류; 학급, 반; 학습시간, 수업: travel first ~ 1등으로 여행하다 —*vt.* =classify

clas·sic [klǽsik] *n.* 고전; 고전 작품; 문호, 대예술가 —*a.* 고전적인; 전형적인; 일류의; (문화·예술이)고전식의; 유서있는

clas·si·cal [klǽsik(ə)l] *a.* 고전적인; 고전주의의; 전형적인

clas·si·fi·ca·tion [klæ̀sifikéi-ʃ(ə)n] *n.* 분류(법), 구분, 유별

clas·si·fy [klǽsifài] *vt.* 분류하다, 등급으로 나누다 *classified ad* (신문의)안내 광고

clause [klɔːz] *n.* 개조, 조항; 절

claw [klɔː] *n.* (새·짐승의)발톱, (게·새우의)집게발 「체, 인체

clay [klei] *n.* 점토, 흙; (죽은)육

cláy shóoting 클레이사격

clean [kliːn] *a.* 깨끗한, 청결한; 결백한; 완전한; 멋진, 훌륭한;(방사능 등에)오염되지 않은: keep oneself ~ 몸을 깨끗이 하다 —*ad.* 충분히; 깨끗이; 단정히 —*vt.* 깨끗이 하다, 치우다, 단정히 하다 ~ *out* 깨끗이 하다 ~ *up* 정돈하다

clean·er [klíːnər] *n.* 청소기; 세탁소 직공; 세제(洗劑)

clean·ing [klíːniŋ] *n.* 청소; 세탁

clean·ly¹ [klénli] *a.* 깨끗한, 청결을 좋아하는

clean·ly² [klíːnli] *ad.* 깨끗이, 정하게; 맑게 「결백

clean·ness [klíːnnis] *n.* 청결;

cleanse [klenz] *vt.* (약품 등을 써서) 깨끗이 하다: *cleansing cream* 클렌징크림 **cleans·er** *n.* 세제;《美》도로청소부

clear [kliər] *a.* 맑은, 투명한; 밝은; 명백한, 분명한; 명석한; 방해가 없는, 트인; 정미의;속박없는, 자유로운 *as* ~ *as day* 아주 명백한 *be* ~ *from* [*of*] …이 아주 없다 *make oneself* ~ 자기 생각을 남에게 이해시키다 —*vt.* 명백히 하다; 맑게 하다; 결백을 입증하다; 지불하다, 치우다; 뛰어넘다, 지나치다; 떨어지다; 출항절차를 밟다 —*vi.* 맑아지다, (하늘·구름 등이) 개다 《*up*》; (입국·출국의)통관[출항] 절차를 마치다, 출항하다; 《俗》떠나다 ~ *away* 청소하다, 치우다; (안개 등이)걷히다 ~ *off* 치우다; (부채 등을)지불하다; 팔아치우다; 개다 ~ *out* 쏠어내다; 매진되다; 출항하다; 떠나다 ~ *up* 치우다; 해결하다; 개다 —*ad.* 완전히, 아주

clear·ance [klíərəns] *n.* 치우기; 출항허가, 통관절차: ~ *sale* 재고 정리 판매 / ~ *certificate* [*permit*, *papers*] 출항허가서/~ *fee* 출항수수료

clear·ly [klíərli] *ad.* 명백히; 분명히; (대답으로)그렇고말고

clear·ness [klíərnis] *n.* 맑음; 명백; 총명; 장애없음; 결백

cleave [kliːv] *vt.*, *vi.* (*p.* **clove**, **cleft**, *pp.* **clo·ven**, **cleft**) 쪼개(지)다, 벌어지(게하)다

clench [klentʃ] *vt.* (주먹을)꽉 쥐다, (이를)악물다; 죄다

cler·gy [kláːrdʒi] *n.* 《총칭》 목사; 성직자

cler·gy·man [⌐mən] *n.* (*pl.* **-men** [⌐mən]) 목사

cler·i·cal [klérik(ə)l] *a.* 목사의, 서기의 —*n.* (*pl.*) 성직자복

clerk [kləːrk/klɑːk] *n.* 서기, 사무관[원];《美》점원 「숙한

clev·er [klévər] *a.* 영리한; 능

click [klik] *n.* 딸각하는 소리

cli·ent [kláiənt] *n.* 소송[변호]의 뢰인; 고객, 단골손님

cliff [klif] *n.* 절벽, 벼랑

cli·mate [kláimit] *n.* 기후, 풍토; (기후상의)지방; 환경, 분위기

cli·max [kláimæks] *n.* (흥미 등의)정점; 최고조

climb [klaim] *vt.*, *vi.* 기어오르다, 오르다; 출세하다 —*n.* 오르기, 등반 ~·**er** *n.* 등산가

clinch [klintʃ] *vt.* 단단히 죄다, (못으로)고정시키다 —*vi.* 클린치하다 —*n.* 못대가리를 구부리기; 죄는 도구; 클린치

cling [kliŋ] *vi.* (*p.*, *pp.* **clung**) 들러붙다; 집착하다 《*to*》 ~·**y** *a.* 들러붙는, 점착하는

clin·ic [klínik] *n.* 의무실, 진료소; 임상강의(실)

clip¹ [klip] *n.* (가위 등으로)깎기; 깎아낸 것 —*vt.*, *vi.* 깎다

clip² [klip] *n.* (종이)집게, 클립 —*vt.*, *vi.* 꽉 쥐다

clíp jòint 바가지(유흥)업소

clip·per [klípər] *n.* (*pl.*) 큰 가

위; 이발기; 쾌속선[여객기]: a
nail ~ 손톱깎이
cloak [klouk] *n.* 소매없는 외투
cloak·room [⌐rù(ː)m] *n.* (호텔·
극장 등의)휴대품 보관소;(역의)
수하물 보관소 (《美》 check-
room);《英》변소
clock [klak/klɔk] *n.* 벽[탁상]
시계, 괘종: set [wind] a ~ 시
계를 맞추다[태엽을 감다]
clock·wise [klákwàiz / klɔ́k-]
ad., a. 오른쪽으로 (도는) (*cf.*
counterclockwise)
clock·work [klákwɜ̀ːrk/klɔ́k-]
n. 시계[태엽]장치
clod [klad/klɔd] *n.* (흙)덩이
clog [klag/klɔg] *n.* 방해, 장애물
cloi·son·né [klɔ̀izənéi / klwɑ̀ː-
zɔ́nei] *F. n., a.* 칠보자기(의)
clois·ter [klɔ́istər] *n.* 수도원;
(안뜰을 둘러싼)보랑(步廊)
close¹ [klouz] *vt.* 닫다 (*opp.*
open), 막다; 마치다; (열을)죄다
—*vi.* 닫히다, 막히다; 끝나다, 종
업하다, 폐장[폐회]하다;(극장 등
이)휴관하다: 다가가다 *C~d*
《게시》폐점, 휴업 —*n.* 종결, 끝
(end), 폐회; 《音》종지
close² [klous] *a.* 닫은; 좁은; 은
밀한; 통풍이 안되는; 무더운; 조
밀한; 가까운; 엄밀한;
(세력 등이)백중하는: a ~ cut
지름길 / a ~ friend 친한 친구
be ~ to …에 접근해 있다 —
ad. 밀접하여; 접근하여; 단단히,
꼭; 친밀히; 엄밀히: fit ~ 꼭 맞
다 ~ *at hand* 신변 가까이에
~ *by* 바로 옆에 ~ *on* [*upon*]
거의, 대략
clósed círcuit 특정한 수상기에
만 송신되는 텔레비전방송
close-fit·ting [⌐fítiŋ] *a.* (옷이)
몸에 꼭 맞는
close·ly [klóusli] *ad.* 접근하여,
좁혀서; 꼭; 친밀히; 면밀히
clos·et [klázit/klɔ́z-] *n.* 작은방,
사실(私室); 벽장; 변소
close-up [klóusʌ̀p] *n.* 《영화》
클로우즈업
cloth [klɔːθ, klɑθ/klɔ(ː)θ] *n.* (*pl.*
~s [klɔðz, klɔθs]) 직물, 옷감;
천; 헝겊; 식탁보 *lay* [*remove,
draw*] *the* ~ 상을 차리다[치
우다]
clothe [klouð] *vt.* 옷을 입히다
[주다]; 덮다 《*with, in*》—*vi.* 옷
을 입다
clothes [klouz, klouðz/ klouðz]
n. pl. 옷, 의복
clothes·bag [⌐bæ̀g] *n.* 세탁물
자루   [걸이
clothes·horse [⌐hɔ̀ːrs] *n.* 빨래
clothes·line [⌐làin] *n.* 빨랫줄

clothes·pin [⌐pìn] *n.* 빨래집게
clothes·pole [⌐pòul] *n.* 간지대
cloth·ing [klóuðiŋ] *n.* 《총칭》
옷, 의류
cloud [klaud] *n.* 구름; 큰 떼;
(대리석 등의)흐림; (의혹 등의)
암영 —*vt., vi.* 흐리(게하)다
cloud·less [⌐lis] *a.* 구름(한점)
없는, 맑게 갠
cloud·y [kláudi] *a.* 흐린; 몽롱한
clo·ver [klóuvər] *n.* 《植》토
끼풀
clown [klaun] *n.* 어릿광대; 투박
한 사람, 시골뜨기
club [klʌb] *n.* 곤봉; (골프·하키
용)타봉; 클럽, 사교회, 클럽회관
[실];(트럼프의)클럽: a country
~ 컨트리클럽/ an Alpine ~
등산클럽
club·house [⌐hàus] *n.* 클럽회관
clúb sándwich 토우스트 3장
사이에 고기·야채 등을 끼운
샌드위치
clue [kluː] *n.* (문제해결의)실마
리, 단서
clump [klʌmp] *n.* 수풀, 덤불
clum·sy [klʌ́mzi] *a.* 서투른, 어
설픈; 눈치없는   [사)
clung [klʌŋ] *v.* cling의 과거(분
clus·ter [klʌ́stər] *n.* (과일·꽃
등의)송이; 떼, 집단, 한덩어리 —
vi., vt. 떼를짓(게하)다
clutch [klʌtʃ] *vt., vi.* 꽉 쥐다
[잡다], 잡으려 하다 《*at*》—*n.*
꽉 잡기; 《機》클러치
CM =commercial message (라
디오·텔레비전의)코머셜
Co. [kou, kʌ́mp(ə)ni] =Company
c/o = (in) care of …전교(轉交)
coach [koutʃ] *n.* 세단형 자동차;
《英》장거리[대형] 버스; 객차;
《美》(기차용)보통 2등 (*cf.*
Pullman); 가정교사, (경기의)코
우치 —*vt., vi.* 마차로 운반[여
행]하다; 코우치하다, 수험지도를
하다
coal [koul] *n.* 석탄 ~ *oil* 《美》
석유, 등유
co·a·li·tion [kòuəlíʃ(ə)n] *n.* 제
휴, 연립 ~ *government* 연립
정부
coarse [kɔːrs] *a.* 조잡한; 거친;
(알이)굵은; 난폭한: a ~ fare
조식
coast [koust] *n.* 해안, 해변; 연
안(지방); (*the* C~) 《美口》태
평양연안지방 —*vi.* 해안을 따
라 항해[여행]하다 ~·**er** *n.* 연
안상선; (유원지의)코우스터
cóast gùard 해안경비대
coast·line [kóustlàin] *n.* 해안선
coat [kout] *n.* (남자용)상의, (여
자용)코우트, 외투; (짐승의)모

피, 털; 충; 칠 —vt. 상의를 입히
다; (페인트 등을)칠하다
coax [kouks] vt. 어르다, 달래다
co·bra [kóubrə] n. 코브라(독사)
Co·ca-Co·la [kóukəkóulə] n. 코
카콜라(일종의 청량음료)
co·caine, -cain [koukéin, ∠-/
kə-] n. 코카인(마취제)
cock [kak/kɔk] n. 수탉 (cf. hen);
풍향계; 두목 (leader); (수도·가
스 등의)꼭지, 콕   「싸움
cock·fight·ing [∠fàitiŋ] n. 닭
cock·ney [kákni/kɔ́k-] n., a.
런던토박이(의); 런던사투리(의)
cock·pit [kákpìt/kɔ́k-] n. 투계
장; (비행기·요트 등의)조종실;
(자동차의)운전석
cock·tail [káktèil/kɔ́k-] n. 칵
테일: a ~ party 칵테일파아
티/ a ~ dress 칵테일드레스
(이브닝드레스보다 약식인 여자
의 성장)/ ~ hour 칵테일시간
(저녁먹기전 5~8시가 보통)/ a
~ lounge 칵테일라운지 (호텔·
공항 등의 칵테일을 마시는 방)
co·coa [kóukou] n. 코코아(음료)
co·co·nut, co·coa·nut [kóukə-
nʌ̀t] n. 야자(열매)
C.O.D., c.o.d. =《美》collect on
delivery, 《英》cash on deli-
very 대금 상환(지불): send a
thing ~ 현금 상환으로 부치다
code [koud] n. 법전; 규약, 관례;
신호법, 약호, 암호
co·ed, co-ed [kóuéd, +美 ∠∠]
n. 《美口》남녀공학의 여학생
co·ed·u·ca·tion [kóuedʒukéi-
ʃ(ə)n/kóuèdju(:)-] n. 남녀공학
co·erce [ko(u)ə́:rs] vt. 강제[강
요]하다, 위압하다
co·ex·ist [kòuigzíst/∠-∠] vi. 동
시에 존재하다, 공존하다
cof·fee [kɔ́:fi, káfi/kɔ́fi] n. 코
오피(나무, 열매, 음료, 색): a
black ~ 우유나 크리임을 넣
지 않은 코오피/a ~ cup 코오
피잔/ a ~ house 다방/ a ~
shop [room] (호텔 등의 간단
한 식사도 할 수 있는)코오피숍
cóffee brèak 《美》(오전과 오후
의)코오피 마시는 휴식시간
cog·nac [kóunjæk, kánjæk] n.
코냑; (일반적으로)브랜디 [F]
cog·nate [kágneit/kɔ́g-] a. 동족
[동종]의, 같은 계열[어원]의
cog·wheel [kág(h)wì:l/kɔ́g-] n.
톱니바퀴
co·here [kouhíər] vi. 밀착하다;
(분자 등이) 응집하다; 조리가
서다
coif·feur [kwɑːfə́:r] F. n. 이발
사 (hairdresser)
coil [kɔil] vi., vt. 똘똘 말다, 사

리를 틀다 —n. 똘똘 말기, 사
리; 〖電〗코일
coin [kɔin] n. 화폐, 경화;《俗》돈
—vi., vt. (화폐를)주조하다; (신
어·거짓말을)만들어내다
co·in·cide [kòuinsáid] vi. 동시
에 발생하다; (의견 등이)일치
하다
co·in·ci·dent [kouínsid(ə)nt] a.
동시발생의; 일치[부합]하는
coin-op·er·at·ed [kɔ́inəpreitid/
-ɔ̀p-] a. 동전투입식의, 자동판
매의   「Cola
coke [kouk] n. 《美口》=Coca-
cold [kould] a. 차가운; 추운 (cf.
hot, warm); 냉정한; 낙담시키는;
한색(寒色)의: feel ~ 차게[추
위를]느끼다/get ~ (날씨가)추
워지다 —n. 추위; 감기: catch
[take] ~ 감기들다 / ~ in
the head [nose] 코감기/ have
a ~ 감기에 걸려 있다/ten de-
grees of ~ 영하10도 ~ cream
콜드크리임 ~ war 냉전
cole·slaw [kóulslɔ̀:] n. 《美》양
배추샐러드
col·lage [kəlɑ́:ʒ] F. n. 콜라지
(신문·광고 등을 오려내어 붙이
는 추상적 구성법)
col·lapse [kəlǽps] vi. 붕괴하
다, 무너지다 —n. 붕괴
col·lar [kálər/kɔ́lə] n. 칼라, 깃;
(개의)목고리; (돼지고기의)로을
말이   「동업자
col·league [káli:g/kɔ́l-] n. 동료,
col·lect [kəlékt] vt. 모으다 (as-
semble); 집중하다, (마음을)가다
듬다, (용기를)내다 : ~ oneself
마음을 가라앉히다 —vi. 모이
다, 쌓이다 —a., ad. 《美》수취
인지불의[로]; (전화에서)요금 수
신인 지불의[로] ~ call 요금
수신인지불 전화 send a tele-
gram ~ 요금수신인지불로 전
보를 치다
col·lec·tion [kəlékʃ(ə)n] n. 수
집(물); 수금, 징수; 퇴적
col·lec·tive [kəléktiv] a. 집단
의 ~ leadership 집단지도(체
제) ~ security 집단안전보장
col·lec·tor [kəléktər] n. 수집
[채집]자; 수금원; 《美》세관원;
(역의)집찰계원
col·lege [kálidʒ/kɔ́l-] n. 단과
대학; 전문학교; 《英》대학 (uni-
versity의 일부); 교사(校舍)
col·lide [kəláid] vi. 충돌하다;
일치하지 않다 《with》
col·li·sion [kəlíʒ(ə)n] n. 충돌;
(이해관계 등의)불일치
col·lo·qui·al [kəlóukwiəl] a.
구어체의 (cf. literary, vulgar)
Co·logne [kəlóun] n. 쾰른(서독

의 도시 Köln); (또는 c~) 오
드콜로뉴 (eau de Cologne)

Co·lom·bi·a [kəlʌ́mbiə / -lɔ́m-]
n. 콜롬비아(남미의 공화국)

Co·lom·bo [kəlʌ́mbou] n. 콜롬
보(스리랑카의 수도)

colo·nel [kə́:rn(ə)l] n. 육군대령;
《英》 연대장

co·lo·ni·al [kəlóuniəl] a. 식민
(지)의; (때로 C~) 《美》 식민지
시대의

col·o·nist [kálənist/kɔ́l-] n. 식
민지사람; 이주자, 입식(入植)자

col·o·ny [káləni/kɔ́l-] n. 식민
지; 거류지[민]; …인거리:
the Italian ~ in New York
뉴우요요크의 이탈리아인거리/
a summer ~ 피서지

col·or, 《英》 **-our** [kʌ́lər] n. 색,
채색; (pl.) 그림물감; 안색; 개성;
겉치레; (pl.) 군기, 색리본: ~
bar 인종차별/a ~ film 컬러
필름; 천연색영화/ film for ~
prints 프린트용 컬러필름/a ~
television 컬러텔레비전 lose
~ 창백해지다 —vt., vi. 채색
하다; 윤색하여 말하다; (과일 등
이)물들다, 얼굴을 붉히다 《up》
~ed a. 색채있는; 유색의, 《美》
흑인의; 꾸민, 그럴듯한 ~·ful
a. 색채가 풍부한, 화려한 ~·
less a. 창백한, 색바랜; 특색없
는; 공평한

Col·o·rad·o [kàlərǽdou, -rɑ́:-/
kɔ̀lərɑ́:dou] n. 미국 서부의 주

col·or-blind [⹁blàind] a. 색맹
의

col·or·cast, -our- [kʌ́lər-
kæst/-kɑ̀:st] n., vt. 컬러텔레
비전방송(을 하다)

cólor prèjudice 유색인종에 대
한 편견

co·los·sal [kəlásl/-lɔ́s-] a. 거대
한, 방대한; 《口》 훌륭한

Col·os·se·um [kàləsí:əm/ kɔ̀l-
əsíəm] n. 콜로세움(로마의 원
형 경기장)

Colt [koult] n. 콜트식 권총

colt [koult] n. 망아지

Co·lúm·bus Dày [kəlʌ́mbəs]
미대륙 발견 기념일(10월 12일)

col·umn [káləm/kɔ́l-] n. 원기
둥(같은 것);(신문 등의)난;《美》
특별기고란: an advertisement
[a literary] ~ 광고[문예]란
-um·nist n. 《美》(신문의) 특
별기고란 기고가

comb [koum] n. 빗; 볏; 벌집 —
vt. 빗질하다, (머리털)빗다

com·bat [kámbæt, kʌ́m-/kɔ́m-
bət, kʌ́m-] n. 전투, 싸움

com·bi·na·tion [kàmbinéiʃ(ə)n/
kɔ̀m-] n. 결합, 단합; 단체행동;

《英》 (pl.) 상하가 붙은 내복: a
~ car 《美》 (1등과 2등 또는
객차와 화차의) 혼합열차

com·bine [kəmbáin] vi., vt. 결
합하다[시키다], 연합하다《with》

com·bo [kámbou/kɔ́m-] n. (pl.
~s) 소편성 재즈악단

com·bus·ti·ble [kəmbʌ́stəbl] a.
잘 타는, 가연성의; 격하기 쉬운
—n. (보통 pl.) 가연물

come [kʌm] vi.(p. came, pp. come)
1 오다 《opp. go》; 내도하다; (사
건이) 발생하다 (happen), 생기
다; (생각이) 떠오르다 2 …에
서 나오다, …의 태생이다《of,
from》 3 이루어지다; 합계[결
국] …이 되다; (어떤 상태로) 되
다: ~ into play 활동하기 시
작하다 4 《명령법》 자! ~
about 일어나다, 생기다 ~ a-
cross (남과) 우연히 만나다; 우
건을) 발견하다 ~ along 오다,
《명령적》 자 빨리! ~ by …
을 입수하다; 곁을 지나다 ~
down on [upon] …에 갑자기
덤벼들다 ~ forth 나오다 ~
off 떨어지다 ~ on 나아가다;
다가가다; (바람 등이)일다; 습
격하다;《명령》 자 오너라[가자]!
~ out 나타나다; (꽃이) 피다
~ over (변화가)일어나다; 멀리
서 오다 ~ round [around](철
이) 돌아오다; 회복하다 ~ to
총계 …에 이르다 ~ up 다가
가다; 오르다 ~ upon [on] …
과 마주치다 ~ up with …을
따라미치다

come·back [⹁bæk] n. 복귀

co·me·di·an [kəmí:diən] n. 희
극배우, 희극작가

Comedie Française [kɔmedi-
fransɛ́z] 파리에 있는 프랑스
국립극장 및 그 소속극단

com·e·dy [kámidi/kɔ́m-] n. 희극

come-on [kʌmán/-ɔ́n] n. (판촉)
유인, 자극

com·fort [kʌ́mfərt] n. 위안, 즐
거움; (pl.) 생활을 즐겁게 하는
것; 안락 (ease) ~ stop 《美》
(버스여행의) 휴게정차 ~ sta-
tion 《美俗》 (공원 등의) 변소
—vt. 위로하다, 즐겁게 하다

com·fort·a·ble [kʌ́mfərtəbl] a.
기분좋은, 편안한; 위안의

com·ic [kámik/kɔ́m-] a. 희극
의; 익살스러운, 우스운 (funny)
—n. 《美俗》 (때로 pl.) 만화

com·i·cal [kámik(ə)l/kɔ́m-] a.
익살스러운, 웃기는

com·ing [kʌ́miŋ] a. 오는, 다음
의; 《口》 신진의, 유망한

com·mand [kəmǽnd/-mɑ́:nd]
vt., vi. 명령하다 (order); 지휘

하다; 지배하다; (존경·동정을) 얻다; 바라보다: The tower ~s a fine view. 탑에서 바라보면 전망이 아주 좋다 —*n.* 명령, 지휘(권); 지배력, 억제; 전망

com·mand·er [kəmǽndər/ -máːndə] *n.* 지휘자; 사령관; 해군중령 ~ *in chief* 총사령관; 함대사령관; (C~) 최고사령관 (C-in-C [siŋk] 라고도 함)

com·man·do [kəmǽndou / -máːn-] *n.* (*pl.* ~**s**, ~**es**) 특공 대원

com·mem·o·rate [kəmémərèit] *vt.* 축하하다; 기념하다

com·mence [kəméns] *vt., vi.* 시 작하다[되다](begin) ~·**ment** *n.* 《美》대학의 졸업식, 학위수여식

com·mend [kəménd] *vt.* 칭찬하 다; 추천하다; 맡기다 ~·**a·ble** *a.* 칭찬할 만한, 훌륭한, 추천할 수 있는

com·ment [kάment/kɔ́m-] *n.* 주석; 평론: No ~. 할말 없다 — *vi.* 주석을 달다, 비평하다

com·men·tar·y [kάməntèri/ kɔ́mənt(ə)ri] *n.* 주석, 논평

com·merce[kάmə(ː)rs/kɔ́mə(ː)s] *n.* 상업, 통상, 무역; 교제

com·mer·cial [kəmə́ːr∫(ə)l] *a.* 상업의, 통상의, 무역의 —*n.* 《美》광고방송(프로) ~·**ism** *n.* 상업[영리]주의, 상혼

commércial méssage (라디오· 텔레비전의)코머셜

com·mis·sion [kəmí∫(ə)n] *n.* 위 임(장); (위탁된)임무, 직권; 위원 (회); 《商》위탁, 수수료; 범죄 — *vt.* 위임하다; 임명하다

com·mis·sion·er [kəmí∫ənər] *n.* 위원, 이사, 사무관; 국장

com·mit [kəmít] *vt.* (죄를)저지 르다; 실행하다; 맡기다, …에게 위탁하다;(체면을)손상하다:C~ no nuisance. 《게시》 소변 금지

com·mit·tee [kəmíti] *n.* 위원 회; 《총칭》 (전)위원

com·mode [kəmóud] *n.* 옷장; 실내변기; 세면대

com·mod·i·ty[kəmάditi/-mɔ́d-] *n.* 일용품, 필수품; 상품

commódity tàx 물품세

com·mon [kάmən/kɔ́m-] *a.* 공 통의, 공동의《*to*》; 보통의 (usual); 평범한 (*opp.* rare), 흔해빠 진; 일반의, 공공의: a ~ room 사교실/ a ~ school 《美》공립 국민학교/ ~ sense 상식/ a ~ lodging [house] 간이숙박소 — *n.* 공유지, 공유권 *in* ~ 공동 으로; …과 마찬가지로《*with*》

com·mon-law [⌐⌐lɔ̀ː] *a.* 관습법 의 ~ **wife** 내연의 처

Cómmon Márket (*the* ~) 유럽 공동시장

com·mon·place [kάmənplèis / kɔ́m-] *a.* 평범한, 진부한 —*n.* 평범한 문구[사물]; 일상사: a ~ book 비망록, 메모철

com·mons [kάmənz/kɔ́m-] *n. pl.* 민중, 평민; (*the* C~) 하원 (의원) *the House of C~* (영 국의)하원

com·mon·wealth [kάmənwèlθ/ kɔ́m-] *n.* 공화국; 국가 *the British C~ of Nations* 영연방

com·mo·tion [kəmóu∫(ə)n] *n.* 동요; 소요, 소동

com·mune [kəmjúːn] *vi.* (다정 하게) 이야기하다, 교제하다 《*with*》; 《美》성찬을 받다

com·mu·ni·cate [kəmjúːnikèit] *vt.* 전하다; 전염시키다 —*vi.* 전 해지다, 감염되다; 통신하다 《*with*》

com·mu·ni·ca·tion [kəmjùːnikéi∫(ə)n] *n.* 통신, 서신교환; 교 통(기관); 전달; 연락 ~*s satellite* 통신위성

com·mu·ni·qué [kəmjúːnikèi, —⌐⌐/⌐⌐⌐—] F. *n.* 성명, 코뮤 니케: a joint ~ 공동성명

com·mu·nism [kάmjunìz(ə)m/ kɔ́m-] *n.* 공산주의

com·mu·nist [kάmjunist/kɔ́m-] *n.* 공산주의자

com·mu·ni·ty [kəmjúːniti] *n.* 공동사회; 공유; 단체;(*the* ~) 공 중: a ~ center 《美》 공회당 ~*antenna television*공동시청 안테나 텔레비전 (略: CATV)

commúnity chèst 공동모금

commúnity cóllege 지역전문 대학

com·mu·ta·tion [kὰmju(ː)téi∫(ə)n/kɔ̀m-] *n.* 교환; 《美》정기 권 통근: a ~ ticket 《美》 정 기권, 회수권

com·mute [kəmjúːt] *vi., vt.* 교 환하다 《*into, for*》; 《美》정기 [회수]권으로 다니다 -**mut·er** *n.* 교환자; 《美》정기[회수]권 사 용자

Co·mo [kóumou] *n.* 코모호(북 이탈리아의 호수, 관광·휴양지)

com·pact[1] [kάmpækt/kɔ́m-] *n.* 계약, 맹약

com·pact[2] *a.* [kəmpǽkt →*n.*] 촘촘[조밀]한, 빽빽한, (문체가) 간결한: a ~ car 소형자동차 —*n.* [kάmpækt/kɔ́m-] 콤팩트; 소형자동차 (compact car)

com·pan·ion [kəmpǽnjən] *n.* 벗, 친구, 동료; (우연히 만남)일 행; (쌍의)한짝: ~*s on a journey* 길동무

com·pa·ny [kʌ́mp(ə)ni] *n.* 교제, (사교적)집회; 친구들, 동료들; 손님; 일단, 일행; 회사, 상회 *(略:* Co.); 〖海〗승무원 *bear [keep]* ~ 동행하다, 상대해 주다 *in* ~ …과 함께《*with*》; 남들 앞에서 *keep* ~ *with* …과 교제하다

com·pa·rable [kámp(ə)rəbl / kɔ́m-] *a.* 비교할 수 있는; 필적하는

com·par·a·tive [kəmpǽrətiv] *a.* 비교의; 비교적인, 상당한

com·pare [kəmpéər] *vt.* 비교하다《*with*》; 비유하다《*to*》—*vi.* 《보통 부정구문》 필적하다, 비교가 되다《*with*》《*as*》 ~*d with* …과 비교하여 —*n.* 비교

com·par·i·son [kəmpǽrisn] *n.* 비교, 대조; 유사

com·part·ment [kəmpɑ́:rt-mənt] *n.* (객차·객선에서 간막이한) 객실(3명씩 마주앉는 좌석이 있음); 〖美〗(열차의)침대가 딸린 특별실; 구획, 간막이

com·pass [kʌ́mpəs] *n.* 주위; 한계, 범위; 나침반; *(pl.)* 컴파스

com·pas·sion [kəmpǽʃ(ə)n] *n.* 연민, 동정

com·pat·i·ble [kəmpǽtəbl] *a.* 양립할 수 있는, 모순없는《*with*》

com·pat·ri·ot [kəmpéitriət/ -pǽt-] *n.* 동포, 겨레

com·pel [kəmpél] *vt.* 억지로 …시키다 (force), 부득이 …시키다《*to do*》

com·pen·sate [kámpənsèit / kɔ́mpen-] *vi., vt.* 보상하다 **-sá·tion** *n.* 보상, 보수

com·pete [kəmpíːt] *vi.* 경쟁하다

com·pe·tent [kámpit(ə)nt/kɔ́m-] *a.* 유능한; 상당한; 자격있는

com·pe·ti·tion [kàmpitíʃ(ə)n / kɔ̀m-] *n.* 경쟁; 시합, 경기(회)

com·pet·i·tive [kəmpétitiv] *a.* 경쟁의, 경쟁에 의한

com·pet·i·tor [kəmpétitər] *n.* 경쟁자

com·pile [kəmpáil] *vt.* 편집하다 **-pil·er** *n.* 편집자; (전자계산기의)콤파일러언어

com·plain [kəmpléin] *vi.* 불평하다, 투덜거리다《*of, about*》; 병을 호소하다《*of*》; (불만을)정식으로 제기하다

com·plaint [kəmpléint] *n.* 불평, 불만(거리); 병; 고소

com·ple·ment *n.* [kámplimənt/ kɔ́m-/→*v.*] 보충 —*vt.* [-mènt] 보충[보완]하다

com·plete [kəmplíːt] *a.* 완전한; 철저한 —*vt.* 완성[완료]하다

com·ple·tion [kəmplíːʃ(ə)n] *n.* 완성, 완료

com·plex *a.* [kəmpléks, kámpleks →*n.*/kɔ́mpleks] 복잡한; 복합의 —*n.* [美 kámpleks] 복합물; 〖心〗콤플렉스: superiority ~ 우월감/ inferiority ~ 열등감

com·plex·ion [kəmplékʃ(ə)n] *n.* 안색; 양상

com·pli·cate [kámplikèit/ kɔ́m-]*vt.* 복잡하게 하다 **-cat·ed** *a.* 복잡한, 뒤얽힌

com·pli·ment *n.* [kámplimənt/ kɔ́m- / →*v.*] 찬사, 아첨(말); *(pl.)* 인사 *pay [make] one's* ~*s* 인사하다 —*vi.*, *vt.* [kámplimènt/ kɔ́m-] 인사하다; 칭찬하다; 선물하다

com·pli·men·ta·ry [kàmpli-mént(ə)ri/kɔ́m-] *a.* 칭찬의, 인사의; 아첨의; 무료[우대]의: a ~ ticket 우대권/a ~ dinner (비행기내에서의)무료식사 / a ~ room 특별히 무료로 제공되는 우대실/a ~ address 축사, 찬사

com·ply [kəmplái] *vi.* (규칙 등에)따르다, 응하다《*with*》

com·po·nent [kəmpóunənt] *a.* 구성하는, 성분의 —*n.* 성분

com·pose [kəmpóuz] *vt.* 조립하다《*of*》, 조직하다; (시·곡 등을)짓다; (마음을)가라앉히다 —*vi.* 시문을 짓다, 작곡하다 *be* ~*d of* …으로 이루어지다

com·pos·er [kəmpóuzər] *n.* 작곡가, (시문의)작자

com·po·si·tion [kàmpəzíʃ(ə)n / kɔ̀m-] *n.* 작문, 작품, 작곡; 구성; 구도; 기질; 성분; 합성물

com·po·sure [kəmpóuʒər] *n.* 침착(성)

com·pote [kámpout / kɔ́mpot, -pout] *n.* 과일의 설탕절임; 굽 있는 과일접시 [F]

com·pound *a.* [kámpaund, -ᷱ/ kɔ́mpaund / →*n.*, *v.*] 혼합의; 합성의; 복잡한; 복식의 —*n.* [kámpaund/kɔ́m-] 혼합물 (mixture), 합성물 —*vt.*, *vi.* [kəm-páund] 혼합하다(mix), 조제하다; 사화하다

com·pre·hend [kàmprihénd/ kɔ̀m-] *vt.* 이해하다 (understand); 포함[내포]하다

com·pre·hen·sion [kàmprihén-ʃ(ə)n/kɔ̀m-] *n.* 이해(력); 포함

com·pre·hen·sive [kàmprihén-siv/kɔ̀m-] *a.* 이해력있는; 포괄적인: a ~ school 종합(고등)학교

com·press *n.* [kámpres/kɔ́m-/ →*v.*] 습포 —*vt.* [kəmprés] 압축[압착]하다; (글을) 단축하다

com·pro·mise [kámprəmàiz/

kɔm-] *n.* 타협, 화해; 절충안 —
vi., *vt.* 타협[화해]하다

com·pul·so·ry [kəmpʌ́ls(ə)ri]
a. 강제적인; 의무적인, 필수의

com·pute [kəmpjúːt] *vt.*, *vi.* 계
산하다, 산정하다 (*at*) **-put·er**
n. 전자계산기

com·put·er·ize [kəmpjúːtəràiz]
vt. 컴퓨터화하다, 컴퓨터로 처
리하다

com·rade [kámræd, -rid/kɔ́m-
rid, kʌ́m-] *n.* 친구, 동료, 동지

Com·sat [kámsæt/kɔ́m-] *n.* (미
국의)통신위성회사 [<Commun-
ication Satellite Corporation]

con·cave [kankéiv, ◡-/kɔ́n-]
a. 오목한 (*opp.* convex)

con·ceal [kənsíːl] *vt.* 숨기다
(hide)

con·cede [kənsíːd] *vt.* (사실을)
인정하다; 양보하다;(권리 등을)
주다

con·ceit [kənsíːt] *n.* 자부심, 자
만심 **~·ed** *a.* 자만심이 강한

con·ceive [kənsíːv] *vi.*, *vt.*(생
각·원한 등을)품다; 생각하다; 착
상하다 (*of*); 임신하다 **-ceiv-
a·ble** *a.* 생각할 수 있는, 있을
수 있는

con·cen·trate [káns(e)ntrèit/
kɔ́n-] *vt.*, *vi.* 집중[전념]하다
-trá·tion *n.* 집중; 전념

con·cep·tion [kənsépʃ(ə)n] *n.*
개념(작용); 생각; 임신

con·cern [kənsə́ːrn] *vt.* 관계가
있다; …의 이해에 관계하다;
《보통 수동형》관심을 갖다; 걱
정시키다 *as ~s* …에 관해서는
be ~ed about [*over*]…을 걱정
하고 있다 *be ~ed in* [*with*]
…에 관계하고 있다 *so far as I
am ~ed* 나에 관한 한은 —*n.*관
계 (*with*), 이해관계 (interest);
관심, 걱정 (*about, for*); (때로
pl.) 관심사; 사건; 상점, 회사; 사
업; 업무: It's none of my ~.
내가 알바 아니다 *have ~ with*
…과 관계가 있다 **~ed** *a.* 관
계있는, 해당하는; 염려하는 : the
country ~*ed* 당사국 **~·ing**
prep. …에 관해서

con·cert [kánsə(ː)rt/kɔ́nsət] *n.*
음악회, 연주회, 콘서어트; 협동,
일치: a ~ hall 연주회장

con·cer·to [kəntʃéərtou / -tʃɔ́ː-]
n. (*pl.* **-s**) 〖音〗협주곡

con·ces·sion [kənséʃ(ə)n] *n.* 양
보, 양도; 허가; 거류지; 조차지

con·ci·erge [kànsiéərʒ/kɔ̀:n-]
F. *n.* (호텔의)객실사무원

con·cise [kənsáis] *a.* 간결한

con·clude [kənklúːd] *vi.*, *vt.* 끝
나다, 결론짓다; 체결하다 : To

be ~*d* 다음회 완결

con·clu·sion [kənklúːʒ(ə)n] *n.*
결말; 결정; 결론, 추단; 체결 *in
~* 결론적으로

con·clu·sive [kənklúːsiv] *a.* 결
정적인, 확실한; 최종적인

Con·cord [káŋkərd / kɔ́ŋkɔːd]
n. 미국 New Hampshire 주의
수도

con·cord [kánkɔːrd, káŋ-/kɔ́n-
kɔːd, kɔ́ŋ-] *n.* 일치, 화합; 협약

con·cord·ance [kankɔ́ːrd(ə)ns,
kən-/kən-] *n.* 일치, 화합;(어떤
저서 또는 성경의)용어 색인

Con·corde [kánkɔːrd/kɔ́n-] *n.*
콩코오드(영·불이 공동 개발한
초음속 제트 여객기)

con·cours [kɔ̀kuːr] F. *n.* 콩쿠
르, 경연(競演)

con·course [kánkɔːrs, káŋ-/
kɔ́ŋ-] *n.* (사람·물건의)집
합; 군집;《美》집합장소, (공원
의)중앙광장, (역·공항의)호을;
대로

con·crete [kánkriːt, -◡-/kɔ́n-] *a.*
구체적인 (*opp.* abstract); 콘크리
이트제의 —*n.* 콘크리이트

con·cur [kənkə́ːr] *vi.* 동시에 일
어나다, 부합하다; 동의하다

con·demn [kəndém] *vt.* 비난하
다(blame); 유죄판결을 내리다,
운명짓다 (*to*)

con·dense [kəndéns] *vi.*, *vt.* 응
축하다; 단축하다, 간결히 하다 :
~*d* milk 연유

con·di·tion [kəndíʃ(ə)n] *n.* 조건;
상태, 건강상태; 처지, 신분: in
good ~ 건강하여;파손되지 않
고/out of ~ 건강이 나빠;사용
할 수 없는 상태로 *on* [*upon*]
~ *that* …라는 조건하에 —*vt.*
조건을 붙이다; 결정하다

con·di·tion·al [kəndíʃən(ə)l] *a.*
조건(부)의, 가정적인

con·do [kándou/kɔ́n-] *n.* 《口》
=condominium

con·dom [kándəm, kán-/kɔ́n-]
n. 콘돔(피임용구)

con·do·min·i·um [kàndəmíni-
əm/kɔ̀n-] *n.* (공유)분양 아파아
트

con·dor [kándər/kɔ́ndɔː, -də] *n.*
콘도르(남미산 큰 독수리)

con·duct *n.*[kándʌkt/kɔ́ndʌkt/
→*v.*] 행위; 경영; 지도, 안내 —
vi., *vt.* [kəndʌ́kt] 행동[처신]하
다(oneself); 안내하다; 지휘하다

con·duc·tor [kəndʌ́ktər] *n.* 안
내자; 〖音〗악장, 지휘자; 《英》
(버스·전차의)차장; 《美》(기차
의)차장 (《英》guard)

cone [koun] *n.* 원추(형); 화구언
덕; 《美》원추형 아이스크림컵

Có·ney Ís·land [kóuni] New York시 Long Island 남안의 섬 (오락중심지)

con·fec·tion·er·y [kənfékʃənèri/-əri] n. 《총칭》 과자류; 과자점

con·fed·er·ate vt., vi. [kənfédərèit → n.] 동맹[연합]하다 —n. [kənféd(ə)rit] 동맹자

con·fer [kənfə́:r] vt. 주다, 수여하다 《on, upon》 —vi. 의논하다

con·fer [kənfə́:r] L: vt. 비교하라, 참조하라 (略: cf.)

con·fer·ence [kánf(ə)rəns/kɔ́n-] n. 회담, 협의; 회의

con·fess [kənfés] vi., vt. 자백[고백]하다, 자인하다;(죄를)참회하다;《口》 사실은 …이다 **-fession** n. 고백, 자백; 참회

con·fide [kənfáid] vi., vt. 신용하다 《in》; 신탁하다; 털어놓다

con·fi·dence [kánfid(ə)ns/kɔ́n-] n. 신용; 자신 《in》; 비밀 in ~ 은밀히 with ~ 자신을 갖고

con·fi·dent [kánfid(ə)nt/kɔ́n-] a. 확신하는(sure)《of, that》; 자신있는; 대담한

con·fi·den·tial [kànfidénʃ(ə)l/kɔ̀n-] a. 비밀의; 친밀한

con·fig·u·ra·tion [kənfìgjuréiʃ(ə)n] n. (여객기의)좌석배치

con·fine vt. [kənfáin→n.] 제한하다; 가두다 —n. [kánfain/kɔ́n-] (보통 pl.) 경계, 한계

con·firm [kənfə́:rm] vt. 확인하다;(결심등을)굳히다; 확증하다

con·fir·ma·tion [kànfərméiʃ(ə)n/kɔ̀n-] n. (출발시간 등의)확인, 확증

con·flict n. [kánflikt/kɔ́n-/ → v.] 투쟁; 충돌, 모순 —vi. [kənflíkt] 다투다; 충돌하다 《with》

con·form [kənfɔ́:rm] vi., vt. 일치하다[시키다], 따르(게 하)다; 순응하다

con·form·i·ty [kənfɔ́:rmiti] n. 일치(agreement), 적합; 준수, 복종;《英》 국교신봉

con·found [kanfáund, kən-/kən-] vt. 혼동하다;혼란시키다, 당황케 하다;(희망을)꺾다 C~ it [you]! 빌어먹을!

con·front [kənfrʌ́nt] vt. 직면하다; 맞서다; 대결시키다

Con·fu·cian [kənfjúːʃən / -ʃiən] a. 공자의 —n. 유가(儒家) ~ism n. 유교

con·fuse [kənfjúːz] vt. 혼란시키다; 혼동하다 **-fus·ed·ly** [-fjúːzidli] ad. 당황하여

con·fu·sion [kənfjúːʒ(ə)n] n. 혼란; 난잡, 혼동; 당황

con·gest [kəndʒést] vt., vi. 혼잡하(게 하)다; 충혈시키다[하다]: ~ed traffic 혼잡한 교통

Con·go [káŋgou/kɔ́ŋ-] n. 콩고; (the ~)콩고강

con·grat·u·late [kəngrǽtʃuleit/-grǽtjuleit] vt. 축하하다

con·grat·u·la·tion [kəngrǽtʃuléiʃ(ə)n/-grǽtju-] n. 축하; (pl.) 축사: C~s! 축하합니다

con·gre·gate [káŋgrigèit/kɔ́ŋ-] vi., vt. 모이다, 모으다; 집합하다 **-gá·tion** n. 집합, 집회

con·gress [káŋgris/kɔ́ŋgres] n. 회의; (C~) (미국 등의) 국회, 의회

Con·gress·man [ˊ-mən] n. (pl. -men [-mən]) 《美》국회[하원]의원

con·ju·gal [kándʒug(ə)l / kɔ́n-] a. 혼인의; 부부의

con·junc·tion [kəndʒʌ́ŋkʃ(ə)n] n. 결합, 연결, 공동, 회합

con man [kánmæn] 《美俗》 사기꾼 [<confidence]

con·nect [kənékt] vt. 연결하다 《to, with》; 연상하다; 연락[관계]시키다;(전화를) 잇다, 접속하다: Will you please ~ me with room service? 루움서어비스를 대주시오 / You are ~ed. (전화에서)상대방이 나왔읍니다 (《美》 You're through.) —vi. 이어지다, 연결[연락]하다, 관계하다 《with》

Con·nect·i·cut [kənétikət] n. 미국 동북부의 주

con·néct·ing flight 접속비행

con·néct·ing róoms 잇단 두 방

con·nec·tion, 《英》 **-nex·ion** [kənékʃ(ə)n] n. 연결; (기차·기선 등의)연결; 접속; (전화의)접속; 관계, 관련; (보통 pl.) 친척, 연고; 거래처: make ~s at (기차 등의) …에서 연결[접속]되다 / You are in ~. (전화에서) 나왔읍니다

con·nois·seur [kànisə́:r/kɔ̀n-] n. (미술품 등의)감정가

con·quer [káŋkər/kɔ́ŋ-] vt. 정복하다; 극복하다 ~·or n. 정복자, 승리자

con·quest [kánkwest,káŋ-/kɔ́ŋ-] n. 정복(지); 획득(물)

con·science [kánʃ(ə)ns / kɔ́n-] n. 양심, 도의심: My ~! 어머나!

con·sci·en·tious [kànʃiénʃəs/kɔ̀n-] a. 양심적인, 성실한

consci·én·tious objéctor 양심적 병역기피자

con·scious [kánʃəs/kɔ́n-] a. 의식하고 있는, 알아채고 있는《of, that》; 의식적인; 정신있는;·제정신인

con·se·crate [kánsikrèit / kɔ́n-]
vt. 신에게 바치다; 신성케 하다

con·sec·u·tive [kənsékjutiv] *a.*
연속[계속]적인 : for three ~
days 3일간 계속해서

con·sen·sus [kənsénsəs] *n.* (의
견·증거의)일치, 합의; 여론

con·sent [kənsént] *vi.* 승낙[동
의]하다 —*n.* 승낙, 동의

con·se·quence [kánsikwèns,
-kwəns / kɔ́ns(i)kwəns] *n.* 결과,
영향; (사회적)중요성 : a mat-
ter of great [no] ~ 중대한[사
소한]사건 *in* ~ 그 때문에, 그
결과 *of* ~ 유력[중대]한

con·se·quent [kánsikwènt,
-kwənt / kɔ́ns(i)kwənt] *a.* (…의)
결과로서 일어나다 (*on,upon*);
필연의

con·ser·va·tion [kànsərvéi-
ʃ(ə)n / kɔ̀nsə(:)-] *n.* 보존, 관리

con·serv·a·tism [kənsə́:rvə-
tìz(ə)m] *n.* 보수주의

con·serv·a·tive [kənsə́:rvətiv]
a. 보수적인(*opp.* progressive).
《英》(C~) 보수당의 the C~
Party 《英》보수당 —*n.* 보수
적인 사람;《英》(C~)보수당원

con·ser·va·toire [kənsə̀:rvə-
twά:r, ⌣⌣—] *n.* (프랑스의)국
립음악[미술, 연극]학교 「하다

con·serve [kənsə́:rv] *vt.* 보존

con·sid·er [kənsídər] *vi., vt.* 고
려하다; 숙고하다; 간주하다 (re-
gard) (*to be, that*); 팁을 주다

con·sid·er·a·ble [kənsíd(ə)rəbl]
a. 고려해야 할; 중요한; 상당한
-a·bly *ad.* 상당히, 꽤

con·sid·er·ate [kənsídərit] *a.*
인정있는; 이해심있는 (*of*)

con·sid·er·a·tion [kənsìdəréi-
ʃ(ə)n] *n.* 심사숙고;이해심;보수,
팁; 고려해야 할 사실 *in* ~ *of*
…을 고려하여

con·sign [kənsáin] *vt.* 맡기다;
(상품을)위탁하다, 탁송하다; 예
금하다: ~ a letter to the post
편지를 우편으로 부치다 /
money in a bank 은행에 예금
하다 ~·ee [kànsainí:/kɔ̀n-] *n.*
수탁자, 화물인수인 ~·or [-ər]
위탁자, 화주

con·sist [kənsíst] *vi.* (…로)이루
어지다 (*of*); (…에)있다 (*in*);
(…과)일치[양립]하다 (*with*) —
n. (철도의)차량(편성)

con·sist·ence [kənsíst(ə)ns],
-en·cy [-(ə)nsi] *n.* 일치, 일관
성; 착실함; 농도, 밀도

con·sist·ent [kənsíst(ə)nt] *a.*
일치하는; 모순없는; 일관성있는

con·sole [kənsóul] *vt.* 위로하다

con·sol·i·date [kənsálidèit/-sɔ́l-]

vt. 굳히다, 견실하게 하다; 합병
하다

con·som·mé [kànsəméi / kən-
sɔ́mei] F. *n.* 콩소메(맑은 수우
프) (*cf.* potage)

con·so·nant [kánsənənt / kɔ́n-]
n. 자음(자) (*cf.* vowel)

con·sor·ti·um [kənsɔ́:rʃiəm /
-sɔ́:tjəm] *n.* 국제차관단 ~
bank 국제투자은행

con·spic·u·ous [kənspíkjuəs]
a. 현저한, 두드러진; 저명한

con·sta·ble [kánstəbl/kʌ́n-] *n.*
《美》치안관, (英) 순경, 경관

con·stant [kánst(ə)nt / kɔ́n-] *a.*
변함없는; 불굴의; 성실한 ~·ly
ad. 끊임없이

con·stit·u·en·cy [kənstítʃuənsi]
n. 선거구; (선거구의)선거민

con·stit·u·ent [kənstítʃuənt /
-tju-] *a.* 구성하는, 성분을 이루
는; 헌법 제정[개정]의 권한이
있는 —*n.* 성분, (구성)요소

con·sti·tute [kánstit(j)ù:t/kɔ́n-
stitjù:t] *vt.* 구성하다; 임명하다

con·sti·tu·tion [kànstit(j)ú:-
ʃ(ə)n / kɔ̀nstitjú:-] *n.* 구성, 설립;
체격; 헌법

con·sti·tu·tion·al [kànstit(j)ú:-
ʃən(ə)l / kɔ̀nstitjú:-] *a.* 타고난,
체질의; 헌법의, 입헌적인

con·strain [kənstréin] *vt.* 강요
하다, 억지로 …시키다 (force)

con·straint [kənstréint] *n.* 억
제; 속박

con·struct [kənstrʌ́kt] *vt.* 건설
하다, 건조하다

con·struc·tion [kənstrʌ́kʃ(ə)n]
n. 건설, 공사; 구조, 건물: under
~ 공사중

con·struc·tive [kənstrʌ́ktiv] *a.*
구조상의; 건설적인 (*opp.* de-
structive)

con·sul [káns(ə)l/kɔ́n-] *n.* 영사:
a ~ general 총영사

con·su·late [kánsjulit/kɔ́n-] *n.*
영사관; 영사의 직

con·sult [kənsʌ́lt] *vi.* 의논하다
—*vt.* 의견을 묻다; 진찰받다;
(사전 등을)찾다, 참고로 하다: a
~ing room 진찰실 ~·ant *n.*
상담자, 고문; 진찰의사

con·sul·ta·tion [kànsəltéi-
ʃ(ə)n / kɔ̀n-] *n.* 의논, 협의; 진찰
no ~ day 휴진일

con·sume [kənsú:m / -s(j)ú:m]
vi., vt. 소비하다, 다 써버리다;
먹어[마셔] 없애다

con·sum·er[kənsú:mər/-s(j)ú:m-
ə] *n.* 소비자 : ~ goods 일용품
~price index 소비자 물가지수

con·sum·er·ism [⌣riz(ə)m] *n.*
소비자보호(운동)

con·sump·tion [kənsʌ́mpʃ(ə)n] *n.* 소비(량), 소모; 폐병

con·tact *n.* [kántækt/kɔ́n- / → *v.*] 접촉,교섭;《美》교제: bring [come] into ~ with …과 접촉시키다[하다] ~ *address* 연락처 ~ *flight* 유시계비행 ~ *lens* 콘택트렌즈 —*vt.* [+英 kəntǽkt] 접촉하다; 교신하다; (전화 등으로)연락하다

con·ta·gion [kəntéidʒ(ə)n] *n.* (접촉)전염, 감염; 전염병

con·ta·gious [kəntéidʒəs] *a.* 전염성의: a ~ disease 전염병

con·tain [kəntéin] *vt.* 담다, 포함하다; 억제하다 ~·**er** *n.* 용기

con·tam·i·nate [kəntǽmineit] *vt.* 오염하다

conte [kount, kɔːt/kɔ́:t] F. *n.* 콩트, 단편

con·tem·plate [kántəmpleit, kəntémpleit/kɔ́ntempleit] *vt., vi.* 숙고하다; 찬찬히 보다; 예상하다; 꾀하다《doing》

con·tem·po·rar·y [kəntémp(ə)rèri / -rəri] *a.* 현대의; 동시대의 —*n.* 현대인; 동시대인 「치욕

com·tempt [kəntémpt] *n.* 경멸;

con·tend [kənténd] *vi.* 겨루다; 논쟁하다; (곤란과)싸우다 —*vt.* (강력히) 주장하다《that》

con·tent[1] [kəntént] *n., vt.* 만족(시키다)《with》 to one's .(heart's)~ 마음껏 —*a.* 만족한

con·tent[2] [kántent/kɔ́n-] *n.* (보통 *pl.*) 내용물; (*pl.*) 목차; 내용, 취지; 함유량

con·tent·ed [kənténtid] *a.* 만족한; 기꺼운

con·test *n.* [kántest/kɔ́n- / →*v.*] 다툼, 논쟁; 경쟁: a beauty ~ 미인선발대회/ a musical ~ 음악 콩쿠르 —*vt., vi.* [kəntést] 논쟁하다; 다투다, 겨루다

con·text [kántekst/kɔ́n-] *n.* (문장의)전후관계, 문맥

con·tig·u·ous [kəntígjuəs] *a.* 인접하는, 접촉하는《to》

con·ti·nent [kántinənt / kɔ́n-] *n.* 대륙; (the C~) 유럽대륙; 《美》 북미대륙

con·ti·nen·tal [kàntinéntl/kɔ̀n-] *a.* 대륙의, 대륙적인 (cf.insular); (C~) 유럽대륙의 ~ *breakfast* 빵과 음료뿐인 유럽식 조반 the C~ *Trailway Bus System* 미국의 큰 버스회사 —*n.* (C~) 유럽대륙사람

continéntal plàn (the ~) 숙박료와 간단한 식대를 포함한 호텔요금

cóntinental shélf 대륙붕

con·tin·gent [kəntíndʒ(ə)nt]

a. 있을수 있는;우발적인; … 나름의

con·tin·u·al [kəntínjuəl] *a.* 계속적인; 빈발하는

con·tin·ue [kəntínju:] *vi.* 계속되다; 묵다《at,in》; 계속 …이다 —*vt.* 계속하다; 연장하다 To be ~ d 이하 다음호, 계속

con·tin·u·ous [kəntínjuəs] *a.* 계속적인, 끊임없는

con·tour [kántuər/kɔ́n-] *n.* 외형, 윤곽;(지도의)등고선

con·tra·band [kántrəbænd / kɔ́n-] *n., a.* 밀무역[밀매]의

con·tra·cep·tion [kàntrəsép-ʃ(ə)n/kɔ̀n-] *n.* 피임(법)

con·tract *n.* [kántrækt/kɔ́n- / →*v.*] 계약(서); 청부; 약혼 —*vt., vi.* [kəntrǽkt] 계약하다

con·tra·dict [kàntrədíkt/kɔ̀n-] *vt.* 반박하다; 모순되다

con·tra·dic·tion [kàntrədík-ʃ(ə)n/kɔ̀n-] *n.* 반박; 모순

con·trail [kántreil/kɔ́n-] *n.* 비행운 [<condensation + trail]

con·tra·ry [kántreri / kɔ́ntrəri] *a.* 반대의《to》, 역의 —*n.* 반대(의 일), 모순 on the ~ 이에 반하여, 그 반대로 to the ~ 그와 반대로

con·trast *n.*[kántræst/kɔ́ntra:st / →*v.*] 대조(물); 현저한 차이 —*vi., vt.* [kəntrǽst / -trá:st] 대조하다[시키다], 현저히 다르다

con·trib·ute [kəntríbju(:)t] *vi., vt.* 공헌하다; 기부[기고]하다 **-tri·bú·tion** *n.* 기부; 공헌; 기고

con·trive [kəntráiv] *vi., vt.* 고안하다; 꾀하다; 그럭저럭…하다

con·trol [kəntróul] *vt.* 관리[지배]하다; 억제[제어]하다; 조절하다; 조종하다: ~ *oneself* 자제하다 —*n.* 지배(력), 관리, 감독, 통제; 억제; 콘트로울;《空》 조종; (기계의)조종장치: a ~ tower (공항의)관제탑

con·tro·ver·sy [kántrəvə̀:rsi/ kɔ́ntrəvə̀:-, kəntrɔ́və-] *n.* 논쟁, 논전

con·vene [kənví:n] *vt., vi.* (회의를)소집하다; 회합하다

con·ven·ience [kənví:njəns], **-ien·cy** [-jənsi] *n.* 편리, 형편에 좋음;편리한 것;(*pl.*) 편리한 시설: a ~ outlet 실내콘센트/ public ~ s 《英》공중변소/ It's a good ~. 이것 편리하군 at one's earliest ~ 형편이 닿는 대로 for ~(') sake 편의상

convénience stòre 《美》 (연중 무휴의)소형 슈퍼마아켓

con·ven·ient [kənví:njənt] *a.* 편

리한, 형편에 좋은

con·vent [kánvent / kɔ́nv(ə)nt] *n.* 수녀원, 수녀단

con·ven·tion [kənvénʃ(ə)n] *n.* 회의; 조약, 협약; 관습, 인습, 전통; 《美》전당대회 ~ **bureau** (대회·회의의)사무국

con·ven·tion·al [kənvénʃən-(ə)l] *a.* 인습[전통]적인; 진부한

con·ver·sa·tion [kànvərséi-ʃ(ə)n/kɔ̀n-] *n.* 회화

con·ver·sion [kənvə́:rʒ(ə)n, -ʃ(ə)n/-ʃ(ə)n] *n.* 전환, 개조; 개종 《to》; 환산, 태환, 환전 《into》 ~ **table** 환율표

con·vert [kənvə́:rt] *vt.* 바꾸다, 바꾸어 …로 하다《into》; 개심시키다 《to》; 환산하다; 태환하다; 환전하다; 현금화하다

con·vert·i·ble [kənvə́:rtəbl] *n.* 포장있는 자동차

con·vex [kanvéks, kən-/kɔ́n-] *a.* 볼록한 (opp. concave)

con·vey [kənvéi] *vt.* 나르다; 전하다; 알리다 ~·**er**, ~·**or** *n.* 운송자[기], 콘베이어

con·vict *n.* [kánvikt/kɔ́n- / → *v.*] 죄인, 죄수 —*vt.* [kənvíkt] 유죄를 선고하다; 죄를 깨닫게 하다

con·vic·tion [kənvíkʃ(ə)n] *n.* 유죄판결; 확신

con·vince [kənvíns] *vt.* 확신[납득]시키다; 깨닫게 하다 《of》

con·voke [kənvóuk] *vt.* (의회 등을)소집하다

con·voy [kánvɔi,kənvɔ́i/kɔ́nvɔi] *vt.* 호위[호송]하다

con·vul·sion [kənvʌ́lʃ(ə)n] *n.* 진동; (pl.) 경련

coo [ku:] *n.* 구르르(비둘기의 울음소리) —*vi., vt.* 구르르 울다; 사랑을 속삭이다

cook [kuk] *vt., vi.* 요리하다 — *n.* 요리사, 쿡

cook·er·y [kúkəri] *n.* 요리법

cook·ie, cook·y [kúki] *n.* 《美》쿠키(작고 납작한 과자의 일종)

cook·shop [kúkʃàp/-ʃɔ̀p] *n.* (작은)음식점, 식당

Cóok's tòur [kuks] 주마간산 (走馬看山)식의 관광여행

cool [ku:l] *a.* 서늘한 (opp. warm), 찬; 냉정한; 냉담한; 뻔뻔스러운 —*n.* 냉기, 서늘한 곳[때] —*vi., vt.* 서늘해지다, 서늘하게 하다, 식다, 식히다; 진정시키다, 냉정해지다

cool·er [kú:lər] *n.* 냉각기, 쿨러; 청량음료; 《美俗》유치장

coo·lie [kú:li] *n.* 쿠울리, 인부

co-op [kóuap, -ʌ́-/-ɔp] *n.* 《口》소비조합(의 매점)

co·op·er·ate [kouápərèit / -ɔ́p-] *vi.* 협력[협동]하다

co·op·er·a·tion [kouàpəréi-ʃ(ə)n/-ɔp-] *n.* 협력, 협동(조합)

co·op·er·a·tive [kouápərèitiv/ -ɔ́pərətiv] *a.* 협력[협동]의 ~ **association** 협동조합

co·or·di·nate [kouɔ́:rdinèit →*a.*] *vt.* 대등하게 하다; 조정하다 —*a.* [-nit, +美 -nèit] 동등한

co-own·er [kouóunər] *n.* 공유자

cop [kap/kɔp] *n.* 《口》경찰관

co-part·ner [koupá:rtnər/ ∠-∠-] *n.* 협동자, 조합원

cope [koup] *vi.* 잘 대항하다 《with》; 수습하다

Co·pen·ha·gen [kòup(ə)nhéi-g(ə)n] *n.* 코펜하겐(덴마크의 수도)

co·pi·lot [kóupàilət] *n.* 부조종사

co·pi·ous [kóupiəs, -pjəs] *a.* 풍부한, 방대한

cop·per [kápər/kɔ́pə] *n.* 구리, 동전; 《美》1센트 동전; (pl.) 잔돈; 구리그릇

copse [kaps/kɔps] *n.* 잡목림

cop·ter [káptər/kɔ́p-] *n.* 《口》헬리콥터

cop·y [kápi/kɔ́pi] *n.* 복사, 모사; (동일 서적의)1부, …권, …부; 원고 —*vi., vt.* 복사하다, 흉내내다

cop·y·right [-ràit] *n.* 저작권, 판권

cop·y·writ·er [-ràitər] *n.* 광고 문안 작성자

co·quette [koukét, +英 kɔ-] *n.* 요염한 여자

co·quille [kɔkí:l] *n.* 코키유(조가비요리)

cor·al [kɔ́:rəl, kár-/kɔ́r-] *n.* 산호; 산호세공 —*a.* 산호(제)의

Córal Séa (*the* ~) 산호해(오스트레일리아 동북쪽 바다)

cord [kɔ:rd] *n.* 끈, 가는 밧줄; 《電》코오드; (보통 pl.) 속박, 구속 —*vt.* 끈으로 묶다

cor·dial [kɔ́:rdʒ(ə)l] *a.* 진심으로의, 진정한; 기운나게 하는 ~·**ly** *ad.* 충심으로, 정중히: Yours ~ly [C~ ly yours]경백(敬白)

cor·do·van [kɔ́:rdəvən] *n.* 코오도반가죽

cor·du·roy [kɔ́:rdərɔi] *n.* 코르덴

core [kɔ:r] *n.* (과일의) 속; (문제의) 핵심

Co·rin·thi·an [kərínθiən] *a.* 《建》코린트식의(기둥머리에 아칸더스의 잎무늬가 있는)

cork [kɔ:rk] *n.* 코르크; 코르크마개 —*vt.* 코르크마개를 하다

cork·age [kɔ́:rkidʒ] *n.* 코르크마개를 뽑기[뽑아주는 요금]

cork·screw [∠skrù:] *n.* 마개뽑이

corn¹ [kɔːrn] *n.* 《총칭》 곡물; 곡식낱알; 《英》 밀; 《美》 옥수수

corn² *vt.* (고기를) 소금에 절이다 ~*ed beef* 코온비이프

cor·ner [kɔ́:rnər] *n.* 모퉁이; 구석 *around* [《英》 *round*] *the* ~ 바로 다음 골목에 *cut off a* ~ 지름길로 가다

cor·net [kɔːrnét/kɔ́:nit, kɔːnét] *n.* 《英》 아이스크리임을 담는 원추형 컵 (《美》 cone)

corn·flakes [kɔ́:rnflèiks] *n.* (*pl.*) 코온플레이크

corn·starch [kɔ́:rnstɑ̀:rtʃ] *n.* 《美》 코온스타아치 (옥수수의 녹말)   「[육체]의

cor·po·ral¹ [kɔ́:rp(ə)rəl] *a.* 몸

cor·po·ral² *n.* 《軍》 하사

cor·po·rate [kɔ́:rp(ə)rit], **-ra·tive** [∠rèitiv/-rətiv] *a.* (공공) 단체의; 법인[사단]조직의

cor·po·ra·tion [kɔ̀:rpəréiʃ(ə)n] *n.* 사단법인, 조합, 협회; 《美》 주식[유한]회사, (도시의) 자치체

corps [kɔːr] *n.* (*pl.* ~ [kɔːrz]) 군단, 병단; 대(隊)

corpse [kɔːrps] *n.* 시체

cor·rect [kərékt] *a.* 올바른, 정당한, 정확한 —*vt.* 정정하다

cor·rec·tion [kərékʃ(ə)n] *n.* 정정, 수정; 교정

cor·re·spond [kɔ̀:rispánd, kàr-/kɔ̀rispɔ́nd] *vi.* 일치하다, 부합하다 《*with, to*》; 편지를 주고받다 《*with*》

cor·re·spond·ence [kɔ̀:rispánd-əns, kàr-/kɔ̀rispɔ́nd-] *n.* 통신, 서신왕래; 부합, 일치, 상당

cor·re·spond·ent [kɔ̀:rispánd-ənt, kàr-/kɔ̀rispɔ́nd-] *n.* 통신자, 통신원, 특파원

cor·ri·dor [kɔ́:ridər, kár-, -dɔ:r/kɔ́ridɔ:] *n.* 복도, 낭하 ~ *carriage* 복도가 있는 객차

cor·rupt [kərʌ́pt] *a.* 썩은; 타락한 —*vi., vt.* 썩(게)하다; 타락하다[시키다]

cor·sair [kɔ́:rsɛər] *n.* 해적(선)

cor·set [kɔ́:rsit] *n.* (때로 *pl.*) 코르셋

Cor·si·ca [kɔ́:rsikə] *n.* 코르시카(지중해 북부의 프랑스령 섬. 나폴레옹 탄생지)

cos·met·ic [kazmétik/kɔz-] *n.* 화장품 —*a.* 화장용의

cos·mic [kázmik/kɔ́z-] *a.* 우주의 ~ *rays* 우주선

cos·mo·pol·i·tan [kàzməpáli-t(ə)n/kɔ̀zməpɔ́l-] *n.* 세계인, 세계주의자 —*a.* 세계주의의

cos·mos [kázməs/kɔ́zmɔs] *n.* 우주; 질서, 조화 (*cf.* chaos)

cost [kɔːst/kɔst] *n.* 가격, 원가; 비용; 손실; 희생 *to a person's* ~ (남의)지불로, (남에게)폐를 끼쳐서 —*vt.* (*p., pp.* cost) (돈이)들다, (값이) …하다; (노력 등을)필요로 하다; 희생시키다

Cos·ta Ri·ca [kástərí:kə, kɔ́:s-, kóus-/kɔ́s-] 코스타리카(중미의 공화국)

cos·ter·mon·ger [kástərmʌ̀ŋ-gər/kɔ́stə-] *n.* 《英》 (과일·생선 등의) 행상인

cost·ly [kɔ́(:)stli/kɔ́st-] *a.* 값비싼, 비싸게 치이는; 사치스런

cost-of-liv·ing [∠əvlívíŋ] *a.* 생계비의 ~ *index* 생계비 지수

cos·tume [kást(j)u:m/kɔ́stju:m] *n.* (보통, 여자의) 복장; (연극의)의상

co·sy [kóuzi] *a.* = cozy

cot [kat/kɔt] *n.* 간이침대; 《英》 어린이용침대;(호텔의)보조침대

Côte d'A·zur [ko:tdazy:r] 코트 다쥐르(프랑스의 지중해 연안 피서·피한지, Riviera라고모함)

co·te·rie [kóutəri] *n.* 동료, 동인, 그룹

cot·tage [kátidʒ/kɔ́t-] *n.* 오두막, 시골집;《美》 (피서지 등의)별장

cot·ton [kátn/kɔ́tn] *n.* 솜; 무명(실): absorbent ~ 탈지면

couch [kautʃ] *n.* 침대의자; 긴의자

cough [kɔːf/kɔf] *n., vi., vt.* 기침(을 하다): have a ~ 기침을 하다   「과거

could [kud, kəd] *aux. v.* can의

coun·cil [káuns(i)l] *n.* 협의회, 회의; 지방의회 *the British C~* 영국문화진흥회

coun·cil·lor, -ci·lor [káuns(i)lər] *n.* 참사관; 평의원

coun·sel [káuns(ə)l] *n.* 의논, 협의; 충고

coun·se·lor, 《英》 -sel·lor [káuns(ə)lər] *n.* 고문, 상담역; 법률고문, 고문변호사

count¹ [kaunt] *vt.* 세다, 계산하다; 간주[생각]하다 —*vi.* 수를 세다; 셈에 들다; 의지하다 《*on, upon*》 ~ *in* …을 계산에 넣다 ~ *out* 세어서 내놓다 —*n.* 계산; 총수; 가치

count² *n.* (영국 이외의) 백작 (*cf.* earl)

count·down [∠dàun] *n.* (로켓발사때의)초읽기

coun·te·nance [káuntinəns] *n.* 용모, 표정, 안색

count·er¹ [káuntər] *n.* 계산대; 판매대; (식당·바아 등의) 카운터; 계산기, 계산자(者): a lunch ~ 경식당

coun·ter² *n.* 반대(물) —*a., ad.*

반대의[로], 역의[으로] —*vt.*, *vi.* 반대하다; 되받아치다

coun·ter·act [kàuntərǽkt] *vt.* 반대로 행동[작용]하다, 방해하다

coun·ter·clock·wise [kàuntər-klákwaiz/-klɔ́k-] *ad.*, *a.* 왼쪽으로(도는) (*cf.* clockwise)

coun·ter·feit [⌐fit] *a.* 모조[위조]의, 가짜의 —*n.* 가짜, 모조품; 사기꾼 —*vt.* 흉내내다, 위조하다

coun·ter·foil [⌐fɔil] *n.* 《英》(어음 등을 떼어주고 남은) 부본

coun·ter·in·tel·li·gence [kàuntərintélidʒəns] *n.* 방첩(활동), 간첩대책

coun·ter·pane [⌐pèin] *n.* 침대보

coun·ter·part [⌐pɑ̀ːrt] *n.* (정·부 2통중의) 한 통, 사본; (한쌍의) 한짝; 짝을 이루는 것

coun·ter·sign [⌐sàin] *n.*, *vt.* 부서(副署)(하다)

count·less [káuntlis] *a.* 셀 수 없는, 무수한

coun·try [kʌ́ntri] *n.* 나라, 국가; 조국; 고향; 지방; (the ~) (도시·근교와 대칭하여) 시골, 전원

cóuntry and wéstern = country music

cóuntry clúb 컨트리클럽(골프·정구·수영 등의 설비가 있는 교외 클럽)

coun·try·man [⌐mən] *n.* (*pl.* -men [-mən]) 촌뜨기; 지방 주민; (one's ~) 동포, 동향인

cóuntry mùsic 미국서부 및 남부의 대중음악

coun·try·side [⌐sàid] *n.* 시골; 시골사람

coun·ty [káunti] *n.* 《英》주(shire); 《美》군 (State 다음 가는 행정구획); 주민(州民)

coup [kuː] *n.* = coup d'état

coup d'état [kúːdeitáː] 쿠데타, 무력정변 [F]

cou·pé [kúːpei, + 美-⌐] *n.* 2인승 4륜마차; 쿠페형 자동차 [F]

cou·ple [kʌ́pl] *n.* 한 쌍, 2개; 부부; (남녀의) 한 쌍 a ~ of 2개의, 한 쌍의; 《美口》몇 개[명]의

cou·pon [kúːpɑn/-pɔn] *n.* 이자표, 할인권; 절취(切取) 경품권; 절취표, (철도의) 쿠퐁식 승차권; 회수권의 한표: a ~ ticket 쿠퐁식 유람[승차]권

cour·age [kə́ːridʒ/kʌ́r-] *n.* 용기 (bravery) take [lose] ~ 기운을 내다[낙심하다]

cou·ra·geous [kəréidʒəs] *a.* 용감한, 대담한

cour·i·er [kúriər] *n.* 급사(急使); 《英》(여행사의) 가이드

course [kɔːrs] *n.* 진행, 경과, 과정; 진로; 코오스; (행동)방침; 학과, 과정(課程); (요리의) 일품(as a matter) .of ~ 물론, 당연히 in ~ of …중 in due ~ of time 멀지않아, 이윽고 in the ~ of …동안에

court [kɔːrt] *n.* 궁정; 법원, 법정, 안뜰; 코오트; 구애(求愛)

cour·te·ous [kə́ːrtiəs/kə́ːtjəs] *a.* 예의바른, 친절한

cour·te·sy [kə́ːrtisi] *n.* 예의, 공손; 호의 by [the] ~ of …의 호의로

cóurtesy càll 의례방문

court-mar·tial [kɔ́ːrtmɑ́ːrʃ(ə)l] *n.*, *vt.* 군법회의(에 회부하다)

court·yard [kɔ́ːrtjɑ̀ːrd] *n.* 안뜰

cous·in [kʌ́zn] *n.* 사촌

Cóv·ent Gàrden [kʌ́v(ə)nt, kɑ́v-/kɔ́v-] 런던 중앙부의 지구; 그곳의 청과·화초 도매시장

cov·er [kʌ́vər] *vt.* 덮다, 싸다; 씌우다; 옹호하다; 덮어가리다; 지불하기에 충분하다; (…의 거리를) 가다; (범위가 …에)이르다 —*n.* 덮개, 뚜껑; 표지; 구실, 핑계; 식기 한 벌 ~ charge (바아·나이트클럽 등의)좌석료 ~ girl 잡지 표지사진의 여자모델 ~ story 잡지의 표지로 게재된 특집기사 ~ed *a.* 덮인; 지붕있는

cov·er·age [kʌ́vəridʒ] *n.* 적용[통용]범위; 수신 가능 지구

cov·er·ing [kʌ́vəriŋ] *n.* 커버, 덮개: ~ price 합계요금

cov·er·let [kʌ́vərlit], -lid [-lid] *n.* 침대보

cov·et [kʌ́vit] *vi.*, *vt.* 몹시 탐내다 《for, after》

cow [kau] *n.* 암소, 젖소(*cf. bull*)

cow·ard [káuərd] *n.* 겁장이, 비겁자 —*a.* 겁많은, 비겁한

cow·boy [káubɔ̀i] *n.* 목동; 《美》카우보이

cox·comb [kɑ́kskòum/kɔ́ks-] *n.* 멋장이(남자); 《植》맨드라미

cox·swain [kɑ́ksən, -swèin/ kɔ́kswèin, 《海》kɔ́ksn] *n.* 정장(艇長); (보우트의) 키잡이

coy·o·te [káiout, kaióuti/kɔ́iout] *n.* (*pl.* ~s, 《총칭》~) 코이요테(북미의 이리)

co·zy [kóuzi] *a.* 편안한 (comfortable), 아늑한

ĆP Áir 캐나다 태평양 항공 [< Canadian Pacific]

crab [kræb] *n.* 게

crack [kræk] *vt.* 깨다; 찰깍 소리나게 하다; (병을)따서 마시다; 《美口》찰싹 때리다 —*vi.* 금이 가다; 찰깍 소리를 내다 —*n.* 갈

라진 틈, 금; 찰깍하는 소리

crack·er [krǽkər] n. 《美》 크래커, 비스킷; 폭죽

cra·dle [kréidl] n. 요람; 발상지, 기원; (전화의)수화기대 *from the ~ to the grave* 태어나서 죽을 때까지

craft [kræft/krɑːft] n. 기능; 공예; (동업자)조합; 교활; 《총칭》 배, 항공기

cram [kræm] vt. 쑤셔넣다 —vi. 과식하다, 게걸스럽게 먹다

cramp [kræmp] n. 경련

crane [krein] n. 〖鳥〗 두루미; 기중기 —vt., vi. 기중기로 나르다

crank [kræŋk] n. 〖機〗 크랭크; 변덕(스런 생각); 괴짜 —vt., vi. 크랭크 모양으로 구부리다; 크랭크로 잇다

crape [kreip] n. 크레이프(천)

crash [kræʃ] vi., vt. 와지끈 소리를 내다, 부수다; 충돌하다; (비행기가)추락하다, 불시착하다— n. 와지끈 소리; 충돌, 추락, 불시착

crash-land [krǽʃlænd] vt., vi. (비행기를)불시착시키다, 불시착하다

cra·ter [kréitər] n. 분화구

crave [kreiv] vt., vi. 간청하다, 갈망하다

crawl [krɔːl] vi. 기다, 서행하다 —n. 기기, 서행; 크로올 수영법

cra·zy [kréizi] a. 미친 (mad); 열광적인 《about, for》

cream [kriːm] n. 크리임, 유지(乳脂); 크리임 과자; 화장크리임: ~ cheese 크리임치이즈(말랑한 날치이즈)/ ~ puff 슈우크리임

crease [kriːs] n. 주름, 접은자국

cre·ate [kri(ː)éit] vt. 창조하다; 창작하다; (작위를)주다; 야기하다

cre·a·tion [kri(ː)éiʃ(ə)n] n. (신의)창조(물); 창작(물)

cre·a·tive [kri(ː)éitiv] a. 창조적인; 창작의

cre·a·tor [kri(ː)éitər] n. 창조자; 설립자; (the C~) 조물주, 신

crea·ture [kríːtʃər] n. (신의)창조물; 생물, 동물; 인간, 놈

cre·den·tial [kridénʃ(ə)l] n. (외교관의)신임장

cred·i·ble [krédəbl] a. 신용할 수 있는, 확실한

cred·it [krédit] n. 신용; 명성, 신망; 명예; 신용대부; 크레딧; 《부기》대변 《opp. debit》: a ~ card 크레딧카아드 *on ~* 신용대부로, 외상으로 —vt. 신용하다 ~·a·ble a. 명예가 되는

cred·u·lous [krédʒuləs/-dju-] a. 쉽게 믿는, 잘 속는

creed [kriːd] n. 신조; 주의, 강령

creek [kriːk] n. 《英》 작은 만; 《美》 시내; 수로(水路)

creep [kriːp] vi. (p., pp. **crept** [krept]) 기다; 몰래 들어가다; (시간이)어느덧 지나다《on, by》

crêpe [kreip] F. n. 크레이프(천)

crêpe suzette [⁀sjuːzét] F. 얇은 팬케이크

cres·cent [krésnt] n. 초승달(모양의 것)

Crete [kriːt] n. 크레타섬(지중해의 그리이스령)

crev·ice [krévis] n. 갈라진 틈

crew [kruː] n. 《총칭》(배·기차·비행기의)승무원, 탑승원 C~ *only* 《게시》승무원의 출입금지

crick·et[1] [kríkit] n. 크리켓(영국의 국기인 옥외 구기)

crick·et[2] n. 귀뚜라미

crime [kraim] n. (법률상의)범죄 (cf. sin)

Cri·me·a [kraimíːə, kri- / -míə] n. (the ~) 크리미아반도

crim·i·nal [krímin(ə)l] a. 범죄의; 죄를 범한 —n. 범죄인

crim·son [krímzn] n., a. 진홍색(의)

cri·sis [kráisis] n. (pl. **-ses** [-siːz]) 위기; (병의)고비

crisp [krisp] a. 바삭바삭[빠닥빠닥]하는; (태도·말이)또렷또렷한; (공기 등이)상쾌한

cri·te·ri·on [kraití(ː)riən] n. (pl. **-ri·a** [-riə], ~s) (판단·비판 등의)기준, 표준

crit·ic [krítik] n. 비평가

crit·i·cal [krítik(ə)l] a. 비평의; 비판적인; 위급[위독]한

crit·i·cism [krítisiz(ə)m] n. 비평[평론]하다, 비난하다

crit·i·cize [krítisàiz] vi., vt. 비평[평론]하다, 비난하다

cro·chet [krouʃéi/⁀—] n. 레이스뜨개질

croc·o·dile [krákədàil / krɔ́k-] n. 〖動〗 (아시아·아프리카산의)악어 (cf. alligator)

crop [krap/krɔp] n. 작물; 수확 —vt. (가지를)치다, (머리를)깎다; (작물을)수확하다

cro·quette [kroukét] n. 크로켓 [F]

cross [krɔːs/krɔs] n. 십자가; 십자(기호), 십자형(의 것); (the C~) (예수가 못박힌)십자가, 기독교; 수난 —a. 가로의, 비스듬한, 교차한; 역(반대)의《to》: a ~ game 교류열전 —vt., vi. 가로지르다, 건너다, 넘다; 교차시키다[하다]; 십자를 긋다; (편지가)엇갈리다: C~ at the intersection. 네거리에서 건너시오 ~ *oneself* (이마에서 가슴에)십자를 긋다 ~ *one's mind* 마음에 떠오르다

cross·coun·try [⌐kʌ́ntri] *a.* 전원[국토] 횡단의

cross·cut [⌐kʌ̀t] *n.* 횡단로; 지름길

cróssed chèck [《英》 **chèque**] 횡선수표 (*cf.* open check)

cross·ing [⌐iŋ] *n.* 횡단 (점), 건널목, 네거리, 횡단보도: a ~ gate 건널목 차단기

cróss réference 전후참조

cross·road [⌐ròud] *n.* 교차도로; (보통 *pl.*)네거리, 십자로

cross·way [⌐wèi] *n.* =crossroad

crouch [krautʃ] *vi.* 쭈그리다, 웅크리다; 굽실거리다

croû·ton [kru:tán/-tɔ́n] *F.* *n.* 크루통(수우프에 넣는 튀긴빵)

crow [krou] *n.* 까마귀

crowd [kraud] *vi.* 모이다, 붐비다, 몰려들다 —*vt.* 채워넣다; (방·기차 등에)가득 채우다; 밀다: be ~ed with …으로 가득하다 —*n.* 군집, 군중; (the ~) 대중; 다수《*of*》

crown [kraun] *n.* 왕관, 왕위; (승리의)영관; 절정, 머리 —*vt.* 왕관을 씌우다; 꼭대기에 얹다; 영예를 주다

Crówn Cólony 영국직할식민지 (홍콩)

cru·cial [krú:ʃ(ə)l] *a.* 결정적인; 곤란한

cru·ci·fix·ion [krù:sifíkʃ(ə)n] *n.* 책형(磔刑); (the C~) 예수의 못박힘, 그 그림; 큰 고난

crude [kru:d] *a.* 천연 그대로의, 생(生)…; 조잡한; 노골적인

cru·el [krú(:)əl] *a.* 잔인한; 무참한

cru·el·ty [krú(:)əlti] *n.* 잔인; 무참함; (*pl.*) 잔인한 행위

cruise [kru:z] *vi.* 순항(巡航)하다;《口》만유(漫遊)하다, (택시가)손님을 찾아다니다 *cruising speed* 순항속도 —*n.* 순항;만유《*of*》

crúise míssile 순항미사일

cruis·er [krú:zər] *n.* 순양함; 순항용 기선[요트];《美》순찰차; 손님을 찾아다니는 택시

crumb [krʌm] *n.* (보통 *pl.*) 빵가루; (빵·과자의)부스러기; 빵의 말랑한 부분 (*cf.* crust)

cru·sade [kru:séid] *n.* 《史》 십자군

crush [krʌʃ] *vi., vt.* 눌러[밟아]부수다; 분쇄하다; 압도하다 ~ *room* (극장의)휴게실

crust [krʌst] *n.* 빵껍질 (*cf.* crumb); 굳은 빵 한조각; (파이의)껍질; (물건의)단단한 표면; 지각(地殻)

cru·zei·ro [kru:zéirou] *n.* 크루제이로(브라질의 화폐단위)

cry [krai] *vi.* 소리치다; 울다 —*vt.* 큰소리로 말하다, 외치다; 큰소리로 알리다[호객하다]; 간청하다 ~ *for* …때문에 울다; 간청하다 ~ *out* 소리를 지르다, (큰소리로)외치다 —*n.* 외침; 울음소리; 외치며 파는 소리; 탄원; 여론

crys·tal [krístl] *n.* 수정; 결정 (체);크리스탈유리(제품) —*a.* 수정(제)의; 투명한; 크리스탈유리 (제)의

Cu·ba [kjú:bə] *n.* 쿠바(서인도제도중 최대의 섬, 공화국) ~**n** *a.* 쿠바의 —*n.* 쿠바사람

cube [kju:b] *n.* 입방체: ~ cut 깍두기처럼 자른 ~ *sugar* 각설탕

cu·bic [kjú:bik] *a.* 입방(체)의: ~ crossing 입체교차

cub·ism [kjú:biz(ə)m] *n.* 《繪》 입체파

cuck·oo [kúku:] *n.* 《鳥》 뻐꾸기 (의 울음소리); 멍청이

cu·cum·ber [kjú:kəmbər] *n.* 《植》 오이

cud·dle [kʌ́dl] *vt., vi.* 껴안다,안고 귀여워하다 —*n.* 포옹

cue¹ [kju:] *n.* 단서, 신호, 암시

cue² *n.* 《당구》 큐우, 당구채

cuff [kʌf] *n.* (와이샤쓰의)커프스, 소매끝동: ~ links 커프스단추 (cuff buttons, 《英》 sleeve links)

cui·sine [kwi(:)zí:n] *n.* (호텔 등의)조리실;요리(법): Chinese ~ 중국요리

cul·mi·nate [kʌ́lmineit] *vi.* 절정[극점]에 달하다;영화를 극하다

cu·lottes [kjuláts/-lɔ́ts] *n. pl.* 바지식 스커어트(가 있는 옷)

cul·prit [kʌ́lprit] *n.* (the ~) 죄인; 미결수

cult [kʌlt] *n.* 숭배; 제례(祭禮); …열, 유행 ~ *of personality* 개인숭배

cul·ti·vate [kʌ́ltiveit] *vt.* 경작하다; 재배하다; (재능을)기르다, (품성을)닦다 -**vat·ed** [-id] *a.* 교양있는; 경작된

cul·tur·al [kʌ́ltʃ(ə)rəl] *a.* 교양의; 문화의; 계발적인; 배양의

cul·ture [kʌ́ltʃər] *n.* 문화;교양; 경작; 재배; 사육 ~**d** [-d] *a.* 교양있는; 재배[배양]된: a ~ pearl 양식진주

cum·quat [kʌ́mkwɑt/-kwɔt] *n.* 《植》 금귤 묘한

cun·ning [kʌ́niŋ] *a.* 교활한; 교묘한

cup [kʌp] *n.* (코오피·홍차용)찻잔, (굽달린)양주잔; 한잔(의 양); 상배: a ~ of coffee 코오피 한잔/a ~ and saucer 접시에 받친 찻잔

cup·board [kʌ́bərd] *n.* 찬장; 식기장

cup·cake [kʌ́pkèik] *n.* 컵케이크

cup·ful [-fùl] *n.* 한잔 가득

cu·po·la [kjúːpələ] *n.* 〖建〗 둥근지붕(의 탑)

cu·ra·çao, -çoa [kjùː(ː)rəsóu/kjùə-] *n.* 큐라소(술)

curb [kəːrb] *n.* 재갈쇠; 구속, 억제(*to*); 《美》(차도와 인도 사이의)가장자리돌; 《美》 장외시장; 《총칭》 장외 거래 중개인

cúrb sèrvice (식당의)승차손님에 대한 서어비스 「제품

curd [kəːrd] *n.* 응유; (*pl.*) 응유

cure [kjuər] *n.* 치료, 의료(*of*); 치유; 치료약 〖법〗 구제책(*for*) —*vt.* 치료하다;(나쁜 버릇 등을) 고치다, 교정하다

cur·few [kə́ːrfjuː] *n.* (계엄령하의)야간통행금지령; 〖美軍〗 귀대시간

cu·ri·o [kjúː(ː)rióu] *n.* (*pl.* ~s) 골동품; 진기한 것: a ~ shop 골동품점

cu·ri·os·i·ty [kjùː(ː)riásiti/-ɔ́s-] *n.* 호기심; 골동품

cu·ri·ous [kjúː(ː)riəs] *a.* 진기한, 기묘한; 호기심이 강한

curl [kəːrl] *vt.* (머리를)말다;(몸을)뒤틀다 —*vi.* 머리가 곱슬해지다, (연기 등이)소용돌이치다 —*n.* 곱슬털

cur·ren·cy [kə́ːrənsi / kʌ́r(ə)n-] *n.* 통용, 유통(기간); 통화, 화폐; 시세 ~ *declaration* (*form*) 휴대통화 신고(서)

cur·rent [kə́ːrənt/kʌ́r(ə)nt] *a.* 유통되고 있는;(소문 등이)유포되고 있는; 유행의; 현재의: ~ account 당좌계정/~ money 통화/~ price 시세/the ~ issue [number] (잡지 등의)최신호/the ~ month[year]이달[금년]/~ topics 오늘의 화제 *go* [*pass, run*] ~ 일반적으로 행하여지고 있다 —*n.* 흐름; 해류; 기류, 전류; 시류(時流): air ~ 기류

cur·ry [kə́ːri/kʌ́ri] *n.* 카레이(가루, 요리): ~ and rice 카레이라이스

curse [kəːrs] *vi., vt.* (*p., pp.* ~d or curst [kəːrst]) 저주하다;천벌을 받다; 욕지거리하다 —*n.* 저주; 천벌; 욕

curs·ed [kə́ːrsid] *a.* 저주받은 (damned); 저주할, 괘씸한

cur·tain [kə́ːrt(ə)n] *n.* 커어튼; (극장의)막 ~ *call* 박수를 쳐서 출연자를 무대로 불러내기

curve [kəːrv] *n.* 곡선; 굽은[휜] 곳; 〖야구〗 커어브 —*vi., vt.* 구부러지다, 구부리다

cush·ion [kúʃ(ə)n] *n.* 쿠션

cus·tard [kʌ́stərd] *n.* 커스타드

(우유·달걀·설탕을 섞어 만든 것): ~ pudding 커스타드푸딩

cus·to·dy [kʌ́stədi] *n.* 구류, 감금; (사람의)보호, 후견

cus·tom [kʌ́stəm] *n.* 습관, 풍속; (*pl.*) 세관; 관세; (*the* ~s) 세관의 절차; (상점 등의)단골손님: a ~s officer 세관원/ pass [go through, get through] ~s 세관을 통과하다 ~s *declaration* (*form*) 세관신고(서) ~s *duties* 관세 —*a.* 《美》 마춤의: a ~ suit 마춤복/a ~ tailor 마춤양복점

cus·tom·ar·y [kʌ́stəmèri/-m(ə)ri] *a.* 통례의; 관례에 따른

cus·tom·er [kʌ́stəmər] *n.* 단골, 고객, 거래처

cústom hòuse 세관

cus·tom-made [kʌ́stəmméid], **-built** [-bílt] *a.* 《美》 마춤의, 주문하여 만든 (*cf.* ready-made)

cústoms cléarance 통관

cut [kʌt] *v.* (*p., pp.* cut) *vt.* 베다, 자르다; (머리를)깎다; (길을)내다; 조각하다; 절감하다; 단축하다; 〖정구 등〗 (공을)깎다; 가로지르다; (선이)교차하다 —*vi.* 베어지다; 헤집고 나아가다 (*through*); 가로지르다, 지름길로 가다 (*across*) ~ *down* 베어 넘어뜨리다; 절감하다; (값을)내리다 ~ *in* [*into*] (사람·자동차 등이)끼어들다; 참견하다; (말을)가로막다 ~ *off* 베어내다; 중단하다; (통화·연락 등을)차단하다 ~ *short* 짧게 하다, 생략하다; 남의 말을 가로막다 —*a.* 벤, 자른; 깎아 다듬은; 삭감된: ~ prices 특가/(at) ~ rates 《美》 할인가격(에)/~ glass 커트글라스 —*n.* 벤 자국[상처]; 일격, 한번 자르기; 자른 조각; 흠; 횡단로; 지름길; 재단(법), 마름질; (머리)깎는 법; 생략; (경비의)삭감; 삽화; 《美》 간단한 식사: a short ~ 지름길

cute [kjuːt] *a.* 《美》 귀여운; 영리한, 약삭빠른

cut·ie, cut·ey [kjúːti] *n.* 《美俗》 영리하고 귀여운 소녀

cut·let [kʌ́tlit] *n.* 커틀렛; 얇은 고깃점

cut·off [kʌ́tɔ̀ːf] *n.* 《美》 지름길; 직선으로 낸 수로(水路)

cut-rate [kʌ́tréit] *a.* (가격) 할인한, 값싼

cut·ting [kʌ́tiŋ] *n.* 절단, 오려내기; 단; (신문 등에서)오려낸 것 —*a.* 예리한; 신랄한

cy·ber·net·ics [sàibərnétiks] *n. pl.* 《단수취급》 인공두뇌학

cy·cle [sáikl] *n.* 자전거, 오토바

이; 순환(기), 주기; 긴 세월; 일련
의 이야기; 《電》 주파 **cy·cler,**
《英》 **cy·clist** *n.* 자전거 타는
사람
cy·cling [sáikliŋ] *n.* 사이클링
cy·clone [sáikloun] *n.* 회오리
바람
cy·clo·pe·di·a, -pae- [sàiklə-
pí:diə] *n.* 백과사전
cyl·in·der [sílindər] *n.* 원통;
《機》 실린더, 기통(氣筒)
cyn·i·cal [sínik(ə)l] *a.* 냉소적
인, 비꼬는

cy·press [sáipris] *n.* 사이프레
스, 실편백(삼목의 일종)
Cy·prus [sáiprəs] *n.* 키프로스
(지중해 동쪽의 섬, 공화국)
Czar [zɑːr] *n.* 제정러시아 황제;
전제군주
Czech·o·slo·vak, -o·Slo-[tʃèk-
əslóuvæk, -vɑːk] *a.* 체코슬로바
키아의 —*n.* 체코슬로바키아사
람[말]
Czech·o·slo·va·ki·a, -o·Slo-
[tʃèkəsləvǽkiə, -vɑ́ːkiə / tʃèk-
əslou-] *n.* 체코슬로바키아

D

dab·ble [dǽbl] *vt., vi.* (물 등을)
튀기다, 물장난하다; 취미 삼아
해보다
dad [dæd], **dad·dy** [dǽdi] *n.*
《口》 아빠
Da·da·ism [dáːdɑːìz(ə)m] *n.* 다
다이즘(예술의 전위주의)
daf·fo·dil [dǽfədil] *n.* 나팔수
선화
dag·ger [dǽgər] *n.* 단검, 단도;
〔단검표
Dag·wóod sándwitch [dǽg-
wúd] 《美》 초대형 샌드위치
dai·ly [déili] *a.* 매일의, 일상
의: ~ life 일상생활/a ~
newspaper 일간지 —*n.* 일간
신문 the ~ Express[Mirror,
Mail] 각각 영국의 일간신문명
—*ad.* 매일
dain·ty [déinti] *a.* 우아한; 맛있
는; (음식에) 까다로운; 괴팍
한 —*n.* 맛있는 것, 맛있음
dair·y [dé(ː)ri/déəri] *n.* 낙농
장, 낙농업; 낙농품판매업, 우
유판매소: a ~ farm 낙농장/
~ products 유제품
da·is [déiis] *n.* (객실·식당 등
의) 상석, 주빈석; 강단
dai·sy [déizi] *n.* 《植》 데이지 ~
ham 《美》 뼈를 발라내고 훈제
한 어깻살 햄
Dal·las [dǽləs] *n.* 미국 Texas
주의 도시(케네디가 암살된 곳)
dam [dæm] *n.* 댐, 둑
dam·age [dǽmidʒ] *n.* 손해;
(*pl.*) 손해배상금 —*vt.* 손해를
입히다
dam·a·scene [dǽməsíːn, +英
ㅡㅡㄴ] *n.* 상감세공
Da·mas·cus [dəmǽskəs/-mɑ́ːs-]
n. 다마스커스(시리아의 수도)
dame [deim] *n.* 귀부인; 노부인
damn [dæm] *vt.* 욕하다, 저주
하다; 비난하다; 《감탄사적》 제
기랄, 빌어먹을: D~ it [you,
him]! 빌어먹을 !
damp [dæmp] *n.* 습기 —*a.* 축

축한 —*vt.* 축축하게 하다
dance [dæns/dɑːns] *vi., vt.* 춤
추다; 춤추듯 뛰다; (상하로)
흔들리다 —*n.* 춤; 무용곡; 무
도회: a ~ band 댄스밴드/a
~ hall 《美》 댄스호올/a ~
music 댄스음악
danc·er [dǽnsər/dɑ́ːnsə] *n.* 댄
서, 무용자
danc·ing [dǽnsiŋ/dɑ́ːns-] *n.* 춤:
a ~ party 댄스파아티 〔들레
dan·de·li·on [dǽndilàiən] *n.* 민
dan·dy [dǽndi] *n.* 멋장이 —*a.*
멋부리는; 《美口》 훌륭한
Dane [dein] *n.* 덴마아크사람
dan·ger [déindʒər] *n.* 위험; 위
험물 be in ~ of …의 위험이
있다 〔험한
dan·ger·ous [déindʒərəs] *a.* 위
dan·gle [dǽŋgl] *vi.* 매달리다 —
vt. (남에게)붙어[따라] 다니다
Dan·ish [déiniʃ] *a.* 덴마아크
(사람·말)의 —*n.* 덴마아크말
Dan·ube [dǽnjuːb] *n.* (*the ~*)
도나우강
DAR = *D*aughters of the *A*mer-
ican *R*evolution 미국애국부인
회
Dar·da·nelles [dɑ̀ːrd(ə)nélz] *n.*
pl. 다아다넬즈해협 (유럽과 소
아시아 사이의 해협)
dare [dɛər] *vi., vt.* 과감히 …
하다, 감히 …하다 (venture)
I ~ say 아마(…이겠지)
dar·ing [dé(ː)riŋ] *n., a.* 대담
(한), 용감(한)
dark [dɑːrk] *a.* 어두운; 검은;
거무스름한; 비밀의; 우울한; 무
지몽매한; 엉큼한 ~ *horse*
《경마》 실력을 알 수 없는 말;
뜻밖의 강력한 경쟁자 —*n.* 어
둠; 일몰, 밤; 애매함; 어두운
색 *after* [*before*] ~ 일몰 후
[전]에 *at* ~ 저녁때에 *in the*
~ 어둠 속에서
dark·en [dáːrk(ə)n] *vt., vi.* 어

둡게 하다, 어두워지다; 우울하
게 하다, 우울해지다
dark·y [dáːrki] *n.* 《口》흑인
dar·ling [dáːrliŋ] *a., n.* 사랑하
는(사람)
darn [dɑːrn] *vt.* (짜)깁다, 꿰매
다 —*n.* 깁기, 짜깁기
dart [dɑːrt] *vi.* 돌진하다, 날아
가다 —*vt.* 던지다, 쏘다 —*n.*
던지는 화살 [창]; (*pl.*) 《단수
취급》화살던지기놀이
dash [dæʃ] *vi.* 돌진하다 (rush);
충돌하다 —*vt.* (세게) 던지다;
실망시키다; (약간의 술 등을)
섞다: ~ tea with whisky 홍
차에 위스키를 약간 타다 ~
off 급히 떠나다 —*n.* 돌진; 충
돌, 부딪는 소리; 약간의 가미;
기세, 예기 ~·*ing* *a.* 기운찬,
위세당당한
dash·board [⁀bɔ̀ːrd] *n.* (조종
석 앞의) 계기반
da·ta [déitə, dá-] *n.* datum의
복수 ~*bank* 〔컴퓨터〕정보은
행 ~*communication* 〔컴퓨터〕
정보통신 ~*processing* 〔컴퓨
터〕정보처리
date [deit] *n.* 날짜, 연월일; 시
일; 《美口》 (이성과의) 데이트
[상대]: What's the ~ ?
오늘은 몇일인가 (요일을 물을
때는 What day is it?) ~ *of*
birth 생년월일 *out of* ~ 시
대에 뒤진 *to* ~ 오늘날까지
up-to-~ 최신식의 —*vt.* 날짜
를 쓰다; 연대를 산정 [추정]
하다 —*vi.* 날짜가 있다《*from*》;
시작되다《*from*》; 《美口》약속
하다 ~ *back to* …으로 소급
하다 ~·*less* *a.* 날짜 없는; 태
고적부터의
date line 날짜변경선
da·tum [déitəm] *n.* (*pl.* -**ta**)
(보통 *pl.*) 데이타, 자료
daugh·ter [dɔ́ːtər] *n.* 딸 (*cf.* son)
daunt [dɔːnt] *vt.* 위압하다, 겁주
다
Da·vis cup [déivis] 데이비스컵
(국제정구선수권대회의 우승배)
dav·it [dǽvit] *n.* (배의) 보우
트를 꺼올리는 기둥
dawn [dɔːn] *n.* 새벽; 시작 —*vi.*
날이 새다; 나타나기 시작하다
day [dei] *n.* 낮, 주간, 날, 하
루; 특정일, 축(제)일; (때로
pl.) 시대, 생애, 전성시대 *all*
~ (*long*) 하루종일 *every* ~
매일 *by* ~ 낮에는 ~ *after*
[*by*] ~ 매일 *from* ~ *to* ~
날로, 나날이 *in a few* ~s 하
루이틀 사이에 *in a* ~ *or*
two 이삼일중에 *in broad* ~
대낮에 *in one's* ~ 젊었을 [한

창]때는 *in these* [*those*] ~
요즈음 [그 무렵] *one* ~ (과
거의) 어느 날, 언젠가 *one of*
these ~s 근일중에 *the other*
~ 전일 *some* ~ (미래의) 언
젠가는, 어느날 *this* ~ *week*
[*month*] 내주 [내달]의 오늘,
전주[전달]의 오늘
day·break [⁀brèik] *n.* 새벽
dáy còach 《美》(열차의) 보통
객차
day·dream [⁀drìːm] *n.* 백일몽,
공상 —*vi.* 공상에 잠기다
dáy lètter 《美》(요금이 싼)
주간발송전보
day·light [⁀làit] *n.* 햇빛; 주간
(daytime); 새벽: ~ saving
time 《美》서머타임 (*cf.* 《英》
summer time)
day·long [⁀lɔ̀ŋ, -lɔ̀ːŋ/ -lɔ̀ŋ] *ad.,*
a. 종일(의)
dáy nùrsery 《美》탁아소, 보
육학교(nursery school)
dáy tìcket 《英》(당일만 통용
되는)왕복[할인] 차표
day·time [⁀tàim] *n.* 주간, 낮
dáy tràin 주간열차
daze [deiz] *vt.* 멍하게 하다; 눈
부시게 하다 —*n.* 현혹, 멍한[눈
부신] 상태
daz·zle [dǽzl] *vt.* 눈부시게 하
다; 현혹시키다 —*vi.* 눈부시다
D.C. =District of Columbia [kə-
lʌ́mbiə] 콜럼비아 특별구
dead [ded] *a.* 죽은 (*opp.* alive),
말라죽은; 죽은 듯한; 활기없
는; 무감각의: a ~ end 막다른
골 —*ad.* 아주, 완전히:
tired 녹초가 되어 —*n.* (*the*
~) 죽은 사람; 한창: at ~ of
night 한밤중에 ~ *heat* (경
기 등의) 동점, 무승부
dead·head [dédhèd] *n.* 《口》무
임승객, 초대권 입장자; 무능자
dead·line [dédlàin] *n.* 마감시
간; 최종기한
dead·lock [dédlàk/ -lɔk] *n.* (교
섭 등의) 정돈(停頓)
dead·ly [dédli] *a.* 치명적인
(mortal); 《口》대단한 —*ad.*
죽은 듯이; 《口》대단히
deaf [def] *a.* 귀머거리의, 귀가
어두운; 들으려고 않는《*to*》
deal [diːl] *v.* (*p., pp.* **dealt**
[delt]) *vt.* 분배하다; 가하다 —
vi. 장사하다; 처리하다 ~ *in*
…을 팔다, …에 종사하다: We
don't ~ in that line. 그런 종
류의 상품은 취급하지 않습니
다 ~ *with* (일을) 처리하다,
(문제를) 논하다; …과 거래하
다; (사람을) 다루다 —*n.* 분
량; 다량; 《口》거래; 《美》(정

치·경제상의) 정책 *a great*
[*good*] ~/《口》 *a* ~ 많음,
많이

deal·er [dí:lər] *n.* 상인, …상

deal·ing [dí:liŋ] *n.* (보통 *pl.*)
거래, 교제; 조치, 대우

dean [di:n] *n.* 학장, 학생감;
《宗》 부감독

dear [diər] *a.* 친애하는, 귀여
운; 값비싼 (*opp.* cheap): D~
Sir(s); D~ Mr. 근계 (편지의
시작말) —*n.* 사랑하는 것 [사
람] (호칭으로 씀) —*ad.* 값비
싸게 —*int.* 어머나!, 저런!

Déar Jóhn (남자에 대한)이혼
요구장, 절교장

dearth [də:rθ] *n.* 부족, 결핍; 기

death [deθ] *n.* 죽음; 절멸 *to*~
죽도록; 극도로, 몹시 *D~
Valley* 죽음의 골짜기 (Cali-
fornia 주와 Nevada 주에 걸친
불모의 땅)

déath màsk 데드마스크

déath ràte 사망률

de·bar [dibá:r] *vt.* 제외하다; 방
해하다

de·base [dibéis] *vt.* (인격·품질
등을)떨어뜨리다, 저하시키다

de·bate [dibéit] *n.* 토론(회) —
vi., vt. 토론하다; 숙고하다

deb·it [débit] *n.* 《簿》 차변(*opp.*
credit)

deb·o·nair [dèbənéər] *a.* 우아
한, 유쾌한

debt [det] *n.* 빚; 신세 *be in*
[*out of*] ~ 빚이 있다[없다]

de·but [dibjú:/ déibu:] *n.* (사교
계로의)첫등장; 첫무대, 데뷔[F]

dec·ade [dékeid] *n.* 10년간

de·ca·dent [dikéid(ə)nt, dékə-]
a. 퇴폐적인 —*n.* 데카당파의
예술가

de·cant·er [dikǽntər] *n.* 식탁
용 포도주병

de·cath·lon [dikǽθlɑn/-lən] *n.*
10종경기

de·cay [dikéi] *vi., vt.* 부패 [부
식]하다, 썩(게하)다: a ~ed
tooth 충치 —*n.* 부패; 쇠퇴

de·cease [disí:s] *n., vi.* 사망(하
다)

de·ceased [disí:st] *a.* 죽은, 고
…: the ~ 고인

de·ceit [disí:t] *n.* 사기, 불성실

de·ceive [disí:v] *vt.* 속이다; 현
흑시키다 —*vi.* 사기치다: ~
oneself 잘못 생각하다

De·cem·ber [disémbər] *n.* 12월

de·cen·cy [dí:snsi] *n.* 예의바름,
점잖음; (*pl.*) 예절

de·cent [dí:snt] *a.* 점잖은, 남부
끄럽지 않은; 《口》 친절한

de·cep·tion [disépʃ(ə)n] *n.* 속

임, 기만; 속임수, 사기

de·cide [disáid] *vt., vi.* 결정하
다, 결의하다 (resolve)

de·cid·ed [disáidid] *a.* 단호한;
명백한

dec·i·mal [désim(ə)l] *a.* 《數》
십진법의; 소수의 —*n.* 소수

de·ci·pher [disáifər] *vt.* (암호
등을)풀다, 해독하다; 판독하다

de·ci·sion [disíʒ(ə)n] *n.* 결정;
결심, 결단: arrive at [come
to] a ~ 해결나다, 결정되다

de·ci·sive [disáisiv] *a.* 결정적
인, 단호한

deck [dek] *n.* 갑판: go on ~
갑판에 나오다 ~ *chair* 갑판
의자 ~ *hand* 갑판선원 —*vt.*
장식하다, 갑판을 깔다

deck·er [dékər] *n.* 갑판선원;
…층의 선박 [탈것]: a double
~ 2층버스[전차]

déck pàssenger 3등선객

dec·la·ra·tion [dèkləréiʃ(ə)n]
n. 선언, 포고; (세관에의) 신
고(서)

de·clare [diklέər] *vt., vi.* 선언
[포고]하다; 언명 [단언]하다,
공표하다; (세관에서 과세품을)
신고하다: Have you anything
to ~? 신고해야 할 물건을 갖
고 계십니까

de·cline [dikláin] *vi., vt.* (아래
로) 기울다, 쇠퇴하다; 거절하
다 —*n.* 기울기, 내리막; 쇠퇴;
하락

de·code [dikóud] *vt.* 암호를 풀다

de·com·pose [dì:kəmpóuz] *vt.,
vi.* (성분 등으로)분해하다[되다];
부패시키다[되다]

dé·cor [deikɔ́:r/ ⌐] F. *n.* 장
식; 무대장치

dec·o·rate [dékərèit] *vt.* 장식하
다 《with》; 훈장을 수여하다

dec·o·ra·tion [dèkəréiʃən] *n.*
장식, (*pl.*) 장식물; 훈장 *D~
Day* 《美》 현충일 (Memorial
Day)

dec·o·ra·tive [dékərèitiv/ -rə-]
a. 장식의, 장식적인

de·coy [dikɔ́i→*n.*] *vt.* 꾀다, 후
리다, 유혹하다 —*n.* [+美 dí:-
kɔi] 유인물, 후림새, 미끼

de·crease *n.* [dí:kri:s→*v.*] 감소
(*opp.* increase) *be on the* ~
감소하고 있다 —*vi., vt.* [di-
(:)krí:s] 줄다 《in》, 줄이다

de·cree [dikrí:] *n.* 법령, 포고;
(법원의)명령, 판결; (교회의)교
령 —*vt., vi.* (하늘이)명하다, (운
명이)다스리다; (법령으로)포고
하다; 판결하다

ded·i·cate [dédikèit] *vt.* 바치
다, 헌납하다; 헌정하다

de·duce [did(j)úːs/-djúːs] *vt.* 연역[추론]하다 《*from*》 (*opp.* induce); 계통을 살피다, 유래를 밝히다 《*from*》

de·duct [didʌ́kt] *vt.* 빼다, 공제하다 《*from*》

de·duc·tion [didʌ́kʃ(ə)n] *n.* 공제(액), 차감(액); 연역(법)

deed [diːd] *n.* 행위, 행동; 공적: in word and [in] ~ 언행이 (함께)

dee·jay [díːdʒèi] *n.* 《俗》 디이제이(disk jockey)

deep [diːp] *a.* 깊은, 심오한; 깊이 몰두한 《*in*》; 깊이 느끼는; (소리가) 굵고 낮은; (색이) 짙은: a ~ bow 공손한 절/a ~ dive 급강하 —*n.* 깊은 곳, 심원 — *ad.* 깊이: drink ~ 술을 과음하다

deep-sea [´-síː] *a.* 심해 [원양]의

Déep Sóuth (the ~) 미국 서남부지방(멕시코만에 접한 주들)

deer [diər] *n.* *sing.* & *pl.* 《動》 사슴

de·fame [diféim] *vt.* (중상으로) 명예를 훼손하다, 비방하다

de·fault [difɔ́ːlt] *n.* 태만, 불이행; (법정에의)결석 —*vi.*, *vt.* 의무를 게을리하다; (채무를)이행하지 않다; (재판에)결석하다

de·feat [difíːt] *vt.* 격파하다, 패배시키다; 꺾다 —*n.* 격파, 패배; 좌절

de·fect [difékt] *n.* 단점, 결함

de·fec·tive [diféktiv] *a.* 결점 [결함] 있는, 불완전한

de·fend [difénd] *vt.* 지키다, 방어하다 《*against*, *from*》; 변호하다: God ~! 천만의 말씀!

de·fense, 《英》 **-fence** [diféns] *n.* 방어, 방위 《*against*》; 변호 **in ~ of** …을 지키기 위해 **~·less** *a.* 무방비의

de·fen·sive [difénsiv] *a.* 방어 [수비]의 (*opp.* offensive) —*n.* (the ~) 방어, 수세

de·fer [difə́ːr] *vt.* 연기하다 — *vi.* 오래 끌다: ~ red telegram 간송 전보 (배달이 늦어지거나 요금이 쌈)/~ red payment 연불

de·fi·ance [difáiəns] *n.* 무시; 반항, 도전

de·fi·cien·cy [difíʃ(ə)nsi] *n.* 부족(액), 결핍

de·fi·cient [difíʃ(ə)nt] *a.* 부족한 (*cf.* sufficient), 불완전한 「손

def·i·cit [défisit] *n.* 부족액, 결

de·fine [difáin] *vt.* 정의하다, (범위를) 한정하다

def·i·nite [définit] *a.* 명확한; 일정한 **~·ly** *ad.* 《口》 분명히

def·i·ni·tion [dèfiníʃ(ə)n] *n.* 정의, 한정

de·fla·tion [difléiʃ(ə)n/ di(ː)-] *n.* 통화수축, 디플레이션 (*opp.* inflation)

de·form [difɔ́ːrm] *vt.* 보기흉하게 하다; 모양을 손상하다, 불구로 만들다

de·fraud [difrɔ́ːd] *vt.* 속여 빼앗다, 횡령하다; 속이다

de·fray [difréi] *vt.* 지불하다

de·fy [difái] *vt.* 도전하다; 무시 [멸시]하다; 반항하다

de·gen·er·ate [didʒénərèit] *vi.* →*a.*, *n.*] 퇴보 [퇴화]하다 — *a.*, *n.* [-(ə)rit] 퇴화한(것, 사람)

deg·ra·da·tion [dègrədéiʃ(ə)n] *n.* 타락; 퇴화

de·grade [digréid] *vt.*, *vi.* 지위를 낮추다, (품질·가치를) 떨어뜨리다; 타락시키다 [하다]

de·gree [digríː] *n.* 정도; 계급, 지위; 학위; (온도계 등의) 도: 35 ~s of north latitude 북위 35도 **by ~s** 차차 **in a ~** 조금은 **in a great [some]** ~ 크게 [얼마간] **to a certain** ~ 어느 정도(까지) **to a ~** 《口》 크게, 《美》 다소

deign [dein] *vt.*, *vi.* 황송하옵게도 …하시다 《*to* do》; 비하하여 …하다

de·i·ty [díːiti] *n.* 신; 신성(神性)

de·ject·ed [didʒéktid] *a.* 낙담한, 풀죽은 **~·ly** *ad.*

dé·jeu·ner [déizənèi/ ´-—] F. *n.* 늦은 조반; 점심

Del·a·ware [déləwɛ̀ər] *n.* 미국 동부의 주

de·lay [diléi] *vt.* 늦추다; 연장하다 —*vi.* 꾸물거리다, 늦어지다 —*n.* 지연, 유예 **without** ~ 지체없이, 즉시

del·e·gate [déligit→*v.*] 대표자; 파견원 —*vt.* [déləgèit] 대표로 파견하다

del·e·ga·tion [dèləgéiʃ(ə)n] *n.* 대표파견; 《총칭》 대표단

del·i [déli] *n.* 《口》 =delicatessen

de·lib·er·ate *a.* [dilíbərit→*v.*] 신중한; 고의의 —*vi.*, *vt.* [dilíbərèit] 숙고하다; 심의하다

de·lib·er·a·tion [dilìbəréiʃ(ə)n] *n.* 숙고; 심의

del·i·ca·cy [délikəsi] *n.* 우아함; 정교 [섬세]함; 가냘픔; 맛있는 것

del·i·cate [délikit] *a.* 우아한; 섬세한; 민감한; 미묘한; 가냘픈; 맛있는

del·i·ca·tes·sen [dèlikətésn] *n. pl.* 《美》 조제(調製)식품; 《단수취급》 조제식품점 [G]

de·li·cious [dilíʃəs] *a.* 맛있는; 신나는 **—n.** (D~) 델리셔스 (사과의 한 품종)

de·light [diláit] *vt.* 기쁘게 하다 **—vi.** 즐기다 《*in*》 **—n.** 기쁨, 즐거움 take [have] ~ in … 을 즐기다 with ~ 기꺼이

de·light·ed [diláitid] *a.* 기뻐하는: I'm ~ to (do) 기꺼이 … 하다

de·light·ful [diláitf(u)l] *a.* 기쁜, 매우 유쾌한, 신나는

de·lir·i·um [dilíriəm] *n.* (*pl.* ~s, -i·a) 섬망(譫妄)상태, 일시적 정신착란 ~ tremens [tríː menz] (알콜 중독으로 인한)진전(振顫) 섬망(증)

de·liv·er [dilívər] *vt.* 배달하다; 말하다; (타격 등을) 가하다; (공 등을) 던지다; 구출하다

de·liv·er·y [dilív(ə)ri] *n.* 인도; 배달, …편; 연설 (솜씨); 출산: special [《英》 express] ~ 속달/on ~ 현품과 교환으로

dell [del] *n.* 작은 협곡 「각주

del·ta [déltə] *n.* (강어귀의) 삼

de luxe, **de·luxe** [dəlúks, -lʌ́ks] *a.* 호화로운: a hotel ~ 고급호텔/a train ~ 특등차

de·mand [dimǽnd/-mɑ́:nd] *vt.* (사람이) 요구하다, (사물이)… 을 요하다 (require) **—n.** 요구, 요청, 청구; 수요;《*for*》(*opp.* supply) ~ *draft* 은행송금환 *be in* ~ 수요가 있다 *on* ~ 청구하는 대로

de·mar·ca·tion [dìːmɑrkéiʃ(ə)n] *n.* 경계(구분), 분계

de·mean·or, 《英》-our [dimíːnər] *n.* 행실, 품행; 태도

de·mer·it [diːmérit] *n.* 과실, 결점; 벌점

de·mil·i·ta·rize [díːmílitəràiz] *vt.* 비무장화하다; 군정에서 민정으로 이양하다

de·mil·i·ta·rized zóne [dìːmílitəràizd] 비무장지대

dem·i·tasse [démitæs, -tàːs/ -tàːs] *F. n.* 식후용 작은 코오피잔

de·moc·ra·cy [dimάkrəsi/-mɔ́-] *n.* 민주주의 [정체]; 민주국

dem·o·crat [déməkræt] *n.* 민주주의자; (D~) 《美》 민주당원

dem·o·crat·ic [dèməkrǽtik] *a.* 민주주의 [정체]의, 민주적인 *the D~ Party* 《美》 민주당

de·mon [díːmən] *n.* 악마, 악귀 (*cf.* angel); 비범한 사람

dem·on·strate [démənstrèit] *vt.* 논증하다; (실험으로) 설명하다; (감정을) 나타내다 **—vi.** 시위운동 [데모]을 하다

dem·on·stra·tion [dèmənstréiʃ(ə)n] *n.* 시위운동, 데모; 입증; 실연(實演)

de·mur [dimɔ́:r] *n., vi.* 이의(를 말하다), 항변하다

den [den] *n.* 굴; 사실(私室)

de·ni·al [dináiəl] *n.* 부정; 거절

den·im [dénim] *n.* 두꺼운 능직 무명

Den·mark [dénmɑːrk] *n.* 덴마아크 (북유럽의 왕국)

de·nom·i·na·tion [dinὰminéiʃ(ə)n/-nɔ̀m-] *n.* 명명; 종류; 종파; (도량형·금전의) 단위; 액면금액

de·note [dinóut] *vt.* 나타내다

de·nounce [dináuns] *vt.* (공공연히) 비난하다; 고발하다; (조약의) 폐기를 통고하다

dense [dens] *a.* 빽빽한, (안개 등이) 짙은, (인구가) 조밀한

den·si·ty [dénsiti] *n.* 밀도, 농도

den·tal [dént(ə)l] *a.* 이의; 치과(의학)의

den·ti·frice [déntifris] *n.* 치약

den·tist [déntist] *n.* 치과의사

de·nun·ci·a·tion [dinʌ̀nsiéiʃ(ə)n, +美 -ʃi] *n.* 탄핵; 위협(적 선언), (조약 등의)폐기통고

Den·ver [dénvər] *n.* 미국 Colorado주의 도시

de·ny [dinái] *vt.* 부정 [부인]하다, 취소하다 (*opp.* affirm); 거절하다

de·o·dor·ant [diːóudərənt] *n.* 방취제; 체취의 화장품

de·part [dipάːrt] *vi., vt.* 출발하다 (*opp.* arrive);발차하다; 죽다; (습관에서) 벗어나다 《*from*》: ~ing passengers 출발객

de·part·ment [dipάːrtmənt] *n.* 부문; 성, 국, 과, 계; …학부; …과; (프랑스의) 도: the D~ of State 《美》 국무성

depártment stòre 《주로 美》 백화점 (《英》 the stores)

de·par·ture [dipάːrtʃər] *n.* 출발 (*opp.* arrival); 발차; 출국: a ~ platform 발차플랫포옴/ a ~ lounge 출국대기실 *take one's* ~ 출발하다

de·pend [dipénd] *vi.* …에 달려 있다; 의지하다 《*on, upon*》 *D~ upon it!* 염려말아! *That ~s./ It all ~s.* 그건 사정나름이다

de·pend·ence [dipéndəns] *n.* 의존; 신뢰

de·pend·ent [dipéndənt] *a.* 의지하는; …나름의《*on, upon*》 **—n.** 부양가족, 딸린 식구

de·pict [dipíkt] *vt.* 묘사하다

de·plane [diːpléin] *vi.* 비행기에

서 내리다 (*cf.* emplane)

de·plor·a·ble [diplɔ́:rəbl] *a.* 통탄스러운, 안타까운, 애처로운

de·ploy [diplɔ́i] *vt., vi.* (군대를 [가]) 전개하다[되다]; 배치하다 **~·ment** *n.* 전개, 배치

de·ploy·ment [diplɔ́imənt] *n.* (부대·무기의)전개, 배치

de·pos·it [dipázit/-pɔ́z-] *vt.* 놓다; 맡기다 《*in, with*》: D~ a quarter and push the button. 25센트(화)를 넣고 단추를 누르십시오 (자동판매기 등에서) —*n.* 착수 [보증]금; 예금; 맡긴 것: a current ~ 당좌예금/ money on ~ 예금

de·pot [dí:pou/dépou] *n.* 저장소, 창고; 《美》정[주]차장; (버스·비행기의) 발착장

de·press [diprés] *vt.* 우울하게 하다; 내리누르다; 불경기로 만들다 **~ed** [-t] *a.* 우울한, 저하된, 불경기의 **-pres·sion** *n.* 저하; 의기소침; 불경기

de·prive [dipráiv] *vt.* 빼앗다

depth [depθ] *n.* 깊이, 깊은 곳; (보통 *pl.*) 심연, 바다; 깊은 곳

dep·u·ta·tion [dèpjutéiʃ(ə)n] *n.* 대리위임 [파견]; 대표단

dep·u·ty [dépjuti] *n.* 대리, 대표

Der·by [dáːrbi/dáːbi] *n.* 더비 (영국 Surrey 주 Epsom Downs 에서 매년 거행되는 경마)

de·ri·sion [diríʒ(ə)n] *n.* 비웃음, 조소; 웃음거리

de·rive [diráiv] *vt., vi.* 끌어내다, 얻다; …에서 나오다; 추론하다

de·scend [disénd] *vi., vt.* 내리다 (*opp.* ascend); (성질·재산·권리 등이)전해지다, 내림이다

de·scend·ant [diséndənt] *n.* 자손 (*cf.* ancestor)

de·scent [disént] *n.* 강하 (*opp.* ascent); 내리막길; 가계, 혈통

de·scribe [diskráib] *vt.* 기술 [묘사]하다

de·scrip·tion [diskríp(ə)n] *n.* 기술, 묘사; 종류: beyond ~ 형언할 수 없는

de·seg·re·ga·tion [di:sègrigéiʃ(ə)n] *n.* 인종차별폐지

des·ert[1] [dézərt] *n.* 사막, 황무지 the Sahara D~ 사하라사막 —*a.* 사막의; 불모의

de·sert[2] [dizɔ́:rt] *vt., vi.* (저)버리다; 탈주하다 **~·ed** [-id] *a.* 사람이 살지 않는; 버려진

de·sert[3] [dizɔ́:rt] *n.* 공적, 공과; 당연한 보상

de·serve [dizɔ́:rv] *vt.* …을 받을 만하다, …할 가치가 있다

de·sign [dizáin] *vt., vi.* 계획

[설계]하다, 밑그림을 그리다 —*n.* 계획; 설계, 도안, 밑그림 **~·er** *n.* 설계자, 도안사, 디자이너

des·ig·nate *vt.* [dézigneit→ *a.*] 지시[지정]하다; 지명하다《*for*》 —*a.* [-nit] 지명받은 《명사 뒤에 둠》: president ~ 차기대통령

de·sir·a·ble [dizái(ə)rəbl] *a.* 바람직한

de·sire [dizáiər] *vt.* 원하다 (want), 희망하다 —*n.* 소원, 욕망《*for*》 at one's ~ 소원대로, 희망에 따라

de·sir·ous [dizáirəs /-záiər-] *a.* 원하고, 바라고《*of*》

desk [desk] *n.* 책상; 《美》(신문사의) 편집부: a ~ plan 탁상계획

désk-top compúter [désktàp/-tɔ̀p] 탁상 전자계산기

des·o·late [désəlit] *a.* 황량한

de·spair [dispέər] *n., vi.* 절망(하다)《*of*》 **~·ing** *a.* 절망하는

des·patch [dispǽtʃ] *vt., n.* = dispatch

des·per·ate [désp(ə)rit] *a.* 절망적인, 필사적인, 저돌적인

de·spise [dispáiz] *vt.* 경멸하다

de·spite [dispáit] *prep.* …에도 불구하고 (in spite of) 《*in*》 ~ of …에도 불구하고

des·sert [dizɔ́:rt] *n.* 디저어트, 식사의 마지막 코오스 (미국에서는 파이·케이크·아이스크리임·과일 등, 영국에서는 과일·사탕과자 등이 나옴) ~ wine 디저어트때 나오는 포도주

des·ti·na·tion [dèstinéiʃ(ə)n] *n.* 목적지; 목적

des·tine [déstin] *vt.* 《보통 수동형》운명짓다; 예정하다: a ship ~d for New York 뉴우요오크행 배

des·ti·ny [déstini] *n.* 운명, 운; (D~) 하늘(의 뜻)

des·ti·tute [déstit(j)ù:t/-tjù:t] *a.* 결핍한, 없는(in want)《*of*》; 궁핍한

de·stroy [distrɔ́i] *vt.* 파괴하다

de·struc·tion [distrʌ́kʃ(ə)n] *n.* 파괴; 절멸; 파멸(의 원인)

de·struc·tive [distrʌ́ktiv] *a.* 파괴적인 (*opp.* constructive), 해로운《*of, to*》

des·ul·to·ry [dés(ə)ltò:ri/-t(ə)ri] *a.* 산만한, 일정치 않은; 엉뚱한, 빗나간

de·tach [ditǽtʃ] *vt.* 분리하다《*from*》(*cf.* attach) **~ed** *a.* 분리한; 초연한, 공평한: a ~ed palace 이궁(離宮)/ a ~ed house 외딴집

de·tail [díːteil, ditéil] *n.* 세부, 세목; (*pl.*) 상세 *go into* ~s 상술하다 *in* ~ 상세히 — *vt.* 상술하다 ~ed *a.* 상세한

de·tain [ditéin] *vt.* 붙들어두다; 구류하다

de·tect [ditékt] *vt.* 찾아내다, 발견하다, 탐지하다 (find)

de·tec·tive [ditéktiv] *a.* 탐정(용)의 —*n.* 탐정, 형사

dé·tente [deitáːnt] *n.* (국제간의)긴장완화 [F]

de·ten·tion [diténʃ(ə)n] *n.* 저지, (선박의)억류; 구류, 구금 ~ *home* 소년감화원

de·te·ri·o·rate [dití(ː)riərèit / -tíəri-] *vt., vi.* 나쁘게 하다, 나빠지다, 악화시키다[하다]; (질을)저하시키다[하다]

de·ter·mi·nate [ditə́ːrm(i)nit] *a.* 명확한; 결정적인

de·ter·mi·na·tion [ditə̀ːrminéiʃ(ə)n] *n.* 결심, 결정

de·ter·mine [ditə́ːrmin] *vi., vt.* 결심하다[시키다]; 결정하다

de·ter·rence [ditə́ːrəns] *n.* 제지, 억지(력); 방해물

de·test [ditést] *vt.* 질색하다

de·throne [diθróun] *vt.* 왕위에서 물러나게 하다, 폐위[퇴위]시키다

de·tour [díːtuər, ditúər / déituə] *n.* 우회로; 우회: make a ~ 우회하다 —*vi.* 우회하다

de·tract [ditrǽkt] *vt., vi.* (가치·명성을) 손상시키다, 떨어뜨리다

det·ri·ment [détrimənt] *n.* 해, 손해 (damage); 상해

De·troit [ditrɔ́it] *n.* 미국 Michigan 주의 자동차공업 도시

deuce [d(j)uːs / djuːs] *n.* (트럼프의) 2의 패, (주사위의) 2점; 〖정구 등〗 듀우스; 〖口〗 액운, 악마

Déut·sche màrk [dɔ́itʃəmàːrk] 도이체마르크(略: DM) [G]

de·val·u·ate [diːvǽljuèit], **-val·ue** [-vǽljuː] *vt.* 가치를 떨어뜨리다, 〖經〗 평가절하하다 (*opp.* upvalue) **-á·tion** *n.* 평가절하

dev·as·tate [dévəstèit] *vt.* 황폐시키다

de·vel·op [divéləp] *vt.* 발달[발전]시키다, 계발하다; (자원을)개발하다; (사실 등을) 보이다; (필름을) 현상하다; 전개하다 —*vi.* 발달[발전]하다; 전개하다: ~*ing* countries 개발도상국/a ~ed country [nation] 선진국 ~·er *n.* 개발업자

de·vel·op·ment [divéləpmənt] *n.* 발달, 발전, 개발; 〖寫〗 현상

de·vi·ate [díːvièit] *vi., vt.* 빗나가(게하)다, 벗어나다, 이탈하다 《*from*》

de·vice [diváis] *n.* 고안; 계획; 책략; 장치; 도안

dev·il [dévl] *n.* 악마

de·vise [diváiz] *vt.* 고안하다

de·void [divɔ́id] *a.* 결핍된, …이 없는《*of*》

de·vote [divóut] *vt.* (노력·돈·시간 등을) 바치다, 쏟다 《*to*》: ~ *oneself* to …에 전념하다

de·vot·ed [divóutid] *a.* 헌신적인

de·vo·tion [divóuʃ(ə)n] *n.* 헌신(적 사랑), 몰두; 신앙심; (*pl.*) 기도

de·vour [diváuər] *vt.* 게걸스레 먹다; (병·화재 등이) 망치다; (열중하여) 바라보다, 읽다

de·vout [diváut] *a.* 독실한 (religious), 경건한; 진심어린

dew [d(j)uː / djuː] *n.* 이슬; 방울

dex·ter·ous [dékst(ə)rəs] *a.* 손재주있는, 능란한; 오른손잡이의

di·ag·nose [dáiəgnòus, -nôuz/-nouz] *vt., vi.* 〖醫〗 진단하다

di·ag·no·sis [dàiəgnóusis] *n.* (*pl.* -ses [-siːz]) 〖醫〗 진단

di·a·gram [dáiəgræm] *n.* 도표, 도식; 열차시간표

di·al [dái(ə)l] *n.* 문자반, (시계 등의) 지침면, (전화·라디오의) 다이얼; 해시계 —*vi., vt.* 다이얼을 돌리다; 전화를 걸다: D~ me at home. 집으로 전화해 주십시오

di·a·lect [dáiəlèkt] *n.* 사투리

di·a·logue, -log [dáiəlɔ̀ːg, -làg/-lɔ̀g] *n.* 대화, 문답

di·am·e·ter [daiǽmitər] *n.* 직경

dia·mond [dáiəmənd] *n.* 다이아몬드; 유리칼; 마름모꼴, 〖카드놀이〗 다이아몬드패, 〖야구〗 내야

Díamond Héad 하와이에 있는 갑(岬)

Di·an·a [daiǽnə] *n.* 〖로神〗 다이아나 (*cf.* Altemis)

di·a·per [dáiəpər, +美 dáipər] *n.* 마름모꼴무늬(의 천); 기저귀

di·ar·rhe·a, -rhoe·a [dàiəríə] *n.* 설사: have ~ 설사하다

di·a·ry [dáiəri] *n.* 일기(장): keep a ~ 일기를 쓰다

dice [dais] *n. pl.* (*sing.* **die**) 주사위(놀이); 도박

dick [dik] *n.* 놈, 녀석; 〖美〗 형사

dic·tate *vi., vt.* [díkteit, ─́/ ─́ →*n.*] 받아쓰게 하다; 명령하다 —*n.* [díkteit] (보통 *pl.*) 명령, 지시

dic·ta·tion [diktéiʃ(ə)n] *n.* 받아쓰기, 구술; 명령, 지시

dic·ta·to·ri·al [dìktətɔ́:riəl] *a.* 독재자의, 독재적 [전제적]인

dic·tion·ar·y [díkʃənèri/-ʃ(ə)n-(ə)ri] *n.* 사전, 사서

did [did] *v.* do의 과거

die[1] [dai] *vi.* (*ppr.* **dy·ing**) 죽다, 시들다; 소멸하다; 꺼지다; 《보통 be dying》 갈망하다 《*for*》, …하고 싶어 못견디다 《*to* do》

die[2] *n.* (*pl.* **dice**) 주사위

di·et[1] [dáiət] *n.* 음식물, 식이 (요법)

di·et[2] *n.* (때로 D~) (일본·덴마아크·스웨덴 등의) 의회, 국회

dif·fer [dífər] *vi.* 다르다, 상이하다 《*from*》; 의견이 다르다

dif·fer·ence [díf(ə)rəns] *n.* 차이, 차별; 차(액): ~ in time 시차

dif·fer·ent [díf(ə)rənt] *a.* 다른, 상이한, 별개의 《*from*》

dif·fer·en·tial [dìfərénʃ(ə)l] *a.* 특이한; 차별적인; 《數》 미분의; 《機》 차동의

dif·fi·cult [dífik(ə)lt] *a.* 곤란한, 어려운; 까다로운

dif·fi·cul·ty [dífik(ə)lti] *n.* 곤란(한 일); 어려움, 난국; (보통 *pl.*) 재정난

dif·fi·dent [dífid(ə)nt] *a.* 자신없는, 수줍어하는, 겁많은 《*of*》

dif·fuse [difjú:z] *vt., vi.* 뿌리다, 퍼뜨리다, (빛·열 등을)발산하다; (학문 등)보급시키다[되다]

dif·fu·sion [difjú:ʒ(ə)n] *n.* 살포, 보급, 전파

dig [dig] *vt., vi.* (*p., pp.* **dug**) (땅·구멍을) 파다; 탐구하다

di·gest *vt., vi.* [didʒést, daidʒést→.] 소화하다; 터득하다; 간추리다 —*n.* [dáidʒest] 적요, 다이제스트

di·ges·tion [daidʒéstʃ(ə)n, di-] *n.* 소화(작용), 소화력; (정신적) 소화

di·ges·tive [didʒéstiv, dai-] *a.* 소화(촉진)의 —*n.* 소화제

dig·it [dídʒit] *n.* 손[발]가락; 아라비아숫자(0, 1, 2…9)

dig·it·al [-l] *a.* 손[발]가락(모양)의; 손[발]가락이 있는; (컴퓨터 등)계수형의 ~ *computer* 계수형 전자계산기

díg·it·al compúter [dídʒitl] 계수형 (전자)계산기

dig·ni·fy [dígnifài] *vt.* 위엄을 갖추다 -**fied** [-d] *a.* 위엄있는

dig·ni·ty [dígniti] *n.* 위엄, 품위; 고위, 고관

di·gress [daigrés, di-] *vi.* 빗나가다, 벗어나다, 탈선하다《*from*》

dike [daik] *n.* 둑, 둑길

di·lem·ma [dilémə] *n.* 궁지, 진퇴양난, 딜레마

dil·et·tan·te [dìlitǽnti] *n.* (*pl.* ~**s, -ti** [-ti:]) 예술애호가, 아마튜어예술가

dil·i·gence [dílidʒ(ə)ns] *n.* 근면

dil·i·gent [dílidʒ(ə)nt] *a.* 부지런한 《*in*》; 꼼꼼한

di·lute [dil(j)ú:t, dai-] *vt., vi.* 물타다, 묽게 하다, 묽어지다

dim [dim] *a.* 어두침침한; 희미한, 어렴풋한 —*vi., vt.* 어두침침하게[흐리게]하다, 어두침침해지다, 흐려지다

dime [daim] *n.* (미국·캐나다의) 10센트 은화

dime-a-doz·en [-ədʌ́zn] *a.* 싸구려의, 흔해빠진

di·men·sion [diménʃ(ə)n, +英 dai-] *n.* 치수; 차원; 범위

di·min·ish [dimíniʃ] *vt., vi.* 줄이다, 감소 [축소]하다

dim·i·nu·tion [dìmin(j)ú:ʃ(ə)n/-njú:-] *n.* 감소(액), 축소

dim·ple [dímpl] *n.* 보조개

din [din] *n.* (귀가 멍하도록)시끄러운 소리 —*vt., vi.* 시끄러운 소리를 내다; 귀가 따갑도록 되풀이하다

dine [dain] *vi., vt.* 식사하다; 정찬을 먹다 ~ *on* 식사로 …을 먹다 ~ *out* 외식하다

din·er [dáinər] *n.* 식사하는 사람; 《美》 식당차; (식당차식) 간이식당 *the D~'s Club* 다이너즈클럽

ding-a-ling [díŋəliŋ] *n.* 《美俗》 괴짜

díning càr (철도의) 식당차

díning hàll 큰 식당방

díning ròom 식당방

díning tàble 식탁

din·ner [dínər] *n.* 정찬 (하루중에 주된 식사); (정식) 만찬: ~ *call* 식사를 알리는 소리/ ~ *party* 만[오]찬회/ a ~ *table* 식탁

dínner jàcket 《英》 =tuxedo

dint [dint] *n.* 힘, 폭력; 움푹한곳

di·ode [dáioud] *n.* 2극진공관; 반도체정류기

dip [dip] *vt.* 담그다 —*vi.* 잠깐 잠기다; 내려가다

diph·thong [dífθɔ:ŋ, díp-/-θɔŋ] *n.* 이중모음, 복모음

di·plo·ma [diplóumə] *n.* 졸업장, 면허장; 공문서

di·plo·ma·cy [diplóuməsi] *n.* 외교; 외교적 수완

dip·lo·mat [dípləmæt], 《英》 **-ma·tist** [diplóumətist] *n.* 외교관

dip·lo·mat·ic [dìpləmǽtik] *a.* 외교(상)의, 외교적 수완이 있는 ~*corps* 외교단 ~*immunity* 외교관 면책특권

di·rect [dirékt, dai-] *a.* 직접의, 똑바른, 직계의; 솔직한: a ~ train 직행열차/ Which is the most ~ way? 어느쪽이 가장 가까운 길입니까 —*ad.* 직접, 똑바로: go ~ to London 런던으로 직행하다 —*vt.* (주의 등을) 향하다; 길을 가리켜주다; (편지를) …앞으로 보내다; 지도[명령, 지시]하다: Can you ~ me to the station? 역으로 가는 길을 가리켜 주실까요 ~·ly *ad.* 직접; 똑바로

di·rec·tion [dirékʃ(ə)n, dai-] *n.* 방향, 범위; (*pl.*) 지휘, 감독, 명령: in every ~; in all ~s 사방으로, 각 방면으로/in the ~ of …의 방향에/ under the ~s of …의 지휘하에

di·rec·tor [diréktər, dai-] *n.* 지도자, 지휘자; 중역, 이사; 〖영화〗 감독; 연출가

di·rec·to·ry [dirékt(ə)ri, dai-] *n.* 인명부, 주소 성명록: a tele-phone ~ 전화번호부

dirge [də:rdʒ] *n.* 장송가, 애가

dir·i·gi·ble [dírídʒəbl] *a.* 조종할 수 있는 —*n.* 비행선

dirt [də:rt] *n.* 먼지, 오물; 흙

dirt·y [də́:rti] *a.* 더러운; (날씨가) 궂은, 험악한; 음란한

dis·a·ble [diséibl] *vt.* 못쓰게 만들다, 무력하게 하다

dis·ad·van·tage [dìsədvǽntidʒ /-vá:n-] *n.* 불리(한 처지), 불편 ~d *a.* (소수민족이) 사회적 혜택을 받지 못한

dis·a·gree [dìsəgrí:] *vi.* 일치하지 않다 《with, in》; 의견을 달리하다; (음식·기후가) 안맞다 《with》

dis·a·gree·a·ble [dìsəgrí(:)əbl] *a.* 불쾌한; 마음에 안드는

dis·ap·pear [dìsəpíər] *vi.* 사라지다, 자취를 감추다

dis·ap·point [dìsəpɔ́int] *vt.* 실망시키다; 꺾다 ~·ed *a.* 실망한 ~·ment *n.* 실망

dis·ap·prove [dìsəprú:v] *vt., vi.* 찬성안하다; 비난하다 《of》

dis·arm [disá:rm] *vt., vi.* 무기를 빼앗다, 무장을 해제하다

dis·ar·ma·ment [disá:rməmənt] *n.* 무장해제, 군비축소

dis·as·ter [dizǽstər/-á:s-] *n.* 재난 (calamity), 천재지변

dis·as·trous [dizǽstrəs/-á:s-] *a.* 비참한

dis·be·lief [dìsbilí:f] *n.* 불신

dis·be·lieve [dìsbilí:v] *vi., vt.* 믿지 않다, 신용하지 않다 《in》

disc [disk] *n.* =disk

dis·card [diská:rd] *vt., vi.* 〖카아드놀이〗 필요없는 패를 버리다; (애인·신앙 등을) 버리다; 해고하다

dis·cern [disə́:rn, -zə́:rn] *vt., vi.* 분간하다, 인정하다

dis·charge [distʃá:rdʒ] *vt., vi.* 발사하다; (배에서) 짐을 내리다; 배출[배설]하다; 해고하다; (책임·의무를) 면제하다; (약속을) 이행하다, (빚을) 갚다 —*n.* 발사; 짐부리기; 면제; 해고; 이행; (빚의) 상환

dis·ci·ple [disáipl] *n.* 제자, 문하생; (예수의) 사도

dis·ci·pline [dísiplin] *n.* 훈련; 규율, 풍기; 징계; 학과 —*vt.* 훈련하다; 징계하다

dis·claim [diskléim] *vt., vi.* 포기하다, 기권하다; 부인하다

dis·close [disklóuz] *vt.* 드러내다; 폭로하다; 발표하다

dis·co [dískou] *n.* =discoteque; 디스코음악

dis·col·or, 《英》 **-our** [diskʌ́lər] *vt., vi.* 변색시키다 [하다]; 더럽히다, 더러워지다

dis·com·fort [diskʌ́mfərt] *n., vt.* 불쾌[불안, 불편] (하게 하다) ~*index* 불쾌지수

dis·com·pose [dìskəmpóuz] *vt.* 마음[질서]을 어지럽히다

dis·con·nect [dìskənékt] *vt.* 연락을 끊다, 분리하다; (전화를) 끊다

dis·con·tent [dìskəntént] *n.* 불평, 불만 —*a.* 불평[불만]을 품은 《with》 —*vt.* 불만을 품게 하다 ~·ed [-id] *a.* 불만인

dis·con·tin·ue [dìskəntínju:] *vt., vi.* 그만두다, 중지하다

dis·cord [dískɔːrd] *n.* 불화, 불일치

dis·co·theque [dìskouték/∠─∠] *n.* 디스코테크 (디스코 음악과 춤을 추는 술집)

dis·count *n.* [dískaunt→*v.*] 할인, 할인율[액]; 참작: a ~ house [store] 염매상점/cash ~ 현금할인 *at a* ~ 할인하여 —*vt.* [∠─, ─∠] 할인하다; 에누리하여 듣다 [생각하다]

dis·cour·age [diskə́:ridʒ/-kʌ́r-] *vt.* 낙심시키다; 단념하게 하다: Don't be ~d 낙심하지 말아

dis·course [diskɔ́:rs, ∠─] *n.* 강연, 연설

dis·cov·er [diskʌ́vər] *vt.* 발견하다, 찾아내다

dis·cov·er·y [diskʌ́v(ə)ri] *n.*

발견(물)

dis·cred·it [diskrédit] *n.* 불신; 의혹; 불명예

dis·creet [diskrí:t] *a.* 분별있는

dis·crep·ant [diskrépənt] *a.* 상 이한, 모순된 「려, 분별

dis·cre·tion [diskréʃ(ə)n] *n.* 사

dis·crim·i·nate [diskrímineit] *vi., vt.* 구별하다 《*between*》 **-nat·ing** *a.* 구별되는; 차별적인

dis·crim·i·na·tion [diskrìminéiʃ(ə)n] *n.* 구별, 식별(력); 차별 대우: racial ~ 인종차별

dis·cus [dískəs] *n.* 원반; 투원반 (discus throw)

dis·cuss [diskʌ́s] *vt.* 토의 [토론]하다; 《口》 (음식·술을) 즐기 며 먹다

dis·cus·sion [diskʌ́ʃ(ə)n] *n.* 토 의, 토론: under ~ 토의중인

dis·dain [disdéin] *n.* 경멸

dis·ease [dizí:z] *n.* 병, 질병

dis·em·bark [dìsimbá:rk] *vi., vt.* 양륙하다, 상륙하다 [시키다]

dis·em·bar·ka·tion [dìsimba:rkéiʃ(ə)n] *n.* 상륙, 양륙 ~ *card* 입국카아드(도착전에 입국 에 필요한 사항을 써넣는 서식)

dis·en·gage [dìsingéidʒ] *vt.* 풀 다, 떼다; 해방하다 **~d** *a.* 풀린; 약속 없는, 한가한

dis·fa·vor, 《英》 **-vour** [disféivər] *n.* 냉담, 냉대; 인기없음 **—***vt.* 냉대하다

dis·grace [disgréis] *n.* 불명예, 수치 **—***vt.* 창피를 주다, …의 수치가 되다 **~·ful** *a.* 창피한, 수치스러운

dis·guise [disgáiz] *n.* 변장 **—***vt.* 변장 [가장]시키다

dis·gust [disgʌ́st] *vt.* 메스껍게 하다, 넌더리나게 하다 **—***n.* 메 스꺼움, 싫증 **~·ing** *a.* 넌더리 나는

dish [diʃ] *n.* 접시; (접시에 담은) 요리; 한 접시분: made ~*es* 모 듬요리/ western ~ 서양요리

dish·cloth [díʃklɔ:θ/ -klɔ̀θ] *n.* 행주

dis·hon·est [disánist/ -ɔ́n-] *a.* 부정직한, 불성실한 **-es·ty** *n.* 부정직, 불성실; 부정, 사기

dis·hon·or, 《英》 **-our** [disánər/ -ɔ́nə] *n.* 불명예, 치욕;(어음 의) 부도 **—***vt.* 창피를 주다; (어음을) 부도내다 **~·a·ble** [-nərəbl] *a.* 불명예스러운, 창 피한

dishónored bíll 부도어음

dis·in·cline [dìsinkláin] *vt.* 싫 증나게 하다

dis·in·fect [dìsinfékt] *vt.* (살 균) 소독하다

dis·in·ter·est·ed [disínt(ə)ristid] *a.* 사심 없는, 공평한

disk [disk] *n.* 원반; 레코오드: a ~ jockey 레코오드음악프로 의 아나운서 《D. J., deejay 라고 도 함》

dis·like [disláik] *vt.* 싫어하다, 좋아하지 않다 **—***n.* 싫어함

dis·lo·ca·tion [dìslokéiʃ(ə)n] *n.* 탈구(脫臼)

dis·mal [dízməl] *a.* 음산한, 쓸 쓸한 **D~ Swamp** 미국 남부 대서양연안의 습지대

dis·may [disméi] *n.* 당황; 놀람; 낙심 **—***vt.* 당황[낙심]시키다

dis·miss [dismís] *vt.* 해고 [면 직]하다; 해산시키다; (생각을) 버리다

dis·mount [dismáunt] *vt.* (말에 서) 내리다 [떨어뜨리다] **—***vi.* 말에서 내리다, 하차하다

Dís·ney Lànd [dízni] 미국 Los Angeles 교외의 대유원지

dis·o·be·di·ent [dìsəbí:diənt] *a.* 순종 않는 《*to*》, 불효한

dis·o·blige [dìsəbláidʒ] *vt.* 불 친절하게 하다; 《口》 폐끼치다

dis·or·der [disɔ́:rdər] *n.* 난잡, 혼란; 무질서; (*pl.*) 소동; (가벼 운)병 **—***vt.* 난잡하게 [병나게] 하다

dis·patch [dispǽtʃ] *vt.* 급송 [급 파, 특파]하다; (일·식사를) 재빨 리 마치다 **—***n.* 급송, 특파; 속 달편; 《美》 전보; 재빠른 조치, 신속

dis·pel [dispél] *vt.* (근심·의심 등을) 쫓아버리다, 풀다

dis·pen·sa·ble [dispénsəbl] *a.* 없어도 되는, 별로 필요치 않은

dis·pen·sa·tion [dìspənséiʃ(ə)n] *n.* 분배; (신의)섭리; 처방, 조제

dis·pense [dispéns] *vt., vi.* 분 배하다; 조제하다

dis·perse [dispə́:rs] *vt.* 분산 [해산]시키다; 쫓아버리다

dis·place [displéis] *vt.* 바꿔놓 다; 면직하다; 대신하다

displáced pérson (전쟁 등으로 인한)고국상실자, 난민, 실향민

dis·play [displéi] *vt.* 나타내다; 진열[과시]하다 **—***n.* 진열; 표시

dis·please [displí:z] *vt.* 불쾌하 게[언짢게] 하다

dis·pleas·ure [displéʒər] *n.* 불 쾌 (discomfort), 노염

dis·pos·al [dispóuz(ə)l] *n.* 처 리, 처분(의 자유), 배치 *at* one's ~ 마음대로

dis·pose [dispóuz] *vt., vi.* 배 열하다; 처리하다; 마음내키게 하다 **~ of** …을 처분하다

dis·posed [dispóuzd] *a.* …할

마음이 있는, …의 경향이 있는《to do, for》

dis·po·si·tion [dìspəzíʃ(ə)n] *n.* 배치; 기질; 처분

dis·proof [disprú:f] *n.* 반증

dis·pro·por·tion [dìsprəpɔ́:r-ʃ(ə)n] *n.* 불균형

dis·pu·ta·ble [dispjú:təbl] *a.* 논의의 여지가 있는, 의심스러운

dis·pute [dispjú:t] *vt., vi.* 논의[논쟁]하다 —*n.* 논쟁, 논박

dis·qual·i·fy [diskwɔ́lifài/ -kwɔ́li-] *vt.* 자격을 박탈하다, 실격시키다; (병 등이)불능케 하다 (disable)

dis·re·gard [dìsrigá:rd] *vt.* 무시하다 —*n.* 무시

dis·sat·is·fac·tion [di(s)sætis-fǽkʃ(ə)n] *n.* 불만, 불평

dis·sat·is·fy [di(s)sǽtisfài] *vt.* 불만을 품게 하다

dis·sem·ble [disémbl] *vt., vi.* (감정 등을) 감추다, 속이다

dis·sent [disént] *vi.* 의견을 달리하다

dis·si·dent [dísid(ə)nt] *a., n.* 반체제파의(사람)

dis·so·lu·tion [dìsəl(j)ú:ʃ(ə)n] *n.* 분해; 용해; 해소, 해산

dis·solve [dizálv/-zɔ́lv] *vt., vi.* 분해시키다[하다]; 녹(이)다

dis·suade [diswéid] *vt.* 단념시키다, …하지 않도록 설득하다

dis·tance [díst(ə)ns] *n.* 거리; 먼 곳; (시간의) 간격; (태도의) 소원함: What is the ~ from here to the station? 여기서 역까지의 거리는 얼마나 됩니까 *at a* ~ 좀 떨어져서 *in the* ~ 저 멀리에

dis·tant [díst(ə)nt] *a.* 먼, 멀리 떨어진; (태도가) 서름한

dis·taste [distéist] *n.* 싫어함, 혐오《for》: have a ~ for …을 싫어하다

dis·till, 《英》-til [distíl] *vi. vt.* 증류하다, 방울져 떨어지(게 하)다

dis·tinct [distíŋkt] *a.* 분명한; 별개의《from》

dis·tinc·tion [distíŋkʃ(ə)n] *n.* 구별, 차별《between》; 탁월; 명성: a person of ~ 저명인사/ gain [obtain, win] ~ 명성을 얻다/ without ~ 차별없이

dis·tinc·tive [distíŋktiv] *a.* 구별을 나타내는; 독특한

dis·tin·guish [distíŋgwiʃ] *vt., vi.* 구별하다; 두드러지게 하다 ~**ed** *a.* 유명한, 눈에 띄는

dis·tort [distɔ́:rt] *vt.* 찌그러뜨리다, 뒤틀다; 왜곡[곡해]하다

dis·tract [distrǽkt] *vt.* (마음을) 흩어지게 하다, 혼란시키다; 미치게 하다

dis·tress [distrés] *n.* 고민, 고뇌, 재난; (해상의) 조난: be in ~ 곤란받고 있다 —*vt.* 괴롭히다, 슬프게 하다

dis·trib·ute [distríbju(:)t] *vt.* 분배하다; 구분하다; 분포시키다 **-u·tor** *n.* 분배자; 배전기

dis·tri·bu·tion [dìstribjú:ʃ(ə)n] *n.* 분배(물), 배포; 분류; 분포

dis·trict [dístrikt] *n.* 지방, 지역; 행정구; 지구 *D~ of Columbia* 《美》콜롬비아 특별구 (略: D.C.) (수도 워싱턴의 행정구) *D~ Railway* 런던 교외철도

dis·trust [distrást] *n.* 불신; 의혹 —*vt.* 불신하다, 의심하다 ~**·ful** *a.* 불신하는《of》

dis·turb [distə́:rb] *vt.* 방해하다; 어지럽히다, 소란하게 하다: Do not ~. 《호텔의 방문에 거는 패》수면중, 깨우지 마시오/ I hope I'm not ~ing you. 방해되지는 않겠지요/ Don't ~ yourself. 그대로 계십시오 ~**·ance** *n.* 방해; 소요

dis·use *n.* [disjú:s→*v.*] 불사용, 폐기 —*vt.* [disjú:z] 사용하지 않다; 사용폐기

ditch [ditʃ] *n.* 도랑, 개천 ⌊않다

di·van [diváen, dáivæn] *n.* (쿠션이 있는 낮은) 긴의자, 소파; 끽연실

dive [daiv] *vi.* 잠수하다, 뛰어들다; 손을 찔러넣다《into》; 몰두하다《into》; 【空】급강하하다 —*n.* 잠수; 뛰어들기; 《口》싸구려술집[식당]

di·verge [daivə́:rdʒ, di-] *vi.* 갈라지다, 분기하다; 빗나가다, 상궤를 이탈하다

di·verse [divə́:rs/ daivə́:s] *a.* 갖가지의 (various), 다른

di·ver·si·fy [divə́:rsifài/ dai-] *vt.* 변화를 주다, 다양하게 하다

di·ver·sion [divə́:rʒ(ə)n, dai-] -ʃ(ə)n/ daivə́:ʃ(ə)n, di-] *n.* (주의 의)전환; 기분전환, 위안

di·ver·si·ty [divə́:rsiti, dai- dai-, di-] *n.* 상이; 다양성

di·vert [divə́:rt, dai-/ daivə́:t, di-] *vt.* (딴데로) 돌리다; 기분을 전환하다

di·vide [diváid] *vt.* 분할하다《into》; 분배하다; (남과) 서로 나누다《with》; (의견을) 대립시키다 —*vi.* 나누어지다, 쪼개지다; 대립하다

di·vine [diváin] *a.* 신의, 신같은, 신성한

di·vin·i·ty [divíniti] *n.* 신, 신성(神性); 신학

di·vi·sion [divíʒ(ə)n] *n.* 분할, 분배; 간막이; 과, 부, 구분; 《美》…국, …과, 사업부; 나눗셈

di·vorce [divɔ́:rs] *n., vt.* 이혼(하다); 분리(하다)

di·vulge [diváldʒ/dai-] *vt.* (비밀을) 누설하다, 폭로하다 (disclose)

Dix·ie [díksi] *n.* 미국 남부제주의 총칭 ~ *Cup* 종이컵(상품명)

Dix·ie·land [díksilǽnd] *n.* 재즈 음악의 일종; = Dixie

diz·zy [dízi] *a.* 현기증나는

DJ = disk jockey

Dja·kar·ta [dʒəká:rtə] *n.* 자카르타(인도네시아의 수도)

DMZ = demilitarized zone

do [du:, du, də] *v.* (*p.* **did,** *pp.* **done,** 직설법·3인칭·단수·현재 **does**) *vt.* **1** 하다, 행하다 **2** 주다: Will you ~ me a favor? 부탁이 있는데요 **3** 처리하다, 손질하다 **4** (문제를)풀다, 번역하다 《*into*》: ~ sums 계산하다 **5** 쓸만하다: This room will ~ me well. 이 방이면 충분합니다 **6** 구경하다: ~ New York 뉴요오크 구경을 하다 **7** 대우하다 (treat): They *did* us well at the hotel. 그 호텔은 대우가 좋았다 ─*vi.* **1** 행하다, 일하다; 처신하다 **2** 쓸모가 있다: That will ~. 그만하면 됐다 **3** 번창하다 **4** 살아가다 ~ *for* (1) …을 죽이다, 멸망시키다 (2) …을 돌보다 (3) …을 대신하다 ~ *with* …을 참다; 처리하다 ~ *without* …없이 지내다 *have done with* 마치다; …과 손을 끊다, …을 상대하지 않다 *have to ~ with*. …과 관계가 있다 ──《대동사》《동사의 반복을 피하기 위해 씀》*So ~ I.* 나도 그렇다 [그렇게 하겠다] *So I ~* [du:]. 말씀대로(나는 …한다) ─*aux. v.* (*p.* **did,** 직설법·3인칭·단수·현재 **does**) **1** 《의문·부정》: D~ you understand? 알겠니 **2** 《강조 [dú:]》: D~ come. 꼭 오시오 **3** 《어순전도》: Never *did* I see such a fool. 이런 바보는 처음 보겠다

doc·ile [dás(i)l/dóusail] *a.* 가르치기 쉬운, 양순한; 다루기쉬운

dock [dak/dɔk] *n.* 계선장, 독; 부두; (정거장의) 구내

dock·ing [dákiŋ/dɔ́k-] *n.* (우주선의)공중 결합

doc·tor [dáktər/dɔ́ktə] *n.* 박사(略: Dr.); 의사: see a ~ 의사의 진찰을 받다/ send for a ~ 의사를 부르러 사람을 보내다/

call a ~ 의사를 불러오다/ telephone for a ~ 전화로 의사를 부르다

doc·trine [dáktrin/dɔ́k-] *n.* 교리; 주의

doc·u·ment [dákjumənt/dɔ́k-] *n.* (기록)문서, 서류; 증서

doc·u·men·ta·ry [dàkjumént-(ə)ri/dɔ́k-] *a.* 문서의; 기록적인 ─*n.* 기록영화, (텔레비전·라디오의) 기록물

Dodge *n.* 미국 크라이슬러사제의 자동차

dodge [dadʒ/dɔdʒ] *vt., vi.* 몸을 비키다, (질문 등을)얼버무리다

does [dʌz] *v., aux. v.* do 의 3인칭·단수·현재형

dog [dɔ:g/dɔg] *n.* 개; 건달; 《美俗》핫도그

dog·ged [dɔ́:gid/dɔg-] *a.* 완고한, 고집불통의

dog·house [⌐háus] *n.* (*pl.* *-houses*) 개집 *in the* ~ 인기를 잃어, 체면을 잃고

dog·ma [dɔ́:gmə, dág-/dɔ́g-] *n.* (*pl.* ~**s,** ~**ta** [-mətə]) 교리

dog·mat·ic [dɔ:gmǽtik, dag-/dɔg-] *a.* 독단적인; 교리의

do·ings [dú(:)iŋz] *n. pl.* 소행, 행위

do-it-your·self [dù:itjuərsélf/-itjɔ:-] *a., n.* 손수 만드는[만들기]

doll [dal/dɔl] *n.* 인형

dol·lar [dálər/dɔ́lə] *n.* 달러(미국·캐나다의 화폐단위, 100센트. 기호 $)

dol·phin [dálfin/dɔ́l-] *n.* 돌고래; 《海》배 매는 말뚝[부표]

do·main [dəméin] *n.* 영토; 소유지; 분야 〔장〕

dome [doum] *n.* 둥근 지붕[천장]

do·mes·tic [dəméstik] *a.* 가정[가사]의, 가정적인; 국내 [국산]의; 집에서 만든; 길들여진: a ~ airline 국내항공(로)/~ postage 국내우편요금/a ~ mail 국내우편/~ service 국내선

dom·i·cile [dámis(i)l/dɔ́misail] *n.* 주소; 《法》본적

dom·i·nant [dáminənt/dɔ́m-] *a.* 지배하는, 유력한

dom·i·nate [dáminèit/dɔ́m-] *vt., vi.* 지배하다, 제어하다; 우뚝 솟다

Dom·i·ni·ca [dàminí:kə, dəmínikə/dɔminí:kə] *n.* 도미니카(서인도제도의 섬, 공화국)

do·min·ion [dəmínjən] *n.* 주권, 통치(권); (때로 *pl.*) 영토 *D~ Day* 캐나다자치기념일 (7월1일)

dom·i·no [dámin òu/dɔ́m-] *n.* (가장무도회용) 가면달린 겉옷;

(*pl.*) 도미노놀이, 도미노패

dómino thèory 도미노 이론(한 국가의 공산화가 차례차례로 공산화를 초래한다는 설)

do·nate [dóuneit, -́/-́] *vt.* 《美》기부[기증]하다

done [dʌn] *v.* do의 과거분사 — *a.* 끝난, 마친; (음식이) 익은, 구 워진:It is ~. 끝났다, 이것으로 됐다/ half-~ 설익은[구워진]/ over-~ 너무 익은[구워진]

don·key [dɑ́ŋki/ dɔ́ŋ-] *n.* 당나 귀 (ass); 얼간이, 바보

do-noth·ing [dú:nʌθiŋ] *a.* 아무 것도 않는, 게으른 —*n.* 밥벌레, 게으름뱅이

doom [du:m] *n., vt.* 운명(짓다)

dooms·day [dú:mzdèi] *n.* 최후 의 심판일, 세상의 마지막날

door [dɔ:r] *n.* 문, 도어; 출입구; 문호 *in ~8* 실내에(서) *next ~ to* …의 옆집에; 거의 …에 가까운 *out of ~8* 바깥에(서)

door·bell [-́bèl] *n.* (문간의)초 인종

dóor chàin 도어체인(도어 안쪽 에 다는 방범용 쇠사슬)

door·keep·er [-́kì:pər] *n.* 문지 기, 수위

door·knob [-́nɑ̀b/ -nɔ̀b] *n.* 문 의 손잡이

door·man [-́mæ̀n, -mən] *n.* (*pl.* **-men** [-mèn, -mən]) 도어맨(호 텔·클럽에서 손님의 짐을 날라 주거나 택시를 잡아주기도 함)

door·mat [-́mæ̀t] *n.* 구두의 흙 털개

door·plate [-́plèit] *n.* 문패

dóor prìze 입장자에게 추첨으 로 주는 상

door·step [-́stèp] *n.* 문앞 층대

door·way [-́wèi] *n.* 출입구

dope [doup] *n.* 마약; (경마 등의) 정보

dope·ster [dóupstər] *n.* (스포오 츠·선거 등의)예상가

Dor·ic [dɔ́:rik, dɑ́r-/dɔ́r-] *a.* 《建》도리아식의(기둥이 짧고 굵으며, 꼭대기 장식은 반구형)

dorm [dɔ:rm] *n.* =dormitory

dor·mant [dɔ́:rmənt] *a.* 자고 있 는; 쉬고 있는: a ~ volcano 휴 화산

dor·mi·to·ry [dɔ́:rmitɔ̀:ri/ -t(ə)- ri] *n.* 기숙사; 공동침실

dose [dous] *n.* (약의) 1 회 복용 량, 한 첩

dot [dɑt/ dɔt] *n.* 점, 반점 *to a ~* 《美》정확히, 완전히 —*vt.* 점을 찍다

dot·age [dóutidʒ] *n.* 망령, 노망; 맹목적 사랑

dót·ted lìne [dátid/dɔ́t-] 점선

dou·ble [dʌ́bl] *a.* 2배의; 2인용 의; 이중의, 쌍의; (꽃이)겹인: a ~ bed 2인용침대 —*ad.* 2배 로, 이중으로 —*vt.,* *vi.* 2배로 하다[되다], 배가하다; 이중으로 하다[되다], 둘로 접(히)다: ~ up two passengers (선실 등에 서) 승객 둘을 한 방에 넣다 — *n.* 2배, 배액; (*pl.*) 《정구 등》 더블즈 (*cf.* singles)

dou·ble-breast·ed [-́bréstid] *a.* (상의가)더블인

dou·ble-deck·er [-́dékər] *n.* 2 층선; 2 층버스[전차, 여객기]

dóuble féature (영화 등)2편 동 시상영

dou·ble-head·er [-́hédər] *n.* 기관차 2 대연결열차; 《야구》더 블헤더

double-oc·cu·pan·cy [-́ɑ́kju- pənsi/ -ɔ́kju-] *n.* 2인용 방

double-park [-́pɑ́:rk] *vt., vi.* 다른 자동차 옆에다 주차하다

dóuble pláy 《야구》병살

doubt [daut] *n.* 의심; 불확실 *beyond ~* 의심할 여지없이 *in ~* 의심하여 —*vt., vi.* 의심 하다; 못미더워하다 《about, of》 ~·ful *a.* 의심하는 《of》; 수상 한; 애매한 ~·less *ad.* 의심할 바없이 —*a.* 의심할 바없는

dough [dou] *n.* 밀가루반죽

dough·nut [dóunət, -nʌ̀t] *n.* 도 우넛

dove [dʌv] *n.* 《鳥》비둘기

Do·ver [dóuvər] *n.* 영국 동남 부의 항구도시 *the Strait(s) of ~* 도버 해협

dove·tail [dʌ́vtèil] *n.* 열장장 부촉으로 맞추다; 꼭 들어맞(게 하)다

dow·er [dáuər] *n.* 미망인이 받 는 남편의 유산; 타고난 재능

Dów-Jónes àverage [dáudʒóu- unz] 다우식 평균주가

down[1] [daun] *n.* 언덕, 사구; (*pl.*) (기복있는)초원

down[2] *ad.* 아래로, 내려(가)서; 시골로; 《순서·장소》…아래는 …에 이르기까지; 필기하여; 넘어져, (건강이) 쇠퇴해, 누워; (문이)내 려져; (해가)져서; (조수가)빼어, (바람이)자서; (신분이)낮아져; (품질·값이)떨어져; (세력 등이) 줄어; 현찰로, 즉석에서 —*prep.* …의 아래쪽에, …을 내려가서, …의 하류에 —*a.* 아래쪽에의, 하행의: a ~ train 하행열차

down·fall [-́fɔ̀:l] *n.* 멸망; 호우, 폭설

down·hill [-́híl] *n.* 내리받이 비탈을 내려가다; 더 나빠지다, 망해가다

Dówn·ing Strèet [dáuniŋ] 다 우닝가(런던 관청가); 영국정부

dówn páyment 분할불의 청약금

dówn·right [⌐ràit] a. 철저한; 솔직한 —ad. 철저히, 완전히

down·size [dáunsàiz] vt. 소형화하다

down·stairs [⌐stéərz] n., ad., a. 아래층(에, 에서, 의)

down·town [⌐táun] n. 상업지구;중심가 —a. 중심가의 —ad. 중심가에[로, 에서]: go ~ 중심가로 가다

down·ward [⌐wərd] a., ad. 아래쪽의[으로], 하향의[으로]

dow·ry [dáuri/dáu(ə)ri] n. (신부의)결혼지참금, 가자; 천부의 재능

doze [douz] n., vi., vt. 졸기; 졸다

doz·en [dʌ́zn] n. 1 다스, 12개 《수사 또는 그 상당어 뒤에 형용사로 쓸 경우는 단·복수 동형》; (pl.) 많음: two ~s of eggs; two ~ eggs 달걀 2 다스

DPE = development, printing and enlargement (사진의)현상, 인화, 확대

Dr., Dr = doctor

draft, draught [dræft/drɑːft] n. 1 외풍 2 초고, 초안; 밑그림 3 쭉 마시기: have a ~ of beer 맥주를 한잔하다 4 (차 등을)끌기 5 환(어음) 6 《美》 징병 《1, 3은 영국에서는 보통 draught》 draft beer 생맥주 —vt. 초안을 잡다

drafts·man [dræftsmən/drɑːfts-] n. (pl. -men [-mən]) 제도자, 기초[기안]자

draft·y [dræfti/drɑːfti] a. 외풍이 들어오는

drag [dræg] vt. (무거운 것을)질질 끌다 —vi. 질질 끌리다

drag·on [dræg(ə)n] n. 용

drain [drein] vt., vi. 배수하다; 마셔버리다; 다 써버리다; 고갈하다 —n. 배수로, 하수도

drain·age [dréinidʒ] n. 배수; 하수도; 하수

drain·pipe [⌐pàip] n. 배수관, 하수관

drake [dreik] n. 수오리

dra·ma [drɑ́ːmə] n. 희곡, 연극; 각본, 극문학; 극적 사건

dra·mat·ic [drəmǽtik] a. 연극의; 극적인, 연극같은

dram·a·tist [dræmətist] n. 극작가

drank [dræŋk] v. drink의 과거

drap·er [dréipər] n. 《英》 포목상, 피륙상

dra·per·y [dréipəri] n. 피륙, 직물, 직물판매업[점]; (때로 pl.) 주름잡힌 휘장

dras·tic [drǽstik] a. 격렬한, 철저한, 과감한

draw [drɔː] vt., vi. (p. **drew**, pp. **drawn**) 끌다; (차 등을)끌고 가다; 다가가다; 뽑다《from》; 빠지다; 퍼내다,(피를) 흘리게하다; (돈을) 인출하다; (결과·결론을) 이끌어내다; (주의·인기를) 끌다 《to》; (숨을) 들이쉬다, (서류 등을) 작성하다;(수표·어음을) 발행하다; (선 등을)긋다; (시합을) 비기(게 하)다; (제비를)뽑다 ~ near 다가가다

draw·back [⌐bæ̀k] n. 장애 《to》; 불리; 환불금 [세금]

draw·bridge [⌐brìdʒ] n. 도개교(跳開橋)

draw·er [drɔ́ːər→2, 3] n. 1 어음발행인; 제도가 2 [drɔ́ːr] 서랍 3 (pl.) [drɔ́ːrz] 옷장; 속바지, 팬츠

draw·ing [drɔ́ːiŋ] n. 제도, 도화, 선화; 추첨; (어음의)발행

dráwing ròom 객실, 응접실; 《美》 (침대차의)특별실

drawn [drɔːn] v. draw의 과거분사 —a. 잡아뽑은; 비긴: a ~ game 무승부시합

dread [dred] n. 공포;무서운 것 —vt. 무서워하다 —a. 무서운,무시무시한;《俗》 아주 지독한 —n. 《英》 싸구려괴기잡지

dream [driːm] n. 꿈; 환상, 몽상 —vi., vt. (p., pp. **dreamt** [dremt] or ~ed) 꿈을 꾸다, …을 꿈에 보다 《of, about》; 《부정구문》 몽상하다 《of》 ~·er n. 꿈꾸는 사람, 몽상가

dream·y [dríːmi] a. 환상에 잠기는; 꿈같은

drear·y [drí(ə)ri] a. 쓸쓸한, 황량한, 권태로운

dreck [drek] n. 쓰레기, 잡동사니, 시시한 것

dregs [dregz] n. pl. 찌꺼기, 앙금; 쓰레기

drench [drentʃ] vt. 흠뻑 적시다

dress [dres] v. (p., pp. ~ed or **drest** [drest]) vt. 옷을 입히다, 정장시키다; (진열창 등을)꾸미다; (머리를)손보다; (상처를)치료하다; (음식을) 요리하다: Get ~ed. 옷을 차려입어라 —vi. 옷을 입다;정장하다 ~ up 성장하다 —n. 옷(특히 상의), 의복; 정장; 여자옷 ~ circle 《英》(극장 등의) 특등석 ~ coat 연미복 ~ suit 남자용 야회복 evening ~ 야회복,연미복 full ~ 정장, 대예복 No ~. (초대장에서)정장하실 필요는 없읍니다

dress·er [drésər] n. 옷을 입는 사람;조발사; 장식인; 《美》 화장

대; 《英》 식기장

dress·ing [drésiŋ] *n.* 옷입기; 끝손질; 붕대, 응급치료용품; 드레싱(고기·생선·야채 등에 치는 소오스): a ~ case [bag] (여행용) 화장품가방/ a ~ gown 화장복/a ~ room 화장실/a ~ table 《英》 경대

dress·mak·er [drésmèikər] *n.* (여자·아동복의) 양재사

dress·y [drési] *a.* 《口》 (옷이) 정장용의; 멋부린, 맵시있는

drew [dru:] *v.* draw 의 과거

drib·ble [dríbl] *vt., vi.* 똑똑 떨어뜨리다[떨어지다]; 《구기》 드리블하다 —*n.* 적하(滴下); 적은 분량; 가랑비; 《구기》 드리블

dri·er [dráiər] *n.* 건조기; 드라이어(dryer로도 씀)

drift [drift] *n.* 표류; 표류물; 바람에 쌓인 것; 대세, 동향 —*vi., vt.* 표류하다[시키다]; 바람에 날려 쌓이다 「木」

drift·wood [◠wùd] *n.* 유목(流

drill [dril] *n.* 송곳; 훈련 —*vt.* (송곳 등으로) …에 구멍을 뚫다; 훈련시키다

drink [driŋk] *vt., vi.* (*p.* **drank,** *pp.* **drunk**) 마시다; 술을 마시다, 건배하다: a ~*ing* fountain 음용(飮用)분수/ Give me something to ~. 마실 것 좀 주시오 ~ *a person's* **health** 남의 건강을 축하하여 건배하다 ~ *to* …을 위해 건배하다 —*n.* 음료; 술; 한 잔: soft [small] ~ 청량음료/ strong ~ 알콜음료, 주류 *in* ~ 취하여 *a* ~ *of* 한 잔[모금]의

drink·a·ble [dríŋkəbl] *a.* 마실 수 있는 —*n.* (보통 *pl.*) 음료

drip [drip] *n.* (물)방울 —*vi., vt.* (*p., pp.* **dripped** *or* **dript** [dript]) 방울져 떨어지(게하)다

drive [draiv] *vt., vi.* (*p.* **drove,** *pp.* **driv·en** [drívn]) 운전[조종]하다; 차로 나르다[가다]; 드라이브하다; 몰아내다[대다], 혹사하다; (못을) 때려박다; (장사를) 경영하다; 억지로 …시키다 —*n.* 드라이브, 자동차 [마차]여행; 주행거리; 차도; 몰아내기; 추진력; 《美》 운동: a ~ map 자동차주행용 지도/an hour's ~ 차로 1시간의 거리

drive-in [dráivìn] *n.* 드라이브인(자동차를 타고 들어갈 수 있는 영화관·식당·휴게소 등)

driv·er [dráivər] *n.* 운전자; (전차·버스 등의) 운전수, 기관수; 《골프》 클럽의 일종: a ~'s license 운전면허(증)

drive·way [dráivwèi] *n.* 《美》

자동차도로, (문에서 현관까지의) 차도

driz·zle [drízl] *n.* 이슬비

drom·e·dar·y [drámədèri, drʌ́m-/ drɔ́məd(ə)ri, drʌ́m-] *n.* 단봉낙타

droop [dru:p] *vi., vt.* (몸·얼굴·눈 등이) 수그러지다, 숙이다, 내리깔다 —*n.* 수그림, 의기소침

drop [drɑp/drɔp] *n.* (물)방울; (극)소량; 드롭(과자); 낙하; 하락 —*vt., vi.* (*p., pp.* **dropped** *or* **dropt** [-t]) 방울져 떨어지다; 떨어뜨리다, 하락하다; (차에서 사람을) 내리다; (목소리를) 낮추다; (습관 등을) 그만두다; 생략하다; (편지를) 써보내다; 무심코 입밖에 내다; 우연히 만나다, 갑자기 방문하다 《*in, on*》: D~ me a line. 편지 주십시오/ D~ me here. 여기서 내려주시오 ~ *in at* [*on a person*] …에 [남에게] 잠시 들르다

dróp cùrtain (현수식) 무대막

dróp·out [◠àut] *n.* 중도탈락자 [퇴학자], 낙오자, 낙제생

dróp tàble (객차 등의) 한쪽이 꺾이는 테이블

drove [drouv] *v.* drive 의 과거

drown [draun] *vt., vi.* 물에 빠지(게하)다; 흠뻑 젖게 하다; (소리를) 지우다; 달래다 《*in, with*》

drow·sy [dráuzi] *a.* 졸리는

drug [drʌg] *n.* 약(품) —*vt.* 약을 섞다; 독을 타다 ~·**gist** *n.* 약종상, 약제사 (《英》 chemist)

drug·store [◠stɔ̀:r] *n.* 《美》 드러그스토어(약 외에 담배·화장품 등도 팔고, 차도 마시는 곳)

drum [drʌm] *n.* 북 —*vt., vi.* 북을 치다; 쾅쾅 치다 (때리다)

drúm ma·jor·étte [◠mèi-dʒərét] 여자 악대장

drum·mer [drʌ́mər] *n.* 고수(鼓手); 《美口》 외판원

drunk [drʌŋk] *v.* drink 의 과거분사 —*a.* 술취한

drunk·ard [drʌ́ŋkərd] *n.* 술고래, 취객

drunk·en [drʌ́ŋk(ə)n] *a.* 술취한; 술로 인한; 주정꾼의

dry [drai] *a.* 마른 (*opp.* wet), 건조한; 가뭄의; 《美口》 금주의; 《俗》 목마른; (술이) 단맛 없는; 무미건조한; 퉁명스런: a ~ bread 버터를 바르지 않은 빵/ a ~ battery 건전지/~ ice 드라이아이스/the ~ law 금주법/a ~ town 금주법이 시행된 도시 —*vt., vi.* 말리다, 마르다, 건조시키다[하다]; 고갈시키다[하다] 《*up*》 ~·**er** *n.* 건조기[장치, 제]

drý cléaning 드라이클리이닝

drý dòck 건선거(乾船渠)

drý gòods 《美》 직물류; 양품류;《英》 곡물류

DST = daylight saving time

du·al [d(j)úːəl / djúː-] a. 둘의; 이중의, 이원적인

dub [dʌb] vt. (필름·테이프에)대사[음악]를 넣다 **~·bing** n. 더빙

du·bi·ous [d(j)úːbiəs/ djúː-] a. 의심스러운, 수상한, 미심쩍은

Dub·lin [dʌ́blin] n. 아일랜드공화국의 수도

duch·ess [dʌ́tʃis] n. 공작(duke)부인; 여자 공작

duck [dʌk] n. 오리, 집오리

duct [dʌkt] n. 관, 도관(導管)

due [d(j)uː/ djuː] a. (지불기일이)만기의; 당연한; 당연히 주어져야 할 《to》; …에 의한, …에 귀착될:…하기로 되어 있는 《to do》; 도착예정인: When is this train ~ in London? 이 기차는 런던에 몇시에 도착할 예정입니까 — to …때문에, in ~ course 멀지 않아 in ~ time 때가 오면, 이윽고 — ad. 정확히 — n. 당연히 받아야 할 것; (pl.) 세금, 요금, 수수료

du·el [d(j)úːəl/ djúː(ː)-] n., vi. 결투(하다)

du·et [d(j)uːét/ dju(ː)-] n. 〖音〗 2중주〔창〕(곡)

duf·fel, -fle [dʌ́f(ə)l] n. 거칠게 짠 나사의 일종 **duffel bag** 즈크제 가방

dug [dʌg] v. dig의 과거(분사)

dug·out [dʌ́gàut] n. 통나무배;〖야구〗 더그아우트

duke [d(j)uːk/ djuːk] n. 《英》 공작

dull [dʌl] a. 둔한; 우둔한 (stupid); (색·음이) 흐릿한; 지루한; (거리가)활기없는 — vt. 둔하게 하다, 완화하다; 활기없게 하다

du·ly [d(j)úːli/ djúː-] ad. 정식으로; 충분히; 정시에

dumb [dʌm] a. 벙어리의; 말없는

dumb·bell [=bèl] n. 아령

dum(b)·found [dʌmfáund] vt. 아연실색케 하다 **~·ed** a. (놀라)말문이 막힌

dumb·wait·er [=wèitər] n. 《美》 식품식기용 승강기;《英》 회전식 식품대

dum·my [dʌ́mi] n. 모델인형; (사격연습용) 표적인형; 가짜

dump [dʌmp] n. 쓰레기더미, 쓰레기장 — vt. 털썩 내리다; 투매[덤핑]하다

dúmp trùck (쓰레기치우는)덤프트럭

dunce [dʌns] n. 열등생, 저능아

dune [d(j)uːn/ djuːn] n. (해변의) 사구

dun·geon [dʌ́ndʒ(ə)n] n. 지하감옥; 성의 본채

duo·mo [dwóumou] n. (pl. ~s, -mi [-mi]) (이탈리아의) 대성당 (cathedral) [It.]

du·plex [d(j)úːpleks/ djúː-] a. 이중의 ~ **apartment** 상하층이 한 집인 아파아트 ~ **house** 2세대용 연립주택

du·pli·cate [d(j)úːplikit/ djúː-] a. 이중의; 사본의 — n. 복제물, 복사; 등본; 보관표, 전당표

du·ra·ble [d(j)úː(ə)rəbl/ djúə-] a. 지속하는, 오래가는 **-bíl·i·ty** n. 내구성〔력〕

du·ra·tion [d(j)uréi(ə)n/ dju(ə)-] n. 지속(기간)

dur·ing [d(j)úː(ː)riŋ/ djúər-] prep. …동안 내내, …사이에

dusk [dʌsk] n. 어스름, 황혼 **~·y** a. 어스레한, 음울한

Düs·sel·dorf [dísldɔ̀:rf, dúsl-/ dúsldɔːf] n. 뒤셀도르프(서독의 라인강가에 있는 항구도시)

dust [dʌst] n. 먼지, 티끌; 가루; 꽃가루;《俗》 현금 — vt., vi. (가루를) 뿌리다; (먼지를) 털다

dúst bìn 《英》 쓰레기통

dúst chùte 더스트 슈트(쓰레기를 아래층으로 떨어뜨리는 장치)

dust·coat [=kòut] n. 《英》 더스터코우트

dust·er [dʌ́stər] n. 총채; 걸레; 청소부;《美》 더스터코우트

dust·pan [dʌ́stpæ̀n] n. 쓰레받기

dust·y [dʌ́sti] a. 먼지투성이의

Dutch [dʌtʃ] n. (총칭) 네덜란드 사람[말] — a. 네덜란드(사람·말)의 **go ~** 《口》 비용을 각자 부담으로 하다 ~ **treat** 《美口》 각자 부담의 회식 ~**·man** n. (pl. -men [-mən]) 네덜란드사람;《美口》 독일인

du·ti·a·ble [d(j)úːtiəbl/ djúː-] a. 관세를 지불해야 하는 (opp. duty-free): ~ **goods** 과세품목

du·ty [d(j)úːti/ djúː-] n. 의무, 본분, 임무, 직무 《to》; 경의; 세금; 관세 (customs duties): export [import] duties 수출[수입]세 **off** [on] ~ 비번으로 [당번으로, 근무중]

du·ty-free [=fríː] a. 면세의

dwarf [dwɔːrf] n. (pl. ~s) 난장이; 보통보다 작은 동물[식물], 꼬마 — a. 작은, 왜소한 — vt., vi. 작게 하다[되다]; 위축시키다[되다]

dwell [dwel] vi. (p., pp. **dwelt** [dwelt] or ~**ed**) 살다 《at, in》; 오래 머물다 ~ **on** [upon] …

을 자세히 설명하다, 곰곰 생각
하다; 꾸물대다 **~·er** *n.* 거주자
dwell·ing [dwéliŋ] *n.* 거처, 주
택: a ~ place 주소
dwin·dle [dwíndl] *vi.* 작아지다,
감소[쇠퇴]하다
dye [dai] *vt., vi.* 물들(이)다 —
n. 염료, 염색
dy·ing [dáiiŋ] *v.* die¹의 현재분

사 —*a.* 죽어가는; 죽어야 할;
저물어가는; 《口》 몹시 …하고
싶어하는 《to do》
dy·nam·ic [dainǽmik] *a.* 동력
의, 역학(상)의; 정력적인
dy·na·mite [dáinəmàit] *n., vt.*
다이나마이트(로 폭파하다)
dy·na·mo [dáinəmòu] *n.* 발전기
dy·nas·ty [dáinəsti/dí-] *n.* 왕조

E

each [iːtʃ] *a.* 각각의 —*pron.* 각
자, 각각 ~ other 서로
ea·ger [íːɡər] *a.* 열심인; 갈망하
는《for, after》, 몹시 …하고 싶어
하는 《to do》 ~·ly *ad.* 열심히
ea·gle [íːɡl] *n.* 〔鳥〕 (독)수리;
〔골프〕 이이글(par보다 둘 적
은 타수로 호울인하기)
ear [iər] *n.* 귀; 청각, 경청 *give*
~ [*lend an* ~] *to* …을 경청
하다, *have no* ~ *for music*
음악에는 깜깜이다
earl [əːrl] *n.* 《英》 백작 (*cf.* count)
ear·ly [ə́ːrli] *a.* 이른; 올되는; 초
기의; 가까운 장래의: at your
earliest convenience 형편이 닿
는대로 *keep* ~ *hours* 일찍자
고 일찍 일어나다 —*ad.* 일찌기,
일찍감치
earn [əːrn] *vt.* (일해서)벌다; (명
성을)얻다, (감사를)받다 ~*ed*
income 근로소득
ear·nest [ə́ːrnist] *a.* 진지한, 열
심한; 중대한 —*n.* 진지함 *in*
~ 진지하게
ear·phone [íərfòun] *n.* 이어폰
ear·ring [íərrìŋ] *n.* 귀엣고리
ear·shot [íərʃàt/-ʃɔt] *n.* 들리는
범위[거리]
earth [əːrθ] *n.* (*pl.* ~s [-θs, -ðz])
(the ~) 지구; 대지, 육지; 흙; 이
승; 〔電〕 어어드; 《의문사와 합
께》 도대체; 《부정어와 함께》 조
금도: Why on ~? 도대체 왜
earth·en [ə́ːrθ(ə)n] *a.* 흙으로 만
든, 질그릇의 ~·**ware** [-wɛ̀ər]
토기(土器), 질그릇
earth·quake [ə́ːkwèik] *n.* 지진
ease [iːz] *n.* 편안, 안락; 용이; 여
유 *at* (*one's*) ~ 마음편히, 편히
take one's ~ 몸을 편히 하다,
쉬다 *well*[*ill*] ~ 마음편히[불
안하여] *with* ~ 쉽게 —*vt.* 안
심시키다; (고통을)덜다
ea·sel [íːzl] *n.* 화가(畫架)
eas·i·ly [íːzili] *ad.* 쉽게; 마음편히
east [iːst] *n.* 동(쪽); (the E~) 동
양; 《美》동부지방 *the Far* [*Mid-
dle, Near*] *E~* 극[중, 근]동 —
a. 동(쪽)의 *the E~ End* 런던

동부의 빈민가 *the E~ Side*
뉴우요오크시 Manhattan 구 동
부의 빈민구역
East·er [íːstər] *n.* 부활절 ~
egg (부활절의)색칠한 달걀
east·ern [íːstərn] *a.* 동(쪽)의;
(E~) 동양(식)의
east·ward [íːstwərd] *a., ad.* 동
쪽의[으로]
eas·y [íːzi] *a.* 쉬운 (*opp.* hard);
안락한, 편한; 유복한; (옷이)너그
한 : ~ payment 분할지불/an
~ chair 안락의자/an ~ dress 경
쾌한 복장 —*ad.* 쉽게, 태평하게
Take it ~. 《美》 걱정말아; 안
녕(친한 사이에 씀)
eas·y·go·ing [ˊ-ɡóuiŋ] *a.* 태평한
eat [iːt] *v.* (*p.* ate, *pp.* eat·en [íːtn])
vt. 먹다; (수우프 등을)떠먹다
—*vi.* 식사하다, 먹다: ~ out-
side 외식하다 ~ *up* 먹어치우
다; 다 써버리다; 열중시키다 ~
well 잘 먹다; 맛이 좋다
eat·a·ble [íːtəbl] *a.* 먹을 수 있
는 —*n.* (보통 *pl.*)음식물,식료품
eat·er·y [íːtəri] *n.* 식당
eau [ou] *F. n.* 물
Eau de Co·logne[òudəkəlóun/
óu-] *F.* 오드콜로뉴(향수의 일종)
eau de vie [òudəvíː/óu-] *F.* 브
랜디(「생명의 물」이란 뜻)
eaves·drop [íːvzdràp/-drɔ̀p] *vi.*
(슬쩍)엿듣다
ebb [eb] *n.* 썰물; 쇠퇴(기)
eb·on·y [ébəni] *n., a.* 흑단(으로
만든); 칠흑의
EC = *E*uropean *C*ommunities
(유럽공동체)
ec·cen·tric [ikséntrik, ek-] *a.*
(행위가)정상을 벗어난; 별난
ech·o [ékou] *n.* (*pl.* ~**es**) 반향,
메아리 —*vi.* 반향하다 《with》
—*vt.* 반향시키다;(남의 말을)흉
내내다
é·clair [eikléər] *F. n.* 에클레어
(크리임이 든 과자)
e·col·o·gy [iːkálədʒi / -kɔ́l-] *n.*
생태학; 환경
e·con·o·met·rics [ik(ː)ànəmét-
riks/-kɔ̀n-] *n.* 계량경제학

e·co·nom·ic [ì:kənámik, èkə-/-nɔ́m-] *a.* 경제학의; 경제상의 ~ *waters* [*zone*] 경제수역 ~s *n.* 경제학

e·co·nom·i·cal [ì:kənámik(ə)l, èkə-/-nɔ́m-] *a.* 절약하는; 경제적인

E·con·o·mist [i(:)kánəmist /-kɔ́n-] *n.* (*the* ~) 런던에서 발행되는 주간지

e·con·o·my [i(:)kánəmi /-kɔ́n-] *n.* 경제; 절약 —*ad.* 2등으로: *travel* ~ 2등으로 여행하다/~ *class* 2등(특히 여객기의)

e·co·sys·tem [í:kousìstəm] *n.* 생태계

ec·sta·sy [ékstəsi] *n.* 무아지경, 황홀경; 미칠듯한 기쁨

Ec·ua·dor [ékwədɔ̀:r/⌐-⌐] *n.* 에쿠아도르(남미의 공화국)

e·cu·men·i·cal [èkjuménik(ə)l/ì:kju-] *a.* 세계교회의 ~ *movement* 세계교회운동

E/D card 출입국카드 [< *embarkation* and *disembarkation*]

E·den [í:dn] *n.* 〔聖〕 에덴동산

Ed·gar [édgər] *n.* 미국 추리 소설가상(정식명은 Edgar Allan Poe Award)

edge [edʒ] *n.* 가(장자리); 날; 산등성이; (말·욕망의)날카로움 *be on* ~ 흥분해[안절부절 못하고] 있다 —*vt.* 가를 대다; 날을 세우다; 날카롭게 하다; 조금씩 나아가게 하다 —*vi.* 가를 따라 움직이다; 조금씩 나아가다

ed·i·ble [édibl] *a.* 먹을 수 있는, 식용에 적합한 —*n.* (보통 *pl.*) 식용품

ed·i·fice [édifis] *n.*(웅장한)건물

Ed·in·burgh [éd(i)nbə̀:rou/-b(ə)rə] *n.* 에딘버러(스코틀란드의 수도) ~ *Festival* 에딘버러제(8월 중순에서 9월 상순에 걸친 예술제)

ed·it [édit] *vt.* 편집하다

e·di·tion [idíʃ(ə)n] *n.* (책·신문의)판, 간행; (개정·증보)판 (*cf.* impression): *the first* ~ 초판

ed·i·tor [éditər] *n.* 편집자: *the chief* ~; *the* ~ *in chief* 편집장, 주필

ed·i·to·ri·al [èditɔ́:riəl] *a.* 편집자의; 편집(상)의 —*n.* 사설

EDT = *eastern daylight time* 동부 일광 절약시간

ed·u·cate [édʒukèit/édju(:)-] *vt.* 교육하다; 양성하다

ed·u·ca·tion [èdʒukéiʃ(ə)n/èdju(:)-] *n.* 교육 ~·*al* *a.* 교육(상)의, 교육적인: ~*al television* 교육 텔레비전

EEC = *European Economic Community* 유럽경제공동체

eel [i:l] *n.* 장어

ef·fect [ifékt] *n.* 결과; 효과; 영향, 인상; 취지; (*pl.*) 동산, 재산 *bring to* [*carry into*] ~ 실행하다 *come* [*go*] *into* ~ 실시되다 *in* ~ 사실상, 요컨대 *to no* ~ 쓸데없이 *with* ~ 유효하게 —*vt.* 결과로서 …을 낳다; 이루다

ef·fec·tive [iféktiv] *a.* 유효한; 효과적인; 실제의 「능률

ef·fi·cien·cy [ifíʃ(ə)nsi] *n.* 유능,

ef·fi·cient [ifíʃ(ə)nt] *a.* 능률적인; 유능한

ef·fort [éfərt] *n.* 노력

e.g. *exempli gratia* (L=for example) 예를 들면

egg [eg] *n.* 알, 달걀: *a boiled* ~ 삶은 달걀/*a fried* ~ 에그프라이

egg·head [⌐hèd] *n.* 《美口》 인텔리, 지식인

egg·plant [⌐plæ̀nt / -plɑ̀:nt] *n.* 〔植〕 가지

e·go [í:gou, égou/égou] *n.* (*pl.* ~s) 자아 ~·*ism* *n.* 이기주의, 이기심 ~·*ist* *n.* 이기주의자

e·go·is·tic [ì:gouístik, ègou-/ègou-] *a.* 이기적인, 자기본위의

e·go·tism [í:goutiz(ə)m/égou-] *n.* 자기중심(주의), 자기본위; 자만, 독선 -*tist* *n.* 자기본위인 사람, 이기주의자

e·go·tis·tic [ì:goutístik/ègou-] *a.* 자기본위의, 이기적인

E·gypt [í:dʒipt] *n.* 이집트

E·gyp·tian [idʒíps(ə)n] *a.* 이집트(사람)의 —*n.* 이집트사람[말]

eh [ei] *int.* 뭐(라고)?, 그렇지?

Eif·fel Tów·er [áif(ə)l] (파리의) 에펠탑

eight [eit] *n., a.* 8(의)

eight·een [éití:n] *n., a.* 18(의)

eighth [eitθ] *n., a.* 제8(의), 8번(의); 8분의1(의)

eight·y [éiti] *n., a.* 80(의)

Eire [έ(:)rə] *n.* 아일란드공화국의 옛이름

ei·ther [í:ðər, áiðər] *a.* (둘 중) 어느쪽의; 양쪽의 —*pron.* 어느한쪽: *E*~ *will do.* 어느쪽이라도 좋다 —*ad.* 《부정문》 …도 또한 (…않다) (*cf.* neither) —*conj.* 《either… or…의 형태로》 …이든 또는 …이든

e·ject [i(:)dʒékt] *vt.* 추방하다(expel)《*from*》; (액체 등을)분출[배출]하다

e·lab·o·rate *a.* [ilǽb(ə)rit → *v.*] 공들인 —*vt.* [ilǽbərèit] 공들여 만들다

Él Al 이스라엘 항공

e·lapse [iléps] *vi.* (때가) 지나다

e·las·tic [ilǽstik] *a.* 탄력있는, 신축성있는 —*n.* 고무줄

El·ba [élbə] *n.* 엘바섬

el·bow [élbou] *n.* 팔꿈치; (의자 의)팔걸이 —*vt.* 팔꿈치로 밀다 [밀어젖히다]: an ~ chair 팔걸이의자

eld·er [éldər] *a.* 《old의 비교급》 손위의 —*n.* 연장자; (*pl.*) 선배

eld·er·ly [⌐li] *a.* 연세가 지긋한, 초로의

eld·est [éldist] *a.* 《old의 최상급》 맏이의, 가장 손위의

El Do·ra·do [èldərá:dou] 엘도라도(남미 아마존강가에 있다고 상상했던 황금의 나라) [Sp.]

e·lect [ilékt] *vt.* 선출[선거]하다 —*a.* 선출된 —*n.* 선출된 사람

e·lec·tion [ilékʃ(ə)n] *n.* 선거

eléction retúrns 선거의 개표 결과

e·lec·tive [iléktiv] *a., n.* 《美》 선택의, 선택과목

e·lec·to·rate [iléktərit] *n.* 《총칭》 선거민, 유권자

e·lec·tric [iléktrik] *a.* 전기의: an ~ shaver 전기면도기/ an ~ torch 《英》 회중전등 (《美》 flashlight)

e·lec·tri·cal [iléktrik(ə)l] *a.* 전기에 관한; 강렬한

e·lec·tric·i·ty [ilèktrísiti]*n.*전기

e·lec·tri·fy [iléktrifài] *vt.* (물체에)전기를 통하다[띠게 하다]; 감전시키다; 충전하다;전화(電化)하다; 감동시키다

e·lec·tron [iléktrɑn / -trɔn] *n.* 《理》 전자

e·lec·tron·ic [ilèktrɑ́nik/-trɔ́n-] *a.* 전자의: an ~ computer [calculator] 전자계산기/an ~ range 전자레인지/~ music 전자음악/an ~ video recorder 전자식 녹화재생기 (略: EVR) ~s *n.* 전자공학

el·e·gance [éligəns], **-gan·cy** [-gənsi] *n.* 우아[고상]함

el·e·gant [éligənt] *a.* 우아한, 고상한;《美口》멋진, 훌륭한

el·e·gy [élidʒi] *n.* 비가(悲歌)

el·e·ment [élimənt] *n.* 요소, 성분; 《化》원소; (*pl.*) 원리, 초보

el·e·men·tal [èlimént(ə)l] *a.* 요소[원소]의; 기본적인

el·e·men·ta·ry [èlimént(ə)ri] *a.* 기본적인, 초보의: an ~ school 《美》 국민학교 「끼리

el·e·phant [élifənt] *n.* 《動》 코

el·e·vate [éliveit] *vt.* 올리다, 높이다; 승진시키다; 고상하게하다: an ~d railway 고가철도

el·e·va·tor [élivèitər] *n.* 《美》 승강기 (《英》 lift)

e·lev·en [ilév(ə)n] *n.* 11, 11개 —*a.* 11의, 11개의

e·lev·enth [ilév(ə)nθ] *n., a.* 제 11(의);11분의1(의)

elf [elf] *n.* (*pl.* **elves**) 꼬마요정

El Gi·za [elgí:zə] 기자(이집트 카이로 근처의 도시, 피라밋과 스핑크스가 근처에 있음)

el·i·gi·ble [élidʒəbl] *a.* 적격의 《for》; 바람직한, 적당한 —*n.* 적격자, 유자격자《for》

e·lim·i·nate [ilímineit] *vt.* 제거 [삭제]하다 「예[F]

e·lite [ilí:t, eilí:t] *n.* 엘리트, 정

elm [elm] *n.* 느릅나무(목재)

el·o·quent [éləkwənt] *a.* 능변인;(화술이)남을 감동시키는

El Sál·va·dor [elsǽlvədɔ̀:r] 중미 서부의 공화국(수도 San Salvador)

else [els] *ad.* 그밖에, 대신에: What ~ do you want? 이밖에 또 뭣을 원합니까

else·where [éls(h)wɛ̀ər/⌐⌐] *ad.* 딴곳에[으로], 어딘가 딴곳에

e·lude [ilú:d] *vt.* (몸을)피하다, (눈을)피하다, 벗어나다

elves [elvz] *n.* elf의 복수

E·ly·sée [eili:zéi] *F. n.* 엘리제궁(파리의 프랑스대통령 관저)

e·man·ci·pate [imǽnsipèit] *vt.* 해방[석방]하다 **-pa·tor** *n.* 해방자: the Great *Emancipator* 위대한 해방자(링컨)

em·balm [imbɑ́:m] *vt.* 향기로 채우다; 향료나 약물로 미이라로 만들다

em·bank [imbǽŋk] *vt.* 둑으로 둘러싸다 **~·ment** *n.* 제방(공사), 둑; (the E~ment)템즈강변의 아름다운 도로

em·bar·go [imbɑ́:rgou/em-] *n.* (*pl.* ~**es**) (선박의)출[입]항금지; (일반적으로)금지: gold ~ 금수출금지 —*vt.* 출[입]항금지하다

em·bark [imbɑ́:rk] *vi.* 승선[탑승]하다, 출항하다 《for》 —*vt.* 배[비행기]에 태우다, 적재하다

em·bar·ka·tion [èmbɑ:rkéiʃ(ə)n] *n.* 승선, 탑승, 적재 ~ *card* 출국카아드

em·bar·rass [imbǽrəs, ✝美em-] *vt.* 난처[당황]하게 하다

em·bas·sy [émbəsi] *n.* 대사관; 대사 일행; 사절단

Émbassy Ròw (워싱턴의) 각국 대사관가(街)

em·blem [émbləm] *n.* 상징

em·bod·y [imbɑ́di/-bɔ́di] *vt.* 구체화[구현]하다 《in》; 포함하다

em·brace [imbréis/em-] *vt.* 껴

안다; 포함하다 —n. 포용
em·broi·der [imbrɔ́idər, +美 em-] vt. 수놓다; 장식[윤색]하다
em·cee [émsíː] n. 사회자 —vt., vi. 사회하다 [< master of ceremonies]
em·er·ald [ém(ə)rəld] n. 〔鑛〕 에메랄드; 밝은 초록색
e·merge [imə́ːrdʒ] vi. (어둠·물 속 등에서)나타나다 (opp. submerge); (문제가)생기다
e·mer·gen·cy [imə́ːrdʒ(ə)nsi] n. 비상시, 위급: an ~ door [exit] 비상구/ an ~ hospital 구급병원/ ~ measures 응급수단/ ~ landing 불시착륙 in an ~ 위급한 경우에
em·i·grant [émigr(ə)nt] a. (타국으로)이주하는, 이민의 —n. 이민
em·i·grate [émigrèit] vt., vi. (타국으로)이주시키다[하다] (opp. immigrate)
em·i·nent [éminənt] a. 높은; 고위의, 뛰어난
e·mit [imít] vt. (빛 등을)방사하다; (의견을)내다; (지폐를) 발행하다
Em·my [émi] n. 에미상(미국의 텔레비전 예술상)
e·mo·tion [imóuʃ(ə)n] n. 감정 (feeling), 정서; 감동 ~·al a. 감정의; 감정적인
em·per·or [émp(ə)rər] n. 황제
em·pha·sis [émfəsis] n. (pl. -pha·ses [-siːz]) 강세, 강조
em·pha·size [émfəsàiz] vt. 강세를 두다, 강조[역설]하다
em·pire [émpaiər] n. 제국 the E~ State 뉴우요오크주의 별명 E~ State Building 뉴우요오크시의 마천루(102층) E~ Day 대영제국경축일 (Victoria 여왕 탄신일, 5월24일)
em·plane [impléin] vt., vi. 《英》비행기에 태우다[타다](enplane)
em·ploy [implɔ́i] vt. 고용하다; 사용하다;(시간·정력 등을)소비하다 ~ oneself in [on] …에 종사하다
em·ploy·ee, -ploy·e [implɔ́iiː, èmplɔii:] n. 종업원, 고용인
em·ploy·er [implɔ́iər] n. 고용주
em·ploy·ment [implɔ́imənt] n. 고용; 사용; 일, 직업 out of ~ 실직하여
em·press [émpris] n. 여황제;
emp·ty [émpti] a. 빈, 공허한; 무의미한; 결여된 —vt. 비우다,(다른 그릇에)옮기다 —vi. 비다; (강이 바다로)흘러들다 《into》—n. 《口》빈 상자, (택시의)빈차, 빈병
en·a·ble [inéibl] vt.가능하게 하다

en·act [inǽkt] vt. 법률 [법령]화하다; (법을)제정하다; (…의 역을)연기하다 ~·ment n. 제정; 조례 [법랑
e·nam·el [inǽm(ə)l] n. 에나멜,
en·camp [inkǽmp] vi., vt. 야영하다[시키다]
en·chant [intʃǽnt/-tʃɑ́ːnt] vt. 마술을 걸다; 매혹하다, 넋을 잃게하다 ~·ing a. 매혹적인
en·cir·cle [insə́ːrkl] vt. 둘러싸다; 일주하다
en clair [ɑ̃ːŋkléər] F. (암호가아닌)보통문으로
en·close [inklóuz] vt. (담 등으로)둘러싸다; 그릇에 넣다; 동봉하다: E~d please find a P.O. [check] for ten dollars. 10달러우편환[수표]을 동봉하오니 받아주십시오
en·clo·sure [inklóuʒər] n. 울안, 구내; 울타리; 동봉한 것
en·core [ɑ́ŋkɔːr/ɔŋkɔ́ː] n. 재청, 앙코르 —int. 재청이오, 앙코르 [F]
en·coun·ter [inkáuntər] vt., vi. 우연히 만나다 —n. 조우(遭遇)
en·cour·age [inkə́ːridʒ/-kʌ́r-] vt. 격려하다 (opp. discourage); 장려하다
en·cy·clo·pe·di·a, -pae- [insàikləpíːdiə, en-] n. 백과사전
end [end] n. 끝, 최후, 마지막, 죽음; 목적; (pl.) 동강 bring to an ~ 끝내다 come to an ~ 끝나다 in the ~ 마침내, 결국 no ~ of 한없이, 많은 put an ~ to/ make an ~ of …을 끝내다 —vi. 끝나다 《in》—vt. 끝내다
en·deav·or, 《英》 -our[indévər] n., vt., vi. 노력(하다) (effort)
en·dem·ic [endémik] a. 풍토의, 한 지방 특유의 —n. 풍토병
end·less [éndlis] a. 끝없는
en·dorse [indɔ́ːrs] vt. (어음 등에)배서하다; 보증[지지]하다
en·dow [indáu] vt. 재산을 주다, (공공단체에)기금을 기부하다;재능 등을 부여하다 ~·ment n. 재산증여, 기부; 기금; (보통 pl.) 자질
en·dur·ance [ind(j)ú(ː)rəns / -djúər-] n. 인내(력), 내구성
en·dure [ind(j)úər/-djúə] vt., vi. 견디다; 참다; (물건이)오래 가다
end-us·er [éndjùːzər] n. 최종이용자, 실수요자
en·e·my [énimi] n. 적
en·er·get·ic [ènərdʒétik] a. 정력적인, 활발한
en·er·gy [énərdʒi] n. 정력,원기; 활동력

en·force [infɔ́:rs] *vt.* (법률 등을)시행하다; 강요하다

en·gage [ingéidʒ] *vt.* 약속[약혼]하다(*to*); 고용하다; (좌석 등을)예약하다; 종사시키다(*in*): I am ~d for tomorrow. 내일은 약속이 있다 —*vi.* 종사하다(*in*) ~d *a.* 약속[계약]한; 약혼한; 《英》 (전화가) 통화중인(《美》 busy): The line [number] is ~d.(전화에서)통화중입니다 ~·ment *n.* 약속; 약혼; 예약

en·gine [éndʒin] *n.* 엔진, 기관, 발동기; 기관차

en·gi·neer [èndʒiníər] *n.* 기사, 공학자; 기관사 ~·ing[-ní(:)riŋ] *n.* 공학

Eng·land [íŋglənd] *n.* 잉글랜드; 영국, 영국본토

Eng·lish [íŋgliʃ] *a.* 잉글랜드의, 영국(인)의; 영어의 —*n.* 영어; (the ~) 《총칭》 영국인: What is the ~ for… ? …에 해당하는 영어는 뭣입니까 *the King's* [Queen's] 표준영어

Énglish bréakfast 영국식 조반(계란·소시지 등이 나오는 푸짐한 식사)

Énglish Chánnel (the ~) 영국해협

Énglish diséase 영국병(태업 등의 사회적 병폐)

en·grave [ingréiv] *vt.* 조각하다; (마음에)새기다　　　　　「각; 판화

en·grav·ing [ingréiviŋ] *n.* 조

en·joy [indʒɔ́i] *vt.* 즐기다; (건강·부 등을)누리다, 갖고 있다: How did you ~ your journey? 여행은 즐거웠읍니까

en·large [inlɑ́:rdʒ] *vt.* 크게 하다, 확대[확장]하다 —*vi.* 커지다, 넓어지다

en·light·en [inláitn] *vt.* 계몽하다, 교화하다

en·list [inlíst] *vi., vt.* 응모하다; 병적에 올리다

e·nor·mous [inɔ́:rməs] *a.* 거대[막대]한

e·nough [ináf] *a.* 충분한, (…하기에)족한 —*ad.* 충분히, …할 만큼, 부족없이《수식하는 말 뒤에 둠》: This is good ~. 이만하면 됐다 *be kind ~ to* 《do》 친절하게도 …하다 *cannot* 《do》 ~ 아무리 …해도 모자라다 ~ *to* 《do》 …하기에 족할 만큼의 —*n.* 충분, 많음: E~ of that! 이제 그만! *have ~ of* …을 충분히 갖고 있다; …은 이제 충분하다

en·plane [enpléin] *vi.* 《美》 비행기에 타다 (《英》 emplane)

en·rage [inréidʒ] *vt.* 화나게 하다, 격분시키다

en·rich [inrítʃ] *vt.* 부유[풍부]하게 하다; (맛·색을)진하게 하다

enríched uránium 농축 우라늄

en·roll, 《英》 **-rol** [inróul] *vt.* 명부에 기입하다, 등록하다

en route [ɑːnrúː] 도중에서 [F]

en·sem·ble [ɑːnsáːmbl] *n.* 전체적 효과[조화]; (색 등이 조화된) 숙녀복 한벌; 합주(단), 합창(단); 총출연 —*ad.* 일제히, 한꺼번에

en·sign [énsain] *n.* 기장(記章); 기, 국기; 〖軍〗 기수

en·sue [ens(j)úː, in-/-sjúː] *vi.* 계속해서[결과로서] 일어나다

ENT [ent] = *e*ar, *n*ose, and *t*hroat 이비인후(과) ~ *doctor* 이비인후과 의사

en·ter [éntər] *vt., vi.* 들어가다; 가입[입회, 입학]하다;(날짜·이름을)적다,등록하다: E~ here. 이리로 들어오시오 ~ *into* …에 들어가다, …을 시작하다 ~ *on* [upon] …을 개시하다

en·ter·prise [éntərpràiz] *n.* 기업; (모험적인)계획; 진취의 기상

en·ter·tain [èntərtéin] *vt.* (남을)대접[환대]하다; 즐겁게 하다; (생각을)마음속에 품다 —*vi.* 환대하다 ~·er *n.* 접대자; 연예인 ~·ing *a.* 재미있는, 유쾌한 ~·ment *n.* 접대, 환대; 연회; 연예: a house of ~ment 대포집

en·thu·si·asm [inθ(j)úːziæz(ə)m] *n.* 열중, 열광 《for, about》

en·thu·si·as·tic [inθ(j)ùːziǽstik] *a.* 열광적인

en·tice [intáis] *vt.* 꾀다, 유혹하다, 꾀어 …하게 하다

en·tire [intáiər] *a.* 전체의 (whole); 완전한, 철저한 ~·ly *ad.* 완전히

en·ti·tle [intáitl] *vt.* 권리[자격, 칭호]를 주다; 제목을 붙이다 *be ~d to* …을 받다, (…할)자격이 있다

en·tout·cas [ɑ̃tuka] F. *n.* 배수가 잘되는 경기장의 포장; 청우겸용 양산

en·trance [éntrəns] *n.* 입장, 입학, 입장료, 입회비; 입구 (opp. exit), 현관 《to》: an ~ fee 입장료/ E~ free 《게시》 입장무료/ No ~ 《게시》 입장사절/an ~ hall 입구의 호올　　「하다

en·treat [intríːt] *vt.* 간청[탄원]하다

en·treat·y [intríːti] *n.* 간청,애원

en·tre·côte [ɑ́ːntrəkɔːt/ɔ́ntrə-kout] F. *n.* (스테이크용)갈비살

en·trée [ɑ́ːntrei/ɔ́(ː)n-] *n.* 입장, 입장권(權); 앙트레(생선과 고기 중간에 내는 요리); 《美》 (불고기 외의)주요요리 [F]

en·trust [intrʌ́st] *vt.* 위탁[위임]하다

en·try [éntri] *n.* 들어가기, 입장(식); 《美》입구; 강어귀; 등록, 기입(사항); (경기의) 참가자 ~ **visa** 입국사증[비자]

en·ve·lope [énviloup, +美 ɑ́:n-] *n.* 봉투; 싸개, 덮개

en·vi·ous [énviəs] *a.* 부러워하는, 부러운 듯한; 샘많은

en·vi·ron·ment [inváiə(ə)rənmənt] *n.* 주위, 환경

en·vi·ron·men·tal [inváiə(ə)rənméntl] *a.* 환경의: ~ pollution 환경오염

en·vi·rons [inváiə(ə)rənz] *n. pl.* (도시의)근교, 교외

en·vis·age [envízidʒ, in-] *vt.* 마음에 그리다, 계획하다; 직시하다

en·voy [énvɔi] *n.* 사절; 공사

en·vy [énvi] *vt.* 부러워하다 — *n.* 부러움, 질투; 선망의 대상

é·pée [eipéi] *n.* (펜싱용)칼 [F]

ep·ic [épik] *n.* 서사시 —*a.* 서사시의[적인]

ep·i·dem·ic [èpidémik] *n.* 유행[전염]병; 유행 —*a.* 유행병의; 유행하는, 전염성의

ep·i·graph [épigræf / -grɑ:f] *n.* 비명(碑銘); (책의)제사(題辭)

ep·i·logue, -log [épilɔ:g, -làg / -lɔg] *n.* 결말, 맺는말; 《劇》 폐막사 (*cf.* prologue)

e·pis·co·pal [ipískəp(ə)l] *a.* 감독의[제의]; (E~) 감독파의 *the E~ Church* 영국 성공회

ep·i·sode [épisòud] *n.* 삽화, 에피소우드 「비명

ep·i·taph [épitæf/-tɑ:f] *n.* 비문,

ep·och [épək/í:pɔk] *n.* 시대; (획기적인)시대

ep·och-mak·ing [⸺mèikiŋ] *a.* 획기적인

EP record 〔音〕 EP판 (45회전) [<*ex*tended-*p*laying] (*cf.* LP record)

Ep·som [épsəm] *n.* 영국 Surrey 주의 도시(에 있는 경마장)(Derby가 거행됨)

e·qual [í:kwəl] *a.* 같은; 동등[대등]한 (*to, with*); (…에)못지않은 (*to*); (임무·일을)감당해내는 (*to*) —*n.* 동등[대등]한 사람; 필적하는 것 —*vt.* (…과) 같다; 필적하다

e·qual·i·ty [i(:)kwáliti/i:kwɔ́l-] *n.* 동등, 평등; 균등 「한결같이

e·qual·ly [í:kwəli] *ad.* 똑같이,

e·qua·tor [ikwéitər] *n.* 적도

e·qui·nox [í:kwinàks/-nɔks] *n.* 춘분, 추분: the autumnal [vernal] ~ 추[춘]분

e·quip [ikwíp] *vt.* 비치[장치]하다; (배를)의장하다 ~·**ment** *n.* 준비, 채비; 설비, 장비

e·quiv·a·lent [ikwívələnt] *a.* (가치·양 등이)동등한; (…에)상당하는 (*to*) —*n.* 동등물, 동의어: the won ~ of ten dollars 10달러 상당의 원/What is the Korean ~ for "flower"? flower에 상당하는 한국말은 무엇인가

e·ra [í(:)rə] *n.* 기원; 시대, 연대

e·rad·i·cate [irǽdikèit] *vt.* 뿌리뽑다, 근절하다

e·rase [iréis/iréiz] *vt.* 지우다, 삭제하다 **e·ras·er** *n.* 고무지우개, 칠판지우개

E·rás·mus Prize 에라스무스상 (유럽의 문화·사회·과학에 공헌한 자에게 주어짐)

e·rect [irékt] *a.* 직립한 —*vt.* 직립시키다; 세우다, 설립하다

E·rie [í(:)ri/íəri] *n.* Lake ~ 이리호(북미 5대호의 하나)

e·rot·ic [irátik/-rɔ́t-] *a.* 연애의, 성애(性愛)의, 색정적인

e·rot·i·ca [irátikə/-rɔ́t-] *n.* 에로책, 에로사진 「다

err [əːr] *vi.* 그르치다; 죄를 범하

er·rand [érənd] *n.* 심부름: an ~ boy 심부름하는 소년 *go on* [*run*] **~s** 심부름가다 *send a person on an* ~ 남을 심부름시키다

er·ror [érər] *n.* 잘못;과오, 위반

e·rupt [irʌ́pt] *vi.* (화산이)폭발하다, (화산재가)분출하다

es·ca·la·tor [éskəlèitər] *n.* 에스컬레이터

es·cal·lop [eskáləp,-kǽl- / -kɔ́l-] *n.* =scallop

es·cape [iskéip] *vi.* 도망가다; 누출하다 —*vt.* 모면하다; (기억에서)사라지다; 부지중에 누설하다 —*n.* 탈출; 누출; 비상구, 배수로, 배기관 ~·**ment** *n.* 출구, 도피구

es·car·got [èskɑ:rgóu] *F. n.* 식용달팽이; 《俗》 파리의 남자용 공동변소 「급사면

es·carp·ment [iskɑ́:rpmənt] *n.*

es·cort *vt.* [iskɔ́:rt →*n.*] 호위하다, 수행하다 —*n.* [éskɔ:rt] 호위자(선, 함, 기); 수행인

es·cu·do [eskú:dou] *n.* 에스쿠도 (포르투갈의 화폐단위)

Es·ki·mo [éskimòu] *n.* 에스키모인[어] —*a.* 에스키모인[어]의

ESP =*e*xtra*s*ensory *p*erception 초능력

es·pe·cial·ly [ispéʃ(ə)li] *ad.* 특히, 각별히

Es·pe·ran·to [èspərǽntou, -rɑ́:n-] *n.* 에스페란토어

es·pi·o·nage [éspiənidʒ, espáiə-,

èspiəná:ʒ] n. 스파이행위[조직]

es·pla·nade [èsplənéid, -ná:d] n. 산책길

es·pres·so [esprésou] n. 에스프렛소 코오피(분말코오피에 증기를 통해서 끓임) [It.]

es·prit [esprí:/-] n. 재치, 기지; 활기 [F]

Es·quire [iskwáiər, es-] n. 《주로 英·경칭어》 님, 씨(略: Esq.): Thomas Jones, *Esq.* 토마스 조운즈님

es·say n. [ései, ési →v.] 수필, (문예상의)소논문, 에세이; 시도 《at》 —vi., vt. [eséi] 시도하다 ~·**ist** [éseiist] n. 수필가

es·sence [ésns] n. 본질, 정수, 요소; 정(精), 엑스

es·sen·tial [isénʃ(ə)l] a. 본질적[근본적]인, 필요불가결의《to》

EST = *e*astern *s*tandard *t*ime 《美》 동부표준시

es·tab·lish [istǽbliʃ] vt. 확립하다; 설치[설립]하다; 제정하다; 자리잡게[정확하게] 하다 *the E~ed Church* 영국국교(회)

es·tab·lish·ment[istǽbliʃmənt] n. 확립; 설립, 제정; 창립; 설립물(상점, 회사, 학교 등)

es·tate [istéit] n. 지위, 신분; 재산, 유산; 소유지; 계급

es·teem [istí:m] vt. 존경하다; 간주하다 —n. 존중, 존경, 경의

es·ti·mate v. [éstimèit →n.] vt. 어림잡다, 개산하다; 평가하다: ~ the cost at 1,000 dollars 비용을 1,000 달러로 어림잡다 — vi. 《商》 견적을 내다 —n. [éstimit, -mèit] 어림잡기, 개산;평가

es·ti·ma·tion [èstiméiʃ(ə)n] n. 견적, 평가; 판단, 의견; 존중

ETA = *e*stimated *t*ime of *a*rrival 도착예정시간

etc. [et·sét(ə)rə, +英 it-] = *et cetera*

etcet·er·a [et·sét(ə)rə, +英 it-] L. …등, 기타등등(略: etc., &c.)

etch·ing [étʃiŋ] n. 에칭

ETD = *e*stimated *t*ime of *de*parture 출발예정시간

e·ter·nal [itə́:rn(ə)l] a. 영원한, 영구적인; 《口》 끊임없는; 변함없는 *the E~ City* 영원한 도시(로마)

e·ter·ni·ty [itə́:rniti] n. 영원, 영구; 내세

eth·ics [éθiks] n. 윤리(학);도덕

E·thi·o·pi·a [ì:θióupiə] n.이디오피아(아프리카동부의 공화국)

eth·nic [éθnik] a. (소수)민족의 ~ *Chinese* 화교

eth·nol·o·gy [eθnálədʒi / -nɔ́l-] n. 인종학, 민족학

et·i·quette [étikèt, ·kit, +英 ⌐-⌐] n. 예의범절, 에티켓: diplomatic ~ 외교의례

E·ton [í:tn] n. 런던 서남에 있는 퍼브릭스쿠울의 명문 (Eton College) ~ *collar* 상의 깃에 대는 흰 칼라

é·tude [eit(j)ú:d, +美 ⌐-⌐] F. n. 습작; 연습곡, 에튀드

ETV = *e*ducational *tele*vision 교육텔레비전

et·y·mol·o·gy [ètimálədʒi / -mɔ́l-] n. 어원(학)

Eu·cha·rist [jú:kərist] n. 성찬, (성찬용)빵과 포도주; 성체

eu·nuch [jú:nək] n. 내시, 환관

eu·pho·ni·ous [ju:fóuniəs] a. 음조[어조]가 좋은

Eu·phra·tes [ju:fréiti:z] n. (the ~)유프라테스강(서아시아의 강)

Eu·rail·pass [jú:reilpæs] n. 유럽철도 주유권(서구 13개국 전노선의 1등에 무제한 승차가능)

Eur·a·sia [ju(ə)réiʒə, -ʃə] n. 유라시아, 구아(歐亞)(대륙) ~**n** a., n. 구아(혼혈)의;구아혼혈아

Eu·ro·dol·lar [jú:(:)rədàlər / -dɔ̀l-] n. 유로달러

Eu·rope [jú:(:)rəp] n. 유럽

Eu·ro·pe·an [jù:(:)rəpí:ən] a. 유럽(사람)의 ~ *Economic Community* 유럽 경제공동체 (略: EEC) —n. 유럽사람 ~·**ize** [-àiz] vt. 유럽화하다

Européan plàn (*the* ~) 식비를 따로 계산하는 호텔요금 (*cf.* American plan)

Eu·ro·ra·di·o [jù:(:)rəréidio] n. 유럽 라디오

Eu·ro·vi·sion [-víʒ(ə)n] n. 유럽텔레비전

eu·tha·na·si·a [ju:θənéizjə] n. 안락사

e·vade [ivéid] vt. 피하다(avoid)

e·val·u·ate [ivǽljuèit] vt. 평가하다

e·van·gel·ic [ì:vændʒélik, èvæn-], -**i·cal** [-ik(ə)l] a. 복음의, 전도의

e·vap·o·rate [ivǽpəreit] vt., vi. 증발[소멸]시키다[하다] 《피

e·va·sion [ivéiʒ(ə)n] n. 도피, 회피

Eve [i:v] n. 《聖》 이브 (Adam의 아내로 인류 최초의 여성)

eve [i:v] n. 축제일의 전날 (밤); (사건의) 직전: Christmas E~ 크리스마스 이브

e·ven [í:v(ə)n] a. 판판한; 한결같은 《with》; (마음이)평온한; 공평한; 동등한; 짝수의 (cf. odd) —vt. 판판하게[평등하게] 하다 —ad. 《강조》 …조차도; 한층, 더욱; 마치 …과 같이 《as》 ~ *if* [*though*] 비록 …이라 해도

eve·ning [íːvniŋ] *n.* 해질 무렵, 저녁때, 밤: in the ～ 저녁에 ～ *dress* 야회복 ～ *gown* 여자야 회복 *Good* ～*!* 안녕하십니까 (저녁인사)

e·vent [ivént] *n.* (우발)사건; 결과, 경과; (프로그램중의)한 시합 *at all* ～*s / in any* ～ 아 뭏든, 어쨌든

e·ven·tu·al [ivéntʃuəl] *a.* 결과 로서 일어날, 종국의; 일어날 수 있는 ～·**ly** *ad.* 마침내; 결국

ev·er [évər] *ad.* 《의문·부정· 조건문》 일찍, 지금까지 2 《강 조》 도대체 *as* ～ 여전히 ～ *after* [*since*] 그후 줄곧 ～ *so* 매우 *for* ～ 영원히; 항상 *hardly* ～ 좀처럼 …않다

Ev·er·est [év(ə)rist] *n.* **Mount** ～ 에베레스트산

ev·er·glade [évərglèid] *n.* 《美》 습지, 소택지

Ev·er·glades [évərglèidz] *n.* (*the* ～) 미국 Florida 주에 있 는 큰 소택지, 국립공원

ev·er·green [évərgrìːn] *a.* 상록 의 ―*n.* 상록수

ev·er·last·ing [èvərlǽstiŋ/èvə- lɑ́ːst-] *a.* 영원한; 영속성의

eve·ry [évri] *a.* 모든, 온갖; 매 …, …마다 ～ *moment* 시시각 각 ～ *now and again* [*then*] 때때로 ～ *other* [*second*] 하 나 걸러

eve·ry·bod·y [évribàdi / -bɔ̀di] *pron.* 누구나, 모두

eve·ry·day [évridéi] *a.* 매일의 (daily), 일상의 : ～ *wear* 일상복

eve·ry·one [évriwʌ̀n] *pron.* = everybody

eve·ry·thing [évriθiŋ] *pron.* 무 엇이든 모두, 만사; …의 모든것

eve·ry·where [évri(h)wɛ̀ər] *ad.* 어디든지, 도처에

ev·i·dence [évid(ə)ns] *n.* 증거

ev·i·dent [évid(ə)nt] *a.* 명백한, 분명한 ～·**ly** *ad.* 명백히

e·vil [íːvl] *a.* 나쁜, 사악한; 불길 한 ―*n.* 악; 해악; 재해; 병

ev·o·lu·tion [èvəlúːʃ(ə)n, +英 iːvə-] *n.* (생물의)진화; 전개, 발 전 *the Theory of E*～ (다아 윈의)진화론

EVR = *e*lectronic *v*ideo *r*ecord- er 전자식 녹화재생기

ew·er [júː(ə)r] *n.* (침실용)물그릇

ex·act [igzǽkt] *a.* 정확한; 엄밀 한 *to be* ～ 엄밀히 말하면 ― *vt.* (복종 등을)강요하다

ex·act·ly [igzǽktli] *ad.* 정확히, 엄밀히; (대답으로)그렇고말고

ex·ag·ger·ate [igzǽdʒərèit] *vt.,*

vi. 과장하여 말하다, 과장하다

ex·alt [igzɔ́ːlt] *vt.* (지위·권력을) 높이다, 극구 칭찬하다; 자극하 다 ～·**ed** *a.* 고귀한; 의기양양한

ex·am·i·na·tion [igzæminéi- ʃ(ə)n] *n.* 시험; 검사, 조사 《*of,* *into*》; 진찰 《구어로는 exam [igzǽm]이라고 함》

ex·am·ine [igzǽmin] *vt., vi.* 시 험하다; 검사[진찰]하다

ex·am·ple [igzǽmpl / igzɑ́ːm-] *n.* 예; 견본; 모범 *for* ～ 예를 들면

ex·as·per·ate [igzǽspərèit / -zɑ́ːs-] *vt.* 성나게 하다; 자극하 여…시키다; 악화시키다

ex·ca·vate [ékskəvèit] *vt.* 발굴 하다; 파다 -**va·tor** *n.* 발굴자

ex·ceed [iksíːd] *vt., vi.* (한도를) 넘다; 초과하다; 능가하다 《*in*》

ex·cel [iksél] *vt., vi.* (남을)능가 하다, 뛰어나다 《*in*》

ex·cel·lence [éks(ə)ləns] *n.* 탁 월, 우수 《*in*》; 장점

Ex·cel·len·cy [éks(ə)lənsi] *n.* 각하 《장관·대사 등에게 Your [His, Her] ～로 씀》

ex·cel·lent [éks(ə)lənt] *a.* 뛰어 난, 우수한

ex·cel·si·or [iksélsiər/eksélsiɔ̀ː, -siə] *int.* 더욱 높이, 향상 (New York 주의 표어)

ex·cept [iksépt] *prep.* …을 제외 하고, …외는 ～ *for* …이 없으 면 ～ *that* …임을 제외하면― *vt.* 제외하다 《*from*》―*vi.* 반 대[항의]하다 《*against, to*》

ex·cep·tion [iksépʃ(ə)n] *n.* 예 외; 제외; 이례 《*to*》; 이의 *with the* ～ *of* …을 제외하고 ～·**al** *a.* 예외의, 이례적인

ex·cess [iksés] *n.* 초과, 과잉, 과 도; 초과액; 무절제; (*pl.*) 과음 과식 *in* [*to*] ～ 지나치게 ―*a.* 제한외의 ～ *baggage* 초과수하 물(요금을 내어야 함) ～ *fare* (철도의)초과 승차 요금

ex·ces·sive [iksésiv] *a.* 지나친, 과도한

ex·change [ikstʃéindʒ] *vt., vi.* 교환하다 《*for*》; 환전하다: ～ pounds for dollars 파운드를 달러로 환전하다 ―*n.* 교환, 환 전; 환(시세); 거래소; 전화교환 국: an ～ check 상품권/an ～ professor [student] 교환교수 [학생]/～ quotation 외환시세 표/～ rate 환율/foreign ～ 외 국환 *in* ～ *for* …과 교환으로 ～·**a·ble** *a.* 교환할 수 있는

ex·cise [éksaiz] *n.* 물품세

ex·cite [iksáit] *vt.* 흥분시키다, 자극하다; (흥미 등을)돋구다; 선

동하다: Don't ~ yourself. 흥분
하지 말아 be [get] ~d at
[over]…으로 흥분해있다[하다]
ex·cite·ment [iksáitmənt] n. 자
극, 흥분
ex·cit·ing [iksáitiŋ] a. 자극적인
ex·claim [ikskléim] vi., vt. 큰
소리로 외치다, 절규하다
ex·cla·ma·tion [èkskləméiʃ(ə)n]
n. 외침; 감탄
ex·clude [iksklú:d] vt. 내쫓다
《from》; 제외하다, 배척하다
ex·clu·sive [iksklú:siv] a. 배타
적인; 독점적인 ~ fishing zone
어업전관수역 ~ interview
(기자와의)단독회견
ex·com·mu·ni·cate [èkskəm-
jú:nikèit] a. 《宗》 파문당한 —
vt. 파문하다
ex·cur·sion [ikská:rʒ(ə)n, -ʃ(ə)n]
n. 소풍, 유람(여행); 여행단체;
유람할인여행: an ~ ticket 유
람할인권
ex·cuse vt. [ikskjú:z →n.] 용서
하다; 면제하다; 변명[해명]하다:
May I be ~d for a moment?
(자리를 뜰 때)잠깐 실례합니다
~ oneself 변명하다 E~ me.
실례합니다[했읍니다],미안합니
다 E~ me, (but) 실례지만…
—n. [ikskjú:s] 변명; 핑계, 구
실 make an ~ for [of]…을
변명하다
ex·e·cute [éksikjù:t] vt. (직무
를)수행하다; (법률을)실시하다
-cú·tion n. 실행, 실시; 완성
ex·ec·u·tive [igzékjutiv] a. 실
행의, 집행권[력]이 있는; 행정
(상)의: an ~ committee 집행
위원회 E~ Mansion 《美》 대
통령[주지사]관저 —n. 행정부;
행정관; 《美》 지배인
ex·em·pli·fy [igzémplifài] vt.
예증[예시]하다; (…의)좋은 예가
되다
ex·empt [igzémpt] vt. 면제하다
《from》 —a., n. 면제된 (사람)
《from》: ~ from taxes 면세의
ex·er·cise [éksərsàiz] n. (머리
동을)쓰기, 행사, 실행 《of》; 운
동, 체조; 연습 《in, on》 take ~
운동을 하다 —vt. (머리·기관
을)쓰다, (권력을)행사하다; 실행
하다; 연습[운동]시키다
ex·ert [igzá:rt] vt. (힘 등을)발
휘하다, (머리를)쓰다;(영향을)미
치다
ex·er·tion [igzá:rʃ(ə)n] n. 행사,
노력; 힘의 발휘
ex·hale [ekshéil, +美 egzéil] vt.
(숨을)내쉬다, 발산하다; 증발시
키다
ex·haust [igzɔ́:st] vt. (남을)지치

게 하다; 써버리다: I have ~ed
myself walking. 너무 걸어서
지쳤다 —n. 배출, 배기장치; 배
기가스 ~·ed a. 다 써버린; 지
쳐빠진 (beat-up)
exháust fùme 배기가스
ex·hib·it [igzíbit] vt. 보이다, 나
타내다; 진열하다 —n. 출품물;
전시, 공시
ex·hi·bi·tion [èksibíʃ(ə)n] n. 공
개, 전시; 전람[박람]회; 진열[품]
~ game 모범시합, 오우픈게임
ex·hil·a·rate [igzílərèit] vt. 기
분을 북돋우다, 유쾌하게 하다
ex·ile [éksail, égz-] n. 추방, 귀
양; 추방자; 망명자
Ex·im·bank[éksimbæŋk]n.수출
입은행 [<export·import]
ex·ist [igzíst] vi. 존재하다
ex·ist·ence [igzíst(ə)ns] n. 존
재; 생존(물), 생활, 실재
ex·ist·ing [igzístiŋ] a. 현존하
는, 현재의
ex·it [éksit, égzit] n. 출구; 퇴거
~ record 출국카아드 ~ visa
출국사증
ex·o·dus [éksədəs] n. (많은 사
람의)출발, (이민 등의)출국; (the
E~) 《聖》 이스라엘인의 이집
트출국, 출애급기
ex·or·bi·tant [igzɔ́:rbit(ə)nt] a.
(요구 등)엄청난, 터무니없는
ex·ot·ic [igzátik/igzɔ́t-, eks-] a.
이국풍의; 외래의, 외국산의 —n.
외래물(식물·언어 등) -i·cism
n. 이국정서[취미]
ex·pand [ikspǽnd] vt., vi. 확대
[팽창]시키다[하다]; 발전시키다
[하다]
ex·pan·sion [ikspǽnʃ(ə)n] n. 팽
창, 확장 (extension); 발전
ex·pa·tri·ate[ekspéitrièit/-pǽ-]
vt. 국외로 추방하다 —n. 국외
추방자
ex·pect [ikspékt] vt. 예기[기대]
하다; 《수동》 예정되어 있다
ex·pec·ta·tion [èkspektéiʃ(ə)n]
n. 예기, 기대; (pl.) 가망(특히 유
산상속의)
ex·pe·di·ent [ikspí:diənt] a. 쓸
모있는, 이득이 되는; 편의주의
적인
ex·pe·di·tion [èkspidíʃ(ə)n] n.
원정(대); 탐험(대)
ex·pel [ikspél] vt. 쫓아내다, 추
방하다, 제명하다
ex·pend·i·ture [ikspénditʃər,
+ 美 -tʃuər] n. 지출(액), 소비
(액); 경비, 비용
ex·pense [ikspéns] n. 지출 (opp.
income), 소비; (보통 pl.) 지출
금, 경비: cut down one's ~ 비
용을 줄이다 at any ~ 비용이

아무리 들어도; 어떤 희생을 치르더라도 at one's ~ 자비로

ex·pen·sive [ikspénsiv] *a.* 값비싼, 사치스러운

ex·pe·ri·ence [ikspí(:)riəns] *n.* 경험, 체험; (*pl.*) 경험담 —*vt.* 경험[체험]하다 *be ~d in* …의 경험이 있다 ~**d** [-t] *a.* 경험있는

ex·per·i·ment *n.* [ikspérimənt →*v.*] 실험, 시험 (test), 시도 —*vi.* [-mènt] 실험[시험]하다

ex·per·i·men·tal [ikspèrimént(ə)l/eks-] *a.* 실험상의[적인]

ex·per·i·men·ta·tion [ikspèrimentéiʃ(ə)n, eks-] *n.* 실험

ex·pert [ékspə:rt] *n.* 숙련자; 전문가; 대가 《*in*, *at*》 —*a.* 숙련된; 전문가의

ex·pire [ikspáiər] *vi.*, *vt.* (숨을) 내쉬다; (불이)꺼지다

ex·plain [ikspléin] *vt.*, *vi.* 설명[해설]하다; 변명하다 ~ *oneself* 진심[자기생각]을 말하다

ex·pla·na·tion [èksplənéiʃ(ə)n] *n.* 설명, 해설, 해석; 해명

ex·plic·it [iksplísit] *a.* 명시된, 명백한, 숨김없는

ex·plode [iksplóud] *vt.* 폭발[파열]시키다; 논파하다 —*vi.* 폭발[파열]하다; (감정이)터지다

ex·ploit [iksplóit] *vt.* 개발[개척]하다; 활용하다

ex·plo·ra·tion [èkspləréiʃ(ə)n] *n.* 탐험, 답사; 탐구; 조사

ex·plore [iksplɔ́:r] *vi.*, *vt.* 탐험하다; 조사[탐구]하다

ex·plo·sion [iksplóuʒ(ə)n] *n.* 폭발, 파열; (급격한)증가

ex·plo·sive [iksplóusiv] *a.* 폭발[파열]하다 —*n.* 폭발물, 폭약

Ex·po [ékspou] *n.* 박람회(exposition)

ex·port *n.* [ékspɔ:rt →*v.*] 수출 (*opp.* import); 수출품; (보통 *pl.*) 수출액 —*vt.* [ikspɔ́:rt] 수출하다 《*to*》

ex·pose [ikspóuz] *vt.* (햇빛 등에)드러내다; 폭로하다; 진열하다; 《寫》노출하다

ex·po·si·tion [èkspəzíʃ(ə)n] *n.* 설명, 해설; 전람, 전시(회)

ex·po·sure [ikspóuʒər] *n.* (바람·비·위험 등에)드러내기 《*to*》; 폭로; (상품의)진열; 《寫》노출

ex·press [iksprés] *vt.* 표현하다; (의견 등을)말하다; (감정을)나타내다; 지급으로 보내다 ~ *oneself* 생각한 바를 말하다 —*a.* 명백한; 급행의, 지급(편)의: an ~ delivery [letter] 《英》속달편[편지] (《美》 a special delivery)/an ~ train 급행열차/ an ~ ticket 급행권/ an ~ com-

pany 운송회사 —*ad.* 급행으로; 지급으로 —*n.* (열차·버스·승강기 등의)급행; 지급편; 《美》 운송회사: by ~ 급행으로

ex·pres·sion [ikspréʃ(ə)n] *n.* 표현, 표시; 말씨; 표정

ex·pres·sive [iksprésiv] *a.* (을) 표현하는 《*of*》; 표정이 풍부한

ex·press·man [⌐mæn] *n.* (*pl.* -men [-mèn]) 《美》운송업자

ex·press·way [⌐wèi] *n.* 고속도로

ex·qui·site [ékskwizit, ikskwízit] *a.* 절묘한, 정교한; 예민한

ex-serv·ice [ékssə́:rvis]*a.* 퇴역한

ex·tend [iksténd] *vt.* 뻗치다, 넓히다; 연장하다; 미치게 하다 《*to*》 —*vi.* 뻗다, 넓어지다, 연장하다, 미치다

ex·ten·sion [iksténʃ(ə)n] *n.* 연장, 확장; 범위; 증축, 증설; (전화의) 구내선

ex·ten·sive [iksténsiv] *a.* 넓은, 대규모의; 다방면에 걸친

ex·tent [ikstént] *n.* 넓이; 범위, 정도 *to some* [*a certain*] ~ 어느 정도까지

ex·te·ri·or [ikstí(:)riər] *a.* 외부의(*opp.* interior); 외관상의 —*n.* 외부, 표면, 외관

ex·ter·nal [ikstə́:rn(ə)l] *a.* 밖의 (*opp.* internal); 외부의; 외면적인; 표면상의; 대외적인 —*n.* 외부, 외면; (*pl.*) 외형

ex·tinct [ikstíŋkt] *a.* 꺼진; 사멸한: an ~ volcano 사화산

ex·tin·guish [ikstíŋgwiʃ] *vt.* 끄다; 소멸시키다 ~**·er** *n.*소화기

ex·tol, -toll [ikstál, -tóul/-tóul] *vt.* 격찬[찬양]하다

ex·tra [ékstrə] *a.* 여분[임시]의: an ~ edition 임시증간/ ~ freight 할증운임/ ~ news 호외/ ~ quality 상질 —*ad.* 여분으로, 특별히 —*n.* 여분의 것; 별도계산; (신문의)호외, 임시증간; 《영화》 엑스트라

ex·tract *vt.* [ikstrǽkt →*n.*] 잡아뽑다, 빼내다; 추출[발췌]하다 —*n.* [ékstrækt] 발췌; 추출물

ex·tra·cur·ric·u·lar [èkstrəkəríkjulər] *a.* 과외의 : ~ activities 과외활동

ex·tra·di·tion [èkstrədíʃ(ə)n] *n.* (도주)범인의 인도 ~ *treaty* 범인인도조약

ex·traor·di·nar·y [ikstrɔ́:rdinèri/-trɔ́:d(i)n(ə)ri] *a.* 비상한, 비범한; 특별한; 특명의: an ambassador ~ 특명전권대사

ex·tra·sen·so·ry [èkstrəsénsəri] *a.* 초감각의 ~ *perception* 초능력(略 : ESP)

ex·tra·ter·ri·to·ri·al·i·ty[èks-trətèritɔ:riǽliti] *n.* 치외법권
ex·trav·a·gance [ikstrǽvəgəns], **-gan·cy** [-gənsi] *n.* 사치, 터무니없음; 방종
ex·trav·a·gant [ikstrǽvəgənt] *a.* 엉뚱한; 터무니없는; 사치스런
ex·treme [ikstrí:m] *a.* 극단[극도]의; 과격한; 말단의 —*n.* 극단, 극도; 최후수단 *go to ~s / run to an ~* 극단적이 되다 *~·ly ad.* 극단적으로, 극도로 **-trem·ist** *n.* 과격주의자
ex·trem·i·ty [ikstrémiti] *n.* 극단; 말단; (*pl.*) 사지; (때로 *pl.*) 궁핍; (보통 *pl.*) 최후수단
ex·u·ber·ant [igzú:bər(ə)nt/-z(j)ú:-] *a.* 무성한, 풍부한; 기운찬
ex·ult [igzʌ́lt] *vi.* 매우 기뻐하다
ex·ult·ant [igzʌ́lt(ə)nt] *a.* 아주 기뻐하는; 의기양양한
ex·urb [éksə:rb, égz-] *n.* 준(準)교외 [<ex- + suburb]
Ex·xon [éksən] *n.* 미국의 세계 최대의 석유회사

eye [ai] *n.* 눈; (때로 *pl.*) 눈매; 시력; 안식; (때로 *pl.*) 견해, 관점; 눈모양의 것, (혹단추의)작은구멍, 바늘귀; 《기상》 (태풍의)눈 *be all ~s* 열심히 주시하다 — *vt.* 보다, 주시하다
éye bànk 안구은행
eye·brow [áibràu] *n.* 눈썹: ~ liner 눈썹연필
eye·lash [áilæ̀ʃ] *n.* 속눈썹
eye·lid [áilìd] *n.* 눈까풀
eye·lin·er [áilàinər] *n.* 아이라이너(속눈썹 둘레에 선을 긋는 화장품, 그 연필)
Eye·mo [áimou] *n.* 아이모(미국제 소형 35밀리 영화카메라)
eye-o·pen·er [áiðoup(ə)nər] *n.* 경탄케 하는 것; 아침술
eye-o·pen·ing [-óup(ə)niŋ] *a.* 괄목할만한, 놀랄만한
eye-pop·ping [◁pɑ̀piŋ/-pɔ̀p-] *a.* 깜짝 놀랄만한
éye shàdow 아이셰도우
eye·sight [áisàit] *n.* 시력; 시계
eye·wash [áiwɑ̀ʃ/-wɔ̀ʃ] *n.* 안약, 세안수; 《俗》 엉터리, 속임수

F

Fa·bi·an [féibiən] *a.* 지구전식의; 페이비언협회의 —*n.* 페이비언협회원 *the ~ Society* 페이비언협회(영국의 점진적 사회주의협회)
fa·ble [féibl] *n.* 우화;《총칭》전설, 신화; 지어낸 이야기; 거짓말
fab·ric [fǽbrik] *n.* 구조, 조직, 건물(building); 직물(의 바탕)
fab·ri·cate [fǽbrikèit] *vt.* (이야기 등을)꾸며내다, (문서 등을)위조하다
fa·çade [fəsɑ́:d] *F. n.* 《建》 정면
face [feis] *n.* 얼굴; 외관; 표면 *~ to ~* 마주보고 —*vt., vi.* 향하다, 면하다《on, to》; 대항하다; 직면하다
fáce càrd 《카아드놀이》 그림카
face-to-face [◁təféis] *a.* 마주보는, 맞서는; 맞닥뜨리는 —*ad.* 마주보고, 맞서서
face-lift [◁lìft] *n., vt.* 정형수술(하다); 화장(하다), 개조(하다)
face-sav·ing [◁sèiviŋ] *a., n.* 체면이 서는(일)
fáce válue 액면가격
fa·cial [féiʃ(ə)l] *a.* 얼굴의, 얼굴에 사용하는 —*n.* 《美口》 안면 마사지, 미안술
fa·cil·i·ty [fəsíliti] *n.* 쉬움; 숙련; (*pl.*) 설비; 편의(*for*)
fac·sim·i·le [fæksímili] *n.* (필적·그림 등)원본대로의 복사;

《통신》 전송사진 —*vt.* (원본대로)복사하다
fact [fækt] *n.* 사실, 실제, 진상 *as a matter of ~* 사실은, 사실상 *in ~* 사실은
fact-find·ing [◁fàindiŋ] *a.* 진상조사의
fac·tion [fǽkʃ(ə)n] *n.* (당 안의)당파, 파벌; 당쟁, 내분
fac·tor [fǽktər] *n.* 요인, 원동력
fac·to·ry [fǽkt(ə)ri] *n.* 공장, 제조소 「사실상의
fac·tu·al [fǽktʃuəl] *a.* 실제의,
fac·ul·ty [fǽk(ə)lti] *n.* 능력;《美口》 기능; (대학의)학부, 교수단
fade [feid] *vi., vt.* 바래(게하)다, 시들다; 쇠퇴하다[시키다]
Fahr·en·heit [fǽrənhàit, +英 fɑ́:r-] *a.* 화씨의 (略: F)
fail [feil] *vi., vt.* 실패하다[시키다], 낙제하다[시키다] 《in》; 부족하다《in》; 쇠약해지다 *never ~ to* 《do》 반드시 …하다 — *n.* 실패 *without ~* 반드시, 꼭
fail-safe [◁séif] *a., n.* 절대 안전한(장치)
fail·ure [féiljər] *n.* 실패(자); 부족, 쇠약; 태만, 불이행
faint [feint] *a.* 가냘픈; 무기력한; 까무라칠듯한; 희미한 —*n., vi.* 기절(하다)
fair[1] [fɛər] *a.* 아름다운; 깨끗한; 쾌청한; 올바른, 공평한; 상당한;

피부가 흰, 금발의: a ~ play
정정당당한 행위/a ~ wind 순
풍 —ad. 깨끗이; 공명정대하게
fair² n. 《英》 정기시, 자선시;
《美》박람회: an international
trade ~ 국제무역 박람회/a
world's ~ 《美》 만국박람회
fair-haired [⌐héərd] a. 금발의;
《口》 귀여운
fair-way [⌐wèi] n. 《골프》 티
이에서 그린까지 짧은 잔디
가 깔린 지역　　　　　「정
fair-y [fέ(:)ri/fέəri] n. (꼬마)요
faith [feiθ] n. 신뢰 (trust) 《in》;
신앙 (belief) 《in》 by my ~
맹세코 have ~ in …을 믿다
faith-ful [féiθf(u)l] a. 충실한,
성실한 《to》; 정숙한; 독실한
faith-ful-ly [féiθfuli] ad. 충실
히;정확히: Yours ~ .재배(再拜)
fake [feik] n. 《美》 위조품; 허
위보도: a ~ dollar bill 위조
달러지폐 —vt. 《口》 위조하다;
…인 체하다
fal-con [fǽlk(ə)n/fɔ́:l-] n. 《鳥》
매, 새매
fall [fɔ:l] vi. (p. fell, pp. fall-en)
떨어지다, 추락하다, 내리다; 넘
어지다; 부딪다; (공포가)엄습하
다; (어떤 상태로)되다; (바람이)
자다; 쇠퇴하다; 일어나다; (밤
이)오다; (휴일이 …날)이다 ~
behind 늦어지다 ~ down 넘
어지다; 《美口》 실패하다 ~ in
with …과 우연히 만나다 ~
on [upon] 갑자기 시작하다; 일
신에 닥치다; (날이 …에)해당하
다 —n. 낙하, 추락; (보통 pl.)
폭포; 강우[강설]량; 붕괴, 멸망;
(온도의)강하, (물가의)하락; 쇠
퇴;《美》 가을
fal-la-cy [fǽləsi] n. 오류; 그릇
된 생각
fall-en [fɔ́:l(ə)n] v. fall의 과거
분사 —a. 떨어진;넘어진;타락한
fall-out [fɔ́:làut] n. 방사성낙진
false [fɔ:ls] a. 허위의 (opp. true);
부정한; 불성실한 《to》; 가짜의,
인조의 ~-hood [⌐hud] n. 거
짓말, 허위
fal-ter [fɔ́:ltər] vi. 비틀거리다;
말을 더듬다; 주저하다
fame [feim] n. 평판; 명성 ~d
a. 유명한
fa-mil-iar [fəmíljər] a. 친한; 정
통한, 잘 아는
fa-mil-i-ar-i-ty [fəmìliǽriti] n.
친밀, 친교; 정통; 허물없음
fam-i-ly [fǽm(i)li] n. 가족; 일
족;《英》 가문; 종족; 민족: a ~
name 성/a ~ hotel 가족용 호
텔 ~ plan 미국내의 가족운임
할인제도(동행하는 가족은 20~

50% 할인)
fam-i-ly Bí-ble 가정용 성경(가족
의 출생·결혼·사망 등을 기록
하는)
fam-ine [fǽmin] n. 기근; 굶주
림; (물자의)대부족　　「《(for)》
fa-mous [féiməs] a. 유명한
fan¹ [fæn] n. 부채; 선풍기 —vt.,
vi. 부치다, 부채질하다
fan² n. 《美口》 애호가, 팬
fa-nat-ic [fənǽtik], -i-cal [-(ə)l]
a. 열광[광신]적인
fan-ci-ful [fǽnsif(u)l] a. 공상적
인, 변덕스러운; 기발한
fan-cy [fǽnsi] n. 공상(력), 공상
의 산물; 변덕; 기호, 취미 catch
[strike, take] the ~ of …의
마음에 들다 have [take] a ~
for …을 좋아하다 —a. 장식적
인; 진귀한 종류의; 변덕스러운;
터무니없는: ~ goods 장신구/
~ cake 데코레이션케이크 —
vt. 공상하다; …라고 생각하다;
좋아하다 —int. 어머, 이런
fáncy báll 가장무도회
fan-cy-work [⌐wə̀:rk] n. 자수,
수예품
fan-fare [fǽnfɛər] n. 팡파르
fan-tas-tic [fæntǽstik], -ti-cal
[-tik(ə)l] a. 환상적인; 기괴한
fan-ta-sy [fǽntəsi, -zi] n. 환상,
공상
far [fɑ:r] ad. (far-ther, far-thest
or fur-ther, fur-thest) 《보통
부사구와 함께》 (장소가) 멀리
(opp. near); 훨씬: So ~ so
good. 거기까지는 그것으로 됐
다 as ~ as …까지; …한은
《부정은 not …as [so] far as》
~ and away 아득히 멀리 ~
and near 도처에 F~ from
it! 어림도 없는 소리! so ~ as
…만으로는, …하는 한은 —a.
《변화는 ad.와 같음》 먼; 저쪽
의 the F~ East 극동 the F~
West (북미의)서부지방
far-a-way [fɑ́:rəwéi/⌐⌐⌐] a. 먼
(옛날의)
farce [fɑ:rs] n. 익살극, 광대극;
익살, 웃음거리
fare [fɛər] n. (차·배 등의)요금;
통행료; 승객; 음식물: a bill of
~ 메뉴/a single [double] ~
편도[왕복]요금/at half ~ 반액
으로/F~s, please! (차장이)요
금을 받겠읍니다 —vi. 지내다;
해나가다
fare-well [fɛ̀ərwél] int. 《문어
적》 안녕히 가시오[계시오] (긴
이별일 때 씀) —n. 작별, 고별
bid [take one's] ~ 작별인사
를 하다 —a. 작별의, 고별의 ~
party 송별회

farm [fɑːrm] *n.* 농장; 농가; 사육장: a dairy ~ 낙농장 —*vt.,* *vi.* 경작하다

farm·er [fɑːrmər] *n.* 농부, 농장주 (*cf.* peasant) ~*s' cooper-ative* 농협 *F~'s Market* Los Angeles에 있는 생산자 직매시장

fárm tèam (프로야구의)제2군

farm·yard [⌐jɑːrd] *n.* 농가의 마당

far-sight·ed [fɑːrsàitid] *a.* 원시안의(*opp.* near-sighted); 선견지명이 있는

far·ther [fɑːrðər] *ad., a.* 《far의 비교급》 더 멀리[먼]; 게다가 (*cf.* further) ~ *on* 더 앞에, 더 나중에 「먼

far·ther·most [⌐mòust] *a.* 가장

far·thest [fɑːrðist] *ad., a.* 《far의 최상급》 가장 멀리[먼] *at* · (*the*) ~ 멀어야; 기껏

fas·ci·nate [fǽsinèit] *vt.* (남의 마음을)사로잡다, 매혹하다

fas·ci·na·tion [fæ̀sinéiʃ(ə)n, + 美 fæ̀snéi-] *n.* 매혹, 매력

Fas·cism [fǽʃiz(ə)m] *n.* 파시즘

fash·ion [fǽʃ(ə)n] *n.* 유행; 양식, 형; 방법; 상류사회(의 풍습, 사람들) *be in* (*the*) ~ 유행하고 있다 *out of* ~ 유행이 지난 —*vt.* 만들다

fash·ion·a·ble [fǽʃ(ə)nəbl] *a.* 유행하는; 유행을 좇는; 상류사회의 「쇼우

fáshion shòw [paràde] 패션

fast¹ [fæst/fɑːst] *ad.* 빨리, 급속히; 단단히; 굳게; 푹 —*a.* 정착[고착]한, 단단한; (시계가)빠른; 신속한

fast² *n., vi.* 단식(하다)

fas·ten [fǽsn/fɑːsn] *vt.* 단단히 고정시키다, 잡아매다; (눈·주의를)못박다 —*vi.* 매달리다; 죄어지다 ~*·er* *n.* 패스너

fást fóod 즉석 음식(햄버거·통닭 등 주문하면 즉석에서 나오는 식품)

fat [fæt] *a.* 뚱뚱한 (*opp.* lean²), 지방이 많은; 비옥한 —*n.* 지방, 비계살; 알짜; 비만

fa·tal [féit(ə)l] *a.* 숙명의, 치명적인 (*to*); 운명에 관한

fate [feit] *n.* 운명, 숙명

fa·ther [fɑːðər] *n.* 아버지; 조상; (*the* F~) 신 *F~'s Day* 《美》 아버지날(6월의 세째 일요일)

fa·ther·land [⌐lǽnd] *n.* 조국

fath·om [fǽðəm] *n.* 길(6ft; 1.83m) —*vt.* 물깊이를 재다; (남의 속을)헤아리다

fa·tigue [fətíːg] *n.* 피로 —*vt.* 지치게 하다

fat·ten [fǽtn] *vt., vi.* (식육용으로)살찌(우)다; 비옥[풍부]하게 하다

fat·ty [fǽti] *a.* 지방의[이 많은]

fau·cet [fɔːsit] *n.* 《美》(수도의) 꼭지; (통의)마개구멍(《英》tap)

fault [fɔːlt] *n.* 결점; 죄; 과실: It's not my ~. 내 탓은 아닙니다 *find* ~ *with* …의 흠을 잡다, 비난하다

fau·teuil [fóutil/-tə:i] *F. n.* 팔걸이의자, 안락의자; 《英》(극장 1층의)1등석

fa·vor, 《英》**-vour** [féivər] *n.* 호의, 도움, 친절; 부탁; 애고, 총애, 돌봐줌; 선물: May I ask a ~ of you? 부탁이 하나 있는데요 *in* ~ *of* …에 찬성하여; …에게 유리하게 —*vt.* 호의를 보이다; 도와주다; 베풀다

fa·vor·a·ble, 《英》**-vour-** [féiv(ə)rəbl] *a.* 유리한; 호의적인 ~ *balance of trade* 수출초과

fa·vor·ite, 《英》**-vour-**[féiv(ə)rit] *n.* 귀염받는[인기끄는] 사람; 좋아하는 것 —*a.* 마음에 드는; 자랑거리의; 좋아하는

FBI = Federal Bureau of Investigation 《美》 연방수사국

fear [fiər] *n.* 두려움; 근심 —*vt., vi.* 두려워하다, 걱정하다 ~*·less a.* 두려움을 모르는

fear·ful [fíərf(u)l] *a.* 무서운; 두려워하는; 걱정하는; 《口》 지독한

fea·si·ble [fíːzəbl] *a.* 실행할 수 있는; …에 적합한; 그럴듯한

feast [fiːst] *n.* (종교상의)축제(일); 향연; 성찬; (눈·귀를)즐겁게 해주는 것: give [make] a ~ 성찬을 대접하다 —*vi.* 축연에 참석하다; 성찬을 먹다 —*vt.* 성찬을 대접하다; (눈·귀를)즐겁게 하다

feat [fiːt] *n.* 업적; 묘기

feath·er [féðər] *n.* 깃; 《총칭》 깃털; 새

fea·ture [fíːtʃər] *n.* (*pl.*) 용모; 특징; 특별기사; (영화의)인기프로: three ~s 3편동시상영 —*vt.* …의 특징이 되다[을 그리다]; 인기물로 하다 ~*·less a.* 특색없는, 평범한 「2월

Feb·ru·ar·y [fébruèri / -əri] *n.*

fe·cund [fíːkənd, fék-] *a.* 다산의; 기름진; 창조력이 풍부한

fed [fed] *v.* feed의 과거(분사)

fed·er·al [fédər(ə)l] *a.* 연합[연방]의; ·(보통 F~) 미국(정부)의 *F~ Reserve Bank* 《美》 연방준비은행

fed·er·a·tion [fèdəréiʃ(ə)n] *n.* 연합; 연방(정부)

fee [fiː] *n.* 요금; 수수료, 입장료;

팁: an admission ~ 입장료

fee·ble [fíːbl] *a.* 가냘픈; 병약한

feed [fiːd] *v.* (*p., pp.* **fed**) *vt.* 먹이를 주다; 기르다 —*vi.* 먹다, 먹이로 하다 《*on*》 —*n.* 사육; 사료

feed·back [⌐bǽk] *n.* 피이드백 (결과로써 원인을 고치는 환원 동작) 「線)

féeder líne (철도 등의)지선(支

feel [fiːl] *vt., vi.* (*p., pp.* **felt**) 느끼다; 만져보다; …라고 생각하다; 동정[동감]하다 《*with*》, 측은해하다; 더듬다 ~ *like* …하고 싶은 생각이 들다 —*n.* 촉감; 느낌, 기분

feel·ing [fíːliŋ] *n.* 촉감; 정서, 느낌; (*pl.*) 감정

feet [fiːt] *n.* foot의 복수

feign [fein] *vt.* …인 체하다

feint [feint] *n.* 가장, 시늉

fe·lic·i·ty [filísiti] *n.* 지복(bliss); 경사; (표현의)적절, 적절한 표현

fell [fel] *v.* fall의 과거

fel·low [félou, félə] *n.* 동료; 상대방; (한쌍의)한짝; 《口》 놈 —*a.* 동료의: a ~ passenger 동승자/ a ~ traveler 길동무 ~**ship** *n.* 교제, 우정; 회, 단체; (대학의)특별연구원의 지위

fel·on [félən] *n.* 중죄인

felt[1] [felt] *v.* feel의 과거(분사)

felt[2] *n.* 펠트

fe·male [fíːmeil] *n., a.* 여성(의), 여자(의) (*opp.* male); 암컷(의)

fem·i·nine [féminin] *a.* 여성의, 여자다운 (*opp.* masculine)

fem·i·nism [féminìz(ə)m] *n.* 여권주의, 남녀동권주의 **-nist** *n.* 여권주의자

fence [fens] *n.* 울타리, 담장, 목책 —*vt.* 울타리[담]를 두르다

fence-sit·ting [⌐sìtiŋ] *n., a.* 형세관망주의(의)

fenc·ing [fénsiŋ] *n.* 펜싱

fend·er [féndər] *n.* 《美》(자동차 등의)흙받이; (잔교·뱃전의)완충기; (난로 앞의)철망

fer·ment *n.* [fɔ́ːrmənt →*v.*] 효소, 발효; 대소동 —*vt., vi.* [fə(ː)rmént] 발효시키다; 대소동을 일으키다

fern [fəːrn] *n.* 양치(류)

fe·ro·cious [fəróuʃəs] *a.* 사나운, 흉포한; 잔인한; 《口》 심한, 지독한

fer·ry [féri] *n.* 나루터; 나룻배, 연락선 —*vt., vi.* 건네주다, 건너다

fer·ry·boat [⌐bòut] *n.* 나룻배

férry stéamer 연락기선

fer·tile [fɔ́ːrtl/fɔ́ːtail] *a.* 비옥한 (*opp.* sterile); 다산의 《*of, in*》

fer·til·i·ty drùg 임신촉진제

fer·ti·lize [ɔ́ːrtilàiz] *vt.* 비옥하게 하다; 《生》 수태[수정]시키다

fer·vent [fɔ́ːrvənt] *a.* 뜨거운, 열렬한, 열심인

fer·vor, 《英》 **-vour** [fɔ́ːrvər] *n.* 열정, 정열, 백열

fes·tal [fést(ə)l] *a.* =festive

fes·ti·val [féstiv(ə)l] *a.* 축제(일)의 —*n.* 축제(일); 향연: a music ~ 음악제

fes·tive [féstiv] *a.* 축제의; 즐거운, 유쾌한 **-tív·i·ty** *n.* 축제(의 떠들썩함), 축제기분

fetch [fetʃ] *vt.* 가서 가져[데려]오다; (피·눈물을)나오게 하다; (상품이 얼마로)팔리다

fetch·ing [fétʃiŋ] *a.* 매력적인

fete, fête [feit] *n.* 축제일; 축연: a garden ~ 《美》 원유회 [F]

fe·tish [fíːtiʃ, fé-] *n.* 주물(呪物) ~**·ism** *n.* 주물숭배

feud[1] [fjuːd] *n.* 불화, 반목

feud[2] *n.* 영지, 봉토

feu·dal [fjúːd(ə)l] *a.* 영지의, 봉건제의 ~**·ism** *n.* 봉건제도

fe·ver [fíːvər] *n.* 신열, 발열, 열병; 열광: scarlet ~ 성홍열/typhoid ~ 장티푸스/I have got a little ~. 열이 좀 있다

fe·ver·ish [fíːvəriʃ] *a.* 열이 있는; 열광적인

few [fjuː] *a.* 소수의, 적은, 《관사 없이》거의 없는: in a ~ days 이삼일내에 —*n.* 소수(의 것), 몇사람 *at* (*the*) ~*est* 적어도 *no* ~*er than* …만큼, …보다 적지않은 *not a* ~ 적지 않은, 다수(의) *quite a* ~ 《口》 상당히 많은

fez [fez] *n.* 터어키모자

fi·a·cre [fiáːkər] F. *n.* 합승마차

fi·an·cé (*fem.* **-cée**) [fiːɑːnséi, ⌐⌐/fiãsei] F. *n.* 약혼자

fi·as·co [fiǽskou] *n.* (*pl.* ~**es**) 불명예스러운 실수, 대실패

Fi·at [fíæt] *n.* 피아트(이탈리아의 자동차회사, 그 자동차)

fi·ber, 《英》 **-bre** [fáibər] *n.* 섬유, 섬유질[조직]; 성질, 기질

fic·tion [fíkʃ(ə)n] *n.* 지어낸 이야기, 허구; 소설(작법)

fid·dle [fídl] *n.* 바이올린

fid·dler [fídlər] *n.* 《口》 바이올리니스트

fi·del·i·ty [fidéliti/fai-] *n.* 성실 《*to*》, 충성; 《통신》 충실도

field [fiːld] *n.* 들; 논밭; 분야, 범위; 《경기》 경기장: ~ work 야외작업, 실지연구

fíeld dày 야외연습일[연구일]; 수렵일; 《美》 운동회날

fíeld glàss (보통 *pl.*) 쌍안경

fíeld hòckey (육상) 하키
fíeld hòspital 야전병원
fíeld màrshal 《英》육군원수
fiend [fi:nd] n. 악마, 탐닉자
fierce [fiərs] a. 사나운; (비바람
이)맹렬한; 열렬[격렬]한
fier·y [fái(ə)ri] a. 불의, 불같은;
정열적인; 열렬한
fi·es·ta [fiéstə] Sp. n. (종교상의)
제례; 축제, 휴일
fife [faif] n. 횡적(橫笛), 저
fif·teen [fíftí:n] n., a. 15(의)
fifth [fifθ] n., a. 제5(의), 5분의
1(의)
Fifth Ávenue 5번가(뉴우요오크
시의 중심가)
fif·ty [fifti] n., a. 50(의)
Fig·a·ro [fígərou] n. Le ~ 피가
로지(프랑스의 가톨릭계 신문)
fight [fait] vt., vi. (p., pp. fought)
싸우다 《against, with》, 다투다,
격투하다; (쌈닭 등을)싸우게 하
다 —n. 전투; 싸움; 투지
fight·er [fáitər] n. 싸우는[투쟁
적인] 사람; 《軍》전투기
fig·ur·a·tive [fígjurətiv] a. 비
유적인; 상징적인
fig·ure [fígjər/fígə] n. 모양, 자
세; 인물, 초상; 큰 인물; 도해,
도안; 숫자; 값; (pl.) 계산 —vt.
묘사하다; 상상하다; 계산[견적]
하다; 《口》생각하다 —vi. 눈에
띄다; 계산하다; 생각하다, 《口》
고안하다 《for》; 《美口》의지하
다 《on》~ on 《美》…을 계산
[계획]에 넣다; 의지하다 ~ out
합계를 내다;《美》끝까지 생각
하다; 해결[이해]하다 ~ up 총
계하다
fígure skàting 피겨스케이팅
Fí·ji Íslands [fí:dʒi:] (the ~)
피지제도(남태평양의 제도)
fil·a·ment [fíləmənt] n. 가는 실,
섬유; 《植》꽃실; (전구의)필라
멘트
file [fail] n. 철하는 기구, 파일,
편지꽂이; 신문[서류]철 —vt.,
vi. 철하다; 제출하다 ・「고기
fi·let [filéi, ⌐−/⌐−] F. n. 필레
fil·i·al [fíliəl, -ljəl] a. 자식의, 자
식으로서의; 《유전》어버이로부
터 …세대의 (略: F)
Fil·i·pi·no [filipí:nou] n. 필리
핀사람
fill [fil] vt. 채우다 《with》; (지위
를)차지하다, (빈 자리를)보충하
다 —vi. 가득 차다, (…으로)충
만하다 《with》~ in 채우다;
《英》(서류에)써넣다 ~ up (빈
곳을)채우다 —n. (one's ~) 욕
심껏, 가득: eat one's ~ 배불
리 먹다
fil·let [fílit →2] n. 1 가는 끈,

리본 2 [fílei] 《요리》 필레고기
fílling stàtion 《美》주유소
film [film] n. 엷은 막; 필름; 영
화: a roll of ~ 필름 한 통 —
vt., vi. 엷은 막으로 덮(이)다;
(영화로)촬영하다, 영화화하다
film·let [fílmlit] n. 단편영화
fil·ter [fíltər] n. 여과기; 《寫·
電》필터 —vt., vi. 거르다; 침
투하다 《through, into》
filth·y [fílθi] a. 불결한; 음탕한
fin [fin] n. 지느러미(모양의 것)
fi·nal [fáin(ə)l] a. 최후의; 결정적
인 —n. (pl.) 결승전; 최종시험
~·ly ad. 마지막으로; 마침내
fi·na·le [finǽli, -náːli/-náːli] n.
《音》종곡(終曲); (연극의)최후의
막, 대단원 [It.]
fi·nance [finǽns, fáinæns/fai-
nǽns] n. 재정; (pl.) 재원: the
Minister of F~ 재무장관
fi·nan·cial [finǽnʃ(ə)l, fai-/ fai-,
fi-] a. 《英》재정(상)의; 금융상
의 (《美》fiscal): ~ year 회계
연도/~ circles 재계
find [faind] vt. (p., pp. found)
발견하다, 찾아내다; 알다, 깨닫
다; 지급[공급]하다: I can't ~
my passport. 여권이 보이지 않
는다/How do you ~ Amer-
ica? 미국은 어떻습니까/That
hotel doesn't ~ breakfast. 저
호텔에서는 조반을 주지 않는다
~·er n. (사진기 등의)파인더
fine¹ [fain] a. 훌륭한; 뛰어난; 날
카로운; 예민한; 미세한; 갠; 순
수한; 고상한; (모습이)아름다운;
건강한: ~ play 묘기/ ~ rain
이슬비/ ~ gold 순금/ ~ arts
미술/ How are you? — F~,
thank you. 안녕하십니까 —덕
분에 건강합니다 ~ cut 잘게썬
담배 —n. 맑은 날씨 rain or
~ 비가 오든 개이든
fine² [fain] n., vt. 벌금 (을 과하다)
fin·ger [fíŋgər] n. 손가락(보통
엄지손가락은 제외); (시계)바늘;
(공항의)송영대 —vi., vt. 손가
락으로 만지다
fínger bòwl 핑거보울(식후에 손
가락을 씻는 그릇)
fin·ger·nail [⌐nèil] n. 손톱
fínger pòst 도표(道標)
fin·ish [fíniʃ] vt. 끝내다 《do-
ing》; 완성하다; 마무리하다; (음
식을)먹어치우다 —vi. 끝나다,
마치다 《off》: Where are you
~ed? 어느 학교를 나왔읍니까
~ up 완성하다; (음식을)먹어
치우다, 다 써버리다 ~ with
…으로 끝장내다 —n. 끝; 완성,

마무리 **~ed** [-t] *a.* 완성된; 세련된

fink [fiŋk] *n.* 《美俗》 밀고자, 스파이; 싫은 녀석

Fin·land [fínlənd] *n.* 핀란드

Finn [fin] *n.* 핀(란드)사람

Finn·ish [fíniʃ] *a.* 핀란드의, 핀란드사람[말]의, 핀족의 —*n.* 핀란드말

fiord, fjord [fjɔːrd] *n.* (노르웨이 등의)협만, 피요르드

fir [fəːr] *n.* 전나무

fire [faiər] *n.* 불; 화재; 포화; 정열; 염증: *F~!* 불이야 *catch [take]* ~ 불이(옮아)붙다 *on* ~ 불이나서, 불타서; 열중하여 *set* ~ *to* …에 불을 붙이다 *set on* ~ 태우다; 흥분시키다 —*vt.* 불붙이다; 발포[발사]하다; (감정을)불타게 하다; 《美俗》해고하다 —*vi.* 연소하다; 발포하다

fíre alàrm 화재경보(기)

fíre brigàde 《英》 소방대

fíre còmpany 《美》 소방대;《英》 화재보험회사

fíre depàrtment 《美》 소방서

fíre èngine 소방차

fíre escàpe 비상구, 화재피난장치, 피난사다리

fíre èxit 비상구

fíre extìnguisher 소화기

fire·house [ˊ-hàus] *n.* 소방서

fíre hýdrant 소화전

fíre insùrance 화재보험

fire·man [ˊ-mən] *n.* (*pl.* **-men** [-mən]) 소방수; (기관의)화부

fire·place [ˊ-plèis] *n.* (벽)난로

fire·plug [ˊ-plʌ̀g] *n.* 소방전

fire·proof [ˊ-prùːf] *a.* 내화의, 방화(防火)의 —*vt.* 내화성으로 하다

fíre sàle 타다남은 상품의 염가판매

fire·side [ˊ-sàid] *n.* 난로가; 가정

fíre stàtion 소방서

fire·work [ˊ-wə̀ːrk] *n.* (*pl.*) 불꽃

firm¹ [fəːrm] *a.* 단단한, 견고[견실]한

firm² *n.* 상사, 회사

fir·ma·ment [fə́ːrməmənt] *n.* (보통 *the* ~)하늘, 창공

first [fəːrst] *a.* 첫째의, 최초의 (*opp.* last): ~ aid 응급치료, 구호소/ ~ name 《美》 =Christian name/ ~ run (영화의)개봉 흥행/ the ~ lady 《美》 대통령[주지사]부인 *at* ~ *hand* 직접(으로) *at* ~ *sight* [*blush*] 언뜻 보아, 첫눈에 ~ *thing* 《俗》 우선 첫째로 —*n.* 최초, 제일; 1등; 초하루; (기차의)1등; (*pl.*) 1등품 *at* ~ 처음에는 *be the* ~ *to* 《do》 맨먼저 …을 하다 —*ad.* 첫째로, 최초로, 맨먼저; 처음으로

first-class [ˊklǽs/-klɑ́ːs] *a.* 1등[일류]의, 최상의; (기차·배 등의)1등의;(우편물이)제1종의: ~ carriage 1등차 —*ad.* 1등으로, 1등객으로서: travel ~ 1등으로 여행하다

first-rate [ˊréit] *a.* 일류의, 우수한; 《口》 훌륭한, 멋진 —*ad.* 《俗》 아주 좋게 —*n.* 1급품

fis·cal [físk(ə)l] *a.* 《美》 재정[회계]상의 (《英》 financial)

físcal yéar 회계연도

fish [fiʃ] *n.* (*pl.* ~·**es**, 《총칭》 ~) 물고기; 생선: raw ~ 생선(회) —*vi., vt.* (물고기를)잡다, 낚다

fish·er·man [fíʃərmən] *n.* (*pl.* **-men** [-mən]) 어부, 낚시꾼

fish·er·y [fíʃəri] *n.* 어업, 수산업 ~ zone 어업(전관)수역

físh·eye léns [fíʃài] 어안렌즈

fish·ing [fíʃiŋ] *n.* 낚시질, 어업(권): ~ line 낚싯줄/ a ~ rod 낚싯대

fist [fist] *n.* 주먹; 《口》 손: Give us your ~. 악수합시다

fit¹ [fit] *vt., vi.* (…에)맞다, 적합하다; 적응시키다; 적임으로 하다 《for》; 설비하다; 조화하다: This coat does not ~ me. 이 코우트는 내게 안맞다 ~ *in* [*into*] …에 적합하다[시키다]; 꼭 맞(추)다 ~ *out* 준비하다; 장비하다 —*a.* 적당한, 어울리는; 금방 …할듯한 (ready to); 건장한

fit² *n.* 발작, 경련; (감정의)격발; 변덕 *by* ~*s* 발작적으로

five [faiv] *n., a.* 5(의)

fíve-and-díme, -tén *n.* 싸구려만 파는 잡화점

fíve-day wéek [fáivdèi] 1주5일 근무제

fíve-o'clòck téa 《英》 오후의 차(가벼운 식사에 해당)

fix [fiks] *v.* (*p., pp.* ~ed, fixt) *vt.* 정착[고정]시키다; 결정하다; (시선을)쏟다 《upon》; (책임·죄를)지우다; 《俗》 정돈[수리]하다; (식사를)준비하다: a ~ed price 정가 —*vi.* 고정되다; 결정하다 《on》; 정착하다 《in》 ~ *on* 정하다 ~ *up* 수리하다; 결정하다; 준비하다

fix·ture [fíkstʃər] *n.* 고정[설치]물; 설비, 비품; 《口》 붙박이로 사는 사람; (날짜가 확정된)대회, 경기종목; 개최일

fizz [fiz] *vi.* 쉿 소리나다 —*n.* 쉿하는 소리; 거품이 나는 음료; 《美》 소오다수; 《英》 샴페인술

flag [flæg] *n.* 기 F~ *Day* 미국기 제정기념일(6월14일) —*vt.* 기

로 신호[장식]하다, 기를 올리다

flág státion 신호가 있을 때만 정차하는 역

flake [fleik] *n.* 엷은[작은] 조각; 불똥; 플레이크(곡식을 엷게 한 음식)

flame [fleim] *n.* 불꽃; (*pl.*) 불; (불꽃같은)빛; 격정 *in* ~*s* 불타 올라 —*vt., vi.* 활활 타다; 태우 다; (얼굴이)붉어지(게하)다

fla·men·co [flɑːméŋkou] *n.* 스 페인의 집시춤; 그 곡

Flan·ders [flǽndərz/flɑ́ːn-] *n.* 플란더즈(벨기에·네덜란드·프랑 스에 걸친 지방)

flank [flæŋk] *n.* 옆구리; (소의) 옆구리살

flan·nel [flǽn(ə)l] *n.* 플란넬; (*pl.*) 플란넬제의 의류

flap [flæp] *n.* 보조익

flare [flɛər] *n.* 너울거리는 불길 [불빛]; (스커우트의)플레어 — *vi.* 불길이 너울거리다 —*vt.* 훨 훨 타오르게 하다

flash [flæʃ] *vt.* (불·빛을)번쩍이 다; (전보·신호기로)속보하다 — *vi.* 번쩍 빛나다; (생각이)문득 떠오르다 —*n.* 섬광, 번득임; 순 간; (신문의)속보; 플래시

flásh bùlb (寫) 섬광전구

flash·light [◁làit] *n.* (등대의)회 전등; 섬광; 《美》 회중전등

flask [flæsk / flɑːsk] *n.* 플라스 크, 병; (사냥꾼의)탄약통

flat[1] [flæt] *a.* 평평한; 무미건조한, 지루한; 김빠진; 균일한; 전적인: That's ~. 바로 그대로다 —*ad.* 평평하게; 《口》 전적으로; 단호 히; 정확히; 무이자로 —*n.* 평면; 평지 ~·ly *ad.* 평평히; 단호히

flat[2] *n.* 《英》 (아파아트의)방 (《美》 apartment); 층; (*pl.*) 아파아트

flat·ten [flǽtn] *vt.* 평평하게하다

flat·ter [flǽtər] *vt.* 아첨하다; 의 기양양케 하다; (실물 이상으로) 아름답게 그리다[찍다]; 기쁘게 하다: You ~ me. 과분한 칭찬 이군 —·*ing* *a.* 아첨하는; 기쁘 게 하는; 실제보다 좋게 보이는 ~·y *n.* 아첨(의 말)

fla·vor, 《英》 **-vour** [fléivər] *n.* 맛; 풍취; 향기 —*vt.* 맛을 내 다; 풍취를 더하다 ~·ing *n.* 조 미료

flaw [flɔː] *n.* 흠, 금; 결점

flax [flæks] *n.* 아마(천), 린네르 (linen)

flea [fliː] *n.* 벼룩

fleece [fliːs] *n.* 한뭉치의 양털; (한마리분의)양털; 양털 모양의 것, 흰 구름, 눈송이

fleet [fliːt] *n.* 함대; 선단; 일단

fléet àdmiral 《美》 해군원수

flesh [fleʃ] *n.* 살; (*the* ~) 육체; 과육; 육욕

flésh tràde 인신매매, 매춘업

flew [fluː] *v.* fly[1] 의 과거

flex·i·bil·i·ty [flèksibíliti] *n.* 구부리기 쉬움; 유연성; 융통성

flex·i·ble [fléksibl] *a.* 구부리기 쉬운; 유연[유순]한; 융통성있는

flick·er [flíkər] *vi., vt.* 깜박거리 (게하)다; 한들거리(게하)다, 날름거리다; 나부끼다

fli·er [fláiər] *n.* 비행가

flight [flait] *n.* (비행기의)편(便); 비행(거리); 나는 새떼; (시간의) 경과; 연속된 계단: make a ~ 비행하다/ check in for KAL F~ 705 대한항공 705편의 탑 승수속을 밟다 ~ *control tow-er* 관제탑 ~ *kitchen* 기내식 *connecting* ~ 연락편 ~ *num-ber* 항공편 번호

flim·sy [flímzi] *a.* 얄팍한

fling [fliŋ] *vt., vi.* (*p., pp.* flung) 던지다; 내동댕이치다 —*n.* 던 지기

flint [flint] *n.* 부싯돌; 라이터돌; 냉혹한 사람

flip[1] [flip] *n.* (손가락으로)튀기기, 가볍게 치기 —*vt., vi.* 손가락 으로 튀기다, 가볍게 치다

flip[2] *n.* 플립(달걀의 혼합주)

flíp sìde (레코오드의)뒷면

flirt [fləːrt] *vi.* (남녀가)사랑장난 [희롱]하다

flit [flit] *vt., vi.* 휠휠 날아다니 다, 경쾌하게 지나가다; (환상 등이)머릿속에 스쳐지나가다

fliv·ver [flívər] *n.* 《美俗》싼 물 건; (특히)싸구려 자동차

float [flout] *vi.* (물·공중에)뜨다, (소문 등이) 떠돌다 —*vt.* 떠우 다, 표류시키다; (소문 등을)유포 시키다 —*n.* 뜨기; 뜨는 것; 뗏 목; 구명대

float·ing [flóutiŋ] *a.* 떠 있는; 일정치 않은: a ~ dock 부거 (浮渠)/~rates 선하세 ~ *ex-change rate* 변동환율~*mar-ket*(방콕의)수상시장

flock [flak/flɔk] *n.* 군중; (특히 양의)떼 —*vi.* 모이다, 떼를 짓다

flood [flʌd] *n.* 홍수; 만조 (*opp.* ebb); (말·눈물 등의)범람, 쇄도 —*vt.* 범람시키다; 관개하다; 밀 어닥치다 —*n.* 홍수나다; 쇄도 하다

flood·light [◁làit] *n.* 투광조명 (건물 등에 밖에서 비추는 조명)

floor [flɔːr] *n.* 마루(널); 층(story); 바닥; 의원석; 발언권: a ~ lamp 플로어스탠드/ a ~ clerk (호 텔 등의)접수원/ the first ~ 《美》 1층, 《英》 2층/ the ground

~ 《英》1층 ~ *show* 나이트클럽 등의 여흥
flóor èxercises 마루운동
floor·walk·er [∠wɔ̀:kər] n. 《美》(백화점 등의)매장감독
flop·house [fláphàus/flɔ́p-] n. 《美俗》여인숙
Flor·ence [flɔ́:r(ə)ns/flɔ́r-] n. 플로렌스(이탈리아 중부의 도시)
Flor·en·tine [flɔ́:rəntì:n/flɔ́rəntàin] a. 플로렌스의 —n. 플로렌스사람
Flor·i·da [flɔ́:ridə, frár-/flɔ́r-]n. 미국 대서양연안 동남단의 주
flor·in [flɔ́:rin, flár-/flɔ́r-] n. 플로린(네델란드의 화폐단위; 원래는 영국의 2실링 은화) 「장수
flo·rist [flɔ́:rist, flá-/flɔ́-] n. 꽃
flounce [flauns] n. (스커어트의)주름장식
floun·der [fláundər] vi. 버둥거리다; 실수하다 —n. 몸부림
flour [fláuər] n. 밀가루; (곡식)가루
flour·ish [flɔ́:riʃ/flʌ́riʃ] n. (문장의)화려함; (글자의)장식체; 휘두르기 —vt. 휘두르다; 과시하다 —vi. 무성하다; 번영하다
flow [flou] vi. 흐르다, 흘러나오다; (조수가)밀다 —n. 흐름; 유출(량); 만조
flow·er [fláuər] n. 꽃, 화초; 개화, 만발: a ~ girl 꽃파는 소녀 ~ *arrangement* 꽃꽂이 *the F~ State* Florida 주의 별명 *come to ~* 꽃이 피다 *in ~* 꽃피어; 만발하여 —vt. 꽃피게 하다 —vi. 꽃이 피다
flown [floun] v. fly¹의 과거분사
flu, flue [flu:] n. 《俗》=influenza
flu·ent [flú(:)ənt] a. 유창한, 달변인; 거침없는 ~·ly ad.
flu·id [flú(:)id] n. 유동체 —a. 유동성의
flung [flʌŋ] v. fling의 과거(분사)
flunk [flʌŋk] vi., vt. (시험 등에)실패하다 —n. 실패, 낙제
flu·o·res·cent [flù(:)ərésnt] a. 형광성의: a ~ lamp 형광등
flush [flʌʃ] vi., vt. (물이)왈칵 흘러나오다; (얼굴을)붉히다, 붉어지다《up》—n. (물의)분출; (얼굴의)상기; (감정의)격발: a ~ toilet 수세식변소
flute [flu:t] n. 플루우트, 피리
flut·ter [flʌ́tər] vi. 날개치다; 펄럭이다; 두근거리다 —vt. 날개치다; 펄럭이게 하다; 설레게 하다 —n. 날개치기; 펄럭임; 동요
fly¹ [flai] v. (p. **flew**, pp. **flown**) vi. 날다; 비행기로 가다; 나는 듯이 달리다; (시간이)쏜살처럼 지나가다; 도망치다; 사라지다

—vt. 날게 하다; (비행기를)조종하다; 비행기로 나르다 *F~ A-merican* 「자기 나라 비행기를 이용하라」는 미국의 표어 —n. 비행 *on the ~* 비행중에
fly² n. 파리
fly·ing [fláiiŋ] n. 비행 —a. 나는; 펄럭이는; 나는 듯이 빠른, 황급한: a ~ trip 황급한 여행/ a ~ visit 단시간의 방문 ~ *boat* 비행정 ~ *field* 소비행장 ~ *saucer* 비행 접시 *under a ~ seal* 봉하지 않고
FM = frequency modulation 주파수변조방송
foam [foum] n. 거품 —vi., vt. 거품나(게하)다
F.O.B., f.o.b. = free on board 《商》본선인도
fo·cal [fóuk(ə)l] a. 초점의
fo·cus [fóukəs] n. (pl. **fo·ci** [-sai], ~·es) 초점(거리) —vt., vi. 초점에 모으다[모이다], 초점을 맞추다[이 맞다]
fod·der [fádər/fɔ́d-] n. 꼴, 사료
foe [fou] n. 원수, 적 (enemy)
fog [fɑg/fɔg] n. 안개 —vt., vi.안개로 싸다[에 싸이다]
fóg alàrm 농무경보
fog·bound [∠bàund] a. (배가)안개에 갇힌 「렷한
fog·gy [fági/fɔ́gi] a. 안개낀; 흐
foie gras [fwɑ:grá:] F. 프와그라(거위의 간을 다진 요리)
foil [fɔil] n. 박(箔)
fold [fould] n. 주름, 접은 자국 —vt. 접다, 개다《back, up》; (팔짱을)끼다; 싸다 (wrap), 덮다; 껴안다 (embrace) —vi. 접히다
fo·li·age [fóuliidʒ] n. 《총칭》나뭇잎
fo·li·o [fóuliòu] n. 2절(의 책)
folk [fouk] n. (보통 pl.)사람들 (people), 가족
fólk dànce 포오크댄스(곡)
folk·lore [∠lɔ̀:r] n. 민간전승; 민속(학)
fólk sòng 민요
fólk tàle 전설, 민간설화
fol·low [fálou/fɔ́lou] vt. 뒤쫓다, 따라가다, 뒤따르다, …의 결과로서 일어나다; (길을)따라가다; 종사하다; (충고에)따르다; 눈으로 쫓다; 알아듣다, 이해[양해]하다: I can't ~ you. 무슨 말씀인지 잘 모르겠읍니다/ F~ this road to the first corner. 첫 모퉁이까지 이 길을 따라가십시오 —vi. 따라가다, 뒤쫓아가다; 뒤이어 일어나다; 당연히 …이 되다 *as ~s* 다음과 같다
fol·low·er [fálouər/fɔ́l-] n. 수행원, 부하; 문하생, 후계자

fol·low·ing [fálouiŋ/fɔ́l-] *a.* 다음의, 하기의: on the ~ day 그 다음날에

fol·ly [fáli/fɔ́li] *n.* 어리석음, 어리석은 짓

fond [fand/fɔnd] *a.* 좋아하는; 사랑스런 (lovely), 지나치게 사랑하는 **be ~ of** …을 좋아하는

fon·du [fándu:, -́/fɔndu:, -́] *F. n.* 퐁뒤(치이즈·버터·달걀 등을 섞은 냄비요리)

food [fu:d] *n.* 음식; (마음의)양식

fóod àdditive 식품첨가제

fóod pòisoning 식중독

fool [fu:l] *n.* 바보; 어릿광대 *All* [*April*] *F~s' Day* 만우절(4월 1일) *make a ~ of* …을 놀리다 —*vt.* 놀리다; 속이다 —*vi.* 바보짓을 하다, 장난치다

fool·ish [fú:liʃ] *a.* 어리석은; 시시한

fool·proof [fú:lprù:f] *a.* 바보라도 할 수 있는; 간단한

foot [fut] *n.* (*pl.* feet) 발 (*cf.* leg), 발걸음; (산)기슭, 최저[최하]부; 피이트(12인치, 약30cm) *on ~* 도보로 *on one's feet* 일어서서 —*vt.* 걷다; 춤추다; 합계하다; 《英口》(셈을)치르다: ~ the bill 계산을 치르다 —*vi.* 합계 …이 되다

foot·ball [⁼bɔ̀:l] *n.* 축구 *F~ Hall of Fame* 《美》 미식축구의 전당(New Jersey주 New Brunswick에 있음)

foot·bridge [⁼brìdʒ] *n.* 인도교

foot·fall [⁼fɔ̀:l] *n.* 발소리

foot·gear [⁼gìər] *n.* 《총칭》 신발류

foot·ing [⁼iŋ] *n.* 발밑, 발판, 발디딤; 기반, 거점; 지위, 신분; 《軍》 편제, 체제

foot·lights [⁼làits] *n. pl.* 푸트라이트, 각광; 《劇》 무대

foot·note [⁼nòut] *n.* 각주

fóot pàssenger 통행인

foot·path [⁼pæ̀θ/-pɑ̀:θ] *n.* 보도

fóot sòldier 보병

foot·step [⁼stèp] *n.* 발걸음; 발소리; 발자국

foot·work [⁼wə̀:rk] *n.* 발놀림

for [fɔ:r, fər] *prep.* **1** …을 대신하여, …에 대신에, …을 대표하여 **2** …에 대하여, …의 보답으로서 **3** 《대가》 …만큼, …로 **4** 《목적지》 …을 향해서, …행의: leave ~ London 런던으로 출발하다 **5** …을 위해; 을 얻기 위해: send ~ a doctor 의사를 부르러 보내다 **6** …에 찬성하여(*opp.* against) **7** …을 찾아서 **8** 《이유》 …때문에 **9** 《시간·거리》 …동안, …에 걸쳐 **10** …에 관해서는 [대

해서는]: ~ my part 나로서는 **11** …로서, …로 간주하여 **12** 《보통 for all》 …에도 불구하고 **13** …에 비해서는 …치고는: too warm ~ December 12월치고는 너무 따뜻한 *as ~* …은 어떤가 하면: *as ~ me* 나로서는 **~** *good* 《美口》 영원히 **~** *once* 한번만 **~** *one thing* 한가지는 —*conj.* 그 까닭은(… 이므로), …인 까닭에

F.O.R., f.o.r. = *f*ree *o*n *r*ail 《商》화차인도

for·age [fɔ́:ridʒ, fɑ́r- / fɔ́r-] *n.* (마소의)먹이, 꼴, 마량

for·bear [fɔːrbɛ́ər, ＋美 fər-] *vt., vi.* (*p.* -bore [-bɔ́:r], *pp.* -borne [-bɔ́:rn]) 삼가다; 참다, 견디다

for·bid [fərbíd] *vt.* (*p.* -bade [-bǽd/-béid], -bad [-bǽd], *pp.* -bid·den [-bídn]) 금하다: Fishing is ~*den* here. 《게시》 낚시질금지

force [fɔːrs] *n.* 힘; 세력; 폭력; 위력; (*pl.*) 군대; 정신력 *by ~* 억지로 *come into ~* 실시되다 *in ~* 실시중; 대거 —*vt.* 강제하다; 억지로 …시키다; 억지로 하다 **~·ful** *a.* 힘센; 격렬한

forced [fɔːrst] *a.* 강제[강행]하는; 부자연한, 억지스런: a ~ landing 불시착륙

for·ceps [fɔ́:rseps] *n. sing. & pl.* 핀셋

for·ci·ble [fɔ́:rsəbl] *a.* 강제적인, 힘있는

Ford *n.* 미국의 자동차회사; 그 회사제의 자동차

ford [fɔːrd] *n.* 여울

fore [fɔːr] *a.* 앞쪽[면]의; 앞의 —*n.* 앞쪽, 앞면; 이물 —*ad.* 앞에; 이물(쪽)에 —*int.* (골프장에서 공 가는 방향에 있는 사람에게) 위험하다!

fore·bode [-bóud] *vt.* 전조를 보이다, 예시하는, 예감하다 **-bod·ing** *n.* (불길한)예감, 전조

fore·cast [⁼kæ̀st/-kɑ̀:st] *n.* 예측, 예고: a weather ~ 일기예보 —*vt.* (*p., pp.* -cast *or* ~·ed) 예측하다, 예보하다

fore·fa·ther [⁼fɑ̀ːðər] *n.* (보통 *pl.*) 조상 (ancestor) *F~s' Day* 청교도의 미대륙 상륙 기념일 (12월 22일)

fore·fin·ger [⁼fìŋɡər] *n.* 집게손가락

fore·go [-góu] *vt., vi.* (*p.* -went, *pp.* -gone) 선행하다, 앞서다

fore·ground [⁼gràund] *n.* 전경(前景) (*cf.* background)

fore·head [fɔ́:rid, fár-/fɔ́rid] *n.* 이마

for·eign [fɔ́:rin, fár-/fɔ́r-] *a.* 외국의; 외래의; (…과는)다른; 관계없는 《*to*》: ~ exchange 외국환/ ~ made 외국제의/ ~ mail 외국우편/a ~ settlement 외인 거류지 *the F~ Office/ the Department of [for]F~ Affairs* 《英》외무성 ~·**er** *n.* 외국인; 외국배

fore·land [fɔ́:rlənd] *n.* 갑(岬), 해안지방

fore·man [fɔ́:rmən] *n.* (*pl.* **-men** [-mən]) 십장, 직공장, 감독; 배심장

fore·mast [fɔ́:rmæst / fɔ́:rmɑːst] *n.* 《海》 앞돛대

fore·most [fɔ́:rmòust] *a., ad.* 맨 앞의[에], 일류의[로]

fore·name [fɔ́:rnèim] *n.* 이름

fore·noon [fɔ́:rnùːn, +美 ⌐⌐] 오전(업무 시간)

fore·run·ner [fɔ́:rrʌ̀nər] *n.* 선구(자); 전조; 선인(先人)

fore·sail [fɔ́:rsèil] *n.* 《海》앞돛

fore·see [fɔːrsíː] *vt.* (*p.* **-saw,** *pp.* **-seen**) 미리 알다, 예견하다

fore·shore [fɔ́:rʃɔ̀:r] *n.* 바닷물가, 해안

fore·sight [fɔ́:rsàit] *n.* 선견(지명); 깊은 생각 ~·**ed** *a.* 선견지명이 있는

for·est [fɔ́:rist, fár-/fɔ́r-] *n.* 숲, 삼림

fore·tell [fɔːrtél] *vt.* (*p., pp.* **-told** [-tóuld]) 예언[예고]하다

for·ev·er [fərévər] *ad.* 영원히

for·feit [fɔ́:rfit] *n.* 벌금, 과료

forge [fɔːrdʒ] *n.* 대장간, 철공장 —*vt.* 단조하다; 만들어내다; 위조하다 —*vi.* 위조하다

for·get [fərgét] *vt., vi.* (*p.* **-got** [-gát/-gɔ́t], *pp.* **-got·ten** [-gátn/gɔ́tn], 《詩》 **-got**) 잊다; 게을리하다, (소지품을)잊고 오다; 말할 것을 잊다: Don't ~ to sign your name. 잊지 말고 사인해 주세요.

for·give [fərgív] *vt., vi.* (*p.* **-gave** [-géiv], *pp.* **-giv·en** [-gív(ə)n]) 용서하다; (빚 등을)면제하다

fork [fɔːrk] *n.* 포오크; 쇠스랑; (길·강의)분기점: a ~ed road Y자형 교차로, 삼거리 —*vi., vt.* 두 갈래로 갈리다[가르다]

for·lorn [fərlɔ́:rn] *a.* 쓸쓸한

form [fɔːrm] *n.* 모양, 형태, 외양; 형식, 예법; 서식, 용지 (《美》 blank); 종류: fill in a ~ 서식에 기입하다/a telegraph ~ 전보용지 —*vt.* 모양을 만들다, 형성[구성, 조직]하다 —*vi.* 모양을 이루다, 형성되다, 생기다

for·mal [fɔ́:rm(ə)l] *a.* 형식[외형]상의; 형식적인, 격식차리는

~·**ly** *ad.* 형식적으로, 정식으로

for·mal·i·ty [fɔːrmǽliti] *n.* 격식차리기; 정식, 의식; (*pl.*) 정식절차

for·mat [fɔ́:rmæt] *n.* (책의)체제, 판; (콤퓨터의)기호체계

for·ma·tion [fɔːrméi(ə)n] *n.* 형성, 구성, 구조; 대형: ~ flying 편대비행

for·mer [fɔ́:rmər] *a.* 전의, 먼저의; 전자의: the ~ 전자(*cf.* the latter) ~·**ly** *ad.* 전[옛날]에는

for·mi·da·ble [fɔ́:rmidəbl] *a.* 무서운; 압도적인; 엄청나게 큰

For·mo·sa [fɔːrmóusə] *n.* 대만 ~**n** *a., n.* 대만의[사람, 말]

for·mu·la [fɔ́:rmjulə] *n.* (*pl.* ~**s, -lae** [-lìː]) 공식; 상투어구; (醫) 처방 (recipe)

for·sake [fərséik] *vt.* (*p.* **-sook** [-súk], *pp.* **-sak·en** [-séik(ə)n]) 저버리다 (desert)

fort [fɔːrt] *n.* 요새, 포대

forth [fɔːrθ] *ad.* 앞으로; 나타나; 밖으로; 이후: go ~ 외출하다, 출발하다/from this time ~ 금후 *and so* ~ …따위, 등등

forth·com·ing [⌐kʌ́miŋ] *a.* 곧 나오려고 하는, 다가오는; 곧 준비되는: the ~ week 내주/The money is not ~. 돈은 안 나온다

for·ti·fy [fɔ́:rtifài] *vt.* 방비를 튼튼히 하다; 강화하다

for·ti·tude [fɔ́:rtit(j)ùːd/-tjuːd] *n.* 불굴의 정신, 꿋꿋함, 인내

fort·night [fɔ́:rtnàit] *n.* 《英》 2주일: a ~ old 2주일 전의

for·tress [fɔ́:rtris] *n.* 요새, 성곽

for·tu·nate [fɔ́:rtʃ(ə)nit] *a.* 행운의, 다행한 ~·**ly** *ad.* 다행히

for·tune [fɔ́:rtʃ(ə)n] *n.* 운, 행운; 부; 재산: a ~ teller 점장이/by good [bad] ~ 다행[불행]히도

for·ty [fɔ́:rti] *n., a.* 40(의)

for·ty-nin·er [fɔ̀:rtináinər] *n.* 《美》 1849년에 금을 캐려고 California에 몰려든 사람

fo·rum [fɔ́:rəm] *n.* (*pl.* ~**s, -ra** [-rə]) (고대로마의)광장; 법정; 토론회; 비판

for·ward [fɔ́:rwərd] *a.* 앞쪽의 (*opp.* backward); 진보적인; 올된; 조숙한; 진보한; 주제넘은; 자진해서 …하는 《*to* do》 —*vt.* 촉진하다; 전송(轉送)하다; (商) 발송하다 《*to*》 —*vi.* 나아가다 (proceed) —*ad.* 앞으로, 앞쪽에; 나아가서; 이후, (계속해서) 장차 *bring* ~ 제출하다 *carriage* ~ 운임도착불 *look* ~ *to* …을 기다리다[기대하다] *put* ~ 제출[진술]하다 ~·**ing** *n.* 발

송, 전송; 촉진 ~*ing agent* 운
송업자

fos·sil [fásl/fɔ́sl] *n.* 화석

fos·ter [fɔ́:stər, fás-/fɔ́stə] *vt.*
양육하다; (성장을)촉진하다 —
a. 양육하는: a ~ parent 양부모

fought [fɔːt] *v.* fight의 과거(분사)

foul [faul] *a.* 더러운, 불쾌한; 부
정한; 《스포오츠》 반칙의, 파울
의 —*ad.* 부정[비열]하게 —*vt.*
더럽히다; …과 충돌하다 —*vi.*
더러워지다; 《야구》 파울을 치
다 —*n.* 반칙; 파울보올

found[1] [faund] *v.* find의 과거
(분사)

found[2] *vt.* 기초를 쌓다; 창설하
다 —*vi.* 근거하다 ~·**er** *n.* 창
설자, 발기인

foun·da·tion [faundéiʃ(ə)n] *n.*
기초, 근거; 건설, 창설; 기금;
설립물; 재단; 코르셋류; 파운데
이션(화장품)

foun·tain [fáunt(i)n] *n.* 샘; 분수
(설비); 수원, 근원 *the F~ of
Trevi* (로마에 있는)희망의 샘

fóuntain pèn 만년필

four [fɔːr] *n., a.* 4(의)

4-H clùb [⌐éitʃ] 4-H클럽

fóur-let·ter wórd [⌐lètər] 비
어, 외설어

fóur séas (*the ~*) (영국을 둘러
싸고 있는)4면의 바다

fóur séater 4인승 자동차

four·teen [fɔ́:rtíːn] *n., a.* 14(의)

fourth [fɔːrθ] *n., a.* 제4(의) *F~
of July* 미국독립기념일

fowl [faul] *n.* 《총칭》 조류; 가
금(家禽): water ~ 물새

fox [faks/fɔks] *n.* 여우(가죽); 교
활한 사람 「냥개

fox·hound [⌐hàund] *n.* 여우사

fóx térrier 폭스테리어개

fóx tròt 폭스트롯(4/4박자의 경
쾌한 춤)

foy·er [fɔ́iər/fɔ́iei] F. *n.* (극장·
호텔의)휴게실, 로비 「파편

frac·tion [frǽkʃ(ə)n] *n.* 단편,

frag·ile [frǽdʒil/-dʒail] *a.* 부서
지기 쉬운, 약한: "F~" 《표시》
「부서지기 쉬운 물건」

frag·ment [frǽgmənt] *n.* 파편

frag·men·tar·y [frǽgmentèri/
-t(ə)ri] *a.* 파편의; 단편적인

fra·grance [fréigr(ə)ns] *n.* 향기

fra·grant [fréigr(ə)nt] *a.* 향기로
운, 향긋한 「한

frail [freil] *a.* 잘 부서지는; 허약

frame [freim] *n.* 구조; 뼈대, 틀;
기분 —*vt.* 형태를 만들다, 조립
하다; 구상을 세우다; (어떤 목
적에 맞도록)만들다; 틀을 대다

fráme hóuse 《美》 목조가옥

frame·work [⌐wə̀ːrk] *n.* 틀만

들기, 뼈대; 구조

franc [fræŋk] *n.* 프랑(프랑스
화폐)

France [fræns/frɑːns] *n.* 프랑스
~ *Soir* 프랑스스와르지(파리의
석간신문)

fran·chise [frǽntʃaiz] *n.* 시민
권, 특권, 특허; 참정권, 선거권

frank [fræŋk] *a.* 솔직한, 담백한
~·**ly** *ad.* 솔직히 ~*ly speak-
ing* 솔직히 말해서

Frank·fort, -furt [frǽŋkfərt]
n. 프랑크푸르트(서독의 경제중
심지) ~ 프랑크푸르트 소
시지, 비엔나소시지

fran·tic [frǽntik] *a.* 광란의; 미
친 듯한

frap·pé [fræpéi/⌐] F. *a.* 얼음
에 채운 —*n.* 과일즙을 섞은
빙수

fra·ter·nal [frətə́:rn(ə)l] *a.* 형제
의[같은]; 우애의

fra·ter·ni·ty [frətə́:rniti] *n.* 형
제간, 우애; 《美》 남학생 사교
클럽(여자것은 sorority)

Frau [frau] G. *n.* (*pl.* ~*s*, ~·*en*
[⌐ən]) …부인 (Mrs.); (f~) 아
내 (wife)

fraud [frɔːd] *n.* 사기; 부정수단

Fräu·lein [frɔ́ilain] G. *n.* (*pl.*
~·*s*, G. ~) …양 (Miss)

fray [frei] *vt., vi.* 닳아해어지(게
하)다; 문지르다; (신경을)소모
하다

freak [friːk] *n.* 변덕; 기형

freck·le [frékl] *n.* 주근깨, 점

free [friː] *a.* 자유로운; 한가한;
무료의; (방이)빈: a ~ pass 무
료입장권/a ~ ride 무임승차/
~ imports 면세수입품 / Are
you ~ this evening? 오늘 밤
에는 한가합니까/Have you any
rooms~? 빈방이 있습니까 *Ad-
mission ~* 《게시》 입장무료
~ *from* …이 없는 ~ *of* …이
면제된 ~ *of* …이없는 ~ *on board
[rail]* 《商》 본선[화차] 적재인
도 *make ~ with* …을 마음대
로 사용하다; …에게 허물없이
굴다—*ad.* 자유로이; 무료로 —
vt. 자유롭게 하다, 해방[석방]하
다 (*from*); 면제하다 (*from, of*)

free·bie, -bee [fríːbi] *n.* 공짜
(로 주는 것), 경품

free·dom [⌐dəm] *n.* 자유; 사용
의 자유권; 면제 (*from*) ~ *of
the press* 언론(출판)의 자유

frée lánce 무소속 배우[기자, 연
주가], 프리이랜서

free·man [⌐mən] *n.* (*pl.* -men
[-mən]) 자유민, 공민

Free·ma·son [⌐mèisn] *n.* 프리
이메이슨(국제적 비밀결사 회원)

frée pórt 자유항(수출입이 면세인 항구·공항) 「유형

free·style [⌐stàil] n. 《수영》자

frée tráder 자유무역주의자

free·way [⌐wèi] n. 《美》 무료고속도로

freeze [friːz] vi., vt. (p. **froze,** pp. **fro·zen**) 얼(리)다; 몸이 얼다[얼게 하다] —n. (물가등의) 동결

freez·er [fríːzər] n. 냉동기

frée zòne 자유지대(항구나 도시에서 면세로 화물을 수입·저장할 수 있는 지대)

freight [freit] n. (화물의)수송; 화물, 적하; 운임; 《美》화물열차: advanced ~ 운임선불/ by ~ 《美》 보통화물편으로/~ forward 운임선불로/~ free 운임무료로/a ~ car 《美》화차/a ~ vessel 화물선 —vt. 화물을 싣다; 운송하다 ~·age [-idʒ] n. 화물(운송); 운임

French [frentʃ] a. 프랑스(사람·말·식)의: ~ dressing 프렌치드레싱/~ fries 포테이토칩/a ~ window 프랑스창(밖으로 열리는 큰 유리창) —n. 프랑스말; (the ~) 《총칭》 프랑스사람

French·man [fréntʃmən] n. (pl. -men [-mən]) 프랑스사람 「임

fren·zy [frénzi] n. 격노, 광란적

fre·quent a. [fríːkwənt → v.] 빈번한; 상습적인; 많이 있는 — vt. [fri(ː)kwént] 노상 출입하다[모이다]

fres·co [fréskou] n. (pl. ~es, ~s) 프레스코벽화(법)

fresh [freʃ] a. 신선한; 갓 만들어진; 싱싱한; 선명한; 상쾌한; 소금기없는: a ~ air inlet (비행기 등의)통풍구

fresh·man [⌐mən] n. (pl. -men [-mən]) 《美》 (대학의)신입생, 1학년생

fret¹ [fret] vt. 안달나게 하다, 괴롭히다; 물결 일게 하다 —vi. 안달하다; 먹어 들어가다 —n. 초조 ~·ful a. 안달하는

fret² n. 《建》 뇌문(雷紋); 《音》 프레트(기타아 등의 줄받이)

FRG=Federal Republic of Germany 독일연방공화국(서독)

fri·ar [fráiər] n. 수도승

fric·as·see [frìkəsíː] n. 프리카세(잘게 썬 고기를 뭉근히 삶은 요리)

fric·tion [fríkʃ(ə)n] n. 마찰

Fri·day [fráidi, -dei] n. 금요일 Good ~ 수난일(부활절 전의 금요일로, 예수 수난 기념일)

fridge [fridʒ] n. 《英口》 냉장고 [<refrigerator]

friend [frend] n. 친구; 한편 (opp. enemy); (F~) 프렌드파의 사람, 퀘이커교도 be [keep] ~s with …과 친하다[친하게 지내다] make ~s with …과 친해지다

friend·ly [fréndli] a. 친절한; 친한; 호의를 가진

friend·ship [fréndʃip] n. 우정

frig·ate [frígit] n. 대잠(對潛)호송용 소형구축함; (옛날의)쾌속범선

fright [frait] n. 놀람, 공포: take ~ at …에 놀라다

fright·en [fráitn] vt. 놀라게하다 be ~ed at …에 놀라다

fright·ful [fráitf(u)l] a. 놀라운, 무서운, 무시무시한; 추악한

frig·id [frídʒid] a. 지독히 추운; 냉담한: the F~ Zones 한대

frill [fril] n. 가장자리에 대는 주름장식 —vt. 주름장식을 달다

fringe [frindʒ] n. 술(장식); 가장자리 —vt. 술로 장식하다, 가장자리를 대다

Fris·co [frískou] n. 《美口》 San Francisco의 약칭

frisk [frisk] vt. (무기 등을 찾으려 옷 위를)몸수색하다

frit·ter [frítər] n. 프리터(얇게 썬 과일튀김)

friv·o·lous [frív(ə)ləs] a. 경솔[천박]한; 하찮은; 어리석은

friz·zle [frízl] vt. 기름에 바싹 튀기다

fro [frou] ad. 저쪽으로《현재는 다음 숙어에만 씀》 to and ~ 이리저리로, 앞뒤로

frock [frak/frɔk] n. (상하가 붙은)부인[아동]복; 작업복; 성직복; 프록코우트

frog [frag/frɔg] n. 《動》 개구리; 《俗》 프랑스사람; 장식단추

frog·man [⌐mən] n. (pl. -men [-mən]) 잠수공작원[병]

frol·ic [frálik/frɔl-] n. 까불기; 연회 —v. (p., pp. -icked, ppr. -ick·ing) 장난치다, 까불다

from [frəm, frʌm, frəm/frɔm, frəm] prep. …로부터 1 《기점·출발》: ten miles ~ Paris 파리로부터 10마일 떨어져/ Where are you [do you come] ~? 고향이 어디십니까 2 《분리·제거·해방·방해》: refrain ~ laughing 웃음을 참다 3 《변화》: go ~ bad to worse 짐점 더 나빠지다 4 《구별·차이》: differ ~ …과 다르다 5 《원료·재료》: Wine is made ~ grapes. 포도주는 포도로 만든다 6《원인·동기·이유》: die ~ exhaustion 기진하여 죽다 「즈

fro·mage [framaːʒ] F. n. 치이

front [frʌnt] *n.* 정면; 전방; 《軍》 전선, 일선 *in ~ of* …앞에 — *a.* 앞의; 정면의: a ~ desk(호텔 등의)프론트/ a ~ door 현관 *F~ Populaire* (나찌에 대항한)인민전선 — *vi., vt.* 면하다

front-age [frʌ́ntidʒ] *n.* (건물의) 정면, 향(向); (정면의) 폭 ~ *road* 고속도로변의 주차·정차 할 수 있는 차도

fron·tier [frʌntíər/frʌ́ntjə] *n.* 국경지방; 《美》 변경: ~ spirit 개척정신 /~ check 국경검사

fron·tiers·man [frʌntíərzmən/ frʌ́ntjəz-] *n.* (*pl.* **-men** [-mən]) 변경의 주민

frost [frɔːst/frɔst] *n.* 서리; 영하의 온도: ~-bound 얼어붙은

froth [frɔːθ/frɔθ] *n.* (맥주 등의) 거품; (내용의) 공허, 빈말 —*vt., vi.* 거품일게 하다; (말이 입에) 거품을 물다

frown [fraun] *vi., vt.* 눈살을 찌푸리다, 얼굴을 찡그리다 —*n.* 찡그린 얼굴; 난색

froze [frouz] *v.* freeze의 과거

fro·zen [fróuzn] *v.* freeze의 과거분사 —*a.* 동결한; 혹한의; 냉담한

fru·gal [frúːg(ə)l] *a.* 절약하는; 알뜰한 《*of*》; 검소한

fruit [fruːt] *n.* 과일; (때로 *pl.*) 성과, 소산, 수익: ~ juice 과즙

fruit·ful [frúːtf(u)l] *a.* 열매를 잘 맺는, 다산의; 효과가 큰, 유익 [유리]한

frus·trate [frʌ́streit/-◠] *vt.* 꺾다; 좌절시키다; 실망시키다

frus·tra·tion [frʌstréiʃ(ə)n] *n.* 좌절, 실패; 《心》 욕구불만

fry [frai] *vt., vi.* (기름에)튀기다, 튀겨지다 —*n.* 프라이, 튀김

frý·ing pàn 프라이팬

fudge [fʌdʒ] *n.* 퍼지(말랑한 캔디); 허튼소리, 지어낸 이야기

fu·el [fjú(ː)əl] *n.* 연료, 땔감 —*vi., vt.* 연료를 공급[보급]하다

fu·gi·tive [fjúːdʒitiv] *a.* 도망친, 망명한 —*n.* 도망자, 망명자

fugue [fjuːg] *n.* 《音》 푸가

Ful·bright [fúlbràit] *n., a.* 풀브라이트 장학금(의)

ful·fill, 《英》 -fil [fulfíl] *vt.* (*p., pp.* **-filled**, *ppr.* **-fil·ling**) (의무·약속을)이행하다; (소원을)이루다; (일을)완료하다, (기간이) 만료되다

full [ful] *a.* 가득찬, 만원의, 배부른 《*of*》; 충분한, 풍부한; 완전한 (perfect): ~ pension 세끼 식대를 포함함 /a ~ house 만원(의 극장)/at ~ length 자세히 /~ name (생략하지 않은)정

식이름 —*n.* 전부; 충분; 한창 *at the ~* 한창때에 *in ~* 생략하지 않고, 전부, 전액 *to the ~* 충분히, 실컷, 마음껏 —*ad.* 충분히 (fully), 완전히; 정확히

full-blown [◠blóun] *a.* 만발한; 충분히 발달한

fúll dréss 정장(正裝)

full-dress [◠drés] *a.* 정장한

full-grown [◠gróun] *a.* 충분히 성장한, 성숙한

full-length [◠léŋθ] *a., n.* 등신대(等身大)의 (상)

fúll móon 보름달

full-scale [◠skèil] *a.* 대규모의, 본격적인

full-time [◠táim] *a.* 전시간제의, 전임의

ful·ly [fúli] *ad.* 충분히, 완전히

fum·ble [fʌ́mbl] *vi.* 손으로 더듬다, 찾다; 어설프게 만지다 — *vt.* 더듬어 …하다; 서투르게 다루다; 《야구》 (공을 실수로)놓치다 —*n.* 《야구》 펌블(잡은 공을 실수로 놓치기)

fume [fjuːm] *n.* (때로 *pl.*) 연기, 증기; 향기; 노기 —*vt., vi.* 연기[증기]를 내(게 하)다

fun [fʌn] *n.* 장난, 농담; 재미, 즐거움 *for [in]* ~ 농(담)으로, 장난삼아 *make ~ of* …을 놀리다

func·tion [fʌ́ŋkʃ(ə)n] *n.* 기능, 작용; 임무, 직무 —*vi.* 직분을 다하다, 작용하다, 기능을 하다

fund [fʌnd] *n.* 자금, 기금; (보통 *the* ~s) 《英》 공채, 국채; (*pl.*) 재원 ~·*ing n.* 자금제공, 융자

fun·da·men·tal [fʌ̀ndəmént(ə)l] *a.* 기초의; 중요한

fu·ner·al [fjúːn(ə)rəl] *n., a.* 장례식(의)

fun·gus [fʌ́ŋgəs] *n.* (*pl.* ~·**es**, **-gi** [-gai, -dʒai]) 진균류, 균, 곰팡이, 버섯

fun·nel [fʌ́n(ə)l] *n.* 깔때기; 통풍구멍; (기관차·기선의)굴뚝

fun·ny [fʌ́ni] *a.* 우스운, 웃기는; 《口》 괴상한, 별난

fur [fəːr] *n.* 부드러운 털; (*pl.*) 모피(의복, 장갑, 목도리)

fu·ri·ous [fjú(ː)riəs] *a.* 미쳐날뛰는, 광포한, 격렬한

fur·nace [fə́ːrnis] *n.* 화로; 용광로

fur·nish [fə́ːrniʃ] *vi., vt.* 갖추다, 공급하다 《*with*》; (가구 등을)설비하다 *F~ed House* 《게시》 가구딸린 셋집

fur·ni·ture [fə́ːrnitʃər] *n.* 《총칭》 가구, 비품

fur·row [fə́ːrou/fʌ́r-] *n.* 고랑, 골; 배 지나간 자국; 바퀴자국

fur·ry [fə́ːri] *a.* 모피로 덮인

fur·ther [fə́ːrðər] *ad., a.* 《far의

비교급》 더 멀리(의); 게다가 또, 그 이상의 ***till ~ notice*** 추후 통지가 있을때까지(*cf.* farther)
fur·ther·more [∠mɔ̀:r] *ad.* 게다가 또, 더우기 (moreover)
fur·ther·most [∠mòust] *a.* 가장 먼
fur·thest [fə́:rðist] *ad., a.* 《far의 최상급》 가장 멀리[먼]
fu·ry [fjú(:)ri] *n.* 격노(rage); 격정; 맹렬 ***in a ~*** 격노하여
fuse¹ [fju:z] *vt., vi.* 녹(이)다
fuse² *n.* 신관, 도화선; 〖電〗 퓨우즈
fu·se·lage [fjú:səlidʒ/-zilɑ̀:ʒ] *n.* (비행기의)동체
fu·sion [fjú:ʒ(ə)n] *n.* 용해, 융합; 결합, 합동; 〖理〗 핵융합
fuss [fʌs] *n.* (공연한)소동 **—*vi., vt.*** 소란을 피우(게하)다
fu·tile [fjú:t(ə)il/-tail] *a.* 쓸모없는, 헛된
fu·til·i·ty [fju(:)tíliti] *n.* 무익
fu·ture [fjú:tʃər] *a.* 미래의: ~ life 내세 **—*n.*** 미래; 장래(성)

G

G.A. = *G*eneral *A*ssembly 유엔총회; (미국의)주의회
gab·ar·dine [gǽbərdì:n, ˎ-∠] *n.* 개버딘(천)
Ga·bon [gæbɔ́:ŋ] *n.* 아프리카 남서부의 공화국(수도 Libreville)
gadg·et [gǽdʒit] *n.* 작은 기계장치, 연장, 도구
Gael [geil] *n.* 게일인 (아일란드·스코틀란드의 켈트인)
gag [gæg] *n.* 재갈; 언론탄압; 입막음; 익살, 개그
gage [geidʒ] *n.* =gauge
gai·e·ty [géiəti] *n.* 유쾌, 명랑
gai·ly [géili] *ad.* 유쾌히, 화려하게
gain [gein] *vt.* 얻다(obtain), 벌다(earn); 이기다(win); (이익을) 늘리다; (시계가)더 가다 (*opp.* lose); 도달하다 **—*vi.*** 이익을 얻다; 진보하다 **—*n.*** 증가, 진보; 이익, 벌이 (*opp.* loss); (*pl.*) 이익금
gait [geit] *n.* 걸음걸이
ga·la [géilə, gǽ-/ gɑ́:-] *n.* 축제
gal·ax·y [gǽləksi] *n.* (*the* G~) 〖天〗 은하(수)(the milky way)
gale [geil] *n.* 강풍, 질풍
gal·lant *a.* [gǽlənt→*n.*] **1** (복장이)화려한 **2** 용감한 **3** (여자에게)친절한; 연애의 **—*n.*** [gəlǽnt, gǽlənt] **1** 멋장이 (남자) **2** 여자에게 친절한 남자; 애인
gal·ler·y [gǽləri] *n.* 화랑, 미술품진열실[관]; 회랑; (교회·호올의)특별석, 방청석; (극장의)맨 위층의 보통 관람석(의 관중) ***the National G~*** (런던의)국립미술관 「위)
gal·lon [gǽlən] *n.* 갤론(용량단
gal·lop [gǽləp] *n.* (말의)구보
gal·lows [gǽlouz, +美 -ləz] *n. pl.* 교수대
Gál·lup pòll [gǽləp] (미국의) 갤럽여론조사
gal·op [gǽləp] *n.* 갤럽(경쾌한 춤, 그 곡)
ga·losh [gəlɑ́ʃ/ -lɔ́ʃ] *n.* (보통 *pl.*) 고무장화(덧신)
gam·ble [gǽmbl] *vi., vt.* 내기[도박]를 하다 **—*n.*** 《口》 도박
game [geim] *n.* 놀이, 게임; 경기, (한)시합; 승리, 득점; 《총칭》 사냥감(새·짐승·물고기): The ~ is up [over]. 만사 틀렸다 ***play the ~*** 정정당당히 승부하다; 훌륭히 역할을 다하다
gáme bìrd 엽조(獵鳥)
game·cock [∠kɑ̀k/-kɔ̀k] *n.* 투계, 싸움닭(fighting cock)
gáme làws 수렵법
gáme lìcense 수렵면허증
game·ster [∠stər] *n.* 도박사
gam·mon [gǽmən] *n.* (훈제한) 돼지의 허벅지살 「갱
gang [gæŋ] *n.*(악한 등의)패거리,
gang·board [∠bɔ̀:rd] *n.* (배와 부두 사이에 걸치는)건널판
Gan·ges [gǽndʒi:z] *n.* (*the* ~) 갠지즈강(인도의 큰 강)
gang·plank [gǽŋplæ̀ŋk] *n.* 《美》 =gangboard
gang·ster [gǽŋstər] *n.* 《美口》 갱의 한 사람
gang·way [gǽŋwèi] *n.*(극장 등의)좌석 사이의 통로; (배의)트랩
gap [gæp] *n.* 벌어진[갈라진] 틈; (의견의)간격; 결함; 협곡
gape [geip] *vi.* 입을 크게 벌리다[벌리고 보다]; 하품하다; (땅이) 크게 갈라지다
ga·rage [gərɑ́:(d)ʒ/ gǽrɑ:(d)ʒ, -ridʒ] *n.* 자동차차고; (비행기)격납고
gar·bage [gɑ́:rbidʒ] *n.* 음식찌꺼기; 쓰레기: a ~ collector 청소부
gar·çon [gɑrsɔ̃] *F. n.* 급사, 보이
gar·den [gɑ́:rdn] *n.* 정원, 과수원, 채소밭; (때로 *pl.*) 유원지, 공원: Kensington *G~s* (런던의) 켄징턴공원/ zoological [botanical] ~(*s*) 동물[식물]원 **—*vi.*** 정원을 만들다, 원예를 하다 **~·ing** *n.* 조원(造園)(술), 원예

gárden pàrty 원유회

gar·gle [gáːrgl] *vi.*, *vt.* 목을 가시다 —*n.* 목가심약

gar·land [gáːrlənd] *n.* 화환

gar·lic [gáːrlik] *n.* 마늘

gar·ment [gáːrmənt] *n.* 의복; (*pl.*) 의상, 옷

gar·ret [gǽrit] *n.* 고미다락방

gar·ter [gáːrtər] *n.* 양말대님; (*the* G~) 《英》 가아터훈장

gas [gæs] *n.* 기체, 가스; 《美口》 휘발유: a ~ heater 가스난로/ drink ~ 《美口》 (차가)휘발유를 먹다

gas·a·hol [gǽsəhɔ̀l/-hɔ̀l] *n.* 가사홀(식물성알콜과 휘발유와의 혼합 연료) [< gasoline + alcohol] 「의

gas·e·ous [gǽsiəs] *a.* 기체(모양)

gas·light [gǽslàit] *n.* 가스등

gas·o·line [gǽsəlíːn/ ⌐⌐⌐] *n.* 휘발유(《英》 petrol)

gas·o·mat [gǽsəmæ̀t] *n.* 자동 휘발유 주유소

gasp [gæsp/gɑːsp] *n.* 헐떡임, 숨참 —*vi.* 헐떡이다; 갈망하다 —*vt.* 헐떡이며 말하다

gás ràng e 가스레인지(조리용)

gás rìng 가스곤로

gás stàtion 주유소

gas·tro·scope [gǽstrəskòup] *n.* 위경(胃鏡)

gate [geit] *n.* 대문(짝); ~ money 입장료/ a ~ pass 탑승권/ ~ number (공항 등의)출입구번호

gate-crash·er [⌐kræ̀ʃər] *n.* 불청객 「집, 수위실

gate·house [⌐hàus] *n.* 문지기

gáte lòunge (공항의)대기실

gate·post [⌐pòust] *n.* 문기둥

gate·way [⌐wèi] *n.* 대문, 출입구; (성공 등에 이르는)길, 수단 《to》

gath·er [gǽðər] *vt.* 모으다 (*opp.* scatter); 축적하다, 늘리다; 따다, 거둬들이다; (옷에)주름을 잡다; 추측하다 《*that*》 —*vi.* 모이다, 증가[증대]하다; 부어오르다 ~ oneself up [together] 용기를 내다 ~ up 주워[긁어]모으다; (이야기의 줄거리를)간추리다 —*n.* 주름

gath·er·ing [gǽð(ə)riŋ] *n.* 집회; 수금; 집적

gau·cho [gáutʃou] *n.* 가우초(남미의 카우보이) 「천한

gaud·y [gɔ́ːdi] *a.* 야한, 화려한;

gauge [geidʒ] *n.* 계기, 자; (대포 구경의)표준치수; 척도, 용량, 범위 —*vt.* 측정하다; 평가하다

gaunt [gɔːnt, +美 gɑːnt] *a.* 여윈, 수척한; 가늘고 긴; 무시무시한, 음산한

gauze [gɔːz] *n.* 가아제

gave [geiv] *v.* give의 과거

ga·votte [gəvát/-vɔ́t] *n.* 가보트(활발한 프랑스춤; 그 곡)

gay [gei] *a.* 명랑한, 쾌활한; 화려한; 방탕한

Gá·za Strip [gáːzə, gǽzə] 가자 지구(시나이반도 북서부의 지중해에 면한 지역)

gaze [geiz] *n.* 응시, 주시 —*vi.* 응시하다

ga·zette [gəzét] *n.* 관보, 신문지, …신문 —*vt.* 관보에 게재하다

GE = *General Electric Company* 미국의 전기기기회사

gear [giər] *n.* 기어; 기구, 장치

gear·shift [⌐ʃift] *n.* (자동차의) 변속레버

géar whèel 기어 「변속레버

geese [giːs] *n.* goose의 복수

Ge·län·de [gəléndə] *G. n.* 겔렌데, 스키이연습장

gel·a·tin [dʒélət(i)n/ -tíːn], **-tine** [-t(i)n/ -tiːn] *n.* 아교, 젤라틴

gem [dʒem] *n.* 보석; 주옥

gen·er·al [dʒén(ə)rəl] *a.* 일반[총합]적인; 공통의, 보통의, 개괄적인; 최고의; 장성의: a ~ agent 총대리인/ a ~ manager 총지배인/ a ~ opinion 여론 *G~ Assembly* (UN)총회 / ~ *election* 총선거 —*n.* 육군대장; 장성, 장군 *in* ~ 대체로, 일반적으로

gen·er·al·ize [dʒén(ə)rəlàiz] *vt.*, *vi.* 일반[보편]화하다, 보급하다; 개괄[개념]하다

gen·er·al·ly [dʒén(ə)rəli] *ad.* 일반적으로, 널리; 보통은, 대개 ~ *speaking* 대개

gen·er·ate [dʒénərèit] *vt.* 생기게 하다; (전기 등을)발생시키다; 야기하다

gen·er·a·tion [dʒènəréiʃ(ə)n] *n.* 대(약 30년), 세대; 동시대의 사람들(contemporary); 발생; 생식: for ~s 여러 대에 걸쳐/ from ~ to ~ 대대로/ the rising [young] ~ 청년들/ the present ~ 현대(의 사람들)

generátion gáp 세대간의 단절, 세대차

gen·er·a·tor [dʒénərèitər] *n.* 발전기; 가스발생기

gen·er·os·i·ty [dʒènərásiti / -ɔ́s-] *n.* 관대, 관용; 후한 마음씨

gen·er·ous [dʒén(ə)rəs] *a.* 관대한, 도량이 큰; 인심좋은; 풍부한

Ge·ne·va [dʒiníːvə] *n.* 제네바(스위스의 도시)

gen·ial [dʒíːnjəl] *a.* (날씨가)온화한, 쾌적한; 상냥한, 친절한

ge·nius [dʒíːnjəs] *n.* (*pl.* ~·es) 천재, 소질; (국민·시대 등의)정

G

신, 특질

Ge·no·va [dʒé:nova:], **-no·a** [dʒénəwə] *n.* 제노바(이탈리아의 도시)

gen·re [ʒɑ́:nr(ə)] *n.* 종류, 형식, 유형; 풍속화 [F]

gen·teel [dʒentí:l] *a.* 품위있는, 우아한; 얌전빼는

gen·tle [dʒéntl] *a.* 상냥한(kindly); 가문이 좋은; 고상한; 완만한

gen·tle·man [dʒéntlmən] *n.*(*pl.* **-men** [-mən]) 신사; 남자(분); (*pl.*) 《호칭》 신사 여러분 (*cf.* lady); (*pl.* 단수취급)(화장실의) 신사용 (gent. 로 줄임) *gentlemen's agreement* 신사협정

gen·tly [dʒéntli] *ad.* 상냥하게; 조용히; 완만하게; 우아하게

gen·try [dʒéntri] *n.* (귀족 다음의) 양반들; 사람들, 동료

gen·u·ine [dʒénjuin] *a.* 진짜의 (real); 순진한, 성실한

ge·o·graph·ic [dʒì:əɡrǽfik / dʒìə-], **-i·cal** [-ik(ə)l] *a.* 지리 (학)의 **-i·cal·ly** *ad.* 지리적으로

ge·og·ra·phy [dʒi:áɡrəfi/ dʒi-óg-] *n.* 지리학; 지리, 지형, 지세

ge·ol·o·gy [dʒi:álədʒi/ dʒi:ól-] *n.* 지질학

ge·om·e·try [dʒi:ámitri/ dʒi:óm-] *n.* 기하학

geor·gette [dʒɔ:rdʒét] *n.* 조제트 (얇은 견직물의 일종)

Geor·gia [dʒɔ́:rdʒə/ dʒɔ́:dʒə] *n.* 미국 남부의 주

germ [dʒə:rm] *n.* 세균; 기원, 초기 ~ *warfare* 세균전

Ger·man [dʒə́:rmən] *a.* 독일의, 독일인[어]의; 독일식의 ~ *Democratic Republic* 독일민주 공화국(동독) ~ *Federal Republic* 독일연방공화국(서독) —*n.* 독일인[어]

Ger·ma·ny [dʒə́:rməni] *n.* 독일 *East* ~ 동독 *West* ~ 서독

ges·ture [dʒéstʃər] *n.* 몸짓, 손짓; 겉꾸림

get [get] *v.* (*p.* **got**, *pp.* **got**, (복합어, 《古》, 《美》에서) **got·ten**) *vt.* 얻다; 받다; 《口》 《*have got* 로》 가지고 있다, 《*have got to do* 로》 …해야 하다 (must); 《*get*+명사+과거분사》 …시키 다, 해받다, 당하다: ~ *cold* 감 기들다/~ *one's hair cut* 머리 를 깎다/I don't ~ you. 네 말 은 알 수가 없다/I haven't *got* a penny. 빈털터리다 —*vi.* … 이 되다(become); 《과거분사와 함께》 …당하다; 도착하다; 닿 다: ~ *angry* 화내다/~ *used to it* 그것에 익숙해지다/~ *caught* 붙잡히다/~ *home* 귀

가하다 ~ *about* 돌아다니다; 활동하다; 퍼지다 ~ *along* 나 아가다; 의좋게 지내다 《*with*》; 진척되다; 성공하다 ~ *around* 돌아다니다; 퍼지다 ~ *at* … 도착하다; 파악하다; (뜻을)이해 하다 ~ *away* 떠나다, 도망치 다; 여행 떠나다 ~ *back* 되찾 다; 돌아오다 ~ *by* 지나치다 Please let me ~ *by.* 좀 지나 가겠읍니다 ~ *down* 내리다 ~ *in* 도착하다; 들어가다, (승 용차 등에)타다; 거둬들이다 ~ *off* 나오다; 출발하다, 떠나다; (탈것을)내리다(승용차·택시 등 은 보통 get out of a car [taxi]라 함); (벌 등을)면하(게 하)다; 벗다 ~ *on* (배·비행기· 기차·전차·버스 등에)타다; 나 아가다, 성공하다; 살아가다; 입 다, 신다; 의좋게 지내다《*with*》 ~ *over* …을 건너다, 넘다; (병 에서)회복하다; (곤란을)극복하 다 ~ *through* …을 마치다 《*with*》; 통과하다; 전화가 통하 다 《*to*》 ~ *to* …에 닿다; …하 기 시작하다 ~ *up* 일어나다, 기상하다

get-to·geth·er [gét(t)əgèðər] *n.* (비공식)집회, 모임

Get·tys·burg [gétizbə̀:rg] *n.* 《美》 남북전쟁때의 격전지 ~ *Address* 1863년 Lincoln이 여 기서 행한 연설(민주주의의 기본 정신 'government of the peo-ple, by the people, for the people로 유명)

gey·ser [gáizər→2] *n.* **1** 간헐천 **2** [gí:zər] 《英》 (목욕탕의)물끓 이는 장치

Gha·na [gɑ́:nə] *n.* 가나(아프리카 서부의 공화국)

ghast·ly [gǽstli/ gɑ́:st-] *a.* 귀신 같은, 무시무시한, 소름끼치는

ghet·to [gétou] *n.* (*pl.* ~**s**, **ghet·ti** [-ti:]) 유대인가[지구]; 《美》 빈민가[굴]

ghost [goust] *n.* 유령, 요괴; 환영

ghost·ly [góustli] *a.* 유령의[같 은], 그림자 같은, 어렴풋한

ghóst tòwn 《美》 유령도시(주 민이 살지 않는 도시)

G.H.Q., GHQ =General *Head-quarters* 총사령부

GI [dʒí:ái] *n.* 《美口》 미군병사; 관급품

gi·ant [dʒáiənt] *n.* 거인; 거한; 거 대한 것 —*a.* 거대한

Gi·bral·tar [dʒibrɔ́:ltər] *n.* 지브 롤터(스페인 남단의 영국해 군 기지) *the Strait of* ~ 지 브롤터해협

gid·dy [gídi] *a.* 현기증이 나는

(dizzy), 어지러운; 눈부신

gift [gift] *n.* 선물; 천부의 재능 (talent): a ~ certificate (선물용)상품권/a ~ shop 외국인 상대의 토산물가게 —*vt.* 증여하다, 주다 be ~ed with …을 타고나다 ~ed *a.* 재능있는

gig [gig] *n.* 한필이 끄는 2륜마차; 가볍고 긴 보우트

gi·gan·tic [dʒaigǽntik] *a.* 거대한; 훌륭한, 대규모의

gig·gle [gígl] *vi.* 킬킬 웃다 —*n.* 킬킬 웃기

gig·o·lo [dʒígələðu/ʒíg-] *n.* (매춘부의)기둥서방; 남자직업댄서

gig·ot [dʒígət] *n.* (요리용)새끼양의 다리

gild [gild] *vt.* (*p.*, *pp.* ~·ed ·or gilt) 금도금하다; 겉을 꾸미다 ~·ed *a.* 금도금한

gilt [gilt] *n.* 금도금한, 금을 씌운, 금빛의 —*n.* 금도금; 금박

gin [dʒin] *n.* 진(일종의 화주) ~ and tonic 진토닉(진과 키니네수·레몬 등의 칵테일)

gin fizz 진피즈(진에 탄산수·레몬 등을 탄 음료)

gin·ger [dʒíndʒər] *n.* 〖植〗 새앙 ~ beer [ale] 새앙을 넣은 청량음료

gin·ger·bread [⌐brèd] *n.* 새앙을 넣은 케이크; 싸구려 물건

ging·ham [gíŋəm] *n.* 깅검(줄무늬 무명)

gin·seng [dʒínseŋ, +美 -siŋ] *n.* 〖인삼〗

Gip·sy [dʒípsi] *n.*《英》=Gypsy

gi·raffe [dʒirǽf/-rɑ́ːf] *n.* 〖動〗 기린

gird [gəːrd] *vt.* (*p.*, *pp.* ~·ed or girt) 감다, 띠로 매다; (힘등을)주다; 둘러싸다, 두르다

gir·dle [gɔ́ːrdl] *n.* 띠(모양의 것); 거어들(코르셋의 일종) —*vt.* 둘러싸다, 띠로 두르다

girl [gəːrl] *n.* 계집아이; 소녀, 아가씨(*cf.* boy); 여점원;《口》애인: an office ~ 여사무원/a ~ friend 여자친구

give [giv] *v.* (*p.* gave, *pp.* giv·en) *vt.* 주다; 전하다; 베풀다; 지불하다;인도[양보]하다;고하다; 행하다, 상연하다; 그리다; 가정하다; 《give me로》…해주시오;…을 불러주시오/~ a cry 비명을 지르다/G~ my best regards to Mary. 메리에게 안부전해 주시오/G~ me your hand. 악수하자/G~ me a trunk call 303-8856. 장거리전화 303-8856을 부탁합니다 —*vi.* 선사하다, 주다, 자선을 베풀다 be ~n to … 에 열중하다 ~ and take 공평한 거래를 하다 ~ away 주다,포기하다;《口》(비밀을)무심코 누설하다;배반하다 ~ back 돌려주다; 보복하다 ~ forth 공표하다;(냄새·소리 등을)내다 ~ in 제출하다; 굴복하다 ~ off 발산하다 ~ oneself to … 에 열중하다 ~ out 없어지다, 사라지다; 발하다; 도르다; 공언[발표]하다; 지치다 ~ over 《doing》…을 그만두다;인도하다 ~ 《a person》 to under stand [know] (남에게)이해시키다[알리다] ~ up 저버리다; 항복하다; 단념하다

give-and-take [gívəntéik] *n.* 타협, 호양, 호혜; (말의)응수

give·a·way [gívəwèi] *n.*《口》무심코 누설하기; 상금[상품]이 딸린 프로

giv·en [gívn] *v.* give의 과거분사 —*a.* 주어진, 일정한, 특정의 ~ name《美》(성에 대한) 이름, 세례명

Gi·za [gíːzə] *n.* El ~ 이집트 Cairo 근처의 도시(근처에 Py ramid과 Sphynx가 있음)

gla·cier [gléiʃər/glǽsjə] *n.* 빙하

glad [glæd] *a.* 기쁜; 기꺼이 …하는(pleased)《to do》;반가운; 즐거운: I'm very ~ to see you. 뵙게 되어 매우 기쁩니다 ~·ly *ad.* 기꺼이

Glad·stone bàg [glǽdstoun, -stən] 길쭉한 여행가방

glam·or·ous [glǽmərəs] *a.* 매혹적인

glam·our, -or [glǽmər] *n.* 마력, 마법; 매혹, 매력: a ~ girl 《美口》매혹적인 여자

glance [glæns/glɑːns] *n.* 일견, 일별; 눈짓 at a [the first] ~ 일견하여 —*vi.*, *vt.* 흘끗보다, 대강보다

glare [glɛər] *n.* 눈부신[강한] 빛; 노려보기 —*vi.*, *vt.* 눈부시게 빛나다; 노려보다

glar·ing [glɛ́(ː)riŋ] *a.* 눈부시게 빛나는; 번지르르한; 틀림없는

Glas·gow [glǽsgou, -kou/glɑ́ːs-] *n.* 스코틀란드 남서부의 항구도시

glass [glæs/glɑːs] *n.* 유리; 컵, 글라스; 한 컵; 거울; 안경알, (*pl.*) 안경, 망원경, 현미경; 청우계; 온도계: a ~ of wine 술 한잔

gláss èye 의안

glass·house [⌐hàus] *n.* 온실; 유리공장; 유리점

glass·ware [⌐wɛ̀ər] *n.* 유리제품[기구]

glass·work [⌐wɔ̀ːrk] *n.* 유리제품; (보통 *pl.*) 유리공장

gleam [gli:m] *n.* 미광, 번쩍임; 번득임 —*vi.* 희미하게 빛나다, 번쩍이다

glee [gli:] *n.* 환희; 〔晉〕 합창곡: a ~ club 합창단

glen [glen] *n.* 협곡

glide [glaid] *vi.* 미끄러지다, 활주하다; 활공하다 —*n.* 활주

glid·er [gláidər] *n.* 글라이더

glim·mer [glímər] *vi.* 희미하게 빛나다, 깜박이다, 미광; 깜박임 —*n.* 미광; 깜박임

glimpse [glimps] *n.* 흘끗 보임 [보기] —*vt.*, *vi.* 흘끗 보다

glis·ten [glísn] *vi.* 반짝이다, 빛나다 —*n.* 섬광, 반짝임

glit·ter [glítər] *vi.*, *n.* =glisten

glob·al [glóub(ə)l] *a.* 지구의; 전세계의; 구(球)모양의

globe [gloub] *n.* 구; (the ~) 지구; 지구본

globe-trot·ter [⸗tràtər/ ·tròtə] *n.* 《口》세계 유람자, 대여행가

gloom [glu:m] *n.* 어둠; 우울 —*vi.*, *vt.* 어두워지다, 어둡게 하다, 우울해지다, 우울하게 하다 「한

gloom·y [glú:mi] *a.* 어두운; 우울

glo·ri·fy [glɔ́:rifài] *vt.* 칭송하다, 찬양하다, 영광을 더하다

glo·ri·ous [glɔ́:riəs] *a.* 영광스러운, 명예로운; 장엄한

glo·ry [glɔ́:ri] *n.* 영광, 명예; 영화, 전성; 환희; 장관

gloss [glɔ:s/ glɔs] *n.* 광택, 윤

glos·sa·ry [glásəri/ glɔ́s-] *n.* 어휘; (학술어·특수어의)사전

gloss·y [glɔ́:si/ glɔ́si] *a.* 윤나는, 매끄러운; 그럴듯한

glove [glʌv] *n.* 장갑; 글러브

glow [glou] *vi.* (불꽃을 내지 않고)벌겋게 타다; 백열하다, 빛나다; 후끈해지다 —*n.* 빛남, 백열

glue [glu:] *n.* 아교(풀)

glyc·er·in [glísərin], **-ine**[-ri:n] *n.* 《化》 글리세린

GM = *General Motors Corporation* 세계 최대의 자동차회사

G-man [dʒí:mæn] *n.* (*pl.* **-men** [-mèn]) 《美》 연방수사국 형사

GMT, G.M.T. = *Greenwich Mean Time* 그리니지 표준시

gnat [næt] *n.* 각다귀; 《英》 모기

gnaw [nɔ:] *vt.*, *vi.* (*p.* ~**ed**, *pp.* ~**ed, gnawn** [nɔ:n]) 깨물다, 갉다; 괴롭히다

GNP = *Gross National Product* 국민총생산

go [gou] *vi.* (*p.* **went,** *pp.* **gone**) 1 가다; 떠나다, 출발하다; …에 이르다; (어떤 값에)팔리다; …의 수중에 넘어가다, …의 것이 되다; 없어지다; 폐기[포기]하다; 무너지다, 죽다, 썩다: ~ abroad 외국에 가다/~ by rail [ship, air, land, sea] 기차로 [배로, 하늘을, 육로를, 해로를]가다 2 (기계 등이) 움직이다, 돌다, (시계가)치다 3 (어떤 상태로) 되다, 변하다: ~ mad 미치다/~ to sleep 자다 4 행동하다 《*by, on, upon*》; 태도를 취하다, 처신하다 5 …라고 말하고[씌어] 있다: The story ~*es* that …라는 소문이다 6 통용되다 7 놓이다, 포함하다, 들어가다 *be* ~*ing to* 《*do*》 막 …하려 하고[생각하고]있다 ~ *about* 돌아다니다; 열심히 …하다; 유행[통용]하다 ~ *ahead* 나아가다; 계속하다: *G*~ *ahead!* 《美》 자 먼저(가십시오) ~ *and* 《*do*》 …하러 가다 ~ *away* 떠나다 ~ *back* 돌아가다, (…으로)소급하다 ~ *by* 경과하다; (규칙에)따르다 ~ *down* 내려가다. 떨어지다, (배가)가라앉다; (…까지)계속되다, 이르다 《*to*》 ~ *for* …을 가지러[부르러] 가다; …에 적용하다; …을 덮치다; …로 통하다 ~ *on* 계속하다; 처신하다 ~ *out* 외출하다; 해외로 가다;(불이)꺼지다 ~ *round* 돌다; 골고루 돌아가다 ~ *the distance with* (권투에서)판정까지 가다 ~ *through* 통과하다; (절차를)거치다 ~ *with* …과 동행하다;조화하다 ~ *without* …없이 지내다 *It* ~*es without saying that* …은 말할 나위도 없다

go-a·head [góuəhèd] *a.* 진취적인, 적극적인; (신호가)「가시오」의

goal [goul] *n.* 결승점; 목적

go-as-you-please ticket 런던 방문자가 시내의 지하철·버스에 무제한 탈 수 있는 표

goat [gout] *n.* 염소

Gob·e·lin [gábəlin, góub-/góub-, gɔ́b-] *n.*, *a.* 고블랭직(織)(의)

go-be·tween [góubitwì:n] *n.* 매개자; 중개자; 중매인 「막

Go·bi [góubi] *n.* (the ~) 고비사

gob·let [gáblit/ gɔ́b-] *n.* 굽이 달린 술잔

go-cart [góukà:rt] *n.* (유아용) 보행기; 유모차

god [gad/ gɔd] *n.* 신; 우상, 숭배의 대상 *by G*~ 맹세코, 확실히 *for G*~'s *sake* 제발 *G*~ *knows* 신만이 안다, 아무도 모른다; …임을 맹세한다

god·child [⸗tʃàild] *n.* (*pl.* **-children** [-tʃìldr(ə)n]) 대자(代子)

god·dess [gádis/ gɔ́d-] *n.* 여신

god·fa·ther [⸗fà:ðər] *n.* 대부

god·ly [gádli/ gɔ́d-] a.독실한, 경건한 「(代母)

god·moth·er [⸗mʌðər] n.대모

gog·gle [gágl/gɔ́gl] vi., vt.눈알을 굴리(게하)다 —n. (pl.) (햇빛·먼지막이)안경

go-go [góugòu] a. (음악·춤이)고우고우의

go·ing [góuiŋ] a. 진행[운전]중인, 영업중인, 현행의, 유통하는 —n. 가기; 출발, 여행떠나기

Gó·lan Hèights [góulɑːn, -lən] (이스라엘과 시리아 사이의)골란 고원

gold [gould] n.금;《총칭》금화; 부(wealth); 금빛 —a.금의[으로 만든]; 금빛의: ~ dust 사금

gold·en [góuld(ə)n] a.금빛의; 금의[으로 만든]; 귀중한; 전성의: a ~ wedding 금혼식 G~ Arrow 런던·파리간의 풀만열차 the G~ Gate Bridge 금문교(샌프란시스코만 어귀에 있

gólden rúle《聖》황금률 [음)

gold·fish [góuldfiʃ] n.금붕어

góld léaf 금박

góld mìne 금광

góld resérve 금준비

góld rùsh 고올드러시

gold·smith [⸗smiθ] n. 금세공사

golf [galf, gɔːlf/gɔlf] n., vi.골프(를 치다): a ~ course; ~ links 골프장

Gol·go·tha [gálgəθə/gɔ́l-] n. 그리스도가 십자가에 못박힌 곳

gon·do·la [gándələ/gɔ́n-] n. (Venice 의)곤돌라;《美》무개화차; (비행선의)조롱(吊籠); (공중삭도의)승객칸

gon·do·lier [gàndəlíər/ gɔ̀ndəlíə] n.곤돌라의 사공

gone [gɔ(ː)n] v. go 의 과거분사 —a. 떠나간; 지나간; 가망 없는, 망친, 영락한

gong [gɔːŋ, gaŋ/gɔŋ] n. 징(소리)

gon·or·rhe·a, 《英》 **-rhoe·a** [gànərí:ə/ gɔ̀n-] n.《醫》임질

good [gud] a. (**better, best**) 좋은 (opp. bad); 즐거운; 능숙한; 진짜의; 효력 있는; 알맞은《for》; 강건한; 충분한; 상당한: ~ luck 행운/a ~ many 상당히 많은 [많이]/~ sense 분별/~ temper 기분좋음/~ to drink 마실수 있는/G~! 좋다 ! / These tickets are ~ for seven days. 이 표들은 7일간 유효하다 as ~ as …이나 마찬가지 be ~ at [in] …을 잘하다 be ~ enough [so ~ as] to 《do》 친절하게도 …하다:《명령형》…해주십시오 be ~ to …에게 친절히 대하다 feel ~ 《美

口》기분이 좋다 G~ after-noon! 안녕하십니까(오후인사) G~ by[-bye]! 안녕! G~ evening! 안녕하십니까(저녁인사) G~ morning! 안녕하십니까(아침인사) G~ night! 안녕히 주무십시오 have a ~ time 즐겁게 보내다 hold ~ 유효하다: 적용되다 keep ~ (썩지 않고)오래가다 make ~ 이행하다; (목적을)이루다: 보상하다, 메꾸다; 되찾다; 입증[실증]하다 —n. 선; 덕; 이익, 행복, 쓸모있음; (the ~) 선량한 사람들 do ~ to …에게 친절을 다하다, …에 좋다

good-for-noth·ing [gúdfərnʌ̀θ-iŋ] a., n. 쓸모없는(사람)

Góod Fríday 성금요일(부활절 직전의 금요일, 그리스도의 수난과 죽음을 기념함)

good-hu·mored, 《英》**-moured** [gúdhjúːmərd] a.기분이 좋은, 상냥한

good-look·ing [gúdlúkiŋ] a. 잘생긴, 미모의

good-na·tured [gúdnéitʃərd] a. 친절한; 사람이 좋은; 온화한

good-neigh·bor, 《英》**-bour** [gúdnéibər] a. 선린관계의: ~ policy 선린정책

good·ness [gúdnis] n.좋음; 선량

goods [gudz] n. pl. 상품; 물품, 재산;《英》화물(freight)

góods àgent 운송업자

góods wàgon 《英》화차

good-tem·pered [gúdtémpərd] a. 얌전한, 상냥한, 온순한

góod wìll 호의, 친절; 친선; 쾌락: a ~ envoy [mission] 친선사절(단) 「캔디

good·y [gúdi] n. (pl.) 맛있는 것;

goose [guːs] n. (pl. **geese** [giːs]) 거위(고기)

G.O.P., GOP = Grand Old Party 미국 공화당

gorge [gɔːrdʒ] vi., vt.게걸스럽게 먹다 —n. 골짜기; 목구멍; 대식

gor·geous [gɔ́ːrdʒəs] a. 화려한, 현란한, 호화스러운

go·ril·la [gərílə] n. 고릴라

Gos·bank [gasbǽŋk/gɔs-] n. 소련국립중앙은행

gos·pel [gásp(ə)l/gɔ́s-] n. 복음; 기독교의 교리

gos·sip [gásip/gɔ́s-] n. 잡담, 세상[소문]이야기; 험담; 고십

got [gat/gɔt] v.get 의 과거(분사)

Goth·ic [gáθik/gɔ́θ-] a.《建》고딕식의(수직선을 기초로 하고, 탑이나 뾰족한 아아치 등이 특징);《印》고딕체의 「거분사

got·ten [gátn/gɔ́tn] v. get 의 과

gou·ache [gwɑ:ʃ, guá:ʃ] *n.* 구아시 수채화(수지(樹脂)로 녹인 그림물감을 씀)

gou·lash [gú:læʃ, -lɑ:ʃ] *n.* 후추를 섞은 진한 수우프의 일종

goût [gu:] *F. n.* 미각; 예술적 감식력

gov·ern [gʌ́vərn] *vt.* 다스리다, 통치하다(rule); 좌우하다; 제어하다 —*vi.* 정치하다, 통치하다

gov·ern·ment [gʌ́vər(n)mənt] *n.* 정치, 통치(권), 행정(권), 정체; (G~) 정부, 내각: a ~ official 공무원 ~ **bond** 국채

gov·ern·men·tal [gʌ̀vər(n)mént(ə)l] *a.* 정치(상)의; 정부의

gov·er·nor [gʌ́vərnər] *n.* 통치자; 지사, 총독

gown [gaun] *n.* 가운(특히 여자용의 헐렁하고 긴 상의); (법관·성직자·대학생 등의)가운

grab [græb] *vt., vi.* 움켜잡다 《at》 —*n.* 움켜잡기, 잡아채기

grace [greis] *n.* 은혜(favor); 호의; (신의)은총; 우아; 세련; (식전·식후의)감사기도

grace·ful [gréisf(u)l] *a.* 우아한

gra·cious [gréiʃəs] *a.* 자비로운, 친절한; 상냥한(affable)

grade [greid] *n.* 등급, 계급; 정도; 《美》(국민학교·중학교의)학년; 《美》평점: a ~ teacher 국민학교 교사 ~ **school** 《美》국민학교 —*vt.* 등급을 매기다

gráde cróssing 《美》(철도와 도로 등의)평면교차(《英》level crossing), 건널목

grad·u·al [grǽdʒu(ə)l] *a.* 점차적인, 점진적인

grad·u·ate *v.* [grǽdʒuèit/-dju- ∥ →*n.*] *vt.* 졸업시키다; 눈금[등급]을 매기다 —*vi.* 졸업하다 《from》 —*n.* [grǽdʒuit, -dʒuèit] 졸업생 《of, in》 ~ **school** 대학원

grad·u·a·tion [grædʒuéiʃ(ə)n/-dju-] *n.* 졸업(식); 등급매기기

grail [greil] *n.* 잔; 큰 접시 the Holy G~ (십자가상의 예수의 피를 받은)성배

grain [grein] *n.* 곡식의 낟알; 《총칭》곡물, 곡식(영국에서는 보통 corn); 알갱이; 극소량; 나뭇결; 성질

gráin bèlt 곡창지대

gram, 《英》**gramme** [græm] *n.* 그램(미터법의 중량단위)

gram·mar [grǽmər] *n.* 문법 ~ **school** 《英》공립중학교; 《美》초등중학교

Gram·my [grǽmi] *n.* 그래머상(미국의 레코오드대상)

gram·o·phone [grǽməfòun] *n.*

축음기

grand [grænd] *a.* 웅장한; 당당한; 위엄있는; 젠체하는; 가장 중요한; 총괄한; 전부의; 《口》훌륭한: ~ **total** 총계, 누계

Gránd Cányon 그랜드캐년(미국 Arizona주 북부 Colorado강의 대계곡, 국립공원)

grand·child [grǽn(d)tʃàild] *n.* (*pl.* -**chil·dren** [-tʃìldr(ə)n]) 손자

grand·daugh·ter [grǽn(d)dɔ̀:tər] *n.* 손녀

gran·deur [grǽndʒər] *n.* 웅장, 장엄; 숭고; 위엄

grand·fa·ther [grǽn(d)fɑ̀:ðər] *n.* 조부; 조상(《兒語》grandpa)

grand·moth·er [grǽn(d)mʌ̀ðər] *n.* 조모(《兒語》grandma)

Gránd Nátional (*the* ~) 영국의 Liverpool에서 거행되는 대장애경마

Gránd Òld Párty (*the* ~) 미국 공화당의 별명(略: G.O.P.)

grand·pa [grǽn(d)pɑ̀:, +美 grǽm-] *n.* 《口》=grandfather

grand·par·ent [grǽn(d)pɛ̀(:)r(ə)nt] *n.* 조부[모]

grand prix [grɑ̃:prí:] 대상, 최고상 [F]

grand·son [grǽn(d)sʌ̀n] *n.* 손자

grand·stand [grǽn(d)stæ̀nd] *n.* 경기장 정면의 특별관람석 —*a.* 관중을 의식하고 하는, 스탠드플레이의

grant [grænt/grɑ:nt] *vt.* 허가하다 (allow); 승낙[인가]하다; 수여하다(bestow); 양도하다; 인정하다 (admit) **take for ~ed** 당연한 일로 생각하다 —*n.* 허가; 수여; 하사금, 보조금

gran·u·late [grǽnjulèit] *vt., vi.* 알갱이로 하다[되다]: ~*d* **sugar** 알갱이 설탕

grape [greip] *n.* 포도

grape·fruit [◁frù:t] *n.* 《植》 오렌지의 일종

graph [græf, +英 grɑ:f] *n.* 《數》 그래프, 도식, 도표

graph·ic [grǽfik] *a.* 도형의

grap·ple [grǽpl] *vt.* 꽉 쥐다; 격투하다

grasp [græsp/grɑ:sp] *vt., vi.* 쥐다; 이해[파악]하다 —*n.* 파악; 이해(력) 「(지), 잔디

grass [græs/grɑ:s] *n.* 풀, 목초

grass·hop·per [◁hàpər/-hɔ̀p-] *n.* 메뚜기, 여치, 방아깨비

grass·y [grǽsi/grɑ́:s-] *a.* 풀같은, 풀로 덮인

grate [greit] *n.* 난로, 화상(火床)

G-rat·ed [dʒí:rèitid] *a.* (영화 등이)일반용의 [G<general]

grate·ful [gréitf(u)l] *a.* 고맙게 여기는, 감사의; 기쁜, 기분좋은

grat·i·fy [grǽtifài] *vt.* 채우다, 만족시키다; 기쁘게 하다

grat·in [gratɛ̃] *F. n.* 그라탱(빵가루를 입혀 구운 요리)

gra·tis [gréitis] *ad., a.* 무료로[의]: Entrance is ~. 입장무료

grat·i·tude [grǽtit(j)ùːd/-tjuːd] *n.* 감사(의 뜻), 사의

grave[1] [greiv] *n.* 무덤,묘혈;죽음

grave[2] *a.* 중대한; 진지한

grave[3] *vt.* (*p.* ~**d**, *pp.* ~**d**, **grav·en**) 새기다, 조각하다

grav·el [grǽv(ə)l] *n.* 자갈 「석」

grave·stone [gréivstòun] *n.* 묘

grave·yard [gréivjàːrd] *n.* 묘지

grav·i·ta·tion [grævitéiʃ(ə)n] *n.* 인력, 중력; 경향

grav·i·ty [grǽviti] *n.* 중대성; 엄숙; 진지함; 《理》 중력

gra·vy [gréivi] *n.* 고깃국물, 그레이비소오스; 부당이득: a ~ boat (배 모양의)고깃국물그릇

gray, 《英》 **grey** [grei] *a.* 회색의; (안색이)창백한; 흐린; 음산한; 백발의[이 섞인]: ~-headed 백발의 ━*n.* 회색; 회색 옷[말]

graze [greiz] *vi.* 목초를 뜯다 ━*vt.* (목초를)먹다; 방목하다

grease *n.* [griːs→*v.*] 유지, 그리이스 ━*vt.* [griːz, griːs] 기름을 바르다; 그리이스로 더럽히다

greas·y [gríːsi, gríːzi] *a.* 기름을 바른, 기름투성이의,기름기 많은

great [greit] *a.* 위대한; 큰; 다수[다량]의; 대단한; 《口》 훌륭한; 능숙한 (*at*); 열심인 (*on*): a ~ deal [number] of 많은

Gréat Brítain 대브리튼, 영국 (England, Scotland, Wales 의 총칭)

great·coat [≤kòut] *n.* 《英》 두꺼운 외투

Gréat Lákes (*the* ~) (북미의) 5대호

Gre·co-Ro·man [grìːkouróumən, grɛ̀-] *a.* 그리이스·로마의

Greece [griːs] *n.* 그리이스

greed [griːd] *n.* 탐욕

greed·y [gríːdi] *a.* 욕심많은, 탐욕스러운; 갈망하는 (*of, for*)

Greek [griːk] *a.* 그리이스(문화)의; 그리이스인[어]의; 그리이스식의 ━*n.* 그리이스인[어]

green [griːn] *a.*녹색의; 녹색으로 덮인; 눈이 안오는; 창백한; 익지 않은(unripe); 젊은, 미숙한(immature); 신선한: a ~ Christmas (눈이 오지 않은)푸른 크리스마스 ━*n.* 녹색; 초원; 풀밭, 잔디밭;(풀밭으로 된)공유지; 골프장; (*pl.*) 푸성귀

green·back [≤bæk] *n.* (뒷면이 녹색인)미국지폐

green·belt [≤bèlt] *n.* (도시주변의)녹지대

Gréen Bérets *pl.* 그리인베레 (미육군의 특별 정예부대)

green·gro·cer·y [≤gròusəri] *n.* 《英》 야채가게; 《총칭》 야채, 청과물

green·horn [gríːnhɔ̀ːrn] *n.* 풋나기, 무경험자

green·house [≤hàus] *n.* 온실

Green·land [≤lənd] *n.* 북미 동북부의 Denmark령 섬

Gréen Lìne Cóach 런던 시내와 교외를 연결하는 버스

green·sward [≤swɔ̀ːrd] *n.* 잔디

Green·wich [gríniʤ, grén-] *n.* 그리니지(영국왕실천문대가 있음): ~ (mean) time 그리니지 표준시 (略: GMT) ~ *Village* 뉴우요오크시내의 동네(히피·전위예술가가 모인 곳)

greet [griːt] *vt.* (말로)인사하다 (*cf.* salute); 환영하다

greet·ing [gríːtiŋ] *n.* 인사; 환영(사); (보통 *pl.*) 인사장

Gre·go·ri·an [gregɔ́ːriən, gri-] *a.* 로마교황 그레고리의: the ~ *calendar* 그레고리력(현행의 태양력) the ~ *chant* 그레고리 성가

grew [gruː] *v.* grow 의 과거

grey [grei] *a.* 《英》 =gray

grey·hound [gréihàund] *n.* 그레이하운드(사냥개); 쾌속기선; (G~) 미국 대륙횡단버스(회사)

grid [grid] *n.* 격자; 석쇠

grid·i·ron [grídàiərn] *n.* 석쇠; 미식축구 경기장

grief [griːf] *n.* (깊은)슬픔, 비탄

grieve [griːv] *vi., vt.* 비탄에, 잠기(게 하)다, 애통해하(게하)다

grill [gril] *n.* **1** 석쇠, 불고기판; 불고기(요리) **2** =grillroom ━*vt.* (고기를)굽다

grille [gril] *n.* 격자; 격자창

grill·room [grílrù(ː)m] *n.* 그릴, 불고기식당

grim [grim] *a.* 단호한; 불쾌한; (표정이)엄한; 흉폭한

grin [grin] *vi.* 이를 드러내고 웃다 (*at*), 싱긋 웃다 ━*vt.* 이를 드러내어 …의 감정을 나타내다 ━*n.* 싱긋 웃는 웃음

grind [graind] *v.* (*p., pp.* **ground**) *vt.* 갈다; 억압하다; 애써 가르치다 ━*vi* (맷돌에)갈다; 《口》 열심히 공부하다

grip [grip] *n.* 쥐기; 손잡이; 쥐는 법; 파악; 이해력 ━*vt., vi.* 쥐다, 잡다; 파악하다

griz·zly [grízli] *a.*회색을 띤 ━

n. (로키산맥산의)회색곰

groan [groun] *vi.* 신음하다, 끙끙
거리다; 갈망하다 《for》 —*vt.*
신음하여 말하다 —*n.* 신음소리

gro·cer [gróusər] *n.* 식료품상

gro·cer·y [gróus(ə)ri] *n.* 《美》
식료품점; (보통 *pl.*) 식료품류

grog [grɑg/ grɔg] *n.* 럼주에 물을
탄 음료; 독한 술 ~**gy** *a.* 《口》
술취한, 그로기 상태의 ~·**shop**
n. 《英》 대포집

groom [gru(:)m] *n.* 마부; 신랑
(bridegroom)

groove [gru:v] *n.* 홈

groov·y [grú:vi] *a.* 멋진, 신나는,
굉장한

grope [group] *vi.* 더듬다, 모색하
다 —*vt.* 더듬어찾다

gross [grous] *a.* 큰(big), 살찐
(fat); 거친; 조잡한, 저속한
(coarse); 전체의, 총계의(total)
(*cf.* net): ~ national product
국민총생산(略: GNP) —*n.* 총
괄, 총체; (*sing.* & *pl.*) 그로스(12
다스)

gro·tesque [gro(u)tésk] *a.*, *n.*
그로테스크한(모양); 기괴한(것)

ground[1] [graund] *n.* 땅(표면); 혼
히 *pl.*) 운동장; 근거, 이유(rea-
son); 물밑, 해저; 입장, 처지:
baseball ~s 야구장/~ trans-
fer 공항과 시가지간의 교통
cover ~ (어떤 거리를)가다;
(어떤 범위에)걸치다 *the* ~
floor 《英》 1층 *on the* ~ *of*
[*that*] …의[라는] 이유로 —*vt.*
입각시키다, 근거를 두다 —*vi.*
좌초하다

ground[2] *v.* grind의 과거(분사)

gróund crèw 지상정비원

gróund-ef·fect machìne
[⌐ifekt]호버크래프트(略:GEM)

gróund fìshing 바닥낚시

gróund gàme 《총칭》 사냥짐승

group [gru:p] *n.* 떼, 무리, 집단;
파, 단체; (동식물 분류상의)군;
~ rate 단체요금/~ insurance
단체보험 —*vt.* 모으다;분류하다
—*vi.* 모이다, 떼를 짓다

grove [grouv] *n.* 작은 숲, 수풀

grow [grou] *v.* (*p.* grew, *pp.*
grown) *vi.* 성장하다, 나다, 늘
다; (차츰) …이 되다(become):
~ rich 부자가 되다/~ old 늙
다 —*vt.* 재배하다(cultivate); 기
르다, 성장시키다 ~ *up* 어른이
되다, 성장하다

growl [graul] *n.* 으르렁거리는
소리 —*vi.*, *vt.* 으르렁거리다(at);
울리다

grown [groun] *v.* grow의 과거
분사

grown-up [gróunʌp] *n.* 어른, 성
인 —*a.* 성장한; 어른용의

growth [grouθ] *n.* 성장, 발육; 발
달; 증대; 재배; 생장물, 산물

grudge [grʌdʒ] *vt.* 아까와하다;
샘내다 —*n.* 원한, 악의

gru·el [grú:əl/ grúəl] *n.* 죽

grum·ble [grʌmbl] *vi.* 투덜거리
다, 불평하다 《at, about, over》
—*n.* 불평, 투덜거림; 울림소리

grunt [grʌnt] *vi.*, *vt.* (돼지가)꿀
꿀대다; 불평하다 —*n.* 불평소리

Gru·yère [gru:jɛ́ər/ ⌐–] *n.* (스
위스산의)그뤼에르치이즈

Guam [gwɑ:m] *n.* 구암섬

guar·an·tee [gæ̀rəntí:] *n.* 보증
인, 인수인;보증, 잘담 —*vt.*보증
[잘담]하다

guar·an·ty [gǽrənti] *n.* 보증
(서); 담보물

guard [gɑ:rd] *n.* 경계, 감시
(watch); 보초; (*pl.*) 《英》 근위
병[대]; 《英》 (열차·버스 등의)
차장(《美》 conductor); 방호물,
(칼의)날밑; (차의)흙받이 *off*
[*on*] *one's* ~ 방심[경계]하여
—*vt.*, *vi.* 경계하다, 망보다; 지키
다(defend); 감시하다; 주의하다

guard·i·an [gɑ́:rdiən] *n.* 보호자;
감시자

guard·rail [gɑ́:rdrèil] *n.* 난간;
가아드레일; 철도의 보조선로

Gua·te·ma·la [gwà:timɑ́:lə /
gwæ̀t-, gwɑ́t-] *n.* 과테말라
(중미의 공화국, 그 수도)

guer·ril·la, gue·ril·la [gərílə]
n. 게릴라전, 유격전; 유격병

guess [ges] *vi.*, *vt.* 추측하다; 알
아맞히다, (수수께끼를) 풀다;
《美》 생각하다 —*n.* 추측, 억측

guest [gest] *n.* 손님(visitor); 여
객, 하숙인: a ~ room 객실/
a paying ~ 하숙인 *the* ~ *of*
honor 주빈

guest·house [⌐hàus] *n.* (*pl.*
-hous·es) (순례자용)숙소; 영빈
관; 고급하숙집

guid·ance [gáid(ə)ns] *n.* 지도,
안내, 지휘

guide [gaid] *n.* 안내자, 지도자;
안내업자, 가이드; 여행안내, 입
문서, 안내서: a ~ map 관광지
도/ hire a ~ 가이드를 쓰다
—*vt.* 안내하다, 인도하다; 지도
하다(lead), 지배하다

guide·book [⌐bùk] *n.* 여행안
내, 안내서 「標」

guide·post [⌐pòust] *n.* 도표(道

guild [gild] *n.* 동업조합; 길드

Guild·hall [gíldhɔ̀:l] *n.* (the ~)
런던 시청(사)

guil·lo·tine [gìlətí:n, ⌐–⌐] *n.*
단두대 —*vt.* 단두대로 처형하다

guilt [gilt] *n.* 죄, 유죄, 범죄

guilt·y [gílti] *a.* 죄가 있는

Guin·ea [gíni] n. 기니(아프리카 서부해안에 면한 공화국, 수도 Conakry)

Gúin·ness Bòok of Wórld Récords [gínis] 기네스북(세계기록을 망라한 책)

guise [gaiz] n. 외관, 겉보기, 옷차림; 가장 under [in] the ~ of …을 가장하여

gui·tar [gitáːr] n. 기타아

gulf [gʌlf] n. 만 the G~ Stream 멕시코만류

gull [gʌl] n. 갈매기(seagull)

gul·ly [gʌ́li] n. 협곡; 도랑

gum [gʌm] n. 고무(나무); 눈꼽; 《美》 껌

gum·my [gʌ́mi] a. 고무질의

gum·shoe [gʌ́mʃùː, +美 ⁔⁔] n. 《美》 고무신; 형사

gun [gʌn] n. 대포, 소총, 라이플 총; 《美口》 권총

gun·fire [⁔fàiər] n. 포화

gun·man [⁔mən] n. (pl. -men [-mən]) 총을 가진 사람, 총잡이; 총솜씨가 뛰어난 사람

gun·ner [gʌ́nər] n. 포수

gun·play [⁔plèi] n. 《美》 (권총 등의)총격

gun·pow·der [⁔pàudər] n. 화약

gu·ru [gərúː, +美 gú(ː)ru] n. (힌두교의)스승, 도사(導師)

gush [gʌʃ] n. 분출, 유출 —vi., vt. 분출하다, 뿜어나오다

gust [gʌst] n. 한바탕 부는 바람, 돌풍; (감정의)폭발, 격발

gut [gʌt] n. 장; 장선(腸線); (pl.) 창자; 《俗》 배짱, 오기

gút còurse 《美》 (학점을 얻기) 쉬운 과목

gut·ter [gʌ́tər] n. 홈통, (길가의) 도랑; 〔보올링〕 거터

guy [gai] n. 《英》 괴상한 차림을 한 사람; 《美俗》 놈, 녀석

gym [dʒim] n. 《口》 체조; 체육관

gym·na·si·um [dʒimnéiziəm] n. (pl. ~s, -si·a [-ziə]) 체육관

gym·nas·tics [dʒimnǽstiks] n. 체육, 체조

gyp [dʒip] 《美口》 vt. 속이다 — n. 협잡군: a ~ joint 바가지 유흥업소

Gyp·sy, 《英》 **Gip-** [dʒípsi] n. 집시(어·) —a. 집시의[같은]

gy·ro·com·pass [dʒáirəkʌ̀mpəs] n. 자이로콤파스, 회전나침의(羅針儀)

gy·ro·scope [dʒái(ə)rəskòup] n. 자이로스코우프, 회전의(儀)

H

H

ha·ba·ne·ra [hàːbənɛ́(ː)rə] n. 하바네라(쿠바의 민속무용, 그 음악. 스페인에서도 유명함) [Sp.]

hab·it [hǽbit] n. 습관, 버릇 《of, doing》; 기질; 체질 be in the ~ of 《doing》 …하는 버릇이 있다 「있는

hab·it·a·ble [hǽbitəbl] a. 살 수

ha·bit·u·al [həbítʃuəl] a. 습관적인, 평소의; 버릇이 된

hack [hæk] n. 《英》 전세 말; 《美》 전세 마차; 《口》 택시

had [hæd, həd, əd, d] v. have 의 과거(분사) ~ better 《do》 … 하는 편이 낫다

Ha·des [héidiːz] n. 《그神》 하데스(저승)[지하계]의 신) (cf.Pluto)

hadj, haj, hajj [hædʒ] n. 회교도의 메카순례

hag·gard [hǽgərd] a. 수척한, 앙상한, 말라빠진

Hague [heig] n. (The ~) 헤이그(네덜란드의 도시, 국제사법재판소. 소재지)

haik, haick [haik] n. 아랍인이 입는 긴 겉옷

hail[1] [heil] n. 우박 —vi. 우박이 오다; 우박처럼 쏟아지다 —vt. 빗발치듯 퍼붓다

hail[2] vt. 인사[환영]하다; 부르다,

불러세우다: a taxi 택시를 부르다 —n. 큰소리로 부르기; 인사; 환영 —int. 만세!

hail·stone [⁔stòun] n. 우박

hair [hɛər] n. (총칭) 털, 머리털: ~ style 헤어스타일, 머리모양

hair·breadth [⁔brèdθ] n. 털끝 만큼의 차[폭] —a. 간일발의: a ~ escape 구사일생

hair·brush [⁔brʌ̀ʃ] n. 머리솔

hair·cut [⁔kʌ̀t] n. 이발; 이발하는 머리모양

hair·dress·er [⁔drèsər] n.미용 [이발]사

hair·pin [⁔pìn] n. 머리핀 ~ bend 헤어핀커어브(U자형 굴곡로) 「많은

hair·y [hɛ́(ː)ri] a. 털같은, 털이

Hai·ti [héiti] n. 아이티(서인도 제도의 공화국)

ha·la·tion [heiléi(ə)n, hæ-/hə-] n. 《寫》 할레이션(강한 광선에 의한 사진의 흐림)

hale [heil] a. (늙은이가)건장한, 정정한

half [hæf/hɑːf] n. (pl. halves) 절반, 2분의 1 by ~ 절반만; 몹시: be too good by ~ 너무나 좋다 by halves 어중간하게, 불완전히 —a. 절반[2분의 1]의;

《英》~ an hour; 《美》a ~ hour 반 시간 —ad. 절반은, 반쯤 ~ *as much* [*many*] *again as* …의 1배 반

half-baked [⌐béikt] a. 설구워진

half-blood [⌐blʌd] n. 배[씨]다른 형제[자매]; 잡종, 혼혈아

hálf bòot 반장화

half-breed [⌐bríːd] n. 혼혈아

hálf bròther 배[씨]다른 형제

hálf dóllar 50센트 은화

half-heart·ed [⌐háːrtid] a. 마음이 내키지 않는

half-holiday [⌐hálədei/ -hɔ́l-] n. 반공일

half-hour [⌐áuər] n., a. 반시간 [30분]의) ~·ly ad. 30분마다

half-mast [⌐mæst/-máːst] n. 반기의 위치(조의·조난의 신호)

half-pen·ny [héip(ə)ni] n. (pl. -pence [-p(ə)ns], -pen·nies) 반페니(어치, 동전) —a. 반페니의

hálf sìster 배[씨]다른 자매

half·way [⌐wéi] ad. 중간에; 불완전하게 —a. 중간의; 불완전한

hall [hɔːl] n. 회관, 공회당; 홀율; 대청, 현관의 마루방), 낭하 the H~ *of Fame* (야구·미식축구의)명예 전당(기념관)

hall·mark [hɔ́ːlmɑ̀ːrk] n. (금은) 순도검증각인, 품질증명; 특징

hal·lo, -loa, -loo [həlóu] int. 이봐, 여보세요 —vi., vt. 이봐 하고[큰 소리로]부르다

Hal·low·een, -e'en [hǽloui:n, +美 hál-] n. 만성절의 전야(10월 31일)

hal·lu·cin·o·gen·ic [həl(j)u:- sinədʒénik] a. 환각성의 —n. 환각제

hall·way [hɔ́ːlwèi] n. 《美》현관, 복도

halt [hɔːlt] n. 정지, 휴지 —vi., vt. 멈추(게 하)다, 휴지하(게 하)다

halves [hævz/ hɑːvz] n. half 의 복수

ham [hæm] n. 햄; 《美俗》과장하는 배우; 아마튜어무선가: ~ and eggs 햄에그

Ham·burg [hǽmbəːrg] n. 함브르크(서독 엘베강 하류의 도시)

ham·burg·er [hǽmbəːrgər] n. 1 《美》=Hamburg steak 2 햄버거 샌드위치 [크

Hámburg stèak 햄버그스테이

ham·mer [hǽmər] n. 해머, (쇠) 망치 —vt., vi. 망치로 치다; 단련하다; 마구 때리다

hámmer thròw 《경기》투해머

ham·mock [hǽmək] n. 해먹

Hám·mond órgan [hǽmənd] 하몬드오르간

hand [hænd] n. 손; 앞발; 손모양

의 것, (시계의)바늘, 손잡이, (바나나의)송이; (때로 pl.) 보호, 소유, 관리, 지배; 일손, 직공, 고용인, 선원; 솜씨, 기량, 숙련; 필적, 필치; 쪽, 방향, 방면; 약흔; 박수 a good [poor] ~ at …을 잘[잘못]함 at first ~ 직접(으로) at ~ (손)가까이에 by ~ 손으로 come to ~ 입수되다 ~ in 서로 손을 잡고; 협력하여 H~s off! 《게시》손대지 마시오! H~s up! 손들어! off ~ 즉석에서 on all ~s 각 방면에(서) on ~ 소지하고, 수중에 있어; 《美》출석하여 on the one ~ 한편에서는 on the other ~ 다른 편에서는, 이에 반하여 out of ~ 끝나서; 즉시 —vt. 넘겨주다, 전하다(*to*); 손으로 거들다 ~ down (후세에)전하다 ~ in 넘겨주다; 제출하다 ~ on 넘겨주다; (차례로)돌리다 ~ over 넘겨주다; 양도하다

hand·bag [hǽn(d)bæg] n. 핸드백, 손가방 [하물

hánd bàggage (총칭) 《美》수

hand·bill [hǽn(d)bìl] n. 삐라, 광고지

hand·book [hǽn(d)bùk] n. 편람; 안내서; 여행안내 [레

hand·cart [hǽn(d)kà:rt] n. 손수

hand·cuff [hǽn(d)kʌf] n., vt. (보통 pl.) 수갑(을 채우다)

hand·ful [hǽn(d)fùl] n. 한줌, 한움큼; 소량, 소수(*of*)

hánd grenàde 수류탄

hand·i·cap [hǽndikæp] n. 핸디캡; 불리한 조건 —vt. 핸디캡을 붙이다

hand·i·craft [hǽndikræft/ -krà:ft] n. 수공예, 수공업; 손재주

hand·i·work [hǽndiwà:rk] n. 수세공(품); 제작, 공작

hand·ker·chief [hǽŋkərtʃif, -tʃìːf] n. (pl. ~s) 손수건; 목도리

han·dle [hǽndl] n. 핸들, 손잡이; 구실, 기회 —vt. 다루다; 손을 대다, 만지다; 매매하다; (남을)대우하다: H~ with care. 취급주의 [제의

hand·made [hǽn(d)méid] a. 수제의

hand-me-down [hǽn(d)midàun] n., a. 기성복(의); 헌옷(의)

hand·rail [hǽndrèil] n. (계단·뱃전의)난간

hand·shake [hǽndʃèik] n. 악수

hand·some [hǽnsəm] a. 잘 생긴, 미남의; 상당한

hand·work [hǽndwə̀:rk] n. 수공예(품) [필적, 육필

hand·writ·ing [hǽndràitiŋ] n.

hand·y [hǽndi] *a.* 편리한, 다루기 쉬운; 곧 쓰이는; 솜씨있는

hang [hæŋ] *v.* (*p., pp.* **hung** *or* 《2의 뜻으로는》 **~ed**) *vt.* **1** 걸다 《*on, to*》, 매달다 **2** 목을 매다, 교살하다 **3** (벽지 등을) 바르다; (벽걸이 등으로)장식하다《*with*》 — *vi.* 걸리다, 매달리다, 늘어지다 ~ *about* 어슬렁거리다 ~ *on* [*upon*] …에 매달리다 《*to*》; …에 의지하다, … 나름이다; 《口》전화를 끊지 않고 있다[두다] ~ *over* …위에 걸리다, 뛰어나와 있다; 박두하다 ~ *up* 걸다, 매달다; 수화기를 놓다, 전화를 끊다; 연기하다, 보류하다 「격납고

hang·ar [hǽŋ(g)ər, hǽŋgɑːr] *n.*

hang·er [hǽŋər] *n.* 거는[매다는] 사람; 거는 것; 옷걸이

hang·er-on [hǽŋərán/-ɔ́n] *n.* (*pl.* **-ers-on**) 식객; 측근자

háng glìder 행글라이더

hang·o·ver [hǽŋòuvər] *n.* 숙취; 《美口》 잔존물

han·ker [hǽŋkər] *vi.* 갈망하다

Ha·noi [hɑːnɔ́i/hæ-] *n.* 하노이 (베트남의 수도)

hap·haz·ard [hǽphǽzərd] *n.* 우연

hap·pen [hǽp(ə)n] *vi.* (사건이) 일어나다, 생기다(occur); 우연히 …하다, 뜻밖에 …이다 ~ *upon* [*on*] 우연히 …을 만나다

hap·pen·ing [hǽp(ə)niŋ] *n.* 우발사, 사건

hap·py [hǽpi] *a.* 행복한; 기쁜; 적절한 **-pi·ly** *ad.* 행복하게; 재수좋게 **-pi·ness** *n.* 행복; 적절

har·ass [hǽrəs, +美 hərǽs] *vt.* 괴롭히다

har·bor, 《英》 **-bour** [hɑ́ːrbər] *n.* 항구, 정박소; 피난처 — *vt.* 숨겨주다; (마음에)품다 — *vi.* 정박하다

har·bor·age,《英》 **-bour-** [hɑ́ːrbəridʒ] *n.* 피난(처), 정박(소)

hárbor dùes 입항세

hard [hɑːrd] *a.* 단단한 (*opp.* soft); 곤란한(difficult) (*opp.* easy); 강한; 혹독한(severe): ~ luck 액운/~ times 불경기 *be* ~ *up* 《*for* money》 (돈에)쪼들려 있다 — *ad.* 단단히; 격렬히; 열심히; 간신히, 겨우

hard-boiled [ˊbɔ́ild] *a.* (달걀을)완숙한; 《口》 비정한, 냉정한

hárd cásh 경화, 현금

hard-core [ˊkɔ́ːr] *a.* 중핵의; 만성실업의; (포르노가)노골적인

hard·en [hɑ́ːrdn] *vt., vi.* 단단하게 하다[되다]; 냉정하게 하다[되다]

hárd hát 안전모자, 헬멧; 건설 노무자

hard-line [ˊlàin] *a.* 강경노선의

hard·ly [hɑ́ːrdli] *ad.* 거의 …않다(scarcely), 겨우, 간신히; 애써

hard·ness [hɑ́ːrdnis] *n.* 견고; 냉정; 곤란

hárd séll 강압적 판매(술), 강매

hard·ship [ˊʃip] *n.* 고난

hard·stand [ˊstænd] *n.* (비행장의) 비행기 대기장

hard·ware [ˊwèər] *n.* 철물; (전자계산기의)기계적 설비

har·dy [hɑ́ːrdi] *a.* 대담[용감]한

hare [hɛər] *n.* 산토끼 (*cf.* rabbit)

har·i·cot [hǽrikòu] *n.* 강남콩; 강남콩이 든 양고기스튜우[F]

Har·lem [hɑ́ːrləm] *n.* 뉴우요오크시의 흑인가

harm [hɑːrm] *n.* 해, 손해 *do* ~ *to* …에 해가 되다 — *vt.* 해치다, 손상하다

har·mo·ni·ous [hɑːrmóuniəs] *a.* 조화를 이룬; 화목한

har·mo·nize [hɑ́ːrmənàiz] *vt., vi.* 조화시키다[하다]

har·mo·ny [hɑ́ːrm(ə)ni] *n.* 조화, 일치

har·ness [hɑ́ːrnis] *n.* 마구(馬具)

harp [hɑːrp] *n.* 하아프(악기)

harp·si·chord [hɑ́ːrpsikɔ̀ːrd] *n.* 하아프시코오드(건반악기)

Hár·row Schòol [hǽrou] 영국의 유명한 public school

har·ry [hǽri] *vt.* 약탈하다; 괴롭히다

harsh [hɑːrʃ] *a.* 거친, 거칠거칠한; 가혹한, 무정한

Har·vard [hɑ́ːrvərd] *n.* 미국에서 가장 오래된 대학

har·vest [hɑ́ːrvist] *n.* 수확(기); 수확물; 보수 — *vt., vi.* 수확하다

has [hæz, həz, əz, z] *v., aux. v.* have 의 3인칭·단수·현재형

hash [hæʃ] *n.* 잘게 썬 고기요리 — *vt.* 잘게 썰다

hash·ish, hash·eesh [hǽʃiːʃ] *n.* 인도대마초로 만드는 마취제

haste [heist] *n.* 서두름; 성급함 *in* ~ 서둘러(hastily) *make* ~ 서두르다

has·ten [héisn] *vt.* 재촉하다 — *vi.* 서두르다

hast·y [héisti] *a.* 신속한 「cap)

hat [hæt] *n.* (테있는)모자 (*cf.*

hatch¹ [hætʃ] *n.* 격자문; 《海》 승강구, 해치 ~·**way** [ˊwèi] *n.* 《海》 갑판의 승강구

hatch² *vt., vi.* 부화시키다[하다], 꾸미다 — *n.* 한 배(의 병아리)

hatch·et [hǽtʃit] *n.* 손도끼

hate [heit] *vt.* 미워[싫어]하다 (*opp.* love) —*n.* 증오

ha·tred [héitrid] *n.* 증오, 미움

haugh·ty [hɔ́:ti] *a.* 거만한

haul [hɔ:l] *vt., vi.* 세게 끌다, 끌어당기다 —*n.* 세게 끌기; 운송, 수송; 운반거리 ~·**age** [⌐idʒ] *n.* 운반비

haunt [hɔ:nt, +美 ha:nt] *vt., vi.* 자주 가다; 출몰하다; 붙어다니다: a ~*ed* house 유령의 집

haute cou·ture [óutku:tjúə] *F.* (특히 파리의)고급양장점

Ha·van·a [həvǽnə] *n.* 쿠바의 수도; 아바나엽궐련

have [hæv, həv, əv, v] *vt.* (*p., pp.* had; 3인칭·단수·현재형 (he, she, it) has) **1** 가지다, 소유하다, …이 있다 **2** 경험하다: ~ a good time 재미있게 시간을 보내다 **3** 입수하다, 얻다; 먹다 마시다 **4** 《have to로》…해야 하다 (*cf.* have got to) **5** 《과거분사 또는 부정사와 함께》 … 시키다, …해 받다, …당하다 (get): ~ one's hair *cut* 머리를 깎다/~ him *do it* 그에게 그 것을 시키다 ~ *on* 입고 있다 —*aux. v.* (*p.* had) 《과거분사와 함께 완료형을 만듦》: I ~ read it. 그것을 다 읽었다

ha·ven [héiv(ə)n] *n.* 항구; 피난처

have-not [hǽvnàt/-nɔ̀t] *n.* (보통 *pl.*) 무산자, 가진 것이 없는 나라

hav·er·sack [hǽvərsæk] *n.* (군인·여행자용의)배낭

hav·oc [hǽvək] *n.* 파괴, 황폐

Ha·wai·i [həwáii, -wá:ijə, -wá:jə/ hɑ:wá(i)i] *n.* 하와이주; 하와이섬 **-wai·ian** *a.* 하와이의, 하와이사람[말]의 —*n.* 하와이사람[말]

hawk [hɔ:k] *n.* 《鳥》 매; 매파의 사람, 강경론자   「밧줄

haw·ser [hɔ́:zər] *n.* 《海》 굵은

haw·thorn [hɔ́:θɔ:rn] *n.* 산사나무

hay [hei] *n.* 건초, 꼴

haz·ard [hǽzərd] *n.* 위험, 모험, 운(에 맡기고 해보기) *at* [*by*] ~ 운에 맡기고; 아무렇게나

haze [heiz] *n.* 아지랭이, 안개 — *vi.* 흐릿해지다

ha·zy [héizi] *a.* 아지랭이가 낀, 흐릿한   「폭탄

H-bomb [éitʃbàm/-bɔ̀m] *n.* 수소

he [hi:, i:, hi, i] *pron.* (*pl.* **they**) 그는[가] —*n.* 남자, 수컷

head [hed] *n.* 머리, 두뇌; 우두머리, 정상, 상단, 원천; 한 사람, 1인분; (신문 등의)표제; 화폐의 표면 (*cf.* tail): $10 a ~ 1인당 10달러/a ~ office 본사, 본점

~ *first* 곤두박이로 *lose one's* ~ 당황하다 —*vt., vi.* 이끌다, 앞장서다, 진행하다

head·ache [⌐èik] *n.* 두통

head·hunt·er [⌐hʌ̀ntər] *n.* 목을 베는 야만인종

head·light [⌐làit] *n.* 헤드라이트

head·long [⌐lɔ̀(:)ŋ/-lɔ̀ŋ] *ad., a.* 곤두박이로[의], 무모하게[한]

head·mas·ter [⌐mǽstər/-mɑ́:stə] *n.* 교장

head·quar·ters [⌐kwɔ̀:rtərz] *n. pl.* 《때로 단수취급》 본부, 사령부

head·way [⌐wèi] *n.* 전진; 《海》 항행속도; 진보

head·wind [⌐wìnd] *n.* 역풍

heal [hi:l] *vt.* 고치다(cure), 회복시키다 —*vi.* 낫다

health [helθ] *n.* 건강: a ~ certificate 건강증명서 *drink (to)* a person's ~ 남의 건강을 위해 건배하다 ~·**y** *a.* 건강한; 건전한; 위생적인

health·ful [hélθf(u)l] *a.* 건강에 좋은; 건전한

heap [hi:p] *n.* 쌓아올린 것, 퇴적 a ~ [~s] *of* 많은 —*vt.* 쌓(아 올리)다 《up》

hear [hiər] *v.* (*p., pp.* **heard** [hə:rd]) *vt.* 듣다, 들리다; 청강하다 ~ *from* …로부터 소식이 있다

hear·ing [híə(:)riŋ] *n.* 청취; 청력

heart [hɑ:rt] *n.* 심장; 마음, 가슴속, (애)정; 원기; 중심(부); (식물의) 고갱이; 오지 《*of*》; 핵심, 본질; 하아트형; 《카아드놀이》 하아트(패): ~ failure 심장마비/ a broken ~ 실의, 실연 *at* ~ 내심은 *by* ~ 암기하여 *give* [*lose*] one's ~ *to* …을 사모하다 ~ *and soul* 전심전력으로 *lose* ~ 낙심하다 *take* ~ 기운이 나다

héart attàck 심장마비

heart·en [hɑ́:rtn] *vt.* 격려하다 (encourage), 기운나게하다《up》

hearth [hɑ:rθ] *n.* 노상(爐床); 노변, 가정

heart·i·ly [hɑ́:rtili] *ad.* 진심으로; 마음껏, 실컷

heart·y [hɑ́:rti] *a.* 진심어린, 친절한; 기운찬; 영양있는, 풍부한

heat [hi:t] *n.* 열; 더위; 매운맛; 열렬, 단숨, 일거; (짐승의)암내: ~ exhaustion 일사병 *at a* ~ 단숨에 —*vt., vi.* 가열하다; 《주로 수동태》 격분시키다 ~·**ed** *a.* 가열한; 흥분한

heat·er [hí:tər] *n.* 가열기, 난방장치, 히이터

heath [hi:θ] *n.* 《植》 히이드; 히

이드가 무성한 황무지

hea·then [híːð(ə)n] *n.* 이교도, 사교도 *—a.* 이교(도)의 「병

heat·stroke [híːtstròuk] *n.* 일사

heave [hiv] *v.* (*p.*, *pp.* **~d**, *or* 《海》 **hove**) *vt.* (무거운 것을) 들어올리다(lift); 부풀리다; (한숨을)쉬다 *—vi.* 올라가다, (상하로)파도치다, 기복되다; 토하다; 노력하다; ~ **to** 정선하다

heav·en [hév(ə)n] *n.* (때로 *pl.*) 하늘; 천국; 신 **H~ knows!** 신만이 안다; 맹세코 **the seventh ~** 제 7천국, 극락 **Thank ~!** 고마와라

heav·en·ly [hév(ə)nli] *a.* 하늘의; 거룩한; 하늘이 준; 《口》 신나는: ~ **body** 천체

heav·y [hévi] *a.* 무거운 (*opp.* light²); 답답한(oppressive); 쓰라린; 격렬한; 우울[음산]한; (음식이)소화가 잘 안되는; (술이)독한: a ~ breakfast 토우스트와 코오피 외에 여러가지가 나오는 조반/~ industries 중공업/a ~ smoker 담배 골초/~ traffic 격심한 교통량

He·bra·ism [híːbriìz(ə)m/-breiiz(ə)m] *n.* 히브리사상; 유대교

He·brew [híːbruː] *n.*, *a.* 히브리[이스라엘·유대]사람(의); 히브리어(의)

hec·tare [héktɛər, +英 -taːr] *n.* 헥타르(100아르, 1만㎡)

hedge [hedʒ] *n.* 산울타리

he·don·ism [híːdouníz(ə)m] *n.* 쾌락주의

heed [hiːd] *n.* 주의, 조심, 유의 *—vt.*, *vi.* 조심하다 「뒷발

heel¹ [hiːl] *n.* 뒤꿈치; (말 등의)

heel² *vi.*, *vt.* (배가)기울다《over》; 기울이다 *—n.* (배의)경사 (도)

he·gem·o·ny [hi(ː)dʒéməni, hédʒimòuni/ hi(ː)gém-] *n.* 패권, 주도권

He·gi·ra [hidʒáirə/ hédʒirə] *n.* 마호멭의 도주; 회교기원

Hei·del·berg [háid(ə)lbəːrg] *n.* 하이델베르크(서독의 도시, 옛 성과 대학으로 유명)

height [hait] *n.* 높이, 고도; (*pl.*) 고지; 절정

height·en [háitn] *vt.*, *vi.* 높이다, 높아지다; 늘(리)다, 강화하다

heir [ɛər] *n.* 《法》 상속인

held [held] *v.* hold 의 과거(분사)

hel·i·cop·ter [hélikàptər/-kɔptə] *n.* 헬리콥터

hel·i·pad [hélipæd] *n.* 헬리콥터 발착장

hel·i·port [hélipɔ̀ːrt] *n.* 헬리콥터 발착장

hell [hel] *n.* 지옥; 저승 ~ **bomb**

《美俗》 수소폭탄 **Go to ~!** 빌어먹을 !, 돼져라 !

Hel·len·ic [helíːnik, +美 helén-] *a.* 그리이스(인·의)의

Hel·len·ism [hélìnìz(ə)m] *n.* 그리이스어풍; 희랍문화

hel·lo [helóu, ⌐⌐, hə-] *int.* 이봐; 어머; 《전화》 여보세요: a ~ girl 《美口》 전화교환양 **say ~ to** 《美口》 …에게 안부 전하다

helm [helm] *n.* 키, 타륜

hel·met [hélmit] *n.* 헬멭(모자)

helms·man [hélmzmən] *n.* (*pl.* **-men** [-mən]) 키잡이, 조타수

help [help] *vt.*, *vi.* 돕다, 거들다 (assist); 도움이 되다; 조장하다; 시중들다; (병을)고치다; 피하다: May I ~ you? 어서 오십시오 (점원의 말)/May I ~ you to some more vegetables? 야채를 좀 더 드릴까요 / Can I ~ you with your baggage? 짐을 들어드릴까요 / I can't ~ it. 어쩔 수 없다 **cannot ~ but** …/**cannot ~ …ing** …하지 않을 수 없다 ~ **oneself to** …을 마음대로 들다[집어먹다] *—n.* 도움; 구제; (음식의)한 그릇; 《美》 하인 **H~ wanted.** 《광고》 사람을 구함

help·ful [hélpf(u)l] *a.* 도움이 되는, 유용한

help·ing [hélpiŋ] *n.* 조력; 음식한 그릇: another ~ 두 그릇째

help·less [hélplis] *a.* 도움[의지가]없는; 무력한

Hel·sin·ki [hélsiŋki] *n.* 헬싱키 (핀란드의 수도) ~ **Accords [Agreements]** 헬싱키 협정(1975년의 전유럽 안전보장협력 회의에서의 동서 긴장 완화의 합의)

Hel·ve·tian [helvíːʃən, -ʃiən] *n.*, *a.* 스위스인(의)

hem [hem] *n.* (천·옷 등의)가장자리, 옷단; 변두리

he-man [híːmæn] *n.* (*pl.* **-men** [-mèn]) 사나이다운 사내

hem·i·sphere [hémisfiər] *n.* (하늘·지구의)반구; 반구체

hem·or·rhage [héməridʒ] *n.* 출

hemp [hemp] *n.* 삼, 대마 「혈

hen [hen] *n.* 암탉, (새의)암컷

hence [hens] *ad.* 그 까닭에; 금후, 지금부터

hence·forth [hénsfɔ́ːrθ] *ad.* 금후, 이후

Hen·ley [hénli] *n.* Thames강변의 지명; 헨리 보우트레이스

hén pàrty 여성만의 모임《cf. stag party》

hep [hep] *a.* 《美俗》 잘 아는 *—int.* 재즈연주중에 지르는 소리

He·pha·es·tus [hifí:stəs] n.《그神》헤파이스토스(불과 대장장이의 신)《cf. Vulcan》

hepta- [heptə-] pref.「7」의 뜻

her [hər] pron. 1 she의 소유격 2 she의 목적격

He·ra [hí(:)rə] n.《그神》헤라 (Zeus의 아내, 하늘의 여왕)《cf. Juno》

her·ald [hérə)ld] n. 전령; 선구(자); 의전관(儀典官); 보도자 ── vt. 알리다; 예고하다 ~·ry n. 문장(紋章)(학)

herb [(h)əːrb/həːb] n. 풀, 초본; 약용[식용·향료]식물

Her·cu·les [hə́ːrkjuliːz] n.《그神》헤라쿨레스; 천하 장사

herd [həːrd] n.(소·돼지의)떼;《경멸적》군중, 대중 ── vt. 모으다, 지키다 ── vi. 떼를 짓다

here [hiər] ad. 여기에[로, 에서]《cf. there》;이 점[세상]에서: H~ we go! 자 하자/H~ we are! 자 도착했다/H~ you are. (원하시는 것은)여기 있읍니다; 저것お/H~'s a health to you! 당신의 건강을 위해 건배! H~! 《대답》네 ~ and there 여기저기에, 도처에

here·af·ter [hiəræftər/-á:ftə] ad. 금후, 이후

here·by [hìərbái] ad. 이것에 의해

he·red·i·tar·y [hirédidisèri/-t(ə)ri] a. 세습의, 대대의, 유전적인

he·red·i·ty [hiréditi] n. 유전

her·e·sy [hérəsi] n. 이단, 이교

her·it·a·ble [hérit∂bl] a. 상속할 수 있는; 유전성의

her·it·age [héritidʒ] n. 세습[상속]재산, 유산; 유전

her·mit [hə́ːrmit] n. 은둔자

her·ni·a [hə́ːrniə] n. (pl. ~s, -ni·ae [-niiː]) 탈장, 헤르니아

he·ro [hí(:)rou] n.(pl.~es) 영웅, 위인; (소설·연극의)주인공《cf. heroine》 ~ sandwich《美俗》커다란 샌드위치

he·ro·ic [hiróuik] a. 영웅적인

her·o·in [hérouin] n. 헤로인(일종의 마취약)

her·o·ine [hérouin] n. 여걸; 여주인공

her·o·ism [hérouiz(ə)m] n. 영웅적 행위[자질]; 용감무쌍

her·ring [hériŋ] n. 청어

hers [həːrz] pron. she의 소유대명사

her·self [hə(:)rsélf] pron. 그녀 자신

hertz [həːrts] n.(pl.~(es)) 헤르츠(진동수의 단위)(略: Hz.)

hes·i·tate [hézitèit] vi. 주저하다, 망설이다《to do》; 말을 더듬다 -tá·tion n. 주저, 망설임

Hes·ti·a [héstiə] n.《그神》헤스티아(아궁이의 여신)《cf. Vesta》

hew [hjuː] vt., vi. (p. ~ed, pp. ~ed or hewn) (도끼 등으로)자르다, 베어넘기다, 잘게 썰다

hex- [heks-], hexa- [heksə-] pref.「6」의 뜻

hey [hei] int. 야아, 이런, 여봐

H.H. = His [Her] Highness 전하

hi [hai] int. 여어, 이봐

hi·bis·cus [hibískəs, +美 hai-] n.《植》하이비스커스

hic·cup, -cough [híkʌp] n., vi., vt. 딸꾹질(을 하다)

hick·o·ry [híkəri] n. 히코리(북미산 호도과의 나무; 그 재목)

hide¹ [haid] v. (p. hid [hid], pp. hid·den [hidn], hid) vt. 숨기다, 비밀로 하다 ── vi. 숨다

hide² n.(짐승)가죽 ── vt.(가죽을)벗기다;《口》매질하다

hid·e·ous [hídiəs] a. 무서운 (horrible), 무시무시한; 싫은

hi·er·ar·chy [háiərɑ̀ːrki] n.(성직자의)계급조직; 계급; 단계

hi·er·o·glyph [háiərəglìf] n. 상형문자

hi-fi [háifái] n., a. 하이파이(의); 하이파이장치

high [hai] a. 높은 (opp. low); 고지의; 고귀한, 품위있는; 고급의; 값비싼; 고도의, 강렬한; 한창인 ~ life 상류생활 ~ noon 정오, 한낮 ~ school 고등학교 ~ seas 공해; 외양(外洋) ~ society 상류사회 ~ tea《英》고기요리가 딸린 차 ── ad. 높이; 비싸게; 크게, 세게: play ~ 큰 도박을 하다 ── n. 높은 곳; 하늘;《商》고가(高價)

high·ball [≤bɔ̀:l] n.《美》하이볼(소다수를 섞은 위스키)

high·born [≤bɔ̀:rn] a. 고귀한 가문에서 태어난

high·bred [≤brèd] a. 명문태생의; 교양있는, 고상한

high·brow [≤bràu] n.《口》지식인; 지식인인 체하는 사람

High Church (the ~) 고교회파(교회의 권위나 의식을 중시하는 영국국교회의 한 파)

high·er-up [háiərʌ̀p] n. 상사(上司), 상관

high hat 실크햇

high·jack [≤dʒæk] vt. = hijack

high jump 《경기》높이뛰기

high·land [≤lənd] n. 고지; (the H~s) 스코틀란드 고지지방

high light 《寫·미술》가장 밝은 부분; 가장 중요한 곳; 인기거리

high·ly [háili] ad. 높이, 대단히 speak [think] ~ of …을 격찬[크게 존중]하다

high·ness [háinis] *n.* 높음. 높이; 고위; 고가; (H~) 전하

high profile 고자세

hire-pur·chase 《英》 분할불 (《美》 installment plan)

high rise 《美口》 고층빌딩

high·road [⌐róud] *n.* 공로, 대로

high-speed [⌐spí:d] *a.* 고속의

high-spir·it·ed [⌐spíritid] *a.* 원기왕성한, 의기충천한

high·way [háiwèi] *n.* 공로, 대로; 큰 줄거리

hi·jack [háidʒæk] *vt.* 《美口》 (수송중인 화물 등을)강탈하다; (배·비행기를)납치하다

hike [haik] *n.* 도보여행 *go on a* ~ 하이킹가다 —*vi.* 도보여행하다 **hík·er** *n.* 하이커

hik·ing [háikiŋ] *n.* 하이킹

hill [hil] *n.* 작은 산, 언덕, 堆

hill·side [hílsàid] *n.* 언덕의 사면, 산허리 [대기

hill·top [híltàp/ ⌐tɔ́p] *n.* 언덕꼭

him [him] *pron.* he의 목적격

Him·a·la·yas [hìmələ(i)əz] *n. pl.* (*the* ~) 히말라야산맥

him·self [himsélf] *pron.* 그 자신

Hi·na·ya·na [hì:nəjá:nə] *n.* 소승불교 (*cf.* Mahayana)

hind [haind] *a.* 뒤(쪽)의

hin·der¹ [híndər] *vt.* 방해하다 (obstruct), 가로막다

hind·er² [háindər] *a.* 뒤의, 뒤쪽 [뒷부분]의

Hin·di [híndi:, ⌐⌐] *a.* 북인도의; 힌디어의 —*n.* 힌디어

Hin·doo, -du [híndu:, ⌐⌐] *n.* 힌두교신자 —*a.* 힌두인[교]의 ~·ism *n.* 힌두교

hin·drance [híndrəns] *n.* 훼방(물), 방해(물)

hinge [hindʒ] *n.* 경첩; 사북, 요점 *off the* ~s 정상상태가 아닌 —*vt.* 경첩을 달다 —*vi.* 경첩으로 움직이다

hint [hint] *n.* 암시, 힌트 —*vt., vi.* 암시하다, 넌지시 비치다

hin·ter·land [híntərlænd] *n.* 오지(奧地)

hip¹ [hip] *n.* 엉덩이, 허리

hip² *int.* 만세[응원]의 선창

hip³ *n.* 스윙재즈의 팬

hip·pie [hípi] *n.* 히피족

hip·po·drome [hípədròum] *n.* (고대그리이스·로마의) 경기장; 서어커스; 《英俗》 연예장

hip·po·pot·a·mus [hìpəpátəm-əs/ ⌐pɔ́t-] *n.* 하마(《口》 hippo)

hire [háiər] *vt.* 고용하다, 세내다; 임대하다 《*out*》 —*n.* 임차; 고용; 임대료, 세, 사용료; 임금

his [hiz] *pron.* 1 he의 소유격 2 소유대명사

hiss [his] *vi., vt.* 쉿하고 말하다 [소리내다] —*n.* 쉿하는 소리

his·tor·ic [histórik, ⌐tɔ́:r-/⌐tɔ́r-] *a.* 역사상 유명한

his·tor·i·cal [histɔ́:rik(ə)l/⌐tɔ́r-] *a.* 역사(학)상의; 역사에 근거한

his·to·ry [híst(ə)ri] *n.* 역사, 연혁, 경력, 유래

hit [hit] *v. (p., pp. hit)* *vt.* 치다, 때리다(beat), 맞히다; 타격을 주다; 멋지게 발견하다 —*vi.* 치다, …을 보고 치다 《*at*》; 부딪다 《*against*》 ~ *it* 멋지게 알아맞히다 ~ *on* [*upon*] …과 마주치다, 문득 생각나다 —*n.* 타격; 명중(탄); 대성공; 〔야구〕 안타: *a* ~ *song* 히트송

hit-and-run [hítnrʌn] *a.* 〔야구〕 히트엔드런의; (사람을 치고)뺑소니치는

hitch [hitʃ] *vt., vi.* 홱 움직이다; (고리 등을)걸다; (말을)매다 —*n.* 홱 당김, 급정지; 장애, 지장

hitch·hike [⌐hàik] *vi.* 《美口》 자동차를 얻어타고 여행하다

hith·er·to [híðərtú:] *ad.* 지금까지

hive [haiv] *n.* 꿀벌통; 꿀벌떼; 와글와글하는 장소 —*vi., vt.* 벌통에 들어가다[넣다]; 축적하다

hoard [hɔ:rd] *n.* 저장(물), 사재기 —*vt., vi.* 저장하다, 사재다 ~·ing *n.* 저장; 매점매석, 사재기

hoarse [hɔ:rs] *a.* 쉰 목소리의

hoar·y [hɔ́:ri] *a.* 서리같이 하얀, 흰; 백발의; 늙은

hob·by [hábi/hɔ́bi] *n.* 취미

hock·ey [háki/hɔ́ki] *n.* 하키

ho·cus-po·cus [hóukəspóukəs] *n.* 요술, 묘기, 속임수 —*vt., vi.* 속이다; 요술부리다

hodge·podge [hádʒpàdʒ/ hɔ́dʒ-pɔ̀dʒ] *n.* 잡탕; 뒤범벅

hoe [hou] *n.* 괭이, 제초기

hog [hag, hɔ:g/hɔg] *n.* 돼지, 거세한 수돼지; 욕심장이; 《美俗》 대형 오오토바이

hói pol·lói *pl.* (때로 *the* ~) 민중, 대중 [Gk.]

hoist [hɔist] *vt.* (돛·기를)올리다 (raise); (기중기로) 들어올리다 —*n.* 끌어[감아]올리기

hold¹ [hould] *v. (p., pp. held)* *vt.* 잡다, 쥐다; 유지하다; 견디다, 수용력이 있다; (마음속에)품다, 생각하다; (모임을)개최하다 —*vi.* 견디다; (상태가)계속되다: *H*~ *the line.* 전화를 끊지 말고 기다려 주십시오!/*H*~ *hard!* 기다려, 멈춰라/*H*~ *it!* 《口》 기다려봐 ~ *over* 넘기다, 연장하다 ~ *up* 제시하다; 정지시킬

다;《美》남을 세워서 강탈하다
～ with …과 견해가 일치하다;
찬성하다 —*n.* 잡기, 쥐기, 파악;
지배력, 위력《*on, of*》**take ～
of** …을 붙잡다, 입수[지배]하다
have a ～ on [**over**] …에 대
해 세력이 있다 **keep ～ on**
…을 잡고 놓지 않다

hold² *n.* 〖海〗화물창: **～ bag-
gage** 화물창의 화물(승선중에
는 꺼내올 수 없음) (*cf.* cabin
baggage)

hold·all [⌐ɔ̀:l] *n.* 여행용 잡낭

hold·er [hóuldər] *n.* 소유자; 자
루·(펜)대; 그릇

hold·up [hóuldʌp] *n.*《美口》노
상강도질;(진행의)정지, 정체

hole [houl] *n.* 구멍; (짐승의)굴;
곤경, 결함, 손실 **～ in one** 〖골
프〗홀일인원

hol·i·day [hálədèi/ hɔ́l-] *n.* 휴
일; 축제일; (*pl.*) 휴가 **～ camps**
청년남녀를 위한 간이숙박시설
이 있는 곳

hol·i·day·mak·er [⌐mèikər]
n. 휴일의 행락객

Hol·land [hálənd/ hɔ́l-] *n.* 네덜
란드(the Netherlands)

hol·low [hálou/ hɔ́l-] *n.* 움푹한
곳[땅]; 골짜기 —*a.* 속이 빈; 움
푹한; 공허한; 허울뿐인 —*ad.*
공허하게;《口》철저히 —*vt.* 우
벼내다, 속이 비게 하다《*out*》

Hol·ly·wood [⌐wùd] *n.* 미국
California 주의 영화제작지

holm [houm] *n.* 강변의 저지, (호
수내의)작은 섬

hol·o·caust [háləkɔ̀:st/hɔ́l-] *n.*
(불로 인한)전멸; 대학살, 대살육

ho·ly [hóuli] *a.* 신성한(sacred),
경건한 *H～ Communion* 성찬
식, 영성체 *the H～ Bible* 성
경 *the H～ City* 성도 *the
H～ See* 로마 교황청 *the H～
Spirit* 성령

hom·age [hámidʒ/ hɔ́m-] *n.* 존
경, 경의; (봉건시대의)신하의 예

home [houm] *n.* 가정(생활); 집;
생가; 본국, 고향; 발상지; 수용소;
요양소; 양로원;〖야구〗본루 *at
～* 마음편히; 정통하여 —*a.* 자
기 집의, 가정의; 자국[본국]의
(*cf.* abroad), 국산의, 국내의: a
～ town 고향 *～ address* 현
주소 *H～ office*《英》내무성
～ stretch (경주에서)최후의
직선코오스 —*ad.* 자기 집에; 본
국[자국]으로,본루로 *see* [*take*]
a person ～ 남을 집까지 바래
다주다

home·bod·y [⌐bɑ̀di/-bɔ̀di] *n.*
《美》가정 위주의 사람

hóme gròund 본거지

home·land [⌐lænd] *n.* 자기 나라

home·ly [hóumli] *a.* 검소한; 소
박한; 흔히 있는;《美》못생긴

home·made [⌐méid] *a.* 손으로
[집에서] 만든, 국산의

hom·er [hóumər] *n.* 〖야구〗호
움런 —*vi.* 호움런을 치다 「은

home·sick [⌐sik] *a.* 향수에 젖

home·spun [⌐spʌn] *a.* 수직의

home·stead [-stèd, -stid] *n.* (토
지·건물을 포함한)주택, (건물을
포함한)농장;《美》(이민에게 이
양되는)자작농장

home·ward [⌐wərd] *a.* 귀로의

home·work [-wə̀:rk] *n.* 가정에
서 하는 일; 숙제, 예습, 복습

ho·mo [hóumou] *n.* 동성애(의
사람)

ho·mo·ge·ne·ous [hòumoudʒí:-
niəs] *a.* 동종[동질]의

ho·mo·sex·u·al [hòumosékʃu-
əl/ hóumoséksjuəl] *a., n.* 동성
애의(사람)

Hon·du·ras [hɑnd(j)ú(:)rəs/hɔn-
djúə-] *n.* 온두라스(중미의 나라)

hon·est [ánist/ ɔ́n-] *a.* 정직한, 성
실한; 불순물이 없는 「성실

hon·es·ty [ánisti/ ɔ́n-] *n.* 정직,

hon·ey [háni] *n.* 벌꿀;《호칭》
귀여운 사람

hon·ey·bee [⌐bì:] *n.* 꿀벌

hon·ey·comb [⌐kòum] *n.* (꿀)
벌집; 벌집처럼 생긴 것

hon·ey·moon [⌐mù:n] *n.* 밀월,
신혼 첫달; 신혼여행 **～·er** *n.*
신혼여행자

hon·ey·suck·le [⌐sʌ̀kl] *n.* 인
동덩굴 「홍콩

Hong Kong [háŋkáŋ/hɔŋkɔ́ŋ]

hon·kie, -key [háŋki:/hɔ́ŋ-] *n.*
《경멸어》백인, 흰둥이

honk·y-tonk [hɔ́:ŋkitɔ̀:ŋk, háŋ-
kitɑ̀ŋk/ hɔ́ŋkitɔ̀ŋk] *n.*《美俗》
저속한 카바레[술집]; 매춘굴

Hon·o·lu·lu [hànəlú:lu(:)/ hɔ́n-]
n. 미국 Hawaii 주의 수도

hon·or,《英》**-our** [ánər/ ɔ́nə]
n. 명예; 체면; 자존심; 존경; 절개;
고위; (H～) 각하; (*pl.*) (대학의)
우등; (*pl.*) 의례(儀禮) *in ～ of*
…에게 경의를 표하여, …의 기
념으로 —*vt.* 존경하다; 명예를
주다

hon·or·a·ble,《英》**-our-** [án-
(ə)rəbl/ ɔ́n-] *a.* 존경할 만한; 명
예있는 「감투상

hónorable méntion 선외 가작,

hónor guàrd 의장대

hónor sỳstem《美》(학교시험·
교도소작업에서의)무감독제도

hood [hud] *n.* 두건; 포장; 덮개

hood·lum [hú:dləm] *n.*《美俗》
깡패

hood·wink [húdwìŋk] *vt.* 속이다; 눈가림하다

hoof [hu:f, +美 huf] *n.* (*pl.* ~s) 발굽 ~·er *n.* 《俗》 탭댄서

hook [huk] *n.* 갈고리; 고리; 훅; 낚시; 《권투》 훅 —*vt., vi.* 갈고리로 걸다, 훅으로 고정시키다 [되다]; 낚시로 낚다

hoo·li·gan [húːligən] *n.* 깡패

hoop [hu:p, +美 hup] *n.* 테, 굴렁쇠 —*vt.* 테를 두르다

hoop·la [húːplɑ̀ː] *n.* 《美俗》 열광, 화려한 선전

hoot [hu:t] *vi., vt., n.* (부엉이가) 부엉부엉 울다[우는 소리]; 야유하다[하는 소리]《at》; 《英》 (기적 등이)울리다[울리는 소리]

hop [hap/hɔp] *vi.* 깡충 뛰다; 《口》 (비행기가)이륙하다 —*n.* 한발로 뛰기; 도약; 《口》 댄스파아티; ~, step, and jump 3단도

hope [houp] *n.* 희망, 기대; 기대되는 사람[것], 의지 —*vi., vt.* 희망[기대]하다 ~·less *a.* 절망적

hope·ful [hóupf(u)l] *a.* 희망에 부푼; 유망한 *be* ~ *of* [*about*] …을 기대하다

hope·less [⁼lis] *a.* 희망없는, 절망적인; 가망없는

hop·per [hápər/hɔ́pə] *n.* 《俗》 호텔의 보이

ho·ri·zon [həráizn] *n.* 지평선, 수평선; 시야; 범위, 한계

hor·i·zon·tal [hɔ̀ːrizánt(ə)l, hɑ̀ri-/hɔ̀rizɔ́n-] *a.* 수평의 (*cf.* vertical); 가로의; 수평[지평]선상의

horizóntal bár 《체조》 철봉

horn [hɔːrn] *n.* 뿔; 각적, 경적; 《音》 호른

hor·o·scope [hɔ́rəskòup, hár-/hɔ́r-] *n.* 별점; 천궁도

hor·ri·ble [hɔ́rəbl, hár-/hɔ́r] *a.* 무서운; 《俗》 지독한, 불쾌한

hor·rid [hɔ́rid, hár-/hɔ́r-] *a.* 무서운, 지긋지긋한; 《口》 지독한

hor·ror [hɔ́rər, hár-/hɔ́rə] *n.* 공포 (terror), 전율; 증오, 혐오; 《口》몸서리나도록 싫은 것

hors d'oeu·vre [ɔːrdə́ːrvr/(h)ɔː-] *n.* 오르되브르, 전채(前菜) [F]

horse [hɔːrs] *n.* (*pl.* **hors·es,** 《총칭》~) 말; 수말; 《총칭》기병(대); (체조용)목마

horse·back [⁼bæ̀k] *n.* 말등

horse·man [⁼mən] *n.* (*pl.* -men [-mən]) 기수, 마술가, 기병

hórse ópera 《美俗》 서부극

horse·pow·er [⁼pàuər] *n.* 《機》 마력(略: h.p.)

hórse ràce 경마

horse·shoe [hɔ́ːrʃùː, hɔ́ːrsʃùː] *n.* 편자

ho·san·na [houzǽnə] *n.* 호산나

(주를 찬송하는 말)

hose [houz] *n.* **1** (*pl.* **hos·es**) 호오스 **2** (*pl.* ~) 긴 양말

hos·pice [háspis/hɔ́s-] *n.* 여행자 숙박소; 수용소

hos·pi·ta·ble [háspitəbl/hɔ́s-] *a.* 친절히 접대하는《to》

hos·pi·tal [háspit(ə)l/hɔ́s-] *n.* 병원; 양육원

hos·pi·tal·i·ty [hàspitǽliti/hɔ̀s-] *n.* 환대, 후대

Host [houst] *n.* 《宗》 성찬용 빵

host[1] [houst] *n.* 주인(역) (*cf.* guest); (여관의)주인

host[2] *n.* 많음, 다수《of》

hos·tage [hástidʒ/hɔ́s-] *n.* 인질, 볼모; 저당, 담보

hos·tel [hást(ə)l/hɔ́s-] *n.* 여인숙; 《英》 기숙사

host·ess [hóustis] *n.* (손님을 접대하는)여주인; (여관의)안주인; 스튜어디스(air hostess); (술집의)호스티스

hos·tile [hást(i)l/hɔ́stail] *a.* 적개심을 품은, 적대(반대)하는

hos·til·i·ty [hastíliti/hɔs-] *n.* 적개심

hot [hat/hɔt] *a.* 뜨거운, 더운 (*opp.* cold); 새로운; 격렬한; 흥분한; (재즈음악이)흥분시키는: ~ air 《俗》 허풍/ ~ news 최신 뉴우스/ ~ temper 성마름 ~ *and* ~ 갓만든

hot-blood·ed [⁼blʌ́did] *a.* 혈기왕성한; 성급한

hót càke 핫케이크

hót dòg 《美俗》 핫도그

ho·tel [houtél/(h)ou-] *n.* 여관, 호텔 ~ *charge* 호텔요금 ~ *directory* 호텔내의 시설 등의 안내서 ~ *register* 숙박부

hot·house [⁼hàus] *n.*온실;《俗》 터어키탕, 매춘굴

Hót Lìne (우발전쟁 방지용)미·소 직통전화, 핫라인

hót mòney 국제금융 시장에서 이율이 높은 곳으로 이동하는 단기자금

hót pòt 감자 사이에 고기를 끼운 짐요리

hót spòt 분쟁지역; 전기의자; 음란한 나이트클럽; 매춘굴

hót spring 온천(spa)

Hot·ten·tot [hátntàt/hɔ́tntɔt] *n., a.* 호텐토트인[어](의)

hound [haund] *n.* 사냥개

hour [auər] *n.* 1시간, 시간; 시각; (…의)기회; 시대: Office ~s are from 9 to 4. 집무시간은 9시부터 4시까지입니다 *keep good* [*early*] ~s 일찍 자고 일찍 일어나다

house *n.* [haus→*v.*] (*pl.* **hous·es**

[háuziz]) 가옥, 주택; 가정; 여관; 극장; 《총칭》 청중, 의회; 《총칭》 국회의원; 가축우리; 상점, 회사 *the H~ of Commons* [*Lords*] 《英》 하[상]원 *the H~ of Representatives* 하원, 민의원 *~ doctor* (호텔 등과 특약을 맺고 있는)단골의사 —*vt.*[hauz] 집을 주다; 숙박시키다

hóuse àgent 《英》 복덕방

house·boat [⌐bòut] *n.* 지붕있는 배; (침실 있는)요트

hóuse dòg 집지키는 개

house·hold [⌐hòuld] *n.* 가족; 세대; (*the H~*) 《英》 왕실 —*a.* 가족의, 한 집안의

house·keep·er [⌐kì:pər] *n.* 주부; 가정부

house·maid [⌐mèid] *n.* 하녀

house·moth·er [⌐mλðər] *n.* 사감(舍監)

hóuse òrgan 사보(社報)

hóuse pàrty (별장 등에서 몇일간에 걸친) 파아티; 그 손님들

house·phone [⌐fòun] *n.* (호텔 등의)구내전화; 내선전화

house·top [⌐tàp / ⌐tɔ̀p] *n.* 지붕

house·wife [⌐wàif→2] *n.* (*pl.* -wives [⌐wàivz]) **1** 주부 **2** [hλzif, *pl.* -ivz] 반짇고리

house·work [⌐wɔ̀:rk] *n.* 가사

hous·ing [háuziŋ] *n.* 집에 수용하기; 주택공급

hóusing próblem 주택문제

Hous·ton [hjú:stən] *n.* 미국 Texas주의 도시 〔사〕

hove [houv] *v.* heave 의 과거(분)

hov·er [hλvər, háv-/ hɔ́və, háv-] *vi.* 하늘을 날다; 배회하다

hov·er·craft [⌐kræft/ ⌐krɑ̀:ft] *n.* 호버크라프트(고압공기로 기체를 뜨게 해서 달리는 탈것)

hov·er·fer·ry [hλvərfèri/hɔ́v-] *n.* 《英》 호버크라프트 연락선

how [hau] *ad.* 어떤 방법[상태]으로; 얼마만큼, 얼마나; 《감탄사적으로 의문·놀람 등을 나타냄》 뭐라고; 《감탄사》 정말, 어째면 (*cf.* what): *H~* do you like it? 어떻습니까, 마음에 드십니까 *H~?* 《美》 뭐라고요 (《英》 What?); 어떻게 해서 *H~ about...?* (…하면)어떨까 *H~ are you?* 안녕하십니까 *H~ do you do?* 처음뵙겠읍니다; 안녕하십니까 *H~ much?* (값은)얼마니까 —*n.* 방법

how·ev·er [hauévər] *conj.* 그러나, 하지만(but, though) —*ad.* 제아무리 …라도; 《俗》 도대체 어째서

howl [haul] *vi.* (개 등이)길게 짖다; (사람이)신음하다, 울부짖다

—*vt.* 울부짖으며 말하다 —*n.* 짖는[신음] 소리

how-to [háutú:] *a.* 입문적인, 실용안내의

Hoyle [hɔil] *n.* 카아드놀이책

huck·le·ber·ry [hλklbèri, +英 -b(ə)ri] *n.* 《植》 허클베리

huck·ster [hλkstər] *n.* 도부장수, 행상인

hud·dle [hλdl] *vi.* 떼를 짓다, 복닥거리다 —*vt.* 아무렇게나 모으다 —*n.* 아무렇게나 모은 것; 난잡; 군중

Hud·son [hλdsn] *n.* (*the ~*) New York주 동부의 강

hue [hju:] *n.* 빛깔, 색조

hug [hλg] *vt.* (정답게)껴안다; (견해를)품다 —*n.* 껴안기, 포옹

huge [hju:dʒ] *a.* 거대한, 막대한

hu·la(-hu·la) [hú:lə(hú:lə)] *n.* (하와이의)훌라춤, 그 노래

hull¹ [hλl] *n.* 껍질, 깍지; 덮개

hull² *n.* 선체; (수상기의)동체

hul·lo, -loa [həlóu/ háloú] *int.* 《주로 英》 야아, 이봐; 여보세요

hum [hλm] *vi., vt.* (입을 다물고)흥하다; 콧노래를 부르다; (벌 등이)윙윙거리다 —*n.* 윙윙거리는 소리, (라디오 등의)낮은 잡음; 《俗》 사기, 협잡

hu·man [hjú:mən] *a.* 인간의, 인간다운 —*n.* 인간 *~ relations* 대인관계 *~ rights* 인권

hu·mane [hju(:)méin] *a.* 인정많은, 자비로운; 우아한

hu·man·ism [hjú:mənìz(ə)m]*n.* 인도주의, 인문주의

hu·man·i·ty [hju:mǽniti] *n.* 인간성; 인정; 인류

hum·ble [hλmbl] *a.* 겸손한, 겸허한; (신분 등이)비천한, (의식 주가)검소한

hum·bug [hλmbλg] *n.* 엉터리, 사기, 사기꾼 —*int.* 바보같은

hu·mid [hjú:mid] *a.* 습기가 있는

hu·mil·i·ate [hju(:)mílièit] *vt.* 굴욕[창피]을 주다

hu·mil·i·ty [hju:míliti] *n.* 겸손, 겸양

hum·ming [hλmiŋ] *a., n.* 윙윙거리는(소리); 《晋》 허밍(의)

hum·ming·bird [⌐bɔ̀:rd] *n.* 《鳥》 벌새(미국산)

hu·mor, 《英》 **-mour** [hjú:mər] *n.* 유모어, 익살, 해학; 기질, 성미; (일시적)기분

hu·mor·ist [(h)jú:mərist] *n.* 해학가; 유모어작가

hu·mor·ous [(h)jú:mərəs] *a.* 유모어가 넘치는, 익살스런, 웃기는 〔언덕

hump [hλmp] *n.* (등의)혹; (둥근)

hunch [hλntʃ] *n.* (등의)혹, 육봉;

《美口》 예감

hun·dred [hʌ́ndrəd, -drid] *n.* 100, 100개[명] —*a.* 100의, 다수의

hung [hʌŋ] *v.* hang의 과거(분사) —*a.* 결정되지 않은, 미정의; (배심원의)의견이 갈린

Hun·gar·i·an [hʌŋgé(:)riən] *a.* 헝가리의, 헝가리 사람[어]의 — *n.* 헝가리인[어]

Hun·ga·ry [hʌ́ŋgəri] *n.* 헝가리

hun·ger [hʌ́ŋgər] *n.* 굶주림, 배고픔; 갈망 —*vi., vt.* 굶주리(게하)다; 갈망하다

húnger strìke 단식투쟁[파업]

hun·gry [hʌ́ŋgri] *a.* 굶주린, 배고픈; 갈망하는

hunt [hʌnt] *vt., vi.* 사냥하다; 몰아내다 《out》; 찾다 《after, for》 —*n.* 사냥; 수렵지역; 탐색, 추적

hunt·er [hʌ́ntər] *n.* 사냥꾼[개]

hunt·ing [hʌ́ntiŋ] *n.* 사냥; 추구: a ~ cap 사냥모자

hur·dle [hə́:rdl] *n.* 장애물, 허어들, (*pl.*) 장애물경주

hurl [hə:rl] *vt., vi.* (힘껏)던지다

Hu·ron [hjú(:)rən] *n.* (the ~) 휴우론호(북미 5대호의 하나)

hur·rah [hurɑ́:], **hur·ray** [huréi] *int.* 만세, 후레이 —*vt., vi.* 환성을 지르다

hur·ri·cane [hə́:rikèin/hʌ́rikən, -kéin] *n.* 허리케인(서반구의 계절폭풍우) ~ *deck* 여객선의 최상갑판

hur·ry [hə́:ri, hʌ́ri/hʌ́ri] *n.* 서두름 *in a* ~ 서둘러, 허둥지둥 —*vt.* 서둘게 하다(hasten); 재촉하다 —*vi.* 서두르다, 허둥대다: H~ up! 서둘러라 !

hurt [hə:rt] *vt., vi.*(*p., pp.* **hurt**)상처를 입히다(injure), 아프게 하다; 해치다 —*n.* 상처; 고통; 해 ~·**ful** *a.* 해로운

hus·band [hʌ́zbənd] *n.* 남편(*cf.* wife) —*vt.* 절약하다 ~·**age** *n.* 선박관리 수수료

hush [hʌʃ→*int.*] *vt.* 조용하게 하다, 침묵시키다 —*vi.* 침묵하다, 조용해지다 —*n.* 고요, 침묵 — *int.* [ʃː, hʌʃ] 쉿, 조용히

hush-hush [hʌ́ʃhʌ́ʃ] *a.* 내밀한, 극비의

húsh mòney 입막음돈, 무마비

husk [hʌsk] *n.* 겉껍질; 《美》옥수수껍질 —*vt.* 껍질을 벗기다

husk·y [hʌ́ski] *a.* 쉰 목소리의

Hus·ky [hʌ́ski] *n.* 에스키모개

hus·tle [hʌ́sl] *vt., vi.* 《美俗》수단을 가리지 않고 돈벌이하다, 노름하다; 기운차게 하다

hus·tler [hʌ́slər] *n.* 《美口》노름꾼; 수완가; 《俗》사기꾼

hut [hʌt] *n.* 오두막집

hüt·te [hýtə] *G. n.* 산막, 휘테

Hwang Ho [hwǽŋhóu, +美 hwɑ́:ŋ-] 황하(黃河)

hy·brid [háibrid] *n., a.* 잡종(의); 혼성물(의)

Hýde Párk [háid] 하이드파아크(런던 최대의 공원)

hy·drant [háidrənt] *n.*(대로의) 소화전

hy·drau·lic [haidrɔ́:lik] *a.* 수력[수압]의: a ~ press 수압기

hy·dro [háidrou] *n.* 수력발전소, 수력전기; 《口》수상비행기

hy·dro·air·plane [hàidro(u)ɛ́ərplèin] *n.* 수상비행기

hy·dro·e·lec·tric [hàidro(u)iléktrik/hái-] *a.* 수력전기의

hy·dro·foil [háidro(u)fɔ̀il] *n.*수중익선

hy·dro·gen [háidridʒ(ə)n] *n.* 《化》수소

hy·dro·pho·bi·a [hàidrəfóubiə] *n.* 《醫》공수병, 광견병

hy·dro·plane [háidro(u)plèin] *n.* 수상비행기, 수중익선

hy·dro·plan·ing [háidro(u)plèiniŋ] *n.* 하이드로플레이닝(빗길을 고속으로 달리는 차의 바퀴가 노면에서 뜨는 현상)

hy·giene [háidʒiːn, +美 -dʒiìːn] *n.* 위생(학), 건강법

hymn [him] *n.* 찬송가

hym·nal [hímnəl] *n.* 찬송가집

hy·per·son·ic [hàipərsánik/háipəsɔ́n-] *a.* 초음속의

hy·phen [háif(ə)n] *n.* 하이픈 —*vt., vi.* 하이픈으로 잇다

hy·poc·ri·sy [hipákrisi/ -pɔ́k-] *n.* 위선

hyp·o·crite [hípəkrìt] *n.* 위선자

hy·po·der·mic[hàipoudə́:rmik] *a.* 피하의: ~ injection 피하주사

hy·poth·ec [haipáθik/ -pɔ́θek] *n.* 저당권

hy·poth·e·sis[haipáθisis/-pɔ́θ-] *n.* (*pl.* -ses [-siːz]) 가설, 가정

hys·ter·ic [histérik] *a.* 히스테리의 —*n.* 히스테리환자

I

I [ai] *pron.* (*pl.* **we**) 나는, 내가

IAC =*International Apprentices Competition* 국제기능올림픽

IATA =*International Air Transport Association* 국제

항공수송협회
ib., ibid. = *ibidem*

I·be·ri·a [aibí(:)riə] *n.* 이베리아 반도(스페인·포르투갈이 있음)

i·bi·dem [ibáidem] *L. ad.* 같은 책[곳]에(略 : ib., ibid.)

-ible [-ibl, -əbl] *suf.* 「…할 수 있는, …되는, …하기 쉬운」의 뜻 ⇒-able

I.B.M. = *International Business Machines*

IBRD = *International Bank for Reconstruction and Development* 국제부흥개발은행

IC = *integrated circuit* 집적회로

ICAO = *International Civil Aviation Organization* (유우엔)국제민간항공기구

ICBM = *inter continental ballistic missile* 대륙간탄도탄

ice [ais] *n.* 얼음;《美》빙과,《英》 아이스크리임; 당의;《俗》다이아몬드 —*vt.* 얼리다; 얼음으로 차게 하다; (과자에)당의를 입히다 : ~ *d* coffee 아이스코오피 —*vi.* 얼다

íce bàg 얼음주머니

ice·berg [́-bə:rg] *n.* 빙산

ice·boat [́-bòut] *n.* 쇄빙선; 빙상요트

ice·bound [́-bàund] *a.* 얼음에 갇힌

ice·box [́-bàks/-bɔ̀ks] *n.* 냉장고

ice·break·er [́-brèikər] *n.* 쇄빙선

íce càp (고산·극지의)만년설

íce crèam 아이스크리임

íce cùbe (냉장고에서 만드는)각빙

ice·fall [́-fɔ̀:l] *n.* 아이스폴, 하폭포

íce fíeld 빙원

ice-free [́-frí:] *a.* 얼음이 얼지 않는: an ~ port 부동항

íce hóckey 아이스하키

ice·house [́-hàus] *n.* (*pl.* **-houses** [-hàuziz]) 빙고, 얼음창고

Ice·land [áislənd] *n.* 아이슬란드

íce pàck 아이스팩; 부빙군 (浮氷群);《美》얼음주머니

íce rìnk (실내)스케이트장

íce shòw 아이스쇼우

íce skàte 스케이트화

íce tòngs 얼음집게

íce yàcht 빙상요트

ich·thy·ol·o·gy [ikθiálədʒi/-ɔ́l-] *n.* 어류학

i·ci·cle [áisikl] *n.* 고드름

ic·ing [áisiŋ] *n.* (과자의)당의

ICJ = *International Court of Justice* 국제사법재판소

i·con·o·clasm [aikánəklæz(ə)m/-kɔ́n-] *n.* 우상파괴

i·con·o·scope [aikánəskòup/-kɔ́n-] *n.* 【텔레비】송상관

i·cy [áisi] *a.* 얼음같은, 얼음이 언, 차가운; 냉정한

I·da·ho [áidəhòu] *n.* 미국 서북부의 주

ID card 신분증명서 [<*Identity*]

i·de·a [aidí:ə/-díə] *n.* 생각, 관념; 계획, 아이디어

i·de·al [aidí:əl/-díəl] *a.* 이상의, 이상적; 관념의[적] —*n.* 이상

i·dem [áidem] *L. pron., a.* 같은 저자[책]( )

i·den·ti·cal [aidéntik(ə)l] *a.* 동일한; 일치하는《*with*》

i·den·ti·fi·ca·tion [aidèntifikéiʃ(ə)n] *n.* 신원확인; 동일시, 인정; 증명서: an ~ plate 등록번호판/ an ~ tag 물표/ Have you any ~ ? 신원을 증명할 만한 것을 갖고 계십니까

i·den·ti·fy [aidéntifài] *vt.* (신원을)확인하다; 동일하다고 간주하다

i·den·ti·ty [aidéntiti] *n.* 동일함, 신원 *establish* a person's ~ 신원을 밝히다

i·de·ol·o·gy [àidiálədʒi, ìdi-/-ɔ́l-] *n.* 관념론; 공론; 이데올로기

id·i·om [ídiəm] *n.* 관용어법[어구]; (한 민족의)언어; 사투리

id·i·o·syn·cra·sy [ìdiəsíŋkrəsi] *n.* 특질, 특징, 성벽; 특이성

id·i·ot [ídiət] *n.* 백치;《口》바보

i·dle [áidl] *a.* 게으른(lazy); 할일 없는; 헛된 —*vi., vt.* 게으름 피우다, 헛되이하다

i·dler [áidlər] *n.* 게으름장이

i·dol [áidl] *n.* 우상

i·dol·a·try [aidálətri/-dɔ́l-] *n.* 우상숭배

IDP = *international driving permit* 국제운전면허

i.e. *id est* [íd ést] (L=that is) 즉, 다시 말하면

if [if] *conj.* 《가정·조건》 만일 …면; 가령 …라도 (even if); …인지 어떤지; …때는 언제나 *as ~* 마치…같이 *~ it were not*[*~ it had not been*] *for* 만약 …이 없다면[없었다면]

IFTA = *International Federation of Travel Agents* 국제여행업자연맹

ig·loo, -lu [íglu:] *n.* (에스키모의)얼음집

ig·ni·tion [igníʃ(ə)n] *n.* 점화, 발화

ig·no·ble [ignóubl] *a.* 태생이 비천한; 상스러운

ig·no·rance [ígnərəns] *n.* 무식, 무지, 모름《*of*》

ig·no·rant [ígnərənt] *a.* 무식[무지]한, 모르는

ig·nore [ignɔ́:r] *vt.* 무시하다, 돌보지 않다, 괘념치 않다

i·gua·na [igwá:nə] *n.* 이구아나 (큰 도마뱀)

il- [il-] *pref.* ⇒in-

ill [il] *a.* (**worse, worst**) 병든 (《美》 sick); 나쁜; 악의있는 *fall [be taken]* ~ 병에 걸리다 — *ad.* 나쁘게, 서투르게

ill-bred [ílbréd] *a.* 본데없이 자란, 버릇없는 (*cf.* well-bred)

il·le·gal [ilí:g(ə)l] *a.* 불법의, 위법의 (*opp.* legal)

il·le·git·i·mate [ìlidʒítimit] *a.* 불법[위법]의; 서출의

ill-hu·mored, 《英》 -moured [íl(h)jú:mərd/-hjú:-] *a.* 기분이 언짢은

il·lic·it [ilísit] *a.* 불법의

Il·li·nois [ìlinɔ́i, +美 -nɔ́iz] *n.* 미국 중서부의 주

il·lit·er·ate [ilít(ə)rit] *a.* 문맹의

ill·ness [ílnis] *n.* 병

ill-tem·pered [íltémpərd] *a.* 심술궂은

ill-treat [íltrí:t] *vt.* 학대하다

il·lu·mi·nate [ilú:mìnèit, +英 iljú:-] *vt.* 비추다, 조명하다; 전기장식을 하다; 계몽하다

il·lu·mi·na·tion [ilù:mìnéiʃ(ə)n, +英 iljù:-] *n.* 조명; 계몽

il·lu·sion [ilú:ʒ(ə)n] *n.* 환영

il·lus·trate [íləstrèit, +美 ilʌ́strèit] *vt.* (실례를 들어)설명하다; 도해하다, 삽화를 넣다

il·lus·tra·tion [ìləstréiʃ(ə)n] *n.* 실례(實例); 삽화, 도해

ILO, I.L.O. = *International Labor Organization* 국제노동기구

ILS = *Instrument Landing System* 계기착륙 유도장치

im- [im-] *pref.* 《b, m, p 앞에 올 때》: *immoral* ⇒in-

im·age [ímidʒ] *n.* 상; 우상; 아주 닮은 사람[것]; 영상

im·age·ry [ímidʒ(ə)ri] *n.* 심상; 상, 조상

im·ag·i·na·ble [imǽdʒ(i)nəbl] *a.* 상상[생각]할 수 있는

im·ag·i·nar·y [imǽdʒinèri / -n(ə)ri] *a.* 상상의, 상상적인

im·ag·i·na·tion [imæ̀dʒinéiʃ(ə)n] *n.* 상상(력); 심상; 공상

im·ag·i·na·tive [imǽdʒinətiv, +美 -nèitiv] *a.* 상상의, 상상력이 풍부한

im·ag·ine [imǽdʒin] *vt., vi.* 상상하다, 마음에 그리다; 추측[생각]하다

im·bal·ance [imbǽləns] *n.* 불균형

IMF, I.M.F. = *International Monetary Fund* 국제통화기금

im·i·tate [ímitèit] *vt.* 모방하다, 흉내내다; 본받다; 모조하다

im·i·ta·tion [ìmitéiʃ(ə)n] *n.* 모방; 모조(품)

im·mac·u·late [imǽkjulit] *a.*

im·ma·te·ri·al [ìmətí(:)riəl] *a.* 비물질적인; 중요하지 않은

im·ma·ture [ìmət(j)úər / -tjúə] *a.* 미숙한, 미완성의

im·meas·ur·a·ble [iméʒ(ə)rəbl] *a.* 무한한, 광대무변한

im·me·di·ate [imí:diit] *a.* 직접적인; 즉시의: an ~ reply 즉답/ ~ cash 맞돈/ ~ payment 즉시불 **~·ly** *ad.* 직접으로; 《접속사적》 …하자마자

im·med·i·ca·ble [imédikəbl] *a.* 불치의, 돌이킬 수 없는

im·mense [iméns] *a.* 광대한, 거대한, 무한한; 《俗》 굉장한

im·merse [imə́:rs] *vt.* 잠그다, 가라앉히다; 몰두시키다; 빠뜨리다

im·mi·grant [ímigrənt] *n.* (외국에서 오는)이민 —*a.* 이주하는

im·mi·grate [ímigrèit] *vi., vt.* (외국에서) 이주하다 [시키다] (*opp.* emigrate)

im·mi·gra·tion [ìmigréiʃ(ə)n] *n.* 이주; 이민 ~ *office* 입국관리 사무소

im·mi·nent [íminənt] *a.* 절박[임박]한, 위급한

im·mo·bile [imóub(i)l, -bi:l, +英 -bail] *a.* 움직이기 힘든; 정지한

im·mod·er·ate [imád(ə)rit/ imɔ́d-] *a.* 절제없는, 지나친

im·mod·est [imádist/imɔ́d-] *a.* 얌전치 못한, 상스러운; 뻔뻔스러운

im·mor·al [imɔ́:r(ə)l/imɔ́r-] *a.* 부도덕한, 문란한, 품행이 나쁜

im·mor·tal [imɔ́:rt(ə)l] *a.* 불사의; 불멸의 —*n.* 불사신

im·mov·a·ble [imú:vəbl] *a.* 부동한, 확고한; 고정[정지]한

im·mune [imjú:n] *a.* 면역(성)의; (의무 등이)면제된

im·mu·ni·ty [⊂íti] *n.* 면역(성); (의무의)면제

im·pact [ímpækt] *n.* 충격, 충돌

im·pair [impéər] *vt.* 해치다, 훼손하다, 줄이다

im·pal·pa·ble [impǽlpəbl] *a.* 미세한, 감지할 수 없는

im·part [impá:rt] *vt.* 나누어주다; 전하다, 알리다

im·par·tial [impá:rʃ(ə)l] *a.* 공평한

im·pa·tient [impéiʃ(ə)nt] *a.* 참을 수 없는 《of》, 안달하는

im·pe·cu·ni·ous [ìmpikjú:niəs] *a.* 돈이 없는, 가난한

im·pede [impí:d] *vt.* 방해하다; 난처하게 하다, 반항하다

im·ped·i·men·ta [impedimɛ́ntə, impèd-] *n. pl.* 여행용 수하물

im·pel [impél] *vt.* 추진시키다, 재촉하다

im·pend·ing [impéndiŋ] *a.* 머리 위에 걸린; 절박한

im·per·a·tive [impérətiv] *a.* 명령적인; 피할 수 없는, 긴급한

im·per·fect [impə́:rfikt] *a.* 불완전한, 미완성의

im·pe·ri·al [impí(:)riəl] *a.* 제국의, 황제의 ~·ism *n.* 제국주의

im·pe·ri·ous [impí(:)riəs] *a.* 거만한; 긴급한, 중대한

im·per·me·a·ble [impə́:rmiəbl] *a.* 스머들저 않는, 불침투성의

im·per·son·al [impə́:rsn(ə)l] *a.* 비개인적인; 비인격적인

im·per·son·ate [impə́:rsənèit] *vt.* 인격화하다; 체현(體現)하다; 대표하다; …의 역을 하다

im·per·ti·nent [impə́:rtinənt] *a.* 부적당한; 건방진

im·pet·u·ous [impétʃuəs / -tju-] *a.* 맹렬[격렬]한; 성급한, 충동적인

im·pi·e·ty [impáiəti] *n.* 불신앙

im·pi·ous [ímpiəs] *a.* 신앙심없는; 사악한

im·ple·ment [ímplimənt] *n.* 도구, 기구

im·pli·cate [ímplikèit] *vt.* 얽히게 하다; 관계[연루]시키다; 포함하다

im·plic·it [implísit] *a.* 암암리의

im·plied [impláid] *a.* 암시된, 암묵적인

im·plore [implɔ́:r] *vt., vi.* 간청[애원]하다

im·ply [implái] *vt.* 암시하다; 넌지시 비치다; 의미하다

im·po·lite [impəláit] *a.* 무례한

im·port *vt.* [impɔ́:rt →*n.*] 수입하다(*opp.* export); 의미하다 —*n.* [4—] 수입, (보통 *pl.*) 수입품

im·por·tance [impɔ́:rt(ə)ns] *n.* 중요(성); 유력, 관록; 거만

im·por·tant [impɔ́:rt(ə)nt] *a.* 중요한, 중대한《*to*》; 젠체하는

im·por·ta·tion [impɔ:rtéi(ʃ)(ə)n] *n.* 수입, 수입품, 외래품

im·pose [impóuz] *vt.* 부과하다; 강요하다 —*vi.* 속이다

im·pos·si·ble [impásəbl/-pɔ́s-] *a.* 불가능한; 있을 수 없는

im·post [ímpoust] *n.* 부과금, 세금

im·po·tent [ímpət(ə)nt] *a.* 무(기)력한, 허약한

im·pov·er·ish [impʌ́v(ə)riʃ / -pɔ́v-] *vt.* 가난하게[메마르게]하다, 빈약하게 하다

im·preg·nate [imprégneit] *vt.* 임신시키다; 충만[포화]시키다 《*with*》; 스머들게 하다

im·press *vt.* [imprés →*n.*] 누르다, 찍다《*upon*》; 인상[감명]을 주다; 감동시키다 —*n.* [4—] 날인, 각인; 혼적

im·pres·sion [impréʃ(ə)n] *n.* 인상, 감명; 날인; 혼적; [印](몇)쇄

im·pres·sive [imprésiv] *a.* 강한 인상을 주는, 감동적인

im·print *vt.* [imprínt →*n.*] 찍다《*on*》; 명심시키다 —*n.* [4—] 날인; 혼적; 인상; (책의)판권란

im·pris·on [imprízn] *vt.* 투옥하다, 감금하다

im·prob·a·ble [imprábəbl/-prɔ́b-] *a.* 있을 성싶지 않은

im·promp·tu [imprámpt(j)u:/ -prɔ́mptju:] *ad., a.* 즉석에서(의) —*n.* 즉흥시[연설]; 즉흥곡

im·prop·er [imprápər/ -prɔ́pə] *a.* 부적당한; 타당치 않은

im·prove [imprú:v] *vt.* 개선[개량]하다; 이용하다 —*vi.* 진보하다 ~·ment *n.* 개량; 진보

im·prov·i·dent [imprávid(ə)nt/ -prɔ́v-] *a.* 선견지명이 없는

im·pro·vi·sa·tion [imprʌ̀vizéi-ʃ(ə)n/imprəvai-] *n.* 즉흥적으로 만들기

im·pru·dent [imprú:d(ə)nt] *a.* 경솔한, 무분별한

im·pu·dent [ímpjud(ə)nt] *a.* 뻔뻔스러운, 염치없는 「진력

im·pulse [ímpʌls] *n.* 충동, 추

im·pu·ni·ty [impjú:niti] *n.* 벌[해]을 면하기

im·pure [impjúər] *a.* 불순한, 불순물이 섞인; 부도덕한

im·pute [impjú:t] *vt.* (죄 등을 남에게)돌리다, 전가하다

in [in] *prep.* 1《장소·범위》…안에서, …에 있어서 2《상태·환경·행동》…의 상태에서: ~ good health 건강하여 3 …을 입고 4《시간》…에, 지나면: ~ a week 1주일 있으면 5《재료·표현양식》…으로: ~ this way[manner] 이 방법[이런 식]으로 6《제한》…의 점에서는 —*ad.* 안으로[에]: He is ~. 집에 계십니다

in- [in-] *pref.*《l 앞에서는 il-; b, m, p 앞에서는 im-; r 앞에서는 ir-》1 「무·불」의 뜻: *in*active 2 「안에」의 뜻: *in*hale 「무력

in·a·bil·i·ty [inəbíliti] *n.* 무능,

in·ac·cu·rate [inǽkjurit] *a.* 부정확한, 정밀하지 않은

in·ac·tive [inǽktiv] *a.* 활동하지 않는

in·ad·e·quate [inǽdikwit] *a.* 부적당[불충분]한, 무력한 「없는

in·apt [inǽpt] *a.* 부적당한; 솜씨

in·as·much [inəzmʌ́tʃ] *ad.*《inasmuch as로》 …이므로

in·au·gu·ral [inɔ́:gjurəl] a. 취임(식)의, 개시의 —n. 취임연설

in·au·gu·rate [inɔ́:gjurèit] vt. 취임[개업]식을 거행하다; 개시하다

in·au·gu·ra·tion [inɔ̀:gjuréiʃ(ə)n] n. 개시; 취임(식); 개업 I~ Day 《美》대통령취임일

in·aus·pi·cious [inɔ:spíʃəs] a. 불길한, 재수없는, 불운한

in·board [inbɔ́:rd] a., ad. 배 안의[에]

in·born [ínbɔ́:rn] a. 타고난

in·bound [inbáund] a. 본국으로 돌아가는, 귀항의

In·ca [íŋkə] n. 잉카인(남미안데 스산중에 살았던 종족. 고도의 문명을 가졌음)

in·can·des·cent [ìnkəndésnt, + 英 -kæn-] a. 백열(광)의

in·ca·pa·ble [inkéipəbl] a. …을 못하는 《of》; 무능한, 쓸모 없는

in·car·na·tion [ìnkɑ:rnéiʃ(ə)n] n. 《宗》육체화, 화신(化身)

in·cense [ínsens] n. 향(료), 향기; 아첨 —vt. 분향하다

in·cen·tive [inséntiv] a. 자극적인, 고무적인 —n. 자극, 유인 (誘因)

in·ces·sant [insésnt] a. 끊임없는, 부단한

inch [intʃ] n. 인치(1/12피이트)

in·ci·dence [ínsid(ə)ns] n. 낙하; (사건의)영향, 범위; (병·범죄 등의)이병률, 발생률

in·ci·dent [ínsid(ə)nt] n. 사건

in·ci·den·tal [ìnsidént(ə)l] a. 부수적인, 우연한; …에 따르게 마련인 《to》: ~ expenses 임시비

in·cli·na·tion [ìnklinéiʃ(ə)n] n. 기울기, 경사; 경향; 기호

in·cline vt., vi. [inkláin →n.] 기울(이)다 (slant), …을 향하(게하)다 —n. [⌐, ⌐] 경사, 구배, 사면

in·clude [inklú:d] vt. 포함[포괄] 하다 (contain); 셈에 넣다: all charges ~d 요금 일체를 포함하여 「함, 포괄

in·clu·sion [inklú:ʒ(ə)n] n. 포

in·clu·sive [inklú:siv] a. …을 포함하여 《of》 ~ terms 식비 기타 일체를 포함한 숙박료

in·cog·ni·zant [inkágniz(ə)nt, -káni-/-kɔ́gni-] a. 인식못하는

in·com·bus·ti·ble [ìnkəmbʌ́stəbl] a., n. 불연성의(물질)

in·come [ínkʌm] n. 수입, 소득 ~-tax clearance certification 소득세지불증명서(인도에서 3개월이상 체재하거나 일한 경우, 출국시에 세무서에서 교

부받아야 함)

in·com·pe·tent [inkámpit(ə)nt/ -kɔ́m-] a. 무능한, 적임이 아닌

in·com·plete [ìnkəmplí:t] a. 불완전한, 미비한, 미완성의

in·com·pre·hen·si·ble [ìnkàmprihénsəbl/-kɔ̀m-] a. 불가해한

in·con·ceiv·a·ble [ìnkənsí:vəbl] a. 상상[생각]도 못함

in·con·gru·ous [inkáŋgruəs/ -kɔ́ŋ-] a. 일치[조화] 안되는

in·con·sist·ent [ìnkənsíst(ə)nt] a. 일치 안되는 《with》; 모순된

in·con·ven·ience [ìnkənví:njəns] n., vt. 불편[폐](을 끼치다)

in·con·ven·ient [ìnkənví:njənt] a. 불편한, 폐가 되는

in·con·vert·i·ble [ìnkənvə́:rtəbl] a. 바꿀[태환할] 수 없는

in·cor·po·rate vt., vi. [inkɔ́:rpərèit →a.] 합동[연합]하다; 법인조직으로 하다; 가입시키다 —a. [-rit] 합동한; 법인 조직의 **-rat·ed** a. 합동한; 법인조직의, 《美》유한책임의 (略: Inc.)

in·cor·po·ra·tion [inkɔ̀:rpəréiʃ(ə)n] n. 합동; 법인, 회사

in·cor·rect [ìnkərékt] a. 부정확한, 잘못된; 타당하지 않은

in·crease vt., vi. [inkrí:s →n.] 늘(리)다, 증대[증가]하다 —n. [⌐] 증가, 증대 《opp. decrease》

in·creas·ing·ly [inkrí:siŋli] ad. 증가하여, 더욱 더

in·cred·i·ble [inkrédəbl] a. 믿기 어려운, 신용할 수 없는

in·cur [inkə́:r] vt. (손해·불행 등을)초래하다, 입다, 당하다

in·cur·a·ble [inkjú(:)rəbl] a. 불치의

in·cur·sion [inkə́:rʒ(ə)n, -ʃ(ə)n / -ʃ(ə)n] n. 습격, 침입

in·debt·ed [indétid] a. 빚[부채] 이 있는, 은혜를 입은《to》

in·de·cent [indí:snt] a. 꼴사나운; 상스러운, 음탕한

in·deed [indí:d] ad. 실로, 참으로; 《강조》정적으로; 《양보》과연 —int. 설마, 정말

in·de·fin·a·ble [ìndifáinəbl] a. 설명하기 어려운; 막연한

in·def·i·nite [indéfinit] a. 불명확한; 부정(不定)의, 하계없는

in·dent [indént] vt., vi. 톱니모양으로 만들다; 《印》행의 첫머리를 들이다

in·den·ture [indéntʃər] n. (2통이 붙은)계약서

in·de·pend·ence [ìndipéndəns] n. 독립, 자립(할 수 있는 수입) the I~ Day 미국독립 기념일 (7월 4일)

in·de·pend·ent [ìndipéndənt] a.

독립의, 자립의; 남에게 의존않는

in·de·scrib·a·ble [ìndiskráibə-bl] *a.* 형언할 수 없는

in·de·ter·mi·nate [ìndité:rm(i)-nit] *a.* 확정되지 않은, 막연한

in·dex [índeks] *n.* (*pl.* ~·es, -di·ces* [-siːz]) 지표; 색인; 지수

In·di·a [índiə] *n.* 인도 ~ *ink* 먹 ~ *rubber* 탄성고무, 고무지우개

In·di·an [índiən] *a.* 인도(인)의; 아메리칸인디언의; 《美》옥수수로 만든 ~ *pudding* 《美》옥수수가루·우유 등으로 만든 푸딩 —*n.* 인도인; 아메리칸인디언 (Amerindian) [부의 주

In·di·an·a [ìndiǽnə] *n.* 미국 중

Índian córn 《英》옥수수

Índian Ócean (*the* ~) 인도양

Índian wéed 담배

in·di·cate [índikèit] *vt.* 지시하다 **-ca·tor** *n.* 지시자[기]

in·di·ca·tion [ìndikéiʃ(ə)n] *n.* 지시; 징조

in·di·ci·a [indíʃiə / -siə] *n. pl.* 《美》(요금별납우편 등의)증인(証印)

in·dict [indáit] *vt.* 기소하다 ~·ment *n.* 기소

In·dies [índiz, -di:z] *n. pl.* (*the* ~) 인도제국; 서인도제도

in·dif·fer·ence [indíf(ə)rəns] *n.* 무관심, 냉담, 무감각 《*to*》

in·dif·fer·ent [indíf(ə)rənt] *a.* 무관심한, 냉담한; 아무래도좋은

in·di·ges·tion [ìndidʒéstʃ(ə)n, + 美 -dai-] *n.* 소화불량

in·dig·nant [indígnənt] *a.* 화난, 분개한 **-ná·tion** *n.* 분개

in·dig·ni·ty [indígniti] *n.* 모욕, 경멸

in·di·rect [ìndirékt, -dai-] *a.* 간접의 (*opp.* direct); 에두르는

in·dis·cern·i·ble [ìndizə́:rnəbl, -sə́:rn-] *a.* 식별할 수 없는

in·dis·creet [ìndiskrí:t] *a.* 무분별한, 무모한, 경솔한

in·dis·pen·sa·ble [ìndispénsəbl] *a.* 불가결의《*to, for*》; 불가피한

in·dis·pose [ìndispóuz] *vt.* 싫증나게 하다, 단념시키다

in·dis·po·si·tion [ìndispəzíʃ(ə)n] *n.* 불쾌, (가벼운)병; 싫증

in·dis·tinct [ìndistíŋkt] *a.* 흐릿한, 불명확한

in·di·vid·u·al [ìndivídʒuəl, + 英 -djuəl] *a.* 개개[단독]의; 독자적인; 개인의 —*n.* 개체, 개인; 《口》인간 ~·ism *n.* 개인[이기]주의

in·di·vid·u·al·ize [ìndivídʒuəl-àiz, + 英 -vídju-] *vt.* 개별화하다, 개성을 주다

in·di·vis·i·ble [ìndivízəbl] *a.* 분할할 수 없는, 불가분의

In·do-Chi·na [índo(u)tʃáinə] *n.* 인도지나

in·do·lent [índələnt] *a.* 나태한

In·do·ne·sia [ìndo(u)ní:ʃə, -ʒə, + 英 -zjə] *n.* 인도네시아

in·door [índɔ́:r] *a.* 옥내의, 실내의 (*opp.* outdoor)

in·doors [indɔ́:rz] *ad.* 실내에

in·du·bi·ta·ble [ind(j)ú:bitəbl/-djú-] *a.* 의심할바 없는, 확실한

in·duce [ind(j)ú:s / -djú:s] *vt.* 설득하여 …시키다, 권유하다《*to* do》; 일으키게, 생기게 하다

in·dulge [indʌ́ldʒ] *vt.* 탐닉시키다; 방종케 하다 —*vi.* 탐닉하다《*in*》

in·dul·gent [indʌ́ldʒ(ə)nt] *a.* 방종케 하는, 관대한 [스강

In·dus [índəs] *n.* (*the* ~) 인더

in·dus·tri·al [indʌ́striəl] *a.* 산업의, 공업의: ~ *design* 공업디자인/ ~ *union* 산업별노동조합 ~ *effluent* 공장 배수[폐수] *I~ Revolution* 산업혁명 ~ *waste water* 공장폐수 ~·ism *n.* 산업[공업]주의 ~·ist *n.* 제조업자; 산업노동자

in·dus·tri·al·ize [indʌ́striəlàiz] *vt.* 산업[공업]화하다 [근면한

in·dus·tri·ous [indʌ́striəs] *a.*

in·dus·try [índəstri] *n.* 산업; 공업; 근면 [없는

in·ed·i·ble [inédibl] *a.* 먹을 수

in·ef·fec·tive [ìniféktiv] *a.* 효과없는; 무능한

in·ef·fi·cient [ìnifíʃ(ə)nt] *a.* 쓸모없는; 무능한, 비능률적인

in·ept [inépt] *a.* 부적당한

in·eq·ui·ta·ble [inékwitəbl] *a.* 불공평한, 불공정한

in·es·ti·ma·ble [inéstiməbl] *a.* 헤아릴 수 없이 큰

in·ev·i·ta·ble [inévitəbl] *a.* 피[면]할 수 없는, 필연적인

in·ex·act [ìnigzǽkt] *a.* 부정확한

in·ex·cus·a·ble [ìnikskjú:zəbl] *a.* 변명[용서]할 수 없는

in·ex·pe·ri·ence [ìnikspí(ə)riəns] *n.* 무경험, 미숙, 익숙치 못함

in·ex·plic·it [ìniksplísit] *a.* 분명치 않은, 설명이 불충분한

in·ex·tin·guish·a·ble [ìnikstíŋgwiʃəbl] *a.* 지울 수 없는, 억누를 수 없는

in·fal·li·ble [infǽləbl] *a.* 오류없는, 확실한

in·fa·mous [ínfəməs] *a.* 악명높은; 불명예의; 《口》지독한

in·fant [ínfənt] *n., a.* 소아(의), 유아(의); 유치(한) **-fan·cy** *n.* 유년(시대) **-fan·tile** *a.* 유아의

ínfant schòol 《英》 유치원(5세
에서 7세까지의)

in·fect [infékt] vt. 전염시키다

in·fec·tious [infékʃəs] a. 전염
성의

in·fer [infə́:r] vt. 추리[추측]하
다; 뜻하다

in·fer·ence [ínf(ə)rəns] n. 추리,
추측, 결론

in·fe·ri·or [infí(:)riər] a. 하급
의 (opp. superior), 보다 못한
《to》; 하위의 —n. 아랫사람

in·fe·ri·or·i·ty [infì(:)rió:riti,
-ár-/-fiərió:r-] n. 하위; 열등 ~
complex 열등감

in·fest [infést] vt. (병·해충·해
적 등이)출몰[횡행]하다

in·fi·del [ínfid(ə)l] a., n. 신앙
심 없는(사람), 이교도(의)

in·field [ínfi:ld] n. 〖야구·크리
켓〗 내야

in·fight·ing [ínfàitiŋ] n. 〖권투〗
접근공격전(법); (정당 등의)내
부항쟁, 파쟁

in·fi·nite [ínfinit] a. 무한한, 막
대한; 무수한

in·fir·ma·ry [infə́:rməri] n. 병
원, (학교·공장의)부속진료소

in·flame [infléim] vi., vt. 불타
오르(게하)다, 격앙하다[시키다]

in·flam·ma·ble [inflǽməbl] a.
가연성의; 흥분 잘하는 —n. 가
연물

in·flate [infléit] vt., vi. 부풀리
다; (통화를)팽창시키다; 의기양
양케 하다; 팽창하다

in·fla·tion [infléiʃ(ə)n] n. 통화
팽창, 인플레 (opp. deflation)

in·flect [inflékt] vt. (안으로)구
부리다 -flec·tion n. 만곡, 굴곡

in·flex·i·ble [infléksəbl] a. 구
부릴 수 없는; 불굴의, 확고부
동한

in·flict [inflíkt] vt. (고통·타격
등을)주다, (형벌을)과하다

in·flight [ínfláit] a. 비행중의,
기상(機上)의

in·flow [ínflòu] n. 유입(물)

in·flu·ence [ínfluəns] n. 영향,
감화(력) 《on, upon》; 세력; 작용

in·flu·en·tial [ìnfluén∫(ə)l] a. 영
향을 미치는; 세력있는, 유력한

in·flu·en·za [ìnfluénzə] n. 〖醫〗
유행성 감기, 독감

in·form [infó:rm] vt. 알리다, 고
하다; (생명을)불어넣다; 기운나
게[활기있게] 하다 《with》 —vi.
밀고[고발]하다 《against》

in·for·mal [infó:rm(ə)l] a. 비공
식의, 격식없는; 구어의

in·form·ant [infó:rmənt] n. 통
지[통보]자, 밀고자

in·for·mat·ics [ìnfərmǽtiks]

n. 정보과학 (information sci-
ence)

in·for·ma·tion [ìnfərméiʃ(ə)n]
n. 통지; 정보; 안내 ~ desk
접수처, 안내소 ~ office (역 등
의) 안내소

infórmed sòurces 소식통

in·fra·red [ìnfrəréd/⌐⌐⌐] a. 적
외선의 (cf. ultraviolet)

in·fre·quent [infrí:kwənt] a. 드
문, 어쩌다가 있는 「넣다

in·fuse [infjú:z] vt. 붓다, 불어

in·ge·nious [indʒí:njəs] a. 발명
의 재간이 있는, 솜씨있는; 교
묘한

in·ge·nu·i·ty [ìndʒin(j)ú:iti/
-njú(:)-] n. 발명의 재간; 창의

in·gen·u·ous [indʒénjuəs] a. 솔
직한, 숨김없는; 순진한 「분

in·gre·di·ent [ingrí:diənt] n. 성

in·gress [íngres] n. 들어가기,
진입; 입구; 입장권(權)

in·hab·it [inhǽbit] vt. 거주하
다, (…에)살다 (dwell in) ~·ant
n. 주민, 거주자

in·hale [inhéil] vt. 흡입하다

in·her·ent [inhí(:)r(ə)nt / -hiər-]
a. 고유의, 본래부터 가진, 선천
적인

in·her·it [inhérit] vt. (재산·작
위 등을)계승하다; 이어받다 ~·
ance n. 상속, 계승; 유산; 유전

in·hib·it [inhíbit] vt. 금(제)하
다; 방해[억제]하다

in·hume [inhjú:m] vt. 매장하다

in·i·tial [iníʃ(ə)l] a. 최초의, 어
두(語頭)의; ~ payment 착수금
—n. 머릿글자 —vt. 가조인하다

in·i·ti·ate vt. [iníʃièit →a., n.]
시작[창시]하다; 입회시키다; 초
보를 가르치다, 비법을 전수하
다 —a., n. [-ʃiit, -ʃièit] 초보를
배운(사람), 비법을 전수받은(사
람)

in·i·ti·a·tive [iníʃiətiv, -ʃə-] a.
처음의, 초보의, 창시의 —n. 제
일보, 발기, 주도; 진취의 기상;
〖정치〗 발의권 take the ~ 솔
선하다; 기선을 제압하다

in·ject [indʒékt] vt. 주사하다
《into》, 주입하여 채우다; 끼워
넣다 -jec·tion n. 주사

in·ju·di·cious [ìndʒu(:)díʃəs] a.
지각없는, 무분별한

in·jure [índʒər] vt. 해치다, 상처
를 입히다 (hurt), 손상하다

in·ju·ri·ous [indʒú(:)riəs] a. 해
로운 (harmful) 《to》; 중상하는

in·ju·ry [índʒ(ə)ri] n. 해 (harm),
손해, 상처

in·jus·tice [indʒʌ́stis] n. 부정
행위, 불공평

ink [iŋk] n. 잉크 —vt. 잉크로

쓰다[더럽히다] **~·y** *a.* 잉크같
은, 잉크로 얼룩진

in·laid [ínléid] *v.* inlay의 과거
(분사) **—***a.* 끼워넣은, 상감한

in·land *a.* [ínlənd →*n., ad.*] 내
륙지방의; 국내의 (domestic):
~ commerce 국내무역/ a ~
sea 내해 **—***n., ad.* [ínlənd,
-lǽnd] 내륙지방(으로), 국내(에)

in·lay *vt.* [ínléi →*n.*] (*p., pp.*
-laid) 끼워넣다, 상감하다 **—***n.*
[ㅗ—] 상감

in·let [ínlet, + 英 -lit] *n.* (작은)
만; 입구

in·mate [ínmèit] *n.* 거주자, 동
-거인, 수용자

in·most [ínmòust] *a.* 가장 안쪽
의[깊은] (innermost); 마음속의

inn [in] *n.* 여인숙, 여관 (hotel);
주막, 선술집

in·ner [ínər] *a.* 안(쪽)의, 내부의
(*opp.* outer)

in·ning [íniŋ] *n.* 《영국에서는
단·복수 innings》《야구》 회

inn·keep·er [ínkì:pər] *n.* 여인
숙 주인

in·no·cent [ínəsnt] *a.* 무죄의, 결
백한 《*of*》; 순진한; 무해의

in·noc·u·ous [inákjuəs/inɔ́k-]
a. 해[독]가 없는

in·no·vate [ínouvèit] *vi.* 혁신
[쇄신]하다 **-vá·tion** *n.* 쇄신, 혁
신, 신기축

in·nu·mer·a·ble [in(j)ú:m(ə)rə-
bl/ injú:-] *a.* 셀 수 없이 많은,
무수한

in·oc·u·late [inákjulèit / inɔ́k-]
vt. 접종하다; (사상 등을)주입하
다 **-lá·tion** *n.*

in·op·er·a·tive [ináp(ə)rətiv,
-rèi-/inɔ́p(ə)rə-] *a.* 무효의, 작용
하지 않는 「기(물)의

in·or·gan·ic [inɔːrgǽnik] *a.* 무
in·os·cu·la·tion [inàskjuléi-
ʃ(ə)n/inɔ̀s-] *n.* 접합, 결합, 합체

in·pa·tient [ínpèiʃ(ə)nt] *n.* 입원
환자

in·put [ínpùt] *n.* 입력; 투입

in·quest [ínkwest] *n.* (법정의)
심리, 심문; 검시

in·quire [inkwáiər] *vt., vi.* 묻
다, 문안하다; 조사하다 《*into*》

in·quir·y [inkwáiri, ínkwəri/
-kwáiəri] *n.* 문의, 질문; 조사,
탐구 ~ office 안내소

in·qui·si·tion [ìnkwizíʃ(ə)n] *n.*
조사; 심문; (the I~)종교재판(소)

in·quis·i·tive [inkwízitiv] *a.* 알
고 싶어하는, 호기심이 강한; 캐
묻기 좋아하는

in·road [ínroùd] *n.* 침입; 침해

in·sane [inséin] *a.* 미친

in·san·i·ty [insǽniti] *n.* 미침

in·sa·ti·a·ble [inséiʃ(i)əbl] *a.*
만족할줄 모르는, 탐욕스런

in·scribe [inskráib] *vt.* 새기다,
파다; 쓰다; 명심하다

in·scrip·tion [inskrípʃ(ə)n] *n.*
묘비명, 비문; (책 의)헌정사

in·scru·ta·ble [inskrú:təbl] *a.*
헤아릴 수 없는, 불가해한

in·sect [ínsekt] *n.* 곤충

in·sec·ti·cide [inséktisàid] *n.*
살충제

in·se·cure [ìnsikjúər] *a.* 안전치
못한, 불안정한

in·sen·si·ble [insénsəbl] *a.* 감
각이 없는, 인사불성의; 무감동
[무신경]의, 둔감한 (dull)

in·sen·si·tive [insénsitiv] *a.* 무
감각의 《*to*》; 둔감한 (dull)

in·sep·a·ra·ble [insép(ə)rəbl] *a.*
분리할 수 없는

in·sert [insə́:rt] *vt.* 삽입하다, 꽂
다, 끼우다

in·set *vt.* [insét →*n.*] (*p., pp.*-set)
끼워넣다 **—***n.* [ㅗ—] 삽입물

in·shore [inʃɔ́:r] *a.* 해안에 가까
운, 해안으로 향하는

in·side [insáid] *n.* 안쪽 (*opp.*
outside), 내부, 내면; (때로 *pl.*)
《口》 배 **—***a.* 안쪽의, 내부[내
면]의 **—***ad., prep.* (…의)안쪽
에[으로], 내면[내부]에[으로]
-sid·er *n.* 내부사람; 소식통

ínside tráck 안쪽 경주로; 유리
한 지위[처지]

in·sid·i·ous [insídiəs] *a.* 음흉
한; (병 등이)잠행하는

in·sight [ínsàit] *n.* 통찰력; 식견

in·sig·nif·i·cant [ìnsignífikənt]
a. 무의미한; 하찮은

in·sin·u·ate [insínjuèit] *vt.* 서
서히 들어가다; 넌지시 비치다

in·sip·id [insípid] *a.* 맛없는

in·sist [insíst] *vi., vt.* 역설[강조]
하다; 고집하다 《*on, upon, that*》

in·sis·tent [insíst(ə)nt] *a.* 주장
[고집]하는, 강요하는, 끈덕진

in·sole [ínsoul] *n.* 구두의 안창

in·so·lent [íns(ə)lənt] *a.* 거만한,
무례한

in·sol·u·ble [insáljubl/-sɔ́l-] *a.*
녹지 않는; 해결[설명]할 수 없는

in·sol·vent [insálv(ə)nt/-sɔ̀l-] *a.,*
n. 지불불능의(사람); 파산한(자)

in·som·ni·a [insámniə/-sɔ́m-]
n. 불면(증)

in·spect [inspékt] *vt.* 검사[조사]
하다, 시찰하다

in·spec·tion [inspékʃ(ə)n] *n.* 검
열: customs ~ 세관검사

in·spec·tor [inspéktər] *n.* 검사
자[관], 검열관; (경찰의)경감

in·spi·ra·tion [ìnspəréiʃ(ə)n] *n.*
영감, 인스퍼레이션; 격려

in·spire [inspáiər] vt. (사상·감정을) 불어넣다 《with》; 영감을 주다; 고무하다; (숨을)들이쉬다

in·stall [instɔ́:l] vt. 임명하다; 자리에 앉히다; 장치[설치]하다

in·stall·ment, 《英》 **-stal-** [instɔ́:lmənt] n. 분할불입(금)

instállment plàn 《美》 분할불 (《英》 hire-purchase)

in·stance [ínstəns] n. 보기, 실례; 경우; 청구, 의뢰 *for ~* 예를 들면 (for example)

in·stant [ínstənt] a. 즉각[즉시] 의; 이 달의 (略 : inst.); 긴급한: the 13th *inst.* 이 달 13일/ *~ food* 인스턴트식품 —n. 순간 *on the ~* 즉시 (instantly)

in·stead [instéd] ad. (그)대신, … 대신에 《of》

in·step [ínstèp] n. 발등, 구두등

in·stinct [ínstiŋ(k)t]n. 본능; 천성

in·stinc·tive [instíŋ(k)tiv] a. 본능적인, 직감적인

in·sti·tute [ínstit(j)ùːt/-tjùːt] vt. 제정[설립]하다; 임명하다 —n. 협회, 학회, 연구소, 회관

in·sti·tu·tion [ìnstit(j)úːʃ(ə)n / -tjúː-] n. 설립; 제도, 규정, 관습; 학회, 협회, 공공조직[건물]

in·struct [instrʌ́kt] vt. 가르치다, 교육하다; 지시하다 **-structor** n. 교사; 《美》 (대학)강사

in·struc·tion [instrʌ́kʃ(ə)n] n. 교수; 교육; (pl.) 지시, 명령

in·strúc·tion·al télevision [⌐(ə)l] 《美》 교육용 폐회로 텔레비전

in·struc·tive [instrʌ́ktiv] a. 교육[교훈]적인, 유익한

in·stru·ment [ínstrumənt] n. 기구, 기기; 악기; 앞잡이, 수단 *~ board* 계기반 *~ flying* 계기비행

in·stru·men·tal[ìnstrumént(ə)l] a. 기구[기기]의; 《音》 악기의;수단이 되는, 쓸모있는

in·suf·fi·cient [ìnsəfíʃ(ə)nt] a. 부족한, 불충분한

in·su·lar [ínsjulər] a. 섬(나라)의, 섬나라근성의

in·su·late [ínsjulèit] vt. 분리하다, 고립시키다; 절연하다 **-lá·tion** n. 분리, 고립; 절연(재)

in·su·lin [ínsjulin, +美 -sə-] n. 인슐린(당뇨병약)

in·sult [v. insʌ́lt, n. ⌐-] vt., n. 모욕(하다), 창피(를 주다)

in·su·per·a·ble [insúːp(ə)rəbl/-sjúː-] a. 극복하기 어려운

in·sur·ance [inʃú(:)rəns] n. 보험(계약); 보험료

in·sure [inʃúər] vt. 보험을 걸다; 보증하다

in·sur·rec·tion [ìnsərékʃ(ə)n] n. 폭동, 반란

in·tact [intǽkt] a. 손대지 않은, 그대로의; 완전한

in·take [íntèik] n. (물·공기의) 흡입구, 흡입(량)

in·tan·gi·ble [intǽndʒəbl] a. 만질 수 없는; 실체가 없는, 무형의

in·te·gral [íntigrəl] a. (전체의 일부로서)필요한; 완전한

in·te·grate [íntigrèit] vt. (부분을)전체에 결합하다, 완전하게 하다; 《美》 인종차별을 없애다: an ~d circuit 집적회로

in·teg·ri·ty [intégriti] n. 고결, 성실; 완전(무결함)

in·tel·lect [íntilèkt] n. 지성, 지력, 이지; 《총칭》 지식인, 식자

in·tel·lec·tu·al [ìntiléktʃuəl, +英 -tju(ə)l] a. 지력(知力)의, 지적인 —n. 지식인, 인텔리

in·tel·li·gence [intélidʒ(ə)ns] n. 지력, 이지, 지성; 총명; 통보, 정보 *~ office* 정보국 *~ quotient* 지능지수(略: IQ)

in·tel·li·gent·si·a, -zi·a[intèlidʒéntsiə, -gén-] n. pl. 지식계급, 인텔리겐차 [Russ.]

in·tel·li·gi·ble [intélidʒəbl] a. 이해할 수 있는, 알기 쉬운

In·tel·sat [íntelsæt] n. 국제상업통신위성 [<*I*nternational *T*elecommunications *Sat*ellite Consortium]

in·tend [inténd] vt. …할 작정이다 《to do》; 꾀하다

in·tend·ed [inténdid] a. 작정한, 고의적인: ~ address 체재 예정 주소/ ~ length of stay 예정 체재기간 —n. 《俗》 약혼자

in·tense [inténs] a. 격렬[강렬]한; 열렬한; 정열적인

in·ten·si·fy [inténsifài] vt., vi. 강화하다[되다], 증대하다

in·ten·si·ty [inténsiti] n. 강렬, 열렬, 강도

in·ten·sive [inténsiv] a. 강렬[철저]한, 집중적인; 집약적인

in·tent [intént] n. 의지, 의향

in·ten·tion [inténʃ(ə)n] n. 의지(will); 의도, 목적 *~·al* a. 고의[계획]적인 「용하다

in·ter·act [ìntərǽkt] vi. 상호작

in·ter·cept [ìntə(:)rsépt] vt. 도중에서 빼앗다; (빛을) 차단하다

in·ter·ces·sion [ìntərséʃ(ə)n] n. 중재, 조정

in·ter·change vt., vi. [ìntə(:)rtʃéindʒ →n.] 교환하다, 교대시키다[하다] —n. [⌐-⌐] 교환, 교대; 《美》 입체교차로, 인터체인지

in·ter·col·le·gi·ate[ìntə(:)rkəlíːdʒiit] *a.* 대학간의

in·ter·com [íntərkàm/-kɔ̀m] *n.* 기내[선내] 통화장치

in·ter·con·ti·nen·tal [ìntə(ː)rkàntinént(ə)l/íntəkɔ̀n-] *a.* 대륙간의

in·ter·course [íntə(ː)rkɔ̀ːrs] *n.* 교제, 교류, 교통; 성교

in·ter·de·pend [ìntə(ː)rdipénd] *vi.* 서로 의존하다

in·ter·est [ínt(ə)rèst/-ist] *n.* 흥미, 관심; 이익; 이해(관계); 이자 —*vt.* 흥미[관심]를 갖게 하다; 관계시키다

in·ter·est·ed [ínt(ə)rèstid] *a.* 흥미를 가진《in》; (이해)관계 있는

in·ter·est·ing [ínt(ə)rèstiŋ/-ist-] *a.* 재미있는, 흥미있는

ínterest ràte 이율

in·ter·fere [ìntərfíər] *vi.* 간섭하다; 방해하다 **-fer·ence** *n.* 간섭, 방해

in·ter·im [íntərim] *n.* 짬, 잠시 —*a.* 잠시의, 잠정적인

in·te·ri·or [intí(ː)riər] *a.* 내부의 (*opp.* exterior); 내륙지방의; 국내의 —*n.* 내부, 실내; 내륙지방; 내정

in·ter·ject [ìntə(ː)rdʒékt] *vt.* (말을)갑자기 끼워넣다

in·ter·lace [ìntə(ː)rléis] *vt., vi.* 섞어 짜(여지)다, 교차시키다[하다]

In·ter·lak·en [íntə(ː)rlàːkən] *n.* 인터라켄(스위스 중부의 요양지, 알프스 등산철도의 시발점)

in·ter·med·dle [ìntə(ː)rmédl] *vi.* 간섭하다《in, with》

in·ter·me·di·ate [ìntə(ː)rmíːdiit/-dʒət] *a.* 중간의 —*n.* 중간물, 매개물; 중형차

in·ter·min·gle [ìntə(ː)rmíŋgl] *vt., vi.* 섞(이)다, 혼합하다

in·ter·mis·sion [ìntə(ː)rmíʃ(ə)n] *n.* 《美》 휴게시간; 중지, 중단

in·tern¹ [íntə́ːrn] *vt.* 억류하다

in·tern² [íntəːrn] *n.* 수련의사, 인턴 □ 병원에서 연수하다

in·ter·nal [íntə́ːrn(ə)l] *a.* 안의 (*opp.* external); 내면적인; 국내의

in·ter·na·tion·al [ìntə(ː)rnǽʃən(ə)l] *a.* 국제적인, 국제간의: ~ conference 국제회의 / ~ driver's license [driving permit] 국제운전면허 *I~ Dáte Line* 날짜변경선 —*n.* (I~) 인터내셔널, 국제노동자동맹

in·ter·phone [íntərfòun] *n.* 구내전화, 인터폰

In·ter·pol [íntərpàl/-pɔ̀l] *n.* 국제경찰, 국제형사경찰기구

in·ter·pose [ìntə(ː)rpóuz] *vt.* 사이에 끼워넣다 —*vi.* 중재하다

in·ter·pret [intə́ːrprit] *vt., vi.* 통역하다; 설명[해석]하다; 연출[연주]하다 **~·er** *n.* 통역(자)

in·ter·pre·ta·tion [intə̀ːrpritéiʃ(ə)n] *n.* 통역; 해석; 연출, 연주

in·ter·re·la·tion [ìntə(ː)riléiʃ(ə)n] *n.* 상호관계

in·ter·ro·gate [intérəgèit] *vi., vt.* 질문[심문]하다, 취조하다

in·ter·rupt [ìntərʌ́pt] *vt., vi.* 가로막다; 방해[참견]하다 **-rup·tion** *n.* 중단, 방해, 중지

in·ter·sect [ìntə(ː)rsékt] *vt., vi.* 가로지르다, 교차하다 **-sec·tion** *n.* 횡단, 교차

in·ter·state [ìntə(ː)rstéit] *a.* 각 주 사이의

in·ter·trib·al [ìntə(ː)rtráib(ə)l] 다른 종족간의

in·ter·ur·ban [ìntərə́ːrbən] *a.* 도시간의: an ~ railway 도시간 연락철도 —*n.* 《美》 도시간 연락철도선[열차]

in·ter·val [íntərv(ə)l] *n.* 간격; 차이, 격차; 휴게시간

in·ter·vene [ìntə(ː)rvíːn] *vi.* 사이에 끼어들다[일어나다]; 조정하다, 간섭[방해]하다

in·ter·view [íntərvjùː] *n.* 회견; (신문기자의)방문(기) —*vt.* 회견하다, 방문하다

in·ti·mate [íntimit] *a.* 친한; 정통한: an ~ friend 친한 친구

in·to [íntuː, íntu, íntə] *prep.* …속으로, …에; …으로(하다, 되다)

in·tol·er·a·ble [intálər(ə)bl/-tɔ́l-] *a.* 참을[견딜]수 없는

in·to·na·tion [ìnto(u)néiʃ(ə)n] *n.* 음창(吟唱); 억양, 음조

in to·to [intóutou] *L.* 전부, 모두 (in all)

In·tour·ist [intú(ː)rist] *n.* (소련의)외국인 관광국

in·tox·i·cate [intáksikèit /tɔ́ksi-] *vt.* 취하게 하다; 도취시키다

in·trep·id [intrépid] *a.* 용맹한

in·tri·cate [íntrikit] *a.* 복잡한

in·trigue [intríːg] *n.* 음모 (plot); 내통 —*vi.* 음모를 꾀하다; 내통하다 —*vt.* 흥미를 돋구다

in·tro·duce [ìntrəd(j)úːs/-djúːs] *vt.* 소개하다 《to》; 채용[보급]하다, 도입하다《into》; 안내하다: May I ~ Miss Jones to you? 존즈양을 소개합니다

in·tro·duc·tion [ìntrədʌ́kʃ(ə)n] *n.* 소개; 채용; 수입, 도입; 삽입; 서문; 초보, 입문(서); 《音》 서곡: a letter of ~ 소개장

in·trude [intrúːd] *vt.* 강요하다 —*vi.* 침입하다, 밀고 들어가다

in·tu·i·tion [ìnt(j)uː(ː)íʃ(ə)n /-tjuː(ː)-] *n.* 직관(력), 직각(력)

in·vade [invéid] *vt.* 침입하다,
침략하다, 침해하다

in·va·lid[1] [ínvəlid/-lì(:)d] *n.* 병
자 —*a.* 병약한; 환자용의

in·val·id[2] [invǽlid] *a.* 무효의

in·val·u·a·ble [invǽljuəbl] *a.*
매우 귀중한

in·var·i·a·ble [invé(:)riəbl /
-véər-] *a.* 불변의; 《數》 상수의
-bly *ad.* 변함없이

in·va·sion [invéiʒ(ə)n] *n.* 침입,
침략

in·vent [invént] *vt.* 발명하다,
고안[안출]하다; 날조하다

in·ven·tion [invénʃ(ə)n] *n.* 발명
(품), 신안; 꾸며낸 이야기

in·ven·tive [invéntiv] *a.* 발명의
(재간이 있는)

in·ven·tor [invéntər] *n.* 발명자

in·vert [invə́:rt] *vt.* 거꾸로 하다

in·vest [invést] *vt.* 입히다; 투자
하다; 포위하다 —*vi.* 투자하다

in·ves·ti·gate [invéstigèit] *vt.*,
vi. 조사[연구]하다 **-gá·tion** *n.*
조사, 연구, 심사

in·vest·ment [invés(t)mənt] *n.*
투자(액), 투자물; 포위

invéstment trùst 투자신탁

in·vin·ci·ble [invínsəbl] *a.* 이
길[정복할] 수 없는, 무적의

in·vis·i·ble [invízəbl] *a.* 눈에
보이지 않는

in·vi·ta·tion [ìnvitéiʃ(ə)n] *n.* 초
대(장); 유혹

invitátion càrd 초대장

in·vite [inváit] *vt.* 초대하다
《*to*》; 권하다; 부탁하다; 유혹하다

in·vit·ing [inváitiŋ] *a.* 이목[마
음]을 끄는; 유혹적인

in·voice [ínvɔis] *n.* 《商》 송장
—*vt.* 송장을 작성하다

in·voke [invóuk] *vt.* (신의 가호
를)빌다; (법률에)호소하다

in·volve [inválv/-vɔ́lv] *vt.* 끌어
넣다 《*in*》; 수반[포함]하다

in·ward [ínwərd] *a.* 안의, 내부
의; 마음속의 —*ad.* 내부로, 마
음속으로 —*n.* 내부; (*pl.*) 《英》
수입(세)

IOC = *International Olympic
Committee* 국제올림픽위원회

I·o·ni·a [aióuniə] *n.* 이오니아
~n *n.*, *a.* 이오니아인(의)

I·on·ic [aiánik/-ɔ́nik] *a.* 이오니
아(인)의; 《建》 이오니아식의(기
둥에 세로홈이 있고, 꼭대기에
소용돌이 무늬가 있음); 우아하
고 정서적인

IOU, I.O.U. [áiòujú:] *n.* 차용증
서 [< I owe you]

I·o·wa [áiəwə, + 英 áiouə] *n.* 미
국 중서부의 주

IQ = *intelligence quotient* 지능
지수

I·ran [irǽn, irɑ́:n/irɑ́:n] *n.* 이란

I·ra·ni·an [iréiniən] *a.* 이란의
—*n.* 이란인[어]

I·raq [irɑ́:k] *n.* 이라크

I·ra·qi [irɑ́:ki] *a.* 이라크(인·어)
의 —*n.* 이라크인; 이라크어

IRC = *International Red Cross*
국제적십자

Ire·land [áiərlənd] *n.* 아일랜드

I·rish [ái(ə)riʃ] *a.* 아일랜드(인·
어)의 —*n.* 아일랜드어; (*the ~*)
아일랜드국민

I·rish·man [ái(ə)riʃmən] *n.* (*pl.*
-men [-mən]) 아일랜드인

i·ron [áiərn] *n.* 철; 철기; 다리미;
(*pl.*) 족쇄, 수갑 —*a.* 철(제)의;
쇠같은 *the I~ Age* 철기시대
—*vt.* 다리미질하다

i·ron·ic [airánik / -rɔ́n-], **-i·cal**
[-ik(ə)l] *a.* 비꼬는, 반어의

íron lúng 철폐(鐵肺)

íron mán 《美俗》 달러

i·ron·mon·ger [áiərnmʌ̀ŋgər]
n. 《英》 철물상

i·ron·ware [‐wɛ̀ər] *n.* 철물, 철

i·ron·works [‐wə̀:rks] *n. sing.
& pl.* 철공소, 제철소

i·ro·ny [ái(ə)rəni] *n.* 비꼼, 반어

ir·ra·tion·al [irǽʃən(ə)l] *a.* 불
합리한; 이성없는

Ir·ra·wad·dy [ìrəwádi / -wɔ́di]
n. (*the ~*) 이라와디(버어마의
강) [직한, 변칙적인

ir·reg·u·lar [irégjulər] *a.* 불규

ir·rel·e·vant [irélivənt] *a.* 부적
절한, 엉뚱한

ir·re·sist·i·ble [ìrizístəbl] *a.* 저
항할 수 없는; 억누를 수 없는

ir·res·o·lute [irézəlù:t] *a.* 결단
력없는, 우유부단한

ir·re·spon·si·ble [ìrispánsəbl/
-spɔ́n-] *a.* 책임없는; 무책임한

ir·re·spon·sive [ìrispánsiv/
-spɔ́n-] *a.* 대답[반응]없는

ir·ri·gate [írigèit] *vt.* 관개하다;
《醫》 관주[세척]하다 **ir·ri·gá·
tion** *n.* 관개

ir·ri·ta·ble [íritəbl] *a.* 화를 잘
내는, 성급한; 자극에 민감한

ir·ri·tate [íritèit] *vt.* 짜증나게
[성나게] 하다; 아리게 하다 [형

is [iz] *vi.* be의 3인칭·단수·현재

Is·lam [ísləm, íz-, + 英 ízlɑːm]
n. 회교, 마호멧교 **~·ism** *n.*
회교 **~·ite** [-àit] *n.* 회교도

is·land [áilənd] *n.* 섬; (도로의)
안전지대

isle [ail] *n.* 《詩》 섬, 작은 섬

i·so·late [áisəlèit] *vt.* 분리[고립]
시키다; 격리하다 **-lá·tion** *n.*
분리, 격리, 교통차단, 고립

i·so·tope [áiso(u)tòup] *n.* 동위
원소

Is·ra·el [ízriəl, -rei-] *n.* 이스라엘(인) ~·**ite** [-àit] *n.* 이스라엘인

is·sue [íʃuː/ísjuː, íʃuː] *n.* 유출, (배)출구; (어음 등의)발행; 논쟁(점); 자손 *at* ~ 논쟁중인 —*vi.* 나오다; 유래하다, 생기다, …이 되다《*in*》 —*vt.* 내다; 발행하다 *issuing authority* (passport 등의)발급기관

Is·tan·bul [ìstɑːnbúːl, -tɑːm-/ -tæn-, -tɑːn-] *n.* 이스탄불(터어키의 도시)

isth·mus [ísməs] *n.* (*pl.* ~·**es**, -**mi** [-mai]) 지협(地峽)

it [it] *pron.* (*pl.* **they, them**) **1** 그것은[이], 그것을[에] **2** 날씨·시간 등을 나타내는 비인칭 동사의 주어 **3** 형식주어; 형식목적어

IT = *I*nclusive *T*our 포괄여행 (어느 일정한 조건을 갖춤으로써 특별할인 항공운임 (IT 운임)으로 갈 수 있는 것)

ITA = *i*ndependent *t*elevision *a*uthority 《英》 민간텔레비전협회

I·tal·ian [itǽljən] *a.* 이탈리아(인·어)의 —*n.* 이탈리아인[어]

It·a·ly [ítəli] *n.* 이탈리아

itch [itʃ] *n.* 가려움 —*vi.* 가렵다, 근질근질하다

i·tem [áitem, -təm] *n.* 개조, 조항, 세목, 항목

i·tin·er·ar·y [aitín(ə)rèri/-rəri] *n.* 여행일정; 여행기, 여행안내 —*a.* 순회하는; 여행의

its [its] *pron.* it의 소유격

it·self [itsélf] *pron.* (*pl.* **them-selves**) 그 자체 「인

I·van [áiv(ə)n] *n.* 전형적 러시아

i·vo·ry [áiv(ə)ri] *n.* 상아; 상아제품 *I ~ Coast* 상아해안(아프리카 서해안의 공화국, 프랑스명 Côte d'Ivoire) ~ *tower* 상아탑

i·vy [áivi] *n.* 《植》 담쟁이덩굴 *the I~ League* 《美》 동부의 전통있는 대학(의)

I. W. W. = *I*ndustrial *W*orkers of the *W*orld 세계산업노동자조합

Iz·ves·tia [izvéstjə, + 美 -tʃə] *n.* 이즈베스차(소련정부 기관지)

J

jab [dʒæb] *vi., vt.* 찌르다;《권투》 잽을 치다 —*n.* 찌르기, 《잽》

jack [dʒæk] *n.* (일반적으로)남자; (때로 J~)선원, 수병; 《海》 함[선]수기; 잭; 《트럼프》. 잭 *the Union J~* 영국국기 —*vt.* 잭으로 들어올리다

jack·et [dʒǽkit] *n.* 자켓 (짧은상의); 덮개

jack·knife [dʒǽknàif] *n.* (*pl.* -**knives** [-nàivz]) 잭크나이프

Jac·o·bin [dʒǽkəbin] *n.* 자코뱅당원; 과격혁명가

jade [dʒeid] *n.* 비취, 옥

jag·uar [dʒǽgwɑːr/-gjuə, -gwə] *n.* 《動》 아메리카표범

jai a·lai [hàiɑːlái/ˊ—ˊ] 하이알라이(멕시코의 공놀이)

jail, 《英》 **gaol** [dʒeil] *n.* 감옥, 형무소 —*vt.* 투옥하다 「공

JAL = *J*apan *A*ir *L*ines 일본항

ja·lop·y [dʒəlápi/-lɔ́pi] *n.* 《美口》 털털이 자동차[비행기]

jam[1] [dʒæm] *vt.* 밀어[쑤셔]넣다; 막다

jam[2] *n.* 잼

Ja·mai·ca [dʒəméikə] *n.* 자마이카(서인도제도중의 한 나라.수도 Kingston)

jam·bo·ree [dʒæ̀mbərí:] *n.* 보이스카우트대회;《美口》 떠들썩한 소동

jam-packed [dʒæ̀mpǽkt] *a.* 《美》 빽빽이 들어찬, 초만원의

jam sèssion 즉흥재즈연주회

jan·i·tor [dʒǽnitər] *n.* 문지기, 수위;《美》 (가옥 등의)관리인

Jan·u·ar·y [dʒǽnjuèri/-əri] *n.* 1월

Ja·pan *n.* 일본

ja·pan [dʒəpǽn] *n.* 옻; 칠기

Jap·a·nese [dʒæ̀pəní:z] *a.* 일본의, 일본인[어]의 —*n. sing. & pl.* 일본인; 일본어

ja·pon·i·ca [dʒəpánikə/-pɔ́n-] *n.* 《植》 동백나무

jar[1] [dʒɑːr] *n.* 삐꺽거리는 소리; 충격 (shock); 불화 —*vi., vt.* 삐꺽거리(게 하)다;진동하다[시키다]

jar[2] *n.* (아가리가 넓은)병, 단지

jas·mine, -min [dʒǽsmin, + 美 dʒǽz-] *n.* 《植》 재스민

jas·per [dʒǽspər] *n.* 벽옥

jaunt [dʒɔːnt, + 美 dʒɑːnt] *n., vi.* 소풍(가다), 놀이(가다)

jaun·ty [dʒɔ́ːnti, + 美 dʒɑ́ːn-] *a.* 경쾌한, 쾌활한; 멋진

Ja·va [dʒɑ́ːvə] *n.* 자바

Jav·a·nese [dʒæ̀vəní:z/dʒɑ̀ːv-] *a.* 자바의, 자바인[어]의 —*n. sing. & pl.* 자바인; 자바어

jav·elin thròw 《경기》 투창

jaw [dʒɔː] *n.* 턱 (*cf.* chin); (바이스 등의)무는 부분; 《俗》 수다

jaw·break·er [ˊ-brèikər] *n.* 《口》 발음하기 어려운 말

jay·walk·er [dʒéiwɔ̀ːkər] *n.* 무

단 도로횡단자
jazz [dʒæz] *n.* 재즈
jeal·ous [dʒéləs] *a.* 질투심많은
jeal·ous·y [dʒéləsi] *n.* 질투
jean [dʒiːn, +英 dʒein] *n.* 질긴 능직 무명; (*pl.*) 작업바지
jeep [dʒiːp] *n.* 지이프
jeep·ney [dʒíːpni] *n.* (필리핀의) 지이프를 개조한 합승택시
jeer [dʒiər] *vt., vi.* 비웃다
Je·ho·vah [dʒihóuvə] *n.* 여호와 (구약성서의 신의 이름)
jel·ly [dʒéli] *n.* 젤리, 한천
jel·ly·fish [⌐fìʃ] *n.* 해파리
Jer·i·cho [dʒérikòu] *n.* 〖聖〗 예리코(팔레스티나의 옛도시): Go to ~! 꺼져버려!
jerk [dʒəːrk] *n.* 갑자기 잡아당기기; 〖역도〗 용상 **—***vt.* 홱 잡아당기다[움직이다]
jer·sey [dʒə́ːrzi] *n.* 몸에 꼭 맞는 스웨터, 털실로 짠 자켓
Je·ru·sa·lem [dʒərúːs(ə)ləm] *n.* 예루살렘(이스라엘의 수도)
jest [dʒest] *n.* 농담, 익살
Jes·u·it [dʒéʒuit/dʒézju-] *n.* 예수회의 회원 「도)
Je·sus [dʒíːzəs] *n.* 예수 (그리스
jet [dʒet] *n.* 분출, 분사; 분출구: a ~ plane [liner] 제트기[여객기]/~ stream 제트기류
je·ton [dʒétn] *F. n.* 프랑스의 전화용 동전
jet-pro·pelled [⌐proupéld] *a.* 분사추진식의
jet·sam [dʒét-səm] *n.* 투하(조난시 배를 가볍게 하기 위해 바다에 던진 화물)
jet·ti·son [dʒétisn] *n.* 투하(投荷) **—***vt.* 바다에 던지다 「두
jet·ty [dʒéti] *n.* 방파제; 선창; 부
Jew [dʒuː] *n.* 유대인 **~·ish** *a.* 유대인의[같은]
jew·el [dʒúː(ː)əl] *n.* 보석 (gem)
jew·el·ry, 《英》 **-el·ler·y** [dʒúː(ː)əlri] *n.* 《총칭》 보석; 보석세공
Jew·ish [dʒúː(ː)iʃ] *a.* 유태인의
jib [dʒib] *n.* 지브(선수의 삼각돛)
jin·gle [dʒíŋgl] *n.* 딸랑딸랑하는 소리 ~ ***bell*** 썰매의 종(소리) **—** *vi., vt.* 딸랑딸랑 울리(게하)다
jinx [dʒiŋks] *n.* 《美俗》 재수없는 것, 징크스
jit·ney [dʒítni] *n.* 《美俗》 5센트 백동화; 요금이 싼 소형버스
jit·ter·bug [dʒítərbʌ̀g] *n.* 《口》 스윙음악; 지르박
job [dʒɑb/dʒɔb] *n.* 일 ***on the ~*** 《俗》 일을 하고 **—***vi., vt.* 삯일[품팔이일]을 하다
job·less [⌐lis] *a.* 일자리가 없는, 실직한 **~·ness** *n.* 실직률 「수
jock·ey [dʒɑ́ki/dʒɔ́ki] *n.* 경마기
joc·u·lar [dʒɑ́kjulər/dʒɔ́kjulə] *a.* 익살맞은, 우스꽝스러운
joc·und [dʒɑ́kənd/dʒɔ́k-] *a.* 명랑[쾌활]한, 즐거운 (gay)
jo·cun·di·ty [dʒoukʌ́nditi] *n.* 명랑, 쾌활, 유쾌
jog [dʒɑg/dʒɔg] *vt.* 흔들다, 살짝 밀다 **—***vi.* 터벅터벅 걷다; 천천히 달리다, 조깅하다
jog·ging [⌐iŋ] *n.* 조깅(천천히 달리기)
Jo·han·nes·burg [dʒɔhǽnisbəːrg, +美 jɔ-] *n.* 요하네스부르그(남아공화국의 도시)
Jóhn Búll 존불(대표적인 영국인); 영국인 (*cf.* Uncle Sam)
join [dʒɔin] *vt., vi.* 결합하다; 함께하다[되다]; 가입시키다[하다]
joint [dʒɔint] *n.* 접합점[선, 면], 이음매; 〖解〗 관절; 〖植〗 마디; 《美俗》 무허가 술집, 도박장; 《俗》 마리화나 궐련 **—***a.* 공통의; 공동의, 연합한 ~ ***passport*** (부부 또는 부부와 아이의)공동여권 ~ ***recital*** 공동독주회 **—***vt.* 접합하다; 관절에서 끊다
jóint stóck 합자, 주식(조직)
jóint vénture 합작회사
joke [dʒouk] *n.* 농담 (jest), 익살 **—***vi., vt.* 농담하다, 놀리다
jok·er [dʒóukər] *n.* 농담하는 사람; 《俗》 녀석; 〖카아드놀이〗 조우커
jol·ly [dʒɑ́li/dʒɔ́li] *a.* 유쾌한; 즐거운, 멋진: ~ good 《英》 = very good **—***n.* 《英口》 해병
jólly bòat (함선의) 소형 보우트
Jor·dan [dʒɔ́ːrdn] *n.* 요르단(아시아 서부의 왕국)
jos·tle [dʒɑ́sl/dʒɔ́sl] *vt., vi.* 밀다, 찌르다, 밀치락 달치락하다 **—***n.* 밀치락 달치락하기, 혼잡
jour·nal [dʒə́ːrn(ə)l] *n.* 일기 (diary), 일지; 〖海〗 항해일지; 신문, 잡지
jour·nal·ism [dʒə́ːrn(ə)lìz(ə)m] *n.* 저어널리즘, 신문·잡지업(계)
jour·nal·ist [dʒə́ːrn(ə)list] *n.* 신문·잡지기자[기고가]
jour·ney [dʒə́ːrni] *n.* 여행; 여정(旅程): break the ~ 도중하차하다/go on a ~ 여행을 떠나다/take [make] a ~ 여행하다/I wish you a pleasant ~. 즐거운 여행이 되기를 빕니다 **—***vi.*, 여행하다 「piter
Jove [dʒouv] *n.* 〖로神〗 = Ju-
jo·vi·al [dʒóuviəl] *a.* 유쾌한, 명랑한
jowl [dʒaul, +美 dʒoul] *n.* 턱, (특히)아래턱
joy [dʒɔi] *n.* 기쁨, 환희 **~·ful, ~·ous** *a.* 기쁜, 즐거운

J

jóy rìde 《美口》 장난삼아 하는 드라이브 「넘친

ju·bi·lant [dʒúːbilənt] a. 기쁨에

ju·bi·lee [dʒúːbiliː] n. 50년제; 기념제 *the diamond* [*golden, silver*] ~ 60[50, 25]년제

Ju·da·ism [dʒúːdəìz(ə)m/-dei-] n. 유대교; 유대식, 유대주의

judge [dʒʌdʒ] n. 재판관; 심판관; 감정가, 심사원 —vt., vi. 재판하다; 판단[심판]하다

judg·ment, 《英》 judge-[dʒʌdʒmənt] n. 재판, 판결(문); 판단, 심판, 감정 *the* (*Last*) *J*~ 최후의 심판

ju·di·cial [dʒu(ː)díʃ(ə)l] a. 재판의; 공정한

ju·di·cious [dʒu(ː)díʃəs] a. 사려분별이 있는, 현명한

jug [dʒʌg] n. 물그릇; 조끼

jug·gle [dʒʌgl] vi., vt. 요술을 하다, 속이다 —n. 요술; 사기 -gler n. 요술사, 사기꾼

Ju·go·sla·vi·a [jùːgouslɑ́ːviə] n. =Yugoslavia

juice [dʒuːs] n. 주우스; 과즙, 액즙; 《美俗》 휘발유: fruit ~ 과즙/ orange ~ 오렌지주우스

jui·cer [dʒúːsər] n. 주우서

juic·y [dʒúːsi] a. 즙이 많은

juke·box [dʒúːkbɑ̀ks/-bɔ̀ks] n. 《美俗》 (동전을 넣는)자동전축

ju·lep [dʒúːlip] n. 《美》 주울립 (위스키에 향료를 탄 음료)

ju·li·enne [dʒùːlién] F. n. 채소야채를 넣은 고기수우프

Ju·ly [dʒu(ː)lái] n. 7월

jum·ble [dʒʌmbl] vt., vi. 뒤범벅이 되(게하)다 —n. 뒤범벅: a ~ sale 《英》 중고품 판매(장)

jum·bo [dʒʌmbou] a. 거대한, 특대의 —n. 《口》 코끼리; 거인, 거대하고 볼품없는 것

júmbo jèt 점보여객기

jump [dʒʌmp] vi. 뛰다, 도약하다; 움찔하다 —vt. 뛰어넘(게하)다; 움찔하게 하다; 탈선하다; 《美俗》 (기차에) 뛰어타다, 뛰어내리다; 도망가다: ~ the queue

《英》 줄 앞쪽으로 새치기하다 —n. 도약, 점프; (비행기로. 하는)짧은 여행: a ~ seat (자동차 등의)접게 된 좌석

jump·er¹ [dʒʌmpər] n. 도약자; 《英》 (객차의)검찰계원

jump·er² n. 작업용 상의, 잠바; (여자용) 헐거운 옷

junc·tion [dʒʌŋkʃ(ə)n] n. 접합(점); 합류점; (철도의)연락역

junc·ture [dʒʌŋktʃər] n. (중대한)시기, 위기; 결합(점), 이음매

June [dʒuːn] n. 6월

Jung·frau [júŋfràu] n. (the ~) 융프라우(알프스산맥의 산)

jun·gle [dʒʌŋgl] n. 밀림, 정글

jun·ior [dʒúːnjər] a. 연소한, 손아래의 (younger) (略: Jr.) (cf. senior); 하급의: a ~ college 《美》 초급 대학/ a ~ high school 중학교 —n. 연소자; 후배; 《美》 (4년제 대학의) 3학년생; (아버지와 이름이 같은)아들

junk¹ [dʒʌnk] n. 폐품; 《美俗》 마약

junk² n. 정크(중국의 돛단배)

junk·ie [dʒʌnki] n. 《口》 마약밀매자[상용자]

Ju·no [dʒúːnou] n. 【로神】 주노 (Jupiter의 아내) (cf. Hera)

Ju·pi·ter [dʒúːpitər] n. 【로神】 주피터(신들의 왕) (cf. Zeus)

ju·ry [dʒúǝ(ː)ri] n. 배심원

just [dʒʌst] a. 올바른, 공정한; 정당한; 정확한 —ad. 꼭; 방금; 약간; 《명령문과 함께》 좀; 《口》 참으로, 전적으로: ~ then 마침 그때/ *J*~ a minute. 잠깐 기다려 주게 ~ *now* 방금 ~·ly ad. 올바르게; 정확히

jus·tice [dʒʌstis] n. 정의; 공정; 정당; 재판; 법관

jus·ti·fy [dʒʌstifài] vt. 정당화하다, 변명하다; 용인하다

jut [dʒʌt] n. 돌출(부) —vi. 돌출

jute [dʒuːt] n. 황마(黃麻) 「하다

ju·ve·nile [dʒúːvinàil, + 美 -n(i)l] a. 연소한, 소년[소녀]의: ~ delinquency 소년비행

K

KAL =*K*orean *A*ir *L*ines 대한항공

ka·lei·do·scope [kəláidəskòup] n. 만화경

Kam·chat·ka [kæmtʃǽkə] n. 캄차카반도

Kam·pu·che·a [kəmputʃíə] n. 캄푸치아(구칭 Cambodia)

kan·ga·roo [kæ̀ŋgərúː] n. (pl. ~s, 《총칭》 ~) 【動】 캥거루

Kan·sas [kǽnzəs] n. 미국 중부의 주 「(高梁)

ka·o·li·ang [kàuliɑ́ːŋ] n. 고량

ka·pok [kéipak, kǽ-/-pɔk] n. 케이폭 솜

Kas·bah [kǽzbɑː, -bə] n. 카스바(알제리의 원주민 거주지역)

Kash·mir [kǽʃmíər] n. 카시미르(인도북부의 주)

Kat·man·du [kɑ̀ːtmɑːndúː] n. 카

트만두 (네팔의 수도) 「의 섬
Ka·u·a·i [kàuái] *n.* 하와이제도
kay·ak [káiæk] *n.* 카약(에스키
모인의 가죽배), 그 비슷한 작
은 배(스포오츠용)
kay·o [kéióu] *n., vt.* (권투에서)
녹아웃(시키다)
keel [ki:l] *n.* (배·비행기의)용골
keen [ki:n] *a.* 예리한; 격렬한; 예
민한; 열심인; 《口》 열중한
keep [ki:p] *v. (p., pp.* **kept)** *vt.*
1 보유[보존]하다, 말다 : You
may ~ the book. 그 책은 가
져도 된다 **2** 어떤 상태로 해두
다 : K~ your hands off. 손대
지 마시오/ I won't ~ you long.
오래 끌지는 않겠읍니다 **3** 기르
다,치다; 경영하다, (상품을)다루
다 **4** (장부에)적다, 기입하다: ~
a diary 일기를 쓰다 **5** (법률·약
속 등을)지키다: ~ a promise
약속을 지키다 **6** 삼가다 —*vi.*
1 줄곧 …이다; 계속 …하다 **2**
(어떤 장소에)머물다: ~ at
home 집에 있다 *K~ left* 《게시》
좌측통행 —*n.* 보유, 관리; 생
활비
keep·er [kí:pər] *n.* 보호자; 지
키는 사람; 관리인; 소유주, 임자
kéep·ing ròom 《美》 거실
keep·sake [kí:psèik] *n.* 기념품
keg [keg] *n.* 작은 통
ken [ken] *n.* 시야
Ken·ne·dy [kénidi], **John F. ~**
(1917–63) 미국 제35대 대통령
(1961–63) ~ *International
Airport* New York시 Long
Island에 있는 국제공항 ~
Space Center 케네디 우주센
터(Florida주 Merritt 섬에 있
는 NASA의 로켓 발사기지)
ken·nel [kén(ə)l] *n.* 개집
Kent [kent] *n.* 잉글랜드 동남
부의 주
Ken·tuck·y [kəntʌki/ken-] *n.*
미국 중부의 주 ~ *oyster* 돼
지내장 튀김
Ken·ya [kénjə, kí:njə] *n.* 케냐
(동아프리카의 공화국)
kept [kept] *v.* keep의 과거 (분사)
ker·chief [kə́:rtʃif] *n.* (여자용)
머릿수건, 목도리; 손수건
ker·mess, -mis [kə́:rmis] *n.*
(네덜란드 등의) 명절 대목장;
《美》 자선시, 바자
ker·nel [kə́:rn(ə)l] *n.* (과일의)
인(仁), 고갱이; 핵심, 골자
ker·o·sene [kérəsì:n, ⌐⌐⌐] *n.*
등유
ketch·up [kétʃəp] *n.* 케첩
ket·tle [kétl] *n.* 주전자
key [ki:] *n.* 열쇠; 관문; 단서
《to》; (타자기·피아노 등의)키

이, 건; (비밀을 푸는)열쇠; 《音》
음조 : a ~ station (라디오·텔
레비전의) 모국(母局) —*a.* 주
요한, 중요한 —*vt.* 열쇠로 잠그
다; (악기의)음조를 맞추다
key·board [⌐bɔ̀:rd] *n.* 건반
key·hole [⌐hòul] *n.* 열쇠구멍
kéy mòney 《英》 (세드는 사람
이 내는)보증금, 권리금
key·note [⌐nòut] *n.* 《樂》 주음;
기본정책[방침]; (연설 등의)기
조, 주안점
kéy pùncher 키이펀처
kéy rìng 열쇠꿰는 고리 「이
key·smith [kí:smìθ] *n.* 열쇠장
KGB (소련의)국가안보위원회
kha·ki [ká:ki, kǽki] *a.* 카아키
색의 —*n.* 카아키색 복지; 군복
Khar·toum, -tum [kɑ:rtúːm]
n. 카르툼(수단의 수도)
kick [kik] *vt., vi.* 차다; 퇴짜놓
다 ~ *off* 차버리다; 《축구》 킥
오프하다 —*n.* 차기; 《俗》 반항;
《축구》 킥; (the ~) 《美俗》 해
고; 《英俗》 6펜스
kick·off [kíkɔ̀(:)f/⌐⌐] *n.* 《축
구》 킥오프; 《口》 시작, 발단
kid¹ [kid] *n.* 새끼염소(가죽);
《俗》 어린이, 젊은이 「하다
kid² *vt., vi.* 《俗》 놀리다, 농담
kid·dy [kídi] *n.* 새끼염소; 어린이
kid·nap [kídnæp] *vt.* 유괴하다
kid·ney [kídni] *n.* 콩팥; 기질
Kiel [ki:l] *n.* 키일(독일 서북부
의 항구도시)
Ki·lau·e·a [ki:ləuéiə] *n.* 하와이
Mauna Loa 화산의 측화산
Kil·i·man·ja·ro [kìlimɑ:ndʒɑ́:-
rou/-mən-] *n.* 킬리만자로(탄자
니아 북부의 아프리카 최고봉)
kill [kil] *vt.* 죽이다; (애정 등을)
소멸시키다; (시간을) 보내다;
《俗》 노쇄하다: ~ time 시간을
보내다
kill·joy [⌐dʒɔ̀i] *n.* 흥을 깨는 사
람
kiln [kil(n)] *n.* 가마, 노(爐)
kilo- [kí(:)lou-] *pref.* 「천」의 뜻
kilt [kilt] *n.* 킬트(스코틀랜드고
지인 남자용 짧은 치마)
kin [kin] *n.* 《총칭》 친척; 혈족
관계; 동종 —*a.* 동류[친척]인
kind¹ [kaind] *a.* 친절한, 상냥한,
인정있는 : It's ~ of you to say
so. 그렇게 말씀해주시니 고맙
습니다/ Thank you. You are
very ~. (상대방의 호의에 대
해)이거 정말 감사합니다
kind² *n.* 종류(sort); 종족: two
~s of cheese 두 종류의 치이
즈/ He is a ~ of fool. 바보같
은 녀석이다 ~ *of* 《俗》 《부사
적》 얼마간, 약간

K

kin·der·gar·ten [kíndərgà:rtn] *n.* 유치원

kind·heart·ed [káindhá:rtid] *a.* 친절한, 상냥한, 인정많은

kin·dle [kíndl] *vt.* 태우다, 불붙이다; 밝게 하다 —*vi.* 불붙다

kind·ly [káindli] *a.* 친절한, 인정많은; 온화한 —*ad.* 친절히; 부디

kind·ness [káindnis] *n.* 친절

kin·dred [kíndrid] *n.* 혈연; 친척; 동종 —*a.* 같은 혈족[종류]의

ki·net·ic [kainétik, kin-] *a.* 〖理〗 운동의; (예술이)움직이는, 동적인

king [kiŋ] *n.* 왕, 국왕

king·dom [kíŋdəm] *n.* 왕국

king·ly [kíŋli] *a.* 왕의, 왕다운

king-size [kíŋsàiz] *a.* 킹사이즈의, 특대의

King·ston [kíŋstən, kíŋtən] *n.* 킹스턴(자마이카의 수도)

kink·y [kíŋki] *a.* 배배꼬인, (머리털이) 곱슬곱슬한; 별난

ki·osk [kiásk/-ɔ́sk] *n.* (터어키의)정자; 키오스크식의 간이건물(매점·음악당 등)

kip·per [kípər] *n.* (훈제)청어

kirk [kə:rk] *n.* 《스코·北英》교회

Kirsch·was·ser [kíərʃvà:sər] *G. n.* 앵두술

kiss [kis] *n., vt., vi.* 키스(하다)

kit [kit] *n.* 여행가방; (기술자의) 연장상자; 외출준비; 통

kitch·en [kítʃin] *n.* 부엌, 주방

kitch·en cabinet [美口] (대통령 등의)사설 고문단

kitch·en·et, -ette [kìtʃinét] *n.* 《美》 (아파아트 등의)작은 부엌

kitchen garden 채소밭 ⌐식모

kitch·en·maid [kítʃinmèid] *n.*

kitchen stuff 요리재료

kite [kait] *n.* 연; 〖鳥〗 솔개

kit·ten [kítn] *n.* 새끼고양이; 말괄량이 ⌐이

kit·ty [kíti] *n.* 《兒語》 새끼고양

ki·wi [kí:wi(:)] *n.* 〖鳥〗 키위, 무익조 ⌐경적

klax·on [klǽksn] *n.* (자동차의)

kleen·ex [klí:neks] *n.* 클리넥스 (티슈페이퍼의 일종)

KLM *Koninklijke Luchtvaat Maatschappij* (Du. = Royal Dutch Airlines) 네덜란드왕실 항공

knack [næk] *n.* 기교, 비결, 요령 《of, for, in》

knap·sack [nǽpsæk] *n.* 배낭

knave [neiv] *n.* 악한, 건달; (트럼프의)잭

knead [ni:d] *vt.* 반죽하다; 안마하다

knee [ni:] *n.* 무릎 ⌐하다

kneel [ni:l] *vi.* (*p., pp.* **knelt**

[nelt]) 무릎꿇다, 굴복하다

knell [nel] *n.* 조종(弔鍾) (소리) —*vi.* 조종이 울리다 ⌐「거

knew [n(j)u:/nju:] *v.* know의 과

knick·er·bock·ers [níkərbàkərz/níkəbɔ̀kəz] *n. pl.* (헐렁한) 반바지

knife [naif] *n.* (*pl.* **knives**) 나이프, 주머니칼; 식칼 —*vt.* 나이프로 자르다[찌르다]

knight [nait] *n.* 기사; 나이트작의 사람; (귀부인을 수행하는) 용사 ~·**hood** [-hùd] *n.* 기사(도); 나이트작위

knit [nit] *vt., vi.* (*p., pp.* ~·**ted** *or* **knit**) 뜨다, 짜다; 뜨개질하다

knives [naivz] *n.* knife의 복수

knob [nɑb/nɔb] *n.* (문 등의)손잡이; 혹, 마디; 《美》 둥근 언덕

knock [nɑk/nɔk] *vt., vi.* 때리다; 노크하다; 부딪(치)다; 《俗》 깜짝 놀라게 하다; 《美俗》 헐뜯다; (내연기관이) 노킹하다 ~ **down** 때려눕히다; 뒤엎다 ~ **out** 두들겨 내쫓다; 〖권투〗 녹아웃시키다; 〖야구〗 (투수의 공을) 마구 때려 물러나게 하다 —*n.* 타격; 문을 두드리기; 〖야구〗 녹: There is a ~ at the door. 누가 찾아왔군

knock·a·bout [<əbàut] *a.* (옷 등이)질긴; 소란한, 난폭한 —*n.* 《美》 소형 요트

knock·down [<dàun] *a.* 때려눕히는; (자동차 등)현지조립식의

knock·er [<ər] *n.* (현관의)노커

knock·ing [<iŋ] *n.* 노킹(내연기관이 폭발음을 내는 일)

knock·out [<àut] *a.* 녹아웃시키는; 철저한 —*n.* 〖권투〗 녹아웃 (略: K.O.); 《美》 멋있는 것[사람]

knot [nɑt/nɔt] *n.* 매듭; 혹, 마디; 노트(배의 속도 단위) —*vt.* 매다, 매듭짓다

know [nou] *vt., vi.* (*p.* **knew,** *pp.* **known**) 알고 있다, 인정하다; 이해하고 있다; …과 식별하다《a thing *from*》; 아는 사이다

know-all [nóuɔ̀:l] *n.* 박식한 사람 ⌐식; 능력

know-how [nóuhàu] *n.* 《口》 지

know·ing [nóuiŋ] *a.* 알고 있는, 빈틈없는; 아는 체 하는 ~·**ly** *ad.* 일부러; 아는 체 하고

knowl·edge [nálidʒ/nɔ́l-] *n.* 지식; 학문; 이해

known [noun] *v.* know의 과거분사 —*a.* 알려진

knuck·le [nʌ́kl] *n.* 손가락마디

K.O., k.o. = knockout

Ko·dak [kóudæk] *n.* 코닥(미국

Eastman사의 카메라 이름)
Koh·i·noor [kòuinúər/⌐—–]. *n.*
코이누르(영국왕실 소장의 인도
산 큰 다이아몬드);(k~) 극상품
kol·khoz [kɑlkɔ́ːz/kɔlhɔ́ːz]*Russ.*
n. 콜호즈(소련의 집단농장)
Ko·ran [kourάːn/kɔː-] *n.* (*the*
~) 코오란(회교의 경전)
Ko·re·a [kouríːə/kəríə] *n.* 한국
-re·an *a.* 한국(어)의 —*n.* 한국
인; 한국어
Kow·loon [kaulúːn] *n.* 구룡(九
龍)(홍콩섬 건너편 대륙쪽의 도시)
Krem·lin [krémlin] *n.* (*the* ~)
크레믈린궁전; 소련정부
kro·ne [króunə] *n.* (*pl.* **-ner**
[-nər]) 크로네(덴마아크·노르웨

이의 화폐단위); 크로네은화
Kua·la Lum·pur [kwάːləlúm-
puər] 쿠알라룸푸르(말레이지아
의 수도)
Ku Klux Klan[kjúːklʌ́ksklǽn]
3K단(미국의 백인비밀결사)
Küm·mel [kím(ə)l/kúm-, kím-]
G. n. 퀴멜술
Kú·ril Íslands [kúːril/kuríːl]
(*the* ~) 쿠릴열도
Ku·wait, -weit [kuwéit, +美
-wáit] *n.* 쿠웨이트(아라비아반
도의 입헌군주국)
Kwang·tung [kwǽŋtuŋ/kwæn-
tʌ́ŋ] *n.* (중국의) 광동성(廣東省)
ky·at [kiάːt] *n.* 키아트 (버어마
의 화폐단위)

L

la·bel [léibl] *n.* 레테르, 라벨 —
vt. 라벨을 붙이다; 분류하다
la·bor, ((英)) **-bour** [léibər] *n.*
노동, 수고;(총칭) 노동자;(L~)
노동당 ~ *union* 《美》 노동조
합((英) trade union) *L~ Day*
《美》 노동절(9월의 첫째 월요
일) *the L~ Party* 《英》 노동
당 —*vi.* 노동하다; 애쓰다 —*vt.*
자세히 논하다 ~**·er** *n.* 노동자
lab·o·ra·to·ry [lǽbərətɔ̀ːri/lə-
bɔ́rət(ə)ri] *n.* 실험실; 연구실[소]
la·bo·ri·ous [ləbɔ́ːriəs] *a.* 힘드
는; 근면한
lab·y·rinth [lǽbərinθ] *n.*미궁
lace [leis] *n.* 레이스; 끈 —*vt., vi.*
끈으로 묶다[쬐다];레이스로 장
식하다; (코오피 등에)가미하다
lack [læk] *vt., vi.* …이 없다, 모
자라다 (*in*) —*n.* 결핍, 부족
lac·quer [lǽkər] *n.* 옻, 래커; 칠
기 —*vt.* 옻칠을 하다
la·crosse [ləkrɔ́ːs/-krɔ́s] *n.* 러
크로스(하키 비슷한 구기. 캐나
다의 국기(國技)) 　　　　[은]
lac·tic [lǽktik] *a.* 젖의[에서 얻
lac·y [léisi] *a.* 레이스 모양의
lad [læd] *n.*젊은이, 소년 (*cf.*
lass)
lad·der [lǽdər] *n.*사다리;(스
타킹의)전선(run)
lade [leid] *vt.*(*p.* **lad·ed,** *pp.* **lad-
en, lad·ed**) 적재하다
la·dy [léidi] *n.* 숙녀, 귀부인;(L~)
《英》 Sir 또는 Lord의 경칭을
받는 귀족의 부인 또는 영양에
대한 경칭;(*pl.*)《호칭》 숙녀 여
러분 (*cf.* gentlemen): *Ladies
and Gentlemen!* (신사 숙녀
여러분 ~ *doctor* 여의사 *L~
Day* 성모마리아의 축일(3월
25일) ~ *first* 여성 우선 *la-

dies' room* [*lounge*] 숙녀용
화장실 *the first* ~ 《美》 대
통령부인 *Our L~* 성모마리아
la·dy-kill·er [⌐kìlər] *n.* 《俗》
여자를 잘 호리는 사내
la·dy·ship [⌐ʃip] *n.* 숙녀[귀부
인]의 신분;《英》 마님, 아가씨
lag [læg] *vi.* 늦어지다(*behind*);
꾸물대다 —*n.* 지연, 지체(량)
la·ger [lάːgər] *n.* 저장맥주(ale
보다 약함) (*cf.* draft beer)
la·goon [ləgúːn] *n.* 초호(礁湖)(환
초에 둘러싸인 바다); 개펄
La Guar·dia [ləgwάːrdiə, +美
-gάːr-] 뉴우요오크시의 공항
laid [leid] *v.* lay¹의 과거(분사)
lain [lein] *v.* lie²의 과거분사
lake [leik] *n.* 호수 *the Great
L~s* (미국과 캐나다 사이의)
5대호 *the L~ Country* [*Dis-
trict*] (영국 서북부의)호수지방
La·ma·ism [lάːməìz(ə)m] *n.* 라
마교
lamb [læm] *n.* 새끼양(의 고기,
가죽) *the L~ (of God)* 예수
lam·bre·quin [lǽmbərkin,
-brə-] *n.* (창문 등의)드림장식
lame [leim] *a.* 절름발이의(crip-
pled); 불완전한, 빈약한 —*vt.* 절
름발이로 만들다; 불완전하게
하다
la·mé [lɑméi] *F. n.* 라메, 금란
la·ment [ləmént] *vi., vt.* 슬퍼하
다, 애통해 하다《*for, over*》 —*n.*
비탄
lam·en·ta·ble [lǽməntəbl] *a.*
슬픈, 애통해할
lam·i·nate *vt., vi.* [lǽmineìt→*a.*]
박편으로 하다[되다] —*a.* [-nit]
박편의
lamp [læmp] *n.* 등불, 램프: an
electric ~ 전등

lan·ac [lǽnæk] *n.* 레이다 착륙 장치

Lan·ca·shire [lǽŋkəʃiər, -ʃər] *n.* 잉글랜드 서북부의 공업도시

lance [læns/lɑːns] *n.* 창 —*vt.* 창으로 찌르다

land [lænd] *n.* 땅, 육지; 토지; 나라, 국토 *by* ~ 육로로 ~ *ar-rangement* 여행업자가 하는 방문지에서의 모든 서어비스 또는 그 수배 *the L~ of the Rose* [*Shamrock, Thistle*] 잉글랜드[아일랜드,스코틀랜드] —*vt., vi.* 상륙시키다[하다]; 착륙 시키다[하다], 하차[하선]시키다 [하다]

land·ed [lǽndid] *a.* 지주의

land·ing [lǽndiŋ] *n.* 상륙, 착륙, 하차; 선창; (계단의)층계참

lánding càrd 입국카아드

lánding field =airport

lánding strip 활주로

land·la·dy [lǽn(d)lèidi] *n.* 여자 집주인; (여관·하숙의)여주인

land·lord [lǽn(d)lɔ̀:rd] *n.* 집주 인; (여관·하숙의)주인; 지주

land·mark [lǽn(d)mɑ̀:rk] *n.* 경 계표; 육지의 목표; 획기적 사건

land·own·er [lǽndòunər] *n.* 토 지소유자, 지주

land·scape [lǽn(d)skèip] *n.* 경 치, 풍경(화); 전망

land·slide [lǽn(d)slàid], 《英》 **-slip** [-slìp] *n.* 산사태

lands·man [lǽn(d)zmən] *n.* (*pl.* **-men** [-mən]) 육상생활자; 풋나 기 선원

land·ward [lǽndwərd] *a.* 육지 쪽의 —*ad.* 육지쪽으로; 해안을 향해

lane [lein] *n.* 좁은 길, 골목길; 《美》(자동차의)차선; 경주로; 항 로; (보울링의)레인

lan·guage [lǽŋgwidʒ] *n.* 언어

lánguage láboratory 어학실 습실(略: LL)

lan·guid [lǽŋgwid] *a.* 활기없는; 나른한 [지다

lan·guish [lǽŋgwiʃ] *vi.* 나른해

lan·tern [lǽntərn] *n.* 초롱

lap¹ [læp] *n.* 무릎; 겹침; (경기장 의)일주 —*vt.* 싸다 《*in*》, 감다 《*about, around*》; 겹치다

lap² [læp] *vt., vi.* 핥다; (파도가)해안을 치다

La Paz [ləpɑ́:s/lɑːpǽz] 라파스 (볼리비아의 수도)

láp bèlt (자동차의)좌석 [안전] 벨트

la·pel [ləpél] *n.* (상의의)접은 깃

lap·i·dar·y [lǽpidèri/ -dəri] *n.* 보석세공인[감정가]

lapse [læps] *n.* (시간의)경과; 타

락 《*into*》; 잘못 —*vi.* 경과하다; 빠지다 《*into*》; 타락하다

lard [lɑːrd] *n.* 돼지기름, 라아드

large [lɑːrdʒ] *a.* 큰; 넓은; 다수[다 량]의 *at* ~ 상세히; 전체로서 *in* (*the*) ~ 대규모로 ~·**ly** *ad.* 주로; 아낌없이

large-scale [⁴-skéil] *a.* 대규모의

lark¹ [lɑːrk] *n.* 《鳥》종달새

lark² *n.* 《口》장난; 농담

la·ser [léizər] *n.* 레이저(유도방 출에 의한 광증폭)

lash [læʃ] *n.* 채찍(질); 속눈썹 —*vt., vi.* 채찍질하다

lass [læs] *n.* 소녀, 처녀 (*cf.* lad)

last¹ [læst/lɑːst] *a.* 《late의 최 상급》최후의 (*opp.* first); 지난 번의 (*cf.* next); 최근의; 가장 … 할 것 같지 않은; 궁극의; 최악 의: ~ month [year] 전달[작 년]/ ~ Monday 지난 월요일 에/ for the ~ two years 지난 2년간 ~ *heavy* 마지막 안간 힘 ~ *lap* 마지막 코오스[단계] —*ad.* 《late의 최상급》 마지막 으로, 지난, 최근: since we met ~ 지난번에 만난 후로 ~ *of all* 마지막으로 —*n.* 마지막 사 람[것]; 임종, 죽음; 최후 *at* ~ 마침내 *to* [*till*] *the* ~ 끝까지, 죽을 때까지 ~·**ly** *ad.* 마지막 으로, 결국

last² *vi.* 계속되다; (오래)가다

last·ing [lǽstiŋ/lɑ́:s-] *a.* 계속[영 속]하는, 내구력있는

lást nàme 성 (surname)

Las Ve·gas [læsvéigəs] 라스베 가스(미국 Nevada주의 환락지)

latch [lætʃ] *n.* (문의)빗장, 걸쇠 —*vt.* 빗장을 걸다

late [leit] *a.* (**lat·er** *or* **lat·ter,** **lat·est** *or* **last**) 늦은 (*opp.* early), 지각한; 최근의; (*the* ~) 고 …: ~ spring 늦봄/ the ~ fee (전보 등의)시간외 특별요금/ I was ~ for the train. 기차시 간에 늦었다/ It's getting ~. 밤이 깊어간다 *of* ~ 요즈음 (lately) —*ad.* (**lat·er, lat·est** *or* **last**) 늦게; 늦게까지: arrive an hour ~ 1시간 늦게 도착하다 ~·**ly** *ad.* 요즈음, 최근

lat·er [léitər] *a.* 《late의 비교급》 *a.* 더 늦은, 보다 나중의 —*ad.* 후에, 나중에 (later on): one hour ~ 1시간 후에

Lat·er·an [lǽtərən] *n.* (*the* ~) (로마의)라테란 성당; 라테란궁 전(지금은 박물관)

lat·est [léitist] *a.* 《late의 최상 급》 가장 늦은, 최근[최신]의: the ~ fashion 최신유행/the ~ news 최신뉴우스

lathe [leið] *n.* 선반(旋盤)
Lat·in [lǽt(i)n] *a.* 라틴(계)의; 라틴어[사람]의 ~ *America* 라틴 아메리카 (라틴계 언어가 쓰이는 중·남미 각국의 총칭) ~ *Church* 가톨릭교회 *the* ~ *Quarter* 라틴구(파리의 학생가) —*n.* 라틴어, 라틴사람
lat·i·tude [lǽtit(j)ùːd/ -tjùːd] *n.* 위도 (*cf.* longitude); (*pl.*) 지역
lat·ter [lǽtər] *a.* 《late의 비교급》 나중의, 후기의; (둘 중)후자의; 근래의: the ~ 후자(*cf.* the former)/ the ~ half 후반/ the ~ part of the week 주말에 가까운 무렵 ~·ly *ad.* 요즈음
lat·tice [lǽtis] *n.* 창살, 격자
laud [lɔːd] *vt.* 칭찬[찬송]하다 — *n.* 칭찬; 찬송가(hymn)
laugh [læf/ lɑːf] *vi.* 웃다; 비웃다 《*at*》; 재미있어 하다 —*vt.* 웃으며 …하다 —*n.* 웃음(소리)
laugh-in [‿ìn] *n.* 웃기는 프로 [쇼우]
laugh·ter [lǽftər/ lɑːf-] *n.* 웃음
launch [lɔːntʃ, lɑːntʃ] *vt., vi.* 진수시키다; 착수하다, (사교계 등에) 진출시키다[하다], …하기 시작하다 —*n.* 진수(식); 라안치(함선 적재 보우트)
laun·der [lɔ́ːndər, lɑ́ːn-] *vt., vi.* 세탁하다; 세탁이 되다
Laun·dro·mat [lɔ́ːndrəmæt, lɑ́ːn-] *n.* 셀프서어비스 세탁소 (자동세탁기가 있음)
laun·dry [lɔ́ːndri, lɑ́ːn-] *n.* 세탁소, 세탁; 세탁물
lau·rel [lɔ́ːrəl, lɑ́-/ lɔ́-] *n.* 《植》 월계수; 월계관; 영예
la·va [lɑ́ːvə, +美 lǽ-] *n.* 용암, 화산암
lav·a·to·ry [lǽvətɔ̀ːri/ -təri] *n.* 《주로 英》 세면소, 화장실
lav·en·der [lǽvindər] *n.* 《植》 라벤더; 엷은 보라색
lav·ish [lǽviʃ] *a.* 아끼지 않는 —*vt.* 아낌없이 주다; 낭비하다
law [lɔː] *n.* 법률; 법(률)학
law·ful [‿f(u)l] *a.* 합법적인; 법정의; 정당한
law·less [‿lis] *a.* 무법[불법]의
lawn [lɔːn] *n.* 잔디: ~ tennis 정구/a ~ party 《美》 원유회
law·yer [lɔ́ːjər] *n.* 변호사; 법률가[학자]
lax [læks] *a.* 느슨해진, 단정치 못한
lay¹ [lei] *vt.* (*p., pp.* laid) 눕히다, 놓다(place), 두다(set); 부설하다; 가라앉히다(calm); (밥상을)차리다; (돈을)걸다(wager); 《보어와 함께》 (어떤 상태로)두다: ~ a scheme 계획을 세우다 ~ *down* 눕히다, (술을)저장하다;

주장하다;(돈을)걸다;(글을)쓰다 《*on*》 ~ *out* 펼치다: 설계하다; 투자하다
lay² *a.* 속인의; 아마튜어의
lay³ *v.* lie²의 과거
lay·er [léiər] *n.* 층, 겹; 칠; 놓는[쌓는]사람; 《원예》 휘묻이
láyer càke 《美》 레이어케이크 (카스텔라 사이에 크리임 등을 넣은 것)
lay·man [léimən] *n.* (*pl.* **-men** [-mən]) 속인; 아마튜어
lay·off [léiɔ̀ːf] *n.* 《美》 휴식
lay·out [léiàut] *n.* 설계(법); (책·신문의)레이아웃
la·zy [léizi] *a.* 게으른, 나태한
la·zy·bones [‿bòunz] *n.* 《口》 게으름장이
lázy èyes 약시, 시력박약
lb. [paund] (*pl.* **lbs.**) *libra* (e) (L =pound) 파운드(무게의 단위)
LC, L/C = *l*etter of *c*redit 신용장
L-driv·er [éldráivər] *n.* 《英》 임시면허 운전자 [L<learner]
lead¹ [liːd] *vt., vi.* (*p., pp.* led) 이끌다, 안내하다; 지도하다; 선두에 서나; …할 마음이 내키게 하다 《*to* do》; (길 등이) …으로 통하다 《*to*》; (생활을)보내다 — *n.* 선도, 지도; 리이드; (신문기사의)도입부
lead² [led] *n.* 납
Lead·en·hall [lédnhɔ̀ːl] *n.* (런던의)육류시장
lead·er [líːdər] *n.* 지도자; 《音》 지휘자; 논설 ~·ship *n.* 지도자의 지위[임무]; 지휘, 통솔력
lead·ing [líːdiŋ] *n.* 지도, 통솔 — *a.* 지휘[안내]하는; 주요한: a ~ article 《英》 사설, 논설
leaf [liːf] *n.* (*pl.* leaves) 잎; (책의)한 장; (금·은 등의)박
leaf·let [líːflit] *n.* 낱장 인쇄물, 접어넣는 인쇄물; 《植》 작은 잎
leaf·y [líːfi] *a.* 잎이 무성한
league¹ [liːg] *n.* 연맹, 동맹 the L~ *of Nations* 국제연맹 — *vi., vt.* 동맹하다[시키다]
league² *n.* 리이그(거리의 단위, 영미에서는 약 3마일)
léague màtch 리이그전
leak [liːk] *n.* 누출구; 누수, 누출 가스[증기]; 누전 —*vi.* 새다
lean¹ [liːn] *v.* (*p., pp.* ~ed or 《英》 leant [lent]) *vi.* 기울다 (incline); 기대다; 의지하다; 구부리다 —*vt.* 기대게[기울게]하다 —*n.* 기울기
lean² *a.* 여윈(*opp.* fat); 불모의 — *n.* (기름없는)살코기
leap [liːp] *v.* (*p., pp.* leapt [liːpt, lept] or ~ed) *vi.* 뛰다, 도약하

다 —*vt.* 뛰어넘다 —*n.* 도약

leáp yèar 윤년

Lear·jet [líərdʒèt] *n.* 자가용 소형 제트기

learn [lə:rn] *vt., vi.* (*p., pp.* ~**ed** *or* **learnt** [lə:rnt]) 깨우다; 듣다, 알다; 외다 ~ *by heart* 암기하다

learn·ed [lə́:rnid] *a.* 학식있는

learn·ing [lə́:rniŋ] *n.* 배우기; 학문, 학식

lease [li:s] *n.* (땅·집의)임대계약; 차용기간 —*vt.* 임대[임차]하다

leash [li:ʃ] *n.* (개 매는)가죽끈

least [li:st] *a., ad.* 《little의 최상급》 가장 작은[작게], 가장 적은 [적게] (*opp.* most) ~ *of all* 가장 …아닌 —*n.* 최소 *at (the)* ~ 적어도, 하다못해 *not in the* ~ 조금도 …않는 「어도

least·ways [⌐wèiz] *ad.* 《口》 적

leath·er [léðər] *n.* (무두질한)가죽(제품) 「죽

leath·er·ette [lèðərét] *n.* 모조가

leave¹ [li:v] *vt., vi.* (*p., pp.* **left**)떠나다, 출발하다; 방치하다; 남기다, 잊고 가다; 맡기다: To be *left* till called for. (우체국)유치/L~ your overcoat at the cloakroom. 외투는 보관소에 맡겨 주십시오

leave² *n.* 허락, 허가 《*to* do》; 휴가, 작별 *by* [*with*] *your* ~ 실례지만 *on* ~ 휴가로 *take* (*one's*) ~ 《*of*》 (…에게)작별인사를 하다

leav·en [lévn] *n.* 효모, 발효소 —*vt.* 발효시키다

leaves [li:vz] *n.* leaf의 복수

Leb·a·non [lébənən] *n.* 레바논 (지중해 동쪽의 공화국)

Leb·a·nese [lèbəní:z] *a., n.* 레바논의(사람) 「경대

lec·tern [léktərn] *n.* (교회의)성

lec·ture [léktʃər] *n.* 강의, 강연; 훈계 —*vi., vt.* 강의[강연]하다; 훈계하다 -**tur·er** *n.* 강사

led [led] *v.* lead¹의 과거(분사)

ledge [ledʒ] *n.* 선반; 바위너설

lee [li:] *n.* 《海》 바람불어가는 쪽

leek [li:k] *n.* 《植》 부추 「끼

lees [li:z] *n. pl.* (포도주 등의)찌

lee·ward [lí:wərd, 《海》 lú:ərd] 《海》 *a., ad.* 바람불어가는 쪽의 [으로]

left¹ [left] *a., ad* 왼쪽의[으로] (*opp.* right) —*n.* 왼쪽; 《야구》 좌익(수); (보통 *the* L~) 혁신파, 좌익

left² *v.* leave¹의 과거(분사)

left-hand [léfthǽnd] *a.* 왼손의, 왼쪽의 ~**ed** *a.*왼손잡이의(《美俗》 southpaw)

léft wíng 좌파, 좌익; 좌익수

leg [leg] *n.* 다리 (*cf.* foot); (여정의)한 구간: a ~ show 《口》 각선미를 보여주는 쇼우

leg·a·cy [légəsi] *n.* 유산; 유증

le·gal [lí:g(ə)l] *a.* 법률(상)의; 합법적인; 법정의 ~*tender* 법정화폐

le·ga·tion [ligéiʃ(ə)n] *n.* 사절파견, 《총칭》 공사관원, 공사관

leg·end [lédʒ(ə)nd] *n.* 전설; (메달 등의)명(銘)(motto)

le·gion [lí:dʒ(ə)n] *n.* 군대; 다수 *the* L~ *of Honor* (*F.* la Légion d'Honneur) 레종드뇌르 훈장(프랑스 국가에 공로가 있는 사람에게 수여됨)

leg·is·la·tion [lèdʒisléiʃ(ə)n] *n.* 입법; 《총칭》 법률, 법령

leg·is·la·tor [lédʒislèitər] *n.* 입법자, 입법부의원

leg·is·la·ture [lédʒislèitʃər] *n.* 입법부, 의회

le·git·i·mate [lidʒítimit→*v.*] 합법적인, 적법[정당]한 —*vt.* [-mèit] 합법화하다, 정당화하다

leg·man [légmæn] *n.* (*pl.* -**men** [-mèn]) 취재기자; 배달인

leg·ume [légju:m] *n.* 콩류

Le Há·vre [lə há:vr, -vər]르아브르(프랑스 센강어귀의 항구도시)

le·i [léii] *n.* 레이(하와이의 화환) *L*~ *Day* 하와이의 5월제

lei·sure [lí:ʒər/léʒə] *n.*여가 *at* ~ 한가하여 —*a.* 한가한

Lem·an [lémən] *n.*(*the* ~) 레만호(스위스의 호수)

lem·on [lémən] *n.* 레몬(나무); 레몬색: ~ squash 레몬스콰시 (《英》 lemonade) 「네이드

lem·on·ade [lèmənéid] *n.* 레모

Le Monde [ləmɔ̃:d] 르몽드(파리에서 발행되는 신문)

lend [lend] *vt., vi.* (*p., pp.* **lent**) 빌려[꾸어]주다; 주다

length [leŋθ] *n.* 길이; 노정; 기간; 정도 *at* ~ 간신히; 상세히

length·en [léŋ(k)θ(ə)n] *vt., vi.* 길게 하다[되다], 연장하다

length·y [léŋ(k)θi] *a.* 길다란

Len·in·grad [léningræd, -grà:d] *n.* 레닌그라드(소련 서북부의 도시, 원래 러시아제국의 수도)

lens [lenz] *n.* 렌즈, (눈의)수정체

Lent [lent] *n.* 사순절(四旬節) (Ash Wednesday부터 Easter까지의 40일간)

lent [lent] *v.* lend의 과거(분사)

leop·ard [lépərd] *n.* 《動》 표범

Les·bi·an [lézbiən] *a.* (여자의) 동성애의 —*n.* (l~) 동성연애자 (여자)

less [les] *a., ad.* 《little의 비교급》 …보다 작은[작게] (*opp.* more);…보다 적은[적게], 더 못한[하여]: in ~ than a month 한 달이 지나기 전에 *no [nothing]* ~ *than* 꼭 [적어도] … 만큼, …과 마찬가지로; …에 지나지 않는, …만큼의[중요한] *none the ~/ not the ~ /no ~* 그럼에도 불구하고 *still [much]*《부정어구 뒤에서》하물며 …아닌 —*n.* 보다 작은 수 [양, 액수] —*prep.* …이 없는, …만큼 모자라는

less·en [lésn] *vt., vi.* 작게[적게] 하다[되다], 줄이다, 줄다

less·er [lésər] *a.* 보다 작은[적은], 약소[군소]의

les·son [lésn] *n.* 학과; (교과서의) 과; (*pl.*) 수업 —*vt.* 가르치다

lest [lest] *conj.* 《보통 should 와 함께》…하지 않도록

let [let] *v.* (*p., pp.* **let**) *vt.* …시키다; (집·땅을)세놓다; 새 게[나가게] 하다: a house to ~ 셋집 — *vi.* 세놓이다: The apartment ~s for $100 a week. 이 방의 방세는 1주 100달러다 — *aux. v.* 《권유·명령·허가·가정》: L~ us [L~'s] go. 갑시다/ L~ him wait. 기다리게 하라/ L~ [Leave] me alone. 혼자 있게 해줘 ~ *in* (안으로)들이다 *L~ me see.* 저어, 가만 있자 ~ *out* 내다, 발하다 ~ *up* (비 등이)그치다

le·thal [lí:θ(ə)l] *a.* 치명적인 ~ *dose* 치사량

let·ter [létər] *n.* 글자; 편지; …장 (狀); (*pl.*) 학문, 문학; 자구

létter bòx 《英》 우편함

let·ter-card [<kὰːrd] *n.* 《英》 봉함엽서, 우편서간

létter càrrier 《美》 우편집배인

let·ter·head [<hèd] *n.* 레터헤드 (편지지 위에 인쇄된 주소·회사명); 레터헤드가 있는 편지지

let·ter·ing [létəriŋ] *n.* 문자 도안, 레터링

létter pàper 편지지

let·tuce [létis] *n.* 《植》 (양)상치

let·up [létʌp] *n.* 《口》 정지, 중지

lev·el [lévl] *n.* 수평, 평면, 평지; 높이; 수준, 레벨: above sea ~ 해발/ ~ flight 수평비행 —*a.* 수평의, 평평한; (…과)같은 높이의, 동등한 《with》; 한결 같은; 공평한 ~ *crossing* 《英》 평면교차 —*vt.* 수평으로 하다, 고르다; (총 등을)겨누다; (비난 등을) 퍼붓다《at, against》; 평등[동등] 하게 하다; 뒤엎다 —*vi.* 겨냥하다, 조준하다 《at》 —*ad.* 수평으로

레버대, 레버

lev·er [lévər, lí:vər/ lí:və] *n.* 지 렛대, 레버

lev·y [lévi] *n., vt., vi.* 징세(하다); 소집(하다)

lex·i·con [léksikən] *n.* 사전

Lex·ing·ton [léksiŋtən] *n.* 미국 Massachusetts주의 도시(독립전쟁의 첫전투가 벌어진 곳)

LGM = *l*ittle *g*reen *m*an (공상적인)녹색의 소우주인

li·a·bil·i·ty [làiəbíliti] *n.* 경향 《to》; 책임, 의무《for》; 부담

li·a·ble [láiəbl] *a.* …하기 쉬운 《to do》; 책임있는《for》; …을 받아야 할

li·ai·son [lí:əzὰn, li:éizαn/li:éizɔːŋ] *n.* 연락(원), 접촉; 밀통; 《음성》 연성

li·ar [láiər] *n.* 거짓말장이

Lib [lib] *n.* (때로 l~) 우먼립, 여성해방운동

li·bel [láib(ə)l] *n.* 중상(문), 모욕 —*vt.* 중상하다 ~·ous *a.* 중상적인

lib·er·al [líb(ə)rəl] *a.* 자유로운 (free); 마음이 후한(generous); 풍부한(abundant); 관대한;(정치상의)자유주의의 *the L~ Party* 《英》 자유당 —*n.* (L~) 자유당원 ~ *ism, n.* 자유주의 ~·**ist** *n., a.* 자유주의자(의)

lib·er·ate [líbərèit] *vt.* 자유롭게 하다

Li·be·ri·a [laibí(:)riə] *n.* 리베리아(아프리카 서부의 공화국)

lib·er·ty [líbərti] *n.* 자유(freedom); 제멋대로임, 실례; (*pl.*) 특권 *at* ~ 한가하여; 자유로와 *the L~ Bell* 《美》 자유의 종 *L~ Island* 뉴우요오크항 입구의 섬(자유의 여신상이 있음)

li·brar·i·an [laibré(:)riən/-bré-ər-] *n.* 도서관원, 사서

li·brar·y [láibrèri/-brəri] *n.* 도서관[실]; 장서; 서재

Lib·y·a [líbiə] *n.* 리비아(아프리카 북부의 공화국)

lice [lais] *n.* louse의 복수

li·cense, -cence [láis(ə)ns] *n.* 허가, 인가, 특허; 면허장[증]: a driver's ~ 운전면허증/a ~ plate (자동차의)번호판 —*vt.* 면허[인가]하다 ~*d house* 주류판매 면허점

li·cen·see, -cee [làis(ə)nsí:] *n.* 면허를 받은 사람

lick [lik] *vt., vi.* 핥다;《口》때리다; 패배시키다; 서두르다 —*n.* (한번)핥기; 소량; 《口》 강타; 《口》 속력;《美口》한바탕의 일

lid [lid] *n.* 뚜껑; 눈까풀(eyelid)

Li·do [lí:dou] *n.* 리도(이탈리아 베니스 근처의 행락지);(l~) 옥

외푸울장

lie¹ [lai] *vi., vt.* (*p., pp.* **~d,** *ppr.*
ly·ing) 거짓말하다, 속이다 —
n. 거짓말: tell a ~ 거짓말을
하다

lie² *vi.* (*p.* **lay,** *pp.* **lain,** *ppr.* **ly-**
ing) (드러)눕다 《*down*》, 엎드
리다; 정박하다; 야영하다; 존재
하다; 위치하다 — *down* (드러)
눕다 ~ *in* …에 있다 ~ *over*
연기되다 ~ *to* (이물을 바람불
어오는 쪽으로 향하고)정선하다

Liech·ten·stein [líktənstàin] *n.*
리히텐시타인공국(오스트리아와
스위스 사이의 국가)

lied [li:d/*G* li:t] *G. n.* 《晋》 가곡

lieu·ten·ant [lu:ténənt/ 《육군》
leftén-, 《해군》 letén-] *n.* 《軍》
위관;《英》육군중위, 해군대위:
a ~ governor 《美》 부지사

life [laif] *n.* (*pl.* **lives**) 생명; 생
애; 생활; 인생;《총칭》생물

life bèlt 구명대
life·boat [⌐bòut] *n.* 구조정
life bùoy 구명부대
life expèctancy 예상[평균]여명
life·guard [⌐gà:rd] *n.* 《美》 (해
수욕장의)감시인, 구조원
Life Guàrd 《英》 근위병
life insùrance [《英》 **assùr-**
ance] 생명보험
life jàcket [vèst] 구명자켓
life·less [⌐lis] *a.* 생명[기운]없는
life lìne 구명밧줄
life·long [⌐lɔ̀:ŋ/-lɔ̀ŋ] *a.* 한평생의
life nèt (소방용)인명구조망
life òffice 생명보험회사
life presèrver 《美》 구명구
life·sav·ing [⌐sèiviŋ] *a.* 인명
구조의
life-style [⌐stàil] *n.* (개인의 취
향에 맞는)생활방식[양식]
life-sup·port sýstem [⌐sə
pɔ̀:rt] 생명유지장치
life·time [⌐tàim] *n.* 일생, 평생
life·work [⌐wɔ́:rk] *n.* 평생의
일, 필생의 사업
lift [lift] *vt.* 올리다; 들어올리다;
《口》 훔치다 — *vi.* 올라가다;(구
름 등이) 걷히다 — *n.* 올리기;
승진;《美》 승강기(《英》 eleva-
tor) **~-off** 이륙, 상승
lift·man [⌐mən] *n.* (*pl.* **-men**
[-mən])《英》 승강기 운전원
lift trùck 소형 운반차
light¹ [lait] *n.* 빛; 등불, 등화, 등
대; (담뱃)불 — *a.* 밝은; 빛나는
— *vi., vt.* (*p., pp.* **~·ed** *or* **lit**)
불이 붙다,불을 밝히다[불이다];
비추다
light² *a.* 가벼운 (*opp.* heavy); 경
장(輕裝)의, 경쾌한: ~ indus-
tries 경공업

light³ *vi.* (*p., pp.* **~·ed** *or* **lit**)
(말·차에서)내리다
light·en¹ [láitn] *vt., vi.* 밝히다,
밝아지다, 빛나다   「다
light·en² *vt., vi.* 가볍게 하다[되
light·er¹ [láitər] *n.* 라이터: snap
on a ~ 라이터를 켜다
light·er² *n.* 거룻배
light·house [láithàus] *n.* 등대
light·ing [láitiŋ] *n.* 조명(법)
light-mind·ed [láitmáindid] *a.*
경솔한, 변덕스러운
light·ning [láitniŋ] *n.* 번개, 전
광 ~ **conductor**[**rod**] 피뢰침
light·ship [láitʃip] *n.* 등대선
like¹ [laik] *vt.* 좋아하다; …하고
싶다 《*to* do》 *if you* ~ 좋으
시다면 *should* [*would*] ~ …
하고 싶은데요 《*to* do》: I'd ~
you to meet Mr. A. A 씨를 소
개합니다 — *n.* (보통 *pl.*) 기호
(嗜好)
like² *a.* **1** 닮은(alike), …같은, 비
슷한 **2** …할 듯한: It looks ~
rain. 비가 올 것 같다 *feel* ~
《*doing*》 …하고 싶은 생각이
들다 — *ad.* …처럼 — *n.* 닮은 것
[사람], 동류 **~·ness** *n.* 유사; 초
상, 사진
like·li·hood [láiklihùd] *n.* 있을
법함, 가망
like·ly [láikli] *a.* 있을 법한, …
할 듯한 《*to* do》: It is ~ to
rain. 비가 올 것 같다 — *ad.*
《때로 very, most를 붙여》 아
마   「지로
like·wise [láikwàiz] *ad.* 마찬가
lik·ing [láikiŋ] *n.* 좋아함 《*for*》:
have a ~ for …을 좋아하다/
to *one's* ~ …의 마음에 들어
li·lac [láilək] *n.* 《植》 라일락
lil·y [líli] *n.* 《植》 백합: a ~ of
the valley 은방울꽃
Li·ma [lí:mə] *n.* 리마(페루의 수
도)   「지
limb [lim] *n.* 팔다리, 날개; 큰 가
lime¹ [laim] *n.* 석회; (새잡는)끈
끈이
lime² *n.* 라임(레몬 비슷한 과일):
~ juice 라임주우스
lime·light [⌐làit] *n.* 석회등(예
전에 흔히 무대조명에 쓰였음)
lim·it [límit] *n.* 한계(선), 한도
《*to*》; (*pl.*) 범위, 경계: off [on]
~s 출입금지[자유] — *vt.* 제한
[한정]하다
lim·i·ta·tion [lìmitéiʃ(ə)n] *n.*
제한, 한정
lim·it·ed [límitid] *a.* 한정된 ~
company 《英》 유한책임회사
~ *express* (*train*) 《美》 특급
열차
lim·ou·sine [límuzì:n, ⌐⌐⌐] *n.*

(공항 등의)여객송영용 소형버스; 3~5인승 상자형자동차; 리무진안내소

limp¹ [limp] *n., vi.* 절뚝거리기[거리다]

limp² *a.* 유연한, 나긋나긋한

Lin·coln [líŋkən] *n.* 미국 제16대 대통령;미국 Ford 사제의 자동차 ~ **Memorial** 링컨 기념관 ~ **Center for the Performing Arts** 링컨센터(뉴우요오크시의 예술센터)

lin·den [líndən] *n.* 〔植〕 보리수

line¹ [lain] *n.* 선, 줄; 실, 밧줄; 전신[전화]선; 경계; 주름; (때로 *pl.*) 외형, 윤곽; 열; 항로, 노선; (*the* ~) 적도;진로, 방침: a local ~ (전화의)시내선/a trunk [《英》 main] ~ 간선철도/a branch ~ 지선/an air ~ 항공로/the European ~ 유럽항로/ under the ~ 적도 직하에/*L*~'s busy. 《美》 (전화에서) 통화중 (《英》 The number's engaged.)/ Hold the ~, please. (전화를)끊지 말고 기다리세요 —*vt.* 선을 긋다; 줄세우다 —*vi.* 늘어서다, 줄서다

line² *vt.* (옷에)안을 대다

lin·e·age [líniidʒ] *n.* 혈통, 계통

lin·en [línən] *n.* 린네르(제품)

lin·er [láinər] *n.* (대양항로 등의)정기선; 정기항공기

lines·man [láinzmən] *n.* (*pl.* -men* [-mən]) 〔경기〕 선심

lin·ger [líŋgər] *vt., vi.* 오래 끌다, 꾸물거리다

lin·ge·rie [làːnʒəréi, lǽnʒərì / lǽnʒərì] *n.* (여자용)속옷 [F]

lin·guist [líŋgwist] *n.* 어학에 능통한 사람; 언어학자

lin·i·ment [línimənt] *n.* 도포약

lin·ing [láiniŋ] *n.* 안대기, 안감

link [liŋk] *n.* (쇠사슬의)고리, 연결하는 사람[물]: cuff ~s 카프스단추 —*vt., vi.* 연결하다; (팔을)끼다

links [liŋks] *n. pl.* 골프장

li·on [láiən] *n.* 〔動〕. 사자; 용맹한 사람;《英》(*pl.*) 명소: see the ~s 명소를 구경하다 *L*~s' *Club* 라이온즈클럽(국제적 봉사단체)

li·on·ess [láiənis] *n.* 암사자

li·on·heart·ed [⌐háːrtid] *a.* 용맹한

li·on·ize, 《英》 -ise [láiənàiz] *vt.*《英》 (명소를)구경하다, 안내하다

lip [lip] *n.* 입술; (*pl.*) 입 —*a.* 말뿐인;《美俗》 수다스러운

lip·stick [lípstìk] *n.* 입술연지

li·queur [likə́ːr / -kjúə] *n.* 리큐르술 [F]

liq·uid [líkwid] *a.* 액체의, 유동하는 —*n.* 액체

liq·uor [líkər] *n.* 알콜 음료, 증류주: be in ~ 《俗》 술에 취해 있다/ take [have] a ~ up 《俗》 동료와 한잔하다 *spirit·uous* ~s 증류주, 브랜디

li·ra [lí(:)rə] *n.* (*pl.* ~s, li·re [-rei/ -ri]) 리라(이탈리아의 화폐단위)

Lis·bon [lízbən] *n.* 리스본(포르투갈의 수도)

list [list] *n.* 명부, 목록, 일람표: on the ~ 표에 실려/the ~ price 표기가격 —*vt.* 명부에 기입하다; 목록을 작성하다

lis·ten [lísn] *vi., vt.* 듣다, 경청하다 《to》 ~ **in** 〔전화〕 도청하다;〔라디오〕 청취하다

lis·ten·er [lísnər] *n.* 경청자; 청취자

lis·ten·er·in [⌐ín] *n,* (*pl.* -ers-in) 라디오청취자

lit [lit] *v.* light¹ ²³의 과거(분사)

li·ter, 《英》 -tre [líːtər] *n.* 리터

lit·er·al [lít(ə)rəl] *a.* 문자(상)의; 글자대로의

lit·er·ar·y [lítərèri/ lít(ə)rəri] *a.* 문학(상)의, 문학적인

lit·er·a·ture [lít(ə)rətʃər, -tʃùər/ -ritʃə] *n.* 문학; 문헌; 인쇄물

li·thog·ra·phy [liθɑ́grəfi/ -θɔ́g-] *n.* 석판인쇄(술)

lit·ter [lítər] *n.* 흐트러진 쓰레기; 가마, 들것 —*vt., vi.* 잠자리에 짚을 깔다; 어질러놓다《up》

lit·ter·bug [⌐bʌ̀g] *n.* 휴지[쓰레기]를 마구 버리는 사람

lit·tle [lítl] *a.* (**less** *or* **les·ser,** **least**) 작은; 어린; 귀여운; 짧은; 약간의 《a little「조금은 있다」, little「거의 없다」): a ~ while 잠시동안 —*ad.* (**less, least**)《a 를 붙여》 조금은(…하다);《a를 붙이지 않고》 거의(…없다): a ~ more 좀더 —*n.* 조금; 잠시; 짧은 거리 *for a* ~ 잠시동안 ~ *by* ~ 조금씩

lit·ur·gy [lítə(:)rdʒi] *n.* 예배식; (*the* ~). 기도서

liv·a·ble [lívəbl] *a.* 살기 좋은

live¹ [liv] *vi.* 살다 《in, at》; 살아 있다; 생활하다: Where do you ~? 댁은 어디십니까 —*vt.* (… 한 생활을)보내다 ~ *on*[*upon*] …을 먹고 살다; …으로 생계를 잇다

live² [laiv] *a.* 살아 있는; 활기있는, 활동적인 ~ *broadcast* 생방송 ['live-out]

live-in [lívin] *a.* 입주제의 (*opp.*

live·li·hood [láivlihùd] *n.* 생계

live·ly [láivli] *a.* 기운찬, 활발한

(active); 명랑한; 강렬한

live-out [lívàut] a. 통근제의 (opp. live-in)

liv·er [lívər] n. 간(장)

Liv·er·pool [lívərpùːl] n. 영국 Lancashire주의 항구도시

liv·er·y [lívəri] n. (하인·운전수·조합원 등의)제복

lives [laivz] n. life의 복수

liv·id [lívid] a. 납빛의

liv·ing [lívin] a. 살아 있는; 현존하는; 활기있는: ~ cost 생계비/~ standard 생활수준 —n. 생존, 생활; 생계

líving ròom 《英》거실

liz·ard [lízərd] n. 〖動〗도마뱀

Lloyd's [lɔidz] n. 로이드조합(런던에 있으며, 선박의 등록·해상보험 등을 취급함)

LNG = liquefied natural gas 액화천연가스

loach [loutʃ] n. 〖魚〗미꾸라지

load [loud] n. 짐, 적하(cargo); 부담(burden), 고생; (pl.) 《口》많음(of) —vt., vi. 짐을 싣다

loaf¹ [louf] n. (pl. **loaves** [louvz]) 빵[설탕] 한 덩어리: meat ~ 미이트로우프(다진 고기를 식빵처럼 굳힌 것)

loaf² vi. 빈둥거리다 《about》

loam [loum] n. 양토(壤土), 로옴

loan [loun] n. 대부(금), 대여(물); 공채 on ~ 차용하여 —vt., vi. 《주로 美》빌려주다

lóan òffice 금융회사; 전당포

lóan wòrd 외래[차용]어

loathe [louð] vt. 싫어하다, 미워하다(hate)

lob·by [lábi/lɔ́bi] n. 로비

lob·by·ist [─ist] n. 원외[의회] 공작원

lobe [loub] n. 귓불 「우

lob·ster [lábstər/lɔ́b─] n. 왕새

lo·cal [lóuk(ə)l] a. 지방의, 국부적인: ~ call 시내전화/~ color 지방색/a ~ express 《美》준급행열차/a ~ line 지방선/the ~ government 지방자치단(체)/a ~ train·(역마다 서는)보통[완행]열차 ~ time 지방시간 —n. 지방기사; 보통열차

lo·cal·i·ty [loukǽliti] n. 위치, 산지, 장소

lo·cal·ize [lóukəlàiz] vt. 한 지방[국부]에 한정하다; 지방화하다

lo·cate [lóukeit, ─/──] vt. 두다; 정하다; (장소를)알아내다 (spot) —vi. 《美》거주하다, 정착하다

lo·ca·tion [loukéiʃ(ə)n] n. 위치, 소재; 〖영화〗로케이션

lock [lak/lɔk] n. 자물쇠; (운하 등의)수문 under ~ and key

자물쇠를 잠그고 on [off] the ~ 자물쇠를 걸고[걸지 않고] —vt., vi.자물쇠를 잠그다[가 잠기다]; 가두다

lock·er [lákər/lɔ́k─] n. 로커

lock·et [lákit/lɔ́k─] n. 로켓

lock·out [lákàut/lɔ́k─] n. (경영자측의)공장폐쇄

lock·up [lákʌp/lɔ́k─] n. 유치장

lo·co·mo·tion [lòukəmóuʃ(ə)n] n. 이동, 운동; 여행, 교통기관

lo·co·mo·tive [lòukəmóutiv / ─ ─ ─ ─] n. 기관차

lo·cust [lóukəst] n. 〖蟲〗메뚜기; 《美》매미

lodge [ladʒ/lɔdʒ] vi. 묵다, 기숙[하숙]하다: ~ at a hotel 호텔에 숙박하다/ ~ with the Browns 브라운씨댁에 하숙하다 —vt. 숙박시키다; (금전을)맡기다 —n. 오두막; 수위실

lodg·er [ládʒər/lɔ́dʒə] n. 숙박인, 하숙인

lodg·ing [ládʒin/lɔ́dʒ─] n. 숙박; 숙소; (pl.) 하숙

lódging hòuse 하숙집

loft [lɔːft/lɔft] n. 다락방; (마굿간 등의)2층 「고상한

loft·y [lɔ́ːfti/lɔ́fti] a. 아주 높은;

log [lɔːg, lag/lɔg] n. 통나무; 항해[항공]일지, 여행일지: a ~ cabin [house] 통나무집

loge [louʒ] n. 특별관람석

log·ic [ládʒik/lɔ́dʒ─] n. 논리(학)

log·i·cal [ládʒik(ə)l/lɔ́dʒ─] a. 논리적인; 필연적인

loin [lɔin] n.(보통 pl.) 허리; (돼지·소 등의)허리고기

loi·ter [lɔ́itər] vi., vt. 어슬렁거리다; 빈둥거리며 세월을 보내다 《away》

Lon·don [lʌ́ndən] n. 영국의 수도: ~ broil 얇은 스테이크구이/ a ~ particular 《口》(런던 특유의)짙은 안개

Lóndon Brìdge 런던교

lone·ly [lóunli] a. 고독한, 외로운; 외딴, 쓸쓸한 「ly

lone·some [lóunsəm] a. =lone-

long¹ [lɔːŋ/lɔŋ] a. 긴 (opp.short); 장기의: a ~ run 장기흥행 — ad.오랫동안; …부터 줄곧: How ~ will you be away? 얼마나 있다가 오실 겁니까/ So ~. 《口》안녕, 또 만나세

long² vi. 갈망하다 《for, to do》

Lóng Bèach 미국 Los Angeles 남쪽의 도시·해수욕장

long-dis·tance [─dist(ə)ns] a. 장거리의; 장기에 걸친: a ~ call [bus] 장거리전화[버스]

long·ing [lɔ́ːŋiŋ/lɔ́ŋ─] n. 갈망; 동경 —a. 동경하는

Lòng Ísland 미국 New York 주 동남부의 섬

lon·gi·tude [lándʒit(j)ù:d/ lɔ́ndʒitjù:d] *n.* 경도 (*cf.* latitude)

look [luk] *vi.* 보다, 주시하다 《*at*》; (…으로)보이다 (appear), (…한)표정을 하다;주의[조사]하다;기대하다: ~ alike 꼭 닮다/ *L*~ here! 《英》 이봐, 여보 — *vt.* 눈짓해 보이다, 눈짓하여 … 시키다 ~ *after* …을 돌보다, 살피다; 찾다 ~ *back* 돌아보다 ~ *for* …을 찾다; 기대하다 ~ *into* …을 조사하다 ~ *like* …처럼 보이다 ~ *out* 밖을 보다;바라보다 ~ *up* 《口》찾다, 조사하다; 방문하다 —*n.* 보기, 모양, 외관;(때로 *pl.*) 용모

look·er-on [lúkərán/ lùkərɔ́n] *n.* (*pl.* **-ers-on**) 구경꾼

look·ing glass [lúkiŋglǽs/-glɑ́ːs] 거울

look·out [lúkàut] *n.* 감시(인); 전망; 전도, 가망; 임무

loom [luːm] *n.* 직조기, 베틀

loop [luːp] *n.* (실 등의)고, 만곡, 곡선; (자궁내)피임고리 —*vt., vi.* 고로 만들다, 고가되다

lóop lìne 환상선(環狀線)

loose [luːs] *a.* 느슨한; 풀린; 부정확한; 단정치 못한; 헐거운 (*opp.* tight): ~ coins 잔돈/~ bowels 설사 *cut* ~ 끊어서 풀다; 《口》 탈선행위를 하다 *get* ~ 도망치다 —*vt., vi.* 풀다; 느슨해지다

loose-leaf [<ːlìːf] *a.* (장부가)낱장을 끼웠다 뺐다 할 수 있는

loos·en [lúːsn] *vt., vi.* 느슨하게 하다(되다)

lord [lɔːrd] *n.* 군주, 영주; 《英》 귀족; 《英》 상원의원; 《英》 경(卿);《my Lord [milɔ́ːrd]로》 각하; (the L~) 하나님, 신; (our L~) 주님,예수 *the House of L*~*s* 영국상원 *L*~ *Mayor* (영국 대도시의)시장 *the L*~*'s day* 주일(일요일) *the L*~*'s Prayer* 주기도문 *the L*~*'s Supper* 성찬식 「엄있는

lord·ly [lɔ́ːrdli] *a.* 귀족다운, 위

Lor·e·lei [lɔ́ːrəlài] *n.* 로렐라이 (라인강의 전설의 마녀)

lor·ry [lɔ́ːri, lári/lɔ́ri] *n.* 《英》 화차, 화물자동차; 대차(臺車)

Los An·ge·les [lɔːsǽndʒələs, -lìːz, -ǽŋgələs] 미국 California 주의 도시

lose [luːz] *v.* (*p., pp.* lost) *vt.* 잃다, 잃게 하다 (*opp.* gain); (싸움에) 지다 (*opp.* win); 낭비하다; (시계가) 늦게 가다 (*opp.* gain): ~ *one's* way 길을 잃다/~

one's train 기차를 놓치다 — *vi.* 손해보다; 실패하다

los·er [lúːzər] *n.* 실패자, 분실자

loss [lɔːs/lɔs] *n.*손실, 손해, 손실액; 실태: ~ leader (손님을 끌기 위해)밑지고 파는 상품 *at a* ~ 어찌할 바를 몰라

lost [lɔːst/lɔst] *v.* lose 의 과거(분사) —*a.* 잃은, 손해본, 패배한; 길잃은; 열중한 《*in*》 (*the*) ~ *and found* 분실물취급소

lot [lɑt/lɔt] *n.* 제비(뽑기); 운, 운명;《口》 많음, 다량;《口》 놈 *a* ~ *of* /~*s of* 많은 「수

lo·tion [lóuʃ(ə)n] *n.*로우션, 화장

lot·ter·y [látəri/lɔ́t-] *n.* 복권;운

lo·tus [lóutəs] *n.*〖植〗연(蓮)

loud [laud] *a.* (목)소리가 큰; 시끄러운;《口》화려한;《口》주제넘은 —*ad.*큰소리로

loud·speak·er [láudspìːkər/ <— <—] *n.* 확성기

Lou·i·si·an·a [lùì(ː)ziǽnə/luìːzi-] *n.* 미국 남부의 주

lounge [laundʒ] *n.* 한가로이 걷기; (호텔 등의)휴게[오락]실; 긴의자 ~ *car* 특등차 ~ *suit* 《英》 신사복 —*vi.*한가로이 거닐다 《*about*》

louse [laus] *n.* (*pl.* lice) 〖蟲〗이

lout [laut] *n.* 투박한 사람, 시골뜨기

Lou·vre [lúːvr, -vər] *n.* (the ~) 루브르박물관(파리에 있음)

lov·a·ble [lʌ́vəbl] *a.* 사랑스러운

love [lʌv] *n.* 사랑, 애정; 연애; 애호; 사랑하는 것, (여자의)애인: a ~ affair 연애, 정사/a ~ letter 연애편지/a ~ seat 2인용 의자/a ~ song 연가/a ~ story 사랑이야기 *my* ~ 여보 —*vt., vi.* 사랑하다; 좋아하다

love·ly [lʌ́vli] *a.* 사랑스러운, 아름다운; 《口》 멋진, 훌륭한

lóve màtch 연애결혼 (love marriage)

lov·er [lʌ́vər] *n.* (남자의)애인; (*pl.*) 애인들; 애호가

lov·ing [lʌ́viŋ] *a.* 사랑하는

low [lou] *a.* 낮은 (*opp.* high); 저의;기운없는; 천한, 저질의; 값싼: ~ ebb [tide] 썰물/a ~ gear 저속기어 —*ad.* 낮게; 작은 목소리로; 싸게

low·er [lóuər] *a.* 《low의 비교급》 하급의; 열등한, 하층의: ~ orders 하층계급 *L*~ *Chamber [House]* 하원 —*vt.* 내리다, 낮게하다; (기운을)꺾다; (목소리를)낮추다 —*vi.* 내려가다; 하락하다, 싸지다: ~ the sails 돛을 내리다/~ a lifeboat 구명보우트를 내리다

low·land [lóuland, +美 -lænd]
n. (혼히 *pl.*) 저지(低地); (*the*
L~s) 스코틀랜드 동남부의 저
지지방

low·ly [lóuli] *a.* (신분이)낮은; 겸
손한 —*ad.* 천하게, 겸손해 하며

lów prófile 저자세

loy·al [lɔ́i(ə)l] *a.* 충성스러운, 성
실한, 충실한 ~·**ist** *n.* 충신

loy·al·ty [lɔ́i(ə)lti] *n.* 충성, 충실

LPG = *l*iquefied *p*etroleum *g*as
액화석유가스

LP record LP판 장시간레코오
드[< *l*ong-*p*laying]

LSD [élesdí:] *n.* 환각제의 일종

LT = *l*etter *t*elegram 서신전보

Ltd., ltd. = Limited

lu·bri·cant [lú:brikənt, -brə-] *a.*
매끄럽게 하는 —*n.* 윤활제[유]

luck [lʌk] *n.* 운; 행운 **in** [*out
of, off*] ~ 운좋게[나쁘게]

luck·y [lʌ́ki] *a.* 행운의

Luft·han·sa [lúfthànzə] *n.* 루
프트한자 항공(서독의항공회사)

lug·gage [lʌ́gidʒ] *n.* 《주로 英》
수하물(《美》 baggage) [소

lúggage òffice 《英》 수하물취급

lúggage vàn 《英》 수하물차[칸]

lug·ger [lʌ́gər] *n.* 4각돛의 범선

lull [lʌl] *n.* (폭풍 등의)잠시 잠
잠함, 소강(小康) —*vt.* 달래다,
재우다 —*vi.* 잠잠해지다, 누그
러지다

lull·a·by [lʌ́ləbài] *n.* 자장가

lum·ber [lʌ́mbər] *n.* 잡동사니;
재목;《美》 제재 —*vi., vt.* (장소
를)잡동사니로 막다

lum·ber·yard [ᐧ jàːrd] *n.*《美·
캐나다》 재목적재소

lu·mi·nous [lú:minəs] *a.* 빛을
내는, 밝은

lump [lʌmp] *n.* 덩어리; 혹, 종기
《*on*》: two ~s of sugar 각설
탕 2개 ~ *sum* 전액, 총액 —
vt., vi. 한덩어리로 하다[되다];
육중하게 걷다

lu·nar [lú:nər] *a.* 달의

lu·na·tic [lú:nətik] *a.* 미친(듯한)

—*n.* 미치광이, 정신병자

lunch [lʌntʃ] *n.* 점심; 가벼운 식
사: a ~ box 도시락 —*vi., vt.*
점심을 먹다[제공하다]

lunch·eon [lʌ́ntʃ(ə)n] *n.* 점심, 오
찬: a ~ party 오찬회

lunch·eon·ette [lʌ̀ntʃ(ə)nét] *n.*
간이식당

lun·che·te·ri·a [lʌ̀ntʃitií(ː)riə] *n.*
《美》(셀프서어비스의)간이 식당

lunch·room [lʌ́ntʃrù(ː)m] *n.* 간
이식당

lung [lʌŋ] *n.* 《解》 폐(장)

lure [luər/ ljuə, luə] *vt.* 후리다;
유혹하다(entice)

lurk [ləːrk] *vi.* 숨다, 잠복하다

lust [lʌst] *n.* 욕망; 육욕

lus·ter, 《英》 **-tre** [lʌ́stər] *n.* 광
택, 윤; 광휘; 영예

lus·trous [lʌ́strəs] *a.* 윤나는

lust·y [lʌ́sti] *a.* 건장한, 기운찬

Lu·ther·an [lú:θərən/ l(j)ú:-] *a.*
루터(Luther)(파)의 —*n.* 루터파
신자

Lux·em·burg [lʌ́ksəmbə̀rg] *n.*
룩셈부르크(독일·프랑스·벨기에
에 둘러싸인 대공국, 그 수도)

lux·u·ri·ant [lʌgʒú(ː)riənt, lʌkʃ-
ú(ː)-/ lʌgzjuə-] *a.* 무성한; 풍부
한; 화려한

lux·u·ri·ous [lʌgʒú(ː)riəs, lʌkʃ-
ú(ː)-/ lʌgzjuə-] *a.* 사치스러운, 호
화로운, 화려한

lux·u·ry [lʌ́kʃ(ə)ri] *n.* 사치(품)

lv. = leave (*cf.* arr.)

ly·cée [li:séi/ ᐧ] F. *n.* (프랑스
의)국립고등학교

ly·ing [láiiŋ] *v.* lie¹·²의 현재분
사 [하다

lynch [lintʃ] *vt.* 사형(私刑)을 가

ly·on·naise [làiənéiz] *a.* 《美》
리용식의(감자 등을 얇게 썬 양
파와 함께 튀긴)

lyre [laiər] *n.* (고대 그리이스
의) 수금(竪琴); (*the* ~) 서정시

lyr·ic [lírik] *n.* 서정시(= ~ po
em) —*a.* 서정(시)의, 서정적인
the ~ *drama* 가극(歌劇)

M

ma'am [məm, mɑːm, mæm] *n.*
부인에 대한 경칭 (*cf.* sir)

Ma·cao [məkáu] *n.* 마카오(중국
동남부의 포르투갈식민지)

mac·a·ro·ni [mæ̀kəróuni] *n.* 마
카로니(이탈리아식 국수)

ma·cé·doine [mæ̀seidwáːn] F.
n. 과일·야채를 섞은 젤리요리

mac·er·ate [mǽsərèit] *vt., vi.*
(물에)담가 부드럽게 하다[되다]

ma·chine [məʃíːn] *n.* 기계; 자동

차; 비행기; 기관

machine gùn 기관총

ma·chin·er·y [məʃíːnəri] *n.*《총
칭》 기계류, 장치; 기구; 기관

Mách nùmber [máːk] 마하수
(음속을 1로 한 속도의 단위)

mack·er·el [mǽk(ə)rəl] *n.* (*pl.*
~s, 《총칭》 ~) 《魚》 고등어

mad [mæd] *a.* 미친(crazy), 미친
듯한《*with*》; 열중한;《美口》 격
노한《*at, about*》

Mad·a·gas·car [mædəgǽskər] *n.* 마다가스카르(아프리카 동남쪽에 있는 섬. 공화국)

mad·am [mǽdəm] *n.* (*pl.* ~**s**, **mes·dames** [meidá:m, -dǽm / méidæm]) 마님, 부인

mad·den [mǽdn] *vt., vi.* 미치(게하)다; 격분하(게하)다

made [meid] *v.* make 의 과거(분사) —*a.* 만든: a ~ dish 모듬 요리 / a ~ gravy 여러가지 재료로 만든 고깃국물

Ma·dei·ra [mədíːrə/ -díərə] *n.* 마데이라섬산의 백포도주

ma·de·moi·selle [mædmzél] *F. n.* (*pl.* **mes·de·moi·selles** [mèidə-]) ⋯양 《영어의 Miss 에 해당》

made-to-or·der [méidtəɔːrdər] *a.* 주문하여 만든, 마춤의

made-up [méidʌ́p] *a.* 꾸며낸; 화장한 「병원

mad·house [mǽdhàus] *n.* 정신

Mad·i·son [mǽdisn] *n.* 미국의 제4대 대통령 ~ **Avenue** 매디슨가(뉴우요오크시에 있는 광고선전의 중심가) ~ **Square Garden** 뉴우요오크시에 있는 실내경기장

mad·man [mǽdmən] *n.* (*pl.* **-men** [-mən]) 미치광이

Ma·don·na [mədánə/ -dɔ́n-] *n.* 성모마리아; 마리아의 그림[상]

Ma·drid [mədríd] *n.* 마드리드 (스페인의 수도)

mad·ri·gal [mǽdrig(ə)l] *n.* 마드리갈; 짧은 사랑의 노래

Ma·fi·a [mɑ́ːfiɑ̀/ mɑ:fíːə] *n.* 마피아단(국제범죄 비밀조직)

ma·fi·o·so [mɑ̀:fi:óusou] *n.* (*pl.* **-si** [-si:]) 마피아단원

mag·a·zine [mægəzíːn, +美 ⌐⌐] *n.* 잡지; 필름틀

Ma·gel·lan [mədʒélən/ -gél-] *n.* 마젤란(포르투갈의 항해가) **the Strait of** ~ 마젤란해협

mag·got [mǽgət] *n.* 구더기; 변덕, 공상

mag·ic [mǽdʒik] *n., a.* 마법(의), 마술(의) **-gi·cian** *n.* 마법사

Mágic Márker 매직펜(상표명)

mag·is·trate [mǽdʒistrèit, -trit] *n.* (행정·사법 겸직의)장관, 치안판사

mag·nan·i·mous [mægnǽn-iməs] *a.* 도량이 넓은, 관대한, 너그러운

mag·net [mǽgnit] *n.* 자석

mag·net·ic [mægnétik] *a.* 자석의, 자기의; 매력있는

magnétic tápe 자기(磁氣) 테이프 ~ **recorder** 테이프 레코오더

mag·nif·i·cent [mægnífisnt] *a.* 장엄한, 당당한; 《俗》 멋진

mag·ni·fy [mǽgnifài] *vt.* 확대하다; 과장하다 **-fi·er** *n.* 확대경 [렌즈]

mag·ni·tude [mǽgnit(j)ùːd/ -tjuːd] *n.* 크기, 중요성

Ma·ha·ya·na [mɑ̀:həjɑ́:nə] *n.* 대승불교 (*cf.* Hinayana)

ma·hog·a·ny [məhɑ́gəni/ -hɔ́g-] *n.* 《植》 마호가니(재목, 색)

maid [meid] *n.* 소녀; 처녀; 하녀

maid·en [méidn] *n.* 소녀, 처녀 —*a.* (여자가)미혼[처녀]인; 처음의: a ~ voyage 처녀항해

maid·ser·vant [méidsɜ̀ːrvənt] *n.* 하녀

mail [meil] *n.* 《주로 美》 우편(물)(《英》 post): a ~ **cart** 우편차 / a ~ **chute** 우편물 낙하장치 **air** ~ 항공우편 **by** ~ 《美》 우편으로 ~ **order** 통신판매 —*vt.* 우체통에 넣다, 우송하다

mail·box [⌐bàks/ -bɔ̀ks] *n.* 《美》 우체통, 우편함(《英》 letter box)

mail·man [⌐mæ̀n] *n.* (*pl.* **-men** [-mèn]) 《美》 우편집배인(《英》 postman) 「행기

mail·plane [⌐plèin] *n.* 우편비

máil tràin 우편열차

main [mein] *a.* 주요한: the ~ line 《철도》 간선 / a ~ office 본사 / a ~ table 주빈식탁

main·land [méinlænd] *n.* (섬·반도와 구별하여)본토; 대륙

Máin Strèet 《美》 번화가

main·tain [meintéin] *vt.* 유지하다; 부양하다; 주장하다

main·te·nance [méintənəns] *n.* 지속; 옹호; 주장; 생계

maî·tre d'hô·tel [méitrdoutél] *F.* 호텔지배인, 급사장

maize [meiz] *n.* 《英》 옥수수

ma·jes·tic [mədʒéstik] *a.* 위엄있는, 당당한

maj·es·ty [mǽdʒisti] *n.* 위엄; 존엄; 주권; (M~) 폐하

ma·jor [méidʒər] *a.* 큰 쪽의; 주요한 (*opp.* minor); 손위[고참]의; 성년의 ~ **league** 《美》 《야구》 메이저리이그 —*n.* 《軍》 육군소령; 《法》 성년자; 《美》 전공과목 —*vi.* 《美口》 전공하다 (*in*)

ma·jor·i·ty [mədʒɔ́ːriti, -dʒɑ́r-, -dʒɔ́r-] *n.* 대다수, 대부분; 과반수 (*opp.* minority)

make [meik] *vt.* (*p., pp.* **made**) **1** 만들다; 얻다; 하다; (합계) ⋯이 되다 **2** 《특수구문》 (1) 《make+목적어+보어》 ⋯을 ~로 하다 (2) 《make+목적어 +to 없는 부정사》 ⋯에게 ~시키다 (3) 《make+목적어+과거분사》 ⋯을 ~시키다 (4) 《make

＋간접목적＋직접목적》…에게
~을 만들어주다 (5) 《make＋
명사＝명사의 뜻을 지닌 동사》
(어떤 행위를)하다 **~ out** 작성
하다; 깨닫다, 풀다, 뜻을 파악하
다 **~ up** 조제하다; 꾸며내다;
화장하다; 《劇》 분장하다 (cf.
make-up) **~ up to** 《口》…에
접근하다, 수작걸다 —n. 만듦새,
구조; 체격; 형식, 형; 제작, …제

make-be·lieve [méikbilìːv] n.
가장, …인 체하기 「자

mak·er [méikər] n. 제작[제조]

make·shift [méikʃìft] n., a. 임
시변통(의)

make-up [méikʌp] n. 만들기,
제조(법), 제작(품); 분장

mak·ing [méikiŋ] n. 조립; 분장

Ma·lac·ca [məlǽkə] n. 말래카
(말레이지아연방의 주, 그 수도)

mal·a·dy [mǽlədi] n. 질병

ma·lar·i·a [məlɛ́(ː)riə] n. 《醫》
말라리아

Ma·lay [məléi, +美 méilei] n. 말
레이인[어] —a. 말레이(인·어)의

Ma·lay·sia [məléiʒə, -ʃə/ -ziə]
n. 말레이제도; 말레이지아연방

male [meil] n., a. 남성(의), 수컷
(의) (opp. female)

mal·ice [mǽlis] n. 악의, 적의

ma·li·cious [məlíʃəs] a. 악의[적
의]를 품은

ma·lig·nant [məlígnənt] a. 악
의[적의]있는; (병이)악성인 (opp.
benignant)

mall [mɔːl] n. 나뭇그늘이 있는
산책길, (the M~) 런던의 St.
James 공원의 산책길

mal·let [mǽlit] n. 나무망치; (크
리켓 등의)타구망치

mal·nu·tri·tion [mæ̀ln(j)u(ː)tríʃ-
(ə)n/ -nju(ː)-] n. 영양불량[실조]

mal·o·dor·ous [mælóudərəs]
a. 악취나는

malt [mɔːlt] n. 엿기름, 맥아: ~
liquor 맥아주(맥주 등)

Mal·ta [mɔ́ːltə] n. 말타(지중해의
섬나라)

mal·treat [mæltríːt] vt. 학대하
다, 혹사하다 「맘보

mam·bo [máːmbou/ mǽm-] n.

mam·ma [máːmə/ məmáː] n.
《兒語》 엄마 「물

mam·mal [mǽm(ə)l] n. 포유동

mam·moth [mǽməθ] n. 매머드
—a. 거대한

man [mæn] n. (pl. **men**) 남자; 어
른; 인간, 사람 **no ~'s land**
무인지대

man·age [mǽnidʒ] vt., vi. 다루
다; 경영[관리]하다, 처리하다; 이
럭저럭[간신히] …하다 《to do》;
먹을[마실] 수 있다 **-ag·er** n.

지배인

man·age·ment [mǽnidʒmənt]
n. 취급; 경영, 지배, 관리

ma·ña·na [mənjáːnə] Sp. n., ad.
내일, 일간 **hasta ~** 내일 또
만납시다

Man·ches·ter [mǽntʃèstər] n.
잉글랜드의 방적공업도시

man·da·rin [mǽndərin] n. (중
국의)관리; (M~) 중국의 표준어

man·date [mǽndeit] n. 명령; 위
임; 위임통치(령) —vt. …의 통
치를 위임하다

man·da·tory [mǽndətɔ̀(ː)ri/-t(ə)-
ri] a. 명령의; 위임[위탁]의

man·do·lin [mǽnd(ə)lìn] n.
《晉》 만돌린

mane [mein] n. (말)갈기

ma·nège [mænéːʒ/ mænéiʒ] F.
n. 승마술; 마술학교

ma·neu·ver, 《英》 -noeu·vre
[mənúːvər] n. 기동작전; (pl.)
(기동)연습

man·ful [mǽnf(u)l] a. 남자다운

man·go [mǽŋgou] n. (pl. ~(e)s)
망고나무[열매]

man·go·steen [mǽŋgoustìːn] n.
망고스틴나무[열매]

Man·hat·tan [mænhǽt(ə)n] n.
뉴우요오크시의 상업지구; 칵테
일의 일종

man·hole [mǽnhòul] n. 맨홀

man·hood [mǽnhùd] n. 성년;
남자다움

ma·ni·a [méiniə] n. …광 《for》

ma·ni·ac [méiniæk] a. 미친 —
n. 미치광이

man·i·cure [mǽnikjùər] n., vt.
매니큐어(를 하다)

man·i·fest [mǽnifèst] a. 명백한
—vt. 명백히 하다, 증명하다

man·i·fes·to [mæ̀niféstou] n.
(pl. ~es) 선언, 성명

man·i·fold [mǽnifòuld] a. 가지
각색의

Ma·nil·a [mənílə] n. 마닐라(필
리핀의 수도)

man·kind [mænkáind→2] n. 1
인류 2 [스스] 《총칭》 남자, 남성

man·ly [mǽnli] a. 남자다운

man-made [mǽnmèid] a. 인조
의, 인공의

man·ne·quin [mǽnikin] n. 마
네킨(인형)

man·ner [mǽnər] n. 방법, 방식;
태도; (pl.) 예의범절; (pl.) 풍습,
습관: bad ~s 버릇없음 / table
~s 식사 예법 / Where are
your ~s? (어린이에게)좀 얌전
히 굴어라 **~ism** n. 매너리즘

man·or [mǽnər] n. 장원(莊園)

man·pow·er [mǽnpàuər] n. 인
력, 유효총인원

manse [mæns] n. 목사관

man·serv·ant [mǽnsə̀:rvənt] n. (pl. **men·serv·ants**) 하인

man·sion [mǽnʃ(ə)n] n. 큰 저택

mánsion hòuse 《英》 저택;(the M~ H~) 런던시장 관저

man·slaugh·ter [mǽnslɔ̀:tər] n. 살인; 《法》 고살

man·tel·piece [mǽntlpì:s] n. 벽난로의 선반

man·til·la [mæntílə] n. (스페인 여자가 머리에 쓰는)쇼울

man·tle [mǽntl] n. 외투, 망토

man·u·al [mǽnjuəl] a. 손의, 수 공의: a sign ~ 자필서명 —n. 안내서

man·u·fac·to·ry [mæ̀njufǽkt(ə)ri] n. 공장(factory)

man·u·fac·ture [mæ̀njufǽktʃər] vt. 제조하다 —n. 제조, 제조공업; 제품: of foreign [home] ~ 외국제[국산]의

ma·nure [mən(j)úər/ -njúə] n. 비료, 거름 —vt. 시비하다

man·u·script [mǽnjuskrìpt] n. 사본; 원고(略: MS)

man·y [méni] a. (**more, most**) (수가) 많은 (opp. few) (cf. much) —n. 다수, 많은 사람[것]

map [mæp] n. 지도 (cf. chart, atlas): an air [a road] ~ 항 공[도로]지도 —vt. …의 지도를 만들다

ma·ple [méipl] n. 단풍나무: ~ leaf 단풍잎(캐나다의 표장)

mar [ma:r] vt. 손상하다

mar·a·thon [mǽrəθàn / -θ(ə)n] n. 마라톤(경주)

mar·ble [mɑ́:rbl] n. 대리석, (pl.) 대리석 조각물 —a. 대리석의

March n. 3월

march [ma:rtʃ] n. 행진; 보조; 《晉》 행진곡 —vt., vi. 행진시키 다[하다]

mar·chion·ess [mɑ́:rʃ(ə)nis, + 美 mà:rʃənés] n. 후작부인

mare [mɛər] n. 암말

mar·ga·rine [mɑ́:rdʒərì(:)n / mà:dʒərí:n] n. 마아가린

mar·gin [mɑ́:rdʒin] n. 가장자 리; 한계; 난외; 여유; 《商》 이윤

Ma·ri·á·na Íslands [mɛ̀(:)riǽnə] (the ~) 마리애나군도

ma·ri·jua·na, -hua·na [mà:ri-(h)wɑ́:nə, mǽ-] n. 마리화나, 대마초

ma·ri·na [mərí:nə] n. (요트·모 우터보우트용)계선장

ma·rine [mərí:n] a. 바다[해상] 의: ~ plants 해초/~ supplies 항해용품 —n. 《총칭》 (한 나라 의)선박; 해병(대원); 해운업

mar·i·ner [mǽrinər] n. 선원: a

master ~ (상선의)선장

mar·i·o·nette [mæ̀riənét] n. 꼭 둑각시(인형)

mar·i·tal [mǽritl] a. 결혼의, 부 「부간의

mar·i·time [mǽritàim] a. 바다 의, 해사(海事)의; 항해[해운]의; 해변의

mark[1] [ma:rk] n. 표, 자국; 기호; 목표; 표적; 특징; 성적 —vt. 표를 하다; (기호로)나타내다 ~ed a. 기호가 있는; 저명한

mark[2] n. 마르크(독일 화폐단위)

mar·ket [mɑ́:rkit] n. 장, 시장: a ~ day 장날 / a ~ place 장 터; 상업중심지 / come on the ~ 시판되다 —vi., vt. 시장에서 매매되다[하다], 시장에 나오다 [내놓다]

mar·ket·ing [-iŋ] n. 시장에서 의 매매, 장보기; 마아케팅(제조 에서 판매까지의 전체 과정) ~ research 시장조사[분석]

mar·ma·lade [mɑ́:rməlèid] n. 마아말레이드(쨈의 일종)

mar·quee [ma:rkí:] n. (현관의) 차양; 《英》 (오락용)큰 천막

mar·que·try [mɑ́:rkitri] n. 상 감[조각나무]세공

mar·quis [mɑ́:rkwis] n. 후작

mar·riage [mǽridʒ] n. 결혼(식)

mar·ron gla·cé [mærɔ̃:glæséi / -ㅡ-ㅡ] F. 시렵에 절인 밤

mar·ron·nier [mæ̀ronjéi] F. n. 《植》 마로니에

mar·row [mǽrou] n. 《解》 수 (髓), 골수; 정수; 힘, 활력 pith and ~ 정수 「키다]

mar·ry [mǽri] vt. 결혼하다[시

Mars [ma:rz] n. 《로神》 군신 (cf. Ares)

Mar·sa·la [ma:rsɑ́:lə] n. 마르샬 라 백포도주 [It.]

Mar·seil·laise [mà:rsəléiz, -se-iéiz] F. n. (La ~) 라마르세이 예즈(프랑스의 국가)

Mar·seilles [ma:rséilz] n. 마르 세이유(지중해안의 프랑스도시)

marsh [ma:rʃ] n. 소택지, 습지

mar·shal [mɑ́:rʃ(ə)l] n. 육군원 수; 《美》 연방보안관

mar·tial [mɑ́:rʃ(ə)l] a. 전쟁의 **mártial làw** 계엄령

mar·ti·ni [ma:rtí:ni] n. 마아티 니(칵테일의 일종)

mar·tyr [mɑ́:rtər] n. 순교자

mar·vel [mɑ́:rv(ə)l] n. 놀라운 [불가사의한] 것 —vi. 놀라다, 이상히 여기다

mar·vel·ous, 《英》 **-lous** [mɑ́:r-v(ə)ləs] a. 놀라운, 불가사의한

Mar·y [mɛ́(:)ri] n. 《聖》 마리아

Mar·y·land [mérilənd] n. 미국 동부의 주

mas·ca·ra [mæskǽrə/ -kάːrə] *n.* 마스카라(속눈썹먹)

mas·cot [mǽskət] *n.* 마스콧

mas·cu·line [mǽskjulin, +英 mάːs-] *a.* 남성의; 남자다운

mash [mǽʃ] *vt.* 짓이기다: ~ed potatoes 매시포테이토

mask [mæsk/ mɑːsk] *n.* 가면, 마스크 —*vt., vi.* 가면을 쓰다

ma·son [méis(ə)n] *n.* 석공

mas·quer·ade [mæskəréid] *n.* 가장무도회; 가장 —*vi.* 가장하다, 가장무도회에 나가다

mass[1] [mæs] *n.* 덩어리(*of*); 집단; 다량, 다수; (*the* ~) 대부분: the ~*es* 대중/~ game 매스게임 —*vt., vi.* 모으다, 모이다

mass[2] [mæs/ mɑːs] *n.* 《宗》 미사; 미사곡: a ~ book 미사서

Mas·sa·chu·setts [mæsətʃúːsets] *n.* 미국 동북부의 주

mas·sa·cre [mǽsəkər] *n., vt.* 대학살(하다)

mas·sage [məsάːʒ/ mǽsɑːʒ] *n., vt.* 안마(를 하다)

máss commùnicátion 매스콤

mas·sive [mǽsiv] *a.* 육중한; 크고 무거운(massy)

máss média 대중[매스콤]매체

máss prodúction 대량생산

mast [mæst/ mɑːst] *n.* 돛대

mas·ter [mǽstər/ mάːstə] *n.* 주인; 고용주; (남자)선생; 대가 《*of* 》 —*a.* 주요한, 으뜸의: a ~ key 맞쇠 ~*-slave manipulator* 매직핸드 —*vt.* 복종시키다, 억제하다; 습득하다 ~·**ful** *a.* 권세를 부리는, 거만한

mas·ter·piece [◁piːs] *n.* 걸작

máster's degrée 석사학위

mas·ter·y [mǽst(ə)ri/ mάːs-] *n.* 지배; 정통(*of*)

mat [mæt] *n.* 돛자리, 매트; 신발 닦개, 깔개 —*vt.* 돛자리를 깔다

mat·a·dor [mǽtədɔ̀ːr] *n.* 투우사

match[1] [mætʃ] *n.* 성냥

match[2] *n.* (경쟁)상대; 잘 어울리는 짝, (쌍의)한짝(*for*); 시합, 승부 —*vt., vi.* 짝짓다, 경쟁시키다; 필적하다

mátch plày 《골프》 득점경기 (이긴 호울수로 겨루는 경기)

mate [meit] *n.* 배우자; 동료; 《海》 항해사 —*vt., vi.* 짝짓다, 짝이 되다; 동료가 되(게하)다 「니

ma·ter [méitər] *n.* 《英口》 어머

ma·te·ri·al [mətí(ː)riəl] *a.* 물질 의; 육체적인 —*n.* 재료, 원료: raw ~s 원료

ma·te·ri·al·ize [mətí(ː)riəlàiz] *vt., vi.* 구체화하다, 실현하다

ma·ter·nal [mətə́ːrn(ə)l] *a.* 어머니의, 어머니다운(*cf.* paternal)

math [mæθ] *n.* 《口》 수학

math·e·mat·ics [mæθimǽtiks] *n.* 수학

mat·i·née, -nee [mætinéi/ ◁――] *n.* 주간공연

mat·ri·mo·ny [mǽtrimòuni / -m(ə)ni] *n.* 결혼, 혼인; 결혼생활

ma·tron [méitrən] *n.* 기혼부인; 수간호원, 보모

mat·ter [mǽtər] *n.* 물질, 물체; 일, 사건, 문제: What's the ~ (with you)? 무슨 일이야 —*vi.* 중요하다

Mat·ter·horn [mǽtərhɔ̀ːrn] *n.* 마테르호른(스위스·이탈리아 국경에 있는 알프스의 고산)

mat·tress [mǽtris] *n.* (침대의) 매트리스

ma·ture [mət(j)úər/ -tjúə] *a.* 익은, 성숙한; 숙고한 —*vi., vt.* 익(게 하)다

ma·tu·ri·ty [mət(j)ú(ː)riti/ -tjúə-] *n.* 성숙, 완성

Mau·i [máui] *n.* 마우이섬(하와이군도의 한 섬)

Mau·na Lo·a [máunəlóuə, mɔ́ː-nə-] 하와이의 활화산

mau·so·le·um [mɔ̀ːsəlí(ː)əm] *n.* (*pl.* ~s, -a [-li(ː)ə]) 영묘(靈廟)

max·im [mǽksim] *n.* 격언

max·i·mum [mǽksiməm] *n., a.* (*pl.* -**ma**, ~s) 최고점 (의), 최대(한)(의) (*opp.* minimum)

max·i·skirt [mǽksiskə̀ːrt] *n.* 긴치마

may [mei] *aux. v.* (*p.* might) **1** 《가능성》 …일지도 모르다 **2** 《허가·부탁》 …해도 좋다 (부정은 must not) **3** 《용인》 …라해도 좋다 **4** 《기원》 바라건대 …이기를 **5** 《목적》 …하기 위해, …할 수 있도록 **6** 《양보》 비록 …일지라도 **7** 《가능》 할 수 있다

May *n.* 5월

Ma·ya [máijə, mάːjə] *n.* 마야사람 「haps)

may·be [méibi(ː)] *ad.* 아마(per-

Máy Dày 노동절, 메이데이

May·day [méidèi] *n.* 조난신호

May·flow·er [méiflàuər] *n.*(*the* ~) 메이플라워호(1620년에 청교도가 미국으로 타고온 배)

may·on·naise [mèiənéiz] *n.* 마요네즈(소오스) [F]

may·or [méiər, mɛər] *n.* 시장

May·pole, may- [méipòul] *n.* 노동절에 세우는 꽃장식 기둥

maze [meiz] *n.* 미로(迷路), 미궁; 복잡하게 얽히고설킨 것

ma·zur·ka, -zour- [məzə́ːrkə] *n.* 마주르카 (폴란드의 활발한 무곡)

M

MC = *m*aster of *c*eremonies 사회자

Mc·Kin·ley [məkínli] *n.* **Mount ~** Alaska 에 있는 북미의 최고봉

MCT = *m*inimum *c*onnecting *t*ime 최저 연결 소요시간

me [mi:, mi] *pron.* I 의 목적격

mead [mi:d] *n.* 벌꿀술

mead·ow [médou] *n.* 목초지

mea·ger, 《英》 **-gre** [mí:gər] *a.* 마른; 빈약한

meal [mi:l] *n.* 식사: a square ~ 정식식사

meal·time [⌐tàim] *n.* 식사시간

mean¹ [mi:n] *vt.*(*p., pp.* **meant** [ment]) 뜻하다; …할 작정이다

mean² *a.* 비천한; 열등한; 인색한

mean³ *n., a.* 중간(의), 평균(의)

mean·ing [mí:niŋ] *n.* 의미, 의의 —*a.* 의미심장한 ~**·ful** *a.* 의미심장한 ~**·less** *a.* 무의미한

means [mi:nz] *n. pl.* 수단, 자금력: by no ~ 결코 …않다

mean·time [mí:ntàim], **-while** [-(h)wàil] *n., ad.* 그동안(에)

mea·sles [mí:zlz] *n. pl.* 홍역

meas·ure [méʒər] *n.* 치수, 크기, 양, 분량; 재는 도구; 측정, 표준; 한도; 수단, 조치 **beyond** [*above, out of*] ~ 엄청나게, 지나치게 —*vt., vi.* (…의)치수 [크기, 양]를 재다, 측정하다

meat [mi:t] *n.* (식용)고기

meat·ball [⌐bɔ̀:l] *n.* 미이트보올

Mec·ca [mékə] *n.* 메카(Mohammed 의 탄생지); 동경의 땅; 발상지 「공, 기능공

me·chan·ic [mikǽnik] *n.* 기계

me·chan·i·cal [mikǽnik(ə)l] *a.* 기계의 ~ **pencil** 샤아프펜슬

mech·a·nism [mékənìz(ə)m] *n.* 기계(장치); 기구

mech·a·nize [mékənàiz] *vt.* 기계화하다

med·al [médl] *n.* 훈장, 기장

me·dal·lion [midǽljən] *n.* 큰 메달; 원형 장식품

médal plày 〖골프〗 타수경기 (합계타수로 겨루는 경기)

med·dle [médl] *vi.* 간섭하다 《*in*》; 만지작거리다 「복수

me·di·a [mí:diə] *n.* medium 의

me·di·an [mí:diən] *a.* 중앙의; 중간의: ~ **strip** 중앙분리대

me·di·ate [mí:dièit] *vi.* 중간에 서다, 중재[조정]하다 **-á·tion** *n.* 중재, 조정

med·i·cal [médik(ə)l] *a.* 의학[의약]의; 내과의 (*cf.* surgical): a ~ examination 건강진단

Med·i·care [médikɛ̀ər] *n.* 《美》 노인의료보장제도

med·i·cine [méd(i)s(i)n] *n.* (내복.)약, 약제; 의학; 내과

me·di·eval, -ae·val [mì:dií:v(ə)l/mèd-] *a.* 중세(식)의

Me·di·na [midí:nə] *n.* 메디나(아라비아의 도시. Mohammed 의 무덤이 있음)

me·di·o·cre [mí:diòukər] *a.* 보통의, 평범한

med·i·tate [méditèit] *vi.* 숙고하다, 명상하다 —*vt.* 꾀하다

Med·i·ter·ra·ne·an [mèditəréiniən] *a.* 지중해의 —*n.* 지중해 (the ~ Sea)

me·di·um [mí:diəm] *n.* (*pl.* ~**s,** **-a** [-diə]) 매개물; 수단: mass media 보도기관, 매스미디어 /~ of circulation 통화 —*a.* 중간[보통]의; (비이프스테이크 등) 알맞게 구운 (*cf.* well-done, rare): ~ rare 날것에 가까운

med·ley [médli] *n.* 잡동사니; 혼성곡: a ~ race 혼합경주

meek [mi:k] *a.* 온순한, 얌전한

meer·schaum [míərʃəm, +美 -ʃɔ̀:m] *n.* 해포석(海泡石)(파이프)

meet [mi:t] *vt., vi.*(*p., pp.* **met**) 만나다; 마주치다; (길·강 등이) 합치다; (눈·귀에)들어오다; 마중 나가다 —*n.* 집회; 대회; 집합자

meet·ing [mí:tiŋ] *n.* 집합, 모임

méeting hòuse 교회당

meg·a·lop·o·lis [mègəlápəlis /-lɔ́p-] *n.* 거대도시 「가폰

meg·a·phone [mégəfòun] *n.* 메

Me·kong [mækɔ́:ŋ] *n.* 메콩강(태국·라오스·베트남을 흐르는 강)

mel·an·chol·y [méləŋkàli/-kəli] *n.* 우울 —*a.* 우울한; 서글픈 **-chól·ic** *a.* 우울한

Mel·a·ne·sia [mèləní:ʒə/-ziə] *n.* 멜라네시아(대양주의 군도)

Mél·ba tòast [mélbə] 《美》 바삭바삭 구운 얇은 토우스트

Mel·bourne [mélbərn] *n.* 멜보른(오스트레일리아의 도시)

mel·low [mélou] *a.* 익은, 달콤한

me·lo·di·ous [milóudiəs] *a.* 선율이 아름다운, 음악적인

mel·o·dra·ma [mélədrà:mə, +美 -drɛ̀mə] *n.* 멜로드라마, 통속극

mel·o·dy [mélədi] *n.* 아름다운 곡조, 듣기 좋은 (목)소리

mel·on [mélən] *n.* 〖植〗 멜론

melt [melt] *vi., vt.*(*p.* ~**·ed,** *pp.* ~**·ed, mol·ten**) 녹(이)다; (감정이)누그러지(게하)다; 《英俗》 낭비하다, 현찰로 바꾸다

mélt·ing pòt [⌐iŋ], 도가니; 인종이 뒤섞인 나라

mem·ber [mémbər] *n.* 일원, 회원; 사원; (국회)의원 ~**·ship** *n.*

회원임: a ~*ship* card 회원증

me·men·to [miméntou] *n.* (*pl.* ~(e)s) 유물, 기념물

mem·o [mémou] *n.* (*pl.* ~s) 《口》 = memorandum

mem·oir [mémwɑ:r] *n.* 전기(傳記); (*pl.*) 회고록; 연구논문

mem·o·ra·ble [mémərəbl] *a.* 기억해둘 만한, 현저한

mem·o·ran·dum [mèmərǽndəm] *n.* (*pl.* ~s, -da [-də]) 각서, 메모(memo)

me·mo·ri·al [memɔ́:riəl] *a.* 기념의 *M~ Day* 《美》 현충일 (5월30일) —*n.* 기념물[비]; (*pl.*) 기록: a ~ park 《美》 묘지

mem·o·rize [méməràiz] *vt.* 기억하다; 암기하다

mem·o·ry [méməri] *n.* 기억(력); 추억; 기념 *in ~ of* …을 기념하여 *to the ~ of* …의 영전에 바쳐

men [men] *n.* man 의 복수

men·ace [ménəs] *vt.* 협박하다 (threaten) —*n.* 위협, 협박

mé·nage [meinɑ́:ʒ] *F. n.* 가사; 가족

mend [mend] *vt., vi.* 수리하다 (repair); 고치다, 고쳐지다

men·tal [mént(ə)l] *a.* 마음의, 정신의; 지적인 ⌐력

men·tal·i·ty [mentǽliti] *n.* 지능; 지성

men·thol [ménθoul, -θal/-θɔl] *n.* 《化》 멘톨, 박하뇌

men·tion [mén(ʃ(ə)n] *vt.* …에 대해 얘기하다, 언급하다: Don't ~ it. 천만에요 —*n.* 언급

men·u [mén(j)u:, méi-/ ménju:] *n.* 식단(표), 요리 [F]: ~ turistico [turístiko] 《이탈리아》 관광객용 메뉴

mer·can·tile [mə́:rkəntil, -tàil/ mə́:kəntail] *a.* 상업의

mer·ce·na·ry [mə́:rsənèri/-n(ə)-ri] *a.* 돈이 목적인; 돈으로 고용된

mer·cer [mə́:rsər] *n.* 《英》 포목상, 《특히》 비단장수

mer·chan·dise [mə́:rtʃəndàiz] *n.* 《총칭》 상품: No ~ can be returned. 반품사절

mer·chant [mə́:rtʃənt] *n.* 상인, 《특히》 무역상

merci [mɛrsi] *F. int.* 고맙습니다

mer·ci·ful [mə́:rsif(u)l] *a.* 자비로운 ⌐비한

mer·ci·less [mə́:rsilis] *a.* 무자비한

mer·cu·ry [mə́:rkjuri] *n.* 수은, 수은주; (M~) 미국 Ford 사제의 자동차; 《로神》 머어큐리 (*cf.* Hermes) ⌐정

mer·cy [mə́:rsi] *n.* 자비, 연민의

mércy kìlling 안락사

mere [miər] *a.* 순전한, 단지…의

mere·ly [míərli] *ad.* 단지, 다만

merge [mə:rdʒ] *vt., vi.* 합병하다

me·rid·i·an [mərídiən] *n., a.* 정오(의), 자오선(의)

me·ringue [mərǽŋ] *n.* 머랭(달걀과 설탕을 섞은 과자) [F]

me·ri·no [mərí:nou] *n.* (*pl.* ~s) 메리노양[양털, 모직물]

mer·it [mérit] *n.* 가치; 장점 —*vt.* 가치가 있다

mer·maid [mə́:rmèid] *n.* (여자) 인어; 《美》 여자수영선수

mer·ri·ly [mérili] *ad.* 즐겁게, 명랑하게

mer·ry [méri] *a.* 유쾌한, 명랑한

mer·ry-go-round [⌐gouràund] *n.* 회전목마

mer·ry·mak·ing [⌐mèikiŋ] *n.* 환락, 흥겹게 놀기

mesh [meʃ] *n.* 그물코; (*pl.*) 그물

Mes·o·po·ta·mi·a [mès(ə)pətéimiə] *n.* 메소포타미아(서남아시아의 한 지방)

mess [mes] *n.* 뒤범벅; 혼란; 회식자, 식사: be at ~ 식사중/a ~ hall 식당 —*vt.* 혼란시키다 — *vi.* 빈둥빈둥 지내다 《*about, around*》; 회식하다 ~·y *a.* 지저분한

mes·sage [mésidʒ] *n.* 통신, 전갈: leave a ~ 전갈을 부탁하고 가다

mes·sen·ger [mésindʒər] *n.* 심부름꾼, 배달인

Mes·si·ah [mesáiə] *n.* 구세주

mes·sieurs [mésərz] *F. n. monsieur*의 복수

met [met] *v.* meet 의 과거(분사)

met·al [mét(ə)l] *n.* 금속; (*pl.*) 《英》 레일, 궤도

me·tal·lic [metǽlik] *a.* 금속의

met·al·lur·gy [métələ̀:rdʒi] *n.* 야금학[술] ⌐세공

met·al·work [⌐wə̀:rk] *n.* 금속

met·a·phor [métəfər] *n.* 은유 (隱喩)

me·te·or [mí:tiər, -tjər] *n.* 유성; 운석, 별똥

me·te·or·ite [mí:tiəràit], **-or·o·lite** [-ərəlàit] *n.* 운석

me·te·or·o·log·i·cal [mì:tiərəlɑ́dʒik(ə)l/-lɔ́dʒ-] *a.* 기상(학)의: ~ report 일기예보/a ~ satellite 기상위성

me·te·or·ol·o·gy [mì:tiərɑ́lədʒi/-rɔ́l-] *n.* 기상학

me·ter¹ [mí:tər] *n.* 계량기

me·ter², 《英》 **-tre** *n.* 미터

meth·od [méθəd] *n.* 방법, 순서

Meth·od·ism [méθədiz(ə)m] *n.* 《宗》 감리교(파)

Met·ro [métrou] *n.* (파리의) 지

하철; (m~) 지하철 [F]

me·trop·o·lis [mətrápəlis/-trɔ́-p-] n. 수도(capital); 중심지; (the M~) 런던

met·ro·pol·i·tan [mètrəpáli-t(ə)n/ -pɔ́l-] a., n. 수도의(주민)

meu·nière [mənjéər] F. a. 밀가루에 버물러 버터로 구운, 머니에르의

Mex·i·can [méksikən] a. 멕시코(인)의 —n. 멕시코인

Mex·i·co [méksikòu] n. 멕시코

México Cíty 멕시코의 수도

mez·za·nine [mézənì:n, ㅡㅡㅡ, +英 metsə-] n.〔建〕중이층(中二層); 무대에 가까운 2층좌석

mez·zo·so·pran·o [métsousə-prǽnou, -prá:n-/ médzousəprá:n-] n.〔音〕메조소프라노(가수)

Mi·am·i [maiǽmi, -á:mi] n. 미국 Florida 주의 피서지

mice [mais] n. mouse의 복수

Mich·i·gan [míʃigən] n. 미국 중북부의 주; (the ~) 미시간호

micro- [maikrə-] pref.「작은」의 뜻: a ~-bus 소형버스

mi·crobe [máikroub] n. 미생물

Mi·cro·ne·sia [màikrəní:ʃə, -ʒə] n. 미크로네시아(대양주의 군도)

mi·cro·phone [máikrəfòun] n. 마이크로폰

mi·cro·scope [máikrəskòup]n. 현미경 **-scóp·ic** a. 극미의

mi·cro·wave [máikrouwèiv] n.〔무전〕초단파

mícrowave òven 전자레인지

mid [mid] a. 한복판[중간]의

mid·day [míddèi] n., a. 정오(의)

mid·dle [mídl] n., a. 한복판(의), 중앙(의) ~ teen 15세정도 [의

mid·dle-aged [ㅡéidʒd] a. 중년

Míddle América 중미; 미국의 중간층(중도·중류의 미국인의 총칭)

míddle cláss 중류사회

mid·dle·man [ㅡmæn] n. (pl. -men [-mèn]) 중간상인, 중개자

mid·dling [mídliŋ] a. 중간급의, 보통의 —ad. 《口·方》상당히, 꽤 —n. (pl.) 중급품

mid·i [mí:di:] n. 미디스커어트 [드레스] —a. 미디의

mid·land [mídlənd] a., n. 중부지방의; 내륙

mid·most [mídmòust] a., ad. 한복판의[에] [중(의)

mid·night [mídnàit] n., a. 한밤

mid·sea [mídsì:] n. 외양(外洋)

midst [midst] n. 한복판

mid·sum·mer [mídsʌ̀mər +英 ㅡㅡㅡ] n. 한여름

mid·town [mídtàun] n. 상업지구와 주택지구의 중간지구

mid·way [a., ad. [mídwéi→n.] 중도의[에] (halfway) [ㅡㅡ] 《美》(박람회 등의)오락장

mid·win·ter [mídwíntər] n. 한겨울

might[1] [mait] aux. v. 《may의 과거》 1 《가능성》…일지도 모르다 2 《허가》: M~ I ask your name? 실례지만 성함은 3 《부탁》…해 주시지 않겠읍니까 4 《가정》 (만약 …라면) …할 수 있을[있었을]텐데

might[2] n. 힘, 지력(知力), 완력

might·y [máiti] a. 힘센, 강대[거대]한 —ad. 《美口》대단히

mi·grant [máigrənt] a. 이주하는 —n. 철새; 이주자

mi·grate [máigreit, +英 ㅡㅡ] vi. 이주하다

mike [maik] n. 《俗》마이크로폰

Mi·lan [milǽn, mílən] n. 밀라노 (이탈리아 북부의 도시)

mild [maild] a. 온순한; 온화한; (맛이)순한

mile [mail] n. 마일(1760야아드)

mile·age [máilidʒ] n. 마일수; (마일계산의)운임: a ~ ticket 마일제 회수권

mile·stone [ㅡstòun] n. 이정표

mil·i·tant [mílit(ə)nt] a. 투쟁적인 —n. 투사

mil·i·ta·rism [mílitərìz(ə)m] n. 군국주의

mil·i·tar·y [mílitèri/ -t(ə)ri] a. 군대[군인]의, 육군의(cf. naval); 군사상의(cf. civil) —n.(the ~) 《총칭》군대 [교

mílitary acàdemy 육군사관학교

mílitary sérvice (특히 육군의) 병역, 군복무

mi·li·tia [milíʃə] n. 민병

milk [milk] n. 젖, 우유: a ~ bar 밀크바아(우유·샌드위치 등을 파는 가게)/ ~ shake 밀크셰이크/ ~ train 《俗》이른아침의 근거리 열차/ ~ fresh from the cow 갓짠 우유

milk·man [ㅡmæn/ -mən] n.(pl. -men [-mèn]) 우유장수[배달인]

milk·y [mílki] a. 젖같은, 유색의 the M~ Way 은하수

milk·y [mílki] a. 젖같은

mill [mil] n. 물방앗간, 제분소; 제작소 ~·er n. 제분업자

mil·li·bar [mílibà:r] n.〔기상〕밀리바아(1/1000바아) [장수

mil·li·ner [mílinər] n. 여자모자

mil·lion [míljən] n.,a.100만(의)

mil·lion·aire [mìljənéər] n. 백만장자

Mil·wau·kee [milwɔ́:ki] n.미국 Wisconsin 주 Michigan 호반의 도시(맥주 산지)

mim·ic [mímik] *a.* 모방[모의]의

mince [mins] *vt.* 잘게 다지다 —*n.* 잘게 다진 고기

mince·meat [⌐mìːt] *n.* 과일·고기·향료 등을 섞은 파이 재료

mind [maind] *n.* 마음, 정신 (*cf.* body); 이지; 기억; 생각, 의지 —*vi.*, *vt.* 주의하다; 꺼념하다: *M~ your eye!* 《俗》조심해 / *Never ~!* 걱정말아 *Would you ~《doing》?* …해도 좋겠읍니까

mind-ex·pand·ing [⌐ikspǽndiŋ] *a.* 환각을 일으키는

mine¹ [main] *pron.* I 의 소유대명사

mine² *n.* 광산; 보고(寶庫) —*vt.*, *vi.* 갱도를 파다, 채굴[채광]하다

min·er [máinər] *n.* 갱부

min·er·al [mín(ə)rəl] *n.* 광물, 광석; 《英》(*pl.*) 탄산수, 청량음료 —*a.* 광물의

míneral òil 광유(鑛油)

míneral wàter 광천수

Mi·ner·va [minə́ːrvə] *n.* 〔로神〕미네르바 (*cf.* Athena)

mi·ne·stro·ne [mìnistróuni] *It. n.* 야채를 넣은 고기수우프

min·gle [míŋgl] *vi.*, *vt.* 섞(이)다

min·i [míni] *n.* 미니스커어트[드레스]; 소형의 것; 미니카아 —*a.* 미니의

min·i·a·ture [mín(i)ətʃər] *n.* 축소화[모형] —*a.* 세밀화의; 소형의: *a ~ railway [train]* 꼬마철도[기차] —*vt.* 축소하다

min·i·cab [mínikæb] *n.* 《英》소형택시

min·i·mum [míniməm] *n.* (*pl.* **-ma** [-mə], **~s**) 최소 (*opp.* maximum) —*a.* 최소[최저]의 **~ wage** 최저임금

min·ing [máiniŋ] *n.* 광산업

min·i·skirt [míniskə̀ːrt] *n.* 미니스커어트

min·is·ter [mínistər] *n.* 장관; 공사; 목사

min·is·try [mínistri] *n.* 장관직; 부, 내각

mink [miŋk] *n.* (*pl.* **~s**, 《총칭》**~**) 〔動〕밍크(모피)

Min·ne·so·ta [minisóutə] *n.* 미국 중북부의 주

mi·nor [máinər] *a.* 작은 쪽의 (*opp.* major); 중요하지 않은 —*n.* 미성년자

mi·nor·i·ty [mainɔ́riti, minɔ́r-/ mainɔ́r-, mi-] *n.* 소수 (*opp.* majority)

min·ster [mínstər] *n.* 《英》대성당

mint¹ [mint] *n.* 〔植〕박하

mint² *n.* 조폐국; 막대한 양 —*vt.* (화폐를)주조하다

mi·nus [máinəs] *a.* 〔數〕음의

(*opp.* plus) —*prep.* …을 잃고, …을 뺀 —*n.* 음호(-); 음수

min·ute¹ [mínit] *n.* 분; 순간; (*pl.*) 의사록: *a ~ steak* 얇은 스테이크 / *Wait a ~.* 잠깐 기다려 *in a ~* 즉시, 곧 *to the ~* 정확히(제시간에)

mi·nute² [main(j)úːt, mi-/-njúːt] *a.* 미세한

mir·a·cle [mírəkl] *n.* 기적, 경이

mi·rac·u·lous [mirǽkjuləs] *a.* 기적적인, 불가사의한

Mir·age [mírɑːʒ] *n.* (프랑스제) 미라지 전투기 [F]

Mi·rán·da rùle [mirǽndə] 《美》묵비권

mire [maiər] *n.* 진창, 수렁

mir·ror [mírər] *n.* 거울 —*vt.* 비추다, 반사하다

mirth [məːrθ] *n.* 환락, 환희

mis·ap·ply [mìsəplái] *vt.* 오용하다

mis·ap·pre·hend [mìsæprihénd] *vt.* 오해하다

mis·be·have [mìsbihéiv] *vi.* 버릇없이 굴다, 부정을 저지르다

mis·be·lief [mìsbilíːf] *n.* 이교신앙, 그릇된 신앙

mis·car·ry [miskǽri] *vi* 실패하다; (편지 등이)배달되지 않다

mis·cel·la·ne·ous [mìsiléiniəs] *a.* 잡다한

mis·chance [mistʃǽns/ -tʃɑ́ːns] *n.* 불행, 재난

mis·chief [místʃif] *n.* (못된)장난

mis·chie·vous [místʃivəs] *a.* 해로운; 장난이 심한

mis·con·duct *n.* [miskɑ́ndʌkt/ -kɔ́n- / →*v.*] 비행; 간통 —*vt.* [mìskəndʌ́kt] 잘못하다; 간통하게 하다

mis·deed [misdíːd] *n.* 나쁜 짓, 〔범죄

mi·ser [máizər] *n.* 구두쇠

mis·er·a·ble [míz(ə)rəbl] *a.* 비참한, 불쌍한; 초라한

mis·er·y [míz(ə)ri] *n.* 고민, 불행; 비참함 〔겄[사람]

mis·fit [misfít, ⌐—] *n.* 맞지 않는

mis·for·tune [misfɔ́ːrtʃ(ə)n] *n.* 불행, 불운; 재난

mis·judge [misdʒʌ́dʒ] *vt.*, *vi.* 판단[평가]을 그르치다

mis·lead [mislíːd] *vt.* (*p.*, *pp.* **-led** [-léd]) 오도하다, 그르치게 하다

mis·read [misríːd] *vt.* (*p.*, *pp.* **-read** [-réd]) 잘못 읽다 〔씨

miss¹ [mis] *n.* (M~) …양; 아가

miss² *vt.* …하지[언지] 못하다; (기차를)놓치다; 만나지 못하다; 빠뜨리다; (…이)없음을 아쉬워하다: *~ the train* 기차를 놓치다 / *How I ~ed you.* 네가 없

어서 얼마나 섭섭했는지 모른
다 ~ one's *way* 길을 잃다 —
vi. 실패하다. 실패; 모면 **~-
ing** *a.* 있을 곳에 없는

mis·sile [mís(i)l/ mísail] *n.* 미사
일(무기); 날아가는 무기

mis·sion [míʃ(ə)n] *n.* 사절(단);
포교; 사명: a ~ school 미션스
쿨용, 전도학교 / on a special
~ 특별임무를 띠고

mis·sion·ar·y [míʃ(ə)nèri/-nəri]
a. 포교의 —*n.* 선교사

Mis·sis·sip·pi [mìsisípi] *n.* 미
국 중남부의 주; (the ~) 미국
중부의 큰 강

Mis·sour·i [mizú(:)ri] *n.* 미국
중서부의 주; (the ~) 미주리강

mist [mist] *n.* 안개

mis·take [mistéik] *vt., vi.* (*p.*
-took, *pp.* **-tak·en**) 잘못하다,
오해하다 —*n.* 잘못, 실수; 오해

mis·ter [místər] *n.* (Mr.) …씨;
《호칭》 여보세요

mis·tress [místris] *n.* 여주인, 주
부; (Mrs.) …부인; 여선생

mis·trust [mistrʌst/∠∠] *vt.* 신
용하지 않다 —*n.* 불신, 의혹

mist·y [místi] *a.* 안개낀; 흐릿한

mis·un·der·stand [mìsʌndər-
stǽnd] *vt.* (*p.*, *pp.* **-stood**) 오해
하다

mis·use *vt.* [misjúːz/∠∠ / →*n.*]
(말 등을)오용[남용]하다 —*n.*
[misjúːs/∠∠] 오용

mit·i·gate [mítigèit] *vt.* 완화하
다, 누그러뜨리다, 달래다, 진정
시키다

mitt [mit] *n.* **1** 《야구》 미트 **2**
=mitten

mit·ten [mítn] *n.* 벙어리장갑

mix [miks] *v.* (*p.*, *pp.* **~ed** *or*
mixt [mikst]) *vt.* 섞다, 혼합하
다 《in, with》 —*vi.* 섞이다; 교
제하다; 의좋게 지내다 《with》:
a ~ed train 혼합열차 **~·er**
n. 믹서; 《美口》 사교가

mix·ture [míkstʃər] *n.* 혼합(물);
(여러 코오피 등의)조합(調合)

miz·zen [mízn] *n.* 《海》 뒷돛

miz·zle [mízl] *n.* 《英》 가랑비
(가 내리다)

moan [moun] *n.* 신음(소리) —*vi.*,
vt. 신음하다

mob [mab/ mɔb] *n.* 폭도, 군중

mo·bile [móub(i)l/ -bail] *a.* 움직
이는; 변덕스러운: a ~ home
(트레일러식)이동주택 / ~ oil 자
동차용 휘발유

mo·bi·lize [móubilàiz] *vt., vi.*
동원하다[되다]

mob·ster [mábstər/mɔ́b-] *n.* 폭
력단원

mo·cha [móukə] *n.* 모카코오피

mock [mak/ mɔk] *vt., vi.* 비웃다
《at》; 무효로 하다

mock·er·y [mákəri/ mɔ́k-] *n.*
비웃음(거리); 가짜

mod [mad/mɔd] *a.* (복식·예술이)
자유분방한, 전위적인 —*n.* 옷
차림이 자유분방적인 사람

mode [moud] *n.* 양식(manner);
형; 유행 in [out of] ~ 유행
하여[에 뒤져]

mod·el [mádl/ mɔ́dl] *n.* 모형; 모
범; (그림·조각의)모델; 마네킨:
a ~ change (자동차 등의)모
델 체인지 —*a.* 모범의, 전형적
인: a ~ plane 모형비행기 —
vt., vi. (…의)모형을 만들다; 설
계하다

mod·er·ate [mád(ə)rit/ mɔ́d-] /
→*v.*] *a.* 온건한, 적당한; 보통의:
a ~ price 알맞은 값 —*vt.* 온
화한 사람 —*vt., vi.* [-rèit] 완화
하다, 누그러지다

mod·ern [mádərn/ mɔ́d-] *a.* 현
대의, 근대의: ~ jazz 모던재
즈 / ~ times 현대 —*n.* 현대인

mod·ern·ize [mádərnàiz/mɔ́d-]
vt., vi. 현대화하다

mod·est [mádist/ mɔ́d-] *a.* 겸손
한; 얌전한; 적당한

mod·es·ty [mádisti/mɔ́d-] *n.*
겸손; 얌전함

mod·i·fy [mádifài/ mɔ́d-] *vt.* 변
경[수정]하다; 한정하다

mod·u·late [mádʒulèit/mɔ́dju-]
vt. 조절[조정]하다; 변조하다

mo·gul [móugʌl] *n.* 중요인물

mo·hair [móuhɛər] *n.* 모헤어직

Mo·ham·med·an [mouhǽmid-
(ə)n] *a.* 마호멧(Mohammed)의,
회교의 —*n.* 회교도

moil [mɔil] *vi.* 애쓰다, 부지런히
일하다

moist [mɔist] *a.* 축축한, 습한
(damp): ~ colors 수채화물감

mois·ture [mɔ́istʃər] *n.* 습기

mo·las·ses [məlǽsiz] *n.* 당밀

mold[1], 《英》 **mould** [mould] *n.*
틀, 주형(鑄型); 모양; 성격 —*vt.*
틀에 넣어 만들다 **~·ing** *n.* 주
조(물)

mold[2], 《英》 **mould** *n.* 곰팡이

mole[1] [moul] *n.* 《動》 두더지

mole[2] *n.* 검정사마귀, 점

mole[3] *n.* 방파제(jetty)

mol·e·cule [málikjùːl/mɔ́l-] *n.*
분자; 미분자

mole·hill [móulhìl] *n.* 두더지둑

mo·lest [məlést/mo(u)-] *vt.* 괴
롭히다, 애먹이다; 방해하다; 치
근거리다

mol·ten [móult(ə)n] *v.* melt 의
과거분사 —*a.* 녹은, 주조한

mo·ment [móumənt] *n.* 순간,

(특정한)때;중요성: Wait [Just] a ~. 잠깐 기다려 주시오 *at this* ~ 현재, 지금 *for a* ~ 한때, 잠시동안 *One* ~. / *Half a* ~. 잠깐 기다려

mo·men·tar·y [móumantèri / -t(a)ri] *a.* 순간의

mo·men·tous [mouméntas] *a.* 중요한

Mon·a·co [mánakòu/ món-] *n.* 모나코(남유럽의 공국, 그 수도)

mon·arch [mánark/ món-] *n.* 군주 —·**y** *n.* 군주국; 군주정체, 군주정치

mon·as·ter·y [mánastèri/ món-əst(a)ri] *a.* 수도원

mo·nas·tic [manǽstik] *a.* 수도원의; 금욕적인 「일

Mon·day [mándi, -dei] *n.* 월요일

mon·e·tar·y [mánitèri, mán-/ mánit(a)ri] *a.* 화폐의,금전의: a ~ unit 화폐단위

mon·ey [máni] *n.* 금전, 화폐, 통화: hard ~ 경화/ soft ~ 지폐/ small ~ 잔돈(change)

mon·ey·bag [⊲bæg] *n.* 지갑

mon·ey-chang·er [⊲tʃèindʒər] *n.* 환전상 「금융업자

mon·ey·lend·er [⊲lèndər] *n.*

móney òrder (우편환): a telegraphic ~ 우편환

mon·grel [mángrəl, +美 máŋ-] *n.* 잡종(개); 트기 「고, 주의

mo·ni·tion [mouníʃ(ə)n] *n.* 권

mon·i·tor [mánitər/ món-] *n.* 훈계자, 평론가;《통신》모니터

monk [mʌŋk] *n.* 수도사, 승려

mon·key [máŋki] *n.* 원숭이; 장난꾸러기: ~ meat 《美》통조림한 쇠고기/a ~ suit 《俗》제복; 야회복 —*vi.* 장난치다

mon·o·cle [mánəkl/ món-] *n.* 외알안경

mon·o·ki·ni [mànəkí:ni/món-] *n.* 토플리스수영복

mon·o·logue, -log [mánəlɔ:g / mónəlɔg] *n.* 《劇》독백; 1인극

mo·nop·o·lize [mənápəlàiz / -nóp-] *vt.* 전매권을 얻다; 독점하다

mo·nop·o·ly [mənápəli/ -nóp-] *n.* 전매(권), 독점(권); 전매품

mon·o·rail [mánou(u)rèil/món-] *n.* 단궤(單軌)철도, 모노레일

mo·not·o·nous [mənátənəs / -nót-] *a.* 단조로운; 지루한

mo·not·o·ny [mənátəni/ -nót-] *n.* 단조로움; 지루함

mon·sieur [məsjə́:r] *F. n.* (*pl. mes·sieurs*) = Mr.

mon·soon [mansú:n/ mon-] *n.* (인도양의)계절풍; (인도의)우기

mon·ster [mánstər/ món-] *n.* 괴

물 —*a.* 거대한

mon·strous [mánstrəs/ món-] *a.* 기괴한; 거대한, 괴물같은

mon·tage [mantá:ʒ/ mon-] *n.* 《영화·사진》몽타지

Mont Blanc [mɔ:ŋblá:ŋ/ F mɔ̃blɑ̃] 몽블랑(알프스의 최고봉)

Mon·te Car·lo [màntiká:rlou/ mòn-] 몬테카를로(모나코의 피한지)

Mon·te·vi·de·o [màntividéiou, -vídiou/ mòn-] *n.* 몬테비데오(남미 우루구아이의 수도)

month [mʌnθ] *n.* (한)달: this day ~ 내달[지난달]의 오늘

month·ly [mánθli] *a.* 매달의, 월1회의 —*ad.* 매달 —*n.* 월간지

Mont·mar·tre [mɔ:ŋmártr] 몽마르트르(파리 북부의 언덕지구. 예술의 중심지. 카페·나이트클럽으로 유명함)

Mont·par·nasse [mɔ:ŋparnás] *n.* 몽파르나스(파리 서남부의 고지대. 카페 등이 많음)

Mont·re·al [màntriɔ́:l/ mɔ̀nt-] *n.* 캐나다의 상공업도시

mon·u·ment [mánjumənt/mɔ́-] *n.* 기념비; 기념물: a natural ~ 천연기념물

mon·u·men·tal [mànjumént(ə)l/ mɔ̀n-] *a.* 기념의; 불후의: a ~ inscription 비문(碑文)

mood [mu:d] *n.* 기분

mood·y [mú:di] *a.* 변덕스러운;

moon [mu:n] *n.* 달 「뿌루퉁한

moon·beam [⊲bì:m] *n.* 달빛

moon·light [⊲làit] *n.* 달빛 —*a.* 달빛의; 달밝은

moon·shine [⊲ʃàin] *n.* 달빛; 허황된 생각;《美》밀조 위스키 —*a.* 달빛의; 허황된 「낭터

moor[1] [muər] *n.* 《英》황야; 사

moor[2] *vt., vi.* 정박하다, 계류하다

mop [map/ mɔp] *n.* 자루걸레, 몹 —*vt.* (몹으로)청소하다

mo·ped [móuped] *n.* 모우터달린 자전거

mop-up [máp̀ʌp/mɔ́p-] *n.* 소탕

mor·al [mɔ́:rəl, már-/ mɔ́r-] *a.* 도덕(상)의;교훈적인 —*n.* 교훈

mo·ral·i·ty [mərǽliti,mɔ:-/mə-] *n.* 도덕, 덕성

mor·bid [mɔ́:rbid] *a.* 불건전한, 병적인; 병의;《美》소름끼치는

more [mɔ:r] 《many, much 의 비교급》 *a.* 더욱 많은[큰] (*opp.* less) —*ad.* 더욱 많이[크게]; 한층; 게다가 —*n.* 더 많은 양

more·o·ver [mɔ:róuvər] *ad.* 더우기, 게다가 「교도

Mor·mon [mɔ́:rmən] *n.* 모르몬

morn·ing [mɔ́:rniŋ] *n.* 아침, 오전: a ~ call 아침 방문; 기상

시간(교환수에게 부탁해 두면
아침의 그 시간에 전화로 깨워
줌)/a ~ coat 모오닝코우트/
a ~ dress (여자의)실내복/a
~ paper 조간신문/a ~ per-
formance (연극의)주간공연

mórn·ing-áft·er pill [⁻æftər/
ɑ́:f-] 사후 경구피임약

Mo·roc·co [mərákou/-rɔ́k-] n.
모로코(아프리카 서북부의왕국)

mor·phine [mɔ́:rfi:n] n. 〖化〗
모르핀

Mórse códe [mɔ́:rs] 모르스 부호

mor·sel [mɔ́:rs(ə)l] n. (음식의)
한입, 조각; 소량 —vt. 조금씩
분배하다; 작게 나누다

mor·tal [mɔ́:rt(ə)l] a. 죽어야할
운명인, 치명적인; 《口》 대단한
—n. 죽게 마련인것, 인간 ~·ly
ad. 《口》 대단히

mor·tal·i·ty [mɔːrtǽliti] n. 죽
을 운명; 《총칭》 인류; 사망자
수, 사망률

mor·tar [mɔ́:rtər] n. 회반죽, 모
르타르

mort·gage [mɔ́:rgidʒ] n. 저당
(잡히기); 저당권[증서] —vt. 저
당하다; 헌신하다

mor·ti·fy [mɔ́:tifài] vt. (욕정을)
억제하다, 극복하다; 굴욕을 주
다 ~·ing a. 약오르는, 분하기
짝없는

mo·sa·ic [mouzéiik] n., a. 모자
이크(의), 조각나무세공(의)

Mos·cow [máskou/mɔ́s-] n. 모
스크바(소련의 수도)

Mo·ses [móuziz, +美 -zis] n.
〖聖〗 모세

Mos·lem [mázləm/mɔ́zləm] n.
(pl. ~s, 《총칭》 ~) 회교도 —a.
회교도의

mosque [mask/mɔsk] n. 회교
사원: the M~ of El Azhar
아즈하르사원(카이로에 있는 회
교문화의 대중심)/the M~ of
Mohammed Ali 모하멧알리사
원(카이로에 있음)

mos·qui·to [məskí:tou] n. (pl.
~(e)s) 모기

moss [mɔ:s/mɔs] n.〖植〗 이끼

most [moust] 《many, much 의
최상급》 a. 가장 많은 (opp.
least); 가장 큰; 대부분의 —n.
최대수[량], 대부분 at ~ 많아
야, 기껏 —ad. 가장(많이); 매
우;《口》 거의 ~·ly ad. 주로,
대개

mo·tel [moutél] n.《美》 모우텔

moth [mɔ:θ, maθ/mɔθ] n. 나방,
좀

moth·er [mʌ́ðər] n. 어머니
móther cóuntry 모국
Móther's Dày 《美》 어머니날

(5월의 제2일요일)

móther tóngue 모국어

mo·tif [moutí:f] n.(작품의)동기,
주제 [F]

mo·tion [móuʃ(ə)n] n. 운동, 운
전; 동작;(국회에서의)동의

mótion pícture 《美》 영화

mo·tive [móutiv] a. 운동을 일
으키는; 동기가 되는 —n. 동기,
목적; (작품의)주제

mo·tor [móutər] n.모우터, 발동
기; 자동차: a ~ guide 도로안
내/a ~ pool 모우터푸울 —
vi., vt. 자동차로 가다[나르다]:
go ~ing 드라이브하다/~ a
person to 남을 …로 차로 보
내다 「보우트

mo·tor·boat [⁻bòut] n. 모우터

mo·tor·bus [⁻bʌ̀s] n. 버스

mo·tor·cab [⁻kæ̀b] n. 택시

mo·tor·cade [⁻kèid] n. 자동차
행렬

mo·tor·car [⁻kɑ̀:r] n. 《英》 자
동차(《美》 automobile)

mo·tor·cy·cle [⁻sàikl] n. 오오
토바이

mótor hòme 모우터호움, 이동
주택 「텔

mótor hotèl (도시의 대규모)모

mo·tor·ist [móutərist] n. 자동
차운전자 「truck

mótor lòrry 《英》 =motor

mo·tor·man [móutərmən] n.
(pl. -men [-mən]) 운전사

mótor trùck 《美》 화물자동차
(《英》 motor lorry)

mo·tor·way [móutərwèi] n. 자
동차도로; 고속도로

mot·to [mátou/mɔ́t-] n. (pl.
~(e)s) 표어; 격언

Mou·lin Rouge [mu:læŋrú:ʒ]
빨간 풍차(파리의 카바레)

mound [maund] n. 작은 언덕

mount[1] [maunt] n. 산(略: Mt.)

mount[2] vt., vi.오르다(climb); (말
에)타다; (연극을)상연하다

moun·tain [máunt(i)n] n. 산;
(pl.) 산맥: ~ sickness 고산병

móuntain chàin [rànge] 산맥

moun·tain·eer [màuntiníər] n.
등산가 • 「(cougar)

móuntain lìon 《美》 쿠우가

moun·tain·ous [máuntinəs] a.
산이 많은

Mount·ie [máunti] n. (캐나다
의)기마경관

mourn [mɔ:rn] vi., vt. 슬퍼하다;
애도하다 「에 잠긴

mourn·ful [mɔ́:rnf(u)l] a. 슬픔

mourn·ing [mɔ́:rniŋ] n. 슬픔,
애도; 상중(喪中)

mouse [maus] n.(pl. mice) 〖動〗
새앙쥐 (cf. rat)

mousse [mu:s] *n.*무우스(거품이 나게 한 크림임)

mousse·line [mu:slí:n/ ∠—] *F. n.* 모슬린천;《美》캘리코(cali-co); 무슬린요리

mous·tache, mus- [məstá:ʃ, mus-/mʌ́stæʃ] *n.* (때로 *pl.*) 코 밑수염

mouth [mauθ] *n.* (*pl.* ~**s** [mauðz]) 입; 출[입]구; 말투, 억양: in [with] a German ~ 독 일말투로

móuth òrgan 하모니카

mouth-piece [∠pi:s] *n.* (악기·관 등의)주둥이; 《전화》송화구

mov·a·ble [mú:bəbl] *a.* 움직일 수 있는; 동산의 —*n.* 움직일 수 있는 것; (보통 *pl.*) 동산

move [mu:v] *vt., vi.*움직이다; 옮 기다, 이동하다: M~ on! 정지 하지 말아, 전진하라 —*n.* 움직 임, 운동, 이동

move·ment [mú:vmənt] *n.* 운 동; 동작; (*pl.*) 태도; 운전; 《音》 악장, 박자

mov·ie [mú:vi] *n.* (보통 *pl.*) 《美口》 영화: a ~ fan 영 화팬/a ~ house 《口》 영화관

móvie thèater 영화관

mov·ing [mú:viŋ] *a.* 움직이는; 감동적인: a ~ picture 영화/ a ~ staircase 에스컬레이터

mow [mou] *v.* (*p.* ~**ed**, *pp.* ~**ed, mown**) *vt., vi.* (풀 등을) 베다; 휩쓸어버리다 《*down*》

MPG, m.p.g = miles *per* gallon 1갤런당 주행마일

mph, m.p.h. = miles *per* hour 시속 …마일

Mr. [místər] (*pl.* **Messrs.** [mésərz]) ⇨Mister

MRA = moral re-armament 도 덕 재무장(운동)

Mrs. [mísiz] (*pl.* **Mmes.** [meid-á:m/ méidæm]) ⇨Mistress

Ms. [miz] *n.* 미즈(기혼·미혼과 관계없이 여성에 쓰는 경칭)

MSA = Mutual Security Act 상 호안전보장법

Mt. = mount¹; mountain

much [mʌtʃ] *a.* (**more, most**) 많 은, 대량의 (*cf.* many): How ~ is it? 얼맙니까 —*n.* 많음, 다 량 —*ad.* (**more, most**) 대단히; 훨씬; 거의

mud [mʌd] *n.* 진흙, 하찮은 것

mud·dle [mʌ́dl] *vt., vi.* 혼란시키 다; (계획을)망쳐놓다 —*n.* 혼란

mud·dy [mʌ́di] *a.* 진창의; 진흙 투성이인 —*vt.* 진흙으로 더럽히 다

muf·fin [mʌ́fin] *n.* 즉석에서 구 운 작은 빵

muf·fle [mʌ́fl] *vt.* 싸다; 덮다

muf·fler [mʌ́flər] *n.* 머플러, 목 도리; (자동차 등의)소음장치

mug [mʌg] *n.*원통형 컵, 조끼; 조 끼 한잔(의 분량)

mu·lat·to [m(j)u(:)lǽtou, məl- / mju-] *n.* (*pl.* ~**es**) 흑인과 백인 의 혼혈아

mule [mju:l] *n.* 노새; 고집장이

multi- [mʌ́lti-] *pref.*「많은」의 뜻: ~-colored 갖가지 빛깔의/~-language tour (버스 등의)수개 국어로 안내하는 여행/~-lin-gual 수개 국어의

mul·ti·na·tion·al [∠nǽʃən(ə)l] *a., n.* 다국적의(기업)

mul·ti·ple [mʌ́ltipl] *a.* 다양한, 복합의: ~ telegrams 동문전보

múltiple shóp 《英》연쇄점 (《美》chain store)

mul·ti·ply [mʌ́ltiplài] *vi., vt.* 늘 다, 증가하다[시키다]

mul·ti·ra·cial [mʌ̀ltiréiʃ(ə)l] *a.* 여러 종족의, 다민족으로 된

mul·ti·tude [mʌ́ltit(j)ù:d/-tju:d] *n.* 다수; 군중

mul·ti·ver·si·ty [mʌ̀ltivə́:rsiti] *n.* 매머드 대학교

mum·ble [mʌ́mbl] *vi., vt.* 중얼 거리다, 우물우물 씹다 —*n.* 중얼 거리는 말

mum·mer·y [mʌ́məri] *n.* 무언 극

mum·my [mʌ́mi] *n.* 미이라

Mu·nich [mjú:nik] *n.* 뮌헨(서독 의 도시. 맥주의 산지)

mu·nic·i·pal [mju(:)nísip(ə)l] *a.* 시(市)의, 시정의; 시영의

mur·der [mə́:rdər] *n.* 살인 — *vt.* 죽이다 ~**·er** *n.* 살인자

mur·mur [mə́:rmər] *n.* 소곤거 림, 살랑거림; 불평 —*vi., vt.* 소 곤거리다; 불평하다, 구시렁거 리다 《*at, against*》

mus·cle [mʌ́sl] *n.* 근육, 완력

mus·cu·lar [mʌ́skjulər] *a.* 근육 의; 근육이 발달한(brawny)

muse [mju:z] *vi.* 명상에 잠기다

mu·se·um [mju:zí:əm/-zíəm] *n.* 박물관: a ~ piece 진품

mush·room [mʌ́ʃru(:)m] *n.* 버 섯: a ~ town 신흥도시

mu·sic [mjú:zik] *n.* 음악

mu·si·cal [mjú:zik(ə)l] *a.* 음악 의 —*n.* 음악극, 뮤지컬

músic [《英》**músical**] **bòx** 자 동주악기

músic hàll 음악당; 《英》연예장

mu·si·cian [mju(:)zíʃ(ə)n] *n.* 음 악가, 악사

mus·ket [mʌ́skit] *n.* 소총

musk·mel·on [mʌ́skmèlən] *n.* 《植》사향참외

mus·lin [mʌ́zlin] *n.* 모슬린

muss [mʌs] *vt.*《美口》어지르다
《*up*》—*n.* 난잡
Mus·sul·man [mʌ́slmən] *n.*(*pl.* ~s) 회교도
must [mʌst, məst] *aux. v.*《무변화》 1 …해야 하다 2 …에 틀림없다 3 꼭 …해야만 하다 4 반드시 …하다 5 공교롭게도 …했다 —*a.* 절대필요의 —*n.* 필요한 것, 필수적인 것
mus·tache,《英》**mous-** [mʌ́s-tæʃ, məstǽʃ/ məstɑ́ːʃ, mus-] *n.* 코밑수염
Mus·tang [mʌ́stæŋ] *n.* 미국 Ford 사제의 자동차
mus·tard [mʌ́stərd] *n.* 겨자: English [French] ~ 물친[초친] 겨자/a ~ pot 겨자단지
mus·ter [mʌ́stər] *n.* 소집; 점호 —*vt.* 소집하다 —*vi.* 집합하다
mus·ty [mʌ́sti] *a.* 곰팡이가 편, 곰팡내나는
mute [mjuːt] *a.* 무언[무음]의; 벙어리의 —*n.* 벙어리; 약음기
mu·ti·late [mjúːtilèit] *vt.* (손·발 등을)절단하다; 불구로 [불완전하게] 만들다
mu·ti·ny [mjúːtini] *n.* 폭동;

〖軍〗항명, 하극상
mut·ter [mʌ́tər] *n.* 중얼거림, 불평 —*vt., vi.* 중얼거리다, 불평하다《*against, at*》
mut·ton [mʌ́tn] *n.* 양고기
mut·ton·chop [ˊ-tʃɑ̀p/ -tʃɔ̀p] *n.* 양고기 조각
mu·tu·al [mjúːtʃuəl] *a.* 상호의; 공동[공통]의
muu·muu [múːmùː] *n.* 품이 넉넉한 하와이의 드레스
muz·zle [mʌ́zl] *n.* (동물의)주둥이, 입마개; 총구 —*vt.* 함구령을 내리다
MVP = *most valuable player* 최우수선수
my [mai] *pron.* I의 소유격 —*int.*《口》저런!, 어머나!
myr·i·ad [míriəd] *n., a.* 1만(의)
my·self [maisélf] *pron.* 나 자신
mys·te·ri·ous [mistí(ː)riəs] *a.* 신비로운, 불가사의한
mys·ter·y [míst(ə)ri] *n.* 신비, 불가사의: a ~ play 기적극/a ~ story 추리[괴기, 탐정]소설
myth [miθ] *n.* 신화; 꾸민 이야기
my·thol·o·gy [miθálədʒi/-θɔ́l-] *n.*《총칭》신화

N

N.A. = *North America* 북미
nail [neil] *n.* 손톱; 못: a ~ clip-per 손톱깎이 ~ *polish* (*re-mover*) 매니큐어(제거액) —*vt.* 못을 박다
Nai·ro·bi [nairóubi/nài(ə)-] *n.* 나이로비(케냐의 수도) *the ~ National Park* 동물의 방사(放飼)로 유명한 국립공원
na·ïve, na·ive [nɑːíːv, + 英 naiíːv] *a.* 소박한, 천진난만한 [F]
na·ked [néikid] *a.* 알몸의; 노출된; 적나라한
name [neim] *n.* 이름, 명칭; 명성; 명사 —*vt.* 이름짓다
name·less [néimlis] *a.* 무명의 (unknown); 익명의
name·ly [néimli] *ad.* 즉 「문패
name·plate [néimplèit] *n.* 명찰,
Na·mi·bi·a [nɑːmíbiːə] *n.* 나미비아(South West Africa라고도 함) 「京
Nan·king [nænkíŋ] *n.* 남경(南
nap [næp] *n.* 선잠, 낮잠: have [take] a ~ 낮잠자다 —*vi.* 졸다; 방심하다
nap·kin [nǽpkin] *n.* 냅킨
Na·ples [néiplz] *n.* 나폴리(이탈리 남부의 항구도시)
nar·cis·sus [nɑːrsísəs] *n.* (*pl.* ~·es, -cis·si [-sai])〖植〗수선화

nar·rate [næréit, + 美 ˊ-] *vt., vi.* 이야기하다, 서술하다
nar·ra·tion [næréiʃ(ə)n] *n.* 서술; 이야기
nar·ra·tive [nǽrətiv] *n.* 이야기 —*a.* 이야기(체)의, 설화의
nar·ra·tor, -rat·er [næreitər/ —ˊ-] *n.* (*fem.* -tress [-tris]) 이야기하는 사람, 담화자
nar·row [nǽrou] *a.* 좁은, 가는; 옹졸한 (narrow-minded) —*n.* (*pl.*) 해협, 좁은 길
nárrow gàuge 〖철도〗협궤
NASA [nǽsə, néisə] *n.* = *National Aeronautics and Space Administration* 미국항공우주국
na·sal [néiz(ə)l] *a.* 코[콧소리]의
nas·ty [nǽsti/nɑ́ː-] *a.* 불쾌한
na·tal [néit(ə)l] *a.* 출생[탄생]의
na·tion [néiʃ(ə)n] *n.* 국민, 국가
na·tion·al [nǽʃən(ə)l] *a.* 국민[국가]의; 전국적인, 전국민의; 국립[국유]의: the ~ railways 국유철도/ ~ customs 민족적 관습 ~·ism *n.* 국가주의 ~·ist *n.* 국가주의자
nátional ánthem 국가(國歌)
nátional flág 국기 「(州兵)
Nátional Gúard (미국의) 주병
nátional hóliday 국경일
na·tion·al·i·ty [nǽʃənǽliti] *n.*

국적; 국민성：What is your
～? 어느 나라 분이십니까/ the
～ of a ship 선적(船籍)
na·tion·al·ize [nǽʃən(ə)làiz] *vt.*
독립국(민)으로 하다; 국유[국
영]화하다
Nátional Léague (*the ～*) 미국
2대 프로야구연맹의 하나(*cf.* A-
merican League)
nátional mónument 《美》 정
부지정의 사적, 천연기념물
nátional párk 국립공원
na·tive [néitiv] *a.* 출생의; 토인
의, 토착의 (native-born); 타고
난; …원산의: one's ～ land 고
향/ a ～ Londoner 런던토박
이/ a ～ speaker of French 프
랑스어를 모국어로 하는 사람
—*n.* 토착인, …태생의 사람
《*of*》; 원산의 동물[식물]
NATO [néitou] *n.* = North At-
lantic Treaty Organization 북
대서양조약기구
nat·ty [nǽti] *a.* 말쑥한
nat·u·ral [nǽtʃ(u)rəl] *a.* 자연의;
타고난, 본래의; 당연한
nat·u·ral·ist [nǽtʃ(u)rəlist] *n.*
박물학자, 자연주의자
nat·u·ral·ize [nǽtʃ(u)rəlàiz] *vt.*,
vi. 귀화시키다[하다]
na·ture [néitʃər] *n.* 자연; 자연
계, 자연현상; 성질(이 …한 사
람) by ～ 날 때부터
nau·se·a [nɔ́ːʒə, -siə/-sjə, -ʃiə]
n. 욕지기; 뱃멀미 (seasickness);
혐오: feel ～ 욕지기가 나다
nau·ti·cal [nɔ́ːtik(ə)l] *a.* 항해의,
선박[선원]의
náutical míle 해리(海里)
na·val [néiv(ə)l] *a.* 해군의: a ～
battle 해전/a ～ power 해군국
nával acádemy 해군사관학교
nave [neiv] *n.*《建》(교회의) 본당
na·vel [néiv(ə)l] *n.* 배꼽
nav·i·ga·ble [nǽvigəbl] *a.* 항행
할 수 있는
nav·i·gate [nǽvigèit] *vi.*, *vt.* 항
행[항해]하다; (배·비행기를)조종
하다 **-gá·tion** *n.* 항해, 항행
nav·i·ga·tor [nǽvigèitər] *n.* 항
해자; (비행기의)조종사
na·vy [néivi] *n.* 해군: ～ blue
짙은 남색 ～ *cut* (파이프용의)
잘게 썬 담배
Naz·a·reth [nǽzəriθ] *n.* 나사렛
(Palestine 북부의 그리스도 출
생지)
Na·zi [nɑ́ːtsi] *n.* 나찌당원 —*a.*
나찌당의
N.B., n.b. = nota bene [nóutə-
bíːni] (L=note well) 주의하라
NBC = National Broadcasting
Company (미국)내셔널방송회사

NCNA = New China News A-
gency 新華社(通信)
Ne·a·pol·i·tan [nì(ː)əpálit(ə)n /
-pɔ́l-] *a.* 나폴리(식)의 —*n.* 나
폴리사람
near [niər] *ad.* 가까이에 (*opp.*
far); 《口》 거의 — *by* 바로 근
처에 —*prep.* …근처에 —*a.* 가
까운; 친밀한: a ～ miss 지근탄
(至近彈); (비행기 등의)이상접
근; 애석한 실패
near·by [níərbái] *a.* 가까이의
Néar Éast (*the ～*) 근동(터어
키·발칸제국 등지)
near·ly [níərli] *ad.* 거의 (al-
most); 가까스로; 정밀히
neat [niːt] *a.* 단정한, 말쑥한(tidy)
교묘한; (술이)물타지 않은
Ne·bras·ka [nibrǽskə] *n.* 미국
중부의 주
nec·es·sar·i·ly [nèsisérili, ⌐⌐⌐
⌐⌐/nésis(ə)rili] *ad.* 반드시, 필
연적으로
nec·es·sar·y [nésisèri /-s(ə)ri]
a. 필요한; 필연적인 —*n.* (*pl.*)
필수품: daily *necessaries* 일용
품 「요로 하다
ne·ces·si·tate [nisésitèit] *vt.* 필
ne·ces·si·ty [nisésiti] *n.* 필요;
필연; 필수품
neck [nek] *n.* 목, 옷깃; 해협
neck·er·chief [nékərtʃif] *n.* 목
도리[수건], 네커치프
neck·lace [néklis] *n.* 목걸이
neck·piece [nékpìːs] *n.* 털목도
리
neck·tie [néktài] *n.* 넥타이 (tie)
neck·wear [nékwὲər] *n.* 칼라·
넥타이류
need [niːd] *n.* 필요; 필요물; 욕
구 *in* ～ *of* …이 필요하여 in
(*great*) ～ (몹시)곤궁하여 —*vt.*
1 필요로 하다 2 …해야 하다
—*aux. v.* …할 필요가 있다
need·ful [níːdf(u)l] *a.* 필요한
nee·dle [níːdl] *n.* 바늘(모양의 것)
need·less [níːdlis] *a.* 불필요한
needs [niːdz] *ad.* 꼭, 반드시
need·y [níːdi] *a.* 가난한, 빈곤한
ne·ga·tion [nigéiʃ(ə)n] *n.* 부정
neg·a·tive [négətiv] *a.* 부정의;
반대하는; 《寫》 음화의 —*n.* 부
정; 《寫》 음화, 네가
négative grówth 마이너스 성장
neg·lect [niglékt] *vt.* 게을리하다;
무시하다 —*n.* 태만; 무시 ～·
ful *a.* 태만한
neg·li·gee [nèɡliʒéi / néɡli(ː)ʒei]
n. 네글리제(여자의 침실복) [F]
neg·li·gent [néglidʒ(ə)nt] *a.* 태
만한, 부주의한
neg·li·gi·ble [néɡlidʒəbl] *a.* 무
시해도 좋은, 하찮은

ne·go·ti·ate [nigóuʃièit] *vi.* 교섭[협상]하다 —*vt.* 협정하다

ne·go·ti·a·tion [nigòuʃiéiʃ(ə)n] *n.* 교섭, 협상, 상담(商談) *under* ~ 교섭중

Ne·gro, ne- [níːgrou] *n.* (*pl.*~*es*) 흑인 —*a.* 흑인(계)의: a ~ spiritual 흑인영가

Ne·groid, ne- [níːgrɔid] *n., a.* 흑인종(의)

neigh·bor, 《英》-bour [néibər] *n.* 이웃사람; 동포 —*vt., vi.* 인접하다

neigh·bor·hood, 《英》-bour- [néibərhùd] *n.* 이웃; 《총칭》 이웃사람들

nei·ther [níːðər/náiðə] *ad.* 《nor와 함께, 양쪽을 부정》 …도 아니고 …도 아니다; 《문장 끝에 두어, 앞에 나온 부정어를 강조》 …도 결코 …않다; 《부정·조건문의 귀결로》 …도 또한 …아니다[않다]: N~ he nor I can speak French. 그도 나도 불어를 못한다 —*a.* (둘중)어느쪽도 …아닌[않는] —*pron.* (둘중)어느쪽도 …않다[아니다] —*conj.* 또 …않다

ne·o·lith·ic [nìːoulíθik] *a.* 신석기시대의

ne·on [níːɑn/-ən] *n.* 《化》 네온

néon sígn (광고용)네온사인

Ne·pal [nipɔ́ːl] *n.* 네팔왕국

neph·ew [néfju(ː), +英 névju(ː)] *n.* 조카 (*cf.* niece)

Nep·tune [népt(j)uːn/-tjuːn] *n.* 《로神》 넵튠 (*cf.* Poseidon), 《天》 해왕성

nerve [nəːrv] *n.* 《解》 신경; 심줄, 건; 용기; 자신: ~ center 신경중추 —*vt.* 용기를 불어넣다 ~·less *a.* 겁많은

nerv·ous [néːrvəs] *a.* 신경질인, 신경의

nest [nest] *n.* 둥지 —*vi.* 둥지를 짓다, 깃들다 —*vt.* 둥지에 넣다

n'est-ce pas [nespá] *F.* 그렇지 않습니까 (=isn't it?)·

nes·tle [nésl] *vi.* 깃들다; 편안히 자리잡다

net¹ [net] *n.* 그물, 네트 —*vt.* 그물로 잡다; 그물을 치다

net² *a.* 정미(正味)의, 순익의 (*cf.* gross): ~ profit [gain] 순익/~ weight 정미중량 —*n.* 정미; 순익; 정가(正價)

Neth·er·lands [néðərləndz] *n.* (*the* ~) 네덜란드 (Holland)

net·work [nétwə̀ːrk] *n.* 그물세공, 그물코; (방송)망: a ~ of railroads 철도망

neu·ro·sis [n(j)u(ː)róusis / nju(ə)r-] *n.* 노이로제, 신경증

neu·tral [n(j)úːtrəl/njúː-] *a.* 중립의; 공평한; 분명치 않은 —*n.* 중립국(민), (국외)중립자

neu·tral·ize [n(j)úːtrəlàiz/njúː-] *vt.* 중립시키다; 무효로 하다

nev·er [névər] *ad.* 결코[한번도] …않다; 조금도 …않다; 《口》 설마 *Well, I* ~ *!* 설마!

nev·er·the·less [nèvərðəlés] *ad., conj.* 그럼에도 불구하고

new [n(j)u/njuː] *a.* 새로운; 처음의; 신선한 ~ *look* 최신형(복장) —*ad.* 새로(이) ~·ly *ad.* 새로이, 최근에

Nèw Chína Néws Àgency 신화사(중공의 기관통신사)

new·com·er [⁼kʌ̀mər] *n.* 신참자 (~ 의 수도)

Nèw Délhi [⁼déli] 뉴델리(인도)

Nèw Éngland 뉴잉글랜드(미국 동북부의 해안지방)

new-fash·ioned [⁼fǽʃ(ə)nd] *a.* 신식의, 신유행의

Nèw Gúin·ea [⁼gíni] 뉴우기니 (오스트레일리아 북쪽의 섬)

Nèw Hámp·shire [⁼hǽmpʃiər, -ʃər] 미국 동북부의 주

Nèw Jér·sey [⁼dʒə́ːrzi] 미국 동부의 주

new·ly·wed [n(j)úːliwèd/njúː-] *n.* 《美口》 신혼자

Nèw Metropólitan Ópera Hòuse 뉴우요오크시에 있는 오페라극장

Nèw México 미국 서남부의 주

Nèw Ór·le·ans [⁼ɔ́ːrliənz] 미국 Louisiana 주의 항구도시

news [n(j)uːz/njuːz] *n.* 보도, 소식, 기사, 뉴우스; 새 사건: ~ source 취재원 *the N~ Week* 미국의 뉴우스 주간지

néws àgency 통신사

néws àgent 《英》 신문[잡지]판매인 「배달원」

news·boy [⁼bɔ̀i] *n.* 신문팔이

news·cast [n(j)úːzkæ̀st/njúːz-kɑ̀ːst] *n., vi., vt.* 뉴우스방송(하다) ~·er *n.* 뉴우스방송자

Néw Scótland Yárd 런던 경시청 「=news agent」

news·deal·er [⁼dìːlər] *n.* 《美》

news·pa·per [n(j)úːzpèipər/njuːs-] *n.* 신문(지)

news·reel [n(j)úːzrìːl/njúːzriːl] *n.* 뉴우스영화

news·stand [n(j)úːzstæ̀nd/njúːz-] *n.* 신문잡지 판매점

Néw Téstament (*the* ~) 신약성서

Néw Yéar 정초; 설날, 원단

Nèw Yórk 뉴우요오크시《New York City 라고도 함》; 미국 동북부의 주 ~·er 뉴우요오

크시민 *the ~ Times* 미국의
대표적 일간지

Nèw Zéa·land [-zíːlənd] 뉴우
지일란드

next [nekst] *a.* 다음의; 이웃의
《*to*》: ~ day [week]다음 날[내
주]/ a ~ door 옆집 *—ad.* 다
음에; 이웃에 *—prep.* …다음에;
…옆에[의]

Ni·ág·a·ra Fálls [naiǽg(ə)rə]
(*the ~*) 나이애가라폭포

nice [nais] *a.* 좋은; 친절한

Nice [niːs] *n.* 니스(지중해안에
있는 프랑스의 피서지)

nick·el [níkl] 〖化〗 니켈;《美》
5센트백동전   「애칭

nick·name [níknèim] *n.* 별명;

nic·o·tine [níkəti:n] *n.* 〖化〗 니
코틴

niece [niːs] *n.* 질녀 (*cf.* nephew)

Ni·ge·ri·a [naidʒí(ː)riə] *n.* 아프
리카 서부의 공화국

night [nait] *n.* 밤; 야음: a ~
letter 야간전송전보(요금이 쌈)/
a ~ suit 파자마/ a ~ train
밤차 *at* ~ 야간에 ~ *and day*
밤낮(으로)

níght clùb 나이트클럽   「gown

night·dress [-drès] *n.* =night-

night·gown [-gàun] *n.* 잠옷

night·in·gale [náitiŋgèil] *n.* 나
이팅게일(밤에 우는 새)

níght làtch 야간자물쇠(안에서
는 손잡이로, 밖에서는 열쇠로
열림)

night·ly [náitli] *a.* 밤마다의 *—
ad.* 밤마다

night·spot [náitspàt/-spɔ̀t] *n.*
《美口》 나이트클럽

níght wàtch 야경

Nile [nail] *n.* (*the ~*) 나일강

nim·ble [nímbl] *a.* 날쌘, 재빠
른; 재치있는; 약삭빠른

nine [nain] *n., a.* 9(의)

nine·teen [náintíːn] *n., a.* 19(의)

nine·ty [náinti] *n., a.* 90(의)

ninth [nainθ] *n., a.* 제9(의); 9
분의 1(의)

nip¹ [nip] *vt., vi.* 꼬집다, 집다,
물다; 따다 *—n.* 꼬집기, 집기

nip² *n.* (위스키 등의)한 잔[모금]
—vt., vi. 조금씩 마시다(sip)

nip·per [nípər] *n.* 집는 사람[것],
따는 사람; (*pl.*) 못뽑이;《英口》
소년

nip·ple [nípl] *n.* 젖꼭지   「소년

nip·py [nípi] *a.* 《口》 살을 에는
듯한

NITOUR = *N*ational and *In*-
ternational *Tour*ist Bureau
인도네시아의 국영 여행사

ni·tro·gen [náitrədʒən] *n.* 〖化〗
질소

no [nou] *a.* 없는, 조금[하나, 한사

람]도 없는; 결코 …아닌 *—ad.*
아니(오) (*opp.* yes); 조금도 …
아니다 *—n.* (*pl.* ~es) 아니(라
는 말), 부정

No., no. [nʌ́mbər] (*pl.* **Nos.,**
nos.) =number [<L *numero*]

Nó·bel Príze [nóubel] 노벨상

no·bil·i·ty [noubíliti] *n.* 고결
함; 고귀한 신분; (*the ~*) 《총
칭》 귀족

no·ble [nóubl] *a.* 고귀한, 고상
한, 귀족의: a ~ art 권투/~
metals 귀금속 *—n.* 귀족

no·ble·man [-mən] *n.* (*pl.* **-men**
[-mən]) 귀족

no·bod·y [nóubàdi, -bʌ̀di, -bədi/
-bədi, -bɔdi] *pron.* 아무도 …않
다 *—n.* 무명인, 하찮은 사람

noc·turne [nάktəːrn/nɔ́k-] *n.*
〖音〗 야상곡, 녹터언

nod [nɑd/nɔd] *vi., vt.* 끄덕이다,
목례하다 *—n.* 끄덕임, 목례

No·el [nouél] *n.* 크리스마스

noise [nɔiz] *n.* 소음, 소란, 소리:
Hold your ~! 입닥쳐 *—vt.* (소
문을)퍼뜨리다 《*abroad*》

noise·less [nɔ́izlis] *a.* 소리없는

nóise pollùtion 소음공해

nois·y [nɔ́izi] *a.* 시끄러운

no·mad [nóumæd/-məd] *n.* 유
목민, 방랑자

nom·i·nal [nάmin(ə)l/nɔ́m-] *a.*
이름의[뿐인]

nom·i·nate [nάminèit/nɔ́m-] *vt.*
지명하다; 추천하다

non·a·ligned [nànəláind] *a.* 비
동맹의, 중립의

non·cha·lant [nάnʃ(ə)lənt/nɔ́n-]
a. 무관심한, 태평한

non·con·form·ist [nànkən-
fɔ́ːrmist/nɔ̀n-] *n.* (보통 N~)
《英》 비국교도

none [nʌn] *pron.* 아무(것)도 …
않다 *—ad.* 전혀[결코] …않다
~ *the less* 그럼에도 불구하고

non·fic·tion [nànfík∫(ə)n/nɔ̀n-]
n. 논픽션

non·me·tal·lic [nànmetǽlik/
nɔ̀n-] *a.* 비금속의

non·pro·fes·sion·al [nànprə-
féʃ(ə)n(ə)l/nɔ̀n-] *a.* 비직업적인

non·re·sist·ant [nànrizíst(ə)nt/
nɔ̀n-] *a., n.* 무저항(주의)의[자]

non·sense [nάnsens/nɔ́ns(ə)ns]
n. 허튼소리; 어리석은 생각[짓]

non·stop [nánstáp/nɔ́nstɔ́p] *a.,*
ad. 무착륙의[으로], 직행의[으
로]

noo·dle [núːdl] *n.* 국수   「로]

nook [nuk] *n.* 구석: look in
every ~ and corner 샅샅이
찾다

noon [nuːn] *n.* 정오; 전성기: high
~ 대낮/ ~ recess 점심시간

noon·day [núːndèi] *n.* 정오, 대낮

nor [nɔːr, nər] *conj.* …도 …않다

Nor·dic [nɔ́ːrdik] *n., a.* 북유럽 인(의)

norm [nɔːrm] *n.* 표준; 노르마

nor·mal [nɔ́ːrm(ə)l] *a.* 표준의, 정상의 (*opp.* abnormal) —*n.* 정상; 표준 ~·ize *vt.* 정상화[표준화]하다

Nor·man [nɔ́ːrmən] *a.* 노르만 민족[어]의 —*n.* 노르만인[어]

Nor·man·dy [nɔ́ːrməndi] *n.* 영국해협에 면한 프랑스 서북지방

Norse [nɔːrs] *a.* 노르웨이인(인·어)의 —*n.* 노르웨이인[어]

north [nɔːrθ] *n.* 북; 북부(지방); (*the* N~) 미국의 북부 여러 주 —*ad.* 북으로[에] —*a.* 북의, 북 부의: the N~ Pole 북극

Nórth Càr·o·lí·na [-kærəláinə] 미국 동남부의 주

Nórth Da·kó·ta [-dəkóutə] 미국 중북부의 주

north·east [nɔ̀ːrθíːst, (海) nɔːríːst] *n.* 동북(부, 지방) —*a., ad.* 동북의[으로,

north·ern [nɔ́ːrðərn] *a.* 북의; 북부의: ~ lights 오로라 the N~ Hemisphere 북반구 N~ Ireland 북아일란드 ~·er *n.* 북부 [북극]인 ~·er *n.* 북부인; (N~) 《美》 북부 여러주 사람

north·land [nɔ́ːrθlənd] *n.* 북부 지방; (N~) 스칸디나비아반도

North·man [nɔ́ːrθmən] *n.* (*pl.* -men [-mən]) 북유럽인

north·ward [nɔ́ːrθwərd] *a.* 북으로 향하는 —*ad.* 북쪽으로 — *n.* 북부

north·west [nɔ̀ːrθwést, (海) nɔːrwést] *n.* 서북(부) —*a., ad.* 서북의[으로, 에]

Nor·way [nɔ́ːrwei] *n.* 노르웨이

Nor·we·gian [nɔːrwíːdʒ(ə)n] *a.* 노르웨이(인)의 —*n.* 노르웨이인

nose [nouz] *n.* 코; 후각; 선수, 기수 —*vt., vi.* (냄새를)맡다, 찾다

nose·bleed [-blìːd] *n.* 코피가 남

nóse dìve 급강하

no-show [nòu/óu] *n.* (비행기좌석 등을)예약해놓고 나타나지 않는 사람

nos·tal·gi·a [nɑstǽldʒ(i)ə/nɔs-] *n.* 향수

nos·tril [nάstril/nɔ́s-] *n.* 콧구멍

nos·y [nóuzi] *a.* 캐기 좋아하는

not [nɑt, nt, n/ nɔt, nt, n] *ad.* …아니다, …않다 ~ at all 결코 …아니다; (口) 천만에요

no·ta·ble [nóutəbl] *a.* 주목할 만한, 저명한 —*n.* 저명인사, 명사

notch [nɑtʃ/nɔtʃ] *n.* (V자형의) 새긴 금; 《美》 협곡

note [nout] *n.* 비망록, 메모; (*pl.*) 초고; 주석; (간단한)보고서; 짧은 편지; 지폐; 주의; 부호: a man of ~ 명사/ a ~ paper 편지지 *make a ~ of/ take ~s of* …을 적어두다 —*vt.* 적어두다 《*down*》; 주의하다

note·book [-bùk] *n.* 공책, 노우트

not·ed [nóutid] *a.* 유명[저명]한

note·wor·thy [-wə̀ːrði] *a.* 주목할 만한

noth·ing [nʌ́θiŋ] *n.* 1 아무것[일]도 …아님[않음] 2 무, 무의미; 하찮은 일[사람] *for ~* 무료로; 이유없이

no·tice [nóutis] *n.* 주의, 주목; 통지; 경고; 공고, 게시 *give ~* 통지하다 *take ~ of* …에 주의하다 *till further ~* 추후 통지가 있을 때까지 —*vt.* 알아채다, 주의[주목]하다; 통고하다 ~·a·ble *a.* 두드러진

no·ti·fy [nóutifài] *vt.* 통지하다

no·tion [nóuʃ(ə)n] *n.* 개념(idea), 관념; 의견, 견해; (*pl.*) 《美》 방물, 잡화: a ~ store 잡화점 ~·al *a.* 관념상의; 추상적인

no·to·ri·ous [noutɔ́ːriəs] *a.* 《나쁜 뜻으로》 유명한, 악명높은

No·tre Dame [nòutrədάːm] 성모마리아;(파리의)노트르담성당

not·with·stand·ing [nàtwiθ-stǽndiŋ/nɔt-] *prep.* …에도 불구하고 —*ad.* 그럼에도 불구하고

nou·gat [núːgɑː, + 美 núːgət] *n.* 누가(호두·설탕 등으로 만든 캔

nought [nɔːt] *n.* =naught (口)

nour·ish [nə́ːriʃ/nʌ́r-] *vt.* 기르다, 영양분을 주다 ~·ment *n.* 영양(물)

nov·el [nάv(ə)l/nɔ́v-] *a.* 새로운 (new); 신기한 —*n.* (장편)소설 ~·ette [nàv(ə)lét/nɔ̀v-] *n.* 단편소설 ~·ist *n.* 소설가

nov·el·ty [nάv(ə)lti/nɔ́v-] *n.* 신기함; 신기한 것[일]; 잡화(장신구 등): a ~ shop 선물가게

No·vem·ber [no(u)vémbər] *n.* 11월 (略: Nov.)

nov·ice [nάvis/nɔ́v-] *n.* 초심자

now [nau] *ad.* 1 지금, 현재 2 그런데, 그래서 *come ~* 자, 어서 (*every*) ~ *and then* [*again*] 때때로 —*conj.* …이므로, …인 이상은 —*n.* 지금, 목하 *from ~ (on)* 금후

now·a·days [náuədèiz] *ad.* 오늘날에는

no·where [nóu(h)wɛ̀ər] *ad.* 아무데도 …없다

nox·ious [nάkʃəs/nɔ́kʃəs] *a.* 유독한(poisonous), 해로운

no·yau [nwάːjou] *n.* 브랜디에

복숭아씨핵으로 맛을 낸 리큐르술 [F]

noz·zle [nÁzl/nɔ́zl] *n.* (관·통 등의)주둥이, 노즐

nt. wt. =net weight 정미중량

nu·ance [n(j)úːɑːns, ─́/njúː-, ─́] *F. n.* 색조; 뉘앙스

nu·cle·ar [n(j)úːkliər/njúː-] *a.* 핵의; 〖理〗원자핵의: a ~ reactor 원자로/a ~ ship 원자력선 ~ *family* 핵가족 ~ *power plant* 원자력 발전소

nu·cle·us [n(j)úːklias/njúː-] *n.* (*pl.* -cle·i [-kliài], ~·es) 핵, 심

nude [n(j)uːd/njuːd] *a.* 발가벗은, 나체의 ─*n.* 나체화[상]

nud·ist [n(j)úːdist/njúːd-] *n.* 나체주의자

nug·get [nÁgit] *n.* 천연의 금괴; (*pl.*) 《美俗》귀중품, 금전

nui·sance [n(j)úːsns/njúː-] *n.* 귀찮은 것; (남에게)폐(가 되는 일); 싫은 사람: public ~ 공해

null [nÁl] *a.* 무효의, 무익한

nul·li·fy [nÁlifài] *vt.* 무효화하다

numb [nÁm] *a.* 감각을 잃은

num·ber [nÁmbər] *n.* 수; 수자; 번호; 제…번, 번지; 다수 《*of*》: a phone ~ 전화번호/a room ~ 방번호 *a* ~ *of* 다수의; 약간의 *Wrong* ~*!* (전화에서)잘못걸었읍니다 ─*vt.* 번호를 매기다; 세다 ~·**less** *a.* 무수한; 번호없는

númber plàte (차의)번호판

nu·mer·al [n(j)úːm(ə)rəl / njúː-] *a.* 수의 ─*n.* 수자

nu·mer·i·cal [n(j)uːmérik(ə)l/njúː-] *a.* 수의

nu·mer·ous [n(j)úːm(ə)rəs/njúː-]

a. 다수의

nun [nÁn] *n.* 수녀, 여승

nun·ner·y [nÁnəri] *n.* 수녀원

nup·tial [nÁpʃ(ə)l] *n.* (보통 *pl.*) 결혼식 ─*a.* 결혼(식)의

Nu·rem·berg [n(j)úː(ː)rəmbəːrg/njúə-]*n.* 뉘렘베르크(서독의도시)

nurse [nəːrs] *n.* 유모; 보모; 간호원[인]; 보육자, 양성소: a wet ~ 유모/a dry ~ 보모 ─*vt.* 애를 보다; 간호하다

nurse·maid [─́mèid] *n.* 애보는 여자

nurs·er·y [nə́ːrs(ə)ri] *n.* 육아실, 어린이방; 묘포, 양어장: a ~ rhyme [song] 동요/a ~ school 보육원/a ~ tale 동화

núrs·ing hòme [nə́ːrsiŋ] 《美》(병자·노인 등의)요양소; 《英》작은 사설병원

nurs·ling [nə́ːrsliŋ] *n.* 젖먹이

nur·tur·ance [nə́ːrtʃərəns] *n.* 간호(활동), 양호

nur·ture [nə́ːrtʃər] *n.* 양육; 영양물 ─*vt.* 양육하다

nut [nÁt] *n.* 견과(호두·밤 등); 〖機〗너트

nut·crack·er [nÁtkrækər] *n.* (보통 *pl.*) 호두까는 기구

nu·tri·ment[n(j)úːtrimənt/njúː-] *n.* 영양물, 자양물

nu·tri·tion [n(j)uːtríʃ(ə)n/njúː-] *n.* 영양물, 음식물

nu·tri·tious [n(j)uːtríʃəs/njúː-] *a.* 영양이 되는, 자양분이 있는

NWA = Northwest Air Lines 노오드웨스트 항공

ny·lon [náilɑn/-lɔn] *n.* 나일론 (합성섬유); (*pl.*) 나일론양말

nymph [nimf] *n.* 님프, 여자요정

O

O, oh [ou] *int.* 오오, 어머나, 이런

oak [ouk] *n.* 〖植〗떡갈나무(재목)

oak·en [óuk(ə)n] *a.* 오크로 만든

oar [ɔːr] *n.* 노 (cf. scull); 노젓는 사람 ─*vt., vi.* (노로)젓다

oars·man [ɔ́ːrzmən] *n.* (*pl.* -men [-mən]) 노젓는 사람

OAS = Organization of American States 미주기구

o·a·sis [ouéisis, +美 óuə-] *n.* (*pl.* -ses [-siːz]) 오아시스(사막의 녹지대); 위안의 장소

oat [out] *n.* (보통 *pl.*) 귀리

oath [ouθ] *n.* (*pl.* ~s [ouðz, ouθs]) 맹세, 서서 「일

oat·meal [óutmiːl] *n.* 오우트미

o·be·di·ent [əbíːdiənt] *a.* 유순한, 고분고분한 -ence *n.* 복종, 순종

o·bei·sance [oubéis(ə)ns, +美 oubíː-] *n.* 절, 경례; 복종

ob·e·lisk [ábilisk/ɔ́b-] *n.* (이집트의)오벨리스크 「따르다

o·bey [əbéi] *vt., vi.* 복종하다

ob·ject[1] [ábdʒikt/ɔ́b-] *n.* 물체, 사물; 대상, 목표, 목적

ob·ject[2] [əbdʒékt] *vi., vt.* 반대[항의]하다 -jec·tion *n.* 반대, 이의

ob·jec·tive [əbdʒéktiv] *a.* 객관적인 ─*n.* 목적, 목표

ob·jet d'art [ɔːbʒeidɑ́ːr] *F.* (소)미술품

ob·la·tion [obléiʃ(ə)n] *n.* 헌납

ob·li·ga·tion [àbligéiʃ(ə)n/ɔ̀b-] *n.* 의무 (duty), 책임; 은혜

o·blige [əbláidʒ] *vt.* 할 수 없이 … 하게 하다, 강제하다 (compel);

은혜를 베풀다: I am much ~ d (to you). 대단히 고맙습니다

ob·blig·ing [əbláidʒiŋ] a. 친절한

ob·lique [əblí:k] a. 기운; 간접적인, 완곡한

ob·liv·i·on [əblíviən] n. 망각

ob·liv·i·ous [əblíviəs] a. 잘 잊는

ob·long [ɔ́blɔːŋ/ɔ́blɔŋ] n., a. 장방형(의) (cf. square)

ob·nox·ious [əbnɑ́kʃəs / -nɔ́k-] a. 불쾌한, 싫은, 미운

ob·scene [əbsí:n] a. 음란한

ob·scure [əbskjúər] a. 선명치 않은, 어두침침한 (dim); 모호한 (vague) —vt. 어둡게[모호하게] 하다

ob·scu·ri·ty [əbskjú(:)riti] n. 어두움, 불분명

ob·se·quies [ɑ́bsikwiz / ɔ́b-] n. 「장례식」

ob·serv·ance [əbzə́:rv(ə)ns] n. 준수, 준법; 의식; 관습

ob·serv·ant [əbzə́:rv(ə)nt] a. 관찰력이 날카로운, 주의깊은; 준수하는

ob·ser·va·tion [ɑ̀bzə(:)rvéiʃ(ə)n/ɔ́b-] n. 관찰(력), 관측; 주시: an ~ car 전망차

ob·serv·a·to·ry [əbzə́:rvətɔ̀:ri/-t(ə)ri] n. 천문대; 전망대

ob·serve [əbzə́:rv] vt., vi. 준수하다 (keep); (의식을)거행하다; 관찰[관측]하다; 알아채다

ob·serv·er [əbzə́:rvər] n. 관찰자; 감시자; (회의의)오브저어버

ob·so·lete [ɑ́bsəli:t/ɔ́b-] a. 스러진, 시대에 뒤진 (out-of-date)

ob·sta·cle [ɑ́bstəkl/ɔ́b-] n. 장애(물), 방해 「고집

ob·sti·na·cy [ɑ́bstinəsi/ɔ́b-] n.

ob·sti·nate [ɑ́bstinit/ɔ́b-] a. 고집센, 완고한

ob·struct [əbstrʌ́kt] vt., vi. 방해하다, 막다 **-struc·tion** n.

ob·tain [əbtéin] vt. 입수하다

ob·verse [ɑ́bvə:rs/ɔ́b-] n. (화폐·메달의)표면 (cf. reverse)

ob·vi·ous [ɑ́bviəs/ɔ́b-] a. 분명한, 명백한 (evident).

oc·a·ri·na [ɑ̀kərí:nə/ɔ̀k-] n. 오카리나(오지로 만든 피리)

oc·ca·sion [əkéiʒ(ə)n] n. 경우; 기회 (for); 원인 (cause): on this ~ 이 기회에 —vt. 야기하다

oc·ca·sion·al [əkéiʒən(ə)l] a. 때때로의; 우연한 **~·ly** ad. 가끔

Oc·ci·dent [ɑ́ksid(ə)nt/ɔ́k-] n. 서양 (cf. Orient); (o~) 서쪽

oc·cu·pant [ɑ́kjupənt/ɔ́k-] n. 점유[점령]자; 거주자

oc·cu·pa·tion [ɑ̀kjupéiʃ(ə)n/ɔ́k-] n. 점유, 거주; 직업

oc·cu·pa·tion·al [◁əl] a. 직업의 ~ disease 직업병

oc·cu·py [ɑ́kjupài/ɔ́k-] vt. 점령하다; 보유[거주]하다; 차지하다 be occupied in [with] …에 종사하고 있다; …로 바쁘다

oc·cur [əkə́:r] vi. (일이)일어나다 (happen); (생각이)떠오르다

oc·cur·rence [əkə́:r(ə)ns/əkʌ́r-] n. 발생; 사건

o·cean [óuʃ(ə)n] n. 대양; (pl.) 많음: an ~ flight 대양비행 / an ~ liner 원양정기선

o·cean-go·ing [óuʃ(ə)ngòuiŋ] a. 원양항해의

O·ce·an·i·a [òuʃiǽniə, -ɑ́:n-, -éin-/-éin-] n. 대양주

o·ce·an·ic [òuʃiǽnik] a. 대양의

o'clock [əklɑ́k/əklɔ́k] ad. …시

oct- [ɑkt-/ɔkt-], **oc·ta-** [ɑ́ktə/ɔ́ktə-] pref. 「8」의 뜻

oc·tane [ɑ́ktein/ɔ́k-] n. 《化》 옥탄: ~ number 옥탄가

oc·tave [ɑ́kteiv, -tiv/ɔ́ktiv] n. 《音》 옥타브 (8도) 「n. 10월

Oc·to·ber [ɑktóubər/ɔktóubə]

oc·to·pus [ɑ́ktəpəs/ɔ́k-] n. (pl. ~·es, -to·pi [-pài]) 《動》 문어

oc·u·lar [ɑ́kjulər/ɔ́kjulə] a. 눈의

oc·u·list [ɑ́kjulist/ɔ́k-] n. 안과의사

odd [ɑd/ɔd] a. 홀수의 (cf. even); 한쪽만의; 여분의, …여; 괴상한 (queer): fifty ~ years 50여년 / an ~ month (31일 있는)큰달 / an ~ size 특별한 크기

odds [ɑdz/ɔdz] n. pl. 《어떤 숙어에서는 단수취급》차이; 핸디캡; 승산; 가망

ode [oud] n. 송가(頌歌)

o·di·ous [óudiəs] a. 밉살스러운; 추악한

o·dor, 《英》 **-dour** [óudər] n. 냄새; 향기 (aroma); 방향; 기미

of [ʌv, əv, v, +美 ɑv, +英 ɔv] prep. …의; …을; …로부터; …에 의해; …때문에, …라는

off [ɔ:f/ɔ(:)f] ad. 1 떨어져서, 떠나서, 멀리 2 《on과 대칭하여》 벗어나, 벗어서 3 《완료·중지》 해버려, 완전히 —a. 떨어진, 저쪽의; 비번의: an ~ season 비철 / an ~ day 비번날 —prep. …에서 떨어져, …을 벗어나; 《海》 …의 앞바다에

of·fal [ɔ́:f(ə)l, ɑ́f-/ɔ́f-] n. 찌꺼기 고기; 쓰레기

off-Broad·way [ɔ́:fbrɔ́:dwèi / ɔ́f-, ɔ́:f-] n., a. 브로오드웨이 이외의 소극장에서 상연하는 연극(의)

of·fend [əfénd] vi. 죄를 범하다, 어기다 《against》 —vt. 화나게 하다

of·fense, 《英》 **-fence** [əféns] n.

죄 (sin), 범죄 (crime); 위반 《against》; 기분 상하게 하기, 화내기; 공격(측) (opp. defense)

of·fen·sive [əfénsiv] a. 불쾌한; 무례한; 공세의 —n. 공격

of·fer [ɔ́:fər, áf-/ɔ́fə] vt. 제의[제출]하다 (propose) —vi. (희생물을)바치다 —n. 신청; 제안

of·fer·ing [ɔ́:fəriŋ, áf-/ɔ́f-] n. 헌납, 헌금; 신청

off·hand [ɔ́:fhǽnd/ɔ́(:)f-] a., ad. 즉석의[에서]; 되는대로(의)

off·hour [ɔ́:fáuər/ɔ́(:)f-] n. 한산한 시간, 영업시간외

of·fice [ɔ́:fis, áf-/ɔ́f-] n. 사무소, 회사; 직무; 지위; 관직; 관공서, 《英》 성, 국; (pl.) 잡력; (종교적)의식: a branch ~ 지점, 지사/the head [main] ~ 본점, 본사/ ~ hours 영업시간

of·fice·hold·er [ᷓhòuldər] n. 공무원, 관리

of·fi·cer [ɔ́:fisər, áf-/ɔ́f-] n. 공무원 (official); 임원; 장교; (상선의)고급선원

of·fi·cial [əfíʃ(ə)l] a. 직무상의, 공무상의; 공식적인 (formal): an ~ residence 관저, 관사 —n. 공무원; 임원, 직원 **~·ly** ad. 공식적으로; 업무상

of·fi·ci·ate [əfíʃièit] vi. 직무를 수행하다; 사회하다 《at》

off·ing [ɔ́:fiŋ/ɔ́(:)f-] n. 앞바다

off-sea·son [ɔ́:fsí:zn/ɔ́f-, ɔ́:f-] n., a., ad. 철이 아님[아닌, 아니게]

off·set n. [ɔ́:fsèt →v. /ɔ́(:)f-] 분파, (산의)지맥; 벌충 —vt. [美 ᷓᷓ] (p., pp. **-set**) 벌충하다

off·shore [ɔ́:fʃɔ́:r/ɔ́(:)fʃɔ́:] a., ad. 앞바다의[에] 「손; 결과

off·spring [ɔ́:fspriŋ/ɔ́(:)f-] n. 자

off-the-rec·ord [ᷓðərékərd] a. 비공식의, 비공개의

of·ten [ɔ́:f(ə)n/ɔ́(:)fn] ad. 종종

o·gle [óugl] n., vt., vi. 추파(를 던지다)

oh [ou] int. 오오, 이런 「부의 주

O·hi·o [ouháiou] n. 미국 동북

oil [ɔil] n. 기름; 석유: lamp ~ 등유/an ~ painting 유화/an ~ well 유정 —vt. 기름을 치다 [바르다]

óil còlor 유화(물감)

óil fìeld 유전

óil màjors 국제석유자본(Exxon, Texaco, Gulf, Mobil, Standard Oil of California (이상 미국계), British Petroleum (영국계), Royal Dutch Shell (영·화란계)의 7대회사)

óil shàle 유모혈암(油母頁岩)

oil·y [ɔ́ili] a. 기름투성이의; 구변좋은

oint·ment [ɔ́intmənt] n. 연고

OK, O.K. [óukéi] 《美口》 a., ad. 좋아, 오우케이 —vt. (p., pp. ~'d, ppr. ~'ing) 동의[승인]하다 —n. (pl. ~'s) 승인, 허가

o·kay, o·key [óukéi] a., ad., vt., n. =OK

O·khotsk [oukátsk/-kɔ́tsk] n. (the ~) 오호츠크해

O·kla·ho·ma [òukləhóumə] n. 미국 중남부의 주

old [ould] a. (~·er, ~·est, 《손위 관계를 나타낼 때》 elder, eld·est) 1 늙은, 노령의 (opp. young): ~ age 노년/the ~ man 《俗》 영감 2 …살의 3 오래된, 옛날의; 낡은 4 이전[출신]의: an ~ boy 《英口》 졸업생, 동창생/an ~ country (특히 영국인 이민의)고국 5 해묵은, 옛부터의: ~ friends 오랜친구 6 노련한; 상습적인 7 《口》 《남을 부를 때 친밀감을 넣어》: ~ boy [chap, man] 이 사람아 O~ Glory 《美》 성조기 the O~ South 《美》 (남북전쟁전의)남부 제주 the O~ Vic (셰익스피어극장으로서 유명한)템즈강 남안의 극장 —n. 옛날; 노인 of ~ 옛날의[은]

old-fash·ioned [ᷓfǽʃ(ə)nd] a. 유행에 뒤진, 구식의 —n. 칵테일잔의 일종 「예스러운

old·ish [óuldiʃ] a. 늙수그레한;

old-tim·er [ᷓtáimər] n. 《口》 고참자; 구식사람 「구식의

old-world [ᷓwɔ́:rld] a. 고대의,

Óld Wórld (the ~) 구세계

ol·ive [áliv/ɔ́liv] n. 《植》 올리브(열매) —a. 올리브(색)의: ~ oil 올리브기름

O·lym·pi·a [oulímpiə] n. 올림피아(그리이스 서부의 평원, 고대 Olympic Games가 열린곳)

O·lym·pi·ad [oulímpiæd] n. 국제올림픽대회

O·lym·pic [oulímpik] a. 올림피아의 ~ flame 올림픽대회의 성화 the ~ Games 국제 올림픽대회

O·lym·pus [oulímpəs] n. 올림포스산(희랍신화의 12신의 거처)

om·e·let, -lette [ám(ə)lit/ɔ́m-let] n. 오믈렛

o·men [óumən, +英 -men] n. 전조; 예감

om·i·nous [áminəs/ɔ́m-] a. 불길한, 재수없는

o·mis·sion [oumíʃ(ə)n] n. 생략

o·mit [oumít] vt. 생략하다; (…하기를) 잊다

om·ni·bus [ámnibəs/ɔ́m-] n. 버스 —a. 여럿을 포함하는: an

~ box (극장의)정원의 관람석/ an ~ picture 옴니버스영화/ an ~ train 《英》(역마다 서는) 완행열차

om·nip·o·tent [ɑmnípət(ə)nt / ɔm-] a. 전능한

on [ɔn, ən, n, +美 ɑn] prep. … 위에; …가까이에, …로 향해서; …에 근거하여; …과 동시에; …에 대하여[관하여]: ~ Sunday 일요일에/~ arriving 도착하자 마자 —ad. 위에; 몸에 지녀, 앞으로; 계속해서

on-board [ɑ́nbɔ̀:rd/ɔ́n-] a. 기내 [선내]에 비치된

once [wʌns] ad. 한번, 1회; 일찌 기; 일단; 1배:~ a week 주1 회 ~ and again 재삼재사 ~ in a way [while] 이따금 ~ more/~ again 다시 한번 — conj. 일단 …하면 —n. 한번, 1 회 at ~ 즉시; 동시에 for this ~ 이번만 —a. 이전의

one [wʌn] a. 하나의; 동일한; 어 떤; 한쪽의; (the ~) 유일한 — n. 1; 하나; 동일 —pron. 《일반 적으로》사람; (어떤)것 any ~ 누구든 every ~ 아무나, 모두 no ~ 아무도 …않다 some ~ 누군가

one-man [⌐mǽn] a. 한 사람만 의: a ~ stage play 원맨쇼우

one-night·er [⌐náitər] n. 하룻 밤만의 공연 (one-night stand)

one-seat·er [⌐síːtər] n. 단좌기 (單座機)

one·self [wʌnsélf] pron. 《one의 재귀형》 자기자신(을, 에, 이); 《강조》 스스로 by ~ 혼자서; 독력으로 for ~ 독력으로; 자 신을 위해 in ~ 그자체는 of ~ 저절로

one-sid·ed [wʌnsáidid] a. 한쪽 만의; 일방적인

one-way [⌐wéi] a. 일방통행의; 《美》(표가)편도의: a ~ street 일방통행로 —n. 편도표

on·ion [ʌ́njən] n. 《植》 양파

on-line [ɑ́nlàin/ɔ́n-] a. 중앙처리 컴퓨터에 직결된 ~ system 온 라인시스템(자료가 중앙 컴퓨터 로 직접 보내어진 다음 처리된 정보가 즉시 되돌아오는 방식)

on·look·er [ɑ́nlùkər, ɔ́:n-/ɔ́n-] n. 구경꾼, 방관자

on·ly [óunli] a. 단 하나[한 사 람]의; 무쌍의 —ad. 다만, 오직; …뿐 —conj. 다만 …뿐; …을 제외하고는

on·set [ɑ́nsèt, ɔ́:n-/ɔ́n-] n. 공격

On·tar·i·o [ɑntɛ́(:)riou/ɔntɛ́ər-] n. 캐나다 남부의 주; 온테리오호

on·to [ɑ́ntuː, ɔ́:n-, -tə/ɔ́n-] prep.

…위에[로]

on·ward [ɑ́nwərd, ɔ́:n-/ɔ́n-] a. 전진하는 —ad. 앞으로(onwards)

on·yx [ɑ́niks/ɔ́n-] n. 줄무늬마노

OOC = Olympic Organizing Committee 올림픽조직위원회

ooze [uːz] vi., vt. 스머나오(게하) 다 —n. 해감; 스머나오기

o·pal [óup(ə)l] n. 《鑛》 오팔

o·paque [oupéik] a. 불투명한; 광택없는; 불명확한; 부전도성의

óp árt [ɑ́p / ɔ́p] 광학적 미술 [< optical art]

OPEC = Organization of Petro- leum Exporting Countries 석 유수출국기구

o·pen [óup(ə)n] a. 열린; 덮개[울] 없는; 펼친; 공개적인; 솔직한; (가게·회·극장이)개점[공연]중 인; 얽어붙지 않는: an ~ place 광장 —vt. 열다 (opp. shut), 펼 치다; 개방[공개]하다, 시작[개 업]하다 —vi. 열리다, 갈라[벌 어]지다; 시작되다 ~ on …이 바라보이다 ~ out 열다; 전개 하다, 털어놓다 —n. (the ~) 빈 터, 광장; 옥외 ~·ly ad. 공공 연히

o·pen-air [⌐ɛ́ər] a. 옥외의

ópen cár 오픈카아

ópen chéck [《英》 chéque] 보 통수표 (cf. crossed check)

open-door [⌐dɔ́:r] a. 문호개방 의   「개; 개시자

o·pen·er [óup(ə)nər] n. 깡통따

ópen gáme 오픈게임

o·pen-heart·ed [⌐hɑ́:rtid] a. 솔 직한; 친절한, 너그러운

o·pen·ing [óup(ə)niŋ] n. 시작; 최초; 구멍 —a. 처음[시작]의

ópen màrket operàtion (각국 중앙은행의)공개시장조작[정책]

o·pen-mind·ed [⌐máindid] a. 마음이 넓은, 허심탄회한

ópen pórt 자유항; 부동항

ópen séa 공해

o·pen·work [⌐wə̀:rk] n. 투명 조각(세공)

op·er·a[1] [ɑ́p(ə)rə/ɔ́p-] n. 오페라, 가극: a grand [light, comic] ~ 대[경,희]가극/a serious [tragic] ~ 비가극/an ~ bouffe 희가 극/~ glasses 오페라글라스/ an ~ hat 접을 수 있는 실크 햇/an ~ house 가극장

o·pe·ra[2] n. opus의 복수

op·er·ate [ɑ́pərèit/ɔ́p-] vi. (기 계 등이) 작동하다; 작용하다 (upon) —vt. 운전하다; 관리 하다

op·er·a·tion [ɑ̀pəréis(ə)n/ɔ́p-] n. 작용; 운전; 경영; 시행; 수술

op·er·a·tor [ɑ́pərèitər/ɔ́p-] n.

직공, 기계운전자; 전화교환수; 경영자

op·er·et·ta [àpərétə/ɔp-] *n.* 오페레타, 소희가극

o·pi·ate [óupiit, -èit] *n.* 아편제, 마취제 —*a.* 아편의, 마취의

o·pin·ion [əpínjən] *n.* 의견, 견해, (보통 *pl.*) 소신: public ~ 여론/in my ~ 내 생각에는

o·pi·um [óupiəm] *n.* 아편

op·po·nent [əpóunənt] *a.* 반대의 —*n.* 반대자, 상대편

op·por·tune [àpərt(j)úːn, ―́―´/ɔ́pətjuːn] *a.* 적절한; 시기에 알맞는

op·por·tun·ism [àpərt(j)úːniz(ə)m/ɔ́pətjuːn-] *n.* 기회주의 **-ist** *n.* 기회주의자

op·por·tu·ni·ty [àpərt(j)úːniti/ɔ̀pətjúː-] *n.* 기회, 호기(好機)

op·pose [əpóuz] *vt.* 반대하다; 대항하다 (resist)

op·po·site [ápəzit/ɔp-] *a.* 맞은 [반대]편의 《to, with》 —*n.* 정반대의 사람[것]

op·po·si·tion [àpəzíʃ(ə)n/ɔp-] *n.* 반대, 대립; 적대

op·press [əprés] *vt.* 압박하다

op·pres·sion [əpréʃ(ə)n] *n.* 압박 「하는; 답답한

op·pres·sive [əprésiv] *a.* 압박

op·tic [áptik/ɔp-] *a.* 눈의, 시각의 —*n.* 《英》 술을 재는 컵

op·ti·cal [áptik(ə)l/ɔp-] *a.* 눈의, 시각의; 광학적인

op·ti·cian [aptíʃ(ə)n/ɔp-] *n.* 안경상, 광학기구상

op·ti·mism [áptimìz(ə)m/ɔp-] *n.* 낙천주의 (*opp.* pessimism) **-mist** *n.* 낙천주의자

op·tion [ápʃ(ə)n/ɔp-] *n.* 선택 (권), 임의 —*al* ~*al* *a.* 임의의

o·pus [óupəs] *n.* (*pl.* **o·pe·ra**) 작품 《op.로 줄여 작품번호를 나타냄》

or [ɔːr, ər] *conj.* **1** 또는, 혹은 **2** 즉 **3** 그렇지 않으면 「(託)

or·a·cle [ɔ́rəkl/ɔ́r-] *n.* 신탁(神)

o·ral [ɔ́rəl] *a.* 구두의; 경구의 ~ *contraceptive* 경구피임약

or·ange [ɔ́rindʒ/ɔ́r-] *n.* 《植》오렌지, 귤(나무): an ~ stick (매니큐어용)오렌지스틱 —*a.* 오렌지색의 「오렌지에이드

or·ange·ade [ɔ̀rindʒéid/ɔ́r-] *n.*

o·rang-u·tan, -ou·tang [ɔːrǽŋutæn/ɔːrəŋúːtæn] *n.* 오랑우탄

o·ra·tion [ɔːréiʃ(ə)n] *n.* 연설

or·a·tor [ɔ́rətər/ɔ́rətə] *n.* 연설자, 웅변가

or·a·to·ri·o [ɔ̀rətɔ́ːriou/ɔ̀rə-] *n.* 《音》 오라토리오, 성담곡

or·a·to·ry [ɔ́rətɔ̀ːri/ɔ́rət(ə)ri] *n.*

n. 기도소, 작은 예배당

orb [ɔːrb] *n.* 구(球); 천체

or·bit [ɔ́ːrbit] *n.* 《天》 궤도; 활동범위 ~·**er** *n.* 인공위성

or·chard [ɔ́ːrtʃərd] *n.* 과수원

or·ches·tra [ɔ́ːrkistrə] *n.* 오케스트라, 관현악(단)

or·chid [ɔ́ːrkid] *n.* 《植》 난초

or·der [ɔ́ːrdər] *n.* 순서; 질서; 정돈; 명령; 주문; 등급; 계급; 《宗》 의식; 훈위; 《建》 기둥양식: the Corinthian ~ 코린트양식/the O~ of the Garter 가아터훈위/a mail ~ 통신판매/money [postal] ~ 우편환/an ~ blank [form] 주문용지 *be on ~* 주문해 두고 있다 *in (good)* ~ 정연하게 *give an ~ for ⋯* ~을 주문하다 *made to* ~ 마춘 (*cf.* ready-made) —*vt.* 명령하다; 주문하다; 정돈하다: ~ home 귀국을 명하다

or·der·ly [ɔ́ːrdərli] *a.* 질서정연한, 질서를 지키는: an ~ bin 《英》 (길가의)쓰레기통

or·di·nance [ɔ́ːrdinəns] *n.* 법령; 《宗》 의식

or·di·nar·y [ɔ́ːrdinèri/ɔ́ːd(i)n(ə)ri] *a.* 보통의; 평범한 —*n.* 보통, 통례; 《美》 여관; 《英》 정식; 정식을 파는 식당

Or·e·gon [ɔ́ːrigən, -gàn, ár-/ɔ́rig(ə)n, -gən] *n.* 미국 태평양안 북부의 주

or·gan [ɔ́ːrgən] *n.* 《音》 오르간; 기관(器官) —·**ist** *n.* 오르간주자

or·gan·ic [ɔːrgǽnik] *a.* 기관의; 유기적인

or·gan·ism [ɔ́ːrgənìz(ə)m] *n.* 유기체, 생물; 유기적 조직체

or·gan·i·za·tion [ɔ̀ːrgənizéiʃ(ə)n/-nai-] *n.* 조직, 구성; 단체

or·gan·ize [ɔ́ːrgənàiz] *vt.* 조직[편성]하다

or·gy [ɔ́ːrdʒi] *n.* 떠들썩한 술잔치; 난잡한 파아티

O·ri·ent [ɔ́ːriənt] *n.* (the ~) 동양 (*cf.* Occident); (o~) (동양산의)고급진주 —*a.* 동양의

o·ri·en·tate [ɔ́ːrientèit] *vt.* 일정한 방향으로 놓다; 적응시키다; 신인을 교육하다

or·i·gin [ɔ́ːridʒin, ári-/ɔ́ri-] *n.* 시초, 발단; 기원

o·rig·i·nal [ərídʒin(ə)l] *a.* 시초의, 본래의; 독창적인 —*n.* 원형, 원본 ~·**ly** *ad.* 원래

o·rig·i·nal·i·ty [ərìdʒinǽliti] *n.* 독창력[성], 창의

o·rig·i·nate [ərídʒinèit] *vt., vi.* 시작하다[되다]; 생기(게하)다; 발명하다 「리공항

Órly áirport [ɔ́ːrli] (파리의)오를

or·na·ment n. [ɔ́:rnəmənt →v.] 장식 (decoration), 장식품 —vt. [ɔ́:rnəmènt] 장식하다

or·phan [ɔ́:rf(ə)n] n. 고아

or·phan·age [ɔ́:rf(ə)nidʒ] n. 고아원

or·tho·dox [ɔ́:rθədàks/-dɔks] a. 정교(正敎)의; 정통의 the O~ Church 그리이스정교회 ~·y n. 정교, 정통파

Os·car [ɔ́:skər] n. 《美》오스카 (아카데미상으로서 주는 상)

os·ten·ta·tious [àstentéiʃəs/ɔs-] a. 허세부리는, 허식적인

Ost·po·li·tik [ɔ́:stpouli:tì:k] n. (서독의)동방정책

os·trich [ɔ́:stritʃ, ás-/ ɔs-] n. 《鳥》타조

oth·er [ʌ́ðər] a. 다른, 틀리는, 별개의 the ~ day 요전날 — pron. 《복수에 s를 붙임》 다른 사람[것] one after the ~ 잇따라, 번갈아 some time or ~ 언젠가 —ad. 그렇지 않고

oth·er·wise [ʌ́ðərwàiz] ad. 다른 방법으로; 그렇지 않으면

Ot·ta·wa [átəwə/ɔ́t-] n. 오타와 (캐나다의 수도)

ot·ter [átər/ɔ́t-] n. (pl. ~s, 《총칭》 ~) 수달(피)

Ot·to·man [átəmən/ɔ́t-] a. 터어키제국[인]의 —n. (pl. ~s) 터어키인; (o~) 긴 의자의 일종

ought [ɔ:t] aux. v. 1 《의무·당연》 …해야 하다, 함이 마땅하다 2 《소망》: You ~ to come with us. 꼭 우리와 함께 가십시다 3 …일 것이다, …에 틀림없다: He ~ to have arrived there. 벌써 거기 도착했을 것이다

ounce [auns] n. 온스(무게의 단위. 1/16 (금형에서는 1/12) pound (略: oz.)); 소량

our [auər] pron. we의 소유격

ours [auərz] pron. we의 소유대명사

out [aut] ad. 밖으로[에], 부재로 (opp. in); 앞바다로; 세상에 나서; …없이; 벗어나 —a. 밖의; (멀리) 떨어진; 《俗》 특대의 That's ~. 《口》 그건 못쓴다

out·board [ᐱbɔ̀:rd] a., ad. 선외 (船外)의[에]: an ~ motor 선외모우터

out·break [ᐱbrèik] n. 돌발 (outburst); 폭동

out·build·ing [ᐱbìldiŋ] n. 헛간 (barn), 별채

out·burst [ᐱbə̀:rst] n. 폭발; 돌발

out·cast [ᐱkæst/-kɑ̀:st] a., n. 추방된(사람), 집없는(사람)

out·come [ᐱkʌ̀m] n. 결과, 경과

out·cry [ᐱkrài] n. 고함; 비명

out·door [ᐱdɔ̀:r] a. 옥외의

out·doors [ᐱdɔ́:rz] ad. 옥외에서

out·er [áutər] a. 바깥쪽의 (opp. inner): ~ garments 겉옷, 외투

out·field [ᐱfi:ld] n. 《야구·크리켓》 외야

out·fit [ᐱfit] n. (여행)용품; 도구 —vt. 채비해주다 —·ter n. 장신구상; 여행용품상

out·flow [ᐱflòu] n. 유출

out·go vt. [ᐱgóu →n.] (p. -went [-wént], pp. -gone [-gɔ:n/-gɔn]) 능가하다; 보다 멀리 가다 —n. [ᐱᐸ] (pl. -es) 지출, 경비

out·grow [ᐱgróu] vt. (p. -grew [-grú:], pp. -grown [-gróun]) …보다 크게 자라다

out·house [ᐱhàus] n. 별채, 헛간; 《美》옥외변소

out·ing [áutiŋ] n. 외출, 소풍, 산책

out·land [ᐱlænd] n. 벽지, 변경 ~·ish a. 이국풍의

out·law [ᐱlɔ̀:] n. 무법자, 상습범

out·lay vt. [ᐱléi →n.] (p., pp. -laid [-léid]) 소비하다 —n. [ᐱᐸ] 비용

out·let [ᐱlèt] n. 출구; 판로

out·line [ᐱlàin] n. 윤곽, 약도; 개요

out·look [ᐱlùk] n. 전망 「뒤진

out-of-date [ᐱəvdéit] a. 시대에

out-of-town·er [ᐱəvtáunər] n. 《美口》타향사람

out·port [ᐱpɔ̀:rt] n. 외항; 출항지

out·pour·ing [ᐱpɔ̀:riŋ] n. 유출

out·put [ᐱpùt] n. 《經》산출

out·rage [ᐱrèidʒ] n. 폭행 —vt. 폭행하다, 범하다, 분개시키다

out·run [ᐱrʌ́n] vt. (p. -ran [-ræn], pp. -run) 앞지르다; 도망치다

out·set [ᐱsèt] n. 최초, 시초

out·side [ᐱsáid, ᐱᐸ, ᐸᐱ] n. 바깥쪽 (opp. inside); 외관; 《英》(버스 등의)옥상좌석(의 손님) —a. 외부의; 옥외의 —ad. 밖에, 옥외에서[로] —prep. …의 밖에[에서, 으로]; 《美口》…을 제외하고 -síd·er n. 국외자

out·skirts [ᐱskə̀:rts] n. pl. 교외

out·stand·ing [ᐱstǽndiŋ] a. 현저한; 미불의

out·stay [ᐱstéi] vt. …보다 오래 머무르다

out·ward [ᐱwərd] a. 외부의; 밖으로 향하는 —n. 외부; 풍채 —ad. 밖에[으로], 해외[국외]에[로] (outwards)

out·ward-bound [ᐱbáund] a. 외국행의 ~·er n. 외국항로선

out·wear [ᐱwɛ́ər] vt. (p. -wore [-wɔ́:r], pp. -worn [-wɔ́:rn]) …보다 오래 가다; 입어서 해뜨리다

o·val [óuv(ə)l] a. 계란형[타원형]

의 —n. 계란형(의 것), 타원체; (*the* O~) 런던 서남부의 크리

ov·en [ʌ́vn] *n.* 가마, 솥 「켓장

o·ver [óuvər] *prep.* ···위의[에]; ···을 넘어; ···이상; ···을 능가하여, 《시간》 ···중, ···동안; ···에 대하여 —*ad.* 전면에; 멀리; 저쪽에; 이쪽으로; 넘어져, 넘쳐; 끝나서, 지나서; ···이상; 되풀이하여 ~ **here** [**there**] 이쪽[저쪽]으로

o·ver·all [óuvərɔ̀:l] *n.* (헐렁한) 상의; (*pl.*) 작업복바지 —*a.* 전면적인; 총···

o·ver·bear [ᐱbέər] *vt.* (*p.* -bore [-bɔ́:r], *pp.* -borne [-bɔ́:rn]) 압도하다, 위압하다

o·ver·board [ᐱbɔ̀:rd] *ad.* (배에서)물속으로

o·ver·cast *vt., vi.*[ᐱkǽst/-kɑ́:st →*a.*] (*p., pp.* -cast) 구름으로 뒤덮다, 어둡게 하다 —*a.* [ᐱ‐ᐱ] 흐린

o·ver·coat [ᐱkòut] *n.* 외투

o·ver·come [ᐱkʌ́m] *vt., vi.* (*p.* -came [-kéim], *pp.* -come) 이기다, 극복[정복]하다

o·ver·crowd [ᐱkráud] *vt.* 혼잡하게 하다

o·ver·do [ᐱdú:] *vt., vi.* (*p.* -did [-díd], *pp.* -done [-dʌ́n]) 지나치게 하다, 과장하다; 너무 삶다 [굶다]

o·ver·due [ᐱd(j)ú:/-djú:] *a.* (지불)기한이 지난; 연착한

o·ver·flight [ᐱflàit] *n.* (항공기 등의)영공[상공] 통과

o·ver·flow *vi., vt.* [ᐱflóu →*n.*] (*p.* ~ed, *pp.* -flown [-flóun]) 넘치(게 하)다 —*n.* [ᐱ‐ᐱ] 홍수; 배수로[구]

o·ver·grow [ᐱgróu, ᐱ‐ᐱ] *vt., vi.* (*p.* -grew [-grú:], *pp.* -grown [-gróun]) 우거지다; 너무 자라다

o·ver·hang [ᐱhǽŋ] *vi., vt.* (*p., pp.* -hung [-hʌ́ŋ]) 돌출하다[시키다]; 임박하다

o·ver·haul *vt.* [ᐱhɔ́:l →*n.*] (수리 등을 위해)분해검사하다; (배 등이)앞지르다 —*n.* [ᐱ‐ᐱ] 분해검사

o·ver·head *ad.* [ᐱhéd →*a.*] 머리위[하늘]에 —*a.* [ᐱ‐ᐱ] 머리위의, 고가(高架)의

o·ver·hear [ᐱhíər] *vt.* (*p., pp.* -heard [-hə́:rd]) 얼어듣다, 엿듣다 「하다

o·ver·heat [ᐱhí:t] *vt., vi.* 과열

o·ver·land [ᐱlǽnd] *a., ad.* 육상의[에서], 육로의[에서] *the* ~ *route* 《美》대륙횡단도로; 《英》영국에서 지중해를 거쳐 인도양에 이르는 항로

o·ver·lap *vi., vt.* [ᐱlǽp →*n.*] 겹쳐지다, 겹치다 —*n.* [ᐱ‐ᐱ] 중복; 《영화》 오우버랩

o·ver·look [ᐱlúk] *vt.* 바라보다; (못보고)빠뜨리다; 감독하다

o·ver·night [óuvərnáit] *ad.* 하룻밤(내); 밤새도록 —*a.* 밤 사이의; 하룻밤[일박]의: an ~ *trip* 일박여행 — *bag* [*case*] 짧은 여행용 가방

o·ver·pass *vt.* [ᐱpǽs/-pɑ́:s // →*n.*] (*p., pp.* ~ed *or* -past [-pǽst/-pɑ́:st]) 통과하다; (못보고)빠뜨리다; 초월하다 —*n.* [ᐱ‐ᐱ] 《美》육교

o·ver·pow·er [ᐱpáuər] *vt.* 이기다, 압도하다

o·ver·rule [ᐱrú:l] *vt.* 지배하다;

o·ver·seas [ᐱsí:z], 《英》 -sea [-sí:] *a.* 해외의, 외국의 ~ *the* ~ *broadcast* 대외방송 ~ *call* [*telegram*] 해외전화[전보] —*ad.* 해외로[에], 외국으로[에]: go ~ 해외로 가다

o·ver·see [ᐱsí:] *vt.* (*p.* -saw [-sɔ́:], *pp.* -seen [-sí:n]) 감독하다

o·ver·shoe [ᐱʃù:] *n.* (보통 *pl.*) 방수용 덧신

o·ver·sight [ᐱsàit] *n.* (못보고)빠뜨리기, 실수; 감독 「형(의)

o·ver·size [ᐱsáiz] *n., a.* 특대

o·ver·stay [ᐱstéi] *vt.* 너무 오래 머무르다

o·ver·step [ᐱstép] *vt.* 밟고 넘어가다, (한도를)넘다

o·vert [ouvə́:rt, ᐱ‐] *a.* 명백한

o·ver·take [òuvərtéik/ᐱ‐ᐱ] *vt.* (*p.* -took [-túk], *pp.* -tak·en [-téik(ə)n]) 따라잡다; 갑자기 엄습하다 *No overtaking.* 《게시》 추월금지

o·ver-the-road [ᐱðəróud] *a.* 도시간의, 주(州) 사이의

o·ver·throw *vt.* [ᐱθróu →*n.*] (*p.* -threw [-θrú:], *pp.* -thrown [-θróun]) 뒤엎다, 넘어뜨리다 (upset) —*n.* [ᐱ‐ᐱ] 타도

o·ver·time [ᐱtàim] *n.* 잔업시간 —*a., ad.* 규정시간 외의[로]

o·ver·ture [óuvərtʃər, -tʃùər, + 英 -tjuə] *n.* 제의, 제안; 서곡

o·ver·turn *vt., vi.* [ᐱtə́:rn →*n.*] 뒤엎다, 뒤집히다 —*n.* [ᐱ‐ᐱ] 전복 「량초과(의)

o·ver·weight [ᐱwèit] *n., a.* 중

o·ver·whelm [ᐱ(h)wélm] *vt.* 압도하다; 꺾다

o·ver·wrought [ᐱrɔ́:t] *a.* 과로의, 지나치게 긴장한[공들인]

owe [ou] *vt., vi.* 빚이 있다; (은혜 등을)입다; 덕택이다

ow·ing [óuiŋ] *a.* 빚이 있는, 지불해야 할 ~ *to* ···로 인한

owl [aul] *n.* 【鳥】 올빼미

own [oun] *a.* 《소유격 뒤에 강조 어로서 씀》 자기자신의, 그것 자체의; 특유한 —*vt., vi.* 소유 하다; 자인하다

own·er [óunər] *n.* 임자, 소유자; 《英俗》 선장, 선주 ～ *driver* 오 우너드라이버

own·er-driv·en [◁drìv(ə)n] *a.* 소유자가 운전하는: an ～ cab [car] 개인택시[자가용차]

ox [aks/ɔks] *n.* (*pl.* ～·en [áks-(ə)n/ɔ́ks(ə)n]) 수소 (*cf.* cow)

Ox·bridge [áksbrìdʒ / ɔ́ks-] *n.* 《英》 Oxford와 Cambridge의 두 대학; 전통있는 일류대학

Ox·ford [áksfərd/ɔ́ks-] *n.* 영국 남부 Thames강 상류의 도시; 옥스퍼드대학 (Cambridge 대 학과 쌍벽을 이루는 대학): ～ shoes (옥외용의)끈달린 단화

ox·y·gen [áksidʒ(ə)n/ɔ́ksi-] *n.* 【化】 산소

oys·ter [ɔ́istər] *n.* 【貝】 굴;《俗》 말이 없는 사람: an ～ cracker (굴수우프에 곁들이는)짭짤한 크 래커/an ～ knife 굴까는 칼/ an ～ saloon [house] 굴요리점

o·zone [óuzoun, ─◁] *n.* 오존

o·zon·er [óuzənər] *n.* 《美俗》 자동차를 탄 채 구경하는 영화 관(drive-in theater)

P

PAA = *P*an *A*merican World *A*irways (미국의 항공회사)

pace [peis] *n.* 걸음, 한 발짝; 보 조; 속도 —*vi.* 천천히 걷다

pace·mak·er [◁mèikər] *n.* 보 조 조정자, 페이스메이커

pa·cif·ic [pəsífik] *a.* 평화로운; (P～) 태평양의 *the P～ (Ocean)* 태평양 *the P～ Coast Ports* 태평양항로중 샌 프란시스코·로스앤젤레스쪽으 로 가는 항로 *the P～ North-west* 태평양항로중 시애틀·밴 쿠우버로 가는 항로 *the P～ States* 미국 태평양연안의 여 러 주

pack [pæk] *n.* 꾸러미, 짐; 떼 — *vt., vi.* 짐을 꾸리다, 포장하다; 채워넣다 ～·ing *n.* 포장; 채 워넣는 것: a ～ing case 포장 용 상자

pack·age [pǽkidʒ] *n.* 꾸러미, 소포; 포장; (포장용)상자

páckage dèal 일괄거래, 일괄제 공품 「점

páckage stòre 《美》 주류소매

páckage tòur 일괄여행(여비· 숙박비·식대 등이 전부 포함됨)

pack·et [pǽkit] *n.* 소포; (편지 등의)다발: a ～ boat 우편[정 기]선 「수송기

pack·plane [pǽkplèin] *n.* 화물

pack·sack [pǽksæk] *n.* (여행 용)배낭

pact [pækt] *n.* 약속; 계약, 조약

pad [pæd] *n.* 받침, 심, 속; 떼어 쓰는 메모장; 발착대; 스탬프대: a writing ～ 편지지/a launch-ing ～ 로켓발사대 —*vt.* 속을 채워넣다

pad·dle [pǽdl] *n.* (카누우용) 노

pad·dock [pǽdək] *n.* 작은 목 장; (경마장의) 패독

pad·dy fìeld [pǽdi] 논

pad·lock [pǽdlàk/ -lɔ̀k] *n.; vt.* 맹꽁이자물쇠(를 채우다)

pa·gan [péigən] *n., a.* 이교도

page¹ [peidʒ] *n.* 페이지 L(의)

page² *n.* (호텔 등의)급사, 보이 —*vt., vi.* (호텔 등에서) 보이에 게 사람을 부르게 하다; (보이 가) 사람을 부르다: *Paging* Mr. Smith! 《보이가 부르는 소리》 스미드씨를 찾습니다

pag·eant [pǽdʒ(ə)nt] *n.* 야외극; (화려한)행렬

page·boy [◁bɔ̀i] *n.* = page²

pa·go·da [pəgóudə] *n.* (동양의) 탑

paid [peid] *v.* pay의 과거(분사) —*a.* 유급의; 지불필의

pail [peil] *n.* 들통, 바께쓰

pain [pein] *n.* 고통; 아픔; 노력 *take ～s* 애쓰다 —*vi., vt.* 아 프다; 고통을 주다

pain·ful [◁fəl] *a.* 아픈, 고통스 러운; 괴로운, 힘드는

pain·kill·er [◁kìlər] *n.* 《口》 진통제

pains·tak·ing [péinztèikiŋ] *a.* 노고를 아끼지 않는 —*n.* 애씀

paint [peint] *n.* 그림물감, 도료, 페인트 —*vt., vi.* 페인트[그림물 감]를 칠하다 *Wet* [《英》 *Fresh*] *P～!* 《게시》 칠주의 ～·er *n.* 화가; 페인트공 ～·ing *n.* 화법; 회화, 유화

paint·brush [◁brʌ̀ʃ] *n.* 화필

pair [pɛər] *n.* (*pl.* ～s, 《수사 뒤 에서는 때로》 ～) 한 쌍[벌]; 부 부 —*vt., vi.* 한 쌍[벌]으로 하 다[이 되다]; 《俗》 결혼시키다 [하다]

pais·ley [péizli] *n.* 페이즐리직 (무늬가 정교한 모직물)

pa·ja·mas, 《英》 **py-** [pədʒɑ́m-

əz, +美 -dʒǽm-] *n. pl.* 파자마;
(회교도의)헐렁한 바지

Pa·ki·stan [pǽkistæn, pà:kist-
á:n] *n.* 파키스탄(회교 공화국)

PAL = *Philippine Air Lines* 필
리핀 항공

pal [pæl] *n., vi.* 《口》친구(가
되다)

pal·ace [pǽlis] *n.* 궁전; 대저택:
a ~ car 《英》(철도의)특별차

pal·an·quin,-keen [pæləŋkí:n]
n. (동양의)가마; 탈것   「미

pal·ate [pǽlit] *n.* 구개; 미각; 취

pa·la·tial [pəléiʃ(ə)l] *a.* 궁전의
[같은]; 장엄한

pa·laz·zo [pəlá:tsou/ pɑ-] *It. n.*
궁전 *P~ Chigi* [kí:dʒi] 키지
궁전(이탈리아 외무성)

pale [peil] *a.* 창백한; 엷은: a ~
moon 어스름달 —*vi., vt.* 창백
하게 되다[하다]; 엷어지(게하)다

Pal·es·tine [pǽlistàin] *n.* 팔레
스타인(지중해 동해안지방);《聖》
성지

pal·ette [pǽlit] *n.* 팔레트

pal·let [pǽlit] *n.* 짚이불

Pall Mall [pélmél, pǽlmæl] 많
은 클럽이 있는 런던의 거리

palm¹ [pɑ:m] *n.* 손바닥

palm² *n.* 《植》종려(잎, 가지);
(*the ~*) 승리: ~ oil 야자유
P~ Sunday 《聖》부활절 전
의 일요일

Pálm Bèach 미국 Florida주
의 피한지

palm·er [pá:mər] *n.* 순례자

pal·pa·ble [pǽlpəbl] *a.* 만져서
알 수 있는; 명백한

pal·pi·tate [pǽlpitèit] *vi.* 맥박
뛰다, (심장이)고동치다, 두근거
리다

pal·sy [pó:lzi] *n.* 수족마비(상
태), 중풍

Pa·mirs [pəmíərz] *n. pl.* (*the
~*) 파미르 고원(중앙아시아의)

pam·pas [pǽmpəz] *n. pl.* (남
미의)대초원

pam·phlet [pǽmflit] *n.* 팜프렛,
소책자; 시사논평   「접시

pan [pæn] *n.* 남비; (저울 등의)

Pan Am *Pan-American World
Airways* (미국의 항공회사)

Pan·a·ma [pǽnəmà:/ ⌐⌐⌐] *n.*
파나마(중미의 공화국); 그 수
도; 파나마모자 *the ~ Canal*
파나마운하

Pan-A·mer·i·can [pænəmérik-
kən] *a.* 전미(全美)[범미]의 ~
Games 전미대회(북미·중미·
남미 제국이 참가하여 4년에
한번 올림픽대회 전년에 열림)

pan·cake [pǽnkèik] *n.* 팬케이
크(일종의 호트케이크)

pan·da [pǽndə] *n.* 팬다(히말라
야산맥지방에 사는 곰의 일종);
(티벳산의)자이안트판다

pane [pein] *n.* (한 장의)창유리

pan·el [pǽn(ə)l] *n.* 《建》패널
(판); 화판; 패널화: ~ heating
(마루·벽에서의) 방사난방/ ~
lighting 패널조명 ~ *discus-
sion* 공개토론회

pang [pæŋ] *n.* 고통, 격통

pan·ic [pǽnik] *n.* 공황; 당황

pan·o·ram·a [pænəræmə/ -rá:-
mə] *n.* 파노라마, 전경

pan·sy [pǽnzi] *n.* 《植》팬지꽃

pant [pænt] *vi., vt.* 헐떡이다;
갈망하다 —*n.* 헐떡임

pan·ta·loon [pæntəlú:n] *n.* 늙
은 광대; (*pl.*) 바지

pant·dress [pǽntdrès] *n.* 바지
식으로 된 원피스

Pan·the·on [pǽnθiən, pænθí:ən]
n. (로마의)만신전, 판데온; (*the
p~*) (한 나라 위인들의) 신전

pan·ther [pǽnθər] *n.* (*pl.* ~**s,**
《총칭》~) 《動》표범

pant·ies [pǽntiz] *n. pl.* (여자·
아동용)짧은 드로오즈

pan·to·graph [pǽntougræf, +
英 -grɑ:f] *n.* 축도기(縮圖器);
《電》집전기(集電器)

pan·to·mime [pǽntəmàim] *n.*
무언극   「식기실

pan·try [pǽntri] *n.* 식료품실

pants [pænts] *n. pl.* 《美口》바
지; 《英》팬츠

pant·skirt [pǽntskə:rt] *n.* 바지
식 스커어트

pant·suit [⌐sù:t] *n.* 바지와 상
의로 된 여성복   「킹

pán·ty hòse [pǽnti] 팬티스타

pap [pæp] *n.* (유아·환자용)빵죽

pa·pa [pá:pə/pəpá:] *n.* 《兒》아
빠

pa·pa·cy [péipəsi] *n.* 로마교황
의 직(위); 교황제도

pa·pal [péip(ə)l] *a.* 로마교황의

pa·pay·a [pəpá:jə, -páiə] *n.*《植》
파파이야(열매)

pa·per [péipər] *n.* 종이; (*pl.*) 서
류, 증명서; 지폐; 신문(지): a
sheet of ~ 종이 한 장/a
daily ~ 일간지/an evening
~ 석간지

pa·per·back [⌐bæk] *n.* 종이
표지의 염가본

pa·per·board [⌐bò:rd] *n.* 판지

pa·per·boy [⌐bòi] *n.* 신문팔이
[배달소년

pa·pri·ka [pæprí:kə, pə-] *n.* 고
추; 고추로 만든 향신료

pa·py·rus [pəpái(ə)rəs] *n.* (*pl.*
-py·ri* [-rai]) 《植》파피루스

par [pɑ:r] *n.* 동등, 동위, 동가;

(골프에서)기준타수, 파아 「서
pa·rab·o·la [pərǽbələ] *n.* 포물
par·a·chute [pǽrəʃùːt] *n., vt.,
vi.* 낙하산(으로 강하하다)
pa·rade [pəréid] *n.* 행렬, 시위
행진; 과시; (P~) …가(街) *on
~* 총출연하여 —*vt., vi.* 행진
시키다[하다]; 과시하다
par·a·dise [pǽrədàis] *n.* 낙원,
천국;(P~) 에덴 동산
par·a·dox [pǽrədàks/-dɔ̀ks] *n.*
역설
par·af·fin, -fine [pǽrəfin] *n.*
파라핀;《英》 등유
par·a·graph [pǽrəgræf, +英
-gràːf] *n.* 절; 단편기사
Par·a·guay [pǽrəgwài, -gwèi]
n. 파라구아이(남미 중부의 공
화국)
par·al·lel [pǽrəlèl] *a.* 평행의
《*to, with*》;유사한 —*n.* 평행선;
상사(물); 위도선 —*vt.* 평행하
다; 비교하다《*with*》; 필적하다
párallel bárs 《체조》 평행봉
pa·ral·y·sis [pərǽlisis] *n.* 마비
par·a·lyze, 《英》 **-lyse** [pǽrə-
làiz] *vt.* 마비시키다; 무능하게
만들다
par·a·mount [pǽrəmàunt] *a.*
최고의 —*n.* 최고권위자; 군주
par·a·pet [pǽrəpit] *n.* 난간
par·a·phrase [pǽrəfrèiz] *n.,
vt.* 알기 쉽게 바꾸어 말하기
[말하다], 의역(하다)
par·a·site [pǽrəsàit] *n.* 기식자,
식객; 기생물[충]
par·a·sol [pǽrəsɔ̀ːl, -sàl/ -sɔ̀l]
n. 파라솔 「으로
par a·vi·on[paravjɔ̃] F. 항공편
par·boil [páːrbɔ̀il] *vt.* 반숙하다
par·cel [páːrsl] *n.* 소포; (화물
의) 한 뭉치: ~ paper 포장지/
a ~ post 소포우편/a ~s
room 《美》 수하물보관소
parch [paːrtʃ] *vt., vi.* (바싹)말리
다, 마르다; 볶다, 눋다
par·don [páːrdn] *n.* 용서: ask
for ~ 용서를 빌다 *I beg
your ~./ P~ me.* 미안합니
다; 실례지만 다시 말씀해 주십
시오 —*vt.* 용서하다
pare [pɛər] *vt.* (과일 등의)껍질
을 벗기다, (손톱을)깎다
par·ent [pɛ́(ː)rənt] *n.* 어버이;조
상; 근원
pa·ren·the·sis [pərénθisis] *n.*
(*pl.* **-ses** [-sìːz]) (보통 *pl.*) (둥
근)괄호;《문법》 삽입구문
par·fait [paːrféi] *n.* 파페 (아이
스크리임에 과일 등을 섞은 것)
Par·is [pǽris] *n.* 파리
par·ish [pǽriʃ] *n.* 교구(敎區)
Pa·ri·sian [pərízən, +英 -rízj-

ən] *a.* 파리(사람·풍)의 —*n.* 파
리사람
park [paːrk] *n.* 공원;광장; 운동
장; 《英》 사냥터; 주차장: a
baseball ~ 야구장/a car ~
주차장/a national ~ 국립공
원 *the P~* =Hyde Park *P~
Avenue* 뉴우요오크의 유행으
로 유명한 호화로운 거리 —*vt.,
vi.* (자동차를)주차하다:a ~*ing*
lot [place] 주차장 「의
par·ka [páːrkə] *n.* 두건달린 상
park·way [páːrkwèi] *n.* 《美》
공원도로; 자동차전용도로
Par·lia·ment [páːrləmənt] *n.*
(영국의)의회
par·lor, 《英》 **-lour** [páːrlər]
n. 거실; 응접실; (호텔의)담화
실: a beauty ~ 미장원/a ~
car 《美》 특등객차/a ~ game
실내놀이/a tea ~ 다방
par·lor·maid, 《英》 **-lour-** [pá-
ːrlərmèid] *n.* 시녀, 하녀
pa·ro·chi·al [pəróukiəl] *a.* 교
구의
par·o·dy [pǽrədi] *n.* 풍자시문
pár plày 《골프》 표준타수 경기
par·quet [paːrkéi/ ―] *n.* 조각
나무세공의 마루;《美》 (극장의)
무대 전면좌석
par·rot [pǽrət] *n.* 앵무새
pars·ley [páːrsli] *n.* 《植》 파아
슬리
par·son [páːrsn] *n.* (교구)목사
part [paːrt] *n.* 부분, 요소;(책의)
권; (*pl.*) 지역; 임무; (배우의)역
쪽 *take ~ in* …에 참가하다
—*vt., vi.* 나누다, 나뉘다; 헤어
지다 《*from, with*》
par·take [paːrtéik] *vi.* (*p.*
-took [-túk], *pp.* **-tak·en** [-téi-
k(ə)n]) 참가하다; …한 기미가
있다《*of*》
Par·the·non [páːrθinàn/ -nən]
n. (아테네의)파르테논 신전
par·tial [páːrʃ(ə)l] *a.* 일부분의;
불완전한; 편애하는; 불공평한
par·tic·i·pate [paːrtísipèit] *vi.*
참가하다 《*in*》
par·ti·cle [páːrtikl] *n.* 분자, 입
자; 극소
par·ti·col·ored, 《英》 **-col-
oured** [páːrtikʌ̀lərd] *a.* 잡색의
par·tic·u·lar [pərtíkjulər] *a.*
특별한; 독자적인 —*n.* 사항, 항
목; 특색; (*pl.*) 상세 *in ~* 특히
~·ly *ad.* 특히; 상세히
part·ing [páːrtiŋ] *n.* 이별;분리;
기로 —*a.* 이별의
par·ti·san, -ti·zan [páːrtiz(ə)n/
pàːtizǽn] *n.* 열성당원; 《軍》
유격대원 —*a.* 당파심이 강한
par·ti·tion [paːrtíʃ(ə)n] *n.* 간막

이(방), 분할 —*vt.* 구분하다

part·ner [pá:rtnər] *n.* 동료; 배우자; (춤 등의)상대; 짝

par·tridge [pá:rtridʒ] *n.* 《美》《鳥》 자고·메추라기 무리

part-time [pá:rttàim, ◢◣] *a.* 시간제의 (cf. full-time) **-tím·er** *n.* 시간제 근무자

par·ty [pá:rti] *n.* 모임; 당파, 정당; 대, 일행: a birthday ~ 생일파아티/a garden ~ 원유회/the Democratic P~ 민주당

pass[1] [pæs/pɑ:s] *vi., vt.* 지나다, 통과하다[시키다]; 나아가다, (세월이)가다; 변화하다 《to, into》; 통용하다; 끝나다, 죽다 《away》; (시험에)합격하다, 합격시키다: Please ~ me the butter. 버터를 이리 주십시오 ~ *by* 통과하다; 지나치다 ~ *over* 넘다, 통과하다 ~ *through* 빠져나가다 —*n.* 무료입장[승차]권; 여권; 합격

pass[2] *n.* 산길; 오솔길

pass·a·ble [pæsəbl/ pá:s-] *a.* 통행[합격]할 수 있는

pas·sage [pæsidʒ] *n.* 통행, 통과; 항해; 통행[도항]권, 배삯; 통로; 복도: a ~ money 배삯, 운임; 통행료/No ~ this way. 《게시》이 길 통행금지 make a ~ 항해하다 take ~ in … 을 타고 도항하다

pas·sage·way [◢wèi] *n.* 통로

pass·book [pæsbùk/ pá:s-] *n.* (은행)통장

pas·sen·ger [pæsindʒər] *n.* 승객, 여객: a ~ agent 《美》 승객계원/a ~ boat 여객선/a ~ car 객차, 승용차/a ~ jet 제트여객기/a ~ train 여객열차 ~ *manifest* [*list*] 승객명부

pass·er·by [pæsərbái/pæs-] *n.* (*pl.* **pass·ers-by**) 통행인

pass·sim·e·ter [pəsímitər/pæs-] *n.* 승차권 자동판매기

pass·ing [pæsiŋ/ pá:s-] *a.* 통과하는; 지나가는; 현대의.—*n.* 통과; 경과

pas·sion [pæʃ(ə)n] *n.* 열정, 격정; 열심 《for》 P~ *Sunday* 예수 수난주일(사순절의 제 5 일요일) P~ *Week* 수난주간(사순절의 제 5 주)

pas·sion·ate [pæʃ(ə)nit] *a.* 정열적인; 성을 잘 내는 [인]

pas·sive [pæsiv] *a.* 수동의[적

pass·key [pæskì/ pá:s-] *n.* 결쇠

Pass·o·ver [pæsòuvər / pá:s-] *n.* 《聖》유월절(逾越節)

pass·port [pæspò:rt/ pá:.spo:t] *n.* 여권

past [pæst/ pɑ:st] *a.* 과거의 —

n. (보통 *the* ~) 과거; 경력 —*prep.* …을 지나, …이 미치지않는: ~ midnight 자정이 지나/half ~ six 6시 반 —*ad.* 지나서

pas·ta [pá:stə] *n.* 파스타(계란을 푼 밀가루로 만든 이탈리아요리)

paste [peist] *n.* 풀; 반죽: liver ~ 리버페이스트/bean ~ 된장 —*vt.* 풀로 붙이다

paste·board [◢bò:rd] *n.* 합지, 판지; 《俗》(기차)표 [(화)

pas·tel [pæstél, ◢—] *n.* 파스텔

pas·time [pæstàim/ pá:s-] *n.* 기분전환, 심심풀이; 오락

pas·tor [pæstər/ pá:s-] *n.* 목사

pas·to·ral [pæst(ə)rəl/pá:s-] *a.* 전원(생활)의, 시골의; 목사의; 양치기의

pas·tra·mi [pəstrá:mi] *n.* (양념을 많이 한)소의 훈제 어깻살

pas·try [péistri] *n.* 반죽과자

pas·ture [pæst(ə)r/ pá:s-] *n.* 목장; 목초 —*vt., vi.* 방목하다

past·y [péisti, pæsti, pá:sti] *n.* 고기파이

PA sỳstem 확성장치 [< public-address]

pat [pæt] *n.* 가볍게 두드리기; (버터의)작은 덩어리 —*vt., vi.* 가볍게 두드리다

PATA = *Pacific Area Travel Association* 태평양지역관광협회

patch [pætʃ] *n.* (수선·보강을 위한)조각; 안대; 반점; 한 구획: a ~ pocket 바깥에 붙인 주머니 —*vt.* 조각을 대다, 수선하다

pâ·té [pɑ:téi/ ◢—] F. *n.* (고기)파이; 페이스트

pat·ent [pæt(ə)nt, +英 péit-] *n.* 특허(권) —*a.* (전매)특허의: ~ leather 에나멜가죽; (*pl.*) 에나멜구두 —*vt.* 특허를 받다

pa·ter·nal [pətə́:rn(ə)l] *a.* 아버지(로서)의; 아버지쪽의 (cf. maternal)

path [pæθ/ pɑ:θ] *n.* (*pl.* ~**s** [pæθs, pæðz/ pɑ:ðz]) 소로; 통로

pa·thet·ic [pəθétik] *a.* 애처로운

pa·thos [péiθas, -θɔ:s/ -θɔs] *n.* 연민을 자아내는 힘; 비애; 비통; 《예술》 정념(情念)

path·way [pæθwèi/ pá:θ-] *n.* 보도

pa·tience [péiʃ(ə)ns] *n.* 인내

pa·tient [péiʃ(ə)nt] *a.* 참을성 있는 —*n.* 환자

pa·ti·o [pá:tiou, péi-] Sp. *n.* 스페인식 주택의 안뜰

pa·tri·arch [péitrià:rk] *n.* 족장, 가장

pat·ri·mo·ny [pætrimòuni/

-məni] *n.* 세습재산, 가독(家督)
pa·tri·ot [péitriət] *n.* 애국자
-ót·ic *a.* 애국심이 강한 **~-**
ism *n.* 애국심
pa·trol [pətróul] *n.* 순찰; 순찰
인, 순경 *—vt., vi.* 순찰하다
~·man *n.* 《美》 순찰경관
pa·tron [péitr(ə)n] *n.* 보호자; 단
골 **~·ize** *vt.* 보호하다; 단골로
삼다
pat·ter [pætər] *vi., vt., n.* 종알
거리다[거리는 말]
pat·tern [pætərn] *n.* 모범 《of》;
모형 《for》; 무늬; (옷감)견본 *—*
vt. 본떠서 만들다
pat·ty [pǽti] *n.* 패티(작은 파이)
pause [pɔ:z] *n.* 휴지; 멈춤; 단락
—vi. 중지하다; 주저하다
pave [peiv] *vt.* (길을)포장하다
~·ment *n.* 포장도로; 《英》 인
도; 《美》 차도
pa·vil·ion [pəvíljən] *n.* 대형천
막; 천막집
paw [pɔ:] *n.* (개 등의)발
pawn [pɔ:n] *n.* 담보, 저당물: a
~ ticket 전당표 *—vt.* 저당잡
히다
pay [pei] *vt., vi. (p., pp.* **paid)**
지불하다; 변제하다; 이익을 주
다 **~ down** 맞돈을 치르다 *—*
n. 지불; 급료, 보수 **~·ee** *n.* 수
취인, 피지불인 **~·er** *n.* 지불인
~·ment *n.* 지불(액)
pay·day [⁼dèi] *n.* 봉급날
páy-láter plàn 분할불
pay·mas·ter [⁼mæstər/-mɑ̀:s-
tə] *n.* 경리 담당자
páy stàtion 《美》 공중전화
pay-toi·let [⁼tɔ̀ilit] *n.* 유료변소
pay-TV [⁼tì:ví:/ ⌐⌐⌐] *n.* 유료
텔레비전
pea [pi:] *n.* 〔植〕 완두콩
peace [pi:s] *n.* 평화: a ~ con-
ference 평화회담 *at ~* 평화
롭게 *in ~* 편안히
Péace Còrps 《美》 평화봉사단
peace·ful [⁼fəl] *a.* 평화로운, 태
평한; 평온한; 평화적인
peace-keep·ing [⁼kì:piŋ] *n.* (국
제분쟁 지구의)평화유지 ~
forces (UN의)평화유지군
peach [pi:tʃ] *n.* 복숭아(나무); 멋
진 사람[것]: a ~ brandy 복숭
아브랜디
pea·cock [pí:kàk/-kɔ̀k] *n.* (*pl.*
~s, 《총칭》 ~) 공작(새)
peak [pi:k] *n.* 산꼭대기; 절정;
(모자의)앞챙
peal [pi:l] *n.* (종·대포 등의)울림
—vi., vt. 울려퍼지(게 하)다
pea·nut [pí:nʌ̀t] *n.* 땅콩
pear [pɛər] *n.* 서양배(나무)
pearl [pə:rl] *n.* 진주

Péarl Hárbor 진주만(하와이의
오아후섬에 있는 군항)
peas·ant [péz(ə)nt] *n.* 소작인
pea-soup·er [pí:sù:pər] *n.* 《英
俗》 (런던의)노란 농무(濃霧)
peat [pi:t] *n.* 이탄(泥炭)
peb·ble [pébl] *n.* 자갈
pêche Mel·ba [pí:tʃmélbə, péʃ-/
péiʃ-] *F.* 피이치멜바(아이스크
리임과 복숭아에 나무딸기시럽
을 탄 디저어트)
peck [pek] *vt., vi.* 부리로 쪼다
—n. 쪼기
pe·cul·iar [pikjú:ljər] *a.* 독특한
《to》; 이상한 **~·ly** *ad.* 특히; 이
상하게
pe·cu·li·ar·i·ty [pikjù:liǽriti]
n. 특색, 특성; 독특함; (*pl.*) 버릇
ped·al [péd(ə)l] *n., vi., vt.* (자
전거 등의)페달(을 밟다)
ped·ant [péd(ə)nt] *n.* 유식한 체
하는 사람 「부장수
ped·dler [pédlər] *n.* 행상인, 도
ped·es·tal [pédist(ə)l] *n.* (흉상
의)대좌; 기초: a ~ table 받침
탁자
pe·des·tri·an [pidéstriən] *a.* 도
보의: a ~ crossing 횡단보도
—n. 보행자; 도보여행자
pe·di·a·tri·cian [pì:diətríʃ(ə)n,
+美 pèdi-] *n.* 소아과의사
pe·di·cab [pédikæb] *n.* (동남아
의)3륜자전거(택시)
ped·i·cure [pédikjuər] *n.* 페디
큐어(발톱의 미용술)
peel [pi:l] *n.* (과일)껍질 *—vt.,*
vi. 껍질을 벗기다[이 벗겨지다]
peep [pi:p] *vi.* 엿보다 《at, into》;
나타나다 《out》 *—n.* 엿보기
peer [piər] *n.* 《英》 귀족; 동료
peer·age [pí(:)ridʒ] *n.* 《총칭》
귀족(계급)
peer·less [píərlis] *a.* 비길데없
는, 무쌍의 「운
pee·vish [pí:viʃ] *a.* (성미)까다로
peg [peg] *n.* 나무못; 말뚝; 마개
—vt. 나무못을 박다
Pe·king [pí:kíŋ] *n.* 북경(北京)
pel·i·can [pélikən] *n.* 〔鳥〕 펠
리칸
pel·let [pélit] *n.* 작은 공[알약]
pem·mi·can [pémikən] *n.* 페미
칸(말린 쇠고기를 빻아 지방·
과일 등을 섞어 굳힌 식품)
pen[1] [pen] *n., vt.* 펜(으로 쓰다):
a ball-point ~ 보올펜
pen[2] *n.* (가축의)우리 「금
pen·al·ty [pén(ə)lti] *n.* 형벌; 벌
pence [pens] *n.* penny의 복수
pen·cil [pénsl] *n., vt.* 연필(로
쓰다)
pend·ant [péndənt] *n.* 펜던트
pend·ent [péndənt] *a.* 아래로

P

늘어진; 미결[미정]의 —n. =
pendant

pend·ing [péndiŋ] a. 현안의 —
prep. …중에, …동안

pen·du·lum [péndʒuləm/ -dju-]
n. 추; 상들리에

pen·e·trate [pénitrèit] vi., vt.
관통하다; 침투하다; 꿰뚫다 -trat·ing
a. 꿰뚫는, 날카로운

pen·guin [péŋgwin] n. 〖鳥〗 펭
귄

pen·hold·er [pénhòuldər] n. 펜
대; 펜걸이

pen·i·cil·lin [pènisílin] n. 〖藥〗
페니실린

pen·in·su·la [pinínsulə/ -sju-]
n. 반도; (the P~) =Iberia

pen·i·tent [pénit(ə)nt] a., n. 회
개[참회]한 (사람)

pen·knife [pénnàif] n. (pl.
-knives [-nàivz]) 주머니칼

pén nàme 필명

pen·nant [pénənt] n. 《美》 우
승기

pen·ni·less [pénilis] a. 무일푼인

Penn·syl·va·ni·a [pènsilvéiniə]
n. 미국 동부의 주

pen·ny [péni] n. (pl. **pen·nies**
(갯 수)), **pence** (가격)) 페니(영국
의 청동화. 1/100 파운드(略:
p.)); 잔돈; 《美俗》 1 센트

pen·ny-in-the-slot [⌐inðəslát/
-slɔ́t] n. 《英》 자동판매기

pén pàl [⌐pæl] 펜팰, 편지친구

pén pòint 《美》 펜촉

pen·sion [pénʃ(ə)n] n. 연금

pen·si·on [pá:nsiàn/ pá:ŋsjɔ:ŋ]
F. n. 하숙집; 기숙사 ~ **rate**
비교적 싼 숙박료

pen·sive [pénsiv] a. 생각[명상]
에 잠긴; 수심에 잠긴

pen·ta·gon [péntəgàn/ -gən] n.
5 각형; (the P~) 미국국방성

Pen·te·cost [péntikɔ̀:st, -kàst/
-kɔst] n. 성령강림제; 오순절

pent·house [pénthàus] n. 옥상
건물(정원 등이 있음)

pe·o·ny [pí:əni/ piáni] n. 작약
tree ~ 모란

peo·ple [pí:pl] n. 민족; 국민, 민
중; 사람들; 가족

pep [pep] n. 《美俗》 원기, 활기

pep·per [pépər] n. 후추 **~·y**
a. 신랄한

pep·per·mint [pépərmìnt] n.
〖植〗 박하

per [pər, pə:r] prep. …에 의해

per cap·i·ta [pər kǽpitə] 1인
당(의) [L]

per·ceive [pərsí:v] vt. 알아채
다, 감지하다; 알다, 이해하다

per·cent, per cent [pərsént] n.
퍼센트, 백분율(기호: %)

per·cent·age [pərséntidʒ] n. 백
분율; 비율, 율; 수수료

per·cep·ti·ble [pərséptəbl] a.
지각[감지]할 수 있는

per·cep·tion [pərsépʃ(ə)n] n.
지각(작용); 감지

perch [pə:rtʃ] n. 횃대 —vi., vt.
(새가)앉(게 하)다; 걸터앉다

per·co·la·tor [pə́:rkəlèitər] n.
여과식 코오피주전자

per·cus·sion [pərkʌ́ʃ(ə)n] n. 충
돌; (악단의)타악기부

per·fect a. [pə́:rfikt→v.] 완전한
(complete); 전적인 —vt. [pər-
fékt] 완성하다

pérfect gàme 〖야구〗 완전시합
(상대팀을 한 명도 출루시키
지 않은 경기)

per·fec·tion [pərfékʃ(ə)n] n. 완
성; 완전

per·fo·rate [pə́:rfərèit] vt. 구멍
을 뚫다; 줄구멍을 내다

per·form [pərfɔ́:rm] vt., vi. 수
행[실행]하다; 연기[연주]하다

per·form·ance [pərfɔ́:rməns]
n. 실행; 일; 연주, 연기, 흥행(물)

per·fume [pə́:rfju:m, +美
-⌐→v.] 향기; 향수 —vt. [pə(:)-
rfjú:m] 향수를 뿌리다

per·fum·er·y [pə(:)rfjú:məri]
n. 향수류; 향수판매점

per·go·la [pə́:rgələ] n. 정자

per·haps [pərhǽps, 《口》 p(ə)r-
ǽps] ad. 아마; 어쩌면

per·il [péril] n. 위험 (danger)
—vt. 위태롭게 하다

per·il·ous [périləs] a. 위험한

pe·ri·od [pí(:)riəd] n. 기간; 시대

pe·ri·od·ic [pì(:)riádik/ -ríɔd-]
a. 주기적인: a ~ wind 계절풍

pe·ri·od·i·cal [pì(:)riádik(ə)l/
-ríɔd-] a. 주기적인 —n. 정기
간행물

per·ish [périʃ] vi. 망하다, 죽다

perm [pə:rm] n., vt. 파아마(하
다)

per·ma·nent [pə́:rmənənt] a.
영원한 (opp. temporary); 상설
의: a ~ address 본적/~ wave
(여자의)파아마

per·mis·sion [pə(:)rmíʃ(ə)n] n.
허가, 면허: without ~ 무단히

per·mit vt., vi. [pə:rmít→n.]
허락하다 (allow); 받아들이다
(of)): It ~s of no delay. 한시
도 지체할 수 없다 **weather
~ting** 날씨만 좋으면 —n.
[pə́:rmit, +美 pərmít] 허가(증),
면허장

per·pen·dic·u·lar [pə̀(:)rp(ə)n-
díkjulər] a. 수직의; 깎아지른
듯한 —n. 수직선; 《英》 서서
먹기[마시기]

per·pet·u·al [pərpétʃuəl] a. 영
원한 (permanent); 끊임없는

per·plex [pərpléks] *vt.* 당혹[난처]하게 하다 **~·i·ty** *n.* 당혹

per·ry [péri] *n.* 《英》 배술

per·se·cute [pə́:rsikjù:t] *vt.* (특히 종교적이유로)박해하다 **-cú·tion** *n.* 박해

per·se·ver·ance [pə̀:rsiví(:)-rəns/-viər-] *n.* 인내, 불굴의 노력

Per·sia [pə́:rʒə, -ʃə/-ʃə] *n.* 페르시아(현재의 Iran)

Per·sian [pə́:rʒ(ə)n, -ʃ(ə)n/-ʃ(ə)n] *n., a.* 페르시아(인·어)(의): a ~ carpet [rug] 페르시아융단/a ~ cat 페르시아고양이

per·sim·mon [pə(:)rsímən] *n.* 《植》 감(나무)

per·sist [pə(:)rsíst, +美 -zíst] *vi.* 고집하다, 주장하다; 지속하다 **~·ent** *a.* 고집하는; 끊임없는

per·son [pə́:rsn] *n.* 사람; 신체; 자태; 인품: a ~·to·~ call (전화의)지명통화

per·son·age [pə́:rs(ə)nidʒ] *n.* 사람, (극 등의)인물; 명사, 저명인사

per·son·al [pə́:rs(ə)n(ə)l] *a.* 개인의; 본인(직접)의; 신체[자태]의; 사적인: a ~ letter 친서/~ ornaments 장신구/a ~ shopper 《美》 (백화점 등의)쇼핑상담원 —*n.* 《美》 (신문의)인사란 **~·ly** *ad.* 스스로; 개인적으로

pérsonal belóngings 소지품

pérsonal chéck 개인용 수표

pérsonal effécts 여행용 소지품; 개인소지품(출국시 세관에 신고할 수 있음)

per·son·al·i·ty [pə̀:rs(ə)nǽliti] *n.* 개성; 인격; 인물; 명사 「원

per·son·nel [pə̀:rsənél] *n.* 직

per·spec·tive [pərspéktiv] *n.* 원근법; 원경; 전망 —*a.* 원근법의

per·spire [pərspáiər] *vi., vt.* 땀나다; 발산[증발]하다

per·suade [pə(:)rswéid] *vt.* 설득하다 《a person to》, 권하여 …시키다; 납득시키다

per·sua·sion [pə(:)rswéiʒ(ə)n] *n.* 설득, 권유; 확신; 신앙

per·sua·sive [pə(:)rswéisiv] *a.* 납득시키는, 구변좋은

per·tain [pə(:)rtéin] *vi.* 관계가 있다, 알맞다 **~·ing** *a.* 관계있는, 속하는

per·ti·nent [pə́:rtinənt] *a.* (당면한 일에)관계있는, 적절한 《to》

Pe·ru [pərú:] *n.* 페루(남미의 공화국) **~·vi·an** *a., n.* 페루의[인]

pe·ruse [pərú:z] *vt.* 숙독[통독]하다, 읽다 (read)

per·vade [pə(:)rvéid] *vt.* 전면에 [널리] 퍼지다

per·verse [pə(:)rvə́:rs] *a.* 심술궂은; 사악한

per·vert *vt.* [pə(:)rvə́:rt→n.] 왜곡하다; 곡해하다 —*n.* [pə́:rvə-(:)rt] 배교자(背敎者), 타락자

pe·se·ta [pəsé(i)tə] *n.* 페세타(스페인의 화폐단위); 페스타은화

pe·so [péisou] *n.* (*pl.* ~s) 페소(중남미제국의 화폐단위); 페소은화

pes·si·mism [pésimìz(ə)m] *n.* 비관(주의) (*opp.* optimism) **-mist** *n.* 비관주의자

pest [pest] *n.* 페스트, 흑사병

pet [pet] *n.* 애완동물; 마음에 드는 것: ~ food 애완동물용 음식 —*a.* 애완하는: a ~ name 애칭/a ~ shop 애완동물점 —*vt.* 귀여워하다

pet·al [pétl] *n.* 꽃잎, 화판

pe·tit four [pəti:fɔ́:r, péti-/pət-i:fúə] *F.* 작은 비스킷

pe·ti·tion [pitíʃ(ə)n] *n.* 탄원(서) —*vi., vt.* 탄원하다; 기원하다

pet·ro·chem·i·cal [pètroukém-ik(ə)l] *a., n.* 석유화학의(약품) ~ complex 석유화학콤비나트

pet·rol [pétrəl] *n.* 《英》 휘발유 (《美》 gasoline) 「석유

pe·tro·le·um [pitróuliəm] *n.*

pet·ti·coat [pétikòut] *n.* 페티코우트(스커어트 속에 입는 속옷)

pet·ty [péti] *a.* 작은, 사소한 (trifling); 인색한; 하급의: ~ expenses 잡비/~ cash 잔돈

pew [pju:] *n.* (교회의 벤치형)좌석; 가족전용좌석 (family ~)

pfen·nig [(p)fénig] *n.* (*pl.* ~s, -ni·ge [-nigə]) 페니히(독일의 화폐단위); 페니히동전

PG-rated film [pí:dʒí:rèitid] 요(要)부형동반 영화 [PG<parental guidance]

phan·tom [fǽntəm] *n.* 유령; 환영; 환상

Phar·aoh [fé(:)rou] *n.* 파라오(고대이집트국왕의 칭호)

phar·ma·cy [fá:rməsi] *n.* 약학; 약국 **-cist** *n.* 약제사

phase [feiz] *n.* 상(相); 국면, 형세

pheas·ant [féznt] *n.* 꿩

phe·nom·e·non [fináminàn/-nɔ́minən] *n.* (*pl.* -na [-nə], ~s) 현상(現象)

Phil·a·del·phi·a [fìlədélfiə] *n.* 미국 Pennsylvania주의 수도

phi·lan·der [filǽndər] *vi.* 장난으로 사랑하다, 희롱하다

phil·har·mon·ic [fìlhɑːrmánik, fìlɑːr-/-hɑːmɔ́nik] *a.* 음악애호의: a ~ orchestra 교향악단 —*n.* (음악협회 주최의)음악회

P

Phil·ip·pine [fílipì:n] *a.* 필리핀 (인)의 *the ~ Islands* 필리핀 군도 —*n.* (the ~s) 필리핀군도 [공화국]

phi·los·o·pher [filásəfər/ -lɔ́s-əfə] *n.* 철학자; 현인

phil·o·soph·ic [filəsáfik/ -sɔ́f-], **-i·cal** [-ik(ə)l] *a.* 철학적인; 냉정한

phi·los·o·phy [filásəfi/ -lɔ́s-] *n.* 철학; 원리

phoe·nix [fí:niks] *n.* 불사조

phon [fɑn/ fɔn] *n.* 〖理〗폰(음의 세기의 단위)

phone [foun] *n.* 《口》 전화(기) (telephone): a ~ booth 전화 실/ a ~ number 전화번호/ You are wanted on the ~. 전화왔어요 —*vt., vi.* 전화를 걸다

pho·net·ic [founétik] *a.* 음성의

pho·no·graph [fóunəgræf/ -grɑ:f] *n.* 축음기

pho·to [fóutou] *n.* (*pl.* ~s) 《口》 = photograph

phóto fínish 사진판정; 아슬아슬한 접전

pho·to·graph [fóutəgræf/ -grɑ:f] *n., vi., vt.* 사진(을 찍다) **-tóg·ra·pher** *n.* 사진가[사]

phrase [freiz] *n.* 구; 숙어

phys·i·cal [fízik(ə)l] *a.* 물질의 (material); 신체의; 물리학의: a ~ examination 신체검사 **~·ly** *ad.* 신체적으로; 물리적으로 *the ~ly handicapped* 《총칭》 신체장애자 —*n.* 신체 검사

phy·si·cian [fizíʃ(ə)n] *n.* 의사

phys·ics [fíziks] *n.* 물리학

phys·i·ol·o·gy [fìziálədʒi/ -ɔ́l-] *n.* 생리학

phy·sique [fizí:k] *n.* 체격

pi·an·ist [pí:ənist/ piǽn-] *n.* 피아니스트 [아노

pi·an·o [piǽnou] *n.* (*pl.* ~s) 피

pi·a·no·la [pi:ənóulə] *n.* 자동피아노, 피아놀라

pi·as·ter, 《英》 **-tre** [piǽstər] *n.* 중동제국의 화폐단위

pi·az·za [piǽzə/ -dzə] *n.* (도시의)광장; 《英》 회랑; 《美》 베란다

Pic·ca·dil·ly [pìkədíli] *n.* 런던의 대로 *~ Circus* 피카딜리광장(런던의 번화가)

pic·co·lo [píkəlòu] *n.* (*pl.* ~s) 〖晉〗피콜로(고음의 피리) [It.]

pick [pik] *vt.* 후비다, 파다; (구멍을)뚫다; (꽃을)따다; 고르다; 줍다; 소매치기하다: ~ up a taxi 택시를 잡다 —*n.* 후비는 것, 곡괭이; 선택(권); 정선물

pick·a·back [~əbæk] *ad.* 《俗》

어깨[등]에 지고[타고]

pick·ax, -axe [~æks] *n.* 곡괭이

Pick·el [pík(ə)l] *G.n.* 등산용피켈

pick·et [píkit] *n.* 말뚝; 감시원 —*vt.* 울타리를 두르다

pick·le [píkl] *n.* (소금물 등)절이는 국물, 간물; (때로 *pl.*)절인 것; 《口》 난처한 입장

pick·pock·et [píkpàkit/ -pɔ̀k-] *n.* 소매치기

pick·up [píkʌp] *n.* (전축의)픽업; 가속; 알콜음료, 코오피;《美俗》 우연히 사귄 사람; (자동차의)편승차; 즉석요리; 소형트럭 —*a.* (요리 등)있는 재료로 만든; 우연히 알게 된

píck·ùp sérvice (각 호텔에서) 손님을 태워 운행하는 송영(送迎)서어비스

pic·nic [píknik] *n.* 피크닉; 돼지의 어깻살 —*vi.* (*p., pp.* **-nicked,** *ppr.* **-nick·ing**) 소풍가다

pic·to·ri·al [piktɔ́:riəl] *a.* 그림의[이 든] —*n.* 그림신문[잡지]

pic·ture [píktʃər] *n.* 그림; 사진; (*pl.*) 영화:a ~ gallery 미술관, 화랑/ a ~ book 그림책/ a ~ (post) card 그림엽서/ May I take your ~? 사진 찍어도 좋습니까 —*vt.* 그리다; 상상하다

pic·tur·esque [pìktʃərésk] *a.* 그림같이 아름다운

pie [pai] *n.* 파이: a meat ~ 고기파이

piece [pi:s] *n.* 한 조각 (bit); 일부분 《of》; 화폐; 작품: a ~ of paper 종이 한장

píece gòods 피륙, 포목

pier [piər] *n.* 잔교, 부두

pierce [piərs] *vt., vi.* 꿰뚫다, 관통하다 《into, through》; 뼈에 스미다 **pierc·ing** *a.* 꿰뚫는; 뼈에 스미는(듯한)

Pi·er·rot [pì(:)əróu/ píərou] *n.* 피에로, 어릿광대 [실

pi·e·ty [páiəti] *n.* 공경, 경건, 독

pig [pig] *n.* 돼지(고기); 《口》 욕심장이

pi·geon [pídʒin] *n.* 비둘기; 《俗》 잘 속는 사람 —*vt.* 《俗》 속이다

píg·gy bànk [pígi] 돼지저금통

pig·ment [pígmənt] *n.* 그림물감

pig·my [pígmi] *n., a.* = pygmy

pike¹ [paik] *n.* (짧은)창

pike² *n.* 〖魚〗곤들매기

pike³ *n.* (통행료)징수소; 유료도로; 통행료 (toll)

pi·lau, pi·law [pilául, -lá:f] *n.* 필라우(고기와 쌀로 만든 요리)

pile [pail] *n.* 퇴적, 산더미 《of》; 《口》 큰 돈, 재산; 〖理〗원자로 —*vt.* 쌓아올리다 《up, on》

pil·grim [pílgrim] *n.* 순례자

the P~ Fathers〖美史〗1620
년 미국에 건너온 청교도들
pill [pil] *n.* 환약; 경구피임약
pil·lar [pílər] *n.* 기둥; 초석
píllar bòx 《英》 우편함
pil·low [pílou] *n.* 베개; 쿠션
pi·lot [páilət] *n.* (비행기) 조종
사; 수로안내인: a ~ boat 수로
안내선/a ~ number (전화 응
의)대표번호 —*vt.* 조종하다; 수
로안내를 하다
pi·men·to [piméntou] *n.* 피멘토
(고추의 일종)
pin [pin] *n.* 핀; 바늘; (*pl.*) 《口》
다리: ~ money 용돈 —*vt.* (핀
으로)고정시키다 《*up, to*》; 억누
르다
pinch [pintʃ] *vt., vi.* 꼬집다; 따다
《*out*》; (남을)괴롭히다 —*n.* 꼬
집기; 한줌; 위기, 핀치
pine [pain] *n.* 소나무
pine·ap·ple [⌐æpl] *n.* 〖植〗 파
인애플
ping-pong [píŋpàŋ/-pɔŋ] *n.* 탁
구, 평퐁
pink [piŋk] *n.* 〖植〗 패랭이꽃;
핑크색, 분홍색 —*a.* 분홍색의:
a ~ lady 칵테일의 일종
pin·na·cle [pínəkl] *n.* 〖建〗 작
은 뾰족탑; 높은 봉우리; 절정
pint [paint] *n.* 파인트(액량단위):
a ~ of beer 맥주 한 병
pín·up gìrl [pínʌp] (벽에 붙여
둘만한)미인(사진)
pi·o·neer [pàiəníər] *n.* 개척자;
선구자
pi·ous [páiəs] *a.* 경건한
pipe [paip] *n.* 관; 도관; 파이프;
담뱃대; 피리: a water ~ 수도
관/a ~ organ 파이프오르간
—*vi., vt.* (피리를)불다; 관으로
나르다
pipe·line [⌐làin] *n.* 송유관; 정
보루우트   「람
pip·er [páipər] *n.* 피리부는 사
pique [pi:k] *n.* 화, 불쾌 —*vt.* 화
나게 하다; (호기심을)자극하다
pi·rate [pái(ə)rit] *n.* 해적; 저작
권침해자 —*vi., vt.* 해적질하다;
저작권을 침해하다: a ~d edi-
tion 해적판
Pi·sa [pí:zə] *n.* 피사(이탈리아 서
북부의 도시. 사탑으로 유명)
pis·tol [píst(ə)l] *n.* 권총(《美口》
gun) —*vt.* 권총으로 쏘다   「톤
pis·ton [píst(ə)n] *n.* 〖機〗 피스
pit [pit] *n.* 구덩이, 함정; 얽은 자
국; 극장의 일반석(의 관중)
pitch[1] [pitʃ] *n.* 피치(원유·석유타
르 등을 증류하고 남는 찌꺼기)
pitch[2] *vt.* 던지다; (천막 등을)
치다 —*vi.* 던지다; 〖야구〗 투수
를 보다;(배가)상하로 흔들리다

(*cf.* roll); 야영하다 —*n.* 투구;
상하로 흔들리기 (*cf.* roll); 정
도, 기울기; 〖音〗 높이;〖보우트
레이스〗 피치
pitch·er[1] [pítʃər] *n.* 〖야구〗 투
pitch·er[2] *n.* 물주전자   「수
pitch·man [⌐mən] *n.* (*pl.* -men
[⌐mən]) 《美》 노점상인
pit·e·ous [pítiəs] *a.* 불쌍한
pith [piθ] *n.* 〖解〗 (척)수; 진수
pit·i·ful [pítif(u)l] *a.* 인정많은;
불쌍한
pit·i·less [pítilis] *a.* 무자비한
Pitts·burgh [pítsbə:rg] *n.* 미국
Pennsylvania 주의 철강업도시
pit·y [píti] *n.* 연민, 동정 —*vt.,
vi.* 불쌍히 여기다
piv·ot [pívət] *n.* 〖機〗 회전축; 요
점 —*vi.* 회전하다 《*upon*》
piz·za [pí:tsə] *n.* 피자파이 [It.]
piz·ze·ri·a [pì:tsərí:ə] *n.* 피자전
문 음식점 [It.]
plac·ard [plǽka:rd] *n.* 삐라, 포
스터 —*vt.* 삐라를 붙이다[로 광
고하다]
place [pleis] *n.* 장소; 위치; 좌석;
주소; 지위; 직; 입장; 임무: a
market ~ 장터/a native ~
출생지/a ~ card 좌석표/find
a ~ 좌석을 찾아내다/book
~s at the theater 극장의 좌
석을 예약하다 *in* ~ 적소에;
적당한 *in* ~ *of* …대신에 *out
of* ~ 적절치 않은 —*vt.* 두다;
(직위 등에)앉히다 ~**·ment** *n.*
두기, 배치
plac·id [plǽsid] *a.* 고요한
(calm), 차분한 (serene)
plague [pleig] *n.* 역병(疫病);(*the*
~) 페스트; 천재(天災);《口》 난
처한 일 —*vt.* 괴롭히다
plaice [pleis] *n.* 〖魚〗 가자미의
일종
plaid [plæd] *n.* 바둑판무늬(의
천); 바둑판무늬의 어깨걸이
plain [plein] *a.* 명백한; 간소한;
솔직한: ~ clothes 평상복/~
English 쉬운 영어/ in ~
speech 알기 쉬운 말로/a ~
meal 검소한 식사/a ~ sail-
ing 순조로운 항해 *to be* ~
with you 솔직히 말하면 —*ad.*
알기 쉽게; 분명히 —*n.* 평원,
들판
plain·tive [pléintiv] *a.* 구슬픈,
애처로운, 푸념하는
plait [pleit/ plæt] *n.* 변발; 맥간
(麥稈) —*vt.* 주름잡다; 엮다
plan [plæn] *n.* 계획, 고안; 설계
도, (시가지 등의)지도 —*vi., vt.*
계획[설계]하다; 《美》 바라다
《*to do*》: ~ one's vacation 휴
가계획을 짜다

plane [plein] *n.* 평면; 수준; 비행기: a passenger ~ 여객기/ by ~ 비행기로 —*a.* 평평한

plan·et [plǽnit] *n.* 《天》 혹성

plan·e·tar·i·um [plænité(ː)riəm] *n.* (*pl.* ~**s**, **-i·a** [-iə]) 《天》 성좌투영기

pláne trèe 《植》 플라타너스

plank [plæŋk] *n.* 두꺼운 판자

plánned ecónomy 계획경제

plant [plænt/ plɑːnt] *n.* 식물; 설비; 공장; 《俗》 사기: ~ export 플랜트 수출/ a ~ pot 화분/ ~ tour 산업관광여행 —*vt.* 심다; 양식하다; 배치하다; 건설하다; 식민하다 ~**·er** *n.* 재배자; 농장주; 식민

plan·ta·tion [plæntéiʃ(ə)n, plɑː-] *n.* 대농장; 《史》 식민(지)

plas·ter [plǽstər/ plɑ́ːs-] *n.* 회반죽; 《醫》 고약 —*vt.* 회반죽[고약]을 바르다

plas·tic [plǽstik] *a.* 조형하는; 소조(塑造)할 수 있는; 유연한: the ~ arts 조형미술/ a ~ figure 소상 —*n.* 플라스틱

plate [pleit] *n.* 판; 문패; 《총칭》 금속제 기물; (도자기)접시; 《寫》 감광판: a soup ~ 수우프 접시/ a ~ of beef and vegetables 쇠고기와 야채의 모듬요리/ a ~ lunch 모듬런치

pla·teau [plætóu, ⌐⌐] *n.* (*pl.* ~**s**, **~x** [-z]) 고원, 대지(臺地)

plat·form [plǽtfɔ̀ːrm] *n.* 연단; 플랫포옴; 《美》 객차의 승강구: a ~ ticket 《英》 (역의)입장권

plat·i·num [plǽtinəm] *n.* 백금

Pla·ton·ic [plətánik/ -tɔ́n-] *a.* 플라톤 (Plato) (철학)의; (p~) 정신적인, 관념적인: ~ love 정신적 연애

pla·toon [plətúːn] *n.* 한 집단

plat·ter [plǽtər] *n.* 큰 접시

plau·dit [plɔ́ːdit] *n.* (보통 *pl.*) 박수갈채, 칭찬

plau·si·ble [plɔ́ːzəbl] *a.* 그럴듯한; 구변 좋은

play [plei] *vi.* 놀다; 경기하다 《*in*》 —*vt.* (놀이를)하다; (장난을)치다; 승부[내기]를 하다; 연주하다; 상연하다, …의 역을 하다; …답게 행동하다: ~ cards 카아드놀이를 하다/~ Hamlet 햄릿역을 하다/ Will you please ~ Chopin? 쇼팽을 연주해주지 않겠어요 —*n.* 놀이; 경기; 연극; 노름; 활동: It is your ~. 네 차례다

play·bill [⌐bìl] *n.* 연극광고

play·boy [⌐bɔ̀i] *n.* 한량, 난봉꾼 *P~ Club* 미국의 나이트클럽의 체인

play·day [⌐dèi] *n.* 휴일

play·er [pléiər] *n.* 경기자, 선수; 연주자

play·fel·low [⌐fèlou] *n.* 놀이친구

play·go·er [⌐gòuər] *n.* 연극을 좋아하는 사람

play·ground [⌐gràund] *n.* 운동장

play·house [⌐hàus] *n.* 극장

pláying càrd (트럼프)카아드

play·mate [⌐mèit] *n.* 놀이친구

play·off [⌐ɔ̀ːf] *n.* (무승부·동점인 경우의)결승전

play·thing [⌐θìŋ] *n.* 장난감

play·time [⌐tàim] *n.* 노는 시간; 흥행시간

play·wright [⌐ràit] *n.* 극작가

pla·za [plǽzə, plɑ́ː-] *Sp. n.* (스페인 도시의)광장, 시장

plea [pliː] *n.* 변명; 탄원

plead [pliːd] *vi., vt.* (*p., pp.* ~**·ed** *or* 《口·方》 **pled**) 변명[항변]하다 《*for*》; 탄원하다

pleas·ant [pléz(ə)nt] *a.* 유쾌한, 싹싹한, 정다운: a ~ weather 좋은 날씨

pleas·ant·ry [pléz(ə)ntri] *n.* 기분 좋음, 즐거움; 농담

please [pliːz] *vt.* 기쁘게 하다, 만족시키다; 마음에 들다; 부디 —*vi.* 기뻐하다, 마음에 들다 *as you* ~ 좋으실 대로 *if you* ~ 부디, 좋으시다면 「족한

pleased [pliːzd] *a.* 기뻐하는, 만

pleas·ing [plíːziŋ] *a.* 기분좋은; 상냥한, 싹싹한

pleas·ure [pléʒər] *n.* 기쁨, 즐거움, 유쾌 (delight); 오락: a ~ trip 유람여행 *for* ~ 오락으로 *with* ~ 기꺼이; (대답으로) 알았읍니다

pléasure bòat 유람선

pléasure gròund 유원지

pleat [pliːt] *n., vt.* 주름(잡다)

pled [pled] *v.* 《口·方》 plead의 과거(분사)

pledge [pledʒ] *n.* 담보, 저당물; 보증; 서약; 《口》 (the ~) 금주의 맹세 —*vt.* 저당잡히다; 맹세하다; (건강을 위해)축배를 들다

plen·ti·ful [pléntif(u)l] *a.* 많은

plen·ty [plénti] *n.* 많음, 풍부 (abundance) *in* ~ 충분히, 풍부히 —*a.* 《口》 많은 —*ad.* 《口》 충분히

pli·a·ble [pláiəbl] *a.* 낭창낭창한; 온순한

plight [plait] *n.* 상태 (condition); 곤경

PLO = *Palestine Liberation Organization* 팔레스타인해방기구

plod [plad/ plɔd] *vi., vt.* 터벅터벅 걷다; 꾸준히 일[공부]하다

plot [plat/ plɔt] *n.* 지역; (연극 등

의)줄거리; 음모 —*vi*., *vi*. 계획하
다, 음모를 꾸미다 《*for, against*》

plow, 《英》 **plough** [plau] *n*. 쟁
기 —*vi*., *vt*. 쟁기질하다, 갈다

pluck [plʌk] *vt*. 잡아뽑다, 뜯다;
빼앗다 —*vi*. 당기다 《*at*》 —*n*.
잡아뽑기; (소 등의)내장

plug [plʌg] *n*. 마개, 충전물; 〔電〕
플럭; 《美口》 팔다 남은 물건;
《美俗》 (라디오프로에 끼우는)
짧은 광고방송 ～ *hat* 실크
햇 —*vt*. 마개를 하다; 메우다

plum [plʌm] *n* 〔植〕 서양오얏;
건포도: a ～ pudding [cake]
건포도가 든 푸딩[케이크]

plume [plu:m] *n*. (큰) 깃털; 깃털
장식 —*vt*. 깃털로 장식하다; 자
랑하다   「푹신한

plump[1] [plʌmp] *a*. 포동포동한,

plump[2] *vi*., *vt*. 쿵하고 떨어지다
[떨어뜨리다]; 불쑥 말하다 —*a*.
노골적인; 퉁명스러운 —*ad*. 쿵
하고; 솔직히   「하다

plun·der [plʌndər] *vt*., *vi*. 약탈

plunge [plʌndʒ] *vt*., *vi*. 찌르다,
뛰어들다 《*into*》; (어떤 상태로)
빠뜨리다; 돌진하다; 《俗》큰 도
박을 하다 —*n*. 돌입; 뛰어들기

plu·ral [plú(:)r(ə)l] *n*.,*a*. 복수(의)

plus [plʌs] *a*. 〔數·電〕 양(陽)의
—*prep*. …을 더하여 —*n*. 양부
호(＋); 양수

Plu·to [plú:tou] *n*. 〔그·로神〕＝
Hades; 〔天〕 명왕성

plu·to·ni·um [plu:tóuniəm] *n*. 플
루토늄(방사성금속원소)

ply [plai] *vi*., *vt*. (배·차가)다니
다; 부지런히 하다[사용하다]

Plym·outh [plíməθ] *n*. 영국 서
남부의 군항도시; 미국 Mas-
sachusetts의 도시(1620년 메이
플라워호의 청교도가 상륙했음);
미국 크라이슬러사제의 자동차

p.m., P.M. [pí:ém] ＝ *post me-
ridiem* 오후 (*cf*. a.m., A.M.)

pneu·mo·ni·a [n(j)u:móuniə,
-njə/nju-] *n*. 폐렴

P.O., p.o. ＝ *post office* 우체국
P. O. Box 사서함

poach [poutʃ] *vt*. (달걀을 깨뜨
려)끓는 물에 삶다: a ～ed egg
(그렇게)삶은 계란

POB ＝ *Post Office Box* 사서함

pock·et [pákit/pɔ́k-] *n*. 호주머
니; 소지금; (당구대 의)포켓; 〔空〕
에어포켓 —*vt*. 호주머니에 넣
다; 착복하다 —*a*. 호주머니에
들어가는; 소형의: a ～ note-
book 수첩/the ～ edition 포
켓판

pock·et·book [ᴸbùk] *n*. 지갑;
《주로 英》 수첩

pócket càlculator 휴대용 전

자계산기   「돈

pock·et·mon·ey [ᴸmʌ̀ni] *n*. 용

pock·et·size(d) [ᴸsàiz(d)] *a*. 포
켓에 넣을 수 있는; 소형의

P.O.D. ＝ *pay on delivery* 현품
인환불(引換拂)

pod [pad/pɔd] *n*. (완두콩 등의)
깍지, 꼬투리 —*vi*., *vt*. 꼬투리
가 생기다[를 까다]

podg·y [pádʒi/pɔ́dʒi] *a*.《俗》땅
딸막한

po·em [póuem, -im] *n*. 시: a
lyric [prose] ～ 서정[산문]시

po·et [póuet, -it] *n*. 시인 *the
P～s' Corner* 런던의 West-
minster Abbey의 한 구획(유
명한 시인의 묘·기념비가 있음)

po·et·ess [póuetis] *n*. 여류시인

po·et·ic [pouétik], **-i·cal** [-ik(ə)l]
a. 시의, 시적인   「시정

po·et·ry [póuitri] *n*. 《총칭》 시;

poi [pɔi, póui] *n*. (하와이의)타로
토란 요리

point [pɔint] *n*. (뾰족한)끝, 첨단;
갑(岬); 점; 〔數〕 소수점; 시점; 요
점; 득점: at all ～s 모든 점에
서/a ～ constable 《英》 교통
순경/～ duty 《英》 교통정리
—*vt*. 끝을 달다, 뾰족하게 하다;
강조하다; 향하게 하다; 지적하
다 …. 가리키다; 향하다

point·er [pɔ́intər] *n*. 포인터(사
냥개); (시계 등의)바늘; 지침

poise [pɔiz] *vt*. 평형시키다 —*vi*.
균형잡히다 —*n*. 균형; 자세

poi·son [pɔ́iz(ə)n] *n*. 독(약)
—*vt*. 독을 타다 ～*ing n*. 중독
～*ous a*. 유독한: ～*ous* gas 독
가스

poke [pouk] *vt*., *vi*. (손가락·막대
기로)찌르다; (불을)헤집다《*up*》;
찾아다니다 —*n*. 찌르기; 《口》
느림보

pok·er [póukər] *n*. 《美》 포우커
(카아드놀이의 일종)   「굴

póker fàce 《美口》 무표정한 얼

Po·land [póulənd] *n*. 폴란드

po·lar [póulər] *a*. 극지의; 〔理〕
극(極)의: the ～ route [flight]
〔空〕 북극항로/～ circles 극
권/a ～ bear 북극곰/～ lights
극광 *the P～ Sea* 북[남]극해

Po·lar·is [poulɛ́:ris] *n*.〔天〕 북
극성; 폴라리스미사일

Pó·lar·oid Càmera [póulərɔ̀-
id] 《상표명》 폴라로이드카메라
(10초 정도면 현상·인화됨)

pole[1] [poul] *n*. 막대, 장대

pole[2] *n*. 〔天·地〕 극(지); 〔理〕 극

Pole [poul] *n*. 폴란드인

po·lice [pəlí:s] *n*. (*the* ～) 경찰;
《총칭》경관: a ～ box [stand]
파출소/～ offense 경범죄/a ～

office [station] 《英》 경찰서/
a ~ officer 경관

po·lice·man [-mən] *n.* (*pl.*
-men [-mən]) 경관

po·lice·wom·an [-wùmən] *n.*
(*pl.* **-wom·en**) 여자경관

pol·i·cy [pálisi/pɔ́l-] *n.* 정책; 방

pol·i·cy·mak·er [-mèikər] *n.*
정책수립자

pol·ish [páliʃ/pɔ́l-] *vt.* 닦다, 광
내다; 세련하다 —*vi.* 광이 나다;
세련되다 —*n.* 광내기; 광택; 닦
는 약: shoe ~ 구두약

Pol·ish [póuliʃ] *a.* 폴란드(인·어)
의 —*n.* 폴란드어

po·lite [pəláit] *a.* 정중한, 예의바
른 (courteous); 고상한

po·lit·i·cal [pəlítik(ə)l] *a.* 정치
(상)의; 국사의: ~ circles 정계

pol·i·ti·cian [pàlitíʃ(ə)n/pɔ̀l-] *n.*
정치가; 《나쁜 뜻으로》 정치꾼

pol·i·tics [pálitiks/pɔ́l-] *n.* 정치
(학); 정책; 정강

pol·ka [póu(l)kə/póul-, pɔ́l-] *n.*
폴카(원래 Bohemia의 경쾌한
춤, 그 곡)

poll [poul] *n.* 투표(수); (*pl.*) 투
표소: Gallup ~《美》갤럽 여
론조사 —*vt., vi.* 투표하다; (표
를)얻다

pol·lu·tant [pəlú:tənt/pəl(j)ú:-]
n. 오염물질

pol·lute [pəlú:t, -ljú:t] *vt.* 더럽히
다, 오염시키다

pol·lut·er [-ər] *n.* 오염원, 오염
자

pol·lu·tion [pəlú:ʃ(ə)n/ -l(j)ú:-]
n. 오염, 타락: air ~ 대기오염

po·lo [póulou] *n.* 폴로(마상구기
(球技)의 일종); 수구: a ~ shirt
폴로샤쓰

pol·o·naise [pàlənéiz, pòul-/
pɔ̀l-] *n.* 폴로네즈(Poland의 완
만한 춤, 그 곡)

poly·eth·y·lene [pàliéθili:n/
pɔ̀li-] *n.* 폴리에틸렌(합성수지)

pol·y·glot [páliglàt/pɔ́liglɔt] *n.*
수개국어를 하는 사람

pol·y·graph [páligræf / pɔ́li-
grà:f] *n.* 거짓말탐지기

Pol·y·ne·sia [pàliní:ʒə, -ʃə/pɔ̀l-,
-zjə] *n.* 폴리네시아 제도

pol·y·tech·nic [pàlitéknik/pɔ̀-]
a. 종합기술의 —*n.* 기술학교

po·made [poumáid/ -má:d/pou-
má:d] *n.* 머릿기름, 포마드

póm·meled hòrse [pʌ́mld, +
《美 pám-] 《체조》 안마

pomp [pamp/pɔmp] *n.* 장관, 화
려; (*pl.*) 허식 **pom·pous** *a.* 거
만한; 화려한

Pom·pe·ii [pampéii:, -péi/pɔm-
pí:ai] *n.* 폼페이(베수비오산록에
있는 이탈리아의 폐허)

pom·pous [pámpəs/pɔ́m-] *a.* 서
만한, 젠체 하는; 화려한, 호화로
운; 허풍떠는

pon·cho [pántʃou/pɔ́n-] *n.* 폰초
(남미 원주민의 외투)

pond [pand/pɔnd] *n.* 연못 *the
Round P~* 런던의 Kensing-
ton 공원에 있는 원형연못

pon·der [pándər/pɔ́n-] *vt., vi.*
심사숙고하다《on, over》

pon·der·ous [pándərəs/ pɔ́n-]
a. 묵직한, 육중한

Pon·ti·ac [pántiæk] *n.* 미국의
GM 사제의 자동차

po·ny [póuni] *n.* 작은 말;《美
俗》자습서;《口》작은 술잔;
《英俗》25파운드

poo·dle [pú:dl] *n.* 푸들개

pool[1] [pu:l] *n.* 물웅덩이; 푸울:
a motor ~ 모우터푸울

pool[2] *n.*《카아드놀이》건 돈; 일
종의 당구;《俗》물건 두는 곳

poor [puər] *a.* 가난한; 불쌍한; 빈
약한; 메마른; 서투른

poor·ly [púərli] *ad.* 가난하게, 불
완전하게; 서투르게 —*a.* 《口》
《서술적》 기분이 좋지 않은

pop[1] [pap/pɔp] *vi.* 펑 소리나다
[터지다]; 갑자기 나타나다 —
vt. 펑하고 울리다 —*n.* 펑;《口》
탄산수 —*ad.* 펑(하고); 갑자기

pop[2] [pap/pɔp] *a.* 통속적인, 대
중적인; 젊은이용의, 젊은이에
게 인기있는 —*n.* 대중음악[문
화]; 팝아아트

pop·corn [-kɔ̀:rn] *n.* 팝코온

pope [poup] *n.* (때로 P~) 로마
교황

Pop·eye [pápài/pɔ́p-] *n.* 뽀빠이
(미국의 만화주인공)

pop·lar [páplər/pɔ́p-] *n.* 《植》

pop·o·ver [pápòuvər/pɔ́p-] *n.*
살짝 구운 파이

pop·py [pápi/pɔ́pi] *n.* 양귀비

pop·u·lar [pápjulər/pɔ́p-] *a.* 일
반대중의; 통속적인; 인기있는,
유행하는: ~ opinion 여론/a
~ song 유행가

pop·u·lar·i·ty [pàpjulǽriti/
pɔ̀p-] *n.* 인기; 대중성, 통속성

pop·u·la·tion [pàpjuléiʃ(ə)n/
pɔ̀p-] *n.* 인구; 인원수; (일정지역
의)전체주민

pop·u·lous [pápjuləs/pɔ́p-] *a.*
인구가 조밀한

porce·lain [pɔ́:rslin] *n.* 자기(제
품)

porch [pɔ:rtʃ] *n.* (건물에서 돌출
한)현관;《美》베란다

pork [pɔ:rk] *n.* 돼지고기: ~
chop 돼지갈비

porn [pɔ:rn] *n., a.* 포르노(의);
포르노 영화[작가] [=porn

por·no [pɔ́:rnou] *n., a.* (*pl.* ~s)

por·nog·ra·phy [pɔːrnágrəfi/ -nɔ́g-] *n.* 춘화; 호색[에로]문학

porn·y [pɔ́ːrni] *a.* 포르노식의

por·ridge [pɔ́ːridʒ/ pɔ́r-] *n.* 《英》죽(《美》 starches)

por·rin·ger [pɔ́rindʒər/ pɔ́r-] *n.* (죽·수우프용)운두높은 접시

Por·sche [pɔ́rʃe] *G. n.* 포르셰(독일의 자동차(회사))

port¹ [pɔːrt] *n.* 항구(도시) ~ *of call* 기항지 ~ *of entry* 통관항, 상륙지

port² *n.* 《海》 좌현

port³ *n.* 포오트와인(port wine)

port·a·ble [pɔ́ːrtəbl] *a.* 운반할 수 있는, 휴대용의

por·tal [pɔ́ːrt(ə)l] *n.* (도시 등의)입구, 정문

por·ter¹ [pɔ́ːrtər] *n.* 문지기

por·ter² *n.* 운반인; (역의)포오터; 《英》 흑맥주 **~·age** *n.* 운송료, 포오터에의 팁

por·ter·house [pɔ́ːrtərhàus] *n.* 《美》 선술집, 간이요리집; 최고급의 대형 비이프스테이크

por·tion [pɔ́ːrʃ(ə)n] *n.* 일부; 몫 —*vt.* 분배[분할]하다 《*out*》

port·man·teau [pɔːrtmǽntou] *n.* (*pl.* **~s, ~x** [-z]) 《英》 여행가방

por·trait [pɔ́ːrtrit] *n.* 초상화, (얼굴) 그림[사진]

por·tray [pɔːrtréi] *vt.* 그리다

Pórt Sáid 포오트사이드(이집트의 항구)

Ports·mouth [pɔ́ːrtsməθ] *n.* 미국 New Hampshire주의 군항; 영국 Hampshire주의 군항

Por·tu·gal [pɔ́ːrtʃug(ə)l / -tju-] *n.* 포르투갈

Por·tu·guese [pɔ̀ːrtʃugíːz/ -tju-] *a.* 포르투갈(인·어)의 —*n.* 포르투갈인[어]

pose [pouz] *n.* 자세, 포오즈 —*vi., vt.* 어떤 자세[태도]를 취하(게하)다; …의 포우즈를 짓다: Will you ~ for me? 사진을 찍게 포우즈를 취해주십시오

Po·sei·don [pousáid(ə)n, +英 pɔ-] *n.* 《그神》 포세이돈(바다의 신) (*cf.* Neptune)

po·si·tion [pəzíʃ(ə)n] *n.* 위치; 자세; 지위; 직; 형세

pos·i·tive [pázitiv/ pɔ́z-] *a.* 명확한; 단호한; 확신한; 적극적인; 《哲》 실증적인; 《寫》 양화의

pos·sess [pəzés] *vt.* 소유하다; 《보통 수동형》 (귀신 등이)들리다

pos·ses·sion [pəzéʃ(ə)n] *n.* 소유(물); 점령; (*pl.*) 재산

pos·ses·sive [pəzésiv] *a.* 소유의

pos·si·bil·i·ty [pàsibíliti/ pɔ̀s-] *n.* 가능성; 가능한 일

pos·si·ble [pásəbl/ pɔ́s-] *a.* 가능한; 있을 수 있는; 《口》 사리를 아는: as quickly as ~ 가급적 빨리

post¹ [poust] *n.* 기둥 —*vt.* (삐라를 기둥 등에)붙이다 《*up*》; 게시[고시]하다: P~ no bills. 《게시》 삐라를 붙이지 마시오

post² *n.* 《英》 우편(물); 우체국; 우체통 *by* (*the*) ~ 우편으로 —*vt.* 《英》 우송하다: ~ a letter 편지를 부치다(《美》 mail)

post³ *n.* 부서; 지위; 직위

post·age [póustidʒ] *n.* 우편요금: a ~ stamp 우표

post·al [póust(ə)l] *a.* 우편의: a ~ card 《美》 관제엽서 (*cf.* postcard)/~ matter 우편물/a ~ (money) order 우편환

post·box [póustbàks/ -bɔ̀ks] *n.* 《英》 우체통(《美》 mailbox)

post·boy [póustbɔ̀i] *n.* 《英》 우체부

post·card [póustkàːrd] *n.* 《英》 우편엽서; 《美》 사제엽서: a picture ~ 그림엽서

post·code [póustkòud] *n.* 《英》 우편번호(《美》 zip code)

post·er [póusˑər] *n.* 포스터

pos·ter·i·ty [pastériti/ pɔs-] *n.* 자손 (descendant)

pos·tern [póustəːrn, +美 pás-] *n.* 뒷문: a ~ door 뒷문

post·man [póustmən] *n.* (*pl.* **-men** [-mən]) 《英》 우체부

post·mark [póustmàːrk] *n.* 소인

póst òffice 우체국

post-of·fice [póustɔ̀·fis, -àf-/ -ɔ̀f-] *a.* 우편의, 우체국의: a ~ box 사서함(略: P.O.B.)

post·pone [pous(t)póun] *vt.* 연기하다 (put off), 뒤로 미루다

post·script [póus(t)skrìpt] *n.* (편지의)추신(略: P.S.)

pos·ture [pástʃər/ pɔ́s-] *n.* 자세, 사태 —*vi., vt.* 자세를 취하(게하)다

post·war [póustwɔ́ːr] *a.* 전후의

pot [pat/ pɔt] *n.* 단지, 항아리; 《俗》 (노름의)큰 돈; 《俗》 장구통배: a tea ~ 차주전자/ a coffee ~ 코오피주전자/ ~ liquor 고기야채수우프/a ~ pie 고기파이/ ~ roast 불고기

po·ta·ble [póutəbl] *a.* 음료에 적합한

po·tage [poutáːʒ/ pɔ-] *F. n.* 포타지(진한 수우프) (*cf.* consommé)

po·ta·to [pətéitou] *n.* (*pl.* **~es**) 감자: a sweet ~ 고구마/~ chips (얇게 썬)감자튀김

pot·boy [pátbɔ̀i/ pɔ́t-] *n.* 술집의 급사

po·tent [póut(ə)nt] *a.* 힘센; (약 이)효험있는

po·ten·tial [pəténʃ(ə)l] *a.*가능성 있는; 잠재적인 —*n.* 가능

pot·herb [pát(h)ə̀ːrb/ pɔ́thə̀ːb] *n.* (삶아먹는)야채

pot·house [páthàus/ pɔ́t-] *n.* 《英》술집 (pub, beer house)

pot·luck [pátlʌ̀k/ pɔ́tlʌ́k] *n.* 있 는 재료로 만든 음식

Po·to·mac [pətóumæk] *n.* (*the* ~) Washington D.C.를 관류 하는 강

Pots·dam [pátsdæ̀m/ pɔ́tsdæm] *n.* 포츠담(베를린 서남쪽의 도 시, 포츠담 회의 개최지)

pot·ter [pátər/ pɔ́tə] *n.* 도공(陶 工), 도기장이 ~·y [-təri] *n.* 도 기제조(소); 도기

pouch [pautʃ] *n.* 작은 주머니; 담 배쌈지 —*vt., vi.*주머니에 넣다; 《俗》 팁을 주다

poul·try [póultri] *n.* 가금(家禽)

pound [paund] *n.*파운드(영국의 화폐단위, 100 펜스)(略: £); 파운 드(영국의 중량단위. 453.6그램) (略: lb)

póund área 파운드 지역

pound·cake [páundkèik] *n.* 카 스텔라과자

pour [pɔːr] *vt.*붓다, 따르다 —*vi.* 흘러나오다; 억수같이 쏟아지다 —*n.* 유출; 억수같은 비

pour·boire [púərbwàːr] *F. n.* 팁 (tip)

pousse-ca·fé [pùːskæféi] *F. n.* 코오피 뒤에 나오는 리큐르술

pout [paut] *vi., vt.* 입을 삐죽 내밀다, 뿌루퉁하다

pov·er·ty [pávərti/ pɔ́v-] *n.* 가 난; 결핍 《*of*》

POW = *p*risoner *o*f *w*ar 포로

pow·der [páudər] *n.* 가루, 분말; 분; 화약: talcum ~ 탈컴파우더 (화장용품)/ tooth ~ 치마분/ a ~ puff 퍼프(화장용)/a ~ room 화장실; (여자용)화장실 —*vt., vi.*가루를 만들다(뿌리다); 가루가 되다; 분을 바르다

pow·er [páuər] *n.* 힘; 능력; 체 력; 권력 《*over*》; 강대국; 전력 (電力): a ~ elite 권력선량

pow·er·ful [páuərf(u)l] *a.* 강력 한, 세력있는 「소

pow·er·house [⌐hàus] *n.* 발전

pówer plànt 발전소

pox [paks/ pɔks] *n.* 마마

PPM = *p*art *p*er *m*illion 백만분 의 1

PR = *p*ublic *r*elations 홍보활동

prac·ti·cal [præ̀ktik(ə)l] *a.*실제 적인; 실용적인 ~·ly *ad.* 실제 [실용]적으로; 사실상

prac·tice, 《英》**-tise** [prǽktis] *n.* 습관, 관례; 실행; 연습; (의사· 변호사 등의)업무: be in ~ 연 습[개업]하고 있다 *in* ~ 실 제로는 —*vt., vi.* 실행하다; (의 사·변호사 등을)업으로 삼다; 연습하다; (남을)훈련시키다

prac·ti·tion·er [præktíʃ(ə)nər] *n.* 개업의사; 변호사

prag·ma·tism [prǽgmətìz(ə)m] *n.* 실용주의 **-tist** *n.*

Prague [preig, prɑːg] *n.* 프라하 (체코슬로바키아의 수도)

prai·rie [prɛ́(ː)ri] *n.* 대초원

praise [preiz] *vt.* 칭찬하다, (신 을)찬송하다 —*n.* 칭찬; 찬송

pra·line [prɑ́ːliːn] *n.* 호두·편도 를 넣은 사탕과자

prate [preit] *vi., vt.* 재잘거리다, 수다떨다 —*n.* 수다

Prav·da [prɑ́ːvdə] *Russ. n.*프라 우다 (소련공산당 중앙기관지)

pray [prei] *vt., vi.*기도하다; 간청 하다;《생략적》부디

prayer[1] [prɛər] *n.*기원,기도(문), 기도식: a ~ book 기도서

pray·er[2] [préiər] *n.* 기도자

preach [priːtʃ] *vt., vi.* 설교하다, 전도하다 《*to*》

pre·car·i·ous [prikɛ́(ː)riəs] *a.* 불안정한; 남에게 의존하는

pre·cau·tion [prikɔ́ːʃ(ə)n] *n.* 조 심, 경계 《*against*》; 예방책

pre·cede [pri(ː)síːd] *vt., vi.* 앞서 다; 선행하다 **-ced·ing** *a.* 앞의, 앞서의

prec·e·dent [présid(ə)nt] *n.* 전 례; 《法》 판례 —*a.* 앞선, 전의 (preceding)

pre·cept [príːsept] *n.* 교훈, 훈 시, 계율; 격언(maxim)

pre·cinct [príːsiŋkt] *n.* 구내; 경 계; (*pl.*) 근교

pre·cious [préʃəs] *a.* 귀중한, 값 비싼; 소중한;《口》순전한: a ~ stone 보석/ ~ metals 귀금속 —*ad.* 《口》 대단히

prec·i·pice [présipis] *n.* 절벽

pre·cip·i·tate *vt.* [prisípitèit→ *a.*] 곤두박이치게 하다; 빠뜨리 다; 촉진하다 —*a.*[prisípitit] 곤 두박이의; 조급한; 경솔한

pre·cise [prisáis] *a.*정확한 (ex- act); 정밀한; 꼼꼼한

pre·ci·sion [prisíʒ(ə)n] *n.* 정확

pred·e·ces·sor [prèdisésər, ⌐⌐ ⌐⌐/ príːdisèsə] *n.* 전임자, 선 배; 먼젓것

pre·dict [pridíkt] *vt., vi.* 예언 하다 「언

pre·dic·tion [pridíkʃ(ə)n] *n.* 예

pre·fab [príːfæ̀b] *a., n.* 조립식 의(주택)

pre·fab·ri·cate [pri:fǽbrikèit] vt. 규격품을 조립하여 만들다: a ~d house 조립식주택

pref·ace [préfis] n. 서문; 도입부 —vt. 서문을 쓰다

pre·fec·ture [prí:fektʃər, +英 -tjuə] n. 도(청); (도)지사직

pre·fer [prifə:r] vt. (오히려…쪽을)좋아하다 《to, rather than》

pref·er·a·ble [préf(ə)rəbl] a. 더욱 좋은[바람직한] 《to》

pref·er·ence [préf(ə)rəns] n. 선택; 편애 《for》; 좋아하는 것: I have no particular ~. 특히 가리는 것은 없읍니다/have a ~ for …쪽을 좋아하다

preg·nant [prégnənt] a. 임신한; 상상력이 풍부한; …에 찬

pre·his·tor·ic [prì:histɔ́:rik, -tár-/-tɔ́r-] a. 유사이전의

prej·u·dice [prédʒudis] n. 편견, 선입관 —vt. 편견을 갖게 하다

prel·ate [prélit] n. 고위성직자

pre·lim·i·nar·y [prilíminèri/ -nəri] a. 예비적인, 서문의 —n. (보통 pl.) 예비행위[시험]; 예선

prel·ude [prélju:d, +美 pri:lu:d] n. 《音》 전주곡; 서막; 서언; 서두 《to, of》 —vt., vi. 서막[전주곡]이 되다; 서두를 말하다

pre·ma·ture [prì:mət(j)úər, -tʃúər/ prèmətjúə] a. 올된

pre·mier [primíər/ prémiə] n. 국무총리 (prime minister); 수상 —a. 수위의; 최초의

pre·miere, pre·mière [primíər/ prémiɛə] F. n. 《劇》 초일; 초연; (영화의)특별개봉; 주연 여배우 [F]

prem·ise n. [prémis → v.] 《論》 전제 —vt., vi. [primáiz, prémis] 전제하다, 전제로 삼다

pre·mi·um [prí:miəm] n. 상금; 보험료; 수수료; 덤; 할증료, 프레미엄: at a ~ 프레미엄이 붙어

pre·oc·cu·pa·tion [pri(:)ɑ̀kjupéiʃ(ə)n/-ɔ̀k-] n. 선취; 몰두

pre·oc·cu·py [pri(:)ɑ́kjupài/ -ɔ́k-] vt. (마음을)빼앗다; 선취하다

pre·paid [pri:péid/ ⌐⌐] v. prepay 의 과거(분사) —a. 선불한

prep·a·ra·tion [prèpəréiʃ(ə)n] n. 준비; 예습; (…에 대한)각오: in ~ 준비중

pre·par·a·to·ry [pripǽrətɔ̀:ri/ -t(ə)ri] a. 준비의, 예비의

pre·par·a·to·ry school 《美》 (대학진학을 위한) 사립 고등학교; 《英》 (public school 진학을 위한)사립국민학교

pre·pare [pripɛ́ər] vt., vi. 준비하다 《for》; 예습하다; 각오시키다[하다] 《to do, for》: ~ for the worst 만일에 대비하다

pre·pay [pri:péi/ ⌐⌐] vt. (p., pp. -paid) 선불하다

pre·pos·ter·ous [pripást(ə)rəs/-pɔ́s-] a. 터무니없는, 엄청난; 불합리한

pres·age n. [présidʒ→v.] 전조, 예감 《of》 —vt. [+priséidʒ] 예언하다, 예감하다

Pres·by·te·ri·an [prèzbiti(:)riən] a. 장로교의. —n. 장로교신도 P~ Church 장로교회

pre·scribe [priskráib] vt., vi. 규정하다, 명령하다; 처방하다

pre·scrip·tion [priskrípʃ(ə)n] n. 규정, 명령; 《醫》 처방(전)

pres·ence [préz(ə)ns] n. 존재, 출석; (남의)면전: Your ~ is requested. 《의례적》 참석해주시기 바라나이다

pres·ent[1] [préz(ə)nt] a. 있는, 출석한 (cf. absent); 현재의; 지금의 —n. 현재 for the ~ 당분간, 지금으로서는

pres·ent[2] n. 선물 (gift)

pre·sent[3] [prizént] vt. 소개하다 (introduce);나타나다;선물하다; 제출하다; 《劇》 상연하다

pres·en·ta·tion [prèz(e)ntéiʃ(ə)n] n. 제출; 증정(품); 소개; 표시; (연극의)상연

pres·ent-day [préz(ə)ntdéi] a. 현대의, 오늘날의

pres·ent·ly [préz(ə)ntli] ad. 이윽고, 곧 (soon), 나중에

pres·er·va·tion [prèzərvéiʃ(ə)n] n. 보존, 저장; 예방, 방부

pre·serve [prizə́:rv] vt. 보존하다; 보호[유지]하다 —n. (보통 pl.) 설탕절임, 깡통; 금렵지

pre·side [prizáid] vi. 사회하다 《over, at》; (식탁에서)주인역을 하다

pres·i·dent [prézid(ə)nt] n. (P~) 대통령; 의장; 회장; 총장; 사장, 회장

pres·i·den·tial [prèzidénʃ(ə)l] a. president 의: a ~ election 대통령선거 ~ veto 대통령의 법안서명거부권

press [pres] vt. 누르다, 밀어내다; 다리미질하다; 밀다; 압박하다; 강조[강요]하다; 괴롭히다 —vi. 밀다, 압박하다; 서두르다 《on, to, forward》; 강요하다 《for》: Time ~es. 시간이 촉박하다 —n. 누르기, 압박; 혼잡, 촉박; 압착기; 인쇄(기), 인쇄; (the ~) 《총칭》 출판물, 신문; (P~) …지(신문명): a daily ~ 일간지/Associated P~ AP통신사/a ~ center 신문사가 밀

집해 있는 지구/a ~ conference 기자회견 ~ **campaign** (신문)지상 캠페인 ~ **corps**(신문)기자단

press·man [⌐mən] n. (pl. **-men** [-mən]) 인쇄공; 신문기자

pres·sure [préʃər] n. 압력, 압박, 강제; 곤궁; 분주: a ~ cabin 밀폐실/a ~ group 압력단체

pres·tige [prestíːʒ, +美 préstidʒ] n. 위신, 위엄, 명성

pre·sum·a·ble [prizúːməbl / -z(j)úːm-] a. 가정할 수 있는, 있을 법한

pre·sume [prizúːm / -z(j)úːm] vt. 추정[간주]하다: You are Mr. Brown, I ~. 브라운씨지요

pre·sump·tion [prizʌm(p)ʃ(ə)n] n. 가정, 추정; 가망; 주제넘음, 뻔뻔스러움

pre·teen [priːtíːn] a., n. 13세 미만의(어린이)

pre·tend [priténd] vt. … 체하다 (affect), 가장하다《to do, that》: ~ ignorance 모른체하다

pre·tense, 《英》 **-tence** [priténs, +美 príːtens] n. 구실; 거탈: the false ~ 사기

pre·ten·tious [priténʃəs] a. 잘난체하는, 뽐내는

pre·text [príːtekst] n. 구실; 변명

pret·ty [príti] a. 예쁜, 귀여운; 《俗》상당한: a ~ sum of money 꽤 많은 돈 —ad. 상당히: I am ~ well. 그저 잘있읍니다 —n.《美》장신구

Pret·zel [préts(ə)l] G. n. 프레첼 (매듭 모양의 짭짤한 비스킷)

pre·vail [privéil] vi. 유행하다; 우세하다; 설득하다

prev·a·lent [prév(ə)lənt] a. 유행하는

pre·vent [privént] vt. 방해하다, …않도록 하다 (hinder)《from》

pre·ven·tion [privénʃ(ə)n] n. 방지, 방해; 예방

pre·ven·tive [privéntiv] a. 예방의, 방지하는《of》—n. 예방법

pre·view [príːvjùː, +英 ⌐⌐] n. 《영화》시사; 예고편

pre·vi·ous [príːviəs] a. 먼저[이전]의《to》: a ~ engagement [appointment] 선약 —ad. 전에: ~·ly ad. 미리, 전에는

pre·war [príːwɔ́ːr] a. 전쟁전의

prey [prei] n. 먹이 —vi. 먹이로 삼다《on, upon》

price [prais] n. 값, 가격; 물가: a fixed ~ 정가/a reduced ~ 할인가격/a special ~ 특가/a ~ tag 정찰/What is the ~? 값은 얼맙니까

price list 정가표

prick [prik] vt., vi. 콕콕 찌르다 [쑤시다] —n. 가시, 바늘; 동통

pride [praid] n. 자만; 자존심; 자랑《in》—vt. 자랑하다

priest [priːst] n. 성직자, 승려; 사제(司祭), 목사

pri·ma don·na [prì(ː)mədɑ́nə / -dɔ́nə] It. 프리마돈나(오페라 등의 주역 여자가수)

pri·ma·ry [práiməri, +美 -mèri] a. 최초의; 근본의; 초보의; 제1위의: ~ colors 원색/a ~ school 《英》국민학교 —n. 《宗》대주교

prime [praim] a. 최초의; 으뜸가는; 일류의; 근본의: ~ ribs of beef 최고급 쇠갈비 **the ~ minister** 국무총리, 수상 —n. 최초; 전성기; 최고급품《of》

prim·er [práimər, +英 práimə] n. 입문(서), 첫걸음

prime time 《라디오·TV》골든 아워(시청률이 높은 시간)

prim·i·tive [prímitiv] a. 원시의; 초기의; 근본의

prim·rose [prímrouz] n. 앵초

prince [prins] n. 왕자, 세자; (영국 이외 나라의) 공작 **P~ Consort** 여왕의 남편 **the ~ royal** 황태자 **the P~ of Wales** 영국황태자의 칭호

prin·cess [prínses/-⌐, ⌐⌐] n. 공주, 왕자비

prin·ci·pal [prínsip(ə)l] a. 첫째의; 주요한 —n. … 장(교장 등)

prin·ci·ple [prínsipl] n. 원리; 주의 **in** ~ 원칙적으로

print [print] n. (눌린)자국; 인쇄 (물), 프린트; 판화; 《寫》양화 —vt., vi. 자국을 내다; 인쇄하다; 출판[발행]하다; 《寫》인화하다 ~**ed matter** 인쇄물

print·ing [príntiŋ] n. 인쇄(업); 《寫》인화

pri·or [práiər] a. 앞(서)의

pri·or·i·ty [praióriti/-ɔ́r-] n. 앞[먼저]임《to》; 우선(권)

pri·o·ry [práiəri] n. 수도원

prism [príz(ə)m] n. 프리즘

pris·on [prízn] n. 교도소; 감옥

pris·on·er [príz(ə)nər] n. 죄수

pri·va·cy [práivəsi] n. 비밀, 사생활, 프라이버시

pri·vate [práivit] a. 사유의, 개인의; 민간의 (cf. public): a ~ eye [detective] 《俗》 사립탐정/a ~ room 개인방/a ~ letter 사신/a ~ business 사용/a ~ school 사립학교

priv·i·lege [prívilidʒ] n. 특권, 특전 —vt. 특권[특전]을 주다

priv·y [prívi] a. 기밀에 관여하는《to》; 개인용의 **P~ Coun-**

cil 《英》 추밀원 —*n.*《美》옥
외변소 「정식
prix fixe [príːfíks] *F.* 균일가격
prize [praiz] *n.* 상, 상품: the
first ~ 1등상/a ~ cup [med-
al] 우승컵[메달]/ the Nobel
~s 노벨상
prize·man [⌐mən] *n.* (*pl.* **-men**
[-mən]) 수상자
pro [prou] *n.* (*pl.* ~**s**) 《口》 직업
선수 [< *pro*fessional]
prob·a·bil·i·ty [prɑ̀bəbíliti /
prɔ̀b-] *n.* 있음직함, 가망; (*pl.*)
일기예보
prob·a·ble [prɑ́bəbl/ prɔ́b-] *a.*
있음직한: It is ~ that he will
come. 그는 올 것같다 **-a·bly**
ad. 아마: *Probably* not. 아마 그
렇지는 않겠다 「문제
prob·lem [prɑ́bləm/ prɔ́b-] *n.*
próblem child 문제아
pro·ce·dure [prəsíːdʒər] *n.* 절
차, 수속; 조치
pro·ceed [prəsíːd] *vi.* 나아가다;
계속하다《*with*》; 착수하다《*to*》
proc·ess [prɑ́ses/ próus-] *n.* 진
행, 과정; 방법: ~ butter 가공
버터
pro·ces·sion [prəséʃ(ə)n] *n.* 행
렬, 행진: in ~ 행렬을 짓고
pro·claim [prəkléim] *vt.* 선언
[포고]하다; 저절로 나타내다
proc·la·ma·tion [prɑ̀kləméi-
ʃ(ə)n/ prɔ̀k-] *n.* 선언, 포고, 공포
pro·cure [proukjúər/ prəkjúə]
vt. 입수하다 (obtain); 초래하다
prod·i·gal [prɑ́dig(ə)l/ prɔ́d-] *a.*
방탕한; 낭비하는: play the ~
난봉피우다 —*n.* 낭비가
pro·duce [prəd(j)úːs/ -djúːs] *vt.*
생산[제조]하다;(표 등을)제출하
다; (연극을)상연하다: ~ a
ticket 표를 내보이다/ ~ a
play 극을 상연하다
pro·duc·er [prəd(j)úːsər/ -djúː-
sə] *n.* 생산[제작]자; 프로듀서;
《英》연출자
prod·uct [prɑ́dəkt/ prɔ́d-] *n.* 산
물, 생산품; 제작품; 결과
pro·duc·tion [prədʌ́kʃ(ə)n] *n.*
생산(품); 제작; 영화제작(소)
pro·duc·tive [prədʌ́ktiv] *a.* 생
산적인; 풍부한; …을 낳는《*of*》
pro·fane [prəféin] *a.* 신을 모독
하는
pro·fess [prəfés] *vt.* 공언[고백]
하다; …라고 자칭하다; 직업으
로 삼다: ~ medicine 의업을
직업으로 삼다
pro·fes·sion [prəféʃ(ə)n] *n.* 공
언, 고백; 직업 *by* ~ 직업은
pro·fes·sion·al [prəféʃ(ə)n(ə)l] *a.*
직업으로 하는 (*cf.* amateur), 전

문적인 *P* ~ *Football Hall
of Fame* 프로미식축구 영예
전당(Ohio주 Canton에 있음)
—*n.* 전문가, 직업선수
pro·fes·sor [prəfésər] *n.* 대학
교수(직함으로서 Prof.로 줄임):
a ~'s chair 강좌
pro·file [próufail/ -fiːl] *n.* 옆얼
굴, (조각의)측면; 스케치
prof·it [prɑ́fit/ prɔ́f-] *n.* 이익 —
vt. 이익이 되다 —*vi.* 도움이 되
다; 이익을 얻다《*by*》
prof·it·a·ble [prɑ́fitəbl/ prɔ́f-]
a. 유익한, 유리한
pro·found [prəfáund] *a.* 심원한;
깊은
pro·fuse [prəfjúːs] *a.* 아낌없는,
사치스러운《*in, of*》; 풍부한
pro·gram, 《英》**-gramme** [próu-
græm] *n.* 프로그램; 예정; 계
획(서): What is the ~ for
tomorrow? 내일의 예정은 어
떻게 되어 있니/a crowded ~
꽉 찬 예정/a ~ music 표제음
악/ a ~ picture 동시상영의
단편영화 —*vt.* 프로그램을 작
성하다 ~·**mer** *n.* 기획자, 프로
그램 작성자
prog·ress *n.* [próugres→*v.*] 전
진 (advance); 진보, 발달 —*vi.*
[prəgrés] 전진하다; 진보[향상]
하다
pro·gres·sive [prəgrésiv] *a.* 전
진하는; 진보적인 —*n.* 진보론자
pro·hib·it [prouhíbit] *vt.* 금하
다: Smoking is ~*ed.* 금연
pro·hi·bi·tion [pròu(h)ibíʃ(ə)n]
n. 금지(령)
pro·ject *v.* [prədʒékt→*n.*] *vt.* 돌
출하다;(빛·그림자를)던지다; 계
획하다 —*vi.* 돌출하다 —*n.*
[prɑ́dʒekt/ prɔ́-] 계획 (plan).
설계
pro·jec·tion [prədʒékʃ(ə)n] *n.*
투사; 발사; 돌기, 돌출(물); 계획
pro·le·tar·i·at [pròulətɛ́(ː)riət]
n. 무산계급
pro·logue, **-log** [próulɔːg, -lag/
-lɔg] *n.* 서막, (연극의)개막사
(*cf.* epilogue) 「하다
pro·long [prəlɔ́ːŋ/ -lɔ́ŋ] *vt.* 연장
prom·e·nade [prɑ̀mináid/ prɔ̀-
mináːd] *n.* 산책; 산책로;《美》
(대학의)무도회: a ~ concert
야외음악회/a ~ deck (여객선
의)산책갑판 —*vi., vt.* 산책하다
prom·i·nent [prɑ́minənt/prɔ́m-]
a. 돌출한; 양각의; 걸출한
prom·ise [prɑ́mis/ prɔ́m-] *n.* 약
속; 가망: make [keep, break]
a ~ 약속을 하다[지키다, 어기
다] —*vt., vi.* 약속하다《*to*》;
(…의) 가망이 있다: The clouds

~ rain 이 구름을 보니까 비가 올 것 같다

prom·is·ing [prámisiŋ/ prɔ́m-] *a.* 가망있는, 유망한: a ~ youth 장래성있는 청년

pro·mote [prəmóut] *vt.* 전진[촉진]시키다, 승진시키다; 장려하다

pro·mo·tion [prəmóuʃ(ə)n] *n.* 권장, 장려; 승진; 발기(發起)

prompt [prampt/ prɔm(p)t] *a.* 신속한(quick); 즉석의: a ~ reply 즉답/~ cash 맞돈 —*vt.* 자극[고무]하다 ~·ly *ad.* 신속히, 즉석에서

prone [proun] *a.* 엎드린; 경사진; …의 경향이 있는《*to, to do*》

pro·nounce [prənáuns] *vt., vi.* 발음하다; 선언[단언]하다《*on*》

pro·nun·ci·a·tion [prənʌnsiéiʃ(ə)n] *n.* 발음(법)

proof [pru:f] *n.* 증명; 증거; 시험; (알콜의)표준강도: ~ spirit 표준알콜음료 —*a.* 견디는; 보장된

-proof *suf.*「…이 통하지 않는」「내…」의 뜻: fire*proof*, water*proof*

prop [prap/ prɔp] *n.* 버팀; 지지자; 후원자 —*vt.* 버티다《*up*》

prop·a·gan·da [pràpəgǽndə / prɔ̀p-] *n.* 선전

prop·a·gate [prápəgèit] *vt.* 번식시키다; 보급시키다, 선전하다

pro·pane [próupein] *n.* 【化】 프로판: ~ gas 프로판가스

pro·pel [prəpél] *vt.* 밀다, 추진하다

pro·pel·ler [prəpélər] *n.* 추진기, 프로펠러; 추진자

prop·er [prápər/ prɔ́pə] *a.* 적당한, 올바른; 예의바른; 독특한 《*to*》: a ~ dinner 정식만찬/a ~ measure to take 적절한 조치 ~·ly *ad.* 적절히, 올바로; 본래

prop·er·ty [prápərti/ prɔ́p-] *n.* 재산, 소유물[권]; 성질

proph·e·cy [práfisi/ prɔ́f-] *n.* 예언 「자

proph·et [práfit/ prɔ́f-] *n.* 예언

pro·po·nent [prəpóunənt] *n.* 제의[제안]자, 지지자

pro·por·tion [prəpɔ́:rʃ(ə)n] *n.* 비율; 균형, 평형, 조화; 몫, 부분; (*pl.*) 크기, 넓이 —*vt.* 균형잡히게 하다, 비례[조화]시키다《*to*》; 할당하다: in ~ to …에 비례하여

pro·por·tion·al [∸əl] *a.* 비례의 [하는] ~ representation 비례 대표제

pro·pos·al [prəpóuz(ə)l] *n.* 신청, 청혼;《美》입찰

pro·pose [prəpóuz] *vt.* 신청하

다; 제의[제출]하다; 꾀하다 —*vi.* 제안하다; 청혼하다

prop·o·si·tion [pràpəzíʃ(ə)n / prɔ̀p-] *n.* 주장; 제의, 제안

pro·pri·e·tor [prəpráiətər] *n.* 소유자, 임자 (owner)

pro·pri·e·ty [prəpráiəti] *n.* 적당; (*pl.*) 예의범절: with ~ 예법에 따라

prose [prouz] *n.* 산문 (*cf.* verse)

pros·e·cute [prásikjù:t/ prɔ́s-] *vt., vi.* 수행하다; 기소하다

Pro·sit [próusit] *L. int.* 건배

pros·pect [práspekt/ prɔ́s-] *n.* 전망; 경치; (보통 *pl.*)가망: command a fine ~ 경치가 좋다/have a good ~ 장래 유망하다

pro·spec·tive [prəspéktiv] *a.* 미래의, 장래의; 예상된

pros·per [práspər/ prɔ́s-] *vi., vt.* 번영하다[시키다], 성공하다 [시키다]

pros·per·i·ty [praspériti/ prɔs-] *n.* 번영, 성공

pros·per·ous [práspərəs/ prɔ́s-] *a.* 번영하는, 성공한; 행운의

pros·ti·tute [prástit(j)ù:t/ prɔ́s-] *n.* 매춘부 —*vt.* 매춘시키다

pros·trate *vt.* [prástreit/ prɔstréit → *a.*] 《재귀용법》(자기 몸을)엎드리게 하다; 넘어뜨리다, 쓰러뜨리다; 굴복시키다 —*a.* [英 prɔ́streit] 엎드린, 부복한; 굴복한; 지친

pro·tect [prətékt] *vt.* 보호하다, 방어하다《*from, against*》

pro·tec·tion [prəték ʃ(ə)n] *n.* 보호, 방위《*from, against*》; 보호자[물]; 통행권;《美》국적증명서 ~·ism *n.* 보호무역주의

pro·tec·tive [prətéktiv] *a.* 보호하는; 보호무역[정책]의

pro·tec·tor [prətéktər] *n.* 보호자[물];《야구》가슴받이

pro·test *vt., vi.* [prətést → *n.*] 주장하다; 항의하다, 이의를 신청하다《*against, about*》—*n.* [próutest] 항의(서), 이의

Prot·es·tant [prátist(ə)nt/ prɔ́t-] *n.* (기독교의)신교도 (*cf.* Catholic)

pro·to·col [próutəkàl/-kɔ̀l] *n.* 의정서; 외교의례, 의전(儀典)

pro·trude [proutrú:d] *vi., vt.* 돌출하다[시키다], 내밀(게하)다

proud [praud] *a.* 자랑하는, 뽐내는《*of*》; 거만한; 자존심있는: I am ~ of you! 장하다 ~·ly *ad.* 자랑하며, 거만하게

prove [pru:v] *v.* (*p.* ~d, *pp.* ~d, **prov·en** [prú:v(ə)n]) *vt.* 입증[증명]하다; 실험하다, 시험해보다: ~ one's identity 신원을

증명하다 —vi. …임을 알다:
He ~d to be an American.
그가 미국인임이 판명되었다

prov·erb [právərb/ prɔ́vəb] n.
속담; 소문난 것

pro·vide [prəváid] vt., vi. 준비
[대비]하다; 공급하다, 주다

pro·vid·ed [prəváidid] conj.
《provided that로》 만약 …하
면; …하는 조건으로

prov·i·dence [právid(ə)ns /
prɔ́v-] n. 신의 뜻, 섭리; (P~)
신

prov·i·dent [právid(ə)nt/prɔ́v-]
a. 선견지명이 있는, 조심성있는,
검소한

pro·vid·ing [prəváidiŋ] conj.
= provided

prov·ince [právins/ prɔ́v-] n.
주(州), 도; (pl.) (the ~) 지방,
시골; 범위

pro·vin·cial [prəvínʃ(ə)l] a. 지
방[시골]의 —n. 지방인

pro·vi·sion [prəvíʒ(ə)n] n. 준
비, 설비; (pl.) 식량; 《法》 조항:
make ~ against accidents
만일의 사고에 대비하다

prov·o·ca·tion [pràvəkéiʃ(ə)n]
n. 약올림; 울화, 부아; 도전,
도발, 자극

pro·voc·a·tive [prəvákətiv /
-vɔ́k-] a. 화나게 하는, 도발적인

pro·voke [prəvóuk] vt. 화나게
하다, 도발하다; 자극하다: ~
amusement 즐겁게 하다/ ~ a
laughter 웃음을 자아내다

prow·ess [práuis] n. 무용(武勇),
용맹

prox·i·mo [práksimou/ prɔ́ks-]
a. 내달의(略: prox.) [L]

pru·dence [prú:d(ə)ns] n. 신중;
분별; 약삭빠름

pru·dent [prú:d(ə)nt] a. 신중한,
분별있는; 약삭빠른

prune [pru:n] n. 말린 오얏

pry [prai] vi. 유심히 보다; 꼬치
꼬치 캐나 —vt. 들추어내다

P.S. = postscript 추신

psalm [sɑ:m, +美 sɑ:lm] n. 찬
송가, 성가; (P~) (시편의)성가

pseu·do·nym [sú:dənìm/ (p)sj-
ú:də-] n. 필명, 익명

PST = Pacific standard time

psy·che·del·ic [sàikidélik] a.
황홀한; 황홀감을 자아내는; 사
이키델릭조의 —n. LSD, 마약

psy·chol·o·gy [saikálədʒi/-kɔ́l-]
n. 심리학

P.T.A. = Parent-Teacher Asso-
ciation 사친회

P.T.O., p.t.o. = please turn over
뒷면에 계속

pub [pʌb] n.《英俗》 술집 (pub-

lic house의 단축형)

pub·lic [pʌ́blik] a. 공공의, 일반
의, 공중의 (cf. private): a ~
comfort station [convenience]
《美俗》공중변소/ a ~ holiday
공휴일/ a ~ house 《英》술집;
여관/ a ~ library 공공도서관/
a ~ opinion 여론/ a ~
school 《美》 공립학교; 《英》 사
립학교 —n. 사회, 공중; 《英俗》
술집 in ~ 공공연히 ~·ly ad.
공공연히

pub·li·ca·tion [pʌ̀blikéiʃ(ə)n]
n. 발표, 공포; 발행, 출판(물): a
monthly [weekly] ~ 월간[주
간] 출판물

públic héaring 공청회

pub·lic·i·ty [pʌblísiti] n. 평판;
공표, 선전

pub·lic-spir·it·ed [pʌ́blikspír-
itid] a. 공공심이 있는

pub·lish [pʌ́bliʃ] vt. 발표[공표]
하다; 출판하다

pud·ding [púdiŋ] n. 푸딩

pud·dle [pʌ́dl] n. 물웅덩이; 흙반
죽 —vt. 진흙투성이로 하다; 반
죽하다

pueb·lo [pwéblou] n. (pl. ~s)
(북미원주민의)부락; (라틴아메
리카의)마을 [Sp.]

Puer·to Ri·co [pwèərtərí:kou]
푸에르토리코(구명 Port Rico)

puff [pʌf] n. 훅[한번] 불기; (화장
용)퍼프; 슈우크리임: have a ~
at a pipe 한대 피우다 —vi.,
vt. 훅 불다; 숨을 헉헉거리다;
부풀다, 부풀리다: ~ out a
candle 양초를 불어서 끄다

púff bòx 퍼프[화장품] 상자

Pú·litz·er Príze [pju:litsər]
퓰리처상(미국의 신문·문예상)

pull [pul] vt., vi. 끌다, 잡아당기
다; 따다; 배를 젓다, 꿀꺽 마시
다, (담배를)피우다 ~ off 《口》
성공하다 —n. 당기기; 한번 젓
기;《俗》 연줄

pull·back [púlbæk] n. (병력의)
철수

Pull·man [púlmən] n. (pl. ~s)
풀맨식 차량(Pullman car라고
도 하며, 침대차 또는 특등차)

pull·out [⌐àut] n. = pullback

pull·o·ver [⌐óuvər] n. 풀오버
(머리부터 입는 스웨터)

pulp [pʌlp] n. 과육; 펄프

pul·pit [púlpit, +美 pʌ́l-] n. 설
교단; (the ~) (총칭) 성직자;
《空》《俗》 조종석

pulse[1] [pʌls] n. 맥박, 고동 —vi.
맥박치다

pulse[2] n. 콩류; 콩 (beans)

pu·ma [pjú:mə] n. 《動》 퓨우마

pump[1] [pʌmp] n. 펌프 —vt., vi.

(물을)펌프로 퍼올리다《*up*》

pump² *n.* (보통 *pl.*) 펌프스(끈없
는 단화)

pump·kin [pʌ́m(p)kin, +美
pʌ́ŋkin] *n.*〖植〗 호박

punch¹ [pʌntʃ] *n.* 펀치, 구멍뚫는
가위; (주먹의)한대: a bell ~
벨달린 펀치(차장이 검표를 알
림) —*vt.* (표 등에) 구멍을 뚫다
《*in, out*》; 한대 먹이다

punch² *n.* 펀치(술에 우유·레몬
등을 탄 음료); 프루우츠펀치

punc·tu·al [pʌ́ŋktʃu(ə)l, +英
-tjuəl] *a.* 시간을 엄수하는

punc·tu·a·tion [pʌ̀ŋktjuéiʃ(ə)n/
-tʃu-] *n.* 구두점(찍기); 구두법

punc·ture [pʌ́ŋktʃər] *n.* 찌르기,
구멍(을 뚫기); 빵꾸 —*vt.* 찌르
다, 구멍을 뚫다; 빵꾸내다 —*vi.*
(바퀴가)빵꾸나다

pun·ish [pʌ́niʃ] *vt.* 벌주다;《口》
혼내주다

pun·ish·ment [pʌ́niʃmənt] *n*
벌, 형벌

pu·pil [pjúːp(i)l] *n.* 생도, 학생;
〖解〗 눈동자

pup·pet [pʌ́pit] *n.* 꼭둑각시: a
~ show [play] 인형극 **-pe·
téer** *n.* 인형조종사

pup·py [pʌ́pi] *n.* 강아지

pur·chase [pə́ːrtʃəs] *vt.* 사다; 획
득하다 —*n.* 구매(물); 획득(물)

pure [pjuər] *a.* 순수[순결]한; 순
전한

pu·rée [pjúː(ː)rei] F. *n.* 퓌레(고기
와 야채를 삶아 체로 거른 수
우프)

purge [pəːrdʒ] *vt.* (심신을)깨끗
이 하다; 추방[숙청]하다 —*n.*
정화; 추방

pu·ri·fy [pjúː(ː)rifài] *vt.* 순수하
게 하다; 깨끗이 하다《*of, from*》

Pu·ri·tan [pjúː(ː)rit(ə)n] *n.* 청교
도; (p~) 근엄한 사람 —*a.* 청교
도의; (p~) 엄격한 **~·ism** *n.*
청교주의

pu·ri·ty [pjúː(ː)riti] *n.* 순수; 순결

pur·ple [pə́ːrpl] *a.* 자주빛의; 제
왕의 —*n.* 자주빛; 왕위

pur·pose [pə́ːrpəs] *n.* 목적, 의
도; 의지 *on* ~ 일부러 *to the*
~ 적절히; 요령있게 —*vt.* …하
려고 생각하다

purse [pəːrs] *n.* 지갑; 돈, 자금

—*vt., vi.* (입 등을)오므리다, 오
므라들다

purs·er [pə́ːrsər] *n.* (여객선·여
객기의)사무장

pur·su·ant [pərsúːənt/-sjúː(ː)-]
a. 응하는, 따르는 —*ad.* 따라
《*to*》

pur·sue [pərsúː/ -sjúː] *vt., vi.* 추
적[추구]하다; 수행[종사]하다

pur·suit [pərsúːt/ -sjúːt] *n.* 추
적, 추구; 수행; 직업

pur·vey [pə(ː)rvéi] *vt., vi.*《英》
(식량을)조달하다, 납품하다

pus [pʌs] *n.* 고름

push [puʃ] *vt., vi.* 밀다, 찌르다;
강요하다; 밀고 나아가다 —*n.*

púsh bùtton 누름단추 〔밀기

push·cart [⁀kàːrt] *n.* 미는 손
수레

puss [pus] *n.* 《애칭어》 고양이;
《英》 산토끼; 소녀

puss·y [púsi] *n.* 《兒語》 고양이

put [put] *v.* (*p., pp.* **put**) *vt.* 놓다,
두다; 대다; (어떤 상태로)하다;
(어떤 방향으로)향하게 하다 —
vi. (배 등이)향하다 《*for, to*》;
《美口》 급히 물러가다 ~ *aside*
치우다; 저축하다 ~ *away* 치
우다; 《俗》 (음식을)먹어치우다
~ *down* 적어두다 ~ *in* 들이
다; 제출하다; 입항하다 ~ *into*
끼우다; …에 입항하다 ~ *off*
(옷을)벗다; 연기하다; 출발하다
~ *on* 입다; (속력을)더하다 ~
together 조립하다, 합계하다
~ *up with* …을 참다(endure)
—*n.* 밀기, 찌르기

putt [pʌt] *n., vt., vi.*〖골프〗 퍼트
(하다) 〔짜고 하는

put·up [pútʌp] *a.*《美口》 미리

puz·zle [pʌ́zl] *vt., vi.* 당혹시키다
[하다]; 생각해내다 —*n.* 수수께
끼; 당황

PX = *p*ost *ex*change (군대)매점

pyg·my [pígmi] *n.* 난장이; (P~)
피그미 —*a.* 난장이의

py·ja·mas [pədʒɑ́ːməz, +美
-dʒǽm-] *n. pl.* 《英》 = pajamas

py·lon [páilɑn/ -lən] *n.* (비행장
의)목표탑

pyr·a·mid [pírəmid] *n.* 피라밋

Pyr·e·nees [pírənìːz/ ⁀⁀] *n.
pl.* (*the* ~) 피레네산맥(프랑스
와 스페인의 국경에 있음)

Q

QEA = *Q*antas *E*mpire *Air*-
ways (Ltd.) 칸타스 항공(회사)
(오스트레일리아의 항공회사)

quad·ran·gle [kwɑ́dræŋgl/
kwɔ́d-] *n.* 사각형; 안뜰

qua·drille [kwədríl] *n.* 카드리
유(4명이 추는 춤, 그 곡)

quad·ru·ped [kwɑ́drupèd/
kwɔ́d-] *n.*〖動〗 네발짐승 —*a.*
네발이 있는

Quai d'Or·say [keidɔ:rséi] F.
프랑스외무성(소재지)

quail [kweil] *n.* 【鳥】 메추라기

quaint [kweint] *a.* 예스런, 별난

quake [kweik] *vi.* 흔들리다, 진
동하다; 떨다 —*n.* 흔들림, 떨
림; 지진   「교도

Quak·er [kwéikər] *n.* 퀘이커

qual·i·fi·ca·tion [kwàlifikéi-
ʃ(ə)n/kwɔ̀l-] *n.* 자격(부여)(《for》);
자격증명서; 수정; 조건

qual·i·fied [kwálifàid/kwɔ́l-] *a.*
자격[면허]있는, 적임의 (《for》)

qual·i·fy [kwálifài/kwɔ́l-] *vt.*
자격을 주다; 간주하다 (《as》);
제한하다 —*vi.* 자격을 얻다

qual·i·ta·tive [kwálitèitiv, +
英 kwɔ́litə-] *a.* 질적인

qual·i·ty [kwáliti/kwɔ́l-] *n.* 성
질, 품질; 우량, 장점; 특질, 기
능; (the ~) 상류사회 사람들

qualm [kwɑ:m] *n.* 현기[구토]증

quan·ti·ta·tive [kwántitèitiv,
+ 英 kwɔ́ntitə-] *a.* 양적인

quan·ti·ty [kwántiti/kwɔ́n-] *n.*
양; 수량; (때로 *pl.*) 다량, 다수;
in large *quantities* 대량으로

quar·an·tine [kwɔ́:rənti:n,
kwár-/kwɔ́r-] *n.* 검역; 검역정
선(기간), 격리 —*vt.* (배 등을)
검역하다, 격리하다

quar·rel [kwɔ́:rəl,kwár-/kwɔ́r-]
n. 싸움, 말다툼; 불화 —*vi.* 싸
움[말다툼]하다 (《with》)

quar·ry [kwɔ́:ri, kwári/kwɔ́ri]
n. 채석장 —*vt.* (돌을)떼어내다

quart [kwɔ:rt] *n.* 쿼오트(1/4갤
런, 약 1.14리터)

quar·ter [kwɔ́:rtər] *n.* 4분의1;
15분; 방위, 구역, …가; (*pl.*) 숙
소, 거처; 《美》 25센트(은화)
(1/4 불); a business ~ 상업지
구 —*vt.* 4등분하다; 숙박시키다

quar·ter·back [⸗bæk] *n.* 【미
식축구】 쿼오터백   「후갑판

quar·ter·deck [⸗dèk] *n.* 【海】

quar·ter·ly [⸗li] *a.*, *ad.* 연4회
의[로], 4계의[로] —*n.* 계간지

quar·ter·mas·ter [⸗mæstər/
-mɑ̀:stə] *n.* 【海】 조타수

quar·tet, 《英》 -**tette** [kwɔ:rtét]
n. 4중주[창](곡); 4개 한벌

Quar·tier La·tín [kərtjèlatɛ̃]
F 카르티에라탱(파리의 학생 가)

quar·to [kwɔ́:rtou] *n.* 4절판

qua·ver [kwéivər] *vi.* (목소리
등이)떨리다 —*vt.* 떨리는 소리
로 노래[말]하다 (《out》) —*n.* 떨
리는 목소리

quay [ki:] *n.* 부두, 암벽

Que·bec [kwibék] *n.* 캐나다 동
부의 주

queen [kwi:n] *n.* 여왕; 왕비 ~

mother 대비 Q~ *of Grace*
성모마리아

queer [kwiər] *a.* 별난; 《口》 수
상한; 《美俗》 부정한

quench [kwentʃ] *vt.* (불을)끄다,
(갈증을)풀다; (욕망을)억누르다

que·nelle [kənél] F. *n.* 고기완자

quest [kwest] *n.* 탐색, 탐구 —
vi. 찾다, 추구하다

ques·tion [kwéstʃ(ə)n] *n.* 질문;
의문; 문제; 논제, 현안: a hous-
ing ~ 주택문제 *beyond* [*out
of*] ~ 의심할 나위없이, 확실히;
문제가 안되는 —*vt.*, *vi.* 질문하
다; 의심을 품다

quéstion màrk 물음표(?)

ques·tion·naire [kwèstʃənéər,
+ 英 -tjənéə] F. *n.* 질문서

queue [kju:] *n.* 변발, 땋아늘어뜨
린 머리; 《英》 줄 —*vi.* 줄을 서
다 (《up》)

quick [kwik] *a.* 빠른, 신속한;
성급한; 이해가 빠른, 민감한;
~ reference 속견표 —*ad.* 빨
리, 급히 (quickly) ~·ly *ad.* 빨
리; 급히

quick·en [kwík(ə)n] *vt.*, *vi.* 빨
리하다, 빨라지다; 활기띠(게하)다

quick-lunch [⸗lʌntʃ] *n.* 《美》
간이식당

quick·step [⸗stèp] *n.* 속보; 《댄
스》 퀵스텝

quick-tem·pered [⸗témpərd]
a. 화를 잘 내는   「입

quid[1] [kwid] *n.* (씹는 담배의)한

quid[2] *n.* 《英俗》 1파운드금화

qui·es·cent [kwaiésnt] *a.* 조용
한, 움직이지 [활동하지]않는

qui·et [kwáiət] *a.* 조용한; 온화
한; 차분한, 침착한; (빛깔·복장
이)수수한 —*n.* 정직; 휴양; 침
착; 평화 —*vt.*, *vi.* 조용하게 하
다[되다]; 달래다; 죽이다

quill [kwil] *n.* 깃털; 깃펜

quilt [kwilt] *n.* 이불

quin·tet, 《英》 -**tette** [kwintét]
n. 【音】 5중주[창](곡); 5인조

quit [kwit] *vt.*, *vi.* (*p.*, *pp.* ~·
ted *or* 《美》quit)떠나다 (leave);
버리다; 그치다 (stop); 사직하다
—*a.* 자유로운, 면제된 (《of》)

quite [kwait] *ad.* 전적으로, 완전
히 (completely); 거의; 확실히
(…이나), 《英》 (very 대신에)
상당히, 대단히 Q~ *right.* 좋
소, 옳소

Qui·to [kí:tou] *n.* 키토(남미 에
쿠아도르의 수도)

quits [kwits] *a.* 피장파장의

quit·tance [kwít(ə)ns] *n.* 면제,
사면 (《from》); 보상; 영수(증)

quiv·er [kwívər] *vi.*, *vt.* 떨(게
하)다; 흔들(리)다 —*n.* 떨림

Q

quiz [kwiz] *n.* (*pl.* ~·zes) 질문, 퀴즈 —*vt.* 질문하다

quoin [k(w)ɔin] *n.* 《建》 (건물의)모퉁이; (방)구석; 귀돌; 쐐기 (모양의 것)

quo·ta·tion [kwoutéiʃ(ə)n] *n.* 인용; 인용문[구, 어]; 《商》시세

quote [kwout] *vt., vi.* 인용하다

R

rab·bi [rǽbai] *n.* 《유대교》랍비(유대의 율법박사), 선생

rab·bit [rǽbit] *n.* 집토끼; 《美》(일반적으로)토끼(가죽): Welsh ~ 녹인 치이즈를 얹은 크래커/ ~ food 푸성귀

rac·coon [rækúːn/rək-] *n.* 너구리의 일종

race[1] [reis] *n.* 경주, 경쟁; (*pl.*)경마(회); (사건 등의)진행; 인생행로; 급류: a ~ cup 우승컵/a ~ ground 경주[경마]장/a ~ stand (경주·경마 등의)관객석 —*vt., vi.* 경주[경쟁]시키다[하다]

race[2] *n.* 인종, 민족, 종족; (동식물의)종족, 무리

ráce hòrse 경마말

rac·er [réisər] *n.* 경주자

ráce tràck 경마[경주]장

ra·cial [réiʃ(ə)l] *a.* 인종[종족]의

rac·ing [réisiŋ] *n.* 경주; 경마: a ~ car 경주용 자동차

rack [ræk] *n.* …걸이; 선반, 그물선반; 고문(대); 심한 고통 —*vt.* 선반에 얹다; 괴롭히다

rack·et [rǽkit] *n.* 라켓

rack·et·eer [rækitíər] *n.* 《美俗》갈취자 —*vi.* 갈취하다 (blackmail)

ra·con·teur [rækɑntə́ːr/-kɔn-] F. *n.* 담화가

ra·dar [réidɑːr/-də] *n.* 레이다

ra·di·al [réidiəl] *a.* 광선의; 방사상(放射狀)의 「광휘; 방사

ra·di·ance [réidiəns] *n.* 빛남, 밝음; 방사하는

ra·di·ant [réidiənt] *a.* 빛나는, 밝은; 방사하는

ra·di·ate [réidièit] *vi., vt.* (빛·열을)방사하다; 발산하다

ra·di·a·tion [rèidiéiʃ(ə)n] *n.* 방사; 방사선; 방사열; 발산

ra·di·a·tor [réidièitər] *n.* 방열기, 라디에이터; 냉각[난방]장치

rad·i·cal [rǽdik(ə)l] *a.* 근본적인; 철저한; 급진적인, 과격한 —*n.* 급진당원, 과격론자 ~·ism *n.* 급진주의 「수

ra·di·i [réidiài] *n.* radius의 복

ra·di·o [réidiòu] *n.* 라디오(방송); 무선전신[전화]; 수신기: a national ~ 국영방송/a portable ~ 휴대용 라디오/a control 무선조종/a ~ receiver [set] 라디오 수신기/a ~ station (라디오)방송국 R~ City 뉴우요오크의 환락가 —*vi., vt.* 방송하다; 무전으로 신호하다

ra·di·o·ac·tive [⁀ǽktiv/réi-] *a.* 방사성의

ra·di·o·broad·cast [⁀brɔ́ːdkæst/-kɑːst] *n., vt.* (*p., pp.* -cast *or* ~·ed) 라디오방송(하다)

ra·di·o·graph [⁀grǽf/-grɑːf] *n.* 뢴트겐사진

ra·di·o·i·so·tope [⁀áisətòup] *n.* 방사성 동위원소

ra·di·o·sonde [⁀sànd/-sɔnd] *n.* 라디오존데

rá·di·um [réidiəm, -djəm] *n.* 《化》라듐(방사성원소)

ra·di·us [réidiəs] *n.* (*pl.* -di·i, ~·es) 반경; 방사선; (활동)범위

raf·fle [rǽfl] *n.* 추첨식 판매

raft [ræft/rɑːft] *n.* 뗏목 —*vt., vi.* 뗏목을 짜다; 뗏목으로 나르다[가다]

rag [ræg] *n.* 넝마; (*pl.*) 누더기옷; 단편: a ~ fair 중고품시장

rage [reidʒ] *n.* 격노, 격정, 맹위; 일시적 대유행; 갈망, 열광 —*vi.* 격노하다; 맹위를 떨치다

rag·ged [rǽgid] *a.* 누덕누덕한; 누더기를 입은 「외투

rag·lan [rǽglən] *n.* 라글란형

ra·gout [rægúː/⁀] F. *n.* 고기·야채의 프랑스식 스튜우

rag·time [rǽgtàim] *n.* 《美》랙타임; 재즈음악[춤]

raid [reid] *n., vt., vi.* 침공(하다) 《into》; (경찰의)일제단속(하다) 《on, upon》: an air ~ 공습

rail [reil] *n.* 가로장; 난간; 레일

rail·ing [réiliŋ] *n.* 난간; 목책

rail·road [réilròud] *n.* 《美》철도(선로)(《英》railway): a ~ fare [tariff] 철도운임[운임표]/a ~ man 철도원/a ~ compartment (열차의)간막이객실

ráil·ròv·er tícket [réilròuvər] 열차특별할인표 (싼 요금으로 일정기간 영국철도로 어디에나 여행할 수 있음) 「railroad

rail·way [réilwèi] *n.* 《英》 =

rain [rein] *n.* 비, 강우; (*pl.*) (*the* ~) 우기: It looks like ~. 비가 올것 같다/in case of ~ 비가 올 경우는 ~ *or* shine 비가 오나 개나 —*vi.* 비가 오다

rain·bow [⁀bòu] *n.* 무지개

ráin chèck 우천 순연입장권

rain·coat [⌐kòut] *n.* 레인코우트 「방울
rain·drop [⌐dràp/-drɔ̀p] *n.* 빗
rain·fall [⌐fɔ̀:l] *n.* 강우; 우량
Rai·nier [reiníər, ⌐] *n.* Mount ~ 레이니어산(워싱턴주 서부의 산, 근처는 국립공원)
rain·proof [réinprù:f] *a.* 방수의
rain·storm [⌐stɔ̀:rm] *n.* 폭풍우
ráin wàter 빗물
rain·wear [⌐wὲər] *n.* 우비
rain·y [réini] *a.* 비오는; 비가 올 듯한: a ~ day 우천; 역경/the ~ season 우기
raise [reiz] *vt.* (들어)올리다 (lift); 일으키다; 세우다; 재배하다; 기르다; 출세[승진]시키다; 향상시키다; (임금·가격 등을)올리다; (명성·온도·소리를)높이다 ~ *one's hat* 모자를 들어 인사하다 —*n.* 올리기, 높이기; 높직한 곳; 등귀(고); 증가
rai·sin [réizn] *n.* (보통 *pl.*) 건포도: ~ bread 건포도빵
rai·son d'ê·tre [réizɔːndét] *F.* 존재이유
rake [reik] *n.* 쇠스랑, 갈퀴 —*vt., vi.* 쇠스랑으로 긁다[긁어모으다]; 샅샅이 뒤지다
ral·ly [ræli] *vt., vi.* 다시 모으다[모이다]; 회복하다, (정력 등을)집중하다 —*n.* 재집결; 대회; 장거리자동차경주; 《정구》 연달아 치고받기 「박다
ram [ræm] *n.* 수양 —*vt.* 때려
ram·ble [ræmbl] *n.* 어슬렁거리기, 산책 —*vi.* 어슬렁거리다
ram·e·kin, -quin [ræm(ə)kin] *n.* 라미킨(치이즈에 달걀·빵부스러기 등을 섞어 구운 요리)
ramp [ræmp] *n.* 램프(고속도로 진입구 등의 연결용경사로);(비행기의)트랩: a ~ bus 공항내에서 승객을 나르는 버스
ram·page *n.* [ræmpeidʒ/-⌐/ →*v.*] 《俗》 미쳐날뜀 —*vi.* [-⌐] 미쳐날뛰다
ram·pant [ræmpənt] *a.* 맹렬한, 미쳐날뛰는; (병이)만연하는, (초목이)우거진
ram·part [ræmpɑːrt, -pərt] *n.* 성벽; 방어물
ran [ræn] *v.* run의 과거
ranch [ræntʃ/rɑːntʃ] *n.* 《美》 목장; 농장
ran·dom [rændəm] *n.* 《다음 숙어로만》 *at* ~ 되는 대로 —*a.* 마구잡이의 「추출
rándom sámpling 임의[무작위]
rang [ræŋ] *v.* ring²의 과거
range [reindʒ] *vt.* 정렬시키다; 분류하다; 조준하다《on》; 돌아다니다 —*vi.* 정렬하다; 평행이

다, (산·숲 등이)잇대어 있다; 한 패가 되다; …의 편에 서다; 돌아다니다; (범위가) 미치다 《over》 —*n.* 열, 줄; 사정; 범위; 사격장; (요리용)레인지
rang·er [réindʒər] *n.* 돌아다니는 사람; (삼림 등의)감시인
Ran·goon [ræŋgúːn] *n.* 랑구운(버어마의 수도)
rank [ræŋk] *n.* 열(列); (*pl.*) 사병; 계급, 등급; 신분; 높은 지위 —*vt.* 정렬시키다; 분류하다; 등급을 매기다 —*vi.* 정렬하다; (어떤)지위에 있다
ran·som [rǽnsəm] *n.* 몸값[배상금](을 내고 구해내기)
rap [ræp] *vt., vi.* 탕탕[톡톡] 두드리다 (tap) 《at, on》 —*n.* 탕탕 두드리기[는 소리]
rape [reip] *n.* 강탈; 강간 —*vt.* 강탈[강간]하다
rap·id [rǽpid] *a.* 빠른 (quick), 신속한: a ~ train 쾌속열차 —*n.* (보통 *pl.*) 여울 「속도
ra·pid·i·ty [rəpíditi] *n.* 급속
rapt [ræpt] *a.* 넋나간, 몰두한
rap·ture [rǽptʃər] *n.* 황홀싱태, 환희: in ~ 황홀해져서
rare¹ [rεər] *a.* 드문, 진기한; 멋있는; 《口》 아주 재미있는 ~.ly *ad.* 드물게, 좀처럼 …않는
rare² *a.* (고기 등이)설익은 (underdone) 「깡패
ras·cal [rǽsk(ə)l/rɑ́:s-] *n.* 악한,
rash [ræʃ] *a.* 무모한 (reckless); 성급한 「등의)베이컨·햄
rash·er [rǽʃər] *n.* (베이컨·햄
rat [ræt] *n.* 《動》 쥐(*cf.* mouse); 《俗》 배반자
rat·a·fi·a [rætəfíːə/-fíə], **rat·a·fee** [-fíː] *n.* (버찌씨 등으로 맛을 낸)과실주
rate [reit] *n.* 비율 (proportion), 율; 가격 (price); 시세; 속도: the ~ of exchange 환시세 —*vt.* 어림잡다; 평가하다
rath·er [rǽðər/rɑ́:ðə] *ad.* 오히려, 좀; 얼마간: It is ~ cold today. 오늘은 좀 춥다/I feel ~ tired. 좀 피곤하다 *I'd[had, would]* ~ *than*… …보다 오히려 …하고 싶다
Raths·kel·ler [rɑ́:tskèlər] *G. n.* (지하층의)맥주호올, 술집
rat·i·fy [rǽtifài] *vt.* 비준하다
rat·i·fi·cá·tion *n.* 비준
ra·tio [réiʃiòu] *n.* 《數》 비, 비율
ra·tion [rǽʃ(ə)n, réi·] *n.* 정액, 정량(의); 식량
ra·tion·al [rǽʃən(ə)l] *a.* 이성적인; 분별있는, 합리적인
ra·tion·ale [rǽʃənǽl, -nɑ́:li/ -ʃiənɑ́:l] *n.* 이론적 근거 [L]

R

rat·tle [rǽtl] vi., vt. 덜컹거리
(게하)다; 재잘거리다 「뱀
rat·tle·snake [스snèik] n. 방울
rav·age [rǽvidʒ] n. 황폐, 파괴
—vt., vi. 황폐시키다, 파괴하다
rav·ish [rǽviʃ] vt. 빼앗아가다,
강탈하다; 강간하다; 황홀케 하
다
raw [rɔː] a. 날것의; 가공하지 않
은; 미숙한: ~ meat 날고기/
eat fish ~ 생선을 날로 먹다
ray [rei] n. 광선
ray·on [réian/-ɔn] n. 레이온
ra·zor [réizər] n. 면도칼
R.C. = Red Cross 적십자; Ro-
man Catholic 가톨릭 (교회)의
RCA = Radio Corporation of
America 미국의 전기제품 메
이커
reach [riːtʃ] vt. 닿다; 도달하다;
손을 뻗어 잡다 —vi. 손[발]을
뻗다 《out, for》; (목적을)이루려
고 애쓰다; 이르다 —n. 손을 뻗
기; (손이)닿는 거리
re·act [ri(ː)ǽkt] vi. 반응하다
re·ac·tion [ri(ː)ǽkʃ(ə)n] n. 반응
read [riːd] vt., vi. (p., pp. **read**
[red]) 읽다; 독서하다; 낭독하
다; …라고 씌어 있다; …로 해
석되다 ~ between the lines
말 속의 숨은 뜻을 알다 ~·a-
ble a. 읽어서 재미있는
read·er [ríːdər] n. 독자; 독본
read·i·ly [rédili] ad. 기꺼이; 쉽
사리 「거리
read·ing [ríːdiŋ] n. 독서; 읽을
read·y [rédi] a. 준비가 된; 기꺼
이 …하는; 신속한; 곧 쓸 수 있
는: R~ [Are you ~]? Go! (경
주에서)준비!, 땅! / Dinner is ~.
식사준비가 되었습니다/~ mon-
ey 현금 「인
read·y-made [스méid] a. 기성품
read·y-to-wear [스təwéər] a.
《美》 = ready-made
re·al [ríəl, ríː(ə)l] a. 실재하는;
진짜인: ~ gold 순금/ ~ silk
본견/the ~ thing 진짜; 최상
품/ ~ estate 부동산 —ad. 《美
口》참으로, 대단히.
re·al·ism [ríː(ː)əlìz(ə)m] n. 현실
주의; 《문학·예술》 사실주의
re·al·is·tic [rìː(ː)əlístik] a. 현실
주의의; 사실적인 「재
re·al·i·ty [ri(ː)ǽliti] n. 진실; 실
re·al·i·za·tion [rìː(ː)əlizéiʃ(ə)n/
-əlai-] n. 실현, 현실화; 현금화
re·al·ize [ríː(ː)əlàiz] vt. 깨달다,
터득하다; 실현하다; 현금화하다
re·al·ly [ríː(ː)əli] ad. 전적으로;
정말로: R~? 정말입니까
realm [relm] n. 왕국; 국토; 영
역 (sphere); (학문의)부문

reap [riːp] vt., vi. 거둬들이다;
얻다
re·ap·pear [rìːəpíər/rìː-] vi. 다
시 나타나다, 재생하다
rear[1] [riər] n. 뒤쪽, 배후; 《英
俗》 (남자용)변소 —a. 뒤쪽의
rear[2] vt. 올리다 (raise); 세우다;
기르다; 재배하다 (cultivate)
rea·son [ríːz(ə)n] n. 이유; 동기;
원인; 이성; 도리 by ~ of …
라는 이유로 —vt., vi. 논하다;
추론하다
rea·son·a·ble [ríːz(ə)nəbl] a. 이
성있는; (요구 등이)합당한
rea·son·a·bly [ríːz(ə)nəbli] ad.
정당하게, 합리적으로; 합당하게
rea·son·ing [ríːz(ə)niŋ] n. 추리;
증명, 논증 「하다; 안심시키다
re·as·sure [rìːəʃúər] vt. 재보증
re·bate [ríːbeit, ribéit] n. 할인,
환불, 리베이트
reb·el [rébl →v.] n. 반역자, 반
란자 —a. 반역의 —vt. [ribél]
반역하다 「반란; 반대
re·bel·lion [ribéljən] n. 반역, 반란
re·bel·lious [ribéljəs] a. 반역
의, 반항적인
re·bound vi. [ribáund →n.] 되
튀다 《from》 —n. [ríːbàund,
ribáund] 되튀기; 반동
re·build [riːbíld/ríː-] vt. (p., pp.
-**built**) 재건하다; 개축하다
re·buke [ribjúːk] vt. 꾸짖다
(scold), 비난하다 —n. 질책,
징계
re·call vt. [rikɔ́ːl →n.] 소환하
다; 회복시키다; 상기하다[시키
다] (recollect); 철회하다: ~ an
order 주문을 취소하다 —n.
[+美 ríːkɔ̀ːl] 소환; 회상; 회복;
철회; 리콜
re·cede [risíːd] vi. 물러가다; 쑥
들어가다; 가치가 떨어지다
re·ceipt [risíːt] n. 수령, 영수증:
a ~ stamp 수입인지 —vt. 영
수증을 주다
re·ceive [risíːv] vt., vi. 수령하
다; 받다; 맞이하다: ~ a guest
손님을 맞이하다/favorably ~d
호평의
re·ceiv·er [risíːvər] n. 수령인;
수용기; 수화기, 수신기, 수상기
re·cent [ríːsnt] a. 요즈음의, 근
대의 ~·ly ad. 최근, 요즈음
re·cep·tion [risépʃ(ə)n] n. 수리;
접대; 환영회: a ~ room 응접
실, 대기실/a ~ clerk 《美》 (호
텔의)예약[접수]계원/a ~ day
면접일/give a ~ to …을 환영
하다/hold a ~ 환영회를 열다
~·ist n. 접수[접대]원

re·cess [risés] *n.* 휴게; 《美》(대학·법정의)휴가; (*pl.*) 후미진 곳: at ～ 휴게중에/go into ～ 휴회하다

re·ces·sion [riséʃ(ə)n] *n.* 퇴거, 후퇴; 경기후퇴, 불황 「방

rec·i·pe [résipi(:)] *n.* 조리법; 처

re·cip·i·ent [risípiənt] *a.* 수취한, 받아들이는 —*n.* 수납자

re·cip·ro·cal [risíprək(ə)l] *a.* 상호적인 (mutual)

re·cit·al [risáit(ə)l] *n.* 독주(회), 독창(회), 리사이틀, 암송, 설화

rec·i·ta·tion [rèsitéiʃ(ə)n] *n.* 암송; 암송문; 《美》학과의 복습

re·cite [risáit] *vt., vi.* 암송하다; 이야기하다

reck·less [réklis] *a.* 무모한: ～ driving 무모한 운전

reck·on [rék(ə)n] *vt., vi.* 계산하다 (count) 《*up*》; …로 간주하다 (regard); 의지하다 《*upon*》: ～ up the bill 계산서를 합계하다

reck·on·ing [rék(ə)niŋ] *n.* 계산; 청산; (술집 등의)계산서

re·claim [rikléim] *vt.* 교화하다

re·cline [rikláin] *vi., vt.* 기대(게하)다《*upon, on*》; 드러눕다; 의지하다: a *reclining* chair 등판의 각도가 조절되는 의자

rec·og·ni·tion [rèkəgníʃ(ə)n] *n.* 승인; 안면; 인사

rec·og·nize [rékəgnàiz] *vt.* 인정하다; 알아보다; 감사하다

re·coil [rikɔ́il] *vi.* 되튀다, 후퇴하다; 위축하다

rec·ol·lect [rèkəlékt] *vt.* 상기하다; 회상하다

re·col·lect [rìːkəlékt/ríː-] *vt.* 다시 모으다; (마음을)가다듬다

rec·ol·lec·tion [rèkəlékʃ(ə)n] *n.* 회상, 기억; (*pl.*) 추억

rec·om·mend [rèkəménd] *vt.* 추천하다; 권하다; 맡기다: Will you please ～ me a good hotel? 좋은 호텔을 가르쳐 주십시오

rec·om·men·da·tion [rèkəmendéiʃ(ə)n] *n.* 추천; 추천장; 권고

rec·om·pense [rékəmpèns] *vt.* 보답[보상]하다 —*n.* 보수; 보상

rec·on·cile [rékənsàil] *vt.* 화해시키다; 조화시키다; 단념시키다

re·con·nais·sance [rikánis(ə)ns/-kɔ́n-] *n.* 정찰; 정찰대

re·con·struct [rìːkənstrʌ́kt/ríː-] *vt.* 재건하다, 부흥하다 -**struc·tion** *n.* 재건

rec·ord *n.* [rékərd/-kɔːd *∥*→*v.*] 기록; 공문서; (경기의)최고기록; 음반: a ～ film 기록영화/ a ～ holder 기록보유자 —*vt.* [rikɔ́ːrd] 기록하다 ～·**er** *n.* 기록자; 기록기; 녹음기 「기하다

re·count [rikáunt] *vt.* 자세히 얘기하다

re·cov·er [rikʌ́vər] *vt., vi.* 되찾다; 회복하다; 보상하다: ～ one's health 건강을 회복하다

re·cov·er·y [rikʌ́v(ə)ri] *n.* 회복

rec·re·ate [rékrièit] *vt., vi.* 휴양시키다[하다], 기분전환시키다[하다]

rec·re·a·tion [rèkriéiʃ(ə)n] *n.* 휴양; 레크리에이션: a ～ ground 유원지/ a ～ room 오락실

re·cre·a·tion [rìːkriéiʃ(ə)n/ríː-] *n.* 개조

re·cruit [rikrúːt] *vt., vi.* 신병을 모집하다[입대시키다]; 기운나게 하다, (건강을)회복하다 —*n.* 신병; 신입생

rec·tan·gu·lar [rektǽŋgjulər] *a.* 직각사각형의; 직각의

rec·tor [réktər] *n.* 목사; 교장

re·cur [rikə́ːr] *vi.* 회상하다 《*to*》; 재현되다; 되풀이되다

re·cy·cle [rìːsáikl] *vt.* (물자를) 재생이용하다

red [red] *a.* 붉은; 격렬한; (R～) 공산주의의: ～ pepper 고추 R～ *China* 중공 R～ *Guards* 홍위병 ～ *light* 적신호(정지신호) ～-*light district* 《美》홍등가 R～ *Square* (모스크바의)붉은 광장 *the* ～ *cross* 성조오지십자장 (영국국장) *the* R～ *Cross Society* 적십자사 —*n.* 적색; 《美》공산주의자; 《美俗》1센트동전

red·cap [⌐kæp] *n.* (역의)짐꾼

red-car·pet [⌐káːrpit] *a.* (환영이)정중한, 성대한

red·den [rédn] *vt., vi.* 붉게 하다[되다]; (얼굴을)붉히[게하]다

re·deem [ridíːm] *vt.* 되사다, (저당물을)찾다; 회복하다(recover)

re·demp·tion [ridémpʃ(ə)n] *n.* 되사기; 되찾기; (신의)구원

red-hot [rédhát/-hɔ́t] *a.* (뉴우스 등이)최신의

red-let·ter [rédlétər] *a.* 붉은 글자의: a ～ day 축제일

re·dress *n.* [ríːdres, ridrés/ridrés *∥* →*v.*] 배상; 구제 —*vt.* [ridrés] 고치다; 배상[구제]하다

Red Sea (*the* ～) 홍해(아프리카와 아라비아반도 사이의 바다)

red tide 적조(赤潮)

re·duce [rid(j)úːs/-djúːs] *vt.* 줄이다; (비용 등을)삭감하다; 약하게 하다; 어떤 상태로빠뜨리다: at ～d prices 할인가격으로

re·duc·tion [ridʌ́kʃ(ə)n] *n.* 축소; 할인; 경감; 환원: at a ～ of 10% 1할 할인 하여

reed [riːd] *n.* 《植》갈대

R

reef [ri:f] *n.* 암초; 광맥

reek [ri:k] *n.* 김; 연기; 악취 — *vi.* 김[연기]이 나다; 악취를 풍기다

reel¹ [ri:l] *n.* 얼레; 감는 틀

reel² *n.* 비틀거림; 현기증 —*vi.* 비틀비틀 걷다; 현기증나다

re·en·ter [ri:éntər/rí:-] *vt.* 다시 넣다; 재기입하다 —*vi.* 다시 들어가다

re·en·try [ri:éntri] *n.* 재입국

re·es·tab·lish [rì:istǽbliʃ/rí:-] *vt.* 재건하다; 부흥하다

re·fec·tion [rifékʃ(ə)n] *n.* (음식에 의한)원기회복; 간단한 식사

re·fec·to·ry [rifékt(ə)ri] *n.* (사원·대학 등의)식당

re·fer [rifə́:r] *vt.* …로 돌아가다; 위탁하다; 조회하다 —*vi.* 참조하다 《*to*》; 언급하다 《*to*》; 관계하다

ref·er·ee [rèfərí:] *n.* 중재인; 심판원 —*vt., vi.* 중재[심판]하다

ref·er·ence [réf(ə)rəns] *n.* 조회; 소개장; 신원보증인; 언급; 관계; 참조: a ~ book 참고서

ref·er·en·dum [rèfəréndəm] *n.* (*pl.* ~s, -da [-də]) 국민투표

re·fill *vt.* [ri:fíl/╱╲] →*n.* 다시 채우다 —*n.* [╱╲] 보충(물)

re·fine [rifáin] *vt.* 정제하다; 세련하다 —*vi.* 순수해지다; 세련되다

re·fined [rifáind] *a.* 정제한; 세련된, 품위있는

re·fine·ment [rifáinmənt] *n.* 정제; 세련, 고상; 정밀; 개량

re·flect [riflékt] *vt., vi.* 반사하다; (거울이 상을)비추다; 《비유적》 반영하다; 숙고하다 《*on, upon*》

re·flec·tion, -flex·ion [riflékʃ(ə)n] *n.* 반사; 반향; 영상; 숙고; 비난

re·flec·tive [rifléktiv] *a.* 반사[반영]하는; 생각이 깊은

re·flex [rí:fleks] *a.* 반사의; 내향적인: a ~ camera 리플렉스카메라 —*n.* 반사(광); 영상; 반영

re·form [rifɔ́:rm] *vt., vi.* 개량하다; 회개시키다[하다] —*n.* 개혁: a ~ school 《美》 소년원

ref·or·ma·tion [rèfərméiʃ(ə)n] *n.* 개혁; 개량; 혁신, 개정; (the R~) 종교개혁

re·fract [rifrǽkt] *vt.* 굴절시키다

re·frain¹ [rifréin] *vi.* 삼가다, 참다 《*from*》

re·frain² *n.* (노래·시의)후렴

re·fresh [rifréʃ] *vt.* 상쾌하게[기운나게] 하다 —*vi.* 원기를 회복하다; 음식을 먹다

re·fresh·ment [╱mənt] *n.* 원기회복; (보통 *pl.*)음식물: a ~ car 식당차 *R~s provided*《게시》 다과가 준비되어 있읍니다

re·frig·er·a·tor [rifrídʒərèitər] *n.* 냉각장치; 냉장고

ref·uge [réfju:dʒ] *n.* 보호, 피난; 피난처; (가로의)안전지대 *wild-life* ~s 조수보호지구

re·fund *n.* [rí:fʌnd →*v.*] 변제(금), 상환(물) —*vi., vt.* [rifʌ́nd] 변제하다; 상환하다; 환불하다 ~·a·ble *a.* 환불이 가능한

re·fus·al [rifjú:z(ə)l] *n.* 거절

re·fuse¹ [rifjú:z] *vt., vi.* 거절[사절]하다

ref·use² [réfju:s] *n.* 쓰레기, 폐물 (rubbish) —*a.* 시시한, 폐물의

re·fute [rifjú:t] *vt.* 반박하다

re·gain [rigéin] *vt.* 되찾다, 회복하다

re·gal [rí:g(ə)l] *a.* 왕의; 당당한

re·gal·i·ty [ri:gǽliti] *n.* 왕위; (보통 *pl.*)왕권; 왕국

re·gard [rigá:rd] *n.* 주의, 관심 《*to, for*》; 존경(respect); (*pl.*) 인사: Give my (best) ~s to … 에게 안부 전해주시오/ have a ~ for …을 존경하다 —*vt.* 응시하다; 고찰하다(consider); 존경하다; 《…로)간주하다《*as*》

re·gard·ing [rigá:rdiŋ] *prep.* …에 대해(말하면), …에 관해서는

re·gard·less [rigá:rdlis] *a.* 관심없는, 개의치 않는《*of*》

re·gat·ta [rigǽtə] *n.* 레가타, 보우트[요트] 레이스

re·gen·er·ate [ridʒénərèit] *vt., vi.* 재생시키다[하다]; 《宗》 개심시키다[하다]

re·gime, ré·gime [riʒí:m/rei-] *n.* 제도, 정체(政體)

reg·i·ment [rédʒ(i)mənt] *n.* 연대; (때로 *pl.*) 다수《*of*》

re·gion [rí:dʒ(ə)n] *n.* 지방; 범위

reg·is·ter [rédʒistər] *n.* 기록, 등록; 자동기록기, 금전등록기; 기록부: a cash ~ 금전등록기/ a ~ card 등록카아드(숙박부의 일종) —*vt.* 기록하다(record); 등기로 부치다: a ~ed mail [《英》 post] 등기우편/ ~ a luggage on railway 《英》 (짐표를 받고)철도 수하물로 부치다 —*vi.* 《美》 (숙박부에)기입하다: ~ at a hotel 《美》 호텔에 투숙하다

reg·is·tra·tion [rèdʒistréiʃ(ə)n] *n.* 기입; 등록, 등기; 등기우편

re·gret [rigrét] *n.* 유감; 후회 《*at*》; (때로 *pl.*)《美》 초대의 사절(장): send ~s 사절장을 내다/ express one's ~ for … 을 사과하다 —*vt.* 유감으로 여기다

reg·u·lar [régjulər] *a.* 규칙적인; 질서있는; 정기적인; 정식의: a ~ holiday 정기휴일/~ service 정기항로, 정시발차(등)

reg·u·late [régjulèit] *vt.* 조절하다(adjust); 규제하다; 통제하다 **-lá·tion** *n.* 조정; 규제; 법규

re·hears·al [rihə́:rs(ə)l] *n.* (연극·음악 등의)시연(試演) *pub·lic* ~ 〖劇〗 공개시연

re·hearse [rihə́:rs] *vt., vi.* 시연하다; (상세히)얘기하다

Reich [raik/*G* raiç] *n.* 독일국

reign [rein] *n.* 통치; 군림; 치세; 지배력 《*of*》 —*vi.* 통치하다 《*over*》; 크게 유행하다

rein [rein] *n.* (보통 *pl.*)고삐; (때로 *pl.*)제어 —*vt.* (말에)고삐를 달다 《*to*》; 제어하다

re·in·force [rì:infɔ́:rs] *vt.* 보강하다; 증원하다

Reise·bü·ro [ráizəbjùrou] *G. n.* 여행안내소

re·it·er·ate [ri(:)ítərèit] *vt.* 되풀이하다, 반복하다

re·ject [ridʒékt] *vt.* 거절하다, 물리치다 (refuse); (음식을)토하다

re·joice [ridʒɔ́is] *vt.* 기쁘게[즐겁게] 하다 —*vi.* 기뻐하다, 즐기다; 축하하다

re·late [riléit] *vt.* 말하다, 얘기하다 (narrate); 관계[관련]시키다, 결부시키다 《*to, with*》 —*vi.* 관계하다

re·la·tion [riléiʃ(ə)n] *n.* 관계; 친척(관계); 진술, 이야기 ~·**ship** *n.* 친척(관계); 관계, 관련

rel·a·tive [rélətiv] *a.* 관계[관련] 있는 《*to*》; 상대적인 —*n.* 친척

re·lax [riléks] *vt., vi.* 긴장을 풀(게하)다; 느슨하게하다[되다] (loosen) ~·**á·tion** *n.* 긴장을 풀기; 휴양; 기분전환, 오락

re·lay *n.* [rí:lei/riléi→*n.* 2 // →*v.*] **1** 교대(자) **2** 〖英 rí:léi〗 (방송의) 중계; (R~) 〖美 (중계용)통신 위싱〗 ~ *broadcast* 중계방송 ~ *race* 계주 ~ *station* 방송 중계국 —*v.* [ríléi] *vt.* 중계로 보내다; 교대시키다 —*vi.* 중계방송하다

re·lease [rilí:s] *vt.* 놓아주다; 면제하다; 〖영화〗 개봉하다 —*n.* 해방; 석방; 구출, 구제; 면제; 발사; 〖영화〗 개봉; 첫공개

re·li·a·ble [riláiəbl] *a.* 믿을 수 있는; 확실한: ~ sources 믿을 만한 소식통

re·li·ance [riláiəns] *n.* 신뢰

rel·ic [rélik] *n.* 유물; 유적; (*pl.*) 기념품, 유품

re·lief[1] [rilí:f] *n.* 경감; 안심; 구조; 위안, 기분전환; 교대(자)

re·lief[2] *n.* 양각(세공); 〖회화〗 돋아오르듯이 그리기 *high* [*low*] ~ 높은[낮은] 양각

relíef fùnd 구제기금

re·lieve [rilí:v] *vt.* (근심·고통 등을) 없애다, 안심시키다 《*of, from*》; 구조하다; 교대하다; 해임하다

re·li·gion [rilídʒ(ə)n] *n.* 종교; 신앙; (*the* R~) 신교

re·li·gious [rilídʒəs] *a.* 종교(상)의; 종교적인; 독실한

rel·ish [réliʃ] *n.* 맛, 풍미(flavor); 조미료; 흥미를 주는 것; 식욕; 기호, 흥미 —*vt.* 맛보다; 좋아하다; 맛을 내다 —*vi.* …한 맛이 나다 《*of*》; 기미가 있다

re·luc·tant [riláktənt] *a.* 마음 내키지 않는; 다루기 힘든

re·ly [rilái] *vi.* 신뢰하다《*on, upon*》

re·main [riméin] *vi.* 남다; 존속하다; 머무르다; 여전히 …이다

re·main·der [riméindər] *n.* 나머지; 잔류자; (*pl.*) 유적; 잔품

re·mains [riméinz] *n. pl.* 나머지; 생존자; 유물, 유적

re·mand [rimǽnd] *n.* 소환, 반송

re·mark [rimá:rk] *n.* 주의; 단평(comment); 소견 —*vt.* 알아채다; 인정하다; 말하다 —*vi.* 소견[견해]를 말하다, 비평하다

re·mark·a·ble [rimá:rkəbl] *a.* 주목할 만한; 현저한; 비범한

re·mar·riage [rí:mǽridʒ] *n.* 재혼

rem·e·dy [rémidi] *n.* 치료; 구제책 《*for*》; 배상 —*vt.* 치료하다 (cure); 교정[구제]하다

re·mem·ber [rimémbər] *vt.* 상기하다; 기억하다; 팁을 주다; (인사로서)…에게 안부를 전하다《*to*》 R~ *me to* …에게 안부전해 주십시오 —*vi.* 상기[기억]하다

re·mem·brance [rimémbr(ə)ns] *n.* 기억(력); 추억; 기념(품, 비); (*pl.*) 안부전하는 말 (regards) R~ *Day* 《英》 휴전기념일(11월 11일)

re·mind [rimáind] *vt.* 상기시키다; 일깨우다 ~·**er** *n.* 상기시키는 사람[것]; 주의, 조언

rem·i·nis·cence [rèminísns] *n.* 회상, 추억; (*pl.*) 회고록

re·mit [rimít] *vt.* (죄를)용서하다; 연기하다; 송금하다 —*vi.* 송금하다; 경감하다, 그만두다

re·mit·tance [rimít(ə)ns] *n.* 송금 ~ *man* 본국으로부터의 송금으로 외국에서 사는 사람

rem·nant [rémnənt] *n.* 나머지;

R

자투리 : a ~ sale 자투리 매출/
re·mon·strance [rimánstrəns/
-mɔ́n-] *n.* 항의 ; 충고
re·morse [rimɔ́:rs] *n.* 후회, 양
심의 가책
re·mote [rimóut] *a.* 먼 (distant);
외딴 ; 근소한 ~ *control* 원격
조종
re·mov·al [rimú:v(ə)l] *n.* 이동;
이전 ; 제거; 해임
re·move [rimú:v] *vt.* 옮기다 ; 운
반하다 ; 벗다 ; 제거하다 —*vi.* 이
동하다, 떠나다 ; 이사하다 (move)
ren·ais·sance [renəzá:ns/rənéis(ə)ns] *n.* 부흥 ; (R~) 르네상
스, 문예부흥
re·nas·cence [rinǽsns] *n.* 부활,
부흥 ; (R~) =Renaissance
Re·nault [rənóu] *n.* 루노(프랑스
의 자동차(회사))
rend [rend] (*p., pp.* rent) *vt.* 잡
아째다 ; 쪼개다 ; 쥐어뜯다 —*vi.*
쪼개지다, 분열하다
ren·der [réndər] *vt.* …으로 하
다 ; 보답하다 ; 제출[양보]하다 ;
연주[상연]하다 ; 번역하다 ; 나타
내다 : ~ thanks 답례하다
ren·dez·vous [rá:ndivù:/rɔ́n-]
n. (*pl.* ~ [-vù:z]) 집회 ; 면회(약
속) ; 랑데부 ; (군대·합대의) 지정
집합지 [F]
re·new [rinjú:] *vt.* 새롭게 하다 ;
갱생시키다
re·nounce [rináuns] *vt., vi.* 포
기하다 ; 부인하다
re·nown [rináun] *n.* 명성, 명망
rent¹ [rent] *n.* 땅세 ; 집세 ; 사용
료 *For* ~ 《美》《게시》셋집
[방] 있음 —*vt.* 임대[임차]하다
—*vi.* 임대되다 *R~ it here-*
Leave it there 렌터카아의 아
무데나 두고가는 제도
rent² *v.* rend의 과거(분사)
rent-a-car [réntəkà:r] *n.* 렌터
카아(업)
rent·al [rént(ə)l] *n.* 땅세[집세·
사용료] 수입 —*a.* 임대하는 : a
~ car 렌터카아/a ~ library
《美》유료대출도서관 [거(분사)
re·paid [ri(:)péid] *v.* repay의 과
re·pair [ripéər] *vt.* 수리하다
(mend) ; 치료하다 ; 정정하다 ; 보
상하다 —*n.* 수리 ; 회복 ; 보상
under ~s 수리중
re·past [ripǽst/-pá:st] *n.* 식사
re·pay [ripéi] *vt., vi.* (*p., pp.*
-paid) (금전을)갚다 ; 보답하다 :
~ a visit 답례로서 방문하다
re·peat [ripí:t] *vt., vi.* 되풀이하
다 ; 암송하다 —*n.* 반복 ; 복사
re·pel [ripél] *vt.* 몰아내다 ; 거절
하다 ; 불쾌감을 주다
re·pent [ripént] *vt., vi.* 후회하

다 (regret) ; 회개하다
rep·er·toire [répərtwà:r] *n.*
상연목록, 레퍼터리 [F]
rép·er·to·ry théater [répərtɔ̀:-
ri/-t(ə)ri] 레퍼터리 극장(전속
극단이 단기흥행하는 극장)
rep·e·ti·tion [rèpití∫(ə)n] *n.* 반
복 ; 암송(문) ; 《音》반복연주
re·place [ripléis] *vt.* 제자리에
도로 놓다 ; 복직시키다 ; 대신하다
re·ply [riplái] *vi.* 대답[응답]하
다 ; 응수하다 —*vt.* …라고 대답
하다 —*n.* 대답 ; 회답 : a ~ card
왕복엽서
ré·pon·dez s'il vous plaît
[reipɔ́:deisilvu:plei] *F.* 회답 바
랍니다 (略:R.S.V.P.)
re·port [ripɔ́:rt] *vt., vi.* 보고[통
지]하다 ; 공표하다 ; (남의 말을)
전하다 ; 탐방기사를 쓰다 ; 고자
질하다 —*n.* 보고 ; 통지표 ; 신문
기사 ; 소문 ; (*pl.*) 의사록 ; 폭음,
총성
re·port·age [ripɔ́:rtidʒ] *n.* 르포
르타지, 현지보고 [F]
re·port·er [ripɔ́:rtər] *n.* 보고자 ;
보도기자 ; 의사[판결] 기록자
re·pose [ripóuz] *vi.* 쉬다 (rest) ;
자다 ; 죽다 ; 눕다 (lie) ; 놓여있다
—*vt.* 재우다 ; 쉬게 하다 —*n.*
휴식 ; 안면 ; 정지 ; 침착
re·pos·i·to·ry [ripázitɔ̀:ri/-pɔ́z-
it(ə)ri] *n.* 진열소[실], 매점
rep·re·sent [rèprizént] *vt.* 표현
[설명]하다 ; 뜻하다 ; 상징하다 ;
대표하다
rep·re·sen·ta·tion [rèprizentéi-
∫(ə)n] *n.* 표현, 묘사 ; 설명, 주장 ;
상연 ; 대표 ; 《총칭》대표자
rep·re·sent·a·tive [rèprizéntə-
tiv] *a.* 대표적인, 대리의 ; 표현
하는 —*n.* 대표(자), 대리인 ; 국
회의원 ; 《美》하원의원 ; 전형
the House of R~ 《美》하원
re·press [riprés] *vt.* (폭동 등을)
진압하다 ; (감정 등을) 억제[억
압]하다
rep·ri·mand [réprimænd/
-mà:nd] *n., vt.* 견책(하다), 징
계(하다) ; 비난(하다)
re·print *n.* [rí:prìnt →*v.*] 재판
(再版) —*vt.* [ㅡㅡ] 재판하다
re·proach [ripróut∫] *vt.* 비난하
다, 꾸짖다 —*n.* 비난, 질책
re·pro·duce [ri:prəd(j)ú:s/-djú:s]
vt., vi. 재생[재현]하다 ; 복사하
다 **-dúc·tion** *n.* 재생, 재현 ;
복사 [비난 ; 꾸중
re·proof [riprú:f] *n.* 힐책, 견책,
rep·tile [répt(i)l, -tail/réptail]
n., a. 파충류의(동물)
re·pub·lic [ripʌ́blik] *n.* 공화정
체, 공화국 (*cf.* monarchy)

R

re·pub·li·can [ripʌ́blikən] *a.* 공화국의, 공화주의의; (R~) 《美》 공화당의 —*n.* 공화주의자; (R~) 공화당원 (*cf.* Democrat) *the R~ Party* 《美》 공화당 ~·ism *n.* 공화주의[정체론]

re·pulse [ripʌ́ls] *vt.* 격퇴하다; 거절하다; 반박하다

rep·u·ta·ble [répjutəbl] *a.* 평판이 좋은, 존경할 만한

rep·u·ta·tion [rèpjutéiʃ(ə)n] *n.* 평판; 명성 (fame): of world-wide ~ 세계적으로 유명한

re·pute [ripjúːt] *n.* 평판; 명성

re·quest [rikwést] *n.* 부탁; 수요 (demand) *by* ~ 부탁을 받아 *on* ~ 신청하는 대로 —*vt.* 원하다 (ask), 간청하다 (entreat): ~ *to be permitted* 허가를 청하다 「들어 세움」

requést stòp 수시정류장(손을

req·ui·em [rékwiəm, ríːkwi-] *n.* 《가톨릭》 진혼미사(곡)

re·quire [rikwáiər] *vt., vi.* 필요하다; 명하다; 요구[청구]하다

req·ui·site [rékwizit] *a.* 필요한 —*n.* 필요한 것 「다」

res·cue [réskjuː] *n., vt.* 구출(하

re·search [risə́ːrtʃ] *n., vi.* 탐색 (하다); 연구(하다), 조사(하다)

re·sem·blance [rizémbləns] *n.* 유사; 비슷한 얼굴 「다

re·sem·ble [rizémbl] *vt.* 비슷하

re·sent [rizént] *vt.* 분개하다

res·er·va·tion [rèzərvéiʃ(ə)n] *n.* (방·좌석·표 등의)예약; (권리의)보류; 제한: Did you make a ~? 예약하셨읍니까

re·serve [rizə́ːrv] *vt.* 따로 두다; 《주로 英》 (좌석을) 예약하다 (book);보류하다: All seats ~ *d.* 《게시》전좌석 예약제 —*n.* 비축; 보류; 제한, 예비(군); 보결

res·er·voir [rézərvwɑːr] *n.* 저장소, 저수지, 서수조

re·side [rizáid] *vi.* 살다, 거주하다; (공무원이)주재하다

res·i·dence [rézid(ə)ns] *n.* 거주; 주재; 주소, 주택; 거주기간: an official ~ 공관, 관저

res·i·dent [rézid(ə)nt] *a.* 거주 [주재]하는; ~ *aliens* 거류외국인/ *a* ~ *minister* 변리공사 —*n.* 거주자, 거류민; 외국주재관: foreign ~*s* 거류외국인/ summer ~*s* 피서객 「금

res·i·due [rézidjuː] *n.* 잔여, 잔

re·sign [rizáin] *vt.* (지위·관직 등을)버리다, 사직하다; (일을)단념하다; 《재귀 또는 수동형》 몸을 맡기다 —*vi.* 사직하다; 포기하다; 따르다

res·ig·na·tion [rèzignéiʃ(ə)n] *n.*

사직; 양위; 포기; 단념

res·in [rézin] *n.* 수지(樹脂); 송진; 합성수지 —*vt.* 수지로 처리하다

re·sist [rizíst] *vt., vi.* 저항하다; …의 작용에 견디다; 참다

re·sist·ance [rizístəns] *n.* 저항, 반항; (때로 R~) (제2차대전중의)레지스탕스, 저항운동

res·o·lute [rézəl(j)uːt] *a.* 각오가 굳은; 단호한

res·o·lu·tion [rèzəlúːʃ(ə)n] *n.* 결의, 결심; 결의문; 해결; 분석

re·solve [rizálv/-zɔ́lv] *vt., vi.* 결심하다; (문제를)해결하다; (화합물을)분해하다 *be ~d to* 《*do*》 …할 결심을 하고 있다 —*n.* 결심, 결의 「향; 공명

res·o·nance [réz(ə)nəns] *n.* 반

re·sort [rizɔ́ːrt] *n.* 유원지, 행락지; 휴양지; 의뢰; 수단: a health ~ 휴양지/ a holiday ~ 휴일의 행락지/ a summer [winter] ~ 피서[한]지 —*vi.* 자주 가다; 의지하다, (어떤 수단에)호소하다 《*to*》

re·sound [rizáund] *vi.* 반향하다; (명성·사건 등이)널리 알려지다

re·source [risɔ́ːrs, +美 ⌣—] *n.* (*pl.*) 자원, 재력; (만일의 경우) 의지하는 수단; 재치; 오락

re·spect [rispékt] *n.* 경의, 존경 《*for*》; (*pl.*) 전갈 (regards), 인사 《*to*》; 주의; 관계; 점, 세목: *in every* ~ 모든 점에서 —*vt.* 존중하다; 고려하다; 관계하다

re·spect·a·ble [rispéktəbl] *a.* 존경할 만한; 훌륭한; 상당한

re·spect·ful [rispéktf(u)l] *a.* 공손한, 정중한

re·spec·tive [rispéktiv] *a.* 각자의, 각각의 ~·ly *ad.* 각각

res·pi·ra·tion [rèspiréiʃ(ə)n] *n.* 호흡

res·pi·ra·tor [réspirèitər] *n.* 호흡기, 마스크; 방독마스크

res·pite [réspit/-pait] *n.* 연기; 일시적 중지; 휴식

re·spond [rispánd/-spɔ́nd] *vi.* 대답하다 (answer), 응하다 《*to*》

re·sponse [rispáns/-spɔ́ns] *n.* 응답; 응수; 반응

re·spon·si·ble [rispánsəbl/-spɔ́n-] *a.* 책임있는; 믿을 만한 **-bíl·i·ty** *n.* 책임, 의무; 부담

rest¹ [rest] *n.* 휴양; 안락; 수면, 영면: *the day of* ~ 안식일 (Sabbath), 일요일/ *take a* ~ 잠깐 쉬다 —*vi.* 휴식[휴게]하다; 안심하다; 기대다; 의지하다 —*vt.* 쉬게 하다; 그대로 두다; 놓다

rest² *n.* 잔여, 나머지; 그밖의 것

rést àrea (고속도로 중도 등에

있는)휴게소

res·tau·rant [réstərənt / -t(ə)-
rɔ́ː(ŋ)] *n.* 레스토랑, 식당

rést hòuse (행락지의)휴게소

rest·less [réstlis] *a.* 안정이 안
된, 불안한 (uneasy); 잠이 안오
는   「복구, 부활, 복고

res·to·ra·tion [rèstəréiʃ(ə)n] *n.*

re·stor·a·tive [ristɔ́ːrətiv/-stɔ́r-]
a. 원기를 회복시키는 —*n.* 강
장제, 각성제

re·store [ristɔ́ːr] *vt.* 원상으로
복구시키다; 부활하다, 부흥하
다; (건강·의식을)회복시키다

re·strain [ristréin] *vt.* 제지[억
제]하다《*from*》; 감금하다

re·straint [ristréint] *n.* 억제; 구
속; 제한; 자제(自制)

re·strict [ristríkt] *vt.* 제한하다
~·ed *a.* 제한된; 특정한: a ~ed
hotel 백인전용호텔/the ~ed
area 출입금지구역 **-stric·tion**
n. 제한, 구속; 속박

rést ròom 휴게실; 《美》화장실

rést stòp 휴식정차

re·sult [rizʌ́lt] *n.* 결과, 성적 —
vi. (결과로서)일어나다, 생기다
《*from*》; …로 끝나다《*in*》

re·sume [rizúːm/-z(j)úːm] *vt.* 다
시 차지하다[시작하다]

ré·su·mé [rèzuméi / rézju(ː)mei]
n. 요약; 이력서 [F]

res·ur·rec·tion [rèzərékʃ(ə)n]
n. 부활; (the R~)(예수의)부활

re·tail [ríːteil →*v.*] *n.* 소매 (*opp.*
wholesale) —*a.* 소매의: a ~
dealer 소매상 —*ad.* 소매로 —
vt. [英 ri(ː)téil] 소매하다; (소문
을)되옮기다

re·tain [ritéin] *vt.* 보류하다; 유
지[보유]하다; 기억하다; 고용하
다   「복하다

re·tal·i·ate [ritǽlieit] *vi.*, *vt.* 보

re·ten·tion [riténʃ(ə)n] *n.* 보류,
보존; 기억

ret·i·cence [rétis(ə)ns] *n.* 침묵

ret·i·nue [rétinjuː] *n.* 수행원

re·tire [ritáiər] *vi.* 물러나다; 은
퇴하다 —*vt.* 은퇴[퇴직]시키다;
후퇴시키다

re·tired [ritáiərd] *a.* 은퇴한

re·tir·ee [ritàiəríː] *n.* 은퇴자,
퇴직자

re·tort [ritɔ́ːrt] *vi.*, *vt.* 말대꾸하
다; 되갚음하다 —*n.* 말대꾸

re·treat [ritríːt] *n.* 후퇴; 은퇴;
은거; 피난처; 수용소: a moun-
tain ~ 산장/a summer ~ 피
서지 —*vi.* 물러나다; 은퇴하다

re·trieve [ritríːv] *vt.* 되찾다, 회
복하다; 벌충하다; (사냥개가 짐
승을)가져오다 —*n.* 회복

ret·ro·grade [rétrəgrèid] *vi.* 후

퇴하다, 퇴보[퇴화]하다

ret·ro·rock·et [rétro(u)ràkit /
·rɔ̀k-] *n.* 역추진 로켓

ret·ro·spect [rétrəspèkt] *n.* 회
고, 추억, 회상

re·turn [ritə́ːrn] *vi.* 돌아가다[오
다]《*to*》—*vt.* 돌려주다, 갚다;
보답[대답]하다 —*n.* 귀환, 복귀;
반환; 보답; 대답; (*pl.*) 보고(서),
(때로 *pl.*) 수입: Many happy
~s (of the day)! (생일·축제일
의 축하인사) 만복이 깃들기를
바랍니다

retúrn cárd 왕복엽서

retúrn gáme [mátch] 설욕전,
리터언매치

retúrn tícket 《美》왕복표(《英》
round-trip ticket)

retúrn tríp 《美》왕복여행(《英》
round trip)

re·u·nite [ríːjuː(ː)náit] *vi.* 재회하
다, 다시 합동하다; 화합하다

Reu·ters [rɔ́itərz] *n.* (영국의)로
이터 통신사

re·val·u·a·tion [riːvæljuéiʃ(ə)n]
n. 평가절상, 재평가

re·veal [rivíːl] *vt.* 나타내다, 폭
로하다; 알리다; (신이)계시하다

rev·el [rév(ə)l] *n.* 술잔치

rev·e·la·tion [rèviléi(ə)n] *n.* 발
각; 폭로; 〔宗〕 (신의)계시; (the
R~) 〔聖〕 계시록 (略: Rev.)

re·venge [rivéndʒ] *n.* 복수; 보
복 —*vt.* 《재귀 또는 수동형으
로》복수하다

rev·e·nue [révinjuː] *n.* (국가의)
세입; 소득, 수입: a ~ cutter
(밀수입)감시선/a ~ stamp 수
입인지   「하다

re·vere [rivíər] *vt.* 경외[존경]

rev·er·ence [rév(ə)rəns] *n.* 존
경, 경외(심); (공손한)절

rev·er·end [rév(ə)rənd] *a.* 존경
할; (the R~) …님 《성직자에
대한 존칭》 (略: Rev., Revd.)

re·verse [rivə́ːrs] *vt.* 거꾸로 하
다, 뒤집다; 역전시키다 —*vi.* 되
돌아가다, 거꾸로 돌다 —*n.* 역,
반대; 뒷면; 불행 —*a.* 반대[역]
의, 뒷면의

re·vert [rivə́ːrt] *vi.* 복귀하다

re·view [rivjúː] *vt.* 복습하다; 회
고하다; 음미하다; 평론하다 —
vi. 비평하다; 돌아보다 —*n.* 회
고; 음미; 평론; 검열, 사열식

re·vise [riváiz] *vt.* 교정[교열]하
다 *the R~d Version* 개역성
서   「(판)

re·vi·sion [riví₃(ə)n] *n.* 개정

re·viv·al [riváiv(ə)l] *n.* 부활; 회
복; 부흥; 재상연; (the R~)
문예부흥

re·vive [riváiv] *vi.*, *vt.* 부활하

다[시키다]; 회복하다[시키다]

re·volt [rivóult] *vi.* 반항하다, 반란을 일으키다; 역겨워지다 — *vt.* 혐오감을 갖게 하다; 오싹하게 하다 — *n.* 반항(심), 반란 (rebellion); 혐오감

rev·o·lu·tion [rèvəlú:ʃ(ə)n] *n.* 혁명; 회전; 〖天〗 공전

rev·o·lu·tion·ar·y [rèvəlú:-ʃ(ə)nèri/-əri] *a.* 혁명의, 혁명적인; 회전하는 *the R~ War* 미국독립전쟁

re·volve [riválv/-vólv] *vi.* 회전하다 《*round, about*》; 숙고하다 **-volv·er** *n.* (회전식)연발권총

re·vue [rivjú:] *n.* 시사풍자연극; 간단한 음악극; 레뷔 [F]

re·ward [riwɔ́:rd] *n.* 보수; 보상, 현상금 *in ~ for* …의 보상으로서 — *vt.* 보답하다 (repay), 보상하다

Rey·kja·vik [réikjəvì:k] *n.* 레이캬비크(아이슬란드의 수도)

rhap·so·dy [rǽpsədi] *n.* 〖音〗 광상곡, 랩소디 　　「수사학

rhet·o·ric [rétərik] *n.* 수사법,

rheu·ma·tism [rú:mətiz(ə)m] *n.* 류우머티즘(관절염증)

Rhine [rain] *n.* (*the ~*) 라인강 (스위스·독일을 거쳐 북해로 흐름) 　　「방(라인강 서쪽지방)

Rhine·land [⌐lænd] *n.* 라인지

rhine·stone [⌐stòun] *n.* 모조 다이아몬드

Rhode Island [roudáilənd] 미국 동북부의 주

Rho·de·sia [roudí:dʒ(i)ə/-zjə, -ʒ(i)ə] *n.* 로디지아(아프리카 동남부의 국가)

rhyme, rime [raim] *n.* (시의)운(韻); 운이 같은 말《*to*》; 압운시 — *vi., vt.* 운문[시]을 짓다; 운을 밟다

rhythm [ríð(ə)m] *n.* 율동; 운율

rhyth·mic [ríðmik], **-mi·cal** [-ik(ə)l] *a.* 율동적인; 리듬있는

rib [rib] *n.* 늑골; (살이 붙은)갈비; (우산의)살

rib·bon [ríbən] *n.* 리본; 장식용 끈 *~ development* (간선도로 연변의)대상(帶狀)시가발전

rice [rais] *n.* 〖植〗 벼; 쌀

rich [ritʃ] *a.* 부유한 (wealthy), 부자의; (…이)풍부한《*in*》; (땅이)비옥한 (fertile); 값비싼 (cost-ly),· 사치스러운; (음식이)기름진; 성량이 있는: *a ~* oilman 석유부자/*~* soil 옥토/*~* food 기름진 음식

Rich·mond [rítʃmənd] *n.* 미국 Virginia주의 수도

Rich·ter scàle [ríktər] 릭터지진계 [진도계급]

rid [rid] *vt.* (*p., pp.* **rid** *or* ~·**ded**) 면하게 하다, 자유롭게 하다 《*of*》; 제거하다 *get* [*be*] ~ *of*/ ~ *oneself of* …을 면하다, 제거하다, 쫓아버리다

rid·dle [rídl] *n.* 수수께끼

ride [raid] *v.* (*p.* **rode**, *pp.* **rid·den** [rídn]) *vi.* (말·차를)타다《*on, in*》; 뜨다 (float): ~ *on a train* 기차로 가다/~ *in a car* 차로 가다/~ *easy* [*hard*] (말·배 등이)타기가 안락하다[불편하다] — *vt.* (말·차를)타다; 태우다; (파도에)뜨다 — *n.* (말·차를)타기, 태우기; 말[기차·배]여행: *a train ~* 기차여행

rid·er [ráidər] *n.* 타는 사람

ridge [ridʒ] *n.* (산의)등성이; 용마루

rid·i·cule [rídikju:l] *n.* 조소, 비웃음 — *vt.* 비웃다, 조소하다

ri·dic·u·lous [ridíkjuləs] *a.* 우스꽝스러운, 어이없는, 터무니없는

ri·fle [ráifl] *n.* 라이플총, 소총

rig [rig] *vt., vi.* 〖海〗 (배를)의장하다; 〖空〗 (기체를)정비하다; 준비하다 — *n.* 삭구(索具), 의장

rig·ging [rígiŋ] *n.* 〖海〗 삭구

right [rait] *a.* **1** 올바른 (*opp.* wrong); 정확한, 진실한; 적절한; 건전한: Am I ~ *on the road?* 이 길을 가면 됩니까 **2** 오른쪽의(*opp.* left) **3** 똑바른; 직각의 *all ~* 좋다 (O.K.), 훌륭하다 *That's ~.* 맞았어 — *ad.* **1** 똑바로; 바로; 올바로, 정당하게, 적절히; 즉시 **2** 오른쪽에 ~ *away* [*off, now*] 《美口》 즉시 — *n.* **1** 올바름; 정의 (jus-tice), 공정; 권리 **2** 오른쪽; 〖軍·야구〗 우익; (R~)우파, 보수당: *keep to the ~* 우측통행하다 — *vt.* 똑바로 하다; 바로잡다, 고치다 — *vi.* (배가)수평으로 돌아오다 ~·**ly** *ad.* 올바로, 정확히, 공정하게 　　「각의

right-an·gled [ráitæ̀ŋgld] *a.* 직

right·eous [ráitʃəs] *a.* 올바른, 정의의, 공정한

right·ful [ráitfəl] *a.* 올바른, 의로운; 합법적인

right-to-life [⌐təláif] *a.* 임신중절반대의

rig·id [rídʒid] *a.* 빳빳한(stiff), 엄격한(rigorous)

rig·or, 《英》 **-our** [rígər] *n.* 엄함, 엄격; (때로 *pl.*) (추위 등의)매서움

rig·or·ous [ríg(ə)rəs] *a.* 엄격한

rill [ril] *n.* 시내, 실개천

rim [rim] *n.* 가장자리, 테

rime [raim] *n., vt.* =rhyme

R

rind [raind] *n.* (과일 등의)껍질

ring[1] [riŋ] *n.* 고리; 반지; 경기장 —*vt.* 둘러싸다; 반지를 끼다 — *vi.* 둥글게 되다

ring[2] *v.* (*p.* **rang**, *pp.* **rung**) *vi.* (종·벨이)울리다; (소리가)울려 퍼지다 —*vt.* (종·벨을)울리다, 울려서 부르다, 큰소리로 말하다 ~ *off* (전화를)끊다 ~ *up* (전화로)불러내다: Please ~ *up* for the servant. 벨을 울려서 하인을 불러주십시오 —*n.* 울 려퍼지는 (목)소리, 벨소리

ring·side [ríŋsàid] *n.* 링사이드 (의 좌석)

rink [riŋk] *n.* 스케이트장

rinse [rins] *vt.* 헹구다, 부시다 —*n.* 헹구기

Ri·o de ja·nei·ro [ríːoudədʒə- níː)rou/-níə-] 리오데자네이로 (브라질의 전 수도)

ri·ot [ráiət] *n.* 폭동; 절도없는 환락 —*vi.* 폭동을 일으키다; 술 마시며 떠들다

ríot políce 기동경찰

rip [rip] *vt.* 찢다, 째다; 잘라내다

ripe [raip] *a.* 익은; 원숙한

rip·en [ráip(ə)n] *vi., vt.* 익다, 익히다; 성숙하다[시키다]

rip·ple [rípl] *n.* (머리칼의)웨이 브; 잔물결(소리)

rise [raiz] *v.* (*p.* **rose**, *pp.* **ris·en**) *vi.* 뜨다, 오르다; 일어나다[서 다]; 증대하다, 등귀하다; (물이) 붇다; 부풀다; 나오다 《*above*》; 출세하다 《*from*》; 향상하다 《*to*》; 우뚝 솟다; 반란을 일으 키다 —*vt.* 올리다, 높이다 —*n.* 상승, 오르막, 증대; 출세; 등귀; 기원

ris·ing [ráiziŋ] *a.* (떠)오르는; 증 대[증가]하는; 향상하는, 신진[신 흥]의; 치받이의 —*n.* 뜨기; 상 승; 기상, 기립

risk [risk] *n.* 위험(danger), 모 험 *at the* ~ *of* …을 걸고

risk·y [ríski] *a.* 위험한, 모험적인

ri·sot·to [risɔ́ːtou/-sɔ́t-] *n.* 쌀을 넣은 스튜우(이탈리아요리)

ris·sole [rísoul] *n.* 고기만두[F]

rite [rait] *n.* 의식; 관습

rit·u·al [rítʃuəl/rítju-] *a.* (종교 적)의식의, 예식의; 관습의 —*n.* 의식, 예배식

ri·val [ráiv(ə)l] *n.* 경쟁자, 호적 수, 라이벌 —*a.* 경쟁[대항]하는 —*vi., vt.* 경쟁[대항]하다

riv·er [rívər] *n.* 강 〔(의)

riv·er·side [⌐sàid] *n., a.* 강가

riv·et [rívit] *n., vt.* 리벳(으로 고정하다), 대갈못(을 박다)

Ri·vi·er·a [rivié(ː)rə/-éərə] *n.* (*the* ~) 리비에라 지방

riv·u·let [rívjulit] *n.* 개울

road [roud] *n.* 도로, 길; (도시의) …로; 《美》 철도; 진로; 수단 《*to*》: a ~ map 도로지도

road·house[⌐hàus]*n.*(*pl.*-**hous- es** [-hàuziz]) 길가의 여관

róad shòw 로우드쇼우

road·side [⌐sàid] *n.* 길가, 노변

road·stead [⌐stèd] *n.* 【海】 앞 바다의 정박소

road·ster [⌐stər] *n.* 2, 3인승 무개자동차

road·way [⌐wèi] *n.* 《美》 도로, 차도; (철도의)선로

road·work [⌐wòːrk] *n.* (권투 선수의)뛰기연습

roar [rɔːr] *vi.* 짖다, 포효하다; (사람이)고함치다; 울리다 —*n.* 짖는 소리, 포효; 노호;울림; 폭소

roast [roust] *vt.* (고기를)굽다; (콩을)볶다 —*vi.* 구워지다 —*a.* 구운, 볶은: ~ beef 불고기 — *n.* 《美》 불고기(용 고기); (쇠 고기의)로오스 ~·**er** *n.* 불고기 기구; 통째로 굽는 돼지새끼

rob [rab/rɔb] *vt.* 강탈하다, 훔치 다《a person *of*》 ~·**ber** *n.* 도 둑(burglar), 강도

robe [roub] *n.* (길고 헐거운)상 의; (때로 *pl.*) 예복; (*pl.*) 의복

ro·bot [róubət/-bɔt] *n.* 로봇, 인 조인간; 자동교통신호기

ro·bot·ics [ròubátiks/-bɔ́t-] *n.* 로봇공학

ro·bust [ro(u)bʌ́st, +美 róu- bʌst] *a.* 강건한, 건장한, 튼튼 한, 억센

rock[1] [rak/rɔk] *n.* 바위, 돌 *a* ~ *garden* 석가산, 암석정원 *on the* ~*s* 좌초하여; 돈에 궁 하여; 온더록쉬

rock[2] *vt.* 진동시키다; 흔들다 — *vi.* 흔들리다, 동요하다 ~*ing chair* 흔들의자 —*n.* 로큰롤, 록음악

róck cándy 《美》 얼음사탕

rock-climb·ing [⌐klàimiŋ] *n.* 암벽오르기, 록클라이밍

Róck·e·fel·ler Cénter [ráki- fèlər/rɔ́k-] 록펠러 센터(뉴우 요오크시의 한 지구)

rock·et [rákit/rɔk-] *n.* 로켓, 봉 화, 화전 〔「로울

rock 'n' roll [ráknròul] *n.* 로큰

rock·y [ráki/rɔ́ki] *a.* 바위의[같 은], 바위가 많은 *the R*~ *Moun- tains*/*the Rockies* 로키산맥

ro·co·co [rəkóukou] *n.* 로코코 식; 로코코건축 —*a.*로코코식의

rod [rad/rɔd] *n.* (낚시)대; 작은 가지; 회초리

rode [roud] *v.* ride의 과거

ro·de·o [róudiòu, rodéiou] *n.*

(*pl.* ~s) 《美》 로데오(카우보이의 기술경연대회) (*cf.* bronco)

Rog·er [rádʒər/rɔ́dʒ-] *int.* 알았다, 좋아

rogue [roug] *n.* 악한

ROK = *R*epublic of *K*orea 대한민국

role, rôle [roul] *n.* (배우의)역 (part), 역할, 임무 [F]

roll [roul] *vi.* 구르다; (배가)좌우로 흔들리다 (*cf.* pitch²); 굽이치다; 울리다 —*vt.* 굴리다; 빙글빙글 돌리다; 좌우로 흔들다; 말다 —*n.* 회전; 좌우로 흔들기; 굽이침; 울림; 명부; 로울러

róll càll 점호, 출석부르기

roll·er [róulər] *n.* (인쇄·압연·땅고르는)로울러 ~ *coaster* 제트코오스터 ~ *skate* 로울러스케이트구두

roll·ing [róuliŋ] *a.* 구르는, 회전하는; 굽이치는; (배가)좌우로 흔들리는; 울려퍼지는 —*n.* 회전; 좌우로 흔들기; 굽이침

rólling stóck 《총칭》 차량

Rolls-Royce [róulzrɔ́is] *n.* 로울즈로이스(영국의 자동차(회사))

Ro·man [róumən] *a.* 로마(인)의; 가톨릭교의 —*n.* 로마인

ro·mance [rəmǽns] *n.* (R~) 로망스어(라틴계 언어의 총칭); 중세기사 이야기, 소설, 로맨스

ro·man·tic [rəmǽntik, rou-] *a.* 공상적인; 낭만주의의

Rome [roum] *n.* 로마(이탈리아의 수도); 옛로마시, 로마제국; (로마)가톨릭교

roof [ru:f] *n.* 지붕; 천장 ~ *garden* 옥상정원

rook·ie [rúki] *n.* 《俗》 (군대의) 신병; 신참자, 《야구》 신인

room [ru(:)m] *n.* 방; (*pl.*) 하숙; 《추상명사로서》 장소, 공간 (space), 여지 (*for, to do*): a ~ to let 셋방/*R*~ for standing only 좌석만원 *make* ~ *for* … 을 위해 자리를 비우다 *R*~s *for rent* 《게시》 셋방있음 —*vi.* 묵다, 동숙하다: a ~*ing* house 하숙집

róom chàrge 방값

róom clèrk (호텔의)객실담당원

room·ette [ru:mét, rum-] *n.* 《美》 (침대차의)독실

róom màid 방당번 하녀

róom ràte 방값

róom sèrvice 루움서어비스(식사 등을 방으로 날라줌)

roost [ru:st] *n.* (새가 앉는)홰; 《美》 잠자리, 휴식처

roost·er [rú:stər] *n.* 《美》 수탉

root [ru:t] *n.* 뿌리; 기초; 본질; (*pl.*) 조상, (사람의)근본

rope [roup] *n.* 밧줄, 새끼; (*pl.*) 비결 —*vt.* 밧줄로 묶다; 새끼를 치다

rope·danc·ing [◁dæ̀nsiŋ / -dɑ́:ns-] *n.* 줄타기

rópe làdder 줄사다리

rope·way [◁wèi] *n.* 공중삭도

ro·sa·ry [róuzəri] *n.* 장미원; 로자리오, 염주

rose¹ [rouz] *n.* 《植》 장미; 장미빛

rose² *v.* rise의 과거

ro·sette [ro(u)zét] *n.* 장미꽃장식 [매듭]; 《建》 장미형 장식

róse wàter 장미향수

ros·in [rázin/rɔ́z-] *n.* 송진

ros·y [róuzi] *a.* 장미빛의; 유망한

rot [rat/rɔt] *vi.* 썩다, 부패하다; 《俗》 빗대다 —*vt.* 썩이다; 《俗》 놀리다 —*n.* 부패; 《英俗》 허튼소리

ro·ta·ry [róutəri] *a.* 회전하는 —*n.* 로우터리, 환상교차로

Rótary Clùb (*the* ~) 로우터리클럽(사회봉사단체)

ro·tate [róuteit/-◁] *vi., vt.* 회전하다(시키다);순환하(게 하)다

ro·ta·tion [routéiʃ(ə)n] *n.* 회전; (지구의)자전; 《農》 윤작

ROTC = *R*eserve *O*fficers' *T*raining *C*orps 학도군사훈련단

rot·gut [rátgʌ̀t/rɔ́t-] *n.* 《俗》 싸구려 위스키

rot·ten [rátn/rɔ́tn] *a.* 썩은; 《俗》 천한; 불쾌한

Rótten Ròw 런던의 Hyde Park의 승마도로

rouge [ru:ʒ] *n.* 루우즈

rough [rʌf] *a.* 거칠은 (*opp.* smooth);(바다·날씨가)사나운, 난폭한; 무례한; (음이)귀에 거슬리는; 개략적인 —*ad.* 거칠게; 대충, 개략적으로 —*vt.* 거칠게하다; 《俗》 난폭하게 다루다; 개략을 쓰다 ~·ly *ad.* 거칠게; 개략적으로

rou·lette [ru(:)lét] *n.* 루울렛

Rou·ma·ni·a [ru:méiniə] *n.* = Rumania

round [raund] *a.* 둥근; 토실토실한 (plump); 일주하는; (목소리가)낭랑한; 완전한: a ~ table 원탁 —*n.* 원; 둥근 것; 일주; 범위; (일의)반복; 한 시합;《音》 윤창: The next ~ is on me. 다음 차례는 내가 한턱낸다 —*ad.* 돌아서, 둥글게; 일주하여; 둘레가 …인 —*prep.* …둘레의; …을 돌아; a tour ~ the world 세계일주여행

round·a·bout [ráundəbàut] *n.* 우회로; 《英》 회전목마; 《英》 환상교차로, 로우터리

round·house [◁hàus] *n.* 《美》

원형기관차고; 후갑판의 선실

round-the-clock [╱ðəklák / -klɔ́k] *a.* 24시간 연속의

róund (tríp) tícket 《美》 왕복 승차권 (《英》 return ticket)

róund tríp 《美》 왕복여행

rouse [rauz] *vt.* 깨우다 (waken); 분기시키다; 화나게 하다 —*vi.* 깨다; 분기하다

rout [raut] *n., vt.* 패주[궤주](시 키다); 참패(시키다)

route [ruːt] *n.* 길 (way), 항로

rou·tine [ruːtíːn] *n.* 일과, 관례 —*a.* 일상의, 틀에 박힌

rove [rouv] *vi., vt.* 헤매다, 편력 하다 *roving ambassador* 《美》 순회대사

rov·er [╱ər] *n.* 배회[편력]자

row¹ [rou] *n.* 열, 줄; 가로(街路)

row² *vt.* 젓다 —*vi.* 배를 젓다, 경조(競漕)하다 《*with*》

roy·al [rɔ́iəl] *a.* 왕[여왕]의; 왕 다운, 고귀한, 장엄한: a ~ pal-ace 왕궁 *His* [*Her*] *R~ High-ness* 전하[비전하] (略: H.R.H.) *~·ty* *n.* 왕위, 왕족

Róyal Áscot 《英》 애스컷 경마 (런던 서쪽 Berkshire에 있는 Ascot 경마장에서 매년 6월에 열리는 경마)

róyal bóx (극장 등의)왕실용 좌 석, 특별석

Róyal Dútch Áirlines 네덜란 드 공항

róyal jélly 로얄젤리

roy·al·ty [rɔ́iəlti, +美 rɔ́ːjəl-] *n.* 왕위, 왕권; (왕의)존엄성; (광 산·특허권)사용료, 인세(印稅), 상연료

RP =*R*epublic of the *P*hilip-pines 필리핀공화국

Ŕ-rat·ed fílm [áːrrèitid] 《美》 연령제한영화 [R<restricted]

RSC =*r*eferee *s*top *c*ontest 〔권 투〕 심판경기중단

R.S.V.P. *Répondex, s'il vous plaît.* (F=Please reply.)

rub [rʌb] *vt., vi.* 문지르다, 마찰 하다; 마찰되다

rub·ber [rʌ́bər] *n.* 고무; 고무지 우개, (보통 *pl.*) 고무신

rub·ber·neck [rʌ́bərnèk] *n.* (호 기심에 찬)구경꾼, 관광객 —*vi.* 구경하려고 목을 빼다

rub·bish [rʌ́biʃ] *n.* 쓰레기, 폐물

ru·ble [rúːbl] *n.* 루우블(소련의 화폐단위); 루우블[지폐]

ru·by [rúːbi] *n.* 〔鑛〕루우비, 홍 옥; 진홍색; 적포도주

ruck·sack [rʌ́ksæk, rúk-] *n.* 배 낭, 룩작 [G]

rud·der [rʌ́dər] *n.* 키; 〔空〕 방

rud·dy [rʌ́di] *a.* (안색 등이)붉은,

불그레한 (reddish), 혈색이 좋은

rude [ruːd] *a.* 버릇없는; 무식한; 미개한, 천연의; 소박한

ru·di·ment [rúːdimənt] *n.* (*pl.*) 초보, 기본, 기초

ruf·fi·an [rʌ́fiən, -fjən] *n.* 악한, 깡패

ruf·fle [rʌ́fl] *vt.* 어지럽히다; 화 나게 하다 —*vi.* 주름지다; 화 내다 [무릎덮개

rug [rʌg] *n.* 깔개, 융단; 《英》

Rug·by [rʌ́gbi] *n.* 럭비

Rúgby Schóol 영국의 유명한 public school

rug·ged [rʌ́gid] *a.* 울퉁불퉁한; 세련되지 못한 [by

rug·ger [rʌ́gər] *n.* 《英口》 Rug-

Ruhr [ruər] *n.* (the ~) 루우르 강; 루우르지방(독일의 산업중 심지)

ru·in [rúːin/ruin] *n.* 몰락 (down-fall), 파멸; (*pl.*) 폐허; 파멸의 원인 —*vt.* 파멸[몰락]시키다

rule [ruːl] *n.* 규칙, 관례; (개인 의)습관; 지배; 자 —*vt., vi.* 통 치하다 (govern); 지배하다

rul·er [rúːlər] *n.* 지배자; 자

rul·ing [rúːliŋ] *a.* 지배하는; 유

rum [rʌm] *n.* 럼술 [력한

Ru·ma·ni·a, Rou- [ruːméiniə] *n.* 루마니아(동유럽의 공화국)

rum·ba [rʌ́mbə] *n.* 룸바(원래 쿠바 원주민의 춤)

rum·ble [rʌ́mbl] *vi.* (천둥 등이) 우르르 울리다; (차가)덜거덕 지 나가다 —*n.* 우르르, 덜거덕(하 는 소리)

ru·mi·nate [rúːminèit] *vi., vt.* 반추하다; 묵상하다

rum·mage [rʌ́midʒ] *vi., vt.* (세 관원이 배 안을)샅샅이 뒤지다

rúmmage sàle 잡동사니 자선시

ru·mor, 《英》 **-mour** [rúːmər] *n.* 소문, 풍문 —*vt.* 소문내다

rump [rʌmp] *n.* (동물의)엉덩이, 《英》 (소의)엉덩이살

run [rʌn] *v.* (*p.* **ran,** *pp.* **run**) *vi.* 달리다; 도망치다; (탈것이)출발 하다; 운행하다; 흐르다; 새다; (기계가)운전하다; (연극이)계속 상연되다; 영업하다; 통용되다; …라 써 있다 (read) —*vt.* 달리 게 하다; 운전하다, (차·배를) 다 니게 하다; 쫓다; (경주를)하다; 부딪다; 흘리다; 경영하다 ~ *in* 《俗》 (남의 집에)들르다 ~ *out of* …을 다 써버리다 ~ *through* 탕진하다 ~ *up* (값이)오르다 —*n.* 달리기; 경주; 도망; 노정 (路程); (급한)여행; 연속; 유출; 유행, 주문쇄도(*on*); 출입의 자 유 《*of*》; (스타킹의)전선; 〔空〕 활주 *have a long* ~ 장기흥

행을 하다

run·a·bout [ránəbàut] *n.* 소형 자동차; 소형 모우터보우트

run·a·way [⌐əwèi] *n.* 도망(자); 탈주(병) —*a.* 도망[탈주]한; (경주에)낙승한

rún·ci·ble spòon [ránsəbl] (오 르되브르용)세가닥 스푸운

rung [rʌŋ] *v.* ring² 의 과거(분사)

run·ner [ránər] *n.* 달리는 사람, (경)주자

run·ning [rániŋ] *a.* 달리는, 흐르는; 연속된 ~ *board* (자동차 양쪽의) 발판 ~ *commentary* 실황방송 ~ *mate* 《美》(특히) 부통령후보 —*n.* 달리기, 경주

run·way [ránwèi] *n.* 경주로, 통로; 활주로; 《보울링》어프로우치

ru·pee [ru:pí:] *n.* 루피(인도의 화폐단위); 루피은화

ru·ral [rú(:)r(ə)l] *a.* 시골[전원]의

rush [rʌʃ] *vi.* 돌진하다; 경솔히 하다(*to*); (생각이)갑자기 떠오르다 —*vt.* 급히 가게[오게] 하다; 시급히 하다 —*n.* 돌진; 돌격 《*for*》(charge); 급격한 증가 [발달]; 굉장한 주문; 《美》난투;

rúsh hòur 러시아워 ⌐쇄도

rusk [rʌsk] *n.* 러스크(얇은 빵에 버터·설탕을 발라 구운 것)

Rus·sia [ráʃə] *n.* (제정)러시아; 소련 (Soviet Union) **-sian** *a.* 러시아(인·어)의 —*n.* 러시아인 [어]

rust [rʌst] *n.* 녹 —*vi., vt.* 녹슬 (게하)다; 무디어지(게 하)다

rus·tic [rástik] *a.* 시골(풍)의; 소박한, 검소한 **-ti·cate** *vi., vt.* 시골로 가다; 시골식으로 되다 [하다]

rus·tle [rásl] *vi., vt.* 살랑살랑 [바삭 바삭]소리내다[나게하다]

rust·proof [rástprù:f] *a.* 녹슬지 않는

rust·y [rásti] *a.* 녹슨, 구식의; (쓰지 않아)못쓰게 된

ruth·less [rú:θlis] *a.* 무자비한

rye [rai] *n.* 《植》호밀; 《英俗》 호밀위스키: ~ *bread* 검은빵

S

Sab·bath [sǽbəθ] *n.* 안식일

SABENA *n.* 벨기에의 항공사

sa·ber, 《英》**-bre** [séibər] *n.* (기병의)군도; 기병 ⌐(가죽)

sa·ble [séibl] *n.* 《動》검은담비

sab·ot [sǽbout, +美 -bət] *n.* (프랑스 농민의)나막신, 나무창신

sa·chet [sæʃéi/⌐⌐] *n.* 향료 쌈지

sack [sæk] *n.* (즈크)부대; (여자· 어린이의)헐렁한 상의; 《美俗》 침대 ~ *suit* 《美》=lounge suit 신사복

sack·cloth [⌐klɔ̀:θ / ⌐klɔ̀θ] *n.* 즈크, 부대용 삼베

sac·ra·ment [sǽkrəmənt] *n.* 《宗》성례(聖禮), 성사(聖事); (the S~) 성찬; 성체

sa·cred [séikrid] *a.* 신성한, (신에게)바친; (사당이)…을 모신 ~ *cow* (인도의)성우

sac·ri·fice [sǽkrifàis] *n.* 희생, 제물; 《商》투매(投賣) —*vt., vi.* 제물로 바치다; 투매하다

sac·ri·lege [sǽkrilidʒ] *n.* 신성 모독; 교회도둑질

sad [sæd] *a.* 슬픈; (색이)칙칙한; 《口》지독한 ~·**ness** *n.* 슬픔

sad·dle [sǽdl] *n.* (말·자전거의) 안장; (양의)등심고기

sad·ism [sǽdiz(ə)m] *n.* 사디슴 **-ist** *n.* 사디스트

sa·fa·ri [səfá:ri] *n.* 사냥여행

safári pàrk (놓아기르는)자연동 물원

safe [seif] *a.* 안전한; 확실한 —*n.* 금고 ~·**ly** *ad.* 안전히, 확실히

safe-con·duct [⌐kándʌkt/-kɔ́n-] *n.* (전시의)여행[통행]권

safe·guard [⌐gà:rd] *n.* 보호(물)

safe·keep·ing [⌐kí:piŋ] *n.* 보관, 보호

safe·ty [séifti] *n.* 안전, 무사

sáfety bèlt 안전벨트

sáfety ìsland [ìsle, zòne] (도로의)안전지대

sáfety màtch 안전성냥

sáfety pìn 안전핀

sáfety ràzor 안전면도기

sáfety vàlve 안전판(瓣)

sag [sæg] *vi.* 처지다, 휘다; 하락 하다; 맥빠지다 —*n.* 처짐, 꺼짐

sa·ga [sá:gə] *n.* 북유럽전설; 무용담 ⌐한; 기민한

sa·ga·cious [səgéiʃ(ə)s] *a.* 현명 한

sa·gac·i·ty [səgǽsiti] *n.* 현명, 영리(함)

sage [seidʒ] *a.* 현명한 (wise); 《반어》점잔빼는 —*n.* 현인, 철 인; 《반어》유식한 체하는 사람

Sa·ghal·ien [sǽgəlí:n] *n.* = Sakhalin

Sa·ha·ra [səhérə/-há:rə] *n.* (the ~) 사하라사막(아프리카 북부 의 대사막)

sa·hib [sá:(h)ib] *n.* (S~) (인도 에서)귀인이나 고관에 대한 존칭

said [sed] *v.* say의 과거(분사)

sail [seil] *n.* 돛; 범선; 《총칭》

배; 범주(帆走), 뱃놀이 —*vi.* 범
주[항해]하다; 위세좋게 걷다
sail·boat [⌐bòut] *n.* 《美》 범선
sail·ing [séiliŋ] *n.* 범주, 항해,
출범 ~ *permit* 출국허가
sáiling bòat 《英》 범선
sail·or [séilər] *n.* 선원, 수병
good [*bad, poor*] ~ 뱃멀미
안하는[하는] 사람   [성…
saint [seint] *n.* 성인, 성도; (S~)
Sàint Ber·nárd [⌐bərná:rd]
센트버나아드개
Saint-Mo·ritz [⌐mɔ́rits] *n.* 생
모리츠(스위스 동부의 휴양지)
sake [seik] *n.* 이유, 이익, 목적
for God's [*goodness', heav-
en's, mercy's*] ~ 제발, 부디
for the ~ *of* … 을 위해
Sa·kha·lin [sǽkəli:n] *n.* 사할린
sal·a·ble [séiləbl] *a.* 팔만한; (값
이)적당한
sal·ad [sǽləd] *n.* 샐러드; 샐러
드용 야채 ~ *dressing* 샐러드
용 드레싱
sa·la·mi [səlá:mi] *n. pl.* (*sing.*
-*me* [-mei] 살라미소시지 [It.]
sal·a·ried [sǽlərid] *a.* 봉급을
받는:a ~ man 월급장이
sal·a·ry [sǽləri] *n.* 봉급, 급료
sale [seil] *n.* 판매(상태); 특매
bargain ~ 바아겐세일 (*goods*)
for [*on*] ~ 매물
sales·girl [séilzgə̀:rl] *n.* 여점원
sales·man [séilzmən] *n.* (*pl.*
-**men** [-mən]) 점원, 판매원;
《美》 외판원
Sális·bùr·y stéak [sɔ́:lzbèri]
햄버어그의 일종
sall à manger [sǽləmã:ʒei] F.
끼다실, 식당방
salle [sæl/sɑ:l] F. *n.* 방, 호올
salle d'at·tente [sǽldætã:t] F.
(역의)대합실
sal·low [sǽlou] *a.* (안색 등이)
누르스름한, 혈색이 나쁜
sal·ly [sǽli] *n.* 소풍; 재담
salm·on [sǽmən] *n.* (*pl.* ~**s**,
《총칭》 ~) 《魚》 연어; 연어살빛
sálmon tròut 《魚》 송어
sa·lon [səlán/sǽlɔ̃:(ŋ)] F. *n.* 객
실, 응접실; 사교초대회; 상류사
회 *the S*~ 파리 미술전람회
sa·loon [səlú:n] *n.* (호텔·여객선
의)큰 호올, 담화실; (기차의)식
당, 특별객차, 전망차; 《英》 고
급술집:a dancing ~ 댄스호올
dining ~ 식당차 *refreshment*
~ 음식점 ~ *carriage* 《英》
특별객차 ~ *passenger* 1등선
객 ~ *cabin* 1등선실 *sleeping*
~ 침대차
SALT =*Strategic Arms Limi-
tation Talks* 전략무기제한회담

salt [sɔ:lt] *n.* 소금, 식염; 자극;
재치, 경구 —*a.* 소금의[절인]
—*vt.* 간하다, 소금에 절이다
salt·cel·lar [⌐sèlər] *n.* 소금그
릇
sált-free díet [⌐frì:] 무염식품
sált hórse 《俗》《海》소금에 절
인 쇠고기   [물의
salt-wa·ter [⌐wɔ́:tər] *a.* 소금
salt·y [sɔ́:lti] *a.* 소금기있는, 짠;
신랄한, 재치가 넘치는
sal·u·ta·tion [sæ̀lju(:)téiʃ(ə)n]
n. 인사(말)
sa·lute [səlú:t] *vt., vi.* 인사하다,
경례하다; 맞이하다 —*n.* 인사,
경례; 《軍》 거수경례
sal·vage [sǽlvidʒ] *n.* 해난구조;
구조료; 구조작업; 구제 ~ *boat*
해난구조선 ~ *corps* 화재구
조대
sal·va·tion [sælvéiʃ(ə)n] *n.* 구
조, 구제; 구조자[물]; 《宗》 구원
the S~ *Army* 구세군
salve [sæv/sɑ:v] *n.* 연고, 고약;
《비유적》 위안, 위로(*for*) —*vt.*
(고통 등을)가라앉히다
sal·ver [sǽlvər] *n.* (금속제)쟁반
Sam [sæm] *n.* 남자이름 *stand
*~ 《俗》 술값을 떠맡다 *Uncle
*~ 미국인; 미국정부
Sa·mar·i·tan [səmǽrit(ə)n] *a.,
n.* 사마리아의[인]; 인정많은
사람
sam·ba [sǽmbə] *n.* 삼바(아프
리카 기원의 브라질의 경쾌한 춤)
same [seim] *a.* (보통 *the* ~) 같
은, 동일한, 동종의 (*as*); 《보통
the *same* …as는 「동종의 것」,
the *same* …that는 「동일물」을
가리킴) *at the* ~ *time* 동시
에; 그러나 *much* [*about*] *the
*~ 거의 같은 —*pron.* (*the* ~)
동일인[물]
Sa·mo·a [səmóuə] *n.* 사모아(남
태평양의 군도)
sam·o·var [sǽməvà:r/sǽmou-
và:] *n.* 사모바르(러시아의 주
전자) [Russ.]
sam·pan [sǽmpæn] *n.* 삼판(중
국의 작은배)
sam·ple [sǽmpl/sá:m-] *n.* 견본;
시작(試作) (*of*) —*vt.* 견본을 뽑
다, 시식[시음]하다: a ~ *card
*견본카아드
san·a·to·ri·um [sæ̀nətɔ́:riəm]
n. (*pl.* ~**s**, -**ri·a** [-riə]) (특히
결핵)요양소; (고원의)요양지
sanc·ti·fy [sǽŋktifài] *vt.* 축성
(祝聖)하다; 신에게 바치다
sanc·tion [sǽŋkʃ(ə)n] *n.* 인가;
제재
sanc·tu·ar·y [sǽŋktʃuèri/-tju-
əri] *n.* 성소, 신전; (교회의)성

단; (법이 미치지 않는)성역; 금
렵구
sand [sænd] *n.* 모래; (*pl.*)사막,
모래사장; 《美俗》원기, 용기 —
vt. 모래를 뿌리다[섞다]
san·dal [sænd(ə)l] *n.* 샌들신
sand·bag [sæn(d)bæg] *n.* 모래
부대
sand·bank [⁼bæŋk] *n.* 모래톱
sand·glass [⁼glæs/-glɑːs] *n.* 모
래시계
sand·man [⁼mæn] *n.* (*pl.* **-men**
[-mèn]) 수마(睡魔)
sand·pa·per [⁼pèipər] *n.*, *vt.*
사포(로 닦다)   「폭풍
sand·storm [⁼stɔːrm] *n.* 모래
sand·wich [sæn(d)witʃ/sæn-
widʒ] *n.* 샌드위치 —*vt.* 사이
에 끼우다
sándwich bàr 샌드위치식당
sándwich màn 샌드위치맨
sand·y [sændi] *a.* 모래(투성이)의
sane [sein] *a.* 제정신인; 온건한
Sàn Fràn·cís·co [sænfrənsís-
kou] 미국 California주의 무역
sang [sæŋ] *v.* sing의 과거 「항
san·guine [sæŋgwin] *a.* 다혈질
의, 낙천적인; 혈색좋은, 피빛의
san·i·tar·y [sǽnitèri/-t(ə)ri] *a.*
위생(상)의 —*n.* 《美》공중변소
san·i·ta·tion [sænitéiʃ(ə)n] *n.*
공중위생; 위생설비
sank [sæŋk] *v.* sink의 과거
San Ma·ri·no [sænmərí:nou] 산
마리노(이탈리아 중부의 나라)
San·skrit, -scrit [sænskrit] *n.*,
a. 범어(의)   「클로오스
Sàn·ta Clàus [sæntəklɔ́ːz] 산타
San·ti·a·go [sæntiɑ́ːgou] *n.* 산
티아고(칠레의 수도)
San·tos [sæntəs] *n.* 산토스(브
라질 남부의 세계 제1의 코오
피 수출항)
São Pau·lo [sa:uŋpáuluː] 사웅
파울로(브라질 남부의 도시)
sap [sæp] *n.* 수액; 원기, 활기
sap·i·ent [séipiənt] *a.* 유식한 체
하는
sap·ling [sæpliŋ] *n.* 어린나무,
묘목; 풋나기
sap·phire [sǽfaiər] *n.* 【鑛】 사
파이어(색)
Sar·a·cen [sǽrəsn] *n.*, *a.* 사라
센인(의); 아랍인(의)
sar·casm [sɑ́ːrkæz(ə)m] *n.* 풍
자, 비꼼
sar·cas·tic [sɑːrkǽstik] *a.* 풍
자적인, 비꼬는, 빈정대는
sar·dine [sɑːrdíːn] *n.* (*pl.* ~s,
《총칭》 ~) 【魚】 정어리
sar·do·nyx [sɑ́ːrd(ə)niks] *n.*
【鑛】 줄무늬 마노
sa·ri [sɑ́ːriː] *n.* 사리(인도여자가

sa·rong [sərɔ́(ː)ŋ] *n.* 사롱(말레
이인이 허리에 두르는 천)
SAS = Scandinavian   Airlines
System 스칸디나비아항공회사
sash [sæʃ] *n.* 어깨띠; 장식띠; 창
틀; a ~ window 내리닫이창
sat [sæt] *v.* sit의 과거(분사)
Sa·tan [séit(ə)n] *n.* 마왕, 사탄
satch·el [sætʃ(ə)l] *n.* 작은 가방
sat·el·lite [sǽtəlàit] *n.* 위성; 인
공위성; 위성국[도시]   「틴
sat·in [sæt(i)n] *n.* 수자(繻子), 새
sat·ire [sǽtaiər] *n.* 풍자, 비꼼;
풍자시[문], 풍자문학
sat·is·fac·tion [sætisfǽkʃ(ə)n]
n. 만족(시키는 것); 변제; 배상
sat·is·fac·to·ry [sætisfǽkt(ə)ri]
a. 만족스러운, 더할 나위없는,
충분한
sat·is·fy [sǽtisfài] *vt.* 만족시키
다; 채우다; (의무를)다하다, 변
제하다; 납득시키다 —*vi.* 만족
을 주다
sat·u·rate [sǽtʃərèit] *vt.* 담그
다, 함빡 적시다; (편견 등에)젖
게 하다 《with》
Sat·ur·day [sǽtərdi] *n.* 토요일
sauce [sɔːs] *n.* 소오스; 흥미를
돋구는 것; 《美》설탕조림; 《俗》
건방짐 —*vt.* 소오스를 치다;
《俗》 건방진 말을 하다
sauce·boat [⁼bòut] *n.* 배모양
의 소오스그릇
sau·cer [sɔ́ːsər] *n.* 받침접시
sau·cy [sɔ́ːsi] *a.* 뻔뻔스러운, 건
방진; 까불거리는
Sa·u·di A·ra·bi·a [sɑːúːdiəréi-
biə] 사우디아라비아(아라비아
반도에 있는 왕국)
sau·er·kraut [sáuərkràut] *n.*
소금에 절인 양배추
sau·na [sáunə] *Fin. n.* 한증탕,
사우나탕
sau·sage [sɔ́ːsidʒ/sɔ́-] *n.* 소시지
sau·té [soutéi/—] *F. n.* 소테
sav·age [sǽvidʒ] *a.* 야만의; 흉
량한; 흉폭한, 잔인한 —*n.* 야만
인, 잔인한 사람
sav·a·rin [sǽvərin] *n.* 사바린
(럼술을 스며들게 한 과자)
save [seiv] *vt.* 구해주다, 구조하
다 《from》; 저축하다; 절약하다,
덜다   「급약복점가
Sáv·ile Ròw [sǽvil] 런던의 고
sávings bànk 저축은행
sav·ior, 《英》 **-iour** [séivjər] *n.*
구조[구제]자; 구세주
sa·vor, 《英》 **-vour** [séivər] *n.*
맛, 풍미; 기미 《of》
sa·vor·y, 《英》**-vour·y**[séiv(ə)ri]
a. 맛좋은; 짭짤한 —*n.* (식전·
식후의)짭짤한 요리

S

saw¹ [sɔ:] v. see의 과거

saw² n. 톱 —v. (p. ~ed, pp. sawn [sɔ:n]) vt. 톱으로 켜다 —vi. 톱질하다

saw·buck [sɔ́:bʌk] n. 《美俗》 10달러 지폐

Sax·on [sǽks(ə)n] n. 색슨인; 앵 글로색슨인; 영국인 —a. 색슨 (인·어)의

say [sei] vt., vi. (p., pp. said, 3인칭·단수·현재형 says [sez]) 말하다; 외다, 암송하다; 《명령 형》가령 …이라면, 말하자면: People[They] ~ that… …라 는 소문이다 I dare ~ 아마 … 이겠지 I ~./ 《美》 S~. 이봐 요, 잠깐, 저어 so to ~ 말하자 면 that is to ~ 다시 말하자 면, 즉 to ~ nothing of …은 차치하고—n. 할말; 《口》발언권

say·ing [séiiŋ] n. 속담, 격언; 말 하기 as the ~ goes[is] 속담 에 있듯이, 소위

scab [skæb] n. 딱지; 배반자

scaf·fold [skǽf(ə)ld] n. 단두대, 교수대; (건축용의)비계, 발판

scald [skɔ:ld] n. (열탕·김에)덴 상처 —vt. 데게 하다

scale¹ [skeil] n. 눈금, 척도; 축 척; 계급; 규모 —vt. 기어오르다

scale² n. 천칭(의 접시); (pl.) 저울

scále bòard (거울 등의)뒷판

scal·lop [skáləp, skǽl-/skɔ́l-] n. 《貝》 가리비; 조개남비

scalp [skælp] n. 머리가죽, 머리 털이 붙은 머리가죽(북미토인의 전리품) —vt. 《美口》박리로 팔 다; (입장권 등을)프레미엄을 붙 여 팔다; 혹평하다

scam·per [skǽmpər] vi. 급히 도망치다; 뛰어다니다 —n. 급 한 여행

scan·dal [skǽnd(ə)l] n. 스캔들, 추문; 불명예; 악평

scan·dal·ous [skǽnd(ə)ləs] a. 패씸한, 언어도단의; 중상적인

Scan·di·na·vi·a [skæ̀ndinéiviə] n. 스칸디나비아(반도)

scant·y [skǽnti] a. 얼마 안되는, 불충분한

scar [skɑ:r] n. 흉터; 흔적 —vt. 흉터를 남기다, 손상하다

scar·ab [skǽrəb] n. 풍뎅이; 그 조각(고대이집트인의 부적)

scarce [skeərs] a. 드문, 진귀한; 불충분한《of》: a ~ book 진서

scarce·ly [skéərsli] ad. 간신히, 거의(좀처럼) …었다(않다)

scare [skeər] vt. 놀라게 하다, 겁 을 주다 —vi. 놀라다, 겁을먹다

scare·crow [⌐krou] n. 허수아 비; 허장성세; 초라한 사람

scare·head [⌐hèd] n. (신문의)

scarf [skɑ:rf] n. (pl. ~s, 《주로 《英》scarves) 스카아프, 목도리; 넥타이

scar·let [skɑ́:rlit] n. 진홍색, 주 홍빛(옷) —a. 진홍색의 ~ fe-ver 〔醫〕성홍열

scat [skæt] n. 스캣노래(뜻없는 가사를 노래함)

scat·ter [skǽtər] vt. 흩뿌리다; 쫓아버리다 —vi. 흩어지다

scav·eng·er [skǽvindʒər] n. 거 리청소부

sce·nar·i·o [siné(:)riòu, -nɑ́:r-/-nɑ́:r-] n. 시나리오, 각본

scene [si:n] n. 장면,(어떤 사건 의)현장; 〔劇〕무대, 장면, 시인, (제…)장; 경치, 풍경(cf. scenery)

scen·er·y [sí:nəri] n. 경치《scen-ery는 전경, scene은 일부의 경 치》; 무대면, (연극의)배경

sce·nic [sí:nik] a. 경치의[좋은]; 무대의,극적인; 생생하게 묘사된

sce·ni·cruis·er [sí:nikrú:zər] n. 관광용 호화버스

scent [sent] n. 냄새, 향기; (짐승 의)냄새자국; 후각; 《주로英》향 수 —vt., vi. 냄새맡다; 향수를 뿌리다 ~ bottle 향수병

Schan·ze [ʃǽntsə] G. n. 스키 이의 점프대

sched·ule [skédʒu(:)l/ʃédju:l] n. 표, 시간표, 예정(표): a ~ of prices 정가표/ a train ~ 열차 시간표 —vt. 《口》예정하다

scheme [ski:m] n. 계획, 설계; 음모; 조직; 개략 —vt., vi. 계 획하다; 음모를 꾸미다

schil·ling [ʃíliŋ] n. 오스트리아 의 화폐단위

schol·ar [skálər/skɔ́lə] n. 학 자; 장학생; 학생 ~·ship n. 학 식; 장학금

scho·las·tic [skəlǽstik] a. 학교 의, 교육의; 학자의; 학자연하는

school [sku:l] n. 학교, 교사; 《관 사없이》수업; 학파: a ~ board 교육위원회/ a ~ inspector 장 학사/ ~ year 학년

schóol dày 수업일; (pl.) 학창 [학생]시대

school·fel·low [⌐fèlou] n. 동 창생, 동문

school·ing [skú:liŋ] n. 학교교 육; (통신교육의)스쿠울링; 학비

school·mas·ter [⌐mæ̀stər] n. 남자선생[교원]

school·mis·tress [⌐mìstris] n. 여선생, 여자교원

schoon·er [skú:nər] n. 스쿠우 너선, 종범식 범선; 《美》 포장마 차; 《美口》큰 맥주컵

sci·ence [sáiəns] n. 과학; …학

scíence fíction 공상과학소설
(略: SF)

sci·en·tif·ic [sàiəntífik] a. 과학
의, 과학적인

sci·en·tist [sáiəntist] n. 과학자

scis·sors [sízərz] n. pl. 가위

scoff [skɔːf, skaf/skɔf] n., vi. 조
소(하다)《at》

scold [skould] vt., vi. 꾸짖다, 잔
소리하다《at》 —n. 잔소리가
심한 여자

scone [skoun, +美 skɑn, +英
skɔn] n. 둥글납작한 과자빵

scoop [skuːp] n. 국자, 큰 숟가
락, 삽; 한번 푸기[푼 양]; 《口》
큰벌이; (신문의)특종 —vt. 푸다
《up》, 파내다; 특종을 내다

scoot·er [skúːtər] n. 스쿠우터

scope [skoup] n. (능력·지식의)
범위, 여지; 식견

scorch [skɔːrtʃ] vt., vi. 그슬리
다, 눈(게하)다; 《口》질주하다

score [skɔːr] n. (경기의)득점(표),
스코어; 새긴눈금; 계산; 20(명,
개); (pl.) 다수; 이유: three ~
years and ten 70세 make a
good ~ 대량득점을 하다, 크게
성공하다 —vt. 득점하다; 눈금
을 새기다; 기록하다; 《美》혹
평하다 —vi. 득점하다, 이기다;
이익을 차지하다 ~ off (토론
등에서)…에 이기다

score·board [◁bɔ̀ːrd] n. 득점
게시판, 스코어보오드

scorn [skɔːrn] n. 경멸, 모욕; 웃
음거리 —vt. 경멸하다   「인

Scot [skɑt/skɔt] n. 스코틀란드

Scotch [skatʃ/skɔtʃ] a. 스코틀
란드(인·어)의 —n. (the ~) 《총
칭》 스코틀란드인; 스코틀란드
어; 《口》 스코치위스키 (Scotch
whisky)

Scot·land [skátlənd / skɔ́t-] n.
스코틀란드

Scótland Yárd 런던 경찰국

scour [skáuər] vt., vi. 닦다, 갈
다, 씻어내리다 —n. 씻어내림

scourge [skəːrdʒ] n. 매; 천벌 —
vt. 매질하다; 괴롭히다

scout [skaut] n. 정찰병; 정찰함
[기]; 소년단원 the Boy S~s
보이스카우트

scowl [skaul] n. 찡그린 얼굴

scram·ble [skrǽmbl] vi. 기어
오르다; 서로 빼앗다《for》 —vt.
긁어모으다 ~d egg 계란부침

scrap [skræp] n. 조각; (pl.) 폐
물; (pl.)(신문 등의)스크랩: a ~
book 스크랩북 —vt. 쓰레기로
하다

scrape [skreip] vt. 문대다, 긁어
떼다; 긁어 소리내다; 긁어모으
다 —vi. 스치다, 스칠듯이 지나

가다; 꾸준히 모으다 —n. 긁기;
곤란, 곤경 **scrap·er** n. (구두
의)흙털개

scratch [skrætʃ] vt., vi. 긁다,
할퀴다; (펜이)긁히다; 휘갈겨쓰
다; 긁어모으다《up》; 명부에서
지우다 —n. 긁기; 긁힌 상처,
생채기; 휘갈겨쓰기 —a. 긁어모
은; 잡기용의; (득점 등이)핸디
캡이 없는

scratch·y [skrǽtʃi] a. 아무렇게
나 한, 휘갈겨쓴; 긁히는; 긁어
모은

scrawl [skrɔːl] n. 휘갈겨쓰기

scream [skriːm] n. 날카로운 외
침, 비명 —vi., vt. 날카로운 소
리로 외치다[말하다], 비명을 지
르다   「침

screech [skriːtʃ] n. 날카로운외

screen [skriːn] n. 간막이; 영화;
《寫》 필터 —vt. 가리다

screw [skruː] n. 나사(못); 스크
루우, 추진기; 병마개뽑이; (나
선의)한 바퀴; (담배 등의)한 묶
음 —vt. 나사로 죄다; 비틀다,
찡그리다 —vi. 나사가 돌다; 비
틀리다

screw·driv·er [◁drài vər] n. 나
사돌리개; 칵테일의 일종

scrib·ble [skríbl] n. 휘갈겨쓰
기, 낙서; 휘갈겨쓴 편지 —vt.,
vi. 휘갈겨쓰다, 낙서하다 No
scribbling 《게시》 낙서 금지

scrim·mage[skrímidʒ],**scrum-**
[skrʌm-] n. 난투, 격투, 싸움;
《럭비》 스크럼 —vi., vt. 격투를
벌이다; 스크럼을 짜다

script [skript] n. 필기(문자);
《法》 원본; 각본, 대본

scrip·ture [skríptʃər] n. 성전
(聖典), 경전; (S~) 성경

scroll [skroul] n. 두루마리; 소
용돌이꼴 장식

scrub¹ [skrʌb] vt., vi. 북북 문
지르다, 닦다; 《俗》 취소하다 —
n. 문지르기, 닦기

scrub² n. 덤불, 잡목림

scru·ple [skrúːpl] n. 양심의 가
책; 망설임; 스크루우플(약량의
단위, 1.296그램) —vi., vt. 망설
이다《to do》, 마음이 켕기다

scu·ba [skúːbə/skjúː-] n. 스쿠
버, 휴대용 잠수기(器) ~ diving
스쿠버 다이빙

scud [skʌd] n. 질주, 비운(飛雲)
소나기 —vi. 질주하다, 휙 날다

scull [skʌl] n. 고물노, 스컬(경
주용 보우트) —vt., vi. 고물노
로 젓다   「기실

scul·ler·y [skʌ́ləri] n. 《英》 식

sculp·tor [skʌ́lptər] n. 조각가

sculp·ture [skʌ́lptʃər] n. 조각;
조각물 —vt., vi. 조각하다

S

scut·tle¹ [skʌ́tl] *n.* (배의)작은 승강구; 작은 창, 현창 —*vt.* 배 밑에 구멍을 뚫다; (배를)침몰 시키다

scut·tle² *n.* 석탄통

scythe [saið] *n.* 큰 낫

SDR =special *drawing rights* (IMF의)특별 인출권

sea [si:] *n.* 바다, 해양; 파도; 대량, 광대무변《*of*》: a high ~ 거친파도 *at* ~ 해상에서, 항해중; 어찌할 바를 몰라 *by* ~ 배로, 해로로 ~ *beef*[*chicken, pork*] 《*美俗*》고래[다랑어, 돌고래](의 고기) *put to* ~ 출항[출범]하다

sea·board [⌐bɔ̀:rd] *n.* 해안, 해변

sea-borne [⌐bɔ̀:rn] *a.* 해상수송

séa brèeze 바닷바람 ⌐의

sea·coast [⌐kóust] *n.* 해안

sea·far·ing [⌐fɛ̀(:)riŋ] *a.* 선원업의, 선원의 —*n.* 선원업

séa fàrming 해산물 양식

sea·food [⌐fù:d] *n.* 해산식품

séa frònt 해안거리

sea·go·ing [⌐gòuiŋ] *a.* 《海》원양항해의

seal [si:l] *n.* (봉람 등에 누른)도장; 봉인, 봉함: the Great ~ 국새 *under one's hand and* ~ 서명날인한 —*vt.* 날인하다, 조인하다, 검인을 찍다; 봉하다; 보증하다 ~*ed book* 내용이 비밀인 책; 불가해한 일 ⌐해발

séa lèvel (표준)해면: above ~

séal·ing wàx [sí:liŋ] 봉람

seam [si:m] *n.* 솔기, 이음매 —*vt.* 꿰매어 잇다

sea·man [sí:mən] *n.* (*pl.* -men [-mən]) 선원; 수병

sea·mark [⌐mà:rk] *n.* 항로목표[표지]

séa mìle 해리(海里) ⌐기

sea·plane [⌐plèin] *n.* 수상비행

sea·port [⌐pɔ̀:rt] *n.* 해항, 항도

search [sə:rtʃ] *vt., vi.* 찾다, 조사하다, 살피다 (seek) 《*after, for*》; 훑어보다 —*n.* 수색, 탐색; 조사 *in* ~ *of* …을 찾아서

search·ing [sə́:rtʃiŋ] *a.* 수색하는, 음미하는; 매서운, 날카로운

search·light [⌐làit] *n.* 탐조등

sea·shore [sí:ʃɔ̀:r/-ʃɔ́:] *n.* 해안, 해변

sea·sick [sí:sìk] *a.* 뱃멀미하는 ~·**ness** *n.* 뱃멀미

sea·side [sí:sàid] *n.* 해변, 바닷가

sea·son [sí:z(ə)n] *n.* 계절; 제철, 시기, …기; 호기 *in* ~ 제철인; 시기에 알맞게 *out of* ~ 제철이 아닌; 금렵기인 —*vt.* 양념[조미]하다; 흥미를 돋우다 ~·**a·ble** *a.* 철에 맞는; 시기적절한 ~·**ing** *n.* 조미(료), 양념

séason tícket 《英》정기(승차·

입장)권 《美》commutation ticket)

seat [si:t] *n.* 좌석, 의자; 의석; (몸·옷의)엉덩이; 착석(권); 장소, 소재지: ~ assignment 좌석지정 *Take your* ~, *please.* 앉아 주십시오 *Keep your* ~. 그대로 계십시오 —*vt.* 착석시키다; 자리를 마련하다; (건물이) …명분의 좌석이 있다

séat bèlt (좌석)안전벨트

Se·at·tle [si:ǽtl, ⌐⌐/si:ǽtl] *n.* 미국 Washington주의 항구도시

sea·weed [sí:wì:d] *n.* 해초

sea·wor·thy [sí:wə̀:rði] *a.* 항해에 적합한

se·cede [sisí:d] *vi.* (교회 등에서)분리하다, 탈퇴하다 《*from*》

se·clude [siklú:d] *vt.* (사람·장소에서)떼어놓다, 가두다; 은퇴시키다 《*from*》 -**clud·ed** [-id] *a.* 은퇴한; 외딴, 한적한

sec·ond¹ [sék(ə)nd] *a.* 제2의, 두번째의, 차석의, 부의, 2등의 *in the* ~ *place* 둘째로, 다음으로 *the* ~ *floor* 《美》2층, 《英》3층 —*n.* 제2위자, 2등자; (달의)2일; (기차의)2등차; 《야구》2루; 보조자; (권투의)세컨드

sec·ond² *n.* (시간의)초; 순간: Wait a ~. 잠깐 기다려

sec·ond·ar·y [sék(ə)ndèri/-(ə)ri] *a.* 제2위의; 부(副)의; 종속적인 ~ *school* 중학교

sec·ond-best [⌐bést] *a., n.* 둘째로 뛰어난(것), 차선의(것)

sec·ond-class [⌐klǽs/-klá:s] *a.* 제2위의, 2류의 —*ad.* 2등으로

sec·ond·hand [⌐hǽnd] *a.* 중고의, 고물장수의; 간접적인 —*ad.* 고물로; 간접적으로, 전해들어

se·cre·cy [sí:krisi] *n.* 비밀

se·cret [sí:krit] *a.* 비밀의; 숨은; 깊숙한; 입이 무거운 ~ *service* (국가의)첩보부[기관] —*n.* 비밀; 비결 ~·**ly** *ad.* 비밀리에

sec·re·tar·y [sékrətèri/-tri] *n.* 비서(관), 서기(관), 간사; 장관: the S~ of State 국무장관/the Foreign S~ 《英》외무장관

se·cre·tion [sikrí:ʃ(ə)n] *n.* 분비; 분비물[액]; 은닉

sect [sekt] *n.* 분파; 종파; 학파

sec·tion [sék(ʃ)(ə)n] *n.* 부분 (part); (책의)절; 과; (단체의)파; 절단, 단면; (철도의)구간; (침대차의)한 구획; 지구: residential ~s 주택가

sec·tion·al [sékʃən(ə)l] *a.* 부분의, 구분의; 한 지방의 ~·**ism** *n.* 지방[일부]편중; 파벌주의

sec·u·lar [sékjulər] *a.* 세속적인; 현세의; 비종교적인

se·cure [sikjúər] *a.* 안전한《*from*, *against*》; 단단한; 확실한《*of*》 —*vt.* 안전하게 하다; 보증하다; 확보하다; 《문》단속하다

se·cu·ri·ty [sikjú(:)riti] *n.* 안전; 보호; 보증《*against, from*》 **the S~ Council** (유우엔의)안전보장이사회 (略: S.C.)

se·dan [sidǽn] *n.* 세단형자동차

sed·i·ment [sédimənt] *n.* 침전물, 앙금 —*vi., vt.* 침전하다[시키다]

se·duce [sid(j)ú:s/-djú:s] *vt.* 꾀다, 유혹하다, (여자를)후리다

see [si:] *vt., vi.* (*p.* **saw**, *pp.* **seen**) 보다; (뜻을)알다; 경험하다; 구경하다; 만나다; 주의하다; 전송하다: Do you ~? 알겠니/I ~. 알았어, 그렇군/S~ you again. 또 보세/I'm very glad to ~ you. 만나뵙게 되어 대단히 반갑습니다/I'll ~ you to the gate. 대문까지 바래다 드리지요/ May I ~ you home? 댁까지 바래다 드릴까요 *Let me ~.* 글쎄, 그런데 *Wait and ~.* 기다려봐 *you* ~ 이봐; 알다시피 *You shall ~.* 나중에 알게 될거다

seed [si:d] *n.* (*pl.* ~s, ~) 씨; 《총칭》종자; 근원; 【경기】시이드 선수 —*vi.* 씨가 생기다 —*vt.* (…에)씨를 뿌리다《*down*》; 【경기】시이드하다(우수선수끼리 처음부터 맞붙지 않도록 대전표를 짜다)

see·ing [sí:iŋ] *n.* 보기 —*conj.* …의 점에서 보면

seek [si:k] *vt., vi.* (*p., pp.* **sought**) 찾다, 탐구하다; …하려고 노력하다《*to do*》

seem [si:m] *vi.* …인 듯하다, …같다; …같은 기분이 들다《*to do*》

seem·ing [sí:miŋ] *a.* 표면상의; 겉보기만의 —*n.* 외관, 겉보기

seen [si:n] *v.* see의 과거분사

se·er [sí(:)ər] *n.* 보는 사람; 천리안; 선각자, 예언자

see·saw [sí:sɔ:] *n.* 시이소오(판자): a ~ game [match] 접전

see-through-mode [sí:θrú:-mòud] *n.* 시이드루모우드(비쳐 보이는 패션)

seg·ment [ségmənt] *n.* 부분, 마

seg·re·gate [ségrigèit] *vt., vi.* 분리하다; 격리하다[되다]; 인종차별하다

seg·re·ga·tion [sègrigéiʃ(ə)n] *n.* 분리, 격리; 인종차별

Seil [zail] *G. n.* 자일(등산용밧줄)

Seine [sein] *n.* (the ~) 센강(파

리를 흐르는 강)

seize [si:z] *vt., vi.* (꽉)잡다 (grab); 《수동형》(병·공포 등이)엄습하다《*with*》; 파악하다

sel·dom [séldəm] *ad.* 드물게, 좀처럼 …하도

se·lect [silékt] *vt.* 고르다 —*a.* 고른; 정선한; 까다롭게 가리는: ~ society [circles] 상류사회

se·lec·tion [silékʃ(ə)n] *n.* 선택; 정선한 것; 선집

self [self] *n.* (*pl.* **selves**) 자기, 자신: your good *selves* (상용문에서)귀하, 귀사, 귀점

self-con·fi·dence [스kánfid(ə)ns/-kɔ́n-] *n.* 자신(自信)

self-de·fense, 《英》 **-fence** [스diféns] *n.* 자위; 정당방위

self-ed·u·cat·ed [스édʒukèitid/-édju-] *a.* 독학의 [명한]

self-ev·i·dent [스évid(ə)nt] *a.* 자

self-help [스hélp] *n.* 자조, 자립

self-in·ter·est [스-ínt(ə)rist] *n.* 사리, 사욕, 이기주의

self·ish [sélfiʃ] *a.* 이기적인

self-made [스méid] *a.* 독립독행의; 자신이 만든

self-re·spect [스rispékt] *n.* 자존

self-sac·ri·fice [스sǽkrifàis] *n.* 자기희생, 헌신

self-sat·is·fac·tion [스sætisfǽk-ʃ(ə)n] *n.* 자기만족

self-serv·ice [스sə́:rvis] *n., a.* (식당 등의)셀프서어비스(의)

self-tim·er [스táimər] *n.* 【寫】셀프타이머, 자동 셔터

sell [sel] *v.* (*p., pp.* **sold**) *vt.* 팔다: Do you ~ stamps? 우표있읍니까 —*vi.* 팔리다: The book ~s well. 그 책은 잘 팔린다

sell·er [sélər] *n.* 파는 사람; 팔리는 것: a best ~ 가장 잘 팔리는 것[책], 베스트셀러

sell-out [sélàut] *n.* 매진; 《美俗》만원사례

selves [selvz] *n.* self의 복수

sem·blance [sémbləns] *n.* 외관

se·mes·ter [siméstər] *n.* (2학기제 대학의)학기

sem·i·doc·u·men·ta·ry [sèmi-dàkjumént(ə)ri/-dɔ́k-] *n.* 반기록영화, 세미도큐멘타리

sem·i·fi·nal [sèmifáin(ə)l/sémi-] *n., a.* 【경기】준결승(의)

sem·i·for·mal [sèmifɔ́:rm(ə)l] *a.* 반공식의

sem·i·nar [séminà:r] *n.* (대학의)세미나; 연습; 연구과[실]

sem·i·nar·y [séminèri/-n(ə)ri] *n.* 학교, 신학교

sem·i·trop·i·cal [sèmitrápik-(ə)l/-trɔ́p-] *a.* 아열대의

S

sen·ate [sénit] *n.* (고대로마의) 원로원; (S~) (미국·프랑스·캐나다 등의)상원; (대학의)평의원회, 이사회 **-a·tor** *n.* 원로원의원; (S~) 상원의원; 평의원, 이사

send [send] *v.* (*p., pp.* **sent**) *vt.* 보내다; 파견하다: ~ a parcel by rail 철도편으로 소포를 부치다 —*vi.* 심부름꾼을 보내다; 편지를 부치다 **~·er** *n.* 발송인; 송신기

send-off [séndɔ́:f/-ɔ́(:)f, ∠∠] *n.* 《口》 전송, 송별; 출발: give a ~ 전송하다

Sen·e·gal [sènigɔ́:l] *n.* 세네갈 (아프리카 서부의 공화국)

sen·ior [sí:njər] *a.* 연장인 (*opp.* junior); 손위의 (略: Sr.); 선임의; 상급의; 《美》 (대학·고등학교의)최상급의: a ~ high school 고등학교 —*n.* 연장자; 선임자; 상관; 《英》 상급생; 《美》 최상급생

se·ñor [senjɔ́:r] *Sp. n.* (*pl. -ñor·es* [-njɔ́:reis]) …군[님] 《Mr. 또는 sir에 해당》; 신사

se·ño·ra [senjɔ́:rə] *Sp. n.* …부인 《Mrs.에 해당》; 귀부인

se·ño·ri·ta [sènjərí:tə] *Sp. n.* …양 《Miss에 해당》; 따님

sen·sa·tion [senséiʃ(ə)n] *n.* 감각; 느낌; 감동; 센세이션

sen·sa·tion·al [senséiʃən(ə)l] *a.* 세상을 떠들썩하게 하는; 선정적인

sense [sens] *n.* 감각; 느낌; 관념; 분별; (*pl.*) 제정신; 뜻: a man of ~ 지각있는 사람/common ~ 상식/the sixth ~ 제6감, 직감/He has no ~ of humor. 그는 유모어를 이해하지 못한다 *in ~* 어떤 의미로는

sense·less [sénslis] *a.* 감각없는; 무분별한; 뜻이 없는

sen·si·bil·i·ty [sènsibíliti] *n.* 감각(력); (*pl.*) 감수성: sense and ~ 지각과 감성

sen·si·ble [sénsəbl] *a.* 지각할 수 있는; 지각있는; 알아챈 《*of*》

sen·si·tive [sénsitiv] *a.* 감수성이 강한 《*to*》, 민감한; 섬세한; 《寫》 감광성의: a ~ film 감광필름/be ~ to heat [cold] 더위 [추위]를 타다

sen·so·ry [sénsəri] *a.* 감각의

sen·su·al [sénʃuəl, +英 -sjuəl] *a.* 관능적인

sent [sent] *v.* send의 과거(분사)

sen·tence [séntəns] *n.* 《文》 문장; 《法》 판결 —*vt.* 판결하다

sen·ti·ment [séntimənt] *n.* 정서; 감상; (때로 *pl.*) 의견

sen·ti·men·tal [sèntimént(ə)l]
a. 감정[감상]적인 **~·ism** *n.* 감상주의

sen·try [séntri] *n.* 파수(병), 보초 ~ **box** 초소

Se·oul [soul/səul] *n.* 서울

sep·a·rate *v.* [sépəreit →*n., a.*] *vt.* 분리시키다, 갈라놓다《*from*》; 분할하다《*into*》; 구별하다《*from*》 —*vi.* 분리하다; 갈라지다 —*n.* [sépərit] (*pl.*) 세퍼레이츠(블라우스와 스커어트의 한 벌) —*a.* [sépərit] 분리한; 별개의; 단독의 **~·ly** *ad.* 따로따로; 단독으로

sep·a·ra·tion [sèpəréiʃ(ə)n] *n.* 분리, 이별《*from*》; 별거 「월

Sep·tem·ber [septémbər] *n.* 9

se·quence [sí:kwəns] *n.* 연속; 속발; 연쇄; 순서; 《영화》 연속된 한 장면: in ~ 차례로

se·quoi·a [sikwɔ́iə] *n.* 《植》 세코이어 (California주산의 소나무과의 거목)

ser·e·nade [sèrinéid] *n.* 소야곡, 세레나데

se·rene [sirí:n] *a.* 청명한; 평온한, 조용한 「감

serge [sə:rdʒ] *n.* 사아지(모직웃

ser·geant [sá:rdʒ(ə)nt] *n.* 중사; (경찰의)경사

se·ri·al [sí(:)riəl] *a.* 연속[연재] 되는 —*n.* 연속물, 연재소설

se·ries [sí(:)ri:z] *n. sing. & pl.* 연속; 총서; 연속물: a ~ of 일련의 *in* ~ 연속하여

se·ri·ous [sí(:)riəs] *a.* 진지한 (grave); 진정한; 중대한; (병·상처가)위중한 (critical)

ser·mon [sə́:rmən] *n.* 설교

ser·pent [sə́:rp(ə)nt] *n.* 뱀

Ser·pen·tine [sə́:rp(ə)ntàin] *n.* (*the* ~) 런던의 Hyde Park에서 Kensington Gardens에 이르는 인공호수

serv·ant [sə́:rv(ə)nt] *n.* 하인; 공무원; 고용인: a maid ~ 하녀/a man ~ 하인

serve [sə:rv] *vt., vi.* …을 섬기다, 봉사하다; 도움이 되다; (목적에)알맞다; 시중들다; (상을) 차려내다; (술을)따르다; 근무하다; 다루다; 《정구 등》 서어브하다: ~ at table (보이가)시중들다/Dinner is ~d. 식사준비가 되었읍니다/May I ~ you some tea? 차를 드시겠읍니까/All floors are ~d by elevator. 각 층마다 승강기로 갈 수 있다 —*n.* 《정구 등》 서어브(할 차례) **serv·er** *n.* 봉사자; 급사; 《정구 등》 서어버

serv·ice [sə́:rvis] *n.* 봉사; 근무; 공무; 공헌, 유익함; (전화·전신

등의)공공사업[시설]; (기차 등의)편; 공급; 【宗】 예배(식); 손님접대, 서어비스, 시중들기; (식기 등의)한벌; 【정구 등】 서어브(차례): mail ~ 우편/a table ~ 식기 한벌/a church ~ 예배식/a ~ elevator [entrance] 《美》 업무용 승강기[입구]/a ~ station (자동차의)급유소; 수리소/a ~ man 수리원; 군인/Is ~ included? 서어비스료 포함입니까/There is a regular air ~ between the two cities. 그 두 도시 사이에는 정기항공편이 있다 at one's ~ 마음대로 the ~ area 방송[급수] 구역

ser·vi·ette [sə̀:rviét] n. 냅킨

ser·vile [sə́:rvil, -vail/-vail] a. 노예의[적인]; 노예근성의, 비굴한

ser·vi·tude [sə́:rvit(j)ù:d/-tjù:d] n. 노예신세, 예속; 고역, 징역

ses·a·me [sésəmi] n.【植】 참깨

ses·sion [séʃ(ə)n] n. 개회; 회기; 《美·스코》 학기 in ~ 회의중

set [set] v. (p., pp. set) vt. 1 놓다, 설치하다; 대다, 붙이다; 향하게하다 2 맞추다, 조절하다: ~ a watch 시계를 맞추다 3 (…의 상태)로 하다: ~ a person at ease 남을 안심시키다 4 (남에게…을)시키다; 과하다 5 (값을) 매기다; 평가하다; 중시하다 6 (날짜 등을)정하다 —vi. (해·달이)지다; 열매를 맺다; 고정하다; (어떤 방향으로)흐르다; (옷이)이울리다 —a. 고정된; 단호한, 완고한; 예정의; 규정의; 《口》 준비된: at the ~ time 정해진 시간에 —n. 한벌, 세트; 동료; 경향; 방향; 체격; 자세; 모양; 옷입음새; 【정구】 세트; 【극·영화】 무대장치: a tea ~ 찻잔 한벌/a television ~ 텔레비전 수상기

sét mènu 정식(定食)

set·ting [sétiŋ] n. 박아넣기; 설치; 배경; 무대장치; (보석의)대(臺); 대좌

set·tle [sétl] vt. 결정하다; 해결하다; 정치하다; 정주시키다; (…으로)이주하다; 자리잡게 하다; (마음 등을)가라앉히다; 《口》해치우다; (계산을)치르다 —vi. 정주하다; (날씨 등이)정해지다; (일에)마음을 붙이다; 결심하다; 청산하다

set·tled [sétld] a. 고정된; 정주한; 단단한; 안정된

set·tle·ment [sétlmənt] n. 해결; 정주(지); 청산; 식민(지); 거류지; 지역복지사업(단)

set·tler [sétlər] n. 이주자; 정주자; 식민자

sev·en [sév(ə)n] n., a. 7(의)

sev·en·teen [sév(ə)ntí:n] n., a. 17(의)

sev·enth [sév(ə)nθ] n., a. 제7(의); 7분의 1(의)

sev·en·ty [sév(ə)nti] n., a. 70(의)

sev·er [sévər] vt. 절단[분리]하다

sev·er·al [sévr(ə)l] a. 몇개의, 얼마간의 —pron. 몇명[개]

se·vere [sivíər] a. 엄한; 심한; (병 등이)위중한

se·ver·i·ty [sivériti] n. 격렬, 혹독; 엄격, 엄정; 통렬

sew [sou] v. (p. ~ed, pp. sewn [soun], ~ed) vt. 꿰매다, 꿰매붙이다《on》 —vi. 바느질하다 ~ up 《수동형으로》 녹초가 되다: He is absolutely ~ed up. 그는 완전히 녹초가 되어 있다

sew·er·age [sú(:)əridʒ/sjúər-]n. 하수공사[설비]

sew·ing [sóuiŋ] n. 바느질, 재봉: a ~ machine 재봉틀

sex [seks] n. 성; 성별; 성욕

sex·ol·o·gy [seksálədʒi/-ɔ́l-] n. 성과학

sex·pot [sékspɑ̀t / -pɔ̀t] n. 《美俗》 성적매력이 넘치는 여자

séx tèst (여자선수에 대한)성검사

sex·u·al [sékʃu(ə)l, +英 séksju-] a. 성의; 성적인

sex·y [séksi] a. 《俗》 성적매력 있는, 섹시한

SF =science fiction 괴픽소설

shab·by [ʃǽbi] a. 초라한, 누더기의; 비열한; 쩨쩨한

shack·le [ʃǽkl] n. (보통 pl.) 수갑, 족쇄, 차꼬; (pl.) 속박

shade [ʃeid] n. 그늘, 응달(cf. shadow); 차양, (전등의)갓; 미묘한 차이; 색조: be dried in the ~ 응달에서 마르다 —vt. 응달지게[어둡게]하다; 빛을 가리다; 가리다 —vi. (의견·색채 등이)차차 변하다

shad·ow [ʃǽdou] n. 그림자, (물체의)투영 (cf. shade); 붙어다니는 사람; 어둠; 유령; 허깨비; 아주 조금 —vt. …에 그림자를 던지다, 어둡게 하다; 미행하다

shad·ow·y [ʃǽdoui] a. 그림자 있는; 어두운; 희미한

shad·y [ʃéidi] a. 그늘진; 《口》 수상쩍은

shaft [ʃæft/ʃɑ:ft] n. 자루, 화살, 창; 축, 굴대

shag·gy [ʃǽgi] a. 털많은

shake [ʃeik] v. (p. shook, pp. shak·en [ʃéik(ə)n]) vt. 흔들다, 떨다; 동요[진동]시키다 —vi. 흔들리다, (몸·목소리가) 떨리다 (tremble); 《美俗》 악수하다 ~

S

hands (*with*) (…와)악수하다 —n. 흔들(리)기, 진동; 동요; 떨림; 《美俗》 흔들어 만드는 음료: a milk ~ 밀크세이크

shak·er [ʃéikər] n. 흔드는[떠는] 사람[것]; 《美》 셰이커, 교반기: a cocktail ~ 칵테일셰이커

shake-up [⌐ʌ̀p] n. (조직·인사 등의)대개편, 대이동

shale [ʃeil] n. 혈암(頁岩)

shall [ʃæl, ʃəl, ʃl] aux. v. (p. **should**) 1 (1인칭에 써서 단순미래) …일 것이다 2 《1인칭에 써서 예정·의향을 나타냄》 …할 작정[예정]이다 3 《2·3인칭에 써서 대화자의 의지를 나타냄》 …시키겠다: You ~ have this book. 이 책을 네게 주겠다 4 《의문문에서 1·3인칭에 써서 상대의 의사를 물음》 …할까요: S~ I open the window? 창문을 열까요 [파류

shal·lot [ʃəlát/-lɔ́t] n. 《植》 골

shal·low [ʃǽlou] a. 얕은; 천박한 —n. 얕은 곳; 여울

sham [ʃæm] n. 가짜, 속임수, 사기(꾼); 벼갯이 —a. 가짜[모조]의: a ~ diamond 모조다이아

shame [ʃeim] n. 수치(심), 창피; 불명예(disgrace): What a ~! 무슨 창피냐! —vt. 창피를 주다

shame·ful [ʃéimf(u)l] a. 수치스러운

sham·poo [ʃæmpú:] n. 세발, 샴푸우 —vt. (머리를)감다

Shang·hai [ʃǽŋhái] n. 샹하이(上海)(중국 중부 양자강 어귀의 도시) [not의 단축형

shan't [ʃænt/ʃɑ:nt] 《口》 shall

shape [ʃeip] n. 모양(form); 모습; 유령; 형 —vt., vi. 모양을 이루다, 구체화하다; 형을 뜨다

share [ʃɛər] n. 몫, 할당; 역할; 진력 《in》; 주(식) —vt. 분배하다 《out》; 공유하다; 분담하다 《with》 —vi. 분배에 한몫끼다, 참가하다 《in》

shark [ʃɑːrk] n. 《魚》 상어; 고리대금업자; 《美俗》 명수

shark·skin [⌐skìn] n. 상어가죽; 샤아크스킨(양모·무명 등의 직물의 일종)

sharp [ʃɑːrp] a. 날카로운; 뾰족한; 가파른; 선명한; 격렬한; (동작이)활발한; 민감한: a ~ curve 급커브/ ~ flavor 쏘는 듯한 맛 —ad. 날카롭게; 빈틈없이; 정확히: five o'clock ~ 5시 정각에 ~·ly ad. 날카롭게; 민감하게

sharp·en [ʃɑ́ːrp(ə)n] vt., vi. 뾰족하게 하다; 날카롭게 하다; 날카로와지다

shat·ter [ʃǽtər] vt., vi. 산산조각을 내다[이 나다];망가뜨리다

shave [ʃeiv] vt., vi. (p. ~d, pp. ~d, shav·en [ʃéiv(ə)n]) 면도하다; 깎다: *shaving* cream 면도용 크리임 —n. 면도: You must have a ~. 면도나 하시오

shav·er n. 면도기: an electric ~ 전기면도기

shawl [ʃɔːl] n. 쇼올, 어깨걸이

she [ʃiː] pron. (pl. **they**) 그녀는 [가]; 여자; 암컷

sheaf [ʃiːf] n. (pl. **sheaves** [ʃiːvz]) (곡식)다발, 《일반적으로》 한 다발 —vt. 다발로 묶다

shear [ʃiər] vt. (p. ~ed, pp. ~ed, **shorn**) 베다; 빼앗다《of》 —n. (pl.) 큰 가위, 전단기

sheath [ʃiːθ] n. (pl. ~s [ʃiːðz, ʃiːθs]) (칼·연장의)집, 씌우개, 덮개

shed[1] [ʃed] vt., vi. (p., pp. **shed**) (눈물 등을)흘리다; (나무가 잎 등을)떨구다; 떨어지다; (옷을)벗다

shed[2] n. 오두막; 헛간; 차고

sheep [ʃiːp] n. sing. & pl. 양

sheer [ʃiər] a. 순전한; 가파른; 섞인 것이 없는, 순수한: ~ nonsense 순전한 넌센스 —ad. 아주; 똑바로

sheet [ʃiːt] n. (보통 pl.) (침대의) 시이트; (종이)한 장; 퍼짐: two ~s of paper 종이 2장/an order ~ 주문전표/ a ~ of fire 불바다 —vt. 깔다; 펼치다

sheik [ʃiːk] n. (회교국의)가장, 족장 [반; 암초

shelf [ʃelf] n. (pl. **shelves**) 선

shell [ʃel] n. (조개·달걀 등의) 껍데기; 조가비; (콩의)깍지; 외형: buttons (made) of ~ 조개단추/a nut ~ 호두껍데기 —vt. 껍데기를 벗다

shell·fish [⌐fìʃ] n. 조개; 갑각류

shel·ter [ʃéltər] n. 보호 《from》; 피난처: food, clothing and ~ 의식주/~ from the rain 비를 피함 —vt. 피난처를 주다; 보호하다; 덮다 —vi. 피난하다, 숨다

shelve [ʃelv] vt. 선반에 얹다

shelves [ʃelvz] n. shelf의 복수

shep·herd [ʃépərd] n. 양치기: a ~ 's pie 고기·감자로 만드는 파이의 일종

sher·bet [ʃə́ːrbit] n. 셔어벳(과즙을 넣은 빙과); 셔어벳수

sher·iff [ʃérif] n. 《美》군보안관; 《英》 (county나 shire의)장관

sher·ry [ʃéri] n. 셰리주(스페인 남부산의 백포도주)

shield [ʃiːld] n. 방패; 보호자[물] —vt. 보호하다

shift [ʃift] vt. 옮기다; 바꾸다 —
vi. 옮아가다; 변화하다: The
wind ~ed to the west. 바람
은 서풍으로 바뀌었다 —n. 옮
기기; 변화; 수단; 변동; 교대(자)

shil·ling [ʃíliŋ] n. 실링(영국의
구화폐단위): a ~ shocker 《英
俗》 선정적인 소설

Shi·loh [ʃáilou] n. 샤일로 국립
공원(미국 Tennessee주 서남부
에 있는 남북전쟁의 옛전장)

shim·mer [ʃímər] vi. 아른아른
[희미하게] 빛나다 —n. 아른거
리는[희미한] 빛   「이살

shin [ʃin] n. 정강이; 소의 정강

shine [ʃain] v. (p., pp. **shone,
~d**) vi. 빛나다, 반짝이다, 비치
다; 뛰어나다 —vt. 빛나게 하다;
닦다: ~ one's shoes 구두를 닦
다 —n. 청천; 햇빛; 광택

shin·y [ʃáini] a. 빛나는; 청천의

ship [ʃip] n. 배;《美》 비행기[선]:
by ~ 배(편으)로 go on board
a ~ 승선하다 —vt. 배에 싣다,
배로 나르다;《일반적으로》 운
송하다 —vi. 승선하다

ship Américan 미국선박 우선
사용정책

ship·ment [ʃípmənt] n. 선적

ship·ping [ʃípiŋ] n. 선적; 해운
(업);《총칭》 선박(톤수)

shíp's dóctor 선의(船醫)

ship·wreck [ʃíprèk] n. 난파
(선): suffer ~ 난파하다

ship·yard [ʃíjà:rd] n. 조선소

shire [ʃaiər] n. (영국의)주

shirk [ʃə:rk] vt., vi. (의무를)회
피[기피]하다, 게을리하다

shirt [ʃə:rt] n. 와이샤쓰; 내복

shirt-sleeve [ʃ´slì:v] a. 샤쓰바
람의; 비공식의   「스

shirt-waist [ʃ´wèist] n. 블라우

shiv·er [ʃívər] vi., vt. 떨(게하)
다, 전율하다 —n. 떨림, 전율

shoal [ʃoul] n. 여울; 모래톱

shock [ʃak/ʃɔk] n. 충돌, 격돌;
(마음의)충격; 충격적인 사건 —
vt., vi. 충돌시키다[하다], 진동
시키다[하다]; 놀라게 하다

shock·ing [ʃákiŋ/ʃɔ́k-] (口) a.
지독한, 오싹하게 하는 —ad. 지
독히

shoe [ʃu:] n. 구두;《英》 단화
(cf. boot) —vt. (p., pp. **shod**
[ʃad/ʃɔd]) 구두를 신기다

shoe·black [ʃ´blæk] n. 구두닦이

shoe·mak·er [ʃ´mèikər] n. 구
두장이, 신기료장수

shóe pòlish 구두약

shoe·shine [ʃ´ʃàin] n. 구두닦이;
구두약   「거(분사)

shone [ʃoun/ʃɔn] v. shine의 과

shook [ʃuk] v. shake의 과거

shoot [ʃu:t] v. (p., pp. **shot**) vt.
쏘다, 발포하다; 던지다;《경기》
(공을)슈우트하다 —vi. 재빨리
움직이다; 사격하다; (초목이)싹
트다; 사진을 찍다 —n. 싹; 어
린 가지; 사격; 급류: a bamboo
~ 죽순

shóoting stár 유성, 별똥별

shop [ʃap/ʃɔp] n. 《英》 상점, 가
게(cf. store); 특매품 판매장;
작업장; 제조소; 《俗》 근무처:
a fruit ~ 과일가게/a grocer's
~ 식료품점 —vi. 물건을 사다,
장보러 가다: go shopping 장보
러 가다

shop·girl [ʃ´gə̀:rl] n. 여점원

shop·keep·er [ʃ´kì:pər] n. 《英》
가게주인; 소매상인

shop·man [ʃ´mən] n. (pl. **-men**
[-mən]) 점원

shop·per [ʃápər/ʃɔ́pə] n. 물건
사는 사람

shop·ping [ʃápiŋ/ʃɔ́p-] n. 물건
사기: a ~ center 상점가

shópping bàg 쇼핑백, 장바구니

shore [ʃɔ:r] n. 해안: go on ~
상륙하다/a ~ dinner 바닷가
에서 하는 식사 ~ excursion
(배가 기항했을 때를 이용해서
하는)짧은 여행

shóre pàss 임시상륙허가증

shóre pàtrol 《美》 (해군·해병
대의)헌병(略: SP)

shorn [ʃɔ:rn] v. shear의 과거분
사 —a. 깎인; 빼앗긴

short [ʃɔ:rt] a. 짧은 (opp. long[1]);
키가 작은; 간결한; 부족한; (술
이)물타지 않은: a ~ cut 지름
길/a ~ drink 식전의 반주/~
manners 버릇없음/a ~ view
얕은 소견/I'm one dollar ~.
1달러 모자란다 —ad. 짧게; 부
족하여; 갑자기 —n. 짧은 것;
간결; 부족; (pl.) 반바지, (운동
용)팬츠 in ~ 간단히 말하면

short·age [ʃɔ́:rtidʒ] n. 부족(액)

short·cake [ʃɔ́:rtkèik] n. 쇼오
트케이크

shórt círcuit 《電》 단락(短絡)

shórt cùt 지름길; 아주 쉬운[간
단한] 방법

short·en [ʃɔ́:rtn] vt., vi. 짧게 하
다[되다]   「속기(의)

short·hand [ʃɔ́:rthænd] n., a.

short·ly [ʃɔ́:rtli] ad. 멀지 않아;
간단히   「편소설

short-short [ʃɔ́:rtʃɔ̀:rt] n. 초단

short-sight·ed [ʃɔ́:rtsáitid] a.
근시의; 선견지명이 없는

shórt stóry 단편소설

shórt sùbject 단편영화

shot[1] [ʃat/ʃɔt] v. shoot의 과거
(분사)

shot² *n.* 탄환; (경기용)포환; 발사; 사수; 사정; 《美》주사: a ~ glass 작은 유리 술잔

shot·gun [⌐gλn] *n.* 산탄총

shót pùt 〔경기〕 투포환

should [ʃud, ʃəd, ʃd, ʃt] *aux. v.* 《shall의 과거형》 1 《조건·가정》 만약 …이면 2 …해야 하다, 하는것이 당연하다 3 …였겠지, 했어야 했다 《shall + 완료형으로 비난·후회를 나타냄》 4 《놀람·유감 등을 나타내어》 …하다니, …이라니

shoul·der [ʃóuldər] *n.* 어깨: a ~ bag (여자용)쇼울더백 —*vt., vi.* 어깨에 메다; 떠맡다

shóulder bèlt (어깨에서 가슴으로 매는)안전벨트

shout [ʃaut] *vi., vt.* 외치다; 소리치다《at》 —*n.* 외침, 큰소리 It is my ~.《俗》내가 낼 차례다

shove [ʃʌv] *vt., vi.* (거칠게)밀다, 떼밀다; 밀어제치다; 밀고 나아가다

shov·el [ʃʌvl] *n.* 삽(가득)

show [ʃou] *v.* (*p* ~ed, *pp.* shown, ~ed) *vt.* 보이다, 나타내다, 내보이다; (길을)가리키다; 진열하다: ~ one's passport 여권을 제시하다/S~ .him into the room. 방으로 안내해라/ Please ~ me the way to the Hyde Park. 하이드파아크는 어떻게 가면 됩니까 —*vi.* 보이다, 알다; 흥행되다 —*n.* 구경거리; 전람회; 연극; 겉치레: a road ~ 로우드쇼우/a late ~ 《美口》(텔레비전 등의)심야프로

show·boat [⌐bòut] *n.* 쇼우보우트

show·case [⌐kèis] *n.* 진열장

show·er [ʃáuər] *n.* 소나기; 샤워: be caught in a ~ 소나기를 만나다/take [have] a ~ 샤워를 하다 —*vt.* 소나기로 적시다; …에 물을 끼얹다 —*vi.* 소나기가 오다

shówer bàth 샤워

show·man [ʃóumən] *n.* (*pl.* -men [-mən]) 흥행사

shown [ʃoun] *v.* show의 과거분사

show·room [⌐rù(:)m] *n.* 진열실

shów wìndow 진열창

show·y [ʃóui] *a.* 화려한, 눈에 띄는

shrank [ʃræŋk] *v.* shrink의 과거

shred [ʃred] *vt., vi.* 갈기갈기 찢다[째지다]

shréd·ded whèat [ʃrédid] 시레디드휘이트(잘게 찢은 밀. 우유를 쳐서 조반으로 먹음)

shrewd [ʃru:d] *a.* 약삭빠른

shriek [ʃri:k] *vt., vi.* 비명을 지르다 —*n.* 비명; 날카로운 소리

shrill [ʃril] *a.* (소리가)날카로운

shrimp [ʃrimp] *n.* 작은새우

shrine [ʃrain] *n.* 사당, 성지

shrink [ʃriŋk] *vi., vt.*(*p.* shrank, shrunk [ʃrʌŋk], *pp.* shrunk, shrunk·en) 오그라들다[게하]다; 물러나다; 움츠리다《from》

shrink·proof [⌐prù:f] *a.* 줄지 않는, 방축(防縮)의

shroud [ʃraud] *n.* 수의(壽衣); 싸는 것, (장)막 —*vt.* 수의를 입히다; 덮어가리다, 씌우다

shrub¹ [ʃrʌb] *n.* 관목

shrub² *n.* 과즙에 설탕·럼술을 섞은 음료

shrug [ʃrʌg] *vt., vi.* (어깨를)옴츠리다

shrunk·en [ʃrʌŋk(ə)n] *v.* shrink 의 과거분사 —*a.* 찌든

shud·der [ʃʌdər] *vi.* 몸서리치다《at》 —*n.* 몸서리

shuf·fle [ʃʌfl] *vt., vi.* 뒤섞다, (카아드를)섞어치다; 얼버무리다, 얼렁뚱땅해 넘기다; 발을 질질 끌다[끌며 춤추다], 찍찍 걷다 —*n.* 뒤섞기, 섞어치기; 발을 끌기[끌며 춤추기]

shun [ʃʌn] *vt.* 피하다 (avoid)

shut [ʃʌt] *vt., vi.* (*p., pp.* shut) 닫다; 닫히다; 뚜껑을 하다

shut·down [⌐dàun] *n.* (공장 등의)폐쇄 「(完封)

shut·out [⌐àut] *n.* 〔경기〕완봉

shut·ter [ʃʌtər] *n.* 셔터, 덧문; (사진기의)셔터 「버스

shút·tle bùs [ʃʌtl] 근거리 왕복

shut·tle·cock [ʃʌtlkàk/-kɔ̀k] *n.* (깃털달린)배드민턴공

shy [ʃai] *a.* 수줍어하는; 겁먹은; 조심하여 …않는《of doing》; 《美俗》부족한《of》 —*vi.* 꽁무니빼다《at》

Si·be·ri·a [saibí(:)riə/-bíəriə] *n.* 시베리아

Sic·i·ly [sísili] *n.* 시칠리아섬(이탈리아 반도 남단의 섬)

sick [sik] *a.*《美》병든 (ill); 《주로英》메스꺼운; 동경하는《for》 ~·ly *a.* 병약한 ~·ness *n.* 병; 구역질

sick·en [sík(ə)n] *vi., vt.* 병나(게하)다; 구역질나(게 하)다《at》

side [said] *n.* 옆, 측면; 면; 가로; 끝; 방면; (당파의)…편, 자기편: the right ~ 우측/a ~ entrance 옆쪽입구 —*vi.* 편들다

side·board [⌐bɔ̀:rd] *n.* 찬장

síde dìsh (주요리에)곁들인 요리

síde effèct (약 등의)부작용

side·line [⌐làin] *n.* 옆줄; 전문외의 취급상품, 부업

side·long [⊲lɔ̀:ŋ/·lɔ̀ŋ] *ad., a.* 옆으로[의], 비스듬히[한]

síde shòw 여흥

side·walk [⊲wɔ̀:k] *n.* 《美》 보도, 인도 (《英》 pavement): a ~ café 인도상의 다방/a ~ artist 가두화가

siege [si:dʒ] *n., vt.* 포위(하다)

Si·er·ra Ma·dre [siérəmɑ́:drei, ·mǽdri] 시에라마드레산계(멕시코의 대산맥)

Siérra Ne·vád·a [⊲nivǽdə] 시에라네바다산맥(미국 California주 동부의 산맥; 스페인 남부의 산맥)

si·es·ta [siéstə] *n.* (스페인·중남미나라의)낮잠, 시에스타

sieve [siv] *n., vt.* 체(질하다)

sift [sift] *vt. vt.* (체로)치다, 쳐서 가르다

sigh [sai] *vi.* 한숨쉬다; 동경하다 —*vt.* 한숨쉬며 말하다 —*n.* 한숨

sight [sait] *n.* 시력; 보기; 시계; 광경; 전망; (*the* ~s) 명소; 《口》 구경거리; 관점: long [near] ~ 원[근]시/the ~s of the town 그 도시의 명소/come into ~ 보이게 되다 *at first* ~ 언뜻 보아, 얼핏 보기에는 *see* [*do*] *the* ~s 구경하다

sight·see·ing [⊲si:iŋ] *n.* 구경, 관광: go 관광가다 —*a.* 관광의: a ~ bus 관광버스

sight·se·er [⊲si:ər] *n.* 구경꾼, 관광객

sign [sain] *n.* 표시; 징후; 기호; 신호; 몸짓, 손짓; 간판; 표지 —*vt., vi.* 서명하다; 신호하다

sig·nal [sígn(ə)l] *n.* 신호; 신호기: traffic ~s 교통신호 —*a.* 신호(용)의; 현저한 —*vi., vt.* 신호하다

sig·na·ture [sígnətʃər] *n.* 서명: write *one's* ~ 서명하다

sign·board [sáinbɔ̀:rd] *n.* 간판

sig·net [sígnit] *n.* 도장, 인감

sig·nif·i·cance [signífikəns] *n.* 뜻; 중요성; 의미심장함

sig·nif·i·cant [signífikənt] *a.* 의미심장한; 중요한

sig·ni·fy [sígnifài] *vt.* 뜻하다; 나타내다 —*vi.* 중대하다

sign·post [⊲pòust] *n.* 광고[간판] 기둥; 도로표지

si·lence [sáiləns] *n.* 침묵, 무언; 정적 —*vt.* 침묵시키다, 조용하게 하다

si·lent [sáilənt] *a.* 무언의, 잠자코 있는; 말수적은; 조용한 (quiet)

sil·hou·ette [sìlu(:)ét] *n.* 실루엣, 반면영상(半面影像)

silk [silk] *n.* 명주; (*pl.*) 견직물: raw ~ 생사 —*a.* 명주의: a ~

silk·worm [⊲wə̀:rm] *n.* 누에

sil·ly [síli] *a.* 어리석은 (foolish)

si·lo [sáilou] *n.* (*pl.* ~s) 사일로 (마소의 사료 저장소)

sil·ver [sílvər] *n.* 은; 은화; 은제 기구[식기]; 은빛: table ~ 은식기 —*a.* 은제의; 은빛의: ~ plate 《英》 은그릇/a ~ screen (영화의)은막

sil·ver·side [⊲sàid] *n.* 소 허벅지의 최고급고기

sil·ver·ware [⊲wɛ̀ər] *n.* 《총칭》 은제품, 은그릇(식탁용)

sílver wédding 은혼식(결혼25주년 기념식)

sim·i·lar [símilər] *a.* 비슷한 《to》 ~·ly *ad.* 마찬가지로

sim·ple [símpl] *a.* 단순한; 간단한, 손쉬운; 순전한

sim·plic·i·ty [simplísiti] *n.* 단순; 간단, 평이; 검소; 성실

sim·pli·fy [símplifài] *vt.* 단순화하다, 간단[평이]하게 하다

simply [símpli] *ad.* 간단히, 쉽사리; 검소하게; 단지; 전혀; 아주

si·mul·ta·ne·ous [sàim(ə)ltéini·əs, sìmul-] *a.* 동시의 《with》: a ~ translation 동시통역

sin [sin] *n.* (도덕·종교적)죄(악) (*cf.* crime) —*vi.* 죄를 범하다

since [sins] *conj.* 1 ···이래 2 ···이기 때문에 —*prep.* ···이래 ~ then 그때부터 내내 —*ad.* 1 그 후 2 (지금부터···)전 (ago)

sin·cere [sinsíər] *a.* 충심으로의, 정직한, 성실한 ~·ly *ad.* 성실히: Yours ~ly 경구(편지끝말)

sin·cer·i·ty [sinsériti] *n.* 성실

sin·ew [sínju:] *n.* 건(腱), 심줄; (*pl.*) 근육; 체력

sin·ful [sínf(u)l] *a.* 죄많은

sing [siŋ] *vi., vt.* (*p.* sang, sung, *pp.* sung) 노래하다; 지저귀다 ~·er *n.* 가수 ~·ing *a., n.* 노래하는[하기]; 지저귀는(소리)

Sin·ga·pore [síŋ(g)əpɔ̀:r/ ⟍⟍⟍] *n.* 싱가포르(말레이반도 남단의 섬나라, 그 수도)

singe [sindʒ] *vt., vi.* 그을(리)다; 태우다; 겉이 타다

sin·gle [síŋgl] *a.* 하나의, 단일한; 1인(용)의; 독신의: a ~ ticket 편도차표/a ~ bed [room] 1인용 침대[방] —*n.* 단일; 편도표

sin·gle-dig·it [⊲dídʒit] *a.* 한자리수의(9%까지의)

sin·gu·lar [síŋgjulər] *a.* 《文》 단수의 (*cf.* plural); 기묘한

sin·is·ter [sínistər] *a.* 불길한

sink [siŋk] *v.* (*p.* sank, sunk, *pp.* sunk, sunk·en) *vi.* 가라앉다, 쑥 들어가다; 약해지다;

S

배어들다 —vt. 가라앉히다; 낮
게 하다 —n. (부엌의) 수채; 싱
크대; 움푹 팬 곳

Sino- [sáinou-, sínou-] 「중국」을
뜻하는 연결형

sip [sip] n. 한 모금 —vt., vi. 홀
짝거리다, 홀짝홀짝 마시다

si·phon [sáif(ə)n] n. 사이폰

sip·pet [sípit] n. (수우프 등에
넣는 빵·토우스트의)작은 조각

sir [sə:r, sər] n. 선생님 《손아
남자에 대한 경칭》 (cf. ma'am);
(S~) 경(卿); (편지 첫머리의)
근계; (pl.) 귀중

si·ren [sáirən] n. 사이렌

sir·loin [sə́:rlɔin] n. 소의 위쪽
허릿살

si·roc·co [sirákou/sirɔ́k-] n. (pl.
~s) 시로코풍(아프리카에서 이
탈리아 등지로 부는 열풍)

sir·up [sírəp, + 美 sə́:r-] n. =
syrup 〖은 사내

sis·sy [sísi] n 《美口》계집애같

sis·ter [sístər] n. 자매, 누이, 누
이동생 (cf. brother); 수녀: a ~
city 자매도시

sit [sit] vi., vt. (p., pp. **sat**) 앉
(히)다, 착석하다 (cf. stand,
lie²); (음식이)소화가 안되다: ~
at table 식탁에 앉다

sit-down [⸝dàun] n. 연좌파업
〖데모

site [sait] n. 위치; 부지: a his-
toric ~ 사적(史蹟)

sit·ting [sítiŋ] n. 착석; 개회; 회
〖기

sítting ròom 거실

sit·u·at·ed [sítʃuèitid, + 英 -tju-]
a. 위치하는; 처지에 있는

sit·u·a·tion [sìtʃuéiʃ(ə)n, + 英
-tju-] n. 장소, 위치; 처지; 지
위, 근무처

situátion còmedy (라디오·텔레
비전의)연속 호음코메디

six [siks] n., a. 6(의)

six·pence [síkspəns] n. 6펜스

six·pen·ny [síkspəni, + 美 -pèni]
a. 6펜스의; 싸구려의, 시시한

six·teen [síkstíːn] n., a. 16(의)

sixth [siksθ] n., a. 제6(의); 6분
의 1(의)

six·ty [síksti] n., a. 60(의)

size [saiz] n. 크기, 치수; 형, 사
이즈: What ~ is your hat? 댁
의 모자 사이즈는 얼맙니까 —
vt. 재다; 치수로 분류하다

skate [skeit] n. 스케이트화 —
vi. 스케이트를 타다

skate·board [⸝bɔ̀ːrd] n. 스케이
트보오드(롤러스케이트바퀴 위
에 댄 판자). **~·ing** n.

skat·ing [skéitiŋ] n. 얼음지치
기, 스케이팅: a ~ rink 스케
이트장

skel·e·ton [skélətn] n. 골격; 해
골; (건물의)뼈대; 개요

sketch [sketʃ] n. 스케치; 초안;
개요; 소품: a ~ map 약도 —
vt., vi. 스케치하다; 개요를 말
하다

sketch·book [⸝bùk] n. 스케치
북, 사생장; 소품집

skew·er [skjú(ː)ər] n. 꼬치

ski [skiː] n. (pl. ~, ~s) 스키
이: ~ boots 스키이화/a ~ suit
스키이복 —vi. 스키이를 타다

skill [skil] n. 숙련, 익숙; 기능
~ed a. 숙달된, 익숙한

skill·ful, 《英》**skil-** [skílf(u)l]
a. 익숙한, 숙달된 《at, in》

skim [skim] vt., vi. 더껑이를 걷
어내다; (수면 등을)스칠듯이 날
다[미끄러지다]; (책을)대충 훑
어보다 —n. 더껑이 ~ milk
탈지유

skim·mer [skímər] n. 더껑이
걷는 그물국자; 《美》(소매없는)
간단한 드레스

skin [skin] n. 피부; 가죽;《美俗》
구두쇠; 《俗》놈: the ~ diving
[diver] 스킨다이빙[다이버] —
vt. …의 가죽을 벗기다; (피부
를)까다

skip [skip] vi., vt. 뛰어다니다
《about》; 뛰엄뛰엄 읽다, 빼먹
다 —n. 뛰어다니기

skip·per [skípər] n. (작은 상선
의)선장; (크리켓 등의)주장

skir·mish [skə́:rmiʃ] n., vi. 작
은 충돌[접전](을 벌이다)

skirt [skə:rt] n. 스커어트; (옷
의)자락; 끝, 변두리; 교외 —vt.
둘러싸다, …에 접경하다; 자락을
달다

skit [skit] n. 풍자문; 촌극

skit·tle [skítl] n. (pl.) 구주회
(九柱戱)

skull [skʌl] n. 두개(골), 뇌

skunk [skʌŋk] n. 〖動〗스컹크
—vt. 《俗》영패(零敗)시키다

sky [skai] n. (the ~) 하늘; (때
로 pl.) 날씨; 기후, 풍토 ~
diving 스카이다이빙, 하늘의
곡예낙하

sky·jack [⸝dʒæk] vt. (비행기를)
공중납치하다 **~·er** n.

sky·lark [⸝làːrk] n. 종달새

sky·line [⸝làin] n. (고층빌딩
등의)하늘을 배경으로 한 윤곽

sky·scrap·er [⸝skrèipər] n. 마
천루

ský sìgn 공중[옥상] 광고

Sky·train [⸝trèin] n. Laker
Airways의 New York·London
간의 항공수송(요금이 쌈)

slab [slæb] n. 두꺼운 널빤지; 석
판; (빵 등의)두꺼운 조각: a ~

chocolate 납작초콜렛

slack [slæk] *a.* 느슨한 (loose); 느린; 침체한—*n.* 느슨함[한 곳]; 《俗》 불경기; (*pl.*) 슬랙스

slack·en [slǽk(ə)n] *vi., vt.* 느슨하게 되다[하다]

slam [slæm] *vt., vi.* 쾅 닫다; 쿵 하고 놓다

slan·der [slǽndər/ slɑ́:ndə] *n.* 중상, 욕설—*vt.* 중상하다

slang [slæŋ] *n.* 속어

slant [slænt/slɑ:nt] *a.* 비스듬한, 기운—*n.* 경사(면)—*vi., vt.* 기울(이)다, 비스듬하게 되다[하다]

slap [slæp] *n., vt.* (손바닥으로) 찰싹 때리기[때리다]

slap·jack [스dʒæk] *n.* 《美》 번철에 구운 과자; 핫케이크

slash [slæʃ] *vt.* 깊이 베다, 난도 질하다—*n.* 난도질

slate [sleit] *n.* 슬레이트, 석판

slaugh·ter [slɔ́:tər] *n.* 학살; 도살—*vt.* 도살[학살]하다

Slav [slɑ:v, slæv] *n.* 슬라브인—*a.* 슬라브민족[어]의

slave [sleiv] *n.* 노예 *the S~ Coast* 노예해안(아프리카 서부 기니아만 연안)

slav·er·y [sléiv(ə)ri] *n.* 노예 신분; 노예제도; 고역

Slav·ic [slǽvik, slɑ́:v-] *a.* 슬라브 족[어]의—*n.* 슬라브어

slaw [slɔ:] *n.* 《美》 양배추샐러드

slay [slei] *vt.* (*p.* **slew** [slu:], *pp.* **slain** [slein]) 살해하다 (kill)

sled [sled] *n.* (소형)썰매

sledge [sledʒ] *n.* 썰매—*vi., vt.* 썰매로 가다[나르다]

sleep [sli:p] *vi., vt.* (*p., pp.* **slept**) 자다, 수면하다; 묵다; 《俗》 숙박시키다: a ~*ing* car 침대 차/a ~*ing* pill 수면제/go to ~ 자다—*n.* 잠, 수면

sleep·er [slí:pər] *n.* 침대차; 잠 자는 사람; 《철도》 침목

sleep-learn·ing [스lə̀:rniŋ] *n.* 수면학습

sleep·y [slí:pi] *a.* 졸리는; 활기 없는 [오다]

sleet [sli:t] *n., vi.* 진눈깨비(가

sleeve [sli:v] *n.* 소매 ~·**less** [-lis] *a.* 소매없는

sleigh [slei] *n.* (대형)썰매

slen·der [sléndər] *a.* 가느다란, 호리호리한 (slim); 근소한

slept [slept] *v.* sleep의 과거(분사)

slice [slais] *n.* 한[엷은]조각—*vt., vi.* 엷게 썰다

slide [slaid] *vi., vt.* (*p.* **slid**, *pp.* **slid, slid·den**) 미끄러지(게하)다 《*on, over*》—*vi.* 활주(로)(로); 미끄럼대; 산사태; 슬라이드 사진

slíding dòor 미닫이(문)

slight [slait] *a.* 근소한; 약간의; 가느다란 ~·**ly** *ad.* 약간

slim [slim] *a.* 호리호리한

sling [sliŋ] *n.* 《美》 진술에 과 즙·향료를 넣어 차게 한 음료

slip [slip] *vi., vt.* 미끄러지(게하) 다; 미끄러져 넘어지다; 살짝 들 어가다[나오다, 지나가다]; 실수 하다—*n.* 미끄럼; 실수; 종이 조각, 전표; 여자용 속옷: a ~ of the tongue [the pen] 잘못 말하기[쓰기]

slip·per [slípər] *n.* 슬리퍼

slip·per·y [slípəri] *a.* 미끄러운

slit [slit] *n.* (갈라진)틈

slo·gan [slóugən] *n.* 슬로우건

sloop [slu:p] *n.* 외돛배

slope [sloup] *n.* 비탈, 사면; 경사—*vi., vt.* 경사하다[시키다]

slot [slɑt/slɔt] *n.* 길쭉한 구멍; (자동판매기의)요금 투입구

slót càr 《美》 원격조종의 장난 감 경주차

slót machìne 자동판매기; 슬롯 머시인(도박 도구)

slow [slou] *a.* 느린; (시계가) 늦 은 (opp. fast¹); 활기없는—*ad.* 늦게, 천천히—*vi., vt.* 늦어지 (게하)다 《*down*》

slow-mo·tion [스móuʃ(ə)n] *a.* 슬로우모우션의, 고속도촬영의

slug [slʌg] *vt.* 《美口》 강타하다—*n.* 강타 ~·**ger** *n.* 강타자

slug·gish [slʌ́giʃ] *a.* 느린, 둔한; 게으른

sluice [slu:s] *n.* 수문; (수문으로 막힌)물; 배출구—*vt.* 수문을 열다; 홈통으로 (물을)끌다[흘려 보내다]

slum [slʌm] *n.* (보통 *pl.*) 빈민굴

slum·ber [slʌ́mbər] *n.* (얕은)잠—*vt., vi.* 자다

slump [slʌmp] *n.* 폭락; 부진

slur [sləːr] *vt., vi.* 불분명히 발 음하다

slush [slʌʃ] *n.* 진창

sly [slai] *a.* 교활한 (crafty)

smack¹ [smæk] *n.* 맛 (taste), 냄 새; 조금, 기미; 《美俗》 헤로인 (마약)—*vi.* 맛이 나다; …의 기 미가 있다 《*of*》

smack² *n.* 입맛다시기; 찰싹 때 리기[는 소리]—*vt., vi.* 입맛 다 시다; 쪽하고 키스하다; 찰싹때 리다—*ad.* 《口》 맛이 나고

small [smɔ:l] *a.* 작은(opp. large); 적은; 하찮은; 소규모의: ~ change 잔돈—*n.* 작은 것, 소 량; (the ~) 작은 부분

small·pox [스pɑ̀ks / -pɔ̀ks] *n.* 《醫》 천연두, 마마

smart [smɑːrt] *a.* 날카로운; 욱 신욱신 쑤시는; 영리한; 솜씨좋

S

은; 약삭빠른; 멋진, 말쑥한;《口·方》상당한 —vi. 욱신욱신 쑤시다 —n. 아픔; 고민

smash [smæʃ] vt. 박살내다;《口》힘껏 치다;【정구】스매시하다 —vi. 박살나다; 충돌하다 —n. 분쇄; 대충돌;【정구】스매시; (브랜디에 얼음·향료·설탕 등을 넣은)찬 음료

smear [smiər] vt., vi. 바르다, 더럽히다; 더러워지다 —n. 더럼, 얼룩

smell [smel] v. (p., pp. ~ed or smelt) vt. 냄새맡다[로 알다] —vi. 냄새나다; …의 기미가 있다 —n. 후각; 냄새; 기미

smile [smail] vi., vt. 미소하다; 방실 웃다 —n. 미소

smith [smiθ] n. 대장장이

Smith·só·ni·an Institútion [smiθsóuniən] 《美》스미소니언 박물관(워싱턴에 있는 미국 최대의 박물관)

smock [smak/smɔk] n. (여자·어린이·화가 등이 입는)겉옷

smog [smag/smɔg] n. 《口》연무(煙霧) [<smoke+fog]

smoke [smouk] n. 연기; 흡연; 담배: have a ~ 한대 피우다 —vi. 연기를 내다, 내다; 흡연하다 —vt. 연기피우다; (담배 등을)피우다: a smoking room [car] 흡연실[차] No smoking 《게시》금연 **smók·er** n. 흡연자[차] **smók·y** a. 연기나는; 그을린

smoke·jump·er [◂dʒʌmpər] n. 삼림소방대원

smooth [smuːð] a. 매끄러운, 판판한 (opp. rough); 온화한; 구변좋은 —vt., vi. 매끄럽게 하다[되다], 판판하게 하다[되다] **~·ly** ad. 매끄럽게, 원활히

smor·gas·bord, smör- [smɔ́ːrgəsbɔ̀ːrd, smɔ́ːr-] n. 스칸디나비아식 셀프서어비스요리(점)

smoth·er [smʌ́ðər] vt., vi. 숨가쁘게 하다[되다]; 질식(케)하다

smug·gle [smʌ́gl] vt., vi. 밀수출[입]하다 **smúg·gler** n. 밀수자[선]

snack [snæk] n. 급히 먹는 간단한 식사; 스낵: a ~ bar 《美》간이식당 —vi. 간단히 식사하다

snail [sneil] n. 【動】달팽이

snake [sneik] n. 뱀; 엉큼한 사람: a ~ charmer 뱀부리는 사람/ ~ dance 뱀춤; (승리 축하의)지그재그행진

snap [snæp] vt., vi. 잡아채다 《up》; 뚝하고 꺾(이)다; 덥석 물다; 스냅사진을 찍다 —n. 덥석 물기; 뚝 부러지기; 스냅(사진);

《英》새앙이 든 쿠키; 급히 먹는 식사; (날씨의)급변 —ad. 뚝하고

snap·shot [◂ʃɑ̀t / -ʃɔ̀t] n., vt. (寫) 스냅(을 찍다); 속사(하다)

snare [snɛər] n. 덫; 유혹 —vt. 덫으로 잡다; 유혹하다

snatch [snætʃ] vt., vi. 잡아채다, 움켜잡다 —n. 잡아채기; 강탈; 한입; (보통 pl.)한바탕 일하기 [쉬기]

sneak [sniːk] vi. 살금살금 움직이다 —vt. 《口》얌생이 몰다 —n. 얌생이꾼

sneak·er [sníːkər] n. (pl.) 고무창의 운동화

sneer [sniər] n. 조소, 경멸 —vi. 조소하다, 비웃다 《at》

sneeze [sniːz] n., vi. 재채기(하다)

sniff [snif] vi., vt. 코방귀뀌다; 킁킁 냄새맡다 《at》 —n. 냄새맡기

snif·ter [sníftər] n. 아가리가 좁은 술잔; 《美俗》(브랜디 등의)한잔

snob [snab/snɔb] n. 잘난체하는 사람, 속물 **~·ber·y** n. 신사인 체하기 **~·bish** a. 속물적인

snoop [snuːp] vi., n. 《口》기웃거리며 다니다[는 사람]

snore [snɔːr] n., vi. 코를 골다[골다]

snor·kel [snɔ́ːrk(ə)l] n. 스노오클(잠수함의 환기용 튜우브; 잠수유영(遊泳)용 파이프)

snort [snɔːrt] vi., vt. (말이)코를 울리다; 코방귀치다

snow [snou] n. 눈; (pl.) 적설 —vi. 눈이 내리다

snow·ball [◂bɔ̀ːl] n. 눈뭉치

snow-capped [◂kæ̀pt] a. 꼭대기가 눈에 덮인

snow·fall [◂fɔ̀ːl] n. 강설(량)

snow·man [◂mæ̀n] n. (pl. -men [-mèn]) 눈사람; (S~) (히말라야의)눈사람, 설인

snow·mo·bile [◂mòubil] n. 설상차(雪上車)

snow·shoe [◂ʃùː] n. 눈신

snow·slip [◂slìp], -slide [◂slàid] n. 눈사태 [라

snow·storm [◂stɔ̀ːrm] n. 눈보

snow·y [snóui] a. 눈이 많은

snuff [snʌf] n. 코담배; 코를 킁킁거리기 —vt. 냄새맡다

snug [snʌg] a. 안락한 (comfortable), 아늑한; (수입이)충분한

so [sou] ad. 1 그만큼 2 대단히 3 마찬가지로; …도 또한 and ~ on [forth] …등 ~ far 호금[그때]까지는; 그 점까지는 ~ as to 《do》 …하도록 ~ [in ~] far as …하는 한은 S~

long. 《口》 안녕 ~ *much* 그
만큼의 ~ *that* …하도록[할 수
있도록]; 그러므로 ~ *... that*
대단히 …이므로 —*conj.* 1 《口》
그러므로 2 《口》《감탄사적》
그래서 3 …한다면 —*pron.* 1
그와같이: I hope ~. 그랬으면
좋겠는데 2 《or와 함께》 그쯤:
a week or ~ 1주일가량
soak [souk] *vt., vi.* 적시다; 빨아
들이다 《*in, up*》; 《口》 (술을)
되게 마시다 —*n.* 적시기; 《俗》
술잔치
so-and-so [sóuənsòu] *n.* 아무
개; 무엇: Mr. S~ 모씨
soap [soup] *n.* 비누: toilet ~
화장비누 ~ *opera* 《美俗》 (주
부대상의 낮의)연속극 —*vt.* 비
누로 씻다[를 묻히다]
soar [sɔːr] *vi.* 높이 날다, 우뚝
솟다; (물가가)급등하다
sob [sab/sɔb] *vi.* 흐느껴 울다 —
n. 흐느낌
so·ber [sóubər] *a.* 술취하지 않
은; 진지한
so·bri·quet [sóubrikèi] F. *n.*
별명, 가명
so-called [sóukɔ́ːld] *a.* 소위
soc·cer [sákər/sɔ́kə] *n.* 축구
so·cia·ble [sóuʃəbl] *a.* 사교적인
so·cial [sóuʃ(ə)l] *a.* 사회의[적
인]; 사교적인: ~ *dancing* 사교
춤 / ~ *disease* 성병 / ~ *evil* 사
회악; 매춘 / ~ *security system*
사회보장제도 / ~ *work* 사회사업
so·cial·ism [sóuʃəlìz(ə)m] *n.* 사
회주의   「의자
so·cial·ist [sóuʃəlist] *n.* 사회주
so·ci·e·ty [səsáiəti] *n.* 사회; (사
회의)계층; 사교계; 교제; 협회,
학회, 단체: high ~ 상류사회
so·ci·ol·o·gy [sòusiálədʒi, -ʃi-/
-ɔ́l-] *n.* 사회학
sock [sak/sɔk] *n.* (보통 *pl.*) 짧
은 양말 (*cf.* stocking)
sock·et [sákit/sɔ́kit] *n.* 구멍, 끼
우는 구멍; 소켓
sod [sad/sɔd] *n.* 잔디(밭)
so·da [sóudə] *n.* 소오다(수):
~ *fountain* 소오다수그릇; 《美》
소오다수매점(간단한 식사도 됨)/
~ *water* 소오다수, 탄산수/ a
whisky and ~ 하이볼
sod·om·y [sádəmi/sɔ́d-] *n.* 남색
so·fa [sóufə] *n.* 소파, 긴의자
So·fi·a [sóufiə, sofíːə] *n.* 소피아
(불가리아의 수도)
soft [sɔːft/sɔft] *a.* 부드러운(*opp.*
hard), 조용한; 온화한; 《口》 편
한: ~ *drinks* 《美口》 알콜분이
없는 음료 / a ~ *hat* 중절모 /
~ *money* 《美口》 지폐 ~ *goods*
직물류 ~ *science* 정보과학

soft-boiled [ᐸbɔ́ild] *a.* (달걀의)
반숙의(*opp.* hard-boiled)
sof·ten [sɔ́ːfn/sɔ́fn] *vt., vi.* 부드
럽게 하다[되다] 《*opp.* harden)
soft·land·ing [ᐸlǽndiŋ] *n.* 연
착륙
sóft lèns 소프트렌즈(플라스틱
제 콘택트렌즈)
soft·ware [sɔ́ːftwèər / sɔ́ft-] *n.*
(전자계산기의)소프트웨어
So·ho [sohóu, sóuhou] *n.* (런던
의)소호우가(외국인이 경영하는
음식점이 많은 거리)
soil[1] [sɔil] *n.* 흙; 나라, 고장; 토양
soil[2] *n.* 오점, 얼룩; 오물 —*vt.* 더
럽히다 —*vi.* 더러워지다, 얼룩
지다
soi·ree, -rée [swɑːréi / ᐸ—] *n.*
야회; …의 밤 [F]
so·journ [sóudʒəːrn, —ᐸ /
n./sɔ́dʒəːn] 체재하다 —*n.* [미
ᐸ—] 체재
sol·ace [sáləs/sɔ́l-] *n.* 위안 —*vt.*
위로하다
so·lar [sóulər] *a.* 태양의
sólar hóuse 태양열주택
so·lar·i·um [soulé(ː)riəm] *n.* 일
광욕실; 해시계
sold [sould] *v.* sell의 과거(분사)
~ *out* 《게시》 매진   「인
sol·dier [sóuldʒər] *n.* (육군)군
sole[1] [soul] *n.* 발바닥; 구두창
sole[2] *a.* 유일한(only), 단독의:
the ~ *agent* 총대리점 ~·ly
ad. 단독으로; 다만
sol·emn [sáləm/sɔ́l-] *a.* 엄숙한
(grave); 진지한; 격식차리는
so·lem·ni·ty [səlémniti] *n.* 엄
숙, 장엄; 의식, 제전
so·lic·it [səlísit] *vt., vi.* 간청하
다(beg); 졸라대다; 유객하다
sol·id [sálid/sɔ́l-] *a.* 고체의; 속
이 찬; 단단한; 견실한; 믿을 만
한; 단결한; 《美口》 친한; 《口》
완전한 —*n.* 고체, 고형물
So·lin·gen [zɔ́ːliŋən] *n.* 졸링겐
(칼붙이로 유명한 서독의 도시)
sol·i·taire [sɑlitéər/sɔ̀litéə] *n.*
(반지의)외알박이 보석
sol·i·tar·y [sálitèri/sɔ́lit(ə)ri] *a.*
혼자의; 쓸쓸한(lonely)
sol·i·tude [sálit(j)ùːd/sɔ́litjùːd]
n. 고독; 한적(한 곳)
so·lo [sóulou] *n.* (*pl.* ~*s*, **so·li**
[-liː]) 《音》 독창(곡), 독주(곡)
so·lo·ist [sóulouist] *n.* 독창[독
주]자
Sól·o·mon Íslands [sáləmən/
sɔ́l-] (*the ~*) 솔로몬 군도
sol·u·ble [sáljubl/sɔ́l-] *a.* 용해
[해결]할 수 있는
so·lu·tion [səlúːʃ(ə)n] *n.* 용해;
용액; 해결

S

solve [salv/sɔlv] *vt.* 해명하다, 해결하다, 풀다

som·ber, 《英》 **-bre** [sámbər/sɔ́mbə] *a.* 어두침침한, 음산한

som·bre·ro [sambrέ(:)rou/sɔm-] *n.* (멕시코식)챙이 넓은 모자

some [sʌm, səm] *a.* **1** 어떤, 무슨; 얼마간의, 약간의; 약, …가량 **2** 상당한; 《俗》 굉장한, 대단한 *in ~ way* 어떻게든 **~ time** 잠시동안; 언제고 **—pron.** 어떤 사람[것]; 다소, 얼마간 **—ad.** 《口》 얼마간; 상당히

some·bod·y [≤bàdi, -bʌ̀di/-bədi] *pron.* 누군가, 어떤 사람

some·how [≤hàu] *ad.* 그럭저럭, 아무튼; 어쩐지

some·one [sʌ́mwʌ̀n, -wən/-wʌn] *pron.* =somebody

some·thing [≤θiŋ] *n.* 어떤 것[일], 무엇인가 《(형용사는 뒤에 옴)》; 다소《of》; 괜찮은[대단한] 일[것] *~ or other* 이것저것 **—ad.** 얼마간, 다소

some·time [≤tàim] *ad.* 언젠가; 이전에 **—a.** 이전의

some·times [≤tàimz] *ad.* 때때로, 때로는

some·what [≤(h)wàt, -(h)wʌ̀t/-(h)wɔ̀t] *ad.* 얼마간, 다소, 좀

some·where [≤(h)wὲər] *ad.* 어딘가에; 대략

son [sʌn] *n.* 아들 (*cf.* daughter)

so·nar [sóunər] *n.* 수중음파탐지기

so·na·ta [sənáːtə] *n.* 《音》 소나타 「저력

song [sɔ(ː)ŋ/sɔŋ] *n.* 노래; 새의

song·ster [sɔ́(ː)ŋstər/sɔ́ŋ-] *n.* 가수; 시인; 명금

són·ic bóom [sánik/sɔ́n-] (음속비행기에 의한)충격파

son-in-law [sʌ́ninlɔ̀ː] *n.* (*pl.* **sons-in-law**) 사위, 양자

son·net [sánit/sɔ́n-] *n.* 14행시, 단시

soon [suːn] *ad.* 머지 않아, 곧 *as ~ as* …하자마자 *~er or later* 조만간(에)

soot [sut, +美 suːt] *n.* 검댕, 매연 **—vt.** 검댕으로 더럽히다

soothe [suːð] *vt.* 달래다, 위로하다

sop [sap/sɔp] *n.* (우유 등에 적신)빵조각 **—vt.** 담그다 《in》; 빨아들이다 《up》 **—vi.** (흠뻑) 젖다

so·phis·ti·cate [səfístikèit] *vt., vi.* 궤변을 부리다, 견강부회하다 **-cat·ed** *a.* (세파에)닳고닳은

soph·o·more [sáf(ə)mɔ̀ːr/sɔ́fəmɔ̀ː] *n.* (미국의)대학(4년과정)의 2학년생

so·pran·o [səprǽnou/-práːn-] *n.* (*pl.* **~s**) 《音》 소프라노(가수)

Sor·bonne [sɔːrbán, -bʌ́n/-bɔ́n] *n.* 소르본대학(파리대학 문과대학의 별칭)

sore [sɔːr] *a.* 아픈; 슬픈; 지독한 **—n.** 상처; 유감

so·ror·i·ty [sərɔ́ːriti] *n.* 《美》 여대생의 클럽

sor·row [sárou/sɔ́r-] *n.* 슬픔 (grief); 후회; 불행 **—vi.** 슬퍼하다

sor·row·ful [sárouf(u)l, sɔ́ːr-/sɔ́r-] *a.* 슬픈; 애처로운

sor·ry [sári, sɔ́ːri/sɔ́ri] *a.* 미안하게 생각하는, 섭섭한: I'm ~. = S~. 미안합니다/ I'm ~ to trouble you, but... 폐를 끼쳐 죄송합니다만…

sort [sɔːrt] *n.* 종류(kind); 품질 **—vt.** 분류하다

SOS [ésòués] *n.* 조난(무선)신호

souf·flé [suːfléi, ≤/≤-] F. *n.* 수플레(휘저은 달걀 흰자위를 구운 요리) 「사)

sought [sɔːt] *v.* seek의 과거(분

soul [soul] *n.* 영혼; 정신; 인간

sóul mùsic 《美》 흑인음악

sound[1] [saund] *a.* 건전한(healthy); 충분한: a ~ sleep 숙면 **—ad.** 푹, 깊이

sound[2] *n.* 소리; 기척; 소음 **—vi.** 소리가 나다, 울리다; (…로)들리다 **—vt.** 울리다; 발음하다

sóund bòx (축음기의)사운드복스 「(帶)

sóund tràck 필름 가의 녹음대

soup [suːp] *n.* 수우프: eat ~ 수우프를 떠먹다

soup-and-fish [súːpənfíʃ] *n.* 《俗》 남자용 정식야회복

sour [sáuər] *a.* 신; 성미까다로운 **—n.** 신것; 《美》 산성음료

source [sɔːrs] *n.* 원천; 원인

souse [saus] *n.* 소금에 절이기; 간국; 소금에 절인 돼지족[머리, 귀]

south [sauθ] *n.* 남(쪽); 남부지방; (the S~) 《美》 남부 여러주 **—a., ad.** 남쪽의[으로] the S~ Pole 남극

Sòuth Áfrican Repúblic 남아공화국

Sóuth Carolína 미국남부의 주,

Sóuth Chína Séa (the ~) 남지나해 「의 주

Sóuth Dákota 미국 중앙 북부

south·east [sàuθíːst, 《海》 sàuíːst] *n.* 남동 **—a., ad.** 남동의 [으로, 에]

south·ern [sʌ́ðərn] *a.* 남(쪽)의 *the S~ Hemisphere* 남반구 *the S~ Cross* 《天》 남십자성

~·er n. 남국인; (S~) 《美》 남부 여러 주 사람

south·paw [sáuθpɔ̀ː] a., n. 왼손잡이의(선수)

south·ward [sáuθwərd] a. 남쪽으로의 —ad. 남쪽으로(southwards) —n. 남쪽

south·west [sàuθwést, 《海》 sàuwést] n. 남서(부) —a., ad. 남서쪽의[으로, 에]

sou·ve·nir [sùːvəníər / súːv(ə)nìə] n. 기념품, 선물; 유품

sov·er·eign [sávrin/sɔ́v-] a. 주권을 가진; 최고의 —n. 주권자, 군주; 소브린(영국 1파운드금화)

sov·er·eign·ty [sávrənti/sɔ́v-] n. 주권; 독립국

So·vi·et [sóuvièt/sóuviət] n., a. 소련(의) the ~ Union 소련

sov·khoz [səfkɔ́ːz, sɔːv-/sɔvkɔ́ːz] Russ. n. 소호즈(소련의 국영농장) (cf. kolkhoz)

sow [sou] vt., vi. (p. ~ed, pp. sown, ~ed) (씨를)뿌리다

soy [sɔi], soy·a [sɔiə, + 美 sóujə] n. 간장: ~ sauce 간장

soy·bean [sɔ́ibìːn], 《英》 soy·a·bean [sɔ́iə-] n. 콩, 대두

spa [spɑː] n. 광천; 온천장

space [speis] n. 공간; 우주; 거리; 여지; 지면; 장소: a ~ fiction 우주소설/a ~ shuttle 우주왕복선/ a ~ writer 행수대로 고료를 받는 필자 —vi., vt. 일정한 간격을 두다

space·ship [⌐ʃìp] n. 우주선

spa·cious [spéiʃəs] a. 널따란

spade [speid] n. 가래; (트럼프의)스페이드 —vt. 가래로 파다

spa·ghet·ti [spəgéti] n. 스파게티 [It.]

Spain [spein] n. 스페인

span [spæn] n. 한 뼘(보통 9인치); 짧은 간격; 전장(全長) —vt. 뼘으로 재다; 재다; (강에 다리를)길치다 「인 사람

Span·iard [spǽnjərd] n. 스페인 사람

span·iel [spǽnjəl] n. 스파니엘(애완용 개의 일종)

Span·ish [spǽniʃ] n. 스페인어; (the ~) 《총칭》 스페인 사람 —a. 스페인의; 스페인 사람[어]의

spar [spɑːr] vi. (권투에서)스파링하다; (닭이)서로 할퀴다

spare [spɛər] vi., vt. 아끼다; 절약하다; 없이지내다; 나눠주다: Can you ~ me a few moment? 잠깐 시간을 내줄 수 있겠읍니까 —a. 얼마 안되는; 여분의; 예비의 —n. 예비품

spark [spɑːrk] n. 불꽃; 섬광; 〔電〕 스파아크 —vi. 불꽃이 튀다; 〔電〕 스파아크하다: a ~

plug 《美》 점화 플러그 (《英》 sparking plug)

spar·kle [spɑ́ːrkl] n. 불꽃, 섬광 —vi. 불꽃이 튀다; 반짝이다

spar·row [spǽrou] n. 참새

Spar·ta [spɑ́ːrtə] n. 스파르타(그리이스 남부의 옛도시)

spasm [spǽz(ə)m] n. 경련; 발작: facial ~ 안면경련

spat [spæt] v. spit의 과거(분사)

spatch·cock [spǽtʃkàk/·kɔ̀k], n. 잡아서 바로 구운 새

speak [spiːk] vi., vt. (p. spoke, pp. spo·ken) 말[얘기]하다; 연설하다: Who is ~ing?—This is Alice ~ing. (전화에서)누구세요—앨리스입니다 / English (is) spoken (here). 우리 가게에서는 영어가 통합니다

speak·er [spíːkər] n. 말하는 사람; 강연자; 확성기, 스피이커

speak·er·phone [⌐fòun] n. 마이크 겸용 스피이커

spear [spiər] n. 창; 작살 —vt. 창[작살]으로 찌르다

spe·cial [spéʃ(ə)l] a. 특별한; 전문의: a ~ train 특별열차/a ~ delivery 《美》 속달 (《英》 express delivery)/a ~ edition 호외 —n. 특별한[임시의]사람[것]; (신문의)호외; 특별[임시]열차; 《美》 특제품, 특별요리

spe·cial·ist [spéʃ(ə)list] n. 전문가

spe·ci·al·i·ty [spèʃiǽliti] n. 《주로英》 =specialty

spe·cial·ize [spéʃəlàiz] vt., vi. 특수화하다; 전공하다(in)

spe·cial·ty [spéʃ(ə)lti] n. 전문; 특산물, 특제품; (식당의)자랑거리 요리; 특질; 특별사항: ~ number 특별흥행물

spe·cies [spíːʃi(ː)z] n. sing. & pl. 종(種); 종류

spe·cif·ic [spisífik] a. 종의; 특수한; 명확한 —n. 특효약

spec·i·fy [spésifài] vt. 특정하다; 명확히 말하다

spec·i·men [spésimin] n. 견본

speck [spek] n. 점, 오점; 흠; 소량 —vt. 점[오점]을 찍다

speck·le [spékl] n., vt. 작은 반점(을 찍다)

spec·ta·cle [spéktəkl] n. 광경; 구경거리; (pl.) 안경

spec·tac·u·lar [spektǽkjulər] a. 구경거리인; 장관인

spec·ta·tor [spékteitər/ spektéitə] n. 구경꾼, 관객

spec·u·late [spékjulèit] vi. 숙고하다; 추측하다 (about, (up)on)

spec·u·la·tion [spèkjuléiʃ(ə)n] n. 사색; 투기

S

speech [spiːtʃ] *n.* 말, 언어; 국어; 이야기, 담화; 연설

speed [spiːd] *n.* 속도, 속력: at a high ~ 고속으로 —*vi., vt.* (*p., pp.* sped [sped] *or* ~·ed) 서두르(게하)다 ~·y *a.* 빠른

speed·om·e·ter [spi(ː)dámitər/ -5mitə] *n.* 속도계

speed-read·ing [spíːdriːdiŋ] *n.* 속독법

speed·way [spíːdwèi] *n.* 자동차 경주장; 《美》 고속도로

spell¹ [spel] *vt., vi.* (*p., pp.* ~ed *or* spelt) 철자하다; 뜻하다 ~ out (생략않고)정식으로 쓰다

spell² *n.* 교대; 근무시간; 한바탕 (의 일); 《口》 잠시

spell·ing [spéliŋ] *n.* 철자(법)

spelt [spelt] *v.* spell¹의 과거(분사)

spend [spend] *vt., vi.* (*p., pp.* spent) (돈 등을)쓰다, 소비하다; (시간을)보내다

spent [spent] *v.* spend의 과거 (분사) —*a.* 사용된; 지쳐버린

sphere [sfiər] *n.* 구(球); 지구본; 천체; (활동)범위

Sphinx [sfiŋks] *n.* (*pl.* ~·es, sphin·ges [sfíndʒiːz]) 스핑크스

spice [spais] *n.* 양념; 향료 —*vt.* 양념[향료]를 넣다《with》

spic·y [spáisi] *a.* 양념[향료]를 넣은; 폭 쏘는; 묘미있는

spi·der [spáidər] *n.* 《動》 거미

spike [spaik] *n.* 대못; (구두창에 박는)스파이크

spill [spil] *v.* (*p., pp.* ~ed *or* spilt) *vt.* (물·우유 등을)엎지르다; 흘리다; (말·차에서)떨어뜨리다《from》 —*vi.* 엎질러지다

spin [spin] *vt., vi.* (*p.* spun, *pp.* spun) (실을)잣다; 회전시키다 [하다] —*n.* 회전; 질주; (차의) 한번 달리기; (가격 등의)하락

spin·ach [spínitʃ / -idʒ], -age [-idʒ] *n.* 《植》 시금치

spin·dle [spíndl] *n.* 굴대, 축

spine [spain] *n.* 척주, 척추골; 바늘, 가시(모양 돌기)

spin·ster [spínstər] *n.* 노처녀

spi·ral [spáirəl] *a.* 나선형의 — *n.* 나선; 《空》 나선강하

spire [spáiər] *n.* 뾰족탑

spir·it [spírit] *n.* 정신, 마음; 영혼; (때로 *pl.*) 원기; (*pl.*) 기분, 기질; (보통 *pl.*) 알콜; (때로 *pl.*) 술 in good ~s 기분이 좋아서 —*vt.* 기운나게 하다, 격려하다《up》; 유괴하다

spir·it·u·al [spírituəl, +英 -tjuː-] *a.* 정신(상)의; 영적인; 신의 —*n.* 《美》 (흑인)영가, 찬송가

spit [spit] *vi., vt.* (*p., pp.* spat *or* spit) 침을 뱉다, 내뱉듯이 말하다《out》 —*n.* 침(뱉기)

spitch·cock [spítʃkàk/-kɔ̀k] *n.* 뱀장어구이

spite [spait] *n.* 악의; 원한 in ~ of …에도 불구하고

spit·toon [spitúːn] *n.* 타구(唾具)

spitz (dog) [spits] *n.* 스피츠(개의 한 품종)

splash [splæʃ] *vt.* (물·진흙을)튀기다 —*n.* 튀기기; (하이볼용) 약간의 소오다수

splash·board [splǽʃbɔ̀ːrd] *n.* (자동차 등의)흙받이

splash·down [⁀dàun] *n.* (우주선의)착수(着水)

splen·did [spléndid] *a.* 웅장한, 화려한; 훌륭한; 《口》 멋진

splen·dor, (英) -dour [spléndər] *n.* 웅장, 훌륭함; 광휘

split [split] *vt., vi.* (*p., pp.* split) 쪼개(지)다; 째(지)다; 분할하다; 분열시키다[하다] ~ the bill 계산을 분담하다 —*n.* 쪼개지기, 갈라지기; 파편; 분열

spoil [spoil] *v.* (*p., pp.* ~ed, spoilt) *vt.* 망치다; 얼러 키우다 —*vi.* 나빠지다; 썩다

spoke¹ [spouk] *n.* (바퀴의)살; (사닥다리의)발판

spoke² *v.* speak의 과거

spo·ken [spóuk(ə)n] *v.* speak의 과거분사 —*a.* 구두의; 구어의

spokes·man [spóuksmən] *n.* (*pl.* -men [-mən]) 대변인

sponge [spʌndʒ] *n.* 해면동물; 스폰지: a ~ cake 카스텔라

spon·sor [spánsər/ spɔ́nsə] *n.* 후원자; 스폰서, 광고주 —*vt.* 후원하다; 스폰서가 되다

spon·ta·ne·ous [spantéiniəs/ spɔn-] *a.* 자발적인; 자연스러운

spoon [spuːn] *n.* 숟가락, 스푸운 —*vt.* 숟가락으로 뜨다

spoon·ful [spúːnful] *n.* 한숟가락(분)

sport [spɔːrt] *n.* 스포오츠, 운동; 경기; 사냥; (*pl.*) 운동회, 경기회; 오락, 기분풀이: a ~ car 스포오츠카아 —*vi.* 놀다; 갖고 놀다《with》

sport·ing [spɔ́ːrtiŋ] *a.* 스포오츠(용)의: ~ goods 운동구

sports·cast [spɔ́ːrtskæst/-kàːst] *n.* 스포오츠 방송 ~·er *n.* 스포오츠아나운서

sports·man [spɔ́ːrtsmən] *n.* (*pl.* -men [-mən]) 스포오츠맨, 경기가 ~·ship *n.* 스포오츠맨십

spot [spat/spɔt] *n.* 점, 반점; 얼룩; 결점; 흠; 지점, 장소; 《口》 조금: a night ~ 나이트클럽/ on the ~ 즉석에서 —*vt.* 점을

찍다; 홈을 내다; 《口》 발견하다
—vi. 더러워지다, 얼룩지다 —
a. 즉석의; 현찰지불의 ~·less
a. 얼룩[오점]이 없는   「이트
spot·light [⌐làit] n. 스포트라
spót néws 지급[임시]뉴우스
spouse [spaus, spauz/spauz] n.
배우자
spout [spaut] vi. 뿜어나오다 —
vt. 분출하다; 《口》 청산유수로
말하다 —n. (주전자 등의)주둥
이; 홈통; 분출
sprang [spræŋ] v. spring의 과거
sprawl [sprɔːl] vi. 손발을 뻗다;
드러눕다 —vt. (손발을)큰대자
로 뻗다
spray [sprei] n. 물보라; 분무기
—vt., vi. 물보라가 일다[를 날
리다]; 뿜어대다
spread [spred] v. (p., pp. spread)
vt. 펼치다; 바르다; 뿌리다; 유
포시키다: ~ toast with but-
ter 토우스트에 버터를 바르다
—vi. 펼쳐지다;미치다《over》;유
포하다《to》—n. 퍼짐; 보급; 식
탁보; (빵에)바르는 것(잼 등);
《口》 맛있는 음식; 연회
spréad éagle 《紋》 날개를 편
독수리(미국의 문장)
sprig [sprig] n. 어린가지; 젊은이
spright·ly [spráitli] a. 쾌활한
spring [spriŋ] n. 봄; 청춘; 샘;
원천; 용수철, 태엽; 탄력 —vi.,
vt. (p. sprang, sprung, pp.
sprung) 뛰(게하)다; 일약 …이
되다《into》; 되튀(게하)다; 솟아
나다《from》; 싹트다; 발생하다
spring·board [spríŋbɔ̀ːrd] n.
도약판; (수영의)다이빙판
sprin·kle [spríŋkl] vt. 뿌리다
《on, over》—vi. 후두두 내리다
sprint [sprint] vi. (단거리를)전
속력으로 달리다 —n. 단거리경
주 ~·er n. 단거리주자
sprock·et [sprákit / spr5k-] n.
(자전거 등의)쇠사슬 톱니바퀴
sprout [spraut] vi. 싹트다 —vt.
싹트게 하다 —n. 싹
spruce [spruːs] n. 《植》 전나무
sprung [sprʌŋ] v. spring의 과
거(분사)
spu·mo·ne [spuːmóuni, spə-] It.
n. 달걀 흰자위와 크리임으로
만든 아이스크리임; 과일·호두
등을 넣은 아이스크리임   「사)
spun [spʌn] v. spin의 과거(분
spur [spəːr] n. 박차; 자극: a ~
line [track] (철도의)지선 —vt.
박차를 가하다; 격려하다
spurt [spəːrt] vi. 분출하다; 온힘
을 쏟다 —n. (경주의 막바지
등에서의)역주
sput·nik [spútnik, spʌ́t-] n. (때

로 S~) (소련의)인공위성
spy [spai] n. 스파이, 간첩 —vt.,
vi. 정탐하다
spy·glass [⌐glæs/-glɑ̀ːs] n. 소
형 망원경
square [skwɛər] n. 정사각형; 네
모진 광장, 시가의 네모진 한
구획: Trafalgar S~ (런던의)
트라팔거광장 —a. 정사각형의,
네모진; 딱벌어진; 공평한; 분명
한; 《口》 충분한: a ~ dance
스퀘어댄스 —ad. 사각[직각]으
로; 정면으로; 공평하게 —vt. 정
사각형[직각]으로 하다 —vi. 직
각을 이루다《with》 ~·ly ad.
정사각형으로; 정면으로; 공정
하게
squash [skwɑʃ/skwɔʃ] vt. 으깨
다; 《口》 끽소리 못하게 하다
—vi. 으깨지다; 밀고 나아가다
《into》—n. 《英》 스카시(과즙
을 주로한 음료); 혼잡: a lemon
~ 레몬스카시
squat [skwɑt/skwɔt] vi., vt. (p.,
pp. ~·ted or squat) 쭈그리고
앉(히)다 —a. 쭈그리고 앉은;
땅딸막한
squeak [skwiːk] vi., n. (쥐 등)
찍찍 울다[우는 소리]; 삐걱거리
다; 삐걱거리는 소리
squeeze [skwiːz] vt. 꽉 죄다; 쥐
어짜다; (돈 등을)우려내다; 밀
어넣다 —n. 죄기; 압착; 혼잡
squib [skwib] n. 폭죽, 불꽃
squid [skwid] n. (pl. ~s, 《총
칭》 ~) 《動》 오징어   「눈질
squint [skwint] n. 사팔뜨기; 곁
squire [skwaiər] n. 《英》 (시골
의)명사, 대지주; 숙녀를 수행하
는 신사 —vt. 수행하다
squir·rel [skwə́ːrəl/skwírəl] n.
《動》 다람쥐
Sri Lanka [sríːlǽŋkə] 스리
랑카 (Ceylon의 정식국명)
SST = supersonic transport 초
음속여객기
St. [seint, sn(t)] = Saint 성(聖)
~Andrew's Day 《英》 (스코
틀란드의 수호성인)성 앤드루의
날(11월30일) ~George's Day
(잉글랜드의 수호성인)성조오지
의날(4월23일) ~ Patrick's
Day 《英》 (아일란드의 수호성
인)성 패트릭의날(3월17일) ~
Paul's (Cathedral) (런던의)성
바오로 대성당 ~Peter's (Ba-
silica) (바티칸의)성베드루 대
성당
stab [stæb] vt. 찌르다 —n. 찌
르기; 중상모략; 《美口》 시도
(試圖)
sta·bil·i·ty [stəbíliti] n. 안정;
고정; 안정성

sta·ble¹ [stéibl] *a.* 안정된, 확고한; 불굴의

sta·ble² *n.* 마구간; 가축우리

stack [stæk] *n.* (짚·건초 등의)더미, 낟가리; (기차·기선의)굴뚝; 《口》 많음《*of*》 —*vt.* 쌓아 올리다

sta·di·um [stéidiəm] *n.* (*pl.* ~s, -di·a [-diə]) 운동경기장 [L]

staff [stæf/stɑ:f] *n.* (*pl.* (1) **staves**, ~s, (2) ~s) **1** 지팡이; 지휘봉; 지주, 버팀나무 **2** 직원

stáff òfficer 참모장교

stage [steidʒ] *n.* 무대, 연단; (the ~) 연극; 배우업; 발판; 단계 — *vt.* 상연하다

stage·coach [ᵕkòutʃ] *n.* (정기) 역마차, 합승마차

stag·fla·tion [stægfléiʃ(ə)n] *n.* 불황속의 물가상승, 불황 인플레이션

stag·ger [stǽgər] *vi., vt.* 비틀거리(게하)다; 망설이(게하)다 — *n.* 비틀거림

stag·nant [stǽgnənt] *a.* (물이)괴어 있는; 침체한; 불경기의

stag·nate [stǽgneit] *vi.* 괴다; 불경기가 되다

stág pàrty [stǽg] 《美口》 남자만의 모임

stain [stein] *vt.* 더럽히다; 착색하다 —*vi.* 더러워지다, 얼룩지다 ~*ed glass* 스테인드글라스 —*n.* 더러움, 얼룩; 색소, 염료 ~·**less** *a.* 더럽이 없는; 녹슬지 않는: ~*less* steel 스테인레스 스티일

stair [stɛər] *n.* (계단의)한단; (보통 *pl.*) 계단

stair·case [ᵕkèis] *n.* 《英》 계단

stair·way [ᵕwèi] *n.* 《美》 계단

stake [steik] *n.* 말뚝; 화형기둥; 내기(돈); (*pl.*) (경마의)상금 *at* ~ 문제가 되어; 위태로와져 — *vt.* 말뚝으로 둘러싸다; 걸다

sta·lac·tite [stəlǽktait/stǽlək-] *n.* 종유석

sta·lag·mite [stəlǽgmait/stǽləg-] *n.* 석순

stale [steil] *a.* 신선하지 않은; 김빠진; 곰팡내나는; 피로한

stalk¹ [stɔ:k] *n.* (식물의)줄기, 잎자루

stalk² *vi., vt.* 활보하다; 몰래 다가가다 —*n.* 활보; 몰래 접근함

stall [stɔ:l] *n.* (마구간의)한 구획; 《英》 (교회의)성직자석; 《英》 매점, 노점; 상품진열대; 《英》 (극장의)1층 앞쪽 관람석

stam·i·na [stǽminə] *n.* 정력, 스태미나

stam·mer [stǽmər] *vi.* (말을)더듬다, 더듬으며 말하다《*out*》—

n. 말더듬이

stamp [stæmp] *n.* 도장; 상표; 우표, 인자: a postage ~ 우표 —*vt.* 날인하다; 인지[우표]를 붙이다; 짓밟다

stand [stænd] *v.* (*p., pp.* **stood**) *vi.* 서다, 일어서다; 서 있다; 위치하다, 있다; (어떤 상태에)있다; (온도계가)…도를 가리키다; (값이)…이다; (키가)…이다 — ~ *by* 대기하다 —*vt.* 세우다, 일으키다; 견디다; 한턱내다: I'll ~ you a dinner. 저녁을 한턱 내겠오 —*n.* 서기, 정지; 저항; 입장, 위치; 주차장; …대, …꽂이; 관람석; 매점: a news ~ 신문판매대 / a taxicab ~ 택시승차장

stand·ard [stǽndərd] *n.* 표준; 기(旗) —*a.* 표준의: the ~ time 표준시 / ~ English 표준영어

stand·by [stǽn(d)bài] *n.* 대기; 의지가 되는 것; 지지자 —*a.* 예비의: ~ passengers 대기승객

stand·ee [stændí:] *n.* 입석자[손님]

stand·in [stǽndìn] *n.* 《영화》 대역; 대용품; 《俗》 유리한 입장

stand·ing [stǽndiŋ] *a.* 서있는; 상설의; 오래가는: a ~ room (극장의)입석 / a ~ dish 늘 같은 요리 —*n.* 기립; 지속(기간); 신분

stand·point [stǽn(d)pòint] *n.* 입장, 관점

stand·still [stǽn(d)stìl] *n.* 정지; 막힘

stan·za [stǽnzə] *n.* (시의)절(節)

sta·ple¹ [stéipl] *n.* 주요산물; 주성분; 원료; 섬유 —*a.* 주요한 (chief): ~ food 주식

sta·ple² *n.* U자형 못; 호치키스 바늘

star [stɑ:r] *n.* 별; 《天》 항성; 별표; 인기있는 사람; 스타아; (때로 *pl.*) 운세: a film [movie] ~ 영화스타아 *the S~s and Stripes* 성조기(미국국기) —*a.* 별의; 뛰어난 ~ *sapphire* 우현사파이어

star·board [stá:rbɔ̀rd/-bəd] *n.* 우현

starch [stɑ:rtʃ] *n.* 녹말; 풀; (*pl.*) 《美》 죽 —*vt.* 풀먹이다

star·dom [stá:rdəm] *n.* 스타아의 자리, 스타아들

stare [stɛər] *vt., vi.* 응시하다《*at*》—*n.* 응시

stark [stɑ:rk] *a.* 뻣뻣해진, 경직된; 완전한 —*ad.* 완전히

star·light [ᵕlàit] *n.* 별빛

star·ry [stá:ri] *a.* 별의[이 많은]; 별처럼 빛나는; 별모양의

star·span·gled [stá:rspæ̀ŋgld]

a. 별이 총총한 *the Star-Spangled Banner* 성조기(미국국기); 미국국가

start [stɑːrt] *vi.* 출발하다; 시작하다《on》; 생기다; (공포·놀람으로)움찔하다 —*vt.* 시작하다; 일으키다 *to ~ with* 우선 첫째로, 맨 먼저 —*n.* 출발; 개시; 펄쩍 뛰기, 움찔하기

star·tle [stɑːrtl] *vt.* 놀라게 하다

starve [stɑːrv] *vi., vt.* 굶주리(게 하)다; 《口》 몹시 배고프다; 갈망하다《for》: I am *starving*. 배가 고파 죽을 지경이다

state[1] [steit] *n.* 상태; (때로 the S~) 국가; (미국·오스트레일리아의)주; (the ~) 정부; 계급, 신분: *the S~ Department* 《美》 국무성 *the S~s* 《口》 미합중국 —*a.* 국가의; 《美》 (S~) 주의: the S~ university 주립대학 ~·**ly** *a.* 당당한

state[2] *vt.* 진술하다; 지정하다

state·ment [stéitmənt] *n.* 진술, 성명; 《商》 명세서

state·room [stéitrù(ː)m] *n.* (궁전 등의)큰 홀; (기차·여객기 등의)특등실

states·man [stéitsmən] *n.* (*pl.* -**men** [-mən]) 정치가

sta·tion [stéiʃ(ə)n] *n.* 정거장, 역; 위치, 장소; 부서; 파출소, 소[국]; 주둔지: a police ~ 경찰서/a fire ~ 소방서/a broadcasting [radio] ~ 방송국 / a gas ~ 주유소/a ~ indicator 《英》 열차시간 게시판/~-to-~ 번호통화(의, 로)(국제전화에서 싼 통화) (*cf.* person-to-person) —*vt.* 배치하다

sta·tion·ar·y [stéiʃ(ə)nèri/-əri] *a.* 정지[고정]한

sta·tion·er [stéiʃ(ə)nər] *n.* 문방구상(인)

sta·tion·er·y [stéiʃ(ə)nèri/-əri] *n.* 문방구

sta·tion·mas·ter [stéiʃ(ə)nmæstər/-mɑ́ːstə] *n.* 《英》 역장

státion wàgon 《美》 (좌석을 떼어낼 수 있는)상자형 자동차

sta·tis·tics [stətístiks] *n.* 《복수취급》 통계; 《단수취급》 통계학

stat·u·ar·y [stǽtʃuèri / -tjuəri] *n.* 조상(彫像)술; 《총칭》 조상 —*a.* 조상의

stat·ue [stǽtʃuː / -tjuː] *n.* 조상 *the S~ of Liberty* 자유의 여신상(뉴우요오크만에 있음)

stat·ure [stǽtʃər] *n.* 신장, 키

sta·tus [stéitəs, +美 stǽt-] *n.* 지위(rank); 사정 *the ~ quo* 현상

stat·ute [stǽtʃuːt/-tjuːt] *n.* 성문율; 법령, 법규; 규약

staves [steivz] *n.* staff의 복수

stay [stei] *vi.* 멎다; 체재하다, 묵다; …인 채로 있다: ~ at a hotel 호텔에 묵다 —*vt.* 멈추다; 지지하다 —*n.* 체재: make a long ~ 장기체재하다

stead [sted] *n.* 대신, 대리

stead·fast [stédfæst, -fəst/-fəst] *a.* 확고한, 부동의

stead·y [stédi] *a.* 튼튼한; 확고한; 착실한 —*ad.* 착실히 *go ~* 《美口》 애인이 되다 —*n.* 대(臺); 《美口》 일정한 데이트상대 -**i·ly** *ad.* 단단히, 착실히

steak [steik] *n.* 두툼하게 썬 고기; 스테이크, 불고기

steal [stiːl] *v.* (*p.* **stole,** *pp.* **stolen**) *vt.* 훔치다: I had my purse *stolen*. 지갑을 도둑맞았다 —*vi.* 도둑질하다; 몰래 들어가다[나오다]; (시간이)어느덧 지나다

steam [stiːm] *n.* (수)증기, 김; 《口》 원기: by ~ 기선으로/a ~ bath 한증막/rooms heated by ~ 증기난방이 된 방—*vi.* 증기를 내다[로 움직이다] —*vt.* 찌다; 증발시키다

steam·boat [́-bòut] *n.* 기선

stéam èngine 증기기관

steam·er [stíːmər] *n.* 기선

steam·ship [stíːmʃip] *n.* 기선 《배이름 앞에서 S.S.로 줄임》

steed [stiːd] *n.* 준마, 군마

steel [stiːl] *n.* 강철 —*a.* 강철의, 단단한

steep [stiːp] *a.* 가파른, 경사가 심한; 《口》 과장한 —*n.* 가파른 비탈; 절벽

stee·ple [stíːpl] *n.* 뾰족탑

steer [stiər] *vt., vi.* 키를 잡다, 조종하다《for, toward》; 《口》 전진시키다[하다]; 향하(게 하)다《for, to》

steer·age [stíː(ə)ridʒ] *n.* 조타; 선미; 3등선실 「주철

stein [stain] *n.* (도기제의)큰 맥

stem [stem] *n.* (초목의)줄기; 잎자루; (연장의)자루; 종족 —*vi.* 《美》 생기다, 비롯되다

sten·o·graph [sténəgræf/-grɑːf] *n.* 속기용 타자기 **ste·nóg·ra·pher** *n.* 속기사

Sten·o·type [sténətàip] *n.* 《상표명》 속기용 타자기 **ste·no·typ·ist** *n.* 속기 타자수

step [step] *n.* 걸음; 한 걸음(의 거리); 발소리; 걸음걸이; (춤의) 스텝; 수단, 방법; 계단: Mind [Watch] your ~! 발조심하시오 —*vi.* 걷다; 나아가다; 《口》 서두르다 —*vt.* 밟다; 춤추다

steppe [step] *n.* 대초원 *the S~s*

스텝지방(시베리아의 대초원)

ster·e·o·phon·ic [stèrioufánik/ -fɔ́n-] *a.* 입체음향의

ster·e·o·type [stérioutàip] *n.* 스테로판(인쇄); 상투어구

ster·e·o·vi·sion [stériouvìʒ(ə)n] *n.* 입체영화

ster·ile [stérəl/stérail] *a.* 불임의; 불모의 (*opp.* fertile); 효과 없는《*of*》; 살균한

ster·ling [stə́ːrliŋ] *a.* 영화(표준가격)의《stg.로 줄이며, 파운드 수치 다음에 붙여씀 : £500stg.》

stern[1] [stə́ːrn] *a.* 엄격한(severe), 준엄한

stern[2] *n.* 선미 (*cf.* bow[3]) 「자

Stet·son [stétsn] *n.* 카우보이모

stew [st(j)uː/stjuː] *vt., vi.* 뭉근한 불로 끓이다[찌다], 스튜로 요리하다 —*n.* 스튜우;《口》걱정

stew·ard [st(j)úːərd/stjuəd] *n.* 집사; 지배인; (기선·여객기 등의)급사, 스튜어드

stew·ard·ess [st(j)úːərdis/stjúə-əd-] *n.* (기선·여객기 등의)여자급사, 스튜어디스

St. He·le·na [sèinthəlíːnə / sèntilí-] 센트헬레나섬(나폴레옹의 유배지)

stick[1] [stik] *n.* 막대기;《주로英》지팡이(cane); 막대모양의 것 : a ~ of chocolate 막대쵸콜렛

stick[2] *v.* (*p., pp.* stuck) *vt.* 찌르다《*into, through*》; 찔러넣다; 붙이다;《口》난처하게 하다 —*vi.* 찔리다《*in*》; 내밀다; 달라붙다 ~·**er** *n.* 찌르는 사람[도구];《俗》나이프; 광고삐라, 스티커; (자동차의)주차위반딱지

stíck·ing·plàster 반창고(adhesive plaster)

stick·y [stíki] *a.* 끈적끈적한; (날씨 등이)누기찬

stiff [stif] *a.* 딱딱한, 뻣뻣한(rigid); 완강한; 어려운

stiff·en [stíf(ə)n] *vi., vt.* 딱딱하게 되다[하다]; (바람 등이)강해지다

sti·fle [stáifl] *vt.* 질식시키다 (choke); (감정 등을)억누르다

still [stil] *a.* 고요한(quiet); 움직이지 않는 —*ad.* 아직도;《접속사적으로》그런데도; (비교급과 함께)더욱, 한층 —*vt., vi.* 조용하게 하다[되다] —*n.*《詩》정적; (영화의)스틸, 장면사진

stim·u·lant [stímjulənt] *a.* 자극성의 —*n.* 자극물; 흥분제; 술

stim·u·late [stímjulèit] *vt.* 자극하다; 활기띠게 하다, 격려하다

stim·u·lus [stímjuləs] *n.* (*pl.* -li [-lài]) 자극(물); 자극제, 흥분제

sting [stiŋ] *vt., vi.* (*p., pp.* stung) 찌르다; 쑤시듯이 아프(게하)다 —*n.*《動》독침; 가시; 찔린 상처; 격통

stin·gy [stíndʒi] *a.* 인색한

stink [stiŋk] *vi.* (*p.* stank [stæŋk], stunk, *pp.* stunk) 악취를 풍기다; 평판이 나쁘다 —*n.* 악취

stir [stəːr] *vt.* 움직이다; 휘젓다, 뒤섞다; 감동시키다, 선동하다《*up*》—*vi.* 움직이다 —*n.* 움직임; 활동; 평판; 대소동

stir·ring [stə́ːriŋ] *a.* 움직이는 감동시키는; 활발한; 분주한

stitch [stitʃ] *n.* 한 바늘[코, 뜸]; 헝겊;《口》아주 조금《*of*》—*vt., vi.* 꿰매다

stock [stak/stɔk] *n.* 저장, 저축; 재고품; 주식; 줄기; 가계(家系); 가축; 수우프 재료 : a laughing ~ 웃음거리/~ market 증권시장/The book is out of ~. 그 책은 매진되었다 —*a.* 재고의 —*vt.* 저장[비축]하다; 갖추다; 사들이다; 가축을 두다

stóck càr 가축운반화차

Stock·holm [stákhòu(l)m/stɔ́khoum] *n.* 스톡홀름(스웨덴수도)

stock·ing [stákiŋ/stɔk-] *n.* (보통 *pl.*) 긴 양말 (*cf.* sock)

Sto·ic [stóu(u)ik] *a., n.* 스토아철학의(신봉자); 극기주의자(의)

STOL [éstɔ̀ːl] = short *take-off* and *l*anding aircraft 단거리 이착륙기

stole[1] [stoul] *v.* steal의 과거

stole[2] *n.* (여자용)어깨걸이

sto·len [stóul(ə)n] *v.* steal의 과거분사 —*a.* 도둑맞은

stom·ach [stʌ́mək] *n.* 위; 배; 식욕; 기분

stom·ach·ache [ㅡèik] *n.* 복통

sto·ma·ti·tis [stòumətáitis, + 美 stàm-] *n.* 구내염

stone [stoun] *n.* 돌; 보석;《植》씨, 핵 —*a.* 돌로 만든 —*vt.* 돌을 던지다

Stone·henge [stóunhendʒ / ㅡㅡ] *n.* 환상 석주군(영국에 있는 유사이전의 유적)

ston·y [stóuni] *a.* 돌이 많은; 돌같은; 차가운, 무표정한

stood [stud] *v.* stand의 과거(분사)

stool [stuːl] *n.* 걸상 「사」

stoop [stuːp] *vi.* 몸을 구부리다

stop [stap/stɔp] *vt.* 멈추다; 그만두다; 중지하다; 방해하다(prevent)《a person *from* doing》—*vi.* 멎다, 중지하다;《口》묵다 ~ **off** 도중하차하다 ~ **over** 잠시 머무르다; 도중하차하다 —*n.* 중지, 정지; 역, 정류장; 체재 : a bus ~ 버스정류장/the last

~ 종점/a ~ sign 일단정지표
지/No ~ is permitted on the
road. 노상정차금지
stop·off [ㅅㅈ:f/-ㅈ(:)f] *n.* 도중하
차[하선], 들르기
stor·age [stɔ́:ridʒ] *n.* 저장(창고)
store [stɔ:r] *n.* 저축, 저장; (*pl.*)
비품;《美》상점 (*cf.* shop); (*pl.*)
《英》백화점;《英》창고: a chain
~ 연쇄점 — *vt.* 갖추다《with》;
저장하다
store·house [ㅅhàus] *n.* 창고, 보
고(寶庫)
store·keep·er [ㅅkì:pər] *n.*《美》
가게주인(《英》shopkeeper)
storm [stɔ:rm] *n.* 폭풍(우) — *vi.*
폭풍이 불다
storm·y [stɔ́:rmi] *a.* 폭풍우의;
미쳐날뛰는, 격렬한(violent)
sto·ry[1] [stɔ́:ri] *n.* 이야기(tale),
경력; (소설·연극 등의)줄거리;
《口》꾸며낸 이야기: a detec-
tive ~ 탐정소설
sto·ry[2],《英》 **-rey** *n.* 층: eight
stories high 8층건축
sto·ry·book [ㅅbùk] *n.* 이야기
책, 동화책
stout [staut] *a.* 튼튼한; 뚱뚱한
(fat) — *n.* 흑맥주, 스타우트
stove [stouv] *n.* 난로 〔자
stow·a·way [stóuəwèi] *n.* 밀항
straight [streit] *a.* 똑바른; 정돈
된; 솔직한(frank);《口》확실
한;《美》철저한; (술 등이)물을
타지 않은 — *ad.* 똑바로; 직접;
솔직히《out》; 정직히: go ~ 똑
바로 가다
straight·en [stréitn] *vt.,* *vi.* 똑
바로 하다[되다]; 정돈[정리]하다
straight·for·ward [strèitfɔ́:r-
wərd] *a.* 똑바른; 정직한
strain [strein] *vt.* 팽팽히 하다;
긴장시키다; 과로시키다 — *vi.*
노력하다; 잡아당기다《at》; 긴장
하다 — *n.* 긴장; 격심한 일; 과로
strait [streit] *n.* (때로 *pl.*) 해협:
the S~s of Dover 도버 해협
strange [streindʒ] *a.* 모르는, 낯
선, 귀에 선; 외국의(foreign); 이
상한(odd): I am ~ to this
town. 이 도시는 처음이다 ~
ly *ad.* 이상하게, 별나게
stran·ger [stréindʒər] *n.* 낯선
사람, 타인; 외국인; 처음 온 사
람: I am a ~ here. 여기는 처
음입니다
strap [stræp] *n.* 가죽끈; 손잡이
끈 — *vt.* 가죽끈으로 묶다 ~
tag 짐표의 위 반쪽(아래반쪽은
교환권(claim tag)으로서 탑승
객이 가짐)
strap·hang·er [ㅅhæŋər] *n.*《口》
손잡이에 매달리는 승객

stra·te·gic [strətí:dʒik], **-gi·cal**
[-dʒik(ə)l] *a.* 전략적인
stra·e·gy [strǽtidʒi] *n.* 전략
straw [strɔ:] *n.* 짚, 밀짚(모자);
빨대, 스트로오
straw·ber·ry [ㅅbèri/-b(ə)ri] *n.*
《植》양딸기
straw·hat [ㅅhæt] *n.* 밀짚모자
stray [strei] *vi.* 길을 잃다 — *a.*
길잃은 — *n.* 미아
streak [stri:k] *n.* 줄; 줄무늬
(stripe); 경향(tendency)
streak·ing [ㅅiŋ] *n.* 스트리킹(발
가벗고 공중 앞에서 달리기)
stream [stri:m] *n.* 시내(brook);
흐름; 풍조; …의 흐름《of》—
vi., vt. 흐르다; 흐르게 하다
stream·er [strí:mər] *n.* 기드림;
장식리본; 색테이프; (신문의)
단표제
stream·line [strí:mlàin] *n., a.*
유선형(의)
street [stri:t] *n.* 가로; …가, …
로: a main ~ 한길/a side ~
옆길 the S~《美》Wall Street
(뉴우요오크시의 금융가);《英》
Fleet Street (런던의 신문가);
《英》Lombard Street (런던의
금융가)
street·car [ㅅkà:r] *n.*《美》시내
전차(《英》tramcar) 〔춘부
street·walk·er [ㅅwɔ̀:kər] *n.* 매
strength [streŋ(k)θ] *n.* 힘; 강도
strength·en [stréŋ(k)θ(ə)n] *vt.*
강화하다; 격려하다 — *vi.* 강해
지다; 기운이 나다
stren·u·ous [strénjuəs] *a.* 분투
하는, 불굴의, 열심인
stress [stres] *n.* 강조; 노력, 긴
장 — *vt.* 강조하다
stretch [stretʃ] *vt.* 잡아늘이다;
넓히다(extend);《口》과장하다
— *vi.* 늘어나다; 넓어지다; 계속
되다 — *n.* 늘어남; 단숨; 퍼짐;
직신 코오스
strew [stru:] *vt.* (*p.* ~**ed**, *pp.*
~**ed, strewn** [stru:n]) 흩뿌리다
strick·en [strík(ə)n] *v.* strike의
과거분사 — *a.* 얻어맞은; (병에)
걸린
strict [strikt] *a.* 엄격한; 정밀한
strict·ly [stríktli] *ad.* 엄격히;
엄밀히
stride [straid] *v.* (*p.* **strode**
[stroud], *pp.* **strid·den**
[strídn]) *vi.* 성큼성큼 걷다;
타고넘다 — *vt.* 타고넘다, 걸
터타다 — *n.* 큰 걸음(의 폭)
strife [straif] *n.* 경쟁; 다툼
strike [straik] *v.* (*p.* **struck,** *pp.*
struck, strick·en) *vt.* 치다, 때
리다; 찌르다; 충돌시키다; 마음
에 떠오르다; 이르다; 우연히

나다; 울리다; 감명을 주다; (시계가)치다 —vi. 치다, 때리다; 충돌하다; 인상을 주다; (시계가) 시간을 치다, 울리다; 파업하다 —n. 타격; 파업, 스트라이크; 《야구》 스트라이크

strik·ing [stráikiŋ] a. 두드러진; 뚜렷한, 훌륭한; 파업중인

string [striŋ] n. 끈, 실; (악기의) 현, (활)줄; (pl.) 현악기(연주자); 섬유; 일련: a ~ band 현악단/ a ~ quartet 현악4중주(단)/a ~ tie 끈넥타이 —vt. (p., pp. **strung** [strʌŋ]) 실[끈]을 달다; 현을 치다(up); 《보통 과거분사형》 긴장시키다 (up)

strip [strip] vt., vi. (껍질 등을) 벗기다; 발가벗(기)다; 제거하다

stripe [straip] n. 줄(무늬); 《軍》 수장(袖章) —vt. 줄을 달다

strip·tease [stríptì:z] n. 스트립쇼우 **-teas·er** n. 스트리퍼

strive [straiv] vi. (p. **strove** [strouv], pp. **striv·en** [strívn]) 노력하다; 다투다, 싸우다

stroke¹ [strouk] n. 치기, 찌르기; 일격; 한번 젓기; 일필; 맥박; 수완

stroke² vt. 쓰다듬다, 어루만지다

stróke plày 《골프》 타수경기 (medal play)

stroll [stroul] n. 산책 —vi., vt. 어슬렁거리다, 산책하다

strong [strɔːŋ/strɔŋ] a. 강한 (opp. weak); 견고한; (술이)독한; (냄새·빛 등이)강렬한; (수단 등이)강경한: a ~ wind 강풍/ ~ tea 진한 차/~ drink 알콜 음료 **~·ly** ad. 강하게; 열심히

strong·room [⸗rù(:)m] n. 《주로 英》 금고실, 귀중품실 「(분사)

struck [strʌk] v. strike의 과거

struc·ture [strʌ́ktʃər] n. 구조, 구성; 조직; 건축물

strug·gle [strʌ́gl] vi. 몸부림치다; 싸우다, 분투하다 (against, with); 애쓰다 —n. 격투; 투쟁; 노력 ~ for existence 생존경쟁 ~ for power 권력투쟁

strut [strʌt] vi., n. 점잖빼며 걷다[걷기]

stub [stʌb] n. 그루터기; (엽궐련의)꽁초; 《美》 (어음책 등의)부본

stub·born [stʌ́bərn] a. 완고한 (obstinate); 힘에 겨운 「(사)

stuck [stʌk] v. stick²의 과거(분

stud [stʌd] n. 장식용 징[못]; 장식용 단추; 《建》 샛기둥

stu·dent [st(j)ú:d(ə)nt / stjú:-] n. 학생, 연구가

stu·di·o [st(j)ú:diòu / stjú:diou] n. (pl. ~s) 작업장; 스튜디오, 방송실

stu·di·ous [st(j)ú:diəs/stjú:-] a. 공부를 좋아하는; 공들인; 열심인

stud·y [stʌ́di] n. 공부; (때로 pl.) 연구 (of); 서재 —vt., vi. 공부[연구]하다: ~ abroad 유학하다

stuff [stʌf] n. 재료, 원료 (material); 자질; 하찮은 물건; (모)직물 —vt. 채워넣다 —vi. 실컷 먹다

stuff·y [stʌ́fi] a. 통풍이 잘 안되는; 《美口》 시무룩한

stum·ble [stʌ́mbl] vi. (발이 걸려)비틀거리다 (at, over); 말을 더듬다 (at) —n. 비틀거리기

stump [stʌmp] n. 그루터기 (stub); 꽁초

stump·y [stʌ́mpi] a. 땅딸막한

stun [stʌn] vt. 기절시키다 「(사)

stung [stʌŋ] v. sting의 과거(분

stunt [stʌnt] n. 《口》 묘기; 고등비행

stu·pe·fy [st(j)ú:pifài/stjú:-] vt. 마비시키다, 무감각하게 하다; 멍하게 하다

stu·pen·dous [st(j)u(:)péndəs/ stjú:-] a. 놀랄만한, 터무니없는

stu·pid [st(j)ú:pid/stjú:-] a. 어리석은 (foolish), 얼빠진; 하찮은

stur·dy [stə́:rdi] a. 튼튼한, 건장한; 강한

style [stail] n. (행위·경기의)방식; 태도; 유행형; 문체; (예술의)양식

sub [sʌb] n. 《口》 기부, 예약; (야구의)보결선수; 잠수함

sub- [sʌb-, səb-] pref. 「아래·부·다음·약간」의 뜻

sub·due [səbd(j)ú:/-djú:] vt. 정복하다 (conquer), 억제하다

sub·ject [sʌ́bdʒikt →v.] a. 종속의 (to); …하기 쉬운(to); …을 조건으로 하는: ~ to change without notice 예고없이 변경하는 수가 있는 —ad. …을 조건으로 하여, 을 가정하여 (to) —n. 《총칭》 신민; 주제; 학과; 원인; 주관 —vt. [səbdʒékt] 종속시키다(to); 받게 하다(a person to); 제시[제출]하다(to)

sub·jec·tive [sʌbdʒéktiv] a. 주관적인 (opp. objective); 주격의

sub·junc·tive [səbdʒʌ́ŋktiv] n., a. 가정법(의)

sub·lime [səbláim] a. 숭고한, 웅대한; 탁월한

sub·ma·rine a. [sʌbməríːn→n.] 해저의: a ~ boat 잠수함/a ~ armor 잠수복 —n. [⸗⸝⸜/⸜⸜⸝] 잠수함; 《美》 대형 샌드위치

sub·merge [səbmə́:rdʒ] vt. 물속에 가라앉히다; 물에 잠그다 —vi. 잠수하다

sub·mis·sion [səbmíʃ(ə)n] n.

복종; 공손함

sub·mit [səbmít] *vt.* 《재귀형》 복종시키다(yield)《oneself *to*》; 제출하다 —*vi.* 굴복하다《*to*》

sub·or·di·nate [səbɔ́:rd(i)nit→ *v.*] *a.* 하위의《*to*》; 종속의 — *n.* 부하 —*vt.* [-nèit] 종속시키다

sub·poe·na [səpí:nə] *n., vt.* 소 환장; 소환하다

sub·scribe [səbskráib] *vt., vi.* 서명하다; 기부하다《*to*》(contribute); 예약하다《*for*》; 구독 하다

sub·se·quent [sʌ́bsikwənt] *a.* (그)후의; 잇따라 일어나는《*to*》

sub·side [səbsáid] *vi.* (비바람 등이)자다; 가라앉다; 침전하다

sub·sist [səbsíst] *vi.* 살아가다 《*on, by*》; 존재하다 (exist) — *vt.* 음식을 주다

sub·stance [sʌ́bst(ə)ns] *n.* 물질 (material); 본질; 요지 (gist); 실 질; 내용; 자산 (property)

sub·stan·tial [səbstǽnʃ(ə)l] *a.* 실질[내용]이 있는; 튼튼한; 사 실상의; 부유한: a ~ meal 충 분한 식사

sub·sti·tute [sʌ́bstit(j)ù:t/-tju:t] *n.* 대용품; 대리인 —*vt.* 대용 하다

sub·ti·tle [sʌ́btàitl] *n.* 부제목

sub·tle [sʌ́tl] *a.* 미묘한 (delicate); 민감한; 교묘한; 엉큼한

sub·tract [səbtrǽkt] *vt.* 감하다, 빼다 (deduct)

sub·trop·i·cal [sʌ̀btrápik(ə)l / sʌ̀btrɔ́p-] *a.* 아열대의

sub·urb [sʌ́bə:rb] *n.* (때로 *pl.*) 교외, 변두리

sub·ur·ban [səbə́:rb(ə)n] *a.* 교 외[변두리]의 ~·ite [-àit] *n.* 교외거주자

sub·way [sʌ́bwèi] *n.* 《주로英》 지하도; 《美》지하철 (《英》underground, tube)

suc·ceed [səksí:d] *vt., vi.* 잇따 르다 (follow); 뒤를 잇다《*to*》; 성공하다《*in*》

suc·cess [səksés] *n.* 성공(자)

suc·cess·ful [səksésf(u)l] *a.* 성 공한; 번영하는; (모임 등이)성 대한 ~·ly *ad.* 성공적으로

suc·ces·sion [səkséʃ(ə)n] *n.* 연 속; 계승; 상속권

suc·ces·sive [səksésiv] *a.* 연속

suc·ces·sor [səksésər] *n.* 후임 자, 상속자, 계승자

such [sʌtʃ, sətʃ] *a.* 1 그[이]와같 은 2 《such ...as 또는 such as 로》 ···같은 3 《that와 함께 써 서》 ···한 정도의 —*pron.* 그 [이]런 사람[것]; 그것, 저것(들) ~ and ~ 이러저러한 일

suck [sʌk] *vt.* 빨다; 핥다 —*vi.* 젖을 빨다 —*n.* 빨기

Su·dan [su:dǽn/su(:)dá:n] *n.* 수 단(아프리카 동북부의 공화국)

sud·den [sʌ́dn] *a.* 갑작스런, 불 시의 ~·ly *ad.* 갑자기, 불시에

sue [su:/s(j)u:] *vt., vi.* 고소하다

suede [sweid] *n.* 스웨드가죽 [F]

Su·ez Ca·nal [sú(:)ez/s(j)ú(:)iz] (*the* ~) 수에즈 운하

suf·fer [sʌ́fər] *vt.* (고통 등을)겪 다; 참다 (endure) —*vi.* 괴로와 하다《*from*》

suf·fer·ing [sʌ́f(ə)riŋ] *n.* (때로 *pl.*) 고통; 수난, 피해

suf·fice [səfáis, + 美 -fáiz] *vi., vt.* 충분하다, 만족시키다 (satisfy)

suf·fi·cient [səfíʃ(ə)nt] *a.* 충분한 (*cf.* deficient) -cien·cy *n.* 충분 (한 양)

suf·fo·cate [sʌ́fəkèit] *vt., vi.* 질 식(사)시키다[하다] (choke)

suf·frage [sʌ́fridʒ] *n.* 투표 (vote)

sug·ar [ʃúgər] *n.* 설탕: brown ~ 흑설탕/cube [lump] ~ 각 설탕/~ candy (고급)캔디; 얼 음사탕

sugar cane 〔植〕 사탕수수

sug·ar·plum [⌐plʌm] *n.* 캔디

sug·gest [sədʒést, + 美 səgdʒést] *vt.* 암시하다 (hint); 제의하다

sug·ges·tion [sədʒéstʃ(ə)n, +美 səgdʒés-] *n.* 암시; 제안

su·i·cide [sú:isàid / s(j)ú(:)i-] *n.* 자살(자): commit ~ 자살하다

suit [su:t/s(j)u:t] *n.* 의복 한벌; 청원: a dress ~ (남자의)야회 복 —*vt., vi.* (···에)알맞다; (··· 의)마음에 들다; 어울리다

suit·able [sú:təbl/s(j)ú:t-] *a.* 알 맞은; 어울리는 (fitting)《*for, to*》

suit·case [sú:tkèis, s(j)ú:t-] *n.* 소형 여행가방, 수우트케이스

suite [swi:t] *n.* 수행원, 일행; 한 벌, 잇단 방: a ~ of rooms (호 텔·아파아트의)잇달아붙은 방

sul·fa drug [sʌ́lfə] 설파제

sulk·y [sʌ́lki] *a.* 실쭉한, 부루 퉁한; 음산한

sul·len [sʌ́lin] *a.* 시무룩한; 음산 한 (gloomy)

sul·tan [sʌ́lt(ə)n] *n.* 회교군주; (*the* S~) 옛 터어키황제

sum [sʌm] *n.* 합계, 총계, 총액; 개략; 금액 *in* ~ 요컨대 *a large ~ of* 다액의 ~ *total* 총 계 —*vt., vi.* 총계하다

Su·ma·tra [su(:)má:trə] *n.* 수마 트라(인도네시아의 섬)

sum·ma·ry [sʌ́məri] *a.* 적요의; 간단한 —*n.* 개요, 요약

sum·mer [sʌ́mər] *n.* 여름: ~ holidays [vacation] 여름휴가/

a ~ house 《美》 여름별장/a
~ resort 피서지 ~ *time* 《英》
일광절약시간 *Indian* ~ (초겨
울의) 푹한 날씨

sum·mit [sʌ́mit] *n.* 정상; 절정
~*conference* [talks] 정상[수
뇌]회담

sum·mon [sʌ́mən] *vt.* 소집하다;
(용기 등을)내다

sun [sʌn] *n.* 태양; 햇빛, 양지 —
vt. 햇볕에 쬐다 —*vi.* 일광욕하
└다

sún bàth 일광욕

sun·beam [-́bìːm] *n.* 햇빛

sun·blind [-́blàind] *n.* 《英》 (창
문의)차양

sun·burn [-́bə̀ːrn] *n.* 햇볕에 탐
—*vi., vt.* (*p., pp.* ~**·ed** *or*
-burnt) 햇볕에 타다[태우다]

sun·burnt [-́bə̀ːrnt]*a.* 햇볕에 탄

sun·dae [sʌ́ndi, -dei/-déi] *n.* 선
디(과일을 넣은 아이스크리임)

Sun·day [sʌ́ndi, -dei] *n.* 일요
일: a ~ school 주일학교

sun·di·al [sʌ́ndài(ə)l] *n.* 해시계

sún·dry góods [sʌ́ndri] 잡화

sún·flow·er [sʌ́nflàuər] *n.*《植》
해바라기

sun·fo·rized [sʌ́nfəràizd] *n.* 방
축(防縮) 가공한 것

sung [sʌŋ] *v.* sing의 과거(분사)

sun·glass [-́glæ̀s/-glɑ̀ːs] *n.* (*pl.*)
선글라스

sunk [sʌŋk] *v.* sink의 과거(분
사) —*a.* =sunken

sunk·en [sʌ́ŋk(ə)n] *v.* sink의 과
거분사 —*a.* 가라앉은; 움푹한

sun·kist [sʌ́nkist] *n.* 캘리포오
니아산 오렌지의 대명사

sun·light [sʌ́nlàit] *n.* 햇빛

sun·ny [sʌ́ni] *a.* 볕이 잘드는 ~
side up (한쪽만 프라이한)계
란반숙

sún pàrlor 《美》 일광욕실 「출

sun·rise [sʌ́nràiz] *n.* 해돋이, 일

sun·room [-́rù(ː)m] *n.* 《英》 일
광욕실

sun·set [-́sèt] *n.* 일몰

sun·shade [-́èid] *n.* 양산; (창
문의)차양

sun·shine [-́àin] *n.* 햇빛, 양지

sup [sʌp] *vt., vi.* 홀짝홀짝 마시
다; 저녁을 먹다: ~ *out* 저녁을
밖에서 먹다 —*n.* 한입, 한모금

su·per [súːpər/s(j)úːpə] *n.* 단역,
임시고용인; 《商》 특등품 —*a.*
면적의; 《俗》 특별고급의

super- *pref.*「위」「초과」「초월」
「이상」의 뜻

su·perb [supə́ːrb/s(j)u(ː)-] *a.* 당
당한; 훌륭한

su·per·ex·press [-́iksprés] *n.,*
a. 초특급열차(의)

su·per·fi·cial [sùːpərfíʃ(ə)l/s(j)-

ù:-] *a.* 표면[면적]의; 피상적인

su·per·flu·ous [suːpə́ːrfluəs /
s(j)ù(ː)-] *a.* 여분의; 불필요한

su·per·high·way [-́háiwèi] *n.*
고속(자동차)도로

su·per·in·tend [sùːp(ə)rintend/
s(j)ùː-] *vt., vi.* 감독하다

su·pe·ri·or [səpí(ː)riər, su- /
s(j)uːpíər-] *a.* 뛰어난 (*opp.* in-
ferior) 《*to*》; 우수한 —*n.* 상급
자 *Lake S~* 슈피리어호(북미
5대호의 하나)

su·pe·ri·or·i·ty [səpìːríʃ:riti,
-ár-/s(j)ù(ː)pìəriór-] *n.* 우위, 우
월 ~ *complex* 우월감

su·per·jet [súːpərdʒèt/s(j)úː-]*n.*
초음속 제트기

su·per·la·tive [supə́ːrlətiv,
s(j)uːpə́-] *a.* 최상의, 최고의

su·per·man [súːpərmæ̀n/s(j)úː-
pə-] *n.* (*pl.* **-men** [-mèn]) 초인

su·per·mar·ket [súːpərmɑ̀ːrkit
/sjúː-] *n.* 《美》 슈우퍼마아켓

su·per·nat·u·ral[sùːpərnætʃ(u)
rəl/s(j)ù(ː)-]·] *a.* 초자연의

su·per·pow·er [súːpərpàuər /
s(j)úː-] *n.* 초강대국(미국 또는
소련)

su·per·scrip·tion [sùːpərskríp-
ʃ(ə)n/s(j)ù-] *n.* 겉봉, 주소성명

su·per·son·ic [sùːpərsɑ́nik /
s(j)úːpəsɔ́n-] *a.* 초음속의

su·per·sti·tion [sùːpərstíʃ(ə)n/
s(j)ù-] *n.* 미신 **-tious** *a.* 미신
의; 미신을 믿는

sup·per [sʌ́pər] *n.* 저녁밥, 만찬

sup·ple [sʌ́pl] *a.* 나긋나긋한; 온
순한 —*vt., vi.* 나긋나긋하게
하다[되다]

sup·ple·ment *n.* [sʌ́plimənt →
v.] 추가, 부록 —*vt.* [sʌ́plimènt]
보충하다; 증보하다

sup·ply [səplái] *vt.* 공급하다 —
n. 공급; 비축; (*pl.*) 양식

sup·port [səpɔ́ːrt] *vt.* 지지[유
지]하다; 부양하다; 견디다 —*n.*
지지(자); 원조(자); 지주(支柱)

sup·port·er [səpɔ́ːrtər] *n.* 지지
자, 후원자; 부양자

sup·pose [səpóuz] *vt.* 가정하다;
상상하다; 《명령형》…하면 어
떨까; 《분사형》만일 … 이라면—
I ~ so. 아마 그렇겠지

sup·press [səprés] *vt.* 진압하다
(subdue); (감정 등을)억제하다

su·preme [su(ː)príːm/s(j)u(ː)-]·] *a.*
지상[최상]의 *S~ Court* 대법원
S~ Soviet 소련최고회의

sure [ʃuər, +英 ʃɔː] *a.* 확실한,
틀림없이 …인, 확신하는: He
is ~ *to come.* 그는 꼭 온다/
S~ thing!; S~! 《美口》 물론;
반드시/ Well, I'm ~! 이런 《놀

람》/ Be ~ to come. 꼭 오너라 to be ~ 《독립구》물론, 과연; 저런 —ad. 확실히

sure·ly [ʃúərli] ad. 확실히: Will you come with us?—S~! 함께 가겠오? 물론이지요

surf [səːrf] n. 밀려오는 파도

sur·face [sə́ːrfis] n. 표면, 외관 —a. 표면의, 외관의; 지상의, 수상의: a ~ mail 보통[선박]편 (cf. air mail)/~ transport 공항과 시내를 잇는 교통

surf·board [sə́ːrfbɔ̀ːrd] n. 파도타기널

surf·ing [⌐iŋ] n. 파도타기

surf·rid·ing [⌐ràidiŋ] n. 파도타기

surge [səːrdʒ] n. 큰파도; 너울 —vi. 파도치다; (파도처럼)몰려오다 「사

sur·geon [sə́ːrdʒ(ə)n] n. 외과의

sur·mount [sə(ː)rmáunt] vt. (곤란을)극복하다; …보다 높이 솟다

sur·name [sə́ːrneim] n. 성 —vt. 성을 붙이다, 성으로 부르다

sur·pass [sə(ː)rpǽs / sə(ː)pɑ́ːs] vt. …보다 낫다, 능가하다 (exceed)

sur·plus [sə́ːrpləs, +美 -plʌ̀s] n. 나머지, 잉여 —a. 과잉의

sur·prise [sərpráiz] vt. 놀라게하다 (astonish); 불시에 치다 —n. 놀람; 기습: What a ~! 놀랬는데 · to one's ~ 놀랍게도

sur·pris·ing [sərpráiziŋ] a. 놀랄만한, 눈부신

sur·ren·der [səréndər] vt. 넘겨주다; 포기하다; 몰두하다 《oneself to》 —vi. 항복하다 (yield) —n. 항복; 인도 「다

sur·round [səráund] vt. 둘러싸

sur·round·ing [səráundiŋ] n. (pl.) 환경; 주위 —a. 주위의

sur·vey vt. [sərvéi →n.] 바라보다 (overlook); 개관하다 —n. [⌐⌐, ⌐⌐] 바라보기; 개관

sur·viv·al [sərváiv(ə)l] n. 살아남기, 생존(자), 잔존(물) the ~ of the fittest 적자생존

sur·vive [sərváiv] vt., vi. 보다오래 살다 (outlive); 잔존하다

sus·cep·ti·ble [səséptəbl] a. 다감(민감)한; 영향받기 쉬운《of》; …의 여지가 있는《to》

sus·pect [səspékt] vt., vi. 의심하다; 알아채다; (…아닌가) 생각하다 (guess)

sus·pend [səspénd] vt. 매달다 (hang); 중지하다; 연기하다 ~·ers n. pl. 《英》 양말대님 (garters); 《美》 (바지)멜빵

sus·pense [səspéns] n. 미결; 불안, 염려

sus·pen·sion [səspénʃ(ə)n] n. 매달기; 중지; 연기

sus·pi·cion [səspíʃ(ə)n] n. 의심 (doubt); 알아채기; 아주 조금

sus·pi·cious [səspíʃəs] a. 의심많은; 의심스러운

sus·tain [səstéin] vt. 버티다 (support), 지지하다; 당하다

sus·te·nance [sʌ́stinəns] n. 생계; 식량, 영양물 「경(전)

Su·tra, su- [súːtrə] n. 《불교》

swal·low[1] [swálou/swɔ́l-] n. 《鳥》 제비

swal·low[2] vt., vi. 삼키다; 《口》 곧이듣다 —n. 한모금(의 양)

swal·low·tail [⌐tèil] n. 《昆》 호랑나비; 《口》 연미복

swam [swæm] v. swim의 과거

swamp [swɑmp/swɔmp] n. 늪

swan [swɑn/swɔn] n. 《鳥》 백조; 아름다운 것[사람]

swap [swɑp / swɔp] n., vt., vi. 《口》 교환(하다)

swa·raj [swɑrɑ́ːdʒ] n. 자치, 독립(원래 인도국민당의 표어)

swarm [swɔːrm] n. (곤충의)떼; 군중 —vi. 떼를 짓다

swat [swɑt/swɔt] vt. 《口》 찰싹 때리다

swathe [sweið, +美 swɑːð] vt. 붕대를 감다, 싸다 —n. 붕대

sway [swei] vt., vi. 흔들(리)다; 동요시키다[하다] —n. 동요, 흔들림; 지배

swear [swɛər] vt. (p. swore, pp. sworn) 맹세[선서]하다; 《口》 단언하다: ~ by god 신에게 맹세하다

sweat [swet] n. 땀; 《口》 힘드는 일 in a ~ 땀흘려; 《口》 불안하여 —vi. (p., pp. sweat or ~·ed) 땀을 흘리다; 《口》 노동하다

sweat·er [swétər] n. 스웨터

Swede [swiːd] n. 스웨덴인

Swe·den [swíːdn] n. 스웨덴

Swed·ish [swíːdiʃ] a. 스웨덴(인·어)의 —n. 스웨덴어; 《총칭》 스웨덴인

sweep [swiːp] vt., vi. (p., pp. swept) 쓸다, 청소하다; 일소하다: ~ a room clean 방을 깨끗이 청소하다 —n. 청소; 일소; 《俗》 보기싫은 놈; (보통 pl.) 쓰레기 「[기]

sweep·er [swíːpər] n. 청소인

sweet [swiːt] a. 단 (cf. bitter, sour); 맛있는; 향기로운; (술이) 달콤한 (opp. dry); 아름다운, 귀여운: It smells ~. 냄새가 좋다/a ~ home 즐거운 가정 —n. 단맛; 단것, 《주로英》 단 과자(캔디·봉봉 등); 《주로

호칭으로)》 사랑하는 사람, ·애인
—ad. =sweetly

sweet·bread [⸗brèd] n. 송아지
의 지라 또는 가슴샘(고급식품)

sweet·en [swíːtn] vt., vi. 달게
하다[되다]; 유쾌하게 하다[되다];
정화하다 ~·er n. 감미료 「인

sweet·heart [swíːthàːrt] n. 애

sweet·ly [swíːtli] ad. 달게, 맞있
게; 향기롭게; 사랑스럽게

sweet·meat [swíːtmìːt] n. (보통
pl.) 사탕과자, 봉봉, 캔디

swell [swel] vi., vt. (p. ~ed, pp.
swol·len, ~ed) 부풀다, ·부풀
리다, 팽창하다[시키다]; 붓다;
크게 되다[하다] —n. 팽창, 붓
기; 《俗》 대가; 명사; 멋장이 —
a. 《俗》 멋부린; 멋있는

swept [swept] v. sweep의 과거
(분사)

swift [swift] a. 빠른 (quick), 신
속한 (fast) —ad. 재빨리

swig [swig] 《口》 n. 꿀꺽꿀꺽
마심 —vt., vi. 꿀꺽꿀꺽마시다

swim [swim] vi., vt. (p. swam,
pp. swum) 헤엄치다; 뜨(게하
다; 활주하다 —n. 수영; 대세,
시류: have a ~ 한바탕 수영하
다/a ~ meet 《美》 수영대회

swim·mer [swímər] n. 수영자

swim·ming [swímiŋ] n. 수영

swímming bàth 《英》 (보통 실
내)수영장

swímming pòol 《美》 수영장

swímming sùit 수영복

swing [swiŋ] v. (p., pp. swung)
vi. 흔들리다; 그네를 타다; 회
전하다 —vt. 흔들다; 휘두르다;
회전시키다 —n. 흔들림, 진동;
그네; 짧은 여행; 스윙음악

swíng mùsic 스윙음악(즉흥 연
주부분이 있는 재즈)

Swiss [swis] n. sing. & pl. 스
위스인 —a. 스위스(인)의: ~
cheese 《美》 단단하고 구멍이
많은 치이즈 ~Air Transport
스위스항공

switch [switʃ] n. 《電》 스위치;
전환; 교환대 —vt., vi. 스위치
를 끊다[넣다] 《off, on》; 변환
하다 《over, to》: ~ a light off
등불을 끄다

switch·blàde knífe [switʃ-
blèid] 날이 튀어나오는 나이프

switch·board [⸗bòːrd] n. 배전
반; 교환대

switch-hit·ter [⸗hìtər] n. 양손
잡이 타자 「n. 스위스

Switz·er·land [swits(ə)rlənd]

swiz·zle [swízl] n. 스위즐(럼
술·과즙 등으로 만드는 칵테일)

swol·len [swóul(ə)n] v. swell의
과거분사 —a. 부풀은, 부은

swoon [swuːn] n. 졸도 —vi. 기
절[졸도]하다; 약해지다

sword [sɔːrd] n. 칼, 검 「치

sword·fish [⸗fiʃ] n. 《魚》 황새

swore [swɔːr] v. swear의 과거

sworn [swɔːrn] v. swear의 과
거분사 —a. 맹세한, 언약한

swum [swʌm] v. swim의 과거
분사 「(분사)

swung [swʌŋ] v. swing의 과거

Syd·ney [sídni] n. 시드니(오스
트레일리아 동남해안의 도시)

syl·la·ble [síləbl] n. 음절; 한마디

sym·bol [símb(ə)l] n. 상징; 기
호 ~·ism n. 상징주의

sym·bol·ic [simbálik / ·bɔ́l·],
-i·cal [-ik(ə)l] a. 상징적인; …
을 상징하는 《of》; 부호[기호]의

sym·bol·ize [símb(ə)làiz] vt. 상
징하다; 부호[기호]로 나타내다

sym·met·ric [simétrik], **-ri·cal**
[-rik(ə)l] a. 대칭적인, 균형이
잡힌 「균형

sym·me·try [símitri] n. 대칭

sym·pa·thet·ic [sìmpəθétik] a.
동정적인; 마음맞는

sym·pa·thize [símpəθàiz] vi. 동
정하다; 공명하다

sym·pa·thy [símpəθi] n. 동정;
공명: a letter of ~ 조위장

sym·pho·ny [símfəni] n. 《音》
교향곡, 심포니: a ~ orches-
tra 교향악단

sym·po·si·um [simpóuziəm] n.
(pl. ~s, -si·a [-ziə]) 토론회

symp·tom [sím(p)təm] n. 징후

syn·chro·nize [síŋkrənàiz] vi.,
vt. 동시에 일어나(게하)다; 《영
화》 동조시키다: ~d swim-
ming 수중발레

syn·di·cal·ism [síndikəlìz(ə)m]
n. 생디칼리슴

syn·di·cate [síndikit] n. 신디
케이트; 기업연합

syn·o·nym [sínənim] n. 동의어
(cf. antonym), 유사어

syn·thet·ic [sinθétik] a. 종합의;
합성의: ~ resin [rubber] 합성
수지[고무]/~ rubies 인조루비

Syr·i·a [síriə] n. 시리아(아시아
서부, 지중해연안의 공화국)

Syr·i·ac [síriæk] n., a. 시리아
어(의)

Syr·i·an [síriən] a. 시리아(인)의
—n. 시리아인

syr·inge [sírindʒ, ⸗] n. 주사
기; 세척기 —vt. 주사[세척]하다

syr·up, sir- [sírəp, +美 sə́ː·]
n. 시럽, 당밀

sys·tem [sístim] n. 계통, 체계;
조직, 제도; 방법

sys·tem·at·ic [sìstimǽtik] a. 계
통적인, 조직적인

T

Ta·bas·co [təbǽskou] *n.* 고추로 만든 매운 소오스(상표명)

ta·ble [téibl] *n.* 테이블, 식탁; (식탁 위의)요리; 테이블에 둘러앉은 사람들; 표, 목록: a dining ~ 식탁/~ linen 식탁보, 냅킨/~ salt 식염/~ wine 식탁용 포도주/~ manners 식사시의 예법/lay [set, spread] the ~ 상을 차리다 *at* ~ 식사중

táble bòard 《美》 식사 ~·**er** 식사만 하는 손님

táble chàrge 테이블차아지(클럽 등에서 테이블에 대하여 지불하는 요금. cover charge라고도 함)

ta·ble·cloth [⌐klɔ̀:θ/-klɔ̀(:)θ] *n.* 식탁보

table d'hôte [tǽbldóut] F.(*pl. tables d'hôte* [tǽblzdóut/tɑ́:blz-]) 정식(定食)

tab·let [tǽblit] *n.* 판; 서판(書板)

táble tènnis 탁구 [정제

ta·ble·ware [⌐wɛ̀ər] *n.* 식기류

tab·loid [tǽbloid] *n.* 정제; 타블로이드판신문

ta·boo [təbú:] *n.* 금기; 금지 —*vt.* 금기하다 —*a.* 금기의

tach·o·graph [tǽkəgræf/-grɑ̀:f] *n.* 자동기록 속도계

ta·chom·e·ter [təkámitər / tækɔ́m-] *n.* 회전속도계

tack [tæk] *n.* 압정: a thumb ~ 압정 —*vt.* (압정으로)고정하다

tack·le [tǽkl, 《海》 téikl] *n.* 활차기중기; 《海》 《총칭》 선구; 도구; 《럭비》 태클 —*vt., vi.* 《럭비》 태클하다

tact [tækt] *n.* 재치, 약삭빠름 ~·**ful** *a.* 재치가 있는

tac·ti·cal [tǽktik(ə)l] *a.* 전술의; 책략에 능한

tad [tæd] *n.* 《美》 어린아이, 소년

tael [teil] *n.* 테일, 양(중국의 중량단위. 약 27 g; 중국의 옛 화폐단위)

taf·fe·ta [tǽfitə] *n.* 호박단

taf·fy [tǽfi] *n.* 《美》 태피(땅콩 등을 넣은 사탕과자)

tag [tæg] *n.* 끈 끝에 단 쇠붙이; 짐표 —*vt.* 짐표[쇠붙이]를 달다; 《口》 붙어다니다: ~ a trunk 트렁크에 짐표를 달다

Ta·hi·ti [tɑ:hí:ti] *n.* 타히티섬(남태평양상의 프랑스령 섬)

tail [teil] *n.* 꼬리; 후부; (양복의)자락; (*pl.*) 《口》 =tail coat; (화폐의)뒷면 (*cf.* head) —*vt.* 꼬리를 달다; 첨부하다 《*on*》;《俗》미행하다 —*vi.* 따라가다 《*after*》

táil cóat 연미복

táil ènd 꼬리부분, 말단; 끝

táil·light [⌐làit] *n.* (자동차 등의)미등(尾燈)

tai·lor [téilər] *n.* 신사복 짓는 사람 (*cf.* dressmaker); 양복점 —*vi., vt.* 양복을 짓다

tai·lor-made [⌐mèid] *a.* (여자옷의)양장점에서 마춘; 주문품의

taint [teint] *n.* 더럼; 부패 —*vt., vi.* 더럽히다, 더러워지다; 부패시키다[하다]

Tai·peh, -pei [táipéi] *n.* 대북(臺北)(대만의 중심도시, 중화민국의 수도)

Tai·wan [táiwá:n / taiwǽn, -wɑ́:n] *n.* 대만(臺灣)

Taj Ma·hal [tɑ́:dʒməhɑ́:l, + 美 tɑ́:ʒ-] 타지마할(인도 중부 Agra에 있는 능묘)

take [teik] *v.* (*p.* took, *pp.* taken) *vt.* **1** 잡다, 쥐다; (어떤 행동을)취하다: ~ a trip 여행하다/~ a walk 산책하다/~ a rest 휴식하다 **2** 제거하다; 빼다 **3** 가지고[데려]가다: T~ an umbrella with you. 우산을 갖고 가거라 **4** 획득하다 **5** 붙잡다, 점령하다 **6** 타다: ~ ship 승선하다 **7** (시간·노력을)요하다: It ~s two hours to go there. 거기에 가려면 2시간 걸린다 **8** 사다; (방·집을)세들다; (신문을)구독하다 **9** 먹다, 마시다,복용하다: ~ a medicine 약을 먹다 **10** (병에)걸리다; (불이)붙다: ~ cold 감기들다/~ fire 불이 붙다 **11** 이해[간주]하다 **12** (치수를)재다 **13** (사진을)찍다 —*vi.* (약이)듣다; 《口》 (연극 등이)인기를 얻다; (사진이 잘[잘못])찍히다; 마음에 들다 《*to*》; 시작하다 《*to*》: The medicine did not ~. 그 약은 듣지 않았다/The play ~s well. 그 연극은 인기가 대단하다 ~ *in* 받아들이다; 포함하다; 《英》 (신문 등을)구독하다; 이해하다 ~ *it easy* 마음을 편히 먹다, 개념하지 않다 ~ *off* 제거하다; 벗다; (값 등을)할인하다; 《空》 이륙하다

take-in [⌐ìn] *n.* 《口》 사기

tak·en [téik(ə)n] *v.* take의 과거분사

take-off [⌐ɔ̀:f/-ɔ̀f] *n.* 《口》 흉내; (비행기의)이륙(점) [수

take·o·ver [⌐òuvər] *n.* 탈취, 접

tak·ing [téikiŋ] *a.* 매력[애교]있
는; 《口》 전염성의 「문
tale [teil] *n.* 이야기; 고자질; 소
tal·ent [tǽlənt] *n.* 재능, 수완
《for》; 《총칭》 인재; 《口》 탤
런트: have a ~ for painting
그림에 소질이 있다/a ~ show
아마튜어노래[장기]자랑 ~·**ed**
a. 유능한
tale·tell·er [téiltèlər] *n.* 고자
장이; 이야기하는 사람
talk [tɔːk] *vi.*, *vt.* 얘기하다, 지
껄이다; 의논하다 —*n.* 얘기, 화
제; 소문
talk·a·tive [tɔ́ːkətiv] *a.* 말많은
talk·ee-talk·ee [tɔ́ːkitɔ́ːki] *n.*
끝없는 잡담; 서투른 영어
talk·ing [tɔ́ːkiŋ] *a.* 말하는
talk shòw 《라디오·텔레비
전의》유명인사와의 대담프로
tall [tɔːl] *a.* 키가 큰, 높은: a ~
drink 높은 컵에 넣어서 마시
는 칵테일/ a ~ hat 실크햇
tal·ly [tǽli] *n.* 구권(矩券); (물품
인수인도의)계수표 ~ **clerk** 화
물계 《美》 *system* 《美》 분할불
ta·ma·le [təmáːli] *n.* 타말리(옥
수수로 만드는 멕시코요리)
tam·bou·rine [tæ̀mbəríːn] *n.*
《音》 탬버린
tame [teim] *a.* (동물이)길든; 양
순한 —*vt.* (동물을)길들이다
tam·pon [tǽmpən] *n.* 《醫》 탐
폰, 지혈전(止血栓)
tan [tæn] *vt.*, *vi.* (가죽을)무두질
하다; 햇볕에 태우다[타다] —
n., *a.* 탠껍질(의); 황갈색(의)
tan·gle [tǽŋgl] *vt.*, *vi.* 얽히(게
하)다 —*n.* 얽힘; 분규
tangle·foot [⌐fùt] *n.* 《美俗》 위
스키
tan·go [tǽŋgou] *n.* (*pl.* ~**s**) 탱
고(댄스의 일종), 탱고곡
tank [tæŋk] *n.* 탱크; 유조
tank·ard [tǽŋkərd] *n.* (보통 뚜
껑 있는)큰 컵, 큰 컵 가득
tank·er [tǽŋkər] *n.* 유조선
tap¹ [tæp] *vt.*, *vi.* 가볍게 두드
리다 —*n.* 가볍게 두드리기, 그
소리
tap² *n.* (통의)꼭지, 마개, 《英》 수
도꼭지; 술의 품질; 《英》 술집;
《電》 콘센트: an excellent ~
고급술
tá·pa clòth [táːpə] 타파천(태평
양 섬에서 나무껍질로 만든 천)
táp dànce 탭댄스
tape [teip] *n.* 납작한 끈; 테이프
—*vt.* 테이프로 묶다[철하다]
tápe mèasure 줄자
ta·per [téipər] *n.* 작은 양초; 끝
이 가늘어진 것 —*vi.*, *vt.* 점점
가늘어지다[가늘게 하다]

tap·es·try [tǽpistri] *n.* 고블랭직
tap·house [tǽphàus] *n.* 대포집
tap·i·o·ca [tæ̀pióukə] *n.* 타피
오카(캇사바뿌리의 녹말)
tap·room [tǽprù(ː)m] *n.* 《英》
(호텔 등의)바아 「급사
tap·ster [tǽpstər] *n.* (술집의)
tar [taːr] *n.* 타르; 《口》 선원
tar·an·tel·la [tæ̀rəntélə] *n.* 타
란텔라(이탈리아의 춤·곡)
tar·dy [táːrdi] *a.* 느린, 늦은
tar·get [táːrgit] *n.* 과녁, 목표
tar·iff [tǽrif] *n.* 관세(율); (철
도·호텔 등의)요금[운임]표
tart¹ [taːrt] *a.* 시큼한; 신랄한
tart² *n.* 타아트(과일이 든 파이)
tar·tan [táːrt(ə)n] *n.* (스코틀란
드 고지인의)체크무늬 모직물
task [tæsk/taːsk] *n.* 일; 과업 —
vt. 일을 맡기다; 혹사하다
Tass [tæs] *n.* (소련)타스통신사
tas·sel [tǽs(ə)l] *n.* 술; 서표끈
taste [teist] *vt.*, *vi.* 맛보다; 먹
다, 마시다; …의 맛이 나다: It
~s too much of pepper. 후추
맛이 너무 맵다 —*n.* 미각, 맛;
기미; 기호 ~·**ful** *a.* 아취있는,
풍류를 아는, 고상한
tast·y [téisti] *a.* 《口》 맛있는
Táte Gàllery [téit] 테이트 미
술관(런던의 National Gal-
lery of British Art의 통칭)
tat·ter [tǽtər] *n.* 넝마, (*pl.*) 누
더기옷 —*vt.*, *vi.* 갈기갈기 찢
(어지)다 「사)
taught [tɔːt] *v.* teach의 과거(분
tav·ern [tǽvərn] *n.* 술집, 여인
숙 ~ **car** 《美》 (열차의)주류를
파는 칸
tax [tæks] *n.* 세(금), 조세; 무거
운 부담《on, upon》 ~ **exemp-
tion form** 면세품신고서 —*vt.*
과세하다
tax·a·tion [tækséi(ə)n] *n.* 과세
tax-free [tǽksfríː] *a.* 면세의
tax·i [tǽksi] *n.* (*pl.* ~**s**) 택시: a
~ driver 택시 운전사 —*vi.*
(*ppr.* **tax·i·ing**, **tax·y·ing**) 택
시로 가다; 《空》 활주하다
tax·i·cab [⌐kæ̀b] *n.* 택시
tax·i·man [⌐mən] *n.* (*pl.* -**men**
[-mən]) 택시 운전사
tax·i·me·ter [⌐mìːtər] *n.* (택
시 등의)요금표시기, 미터
tax·i·plane [⌐plèin] *n.* 전세비
행기
táxi stànd 택시 승차장
táxi strìp 《空》 유도로(誘導路)
(taxiway) 「자
tax·pay·er [tǽkspèiər] *n.* 납세
T-bone [tíːbóun] *n.* T자 뼈가
달린 쇠고기
tea [tiː] *n.* 차; 《英》 티이(lunch

와 dinner 사이의 간단한 식사):
black [green] ~ 홍[녹]차/cold
~ 냉차; 《俗》/high [meat]
~ 고기요리가 나오는 티이/a
~ bag 《美》 1인용 봉지차
téa bréak 차마시는 시간
tea·cake [⌐kèik] *n.* 차마실 때 먹
는 과자
teach [ti:tʃ] *v.* (*p., pp.* **taught**) *vt.*
가르치다; 훈련시키다; 《口》 혼
내주다 —*vi.* 가르치다; 선생노
릇을 하다
teach·er [tí:tʃər] 선생, 교사
tea·cup [tí:kʌp] *n.* 찻잔 ~·**ful**
n. 찻잔 가득(한 양)
tea·house [⌐hàus] *n.* (동양의)
찻집, 다방
teak [ti:k] *n.* 【植】 티이크나무
[재목]
tea·ket·tle [tí:kètl] *n.* 주전사
team [ti:m] *n.* (경기의)조, 티임
team·mate [⌐mèit] *n.* 티임의
동료
team·work [⌐wə̀ːrk] *n.* 공동작
업, 티임워어크
téa pàrty 다과회
téa plànt 차나무
tea·pot [⌐pàt/⌐pɔ̀t] *n.* 차를 따
르는 주진자
tear[1] [tiər] *n.* 눈물; (*pl.*) 비애:
a ~ jerker 《美俗》 (연극 등)
눈물을 짜게 하는 것 ~·**ful** *a.*
눈물어린; 슬픈
tear[2] [tɛər] *vt., vi.* (*p.* **tore**, *pp.*
torn) 째(지)다(rip); 찢(어지)다;
괴롭히다 —*n.* 째진데, 터진 곳;
《美》 야단법석 ~·**ing** *a.* 《口》
맹렬한
tea·room [tí:rù(:)m] *n.* 다방, 찻
집
tease [ti:z] *vi.* 괴롭다, 놀리다; 조
르다 —*n.* 괴롭는 사람
téa shòp 다방
tea·spoon [⌐spùːn] *n.* 찻숟가락
tea·time [⌐tàim] *n.* 《英》 오후
의 차마시는 시간
tech·ni·cal [téknik(ə)l] *a.* 전문
의; 기술[학술]의; 공업의
tech·ni·cian [tekníʃ(ə)n] *n.* 기
술자
Tech·ni·col·or [téknikʌ̀lər] *n.*
테크니컬러(천연색영화의 일종)
tech·nics [tékniks] *n. sing. & pl.*
기법, 기교
tech·nique [tekníːk] *n.* (예술상
의)수법, 기교; 기량, 솜씨
tech·no·crat [téknəkræ̀t] *n.* 기
술계출신관료
tech·nol·o·gy [teknálədʒi/-nɔ́l-]
n. 과학기술
te·di·ous [tí:diəs, -dʒəs/-djəs]
a. 지루한
tee [tiː] *n.* 【골프】 티이 —*vt., vi.*
공을 티이 위에 놓다 ~ **off** 【골

프】 티이에서 제1구를 치다
teen-age [tí:nèidʒ] *a.* 《美》 10대의
~·**ag·er** 《美》 10대의 소년소녀
teens [ti:nz] *n. pl.* (연령의)10대
tee·ny [tí:ni] *a.* 작은(tiny)
teeth [ti:θ] *n.* tooth의 복수
teethe [ti:ð] *vi.* 이가 나다
TEFL [téf(ə)l] =teaching En-
glish as a *f*oreign *l*anguage
외국어로서의 영어교수
Te·he·ran, Te·hran [tèhərǽn,
-rɑ́:n, tìːə-, téiə-/tiərɑ́:n] *n.* 테
헤란(이란의 수도)
tel·e·cast [télikæ̀st/-kɑ̀:st] *vt.,
vi.* (*p., pp.* **-cast, -cast·ed**) 텔
레비전방송을 하다 —*n.* 텔레비
전방송
tel·e·course [télikɔ̀ːrs] *n.* 《美》
텔레비전 방송교육
tel·e·fac·sim·i·le [tèlifæksími-
li] *n.* 전화전송
tel·e·film [télifilm] *n.* 텔레비전
영화
tel·e·gram [téligræ̀m] *n.* 전보:
send a ~ 전보를 치다 ~ *form*
전보용지
tel·e·graph [téligræ̀f/-grɑ̀:f] *n.*
전신; 전보; 전신기: a ~ office
전신국/a ~ slip 전보용지 —
vi., vt. 타전하다
tèl·e·gráph·ic tránsfer [tèli-
grǽfik] 전신환
te·lem·e·ter [telémitər] *n.* 원
격측정기
tel·e·phone [télifòun] *n.* 전화
(기): a ~ booth 전화실/a ~
directory [book] 전화번호부/a
~ number 전화번호/a ~ op-
erator 전화교환수/a public ~
공중전화/ answer the ~ bell
전화를 받다/be wanted on the
~ 전화가 걸려오다 —*vi., vt.*
전화를 걸다
tel·e·pho·to [télifòutou] *n., a.*
망원사진(의): a ~ lens 망원
렌즈
tel·e·scope [téliskòup] *n.* 망원
경
téle·tóur·ist sèrvice [télitú(:)r-
ist] 관광객 전화안내 서어비스
tel·e·type [télitàip] *n.* 텔레타이
프 —*vt., vi.* 텔레타이프를 치다
tel·e·type·writ·er [tèlitáipràit-
ər] *n.* 텔레타이프
tel·e·vi·sion [télivìʒ(ə)n] *n.* 텔
레비전 (《英口》 telly, 《美口》
TV): watch ~텔레비전을 보다
tel·ex [téliks] *n.* 국제가입전신
tell [tel] *vt., vi.* (*p., pp.* **told**)
말[얘기]하다; 알리다; 알다; 분
간하다; 명령하다; 효과가 있다
《*on, upon*》
tell·er [télər] *n.* 말하는 사람
tell·ing [téliŋ] *a.* 효과있는
tem·per [témpər] *n.* 기질; 기분

—*vt.* 누그러뜨리다, 달래다

tem·per·a·ment [témp(ə)rə-mənt] *n.* 기질, 성미

tem·per·ance [témp(ə)rəns] *n.* 자제; 절제, 중용; 금주(주의): ~ drinks 알콜이 없는 음료

tem·per·ate [témp(ə)rit] *a.* 절제하는; (기후가)따뜻한; 금주의

témperate zóne (the ~) 온대

tem·per·a·ture [témp(ə)ritʃər] *n.* 온도

tem·pest [témpist] *n.* 대폭풍우

tem·ple[1] [témpl] *n.* 신전, 사원

tem·ple[2] *n.* 《解》 관자놀이

tem·po [témpou] *n.* (*pl.* ~**s**, -**pi** [-piː]) 《音》 박자, 템포

tem·po·ral [témp(ə)rəl] *a.* 현세의; 덧없는

tem·po·rar·y[témp(ə)rèri/-rəri] *a.* 일시적인, 임시의; 덧없는

tempt [tem(p)t] *vt.* 유혹하다, 마음내키게 하다; 마음을 끌다

temp·ta·tion [tem(p)téiʃ(ə)n] *n.* 유혹(물)

ten [ten] *n., a.* 10(의)

ten·ant [ténənt] *n.* (땅·집의)차용인; 소작인 —*vt.* (땅·집을)세로 얻다   「잡화점

tén-cènt stóre [ténsènt] 싸구려

tend[1] [tend] *vt.* 보살피다; 손질하다 —*vi.* 조심하다《on, upon》

tend[2] *vi.* 기울다; …하기쉽다《to》

tend·en·cy [téndənsi] *n.* 경향, 추세; 버릇《to, towards》

ten·der [téndər] *a.* 부드러운; 민감한; 상냥한 (gentle)

ten·der-heart·ed [⌐háːrtid] *a.* 다정한, 인정많은

ten·der·loin [téndərlɔ̀in] *n.* 《美》 (소·돼지의)연한 허릿살

ten·e·ment [ténimənt] *n.* 가옥

tén-gál·lon hàt [⌐gǽlən] (카우보이가 쓰는)챙넓은 모자

ten·ner [ténər] *n.* 《口》 10달러 지폐; 10파운드지폐

Ten·nes·see [tènəsíː] *n.* 미국 동남부의 주 ~ **Valley Authority** 테네시강유역 개발공사 (略: TVA)

ten·nis [ténis] *n.* 정구   「수」

ten·or [ténər] *n.* 《音》 테너(가수)

tense [tens] *a.* 긴장된

ten·sion [ténʃ(ə)n] *n.* 긴장; 노력

tent [tent] *n.* 천막, 텐트

tenth [tenθ] *n., a.* 제10(의); 10분의 1(의)

term [təːrm] *n.* 기간; 학기; 용어; (*pl.*) 표현, 말(씨); 조건; 비용; 교제관계《with》: a long ~ of journey 장기여행/~s for a stay at a hotel 호텔 체재비/ ~s cash 현찰지불 **on good** [**bad**] ~**s** 사이좋게[나쁘게] ~

insurance 정기보험

ter·mi·nal [təːrmin(ə)l] *a.* 말단의, 종점의; 학기의 —*n.* 종점; 종착역; 학기시험

ter·mi·nate [təːrmineit] *vt.* 끝나게 하다 —*vi.* 끝나다《in》

ter·mi·na·tion [təːrminéiʃ(ə)n] *n.* 종료; 결말

ter·mi·nus [təːrminəs] *n.* (*pl.* -**ni** [-nai], ~**es**), 종점(역)

ter·race [térəs] *n.* 테라스; 대지 (臺地) —*vt.* 대지로 만들다

ter·rain [teréin, ⌐/⌐] *n.* 지형, 지대

ter·ri·ble [térəbl] *a.* 무서운 (horrible), 무시무시한; 《口》 지독한

ter·ri·er [tériər] *n.* 테리어개

ter·rif·ic [tərífik] *a.* 무서운, 무시무시한; 《口》 엄청난

ter·ri·fy [térifài] *vt.* 무서워하게 하다

ter·ri·to·ri·al [tèritɔ́ːriəl] *a.* 영토의; 토지의; 지역적인 ~ **air-space** 영공 ~ **sea** [**waters**]영해

ter·ri·to·ry [téritɔ̀ːri/-təri] *n.* 영토; 지역; (T~) 《美》 준주(準州)

ter·ror [térər] *n.* 공포 (horror); 무서운 사람[것]; 《俗》 지긋지긋한 놈

ter·ror·ism [⌐iz(ə)m] *n.* 폭력행위, 폭력주의

ter·ti·ary [təːrʃièri, -ʃəri/-ʃəri] *a.* 제3의, 제3차[기]의 ~ **indus-try** 3차산업 ~ **product** 3차산품

tes·sel·late [tésilèit] *vt.* 모자이크식으로 만들다

test [test] *n.* 테스트, 시험; 검사; 시금석 —*vt.* 시험[시도]하다

tes·ta·ment [téstəmənt] *n.* 《法》 유언(서); 《聖》 계약: the Old [New] T~ 구[신]약성서

tést bán tréaty 핵실험금지조약

tést càse 테스트케이스, 최초의 시도

test-fire [téstfàiər] *vt.* (로켓 등을)시험발사하다

tes·ti·fy [téstifài] *vt., vi.* 입증[증언]하다, 증명이 되다《to》

tes·ti·mo·ny [téstimòuni/-mə-] *n.* 증거; 증언, 증명; 선언, 진술

tést pìlot 시험조종사

test-tube [⌐t(j)ùːb/-tjùːb] *a.* 시험관에서 만든, 인공수정의: a ~ **baby** 시험관 아기

tet·ra·pod [tétrəpàd/-pɔd] *n.* 호안용(護岸用) 네뿔블록

Tex·as [téksəs] *n.* 미국 서남부의 주

text [tekst] *n.* (주석 등에 ·대하여)원문, 본문; 성경의 한 구절

text·book [⊆bùk] *n.* 교과서
tex·tile [tékst(i)l, -tail/-tail] *n.*
(보통 *pl.*) 피륙 —*a.* 피륙의
tex·ture [tékstʃər] *n.* 피륙; 조직
Thai [tai, +美 tá:i] *n.* 태국어
[인] —*a.* 태국(인·어)의
Thai·land [táilænd] *n.* 태국
Thames [temz] *n.* (*the* ~) 템즈
강(런던을 거쳐 북해로 흘러듬)
than [ðæn, ðən, ðn] *conj.* …보
다도 —*prep.* …보다도
thank [θæŋk] *vt.* 감사하다, 사례
의 말을 하다: *T~* you. 고맙
소/ No, ~ you. 아니요, 괜찮
습니다 —*n.* (*pl.*) 감사; 사례의
말 *Many* [*Much, A thousand*]
~*s!* 정말 고맙습니다 *No, ~s!*
괜찮습니다 ~*s to* …의 덕택에
thanks·giv·ing [θæŋksgíviŋ/
⸗⸗] *n.* (신에의)감사; (*T~*)
《美》감사절 *T ~ Day* 《美》감
사절(11월의 최종 목요일)
that [ðæt →*conj.*] *a.* (*pl. those*)
그, 저, 저편의 —*ad.* 《口》그만
큼, 그렇게, 그토록 —*pron.* (*pl.
those*) 그것, 저것, 그 사람[일]
—*conj.* [ðæt, ðət] …라는(일)
now (~) 이미 …이므로, …한
이상은
thatch [θætʃ] *n.* 초가지붕
thaw [θɔ:] *vi., vt.* (눈·얼음이)녹
다; 녹이다 —*n.* 해빙
the [ði:, ðə, 《모음 앞》ði] *art.*
《정관사》 그 —*ad.* 그만큼, 한
층 더: *T~* sooner, ~ better.
빠르면 빠를수록 좋다
the·a·ter, 《英》 -tre [θí:ətər/
θí:tə] *n.* 극장; 무대; (*the* ~) 극
(문학): a movie ~ 영화관
the·a·ter·go·er, 《英》 -tre-
[⸗gòuər] *n.* 연극관객
theft [θeft] *n.* 절도, 도둑질
their [ðɛər] *pron.* they의 소유격
theirs [ðɛərz] *pron.* they의 소
유대명사   「목적격
them [ðem, ðəm] *pron.* they의
theme [θi:m] *n.* 주제 (subject),
논제, 테에마; 과제, 작문
them·selves [ðəmsélvz] *pron.*
그들 자신
then [ðen] *ad.* 그때(에는); 그러
면 *now and* ~ 때때로 —*n.*
그때 의 그때의
the·oc·ra·cy [θi:ákrəsi/θi:ók-]
n. 신정(神政)   「신학
the·ol·o·gy [θi:álədʒi/θi:ɔ́lə-] *n.*
the·o·ry [θí:əri/θíə-] *n.* 이론; 학
설; …론[설] 의견

there [ðɛər] *ad.* 거기에(서), 저기
에(서) (*cf.* here); 그 점에서;
《보통 there is [are]의 형태로》
있다; 《어떤 사물에 주의를 환
기시킬 때 써서》저것봐, 저런

Are you ~? (전화에서)여보세
요 (들립니까) *T~ you are!* 그
것봐, 바로 거기야 —*int.* 자!
there·a·bout [ðɛ(:)rəbàut], **-a-
bouts** [-əbàuts] *ad.* 그 근처에;
…가량
there·af·ter [ðɛ(:)ræftər/-á:ftə]
ad. 그후
there·by [ðɛərbái] *ad.* 그에 따
라; 그에 대하여
there·fore [ðɛ́ərfɔ̀:r] *ad.* 그러므
로, 그때문에
there·up·on [ðɛ̀(:)rəpán / ðɛ́ər-
əpɔ̀n] *ad.* 그후 곧, 그래서 바로,
게다가
ther·mom·e·ter [θərmámitər/
-mɔ́m-] *n.* 온도계, 검온기
ther·mo·stat [θə́:rməstæt] *n.* 자
동온도조절기
the·sau·rus [θisɔ́:rəs] *n.* (*pl.*
~·es, -ri* [-rai]) 사전; 보고
these [ði:z] *pron., a.* this의 복수
they [ðei] *pron.* he, she, it의
복수
thick [θik] *a.* 두꺼운(*opp.* thin);
굵은; 빽빽한, 진한; 흐린; 우둔
한: ~ soup 진한 수우프 —*n.*
덤불; 《俗》바보; 《英俗》코코
아 ~·ly *ad.* 짙게, 빽빽이
thick·en [θík(ə)n] *vt., vi.* 두껍게
하다[되다]; 짙게 하다[되다]
thick·et [θíkit] *n.* 덤불, 잡목숲
thief [θi:f] *n.* (*pl.* thieves [θi:vz])
thigh [θai] *n.* 넓적다리   「도둑
thin [θin] *a.* 엷은 (*opp.* thick);
가는; 야윈; 드문; 희박한; (거짓
말이)빤한: ~ soup 묽은 수우
프/~ milk 물기많은 우유
thing [θiŋ] *n.* 물건, 일, 사물;
(*pl.*) 소지품, 용구, 의류; (*pl.*)
사정, 사태; (*the* ~) 필요한 일;
사람, 놈, 동물: ~s American
미국의 문물
think [θiŋk] *vi., vt.* (*p., pp.
thought*) 생각하다 ~ *much
[little] of* …을 중시[경시]하다
~ *of* …의 일을 생각하다; 생
각해내다 ~ *out* 숙고하다; 안
출하다 ~ *over* 숙고하다 ~
well [ill] of …을 좋게[나쁘게]
생각하다
think·ing [θíŋkiŋ] *n.* 사고, 사
색 —*a.* 생각하는, 사고[사색]력
이 있는
think tank 《俗》두뇌집단
third [θə:rd] *n., a.* 제3(의); 3분
의 1(의); (달의)3일; 《야구》 3
루 *the* ~ *estate* 제3계급, (귀
족·성직과 대칭하여) 일반 대중
the T~World 제 3세계(개발
도상국의 총칭)
third-class [⸗klǽs/-klɑ́:s] *a.* 3
등(급)의 —*ad.* 3등으로

T

third-rate [⌐réit] *a.* 3등의, 삼류의, 하급의

thirst [θə:rst] *n.* 목마름; 갈망, 열망 —*vi.* 갈망하다《*after, for*》

thirst·y [θə́:rsti] *a.* 목마른; 갈망하는《*for*》; 건조한

thir·teen [θə́:rtí:n] *n., a.* 13(의)

thir·teenth [θə́:rtí:nθ] *n., a.* 13 번째(의); 13분의 1(의)

thir·ti·eth [θə́:rtiiθ] *n., a.* 제30(의); 30분의 1(의)

thir·ty [θə́:rti] *n., a.* 30(의)

this [ðis] *a.* (*pl.* **these**)이 : ~ day week 전주[내주]의 오늘 ~ *time* 이번에 —*pron.* (*pl.* **these**) 이것: Hello, ~ is Mr. Brown (speaking). Who is ~ please? (전화에서)여보세요, 저는 브라운입니다만 누구십니까/ What day is ~? 오늘은 무슨 요일입니까 —*ad.* 《口》이 정도까지, 이만큼

this·tle [θísl] *n.* 【植】엉겅퀴(스코틀란드를 대표하는 꽃)

thorn [θɔ:rn] *n.* 가시, 가시나무

thor·ough,《口》**thor·o** [θə́:rou/θʌ́rə] *a.* 충분한, 완전한, 철저한

thor·ough·bred [⌐brèd] *a.* 순종의; 혈통이 좋은;(때로 T~)더러브레드종의 —*n.* 순종의 동물

thor·ough·fare [⌐fɛ̀ər] *n.* 한길, 가로, 통행 *No ~!*《게시》통행금지 「복수

those [ðouz] *pron., a.* that의

though,《口》**tho, tho'** [ðou] *conj.* …에도 불구하고; 가령 …라도 *as* ~ 마치 …처럼

thought[1] [θɔ:t] *n.* 생각, 사고(력); 사상; 배려, 마음씀

thought[2] *v.* think의 과거(분사)

thought·ful [θɔ́:tf(u)l] *a.* 생각깊은; 동정심있는《*of*》

thought-read·ing [⌐rì:diŋ] *n.* 독심술 「(의)

thou·sand [θáuz(ə)nd] *n., a.* 천

Thóusand Island drèssing 마요네즈즈의 일종

thrash [θræʃ] *vt., vi.* (몽둥이 등으로)때리다; 타작하다

thread [θred] *n.* 실, 재봉실; 나삿니; 줄거리

threat [θret] *n.* 위협; 징조

threat·en [θrétn] *vt., vi.* 위협하다; …할 듯하다 ~·ing *a.* 위협하는, 험악한; (날씨가)사나와질 듯한

three [θri:] *n., a.* 3(의)

three-D, 3-D [θri:dí:] *a.* 3차원의, 입체적인 [D<dimensional]

three·fold [⌐fóuld] *a., ad.* 3배의[로], 3겹의[으로]

three·pen·ny [θrépəni, θríː-] *a.* 3펜스의; 싸구려의

thresh·old [θréʃould, θréʃh-] *n.* 문지방, 입구; 시초

threw [θru:] *v.* throw의 과거

thrice [θrais] *ad.* 3번; 3배로

thrift [θrift] *n.* 절약 「뜰한

thrift·y [θrífti] *a.* 절약하는, 알

thrill [θril] *n.* 오싹하는 느낌, 드릴; 떨림, 전율 —*vi., vt.* (기쁨·공포 등으로)오싹하(게 하)다 ~·er *n.* 드릴러소설[영화, 연극] ~·ing *a.* 오싹하는, 아슬아슬한

throat [θrout] *n.* 【解】목(구멍); 통로

throne [θroun] *n.* 왕좌; 왕위

throng [θrɔːŋ/θrɔŋ] *n.* 군중, 인파 —*vi., vt.* 떼를 짓다

through,《口》**thru, thro** [θru:] *prep.* …을 지나서[꿰뚫어]; …덕택에, 때문에; 《장소》…을 온통, 도처에; 《시간》…내내, 줄곧 —*ad.* 지나서, 꿰뚫어; 시종; 《口》끝나서; 완전히 —*a.* 통과하는, 직통의; 끝난; 《英》(전화가)통하여: You are ~. (전화에서)저쪽이 나왔습니다

through·out [-áut] *prep.* …내내; …을 통해서 —*ad.* 완전히, 아주; 시종

thróugh tìcket 직행표

thróugh tràin 직행열차

throw [θrou] *vt., vi.* (*p.* **threw**, *pp.* **thrown** [θroun]) 던지다, 팽개치다; (어떤 상태로)빠뜨리다 —*n.* 던지기; 던져서 닿는 곳[거리]; (주사위의)한번 던지기

thrush [θrʌʃ] *n.* 【鳥】지빠귀

thrust [θrʌst] *vt., vi.* (*p., pp.* **thrust**) 찌르다, 밀다, 돌진하다; 밀어젖히고 나아가다《*through*》

thru·way, through- [θrú:wèi] *n.* 유료고속도로

thumb [θʌm] *n.* 엄지손가락 —*vi.* 차를 얻어타며 여행하다

thump [θʌmp] *n., vt., vi.* 딱 때리기[때리다]; 쿵 부딪치다, 쿵쿵 걷다

thun·der [θʌ́ndər] *n.* 천둥, 우뢰; 우르룽소리 —*vi., vt.* 천둥치다; 우뢰같은 소리를 내다; 고함치다

thun·der·bolt [⌐bòult] *n.* 낙뇌

thun·der·cloud [⌐klàud] *n.* 뇌운(雷雲)

thun·der·storm [⌐stɔ̀:rm] *n.* 뇌우 「요일

Thurs·day [θə́:rzdi, -dei] *n.* 목

thus [ðʌs] *ad.* 이와 같이; 이 정도까지; 따라서

thwart [θwɔ:rt] *vt.* 방해하다, 꺾다 —*n.* (보우트의)앉는 가로장

Ti·ber [táibər] *n.* (the ~) 티베르강(로마시를 지나 지중해로 흐름)

Ti·bet [tibét] *n.* 티벳 「름)

tick·et [tíkit] *n.* 표, 승차[입장]권; 정가표: a one-way [《英》 single] ~ 편도(차) 표/ a round-trip [return] ~ 왕복표/ a through ~ 직행표/ a circular ~ 유람표/an excursion ~ 할인[단체]유람표/ a concert [theater] ~ 음악회[연극]입장권/a ~ gate 《英》 개찰구/a ~ office 《美》 매표소 (《英》 booking office)/Admission by ~ only. 입장권 소지자에 한해 입장허가/take a ~ 표를 사다

tícket àgency (특히 극장의)입장권취급소

tícket pòrter (런던의)공인짐꾼

tick·le [tíkl] *vt., vi.* 간질이다, 간지럽다 —*n.* 간지럼

tid·al [táid(ə)l] *a.* 조수의, 간만이 있는

tide [taid] *n.* 조수; 추세, 풍조

ti·dings [táidiŋz] *n. pl.* 통지, 소식

ti·dy [táidi] *a.* 단정한, 말쑥한; 《口》 상당한

tie [tai] *vt., vi.* (*ppr.* ty·ing) 매다, 묶다; 속박하다 ~ up 묶다; 짜다 —*n.* 매듭; 넥타이; 끈 달린 단화; (*pl.*) 인연, 기반; 성가신 놈[것]; 【競技】 동점

T'ien An Men [tjénánmén] 천안문(天安門)(북경에 있는 청조 왕궁의 정문)

Tien·tsin [tjéntsin, tín-] *n.* 천진(天津)(중국의 도시)

tie·pin [≤pin] *n.* 넥타이핀

tíe tàck 넥타이핀

tie-up [≤ʌp] *n.* 막다름(deadlock), 정지; 《口》 협력, 제휴

tif·fin [tifin] *n.* 《英》 점심(식사)

ti·ger [táigər] *n.* 호랑이

ti·ger-eye [≤ài] *n.* 호안석

tight [tait] *a.* 단단히 맨 (*opp.* loose); 팽팽한; 꼭 맞는, 꽉 죄는; 귀찮은 —*ad.* 단단히, 꽉 —*n.* (*pl.*) 타이츠

tight·en [táitn] *vt., vi.* 꽉 죄(이)다, 단단히 하다[되다]

tight·rope [≤ròup] *n.* 팽팽한 밧줄

Ti·gris [táigris] *n.* (*the* ~) 티그리스강(메소포타미아 평야를 지나 페르시아만으로 흐름)

tile [tail] *n.* 기와; 타일 [til]

till [til] *prep., conj.* …까지 (untim·bale [tímbl/tæmbáːl] *F. n.* 탱발(큰 고기에 달걀·크리임 등을 섞은 요리)

tim·ber [tímbər] *n.* 재목, 목재

tim·ber·land [≤lænd] *n.* 《美》 삼림지대

time [taim] *n.* 때, 시간; 시각; 기간; 계절; 시기, 기회; (보통 *pl.*) 시대; 경기; 여가; …번, 회, 배: good ~s 호경기/have a good ~ 즐겁게 지내다/What ~ is it now? 지금 몇 시지요/ have no ~ to spare 짬이 없다; 바쁘다/arrive ahead of [behind] ~ 정시보다 일찍[늦게] 도착하다 *all the* ~ 그 동안 내내, (《美》) 언제나 *at a* ~ 한번에, 동시에 *at* ~s 때때로 ~ *limit* 시한, 기한 *behind the* ~s 시대에 뒤져 *for a* ~ 당분간 *for the* ~ *being* 우선은 *from* ~ *to* ~ 때때로 *in no* ~ 즉시 *in* ~ 이윽고; 제시간에; 장단이 맞아(*with*) *keep good* [*bad*] ~ (시계가) 꼭 맞다[맞지 않다] *on* ~ 《美》 시간을 어기지 않고; 분할불로

tíme bòmb 시한폭탄

tíme càpsule 타임캡슐

tíme chàrt (세계 각지의) 표준시간표

tíme depòsit 정기예금

tíme dìfference 시차

time-hon·ored, 《英》 **-oured** [≤ànərd/-ɔ̀nəd] *a.* 옛날부터의, 유서깊은 [때맞은

time·ly [táimli] *a.* 시기적절한,

Times [taimz] *n.* (*The* ~) 타임즈지(영국의 대신문)

Tímes Squáre 타임즈스퀘어(뉴우요오크시에 있는 광장)

time·ta·ble [≤tèibl] *n.* (기차·비행기 등의)시간표 [노동

time·work [≤wə̀ːrk] *n.* 시간제

tíme zòne 시간대(같은 표준시를 사용하는 지대)

tim·id [tímid] *a.* 겁많은, 소심한

tin [tin] *n.* 주석; 함석; 《英》 (통조림의)깡통 (《美》 can) —*vt.* 주석을 입히다;《英》 통조림하다

tinge [tindʒ] *n.* 색조; 기미, 티 (*of*) —*vt.* 착색하다, 물들이다

tin·kle [tíŋkl] *n., vi., vt.* 딸랑딸랑(소리나(게하)다)

tín òpener 《英》 깡통따개

Tín Pàn Alley (뉴우요오크시의)유행가 관계자가 모이는 곳

tint [tint] *n.* 색조; 열은 색

ti·ny [táini] *a.* 아주 작은

tip¹ [tip] *n.* 끝, 첨단 —*vt.* 끝을 달다[자르다]

tip² *vi., vt.* 기울(이)다; 뒤집(히)다(*over, up*); 비우다; 팁을 주다; (경마 등에서)귀띔해주다 —*n.* 팁; 귀띔, 정보, 예상; 비결

tip·ple [típl] *vi., vt.* (술을)찔끔찔끔[상습적으로]마시다 —*n.* 독한 술

tip·toe [típtòu] *n.* 발끝

típ·ùp séat [típʌp] (극장 등의)

T

세 웠다 접었다하는 의자

tire¹ [taiər/táiə] *vi.*, *vt.* 지치
(게 하)다《*with*》; 싫증나(게 하)
다《*of*》 **~d** *a.* 지친《*with*》;
싫증난《*of*》 **~·less** *a.* 지칠줄
모르는; 부단한 **~·some** *a.* 귀
찮은; 지루한

tire², 《英》 **tyre** [taiər/táiə] *n.*
타이어 *—vt.* 타이어를 달다

tís·sue pàper [tíʃuː] 박엽지

ti·tle [táitl] *n.* 표제, 제목; 칭호,
직함, 작위; 자격《*to*》; 〖영화〗 자
막; 〖경기〗 선수권

títle mátch 선수권쟁탈전

Tiv·o·li [tívəli] *n.* 티볼리공원
(코펜하겐에 있는 대유원지)

TKO = *t*echnical *k*nockout
〖권투〗 티이케이오우

TM = *t*ranscendental *m*edita-
tion 초월명상

TNT = *t*rinitro*t*oluene 강력폭약

to *prep.* [tuː, tə →*ad.*] …로; …
에; …까지; …을 위해; …하게
도; …에 맞추어: from east ~
west 동에서 서로; wet ~ the
skin 흠뻑 젖다/~ my surprise
놀랍게도/sing ~ the guitar 기
타아에 맞추어 노래하다/ Turn
~ the left. 왼쪽으로 도시오
—ad. [tuː] 명상상태로; 꼭 닫
혀 ~ *and fro* 이리저리

toast [toust] *n.* 토우스트, 구운
빵; 축배: drink a ~ to …을
위해 축배를 들다 *—vt.*, *vi.* (빵
등을)굽다; 축배를 들다

toast·mas·ter [⸗mæstər / -màː
stə] *n.* (연회의)사회자

to·bac·co [təbækou] *n.* 담배

to·bog·gan [təbágən/-bɔ́g-] *n.*,
vi. 토보건썰매(로 달리다)

to·day, to-day [tədéi] *n.*, *ad.*
오늘; 오늘날, 현재; 현대

toe [tou] *n.* 발가락; (구두·양말
등의)발끝부분

TOEFL = *t*est *o*f *E*nglish as a
*f*oreign *l*anguage 외국인을 위
한 영어시험

to·geth·er [təgéðər] *ad.* 함께;
계속해서 *all* ~ 모두 함께; 전
부 합해서

toil [tɔil] *n.* 수고, 노고; 일 *—vi.*
힘써 일하다

toi·let [tɔ́ilit] *n.* 《美》화장실, 변
소; 화장 (도구) ~ *room* 《美》
(변소가 딸린)화장실 ~ *set* 화
장도구세트 ~ *soap* 화장비누

to·ken [tóuk(ə)n] *n.* 표시, 증거;
(지하철·버스 등의)토우큰 *in*
[*as a*] ~ *of* …의 표시로

told [tould] *v.* tell의 과거(분사)

tol·er·a·ble [tálərəbl/tɔ́l-] *a.* 참
을 수 있는; 꽤 좋은

toll¹ [toul] *n.* 통행세, 교량통과

료, 나루삯; 장거리전화료

toll² *vt.*, *vi.* 종을[이] 울리다 *—
n.* 종소리

tóll bàr (통행세 징수를 위한)차
단봉, 관문

tóll càll 특별요금 장거리전화

toll·gate [⸗gèit] *n.* 통행세 징수소

tóll ròad 유료도로

tom [tam/tɔm] *n.* (동물의) 수컷,
수코양이 *T~ Collins* 칵테일
의 일종   「마토

to·ma·to [təméitou/-máː-] *n.* 토

tomb [tuːm] *n.* 무덤, 표혈, 묘비
T~ of the Unknown Soldier
무명용사의 무덤(워싱턴 교외
Arlington 국립묘지에 있음)

tom·bo·la [támbələ/tɔ́m-] *n.* 일
종의 복권

to·mor·row, to-mor·row [tə-
mɔ́ːrou, -márr- / -mɔ́r-] *n.*, *ad.*
내일; (가까운) 장래

ton [tʌn] *n.* 톤(중량단위)

tone [toun] *n.* 음, 음조, 가락; 말
투; 품격, 기풍; 풍조;(몸의)상태;
(그림·사진 등의)색조 *—vt.*, *vi.*
가락을 붙이다[이 붙다]; 조화시
키다[하다]

ton·ga [táŋgə/tɔ́ŋgə] *n.* 통가(인
도의 작은 2륜마차)

tongue [tʌŋ] *n.* 혀; 구변; 국어;
(소 등의)혀고기, 텅: stewed ~
텅스튜우/mother ~ 모국어/~
twister 혀가 잘 돌지 않는어구

ton·ic [tánik/tɔ́n-] *n.* 강장제

to·night, to-night [tənáit] *n.*,
ad. 오늘밤

ton·nage [tʌ́nidʒ] *n.* 적재량, 톤
수; (한나라 선박의) 총톤수

too [tuː] *ad.* …도 또한; 너무 …한;
대단히 ~ … *to*《do》너무 …해
서 …할 수 없는

took [tuk] *v.* take의 과거

tool [tuːl] *n.* 도구, 공구; 앞잡이

tooth [tuːθ] *n.* (*pl.* teeth) 이; (기
어·톱의)이, (빗의)살

tooth·ache [⸗èik] *n.* 치통

tooth·brush [⸗brʌʃ] *n.* 치솔

tooth·paste [⸗pèist] *n.* 치약

tooth·pick [⸗pìk] *n.* 이쑤시개

tóoth pòwder 치마분

top¹ [tap/tɔp] *n.* 꼭대기; 상부;
표면; 상위, 수석, 상석; 절정,
극치 *—a.* 최고의, 수석의 *at* ~
speed 전속력으로 *—vt.* 꼭대기
를 덮다; 수석을 차지하다

top² *n.* 팽이: spin a ~ 팽이를
돌리다

to·paz [tóupæz] *n.* 황옥

tóp bòots 승마화   「투

top·coat [⸗kòut] *n.* 가벼운 외

tóp hàt 실크햇

top·ic [tápik/tɔ́p-] *n.* 논제; 화제

top·less [táplis/tɔ́p-] *n.*, *a.* 상

반신나체(의), 토플리스(의)

top·mast [tápmæst/tɔ́pmɑːst] *n.* 〖海〗 중간돛대

top·most [⌐môust, ⌐məst] *a.* 최고의, 절정의

torch [tɔːrtʃ] *n.* 횃불

tore [tɔːr] *v.* tear² 의 과거

tor·e·a·dor [tɔ́ːriədɔ̀ːr/tɔ́r-] *Sp. n.* 기마투우사

tor·ment *n.* [tɔ́ːrmənt →*v.*] 고민, 고통 (anguish); 고민거리 —*vt.* [tɔːrmént] 괴롭히다

torn [tɔːrn] *v.* tear² 의 과거분사

tor·na·do [tɔːrnéidou] *n.* 회오리바람, 선풍

To·ron·to [tərántou] *n.* 터론토 (캐나다 온타리오주의 수도)

tor·rent [tɔ́ːrənt, tár-/tɔ́r-] *n.* 급류; 억수(같은 비); (감정 등의) 분출

tor·rid [tɔ́ːrid, tár-/tɔ́r-] *a.* 혹서의, 염열의: the ~ zone 열대

tor·so [tɔ́ːrsou] *n.* (*pl.* ~**s**, -**si** [-siː]) 토르소 (머리·사지없는 상)

tor·te [tɔ́ːrtə] *n.* 케이크의 일종

tor·til·la [tɔːrtíːljə/-tíːljə] *n.* (멕시코의 납작한) 옥수수빵

tor·toise [tɔ́ːrtəs] *n.* 거북   ~ **shell** 별갑

tor·ture [tɔ́ːrtʃər] *n.* 고문; (때로 *pl.*) 큰 고통, 고민 —*vt.* 고문하다; (몹시)괴롭히다

toss [tɔːs, tas/tɔs] *vt.* 던지다; 치켜들다; 동요시키다; 동전을 던져 정하다; 버무리다: ~*ed salad* 버무린 샐러드 —*vi.* 딩굴다; 흔들리다 —*n.* 던져올리기; 동요; 돈던지기 ~ *up* 동전을 던져 일을 정하다

to·tal [tóutl] *a.* 전체의, 총계의; 완전한 *sum* —*n.* 합계, 총액 —*vt., vi.* 합계하다, 도합 …이 되다 ~**·ly** *ad.* 완전히

to·tem [tóutəm] *n.* 토템 (북미토인이 숭앙하는 동물이나 천연물): a ~ pole 토템 기둥

touch [tʌtʃ] *vt., vi.* 대다, 닿다; 접촉하다; 《보통 부정문》(음식·일·돈 등에)손대다; 해치다; 이르다; 관계하다; 영향을 미치다; 감동시키다; 언급하다; 기항하다 《at》: Don't ~ the exhibits. 진열품에 손대지 마시오 —*n.* 접촉, 촉감; (그림·조각의) 터치, 필치, 솜씨; …의 기미, 조금 《of》 *in* [*out of*] ~ *with*… 과 접촉하여[하지 않고] ~**·ing** *a.* 감동적인, 애처로운

touch-and-go [ən(d)góu] *a.* 아슬아슬한; 대충의

touch·down [⌐dàun] *n.* 〖축〗 단시간의 착륙

touch·y [tʌ́tʃi] *a.* 성급한

tough [tʌf] *a.* 강인한; 끈질긴; 완고한; 곤란한

tour [tuər] *n.* 관광여행, 짧은 여행: go on a ~ 여행을 떠나다/ make a ~ of …을 여행하다 ~ *conductor* [*escort*] 여행단 수행직원 —*vt., vi.* 여행[유람]하다 ~**·ism** *n.* 관광여행 [사업]

tour·ist [tú(ː)rist] *n.* 관광객, 여행자: a ~ party 관광단   ~ *baggage re-export form* 수하물 재수출신고서(입국시에 지참한 고급품을 출국시에 가지고 갈 수 있도록 기입하는 서식)   ~ *introduction card* (인도관광국 발행의) 주류구입 특별카아드   「안내소

tóurist bùreau [àgency] 관광

tóurist clàss (배·비행기의) 보통2등

tóurist hòme 민박하는 집

tóurist ìndustry 관광사업

tóurist tìcket 관광여행표, 주유권(周遊券)

tour·na·ment [túərnəmənt] *n.* 시합, 경기; (승자만 올라가는) 선수권시합, 토오너먼트

tourne·dos [tùərnədóu] *F. n.* 베이콘에싼 필레고기를 구운 것

tow [tou] *vt.* (밧줄로)잡아 당기다

tow·age [tóuidʒ] *n.* 예선(료)

to·ward [təwɔ́ːrd, tu-, tɔːrd, twɔːd] *prep.* …쪽으로, …을 향해; …경, …가량; …에 대하여: ~ *evening* 저녁 무렵에 *Here's* ~ *you.* 건강을 축하합니다(건배할 때의 말)

tow·el [táu(ə)l] *n.* 수건, 타월

tówel hòrse [ràck, ràil] 수건걸이

tow·er [táuər] *n.* 탑, 망루; (*the* T~) 런던탑 (the Tower of London) —*vi.* 우뚝 솟다

town [taun] *n.* 읍, 소도시; (*the* ~) 읍민, 시민; 《美》군, 구, 동; 《관사없이》 수도 (또는 화제가 되어 있는) 근처의 도시 ~ *hall* 시청; 공회당 *on the* ~ 흥청거려

tówn càr 타운카아(운전석과 좌석이 유리로 간막이된 차)

toy [tɔi] *n.* 장난감

trace [treis] *vt., vi.* 뒤를 밟다, 추적하다; 찾아내다; 유래를 더듬다; (줄을) 긋다, 그리다; 투사하다 —*n.* (발)자국; 형적; 아주 조금, 기미

track [træk] *n.* 지나간 자국; (*pl.*) 발자국; 형적; 경주로, 트랙; 《美》철로: ~ *number* 플랫포옴의 번호, 제…번선 —*vt.* 추적하다 《*down, to*》; 찾아내다

tráck and fíeld 《총칭》육상경기

tract [trækt] *n.* 지역, 고장; (바다·하늘 등의) 넓이 「랙터

trac·tor [træktər] *n.* 견인차, 트

trade [treid] *n.* 장사, 상업; 무역; 직업; 《총칭》 동업자 *by* ~ 직업은 —*vi.*, *vt.* 장사[매매]하다 《*in*》;무역하다, 거래하다《*with*》; 교환하다

tráde fàir 견본시, 무역박람회

tráde jòurnal [pàper] 업계지 (業界紙)

trade·mark [<mɑ̀:rk] *n.* 상표

tráde nàme 상품명, 상표명

trad·er [tréidər] *n.* 상인; 상선

trades·mán [tréidzmən] *n.* (*pl.* -men [-mən]) 《英》 소매상인

tráde ùnion 《英》 노동조합

tráde wìnd 무역풍

tra·di·tion [trədíʃ(ə)n] *n.* 전설, 구전; 전통, 관습 ~·al *a.* 전통적인, 전통의

Tra·fál·gar Squáre [trəfǽlgər] 트라팔가 광장 (런던의 광장, 넬슨기념탑이 있음)

traf·fic [trǽfik] *n.* 교통, 왕래, 운수; 거래, 무역: a ~ accident 교통사고/ a ~ circle 원형 교차로, 로우터리/ a ~ (control) signal 교통신호/ a ~ control tower 항공관제탑/ ~ jam 교통체증/ a ~ sign 교통표지/ a ~ ticket 교통위반 딱지

trag·e·dy [trǽdʒidi] *n.* 비극

trag·ic [trǽdʒik] *a.* 비극적인

trail [treil] *vt.*, *vi.* 질질끌다; 추적하다 —*n.* (지나간) 자국; (황야의) 오솔길, 산길

trail·er [tréilər] *n.* 트레일러; 부수차; (영화의)예고편

tráiler bùs 트레일러 버스

tráiler còach 《美》 여행용 이동주택차

train [trein] *vt.*, *vi.* 훈련 [양성] 하다 —*n.* 열차, 기차; 《총칭》 수행원; (사람·차의) 행렬;(살별·새의) 꼬리: an accommodation ~ 보통열차/an express ~ 급행열차/an passenger ~ 여객열차/a through ~ 직행열차/ an up [down] ~ 상행 [하행] 열차/travel by ~ 기차로 여행하다/get into [out of] a ~;get on [off] a ~ 기차에 타다 [에서 내리다]/miss [catch] the ~ 기차를 놓치다 [잡아타다] ~ *jumper* 무임 승차자 ~·er *n.* 훈련자, 조마사(調馬師), 코우치

train·ing [tréiniŋ] *n.* 훈련, 단련

train·sick [<sìk] *a.* 차멀미 하는

trait [treit/trei(t)] *n.* (성격 등의)특성, 특징, 특색

trai·tor [tréitər] *n.* 반역자, 배반자; 매국노

tram [træm] *n.* 《英》 시내전차

tram·car [<kɑ̀:r] *n.* =tram

tramp [træmp] *vi.*, *vt.* 쿵쿵 [터벅터벅] 걷다, 걸어가다; 도보여행을 하다 —*n.* 방랑자; 도보여행; 부정기화물선

tram·ple [trǽmpl] *vt.*, *vi.* 짓밟다, 밟아뭉개다[짓이기다]; 유린하다

tram·po·line [trǽmpəlin, -lí:n] *n.* 《체조》 트램폴린 (도약즈크)

tram·way [trǽmwei] *n.* 《英》 시내전차 (선로)

trance [træns/trɑːns] *n.* 황홀경; 무아의 경지; 열중

tran·quil·iz·er, -quil·liz·er [trǽŋkwiláizər] *n.* 진정제

trans·act [trænzǽkt, træns-, trɑːns-] *vt.*, *vi.* 처리[거래] 하다

trans·at·lan·tic [trænsətlǽntik/trǽnz-] *a.* 대서양횡단의

trans·ceiv·er [træn(s)sí:vər] *n.* 라디오 송수신기, 트랜시이버

trans·con·ti·nen·tal [trænskɑntinént(ə)l/trǽnzkɔn-] *a.* 대륙횡단의 ~ *bus* 대륙횡단버스

trans·fer *n.* [trǽnsfə(:)r→v.] 갈아타기(표); 이동, 전임;(권리의) 이전 —*v.* [trænsfə́:r] *vt.* 옮기다; 전임[전학]시키다; 양도하다《*to*》—*vi.* 갈아타다; 이동하다; 전임하다

trans·for·ma·tion [trænsfərméiʃ(ə)n] *n.* 변형, 변화;근대화

trans·gress [trænsgrés, trænz-] *vt.*, *vi.* (한도를)넘다; (법을)위반하다

tran·si·ent [trǽnʃ(ə)nt/-ziənt] *a.* 일시적인, 덧없는, 《美》(호텔손님·외국여행자 등이) 단기체재의: a ~ visitor 단기체재객[관광객] —*n.* 《美》 단기체재 객

tran·sis·tor [trænzístər] *n.* 트랜지스터

tran·sit [trǽnsit, -zit] *n.* 통과, 운행; 운송: a ~ card 갈아탈 때에 공항에서 받아 재탑승시 보이는 카아드/a ~ passenger 통과여객/ ~ without visa 무사증 통과

tran·si·tion [trænzíʃ(ə)n / -síʒ(ə)n] *n.* 변천; 과도기

trans·late [trænsléit, trænz-] *vt.*, *vi.* 번역하다 -**la·tor** *n.* 번역자 -**la·tion** *n.* 번역

trans·lu·cent [trænslú:snt, trænz-] *a.* 반투명의

trans·mi·gra·tion [trænsmaigréiʃ(ə)n, trænz-] *n.* 이주; 윤회, 전생(轉生)

trans·mis·sion [trænsmíʃ(ə)n, trænz-] *n.* 전달; 송신; 양도

trans·mit [trænsmít, trænz-]

vt. 보내다, 전하다; 송신하다
trans·o·ce·an·ic [trænsouʃiǽn-ik, trænz-] *a.* 대양횡단의
tran·som [trǽnsəm] *n.* (문 위의)가로장;《美》문 위의 채광창
tran·son·ic [trænsánik/-sɔ́n-] *a.* 음속에 가까운
trans·pa·cif·ic [trænspəsífik] *a.* 태평양횡단의
trans·par·ent [trænspέ(:)rənt] *a.* 투명한; 명쾌한
trans·plant [trænsplǽnt/ -plɑ́:nt] *vt.*이식하다; 식민시키다
trans·port *vt.* [trænspɔ́:rt→*n.*] 수송하다;《수동형》황홀하게 하다《with》 —*n.* [⌐—] 수송;운송선; (*pl.*) 황홀, 열중
trans·por·ta·tion [trænspər-téiʃ(ə)n/pɔ:-] *n.* 수송, 운수; 운수기관; 수송료, 운임;《美》여행[수송] 허가증[표]
trans·ship [trænsʃíp] *vt.* 다른 배[차]에 옮기다
Tràns-Si·bé·ri·an Ráilroad [trǽn(s)saibí(:)riən / trǽn(z)-saibíə-] 시베리아 횡단철도
trans·son·ic [trænssánik/-sɔ́n-] *a.* =transonic
trans·verse [trænsvə́:rs/trǽnz-və:s] *a.* 가로의; 가로지르는
trap¹ [træp] *n.* 함정, 책략, 속임수; (트랩사격의) 표적발사기;《英俗》경관 —*vt.* 함정에 빠드리다
trap² *n.* (*pl.*) 휴대품, 수하물
trash [træʃ] *n.* 쓰레기, 페물; 졸작: a ~ can《美》쓰레기통 (《英》dust bin)
trat·tor·i·a [trɑ̀təríːɑ] *It. n.* 음식점
trav·el [trǽvl] *vi., vt.* 여행하다; (빛·소리 등이) 나아가다, 전파하다: She has ~*ed* all over Europe. 그녀는 유럽을 두루 여행하고 다녔다 —*n.* 여행; (*pl.*) 여행기 ~**ed**, 《英》~**led** *a.* 여행에 익숙한, 견문이 넓은
trável àgency [bùreau] 여행안내소[대리점] (*cf.* Reisebüro)
trável àgent 여행안내 업자
trav·el·er, 《英》-**el·ler** [trǽvl-ər] *n.* 여행자[가]; 순회판매원
tráveler's chèck[《英》chèque] 여행자용 수표: cash one's ~ 여행자용 수표를 현찰로 바꾸다
tráveler's lètter of crédit 여행자 보증서 (여행자의 의뢰로 여행자가 해외에서 여비를 받을 수 있는 은행 발행의 보증서)
trável insúrance pólicy 여행상해보험증서
trável tràiler 여행용 이동주택
trav·erse [trǽvə(:)rs] *vt.* 횡단

하다 —*n.* 횡단; 가로장; 횡단로
tray [trei] *n.* 쟁반, 접시; (트렁크의) 간막이 상자
treach·er·ous [trétʃ(ə)rəs] *a.* 배반하는; 믿지 못할
tread [tred] *vi., vt.* (*p.* **trod**, *pp.* **trod·den, trod**) 밟다, 짓밟다《on, upon》; 걷다, 지나가다 —*n.* 밟기, 걷기; 걸음걸이; 발소리; (계단의) 디딤판
treas·ure [tréʒər] *n.* 보물; 비장의 물건; 재화; 귀중품 —*vt.* 비장하다《up》; 소중히 하다; 명심하다
treas·ur·y [tréʒəri] *n.* 보고 (寶庫); 금고, 국고
treat [tri:t] *vt., vi.* 다루다, 대우하다; 치료하다; 논하다; 대접하다, 한턱내다 —*n.* 대접; 즐거운 일; 위로회; 《口》한턱내기 [낼 차례]: This is my ~. 이번에는 내가 낼 차례다 **stand ~** 한턱내다
treat·ment [trí:tmənt] *n.* 대우; 처리; 치료(법)
trea·ty [trí:ti] *n.* 조약; 담판, 교섭 **in ~ with** …과 교섭중
tree [tri:] *n.* 나무, 수목 ~ *lawn* (차도와 보도 사이의) 녹지대
trem·ble [trémbl] *vi.* 떨다; 걱정하다 —*n.* 떨림, 전율
tre·men·dous [triméndəs] *a.* 무시무시한; 거대한; 《口》어마어마한
trem·or [trémər] *n.* 떨림, 떨리는 목소리; 미동
trench [trentʃ] *vt.* 도랑을 파다 —*n.* 도랑
trénch còat 트렌치코우트
trench·er [tréntʃər] *n.*나무접시
trend [trend] *n.* 경향, 추세
tres·pass [tréspəs] *n.* 침입; 《法》불법침해 —*vi.* (남의 땅에)침입하다; 침해하다, 페를 끼치다《on, upon》: No T~*ing!*《게시》출입금지
Tre·vi [tréivi:] *n.* la Fontana di ~ (로마의) 트레비의 샘
tri·al [tráiəl] *n.* 시도, 시험; 시련; 《法》재판 ~ *and error* 시행착오
tri·an·gle [tráiæ̀ŋgl] *n.* 《數》삼각형; 삼각자
tribe [traib] *n.* 종족; 패거리
trib·ute [tríbju:t] *n.* 선물, 공물
tri·car [tráikɑ̀:r] *n.*《英》삼륜차
trick [trik] *n.* 책략, 계략; 짓궂은 장난; 요술; 비결 *play a ~ on a person* (남에게) 장난치다 —*vt., vi.* 속이다
trick·le [tríkl] *vi.* 뚝뚝 떨어지다, 졸졸 흐르다 —*vt.* 뚝뚝 떨어뜨리다 —*n.*(물)방울; 실개천

tri·col·or,《英》**-our**[tráikʌlər/tríkələ] *n.* (프랑스의) 3색기

tri·cot [trí:kou, trí-] *n.* 트리코트, 손으로 뜬 털실편물

tried [traid] *a.* 시험필의; 믿을 수 있는

tri·en·ni·al [traiéniəl] *a.* 3년계속되는 [마다의] —*n.* 3년마다의 축제

tri·fle [tráifl] *n.* 하찮은 일 [것], 사소한 일; 소량 —*vi.* 만지작거리다

tri·fling [tráifliŋ] *a.* 얼마 안되는, 사소한; 경박한

trig·ger [trígər] *n.* (총의)방아쇠

tri·lin·gual [trailíŋgwəl/´-´-] *a.* 3개 국어를 사용하는

tril·o·gy [trílədʒi] *n.* 3부작

trim [trim] *a.* 말쑥한, 정돈된 —*n.* 정돈 —*vt., vi.* 정돈 [손질] 하다; 전지하다: ~ hair 이발하다 **~·ming** *n.* 정돈, 손질; (*pl.*) (요리의)고명

Trin·i·dad and To·ba·go [trinidǽdən(d)tobéigo] 트리니다드토바고 (서인도제도의 공화국)

trin·i·ty [tríniti] *n.* (*the* T~) 《宗》 삼위일체; 3개 한벌인 것

tri·o [trí:ou/trí(:)ou] *n.* 3개 한벌, 3인조; 《音》 3중주 [창] (곡)

trip [trip] *n.* (특히 짧은) 여행; 가벼운 발걸음; 발을 걸어 넘어 뜨리기; 실수: go on a ~ 여행을 떠나다/ make a ~ to …으로 여행하다/ a round ~ 일주 여행[항해]; 《美》 왕복여행의: on a ~ 여행중 —*vi.* 발걸음도 가볍게 걷다; 걸려 넘어지다 《*on, over*》; 실패하다 —*vt.* 걸려 넘어지게 하다; 실패하게 하다

tri·ple [trípl] *a.* 3배의, 3중의, 3부작의

tri·pod [tráipad/-pɔd] *n.* 삼각

trip·per [trípər] *n.* 《英口》 여행자, 행락객

tri·show [tráiʃou] *n.* (싱가포르의) 3륜차

trite [trait] *a.* 흔해빠진

tri·umph [tráiəmf] *n.* 승리 《*over*》; 대성공 *in* ~ 의기양양하게 —*vi.* 이기다; 성공하다 《*over*》 **-um·phal** *a.* 승리의, 개선의 T~ *al Arch* 개선문

tri·um·phant [traiʌ́mfənt] *a.* 승리한, 의기양양한, 성공한

triv·i·al [tríviəl] *a.* 하찮은, 사소한 [(錠劑)]

tro·che [tróuki/trouʃ] *n.* 정제

trod [trad/trɔd] *v.* tread의 과거 (분사)

trod·den [trádn/trɔ́dn] *v.* tread의 과거분사

troi·ka [trɔ́ikə] *n.* 3두마차; 3두제(頭制)

Tro·jan [tróudʒ(ə)n] *a.* 트로이 (Troy)의, 트로이인의 —*n.* 트로이인; 용사

trol·ley,-ly [tráli/trɔ́li] *n.* 《電》 트롤리(가공선에 접촉하는 전차의 활차); 《英》 손수레, 광차 ~ *bus* 트롤리버스 ~ *car* 시내전차

troop [tru:p] *n.* 떼, 무리; (*pl.*) 군대, 군세 —*vi.* 떼 [열]를 지어 나아가다, 줄줄이 걷다 [모이다, 떠나다] *T~ ing the Colour* 《英》 군기경례 분열식(6월상순에 있는 근위병사열식)

tro·phy [tróufi] *n.* 전리품, 전승기념물, 우승기[배], 트로피

trop·ic [trápik/trɔ́p-] *n.* 회귀선; (*the* ~s) 열대(지방)

trop·i·cal [trápik(ə)l/trɔ́p-] *a.* 열대(지방)의; 열대적인

trot [trat/trɔt] *vi.* 속보로 달리다 —*n.* (말의)속보; 총총걸음, 빠른 걸음

trou·ble [trʌ́bl] *n.* 고생; 근심; 곤란, 말썽; 소동; 병: without any ~ 문제없이/No ~ at all. 천만에 *get into* ~ 일이 난처하게 되다, 곤란에 빠지다 *have* ~ *with* …과의 사이에 말썽이 있다; …으로 고생하다 —*vt.* 폐를 끼치다; 어지럽히다; 난처하게 하다, 걱정시키다: May I ~ you to shut the door? 문을 닫아주시지 않겠읍니까/ I'm sorry to ~ you. 폐를 끼쳐 죄송합니다 —*vi.* 수고하다:걱정하다 **~d** *a.* 난처한, 걱정스러운; 거친, 험악한

trou·ble·some [trʌ́blsəm] *a.* 성가신, 골치아픈, 난처한

trou·sers [tráuzərz] *n. pl.* 바지 (《美口》 pants): a pair of ~ 바지 하나

trout [traut] *n.* (*pl.* ~s, 《총칭》 ~) 《魚》 송어

trou·vaille [tru:vái, -vá:j(ə) / trú:vail] *F. n.* 횡재한 물건

tru·ant [trú(:)ənt] *n.* 게으름장이, 농땡이, 무단결석자: play ~ 학교를 빼먹다

truce [tru:s] *n.* 휴전, 정전

truck [trʌk] *n.* 화물자동차, 트럭; 광차; 《英》 무개화차; 대차 (臺車) [임

truck·age [trʌ́keidʒ] *n.* 트럭운

truck farm 《美》 시장용의 채소농장

truck·le [trʌ́kl] *n.* 작은 바퀴; 바퀴달린 침대

trudge [trʌdʒ] *vi., vt., n.* 터벅터벅 걷다[걷기]

true [tru:] *a.* 진실[사실]인 (*opp.* false); 진짜인, 순수한; 정확한, 올바른; 충실[성실]한: ~ to life 실물과 똑같은 *come* ~ 사실이 되다;(예언 등이) 적중하다 *prove* ~ 사실임을 알다, 들어 맞다 「실[성실]한

true·heart·ed [⁼háːrtid] *a.* 충

true·love [⁼lʌv] *n.* 애인

truf·fle [trʌfl] *n.* 송로(식용버섯의 일종)

tru·ly [trúːli] *ad.* 참으로, 정말로; 정직하게; 정확히; 충실히 *Yours* (*very*) ~ 경구 (편지를 맺는 말)

trump [trʌmp] *n.* (트럼프의) 으뜸패; 비장의 수 —*vi., vt.* 으뜸패를 쓰다; 비장의 수를 쓰다

trum·pet [trʌ́mpit] *n.* 나팔, 트럼펫 —*vi., vt.* 나팔을 불다; 나팔로 알리다; 떠벌리다

trun·cheon [trʌ́ntʃ(ə)n] *n.* 《英》 경찰봉, 곤봉; 긴 지휘봉

trunk [trʌŋk] *n.* 줄기; 동체; 간선; 코끼리의 코; 여행가방, 트렁크 《美》(자동차 뒤쪽의)짐칸; (*pl.*) 남자용 운동팬츠

trúnk cáll 《英》 장거리전화 (호출) (《美》 long-distance call): Give me a ~. 장거리 전화를 부탁합니다

trúnk líne (철도·전화의) 간선,

trúnk ròad 간선도로 「본선

truss [trʌs] *n.* (건초 등의) 다발; 〔建〕 트러스

trust [trʌst] *n.* 신용, 신뢰, 신임 《in》; 위탁물, 보관품; 〔經〕 트러스트, 기업합동 *in* ~ 위탁하여 *on* ~ 외상으로; 남이 시키는대로 —*vt., vi.* 신용하다, 신뢰하다; 맡기다; 외상판매하다, 신용대부하다; 기대하다

trúst còmpany 신탁회사

trus·tee [trʌstíː] *n.* 수탁자

trust·wor·thy [trʌ́stwəːrði] *a.* 신용할 수 있는, 믿을만한

trust·y [trʌ́sti] *a.* 신용할 수 있는, 믿을만한

truth [truːθ] *n.* (*pl.* ~s[-ðz, +英 -θs]) 진리; 사실, 진실; 성실, 충실 *in* ~ 참으로, 실제로, 사실은 *to tell the* ~ 사실은, 사실을 말하면

try [trai] *vt., vi.* 해보다, 시도하다; 괴롭히다; 심리하다 ~ *and* 《do》《口·명령형》 …하도록 노력하다 ~ *on* 입어보다; 시험삼아 해보다 ~ *out* 철저히 해보다 —*n.* 시도, 시험

try·ing [tráiiŋ] *a.* 쓰라린, 괴로운, 견디기 어려운, 고된

tsét·se flý [tsétsi] 체체파리 (남아프리카산. 수면병을 매개)

tub [tʌb] *n.* 통; 목욕통, 욕조

tube [t(j)uːb/tjuːb] *n.* 관, 통(筒); (치약 등의) 튜우브; (런던의) 지하철 (《美》 subway); 지하도; 진공관 「아기

tube-ba·by [⁼bèibi] *n.* 시험관

tu·ber·cu·lo·sis [t(j)u(ː)bə̀ːrkjulóusis/tjubə̀ː-] *n.* 결핵, 폐결핵

tuck [tʌk] *n.* (소매 등의) 접단; 《俗》 음식 —*vt., vi.* (소매 등을) 접어 호다, 걷어올리다

Tu·dor [t(j)úːdər/tjúːdə] *n., a.* 튜우더왕조 〔양식〕 (의)

Tues·day [t(j)úːzdi, -dei/tjúːz-] *n.* 화요일

tuft [tʌft] *n.* (머리칼 등의) 술;덤불, 숲

tug [tʌg] *vt., vi.* 당기다 —*n.* 힘껏 당기기; 예인선

tug·boat [⁼bòut] *n.* 예인선

tu·i·tion [t(j)uːíʃ(ə)n/tju(ː)-] *n.* 교수, 수업(료)

tu·lip [t(j)úːlip/tjúː-] *n.* 튜울립

tum·ble [tʌ́mbl] *vi.* 넘어지다,구르다; 허둥지둥 가다 《on》; 덩굴다; 공중제비하다 —*vt.* 굴리다, 넘어뜨리다 —*n.* 전도; 공중제비; 혼란

tum·bler [tʌ́mblər] *n.* (바닥이 평평한) 큰 컵; 곡예사

tu·mor, 《英》-mour [t(j)úːmər/tjúːmə] *n.* 종기, 종양

tu·na [túːnə] *n.* 《美》 참치

tun·dra [tʌ́ndrə, +美 tún-] *n.* (시베리아의)동토대, 툰드라

tune [t(j)uːn/tjuːn] *n.* 가락, 곡; 선율, 음조; 조화 *in* [*out of*] ~ (…과) 조화하여[하지 않고] —*vt., vi.* 음조를 맞추다[가 맞다]; 조율하다; 조화시키다 [되다]; ~ *up* 연주를 시작하다; (일등이) 능률이 나기 시작하다

Tu·ni·si·a [t(j)uːníʃiə/tjuníziə] *n.* 튀니지(북아프리카의 공화국)

tun·nel [tʌ́n(ə)l] *n.* 터널 —*vt., vi.* 터널을 파다; 굴진하다

tun·ny [tʌ́ni] *n.* 《英》 참치

tur·ban [tə́ːrbən] *n.* 터어반

tur·bid [tə́ːrbid] *a.* 흐린

tur·bine [tə́ːrbin] *n.* 터어빈

tur·bu·lent [tə́ːrbjulənt] *a.* (바람 등이) 사나운; 소란한, 난폭한

tu·reen [t(j)uːríːn/tə-] *n.* (뚜껑이 있는) 수우프 그릇

turf [təːrf] *n.* 잔디; (*the* ~) 경마(장); 이탄(泥炭)

tur·gid [tə́ːrdʒid] *a.* 부어오른; 과장된

tur·key [tə́ːrki] *n.* 〔鳥〕 칠면조; 〔보울링〕 터어키

Tur·key [tə́ːrki] *n.* 터어키

T

Turk·ish [tə́ːrkiʃ] a. 터어키(인·어)의, 터어키식의 ~ **bath** 터어키탕 —n. 터어키어 「란

tur·moil [tə́ːrmɔil] n. 소동, 혼

turn [təːrn] vi., vt. 회전하다[시키다]; 향하(게 하)다; 굽(히)다; 방향을 바꾸다; 뒤집다: T~ to the left at the first crossing. 맨처음 교차로에서 왼쪽으로 도시오 ~ **off** (가스·수도를) 잠그다; (전등·라디오를) 끄다; 해고하다 ~ **on** (가스·수도 등을)틀다; (라디오·전등을) 켜다 —n. 회전; 굽이, 길모퉁이;방향전환; 변화; 경향; 기질; 차례: It is your ~ to.... 네가 …할 차례다/Take the second ~ to the left. 두번째 모퉁이에서 왼쪽으로 도시오 by ~**s** 교대로 in ~ 차례로 take ~**s** 교대하다

turn·ing [tə́ːrniŋ] n. 회전;전향; 굴곡; 길모퉁이

túrning pòint 분기점; 전환점, 전기(轉機)

turn·out [tə́ːrnàut] n. 출석[참가]자; 투표율; 집합

turn·o·ver [⌐òuvər] n. 전복;접어젖힌 것; (일정 기간의) 외형

turn·pike [⌐pàik] n. 유료도로, 유료고속도로; 통행세징수소

tur·quoise [tə́ːrkɔiz, -kwɔiz / tə́ːkwɑːz] n. 터어키석

tur·tle [tə́ːrtl] n. 《動》바다거북

tur·tle·neck [⌐nèk] n. (스웨터 등의) 목을 감싸는 깃

túrtle shèll 별갑

túrtle sòup 거북수우프

Tut·ankh·a·men [tùːtɑːnkáːmin/tùːtəŋk-] n. 투탄카멘왕(B. C. 14세기경의 이집트왕)

tu·tor [t(j)úːtər/tjúːtə] n. 가정교사; 《英》(대학의) 지도교수; 《美》강사

tux·e·do, Tux- [tʌksíːdou] n. (pl. ~**s**) 남자용 약식 야회복

TVA = *Tennessee Valley Authority* 테네시강유역 개발공사

TV dìnner 텔레비전식사(데우기만 하면 먹을 수 있는 냉동식품)

TWA = *Trans World Airlines* 트랜스월드 항공(미국의 항공회사)

tweed [twiːd] n. 트위이드옷감

twelfth [twelfθ] n., a. 제12(의); 12분의 1(의)

Twelfth-day [twélfθdèi] n. 12일절 (1월 6일·크리스마스로부터 12일째)

twelve [twelv] n., a. 12(의)

twen·ti·eth [twéntiiθ] n., a. 제20(의); 20분의 1(의)

twen·ty [twénti] n., a. 20(의)

twice [twais] ad. 두배로; 두번

twice-told [⌐tóuld] a. 진부한

twid·dle [twídl] vt., vi. 만지작거리다, 이리저리 돌리다

twig [twig] n. 작은[가는] 가지

twi·light [twáilàit] n. (해뜨기전·해진 후의)어스름

twin [twin] a. 쌍동이의; 짝을 이루는 —n. 쌍동이 중의 한 사람; (pl.) 쌍동이

twín béds 싱글베드 한쌍

twine [twain] n. 꼰 실 —vt., vi. 꼬다, 짜다, 얽히게 하다

twi·night [twáinàit] a. 《야구》저녁때부터 밤에 걸쳐 하는 (더블헤더의)

twin·kle [twíŋkl] vi. (별 등이) 반짝이다, 깜박이다 「방

twín róom twin beds가 있는

twirl [twəːrl] vt., vi. 빙글빙글돌(리)다, 회전하다

twist [twist] vt., vi. 비틀다, 꼬다; 짜다, 감다; 굽(히)다 —n. 비틀림, 꼬임, 《英》혼합주;(the ~) 튀스트(춤)

twit [twit] vt. 꾸짖다, 조롱하다

twitch [twitʃ] vi., vt. 홱 잡아당기다; 팔딱팔딱 움직이다

twit·ter [twítər] vi. 지저귀다; 킬킬 웃다

two [tuː] n., a. 2(의)

two-dig·it [túːdìdʒit] a. 두자리수의(인플레이션 등이 10%가넘는)

two·fold [túːfòuld] a. 이중의;두배의 —ad. 이중으로; 두배로

two-pen·ny [tʌ́pəni] a. 2펜스의, 싸구려의

two-piece [⌐píːs] n., a. 투우피이스(의)

two-seat·er [túːsíːtər] n. 2인승 자동차 (비행기]

two-tone [⌐tóun] a. 2색의, 2색을 사용한

ty·coon [taikúːn] n. 《美口》(실·업계의) 거물

ty·ing [táiiŋ] v. tie의 현재분사

type [taip] n. 형, 타이프, 양식; 전형, 견본; 상징; 활자 —vi., vt. 타자기로 치다 「기

type·writ·er [⌐ràitər] n. 타자

ty·phoid [táifɔid] n. 장티푸스

ty·phoon [taifúːn] n. 태풍

ty·phus [táifəs] n. 발진티푸스

typ·i·cal [típik(ə)l] a. 전형적인 (model), 대표적인; 상징적인;독특한: be ~ of …을 대표하다

typ·i·fy [típifai] vt. 전형화하다, 대표하다; 특질을 나타내다, 상징하다

typ·ist [táipist] n. 타자수

ty·pog·ra·phy [taipágrəfi/-pɔ́grə-] n. 활판 인쇄술

tyr·an·ny [tírəni] *n.* 포학; 폭정
ty·rant [tái(ə)rənt] *n.* 폭군
Tyr·ol, Tir·ol [tírɑl / tír(ə)l,

tiróul] *n.* 티롤 (오스트리아 서
부와 이탈리아 북부를 포함한
알프스 지방)

U

UAE = *United Arab Emirates*
아랍에미릿연방
UCLA = the *University of
California at Los Angeles* 캘
리포오니아대학교 로스 앤젤레
스대학
UFO = *unidentified flying ob-*
ject 미확인비행물체
U·gan·da [ju:gǽndə] *n.* 우간다
(아프리카 동부의 공화국)
ug·ly [ʌ́gli] *a.* 보기 흉한, 미운;
사악한; (날씨가)사나운, 험악한
UHF = *ultrahigh frequency* 극
초단파
U.K. = *United Kingdom* 영왕국
U·kraine [ju:kréin, -kráin, +美
jú:krein] *n.* 우크라이나(소련 서
남부의 공화국)
u·ku·le·le [jù:kəléili] *n.* 우쿨렐
레(기타아 비슷한 4현악기)
ul·cer [ʌ́lsər] *n.* 궤양
ul·te·ri·or [ʌltí(:)riər] *a.* 저쪽
의, 저 멀리의; 장래의
ul·ti·mate [ʌ́ltimit] *a.* 궁극의;
근본적인; 가장 먼
ul·ti·mo [ʌ́ltimòu] *a.* 전달의(略:
ult.) (*cf.* proximo) [L]
ul·tra [ʌ́ltrə] *a.* 극단의, 과격한
—*n.* 과격론자, 급진주의자
ultra- *pref.* 「초월, 극단」의 뜻
ul·tra·ma·rine [⌐mərí:n] *a.* 해
외의, 바다 저편의; 군청색의
ul·tra·mod·ern [⌐mádərn /
-mɔ́d-] *a.* 초근대적인 「파
ul·tra·sound [⌐sàund] *n.* 초음
ul·tra·vi·o·let [⌐váiəlit] *a.* 자
외선의 (*cf.* infrared)
um·ber [ʌ́mbər] *n.* 갈색, 밤색
um·brage [ʌ́mbridʒ] *n.* 불쾌
um·brel·la [ʌmbrélə] *n.* 우산
um·pire [ʌ́mpaiər] *n.* 심판원
un- [ʌn-] *pref.* 「반대, 부정, 결여」
등의 뜻
UN, U.N. = *United Nations* 국
제연합, 유엔
un·a·bashed [ʌ̀nəbǽʃt] *a.* 부끄
럼을 모르는, 태연한
un·a·ble [ʌnéibl] *a.* 할 수 없는
un·ac·com·pa·nied [ʌ̀nəkʌ́m-
pənid] *a.* 동반자 없는; 반주없
는: ~ baggage 탁송소하물
un·ac·cus·tomed [ʌ̀nəkʌ́stəmd]
a. 익숙치 못한, 별난
un·ac·quaint·ed [ʌ̀nəkwéintid]
a. 낯선, 잘모르는《*with*》
un·af·fect·ed [ʌ̀nəféktid→2] *a.*

·1 멋부리지 않는, 자연스러운;
성실한 2 《英》⌐⌐⌐ 움직이
지[변하지] 않는
u·nan·i·mous [ju(:)nǽniməs] *a.*
이의없는, 의견이 같은, 만장일
치의
un·arm [ʌnɑ́:rm] *vt.* 무장을 해
제하다, 무기를 빼앗다
un·a·ware [ʌ̀nəwέər] *a.* 《서술
용법뿐》 못알아챈, 모르는《*of*》
un·a·wares [ʌ̀nəwέərz] *ad.* 뜻
밖에; 부지중에
un·bal·anced [ʌnbǽlənst] *a.* 평
형을 잃은, 불균형의, 불안정한
un·bear·a·ble [ʌnbέərəbl] *a.* 참
을[견딜] 수 없는
un·bend [ʌnbénd] ·*v.* (*p., pp.*
-bent, *or* **~·ed**) *vt.* 똑바로 펴
다; 늦추다 —*vi.* 펴지다
un·bind [ʌnbáind] *vt.* (*p., pp.*
-bound) (밧줄·매듭을)풀다; 속
박을 풀다, 해방하다
un·bos·om [ʌnbúzəm] *vt.* (비밀
등을)털어놓다
un·bro·ken [ʌnbróuk(ə)n] *a.* 부
서지지 않은; (말이)길들지 않
은; 미개간의
un·but·ton [ʌnbʌ́tn] *vt.* 단추를
끄르다 「는
un·ceas·ing [ʌnsí:siŋ] *a.* 끊임없
un·cer·tain [ʌnsə́:rtn] *a.* 불확실
한, 변덕스런; 미정의, 확신없는
un·chart·ed [ʌntʃɑ́:rtid] *a.* 해도
[지도]에 실려 있지 않은
un·civ·il [ʌnsív(i)l] *a.* 예의를 모
르는, 버릇없는; 야만의, 미개한
un·cle [ʌ́ŋkl] *n.* 백부, 숙부 (*cf.*
aunt)
Uncle Sam 미국정부, 미국민
un·close [ʌnklóuz] *vt., vi.* 열다,
열리다
un·com·fort·a·ble [ʌnkʌ́mfər-
təbl] *a.* 불쾌한; 불편한
un·com·mon [ʌnkámən/-kɔ́m-]
a. 드문; 보통 아닌, 비범한
un·con·cerned [ʌ̀nkənsə́:rnd]
a. 걱정않는; 관계없는; 무관심한
un·con·di·tion·al [ʌ̀nkəndíʃən-
(ə)l] *a.* 무조건의; 절대적인
un·con·scious [ʌnkánʃəs/-kɔ́n-]
a. 무의식적인; 의식불명의
un·con·vert·i·ble [ʌ̀nkənvə́:rt-
ibl] *a.* 바꿀 수 없는; (지폐가)태
환할 수 없는 「개를 뽑다
un·cork [ʌnkɔ́:rk] *vt.* 코르크마
un·cov·er [ʌnkʌ́vər] *vt.* 덮개[뚜

껑]를 벗기다; 폭로하다

unc·tion [ʌ́ŋk(ʃ(ə)n] *n.*《宗》(성별식의)도유(塗油); 연고

un·cut [ʌ̀nkʌ́t] *a.* 자르지 않은; (보석이)갈지 않은

un·daunt·ed [ʌndɔ́:ntid] *a.*불굴의, 용감한, 대담한

un·de·cid·ed [ʌ̀ndisáidid] *a.* 미결정의, 결단력 없는, 막연한

un·der [ʌ́ndər] *prep.* …아래에[를]; …을 지고; (수술 등을)받아; …중; …에 따라; …동안[시대]에: ~ an operation 수술 중/~ a false name 가명을 써/U~ Construction 《게시》공사중 — *a.* 아래의; 못한; 종속의 — *ad.*아래에; 종속[복종]하여

un·der·car·riage [ʌ́kæ̀ridʒ] *n.* (자동차의)하부구조; (비행기의)기대(機臺)

un·der·clothes [ʌ́klòuz, -klòu-ðz], **-cloth·ing** [ʌ́klòuðiŋ] *n.* 속옷

un·der·dog [ʌ́dɔ̀:g/-dɔ̀g] *n.* 패배자, 승산이 없는 선수[티임]

un·der·done [ʌ́dʌ́n] *a.* (《주로 英》설구워진, 반숙의(《美》rare): I want my steak ~. 스테이크는 좀 덜 구운 것으로 해주시오

un·der·es·ti·mate [ʌ́éstimèit] *vt.* 싸게[과소] 평가하다, 줄잡다, 얕보다

un·der·feed [ʌ́fí:d] *vt.* (*p., pp.* **-fed** [-féd]) 음식[연료]을 충분히 주지 않다

un·der·go [ʌ́góu] *vt.* (*p.* **-went** [-wént], *pp.* **-gone** [-gɔ́:n/-gɔ́n]) 받다, 입다, 경험하다; 견디다

un·der·grad·u·ate[ʌ́græ̀dʒuit/ -græ̀dʒuit] *n., a.* 대학 재학생(의) (*cf.* postgraduate)

un·der·ground [ʌ́gráund] *a.* 지하의(에 있는]; 지하운동의, 비밀의 the ~ railroad [《英》railway] 지하철(도) ~ cinema [film] 전위영화

un·der·hand [ʌ́hæ̀nd]*a.* 언더핸드의; 비밀의, 엉큼한

un·der·lie [ʌ́lái] *vt.* (*p.* **-lay** [-léi], *pp.* **-lain** [-léin], *ppr.* **-lying** [-láiiŋ]) …밑에 있다; …의 토대를 이루다, 기초가 되다

un·der·line *vt.* [ʌ́láin → *n.*] 밑줄을 치다; 강조하다 — *n.* [ʌ́-ʌ́] 밑줄, 하선

un·der·most [ʌ́mòust] *a., ad.* 최하위의[로], 최저의[로]

un·der·neath [ʌ̀ní:θ] *ad., prep.* (…)아래에, (…보다)낮게

un·der·pass [ʌ́pæ̀s/-pɑ̀:s] *n.* 지하도(특히 입체교차로에서 철도·도로 밑을 지나는 길)

un·der·shirt [ʌ́ʃə̀:rt] *n.* 속옷

un·der·stand [ʌ́stǽnd] *vt., vi.* (*p., pp.* **-stood** [-stúd]) 이해하다; 들어서 알고 있다; 해석하다; 추측하다: I don't ~ you. 무슨 말인지 잘 모르겠오 *make oneself understood* 자기의 생각을 남에게 이해시키다

un·der·stand·ing [ʌ́stǽndiŋ] *n.* 이해(력); 분별; (의견·감정 등의)일치, 양해 *come to an ~ with* …과 양해를 보다, 의견이 일치하다 *on the ~ that* …의 조건으로, …라는 양해 아래

un·der·take [ʌ́téik] *vt.* (*p.* **-took** [-túk], *pp.* **-tak·en** [-téik(ə)n]) 떠맡다; 착수하다 「업

un·der·tak·ing [ʌ́téikiŋ] *n.* 사

un·der·val·ue [ʌ́vǽlju(:)] *vt.* 싸게 평가하다; 얕보다

un·der·wear [ʌ́wὲər] *n.* 속옷

un·der·world [ʌ́wə̀:rld] *n.* 지옥; (천상계에 대해)현세; 암흑가

un·der·write [ʌ́ráit] *vt.* (*p.* **-wrote** [-róut], *pp.* **-writ·ten** [-rítn]) 아래에 쓰다, 서명하다

un·de·sir·a·ble [ʌ̀ndizái(ə)rəbl] *a., n.* 바람직하지 않은(사람, 것)

un·de·vel·oped [ʌ̀ndivéləpt] *a.* 미발달의, 미개발의

un·do [ʌndú:] *vt.* (*p.* **-did** [-díd], *pp.* **-done** [-dʌ́n]) 원상태로 해 놓다; 취소하다; 풀다, 끄르다

un·doubt·ed [ʌndáutid] *a.* 의심할 여지없는, 확실한, 명백한

un·dress [ʌndrés→*n.*/ʌ́-ʌ́] *vt., vi.* 옷을 벗기다[벗다]; 붕대[장식]를 떼다 — *n.* [美 ʌ́-ʌ́] 평상복

un·due [ʌnd(j)ú:/ -djú:] *a.* 지나친; 불법의; 지불마감이 안된

un·du·late [ʌ́ndʒulèit/ -dju-]*vi., vt.* 굽이치(게 하)다, 기복하다

un·earned íncome [ʌnə́:rnd] 불로소득

un·eas·y [ʌní:zi] *a.*불안한; 불쾌한, 거북한; 어색한

un·em·ployed [ʌ̀nimplɔ́id] *a.* 실직한; 이용되지 않는; 한가한

un·em·ploy·ment [ʌ̀nimplɔ́i-mənt] *n.* 실직, 실업

un·e·qual [ʌní:kw(ə)l] *a.* 똑같지 않은; 고르지 않은, 불평등한; 견딜 수 없는 (*to*)

un·e·quiv·o·cal[ʌ̀nikwívək(ə)l] *a.* 명확한

UNESCO [ju(:)néskou] *n.* 유네스코 = *U*nited *N*ations *Ed*u-*cational, S*cientific, and *Cul-tural O*rganization 국제연합 교육과학 문화기구

un·e·ven [ʌní:v(ə)n] *a.* 평평하지 [고르지]않은; 불공정한; 홀수의

un·ex·pect·ed [ʌ̀nikspéktid] *a.*

뜻밖의 **~·ly** *ad.*뜻밖에, 불시에

un·fair [ʌnféər] *a.* 부정한, 불공 평한(partial); 부정직한

un·faith·ful [ʌnféiθf(u)l] *a.* 부 실한, 불충한, 불신의; 부정확한

un·fa·mil·iar [ʌnfəmíljər] *a.* 친 하지 않은; 익숙치 않은《with, to》

un·fas·ten [ʌnfǽsn/ -fάːsn] *vt.* 풀다, 끄르다, 벗기다, 늦추다

un·fa·vor·a·ble, 《英》**-vour-** [ʌnféiv(ə)rəbl] *a.* 제제가 나쁜, 불리한; 호의적이아닌 **~ bal- ance of trade** 수입초과

un·fit [ʌnfít] *a.* 부적당한, 걸맞지 않은《for, to do》; 결함 있는

un·fold [ʌnfóuld] *vt., vi.* 열다, 펼치다, 펼쳐지다; 나타내다; 발 표하다

un·for·tu·nate [ʌnfɔ́ːrtʃ(ə)nit] *a.* 불행한, 불운한 **~·ly** *ad.* 재 수없게, 공교롭게, 불행히도

un·found·ed [ʌnfáundid] *a.* 근 거없는, 이유없는

un·friend·ly [ʌnfréndli] *a.*우정 없는, 불친절한; 형편이 나쁜

un·furl [ʌnfə́ːrl] *vt., vi.* (돛·기 등을)펼치다, 펼쳐지다; 올리다

un·fur·nished [ʌnfə́ːrniʃt] *a.* 가 구가 비치 안된 「운

un·gain·ly [ʌngéinli] *a.* 꼴사나

un·grate·ful [ʌngréitf(u)l] *a.* 은 혜를 모르는; 보람 없는; 싫은

un·hap·py [ʌnhǽpi] *a.* 불행한, 불운한; 부적절한

un·health·y [ʌnhélθi] *a.* 건강하 지 않은, 허약한; 건강에 좋지 않은 「벗기다

un·hook [ʌnhúk] *vt.* 고리에서

un·i·den·ti·fied [ʌnaidéntifàid] *a.* 신원불명의, 미확인의: an ~ plane 국적불명기

u·ni·form [júːnifɔ̀ːrm] *a.*한결같 은, 동일한《with》; 일성한; 고른 **—***n.* 제복, 군복

u·ni·fy [júːnifài] *vt.* 일체로[한결 같이] 하다, 통일하다

un·im·por·tant [ʌnimpɔ́ːrt(ə)- nt] *a.* 중요하지 않은

un·in·ter·rupt·ed [ʌnintərʌ́pt- id] *a.* 중단되지 않은, 연속된

un·ion [júːnjən] *n.* 결합, 합동; 일 치; 결혼; 연합, 조합; 노동조합 *the U~ of Soviet Socialist Republics* 소련(略: U.S.S.R., USSR) *U~ Jack* [*flag*] 영국 국기

u·nique [juː(ː)níːk] *a.* 단일한; 독 자적인; 《俗》진기한, 훌륭한

u·ni·son [júːnizn, -sn] *n.* 조화, 화합; 《樂》제창; 화음 *in ~* 제 창으로; 일치[조화]하여《with》

u·nit [júːnit] *n.* 한 개[사람]; 일 단, (구성)단위: ~ furniture 조

립식 가구

u·nite [juː(ː)náit] *vt., vi.* 결합하 다; 합병하다; 맺다

u·nit·ed [juː(ː)náitid] *a.* 연합한, 합병한, 결합한, 일치한 *the U~ Nations (Headquarters)* 국제연합(본부) (略: UN) *the U~ Kingdom* 연합왕국(대 브리튼과 북아일란드를 합한 명칭) (略: U.K.) *the U~ States (of America)* 미합중 국 (略: U.S. (A.))

u·ni·ty [júːniti] *n.* 단일성, 통일; 통일체; 개체; 일치

u·ni·ver·sal [jùːnivə́ːrs(ə)l] *a.* 우주의; 전세계의; 공통의; 보편 적인; 일반사회의 **~·ly** *ad.* 전 반적으로, 일반적으로, 예외없이

u·ni·verse [júːnivə̀ːrs] *n.* 우주; 천지만물; 전세계; 전인류

U·ni·ver·si·ade [jùːnivə́ːrsiæ̀d] *n.* 유니버시아드 (국제학생스포 오츠대회)

u·ni·ver·si·ty [jùːnivə́ːrs(i)ti] *n.* (종합) 대학

un·just [ʌndʒʌ́st] *a.* 부정한, 불 법의, 부당한

un·kind [ʌnkáind] *a.* 불친절한, 인정없는, 냉혹한

un·known [ʌnnóun] *a.* 미지의; 형언할 수 없는, 헤아릴 수 없 는 *the U~ Soldier* [《英》 *Warrior*] 무명용사(유럽대전시 의 무명의 전사자)

un·lace [ʌnléis] *vt.*(구두·코르셋 등의)끈을 끄르다

un·law·ful [ʌnlɔ́ːf(u)l] *a.* 불법 의, 부정한, 부당한

un·less [ənlés] *conj.* 만일 …이 아니면(if not), …하지 않으면

un·like [ʌnláik] *a.* 같지[닮지] 않은 **—***prep.* …에 어울리지 않 게, …과 달리 **~·ly** *a.* 있을 법 하지 않은; 가망 없는 「다

un·load [ʌnlóud] *vt., vi.* 짐을 풀

un·lock [ʌnlák/ -lɔ́k] *vt.* 자물쇠 를 열다; (심중을)털어놓다

un·looked-for [ʌnlúktfɔ̀ːr] *a.* 뜻밖의, 예상치 못한 「주다

un·loose [ʌnlúːs] *vt.* 풀다; 놓아

un·luck·y [ʌnlʌ́ki] *a.* 불행한, 불 운한; 공교로운; 불길한

un·mind·ful [ʌnmáin(d)f(u)l] *a.* 관심없는, 부주의한

un·mis·tak·a·ble [ʌnmistéikə- bl] *a.* 틀림없는, 명백한

un·moved [ʌnmúːvd] *a.* 확고한; 까딱 않는, 태연한

un·nat·u·ral [ʌnnǽtʃ(ə)rəl] *a.* 부자연한; 인도에 어긋나는; 인 공적인

un·nec·es·sar·y [ʌnnésisèri / -s(ə)ri] *a.* 불필요한; 무익한

U

un·num·bered [ʌnnʌ́mbərd / ⌣⌣—] *a.* 세지 않은; 무수한

un·oc·cu·pied [ʌnákjupàid / -ɔ́k-] *a.* 사람이 살지 않은

un·pack [ʌnpǽk] *vt., vi.* (짐·포장을)풀다, 풀어서 꺼내다

un·paid [ʌnpéid] *a.* 미불의, 미납의; 무보수의 「한, 싫은

un·pleas·ant [ʌnpléznt] *a.* 불쾌

un·pop·u·lar [ʌnpápjulər / -pɔ́p-] *a.* 인기없는, 평판이 나쁜

un·qual·i·fied [ʌnkwálifàid / -kwɔ́l-] *a.* 자격 없는; 적임이 아닌; 무조건의, 절대적인

un·ques·tion·a·ble [ʌnkwéstʃ(ə)nəbl] *a.* 의심할 바 없는, 확실한

un·real [ʌnrí:(ə)l / -ríəl] *a.* 실체 없는, 실존하지 않는, 비현실적인

un·rea·son·a·ble [ʌnrí:z(ə)nəbl] *a.* 이성 없는; 도리에 맞지 않는

un·rest [ʌnrést] *n.* 불온; 불안

un·ri·valed, 《英》 **-valled** [ʌnráiv(ə)ld] *a.* 무적의; 비길데 없는

un·roll [ʌnróul] *vt.* (만 것을)펴다, 펼치다 —*vi.* 펴지다

un·seal [ʌnsí:l] *vt.* 개봉하다

un·sea·son·a·ble [ʌnsí:z(ə)nəbl] *a.* 철아닌; 시기가 나쁜

un·seat [ʌnsí:t] *vt.* 낙마시키다; (국회의원의)의석을 빼앗다; 퇴직시키다

un·seem·ly [ʌnsí:mli] *a.* 꼴사나운, 어울리지 않는

un·seen [ʌnsí:n] *a.* 보이지 않는

un·self·ish [ʌnsélfiʃ] *a.* 사심 없는, 욕심없는

un·set·tled [ʌnsétld] *a.* 불안정한; 미결의; 정착민이 없는

un·ship [ʌnʃíp] *vt.* (선하·선객을)내리다; 〔海〕 (선구를)떼다

un·sight·ly [ʌnsáitli] *a.* 보기 흉한, 꼴사나운

un·so·cia·ble [ʌnsóuʃəbl] *a.* 교제를 싫어하는, 비사교적인

un·so·phis·ti·cat·ed [ʌnsəfísti-kèitid] *a.* 단순한, 순진한

un·speak·a·ble [ʌnspí:kəbl] *a.* 형언할 수 없는, 언어도단의

un·sta·ble [ʌnstéibl] *a.* 불안정한, 변하기 쉬운

un·stead·y [ʌnstédi] *a.* 불안정한; 변하기 쉬운

un·suit·a·ble [ʌnsú:təbl / -sjú:t-] *a.* 부적당한, 어울리지 않는

un·tie [ʌntái] *vt.* (ppr. **-ty·ing**) 풀다, 끄르다; 개방하다

un·til [əntíl] *prep., conj.* …까지, …에 이르기까지: I shall wait ~ three o'clock. 3시까지 기다리겠다

un·time·ly [ʌntáimli] *a.* 때아닌, 철아닌; 시기가 나쁜

un·trod·den [ʌntrádn / -trɔ́dn] *a.* 인적미답의

un·true [ʌntrú:] *a.* 진실이 아닌; 불성실한; 표준에 맞지 않는

un·used [ʌnjú:zd / →2] *a.* **1** 사용되지 않은; 신품의 **2** [ʌnjú:st] 익숙치 않은 《to》

un·u·su·al [ʌnjú:ʒuəl] *a.* 보통 [정상]이 아닌, 드문

un·wea·ried [ʌnwí(:)rid] *a.* 지치지 않은; 지칠줄 모르는, 불굴의 「모

un·wed móther [ʌnwéd] 미혼

un·wel·come [ʌnwélkəm] *a.* 환영받지 못하는; 귀찮은 「않은

un·well [ʌnwél] *a.* (몸이)편치

un·will·ing [ʌnwíliŋ] *a.* 본의아닌, 마음내키지 않는 《to do》

un·wind [ʌnwáind] *v.* (*p., pp.* **-wound** [-wáund]) *vt.* 풀다, 끄르다; 되감다 —*vi.* 풀리다

un·wise [ʌnwáiz] *a.* 현명치 못한, 무분별한, 어리석은 (foolish)

un·wor·thy [ʌnwə́:rði] *a.* 가치 없는, 하찮은; … 할 가치가 없는 《of》; …로서 부끄러운 《of》

up [ʌp] *ad.* 위(쪽으)로; 일어나; 올라가; 전적으로: dry ~ 완전히 말리다/ get ~ 기상하다/ sit ~ till late 밤늦게까지 자지 않고 있다/ It's all ~. 이젠 틀렸다, 만사끝장이다 ~ *and down* 상하로; 이리저리 ~ *to* …까지; 종사하여; …에 적합하여; …의 책임으로 —*prep.* (낮은 곳에서) …의 위로, 높은 쪽으로: travel ~ the country 내륙으로 들어가다 —*a.* 위의, 상행의: the ~ train 상행열차 《英》 런던행 열차 —*n.* 상승; 고지; 오르막길; (보통 *pl.*) 출세; (값의)앙등; 상행열차 ~*s and downs* (길의)기복; 상하; 영고성쇠, 부침 (浮沈)

up-and-com·ing [ʌ́pən(d)kʌ́miŋ] *a.* 활동적인, 유망한, 장래성있는

up·braid [ʌpbréid] *vt., vi.* 나무라다, 책망하다

up·coun·try *n., a.* [ʌ́pkʌ̀ntri / ⌣⌣—→*ad.*] 내륙지방(의) —*ad.* 〔英 ⌣—〕 내륙지방으로

up·hill [ʌ́phíl] *a.* 올라가는, 치받이의; 힘드는 —*ad.* 언덕 위로

up·hold [ʌphóuld] *vt.* (*p., pp.* **-held** [-héld]) 들어올리다; 지지하다; 원조하다

up·hol·ster [ʌphóulstər] *vt.* 실내장식하다, 가구를 장치하다

UPI, U.P.I. = *United Press International* 미국의 통신사

up·land [ʌ́plənd] *n.* 고지

up·lift *vt.* [ʌplíft→*n.*] 높이다; 들

어울리다 —n. [스스] 용기; 향상, 고양; 브래지어 「=on

up·on [əpán, əpɔ́:n/ əpɔ́n] *prep.*

up·per [ʌ́pər] *a.* (더욱)위(쪽)의; 상부의; 상급의; 상위의; 고지의; 북부의: the ~ berth 위쪽침대/ ~ deck 상갑판; (2층버스 등의) 위층/the ~ classes 상류사회 *the U~ House* 상원

up·per-class [스klǽs/ -kláːs] *a.* 상류사회의; 상급의

up·per·most [스mòust] *a.* 최상의, 최고의 —*ad.* 최상으로, 최고로; 최초로

up·raise [ʌpréiz] *vt.* 들어올리다

up·right [ʌ́pràit/ 스스] *a.* 똑바른, 직립한; 올바른, 정직한: an ~ piano 수형(竪型) 피아노

up·rise [ʌpráiz] *vi.* (*p.* -**rose** [-róuz], *pp.* -**ris·en** [-rízn]) 오르다, 일어서다, 기상하다

up·roar [ʌ́prɔ̀:r] *n.* 소란, 소동

up·root [ʌprú:t, +美 -rút] *vt.* 뿌리째 뽑다, 근절하다

up·set *v.* [ʌpsét—스] (*p., pp.*-**set**) *vt.* 뒤엎다, 전복시키다; 당황케 하다 —*vi.* 뒤집히다, 전복하다 —*n.* [스스/ -스] 전복; 혼란; 불화

up·shot [ʌ́pʃàt/ -ʃɔ̀t] *n.* 결과

up·side-down [ʌ́psài(d)dáun] *a.* 거꾸로의, 뒤집힌

up·stairs [ʌ́pstέərz] *ad.* 2층으로[에]: go ~ 2층으로 올라가다 —*a.* 2층의 —*n.* 2층, 위층

up·start [ʌ́pstà:rt] *n.* 벼락부자 [출세자]

up·stream [ʌ́pstrí:m] *ad.* 상류로 —*a.* 상류로 향하는

up-to-date [ʌ́ptədéit] *a.* 최신의, 유행의, 현대적인

up·town [ʌ́ptáun] *ad.* (도시의) 산쪽으로 —*a.* 산쪽의[에 사는]

up·val·ue [ʌ́pvǽlju(:)] *vt.* 〖經〗 평가를 절상하다 (*opp.* devalue) -**u·á·tion** *n.* 평가절상

up·ward [ʌ́pwərd] *a.* 상향의, 위로 향하는, 상승하는

up·wards [ʌ́pwərdz] *ad.* 위쪽으로, 위를 향하여; 상류로; …이상

U·ral [jú(:)rəl/júə-] *n.* (the ~) 우랄산맥; (the ~) 우랄강 —*a.* 우랄산맥[강]의

ur·ban [ə́:rbən] *a.* 도시의

ur·bane [ə:rbéin] *a.* 도시풍의, 세련된, 우아한 「다

urge [ə:rdʒ] *vt.* 몰아대다, 재촉하

ur·gent [ə́:rdʒ(ə)nt] *a.* 긴급한; 끈질기게 조르는: an ~ call 지급전화/an ~ telegram 지급전보/on ~ business 급한 볼일로 *be in ~ need of* …이 절실히 필요하다 ~**·ly** *ad.* 긴급히, 절박하여 -**gen·cy** *n.* 긴급;

(*pl.*) 절박한 필요; 강요 「변

u·rine [jú(:)rin/júərin] *n.* 요, 소

urn [ə:rn] *n.* 단지; 코오피주전자

U·ru·guay [júrəgwèi/ úrugwai] *n.* 우루구아이(남미 동남부의 공화국)

us [ʌs, əs, s] *pron.* we의 목적격

U.S. = *United States* 미국

U.S.A. = *United States* of *A-merica* 미합중국

us·age [júːsidʒ, júːzidʒ] *n.* 사용법; (언어의)관용법; 관습

us·ance [júːz(ə)ns] *n.* 〖商〗 환어음의 지불유예기간

use *n.* [juːs→*v.*] 사용; 효용; 용도; 습관 *in* [*out of*] ~ 사용되어 [되지 않아]; 행하여져[폐지되어] *make ~ of* …을 이용하다 (*of*) *no* ~ 쓸모없는, 무용지물인 *of ~* 쓸모있는, 유용한 —*vt.* [juːz] 쓰다; 소비하다; 다루다: a ~*d* car 중고차

used [juːst] *vi.* 늘 …했다, …하는 것이 습관이었다 《*to do*》 —*a.* 익숙한 *be* [*get*] ~ *to* …에 익숙하다[익숙해지다]

use·ful [júːsf(u)l] *a.* 쓸모있는

use·less [júːslis] *a.* 쓸모없는

ush·er [ʌ́ʃər] *n.* 수위, 접수원, (교회·극장 등의)안내원 —*vt.* 안내하다, 인도하다

U.S.S.R. = *Union* of *Soviet Socialist Republics* 소련

Us·su·ri [uːsúːri] *n.* 우수리강(중국과의 국경을 흐르는 소련 동부의 강)

USTS = *United States Travel Service* 미국상무성관광국

u·su·al [júːʒuəl] *a.* 평소의, 예의 *as ~* 평소처럼 ~**·ly** *ad.* 통상, 평소에는, 보통은

u·surp [juːzə́:rp] *vt.* 빼앗다 「주

U·tah [júːtə, -tɑː] *n.* 미국 서부의

u·ten·sil [juː(:)téns(i)l] *n.* 용구, 도구: kitchen ~*s* 부엌세간/ writing ~*s* 필기도구

u·til·i·ty [juː(:)tíliti] *n.* 유용, 효용; (보통 *pl.*) 유용한 것: a ~ room 가사실/a ~ pole 전신주 *of no ~* 쓸모없는

u·ti·lize [júːtilàiz] *vt.* 이용하다, 활용하다, 쓸모있게 하다 (make use of)

ut·most [ʌ́tmòust] *a.* 가장 먼; 극한의, 최대의 —*n.* 극한, 최대한도 *to the ~* 극도로

u·to·pi·a [juːtóupiə] *n.* 이상향

ut·ter[1] [ʌ́tər] *a.* 완전한, 순전한 ~**·ly** *ad.* 완전히, 순전히

ut·ter[2] *vt.* (말을)입밖에 내다, 발언하다; (위조지폐 등을)쓰다

U-turn [júːtə̀:rn] *n.* U 터언 *No ~* 《게시》 U터언 금지

V

va·cance [vakɑ́:s] *F. n.* 휴가,
바캉스

va·can·cy [véik(ə)nsi] *n.* 공허;
빈터; 결원, 공석; 방심

va·cant [véik(ə)nt] *a.* 공허한, 텅
빈(empty); 사람이 살지 않는;
결원[공석]인; 한가한; 멍한: a ~
room [seat] 빈 방[자리] **~·ly**
ad. 멍하니

va·ca·tion [veikéiʃ(ə)n, və-/və-]
n. 휴가(여행); 휴회: Christmas
[Easter, Whitsun] ~ 크리스
마스[부활절, 성령강림제] 휴가/
the summer ~ 여름휴가/the
long ~ 장기휴가; 여름휴가/
take a ~ 휴가를 얻다/on ~
휴가로 —*vi.*《美》휴가를 얻다
go ~*ing* 휴가로 놀러가다 **~·**
er, ~·ist *n.*《美》휴일의 행락객

vac·ci·nate [vǽks(i)nèit] *vt.* 종
두를 놓다; 예방주사를 놓다
-na·tion *n.* 예방접종; 종두: a
vaccination certificate [card]
예방접종[종두] 증명서 「완진

vac·cine [vǽksi:n, +美 ─ᴗ] *n.*

vac·u·um [vǽkjuəm] *n.*(*pl.* ~**s**,
-u·a [-juə]) 진공; 공허, 공백: a
~ *cleaner* 진공청소기/a ~
flask [bottle] 보온병/a ~ *tube*
진공관

va·de me·cum [véidimí:kəm]
L. 안내서, 편람

vag·a·bond [vǽgəbɑ̀nd/-bɔ̀nd]
n. 방랑자

va·gar·y [vəgé(:)ri/véigəri] *n.*
변덕; 기행(奇行)

va·grant [véigrənt] *a.* 방랑[유
랑]하는, 떠도는 —*n.* 방랑자,
떠돌이 「(obscure)

vague [veig] *a.* 막연한, 모호한

vain [vein] *a.* 무익한; 공허한 *in*
~ 무익하게, 헛되이

vain·glo·ri·ous [vèinglɔ́:riəs]
a. 자만심[허영심]이 강한

val·ance [vǽləns] *n.*(창문 위쪽
의)장식 커어튼

val·en·tine [vǽləntàin] *n.* 애인;
성발렌타인축제에 이성에게 보
내는 카아드[선물] *St. V~'s*
Day 성발렌타인축제(2월 14일)

val·et [vǽlit, vǽlei] *n.*(호텔의)
보이

valet de place [vǽleidəplɑ́:s]
F.(유럽의)여행안내자

val·id [vǽlid] *a.* 근거가 확실한,
올바른;《法》유효한 (*opp.* void)

va·lise [vəlí:s, +英 -lí:z] *n.* 여행
용 손가방 「유역

val·ley [vǽli] *n.* 골짜기, 계곡;

val·or,《英》**-our** [vǽlər] *n.*
용기, 용맹, 무용

val·u·a·ble [vǽljuəbl] *a.* 값비
싼; 귀중한 —*n.*(보통 *pl.*) 귀중
품: *Where can I check my*
~*s?* 귀중품은 어디다 맡길까요

val·ue [vǽlju] *n.* 가치, 평가; 가
격; 진의: *be of* ~ [*no* ~] 가치
가 있다[없다] —*vt.* 평가하다;

valve [vælv] *n.* 밸브 ㄴ존중하다

van [væn] *n.* 큰 포장마차;《英》
《철도》유개화차

Van·cou·ver [vænkú:vər] *n.* 캐
나다 서남부에 있는 항구도시

vane [vein] *n.* 바람개비

van·guard [vǽngɑ̀:rd] *n.* 선두,
전위; 선구자

va·nil·la [vənílə] *n.*《植》바닐
라(열매); 바닐라 엑스: ~ *ice*
바닐라아이스크리임

van·ish [vǽniʃ] *vi.* 사라지다, 소
멸하다, 없어지다

van·i·ty [vǽniti] *n.* 공허; 허영,
자만: a ~ *case* [bag] 화장도구
케이스

van·quish [vǽŋkwiʃ, +美 vǽn-]
vt., vi. 정복하다, 이기다

van·tage [vǽntidʒ/vɑ́:n-] *n.* 우
월, 유리한 지위[입장]

vap·id [vǽpid] *a.* 김빠진

va·por,《美》**-pour** [véipər] *n.*
증기: a ~ *bath* 증기욕, 한증

va·que·ro [vɑ:ké(:)rou/vækéə-]
Sp. n.(멕시코·미국 서남부의)
카우보이

var·i·a·ble [vé(:)riəbl] *a.* 변하
기 쉬운; 변화시킬 수 있는

var·i·ance [vé(:)riəns] *n.* 변화;
상이, 불화

var·i·a·tion [vè(:)riéiʃ(ə)n/vèə-
ri-] *n.* 변화(량·도)

var·ied [vé(:)rid] *a.* 여러가지의,
잡다한

va·ri·e·ty [vəráiəti] *n.* 변화, 다
양성; 종류 a ~ *of* 여러가지
의, 다양한 ~ *shop* [*store*]
《美》잡화점 ~ *show*《英》버
라이어티쇼우

var·i·ous [vé(:)riəs] *a.* 다른, 여
러가지의; 다방면의

var·nish [vɑ́:rniʃ] *n.* 와니스 ~
remover《美俗》싸구려 위스
키, 진한 코오피

var·y [vé(:)ri] *vt.* 바꾸다, 변경하
다 —*vi.* 변하다, 다르다 (*from*)

vase [veis, veiz/vɑ:z] *n.* 꽃병, 병

vas·ec·to·my [væséktəmi] *n.*
정관절제(수술)

vast [væst/vɑ:st] *a.* 광대한, 거

대한; (수·양이)막대한, 대단한

VAT = *value-added tax* 부가가
치세

vat [væt] *n.* 큰 통

Vat·i·can [vǽtikən] *n.* (*the* ~)
바티칸 궁전, 교황청

vaude·ville [vɔ́ːd(ə)vil, vóud-]
n. 보오더빌, 소규모의 연예, 가
벼운 희가극

vault [vɔːlt] *n.* 둥근 천장, 창공;
지하저장실; 귀중품 보관실

VD = *venereal disease* 성병

veal [viːl] *n.* 송아지 고기

veer [viər] *vt., vi.* 방향을 바꾸다,
방향이 바뀌다

veg·e·ta·ble [védʒ(i)təbl] *n.* 야
채; 식물인갓: green ~s 푸성귀,
신선한 야채요리

veg·e·tar·i·an [vèdʒité(ː)riən]
n., a. 채식주의자(의)

ve·he·ment [víːimənt] *a.* 격렬
한; 열렬한, 열정적인

ve·hi·cle [víːikl] *n.* 차량, 탈것;
매개물[자], 전달 수단[방법]

veil [veil] *n.* 베일, 너울; 휘장, 장
막; 핑계 —*vt.* 베일을 씌우다; 숨
기다

vein [vein] *n.* 정맥; 《俗》 혈관;
기분

vel·lum [véləm] *n.* 송아지 피지
(皮紙); 모조 피지   「속도

ve·loc·i·ty [vilάs(i)ti/ -lɔ́s-] *n.*

ve·lo·drome [víːlədròum] *n.* 자
전거[오오토바이] 경주장

vel·vet [vélvit] *n.* 벨벳, 우단

vel·vet·een [vèlvitíːn] *n.* 면벨벳

vend [vend] *vt., vi.* 행상하다

vénd·ing machìne 자동판매기
(slot machine)

ven·dor, -er [véndər] *n.* 파는
사람, 판매자; 행상인

ve·neer [vəníər] *n.* (합판용)얇
은 판자, 화장판; 겉치레 —*vt.*
화장판을. 대다

ven·er·a·ble [vén(ə)rəbl] *a.* 존
경할만한; 고색창연하여 숭엄한

ven·er·ate [vénərèit] *vt.* 존경하
다, 숭배하다

ve·ne·re·al [viní(ː)riəl/ -níəri-]
a. 성교의; 성병의: ~ disease
성병(略: V.D.)

Ve·ne·tian [viníːʃ(ə)n] *a.* 베니스
의, 베니스식의 ~ *blind* 베니
스식 발[차양] —*n.* 베니스 사람

Ven·e·zue·la [vènəzwíːlə/ vèn-
ezwéi-] *n.* 베네수엘라(남미 북
부의 공화국)   「수

ven·geance [véndʒ(ə)ns] *n.* 복

Ven·ice [vénis] *n.* 베니스(이탈
리아 동북부의 항구도시)

ven·i·son [véniz(ə)n, +美 -s(ə)n,
+英 vénz(ə)n] *n.* 사슴 고기

ven·om [vénəm] *n.* (독사 등의)
독(액) ~·ous *a.* 독있는; 악의

에 찬

vent [vent] *n.* 구멍, 새는 구멍,
통풍 구멍 —*vt.* 나갈 구멍을 내
다; 내보내다

ven·ti·late [véntilèit] *vt.* 환기하
다, 공기를 유통시키다 **-la·tor**
n. 통풍기[장치, 구멍, 관]

ven·ti·la·tion [vèntiléiʃ(ə)n] *n.*
환기: ~ system 환기 장치

ven·ture [véntʃər] *n.* 모험; 투기
at a ~ 모험적으로 —*vt.* (생
명·재산 등을)걸다, 위험을 무
릅쓰다; 과감하게 하다[말하다]
—*vi.* 위험을 무릅쓰고 가다, 과
감히 나아가다 《*on, upon*》

Ve·nus [víːnəs] *n.* 《로神》 비이
너스 (cf. Aphrodite)

ve·ran·da, -dah [vərǽndə] *n.*
베란다, 툇마루

verb [vəːrb] *n.* 《문법》 동사

ver·bal [vɔ́ːrb(ə)l] *a.* 말의; 구두
로 하는; 문자 그대로의

ver·dict [vɔ́ːrdikt] *n.* 평결(評決)

Ver·dun [vɛərdʌ́n/ ⏤] *n.* 베르
덩(프랑스 동북부의 도시. 제 1
차 대전의 격전지)

verge [vəːrdʒ] *n.* 가장자리, 경계

ver·i·fy [vérifài] *vt.* 입증하다,
증명하다; 확인하다

ver·mi·cel·li [vɔ̀ːrmiséli, +美
-tʃéli] *n.* 버미셀리, 서양국수

ver·mil·ion [vərmíljən] *n., a.*
주(朱)(의), 주색(의)

ver·min [vɔ́ːrmin] *n.* 해로운 소
동물, 해조(害鳥), 해충; 망나니

Ver·mont [vəːrmάnt/ -mɔ́nt] *n.*
미국 동북부의 주

ver·mouth [vərmúːθ/ vɔ́ːməθ]
n. 베르뭇 술

ver·nac·u·lar [vərnǽkjulər] *n.*
자기나라말; 방언

ver·nal [vɔ́ːrn(ə)l] *a.* 봄의(같은)

ve·ron·i·ca [virάnikə/ -rɔ́n-] *n.*
그리스도상을 그린 손수건

Ver·sailles [vɛərsái, +美 -séilz]
n. 베르사이유(파리 서부 근교의
도시. 궁전으로 유명)   「prose)

verse [vəːrs] *n.* 운문; 시 (cf.

versed [vəːrst] *a.* 정통한

ver·sion [vɔ́ːrʒ(ə)n, -ʃ(ə)n] *n.* 번
역, 번역서; 설명, 서술, 이야기

ver·sus [vɔ́ːrsəs] *prep.* (소송·경
기에서) …대(對)(略: vs., v.)[L]

ver·ti·cal [vɔ́ːrtik(ə)l] *a.* 수직
의, 세로의 (cf. horizontal)

ver·y [véri] *ad.* 매우, 대단히; 참
말로 —*a.* 참된, 참말의, 진실한;
그, 바로 그, 동일한, 다름아닌,
…조차도: at that ~ moment
바로 그 순간에

ves·per [véspər] *n.* 저녁 기도;
(V~) 개밥바라기

ves·sel [vésl] *n.* 그릇, 용기; 배

V

vest [vest] *n.* 조끼; 《英》속옷, 내의: a life ～ 구명조끼

Ves·ta [véstə] *n.* 《로神》베스타 여신 (*cf.* Hestia)

ves·ti·bule [véstibjù:l] *n.* 현관, 문간방; 《美》(객차의)출입칸

vest-pock·et [véstpàkit/-pɔ́kit] *a.* 포켓용의, 소형의

Ve·su·vi·us [visú:viəs] *n.* Mount ～ 베수비오산(이탈리아 나폴리만에 임한 활화산)

vet·er·an [vét(ə)rən] *n.* 베테랑; 《英》퇴역 군인 *V～s' Day* 《美》재향군인의 날(제 1 차 대전의 휴전 기념일. 11월 11일)

ve·to [ví:tou] *n.* 거부권; 금지

vex [veks] *vt.* 괴롭히다, 성나게 하다

vex·a·tion [vekséiʃ(ə)n] *n.* 짜증스러움, 분함; 고민거리

vi·a [váiə] *prep.* …을 거쳐서, …경유로(by way of): ～ Siberia 시베리아 경유로 [L]

vi·at·i·cum [vaiǽtikəm] *n.* 여비, 여행용 급여(물); 성찬(聖餐)

vi·brate [váibreit/-⌐] *vi., vt.* 진동하다[시키다], 흔들(리)다 **-bra·tor** *n.* 진동기; 전기마사지기 「동

vi·bra·tion [vaibréiʃ(ə)n] *n.* 진

vic·ar [víkər] *n.* (영국교회의)교구 목사

vice [vais] *n.* 악덕, 죄악; 결점

vice- *pref.* 「부·대리」의 뜻

vice-pres·i·dent [⌐prézid(ə)nt] *n.* 부통령, 부회장, 부사장

Ví·chy wàter [ví:ʃi, víʃi] 비시수 (프랑스 Vichy 산 광천 음료수)

vi·cin·i·ty [visíniti] *n.* 근처, 부근; 가까움 *in the ～ of* …가까이에 *in this* [*that*] ～ 이 [그] 근처에

vi·cious [víʃəs] *a.* 나쁜, 부도덕한; 불완전한 *～circle* [*cycle*] 악순환

vi·cis·si·tude [visísit(j)ù:d/-tjù-] *n.* 변천; 영고성쇠

vic·tim [víktim] *n.* 희생; 피해자

vic·tor [víktər] *n.* 승리자

Vic·to·ri·an [viktɔ́:riən] *a.* 빅토리아(Victoria) 여왕(시대)의, 빅토리아왕조풍의 「전

vic·to·ry [víkt(ə)ri] *n.* 승리, 승

vict·ual [vítl] *n.* (보통 *pl.*) 음식

vict·ual·er, 《英》**-ual·ler** [vítlər] *n.* 여인숙 주인, 음식점 주인: a licensed ～ 주류 판매 면허자 「(의)

vid·e·o [vídiòu] *n., a.* 텔레비전

vídeo cassètte 비디오카세트

vid·e·o·cast [ví:dioukæ̀st/-kà:st] *n.* 《美》텔레비전 방송

vid·e·o·phone [vídioufòun] *n.* 텔레비전 전화

vid·e·o·play·er [⌐plèiər] *n.* 비디오테이프에 의한 텔레비전프로 재영장치

vid·e·o·tape [vídioutéip] *n.* 비디오 테이프 ～ *recorder* [*recording*] 비디오 테이프 녹화기[녹화] (略: VTR)

vie [vai] *vi.* (우열을)겨루다, 경쟁하다

Vi·en·na [viénə] *n.* 비인(오스트리아의 수도) ～ *sausage* 비인 소시지

Vi·et·nam, Vi·et Nam [vì:etná:m, vjèt-/ vjétnǽm] *n.* 베트남, 월남(공식명칭은 Socialist Republic of Vietnam; 수도 Hanoi)

view [vju:] *n.* 보기, 관찰; 시계(視界); 광경, 전망; 풍경화[사진]; 견해; 의도; 가망: a room with a fine ～ 조망이 좋은 방/a ～ of life 인생관/a point of ～ 관점, 견해 *in* ～ 보여서; 목적으로서 *with a* ～ *to* …할 목적으로 ━*vt.* 보다, 바라보다; 관찰하다; 생각하다

view·find·er [⌐fàindər] *n.* 《寫》파인더 「시험틀

víew·ing ràte [⌐iŋ] (텔레비전)

view·point [⌐pɔ̀int] *n.* 견지, 관점, 견해 「경야

vig·il [vídʒil] *n.* 불침번, 철야,

vig·or, 《英》**-our** [vígər] *n.* 활력, 정력; 기력, 활기, 체력

vig·or·ous [víg(ə)rəs] *a.* 정력왕성한, 튼튼한; 기운좋은, 힘센

Vi·king [váikiŋ] *n.* 바이킹(8～10세기에 유럽해안을 노략질했던 북유럽 해적)

vile [vail] *a.* 비열한, 상스러운

vil·la [vílə] *n.* 별장

vil·lage [vílidʒ] *n.* 마을, 촌락; 《총칭》마을 사람 **-lag·er** *n.* 마을 사람

vil·lain [vílən] *n.* 악한, 악인

vin [vɛ̃] *F. n.* 포도주 「무

vine [vain] *n.* 덩굴식물; 포도나

vin·e·gar [vínigər] *n.* 식초

vine·yard [vínjərd] *n.* 포도원

vi·no [ví:nou] *n.* 《俗》포도주

vi·o·late [váiəlèit] *vt.* (약속 등을)어기다, 위반하다; 모독하다

vi·o·la·tion [vàiəléiʃ(ə)n] *n.* 위반, 무시; 방해

vi·o·lence [váiələns] *n.* 격렬, 맹렬; 폭력, 폭행, 모독

vi·o·lent [váiələnt] *a.* 맹렬한; 난폭한; 폭력적인 「빛

vi·o·let [váiəlit] *n.* 제비꽃; 보랏

VIP [vip, ví:àipí:] *n.* 《口》중요인물, 요인, 귀하신 몸 ～ *room* 특별 대합실[< *very important* person]

vi·per [váipər] *n.* 살무사, 독사 (같은 사람)

vir·gin [və́:rdʒin] *n.* 처녀, 동정 —*a.* 처녀의, 처음인: ~ soil 처녀지 / ~ voyage 처녀 항해

Vir·gin·ia [və(:)rdʒínjə] *n.* 미국 동부의 주; 버지니아산 담배

vir·tu·al [və́:rtʃuəl, +英 -tju-] *a.* 사실상의, 실제의, 실질적인 ~·**ly** *ad.*

vir·tue [və́:rtʃu:, +英 və́:tju:] *n.* 덕, 미덕; 효력 *by* [*in*] ~ *of* …의 덕택[힘]으로

vir·tu·o·so [və̀:rtʃuóusou/ və̀:-tjuóuzou] *n.* (*pl.* ~**s**, **-o·si**[-si]) 미술품 애호가[감정가]; (예술 특히 음악의)거장 [It.]

vir·tu·ous [və́:rtʃuəs] *a.* 덕있는, 정숙한

vi·rus [vái(ə)rəs] *n.* 바이러스

vi·sa [ví:zə] *n.* (여권 등의)사증, 비자 *entrance* [*exit*] ~ 입국[출국]비자 *transit* ~ 통과사증 ~ *application form* 비자 신청용지 —*vt.* 사증하다, 비자를 발급하다

vis·age [vízidʒ] *n.* 얼굴(생김새)

vis-a-vis [vì:zəví:/ -za:ví:] *a.*, *ad.* 마주 대한[대하고] 《*to*》 [F]

vis·count [váikàunt] *n.* 자작(子 **vi·sé** [ví:zei] *F. n.* = visa 　　爵)

vis·i·ble [vízəbl] *a.* 보이는, 명백한; 면회할 수 있는

vi·sion [víʒ(ə)n] *n.* 시각; 상상력, 통찰력, 직감력; 환상; 광경

vi·sion·ar·y [⌐éri/-əri] *a.* 환영의[같은]; 가공적인, 꿈같은

vis·it [vízit] *vt.*, *vi.* 방문하다; 구경가다: ~ a friend 친구를 만나러 가다 *~ing card* (방문용) 명함 *~ing fireman* 귀한 손님; 돈 잘 쓰는 손님 —*n.* 방문(call), 문안, 구경, 참관; 체류: during my ~ to Paris 파리에 체재중 / a ~ to London 런던구경 *make* [*pay*] *a person a* ~ (남을)방문하다

vis·it·a·tion [vìzitéiʃ(ə)n] *n.* (공식)방문, 시찰

vis·i·tor [vízitər] *n.* 방문객 (caller), 손님; 체류객 *~s' book* 숙박부; 방문객 명부 *~s' room* 응접실

vi·sor, -zor [váizər] *n.* (모자의) 챙; (자동차의)차양판

vis·ta [vístə] *n.* (양쪽에 가로수·집들이 늘어선)조망; 예상, 추억: ~ dome (열차의)전망대 / a ~ car [coach] 전망차

vis·u·al [víʒuəl] *a.* 시각의; 눈에 보이는

vi·tal [váit(ə)l] *a.* 생명의; 활기

있는; 사활에 관한; 매우 중대한

vi·tal·i·ty [vaitǽliti] *n.* 활력, 생명력, 활기, 생기, 체력, 지속력

vi·ta·min [váitəmin, +英 ví-] *n.* 비타민

vi·va [ví:və] *It. int.* 만세 —*n.* (*pl.*) 만세소리

vi·vac·i·ty [vivǽsiti, vai-] *n.* 쾌활, 활발, 명랑

viv·id [vívid] *a.* 활발한, 팔팔한; 선명한; 눈에 선한

Vla·di·vos·tok [vlædivástak/ -vɔ́stɔk] *n.* 블라디보스톡(시베리아 동남부의 항구도시)

VOA = *Voice of America* 미국의 소리(미국정부의 대외 방송)

vo·cab·u·lar·y [voukǽbjulèri/ -ləri] *n.* 어휘(집)

vo·cal [vóuk(ə)l] *a.* 목소리의 ~·**ist** 성악가

vo·ca·tion [voukéiʃ(ə)n] *n.* 직업; 사명, 천직, 재능; (신의)부르심

vod·ka [vádkə/ vɔ́d-] *n.* 보드카 (러시아의 화주)

vogue [voug] *n.* 유행; 인기: be in [out of] ~ 유행하고 있다 [하지 않다]

voice [vɔis] *n.* 목소리, 음성; 발언 (력); 의견; 발언권 *with one* ~ 이구동성으로, 일제히

void [vɔid] *a.* 빈, 공허한; 결핍된, 없는 《*of*》; 《法》 무효의 (*opp.* valid) —*n.* 공간, 빈곳, 진공; 공허(감) 　　　　　　　　[F]

voile [vɔil] *n.* 보일(얇은 직물)

vol-au-vent [vòulová:/ vɔ́l-] *F. n.* 고기 파이

vol·ca·no [valkéinou/ vɔl-] *n.* (*pl.* ~**es**, ~**s**) 화산: an active [a dormant, an extinct] ~ 활[휴, 사]화산

Vol·ga [válgə/ vɔ́l-] *n.* (*the* ~) 볼가강(카스피해로 흘러드는 소련의 강)

Volks·wa·gen [fóulksvà:gən / fɔ́lks-] *G. n.* 폴크스바겐(독일의 대중용 소형차)

vol·ley [váli/vɔ́li] *n.* 일제사격; (질문 등의)연발; 《구기》 발리 (공이 땅에 닿기전에 치기·차기)

vol·ley·ball [válibɔ̀:l/ vɔ́li-] *n.* 《경기》 배구

vol·plane [válplèin/ vɔ́l-] *n.*, *vi.* 공중 활주(하다), 활공(하다)

vol·ume [válju:m/ vɔ́lju(:)m] *n.* 책, 서적; 권(略: vol.); 양, 부피

vol·un·tar·y [váləntèri/vɔ́lən-t(ə)ri] *a.* 자유의사의, 자발적인, 임의[자원]의: ~ army 의용군

vol·un·teer [vàləntíər/ vɔ̀l-] *n.* 지원자; 《軍》 자원병 —*vt.*, *vi.* 자진해서 하다, 자원하다

vo·lute [vəlú:t/ -lju:t] *n.* 소용돌

이;《建》 소용돌이무늬

vom·it [vámit/vɔ́m-] *vi., vt.* 토하다, 게우다; 분출하다

voo·doo [vú:du:] *n.* 부우두우교 (서인도 제도·미국 남부의 흑인 간에 행해지는 종교)

vor·tex [vɔ́:rteks] *n.* (*pl.* ~es, -ti·ces* [-tisi:z]) 소용돌이, 회오리바람

vote [vout] *n.* 표결, 투표; 투표권, 선거권 —*vi.* 투표하다 《for, against》; 투표로 결정하다

vouch [vautʃ] *vi.* 보증하다, 단언하다 《for》 —*vt.* 보증하다

vow [vau] *n.* 맹세, 서약, 맹세의 말 —*vt., vi.* 맹세[서약]하다

vow·el [váu(ə)l] *n.*《음성》 모음 (자) (*cf.* consonant)

voy·age [vɔ́iidʒ, +英 vɔidʒ] *n.* (보통 긴)항해, 항행(항공여행도 포함): go on a ~ 항해길에 오르다/a ~ round the world 세계일주 항해/on the ~ (home) 항행(귀항) 도중에/I hope you'll have a pleasant ~. 즐거운 항해가 되기를 빕니다 —*vi., vt.* 항해하다, 항행하다 **-ag·er** *n.* 항해자; 여행자

vs. =versus …대(對)…

V sign 승리의 표시

V/STOL =vertical short take-off and landing 수직단거리이착륙(기)

VTOL [ví:tɔ̀:l] =vertical take-off and landing 수직이착륙(기)

VTR =video tape recorder 비디오테이프 녹화기

Vul·can [vʌ́lkən] *n.*《로神》 불과 대장간의 신 (*cf.* Hephaestus)

vul·gar [vʌ́lgər] *a.* 서민의; 저속한, 야비한, 천한 ~·ism *n.* 야비함, 천함; 비어

W

wad·dle [wádl/wɔ́dl] *vi.* 비척비척 걷다 —*n.* 비척비척 걸음

wade [weid] *vi., vt.* (강 등을)걸어서 건너다; 애써 나아가다

wa·fer [wéifər] *n.* 웨이퍼 (얇게 구운 과자)

waf·fle [wáfl/wɔ́fl] *n.* 와플 (틀에서 구운 빵과자)

waft [wɑ:ft, +美 wæft, +英 wɔft] *vt., vi.* (공중에)떠돌(게하)다, 풍기(게하)다, 부동하다 —*n.* (풍기는)향기; (바람결에 들리는)소리

wag [wæg] *vt.* 흔들다; (개 등이 꼬리를) 흔들다 —*vi.* 흔들리다

wage [weidʒ] *n.* (보통 *pl.*)《때로 단수취급》 임금, 급료

wag·gish [wǽgiʃ] *a.* 우스꽝스러운, 익살맞은, 까부는

wag·on,《英》**wag·gon** [wǽgən] *n.* (식당의) 음식 운반차;《英》무개 화차;《美》=station wagon; 짐마차

wag·on·lit [vægɔ̃:lí, væg-/væg-] *F. n.* (유럽 철도의) 침대차

Wai·ki·ki [wáikiki:, ⌐⌐] *n.* 와이키키 (호놀룰루의 해변 요양지) [탄하다

wail [weil] *vi., vt.* 통곡하다; 비

waist [weist] *n.* 허리 (부분)

waist·coat [wéskət, wéistkôut/ wéist-] *n.*《英》조끼 (《美》vest)

wait [weit] *vi.* 기다리다, 기대하다 《for》; 시중들다 《on, upon》: W~ a minute, please. 잠깐만 기다려 주시오/ Where should I ~ for a taxi? 어디서 택시를 기다려야 합니까/Dinner is ~ *ing* for you. 저녁 준비가 다 됐읍니다/ Are you ~ed on? (접원이) 주문은 하셨읍니까 —*vt.* 기다리다; (남이 올 때까지 식사 등을) 늦추다, 미루다 《dinner *for*》 ~ **on** [*upon*] …의 시중을 들다; …을 모시다; (윗사람을) 방문하다 —*n.* 기다리기; 기다리는 시간

wait·er [wéitər] *n.* 급사, 웨이터

wait·ing [wéitiŋ] *n.* 기다리기; 시중들기 ~ **list** 대기인 명부: be on the ~ *list* 차례가 오기를 기다리고 있다

wáiting ròom 대합실

wait·ress [wéitris] *n.* 여급, 웨이트레스

wake [weik] *v.* (*p.* ~d, woke, *pp.* ~d) *vi.*《현재분사형으로》깨어 있다; 잠이 깨다; 깨닫다 —*vt.* 깨우다 《up》; 고무 [환기] 하다 《up》: Please ~ me up at seven. 7시에 깨워주시오

wak·en [wéik(ə)n] *v.* =wake

Wales [weilz] *n.* 웨일즈 (Great Britain의 남서부 지역)

walk [wɔ:k] *vi., vt.* 걷다, 걸어가다, 걸리다; 산책하다: Do I have to ~ a long way to the station? 역까지 가려면 많이 걸어야 하나요 ~ *about* 거닐다 ~ *off* 가버리다 ~ *out* 나가다 ~ *out* 나가다 —*n.* 걷기, 보행; 걸음걸이; 보행거리, 도정; 산책(stroll); 산책길, 보도 go (out) for a ~ 산책나가다 take a ~ 산책하다

walk·er [wɔ́:kər] *n.* 보행자, 산

책하는 사람
walk·ie-look·ie [wɔ́:kilúki] *n.*
휴대용 텔레비전카메라
walk·ie-talk·ie [wɔ́:kitɔ́:ki] *n.*
휴대용 무선전화기
walk·ing [wɔ́:kiŋ] *n.* 보행; 걸음걸이; 산책 *be within ~ distance* 걸어갈 만한 거리에 있다 「장
wálking stìck 《英》 지팡이, 단
walk-up [wɔ́:kʌ̀p] *n.* 《美》 엘리베이터 없는 아파아트 —*a.* 엘리베이터 없는
wall [wɔ:l] *n.* 벽, 담; (보통 *pl.*) 성벽 —*vt.* 벽[담]으로 둘러싸다; (벽으로)막다 (*up*)
wal·let [wálit, wɔ́:l-/wɔ́l-] *n.* 지갑; 《古》 전대, 바랑
Wáll Strèet 월가 (New York 시 증권거래소 소재지); 미국 금융계[재계] 「(나무)
wal·nut [wɔ́:lnət] *n.* 《植》 호도
waltz [wɔːl(t)s] *n.* 왈츠(곡) —*vi.*, *vt.* 왈츠를 추다
wan [wɑn/wɔn] *a.* 창백한
wand [wɑnd/wɔnd] *n.* 막대기, 지팡이
wan·der [wándər/wɔ́n-] *vi.* 떠돌다, 방랑하다; 길을 잃다
wane [weiⁿ] *vi.* 작아지다, 약해지다; (달이) 이지러지다 (*opp.* wax)
want [wɑnt, wɔ:nt/wɔnt] *vt.* 원하다; 바라다; …하고 싶다 《*to do*》, (남이 자기에게) …해주기 바라다; 필요하다; 아쉽다: You are ~*ed* on the phone. 네게 전화 왔네 —*vi.* 없다, 부족하다; 궁하다 《*in, for*》 —*n.* 결핍, 부족 《*of*》; 필요, 소용; 궁핍 (poverty); (주로 *pl.*)필요품 *for ~ of* …이 없어서 *in ~ of* …이 필요하여, …이 없어서
wánt àd 《俗》 (신문의) 3행 광고 (want column)
wan·ton [wántən/wɔ́n-] *a.* 방종한, 무자비한, 마음이 들뜬; 바람난
war [wɔ:r] *n.* 전쟁
war·ble [wɔ́:rbl] *vi.*, *vt.* (새가) 지저귀다; (떨리는 목소리로)노래하다 —*n.* 지저귐; 떨리는 목소리[노래]
wár chèst (선거운동 등의)군자금, 활동자금
wár crỳ (전투의) 함성
ward [wɔ:rd] *n.* 감독, 감시; (시의) 구(區); 병동, 감방
ward·robe [wɔ́:rdròub] *n.* 옷장, 양복장
ware [wɛər] *n.* 제품, 그릇; 도자기; (보통 *pl.*)상품
ware·house [⌐hàus] *n.* 창고
war·fare [wɔ́:rfɛ̀ər] *n.* 전쟁, 교

전(상태)
war·head [wɔ́:rhèd] *n.* (미사일 등의)탄두
warm [wɔ:rm] *a.* 따뜻한 (*opp.* cool); 인정있는; 열심인, 열렬한 —*vt.*, *vi.* 따뜻하게 하다; 따뜻해지다; 열중(케)하다; 흥분시키다 [하다] ~ *up* 데우다; 열중하다; 준비운동을 하다 —·**ly** *ad.* 따뜻하게, 친절히, 열심히
war·mon·ger [wɔ́:rmʌ̀ŋgər] *n.* 전쟁도발자, 주전론자
warmth [wɔ:rmθ] *n.* 따뜻함, 열심, 친절; 격렬
warn [wɔ:rn] *vt.* 경고하다; 통고[예고]하다 「의; 예고
warn·ing [wɔ́:rniŋ] *n.* 경고, 주
warp [wɔ:rp] *n.* 휨, 비틀림; 날실 —*vi.*, *vt.* 휘다, 휘게 하다
war·rant [wɔ́:r(ə)nt, wár-/wɔ́r-] *n.* 정당한 이유; 근거; 보증; 면허장, 위임장, 허가장, 영장 —*vt.* 보증하다; 정당화하다
war·ran·ty [wɔ́:rənti, wár-/wɔ́r-] *n.* 근거, 정당한 이유; 보증; 담보
war·ri·or [wɔ́:riər, wár-/wɔ́riə] *n.* 전사, 용사
War·saw [wɔ́:rsɔ:] *n.* 바르샤바 (폴란드의 수도)
war·ship [wɔ́:rʃip] *n.* 군함
war·y [wɛ́(:)ri] *a.* 경계가 엄중한, 조심성있는 《*of*》
was [wəz, wəz/wɔz, wéz] *v.* be 의 제1·제3인칭·단수·과거형
wash [wɑʃ, wɔ:ʃ/wɔʃ] *vt.*, *vi.* 씻다; 깨끗이 하다; (치욕 등을)씻다; (바닷물 등이) 밀려오다; 쓸다, 휩쓸어가다;(그림물감을) 엷게 칠하다: ~ *oneself* 세수하다, 목욕하다/~ *one's* hands 손을 씻다; 화장실에 가다 —*n.* 세탁, 세척 *send to the ~* 세탁소에 보내다 ~ *and wear* 물로 빨 수 있고 금방 마르며 구겨지지 않는 의류 ~·**a·ble** *a.* 빨 수 있는
wash-and-wear [⌐ənwɛ́ər] *a.* 빨아서 곧 입을 수 있는
wash·bowl [⌐bòul] *n.* 세면기 (《英》 washbasin)
wash·house [⌐hàus] *n.* 세탁소 (laundry)
wash·ing [wáʃiŋ, wɔ́:ʃ-/wɔ́ʃ-] *n.* 세척, 세탁; 빨래
wáshing machìne 세탁기
Wash·ing·ton [wáʃiŋtən, wɔ́:ʃ-/wɔ́ʃ-] *n.* 미국 북서부의 주 ~ **D.C.** 미국의 수도 ~ **day** 《美》 워싱턴 탄신일(2월22일)
wash·room [⌐rù(:)m] *n.* 《美》 세면장, 화장실, 변소
wash·stand [⌐stænd] *n.* 세면대

W

WASP, Wasp [wɑsp, wɔ:sp/wɔsp] = *white Anglo-Saxon Protestant*(미국을 지배하는)앵글로색슨계 백인 신교도

Wás·ser·mann reáction [wɑ́:sərmən, vɑ:s-/wɔs-] 바세르만 반응 (매독 검사법)

waste [weist] *a.* 불모의,황폐한; 무익한, 불필요한, 폐물의: ~ gas 배기 가스 ~ *basket* 휴지통 ~ *paper* 휴지 —*vt., vi.* 낭비하다 《*on*》; 황폐시키다; 소모시키다 —*n.* 낭비; 소모; 폐물; 황무지: a barren ~ 불모의 황야 *go* [*run*] *to* ~ 폐물이 되다, 낭비가 되다

waste·ful [wéistf(u)l] *a.* 낭비하는, 비경제적인

watch [wɑtʃ/wɔtʃ] *n.* 경계, 주의, 감시; 회중 [손목] 시계 —*vi., vt.* 경계하다, 망보다; 감시하다; 대기하다《*for*》: W~ your step. 발밑을 조심하세요

watch·dog [⌐dɔ̀:g/-dɔg] *n.* 집지키는 개; 감시인

watch·ful [wɑ́tʃf(u)l/wɔ́tʃ-] *a.* 조심하는, 경계하는

watch·man [⌐mən] *n.* (*pl.* -men [-men]) 경비원, 야경꾼

watch·word [⌐wɔ̀:rd] *n.* 암호, 군호; 표어

wa·ter [wɔ́:tər,+美 wɑ́-] *n.* 물, 음료수; (때로 *pl.*) 강, 호수, 바다; 조수: May I have a glass of ~? 물 한 컵 주시겠읍니까 *by* ~ 수로로, 해로로 *high* [*low*] ~ 만[간]조 ~ *mill* 물레방아 —*vt., vi.* 물을 뿌리다; 급수하다, 물을 먹이다; 관개하다; 물을 타다; 눈물 [군침]이 나오다

wáter bèd 물침대(물을 채운 요가 있는 침대)

wáter bùffalo 물소

wáter bùs 《英》 (템즈강의) 수상 버스

wáter chùte 워어터슈우트

wáter clòset (수세식) 변소 (略: W.C.)

wa·ter·col·or, 《英》 -our [⌐kÀlər] *n.* 수채화 물감; 수채화

wa·ter·fall [⌐fɔ̀:l] *n.* 폭포

wáter glàss 물마시는 컵; (수면에서 물밑을 보는) 물안경 상자

wáter·ing plàce 급수장; 《英》 온천장; 해수욕장

wáter lìne 〖海〗 홀수선

Wa·ter·loo [wɔ́:tərlù:, ⌐⌐⌐] *n.* 워털루(벨기에 중부의 마을. 나폴레옹이 참패한 곳)

wa·ter·mark [wɔ́:tərmà:rk] *n.* (종이의) 내비치는 무늬; 수위표

wa·ter·mel·on [⌐mèlən] *n.*

〖植〗 수박

wáter pòlo 수구 (水球)

wa·ter·proof [⌐prù:f] *a.* 방수의 —*n.* 방수천 〔복〕 —*vt.* 방수하다

wa·ter·side [⌐sàid] *n.* 물가

wáter skì 수상스키이

wa·ter·tight [⌐tàit] *a.* 물이 새지 않는, 방수의

wa·ter·works [⌐wɔ̀:rks] *n. pl.* 수도, 급수설비

wa·tery [wɔ́:təri] *a.* 물의[같은]; 물기많은, 싱거운

watt [wɑt/wɔt] *n.* 와트(전력단위. 略:w) 〔세공

wat·tle [wɑ́tl/wɔ́tl] *n.* 욋가지

Watts [wɑts/wɔts] *n.* 워츠지구 (로스앤젤레스의 흑인거주지구)

wave [weiv] *n.* 물결, 파동; 굽이침, 기복; (비단의) 물결무늬 광택; (머리털의) 물결 모양; (손등을) 흔듦, 손을 흔드는 신호: a cold ~ 〖기상〗 한파 —*vi.* 들리다; 손을 흔들어 신호하다 —*vt.* 흔들다; 휘두르다; 굽이치게 하다; (머리털을) 웨이브지게 하다: ~ a farewell 손(따위)를 흔들어 작별하다

wave·length [⌐lèŋθ] *n.* 파장

wax¹ [wæks] *n.* 밀초, 밀랍; 귀지: a ~ candle 양초 —*vt.* 밀랍을 칠하다; 밀랍으로 닦다

wax² *vi.* (달이) 차다 (*opp.* wane)

wax·work [⌐wɔ̀:rk] *n.* 밀랍세공, 밀랍세공품의 진열(장)

way [wei] *n.* 길 (*to*); 방향; 거리; 방법; 습관; 생활양식: This ~, please. 이리로 오십시오 / Look this ~, please. 이쪽을 보십시오/ One ~ 《게시》 일방통행/ W~ in [out]. 《게시》 입구 [출구] *all the* ~ 도중내내; 시종; 멀리(서): I came *all the* ~ from Korea. 멀리 한국에서 왔읍니다 *by the* ~ 그런데…, 그리고 참… *by* ~ *of* …경유로 (via); …으로서, …생각으로 *get in the* ~ 방해가 되다 *give* ~ 굴복하다 *in a* ~ 어떤 점에서는, 다소 *in one's* ~ 장기(長技)인; 제딴에는, 나름대로 *lose one's* [*the*] ~ 길을 잃다 *on one's* ~ *to* …로 가는 도중에 *on the* ~ 도중에 *out of the* ~ 길을 벗어나 *take one's* ~ *to* [*toward*] …쪽으로 향해서 가다

way·bill [⌐bìl] *n.* 승객명부;(철도의) 화물운송장

way·far·er [⌐fÈərər] *n.* 여행자

way·side [⌐sàid] *n., a.* 길가(의)

way·ward [⌐wərd] *a.* 제멋대로 구는, 변덕스러운

W.C. = *water closet*(수세식)변소

W

we [wi:] *pron.* 우리는[가]

weak [wi:k] *a.* 약한(*opp.* strong); 병약[연약]한; 우유부단한; 무력한; 서투른 《*in*》 물을 너무 탄, 묽은, 싱거운: a ~ point [side] 약점 *the ~er sex* 여성 **~·ly** *a., ad.* 약하[게]; 병약한

weak·en [wí:k(ə)n] *vt., vi.* 약하게 하다 [되다]; (차·술 등을) 묽게 하다

weald [wi:ld] *n.* (*the* W~) (영국 남부의) 삼림 지방

wealth [welθ] *n.* 부(富), 재산; 부유, 풍부 **~·y** *a.* 부유[풍부]한

weap·on [wépən] *n.* 무기; 흉기

wear [wɛər] *v.* (*p.* **wore**, *pp.* **worn**) *vt.* 입고 있다, 몸에 걸치고 있다; 나타내다; 닳게 하다, 지치게 하다 《*out*》: ~ a hat 모자를 쓰고 있다 —*vi.* 사용에 견디다; 마멸 [소모]되다; 지치다; (때가) 경과하다 ~ *out* 닳게 하다, 마멸시키다; 지치게 하다 ~ *well* 오래 가다 —*n.* 착용(물); 닳아해짐; 마멸, 오래 견딤

wea·ry [wí(:)ri] *a.* 지친; 진력난 《*of*》, 싫증나는 (tedious) —*vt., vi.* 지치(게하)다 (tire); 싫증나(게하)다; 《美》 동경하다《*for*》

weath·er [wéðər] *n.* 날씨, 일기; 기상: fine [wet] ~ 맑은 [비오는] 날씨/How is the ~? 날씨는 어떤가 ~ *permitting* 날씨만 좋다면

weath·er-beat·en [⊴bì:tn] *a.* 비바람을 맞은; (얼굴이)햇볕에 탄

weath·er-bound [⊴bàund] *a.* 날씨가 나빠서 출항 못하는

wéather chàrt 기상도

weath·er·cock [⊴kàk/⊴kɔk] *n.* 풍향계; 변덕스러운 사람

wéather fòrecast 일기예보

weath·er·proof [⊴prù:f] *a.* 비바람에 견디는

weave [wi:v] *vt., vi.* (*p.* **wove**, *pp.* **wov·en**, **wove**) (직물을) 짜다; 뜨다 —*n.* 짜기, 짜는 법

web [web] *n.* 거미집[줄]

wed [wed] *vt., vi.* 결혼하다; (어버이가)장가[시집]보내다《*to*》

wed·ding [wédiŋ] *n.* 결혼식: silver [golden, diamond] ~ 은 [금·다이아몬드]혼식/a ~ ring 결혼반지/~ breakfast 결혼 피로연

wedge [wedʒ] *n.* 쐐기

Wednes·day [wénzdi, -dei] *n.* 수요일

weed [wi:d] *n.* 잡초; 《俗》 담배; 《俗》 마리화나

week [wi:k] *n.* 주(일); 7일간

week·day [⊴dèi] *n.* 주일, 평일

week·end [⊴ènd, ⊴⊴] *n.* 주말; 주말휴가 **~·er** *n.* 주말여행자

week·ly [wí:kli] *ad., a.* 매주(의) —*n.* 주간지

weep [wi:p] *vi., vt.* (*p., pp.* **wept**) 울다, 눈물을 흘리다, 슬퍼하다 《*for*》

weigh [wei] *vt., vi.* (무게를)재다, 저울에 달다; 무게가 …이다; 압박하다; 고찰하다: How much does the baggage ~? 그 수하물의 무게는 얼마입니까/It ~s 20 pounds. 그것은 무게가 20 파운드이다

weight [weit] *n.* 무게, 중량, 체중; 중력; (저울)추; 무거운 짐 (burden), 압박; 중요, 중대성 ~ *allowance* [*limit*] 제한 중량

weight·lift·ing [⊴lìftiŋ] *n.* 역도

weird [wiərd] *a.* 괴상한, 무시무시한; 별난, 기묘한

wel·come [wélkəm] *int.* 어서 오시오 —*a.* (사람이)환영받는; 《서술용법뿐》 마음대로 쓸 수 있는[써도 좋은]《*to, to* do》; 반가운, 마침 잘된: You are ~. 어서 오십시오; 천만에요, 별말씀 다하십니다 —*n.* 환영 *bid a person* ~ 남을 환영하다 —*vt.* 환영하다; 반가이 맞다

Wélcome tèlevision 텔레비전 서어비스(런던에서 관광객 전용의 연예·행사 등을 안내함)

wel·fare [wélfèər] *n.* 행복, 복리 ~ *state* 복지국가

well¹ [wel] *n.* 우물; 샘; 원천 —*vi., vt.* 샘솟(게하)다

well² *ad.* (**better**, **best**) 잘, 훌륭하게, 만족하게, 더할 나위없이; 알맞게, 적절히; 매우 *as* ~ (1) …도 또한, 게다가: He speaks German *as* ~. 그는 독일어도 말한다 (2) …과 마찬가지로 …도: He gave me clothes *as* ~ *as* food. 그는 내게 음식에다가 옷도 주었다 (3) 《may [might] as well의 형태로》 … 해도 좋다, 하는 편이 낫다 *W~ done!* 잘했다!, 장하다! —*int.* 어머!, 이런!, 원 참!, 그럼, 자아《놀람·칭찬·안심·동의·양보 등을 나타냄》 —*a.* (**better**, **best**) 건강한, 튼튼한; 적당한, 만족한, 좋은; 더할 나위없는, 마침 좋은, 편안한, 안락한: How are you?— Very ~, thank you. 어떻게 지내십니까 —잘있읍니다, 감사합니다 *get* ~ (병이)낫다, 건강해지다

well-be·haved [⊴bihéivd] *a.* 품행이 좋은

well-be·ing [⊴bí:iŋ] *n.* 안녕, 행복

well-born [⊴bɔ́:rn] *a.* 태생[가문]이 좋은

well-bred [⌐bréd] *a.* 좋은 가문
에서 자란

well-done [⌐dʌ́n] *a.* 잘한; (고
기가)잘 구워진[익은]

well-found·ed [⌐fáundid] *a.* 근
거가 확고한

well-in·formed [⌐infɔ́:rmd] *a.*
박식한; 정통한

well-known [⌐nóun] *a.* 유명한,
잘 알려진, 주지의

well-man·nered [⌐mǽnərd] *a.*
예절바른, 얌전한

well-to-do [⌐tədú:] *a.* 유복한

well-wishers' entrance [⌐wíʃ-
ərz] 송영자(送迎者) 입구

went [went] *v.* go의 과거 「사)

wept [wept] *v.* weep의 과거(분

were [wə:r, wər] *v.* be의 복수·
과거형 《가정법에서는 단수 또
는 복수》 *as it* ~ 말하자면,
는 셈 —a.로 말하자면

west [west] *n.* 서(쪽); 서부(지
방); (the W~) 서양; 《美》(미
국의)서부 —a., ad. 서쪽의[에,
으로], 서방의[에]; 서쪽으로부터
(의) *the W~ End* 런던의 서
부지역(고급주택·큰 상점·극장
이 많음)

west·ern [wéstərn] *a.* 서쪽의;
(W~) 서양의 —n. 서부사람;
《美口》(소설·영화·음악 등의)
서부물 「제도

West Indies (the ~) 서인도

West·min·ster [wéstminstər]
n. 런던시 중앙의 한 구(버킹검
궁전·국회의사당·웨스트민스터
사원 등이 있음); 영국 국회의사
당 ~ *Abbey* 웨스트민스터 사
원(영국왕의 대관식이 거행되며,
또 영국왕 및 명사들의 무덤
이 있는 곳)

West Point 《美》육군사관학교
(New York시 북방에 있음)

West Virginia 미국 동부의 주

west·ward [⌐wə:rd] *a.* 서쪽으
로의, 서쪽으로 향하는 —ad. 서
쪽으로

wet [wet] *a.* 젖은 (opp. dry), 비
오는; (미국의 주에서)주류판매
를 허용하는 *be ~ through* 흠
빽 젖어 있다 *get ~ (to the
skin)* (함빡)젖다 —n. 습기; 비;
강우 —vt., vi. 적시다, 젖다

wgt. = weight

whale [(h)weil] *n.* (pl. ~s, 《총
칭》 ~) 〖動〗고래

whale·boat [⌐bòut] *n.* 구명 보
우트의 일종

wharf [(h)wɔ:rf] *n.*(pl. **wharves**
[(h)wɔ:rvz], ~s) 선창, 부두

what [(h)wat, (h)wʌt/wɔt] *a.* 1
《의문》무슨, 어떠한; 얼마(만
큼)의: *W~* number should I
dial to call the operator? 교

환수를 부르려면 몇번을 돌려
야 합니까 2 《감탄》얼마나 (cf.
how) 3 《관계형용사》(…하는)
바의 그(저); (…하는)만큼의 —
pron. 1 《의문》무엇, 어떤 것,
무슨 일; 얼마, 어느 정도: *W~*
for? 무엇 때문에/ *W~ is he?*
그의 직업은 무엇인가/ *W~ is*
the price? 값은 얼마요 / *W~*
can I do for you? 뭣을 도와
드릴까요; 어서 오십시오(점원이
손님에게 하는 말) 2 《감탄》무
엇이라구!, 이런!, 어머나!, 여봐!
3 《관계대명사》…하는 것[일]:
W~ I say is true. 내가 하는
말은 정말이다 *W~ about …?*
…하는게 어때 *W~ do you
say to …?* (상대방의 의향을
물어)…은 어떻겠읍니까 ~'s ~
《口》실상, 실태

what·ev·er [(h)watévər,(h)wʌt-/
wɔtévə] *pron.* …하는 것은 무
엇이나; 《양보》아무리 …라도;
《口》《강조》도대체 무엇이[을]
—a. 어떠한 …라도; 《부정문》의
문문에서) 추호의 …도; 하등의
…도

wheat [(h)wi:t] *n.* 〖植〗밀

wheel [(h)wi:l] *n.* 바퀴, 차바퀴;
《口》자전거: sit behind the ~
운전하다 —vt. (차를)굴리다; 차
로 나르다 —vi. 방향을 바꾸다;
자전거를 타다 「의자

wheel chair 휠체어, 바퀴달린

when [(h)wen] *ad.* 1 《의문》언
제: *W~* should I check in? 몇
시에 체크인할까요 2 《관계부
사》…할 때; …하자 그때 —
conj. 1 …할 때에, …할 때는
언제나 2 …인데도, …에도 불
구하고 —pron. 1 《의문》언제:
Till ~ can you stay? 언제까
지 머물 수 있읍니까 2 《관계
대명사》바로 그때 —n. 때: the
~ and the where 때와 장소

when·ev·er [(h)wenévər] *conj.*
언제라도, …할 때마다 —ad.
《口》도대체 언제 《when의 강
조형》

where [(h)wɛər] *ad.* 1 《의문》
어디에[에서, 로]; 어느 점에서:
W~ can I get my baggage?
수하물은 어디서 찾을 수 있읍
니까 2 《관계부사》…하는 곳;
그리고 거기서 —conj. …하는
곳에[에서, 으로]: Go ~ you
like. 가고 싶은 곳으로 가거라
—pron. 1 《의문》어디: *W~*
are you from? 어디서 오셨나
요; 국적[출신지]은 어딥니까 /
W~ from? 어디로부터/ *W~*
to?어디로 2 《관계대명사》…하
는 곳; 그리고 거기서 —n.장소

where·as [(h)wɛ(:)rǽz] *conj.* ···
인데도

wher·ev·er [(h)wɛ(:)révər] *conj.*
어디든지, 어디로든지, 어디에 ···
하든 —*ad.* 《口》 도대체 어디에
[에서, 로] 「룻배

wher·ry [(h)wéri] *n.* 나룻배, 거

whet [(h)wet] *vt.* 갈다; 자극하다

wheth·er [(h)wéðər] *conj.* ···인
지 어떤지, ···인지 또는 ···인지;
···이든 아니든 ~ *or not* ···인
지 어떤지, ···이든 아니든

which [(h)witʃ] *a.* 1 《의문》 어
느쪽의, 어느 2 《관계형용사》 그
리고 그 —*pron. sing. & pl.*
《의문》 어느 쪽, 어느 것; 《관계
대명사》 ···하는(것, 일); 그리고
그것은

which·ev·er [(h)witʃévər] *pron.,*
a. 《관계대명사》 어느쪽이든;
어느것이든; 어느쪽을 ···하더라
도 《양보의 부사절을 이끎》

while [(h)wail] *n.* 동안, 시간, 잠
깐 *after a* ~ 잠시 뒤에 *all*
the ~ 그 동안 쭉 *a long*
[*good*] ~ 오랫동안 *for a* [*one*]
~ 잠시(동안) *worth* (*one's*) ~
(···할)가치가 있는 《*to do*》 —
conj. ···하는 동안에; ···인데, 그
런데, 한편

whim·sy [(h)wímzi] *n.* 변덕, 일
시적 기분; 야릇한 생각

whine [(h)wain] *vi., vt.* 처량하
게 울다; 애처로운 소리로 말하
다 —*n.* 흐느끼는[우는] 소리

whip [(h)wip] *vt., vi.* 채찍질하
다; (달걀을 휘저어)거품일게 하
다 —*n.* 채찍; 생(生)크리임

whirl [(h)wəːrl] *vi., vt.* 빙빙 돌
다[돌리다]; 현기증나다 —*n.* 회
전, 소용돌이; 현기증

whirl·wind [⌐wind] *n.* 선풍,
회오리바람

whisk·er [(h)wískər] *n.* (보통
pl.) 구레나룻 「스키

whis·key, -ky [(h)wíski] *n.* 위

whis·per [(h)wíspər] *vi., vt.* 속
삭이다, 소곤소곤 이야기하다;
졸졸 소리나다 —*n.* 속삭임, 소
곤거림; 소문

whis·tle [(h)wísl] *vi.* 휘파람[피
리]을 불다; (바람이)휙휙 소리
내다; 기적을 울리다 —*vt.* 휘파
람으로 ···을 불다; 휘파람으로
부르다[신호하다] —*n.* 휘파람;
기적(소리)

white [(h)wait] *a.* 흰, 백색의;
(안색 등이)창백한; 백색인종의
~ *book* [*paper*] 백서(정부발
행의 보고서) ~ *coffee* 우유를
탄 코오피 *the W~ House* 백
악관(미국대통령 관저) —*n.* 흰
빛, 백색; 흰옷; (눈·달걀의)흰자

위; 백인

white·bait [⌐bèit] *n.* (정어리·
청어 등의)새끼

white béar 백곰, 북극곰

white góld 백금(금과 니켈 등
의 합금)

White·hall [⌐hɔ́ːl, ⌐⌐] *n.* Lon-
don의 관청가; 영국정부

whit·en [(h)wáitn] *vt., vi.* 희게
하다, 희어지다

white sàuce (밀가루에 버터·우
유를 섞어 만든)흰 소오스

white·wash [(h)wáitwɑ̀ʃ, -wɔ̀ːʃ/
-wɔ̀ʃ] *n.* 백색도료; (포도주를
마신 다음에 마시는)셰리주; 《美
俗》 영패 —*vt.* 백색도료를 칠
하다; (눈가림식으로)걸치레하다;
영패시키다

Whit·sun·day [(h)wítsʌ́ndi,
-sndèi] *n.* 성령강림제(부활제후
일곱번째 일요일)

Whit·sun·tide [(h)wítsntàid] *n.*
성령강림절(특히 최초의 3일간)

WHO = *World Health Organi-*
zation 세계보건기구

who [hu: →2] *pron.* 1 《의문》
누구, 어느[어떤]사람: *W~* is it?
(전화에서)누구십니까 ~*'s he*
인물평론 ~*'s* 명사록 2 [hu:,
u:, u] 《관계대명사》 ···하는[한]
(바의); 하는 그 사람은[이]

who·ev·er [hu(:)évər] *pron.* 누
구든지; 누가 ···하더라도, 《口》
도대체 누가

whole [houl] *a.* 모든, 전체의,
···; 완전한, 흠없는, 온전한: the
~ world 전세계/three ~ days
꼬박 사흘/the ~ truth 있는
그대로의 사실[진실] —*n.* 전체,
전부 《*of*》 *as a* ~ 전체로서는;
총괄하여 *on* [*upon*] *the* ~ 전
체적으로 보아, 대체로

whole·sale [hóulsèil] *a., ad.* 도
매의[로] —*n.* 도매

whole·some [hóulsəm] *a.* 건강
에 좋은(healthful); 건강한

whol·ly [hóul(l)i] *ad.* 전적으로,
완전히; 오로지

whom [hum, hum] *pron.* who
의 목적격 「격

whose [huːz] *pron.* who의 소유

why [(h)wai →int.] *ad.* 《의문》
왜, 어째서; 《관계부사》 왜 ···하
였는가(그 까닭) This is (the
reason) ~ I came. 이것이 내
가 온 이유다 *W~ don't you*
···? ···하는 것이 어때 *W~*
not? 왜 안돼; 좋고말고 —*n.*
(*pl.* ~*s*) 이유 —*int.* [wai] 어
머!, 저런!; 뭐라고!; 저어···

wick [wik] *n.* (양초의)심지

wick·ed [wíkid] *a.* 나쁜, 사악한
(evil); 심술궂은

wick·et [wíkit] *n.* (역의)개찰구; 매표구; 작은 문; 작은 창

wide [waid] *a.* 폭이 넓은(broad), 폭 …의; 광대한; 헐거운 —*ad.* 넓게 *far and ~* 널리, 두루 *~ly ad.* 널리, 일반적으로

wide-an·gle [⌐æŋgl] *a.* 《寫》 광각의;《映》와이드스크린방식의

wide-a·wake [⌐əwéik] *a.* 아주 잠이 깬; 빈틈없는

wid·en [⌐n] *vt., vi.* 넓히다, 넓어지다

wide·spread [⌐spréd] *a.* 널리 퍼진, 보급된, 유포된

wid·ow [wídou] *n.* 과부

wid·ow·er [wídouər] *n.* 홀아비

width [widθ, witθ] *n.* 넓이, 폭

wie·ner [wíːnər] *n.* 《美》비엔나 소시지

wife [waif] *n.* (*pl.* **wives**) 아내, 처, 부인

wig [wig] *n.* 가발

wild [waild] *a.* 야생의; 미개한, 야만의; (바람 등이)사나운; 광기[광란]의(frantic); 엉뚱한

wil·der·ness [wíldərnis] *n.* 황야; 끝없이 널따란 곳

wild·life [wáildlàif] *n., a.* 야생 동물(의) **-lif·er** *n.* 야생동물보호주의자

will¹ [wil, wəl, əl, l] *aux. v.* (*p.* **would**) **1** 《단순미래》…일 것이다 **2** 《의지미래》…하겠다 **3** 《의문》 a.《2인칭의 의지》: W~ you have another cup of tea? 차 한잔 더 드시겠읍니까 b. 《3인칭의 단순미래》: W~ he come? 그는 올까요 **4** 《습관》 곧잘[늘]… **5** 《불가피》: Accidents ~ happen. 사고는 일어나게 마련이다 **6** 《고집》: This door ~ not open. 이 문은 암만해도 안 열린다 **7** 《의뢰·명령》: W~ you pass me the salt? 그 소금 좀 집어주시겠읍니까/ You ~ do it at once! 그 일을 즉각 해주게

will² [wil] *n.* 의지; 결의; 의도; 《法》유언(장) *against one's ~* 본의 아니게, 마음에도 없이 *at ~* 마음대로 —*vt., vi.* (*p., pp.* **~ed**) 바라다, 원하다, …하고 싶어하다: Let him do what he ~. 그가 하고 싶은대로 하게 하라

will·ful, 《英》 **wil·ful** [wílf(u)l] *a.* 고의의; 외고집의

will·ing [wíliŋ] *a.* 기꺼이 …하는 (ready) 《to do》; (행위가) 충심으로의 **~·ly** *ad.* 기꺼이, 쾌히

wil·low [wílou] *n.* 《植》버들 *~ pattern* (도자기에 흔한 중국풍의)흰 바탕에 청색 무늬

Wim·ble·don [wímbld(ə)n] *n.* 런던 근교의 도시(국제 정구선수권대회 개최지)

win [win] *v.* (*p., pp.* **won**) *vt.* 이기다(*opp.* lose); 획득[쟁취]하다; 설득하다 —*vi.* 승리를 얻다

winch [wintʃ] *n.* 윈치, 권양기(捲揚機)

wind¹ [wind] *n.* 바람; 숨, 호흡: a fair [contrary] ~ 순[역]풍/ ~ velocity 풍속/lose one's ~ 숨이 끊어지다 *against the ~* 바람을 거슬러 *before the ~* 바람을 업고

wind² [waind] *v.* (*p., pp.* **wound**) *vt.* 감다 —*vi.* 감기다, 휘감기다; (꾸불꾸불) 감돌다 *~ off* (감긴 것을)되풀다 *~up* (태엽을) 감다

wind·break·er [wíndbrèikər] *n.* 《美》스포오츠용 자켓

wind·ing [wáindiŋ] *a.* 꾸불꾸불한, (굽이굽이)감도는

wind·mill [wín(d)mil] *n.* 풍차

win·dow [wíndou] *n.* 창(문); 창유리, 창틀 *~ display* 진열창에 진열하기

window dressing 진열창장식; 눈가림, 겉꾸림

win·dow-shop [wíndo(u)ʃàp/ -ʃɔp] *vi.* (사지는 않고)진열창을 기웃거리며 다니다

wind·shield [wíndʃìːld] *n.* 《美》(자동차의)방풍유리(《美》windscreen): ~ wipers 와이퍼(방풍유리 닦는 장치)

Wind·sor [wínzər] *n.* 런던 서쪽의 도시(영국 왕실의 윈저성으로 유명) *~ tie* 폭이 넓은 견직 검정 넥타이

wind·up [wáindʌp] *n.* 결말, 마무리;《야구》와인드업

wind·ward [wíndwərd] *a., ad.* 바람불어오는 쪽의[으로]

wind·y [wíndi] *a.* 바람부는, 바람이 센; 바람받이의

wine [wain] *n.* 포도주, 술 *~ cellar* (지하의)포도주저장실 *~ list* 포도주 일람표

wine·glass [⌐glæs/-glɑːs] *n.* 포도주잔

wing [wiŋ] *n.* 날개; (건물의)동림, 날개 *on the ~* 비행중인, 여행중인

winged [wiŋd] *a.* 날개있는; 신속한

wink [wiŋk] *n., vi., vt.* 눈을 깜박거리기[거리다] (blink); 눈짓(하다) 《at》 *in a ~* 눈깜박할 사이에 *do not sleep a ~* 한잠도 안자다 *~·er n.* 《美》(자동차의)방향 지시등

win·ner [wínər] *n.* 승리자; 수

win·ter [wíntər] *n.* 겨울 —*a.* 겨울(철)의

win·ter·time [⌐tàim] *n.* 겨울
(철)

win·try [wíntri] *a.* 겨울의; 추
운(cold); 냉담한

wipe [waip] *vt., vi.* 씻다, 닦다,
훔치다《off》 —*n.* 닦기, 훔치기

wire [waiər] *n.* 철사, 전선; 전
신; 《口》 전보; 철망: send a
~ 전보를 치다 *by* ~ 전신으
로;《口》 전보로 ~ *remittance*
전보송금 —*vt., vi.* 《口》 전보
를 치다《to》

wire·less [wáiərlis] *a.* 무선의,
무선전신의;《英》 라디오의 —
n. 무선전신[전화, 전보],《英》
라디오

wire·pull·er [⌐pùlər] *n.* 꼭둑
각시 놀리는 사람; 배후 책동가
[조종자]

wire·tap [⌐tæp] *vt., vi.* 전화를
도청하다

Wis·con·sin [wiskánsn /⌐kɔ́n-
sin] *n.* 미국 중북부의 주 「언

wis·dom [wízd(ə)m] *n.* 지혜; 금

wise [waiz] *a.* 현명한 ~·ly *ad.*
현명하게, 빈틈없이

wish [wiʃ] *vt.* 1 원하다, 바라다;
…하고 싶다《to do》; (남을 위
해)기원하다: I ~ you a Happy
New Year. 새해에 복 많이 받
으세요 2 《가정법》 …이었으면
하다: I ~ I were a bird. 내가
새라면 좋을텐데 —*vi.* 바라다,
원하다, …하고 싶어하다《for》
—*n.* 소원; (*pl.*) 축복 [안부]
의 말: with best ~*es* 행운을
빌며 *Give my best* ~*es to* …
에게 안부 전해주시오

wit [wit] *n.* (*pl.*) 분별, 제정신;
기지, 재치 *at one's* ~*s'* [~*'s*]
end 어찌할 바를 몰라 *out of
one's* ~*s* 제정신을 잃고

witch [witʃ] *n.* 마녀;《口》 매혹
적인 여자

witch·craft [⌐kræft/⌐krà:ft] *n.*
마법; 마력

with [wið, wiθ] *prep.* 1 …과 함
께; …과 공동으로; 조화를 이루
어: Come ~ me. 나를 따라 오
시오/I am entirely ~ you in
this. 이 점에서는 전적으로 너
와 동감이다 2 …에 관해서; 에
있어서는; …과 비교하여: be
concerned ~ …에 관계하고 있
다/ have nothing to do ~ …
과는 전혀 관계없다/ compare
~ …과 비교하다 3 …을 갖고;
을 지닌; …의 손에 들어가: a
lady ~ golden hair 금발의 여
인/a plane ~ 400 seats [~ a
capacity of 400] 4백명의 좌석
이 있는 비행기/ I have no
money ~ me. 지금 가진 돈이

없다 4 …때문에, …탓으로:
tremble ~ cold 추워서 떨다
5 《도구·재료》…로, …을 써서:
cut ~ a knife 나이프로 자르
다 6 《명사(구)와 함께 부사구
를 만듦》: ~ ease 쉽사리/ ~
a smile 미소를 지으며 7 …과
동시에, …함에 따라서 8 《분
리·반대를 나타내어》 …과:
part ~ a friend 친구와 헤어
지다 9 《반대·적대심을 나타내
는 동사와 함께》…에 반대하여
along ~ …과 함께[더불어] ~
all …에도 불구하고, …이 있
음에도

with·draw [wiðdrɔ́:] *v.* (*p.*
-drew [-drú:], *pp.* **-drawn**
[-drɔ́:n]) *vt.* 움츠리다, 뒤로 물
리다; 철수하다; 칠회[취소]하다
—*vi.* 철수하다, (뒤로)물러나다;
취소하다

with·er [wíðər] *vi., vt.* 시들다,
말라죽(이)다; 쇠퇴하다[시키다]

with·hold [wiðhóuld] *vt.* (*p.,*
pp. **-held** [-héld]) 억제하다, 보
류하다, 삼가다, 미루다《from》

with·in [wiðín] *prep.* …안에, …
속에; …의 범위내에, …을 넘
지 않는, 이내에: ~ a few
days 2,3일중에 —*ad.* 안에, 안
[속]으로, 내부에; 집안에 (in-
doors); 마음속으로

with·out [wiðáut] *prep.* …의 밖
에; …없이, …이 없어서, 하지
않고: ~ doubt 의심치않고/ ~
reserve 서슴지 않고 *do* [*get*]
~ …없이 지내다 ~ *fail* 꼭,
기필코 —*ad.* 밖은[으로]; 집밖
에; 표면은

with·stand [wiðstænd] *vt., vi.*
(*p., pp.* **-stood** [-stúd]) 거역하다

wit·less [wítlis] *a.* 지혜없는

wit·ness [wítnis] *n.* 증거 (evi-
dence), 증언; 목격자; 증거인
[물]; (법정의)증인: bear ~ to
…의 증언을 하다, 증인[증거]이
되다 —*vt.* 목격하다; 증명[입
증]하다

wit·ty [wíti] *a.* 재치있는

wives [waivz] *n.* wife의 복수

wiz·ard [wízərd] *n.* (남자)마법
사 「움

woe [wou] *n.* 비애, 고뇌, 괴로

woe·ful [wóuf(u)l] *a.* 슬픈, 애처
로운, 비참한; 지독한

woke [wouk] *v.* wake의 과거

wolf [wulf] *n.* (*pl.* **wolves**
[wulvz]) 《動》 늑대; 욕심사나운
사람;《美俗》 여자를 쫓아다니
는 사내: a lone ~ 독자적으로
행동하는 사람 ~ *call* 여자의
주의를 끌려고 부는 휘파람

wom·an [wúmən] *n.* (*pl.* **wom-**

en [wímin]) 여자; 부인; (*the* ~) 여자다움 ~·**like,** ~·**ly** *a.* 여자다운, 상냥한

wóman's ríghts *pl.* 여권

womb [wu:m] *n.* 자궁; 태내

wómen's líb 여성해방운동

wómen's líb·ber 여성해방운동가

won[1] [wʌn] *v.* win의 과거(분사)

won[2] [wɑn/wɔn] *n. Sing. & pl.* 원(한국의 화폐단위)

won·der [wʌndər] *n.* 경탄, 경이; 불가사의한 것, 놀라운 것 *It is no* ~ *that* …은 조금도 이상할것 없다 *No* ~ *!* 어쩐지!, 그럴 수밖에! —*vt., vi.* 이상히 여기다, 수상쩍어하다; 경탄하다; …이 아닐까 (how, who, what, why, if, whether와 함께 씀)

won·der·ful [wʌndərf(u)l] *a.* 놀라운, 이상한 (marvelous); 《口》 멋진, 훌륭한 「형

won't [wount] will not의 단축

woo [wu:] *vt.* 구혼하다

wood [wud] *n.* (때로 *pl.*) 숲, 삼림; 재목 (timber); 목재

wood·en [wúdn] *a.* 나무로 만든

wood·land [⌐lænd, -lənd/-lənd] *n.* 삼림지대

wood·peck·er [⌐pèkər] *n.* 《鳥》 딱다구리

wool [wul] *n.* 양털; (짧은 양털로 만든)털실 (*cf.* worsted); 모직물, 모직옷

wool·en, 《英》 **wool·len** [wúlin] *a.* 양털의[로 만든], 모직(물)의

wool·ly, wool·y [wúli] *a.* 양털(질)의; 흐릿한

Worces·ter·shire [wústərʃiər, -ʃər] *n.* 영국 서남부의 주; 우스터소오스

word [wə:rd] *n.* 낱말, 단어; 말; (때로 *pl.*) 이야기; 명령; 소식, 기별; 약속 *bring* ~*s* 소식을 전하다 *give one's* ~ 보증하다, 약속하다 *in other* ~*s* 바꾸어 말하면 *keep* [*break*] *one's* ~ 약속을 지키다[어기다] *leave* ~ 전할 말을 남겨놓다 *upon my* ~ 맹세코, 꼭

word·book [⌐bùk] *n.* 단어집, 사전

word·ing [wə́:rdiŋ] *n.* 말의 사용, 용어, 표현법

wore [wɔ:r] *v.* wear의 과거

work [wə:rk] *n.* 노동; 일, 연구; 작품; (*pl.*) 《때로 단수취급》 공장 (factory): the ~*s of* Shákespeare 섹익스피어 전집 *at* ~ 작업중, 운전중, 일하고 *go to* ~ 일에 착수하다, 출근하다 *out of* ~ 실직하여; (기계가)고

장나서 *set to* ~ 일을 시작하다 —*v.* (*p., pp.* ~**ed** *or* 《*vt.* 2 이외는 고어》 **wrought**) *vi.* 일하다; 작용하다, 잘되다 (효력이)들다; 종사하고 있다, 일하고 있다 —*vt.* 1 일시키다; (기계를) 가동시키다, 운전[조종]하다; (사람을)부리다, 부려먹다 2 세공하다, 만들다; 행하다 ~ *out* 노력하여 해내다; 기안하다

work·book [⌐bùk] *n.* 수련 [연습]장

work·er [wə́:rkər] *n.* 일하는 사람, 직공, 근로자, 노동자 (laborer)

work·ing [⌐iŋ] *a.* 일하는, 가동하는; 작업의 —*n.* 일, 작용; 작업, 가동

work·man [⌐mən] *n.* (*pl.* -**men** [-mən]) (수공예)직공; 노동자

work·shop [wə́:rkʃɑp/-ʃɔp] *n.* 공장, 작업장; 연구회, 워크샵

world [wə:rld] *n.* 세계, 세계의 나라들[사람들]; 세상; …계, 사회 *a* ~ *of* 수많은 *all over the* ~ *for the* ~ 결단코, 결코 *the New* [*Old*] *W*~ 신[구]세계

Wórld Bánk 세계은행(International Bank of Reconstruction and Development의 통칭)

wórld exposítion 세계박람회

world·ly [wə́:rldli] *a.* 이 세상의, 속세의, 세속적인

Wórld Séries 《야구》 전미프로야구선수권대회 (American League와 National League의 승자전)

Wórld Tráde Cénter 세계무역센터(New York시 최고의 건물) 「인

world-wide [⌐wáid] *a.* 세계적

worm [wə:rm] *n.* 벌레

worm-eat·en [⌐i:tn] *a.* 벌레먹은; 낡은, 시대에 뒤진 「사

worn [wɔ:rn] *v.* wear의 과거분

worn-out [⌐áut] *a.* 닳아해진, 써서 낡은; 지칠대로 지친

wor·ry [wə́:ri/wʌ́ri] *vt.* 괴롭히다, 귀찮게 굴다, 걱정시키다 —*vi.* 고민하다, 걱정하다: Don't ~. 걱정말아 —*n.* 근심, 걱정 (거리)

worse [wə:rs] *a.* bad, ill의 비교급 *and what is* ~/*to make matters* ~ 설상가상으로 *be* ~ *off* 살림이 더욱 어렵다 —*ad.* badly, ill의 비교급 *none the* ~ 역시, 그럼에도 불구하고 —*n.* 더욱 나쁨 *go from bad to* ~ 더욱 나빠지다

wor·ship [wə́:rʃip] *n.* 예배(식); 숭배 —*vt., vi.* 예배[숭배]하다

worst [wəːrst] *a.* bad, ill의 최상급 —*ad.* badly, ill의 최상급 —*n.* 가장 나쁜 일[사람, 것], 최악: prepare for the ~ 만일의 경우에 대비하다 *at (the)* ~ 아무리 나빠야 *if [when] the* ~ *comes to the* ~ 만약[최악]의 경우에는

wor·sted [wústid] *n.* (긴 양털로 만든)털실 (*cf.* wool), 모직물

worth [wəːrθ] *a.* …의 가치가 있는, …할만한: a place ~ visiting 가볼만한 곳/It is ~ seeing. 볼만하다/It is ~ a million. 그것은 백만 달러의 가치가 있다 ~ *(one's) while* 《*doing, to* do》 (…할)가치가 있는, 할 보람이 있는 —*n.* 가치, 값어치: of little ~ 하찮은 ~·**less** *a.* 가치없는, 보잘것없는, 쓸모없는

wor·thy [wə́ːrði] *a.* 존경할만한, 훌륭한; 가치있는, …에 어울리는

would [wud, wəd, (ə)d] *aux. v.* 《Will의 과거》 **1** 《간접화법》: He said he ~ go. 그는 가겠다고 말했다 **2** 《조건법》: I ~ do so if I could. 할 수만 있다면 그렇게 하겠는데 **3** 《과거의 습관》: Now and then a blackbird ~ come. 때때로 지빠귀가 날아오곤 하였다 **4** 《소망》 바라다, …하고 싶다 **5** 《가정법·완곡·정중한 표현》: W~ you kindly show me the way? 길 좀 가르쳐 주시겠읍니까

wound[1] [wuːnd] *n.* 상처, 부상, 모욕 —*vt.* 상처를 입히다; 해치다 「거(분사)

wound[2] [waund] *v.* wind[2]의 과

wove [wouv] *v.* weave의 과거(분사)

wov·en [wóuv(ə)n] *v.* weave의 과거분사

wran·gle [rǽŋgl] *vi.* 언쟁[논쟁]하다 —*n.* 언쟁

wrap [ræp] *vt., vi.* (*p., pp.* ~**ped** *or* **wrapt**) 싸다; 감다, 몸에 두르다 —*n.* 싸개; (보통 *pl.*) 어깨[무릎]덮개 ~·**per** *n.* 싸는 사람[것]; 보자기; 책가위; 실내복

wrath [ræθ, rɑ(ː)θ/rɔ(ː)θ] *n.* 분노(fury), 격분, 격노

wreath [riːθ] *n.* (*pl.* ~s [-ðz, -θs]) 화환, 화관(花冠)

wreck [rek] *n.* 난파, 난파선; 파괴 *go to* ~ 파멸하다 —*vt., vi.* 난파시키다[하다], 파멸시키다[하다] ~·**er** *n.* 난파선, 레커차

wrench [rentʃ] *vt.* 비틀다 —*n.* 비틀기; 《機》 렌치

wres·tle [résl] *vi., vt.* 씨름하다, 격투하다 -**tler** *n.* 씨름꾼, 레슬링 선수 「씨름

wres·tling [résliŋ] *n.* 레슬링

wretch·ed [rétʃid] *a.* 불쌍한, 불행한, 비참한; 고약한

wring [riŋ] *vt.* (*p., pp.* **wrung**) 짜다, 비틀다

wrin·kle [ríŋkl] *n.* (피부의)주름(살); (천의)주름, 구김살 —*vt., vi.* 주름지(게하)다, 구겨지다

wrist [rist] *n.* 손목

wrist·let [ᐣlit] *n.* 팔찌

wrist·watch [ᐣwɑ̀tʃ/-wɔ̀tʃ] *n.* 팔목시계

write [rait] *vt., vi.* (*p.* **wrote**, *pp.* **writ·ten**) (글씨를)쓰다; 저술하다; (편지를)쓰다 ~ *back* 답장을 쓰다 ~ *down* 기재하다, 적어놓다 ~ *in* …을 써넣다 ~ *out* 자세히[모두] 쓰다 ~ *over* 다시 쓰다; 가득히 쓰다 ~ *to* …에게 편지를 쓰다 「작자, 저자

writ·er [ráitər] *n.* 쓰는 사람

writ·ing [ráitiŋ] *n.* 쓰기, 서법; 필적; (*pl.*) 저서: ~ pad (철해진)편지지/~ paper 편지지

writ·ten [rítn] *v.* write의 과거분사 —*a.* 쓴, 문서화한

wrong [rɔːŋ/rɔŋ] *a.* (도덕상)나쁜, 사악한; 그릇된; 탈이 난; 역의 (*opp.* right): take the ~ train 열차를 잘못 타다/Sorry, you have the ~ number. (전화에서)미안하지만 잘못 걸렸읍니다 —*ad.* 부정하게; 잘못하여 *get it* ~ 오해하다 *go* ~ 길을 잘못 들다; 타락하다; 고장나다, 실패하다 —*n.* 악; 잘못; 불법, 학대, 해; 죄: right and ~ 옳고 그름, 선악

wrote [rout] *v.* write의 과거

wrought [rɔːt] *v.* work의 과거(분사) —*a.* 세공한, 정제한

wrung [rʌŋ] *v.* wring의 과거(분사)

Wy·o·ming [waióumiŋ] *n.* 미국 서북부의 주

X

Xe·rox [zíːraks/-rɔks] *n.* 《상표》 제록스(복사기)

Xmas [krísməs] =Christmas

X-rat·ed [éksrèitid] *a.* 《美》 (영화가)성인용의

X-ray [éksréi] *n., a.* (*pl.*) 엑스선(의), 뢴트겐선(의): an ~ photograph 린트겐 사진

Y

yacht [jɑt/jɔt] *n.* 요트; 개인용 유람선 —*vi.* 요트를 타다

yacht·ing [jɑ́tiŋ/jɔ́t-] *n.* 요트놀이, 요트 조종(술): go ~ 요트 타러 가다

yah [jɑ:] *int.* 야아(경멸 등의 소리)

Yale [jeil] *n.* 미국 Connecticut주 New Haven에 있는 대학

Yang·tze [jǽŋtsi(:)] *n.* (the ~) 양자강(揚子江)

Yan·kee [jǽŋki:] *n.* 미국인(외국인이 부름); (국내에서)북부사람
~·ism *n.* 양키기질; 미국방언

yard¹ [jɑːrd] *n.* 마당, 구내, 둘러싸인 땅 (enclosure); 《보통 복합어로 써서》공장, 물건 두는 곳 「(略: yd.)

yard² *n.* 야아드; 마(3피이트)

yarn [jɑːrn] *n.* 실, 방사(紡絲), 꼰 실; 《口》모험담, 이야기

yaw [jɔ:] *vi.* (배·비행기가)진로를 벗어나다; 좌우로 흔들리며 나아가다

yawl [jɔ:l] *n.* 배에 실은 보우트; 작은 돛단배 「품

yawn [jɔ:n] *vi.* 하품하다 —*n.* 하

yd. = yard(s)

yeah [je, jɑ:] *ad.* 《美口》= yes

year [jiər, + 英 jə:] *n.* 해, 연; (*pl.*) 나이; 노년: the common [leap] ~ 평년[윤년]/ every ~ 매년/next [last] ~ 내[작]년/ for ~s 다년간/of late ~s 근년에 all the ~ round 1년내내 from ~ to ~ / ~ after [by] ~ 해마다 the New Y~'s Day 설날

year·ly [⌐li] *a.* 한해 한번의, 매년의, 그해만의 —*ad.* 해마다, 매년

yearn [jə:rn] *vi.* 동경하다; 몹시 …하고 싶어하다, 열망하다

yeast [ji:st] *n.* 이이스트, 누룩

yell [jel] *vi., vt.* 소리지르다, 고함치다 —*n.* 고함소리; 《美》응원소리

yel·low [jélou] *a.* 노란; 황색인종의; 질투심많은; 비겁한: ~ fever 황열병 ~ card 《口》예방접종증명서 ~ flag 황색기 (전염병 또는 검역 표지로 선박에 게양) —*n.* 황색; (달걀의)노른자위 —*vi., vt.* 노래지다, 황색으로 되다[하다]

Yéllow Páges (전화번호부의) 직업별 번호란

Yel·low·stone [⌐stòun] *n.* (the ~) 미국 Wyoming주에 있는 미국 최대의 국립공원, 간헐천

으로 유명

yen [jen] *n. sing. & pl.* 엔(円)

yes [jes] *ad.* 1 《부름에 대답하여》예 2 《질문에 답하여》예, 그렇습니다 (*opp.* no) 《부정으로 물었더라도 대답이 긍정이면 yes라 함》3 《상대의 말에 동의하여》암, 그렇지 4 《끝을 올려서 발음하여》네?, 그래요? 5 《강조》게다가, 더구나 —*n.* yes라는 말 《긍정·승낙의 말》

yés màn 《口》시키는 대로 하는 사람

yes·ter·day [jéstərdi, -dèi] *n.* 어제; 과거, 작금: ~ morning [afternoon, evening] 어제 아침[오후, 저녁]/~ week 지난주의 어제 —*ad.* 어제(는)

yet [jet] *ad.* 1 《보통 부정구문에 써서》아직 …않다: He has not come ~. 그는 아직 안왔다 2 벌써 3 아직도, 지금도(여전히) 4 게다가, 그 위에 또 5 멀지 않아, 언젠가는 6 《nor와 함께》…조차도(않다) 7 《비교급과 함께》더욱 더 and ~ 그럼에도 불구하고 as ~ 아직, 지금까지는, 거기까지는 not·~ 아직은 …않다 —*conj.* 그럼에도 불구하고

Y.H.A. = Youth Hostels Association 유우드호스텔 협회

yield [ji:ld] *vt.* 낳다, 산출하다; 포기하다, 양보하다 —*vi.* 작물이 나다, 수익을 가져오다; 굴복[복종]하다《to》; 굽다 ~ to … 에게 양보하다, 지다; …에 응하다, 따르다 —*n.* 산출(고); 수익; 수확

Y.M.C.A. = Young Men's Christian Association 기독교청년회

yo·del [jóudl] *n.* 요우들(스위스의 목동이 부르는 가성(假聲)섞인 목가)

yo·ga [jóugə] *n.* 요가(의 수행)

yo·gurt, -ghurt [jóugərt, -guərt/jɔ́-, jóu-] *n.* 요구르트

yoke [jouk] *n.* 멍에 —*vt.* 멍에를 메우다; 결합하다 「기름

yolk [jouk] *n.* 노른자위; 양털

Yom Kíp·per [jɑmkípər/jɔm-] (유태교의)속죄일

York·shire [jɔ́:rkʃ(i)ər / ·ʃə] *n.* England 동북부의 주

Yo·sem·i·te [jɔsémiti] *n.* 미국 California주의 계곡, 국립공원

you [ju, jə, ju:] *pron.* (*pl.* ~) 당신(들)은[이]; 너희(들)을[에게]

young [jʌŋ] *a.* 젊은 (*opp.* old); (시일·철이)아직 이른; 경험없는; 청춘시대의: the ~(*er*) Pitt 작은 피트, 아들 피트 / The night is still ~. 아직은 초저녁이다 ~ *and old* 노소 —*n.* (동물의)새끼; 젊은이

young·ster [jʌ́ŋstər] *n.* 젊은이; 어린이, (특히)소년

your [jɔːr, juər, jər] *pron.* you 의 소유격

yours [jɔːrz, juərz] *pron.* you 의 소유대명사

your·self [jɔːrsélf, juər-, jər-] *pron.* 너[당신] 자신

your·selves [jɔːrsélvz, juər-, jər-] *pron.* yourself의 복수

youth [juːθ] *n.* (*pl.* ~**s** [-ðz],《총칭》~) 청년시대; 청춘(기); 젊음; 청년, 젊은이; 《총칭》 젊은 이들

youth·ful [júːθf(u)l] *a.* 젊은, 혈기왕성한; 젊은이다운

yóuth hòstel 유우드호스텔

yu·an [juːɑ́ːn] *n. sing. & pl.* 원 (元) (중국의 화폐단위)

Yu·go·slav, -Slav [júːgoslɑ́ːv, -slǽv] *n., a.* 유고슬라비아 사람(의)

Yu·go·sla·vi·a, -Sla·vi·a [júːgoslɑ́ːviə, -vjə] *n.* 유고슬라비아(유럽 동남부의 공화국)

yule [juːl] *n.* 크리스마스의 축제

yule·tide [⌐tàid] *n., a.* 크리스마스계절(의)

Y.W.C.A. = *Young Women's Christian Association* 기독교 여자청년회

Z

zeal [ziːl] *n.* 열심(ardor), 열중 (《*for*》): with ~ 열심히 「한

zeal·ous [zéləs] *a.* 열심인, 열렬

ze·bra [zíːbrə] *n.* 《動》 얼룩말

ze·nith [zíːniθ/zé-] *n.* 진성(全盛), 절정, 정점

ze·ro [zí(ː)rou] *n.* (*pl.* ~**es, ~s**) 《數》 영, 제로; 영점; (온도계의)영도; 최하점: below ~ 영하

zest [zest] *n.* (강한)향미, 풍미

Zeus [zuːs/zjuːs] *n.* 《그神》 제 우스(Olympus산의 주신(主神)) (*cf.* Jupiter)

zig·zag [zígzæg] *n., a., ad.* Z 자형(의, 으로), 갈짓자 모양(의, 으로) —*vi.* Z자형[갈짓자]으로 나아가다

Zim·bab·we [zimbɑ́ːbwe] *n.* 짐바브웨(로디시아의 개칭)

zinc [ziŋk] *n.* 《化》 아연, 함석

Zi·on [záiən] *n.* 시온산(Jerusalem에 있는 산); 《총칭》 이스라엘 사람 ~·**ism** *n.* 시온주의,

유대민족주의

zíp còde [zíp] 《美》 우편번호

zíp fàstener 《英》 = zipper

zip·per [zípər] *n.* 지퍼, 자크

zone [zoun] *n.* …대(帶); 지대, 지역: the safety ~ 안전지대 / the sterling ~ 파운드지역 / a business [residential] ~ 상업 [주택]지역 / the Frigid [Temperate, Torrid] ~ 한[온, 열]대

zoo [zuː] *n.* (*pl.* ~**s**) 동물원; (*the* Z~) 런던 동물원

zo·o·log·i·cal [zòuəlɑ́dʒik(ə)l/ -lɔ́dʒ-] *a.* 동물학(상)의: a ~ garden 동물원 「동물학

zo·ol·o·gy [zo(u)álədʒi / -ɔ́l-] *n.*

zoom [zuːm] *vi.* 붕 소리내며 움직이다; 《空》 급상승하다 —*n.* 급(각도)상승; 《映·TV》 화상의 급속한 확대[축소] ~ *lens* 주움렌즈

Zu·rich [zú(ː)rik/zjúə-] *n.* 쮜리히(스위스의 주·도시)

Z

韓英篇
KOREAN - ENGLISH

ㄱ

가까이에 (손이 닿는 곳에) at hand
가각 街角 a street corner
가깝다 near, close by
가게 《美》 a store, 《英》 a shop
가격 價格 a price ¶~을 인상[인하]하다 raise[lower] the price ―인하운동 a cut-the-price movement
가격표 價格表 a price list
가결 可決 ―하다 approve of, pass a bill
가계 家計 household economy
가공 加工 ―하다 manufacture, work upon, process
가공 架空 ¶~의 unreal, imaginary
가구 家具 furniture
가끔 sometimes, from time to time
가난 ¶~한 poor, needy
가냘프다 weak, delicate, feeble
가늘다 thin, slender
가늠하다 guess
가능 可能 ¶~한 possible ∥ ~한 한 as... as possible
가다 go, come
까다 ¶껍질을 ~ (손으로) peel; (나이프로) pare
까다롭다 strict(엄격한); particular(따지는)
까닭 reason
가두다 shut up
가득 close, closely
가득하다 be full of
가라앉다 sink; go down (폭풍 등이), calm down, be put down
가랑비 a light [drizzling] rain
가련 可憐 ¶~한 pitiable, miserable
가렵다 itchy
가령 假令 (예를 들면) for instance, for example
가로 the side(측면); the width(폭)
가로 街路 the street
가로수 街路樹 street trees ―길 an avenue
가로지르다 cross, go across, walk across
가르다 divide, part
가르치다 teach; educate; (길 등을) tell, show
가르침 ¶~을 받다 be taught
가리마 ¶~를 타다 part
가리키다 show, indicate
가망 可望 hope; expectation; possibility
가발 假髮 a wig

가방 a bag, a briefcase
가볍다 light; slight
가사 家事 household affairs
가솔린 《美》 gasoline, 《英》 petrol
가수 歌手 a singer
가스 gas ―풍로 [레인지] a gas range
가슴 the breast, the bosom
가시다 ¶목을 ~ gargle (the throat)
가아드 a guard
가아든파아티 a garden party
가아제 gause
가운 a gown
가운뎃손가락 the middle finger
가위 scissors
가을 autumn, 《美》 fall
가이드 a guide
가짜 an imitation ¶~의 false; forged (위조한)
가자미 〔魚〕 a flatfish
가장 假裝 ―하다 pretend
가장자리 an edge, the verge
가정 家庭 a home, a family ―생활 a home [family] life
가져가다 take (along, away)
가져오다 bring; fetch
가족 家族 a family
가죽 skin; a hide; leather
가지 (나무의) a branch
가지각색 ―各色 ¶~의 various, diverse, of all kinds[sorts]
가지다 have, take, hold; (소 유하다) own, possess
가지런히 neatly ¶~하다 arrange, put in order
가축 家畜 domestic animals, cattle
가치 價値 value, worth ¶~있 는 worthy, valuable
가톨릭 Catholicism ¶~의 Catholic ―교도 a Catholic
가파르다 steep
각각 各各 each
각국 各國 every [each] country
각기 各其 each, respectively
각사탕 角砂糖 lump sugar, cube sugar
각오 覺悟 ―하다 be ready [prepared] for
각자부담 各者負擔 ¶(비용 등 을)~으로 하다 go Dutch; split the bill
각종 各種 ¶~의 all kinds [sorts] of, of every kind, of all kinds
깎다 (머리를) cut; (양털을) shear; (풀을) mow; (치다) trim; (수염을) shave; (뾰족히) sharpen; (값을) beat down

¶(값을)깎아주다 reduce

간 肝 the liver

간격 間隔 a space, an interval

간결 簡潔 ¶～한 brief; concise

간단 簡單 ¶～한 simple, short; light(간편한)

간선 幹線 a trunk line

간섭 干涉 ━하다 interfere, meddle with [in]

간소 簡素 ¶～한 simple, plain

간식 間食 (오후의) afternoon refreshments

간신히 艱辛— narrowly, barely, with difficulty (애써)

간장 ━醬 soy, 《英》soya

간장 肝臟 the liver

간접 間接 ¶～의 indirect

간주하다 看做— regard as, consider

간판 看板 a sign, a signboard

간편 簡便 ¶～한 handy; (크기가) of convenient size

간행 刊行 ━하다 publish

간호 看護 ━하다 nurse

간호원 看護員 a nurse

깔개 (융단) a rug

갈다 change; renew

깔다 (요 등을) spread, lay

갈매기 a sea gull

갈비 the ribs

갈색 褐色 brown

갈아타다 change 《trains, cars》; transfer ¶갈아타는 역 a station for changing cars, a junction∥갈아타는 표 a transfer

갈증 渴症 ¶～나다 feel thirsty

갈채 喝采 ━하다 cheer, applaud

갈팡질팡하다 get confused, be upset

갉아먹다 gnaw, bite

감 a persimmon

감각 感覺 sense, feeling

감격 感激 ━하다 be deeply moved by [with]

감기 感氣 a cold ¶～걸리다 catch a cold ━약 medicine for a cold

감다 wind; roll

감독 監督 ━하다 supervise; control; direct; oversee

감동 感動 ━하다 be moved [impressed] by

깜박 carelessly; absentmind-edly

감사 感謝 ━하다 thank, appreciate, be grateful ━절 Thanksgiving Day

감싸다 (비호하다) protect, shield; plead for

감상 感想 impressions; feelings

감상 鑑賞 ━하다 appreciate

감소 減少 ━하다 decrease, become less

감시 監視 ━하다 watch, look out for; keep guard (경계하다)

감염 感染 ━하다 be infected with

감자 a potato

감정 感情 feeling(s); emotion

감탄 感歎 ━하다 admire, wonder at

갑 岬 a cape; a promontory

갑갑하다 (꼭 끼어서) tight

갑자기 suddenly

갑판 甲板 a deck ━의자 a deck chair

값 a price; a cost (대가) ¶～을 올리다 raise the price∥～을 내리다 lower the price

값지다 dear, precious

갓구운 fresh-baked, hot from the oven

강 江 a river

강건 強健 ¶～한 strong, stout

강대국 強大國 a big [great] power

강도 強盜 a burglar, a robber

강사 講師 a lecturer, an instructor

강연 講演 ━하다 lecture on

강의 講義 a lecture

강제 強制 ¶～로 by force

강조 強調 ━하다 lay emphasis, emphasize

강철 鋼鐵 steel

강탈 強奪 ━하다 rob a person of

깡통따개 《美》a can opener, 《英》a tin opener

강하다 強— strong ¶강하게 하다 make strong

갖가지 various; all sorts [kinds] of

갖고다니다 carry about

갖추어지다 (준비가) be prepared [ready]

같다 《be》 the same, equal; (동등하다) be equal to, be equivalent

갚다 (돈을) repay

깨끗하다 clear

개다[1] (접다) fold

개다[2] (하늘이) clear up, become clear

개략 槪略 an outline

개량 改良 ━하다 improve, reform

깨물다 bite; gnaw

개방 開放 ━하다 open ¶～적 frank and easy

개봉 開封 ━하다 release ━영화 a first-run film

개선 改善 ━하다 improve, make a thing better

개성 個性 individuality, personality

개시 開始 ━하다 begin, open, start

개업의 開業醫 a (medical) practitioner

깨우다 (잠에서) wake (up);

개울 a brook, a stream
개인 個人 an individual —주의 individualism
개장 開場 —하다 open the door; open
개정 改正 —하다 revise, amend; change
개조 改造 —하다 reconstruct; reorganize
깨지다 be broken, break; be damaged ¶깨지기 쉬운 물건 (조심하시오) 《게시》 Fragile
개집 a kennel
개찰 改札 —하다 examine [punch] tickets —구 a ticket gate, a wicket
개척 開拓 —하다 develop, cultivate
개천 開川 ⇨개울
개최하다 開催— hold, give
개통 開通 —하다 be opened to [for] traffic
개혁 改革 —하다 reform, renovate
개회 開會 the opening of a meeting, an opening session —사 an opening address
객관적 客觀的 objective
객실 客室 (비행기·선박의) a cabin; (호텔 등의) a guest room; (가정의) a drawing room
객차 客車 a passenger train
갯바람 a sea breeze
거꾸로 (상하가) upside down; the wrong side up; headlong (곤두박이로)
거기 that place, there
꺼내다 draw out, take [get] out, carry out
거대 巨大 ¶～한 huge, gigantic
거둬들이다 harvest, reap in
거들다 help ¶거드는 사람 an assistant, a help
거룩하다 (위대하다) great
거리 (가로) a street; (가로수 길) an avenue
거리 距離 distance, an interval (간격)
거리낌없이 unreservedly, without reserve, freely
거미 〔昆〕 a spider
거북하다 uncomfortable
거스름돈 change ¶～은 넣어 두게 Keep the change.
거슬러올라가다 (강을) go [row] up a river; (과거로) go back to the past
거실 居室 a sitting room, 《美》 a living room
거울 a mirror; a looking glass
거의 almost, nearly, about ¶～…없다 [않다] little; few; hardly; scarcely
거절 拒絶 —하다 refuse; reject, decline

거주권 居住權 the right of residence
거주자 居住者 a dweller
거지 a beggar
거짓말 —하다 tell a lie
거추장스럽다 burdensome, cumbersome
꺼칠꺼칠하다 feel rough
거칠다 rough; coarse
거침없이 smoothly, fluently, easily
거푸집 a mold
거품 foam, a bubble
걱정 ¶～이 되다 be anxious about —하다 worry about, feel uneasy
꺾다 break; break off; fold (접다); bend (구부리다)
꺾이다 break, be broken; give in
건강 健康 health ¶～한 healthy —보험 health insurance —진단 a medical examination —진단서 a health certificate
건너다 cross, go over
건널목 (철도의) a (railroad) crossing
건네주다 hand (over)
건물 建物 a building
건배 乾杯 —하다 drink [toast] to ¶～! Bottom up!
건설 建設 —하다 build, construct, establish —공사 construction work
건전 健全 ¶～한 sound; healthy, wholesome
건조 乾燥 ¶～한 dry —기(器) a dryer, a drier —실 a drying room
건축 建築 —하다 build, construct —가 an architect —술[학] architecture
걷다[1] (걸음을) walk
걷다[2] (소매를) roll [tuck] up ¶소매를 걷고 with bare arms
걸다 (그림 등을) hang; (전화를) telephone to; (말을) speak to, accost
걸리다 (매달리다) hang on [from]; (요하다) take, need, cost; (전화가) have a (phone) call from; (병에) suffer from
껌 gum, (a stick of) chewing gum
검다 black; dark
검사 檢査 —하다 inspect, examine
검소 儉素 ¶～한 simple, plain
검역 檢疫 quarantine —관 a quarantine officer
검토 檢討 —하다 investigate
겁 怯 ¶～많은 cowardly, timid
겁내다 怯— fear; be afraid of
겁장이 怯— a coward
겉 the face, the right side (표면)
게 a crab

게다가 moreover, besides

게시 揭示 a note, a bulletin

게시판 揭示板 《英》 a notice board, 《美》 a billboard

게양 揭揚 ─하다 put up; (깃발 등을) hoist

게우다 vomit

게으름피우다 be idle, be lazy

게이트 a gate

겨냥하다 take aim at

겨드랑이 the armpit

껴안다 embrace

겨우 narrowly (간신히); barely; with difficulty (고생하여) └only (고작)

겨울 winter

겨자 mustard

격납고 格納庫 a hangar

격려 激勵 ─하다 encourage

격언 格言 a proverb, a saying, a maxim

견고 堅固 ¶~히 하다 harden, strengthen

견디다 bear, endure, stand, put up with

견본 見本 a sample └sound

견실 堅實 ¶~한 steady, solid,

견학 見學 inspection, observation ─하다 visit for study

견해 見解 a point of view

결과 結果 (a) result, a consequence └eventually

결국 結局 after all, in the end,

결론 結論 a conclusion ¶~에 달하다 come to[reach] a conclusion

결백 潔白 ¶~한 pure, innocent └from

결석 缺席 ─하다 be absent

결승 決勝 the final game

결심 決心 ─하다 determine, make up one's mind

결여 缺如 ─되다 lack, be lacking in, be wanting in

결의 決議 ─하다 resolve

결점 缺點 a fault, a defect

결정 決定 ─하다 settle, decide

결코 決─ ¶~ … 않다 never, by no means

결핍 缺乏 ─하다 lack, be[run] short of, be in want of

결함 缺陷 a defect, a fault ¶~있는 자동차 a defective car

결항 缺航 ─하다 be interrupted, be canceled

결혼 結婚 ─하다 get married

겸손 謙遜 ¶~한 modest, humble

경계 境界 a boundary, a border ─선 a boundary line

경계 警戒 ─하다 guard against, look out for

경고 警告 ─하다 warn

경관 警官 a policeman

경기 景氣 (세상의) the times; (장사의) business

경기 競技 a game; a match; a contest

경도 經度 longitude

경력 經歷 a career

경로 經路 a course, a route

경마 競馬 a horse race, horse racing └careless

경망 輕妄 ¶~스러운 hasty,

경멸 輕蔑 ─하다 despise

경비 經費 expense(s), cost

경비 警備 ─하다 defend, guard ─원 a guard

경사 傾斜 ─하다 incline, slant, slope

경사 慶事 ¶~스러운 happy, joyous └hasty

경솔 輕率 ¶~한 careless, rash,

경식당 輕食堂 a snack bar

경식사 輕食事 a light meal, 《美》 a snack

경영 經營 ─하다 manage ─자 a manager

경우 境遇 a case, an occasion

-경유 -經由 ¶~로 by way of, 경의 敬意 respect └via

경이 驚異 wonder

경쟁 競爭 contest, competition

경제 經濟 economy ¶~적 economical

경주 競走 a race

경찰 警察 the police ─관 a policeman ─서 a police station 여자─관 a policewoman

경치 景致 a scene, a view; (전체의) scenery

경품 景品 a premium, a gift

경향 傾向 a tendency

경험 經驗 experience ─담 a story of one's personal experience

경화 硬貨 a coin

곁 the side ¶~에 by, close to

계곡 溪谷 a valley

계급 階級 a class 상류[중류, 하류]─ the upper [middle, lower] class(es)

계단 階段 stairs, a step

계란 鷄卵 an egg ¶삶은 ~ boiled egg∥반숙[완숙]~ a soft-boiled[hard-boiled] egg∥생[날]~ a raw egg

계류 繫留 ─하다 moor at

계산 計算 a counting; an account; a bill(계산서) ¶~을 치르다 pay a bill, 《美》 foot a bill; (호텔의) check out ─하다 calculate, count ─기 a calculating machine, a computer

계속 繼續 continuance, succession; (이야기의) a sequel ─

하다 continue, last, go on ¶ ~ 되다 continue, lost

계약 契約 ─**하다** contract ─금(선불금) a deposit; an initial payment ─서 a (written) contract; contractual documents

계원 係員 a clerk in charge

계절 季節 a season 「count

계정 計定 a counting; an account

계획 計劃 a plan, a project

고가전차 高架電車 an elevated train

고개[1] (목) a neck; (머리) a head ¶ ~ 를 숙이다 hang one's head, droop

고개[2] (산길) a (mountain) pass

고구마 a sweet potato

고국 故國 one's native land [country]

고급 高級 ¶ ~ 의 very good, excellent, fine, first-class, high-class, high-grade ─차 a high-class motorcar ─품 high-grade articles

고기 meat

고대 古代 ancient times

고도 高度 altitude, height

고동 (수도의) 《美》 a faucet, 《英》 a tap 「ful

고되다 苦─ trying, hard, pain-

고등 高等 ¶ ~ 의 high, high-grade, high-class

고딕식건축 ─式建築 Gothic architecture 「think of

고려 考慮 ─**하다** consider,

고르다 choose; select

꼬리표 ─票 a label, a tag

고맙다 ¶ 고맙습니다 Thank you. / Thanks.

고무밴드 a rubber band

고문 顧問 an adviser; (회사 등의) a consultant

고물 the stern

고민 苦悶 worry, trouble, sufferings 「mit

고백 告白 ─**하다** confess, ad-

고상 高尚 ¶ ~ 한 elegant, refined, graceful

고생 苦生 troubles, hardships, care ¶ ~ 스러운 trying, hard, painful 「person of

고소 告訴 ─**하다** accuse a

고속도로 高速道路 an expressway, a highway, a freeway

고스란히 just as it is (있는 그대로); wholly (모조리)

고십 a gossip

고아 孤兒 an orphan

고안 考案 a device

고용 備用 ─**하다** employ, engage, hire

고원 高原 a plateau

고유 固有 ¶ ~ 의 peculiar 《to》, proper 《to》; native 《to》

고의 故意 ¶ ~ 적 intentional / ~ 로 intentionally, deliberately

고장 故障 an obstacle (장애); an accident; (a) trouble ¶ ~ 나다 be [get] out of order

고적 古跡 historic sites

고전 古典 classics

고정 固定 ─**하다** fix, set

고집 固執 ¶ ~ 센 obstinate, stubborn

고쳐쓰다 rewrite, write again

고쳐지다 change; be renewed (새로와지다)

고치다 change (변경하다); correct (바로잡다); cure (치료하다); mend (수리하다)

고통 苦痛 pain (아픔); agony (괴로움)

고하다 告─ tell, announce

고함 高喊 ¶ ~ 치다 cry, shout; roar

고향 故鄕 one's (old) home, one's native place

꼭 (정확히) punctually, just; (반드시) surely, without fail, by all means

곡류 穀類 = 곡물

곡물 穀物 cereals, 《美》 grain, 《英》 corn 「feats

곡예 曲藝 tricks, (acrobatic)

꼭지 (수도의) 《美》 a faucet, 《英》 a tap

곤두박이로 headforemost, headlong, head over heels

곤란 困難 difficulty, hardship ¶ ~ 한 difficult, hard

곧 at once, instantly; soon, right away

골동품 骨董品 a curio

골목길 an alley; a lane

골짜기 a valley

골치 ¶ ~ 아픈 troublesome, difficult 「golf course

골프 golf ─장 a golf links, a

곰팡이 mold

곱다 pretty, beautiful, fine,

곳 a place 「handsome

공간 空間 space; room (여지)

공개 公開 ─**하다** open to the public 「charge

공격 攻擊 ─**하다** attack,

공공 公共 ¶ ~ 의 public ─심 public spirit 「publicly

공공연히 公公然─ openly,

공교롭게 工巧─ unfortunately, unluckily

공군 空軍 an air force

공급 供給 ─**하다** supply with

공기 (밥공기) a (rice) bowl

공기 空氣 air ─구멍 an air vent

공동 共同 ¶～의 common — 변소 a public lavatory
공로 空路 an air route ¶～로 by air [plane]
공립 公立 ¶～의 public
공민권 公民權 civil rights
공부 工夫 study
공사 工事 construction ¶～중 《게시》 Men Working/Under Construction ⌈legation
공사 公使 a minister —관 a
공사 公社 a public corporation
공산주의 共産主義 communism
공상 空想 —하다 fancy, imagine, dream
공손 恭遜 ¶～한 polite
공식 公式 ¶～의 formal; official ⌊cial
공업 工業 industry
공연 公演 a public performance —하다 perform, play
공용 公用 ¶～으로 on official business
공원 公園 a park 국립— a national park ⌈(무료로)
공으로 空— free, for nothing
공장 工場 a factory, a plant —지대 a factory district [area]
공적 功績 services, merit
공정 公正 ¶～한 just, fair
공정 公定 —가격 an official price —환율 official exchange rate
공중 公衆 ¶～의 public —도덕 public morality —변소 a (public) lavatory, 《美》 a comfort station —위생 public hygiene [health] —전화 a public telephone; 《美》 a telephone booth, 《英》 a call box
공책 空冊 a notebook ⌊box
공통 共通 ¶～의 common
공판 公判 a trial ⌈tial
공평 公平 ¶～한 fair, impar-
공포 恐怖 fear; terror
공표 公表 —하다 publish, announce, make public
공항 空港 an airport —건물 an airport building —버스 an airline bus —세(稅) airport tax
공해 公害 public hazards[evil], air and water pollution
공헌 貢獻 —하다 contribute
공화국 共和國 a republic ⌊to
공휴일 公休日 a legal holiday, a holiday, a vacation
곶 ⇨갑(岬)
꽃 a flower; a blossom
꽃꽂이 flower arrangement
꽃다발 a bunch of flower, a bouquet
꽃밭 a flower bed (화단)

꽃병 —瓶 a (flower) vase
과거 過去 the past (days)
과로 過勞 overwork
과묵 寡黙 ¶～한 taciturn; reserved
과반수 過半數 a majority; the great part of
과부 寡婦 a widow
과세 課稅 taxation
과식 過食 —하다 overeat, eat too much
과실 過失 a fault; a mistake; an error ¶～로 by mistake; by accident
과연 果然 ¶～ 그렇군 Indeed!/ I see. ⌈[shop]
과일 fruit —가게 a fruit store
과자 菓子 a cake; [사탕] 《美》 candy, 《英》 sweets
과자점 菓子店 a confectionery shop; 《美》 a candy store, 《英》 a sweet shop
과장 誇張 ¶～된 exaggerated
과학 科學 science —박물관 the Science Museum —자 a scientist
꽉 (빡빡이) close, closely
관객 觀客 a spectator: the audience
관계 關係 ¶～되다 be related to, be connected with, concern —자 a party [person] concerned
관공서 官公署 'a public office
관광 觀光 sightseeing —객 a sightseer, a visitor —버스 a sightseeing bus —안내소 a sightseeing agency —여행 a sightseeing tour —지 a tourist resort —지도 a guide map
관대 寬大 ¶～한 generous
관람석 觀覽席 a seat, a stand
관리 官吏 an official, an officer. ⌈trol
관리 管理 —하다 manage, con-
관세 關稅 customs duties ¶～가 붙는 dutiable; 《美》 customable ⌈tion
관습 慣習 a custom; a convention
관심 關心 concern; interest ¶～을 가지다 be interested in
관절 關節 a joint
관제탑 管制塔 a control tower
관찰 觀察 observation —하다 observe
관청 官廳 a government office
관측 觀測 —하다 observe
관현악 管絃樂 an orchestra
광경 光景 a sight, a scene
광고 廣告 an advertisement
광대 廣大 ¶～한 vast, grand
광선 光線 light, a ray, a beam
광장 廣場 an open space, a

square, a circle, a plaza

꽤 pretty, fairly (상당히)

괜찮다 safe (안전하다); sure (확실하다)

괴로와하다 feel pain, be in pain, suffer from

괴롭다 (고통스럽다) trying, hard, painful

괴롭히다 (난처하게 하다) annoy, embarrass, trouble, worry 「dreadful

굉장 宏壯 ¶~한 terrible,

교대 交代 ―하다 take turns, take one's turn

교류 交流 문화― cultural exchange[interchange] 《between A and B》

교섭 交涉 negotiation

교수 敎授 (가르침) teaching; (대학선생) a professor

교양 敎養 culture, education

교외 郊外 the suburbs

교원 敎員 a teacher, an instructor

교육 敎育 education

교장 校長 a principal; a schoolmaster

교제 交際 ―하다 associate with, keep company with

교차 交叉 ―하다 cross

교차점 交叉點 a crossing, an intersection

교통 交通 communication; transportation; traffic ―규칙 traffic regulations ―기관 a means of communication ―비 transportation expenses ―사고 a traffic accident ―위반 (a) violation of traffic rules ―혼잡 traffic congestion[jam, confusion].

교향악 交響樂 symphony ―단 a symphony orchestra

교환 交換 ―하다 exchange ― 교수 an exchange professor

교환대 交換臺 (전화의) a telephone switchboard

교활 狡猾 ¶~한 sly, tricky, cunning

교회 敎會 a church

교훈 敎訓 a lesson

구 區 a ward

구간 區間 a section

구경거리 a sight; a spectacle; (전시) a show, an exhibition

구경꾼 (관객) a spectator; (관광객) a sightseer, a tourist

구경하다 see, visit, do sightseeing, do the sights

구급 救急 first aid ―상자 a first-aid kit[case] ―차 an ambulance

구두 shoes ―닦이 a boot-

black, a shoeshine boy(소년)

꾸러미 a bundle, a package

구레나룻 whiskers

구름 a cloud

구름다리 an overpass

꾸리다 ¶짐을 ~ pack

구멍 a hole, an opening

구명 救命 ―구 a life preserver ―부대 a life buoy ―자켓 [조끼] a life jacket ―정(艇) a life boat

꾸물꾸물 slowly, tardily

구미 歐美 Europe and America ―여행 a tour of[in] Europe and America ―인 Europeans and Americans ―제국(諸國) countries in Europe and America

꾸미다 (장식하다) decorate

꾸밈 ornament, decoration

구별 區別 ―하다 distinguish

구부리다 bend, curve ¶허리를 ~ stoop, bend forward

구석 (방 따위의) a corner, a nook

구슬 a bead

구식 舊式 ¶~의 old-fashioned

구실 口實 an excuse

구어 口語 spoken [colloquial] language 「a zone

구역 區域 an area; a district;

구월 九月 September

구전 口錢 a commission

구제 救濟 help, aid; (종교상의) salvation

구조 救助 ―하다 rescue, aid, save ¶~되다 be saved, be rescued

구조 構造 structure

구좌 口座 an account

꾸준히 steadily; patiently

꾸짖다 scold, chide

구체적 具體的 concrete

구하다 求― (얻다) get, obtain; (발견하다) find (out)

구하다 救― (구조하다) save

꾹 (참는 모양) patiently

국가 國家 a nation, a state

국가 國歌 a national anthem

국경 國境 the frontier, the border ―선 a borderline

국경일 國慶日 a national holiday

국기 國旗 a national flag

국내 國內 ¶~의 home, domestic

국립 國立 ¶~의 national ― 극장 a national theater

국무총리 國務總理 the Premier, the Prime Minister

국민 國民 a nation; a people ―감정 a national sentiment ―성 the national character, nationality

국민학교 國民學校 an elementary [a primary] school

국보 國寶 a national treasure

국산 國産 ¶～의 homemade ━品 a home product

국세조사 國勢調査 a census

국왕 國王 a king

국외 國外 ¶～에 abroad, outside the country

국적 國籍 nationality

국제 國際 ¶～적 international, universal ━견본시(見本市) an international trade fair ━면허증 an international driver's certificate ━연합 the United Nations ━전화 the international telephone service ━회의 an international conference ┌ry

국토 國土 a country, a territo-

국화 菊花 a chrysanthemum

국회 國會 the National Assembly; (일본의) the (National) Diet; 《美》 Congress, 《英》 Parliament ━의사당 the National Assembly building, 《美》 the Capitol, 《英》 the House of Parliament

군대 軍隊 troops, forces, an army

군도 群島 a group of islands, an archipelago

군비 軍備 armaments

군인 軍人 (육군의) a soldier; (해군의) a sailor

군중 群衆 a crowd; a throng

군함 軍艦 a warship, a man-━of-war

굳히다 harden

굴 an oyster

굴 窟 (동굴) a cave, a den

꿀 honey

굴뚝 a chimney; (기선의) a smokestack

굵다 big; thick; fat

꿈 a dream; an illusion

굽다¹ (휘다) bend, curve

굽다² (불로) burn; toast; (고기를) roast; broil; bake

궁전 宮殿 a palace

권력 權力 power, authority

권리 權利 a right

권위 權威 authority, power

권총 拳銃 a pistol; a revolver (연발총) ┌mend

권하다 勸━ advise, recom-

궤도 軌道 (천체의) an orbit; (철도의) a track

꿰매다 (바느질하다) sew, stitch

귀 an ear

귀고리 (a pair of) earrings

귀국하다 歸國━ return to one's country; return [come, go] home

귀로 歸路 ¶～에 오르다 start on one's home; leave for (one's) home

귀머거리 a deaf person

귀빈실 貴賓室 a VIP room

귀여워하다 love

귀엽다 pretty; dear; lovely; charming

귀이개 an earpick

귀중 貴重 ¶～한 precious, valuable, important

귀중품 貴重品 precious belongings, valuables ━보관소 a safe deposit

귀찮다 annoying, troublesome

규모 規模 scale

규칙 規則 a rule, regulations

균형 均衡 balance(평균); proportion(비례)

귤 橘 a tangerine

그네 a swing

그늘 ¶～에(서) in the shade

끄다 (불을) put out, extinguish; (전등·가스 등을) turn off, switch off

그다음(에) then, after that, since then (그후)

그때까지 till then, by that ┌time

끄덕이다 nod

그런 such, so, like that

그런데 now, well, by the way

그럼 then

그루터기 a stump

끄르다 untie, undo; unpack

그리고 and, then, now

그리스도 Jesus Christ ━교 Christianity ━교도 a Christian

그리워하다 long for, yearn ┌for [after]

그릴 a grill

그림 a picture

그림엽서 ━葉書 a picture post card ┌(영상)

그림자 a shadow, a reflection

그립다 dear, beloved, darling

그만두다 stop, give up(단념하다); resign (사직하다)

그만큼 so much, as much

그물선반 a rack

그후 ━後 after that, since then

극 劇 a drama, a play

극단적 極端的 extreme

극동 極東 the Far East ¶～의 Far Eastern

극작가 劇作家 a dramatist, a playwright

극장 劇場 a theater

끈 a string, a cord

끈덕지다 persistent, tenacious

근면 勤勉 ¶～한 diligent, industrious

근무 勤務 duty (임무); business, service ━하다 work,

serve 一시간 business [office, working] hours 一처 *one's* office

근본적 根本的 fundamental

근성 根性 disposition, spirit

근소 僅少 ¶ ~한 a few; a little

근시 近視 ¶ ~의 short-sighted

근육 筋肉 muscles

끈적끈적하다 sticky, adhesive

근처 近處 ¶ ~에 near, about, 《美》 around, in the neighborhood

끊기다 be cut, break; (전화가) be (cut) off

끊다 cut, break; (전화를) hang up, ring off   ⌈ously

끊임없이 constantly; continu-

끌다 (연기하다) put off; prolong; (질질) drag; trail; (당기다) draw, pull

글피 two days after tomorrow, three days hence

긁다 scratch   ⌈water

끓다 boil ¶ 끓는 물 boiling

끓이다 boil, cook (조리하다)

금 金 gold

금고 金庫 a safe

금발 金髮 (여자의) a blonde, (남자의) a blond

금속 金屬 a metal

금액 金額 an amount [a sum] of money

금연 禁煙 《게시》 No Smoking 一하다 stop [give up] smoking

금요일 金曜日 Friday

금지 禁止 一하다 forbid, prohibit, ban

급 級 a class, a grade

급료 給料 a pay; wages; a salary

급사 給仕 (식당의) a waiter; (짐꾼) a porter; (배・비행기의) a steward; (여자) a waitress

급유 給油 一하다 (자동차 등에) fill, refuel 一소 an oil station, a refuelling station, 《美》 a gas station

급하다 急一 urgent

급행 急行 an express 一권 an express ticket 一요금 express charges

긍정 肯定 一하다 affirm

끝 an end, a close; (가장자리) an edge ¶ ~의 last, final// ~까지 to the last, to the end

끝나다 end, finish; complete (완성되다)

끝내 at last, in the end

끝내다 finish, end, complete

기 旗 a flag, a banner

기간 期間 a term, a period

기계 機械 a machine

기관 機關 (엔진) an engine; (기구・수단) an organ; means

기구 器具 (가정용) a utensil; an implement (도구)

기념 紀念 memory 一하다 commemorate 一사진 a souvenir

기념물 紀念物 (고이 간직하는) a keepsake

기념비 紀念碑 a monument

기념품 紀念品 a souvenir 一가게 a souvenir [gift] shop

끼다 ¶ 꼭 끼는 tight

기다리다 wait (for); (기대하다) expect, look forward to; (전화를 끊지 않고) hold the line

기대 期待 一하다 expect; look forward to

기대다 lean over [against, on], recline

기둥 a pillar; a column (원주)

기록 記錄 a record; a document 一영화 a documentary film

기류 氣流 an air current

기르다 (양육하다) bring up; (부양하다) support; provide ⌈for

기름 oil

기름기 ¶ ~가 많은 greasy

기밀 機密 ¶ ~의 confidential, secret

기뻐하다 be glad, be pleased at, be delighted

기본적 基本的 fundamental

기부 寄附 contribution

기분 氣分 a feeling, a mood, (심경・심기) humor, temper

기쁘다 joyful, glad, happy ¶ 기쁘게 하다 delight, please

기쁨 joy, delight; pleasure

기사 記事 news, an article

기사 技師 an engineer

기상 氣象 weather   ⌈ship

기선 汽船 a steamer, a steam-

기성 旣成 ¶ ~의 ready made, manufactured

기성복 旣成服 ready-made clothes, 《英》 a reach-me-down

기숙 寄宿 一하다 lodge [board] 《at, with》

기술 技術 an art; technique

기슭 (산의) the foot, the base; (강・바다의) the beach; the bank; the shore

기억 記憶 memory, remembrance 一하다 remember, memorize ¶ ~하고 있다 remember

끼얹다 (물 등을) dash

기온 氣溫 temperature

기울다 incline, lean

기원 起源 the origin; the

source, beginning

기일 期日 a date, a term; (기한) a due date 「in

기입 記入 —하다 entry, write

기자 記者 a journalist, a newspaperman

기장 記章 a badge

기장 機長 a captain

기저귀 a diaper, a baby's napkin

기적 奇蹟 a miracle

기적 汽笛 a (steam) whistle

기절 氣絶 —하다 faint

기준 基準 a standard

기지 基地 a base

기지 機知 wit

기질 氣質 nature, temper

기차 汽車 a train

기체 氣體 gas 「basis

기초 基礎 the foundation, a

끼치다 (수고를) trouble

기침 ¶～이 나다 have a cough

기한 期限 a term, a time limit

기항 寄港 —하다 put in, stop [call] at —지 a port of call

기호 記號 a mark, a sign, a symbol

기호 嗜好 taste, liking

기회 機會 an opportunity, a

기후 氣候 climate 「chance

끽연실 喫煙室 a smoking room

긴급 緊急 ¶～한 urgent

긴장 緊張 —하다 be strained [tense]

길 a road, a way, a street (가로) ¶～ 건너(편)에 across the street/～을 잃다 lose one's way

길가 the wayside, the roadside

길거리 the street

길다 long

길들다 (동물이) become [grow] 「tame

길이 length

김¹ (해태) a laver

김² (기회) ¶…하는 ～에 while; by the way

김치 kimchi, pickles

깃¹ (깃털) a feather; a plume

깃² (옷깃) a collar

깊다 deep; profound (뜻 등이)

ㄴ

나가다 go out

나누다 divide; share, distribute (분배하다)

나다 (풀 등이) grow, spring up

나라 a country

나란히서다 stand in a line, line up, stand side by side

나르다 carry, convey, transport

나른하다 (feel) weary, dull, heavy

나막신 (wooden) clogs

나머지 the rest, the remainder, the remains

나무 a tree(수목); wood(재목)

나쁘다 bad; wrong

나아가다 advance, make progress, go forward

나오다 come out; appear (나타나다)

나이 age

나이트가운 a nightgown

나일론 nylon

나타나다 come out, appear

나타내다 show; express (표현하다)

낙담 落膽 —하다 be discouraged; be disappointed

낙심 落心 —하다 be discouraged; be disappointed

낙원 樂園 a paradise

낙천적 樂天的 optimistic

낚다 fish (고기를)

낚시질 fishing, angling

난기류 亂氣流 air turbulence

난로 暖爐 a stove

난방 暖房 heating —완비《게시》 Air-Conditioned —장치 a heating system, a heater

난잡 亂雜 ¶～한 disorderly, disordered

난처하다 難處— ¶난처해하다 be troubled, be in trouble; be at a loss

난파하다 難破— be wrecked

난폭 亂暴 ¶～한 violent

날 a day; (날짜) a date

날— raw, uncooked

날다 fly

날뛰다 rage (about)

날래다 quick, swift

날려버리다 (폭풍 등이) blow away

날씨 the weather

날씬하다 slender

날아오르다 fly up

날짜 a date, dating

날카롭다 sharp, keen

낡다 old, aged, ancient (고대의); secondhand (중고의)

남극 南極 the South Pole, the Antarctic Pole

남기다 leave

남다 be left over, remain

남비 (깊은) a pot; (얕은) a pan

남성 男性 a man; the male sex

남아돌다 ¶남아도는 extra, too much [many]; unnecessary; excessive

남용 濫用 —하다 abuse, use to excess

남자 男子 a man; a male; a boy (사내아이)

남쪽 南— the south

남편 男便 a husband

납세 納稅 ━하다 pay one's taxes
납작하다 flat
낫다 (병이) get well, recover
낭떠러지 a cliff, a precipice
낭비 浪費 ━하다 waste
낭하 廊下 ⇨복도
낮 noon (정오); daytime
낮다 low
낮잠 ¶~자다 take a nap
낮추다 lower; (정도를) reduce
낱낱이 one by one, every...
낱말 a word
낳다 (새끼를) bear, give birth to; (알을) lay
내각 內閣 a cabinet
내객 來客 a guest; a caller; a visitor
내걸다 put up; (깃발 등을) hoist
내과의 內科醫 a physician
내기 a bet, gambling
내다 (보내다) send; (제출하다) hand in, present; (내밀다) hold out; put out
내다보다 look out of
내동댕이치다 (던지다) throw, cast; (포기하다) give up
내려가다 come[go] down, descend; (하락하다) fall, drop
내려다보다 look down upon, overlook
내리다¹ (아래로) descend from, come down; (탈 것에서) get off; (타동사) take down
내리다² (비·눈이) fall, come down
내면 內面 the inside
내밀다 hold[put] out; (불쑥) push[thrust] out
내빈 來賓 a guest; a visitor
내선 內線 (철도의) an extension
내용 內容 contents; substance
내의 內衣 underwear, an undershirt(남성용), lingerie (여성용)
내쫓다 drive out, expel; dismiss, turn out
내향적 內向的 shy, timid
내화 耐火 ¶~의 fireproof
냄새 smell, scent ¶~나다 smell, scent
냅다 smoky
냅킨 a napkin 종이━ a paper napkin
냉담 冷淡 ¶~한 cold-hearted
냉동 冷凍 freezing ━식품 frozen food
냉방 冷房 air conditioning ━완비 《게시》 Air-conditioned ━장치 an air-conditioning apparatus, an air-cooler ━차 an air-conditioned cab

냉수 冷水 cold water
냉장고 冷藏庫 an icebox, a refrigerator 전기━ an electric refrigerator
냉정 冷靜 ¶~한 calm, cool
냉혹 冷酷 ¶~한 cold-hearted
넋 ¶~을 잃고 보다 be lost in admiration 「운)
널빤지 a board, a plank (두꺼
넓다 wide; broad; large, vast
넓적다리 a thigh
넘기다 (책장을) turn over, turn up
넘다 go over, cross (건너다); be over, exceed (초과하다)
넘어뜨리다 bring down, fell
넘어지다 fall; (발이 걸려) stumble over[upon]
넘치다 overflow, flow over, flood
넙치 《魚》 a flatfish
넣다 put in [into]
네거리 a crossroads
네모 ¶~진 square
노골적 露骨的 plain
노랗다 yellow
노래 a song ━하다 sing 「at
노려보다 stare at, look angrily
노력 努力 effort, endeavor
노변 路邊 the wayside, the roadside
노여움 anger, wrath
노예 奴隷 a slave
노우트 a note; a notebook
노이로제 neurosis
노인 老人 an old man
노출 露出 exposure ━계 an exposure meter ━부족[과도] under[over]-exposure
노타이샤쯔 an open-necked shirt
녹 綠 rust
녹다 melt, dissolve
녹색 綠色 green; verdure
녹슬다 綠━ rust
녹이다 melt ¶몸을 ~ get warm, warm oneself
녹지대 綠地帶 a green belt
논리적 論理的 logical
논문 論文 an essay; an article
논쟁 論爭 ━하다 argue
논하다 論━ argue, discuss, comment
놀다 play; have a good time (재미있게) 「ished
놀라다 be surprised, be astonished
놀래다 surprise, astonish, amaze
놀리다 make fun of, tease
놈 a fellow; 《美》 a guy
농군 農軍 a farmer; a peasant
농담 弄談 a joke, fun ━하다 joke
농무 濃霧 a dense [thick] fog
농민 農民 a farmer; a peasant

농부. 農夫　a farmer; a peasant
농업 農業　agriculture
농원 農園　a farm
농작물 農作物　a harvest, the crops
농장 農場　a farm
농촌 農村　a farm village
높다　high, tall; (목소리가) loud
높이　height
높이다　raise, elevate; increase (늘리다)
놓다　put, set, lay, place ¶놓고 온 물건 a thing left behind
놓아주다　let go; set free
놓치다　miss [lose, fail to catch] 《a train》; (시야에서) lose sight of
뇌 腦　the brain
뇌물 賂物　a bribe; (俗) palm oil
뇌우 雷雨　a thunderstorm
누르다　push; press; (도장을) stamp
누이동생 —同生　one's younger sister
눅눅하다　damp, moist
눈¹　(내리는) snow; snowfall
눈²　(시각기관) an eye ¶～ 아래에 under [below] one's eyes // ～에 익은 familiar
눈까풀　an eyelid
눈뜨다　(잠에서) wake (up), awake
눈물　a tear
눈보라　a snowstorm
눈부신　dazzling, glaring
눈사태 —沙汰　a snowslide
눈썹　an eyebrow
눈치채다　notice, become aware of; realize
눋다　burn, scorch, be scorched
눕다　lie
느끼다　feel
느낌　feeling; an impression; touch (촉각)
느닷없이　suddenly, (all) of a sudden
느리다　slow, tardy
느릿느릿　slowly, tardily
느슨하다　loose ¶느슨하게 하다 loosen
느슨해지다　loosen, relax
늑대　a wolf
늘　always; usually; whenever (…할 적마다)
늘다　(증가하다) increase, gain
늘어놓다　arrange (가지런히); line up (줄지어); display (진열하다)
늘어서다　stand in a line, line up; stand side by side
능란 能爛　¶～한 handy, clever; skillful
능력 能力　faculty, ability
능률 能率　efficiency 《at》
능숙 能熟　¶～한 skillful, good
늦다　(때가) late; (속도가) slow

¶(시계가) 늦게 가다 lose; be slow
늦어도　at (the) latest
늦잠자다　oversleep oneself, [get up] late
늦추다　(연장하다) extend; put off, postpone

ㄷ

다가가다　approach, go near, get near
다가오다　approach; come near
다갈색 茶褐色　(light) brown
따끈따끈하다　(빵 등이) hot from the oven, fresh baked
다니다　(학교 등에) attend, go to; (버스 등이) run
다되다　(시간이) be up; (기한이) expire
따뜻하다　warm; mild (온화한)
따라서　accordingly ¶…을 ～ along, by
따라잡다　overtake, catch [come] up with
따로(따로)　separately; apart ¶～의 separate, each, different
다루다　treat, manage; (취급하다) deal in [with], handle
다르다　differ from, be different from ⇨따르다
따르다　(복종하다) obey, submit to, follow
다른　another, different; separate (분리된); wrong (틀린)
다리¹　(사람·동물의) a leg
다리²　(교량) a bridge
다만　only, merely, alone
다민족 多民族　—국가 a multi-racial nation
다발　a bundle, a bunch
다방 茶房　a tearoom; (호텔 등의) coffee shop
다방면 多方面　¶～의 various, many-sided
따분하다　be weary of, be tired of, be bored
다수 多數　a large number
다수결 多數決　decision by majority
다스　a dozen
다스리다　rule over, govern
다시　again ¶～ 하다 do over again, try again
다음　¶～의 next, following
다이얼　¶～을 돌리다 dial
다채 多彩　¶～로운 colorful
다치다　(상처입다) be injured [hurt] (하다)
다투다　quarrel; dispute (논쟁)
다행 多幸　¶～한 happy; lucky, fortunate (sharp)
딱　(제시간에) punctually; just,

딱딱하다 hard, stiff; firm; (격식차리다) formal; particular

닦다 clean; polish

단 但 but ⇨그러나

단골 (손님) a (regular) custom

단념 斷念 ―하다 give up

단단하다 hard, stiff; firm

단단해지다 harden; become

단련 鍛鍊 ―하다 train ⌐hard

단번에 單番― at a stretch

단순 單純 ¶〜한 simple, plain// 〜히 simply; (다만) only, merely

단시일 短時日 ¶〜에 in a short (period of) time

단위 單位 a unit

단점 短點 ⇨결점

단지 a jar; a pot

단체 團體 a body; a party (일행); a group (집단) ―여행 group travel

단추 a button

단풍 丹楓 ¶〜이 든 잎 red [yellow] leaves

닫다 shut, close

닫히다 (be) shut, close, be closed　　　⌐(닫힐의)

달 the moon(천체); a month

딸 one's daughter

달걀 ⇨계란

딸기 a strawberry

달다[1] (무게를) weigh

달다[2] (달콤하다) sweet

달러 a dollar (略:$) 미국― U. S. dollars

달력 ―曆 a calendar; an almanac

달리다 run　　　⌐manac

달빛 moonlight

달아나다 run away, flee, escape; (새가) fly away

달하다 達― amount to

닭 a hen (암탉); a cock(수탉); a chicken (병아리)

닭고기 chicken

닮다 resemble; be [look] like, be [look] alike

담 a wall; a fence

땀 sweat, perspiration

담당 擔當 ―하다 have [take] charge of　　　⌐charge

담당자 擔當者 a clerk in

담배 tobacco; (궐련) a cigarette; (엽궐련) a cigar 필터― a filtered cigarette ―가게 a tobacconist's (shop), 《美》 a cigar store

담백 淡白 ¶〜한 simple, plain, light// 〜하게 simply; briefly; frankly (솔직하게)

담요 毯― a blanket

답장 答狀 an answer, a reply

답하다 答― answer, reply

당 黨 a party

당구 撞球 billiards

당국 當局 the authorities (concerned)

당근 a carrot

당기다 draw, pull

당당히 堂堂― stately

당분간 當分間 for the present; for some time

당선 當選 ―하다 (선거에) be elected; (현상에) win a prize

당시 當時 ¶그 〜 then, at that time; in those days

당연 當然 ¶〜한 natural// 〜히 rightly, properly; naturally / 〜히 …할 터이다 ought to 《be, do》, should 《do》, must 《be》

당일치기 當日― ¶〜 여행을 하다 make a day's trip

당장 當場 at once, right away

당황하다 唐慌― be confused; be at a loss

닻 an anchor

닿다 (접촉하다) touch; (도착하다) reach; get to

땋다 (머리를) dress, arrange, do (up)

대 代 (세대) a generation

대 臺 a stand, a rest

대구 大口 a cod, a codfish

대금 代金 price, cost

대기오염 大氣汚染 air pollution

대나무 a bamboo

대다 ¶제시간에 〜 be in time for; (차시간에) catch

대단히 very; (심하게) seriously, hard

대답 對答 an answer, a reply ―하다 answer, reply

때때로 occasionally, sometimes, from time to time

대도시 大都市 a large[big] city

대량 大量 a large quantity

대륙 大陸 a continent

대리 代理 a substitute; a representative (대표); an agent (대리인)

때리다 strike, hit, beat, knock

대리석 大理石 marble

대리점 代理店 an agency

대립 對立 ―하다 be opposed

대머리 ¶〜의 bald　　　⌐to

대문자 大文字 a capital letter

대사 大使 an ambassador

대사관 大使館 an embassy

대신 大臣 ⇨장관　　⌐(Ocean)

대신 代身 a substitute ¶〜에 in place of, instead of ― 하다 take the place of, replace

대야 a basin

대양 大洋 an ocean

대용 代用 ―품 a substitute ― 화폐 token (coin)

대우 待遇 (호텔 등의) service; (급료) pay

대장 大將 (육군의) a general; (해군의) an admiral

대접 待接 reception; hospitality; (호텔 등의) service —하다 receive, entertain, treat *a person* to

대조 對照 contrast —하다 check up[off]

대체로 大體— generally (일반적으로); on the whole (대략)

대충 about, nearly

대통령 大統領 the President

대표 代表 representation; (사람) a representative —하다 represent —단 a delegation

대학 大學 a university; a college (단과대학)

대합실 待合室 a waiting room; (호텔 등의) a waiting lounge

대화 對話 a conversation; a dialogue

댄스파아티 a dancing party

떠나다 leave, start; go away

떠돌다 (방랑) wander about, roam about; (물위에) drift; (공중에) float

떠들다 make a noise, be noisy

떠들썩하다 noisy

더듬다 ¶말을 ~ stutter, stammer

더러워지다 soil, become dirty, be soiled

더럽다 dirty, soiled

더럽히다 soil, stain

떠맡기다 leave to *a person's* care

떠맡다 undertake

더스터코우트 a dust cloak [coat], 《주로 美》 a duster

떠오르다 float; (마음에) come into ¶문득 생각이 ~ think of, hit upon

더하다 (보태다) add

떡 rice cake

덕분 德分 ¶~에 thanks to; because of, owing to, on account of

덕택 德澤 ⇨덕분

던지다 throw, cast

떨구다 ¶고개를 ~ drop *one's* head

떨리다 shiver, tremble

떨어뜨리다 drop, let fall; lose (잃어버리다)

떨어지다[1] (낙하하다) fall, drop; (시험에) fail in; (분리되다) separate, part from [with], come off

떨어지다[2] (동나다) be used up, give out, run out [short] of

덤비다 (서두르다) be hurried

덤핑 dumping —하다 dump

덥다 hot, warm

덧문 (빈지문) a shutter

덩어리 a mass; a lump; (흙의) a clod

덮치다 attack

떼 a group, a crowd; a flock

떼어놓다 part, divide, separate

데우다 warm, heat

데이트 (a) date —하다 have a date with

떼짓다 ¶떼지어 모이다 crowd, throng; flock

데크 deck

도 度 (눈금의) a degree

도개교 跳開橋 a drawbridge

도깨비 a goblin; a ghost; a monster

도구 道具 a tool; an instrument (기구)

도금 鍍金 —하다 plate; (금으로) gild

또는 or, either…or

도대체 都大體 on earth; in the world

도덕 道德 morality, morals ¶~적 moral

도둑 a thief; a burglar

도둑질 —하다 steal, rob *a person* of

도랑 a ditch; a drain

도로 道路 a road; a street (가로) —표지 road signs

도르다 distribute

도리어 on the contrary, rather

도마뱀 a lizard

도망치다 逃亡— run away, flee, escape; (새가) fly away

도미 渡美 —하다 go to America; visit America

도박 賭博 —하다 gamble —장 a gambling house; a casino

도보 徒步 ¶~로 on foot

도서관 圖書館 a library

도시 都市 a city —계획 city planning

도시락 a lunch, a box lunch

도심지 都心地 the downtown

도안 圖案 a design

도움 help, assistance, aid (조력); relief (구조) ¶~이 되다 be useful, be good for; do *a person* good

도자기 陶瓷器 earthenware; pottery

도장 圖章 a seal, a stamp

도저히 到底— never, by no means ¶~ …않다 not possibly, not at all, by no means

도중 途中 ¶~에 on the way, on *one's* way to, halfway

도착 到着 arrival —하다 arrive at [in] —예정시간 estimated time of arrival (略: ETA)

도처에 到處— everywhere

도표 圖表 a diagram

도회 都會 a city; a town
독 a jar; a jug
독 毒 poison
독감 毒感 influenza, the flu; a bad cold
똑딱단추 a snap 「tainly
똑똑히 clearly, distinctly, cer-
독립 獨立 independence
똑바르다 straight, direct
독서 讀書 reading
독신 獨身 ¶ ～의 single 一자 (남자) a bachelor; (여자) a spinster
독실 獨室 a single room (싱글베드가 있는); a roomette (침대차의)
독일 獨逸 Germany ¶ ～의 German
독자 讀者 a reader
독촉 督促 一하다 urge; press
독특 獨特 ¶ ～한 peculiar, original, unique
돈 money
돈까스 豚— a pork cutlet
돈벌이 moneymaking 一하다 make money
돌 a stone; a rock
돌다 turn; go round
돌리다 turn; roll; (차례로) pass round
돌보다 care for, look after
돌아가다 return, come [go] back ¶집으로 돌아가는 길에 on one's way home
돌아다니다 walk [go] about; (방랑하다) wander
돌아오다 come back, return
돌연 突然 suddenly
돌이키다 (만회하다) recover, get back 「at
돌진하다 突進— rush at, dash
돌층계 一層階 stone steps
돕다 help, assist
돗자리 a (rush) mat
동 銅 copper; bronze (청동)
동굴 洞窟 a cave
동기 動機 a motive
동나다 be used up, run out [short] of
동료 同僚 a companion, a fellow, a mate
동물 動物 an animal 一원 zoological gardens, a zoo
동상 銅像 a bronze statue
동시 同時 ¶ ～에 at the same time; at a [one] time
동시통역 同時通譯 a simultaneous interpretation
동양 東洋 the Orient 一인 the Orientals
동의 同意 agreement, consent 一하다 consent 《to》; agree 《with, to》

동전 銅錢 a copper (coin)
동정 (저고리의) a collar
동정 同情 一하다 sympathize with 一심 sympathy
동쪽 東— the east
동화 童話 a fairy tale, a nursery tale
돛 a sail 「sery tale
돛대 a mast
돼지 a pig; a swine 一고기 pork
되다 become; grow; be
되돌리다 return; put [give] back; (돈을) repay
되돌아가다 go back, return
되돌아오다 come back, return
되살아나다 revive
되풀이하다 repeat
될수있는대로 as...as one can, as...as possible
두껍다 thick
뚜껑 a lid; a cover
두근거리다 throb
두뇌 頭腦 a head, brains
두다 put, set, lay, place
두드러지다 be conspicuous, attract [draw] attention
두드리다 strike, knock at [on]; (계속적으로) beat; (가볍게) pat 「pat
두려움 fear
두려워하다 fear, be afraid of
뚜렷하다 clear, distinct; vivid
두루 all over, all round
두르다 (담장 등을) enclose, surround
두번 twice, two times
두부 豆腐 bean curd
두텁다 (정분이) kind, warm
두통 頭痛 a headache 一약 medicine for headache
둑 (제방) a bank, an embankment
둘러보다 (사방을) look round [about]
둘러싸다 enclose, surround
둥글다 round; circular
뚱뚱해지다 grow fat [stout]
둥지 a nest
뒤 the back, the rear
뛰다 run; (도약하다) leap, hop
뒤따르다 follow, run after
뒤돌아보다 look back [round]
뒤섞다 scramble, mix up
뛰어나다 surpass, excel; (…보다) be superior to
뛰어내리다 jump down
뛰어들다 jump in [into]; dive into 《water》
뛰어오르다 jump up
뒤엎다 upset, overturn; tumble down (쓰러뜨리다)
띄우다 float
뒤쫓다 run after, chase
뒤집다 turn over

뒷골목 an alley, a back street
뒷문 ―門 the back door
뜨겁다 hot; heated ¶뜨거운 물 hot water; boiling water
뜨다[1] (물위·공중에) float
뜨다[2] (떠나다) leave, (출발하다) start
뜨다[3] ¶눈을 ～ (아침에) wake up, awake
드디어 at last, finally
드라이브 a drive ¶～하러 가다 go for a drive
드라이브인 a drive-in
드라이어 a drier, a dryer
드러눕다 lie down
드롭스 (사탕) drops
드물다 rare, uncommon
득 得 ¶～되는 profitable, advantageous∥～보다 profit; gain
듣다[1] (효력 있다) be good for
듣다[2] (귀로) hear, listen to
들 a garden; a yard (마당)
들끓다 boil; spring; rise
들다[1] (손 따위를) hold up
들다[2] (칼이) cut
들다[3] (먹이) have, take
들르다 stop at; drop in
들리다 hear; be heard
들어가다 enter, go in, get in, come in
들어맞다 fit; apply to
들어올리다 lift, raise
들여다보다 peep into[through]
들이마시다 (기체를) inhale, breathe; (액체를) drink (in); suck in
들판 a field
듬성듬성하다 sparse (성기다), scattered, thin
뜻 (의미) meaning, a sense
뜻밖 ¶～의 unexpected; casual
뜻밖에 to one's surprise, unexpectedly
등 the back
등기 登記 ―우편 《美》 a registered mail [《英》 post] ―우편료 a registration fee
등대 燈臺 a lighthouse
등록 登錄 registration ―하다 register ―상표 a registered trademark
등뼈 the backbone
등불 燈― a light, a lamp
등산 登山 mountain climbing, mountaineering
띠 a band; a belt; (여자용) a sash
디저어트 a dessert

ㄹ

-(ㄹ)는지도모르다 may [might] 《be, do》, perhaps
라디오 《美》 a radio (set); 《英》 a wireless (set) ―방송국 a radio station ―프로 a radio program
라이터 a cigarette lighter
러시아워 the rush hour
레스토랑 a restaurant
레이 a lei (하와이의 화환)
레이디 퍼어스트 ladies first
레터스 (서양상치) a lettuce
레테르 a label
렌터카아 a rental car
로마자 ―字 a Roman character [letter]
로비 a lobby
로우컬선 ―線 a local line
로우터리 a rotary
로커 a locker
뢴트겐사진 ―寫眞 ⇨엑스선사 진
루움메이드 a room maid, a room clerk
루움쿠울러 a cooler; an air conditioner
리무진 a limousine
리셉션 a reception
리클라이닝시이트 a reclining seat

ㅁ

마감 closing; 《게시》 Closed ―하다 close ―날 the closing day, 《美》 the deadline
마개뽑이 a cap[bottle] opener
마당 a yard; a court (안마당)
마루 a floor
마르다 dry; (목이) be thirsty
마비 痲痺 ¶～되다 become numb, be numbed
마사아지 massage
마술 魔術 magic
마시다 drink, take, have; swallow (삼키다)
마실것 something to drink, a drink
마요네에즈 mayonnaise
마을 a village
마음 mind, heart; spirit ¶～을 터놓다 be frank with, open one's heart∥～에 들다 be pleased [satisfied] with
마음껏 as much as one desire, to one's heart's content
마주치다 meet (with)
마중하다 meet, greet
마지막 an end, a close ¶～의 last, final
마차 馬車 a coach; a carriage
마찰 摩擦 ―하다 rub
마천루 摩天樓 a skyscraper
마치 as if
마치다 finish, end, complete
마침내 at last, finally
마티네 matinée
막 ¶～ …하려 하다 be going

to, be about to 「act

막 幕 a curtain; (연극의) an

막다 (차단) interrupt, obstruct; (방위) defend; (금지) prohibit

막대기 a stick, a rod

만 萬 ten thousand

만 灣 a gulf, a bay

만국박람회 萬國博覽會 an international exposition

만나다 meet; (우연히) meet with, come across; (면회하다) see

만년필 萬年筆 a fountain-pen

만들다 make

만세 萬歲 cheers, hurrah

만약 萬若 if; by any chance

만원 滿員 ¶～이 되다 be full up, be crowded

만월 滿月 a full moon

만유 漫遊 ━하다 travel, tour, make a tour of

만일 萬一 if; by any chance

만족 滿足 ━하다 be satisfied

만지다 touch 「with

만지작거리다 finger

만찬 晩餐 supper; dinner

만화 漫畫 a cartoon, a caricature (풍자만화); (연재의) a comic strip ━영화 a cartoon film

많다 many, much, a lot of, plenty of 「아지」

말¹ (동물) a horse; a colt (망

말² (언어) language; (단어) a word ¶～을 걸다 speak to∥ ～로 나타내다 express, describe

맑다 ¶맑은 하늘 a clear sky

말리다¹ (건조시키다) dry

말리다² (돌돌) roll[be rolled]up

말하다 say, speak 《to》, talk, tell; (진술하다) state

말하자면 namely; that is (to say), so to speak, as it were

맛보다 taste; enjoy

맛없다 poor, untasty

맛있다 sweet, nice, good; delicious

망가지다 break, be broken

망설이다 hesitate

망원경 望遠鏡 a telescope

망치다 亡━ ruin, destroy

망하다 亡━ go to ruin, be ruined, perish

맞다 (적중하다) hit, strike; be right; fit, suit; (일치하다) agree with

맞쇠 a master key

맞아들이다 (안내하다) show a *person* in

맞은편 ━便 ¶～의 opposite

맞이하다 meet, receive; wel-

come (환영하다)

맞히다 hit; (알아맞히다)guess

맡기다 (물건을) leave; (예금하다) deposit; (짐을) 《美》 check, 《英》 book

맡다¹ (담당하다) undertake; (허가를) get, obtain

맡다² (냄새를) smell at

매다 tie, knot(매듭을)

매달다 hang, suspend

매달리다 hang from, dangle

매듭짓다 conclude, complete

매력 魅力 a charm ¶～적인 charming, fascinating

매매 賣買 dealings

매물 賣物 《게시》 For Sale

매스컴 mass communication

매약 賣藥 a patent medicine, a drug

매연 煤煙 smoke, soot; exhaust gas (차의)

매우 much; very(몹시); pretty (상당히); greatly

매장 賣場 (백화점의) a department

매점 賣店 (노점) 《美》 a stand, 《英》 a stall; (신문·잡지의) 《美》 a newsstand, 《英》 a bookstall

매진 賣盡 ¶～되다 be sold out

매출 賣出 (a) sale 염가 대━ a bargain sale

매표소 賣票所 《美》 a ticket office, 《英》 a booking office; (극장의) a box office

맥박 脈搏 a pulse

맥주 麥酒 beer 생━ draft [draught] beer

맨먼저 at the head of(선두로); first of all

맨발 ¶～의 barefoot; barefooted

맵다 hot 「ed

맹렬 猛烈 ¶～한 violent, furious 「an oath

맹세 ━하다 swear, vow, take

머리 (두발) hair; (두부) the head ━형 hair style

머릿글자 (이름의) an initial

머무르다 stay; remain (남다)

먹 Indian ink

먹다 eat, take, have ¶먹어치우다 eat up

먼지 dust; dirt

멀다 far, distant, remote

멀리 far(away, off); all the way

멀미 ━하다 feel sick ¶뱃[비행기, 차] ～하다 get seasick [airsick, carsick] ━약 medicine for airsickness [seasickness, carsickness] 「cede

멀어지다 go away from, re-

멀지않아 soon, shortly

멈추다　stop, come to a stop
멋적다　be [feel] abashed
멋지다　splendid, magnificent, wonderful
멍하니　absent-mindedly
메뉴　(식단표) a menu
메다　shoulder, carry *a thing* on *one's* shoulder
메모　a memo, a memorandum ¶～를 하다 make a note of
메스껍다　feel like vomiting
메아리　an echo
메우다　(여백 등을) fill in
면도 面刀 (칼) a razor ―하다 (자기가) shave (*oneself*); (남을 시켜) get a shave
면세 免稅 ¶～의 tax-free, duty-free ―(품)점 a duty-free shop
면적 面積　area
면제 免除 ―하다 exempt
면허 免許 a license ―증 a license card
면회 面會 ―하다 see, have an interview with
명랑 明朗 ¶～한 cheerful
명령 命令 ―하다 order, command
명백 明白 ¶～한 clear, plain
명부 名簿 a list, a roll
명산물 名產物 a special[noted] product
명성 名聲 fame, reputation
명세서 明細書 specifications; a detailed account (계산서)
명소 名所 a noted place; a scenic [beauty] spot
명예 名譽 honor, glory
명인 名人 a master, an expert
명장 名匠 a master, an expert
명주 明紬 silk
명중 命中 ―하다 hit
명함 名銜 a (visiting) card
명확 明確 ¶～히 clearly, distinctly; definitely
몇　how many ¶～살 how old
몇번　how many times, how often
모국 母國 *one's* mother country
모국어 母國語 *one's* mother tongue
모기　a mosquito
모두　all; in all, altogether
모래　sand
모레　(the) day after tomorrow
모범 模範 a model, an example, a pattern
모순 矛盾 ¶～되다 be contradictory to, conflict
모습 貌襲 a figure, a shape, a form
모양 模樣 (생김새) form, shape
모욕 侮辱 ―하다 insult
모으다　gather, collect; save (저축하다)

모음 母音 a vowel
모이다　gather; come together; accumulate (축적되다); (돈이) be saved
모임　a meeting, a party
모자 帽子 a hat; a cap
모조리　wholly, entirely
모조품 模造品 an imitation
모퉁이　a corner; a turn (길모퉁이)
모포 毛布 a blanket
모피 毛皮 a fur
모험 冒險 an adventure, a risk
모형 模型 a model, a pattern
모호 模糊 ¶～한 uncertain; vague
목　a neck
목구멍　the throat
목도리　a neckerchief, a muffler
목소리　a voice
목숨　life
목요일 木曜日　Thursday
목욕(탕) 沐浴(湯) a bath
목장 牧場 a stock farm; a pasture, a meadow
목적 目的 an object, an aim, a purpose ―지 the [*one's*] destination
목표 目標 a mark; a target
몫　a share
몰두하다 沒頭― be absorbed in
몰래　secretly; in secret; stealthily
몸　the body
몸짓　a gesture
몹시　very, much, greatly
못　a nail; a peg (나무못)
못보다　¶못보고 넘어가다 overlook; miss
못생기다　ugly
묘 墓 ⇒무덤
묘지 墓地 a graveyard, a cemetery
무겁다　heavy
무게　weight
무관심 無關心 ¶～한 indifferent (to)
무기 武器 arms, a weapon
무늬　a pattern, a design
무단 無斷 ¶～으로 without notice, without permission
무대 舞臺 the stage
무덤　a grave, a tomb
무덥다　hot and close, sultry
무례 無禮 ¶～한 ill-mannered, rude, impolite
무료 無料 ¶～의 free
무릅쓰다　(위험을) risk
무릎　a knee
무리　a group, a crowd, a flock
무리 無理 ¶～하게 unreasonably; by force (강제로)
무면허 無免許 ¶～의 unlicensed, without a license
무명　cotton
무모 無謀 ¶～한 rash, thought-

less, reckless

무사 無事 ¶～한 safe, well//～히 safely, in safety; peacefully

무서움 fear, terror

무서워하다 fear, be afraid of

무섭다 fearful, terrible, dreadful ⌜thick

무성 茂盛 ¶～해지다 grow

무수 無數 ¶～한 numberless, innumerable, countless

무시무시하다 ghostly, dismal, terrible, dreadful

무시하다 無視— ignore, disregard

무언 無言 ¶～의 silent, mute

무역 貿易 trade, commerce —하다 trade with —회사 a trading company

무의식중에 無意識中— in spite of *oneself*, unintentionally; unconsciously

무작위 無作爲 ¶～의 random

무전 無電 wireless, 《美》 radio

무죄 無罪 innocence

무지개 a rainbow

무찌르다 defeat, beat

무책임 無責任 ¶～한 irresponsible

무한 無限 ¶～한 infinite

무효 無效 ¶～의 invalid

묵다 (여관 등에) stay, put up at, 《美》 check in ¶묵게 하다 lodge, give *a person* a bed

묶다 bind, tie

묶음 a bundle, a bunch

문 門 a door, a gate(대문)

문교부 文敎部 the Ministry of Education

문구 文句 words, a phrase

문란 紊亂 ¶～해지다 be disordered, be confused, be disturbed

문명 文明 civilization; culture

문방구 文房具 stationery

문법 文法 grammar

문병 問病 —하다 inquire after 《a sick person》

문서 文書 a document

문안 問安 —하다 inquire after

문자 文字 a letter; a character

문장 文章 a sentence

문제 問題 a question, a problem

문지르다 rub ⌞lem

문패 門牌 a nameplate, a doorplate

문학 文學 literature

문화 文化 culture

묻다[1] (파묻다) bury

묻다[2] (질문하다) ask, inquire

물가 物價 prices (of commodities)

물결 a wave; a ripple(잔물결)

물들다 color, paint

물들이다 dye, color

물러나다 go backward, retreat; retire

물론 勿論 (as a matter) of course

물리(학) 物理(學) physics, physical science

물방아 a water wheel 물방앗간 a water mill

물방울 a (water)drop

물자 物資 goods; resources, materials

물주다 (식물에) water

물질 物質 matter, substance

물품세 物品稅 a commodity tax

묽다 thin, (차 따위가) weak

뭍 land

뮤지컬 a musical

미 美 beauty

미국 美國 America; the United States of America ¶～의 American

미끄러지다 slip, slide

미래 未來 future

미로 迷路 a maze

미루다 postpone, put off

미리 beforehand, in advance

미사일 a missile —기지 a missile base

미성년 未成年 minority ¶～이다 be under age —자 a minor

미소 微笑 a smile ¶～짓다 smile

미숙 未熟 ¶～한 unripe; inexperienced, unskilled

미술 美術 art, the fine arts

미술관 美術館 《美》 a museum, 《英》 an art gallery

미신 迷信 a superstition

미아 迷兒 a stray [lost] child

미안 未安 ¶～합니다 I'm sorry

미역감다 bathe, take a bath

미워하다 hate

미장원 美粧院 a beauty parlor [salon, shop]

미정 未定 ¶～의 undecided

미지 未知 ¶～의 unknown, strange

미지근하다 lukewarm; tepid

미치다 go mad ¶미친 mad, crazy, insane

미터 a meter 가스— a gas meter 택시— a taxi meter

민감 敏感 ¶～한 sensitive

민예품 民藝品 a folk handicraft

민족 民族 a people, a race

민주주의 民主主義 democracy

민중 民衆 the people

믿다 believe, trust

믿음직하다 reliable, trustworthy

밀 wheat

밀가루 (wheat) flour
밀다 push ¶서로~ push together/밀어젖히다 push away
밀접 密接 ¶~한 close, intimate
밀크 milk
밉다 hateful, abominable

ㅂ

바깥쪽 the outside; the exterior
바구니 a basket
바꾸다 change, exchange
바꾸어말하다 say in other words
바뀌다 change, turn into
바느질하다 sew, stitch(꿰매다)
바늘 a needle
바다 the sea; the ocean
바닥 the bottom
바닷가 the beach, the seashore, the seaside
바닷물 sea water
빠뜨리다 (못보고 넘어가다) overlook; miss
바라다 hope, desire, wish
바라보다 (멀리) look out over, look round; (경치 등을) command a view
바람[1] (풍) a wind, a breeze
바람[2] (희망) hope, desire, wish
바람직하다 desirable
바래다 (색이) fade (away)
바로 just, quite
바로잡다 correct (정정하다)
빠르다 fast, quick, swift; (이르다) early
바보 ¶~ 같은 foolish
바쁘다 busy ¶ 바빠지다 become busy
바아 a bar; (호텔 등의) a barroom
바아겐세일 a bargain sale
바위 a rock
바치다 (드리다) offer, dedicate; (납부하다) pay
바캉스 vacation
박람회 博覽會 《美》 an exposition, 《英》 an exhibition
박물관 博物館 a museum
박사 博士 a doctor
박수 拍手 ¶~를 치다 clap one's hands, applaud
박정 薄情 ¶~ 한 cold-hearted
박제 剝製 a stuffed animal [bird]
반 半 (a) half
반대 反對 opposition; objection —하다 object to, be opposed to
반도 半島 a peninsula
반드럽다 smooth
반드시 certainly, without fail (꼭); always (항상); by all means (어떻게든)
반복 反復 —하다 repeat

반사 反射 —하다 reflect
반성 反省 —하다 reflect on, reconsider
반액 半額 half the amount [sum, price]
반일 半日 half a day, 《美》 a half day
반짝반짝 —하다 glitter; twinkle
반지 半指 a ring
반창고 絆創膏 an adhesive plaster [pose
반항 反抗 —하다 resist, oppose
반환 返還 —하다 give [put] back, return
받다[1] (편지 등을) have, get, receive, accept
받다[2] (양산을) hold up
받치다 support
발 a foot
발가락 a toe
발견 發見 —하다 find (out), discover ¶~ 되다 be found (out), be discovered
발끝 the tips of the toes, tiptoe
빨다 (빨래를)wash; (입으로) suck
발달 發達 —하다 develop
발뒤꿈치 a heel
발매 發賣 —하다 sell, put *a thing* for sale
발명 發明 invention —하다 invent
발목 an ankle
발밑 one's foot ¶~ 을 조심하시오 《게시》Watch your step(s)!
발바닥 the sole
발생 發生 —하다 occur, break out
발소리 a footstep
발송인 發送人 a sender
발신 發信 —하다 send, dispatch — 인 an addresser
발음 發音 pronunciation —하다 pronounce
발자국 a footprint, a footmark
발전 發展 —하다 grow, develop [leave
발차 發車 —하다 depart, start,
발톱 (동물의) a claw
발표 發表 —하다 announce, publish
발행 發行 (어음의) issue, drawing —하다 publish, issue — 인 an issuing person —일(자) the date of issue
밝다 (빛이) bright, light; (정통하다) be familiar with
밤[1] (야간) night; evening
밤[2] (열매) a chestnut (tree)
밤차 —車 a night train
밥 boiled rice; a meal(식사)
밧줄 a rope
방 房 a room, a chamber 2인용— a room with twin beds (트윈베드가 있는); a double room (더블베드가 있는) —값

a room rent [charge], a rent
—번호 a room number

빵 bread ¶버터바른 ～ bread and butter 「tured

빵꾸 puncture ¶～ 나다 be punc-

방면 方面 a quarter, a district; a direction

방문 訪問 —하다 visit, call on, call at; drop in (들르다)

방법 方法 a way, a method

방사능 放射能 radioactivity

방석 方席 a cushion

방송 放送 —하다 broadcast

방수 防水 ¶～ 의 waterproof

방심 放心 —하다 be careless, be negligent

방언 方言 a dialect

방음 防音 ¶～ 의 soundproof

방지 防止 —하다 prevent,

빵집 a bakery 「check

방침 方針 a course; a policy

방해 妨害 —하다 obstruct, disturb, stand in the way

방향 方向 a direction, a quarter; a course

방화 防火 ¶～ 의 fireproof

밭 a field, a farm

배[1] (복부) the abdomen, the belly

배[2] (선박) a boat; a ship, a vessel; a steamer

배[3] (과일) a pear

배 倍(두배) double, twice;(…배) times

배기가스 排氣— exhaust gas

배다 (스며들다) soak into, permeate

빼다 (제외하다) take off, remove; pull out; omit, take out (제거하다)

배달 配達 —하다 deliver

배반 背反 —하다 betray

배부 配付 —하다 distribute

배서 背書 endorse

빼앗다 take away

배우 俳優 an actor, an actress

배우다 learn; study; (가르침받다) be taught 「off

배웅하다 see [send] a person

배편 —便 ¶～ 으로 by ship [sea]; (선박 우편으로) by surface mail

배포 配布 —하다 distribute

배표 —票 a boarding ticket

배회 徘徊 —하다 loiter, wander about

백과사전 百科事典 an encyclo-

백만 百萬 a million 「pedia

백모 伯母 an aunt

백인 白人 a white man

백화점 百貨店 《美》 a department store,《英》 a general store

뱀 a snake; a serpent

뱀장어 —長魚 an eel

뱃머리 the bow

뱃멀미 —하다 get seasick

뱃사람 a seaman, a sailor, a mariner

뱉다 (침을) spit (out)

뺨 a cheek

버둥거리다 struggle

버릇 a habit

버릇없다 rude, impolite

버리다 throw away

버섯 a mushroom

버스 a bus대륙횡단— a transcontinental bus 이층— (런던의) a double-decker 직행— a thru bus —정류장 a bus stop, 《美》 a bus depot

버티다 persist in, insist(주장하다); stand firm

번갈아 番— by turns, alternately; in turn(차례로)

번개 (a flash of) lightning

번거롭다 troublesome

뻔뻔스럽다 impudent, shameless, cheeky

번역 飜譯 —하다 translate into

번영 繁榮 —하다 prosper, flourish

번쩍이다 shine, brighten Lish

번지 番地 a house number; an address

번창 繁昌 —하다 prosper, flourish ¶～ 하는 prosperous

번호 番號 a number

벌 ¶한 ～ a suit 《of clothes》

벌 罰 punishment, penalty

벌거벗다 become naked

벌거숭이 ¶～ 의 naked, bare, nude

벌금 罰金 a fine, a penalty ¶～ 을 물다 be fined

벌다 gain, earn, make a profit

벌떡 ¶～ 일어나다 jump up

벌렁 ¶～ 누워서 on one's back

벌레 an insect; a worm

벌써 (이미) already

벌이 earnings 「hive

벌집 a comb; (꿀벌집) a bee-

벌충하다 make up for; compensate 「flood

범람 汎濫 —하다 overflow,

범위 範圍 an extent, a scope

범인 犯人 a criminal

범죄 犯罪 a crime

범하다 犯— (죄를) commit

법률 法律 a law

법칙 法則 a law, a rule

벗기다 (껍질을) peel (손으로); pare (나이프로)

벗다 take off, remove

벙어리 a dumb person, a mute

벚나무 a cherry (tree)

베개 a pillow

베다 (곡물을) reap; (풀을) mow;

trim ¶ 베어들이다 mow; harvest, reap

베이컨에그 bacon and eggs

벤치 a bench

벨 a bell

벨보이 a bellboy, a bellhop

뻥끼 paint ¶～조심《게시》)Wet Paint

뼈 a bone; a skeleton(골격)

벼랑 a cliff, a precipice

벽 壁 a wall

벽난로 壁暖爐 a hearth; a fireplace ┌place

벽돌 壁— a brick

변경 變更 —하다 change, alter

변덕스럽다 capricious, fitful

변명 辯明 —하다 make an excuse ┌cuse

변변찮다 poor, plain

변상 辨償 —하다 pay for, compensate

변소 便所 a lavatory, a water closet 유료— a pay-toilet

변하다 變— change, turn into

변호 辯護 —하다 defend, plead for

변화 變化 —하다 change, alter

별 a star

별관 別館 an annex

별로 別— 《not》 very, much

별명 別名 a nickname

병 瓶 a bottle

병 病 a disease, 《美》 sickness, 《英》 illness

병구완 病— —하다 nurse

병원 病院 a hospital

병자 病者 a sick person; a patient ┌tion

보고 報告 a report, informa-

보관 保管 —하다 keep —증 a claim tag

보급 普及 —하다 diffuse, spread

보급 補給 —하다 supply

보기 (예) an example, an instance

보내다 (물건을) send; (시간을) pass, spend

보다 see; look at ¶아이를～ look after a baby, nurse 《a baby》

보도 步道 《美》 a footpath; a sidewalk; 《英》 a pavement

보도 報道 news, a report —하다 report; inform —진 a news front; reporters

보랏빛 purple

보리 barley

보배 a treasure

보살피다 take care of, care for, look after, be kind[good] to (친절히 해주다)

보상 補償 —하다 compensate

보석 寶石 a jewel, a gem —상 (점) a jewelry store

보수 報酬 a reward; pay

보양 保養 —하다 take care of one's health

보양지 保養地 a resort

보온병 保溫瓶 a vacuum bottle

보올펜 a ball-point pen

보올링 bowling —장 a bowling alley

보이 ⇨ 급사 (給仕)

보이다 (눈에) see; be visible; come into sight; (남에게) show; display, exhibit

보자기 a wrapping cloth

보잘것없다 trifling; worthless

보조 步調 (a) step, (a) pace

보증 保證 —하다 guarantee, assure —금 guarantee [security] money —인 a guarantor

보충 補充 —하다 make up for, supply; fill up

보태다 (더하다) add

보통 普通 ¶～(은) usually, commonly —열차 an accommodation [a local, a slow] train —우편 ordinary mail [《英》 post]

보행자 步行者 a pedestrian; a walker

보험 保險 insurance ¶～에 들다 be insured —회사 an insurance company

보호 保護 —하다 protect

복구 復舊 —하다 be restored (to the former state)

복도 複道 a corridor, 《英》 a passage

복사 複寫 —하다 take a copy, copy; reproduce

복숭아 a peach ┌complex

복잡 複雜 ¶～한 complicated,

복장 服裝 dress, costume

복통 腹痛 a stomachache

본능 本能 instinct

본디부터 本— from the first

본보기 本— an example, a model

본사 本社 (지사에 대해서) the head office

본적 本籍 one's permanent address ┌dress

봄 spring

뽐내다 be proud of, boast oneself of ¶뽐내는 proud, boastful ┌ful

봉사 奉仕 —하다 serve

봉오리 a bud

봉우리 a peak

봉지 封紙 a paper bag

봉투 封套 an envelope

봉하다 封— seal

봉함엽서 封緘葉書 a lettercard; (항공의) an aerogram

부끄럽다 be ashamed of; be shy

부근 附近 the neighborhood

부당 不當 ¶~하게 unreasonably 「pier

부두 埠頭 a wharf; a quay; a pier

부드럽다 tender, gentle, soft ¶부드럽게 하다 soften

부득이 不得已 ¶~ …하다 be obliged to·

부딪치다 run [dash] against

부럽다 enviable

부록 附錄 an appendix, a supplement

부르다 call (out) to; (큰소리로) hail; (말을 걸다) speak to, accost ¶노래 ~ sing

뿌리 a root

부부 夫婦 husband and wife, man and wife, a couple

부분 部分 a part, a portion

부상 負傷 ─하다 be [get] injured [wounded, hurt]

부서지다 be broken, break; be damaged ¶부서지기 쉬운 fragile, frail

부속 附屬 ─하다 be attached to, belong to

부수다 break, destroy, crush

부스러지다 crumble

부양 扶養 ─하다 support, bring up

부엌 a kitchen ─세간 kitchen utensils

부유 富裕 ¶~한 rich /~해지다 grow rich

부이 (부표) a buoy; (구명대) a life buoy

부인 夫人 a wife; Mrs. 《Smith》

부인 婦人 a woman; a lady

부자 富者 a rich man ¶~인 rich, wealthy

부자유 不自由 ¶~한 (불편한) inconvenient, comfortless

부재중 不在中 ¶~이다 be away, be out /~에 in [during] one's absence

부저 a buzzer

부정 不正 ¶~한 unjust, unfair, wrong

부정 否定 ─하다 deny

부족 不足 ─하다 be short of, lack in, want

부지런히 hard, diligently

부채 a fan

부채 負債 a debt

부탁 付託 a request; a favor ─하다 ask, beg, make a request

부패 腐敗 ─하다 go bad, be spoiled; decay, corrupt

부페 a buffet ─차 a buffet car

부표 浮標 a buoy

부풀다 swell, expand

부피 ¶~가 커지다 be bulky

부호 符號 a mark, a sign

북쪽 北─ the north

분 分 (시간의) a minute

분 粉 face powder

분담 分擔 ─하다 take a part of, take a share in

분량 分量 quantity, a mount

분류 分類 ─하다 classify

분리 分離 ─하다 part, divide, separate ¶~되다 separate, part from [with], come off

분명 分明 ¶~히 clearly, distinctly, certainly 「vide

분배 分配 ─하다 distribute, divide

분별 分別 ¶~있는 sensible; discreet; prudent ─하다 distinguish 「mand

분부 吩咐 an order; a command

분석 分析 ─하다 analyze

분수 噴水 a fountain

분실 紛失 ─하다 lose, miss

분실물 紛失物 a lost article ─보관소 a lost property office ─신고 a report on lost property ─취급소 a lost and found office

분야 分野 a field, a sphere

분열 分裂 ─하다 split, break up

분위기 雰圍氣 an atmosphere

분주 奔走 ¶~한 busy/~해지다 become busy 「strive

분투 奮鬪 ─하다 struggle, strive

분하다 憤─ regrettable ¶분하게도 to one's regret

분해 分解 ─하다 analyze, dissolve; resolve

분홍색 粉紅色 pink

분화 噴火 ─하다 erupt, become active

불 (화재) a fire

뿔 a horn; (사슴의) an antler

불가능 不可能 ¶~한 impossible

불가사의 不可思議 wonder, mystery ¶~한 strange; mysterious

불결 不潔 ¶~한 unclean, dirty

불경기 不景氣 ¶~의 dull; inactive 「roast beef

불고기 roast meat; (쇠고기)

불꽃 (폭죽) a firework

불교 佛敎 Buddhism

불규칙 不規則 ¶~적 irregular

불길 flame

불러내다 call; (전화로) call [ring] a person up on the phone

불룩해지다 swell, expand

불리 不利 ¶~한 disadvantageous

불리다 (늘리다) increase, add to ;(물에) soak

불만 不滿 ¶~이다 be dissatisfied [discontented] with

불분명 不分明 ¶～한 indistinct, obscure

불쌍하다 poor, sad, sorry, pitiful, miserable

불쑥 suddenly, (all) of a sudden, unexpectedly

불시착 不時着 a forced [an emergency] landing

불안 不安 ¶～한 uneasy; anxious

불통 不通 ¶～이다 be cut off; be suspended 소식— no communication

불편 不便 ¶～한 inconvenient, unhandy

불평 不平 a complaint —하다 complain of

불행 不幸 ¶～한 unhappy, unlucky, unfortunate

붉다 red, crimson, scarlet

붐비다 be crowded

붓다[1] (부어오르다) swell

붓다[2] (액체를) pour

붕대 繃帶 a bandage ¶～를 하다 bandage; dress

붙다 stick to

붙이다 attach; (풀 따위로) stick, paste, put 《a piece of paper》 on

붙잡다 catch, seize, grasp

브랜디 brandy

브러시 a brush

브로우치 a brooch

블라우스 a blouse

블라인드 (문발) 《美》 a shade; 《英》 a blind ¶～를 내리다 pull a shade

블록 a block

비[1] (내리는) rain; a shower(소나비)

비[2] (청소용) a broom [낙비]

비결 秘訣 a secret, a key

비교 比較 —하다 compare with

비기다 (비유하다) compare to

비난 非難 —하다 blame, reproach

비누 soap

비다 empty, vacant, unoccupied 《room》 ¶손이 ～ be free

비둘기 a dove, a pigeon

비등하다 沸騰— boil

비망록 備忘錄 a memorandum, a memo

비밀 秘密 a secret

비비다 rub

비싸다 expensive, high-priced

비상 非常 —계단 a fire escape —구 an emergency exit

비서 秘書 a secretary

비스킷 a biscuit, 《美》 a cracker

비어호올 a beer hall

비용 費用 expense(s), cost

비율 比率 ratio

비이프스테이크 beefsteak ¶

～가 날것인[설익은, 중간쯤 익힌, 잘익은] raw [underdone, medium, well-done]

비자 a visa 입국— an entry visa

비참 悲慘 ¶～한 miserable

비추다 (빛을) shine; light up

비키다 avoid, dodge, step aside (옆으로); get out of the way

비탈 a slope

비평 批評 —하다 comment on, criticize, review

비행 飛行 flying, a flight —속도 flight speed —시간 flying time —장 an airdrome, an airfield, an airport

비행기 飛行機 an airplane

비호 庇護 —하다 protect, defend; plead`

빈틈없다 shrewd

빌다[1] (차용하다)borrow; (임차하다) hire; (집·차 등을)rent

빌다[2] (기원하다) pray; wish

빗 a comb

빗나가다 be [come] off; miss

빗다 (머리를) comb one's hair

빚 a debt

빛 light; (광선) rays

빛나다 shine, be bright; twinkle (반짝하다); flash (번쩍이다)

人

사건 事件 an event(큰); an incident; a happening

사고 事故 an accident

사고방식 思考方式 one's way of thinking

사과 謝過 —하다 apologize

사교적 社交的 social, sociable

사귀다 associate with

사기 詐欺 —하다 swindle —꾼 a swindler

사나이 a man, a guy

사다 buy, purchase

싸다[1] (포장하다) wrap

싸다[2] (값이) cheap

사닥다리 a ladder

사라지다 disappear, go out

사람 a human being, man

사랑 love ¶～스러운 sweet, lovely, charming —하다 love, be fond of

사례 謝禮 thanks(감사); a reward

사막 沙漠 a desert

사명 使命 a mission

사무소 事務所 an office

사무원 事務員 a clerk

사무적 事務的 businesslike

사본 寫本 a copy

사상 思想 thought, an idea

사생활 私生活 one's private life

사서 辭書 a dictionary
사서함 私書凾 a post-office box
사슬 a chain
사신 私信 a private letter
사실 私室 *one's* private room
사실 事實 a fact; the truth(진실) ¶～의 true, real; right
사업 事業 an enterprise
사용 私用 ¶～으로 on private business
사용 使用 ―하다 use, employ ¶～ 중 《게시》 Occupied
싸우다 fight against [with], struggle against
싸움 a fight, a battle(전투); a war(전쟁), a quarrel (언쟁)
사원 寺院 a cathedral(대성당); (불교의) a (Buddhist) temple
사월 四月 April
사이즈 size ¶～를 재다 take the size of
사인 a sign; a signature(서명)
사장 社長 a president
사적 史蹟 a historic [historical] spot [site]
사전 事典 an encyclopedia
사전 辭典 a dictionary
사절 使節 a mission
사정 事情 circumstances(형편); conditions
사직 辭職 ―하다 resign
사진 寫眞 a photograph, a photo, a picture
사진기 寫眞機 a camera
사촌 四寸 a cousin
사치 奢侈 ¶～스러운 luxurious
사커 (축구) soccer
사탕 砂糖 a candy, 《英》 sweets
사퇴 辭退 ―하다 decline; refuse to accept
사투리 a dialect 런던― Cockney
사회 社會 society, a community(공동사회) ―주의 socialism
사회자 司會者 a chairman; (방송 등의) the master of ceremonies(略: MC)
싹 a bud, a sprout
삭감 削減 ―하다 cut down, reduce; shorten
산 山 a mountain; (작은) a hill
산꼭대기 山― a peak, the summit [top] of a mountain
산들바람 a gentle [light] breeze
산맥 山脈 a mountain range
산물 産物 a product
산소 酸素 oxygen ―마스크 an oxygen mask
산업 産業 industry
산울림 山― an echo
산책 散策 a walk ―하다 walk,

go for a walk, take [have] a walk
산호 珊瑚 coral ―도[초] a coral island[reef]
살 flesh
쌀 rice
살갗 the skin
살그머니 quietly; secretly (몰래)
살금살금 stealthily (몰래)
살다 live, dwell ¶살아 있다 be alive
살림 living, life
살아남다 survive
살인 殺人 murder
살짝 quietly, gently(조용히); secretly (몰래)
삶다 boil, cook(조리하다)
삼거리 三― a forked road
삼월 三月 March
삽입 挿入 ―하다 insert, put in
삽화 挿畫 an illustration
상 像 an image, a figure
상 賞 a prize, a reward
상관하다 相關― (간섭하다) interfere (member
상기 想起 ―하다 recall, remember
상냥하다 kind, sweet
상담 相談 ―하다 have a talk with; consult with
상당 相當 ¶～한 fair, considerable∥～히 much, very(매우); pretty (꽤)
상대 相對 a partner; a rival
상류 上流 (강의) the upper course
상륙 上陸 ―하다 land at [in], go on shore, disembark ―권 a shore pass ―부두 a landing pier
상무 常務 a managing director
상사 商社 a (commercial) firm
상상 想像 ―하다 imagine
상세 詳細 details
상식 常識 common sense, good sense
상아 象牙 ivory
쌍안경 雙眼鏡 (육상용) a field glass; (해상용) a marine glass; (극장용) an opera glass
상어 a shark
상업 商業 commerce, trade
상영 上映 ―하다 show ¶～ 중 《게시》 Now showing
상용 商用 ¶～으로 on business
상원 上院 the Upper House; (영국의) the House of Lords; (미국의) the Senate
상인 商人 a tradesman, a merchant
상자 箱子 a box, a case
상점 商店 《美》 a store, 《英》 a shop ―가 a shopping

street; a shopping center [district]

상징 象徵 a symbol

상처 傷處 a wound, an injury; a cut (베인 상처) ¶ ～를 입다 be [get] injured [wounded, hurt] // ～를 입히다 wound, hurt, injure

상태 狀態 a condition, a state

상표 商標 a trademark, a brand, a label

상품 商品 a commodity ―견본 a sample ―권 an exchange check ―목록 a catalogue

상품 賞品 a prize

상하다 傷― go bad, spoil, rot

상행열차 上行列車 an up train

상호 相互 ¶ ～(간에) each other, one another

상환 相換 ―하다 exchange, change 대금―인도 cash on delivery

상황 狀況 situation, circumstances, a state

쌓다 accumulate, heap (up), pile

쌓아올리다 pile up [up

쌓이다 accumulate (축적되다)

새 a bird; a fowl, poultry

새끼발가락 the little toe

새끼손가락 the little finger

새다[1] (밤이) dawn

새다[2] (누출하다) leak, escape, come through

새로운 new; fresh (신선한); novel (신기한)

새벽 dawn, daybreak

새우 a lobster; a shrimp ―튀김 a fried lobster

새파랗다 deep blue; (안색이) deadly pale

새하얗다 snow-white, pure white

색 色 a color

색인 索引 an index

샌드위치 sandwitches

샐러드 salad 야채― vegetable salad 햄― ham and salad

샘 a spring, a fountain

샛길 a bypath

생각 thinking, thought, an idea; an opinion ―하다 think 《of》, 《美》 guess; believe (믿다); expect (예기하다); hope (바라다); wonder (이상히 여기다)

생각나다 recall, remember

생계 生計 livelihood, living

생글생글 smilingly, with a smile

생김새 a look, a figure; a shape, a form

생년월일 生年月日 the date of one's birth, one's birthdate

생도 生徒 a pupil; a schoolboy, a schoolgirl

생략 省略 ―하다 omit, abbreviate, abridge

생명 生命 life ―보험 life insurance

생명체 生命體 a living thing

생물 生物 a living thing, a creature

생산 生産 production ―하다 produce; make (만들다)

생선 生鮮 fresh [raw] fish

생애 生涯 life, lifetime

생일 生日 one's birthday

생존 生存 ―하다 exist; live; survive

생질 甥姪 a nephew

생활 生活 life ―하다 live

생활비 生活費 living expenses, the cost of living

샤워 a shower (bath)

샴페인 champagne

샴푸 shampoo

서가 書架 a bookshelf

서구 西歐 Western Europe ―제국 European countries

서기 書記 a clerk

써넣다 fill in

서늘하다 cool, refreshing

서다 (일어서다) stand up, rise; (정지하다) stop

서두르다 hurry, hasten, make haste; be in a hurry ¶ 서둘러서 in haste, in a hurry

서랍 a drawer

서로 each other, one another

서류 書類 a document, papers ―가방 a briefcase

서리 frost

서명 署名 a signature ―하다 sign one's name to

서부극 西部劇 a western

서서히 徐徐― slowly, little by little, step by step

서신 書信 ¶ ～을 주고받다 correspond with [dent

서양 西洋 the West, the Occi-

서어비스료 ―料 service charge

서재 書齋 a study

서점 書店 a bookseller's, 《美》 a bookstore, 《英》 a bookshop

서쪽 西― the west

서투르다 poor, bad, clumsy, unskillful, awkward

서행 徐行 《게시》 Slow Down

석간 夕刊 an evening paper

섞다 mix

썩다 go bad, spoil, rot

석양 夕陽 the evening [setting] sun

석유 石油 petroleum, oil

섞이다 be mixed, mix, mingle

선 線 a line; (전신의) a wire; (철도의) a line, a track

선객 船客 a passenger —계원 a steward

선거 選擧 —하다 elect

선교사 宣敎師 a missionary

선글라스 sunglasses

선로 線路 a track, a railroad line

선명 鮮明 ¶～한 clear, bright

선물 膳物 a present, a gift, (여행의) a souvenir —가게 a souvenir [gift] shop

선미 船尾 the stern

선반 a shelf; a rack (그물선반)

선사 膳賜 —하다 present

선생 先生 a teacher

선수 船首 the bow

선수 選手 a player

선실 船室 a cabin, (특등·1등) a stateroom

선언 宣言 —하다 declare

선원 船員 a seaman, a sailor, a mariner; the crew (총칭)

선의 善意 good will, good intentions

선인장 仙人掌 a cactus

선장 船長 a captain

선전 宣傳 propaganda —하다 advertise 「father

선조 先祖 an ancestor, a fore-

선종 禪宗 the Zen sect

선진국 先進國 an advanced country 「pier

선창 船艙 a wharf, a quay, a

선풍기 扇風機 an electric fan

설계 設計 a plan, a design

썰다 (칼 따위로) cut; chop (크게); hash (잘게); slice (얇게)

설득 說得 —하다 persuade

설령 設令 even if, (al)though

설립 設立 —하다 establish, found

설명 說明 —하다 explain; (예를 들어) illustrate —서 an explanation

설비 設備 equipment, facilities

설사 設使 ⇨ 설령

설탕 雪糖 sugar

섬 an island

섬유 纖維 a fiber —제품 textile goods

섭씨 攝氏 Centigrade (略: C.)

성 姓 a family name

성 城 a castle, a fortress

성가시다 troublesome, annoying 「ty

성격 性格 character, personali-

성공 成功 success —하다 succeed in

성기다 sparse, thin

성내다 get angry with [about]

성년 成年 ¶～이 되다 come of age

성능 性能 ¶～이 좋은 efficient

성대 盛大 ¶～한 grand, splendid

성명 聲明 —하다 declare; announce 공동— a joint communiqué

성서 聖書 the (Holy) Bible, the Scriptures 「honest

성실 誠實 ¶～한 sincere,

성의 誠意 ¶～있는 sincere

성인 成人 an adult, a grownup

성장 成長 growth —하다 grow —률 growth rate

성장 盛裝 —하다 dress up, be dressed up, be in one's best

성적 成績 result; (학교의) record

성질 性質 nature; character; (물건의) quality 「fill

성취 成就 —하다 achieve, ful-

세간 household furniture

세계 世界 the world —일주 여행 a tour round the world, a round-the-world tour

세공 細工 work

세관 稅關 a custom office, the customs —검사 customs inspection —신고서 customs declaration papers —원 a custom officer

세균 細菌 a bacillus, bacteria

세금 稅金 a tax

세기 世紀 a century

세놓다 貰— lend; (가옥 등을) rent

세다¹ (수를) count, number

세다² (강하다) strong

세대주 世帶主 a householder

세례 洗禮 baptism; christening

세면 洗面 —하다 wash one's face —대 a sink, a wash basin —도구 a toilet set —소 a toilet room, a washroom, a lavatory 「office

세무서 稅務署 a tax [taxation]

세발 洗髮 —하다 shampoo

세상 世上 the world

세수 洗手 —하다 wash one's face and hands —대야 a wash basin

세우다 (기둥 등을) stand, set up; erect; (건물을) build; (정지시키다) stop

세일즈맨 a salesman

세탁 洗濯 —하다 wash, launder —소 a laundry 전기—기 an electric washing

세트 ¶머리를 ～하다 have one's hair set

셋방 貰房 《美》 a room for rent, 《英》 a room to let

셋집 貰— 《美》 a house for rent, 《英》 a house to let; a rented [hired] house

셔터 (카메라의) a shutter; (덧문) a shutter ¶~를 누르다 press [click] the shutter—스피이드 shutter speed

소 a cow; an ox

소개 紹介 ―하다 introduce ¶자기 ~를 하다 introduce one-self―자 an introducer ―장 a letter of introduction

소경 a blind person

소극적 消極的 negative, passive

소금 salt

소나기 a shower

소독 消毒 ―하다 disinfect

소동 騷動 a riot; an outbreak; a trouble

소득 所得 income

소란 騷亂 ¶~스러운 noisy//~피우다 make a noise, be noisy

소련 蘇聯 the Soviet Union

소리 a sound; a noise ¶~를 내다 make a noise// ~ 치다 shout, cry; roar

소매 a sleeve

소매 小賣 retail sale

소매치기 a pickpocket

소맥 小麥 wheat

소모 消耗 ―하다 consume ―품 articles of consumption

소문 所聞 a talk, a rumor

소방서 消防署 a fire station

소방수 消防手 a fireman

소변 小便 urine, water ¶~ 금지 《게시》 No Nuisance

소비 消費 ―하다 consume, spend

소생하다 蘇生― revive

소설 小說 a novel ―가 a novelist

소수 少數 ¶~ 의 a small number of, a few

소시지 sausage

소식 消息 news; a letter(편지); information ¶~ 이 있다 hear from

소심 小心 ¶~ 한 timid, shy

쏘아올리다 shoot up, set off, launch

소양 素養 knowledge (지식)

소오다수 ―水 soda water

소오스 sauce

소용 所用 ¶~ 되는 needed, required, necessary

소위 所謂 so-called, what you [they] call

소유 所有 ―하다 have, possess, own ―자 an owner, a possessor

소인 消印 a postmark, a stamp

소재지 所在地 the seat 《of》

소지금 所持金 money in hand

소지품 所持品 personal effects [belongings], one's belongings [things]

소질 素質 nature, qualities

소책자 小冊子 a pamphlet, a booklet; a brochure

소파 a sofa 「package

소포 小包 a parcel; 《美》 a

소풍 逍風 an excursion

소하물 小荷物 a parcel ―취급소 a parcels office

소형 小型 ¶~ 의 small-sized, of small size ―자동차 a compact car

소화 消火 ―하다 extinguish ―기 a fire extinguisher ―전 a fire hydrant

소화 消化 ―하다 digest ―불량 indigestion

소환 召喚 a summons

속달 速達 express [special] delivery ―우편 express delivery mail [post]

속담 俗談 a proverb, a saying; a maxim

속도 速度 speed; rate ―제한 a speed limit

속삭이다 whisper

속옷 underwear, an undershirt (남성용); lingerie (여성용)

속이다 deceive, cheat

속출 續出 ―하다 appear [occur] in succession

손 a hand; an arm(팔)

손가락 a finger

손님 a guest; (방문객) a caller, a visitor; (고객) a customer

손대다 (만지다) touch

손목 a wrist ―시계 a wrist watch

손수건 ―手巾 a handkerchief

손아랫사람 one's inferior [junior] 「ior]

손윗사람 one's superior [sen-

손익 損益 profit and loss, loss and gain

손자 孫子 a grandchild

손잡이 a handle, a knob(문·서랍 등의) ―끈 (전차 등의) a strap

손톱 a nail

손톱깎이 a nail clipper

손해 損害 damage, injury; loss (손실)

솔 a brush

솔직 率直 ¶~ 한 frank; plain

솔질하다 brush

솜 cotton

솜씨 ¶~ 가 좋은 skillful, good

솟다 (높이) rise (high); tower

송료 送料 (우편의) postage; (하물의) carriage

송별회 送別會 a farewell [send-off, goodbye] party

송아지 a calf

송어 松魚 a trout

송이 (꽃·과일의) a bunch

쇠 metal (금속)

쇠고기 beef

쇠약 衰弱 ¶~ 해지다 grow 「weak

쇼울 a shawl

쇼울더백 a shoulder bag

쇼핑 shopping —하다 do one's shopping —객 a shopper —바스켓[바구니] a shopping bas-ket

수 數 a number

수건 手巾 a towel 목욕— a bath towel 종이— a paper towel

수고 手苦 —하다 take pains; work hard

수공예품 手工藝品 handworks

수다떨다 chatter; talk idly

수다스럽다 talkative

수단 手段 a means

수도 水道 waterworks, water service

수도 首都 the capital

수란 水卵 poached eggs

수령 受領 —하다 receive, accept

수리 修理 —하다 repair

수많은 數— many, a crowd of, a large number of

수면 睡眠 sleep

수면제 睡眠劑 a sleeping drug [medicine]; a sleeping pill [tablet](정제)

수박 a watermelon

수병 水兵 a sailor, a seaman

수상 首相 the Premier, the Prime Minister

수상 殊常 ¶~ 한 doubtful; suspicious; strange(이상한) ¶~ 히 여기다 doubt; suspect; wonder

수상경찰 水上警察 the harbor [water] police

수소폭탄 水素爆彈 a hydrogen bomb, an H-bomb

수속 手續 procedure; (정식의) formalities

수송 輸送 —하다 transport

수수께끼 a riddle, a puzzle

수수료 手數料 a charge, a fee, a commission

수수하다 plain, sober, simple

수술 手術 an operation

수습 修習 —하다 learn; receive training

수신 受信 —하다 receive a message —인 an addressee

수업료 授業料 a school fee

수여 授與 —하다 give

수염 鬚髥 a mustache(콧수염); whiskers(구레나룻); a beard (턱수염) ¶~ 을 깎다 shave

수영 水泳 swimming, bathing

수요 需要 demand

수요일 水曜日 Wednesday

수용 收容 —하다 accommodate

수우트케이스 a suitcase

수우퍼마아켓 a supermarket

수우프 soup

수위 守衛 a guard

수은 水銀 mercury —등 a mercury lamp

수익 收益 profits, gains

수입 收入 an income, earnings —인지 a revenue stamp

수입 輸入 —하다 import

수자 數字 a figure, a numeral

수정 水晶 crystal

수정 修正 —하다 amend, revise

수증기 水蒸氣 vapor; steam

수집 蒐集 —하다 collect, gather

수차 水車 a water wheel

수채화 水彩畫 a watercolor

수첩 手帖 a notebook

수출 輸出 —하다 export

수취인 受取人 a receiver

수치 羞恥 shame, disgrace ¶ ~ 스러운 shameful

수컷 a male; (새의) a cock

수평비행 水平飛行 level flight

수평선 水平線 the horizon

수표 手票 《美》 a check, 《英》 a cheque

수풀 a wood; a grove

수필 隨筆 an essay

수하물 手荷物 《美》 baggage, 《英》 luggage ¶~ 을 맡기다 check one's baggage// ~ 로 부치다 check a baggage —보관소 《美》 a check room, 《英》 a cloak room —접수 카운터 a baggage counter —제한 baggage limit —취급소 a baggage office —표 a check

수해 水害 a flood disaster

수화기 受話器 a (telephone) receiver

수확 收穫 a crop, a harvest —하다 harvest, reap

숙련 熟練 ¶~ 되다 become skillful

숙면 熟眠 —하다 sleep soundly; have a good sleep

숙모 叔母 an aunt

숙박 宿泊 —하다 put up [lodge] 《in, at》, check in ¶~ 시키다 lodge; give a person a bed —부 a hotel register —비 hotel [lodging] charges

숙부 叔父 an uncle

숙소 宿所 (여관) a hotel, an inn

쑥스럽다 be [feel] abashed

숙이다 ¶고개를 ~ hang one's head; droop

순간 瞬間 a moment, an instant

순경 巡警 a policeman 교통— a traffic policeman

순금 純金 pure gold
순서 順序 order
순수 純粹 ¶ ～ 한 pure, genuine
순시선 巡視船 a patrol vessel
순조 順調 ¶ ～로운 favorable, satisfactory, smooth
순종 順從 ¶ ～ 하는 obedient
순진 純眞 ¶ ～ 한 pure, innocent
술¹ (장식물) a tuft; a tassel
술² (주류) liquor; wine
술술 smoothly; fluently; easily (쉽게)
술주정꾼 —酒酊— ⇨ 주정꾼
숨 a breath
숨기다 hide, conceal
숨다 hide, conceal *oneself*
숨쉬다 breathe 　「mire
숭배 崇拜 ―하다 worship, ad-
숲 a wood, a forest
쉬다 rest, take a (short) rest; (결근하다) be absent from
쉴새없이 constantly, continuously
쉽다 easy; simple (간단하다)
스낵바아 a snack bar
쓰다¹ (글씨를) write; spell
쓰다² (모자 따위를) put on; wear
쓰다³ (물건을) use; (사람을) employ; (돈을) spend
쓰다⁴ (맛이) bitter
쓰다듬다 stroke; caress
쓰러뜨리다 bring down, fell
쓰러지다 fall; (죽다) die
쓰레기 scraps, waste (폐물)
쓰레기통 ―桶 a trash basket
쓰레받기 a dustpan
스며들다 soak into, permeate
스스로 (몸소) personally, in person; for oneself; by oneself (자기 힘으로)
스웨터 a sweater
쓰이다 (사용되다) be used, be in use ¶쓰이지 않게 되다 go out of use
스카아프 a scarf
스커어트 a skirt
스케이트 (a pair of) skates; (얼음지치기) skating
스케줄 a schedule
스크램블에그 scrambled eggs
스키이 skiing; a ski
스탬프 a stamp; a date stamp (소인) 기념― a commemorative stamp
스튜우 stew
스튜워드 a steward
스튜워디스 a stewardess
스파게티 spaghetti
스페인 Spain ¶ ～ 의 Spanish
스포오츠 (a) sport ―시설 sports facilities

스폰서 a sponsor
스푸운 a spoon
쓸다 sweep
슬리퍼 (a pair of) slippers
쓸쓸하다 (외롭다) lonely, lonesome
쓸쓸해지다 (황폐해서) become desolate 　　「for
슬퍼하다 be sad, feel sorrow
슬픈 sad, sorrowful
슬픔 sorrow, grief
습관 習慣 a custom, a habit
습도 濕度 humidity
습득 拾得 ―하다 pick up; find
습득 習得 ―하다 master; acquire
습득물 拾得物 a find; something found―취급소 the lost and found
승객 乘客 a passenger ―계 a passenger clerk [agent] ―명부 a passenger list ―안내소 an information [inquiry] office
승낙 承諾 ―하다 consent [assent, agree] to
승무원 乘務員 《총칭》the crew; a crew 　　「contest
승부 勝負 a match, a game, a
승선하다 乘船― go on board (a ship) 　　「prove
승인 承認 ―하다 accept, approve
승차 乘車 ―하다 take a train, get in [on] a train ―권 a ticket 할인―권 a cheap ticket
씌우개 a cover
씌우다 cover; veil(가리다); put *a thing* on
시 詩 a poem; poetry
씨 a seed; a stone
시가 市街 a street
시간 時間 hour; time ¶많은 ～ 을 요하다 require much time
시간표 時間表 a timetable 열차― a train schedule
시계 時計 a clock; a watch
시계 視界 sight
시골 the country; *one's* home (고향)
시끄럽다 noisy
시금치 spinach
시기 時期 time; season
시기 時機 (기회) a chance, an opportunity 　　「jealous of
시기 猜忌 ―하다 envy, be
시내 市內 the city ―전차 《美》 a streetcar, 《英》 a tramcar
시늉 ¶ ～ 을 하다 pretend
시다 sour, acid
시대 時代 an epoch, a period
시도 試圖 ―하다 try, attempt
시들다 (초목이) wither
시련 試練 a test, a trial
시립 市立 ¶ ～ 의 city; municipal
시민 市民 a citizen

시민권 市民權 citizenship

시보 時報 a time announcement ⌈ics

시사문제 時事問題 current topics

시설 施設 an establishment, an institution

시세 時勢 (시대의 형세) the times

시속 時速 speed per hour

시시하다 trifling; worthless

시야 視野 the field of vision, the view, an outlook(견해)

시월 十月 October

시이즌 a season

시이트 a sheet

시인 詩人 a poet

시작 始作 the beginning, the start, the opening ¶~되다 begin, start; (전쟁 등이) break out; set about

시장 市長 a mayor

시장 市場 a market; a fair

시중들다 attend, accompany

시차 時差 time difference

시찰 視察 ―하다 inspect, observe ―단 an inspectional party ―여행 a tour of inspection

시청 市廳 a municipal [city] office, 《美》 a city hall

시초 始初 the beginning; the origin(기원); the source(원천); the start, the opening

시합 試合 a match, a contest

시험 試驗 an examination, a test ―하다 try; test

식 式 a ceremony; type (형)

식기 食器 tableware

식다 cool, get [grow] cold

식단(표) 食單(表) a menu

식당 食堂 a restaurant(음식점); (방) a dining room; (호텔 등의) a dining hall ―차 a dining car

식량 食糧 food, provisions

식료품점 食料品店 a grocery (store), 《英》 a grocer's (shop)

식물 植物 a plant ―원 a botanical garden

식민지 植民地 a colony

식비 食費 (하숙의) board; (가정의) table expenses

식사 食事 a meal; dinner ―하다 take a meal

씩씩하다 manly

식염 食鹽 (table) salt

식욕 食慾 appetite

식초 食酢 vinegar

식히다 cool

신 神 God; a god

신경질적 神經質的 nervous

신고 申告 a notice ―하다 make a statement, report; (세관에서) declare; notify

신념 信念 belief, faith, conviction

신다 (신 따위를)put on; wear

신랑 新郎 a bridegroom

신뢰 信賴 trust, reliance ―하다 trust, rely on ¶~할 수 있는 reliable

신문 新聞 a (news)paper ―기자 ⇒ 기자 ―사 a newspaper office ―판매대 a newsstand ―팔이 소년 a newspaper boy

신부 新婦 a bride

신분 身分 social position, rank ―증명서 an identity card

신사 紳士 a gentleman

신사복 紳士服 《美》 a business suit, 《英》 a lounge

신선 新鮮 ¶~한 fresh, new

신성 神聖 ¶~한 sacred, holy

신식 新式 ¶~의 new; modern, up-to-date ⌈lief

신앙 信仰 (religious) faith, belief

신용 信用 trust, credit ―하다 trust ¶~할 수 있는 trustworthy ―장 a letter of credit

신음 呻吟 ―하다 growl; groan

신장 身長 height

신장 腎臟 the kindey

신중 愼重 ¶~한 careful, prudent

신청 申請 an offer; an application ―하다 propose; apply for; offer; request ―자 an applicant

신호 信號 a signal; a sign ―하다 make a sign

신혼여행 新婚旅行 a honeymoon

신화 神話 a myth; mythology

싣다 (짐을) load

실 yarn(방적사), thread; string

실격 失格 ―하다 be disqualified from [for]

실내 室內 ¶~의 indoor

실망 失望 ―하다 be discouraged [disappointed] 《at, of, in》

실성 失性 ¶~한 mad, crazy, insane

실수 失手 a fault, a mistake, an error ¶~로 by mistake ―하다 mistake, make a mistake, err

실시 實施 ―하다 put [bring] *a thing* in operation, carry 《a law》 into effect

실업 失業 ―하다 lose *one's* job

실업 實業 business ―가 a businessman

실온 室溫 ―조절장치 a room thermostat

실용적 實用的 practical, useful

실제로 實際— really, in truth, practically

실패 失敗 —하다 fail in

실행 實行 —하다 execute, practice 「test

실험 實驗 an experiment, a

실현 實現 ¶～되다 realize, come true 「of

싫증 ¶～나다 be tired [weary]

심 心 (양초의 심지) a wick; (연필의) lead

심각 深刻 ¶～한 serious

심다 plant

심리 心理 a mental state, psychology

심부름 a mission, an errand —꾼 a messenger

심사 審査 —하다 judge, exam- 「Line

심장 心臟 the heart

심하다 甚— severe, violent, fierce, intense

심호흡 深呼吸 —하다 take a deep breath

십이월 十二月 December

십일월 十一月 November

씻다 wash

싱싱하다 ¶싱싱한 채소 fresh vegetables

O

아까 some time ago

아깝다 be too good ((for)) ¶아까와하다 grudge

아기 a baby

아끼다 spare

아내 one's wife

아들 a son

아래층 —層 ¶～에 [으로] downstairs

아랫사람 one's inferior[junior]

아르바이트 a side job, side work

아름답다 beautiful, pretty, lovely, fine 「maybe

아마(도) perhaps, probably;

아마튜어 an amateur

아메리카 America ⇨미국

아무렇거나 ¶～하는 random (무작위의)

아버지 one's father

아사 餓死 —하다 die of hunger

아아케이드 an arcade

아이 ¶～를 보다 look after a baby, nurse (a baby)

아이스크림 ice cream

아저씨 (숙부·백부·고모부·이모부 등) an uncle

아주 all, entirely, perfectly

아주머니 an aunt

아지랭이 a haze

아직 yet, still 「get dizzy

아찔하다 ¶눈앞이 아찔해지다

아첨 flattery

아침 morning

아침식사 —食事 breakfast

아파아트 《美》 an apartment house; 《英》 flats

아프다 painful, sore 「ment

악기 樂器 a musical instru-

악단 樂團 an orchestra, a band

악센트 an accent

악수 握手 a handshake —하다 shake hands with

악어 鰐魚 a crocodile, an alligator —가죽 alligator-skin

악용 惡用 —하다 abuse, misuse

악의 惡意 ill will, malice

악천후 惡天候 foul weather, bad weather

안 案 a bill; a proposal(제안); an idea (계획)

안개 a fog, (엷은) a mist ¶짙은 ～ a dense fog

안경 眼鏡 glasses, (a pair of) spectacles

안과의사 眼科醫師 an eye doctor, an oculist

안내 案內 —하다 guide, lead, show(인도하다); inform(통지하다) —서 a guidebook —소 an information (desk, office) — 인 a guide

안내도 案內圖 an information map 선내— a ship's plan

안녕 安寧 ¶～! (헤어질 때) Good-by!; So long! /～ 하십니까(아침인사) Good morning!; (오후에) Good afternoon!; (저녁 때에) Good evening!; (오래간만에 만났을 때) How are you? /～ 히 주무세요 Good night!

안다 embrace

안달 ¶～하는 impatient; nervous; irritated

안되다 ¶… 해서는 ～ must not, don't; may not

안뜰 a courtyard

안락 安樂 ¶～한 easy, comfortable —의자 an easy chair, an armchair

안부 安否 ¶～를 걱정하다 be anxious about a person's safety

안색 顏色 complexion

안심 安心 —하다 feel easy

안약 眼藥 eye lotion 「about

안전 安全 ¶～한 safe, secure —벨트 a safety belt

안정 安定 —하다 be [become] stabilized

안쪽 the inside

안주 按酒 a side dish(for wine)

앉다 sit (down), take a seat

알갱이 a grain

알다 know, be aware of; (이

해하다) understand; see

알뜰하다 thrifty, frugal, saving

알랑거리다 ¶ 알랑거리는 말 a compliment, a flattery

알리다 inform *a person* of, let *a person* know, tell

알맞다 fit, suit, be suited to [for]

알선 斡旋 **—하다** assist, recommend **—료** service charge

알아보다 look into; (인식) recognize

알아차리다 notice, become aware of; realize

알현 謁見 **—하다** be received in audience 《by》

암 癌 cancer

암살 暗殺 **—하다** assassinate

암시 暗示 a hint, a suggestion

암컷 a female

압력 壓力 pressure

앞문 —門 the front door

앞지르다 outrun, get ahead of; outstrip

앞치마 an apron

애교 愛嬌 ¶ ～ 있는 charming, attractive

애국가 愛國歌 a national anthem 「ing

애도 哀悼 condolence, mourn-

애매 曖昧 ¶ ～ 한 vague, ambiguous

애비뉴 an avenue

애석 哀惜 ¶ ～ 해하다 be sorry, regret 「mal)

애완동물 愛玩動物 a pet (ani-

애정 愛情 love, affection

액면 額面 amount

액세서리 an accessory

액체 液體 liquid, fluid

야간열차 夜間列車 a night train 「night

야간영업 夜間營業 business at

야구 野球 baseball 프로— professional baseball

야당 野黨 a party out of power

야만 野蠻 ¶ ～ 적 barbarous

야심 野心 ambition

야위다 become thin ¶ 야윈 thin, lean

야자열매 椰子— a coconut

야채 野菜 vegetables, greens

야하다 野— showy, gaudy, loud

약 約 about, some, 《美》 around

약 藥 a medicine; (가루약) a powder; (알약) a pill; a tablet

약간 若干 a few; a little

약국 藥局 《美》 a drugstore; 《英》 a chemist's (shop)

약도 略圖 a sketch (map)

약속 約束 a promise, an en-

gagement, an appointment

약손가락 藥— the third [ring] finger

약점 弱點 a weak point

약제사 藥劑師 a druggist, a pharmacist

약하다 弱— weak, delicate, feeble; (물건이) fragile, frail ¶ 약해지다 weaken, grow weak [feeble] 「to

약혼 約婚 **—하다** be engaged

얄궂다 odd, strange, ironical

얌전하다 gentle; mild, good

양 羊 a sheep; a lamb(새끼양) —고기 mutton

양 量 quantity

양념 spices

양도 讓渡 **—하다** transfer, hand over

양로원 養老院 an asylum for the aged, an old people's home

양말 洋襪 (짧은) socks; (긴) stockings

양배추 洋— a cabbage

양보 讓步 **—하다** concede

양복 洋服 a dress; a suit

양산 陽傘 a parasol

양성 養成 **—하다** train

양식 洋式 European [Western] style

양식 洋食 European [Western] food [dishes]

양심 良心 conscience ¶ ～ 적 conscientious

양쪽 兩— (쌍방) both ¶ ～ 이 다 아니다 neither

양지 陽地 ¶ ～ 바르다 be sunny

양친 兩親 *one's* parents

양털 羊— wool

양파 洋— an onion

양해 諒解 **—하다** understand

양화점 洋靴店 《美》 a shoe store [《英》 shop]

얕다 shallow

어깨 a shoulder

어기다 (규칙을) break, violate

어나운스먼트 an announcement

어떤 a, one, a certain, some

어떻게 how

어떻게든 (꼭) by all means

어둡다 dark, gloomy ¶ 어두워 지다 (날이) get dark

어디 where, what place

어렵다 hard, difficult

어른 an adult; (남자) a man; (여자) a woman

어리다 infant, young

어리석다 foolish, silly

어버이 parents

어서 ¶ ～ 오세요 Come (in) !; Welcome !

어슬렁거리다 loiter, walk about, stroll [hang] about

어업 漁業 fishery, the fishing industry

어울리다 become, suit ¶어울리는 suitable, becoming

어째서 why

어쩌면 perhaps, maybe; or

어제 yesterday

어지러워지다 (문란해지다) be disturbed; be disordered, be confused

어지럽다 be dizzy [giddy]

어지럽히다 disturb

어지르다 scatter; put *things* in disorder

어찌할바를모르다 be at a loss; be at *one's* wits' end

어처구니없다 absurd, astounding

어학 語學 language study

어항 漁港 a fishing port

어휘 語彙 a vocabulary

억 億 a hundred million, 《美》 a billion

억누르다 hold down; (감정·욕망 등을) control

억제 抑制 —하다 control, restrain, check

언덕 a hill, a height

언어 言語 language

언쟁 言爭 —하다 quarrel; dispute (논쟁하다)

언제 when, (at) what time

언제나 always (항상); usually (일상); whenever (…할 때마다)

얼굴 a face —생김새 a face, looks

얼다 freeze, be frozen (over)

얼룩 a stain, a spot

얼마간 some; any; a little

얼마나 how many; how much

얼음 ice

엄격 嚴格 ¶~한 strict, stern

엄밀 嚴密 ¶~한 strict, precise

엄습 掩襲 —하다 attack

엄중 嚴重 ¶~한 strict

엄지발가락 the big toe

엄지손가락 the thumb

엄하다 嚴— severe, strict, stern

없어지다 be lost, be missing (분실하다); (써서) be used up, give out, run out [short] of(떨어지다)

엇갈리다 ¶엇갈려 지나가다 pass (by) each other

엉겁결에 unconsciously, unintentionally, in spite of *oneself*

엉터리 a fake, a quack, a sham

엎지르다 spill ¶엎질러지다 spill, be spilt

에그프라이 a fried egg; (노른

자가 위를 향하게 하고 한쪽만 구운) (a) sunny-side up

에누리 —하다 reduce the price

-에도 불구하고 —不拘— in spite of…

에스컬레이터 an escalator

에워싸다 enclose, surround

에코노미클라스 (비행기 등의) economy class

에티켓 etiquette

엑스선사진 —線寫眞 an X-ray photograph

엘리베이터 《美》 an elevator, 《英》 a lift

여가 餘暇 leisure; spare time

여객기 旅客機 a passenger airplane; an airliner (정기의)

여객선 旅客船 a passenger steamer [boat]

여관 旅館 a hotel, an inn

여권 旅券 a passport ¶~을 신청하다 apply for a passport —심사 passport control —심사관 a passport controller

여급 女給 a waitress

여기저기 here and there, from place to place

여느때 ¶~의 usual // ~처럼 as usual

여론 輿論 public[general] opinion

여름 summer

여백 餘白 blank (space), margin

여보세요 (전화에서) Hello!

여분 餘分 ¶~의 extra, excessive

여비 旅費 traveling expenses

여성 女性 a woman

여송연 呂宋煙 a cigar

여왕 女王 a queen

여우 女優 an actress

여유 餘裕 room(여지); time(시간); (경비 등의) a margin

여인숙 旅人宿 an inn

여자 女子 a woman, a female

여전 如前 ¶~히 as usual, as before

여쭙다 (묻다) ask

여지 餘地 room, space; margin

여행 旅行 a travel, a journey; a trip —하다 travel —대리점 a travel agent —안내소 a tourist information office —일정 itinerary —자 a traveler, a tourist —자용 수표 a traveler's check

여흥 餘興 an entertainment

역 驛 a station, 《美》 a depot

역사 歷史 history

역시 亦是 (또한) too, also; 《not》 either; (여전히) still

역원 驛員 a station employee

역할 役割 a part; (연극의 배역) a cast

연결 連結 —하다 tie, chain, connect ¶ ~되다 be connected with

연구 研究 —하다 study, make researches in —소 a research institute

연극 演劇 a drama, a play

연금 年金 a pension

연기 延期 —하다 put off, postpone

연기 煙氣 smoke

연기 演技 —하다 play, act, perform

연락 連絡 —하다 connect, communicate, correspond ¶ ~을 취하다 contact, get in touch with —선 a ferryboat —처 contact address

연료 燃料 fuel

연말 年末 《at》 the year-end

연못 蓮— a pond

연설 演說 a speech, an address

연속 連續 —하다 continue; last

연습 練習 —하다 exercise, practice

연안 沿岸 the coast, the shore

연어 鰱魚 a salmon ¶ 훈제한 ~ a smoked salmon

연예 演藝 entertainments 「구)

연장 a tool; an instrument(기

연장 延長 —하다 extend, prolong

연주 演奏 a performance —회 a concert, a recital (독주회)

연중 年中 all the year round

연착 延着 delayed arrival

연필 鉛筆 a pencil

연회 宴會 a feast, a banquet, a dinner party

열 列 a row, a line; (차례를 기다리는) a queue

열 熱 heat(열기); fever(신열) ¶ ~이 있다 have a fever

열다 open; (개최하다) hold, give

열대 熱帶 the Torrid Zone ¶ ~의 tropical —지방 a tropical zone

열도 列島 (a chain of) islands

열등감 劣等感 inferiority complex

열리다 open; (개최되다) be held

열매 fruit; a nut ¶ ~를 맺다 bear fruit

열쇠 a key —구멍 a keyhole —집[고리] a key holder

열심 熱心 ¶ ~인 eager, earnest //—히 hard, with all one's might

열중하다 熱中— give oneself up to, be absorbed in

열차 列車 a train

엷다 (빛깔이) light, pale; (두께가) thin

염가판매 廉價販賣 a bargain sale 「about

염려 念慮 —하다 mind, care

엽궐련 葉— a cigar

엽서 葉書 a postal card

엿듣다 eavesdrop, overhear

엿보다 (들여다보다) peep into [through]

영 零 a zero, nought

영광 榮光 glory, honor

영구 永久 ¶ ~히 eternally, forever

영국 英國 England; Great Britain ¶ ~의 English, British

영리 怜悧 ¶ ~한 clever, wise

영사 領事 a consul —관 a consulate

영수증 領收證 a receipt

영양 營養 ¶ ~있는 nutritious

영어 英語 English, the English language 미국— American English 영국— British English —회화 English conversation

영업 營業 business, trade —하다 do business, engage in business —소 an office business [office] hours

영웅 英雄 a great man; a hero

영원 永遠 ¶ ~한 eternal, immortal

영주 永住 —하다 settle down 《in》, reside permanently 《in》 —권 denizenship

영토 領土 a territory

영하 零下 ¶ ~10도 10 degrees below zero

영향 影響 (an) influence, an effect

영화 映畵 a film, 《美》 a movie, 《英》 a cinema —관 《美》 a movie theater

옆구리 the side

예 例 an example, an instance ¶ ~를 들면 for instance, for example

예고 豫告 —하다 give notice of; warn —편 (영화의) a preview, a trailer

예금 預金 (a) deposit 당좌— a current deposit 정기— a fixed deposit

예매 豫賣 —하다 sell (tickets) in advance —권 a ticket sold in advance

예방 豫防 —하다 prevent —접종 preventive inoculation[vaccination]

예방주사 豫防注射 preventive injection —증명서 International Certificate of Vaccination, Vaccination Certificate

예보 豫報 forecasting

예쁘다 beautiful, pretty, lovely

예비 豫備 ¶~의 preparatory —지식 advanced [preliminary] knowledge

예산 豫算 an estimate; (정부의) a budget ¶~을 세우다 make a budget for

예상 豫想 —하다 expect, anticipate, look forward to

예선 豫選 (경기) a preliminary match [contest]; (선거) a primary

예수그리스도 Jesus Christ

예술 藝術 art

예약 豫約 —하다 preengage; (잡지를) subscribe; (좌석을) reserve, book ¶~필《게시》 Reserved

예외 例外 an exception

예의 禮儀 courtesy; etiquette, manners ¶~바른 well-behaved —범절 etiquette

예절 禮節 manners; etiquette

예정 豫定 a program, a schedule ┌example

예컨대 例— for instance, for

옛날 old times [days]; (고대) ancient times

오가다 come and go, pass (by)

오늘 today —밤 this evening, tonight

오다 come, be here; (비·눈이) fall, come down

오두막 —幕 a hut, a cottage

오락 娛樂 amusement; recreation; entertainment, pastime —실 a recreation [game] room

오래가다 (튼튼하여) last, keep long

오래간만에 after a long time

오랫동안 for a long time

오렌지 an orange

오류 誤謬 a mistake, an error

오르골 a music box

오르다 go up, rise, climb

오르되브르 hors d'oeuvres

오른손 the right hand

오른쪽 the right

오리 a (wild) duck

오믈렛 an omelet, 《英》 an omelette

오아시스 an oasis

오염 汚染 pollution

오오토바이 a motorcycle, a motorbike, 《美》 an autobike

오우버 an overcoat, 《英》 a greatcoat

오우트미일 oatmeal

오월 五月 May

오이 a cucumber

오전 午前 the morning, a.m.

오줌 urine, water

오페라 an opera —글라스 opera glasses

오해 誤解 —하다 mistake, misunderstand

오후 午後 the afternoon, p.m.

오히려 on the contrary, rather

옥상 屋上 a roof

옥수수 maize, Indian corn, 《美》 corn

온갖 all, every

온대 溫帶 the Temperate Zone

온더록 on the rock

온도 溫度 temperature —계 a thermometer

온수 溫水 warm [hot] water

온순 溫順 ¶~한 gentle, obedient

온스 an ounce (略: oz.)

온실 溫室 a greenhouse, a hothouse

온천 溫泉 a hot spring, a spa

온통 all over ┌gentle

온화 溫和 ¶~한 calm, quiet;

올려다보다 look up at

올리다 raise, lift (up)

올리브 an olive

올림픽 the Olympic Games

옮기다 remove, transfer; (번역하다) translate

옳다 right, just(공정하다); correct (정확하다)

옷 clothes, dress

옷걸이 a hanger

옷깃 a collar

옷장 —欌 a wardrobe

옷차림 dress, (personal) appearance

옷치장 —治粧 —하다 dress up, be dressed up, be in *one's* best

와이샤쓰 a (dress) shirt

와인리스트 a wine list

완고 頑固 ¶~한 obstinate, stubborn

완구 玩具 a toy, a plaything —점 a toyshop ┌ish

완료 完了 —하다 complete, fin-

완만 緩慢 ¶~한 easy, gentle

완성 完成 —하다 (일을) perfect, complete

완전 完全 ¶~한 perfect, complete

왕 王 a king ┌plete

왕래 往來 —하다 come and go; keep company with (사귀다)

왕복 往復 —하다 go and come back —승차권 《美》 a return ticket, 《英》 a round-trip ticket —엽서 a return (post) card —요금 a return fare

왕자 王子 a prince

왜 why, for what reason

왜냐하면 for, because

외과 外科 surgery

외관 外觀 appearance, looks

외교 外交 diplomacy —관 a

diplomat

외국 外國　a foreign country ¶ ～의 foreign∥ ～에 abroad∥ ～제의 foreign-made ─어 a foreign language ─인 a foreigner

외다 memorize, learn by heart

외래 外來 ¶ ～의 foreign (-made); imported

외롭다 lonely, lonesome

외무부 外務部 the Foreign Office, the Ministry of Foreign Affairs

외신 外信 a foreign telegram

외유 外遊 ─하다 go abroad

외자 外資 foreign capital

외출 外出 ─하다 go out

외치다 shout, cry

외투 外套 an overcoat

외화 外貨 foreign money [currency] ¶ ～의 신청 an application for foreign currency

외환 外換 foreign exchange

왼손 the left hand ─잡이 a left-hander

왼쪽 the left

요 褥 a mattress 「mand

요구 要求 ─하다 request, de-

요금 料金 a charge, a fee 기본─ flat rate ─정산소 fare adjustment window ─징수소 a tollgate ─통 a fare box ─투입구 a slot

요람 搖籃 a cradle

요리 料理 cooking(조리); a dish (음식) ─사 a cook; (수석) a chef

요법 療法 a (method of) treatment, a remedy

요소 要素 an element, a factor

요술 妖術 magic; (표기) jugglery

요양 療養 ─하다 recruit *oneself*, recuperate ─소 a sanatorium

요전날 the other day, a few days ago

요점 要點 the point, the gist

요즈음 (오늘날) nowadays, these days; (최근) recently, lately 「demand

요청 要請 ─하다 call [ask] for,

요컨대 要─ in short, in a word, after all

요트 a yacht

요하다 要─ want, need

욕 辱 abuse ─하다 call *a person* names; abuse

욕망 欲望 a desire; an ambition

욕실 浴室 a bathroom

욕심 慾心 avarice, greed; desire

욕조 浴槽 a bathtub, a bath

욧잇 褥─ a sheet

용감 勇敢 ¶ ～한 brave

용건 用件 business, a matter

용기 容器 a receptacle, a container

용도 用途 use, service

용돈 用─ pocket money

용무 用務 business

용서 容恕 pardon ─하다 pardon, forgive

용수철 龍鬚鐵 a spring

용적 容積 capacity, volume

용지 用紙 a blank; 《英》 a (blank) form 신청─ an application blank

용품 用品 an article; supplies 가정─ a domestic article

우거지다 grow thick 「son

우기 雨期 the rainy [wet] season

우박 雨雹 hail, a hailstone

우비 雨備 rain things

우산 雨傘 an umbrella

우선 于先 first (of all), to begin with; (당분간은) for the time being 「[post]

우송 郵送 ─하다 send by mail

우수 優秀 ¶ ～한 best, excellent, superior

우스꽝스럽다 funny, comical

우습다 funny 「ful

우아 優雅 ¶ ～한 elegant, graceful

우연히 偶然─ by chance, accidentally; (뜻밖에) unexpectedly 「gloomy

우울 憂鬱 ¶ ～한 melancholy,

우월감 優越感 a sense of superiority, superiority complex

우유 牛乳 (cow's) milk

우정 友情 friendly feelings, friendship

우주 宇宙 the universe, the cosmos; space ─복 a space suit ─비행사 a spaceman, an astronaut ─선 a spaceship, a spacecraft ─여행 a space travel ─왕복선 a space shuttle

우체국 郵遞局 a post office

우체통 郵遞筒 a mailbox, a letter box

우측통행 右側通行 《게시》 Keep (to the) Right

우편 郵便 《美》 mail, 《英》 post ─번호 zip code ─요금 postage ─취급시간 post office hours ─환 a money order

우표 郵票 a (postage) stamp

우현 右舷 the starboard

우호 友好 friendship ¶ ～적 friendly

우화 雨靴 rain shoes

우회 迂回 a detour ─하다

make a detour ¶～하시오 《게시》 Detour

우회전 右回轉 a right turn —하다 make a right turn

운 運 fortune, luck, fate ¶～ 좋은 lucky

운동 運動 (육체적) exercise

운명 運命 destiny, fortune

운송 運送 —하다 transport, carry —선 a cargo boat, a freighter

운임 運賃 (탈것의) fare; (화물의) freight

운전 運轉 —하다 drive; operate —면허증 a driver's license

운전수 運轉手 a driver, (자가용의) a chauffeur; (전차의) a motorman, a driver; (기차의) an engine driver; (기계·엘리베이터·버스의) an operator

운하 運河 a canal

운행 運行 (열차 등의) running, operation, service

울다 cry, weep; sob (흐느껴); (새·벌레 등이) sing, chirp

울리다 sound(소리나다), reverberate (반향하다); ring (방울이); echo (메아리치다)

울퉁불퉁하다 uneven, rugged

움직이다 (자동사) move, be in motion; (타동사) move

웃다 laugh; smile (미소짓다)

웃도리 a coat, a jacket

웃사람 one's superior [senior]

웅장 雄壯 ¶～한 magnificent, grand

웅크리다 crouch

원 圓 a circle

원가 原價 a cost price

원기 元氣 ¶～ 있는 vigorous, energetic

원동력 原動力 motive power

원래 元來 from the first; originally

원료 原料 raw materials

원리 原理 a principle

원망 怨望 —하다 bear a grudge against

원수 怨讎 an enemy, a foe

원시 原始 ¶～의 primitive

원예 園藝 gardening

원유 原油 crude petroleum

원유회 園遊會 a garden party

원인 原因 (a) cause

원자 原子 an atom —(폭)탄 an atomic bomb

원정 遠征 an expedition

원조 援助 help, assistance, support

원주 圓柱 a column

원주민 原住民 a native, an aborigine

원천 源泉 the origin; the source

원칙 原則 a principle ¶～적으로 as a (general) rule

원하다 願— wish, want ¶원치 않다 do not want

원한 怨恨 ¶～을 품다 bear a grudge against

월광 月光 moonlight

월급 月給 a salary —장이 a salaried man

월부 月賦 a monthly installment

월사금 月謝金 a monthly tuition

월요일 月曜日 Monday

웨이터 a waiter

웨이트레스 a waitress

위 胃 a stomach

위기 危機 a crisis, a pinch

위대 偉大 ¶～한 great; grand

위도 緯度 latitude

위독 危篤 ¶～한 be dangerously ill

위로 慰勞 —하다 comfort, console

위반 違反 —하다 break, violate —자 a violator, an offender

위법 違法 ¶～의 illegal, unlawful

위생 衛生 hygiene, sanitation

위성 衛星 a satellite 인공— an artificial [a man-made] satellite —도시 a satellite city

위스키 whisky, whiskey

위엄 威嚴 dignity, majesty

위에 above; up; on

위원 委員 a member of a committee

위인 偉人 a great man

위장약 胃腸藥 medicine for the stomach and bowels

위중 危重 ¶～한 serious

위층 —層 the upper floor [story] ¶～으로 가다 go upstairs

위치 位置 a position, a place, a site —하다 be situated, have a situation

위통 胃痛 a stomachache

위험 危險 ¶～한 dangerous, critical // ～ 《게시》 Danger! —물 a dangerous object; (철도의) explosives and combustibles

위협 危脅 —하다 threaten, menace

유능 有能 ¶～한 able, capable

유독 有毒 ¶～한 poisonous

유람 遊覽 —하다 make an excursion [a round trip] —선 an excursion ship 할인—표 an excursion ticket

유럽 Europe ¶～의 European

유력 有力 ¶～한 powerful, strong; influential

유령 幽靈 a ghost

유료 有料 ¶～의 charged —도로 a toll road

유리 有利 ¶～한 profitable;

advantageous

유리 琉璃 glass, a pane (창유리)

유망 有望 ¶~한 promising, hopeful

유명 有名 ¶~한 famous, noted, well-known

유물 遺物 remains; (기념물) a keepsake

유사 類似 ¶~한 similar, like

유색인종 有色人種 the colored race 「분실물」

유실물 遺失物 a lost article ⇨

유우드호스텔 a youth hostel

유우머 humor ¶~가 풍부한 humorous 「turn」

유우터언 ¶~ 금지《게시》 No U-

유원지 遊園地 a recreation ground, an amusement park

유월 六月 June

유익 有益 ¶~한 profitable; useful, instructive

유적 遺跡 ruins, relics

유죄 有罪 ¶~의 guilty

유지 有志 a volunteer

유지 維持 —하다 maintain, keep

유창 流暢 ¶~한 fluent

유치 幼稚 ¶~한 childish

유쾌 愉快 ¶~한 pleasant, merry, happy

유통 流通 (금전의) circulation, currency; (공기의) ventilation

유학 留學 —하다 study abroad, go abroad to study —생 a student studying abroad

유해 有害 ¶~한 harmful

유행 流行 —하다 be in fashion, be popular

유행성감기 流行性感氣 influenza, flu

유화 油畫 an oil painting

유효 有效 ¶~한 valid; effective; available

유흥 遊興 pleasures, amusements —장 an amusement center 「overpass」

육교 陸橋 an overbridge, an

육군 陸軍 the army

육박 肉薄 —하다 approach (접근); press 《the enemy》 hard

육아용품 育兒用品 baby care

육지 陸地 land 「supplies」

육체 肉體 the body

윤곽 輪廓 an outline, a contour

율 率 a rate, a proportion

융단 絨緞 a carpet, a rug

으깨다 mash

—으로 (방향) for, to, toward; (수단) by; (도구) with

은 銀 silver

은인 恩人 a benefactor

은퇴 隱退 —하다 retire

은행 銀行 a bank —원 a tel-

ler, 《英》 a bank clerk —통장 a bankbook

은혜 恩惠 a benefit, a favor

을씨년스럽다 dismal

음료 飲料 something to drink, a drink —수 drinking water

음식(물) 飲食(物) food (and drink), (가벼운) refreshments

음식점 飲食店 a restaurant

음악 音樂 music 고전— classical music 근대— modern music 전위— avant-garde music —가 a musician —회 a concert 「mal」

음침 陰沈 ¶~한 gloomy, dis-

응급치료 應急治療 first aid

응달 ¶~에(서) in the shade

응모 應募 —하다 subscribe for [to] —자 an applicant

음석 ¶~ 받아주는 indulgent

응시 凝視 —하다 gaze [start at]

응용 應用 —하다 apply to, put into practice

응원 應援 —하다 assist; cheer

응접실 應接室 a drawing [reception] room, 《美》 a parlor

의거하다 依據— be based on, rest on

의견 意見 an opinion, a view

의논 議論 —하다 consult (with), talk with

의뢰 依賴 —하다 request, ask —서 a letter of request

의료시설 醫療施設 medical facilities

의류 衣類 clothing, clothes

의무 義務 a duty, an obligation

의문 疑問 a question; a doubt

의미 意味 meaning, a sense

의미심장 意味深長 ¶~한 significant

의사 意思 (생각) thought; (의향) an intention, a mind

의사 醫師 a doctor; (내과의) a physician; (외과의) a surgeon ¶~의 진찰을 받다 see [consult] a doctor / 호텔 전속 ~ a hotel physician

의식 意識 consciousness ¶~이 있는 conscious

의식 儀式 a ceremony

의심 疑心 ¶~스러운 doubtful —하다 doubt, suspect

의외 意外 ¶~에도 to one's surprise

의원 議員 (대의원) a representative; (국회의원) a member of Congress [《英》 Parliament]

의의 意義 meaning, significance ¶~가 있는 significant

의장 議長 the chairman

의지 意志 will

의지하다 依支— depend [rely] 《on, upon》
의학 醫學 medical science
의회 議會 (미국의) Congress; (영국의) Parliament; (한국의) the National Assembly; (일본의) the Diet
이 (치아) a tooth
이끌다 guide, lead
이기다 win
이기적 利己的 selfish, egoistic
-이내 -以內 within, inside of, less than
이따금 occasionally
이동 移動 —하다 move
이득 利得 ¶~을 보다 make a profit
이등 二等 (등급) the second class; (순위) the second, number 2
-이래 -以來 since
이력서 履歷書 a personal history, a resume
이론 理論 (a) theory
이롭다 利— profitable, paying; good 《for》 ⌐fil
이루다 (성취하다) achieve; ful-
이륙하다 離陸— take off, leave the ground
이른바 so-called, what they [you] call
이름 a name
이마 the forehead, the brow
이면 裏面 the back (배후)
이모 姨母 an aunt
이물 the bow
이미 already
이민 移民 (출국) emigration; (입국) immigration; (사람) an emigrant, an immigrant
이발 理髮 haircut —하다 have one's haircut —소 a barber, a barber's (shop)
이번 —番 this time
이별 離別 farewell, parting —하다 part from [with], separate, divorce
이부자리 bedding, bedclothes; a quilt (이불); a mattress (요)
이불 a quilt
이사 移徙 —하다 remove to, move to
이상 異狀 the matter (고장); something wrong
이상 理想 an ideal ¶~적 ideal —향 a Utopia
이상 異常 ¶~한 strange; odd; queer; curious
-이상 -以上 over, beyond, more than
이서 裏書 —하다 endorse
이성 理性 reason ¶~적 ra-
이슬 dew ⌐tional

이슬비 a drizzle
이야기 a story, a tale, conversation (대화) —하다 talk, speak; tell; converse 《with》
이어받다 (물려받다) inherit; succeed to
이어폰 an earphone
-이외 -以外 except, but, besides ⌐utilize
이용 利用 —하다 make use of,
이웃 the neighborhood ¶~의 next, neighboring
이월 二月 February
이유 理由 a reason, a ground
이윽고 soon, shortly (after), presently, before long
이의 異議 ¶~를 제기하다 object ⌐profitable
이익 利益 profit ¶~이 되다 be
이자 利子 interest
이전 以前 ¶~에 formerly, in former days; ago, before
이전 移轉 —하다 remove, move ¶~한 곳 one's new address —통지 a removal notice
이점 利點 ¶~ 있는 advantageous ⌐milestone
이정표 里程標 a milepost, a
이주 移住 —하다 migrate
이지적 理知的 intellectual
이층 二層 《美》 the second floor, 《英》 the first floor
이치 理致 (a) reason
이코노미클라스 economy class
이탈리아 Italy ¶~의 Italian
-이하 -以下 less than, under, below
이해 利害 interest, concern
이해 理解 —하다 understand
이회 二回 twice, two times
이후 以後 after, since; after this (금후)
익다 (열매가) ripen, be [grow] ripe; (음식이) be boiled
익살 a joke, a jest
익숙하다 be used to, be accustomed to
익히다 (학습하다) learn, study; practice (연습하다)
인간 人間 a man —관계 human relations
인격 人格 personality
인공 人工 ¶~의 artificial, man-made —호흡 artificial respiration
인구 人口 population —과잉 overpopulation
인권 人權 human rights
인기 人氣 ¶~가 있다 be popular with, be a favorite with
인내 忍耐 patience, perseverance
인도 引渡 —하다 hand (over)

인도 引導 —하다 guide, lead
인도교 人道橋 a pedestrian overpass
인도적 人道的 humane
인류 人類 the human race, mankind
인명록 人名錄 a directory; a who's who
인민 人民 the pepole
인사 人事 (사교적) a greeting; (감사) thanks; (절) a bow —하다 greet; salute
인상 印象 an impression ¶~적 impressive 첫— the first [initial] impression
인색 吝嗇 ¶~한 stingy
인생 人生 life
인솔 引率 —하다 lead《a party》 —자 a leader
인쇄 印刷 —하다 print, put into print —물 a printed matter [from
인용 引用 —하다 quote (a line)
인접 隣接 ¶~한 be close by
인정 人情 ¶~많은 compassionate, merciful
인조 人造 ¶~의 artificial
인종 人種 a (human) race —문제 the racial problem —차별 segregation
인터체인지 (고속도로의) an interchange
인플루엔자 influenza, the flu
인형 人形 a doll
일 work; business
일간 日間 one of these days, some day
일광 日光 sunshine, sunlight, sunbeams
일기 日記 a diary
일기 日氣 the weather —예보 the weather forecast
일년 一年 ¶~내내 all the year round
일등 一等 (열차 등의) the first class; (1 위) the first (place)
일류 一流 ¶~의 first-class, first-rate
일몰 日沒 sunset
일박 一泊 ¶~여행하다 make an overnight trip to —하다 stop overnight [ly
일반 一般 ¶~적으로 general-
일방 一方 one side [hand] ¶~통행《게시》 One Way Only
일별하다 一瞥— have a look at, glance at [nese
일본 日本 Japan ¶~의 Japa-
일부 日附 a date, dating ¶5 월 3~ dated May 3 [ly
일부러 purposely, intentional-
일부변경선 日附變更線 the (international) date line —통과

기념 Proclamation on Crossing the International Date Line
일상 日常 ¶~의 daily, everyday
일생 一生 a lifetime, one's life
일순(간) 一瞬(間) an instant, a moment
일시 一時 once, for a time ¶~적 temporary, passing
일어나다 (잠자리에서) get up; wake up; (사건 등이) take place, happen, occur; break out (발발하다)
일요일 日曜日 Sunday
일용품 日用品 daily necessaries
일월 一月 January [ries
일으키다 cause, bring about, give rise to
일전 日前 ¶~에 the other day, a few days ago
일정 日程 the day's program [schedule]
일제히 一齊— all together; all at once (동시에) [of
일종 一種 ¶~의 a kind[sort]
일주 一周 —하다 go (a)round
일찍 ¶~일어나다 get up early∥~자다 go to bed early
일착 一着 (일등) the first 《in the race》
일출 日出 the sunrise
일층 一層 《美》 the first story [floor], 《英》 the ground floor
일치 一致 —하다 agree with
일품요리 一品料理 a one-course dinner, dishes à la carte
일하다 work, labor
일행 一行 a party, a company
일화 逸話 an anecdote; an episode
일회 一回 once; a time
읽다 read
잃다 lose; (기회 등을) miss ¶ 길을 ~ lose one's way
임금 a king
임금 賃金 wages
임무 任務 duty
임시 臨時 ¶~의 temporary; special —뉴우스 news special —열차 a special train —휴업 a special holiday
임자 (소유주) the owner, the [possessor
입 a mouth
입구 入口 an entrance; 《게시》 Way In
입국 入國 entry into a country; immigration —사증 an entry visa —카아드 a landing [disembarkation] card —허가서 an entry permit
입다 wear; put on
입다물다 shut one's mouth, become [fall] silent

입술 a lip
입술연지 —臙脂 rouge; (막대 모양의) a lipstick
입원 入院 —하다 enter [go into] hospital
입장 入場 —하다 enter —권 an admission ticket —료 an admission fee —무료 《게시》 Admission Free
입장 立場 a position, a situation; a standpoint (견지)
입체교차로 立體交叉路 an interchange 「school
입학 入學 —하다 enter
입후보 入候補 —하다 stand as a candidate
있는그대로 plainly, as it is
있다 (사람이) be; stay; be present
잊다 forget ¶잊고 오다 leave (behind), forget ∥ 잊은 물건 a thing left behind
잎 a leaf

ㅈ

자 a measure, a rule
자가용차 自家用車 a private car, a family car
자각하다 自覺— become conscious of
자격 資格 qualification
자꾸 repeatedly, again and again, on and on
자국 a trace
자극 刺戟 —하다 stimulate, give an impetus to ¶~적 exciting, sensational
자금 資金 capital, funds
자기 自己 oneself, ego
자기 瓷器 a porcelain, china
자다 sleep, fall asleep; go to bed; (비바람 등이) go down
짜다[1] (젖은 것을) wring; (즙을) squeeze, press
짜다[2] (맛이) salty
자동 自動 ¶~적 automatic —문 an automatic door — 온도조절장치 a thermostat
자동차 自動車 a motorcar, 《美》 an automobile, a car
자동판매기 自動販賣器 a slot machine, 《美》 a vending machine, an automat 승차권 [입장권]— a ticket vendor
자라다 grow up; be brought up 「boast of
자랑 pride —하다 be proud. of,
자료 資料 materials, data
자루[1] (손잡이) a handle; (기계·무기의) a grip; (칼붙이의) a haft
자루[2] (부대) a bag, a sack
자르다 cut; sever (절단하다);

saw(톱으로); clip(가위로)
자리 ¶~에 앉다 take one's seat, sit down
자만 自慢 —하다 be (self-)conceited, be vain of
자명종 自鳴鐘 an alarm clock
자물쇠 a lock ¶문에 ~를 잠그다 lock the door
자발적 自發的 voluntary, spontaneous
자백 自白 —하다 confess, make a confession, confide
자본 資本 capital, fund —가 a capitalist —금 capital —주의 capitalism 「expense
자비 自費 ¶~로 at one's own
자살 自殺 suicide —하다 kill oneself, commit suicide
자색 紫色 purple 「phy
자서전 自叙傳 an autobiogra-
자석 磁石 a magnet
자선 慈善 charity
자세 姿勢 a posture, a pose
자세 仔細 ¶~한 detailed
자손 子孫 descendants, posterity
자수 刺繡 embroidery
자신 自信 self-confidence ¶~ 있는 self-confident
자연 自然 nature
자원 資源 resources
자위 自衛 self-defense —대 (일본의) the Self-defense Force
자유 自由 freedom, liberty — 행동 free [independent] action
자음 子音 a consonant
자일 (등산용) a rope
자전거 自轉車 a bicycle
자존심 自尊心 the spirit of self-respect, pride
자주적 自主的 independent
자칫 (very) nearly, almost
짝 (사람의) a partner; a fellow, a mate, a companion
작가 作家 a writer; an author
작곡 作曲 —하다 compose (music)
작년 昨年 last year
작다 small, tiny; little
작문 作文 a composition
작물 作物 crops, farm [agricultural] products
작별 作別 farewell, parting
작성 作成 —하다 make out, work out
작업 作業 work
작자 作者 a writer, an author
작품 作品 a work
잔 盞 ¶한 ~의 a cup of, a glass of, (한 조끼의) a mug of
잔교 棧橋 a pier
잔돈 small money [change]
잔디밭 a lawn
잔인 殘忍 ¶~한 cruel, brutal

잘다　small, fine

잘못　a fault; a mistake; an error ━하다　mistake; make a mistake, err ¶ ～하여[으로] by mistake

잘못보다　(사람을)　mistake [take] *a person* for

짧다　short; brief (간결하다)

잠깐　just a moment

잠깨다　awake, wake up

잠그다　(자물쇠를) lock

잠시 暫時　for a while, for a minute

잠옷　night clothes, a nightgown; (여자·아동용) a nightdress; pajamas

잠자리　a bed

잠자코있다　keep silence, remain silent

잡담 雜談 ━하다　have a chatter with an idle talk

잡비 雜費　miscellaneous expenses

잡음 雜音　a noise

잡지 雜誌　a magazine, a journal

잡화점 雜貨店　a general store, a grocer's (shop)

장 場 (시장)　a market; a fair

장갑 掌甲　gloves

장거리전화 長距離電話　a long-distance call, 《英》 a trunk call

장관 長官　a minister

장난　mischief, a trick

장난감　a toy, a plaything ━가게 a toyshop

장님　a blind man

장대 長━　a pole

장래 將來 ¶ ～에 in (the) future; some day

장려 奬勵 ━하다　encourage, promote

장례식 葬禮式　a funeral

장롱 欌籠　a chest of drawers; 《美》 a bureau

장마　a long spell of rainy weather ━철 the rainy [wet] season

장만하다　prepare, provide

장미 薔薇　a rose

장사　trade ━하다 do business, trade ━꾼 a tradesman, a merchant

장소 場所　a place; a location

장식 裝飾　an ornament, a decoration ━하다 decorate

장엄 莊嚴 ¶ ～한 grand, solemn, magnificent

장점 長點　a strong[good] point, a merit

장치 裝置　an equipment, an apparatus ━하다 install; lay on

장학금 奬學金　a scholarship

장화 長靴　high[top] boots, 《美》 boots

재고 在庫 ¶ ～나다 remain unsold ━품 stocks, goods in stock

재난 災難　a disaster; an accident; misfortune

재능 才能　ability; gift, talent

재다 (계측하다)　measure; (무게를) weigh

재떨이　an ashtray

재료 材料　(raw) materials

재목 材木　wood; timber, 《美》 lumber

재미있다　interesting, funny

재빠르다　quick

재발행 再發行 ━하다 reissue

재배 栽培 ━하다　cultivate, grow

재산 財産　a fortune, property

재정 財政　finance

재촉 ━하다　urge; press

재판 裁判　judgment; a trial(심판)

재해 災害　a disaster

재확인 再確認 ━하다 reconfirm

재회 再會 ━하다 meet again

잿빛　gray

쟁반 錚盤　a tray

쟁의 爭議　a dispute; a controversy

저금 貯金　savings ━하다 save money, deposit 《in a bank》

저기　there, over there

저녁 (때)　evening; (식사) supper, dinner ━놀 an evening glow, a sunset glow ━때 evening, nightfall

저런　such, so, like that

저리다　be numbed, become numb

저물다　get dark

저버리다　give up, abandon, forsake, desert

저어널리스트　a journalist

저울　a balance, (a pair of) scales

저자 著者　a writer; an author

저절로　of itself; automatically

저축 貯蓄　a store, a stock (저장); savings (저금) ━하다 store; (돈을) save

저택 邸宅　a mansion, a residence

저하 低下 ━하다 fall, drop, go down

저항 抵抗 ━하다 resist, oppose

적 敵　an enemy; a rival (경쟁자)

적극적 積極的　positive, active

적다[1] (써넣다)　write down, make a note of

적다[2] (수가) few; (양이) little

적당 適當 ¶ ～한 fit, proper

적도 赤道　the equator

적시다 wet; soak (담그다)

적십자 赤十字 the Red Cross

적어도 at least

적용 適用 —하다 apply 《to》

적의 敵意 a hostile feeling

적자 赤字 ¶ ~가 나다 go into red

전갈 傳喝 a message —하다 send *a person* a message [word]

전근 轉勤 —하다 be transferred to another office

전기 傳記 a biography, a life

전기 電氣 electricity —기구 an electric device —면도기 an electric razor —밥솥 an electric rice-cooker —스탠드 a desk lamp —줄 the electric wire [line]

전등 電燈 an electric lamp [light] 「a show

전람회 展覽會 an exhibition,

전력 全力 ¶ ~을 다하다 do *one's* best

전력 電力 electric power

전망대 展望臺 an observatory

전망차 展望車 an observation car, a parlor car

전문 專門 ¶ ~의 special, professional —가 an expert; a professional —(용)어 technical terms

전별금 餞別金 a going-away [parting] gift

전보 電報 a telegram, a wire 서신— a letter telegram 지급[보통]— an urgent [ordinary] telegram 해외— a cable-gram 「[line]

전선 電線 the electric wire

전설 傳說 a tradition, a legend

전세 專貰 ¶ ~낸 chartered, hired, rented 「speed

전속력 全速力 ¶ ~으로 at full

전송 餞送 —하다 see [send] *a person* off

전송 轉送 —하다 send round; forward

전시 展示 exhibition —하다 exhibit, display —회 an exhibition

전신 電信 telegraph —국 a telegraph office

전연 全然 《not》 at all

전염 傳染 ¶ ~성의 contagious, infectious —병 an infectious disease

전자계산기 電子計算器 an electronic computer

전쟁 戰爭 a war

전적으로 全的— entirely, fully, wholly

전조 前兆 an omen

전주 前週 last week

전지 電池 a battery, an electric cell 건[축]— a dry [storage] battery

전진 前進 —하다 advance, go forward [ahead]

전차 電車 an electric train; 《美》 a streetcar, 《英》 a tram(car) (시내전차)

전채 前菜 an appetizer, an hors d'oeuvre

전체적 全體的 ¶ ~으로 (보아) as a whole

전통 傳統 tradition

전파 電波 an electric wave

전표 傳票 a slip, a chit

전하다 傳— convey

전해지다 傳— be transmitted; spread (전파되다); be introduced (전래하다)

전혀 全— 《not》 at all

전형적 典型的 typical

전화 電話 a telephone, a phone ¶ ~를 걸다 telephone; ring up [call up] *a person* (on the phone); make a call/~를 끊다 ring off; hang up 국제— an international [overseas] call 요금 수신인불— a collect call —교환수 an operator, a telephone girl —국 a telephone office —번호부 a telephone directory, a phone book —복스 a telephone booth —요금 telephone charges

절[1] (사찰) a (Buddhist) temple

절[2] (인사) —하다 bow, make a bow

절대로 絕對— absolutely, positively; never

절망적 絕望的 desperate

절반 折半 (a) half —하다 halve, (비용 등을) share equally 「mize

절약 節約 —하다 save, econo-

절제 節制 —하다 be moderate in 「formalities

절차 節次 procedure; (정식의)

젊다 young; junior

점 占 fortunetelling

점 點 a spot, a dot, a point; marks (평점); (경기의 점수) a score, a point

점령 占領 —하다 occupy, take, capture

점보제트 a jumbo jet

점수 點數 ⇨ 점(點)

점심 點心 lunch, luncheon

점원 店員 a clerk; a shopman (남자), a shopgirl (여자)

점잖다 gentle

점점 漸漸 (더) more and more, still more; (차츰) gradually

접근 接近 ─하다 approach, draw near

접다 fold, double up ¶접는 folding

접대 接待 reception; hospitality; (호텔 등의) service ─하다 receive, entertain, treat *a person* to

접속 接續 ─하다 connect, join ─역 a junction (station)

접수 接受 receive; accept; listen ─계원 a receptionist ─처 an inquiry[information, a reception] office

접시 a dish; a plate

접촉 接觸 ─하다 touch, come in [into] contact with

젓가락 (a pair of) chopsticks

정가 定價 a fixed [regular] price 「time

정각 定刻 the appointed [fixed]

정거 停車 ¶역마다 ~ 하다 stop at every station/역마다 ~ 하는 열차 a local [《美》 way] station

정거장 停車場 (시내버스·전차 등의) a stop

정기 定期 ¶~ 의 fixed, regular ─여객기 an airliner ─여객선 a liner ─휴일 a regular holiday

정당 正當 ¶~ 한 just, right; lawful, legal

정당 政黨 a political party

정도 程度 degree

정돈 整頓 ─하다 put *things* in order; settle

정렬 整列 ─하다 (가로) stand in a row; (세로) line up

정류장 停留場 a station, a stop 버스— a bus stop

정리 整理 ─하다 arrange, put in order, adjust

정말 ¶~ 인 true, real, right

정면 正面 the front ─현관 the entrance hall

정밀 精密 ¶~ 한 precise; exact; accurate

정박 停泊 ─하다 anchor, lie at anchor

정보 情報 news, information

정복 征服 conquest ─하다 conquer

정부 政府 the government ─당국 government authorities

정상 頂上 the top, (산의) the summit 「ular

정식 正式 ¶~ 의 formal, reg-

정식 定食 a table d'hôte

정신 精神 spirit, mind, soul

정양 靜養 ─하다 rest quietly

정원 定員 the fixed number; (탈것의) the seating capacity

정의 正義 justice, right

정전 停電 breakdown of electric current, power stoppage

정주 定住 ─하다 settle down

정중 鄭重 ¶~ 한 polite

정지 停止 ─하다 stop, suspend ─신호 a stop signal

정직 正直 ¶~ 한 honest; upright

정찬 正餐 dinner

정찰 正札 a price tag

정책 政策 a policy

정치 政治 politics ─가 a politician, a statesman

정통 精通 ¶~ 하다 be at home, be very familiar [well acquainted]

정하다 定 ─ decide, fix

정해지다 定 ─ be decided, be fixed

정확 正確 ¶~ 한 correct, accurate, exact; punctual//~ 히 exactly; (시간을) just

젖다 get [be] wet, be drenched

제각기 ─各其 each, respectively 「an offer

제공 提供 ─하다 offer, make

제도 制度 a system

제멋대로 ¶~ 의 selfish, willful//~ 하는 selfish

제목 題目 a subject, a title

제방 堤防 a bank, an embankment

제비 a lot, lottery

제안 提案 a proposal ─하다 propose 「move

제외하다 除外─ take off, re-

제일 第一 the first

제작 製作 production; manufacture ─하다 make, manufacture

쩨쩨하다 stingy; mean

제조 製造 ─하다 make, manufacture 「check

제지 制止 ─하다 restrain,

제지공장 製紙工場 a paper mill

제철소 製鐵所 an ironworks

제출하다 提出─ present, introduce

제트 a jet ─기 a jet plane ─ 여객기 a jet liner

제품 製品 manufactured goods, a product

제한 制限 ─하다 limit, restrict ─중량 weight allow- 「ance

조가비 a shell

조각 a fragment, a piece

조각 彫刻 sculpture ─하다 carve, engrave ─가 a sculptor

조간 朝刊 a morning paper

조개 a shellfish

쪼개다 split; divide (나누다)
쪼개지다 split, be split
조건 條件 condition; terms
조교 吊橋 a suspension bridge
조교수 助教授 an assistant professor
조국 祖國 one's fatherland [motherland]
조금 a bit, a little ¶～씩 little by little
조금도 ¶～…않다 not at all
조리 調理 cooking
조리개 (사진기의) an iris, a lense aperture
조립 組立 —하다 set up, put together
조망 眺望 a view, a prospect
조명 照明 lighting, illumination
조모 祖母 one's grandmother
조부 祖父 one's grandfather
조사 調査 —하다 investigate, examine, survey, inquire into
조상 祖上 an ancestor
조상 彫像 a statue
조선소 造船所 a dockyard
조심 操心 —하다 take care of
조심성 操心性 ¶～있는 careful
조약 條約 a treaty, a pact
조언 助言 advice, a suggestion
조용하다 quiet, still, calm; gentle ¶조용해지다 become quiet
조인 調印 —하다 sign
조잡 粗雜 ¶～한 crude; poor
조절 調節 —하다 adjust, control, regulate
조종 操縱 —하다 manage, handle, operate —석 a cockpit —자 (기계의) an operator; (비행기의) a pilot
조직 組織 organization; system (체계) —하다 organize, form
조짐 兆朕 an omen
조카 a nephew —딸 a niece
조합 組合 an association, a society; a union
조화 調和 harmony; balance (균형); proportion (비례) —하다 harmonize with
조회 照會 —하다 inquire
존경하다 尊敬— respect, honor
존재하다 存在— exist
졸다 nod, doze, have [take] a nap
졸리다 be sleepy
졸업 卒業 —하다 graduate from, finish, complete a course —증서 a diploma
좀처럼 rarely, seldom
좁다 narrow, limited
종 鐘 a bell
종교 宗敎 a religion

종두증명서 種痘證明書 a vaccination certificate
종류 種類 a kind, a sort
종사 從事 —하다 be engaged in, be occupied with [in]
종업원 從業員 an employee
종이 paper —컵 a Dixie Cup
종일 終日 all day
종점 終點 the end, 《美》 the terminal
종족 種族 a tribe, a race
종종 often, frequently, many times
종합 綜合 —하다 synthesize
쫓아버리다 turn away, dispel
좋다 good, fine, nice
좋아하다 like, be fond of, love ¶좋아하는 favorite
좌석 座席 a seat ¶창가의 ～ a window seat∥통로쪽의 ～ an aisle seat 뒷— a rear seat —번호 a seat number —벨트 a seat belt —지정권 a reserved seat ticket
좌초 座礁 —하다 run on a rock; run aground
좌측통행 左側通行 《게시》 Keep (to the) Left
좌현 左舷 port
좌회전 左回轉 (자동차의) a left turn —하다 make a left turn
죄 罪 a crime; (도덕적) a sin
죄다 tighten ¶꽉 죄는 tight
쬐다 ¶불을 ～ get warm, warm oneself
죄악 罪惡 a crime, a sin
주 州 a state
주 株 a share
주 週 a week
주간 晝間 the daytime
주간지 週刊誌 a weekly
주거 住居 a dwelling; a residence
주관적 主觀的 subjective
쭈그리다 crouch, sit down upon the heels
주기 周期 a period, a cycle
주다 give
주로 主— mainly; chiefly; mostly (대개); generally (일반적으로)
주름(살) wrinkles, furrow, creases
주말 週末 the weekend
주머니 a bag, a sack
주문 注文 an order —하다 order, give an order
주민 住民 inhabitants
주방장 廚房長 a head cook, a chef
주부 主婦 a mistress, a housewife
주사 注射 injection, 《美口》 a shot; inoculation (예방접종)

ー하다 inject

주사위 dice

주소 住所 one's dwelling (place); one's address 예정— intended address

주식 主食 the staple food

주식 株式 shares, stocks ー시장 a stock market ー회사 《美》 a joint-stock corporation; 《英》 a limited company

주연 主演 ー하다 play the leading part in ー배우 a leading actor; a star

주요 主要 ¶～한 chief, principal, main

주스 juice 「around

주위 周圍 ¶～의 surrounding,

주유소 注油所 a filling station, 《美》 a gas station

주의 主義 a principle, a doctrine

주의 注意 attention, notice; 《게시》 Caution ー하다 pay attention to, take care of, attend to

주인 主人 the master, a host; (소유자) the owner

주임 主任 a chief

주장 主張 ー하다 assert, persist in, insist on [upon]

주재 駐在 ー하다 reside, be stationed 《at, in》 ー원 a representative stationed abroad

주전자 酒煎子 a kettle

주정꾼 酒酊— a drunken man, a drunkard

주차 駐車 ー하다 park ー금지 《게시》 No Parking ー요금 parking rates ー장 a parking place [lot]

주최 主催 auspices

주택 住宅 a dwelling, a house ー가 a residential district

쭉 (all) through, throughout

죽다 die, pass away

죽음 death

죽이다 kill, murder

준급행 準急行 a local express; a semi-express

준비 準備 ー하다 prepare for, arrange, get ready

줄 (열) a row, a line; (차례를 기다리는) a queue

줄거리 (개요) an outline; a synopsis

줄기 (나무의) a trunk

줄다 (감소하다) decrease, lessen 「striped

줄무늬 stripes ¶～가 있는

줄서다 stand in a line, line [queue] up

줄이다 shorten, reduce; abridge (생략하다); cut down

(절감하다); decrease(감소하다)

줍다 pick up; find

중고 中古 ¶～의 second-hand; used ー차 a used car

중국 中國 China

중대 重大 ¶～한 important, serious

중독 中毒 poisoning ¶～되다 be poisoned 「weight

중량 重量 weight ー초과 over-

중립 中立 ¶～의 neutral

중상 重傷 ¶～을 입다 be seriously wounded

중(요)시하다 重(要)視— think [make] much of, attach importance to

중심 中心 the center ー가 the downtown; the mainstreet

중앙 中央 the center (중심); the middle (중간)

중얼거리다 mutter, murmur

중요 重要 ¶～한 important ー인물 a person of importance; a VIP

중의원 衆議院 (일본하원) the House of Representatives

중증 重症 ¶～이다 be seriously ill

중지 中止 suspension, stoppage ー하다 stop; call off

중학교 中學敎 a middle school; 《美》 a junior high school

쥐다 hold; (세게) grasp

쥘부채 a (folding) fan

즉 卽 namely; that is (to say)

즉매 卽賣 ー하다 sell on the spot

즉석 卽席 ¶～의 impromptu, improvised, ad-lib//～에서 immediately, promptly

즉시 卽時 immediately, directly, at once

즐거움 pleasure; amusement

즐겁다 pleasant; merry

즐기다 enjoy, take pleasure in 「grow

증가 增加 ー하다 increase,

증거 證據 proof, evidence

증기 蒸氣 steam ー기관 a steam engine ー난방 steam heating ー선 a steamship ー욕 a steam bath

증명 證明 ー하다 prove, testify to ー서 a certificate

증발 蒸發 ー하다 evaporate; (사람이) disappear

증서 證書 a bond

증인 證人 a witness

찌 (낚시용) a float

지각 遲刻 ー하다 be [come] late, be behind time

지갑 紙匣 a purse, a wallet

지껄이다 ¶수다스럽게 ～ chatter, prattle

지구 地球 the earth, the globe

찌그러지다 be crushed

지금 只今 now; nowadays (오늘날) ¶ ～까지 until now, so far 「telegram

지급전보 至急電報 an urgent

지나가다 pass; go on; go through 「fashion

지나다 ¶유행이 ～ go out of

지나쳐가다 pass (by), go[ride] past; go beyond one's destination

지나치다 go too far, be too much; pass (by)

지난날 the past days

지난달 last month

지난주 一週 last week

지다¹ (꽃이) fall, be gone

지다² (패배하다) be defeated

지다³ (등에) carry on one's back, bear

찌다 steam; (날씨가) be sultry

지도 地圖 a map; an atlas ¶ ～를 그리다 draw a map

지도 指導 一하다 guide, lead

지독 至毒 ¶ ～한 severe; cruel; terrible; excessive

지루하다 be tired of, be weary of, be bored 「tary

지류 支流 a branch; a tribu-

찌르다 stab, pierce, thrust

지름길 a shortcut

지리 地理 geography ¶그곳 ～에 밝다 be well acquainted with the place

지면 地面 the ground

지명 指名 一하다 name, nominate 특정인一호출전화 a person-to-person call

지문 指紋 a fingerprint

지방 地方 a district, an area (한 지방); the country(시골)

지방색 地方色 local color

지배 支配 一하다 control 一인 a manager 부一인 an assistant manager

지불 支拂 payment 一하다 pay 一일 the date of payment

지사 支社 a branch office

지사 知事 a (provincial) governor

지수 指數 an index number 불쾌一 a discomfort index

지시 指示 indication; instructions, directions 一하다 order, direct

지식 知識 knowledge

지역 地域 an area; a zone; a district

지연 遲延 ¶ ～시키다 put off; prolong 「beat

지우다 (패배시키다) defeat,

지원 志願 一하다 apply for

지위 地位 a position, a station in life, standing

지저귀다 sing; chirp, twitter

지적 指摘 一하다 point out

지점 支店 a branch office [shop]

지정 指定 一하다 appoint, name 一석 a reserved seat

지지 支持 一하다 support, maintain

지진 地震 an earthquake

지출 支出 expenses, expenditure

지치다 get tired, be fatigued

지키다 protect (보호하다); guard; (규칙 등을) observe; obey; keep

지평선 地平線 the horizon

지폐 紙幣 paper money, a (bank) note, a bill

지푸라기 a straw

지하 地下 ¶ ～의[에] underground 一도 an underground passage, 《英》 a subway 一층 a basement 「ment

지하실 地下室 a cellar; a base-

지하철 地下鐵 《美》 a subway, 《英》 an underground railway, (런던의) a tube, 《佛》 a metro

지혜 智慧 wisdom

지휘 指揮 一하다 command, direct 「graph of

찍다 ¶사진을 ～ take a photo-

직물 織物 cloth; textile

직업 職業 a calling; an occupation, a profession

직원 職員 the staff, the personnel

직전 直前 ¶ ～에 just before; on the point of

직접 直接 directly

직통 直通 一전화 a direct telephone service

직행열차 直行列車 a through train

진공 眞空 一청소기 a vacuum 진눈깨비 sleet 「cleaner

진단 診斷 一하다 diagnose 一서 a medical certificate

진동 震動 一하다 shake, quake, vibrate

진로 進路 a course

진리 眞理 truth

진보 進步 一하다 progress ¶ ～적 advanced, progressive

진술 陳述 一하다 state, relate

진실 眞實 truth, reality

진심 眞心 a true heart, sincerity, faith

진열 陳列 一하다 exhibit 一창 a show window

진짜 眞一 ¶ ～의 real, genuine

진정 鎭靜 ¶ ~시키다 (통증, 등을) lighten; (마음을) calm (down)// ~ 되다 quiet down; calm down; be settled

진주 眞珠 a pearl 모조— an imitation [artificial] pearl

진지 眞摯 ¶ ~한　earnest, serious

진찰 診察 —하다 examine, see —료 a doctor's fee

진창 mud

진통제 鎭痛劑 a painkiller

진하다 津— (색깔이) dark; (액체 등이) thick; (홍차 등이) strong

진행 進行 —하다 advance, make progress, go on

진흙 mud; (점토) clay

질 質 quality; nature

질녀 姪女 one's niece

질문 質問 a question

짊어지다 carry on one's back, bear

짐 a burden; a cargo (뱃짐); goods (화물) —꾼 (철도의) a redcap, a porter

짐작하다 guess

집 a house; a home; (넣는 용기) a case; a receptacle

집게손가락 a forefinger

집다 pick, pinch

집단 集團 a mass, a group

집세 —貫 a (house) rent

집어올리다 take [pick] up

집중하다 集中— concentrate

집합 集合 —하다 meet, gather, assemble —시간 the hour of meeting —장소 a meeting [gathering] place

집회 集會 a meeting, a gathering

징 a gong

징조 徵兆 an omen, a symptom

짖다 bark; roar; howl

찢다 break, tear (up)

찢어지다 tear, be torn

짙다 (색깔이) dark; (구름 등이) dense ¶ 짙은 안개 a dense fog

짚 a straw

ㅊ

차 車 a car

차 茶 tea

차고 車庫 (전차의) a car shed; (자동차의) a garage

차다[1] (가득) be filled with; (조수가) flow

차다[2] (차갑다) cold, chill, feel chilly ¶ 차게 하다 cool, chill

차도 車道 (가로의) a roadway; 《美》 a driveway

차라리 rather

차려입다 dress up, be dressed up, be in one's best

차례 次例 one's turn ¶ ~로 in order; in turn

차별 差別 —하다 distinguish [discriminate] 《between》

차분하다 calm; quiet; cool ¶ 차분하지 못한 restless; nervous// 차분해지다 calm down, quiet down

차용 借用 —하다 borrow, have a loan of —증서 a bond of debt

차이 差異 difference

차장 車掌 (버스·전차의) a conductor; (열차의) 《美》 a conductor, 《英》 a guard

차지하다 occupy, take, hold

착륙 着陸 landing —하다 land

착상 着想 an idea, a plan

착석 着席 —하다 take one's seat, sit down

착수 着手 —하다 begin, start, set about

착실 着實 ¶ ~한 steady

찬성 贊成 —하다 agree to [with]

찬송가 讚頌歌 a hymn, a psalm

찬장 饌欌 a cupboard

참가 參加 —하다 join, join [participate, take part] in

참깨 sesame

참기름 sesame oil

참다 bear, endure, stand, put up with

참을성 patience

참의원 參議院 (일본 상원) the House of Councilors

참조 參照 —하다 refer to, consult, see

찻삯 車— fare

찻종 茶— a teacup

창 窓 a window

창구 窓口 (은행 등의) a window

창녀 娼女 a prostitute, a whore

창립 創立 —하다 found, establish —자 a founder

창백 蒼白 ¶ ~한 pale

창조 創造 —하다 create

창피 猖披 shame, disgrace ¶ ~ 당하다 be put to shame; be humiliated// ~ 스러운 shameful

찾다[1] (찾아보다) look for, seek, search for

찾다[2] (방문하다) visit; (어떤 곳을) call at ¶ 찾아뵙다 call on

찾아내다 (발견하다) find (out), discover; (장소를) locate

채권 債券 a bond, a debenture

채비 —하다 prepare, make preparations for

채소 菜蔬 vegetables, greens
채용 採用 —하다 adopt, employ
채우다 fill (up); satisfy (욕망 등을) ¶채워넣다 cram, fill, pack 「gather
채집 採集 —하다 collect,
책 册 a book, a volume
책상 册床 a desk
책임 責任 responsibility —자 a responsible person
책장 册橫 a bookcase
처 妻 one's wife
처리 處理 —하다 manage; dispose of; treat
처방전 處方箋 a prescription
처벌 處罰 —하다 punish
처분 處分 —하다 dispose of
처음 (시작) the beginning, the start, the opening ¶～부터 from the first
처음으로 for the first time, first
처지다 (아래로) hang down
처치 處置 disposition; a measure 「cloth
천 cloth
천 千 a thousand
천둥 thunder —소리 a peal of thunder
천박 淺薄 ¶～한 base, mean
천사 天使 an angel
천성 天性 ¶～적으로 by nature
천연 天然 nature ¶～의 natural
천장 天障 the ceiling
천재 天才 a genius
천천히 slowly
천하다 賤 vulgar, coarse, low, mean; humble
철 (계절) a season
철 鐵 iron
철도 鐵道 《美》 a railroad, 《英》 a railway —운임 a railroad fare
철사 鐵絲 (a) wire
철자 綴字 spelling
철저 徹底 ¶～한 thorough
철학 哲學 philosophy
철회 撤回 —하다 withdraw
첨부 添附 —하다 attach 《to》, append
첫째 the first ¶～로 first, first of all
청결 淸潔 —하다 clean, neat
청구 請求 a demand, a request —하다 ask for; demand; request; make a claim —서 an application, a bill
청년 靑年 a young man, a youth
청량음료 淸凉飮料 a refreshing drink, 《美》 a soft drink
청산 淸算 —하다 liquidate; (셈

을) clear off, settle
청소 淸掃 —하다 clean, sweep 전기—기 a vacuum cleaner
청어 靑魚 a herring
청중 聽衆 an audience
청춘 靑春 the springtime of life, youth 「sique
체격 體格 constitution, physique
체력 體力 physical strength
체류 滯留 ⇨체재
체온 體溫 temperature ¶～을 재다 take one's temperature —계 a (clinical) thermometer
체재 滯在 —하다 stay; (잠시) stop over
체조 體操 gymnastics, physical exercises
체중 體重 weight
체크아웃 check out
체크인 check in
체포 逮捕 —하다 arrest; capture —체하다 pretend
체험 體驗 —하다 experience, have experience of
쳐다보다 look up at
초 a candle
초 秒 a second
초과 超過 —하다 exceed —요금 excess charge
초대 招待 —하다 invite —권 an invitation ticket [card] —장 a letter of invitation; an invitation
초라하다 shabby
초록 草綠 green; verdure
초롱 —籠 a paper lantern
초보 初步 ¶～의 elementary
초상 肖像 a portrait
초심자 初心者 a beginner
초원 草原 grasslands
초음속기 超音速機 SST, a supersonic transport
초인종 招人鐘 a (call) bell, a doorbell
초점 焦點 a focus
초조 焦燥 ¶～해 하다 be impatient
초콜렛 chocolate
초특급 超特急 a superexpress
총량 總量 the total amount [weight]
총리대신 總理大臣 ⇨국무총리
총알 銃— a bullet
총영사 總領事 a consul general —관 a consulate general
총장 總長 a president
촬영 撮影 —하다 take a picture [photograph] of ¶사진 ～금지 《게시》 No photographs
최고 最高 ¶～의 highest
최근 最近 ¶～에 lately, recently 「one's best
최선 最善 ¶～을 다하다 do

추돌 追突 —하다 strike a car from behind

추락 墜落 —하다 fall; crash (비행기가) 「the bill

추렴 —하다 go Dutch; split

추리 推理 —하다 reason

추상적 抽象的 abstract

추억 追憶 memories, recollections

추월 追越 —하다 outrun, get ahead of ¶ ～금지 《게시》 No passing

추천 推薦 —하다 recommend —장 a letter of recommendation

추하다 醜— ugly 「Lation

축구 蹴球 football

축배 祝杯 ¶ ～를 들다 drink a toast 《for, to》

축사 祝辭 congratulations

축전 祝電 a congratulatory telegram

축제 祝祭 a festival, a gala

축제일 祝祭日 a festival (day), a gala (day)

축축하다 damp, moist

축하 祝賀 ¶ ～합니다 Congratulations!

축하회 祝賀會 a celebration

출구 出口 a way out, an exit; 《게시》 Way Out

출국 出國 —세 exit tax —카아드 an embarkation [exit] card —허가서 an exit permit

출근 出勤 —하다 attend one's office, go to office

출납계 出納係 a cashier, a teller

출두 出頭 —하다 attend, appear, present [report] oneself

출발 出發 —하다 depart, start, leave —예정시간 estimated time of departure (略: ETD)

출범 出帆 —하다 sail from

출산 出産 —하다 give birth to a child

출생지 出生地 one's birthplace

출석 出席 —하다 attend, be present at 「life

출세 出世 —하다 succeed in

출신지 出身地 one's home, one's native city

출연 出演 —하다 appear on the stage

출입구 出入口 a doorway, an entrance, a gateway

최신 最新 ¶ ～의 the newest, the latest, up-to-date

최종 最終 ¶ ～의 last, final

최초 最初 ¶ ～의 first

최후 最後 the last; the end ¶ ～의 last; final

추가 追加 ¶ ～의 additional —하다 add to

출입국관리 出入國管理 immigration 「Limit

출입금지 出入禁止 《게시》 Off

출장 出場 —하다 participate in, take part in

출찰계 出札係 a ticket [《英》 booking] office

출판 出版 —하다 publish, issue

춤 dancing, a dance

춤추다 dance

춥다 cold, chilly

충격 衝擊 a shock, an impact ¶ ～적 shocking

충고 忠告 advice —하다 advise, give a person advice

충돌 衝突 —하다 (물건이) collide with, run against [into]; (의견이) conflict with

충분 充分 ¶ ～한 enough, sufficient

충전 充電 charge, charging

충치 蟲齒 a decayed tooth

취급 取扱 —하다 treat, deal with, handle ¶ ～ 주의 《게시》 Handle with Care

취미 趣味 taste, interest, a hobby

취소 取消 cancellation —하다 cancel, take back —대기승객 a stand-by passenger —대기자 명부 a waiting list 무단—료 no-show penalty

취임 就任 —하다 take office, be inaugurated

취직하다 就職— find employment [work], get a position

취하다 取— take; get (얻다)

취하다 醉— get drunk

츄우잉검 chewing gum

층 層 a story; 《英》 a storey

층계 層階 a staircase, the stairs

치과의사 齒科醫師 a dentist

치다 strike, hit, beat, knock; (전보를) send

치료 治療 medical treatment —하다 cure —비 a doctor's fee

치르다 (지불하다) pay 「fee

치분 齒粉 tooth powder

치수 measure; size ¶ ～를 재다 measure a person for

치약 齒藥 toothpaste; (치분) tooth powder

치우다 (정리하다) put things in order; (제거하다) put away, take away, clear away

친구 親舊 a friend, a companion 「familiar

친밀 親密 ¶ ～한 intimate,

친선 親善 friendly relations, goodwill —사절 a goodwill mission

친우 親友 an intimate friend, a bosom friend

친전 親展 ¶~의 confidential

친절 親切 ¶~한 kind

친지 親知 an acquaintance

친척 親戚 a relation, a relative

친하다 親— intimate, familiar ¶친하게 지내다 be [make] friends with

칠 漆 (페인트) paint —하다 paint ¶~조심 《게시》 Wet [《英》 Fresh] Paint

칠면조 七面鳥 a turkey

칠월 七月 July

칠칠치못하다 loose; (복장 등이) untidy

침 ¶~을 뱉다 spit

침구 寢具 bedclothes, bedding

침대 寢臺 a bed, (기차 등의) a berth —권 a berth ticket —차 a sleeping car, a sleeper

침략 侵略 —하다 invade

침몰 沈沒 —하다 sink, go down

침범 侵犯 —하다 invade

침실 寢室 a bedroom

침입 侵入 —하다 invade, intrude

첫솔 齒— a toothbrush

칭찬 稱讚 —하다 praise, admire, speak well of

칭호 稱號 a title; 「(학위) a degree

ㅋ

카레라이스 curry and rice, curried rice

카메라 a camera —맨 a cameraman

카스텔라 sponge cake

카아페리 a car ferry

카우보이 a cowboy

카운터 a counter

카탈로그 a catalog(ue)

카틀렛 a cutlet

카페테리아 a cafeteria

칵테일 a cocktail —드레스 a cocktail dress —파아티 a cocktail party

칼 (검) a sword; (나이프) a knife

커녕 ¶…은 ~ far from

커버 a cover; (책의) a jacket

커얼 a curl

커프스단추 cuff buttons

컬러텔레비전 color television; a color television set

컵 (잔) a glass; (대형의) a tumbler

케이블카아 a cable car

켜다 (전등을) turn [switch] on

켤레 ¶한~ a pair 《of shoes》

코 a nose; (코끼리의) a trunk

코골다 snore ¶코고는 소리 a snore

코머셜 a commercial

코오피 coffee —숍 a coffee shop —주전자 a coffeepot; a percolator(끓이는 기구) —타임 coffee break

코온비이프 corned beef, 《美》 corn beef

코온플레이크스 cornflakes

코코아 cocoa

코피 (a) nosebleed ¶~가 나다 bleed at the nose

콘서트 a concert

콘센트 an electric outlet

콤퓨터 a computer

콤플렉스 a complex

콧수염 —鬚髥 a mustache

콩 a bean; a pea

콩소메 (수우프) consommé

쾌속 快速 ¶~의 high-speed, fast, speedy —선[정] a fast ship [boat]

쾌적 快適 ¶~한 comfortable, pleasant, delightful

쾌활 快活 ¶~한 cheerful

쿠퐁 a coupon 플라이트— a flight coupon —권(券) a coupon ticket

쿡 (요리사) a cook

퀴즈 a quiz —프로 a quiz pro-「gram

크기 size

크다 big, large, great; (목소리가) loud ¶크게하다 enlarge (확대하다)

크레딧 credit —카아드 a credit card

크로켓 a croquette

크리스마스 Christmas

크리임 cream 생— fresh cream

크리켓 a cricket

클리이닝 cleaning

키[1] (신장) height

키[2] (배의) a rudder; a helm

키우다 bring up

ㅌ

타다[1] (불에) burn; (햇볕에) be sunburnt

타다[2] (탈것에) take, get in [on, into], (배·기차에) board, go on board

타로감자 a taro

타월 a towel

타이어 《美》 a tire, 《英》 a tyre 예비— a spare tire

타인 他人 another person, others 「nis

탁구 卓球 ping-pong, table tennis

탁상시계 卓上時計 a table clock

ㅋ
ㅌ

탈선 脱線 —하다 be derailed

탐욕 貪慾 ¶～스러운 greedy, grasping, avaricious

탑 塔 a tower; (동양의) a pagoda

탑승 塔乘 —하다 get on a plane; (배에) be on board, embark —권 a boarding pass —수속 a boarding process —원 a crew, 《총칭》 the crew —자 a passenger

탓 ¶…～으로 from, on account of, because of, due to

태도 態度 an attitude, a manner

태양 太陽 the sun

태어나다 be born

태연 泰然 ¶～한 cool, calm, indifferent

태우다[1] (불에) burn, scorch

태우다[2] (싣다) put on, carry, take on (board)

태평양 太平洋 the Pacific (Ocean)

태풍 颱風 a typhoon

택시 a taxi, a cab ¶～를 타다 take a taxi[cab] 개인— a private taxi —요금 a taxi fare —정류장 a taxi zone

탱커 a tanker

터널 a tunnel

터미널 a terminal (station)

터지다 (전쟁등이) break out

터프 ¶～한 tough

턱 the jaw, the chin

턱수염 —鬚髥 a beard

털 hair

털가죽 (모피) a fur

털어놓다 (고백하다) confide, confess

테 (안경의) a rim; (메우는) a hoop

테이블 a table

테이블매너 table manners

텔레비전 television, a television set —방송 a television broadcast, a telecast —영화 a telepicture, a TV movie —프로 TV program

토론 討論 —하다 debate, discuss

토마토 a tomato

토요일 土曜日 Saturday

토우스트 (buttered) toast

토지 土地 land, ground

토하다 吐— vomit

톱톱하다 (국물이) heavy; rich; substantial

통 桶 a cask; a barrel (큰것)

통과 通過 —하다 pass —여객 a transit passenger

통관 通關 customs clearance —신고 customs entry

통근 通勤 —하다 attend [go to] office

통나무 a log

통로 通路 a passage, a way; (좌석 사이의) an aisle

통상 通常 usually, commonly

통신 通信 correspondence, communication

통역 通譯 (사람) an interpreter —하다 interpret

통용 通用 ¶～되다 pass 《for》, be good, be available

통제 統制 —하다 control

통조림 桶— 《美》 canned food, 《英》 tinned food

통지 通知 news, notice, information

통치 統治 —하다 rule over

통하다 通— (통로가) lead to; (개통하다) be opened; (뜻이) be understood; (전화가) get through

통행 通行 —하다 pass, go along ¶～ 금지 《게시》 Road closed —요금 a toll —인 a passer-by

통화 通貨 currency —환산표 conversion table

퇴직 退職 —하다 retire (from) office

투우 鬪牛 a bullfight —사 a bullfighter

투자 投資 investment —하다 invest in

투표 投票 —하다 vote

투함 投函 —하다 post

튀기다 (기름에) fry

튀다 spring, jump; (물 등이) splash

투명 透明 ¶～한 transparent, clear

트랜지스터라디오 a transistor radio

트랩 (비행기의) a ramp (stairway); (배의) a gangway (ladder)

트럭 《美》 a (motor) truck, 《英》 a motor lorry

트럼프 cards

트렁크 a trunk

트롤리버스 a trolly bus

트이다 open, spread, extend

특급 特急 a limited [special] express (train)

특별 特別 ¶～한 particular, special —실 (호텔 등의) a suite

특수 特殊 ¶～한 special, particular

특징 特徵 a characteristic, a feature

특허 特許 a patent

특히 特— especially, specially, particularly

튼튼하다 (몸이) strong, healthy; (물건이) solid, firm, strong

틀　a frame
틀리다　mistake... for ¶틀린　wrong
틀림　wrong; difference (차이) ¶…임에 ～없다　must; certainly, surely
틈　an opening, a gap, a chink
팁　a tip ¶～을 주다　tip

ㅍ

파괴 破壞 ―하다　destroy, break
파내다　dig out
파다　dig; (조각하다) carve, engrave
파도 波濤　waves ―타기　surfing
파리　a fly
파일럿　a pilot
파자마　pajamas
파출소 派出所　a police box
파편 破片　a fragment
판단 判斷　judgment
판매 販賣　sale, selling ―하다　sell
판자 板子　a board
판지상자 板紙箱子　a cardboard [pasteboard] box
판판하다　flat
팔　an arm
팔꿈치　an elbow
팔다　sell, deal in
팔리다　sell, be sold
팔월 八月　August
팔팔하다　lively
팜플렛　a pamphlet
패배 敗北　a defeat ―하다　be defeated
패스포오트　a passport
팬츠　(팬티) underpants, drawers
팽개치다　throw away
팽이　a top
팽창 膨脹 ―하다　expand, swell, increase
퍼센트　percent, per cent (%)
퍼어머넌트　permanent wave ¶～를 하다　have one's hair permed
퍼지다　spread (out)
펄쩍 ¶～뛰다　jump up
페리　a ferry, a ferryboat
페이지　a page
페인트　paint
펴다　spread, lay, extend
편도 片道　one way ―승차권 《美》a one-way ticket, 《英》a single ticket ―요금　a one-way fare, 《英》a single fare
편리 便利　convenience ¶～한　convenient; handy
편안 便安 ¶～한　easy, comfortable
편의상 便宜上　for convenience' sake

편지 便紙　a letter
편지지 便紙紙　a writing pad
편집 編輯 ―하다　edit (한권)
편히하다 便―　(몸을) make oneself at home, relax
평균 平均　an average
평등 平等　equality
평면 平面　a plane
평범 平凡 ¶～한　ordinary, commonplace
평야 平野　a plain
평일 平日　a weekday
평판 評判　reputation, fame; popularity
평평 平平 ¶～한　flat
평행 平行 ¶～의　parallel
평화 平和　peace ―조약　a peace treaty
폐 弊　trouble; nuisance
폐문 閉門 ―시간　the closing time
폐점 閉店　《게시》 Closed
폐하 陛下　His [Her] Majesty
폐허 廢墟　ruins; remains
포개다　lay over
포기 抛棄 ―하다　abandon, give up
포도 葡萄　a grape ―주　wine
포오크　a fork
포오크소테　pork saute
포오터　a porter
포장 包裝 ―하다　pack, wrap
포장도로 鋪裝道路　a paved road, a pavement
포켓 ―판 책　a pocket-book
포타지 (수우프)　potage
포테이토　a potato 매시― mashed potatoes ―칩스　potato chips
포함하다 包含―　contain, include
폭 幅　width, breadth
폭동 暴動　a disturbance
폭력 暴力　force, violence
폭발 爆發 ―하다　explode, burst
폭탄 爆彈　a bomb
폭포 瀑布　a waterfall, falls
폭풍우 暴風雨　a storm; a typhoon; a tempest
폭행 暴行　violence, an outrage, an assault
표 表　a list, a table
표 票　a ticket
표결 票決 ―하다　take a vote
표면 表面　the surface
표시 表示 ―하다　indicate, show, express
표적 標的　a mark, a target
표정 表情　expression, a look
표제 標題　a title; (신문의) a head, a headline ―어 (사전의) a headword, an entry word
표준 標準　a standard
표지 表紙　a cover

표지 標識 a sign, a (land)mark
표찰 標礼 a card; a label; a tag
표현 表現 expression
푸다 (물을) draw; (펌프로) pump
푸딩 pudding
푸르다 blue
푸성귀 greens, vegetables
푸울 a (swimming) pool
푹 (잠든 모양) fast, sound, soundly
풀¹ (초본 식물) grass; a herb; (잡초) a weed
풀² (끈끈한) paste, starch
풀다 (끄르다) untie, undo; unpack; (문제를) solve; (코를) blow
풀리다 (매듭이) come untied [undone]; (문제가) be solved
품목 品目 an item
품위 品位 ¶~ 있는 refined, elegant, graceful
품질 品質 quality
풍경 風景 scenery, a landscape
풍부 豊富 ¶~ 한 abundant; rich, wealthy
풍습 風習 manners, customs
풍토 風土 climate
프라이버시 privacy ¶~ 를 침해하다 invade one's privacy
프랑 franc 프랑스— French franc
프랑스 France ¶~ 의 French
프런트 (호텔의) a front desk
프렌치드레싱 French dressing
프로¹ (직업적) a professional, a pro
프로² (프로그램) a program 교육— an educational program 오락— an entertainment program
플라이트 a flight —넘버 flight number
플랫포옴 a platform
플러스 plus; (이익) a gain 《to》
피 blood
피난 避難 —하다 take shelter
피다 (꽃이) bloom
피라밋 a pyramid
피로 疲勞 fatigue, tiredness ¶~ 한 tired, fatigued
피부 皮膚 the skin
피서 避暑 summering —지 a summer resort
피아노 a piano
피하다 避— avoid, keep away from; dodge
피해 被害 damage, injury
핀트 (사진의) focus; (이야기의) the point
필기 筆記 —하다 write [take] down —도구 writing materials
필름 a film 슬라이드용— a reversal film 컬러— a color film

흑백— a black and white film
필수품 必需品 necessities, necessaries 생활— daily necessaries
필요 必要 ¶~ 한 necessary // ~ 치 않은 needless
필적 筆跡 handwriting
필터 (카메라의) a filter; (담배의) a filter tip
핑계 an excuse
핑크색 —色 pink

#

하기 下記 ¶~ 의 following
하나하나 one by one, every...
하녀 下女 a maid, a maidservant
하느님 God
하는수없이 ¶~ 하다 be obliged to 《do》
하늘 the sky, the heavens
하다못해 (적어도) at least, at most; at best(기껏)
하등 下等 ¶~ 의 low, inferior
—하려고하다 intend to, try to
하루 a day
하류 下流 the lower course (of a river)
하선하다 下船— disembark, go ashore, leave a ship
하숙 下宿 —하다 lodge, board at —집 a lodging house, a boarding house
하얗다 white
하여튼 何如— anyway, anyhow
하원 下院 (미국의) the House of Representatives; (영국의) the House of Commons
하이보울 (음료) whisky and soda
하이힐 high-heeled shoes
하차하다 下車— get off
하행열차 下行列車 a down train
학과 學科 a subject (of study) (과목); a course of study
학과 學課 a lesson, school [class] work
학교 學校 a school, a college (전문·단과대학)
학기 學期 a (school) term
학년 學年 a school year; 《美》 a grade, 《英》 a form
학문 學問 learning, study (면학); science (학술)
학비 學費 school expenses
학생 學生 a student —운동 a student movement
학위 學位 a degree
학자 學者 a scholar
학장 學長 a rector, a dean
학회 學會 a society 물리— a physical society

한 (어떤) a, one, a certain, some

한가운데 ¶ ～의 middle, central

한꺼번에 (동시에) at the same time; (단번에) at a time

한결같다 ¶한결같게 하다 make uniform

한국 韓國 (the Republic of) Korea

한담 閑談 an idle talk

한때 (일시) once, for a time

한도 限度 a limit

한란계 寒暖計 a thermometer

한발한발 step by step

한밤중 ¶ ～에 in the middle of the night

한번 一番 once, a time ¶ ～에 at a time

한벌 (옷) a suit; (도구) a set

한숨 ¶ ～을 쉬다 draw a sigh

한잔 一盞 a cup 《of》, a glass 《of》

한장 一張 a sheet, a leaf

한쪽 one side; one of a pair (한짝)

한층 一層 more, all the more

한탄하다 恨歎— grieve at, moan

한턱내다 treat a person to

할당 割當 —하다 assign

할머니 a grandmother

할수있다 can, be able to

할인 割引 —하다 discount 단체— a discount for large groups —권 a discount ticket

할퀴다 scratch

핥다 lick, lap

함께 together with

합격 合格 —하다 pass 《an examination》

합계 合計 a total —하다 total, sum up

합당 合當 ¶ ～한 moderate, reasonable

합동 合同 ¶ ～의 joint, united

합창 合唱 —하다 sing in chorus

항공 航空 aviation —기 an aircraft —로 an airline —봉함엽서 an aerogram —우편 air mail —표 a passenger ticket —화물 an air cargo

항구 港口 a port, a harbor

항로 航路 a line, a route; an air route (공로)

항상 恒常 always

항의 抗議 —하다 protest against, object to

항해 航海 (사람의) a voyage; (배의) navigation

해¹ (태양) the sun

해² (연) a year

해 害 harm, damage (손해)

해결 解決 —하다 solve, settle

해군 海軍 the navy

해돋이 the sunrise

해롭다 害— harmful

해발 海拔 above sea level

해방 解放 —하다 set free

해변 海邊 the beach, the (sea-)shore 「dissolve

해산 解散 —하다 break up,

해상 海上 ¶ ～의 marine // ～에서 on the sea, on the voyage

해석 解釋 —하다 interpret (번역하다); explain (설명하다)

해설 解說 explanation; commentary —하다 explain; comment on

해수 海水 sea water —욕 sea bathing —욕복 a bathing dress [suit] —욕장 a bathing[watering] place 「coast

해안 海岸 the seashore, the

해어지다 wear out ¶해어진 worn-out

해외 海外 ¶ ～의 oversea, foreign // ～에 abroad, overseas // ～에서 from abroad [over the seas] —뉴스 foreign news —방송 overseas broadcasting —여행 a trip abroad

해자 垓字 a moat

해저 海底 the bottom of the sea ¶ ～의 undersea, submarine —터널 an undersea tunnel 「one's health

해치다 害— ¶건강을 ～ injure

해협 海峽 a strait, a channel

핵 核 ¶ ～의 nuclear —무기 a nuclear weapon 「bag

핸드백 a handbag, a ladies'

햄 ham —샐러드 ham and salad —에그 ham and eggs

햄버그 hamburg steak, hamburger

햇볕 ¶ ～에 타다 get sunburnt // ～에 타지 않게 바르는 크리임 suntan cream

-행 -行 ¶런던～ 열차 the train for London

행동 行動 action, conduct, behavior 단독[개별]— independent [separated] action

행락객 行樂客 a holidaymaker

행락지 行樂地 a pleasure[holiday] resort

행렬 行列 a line, a procession, a parade —하다 queue up

행방 行方 one's whereabouts

행복 幸福 happiness

행사 行事 an event; a function (식전) 연중— an annual event 특별— a special event

행선지 行先地 one's destination

행실 行實 a deed, conduct: behavior

행운 幸運 good fortune [luck]

행위 行爲 an act, a deed; behavior

행정 行程 distance (거리); a journey (여행)

행정지구 行政地區 a governmental district

행주 a dishcloth

향기 香氣 smell, scent

향상하다 向上— make progress in

향수 香水 a perfume, a scent

향수 鄕愁 ¶~에 젖다 get homesick

향토 鄕土 one's native place —인형 a local doll

허가 許可 permission, admission —하다 permit, allow, admit —증 a permit, a license

허리 the waist —띠 a belt

헌 old, used; secondhand(중고 의)

헌법 憲法 a constitution

헐겁다 loose

헐다 (큰돈을) change

헐벗다 ¶(산이) 헐벗은 bare

험담 險談 —하다 speak ill of

험악 險惡 ¶(날씨가) ~한 be stormy; be rough

험준 險峻 ¶~한 steep

헛되다 futile, useless

헤매다 (떠돌다) wander about, roam about

헤어지다 (이별하다) part from [with], separate

헤어토닉 hair tonic

헤엄치다 swim

헹구다 wash (out), rinse

혀 the tongue

혁명 革命 a revolution

현관 玄關 the (front) door

현금 現金 cash ¶~으로 바꾸다 cash//~으로 지불하다 pay for a thing in [on] cash —지불 cash payment

현기증 眩氣症 ¶~나다 be dizzy, get giddy

현대 現代 the present day, today ¶~의 modern, present-day, up-to-date

현명 賢明 ¶~한 wise, clever

현미경 顯微鏡 a microscope

현상 現象 a phenomenon

현상 現像 —하다 develop

현상 懸賞 a prize contest —논문 a prize essay —당선자 a prize winner

현실 現實 ¶~의 actual; real

현재 現在 (부사적) at present, for the present

현저 顯著 ¶~한 remarkable, distinguished

현지시간 現地時間 local time

혈관 血管 a blood vessel

혈압 血壓 blood pressure

혈액 血液 blood

협박 脅迫 —하다 threaten

협의 協議 —하다 confer with

협정 協定 an agreement, an arrangement

형 型 type, form (모양); style (양식)

형광등 螢光燈 a fluorescent lamp

형사 刑事 a (police) detective

형세 形勢 a state; appearance

형식 形式 a form, a formality

형제 兄弟 brothers

형편 形便 ¶~에 좋은 convenient

호기심 好奇心 curiosity ¶~이 강한 curious

호리호리하다 slender

호소 呼訴 —하다 appeal, complain; (재판에) go to law

호수 湖水 a lake

호올 a hall; (호텔 등의) a saloon

호위병 護衛兵 a guard

호의 好意 goodwill, kindness

호적 戶籍 a census register

호출 呼出 a call; (소환) a summons

호텔 a hotel

호통치다 shout; roar

호트도그 a hot dog

호트케이크 a hot cake, a pancake

호화 豪華 ¶~로운 splendid, luxurious, deluxe

호흡 呼吸 —하다 breathe

혼 魂 the soul (영혼); the spirit (정신)

혼동 混同 —하다 confuse one thing with another, mix up

혼란 混亂 ¶~한 confused

혼선 混線 ¶~이 되다 (전화가) become crossed

혼잡 混雜 ¶~한 confused, crowded

혼잣말하다 talk [speak] to oneself

혼혈아 混血兒 a half-blood

홀짝홀짝 ¶~ 마시다 sip

홍수 洪水 a flood

홍차 紅茶 (black) tea

화가 畫家 a painter; an artist

화내다 get angry with [about]

화단 花壇 a flower bed

화랑 畫廊 a gallery

화려 華麗 ¶~한 splendid, gorgeous, brilliant

화물 貨物 goods; 《美》freight; cargo —선 a cargo boat, 《美》 a freighter —운임 cargo rate

화병 花瓶 a (flower) vase

화산 火山 a volcano

화살표 —標 an arrow

화상 火傷 a burn; a scald

화씨 華氏 Fahrenheit (略: F.)
화염 火焰 a flame, a blaze
화요일 火曜日 Tuesday
화장 化粧 toilet;(배우의)make-up **—대** a dressing table, a dresser **—도구** a toilet set **—품** toilet articles, cosmetics
화장실 化粧室 a toilet
화장지 化粧紙 toilet paper
화재 火災 —경보기 a fire alarm **—보험** fire insurance
화제 話題 a subject, a topic
화폐 貨幣 money (통화); a coin (경화) 「chemist
화학 化學 chemistry **—자** a
화해 和解 —하다 be friends again, make up with
화환 花環 a wreath, a garland; (하와이의) a lei
확대 擴大 —하다 (사진을) enlarge
확신 確信 conviction, confidence **—하다** be convinced, believe firmly
확실 確實 ¶～한 certain, sure∥ ～히 certainly, surely
확인 確認 —하다 ascertain, make sure of; confirm
확장 擴張 —하다 extend, expand
환 換 a money order; exchange
환경 環境 environment, surroundings **—오염** environmental pollution
환기 換氣 ventilation **—하다** ventilate **—장치** ventilation system [equipment], a ventilation
환대 歡待 —하다 welcome, give a warm reception
환불 還拂 —하다 refund **—증 (證)** a refund paper
환산 換算 —하다 exchange, convert **—표** a conversion table
환상 幻想 a vision, an illusion
환성 歡聲 a shout of joy, a cheer
환어음 換— a draft
환언하다 換言— say in other words
환영 幻影 a vision
환영 歡迎 —하다 welcome **—회** a welcome party
환율 換率 the exchange rate
환자 患者 a patient
환전 換錢 —하다 exchange money **—소** money exchange house; a change booth
활기 活氣 ¶～를 띠다 become lively∥～찬 lively
활동 活動 activity, action ¶～적 active

활약 活躍 —하다 be active
활자 活字 a printing type **—체** print 「runway
활주 滑走 —하다 glide **—로** a
황급히 遑急— in a great hurry
황무지 荒蕪地 waste land, a waste
황제 皇帝 an emperor
황태자 皇太子 a crown prince **—비** a crown princess
황폐 荒廢 —하다 go to ruin
회견 會見 an interview **—기** an interview **—자** an interviewer
회계 會計 accounting **—계** (사람). an accountant, a cashier; (곳) cashier's desk
회교 回教 Mohammedanism **—도** a Mohammedan, a Moslem
회담 會談 an interview (회견); a conference (회의)
회답 回答 a reply, an answer
회람 回覽 —하다 circulate
회복 回復 —하다 recover
회비 會費 a (membership) fee
회사 會社 a company, a firm **—원** a clerk [an employee] of a company
회상 回想 —하다 recollect
회색 灰色 gray 「ward
회송 回送 —하다 (편지를) for-
회수권 回數券 a coupon ticket
회원 會員 a member
회의 會議 a meeting; a conference; a convention
회장 會長 the president; the chairman
회장 會場 a meeting place
회전 回轉 —하다 rotate, revolve, turn, go round **—목마** a merry-go-round; a carrousel **—문** a revolving door **—의자** a swivel chair
회중전등 懷中電燈 a flashlight
회합 會合 a meeting, a party
회화 會話 a conversation
회화 繪畫 pictures, paintings
획득 獲得 —하다 get, obtain, acquire
횡단 橫斷 —하다 cross over, go [walk] across **—금지** 《(게시)》 No Crossing **—보도** a pedestrian crossing
효과 效果 effect ¶～적 effec-
효력 效力 effect, virtue ∟tive
후둘후둘하다 (다리가) be unsteady
후미 a cove, an inlet
후보자 候補者 a candidate
후원 後援 —하다 support, give support to
후추 pepper 「treat
후퇴 後退 —하다 go back, re-

후회 後悔 —하다 regret, repent of; be sorry for

훈련 訓練 training, discipline —하다 train, drill

훌륭하다 fine, good, splendid; (위대하다) great

훔치다 (도둑질하다) steal, rob *a person* of; (닦다) wipe

훨씬 much, (by) far   「turb

훼방놓다 毀謗— obstruct, dis-

휘다 bend, curve, be bent; (목재 등이) warp

휘젓다 (액체를) stir

휘파람 a whistle

휴가 休暇 《美》a vacation, 《英》a holiday

휴게 休憩 a rest, a recess —시간 rest time, a recess —실 a rest room

휴대 携帶 ¶〜용의 portable

휴대품 携帶品 hand baggage —보관소 a cloak room

휴식 休息 a rest, a recess ¶〜을 취하다 take rest, rest —시간 rest time, a recess

휴양 休養 rest; recreation

휴업 休業 —하다 close *one's* doors, rest from work ¶금일 〜 《게시》 Closed Today

휴일 休日 《美》a vacation, 《英》a holiday

휴지 休紙 waste paper —통 a wastebasket

흉금 胸襟 ¶〜을 터놓다 be frank with, open *one's* heart

흉내내다 imitate

흉하다 凶— (보기가) ugly; mean; (불길하다) unlucky

흐려지다 (날씨가) become cloudy; (흙탕물이 되다) become muddy   「float

흐르다 stream, flow; (떠서)

흐름 (물의) a stream, a flow

흐리다 (하늘이) be cloudy

흑인 黑人 a Negro

흔들다 shake, wave, swing

흔들리다 shake; quake, tremble; pitch; roll

흔하다 common, ordinary, commonplace

흘러가다 (강이) flow into

흘리다 spill; (피·눈물을) shed; drop (떨어뜨리다)

흙 earth, soil (토양)

흠 欠 a fault, a defect

흠뻑 ¶〜 젖다 be drenched to the skin

흡수 吸收 —하다 absorb

흡연실 吸煙室 a smoking room

흥미 興味 interest ¶〜를 가지다 be interested in

흥분 興奮 —하다 be [get] excited

흥정하다 (값을) bargain, dicker, haggle

희귀 稀貴 ¶〜한 rare; unusual

희극 喜劇 a comedy

희망 希望 hope; expectation (기대)

희미 稀微 ¶〜한 faint, dim

희생 犧牲 a sacrifice; a victim

힘 strength, power; ability (능력)

힘세다 strong, powerful

부　록

《차 례》

(1) 해외여행 기초지식 ················· 336

(2) 실용영어회화 ··················· 341

(3) 4개국어 기초회화 ················ 350

(4) 세계 주요도시·공항 약호 ······· 354

(5) 세계 주요 항공사명 및 약호 ··· 355

(6) 해외 한국공관주소 ·············· 356

(7) 시 차 표 ······················· 363

(8) 통화 환산표 ···················· 364

(1) 해외 여행 기초지식

언어·풍속·습관이 다르고 풍토도 다른 외국을 성공적으로 여행하려면, 우선 면밀한 여행 계획을 세울 필요가 있다.

그러기 위해서는, 정확한 해외여행 안내서나 여행 체험기로부터 정보를 얻고 또한 여행사나 항공사 등으로부터 최신의 여행정보를 입수하여, 사전에 충분한 예비지식을 얻어놓는 일이 꼭 필요하다.

1. 출발 전의 사전 준비

〈여행계획〉여행계획을 세울 때 먼저 고려해야 할 일은, 한정된 시간을 얼마나 유효 적절하게 이용하느냐 하는 점이다. 여행계획 작성에서 중요한 점은, 우선 방문 예정 도시를 어느 코스로 가는 것이 항공 요금이 가장 싸게 드는가 하는 점이다. 같은 일정일 지라도 가는 코스에 따라 항공 요금에 큰 차이가 생기는 경우가 적지 않기 때문이다.

그 다음에, 쇼핑 또는 공적인 사무를 볼 수 없는 공휴일을 어떻게 여행 일정에 짜넣느냐 하는 점이다. 미국이나 유럽에서는 토요일과 일요일이, 회교국에서는 금요일과 일요일이 휴일이므로, 이러한 휴일은 이동하는 날로 잡거나 휴식일로 잡으면 된다.

또한 해외 여행에서는, 되도록 많은 도시에 가보고 싶은 욕심에 대개의 경우 빡빡한 스케줄을 짜기 쉬운데 좀 여유있게 스케줄을 짜는 것이 필요하다고 하겠다.

여행 계획이 완성되면, 되도록 빨리 여행사나 항공 회사에 항공기 예약과 호텔 예약을 의뢰하는 것이 좋다.

국내 여행이라면, 여행 계획을 세우고 각종 예약이 끝나면 그것으로 준비는 완료된 셈이며 출발하는 날만 기다리면 되는데, 해외 여행에 있어서는 여러가지 절차가 필요하며 이런 절차가 다 완료되지 않으면 출발할 수가 없다.

〈여권 수속〉여권(passport)은 여행자의 신분증명서인 동시에 정부가 발행하는 출국허가서이기도 하다. 여권의 종류에는 외교관여권, 관용여권 및 일반 여권이 있으며, 일반여권에는 단수 여권 (1회 왕복에 한하여 유효한 여권)과 복수여권(1년 또는 5년의 유효기간 동안 몇 번이라도 사용할 수 있는 여권)이 있다.

여권 신청은 여권발급 신청서, 호적등본, 신원진술서, 소양교육 필증, 주민등록증 사본, 사진 2장을 첨부하여 외무부에 신청하며, 여행 목적에 따라 대체로 5일 정도면 여권을 발급받는다. 유의할 점은 여권의 자기 영문사인을 어디서나 할 수 있도록 연습해 두어야 하며, 여권에 쓴 것과 동일한 사진 5, 6매를 여분으로 휴대하는 것이 좋다는 점이다.

〈환전 수속〉여권과 비자를 발급받은 후, 외국환 은행에서 외화를 구입하게 되는데, 현금뿐만 아니라 여행자 수표 (traveler's check), 또는 국제 크레디트카드(international credit card)도 함께 휴대하는 것이 좋다. 일반 여권의 경우 1인당 1회 최고 미화 3,000달러까지 환전이 가능하다.

〈비자 수속〉비자(visa, 사증)는 여행지 국가의 재외 공관이 여행자가 무사히 그 나라로 입국할 수 있도록 본국의 출입국 관리에게 추천하는 입국 허가증이다. 현재, 우리나라는 외국 여러 나라와 상호 협정에 의하여 비자를 서로 면제하고 있는데, 특히 서유럽 여러

나라가 여기에 속한다. 그러나 공산권 나라와는 특수한 ·경우가 아니고는 비자를 취득할 수가 없다.

〈예방 접종〉 해외 여행중에는, 콜레라, 황열병 등의 예방접종 증명서(yellow card 또는 vaccination card)를 휴대해야 하는데, 어느 접종이 필요한가에 대해서는 방문국에 따라 다르다. 콜레라(황열병은 콜레라에 준함)는 인도네시아, 중동, 아프리카 여러나라를 여행할 때는 반드시 접종해야 하며, 그 외에는 국제 보건기구(WHO)가 지정한 콜레라 오염지구로 여행하든지, 또는 그 지구를 통과하는 경우에만 필요하게 되어있다.

검역증을 분실했을 때는 도중에서 주사를 다시 맞고 증명서를 새로 발급받아야 한다.

〈보험 수속〉 여행중의 예기치 않은 병이나 사고에 대비하여, 질병 또는 상해보험 등에 가입해 놓는 것이 현명하다 하겠다.

2. 한국의 출국 절차

이상과 같은 사전준비가 다 갖추어지면 드디어 해외로 떠나는 날이 온다. 국제공항에서의 절차는 어떤 나라에서나 대체로 비슷한데, 김포 국제공항에서 출국하는 경우에 대해서 살펴보자.

〈체크인〉
(1) 항공표, 여권, 예방접종 증명서를 제시하기
(2) 휴대 수하물의 계량과 보관증(claim tag, 짐표)을 받기
(3) 출입국 기록 카아드(embarkation card)를 받기
(4) 탑승권(boarding card)을 받기
(※병무 해당자는 공항에 있는 법무부 출입국관리소에서 출국허가(또는 신고)를 사전에 마쳐야 한다.)

〈C. I. Q.〉 C(Customs, 세관), I(Immigration, 출입국 관리), Q(Quarantine, 검역)의 절차는 다음과 같다.
(1) 검역 검역 카운터에서 예방접종 증명서를 확인받는다.
(2) 세관 외국제 촬영기, 카메라, 시계, 귀금속, 보석류 등의 장식품, 밍크 제품 등 값비싼 물품을 휴대하여 출국할 경우에는 세관에 휴대출국 신고를 하고 승인 도장을 받아야 한다. 이와같은 확인을 받지 아니한 물품을 입국할 때 다시 휴대하게 되면 과세대상이 된다.
　그 밖에도 수출이 제한되는 물품으로는 문화재(문화공보부 장관의 수출허가가 있는 것에 한해 수출가능)와 야생 조수, 인삼류(홍삼 3 kg, 백삼 1.2kg에 한해 수출가능)등이 있다.
(3) 출국 관리 출국기록 카아드를 제출하고 여권점검이 끝나면 여권에 출국 승인 도장을 찍어준다.
이로써 출국 수속은 모두 끝나고, 출국 대기실(departure lounge)에서 탑승 안내를 기다리기만 하면 된다.

3. 항공기 안에서의 주의 사항

출발시간 20~30분 전이 되면, 항공편 번호(Flight Number), 행선지(Destination), 탑승구 번호(Gate Number)가 방송되므로, 지정된 게이트를 통해서 항공기에 탑승하게 된다. 항공기 내에서는 다음과 같은 점에 주의하는 것이 좋다.
◉비행기가 지상에 있을 때와 이륙(take-off) 및 착륙(landing)시는 담배를 피워서는 안된다.

◉휴대하는 가방은 반드시 좌석 밑에 놓아야 한다.
◉멀미를 하면 안내원에게 진정제를 청해서 먹은 다음 머리 윗편
의 환기창을 열어 맑은 공기를 마시는 것이 좋다.

〈기내 방송〉 기내 방송에는 여러가지가 있는데 국제선에 취항하
는 항공기라면 반드시 하는 방송이 있다.
(1) 이륙 전 금연과 안전 벨트의 확인에 관한 방송
(2) 이륙 전후 구명조끼(life vest)와 산소마스크 (oxygen mask)의
사용법에 관한 방송
(3) 비행중 비행 시간·속도·고도 등과 행선지의 날씨·도착 시간에
관한 방송
(4) 착륙 전 금연과 안전 벨트의 확인에 관한 방송
(5) 착륙 후 도착지나 갈아타는 편 등에 관한 방송

〈기내 서어비스〉 퍼어스트 클래스(1 등석)에서는 어떤 음료든지
무료로 얼마든지 주문할 수 있는데, 이코노미 클래스에서는 주우스,
콜라 등의 소프트 드링크(soft drinks)는 무료이지만, 맥주를 비롯
한 알콜 음료는 모두 유료로 되어 있으므로 선금을 지불하고 주문
하면 된다. 국제선의 경우는 공해상에서 음료라든지 향수, 담배 등
을 미국 달러만이 아니고 주요국의 통화로 면세로 살 수 있다.

4. 각국의 입국 절차

이제 드디어 목적지에 도착하여 입국 절차와 세관 검사를 받을
준비를 시작한다. 입국에 즈음하여서는, 도착 전에 항공기 내에서
배포되는 입국 카아드(E.D. card)에 필요 사항을 기입해서 여권 속
에 넣어 두었다가 비행장에 내려서 이민국 직원에게 제출해야 한다.
대개는 여권과 예방접종 증명서의 제시만으로 간단히 입국할 수
있는 것이 보통이다. 다만 일부 나라에서는 그밖에 휴대 외화를 신
고하거나 (타이 등), 세관검사(미국 등)를 받게 된다.
그러나 거의 모든 나라가 거주자(returning residents)와는 달리,
여행자(tourist)를 크게 환영하는 터이므로 입국 절차상에 최대한 우
대하려고 노력하고 있으므로 일정한 절차를 바르고 정직하게 밟기
만 하면 아무런 문제가 없다. 일반적으로 입국시는 검역, 입국 관
리, 세관 등의 절차를 밟게 된다.
다음에 주요 각국의 입국 절차에 대해서 간단히 소개하기로 한다.
〈미국〉 입국 관리관이 대개 입국 목적과 체재 일수를 묻는다. 세
관 검사도 있지만, 과일류·마약 등의 검사로 간단히 끝난다. 휴대
금이 5,000달러 이상일 때는 반드시 반입 신고를 해야 한다.
〈영국〉 관광단의 일원으로서 입국할 경우에는 간단한 여권 검사
외에는 세관 검사가 없는 것이 보통인데, 개인 자격으로 입국할 경
우에는 간단한 세관 검사를 받게 된다.
〈프랑스〉 입국 관리관이 여권 검사를 할 뿐, 세관검사는 거의 없
다. 있어도 알콜류의 휴대 여부를 묻는 정도이다.
〈대만〉 휴대품 신고서에 돈, 술, 담배류를 반드시 기재해야 한다.
그리고 입국시 휴대 신고한 액수이상을 출국시 휴대한 경우에는 그
차액을 세관 당국에서 몰수한다. 세관 수속이 다른 나라에 비해 까
다로운 편이다.
〈일본〉 입국목적, 체제일수 등을 묻고 간단한 입국절차와 세관검
사를 받아 입국하게 된다.

5. 여행지에서의 필요한 지식

〈외화의 환전〉 달러나 파운드 등의 휴대 외화는, 입국하면 즉시

현지 통화로 환전할 필요가 있는데, 한꺼번에 필요 이상으로 많은 돈을 환전하지 않는 편이 좋다. 달러 지역, 파운드 지역 이외의 나라에서의 환전은 호텔보다 공항이나 시내의 은행에서 하는 편이 유리하다. 쓰다 남은 현지 통화는 출국 때 공항의 환전소에서 달러나 파운드로 다시 교환할 수 있다.

〈항공기 예약의 재확인〉 일반적으로 항공기 예약은 본국 출발전에 확인되어 있지만, 현지에 도착하면 반드시 다음 행선지까지의 항공편 예약을 재확인(reconfirmation)할 필요가 있다. 이 재확인을 빠뜨리면 예약이 취소될 가능성이 있다.

〈호텔〉 미국의 호텔은 모든 점에서 한국의 호텔과 별 차이가 없으나 유럽의 호텔은 요금 계산법(American plan이 많음), 프론트 서어비스(reception desk와 concierge로 나누어져 있음), 층수를 세는 법(1 층을 ground floor, 2 층을 1st floor…라고 함), 아침 식사의 내용(continental breakfast가 보통)등에 있어서 다른 점이 있다.

〈교통기관〉 시내 관광이라든지 도시간의 이동에 각종 교통기관을 이용하는 기회가 적지 않다. 시내 관광에는 관광버스가 가장 적절하다 하겠으나 지하철, 노면 전차, 노선 버스 등을 이용하는 것도 흥미롭다. 도시간의 이동에는 항공기가 편리하나 유럽에서는 열차, 미국에서는 버스를 이용하는 것이 즐거움을 더해준다. 그러나 무엇보다도 택시를 이용하는 빈도가 해외 여행에서는 많아진다.

〈기타〉 팁에 대한 습관이 없는 한국인 여행자에게는 팁은 서양의 번거로운 습관이라 하겠다. 팁은 대체로 10~15% 정도를 생각하면 된다. 매너(manners) 또한 한국인 여행자에게는 골치아픈 일이기는 하나, 거의 모든 경우에 상식적인 선에서 판단·처리하면 무난하다고 하겠다.

6. 각국의 출국 절차

여행 목적이 모두 끝나면 그 나라로부터 출국하게 된다. 출국에 임해서는, 항공 회사에서 체크인하고 출국 수속을 밟는데, 이는 한국 출발당시의 절차와 거의 다를 바 없다. 대만과 같이 휴대외화를 검사하는 일부 국가 이외에는 세관 검사는 받지 않는다.

다만, 나라에 따라서는 공항세(airport tax)를 지불해야 할 경우가 있다. 보통은 항공 회사에서 체크인 할 때 함께 지불하게 되는데, 요금은 한국 원화로 1,000원~3,000원 정도이다.

7. 귀국 때의 절차 및 휴대품 면세 기준

여행도 끝나고 마침내 한국으로 귀국하게 된다. 필요사항을 기입하고 서명하면 된다. 검역이나 입국심사는 극히 간단하나, 세관 검사는 여행중의 다른 나라의 검사보다 훨씬 엄중하다.

(1) 통관 절차

◉일반 휴대품 : 여행자들이 휴대 수입하는 물품은 원칙적으로 검사를 받는 현장에서 구두로 세관 공무원에게 신고하면 된다. 그러나 보석 또는 귀금속류와 동제품, 고급 시계, 카메라, 밍크 등 고급 모피 제품, 총포, 도검류 등을 휴대하고 입국할 경우에는 〈한국 세관 신고서〉에 기입하여 세관에 제출해야만 한다. 만약 신고를 하지 않을 경우에는 법에 의하여 처벌받게 된다.

◉별송품 : 해외 여행자들이 입국시 휴대 수입해야 할 물품 또는 이사 물품중 여러가지 사정으로 다른 선박, 항공기 우편

동을 이·용하여 그것을 수입할 때는 입국한 날로부터 6개월
(일본, 대만, 홍콩에서 입국할 경우는 3개월)내에 그 물품
에 대해서 정식 수입 신고서에 의한 신고를 해야 한다. 이
경우 휴대품 또는 이미 반입한 물품에 대한 〈주요 물품 통관
내역서〉를 발급받아 수입 신고서에 첨부하도록 한다.

(2) 휴대품 중 면세되는 물품
◉신변품 (의류·화장품)
◉직업용구 (입국자 본인의 직업상 필요로 하는 사용중인 휴대
　　　　　식 기구)
◉재수입 물품 (입국자가 출국할 때 휴대 반출했다가　입국시
　　　　　다시 수입하는 물품)
◉재수출 물품 (우리나라에 일시 입국하면서 휴대 반입하거나
　　　　　별송한 물품을 6개월내에 다시 가지고 나갈 물품)
◉담배와 주류 (담배 10갑, 향수 2온스짜리 1병, 주류 1병
　　　　　(비거주자는 2병))

(3) 휴대품의 과세와 예처
◉휴대품의 과세 : 면세가 되는 휴대품의 범위를 벗어나는 물품
은 세금을 납부하고 통관할 수 있다. 건축, 텔레비전, 전기
냉장고, 전기 세탁기, 전기 소제기, 에어콘디셔너, VTR, 촬
영기, 영사기, 녹음기 등은 여행중 사용하던 것이라도 반드
시 세금을 납부해야 한다.
◉휴대품의 예치 : 여행자가 우리나라에 입국한 후 사용할 필요
가 없는 물품은 세관에 신고하여 출국할 때까지 맡겼다가 출
국시 다시 찾아갈 수 있다.

(4) 수출입 금지품 및 제한 물품
◉수출입을 절대로 할 수 없는 물품
①국헌을 문란하게 하거나 공안 또는 풍속을 해할 물품
②정부의 기밀을 누설하거나 첩보에 공하는 물품
③화폐, 지폐, 은행권, 기타 유가증권의 위조·변조품
④기타 대한민국 법률로 수출입이 금지된 물품
◉수입 통관을 허용하지 않는 물품
①일반 여행자가 수입하는 5㎡ 이상의 직물류
②마약 및 각성제
③10개를 초과하는 동일 품종의 물품
④대립종(우엉, 시금치, 당근)은 2ℓ, 소립종은 1ℓ를 초과하는
종자
⑤비법정 계량기
⑥기타 법령에 의하여 통관 범위를 초과하는 물품

(2) 실용 영어회화

비행기의 예약과 확인

Booking and Reconfirming a Flight

로마까지 좌석을 하나 예약하고 싶은데요.

I want to book [reserve] one seat for Rome.

5월 1일의 네덜란드 항공 100편을 예약할 수 있읍니까?

Can I make a reservation for May 1 on KLM Flight 100?

예약을 변경하고 싶습니다.

I'd like to change my reservation.

경유지를 변경하고 싶습니다.

I'd like to change my routing.

예약을 취소하고 싶은데요.

I'd like to cancel my reservation.

내가 탈 비행기편을 확인하고 싶은데요.

I want to reconfirm my flight.

(표를 보이며) 내 예약을 재확인하고 싶은데요.

I want to reconfirm my reservation.

이코노미 클래스로 가려는데요.

I want to go economy class.

10월 3일의 스칸디나비아 항공 암스테르담행 650편의 1등을 예약해 놓았읍니다만.

I have a reservation for first class on SAS Flight 650 to Amsterdam on October 3.

팬 아메리칸 800편으로 변경해 주십시오.

Please transfer me to Flight 800 on PAA.

칼 405편은 몇시에 체크인 합니까?

When must I check in for KAL Flight 405?

301편은 예정대로 출발합니까?

Is Flight 301 on schedule?

얼마나 지체됩니까?

How long will it be delayed?

뉴욕행의 다음 비행기는 몇시에 출발합니까?

When does the next plane leave for New York?

탑승수속

Procedures for Boarding the Plane

칸타스 항공의 체크인 카운터는 어디 있읍니까?

Where is the check-in counter for Qantas Air Lines?

프랑크푸르트행 루프트한자 653편의 접수는 여기서 합니까?

Is this the right counter for Lufthansa Flight 653 to Frankfurt?

창가[통로가]의 좌석을 부탁합니다.

I'd like to take the window [aisle] seat.

탑승 수속을 해주십시오.

Please check in my flight.

이 짐의 무게를 달아 주십시오.

Please weigh this baggage [luggage].

초과·요금은 얼마입니까?

What is the charge for excess baggage?

그것을 부치도록 해주십시오.	Please check it for me.
물표를 주십시오.	Give me the claim tag.
공항세는 얼마입니까?	How much is the airport tax?
이 짐을 600편에 실어 주십시오.	Send this on Flight 600.

공항 로비에서 　　　In the Airport Lobby

세관은 어디 있읍니까?	Where is the customs office?
탑승객 대기실에는 면세품점이 있읍니까?	Are there duty-free shops in the departure lounge?
8번 게이트는 어디 있읍니까?	Where is Gate 8?
캐데이 항공 501편의 게이트는 어디 있읍니까?	What is the gate number for Cathay Pacific Flight 501?
3번 게이트는 이리 가면됩니까?	Is this the way to Gate 3?
이 서류에 기입하는 법을 가르쳐 주십시오.	Please help me (to) fill in this form.
리스본으로 가는 연락편은 몇시에 출발합니까?	When does the connecting flight to Lisbon leave?
일본 항공 402편의 출발 시간은 방송되었읍니까?	Have they announced the departure time of JAL Flight 402?
이것은 노오드 웨스트 451편의 버스입니까?	Is this the bus for North West Flight 451?
수하물은 어디서 찾습니까?	Where is the baggage claim?

비행기 안에서 　　　Aboard the Plane

이 자리 비었읍니까?	Is this seat occupied?
이 자리에 앉아도 됩니까?	May I take this seat?
내 좌석 번호는 F-12인데, 어디 있죠?	F-12 is my seat number. Where is it?
내 모자를 선반에 얹어 주시겠읍니까?	Will you please put my hat on the rack?
안전 벨트의 사용법[매는 법]을 가르쳐 주십시오.	Please show me how to use[fasten] my seat belt.
물수건을 주십시오.,	May I have a wet towel?
냉수 한 잔 주십시오.	Please give me a glass of water.
포오크를 하나 더 주실까요?	May I have another fork?
속이 좋지 않아요. 약을 좀 주십시오.	I feel sick. Please give me some pills [medicine].
비행기 멀미[배멀미] 약을 좀 주실까요?	May I have some medicine for air sickness[seasickness]?
한국어 신문이 있읍니까?	Have you [Do you have] a Korean newspaper?
잡지를 좀 빌려주실까요?	May I have some magazines, please?

속도[고도]는 얼마쯤 됩니까?	How fast [high] are we flying?
처음 뵙겠습니다.	How do you do?/ Very happy [pleased, nice] to meet you.
실례합니다만, 미국인입니까?	Excuse me. Are you an American?
제 소개를 해도 되겠습니까?	May I introduce myself?
명함을 주실까요?	May I have your card?
휴가 여행입니까?	Is this a vacation trip?
우리는 신혼 여행으로 카프리 섬에 가는 중입니다.	We're going to Capri on our honeymoon.
한국을 방문한 적이 있습니까?	Have you visited Korea?
담뱃불 좀 빌려 주실까요?	May I have a light, please?
방송을 똑똑히 못들었는데, 무슨 말입니까?	I couldn't hear the announcement clearly. What was it about?
몽블랑이 보이거든 알려 주십시오.	Please let me know when Mont Blanc comes into sight.
바그다드의 현지 시간은 몇시입니까?	What's the local time in Bagdad?
런던과 파리의 시차는 얼마나 됩니까?	What's the time difference between London and Paris?
이 비행기는 리오데자네이로에 몇시에 도착합니까?	When do we land at Rio de Janeiro?
런던의 날씨는 어떻습니까?	How is the weather in London?
입국 카아드를 한 장 더 얻을 수 있습니까?	May I have another disembarkation card?

입국수속   Entry Procedures

내 여권입니다.	This is my passport.
이곳에 하루 머물 예정입니다.	I intend to stay here for a day.
나는 관광객입니다.	I'm a tourist.

통관   Going through customs

신고할 물건은 없습니다.	I have nothing to declare.
이것은 내 소지품입니다.	These are my personal effects.
이것은 세금을 물어야 합니까?	Will this be taxed [tax-free]?
이것은 친구들에게 줄 선물입니다.	These are gifts for my friends.
귀금속은 없습니다.	I have no jewelry.
이 짐은 보세 창고에 보관해 주십시오.	Please keep this baggage in bond.
그 보관증을 주시겠습니까?	May I have a receipt for it?

호텔에서　　　　At the Hotel

여기 영어를 하는 분 계십니까?	Is there anyone here who speaks English?
오늘밤 숙박하고 싶은데요.	I'd like a room for tonight./I'd like to be put up for the night.
방이 있읍니까?	Can I have a room?
1인용 방을 얻고 싶은데요.	I need a single room.
욕실이 딸린 더블베드의 방을 얻고 싶어요.	I want a double bed room with bathtub.
이 방의 요금은 얼마죠?	What is the room charge?
더 싼 방은 없읍니까?	Do you have a cheaper room?
나는 트윈베드의 방을 2박 예약해 두었읍니다.	I have a reservation for a twin-bed room for two nights.
이 요금에 아침 식사대[서어비스료]가 포함되어 있읍니까?	Does the price include breakfast [service charge]?
귀중품을 맡아 주십시오.	Please keep my valuables.
계약금이 필요합니까?	Do you require a deposit?
퇴거 시간은 몇시입니까?	What is the check-out[checking out] time?
식사 시간은 몇시입니까?	What is the dining hour?/ At what time do you serve meals?
이것을 세탁소에 보내 주시겠어요.	I want to send this to the laundry.
바지를 다림질 할 수 있을까요?	Could I have my trousers pressed?
실내 온도는 어떻게 조절하면 됩니까?	How can I regulate the room temperature?
잠깐 나갔다 오겠읍니다. 5시에 돌아 오겠읍니다.	I'm going out. I'll be back at five.
관광 버스표를 구할 수 있읍니까?	Can I get a ticket for the sight-seeing bus?
경리계에서 여행자 수표를 현금으로 바꿀 수 있겠어요?	Can I cash my traveler's checks at the Cashier's Desk?
의사[구급차]를 불러 주세요.	Please call a doctor [an ambulance] for me.
이 편지를 부쳐 주실까요?	Will you please mail[post] this letter for me?
이 편지를 항공[선]편으로 부쳐 주십시오.	Please send this by air [sea] mail.
내 앞으로 온 편지가 있읍니까?	Any letters for me?
내일 아침 6시에 깨워 주십시오.	Please wake me at six o'clock tomorrow.
아침 식사를 내 방으로 갖고 와	Please bring my breakfast to

주세요.	my room.
자물쇠가 고장이오.	This lock is broken.
보이를 불러 주세요.	Please call a room boy [a bell-boy].
방을 바꾸고 싶어요.	I'd like to change my room.
하루 더 숙박하고 싶어요.	I want to stay one day longer.
체크 아우트하겠읍니다.	I'm checking out.
내일 아침까지 청구서를 내주세요.	Please make out my bill by to-morrow morning.
계산을 합시다.	I want to settle my account.

식당에서   At the Restaurant

메뉴를 봅시다.	Let me [I want to] see a menu.
전채(前菜)는 무엇이 있읍니까?	What appetizers do you have?
스테이크는 설 구운 것[중간 정도, 잘 구운 것]이 좋겠어요.	I want my steak rare [medium, well-done].
바로 나오나요?	Can I have it right away?
빨리 부탁합니다. 시간이 별로 없으니까.	Please rush my order. I don't have much time.
그 요리는 안되나요?	Is that dish off?
나는 완숙 달걀보다 반숙이 좋습니다.	I prefer soft-boiled eggs to hard-boiled ones.
빵과 버터를 주세요.	Bring me bread and butter.
빵을 좀 더 주세요.	Some more bread, please.
이것은 내가 주문한 것이 아닌데요. 바꾸어 주세요.	This is not what I ordered. Please change it.
소금 좀 이리 주실까요?	Will you please pass me the salt?
디저어토로 푸딩을 주세요.	I want some pudding for dessert.
계산서를 주세요.	《美》 Check please./《英》 Bring me the bill.; Let me have the bill.; The bill, please.
계산은 따로따로 해주세요.	Please separate checks.
거스름돈은 넣어 두세요.	Keep the changes.
이 식당의 성냥 있읍니까? 기념으로 갖고 싶은데요.	Do you have a box of matches of this restaurant? I'd like to keep it as a souvenir.

바아에서   At the Bar

와인 리스트를 좀 봅시다.	Let me look at the wine list, please.
위스키[드라이 마티니]를 한 잔	Give me one whisky [dry mar-

주세요.

tini], please.

스카치에 물을 타서 주시오.

A Scotch and water, please.

셰리[단 백포도주]를 좀 더 주시오.

May I have some more Sherry [sweet white wine]?

버어본 위스키 온더룩[스트레이트」을 주세요.

I'd like bourbon whisky on the rocks [straight].

맥주 한 조끼[작은 병으로 하나, 큰 병으로 하나] 주세요. 아무 상표라도 괜찮습니다.

I'd like a mug [pint, quart] of beer. Any brand will do.

흑맥주를 큰 컵으로 한 잔 더 주세요.

Another large glass of dark beer, please.

알콜분이 없는 걸로 주세요.

I'll have something soft.

쇼핑

Shopping

이것은 얼마입니까 ?

What is the price of this?/How much is this?

더 싼 것은 없읍니까 ?

Do you have anything cheaper?

장갑을 살까해요.

I'm shopping for gloves.

에누리해 주겠어요 ?

Can you give me a discount?

저것[다른 것]을 보여 주세요.

Please show me that [another] one.

이것을 주세요.

I'll take this.

따로따로 포장해 주세요.

Please wrap them up separately.

여행자 수표를 받습니까 ?

Do you accept traveler's checks?

모두 해서 얼마입니까 ?

How much is that altogether [in all] ?

거스름돈은 잔돈으로 주세요.

Give me the change in small money.

계산이 틀리지 않았어요 ? 다시 확인해 보세요.

Isn't there a mistake in the bill? Please check it.

영수증을 주세요.

Give me a receipt, please.

송장(送狀)이 있읍니까 ?

Do you have an invoice?

극장에서

At the Theater

스칼라 극장에서는 지금 무엇을 하고 있읍니까 ?

What is on at the Scala now?

베르디의 가극이 상연되고 있읍니까 ?

Is one of Verdi's operas being played?

나는 고전 음악을 좋아합니다.

I like classical music.

나는 희가극쪽이 좋습니다.

I prefer musical comedy.

오늘밤 음악회의 표는 어떻게 구하면 되나요 ?

How can I get the ticket for tonight's concert?

언제까지 하나요 ?

How long will it run?

이발관에서

이발(만) 해주세요.
너무 짧게 깎지 마세요.
면도와 세발도 해주세요.

가리마를 한가운데에[한쪽으로]
　타 주세요.
같은 모양으로 해주세요.
이발은 얼마죠?

At the Barbershop

(A) haircut (only), please.
Don't cut it too short, please.
I want a shave and shampoo,
too.
I'd like to have my hair parted
in the middle [at one side].
Make it the same style, please.
How much do you charge for a
haircut?

미장원에서

세발하고 세트해 주세요.
파아마를 해주겠어요?

약간 곱슬하게[아주 곱슬곱슬하
　게] 파아마해 주세요.

At the Beauty Parlor

A shampoo and set, please.
Could you give a permanent
wave?
I want to have a soft [tight]
permanent.

병원에 가다

진료소는 어디 있읍니까?

두통이 심합니다.
이쯤이 아픕니다.
몹시 아픕니다. 맹장염인가요?

변비[설사]를 합니다.

체온을 재어보니까 열이 있던데
　요.
현기증[구토증]이 납니다.
밤새도록 기침이 납니다.

Going to the Clinic

Could you show me where the
clinic is?
I have a bad headache.
I have a pain around here.
I have an acute pain. Is it ap-
pendicitis?
I suffer from constipation [have
diarrhea].
I took my temperature and
found myself feverish.
I feel dizzy [feel like vomiting].
I cough all night.

여행사에서; 길을 묻다

어떤 플랜이 좋을까요?
시내 구경을 하기 위해 안내자를
　구하고 싶은데요.
어느 코오스가 가장 좋을까요?

시내 관광 버스가 있읍니까?

실례합니다만 관광 안내소는 어

At the Travel Agency; Asking the Way

What plan do you recommend?
I want to hire a guide for the
sights around the city.
What do you think is the best
sightseeing route?
Are there any city sightseeing
buses?
Excuse me, but where is the

디 있읍니까?

실례합니다만 가까운 지하철 역
은 어디 있읍니까?

바티칸 궁전까지 자동차로 얼마
나 걸립니까?

하이드 파아크로 가는 길을 가
르쳐 주십시오.

tourist information office?

Excuse me, but where is the
nearest subway station?

How long does it take to go
to the Vatican(Palace) by car?

Please show [tell] me the way
to Hyde Park.

운 수

2등표를 두 장 주시오.

급행열차는 있읍니까?

이 열차의 좌석을 예약하고 싶
습니다.

어디서 갈아탑니까?

도중하차를 할 수 있읍니까?

식당차가 딸려 있읍니까?

파리행 열차는 몇시에 출발합니
까?

뮌헨까지의 요금은 얼마죠?

이것은 마이애미행 열차가 맞습
니까?

헬싱키행 열차는 몇번 포음에서
출발합니까?

칸행 버스는 어느 것입니까?

프티트리아농으로 가려면 무엇
을 이용하면 됩니까?

캘커타행 P앤드 O기선은 몇번
부두에서 출발합니까?

Transportation

Two second-class tickets, please.

Is there any express?

I'd like to reserve a seat on
this train.

Where do I transfer?

Can I stop over en route?

Is there a dining car?

When does the train leave for
Paris?

What is the fare to Munich?

Is this the right train for Miami?

From which platform does the
train leave for Helsinki?

Which bus should I take for
Cannes?

How can I get to Petit Trianon?

What's the number of the pier
where the P & O ship to Cal-
cutta will leave?

전화와 우편

이 번호를 좀 걸어 주실까요?

이 번호를 좀 돌려 주세요.

수신인 지급으로 한국에 국제전
화를 부탁합니다.

여보세요, 저 톰입니다.

전화를 끊지 마세요.

비인까지의 통화료는 얼마였읍
니까?

우체국은 어디에 있읍니까?

Telephone and Mail

Will you get this number for
me?

Dial this number, please.

I want to make an overseas call
to Korea by collect call.

Hello. This is Tom speaking.

Hang on, please.

How much was my (phone) call
to Vienna?

Could you tell me where the
post office is?

이 소포를 항공편으로 한국에 부치고 싶은데요.	I'd like to send this parcel to Korea by air mail.
이 소포를 등기로 부탁합니다.	Please register this parcel.
50센트 우표를 세 장 주세요.	Please give me three fifty-cent stamps.
한국까지의 항공 우편 요금은 얼마입니까?	What is the airmail postage [rate] to Korea?
이 전보를 치고 싶은데요.	I want to send this telegram.
전보용지를 주십시오.	A telegram blank, please.
이 번호에 전화하는 방법을 가르쳐 주십시오.	Please tell me how to call this number.
장거리 전화를 부탁합니다.	I'd like to make a long-distance call.
요금은 내가 냅니다.	I'll pay for it here.

환전과 은행

Money Exchange and Banking

환전소는 어디 있읍니까?	Where can I change (some) money?
여행자용 수표를 현금으로 바꾸고 싶은데요.	I want to cash my traveler's checks.
한국돈을 미국 달러로 바꾸고 싶은데요.	I want to change Korean won into American dollars.
프랑스 프랑을 스페인 페세타로 바꾸어 줍니까?	Do you change French francs into Spanish pesetas?
모두 10달러 지폐로 주십시오.	All in ten-dollar bills, please.
은행은 몇시에 문을 닫습니까?	What time does the bank close?
오늘의 환율은 얼마죠?	What is today's exchange rate?
이것을 헐어 주시겠어요?	Can you break this?
잔돈도 섞어 주십시오.	Please include small money.

난처한 경우

When in Trouble

서류 가방을 버스에[기차간에, 방안에] 두고 왔읍니다.	I left my briefcase on the bus [in the train, in the room].
수표를 다시 발행해 주시겠어요?	Can you reissue the checks?
여행자용 수표를 잃어버린 것 같은데요.	I'm afraid I've lost my traveler's checks.
어디에 신고하면 됩니까?	Where should I report it to?
길을 잃은 것 같습니다.	I'm afraid I've lost my way.
저와 함께 사진을 찍어주실까요?	Do you mind posing with me?
이 셔터 좀 눌러 주시겠읍니까?	Would you please press this shutter (for me)?
분실물취급소는 어디있읍니까?	Where is the lost-and-found?

(3) 4 개 국 어

일본어

한국어	일본어
안녕하십니까? (오전에)	おはよう。 오하요오
안녕하십니까? (오후에)	こんにちは。 곤니찌와
안녕하십니까? (저녁에)	こんばんは。 곤방와
처음 뵙겠읍니다.	はじめまして。 하지메마시떼
만나 뵈어 기쁩니다.	お知りあいになれてうれしいです。 오시리아이니 나레떼 우레시이데스
제 소개를 하겠읍니다. 김 창호 입니다.	自己紹介させていただきます。金 지꼬쇼오까이사세떼 이따다끼마스 昌浩です。 데스
성함이 어떻게 되십니까?	お名前は何とおっしゃいますか。 오나마에와 난또　　웃샤이마스까
잘 지내십니까? —네, 잘 있읍 니다.	お元気ですか。—おかげで元気です。 오겡끼데스까　　오까게데 겡끼데스
안녕(히 가십시오).	さようなら。 사요오나라
대단히 감사합니다.	どうもありがとう。 도오모 아리가또오
천만의 말씀(입니다).	どういたしまして。 도오이따시마시떼
미안합니다.	すみません。 스미마셴
영어를 하시나요?	英語を話しますか。 에이고오 하나시마스까
무슨 말씀인지 모르겠군요.	おっしゃることがわかりません。 웃샤르　　고또가 와까리마셴
미안합니다만, 다시 말씀해 주 십시오.	もう一度おっしゃってくださいま 모오 이찌도 웃샷떼　　구다사이마 すか。 스까
더 천천히 말씀해 주십시오.	もっとゆっくり話してください。 못또 육구리　　하나시떼 구다사이
매우 훌륭합니다.	たいへんよろしい。 따이헨 요로시이
제일 가까운 지하철역은 어디 있읍니까?	一番近い地下鉄の駅はどこですか。 이찌반 찌까이찌까데쯔노 에끼와 도꼬데스까

기 초 회 화

프랑스어

Bonjour.
봉주르

Bonjour.
봉주르

Bonsoir.
봉스와르

Très enchanté!
뜨레 앙샹떼

Je suis très heureux de
져 수이 뜨레 저뢰 드
vous voir.
부 브와르

Permettez-moi de me pré-
뻬르메떼 므와 드 므 쁘레
senter: M. Kim Changho.
장떼 므셔

{ Quel est vôtre nom?
겔 레 보뜨르 농

{ Comment vous appelez-vous?
꼬망 부 자쁠레 부

Comment allez-vous?
꼬망 말레 부
—Bien, merci.
비엥 메르시

Au revoir.
오르브와르

Merci beaucoup.
메르시 보꾸

{ Pas de quoi.
빠 드 끄와

{ Je vous en prie.
져 부 장 쁘리

{ Je regrette.
져 르그레드

{ Excusez-moi. Pardon.
엑스뀌제 므와 빠르동

Parlez-vous anglais?
빠를레 부 장글레

Je ne comprends pas ce
져 느 꽁프랑 빠 스
que vous dites.
끄 부 디뜨

Pardon, répétez, s'il vous
빠르동 레뻬떼 실 부
plaît.
쁠레

Parlez plus lentement, s'il
빠를레 쁠뤼 랑뜨망 실
vous plaît.
부 쁠레

Très bien.
뜨레 비엥

Quelle est la station de
겔 레 라 스따시옹 드
métro la plus proche?
메뜨로 라 쁠뤼 쁘로시

독일어

Guten Morgen.
구텐 모르겐

Guten Tag.
구텐 타크

Guten Abend.
구텐 아벤트

Sehr angenehm!
제어 앙게네엠

Es freut mich sehr, Sie
에스 프로이트 미허 제어 지
kennenzulernen.
케넨쭐레르넨

Darf ich mich vorstellen?
다르프 이히 미히 포르시텔렌
Ich heiße Kim Changho.
이히 하이세

Darf ich um Ihren Namen
다르프 이히 움 이렌 나멘
bitten?
비텐

Wie geht es Ihnen?—Danke,
비 게트 에스 이넨 당케
sehr gut.
제어 구트

Auf Wiedersehen.
아우프 비더제엔

{ Schönen Dank.
쇠넨 당크

{ Vielen Dank.
피일렌 당크

Bitte sehr.
비테 제어

{ Verzeihung.
페르짜이웅크

{ Entschuldigung.
엔트슐디궁크

Sprechen Sie Englisch?
시프레헨 지 엥글리시

Ich habe Sie leider nicht
이히 하베 지 라이더 니히트
verstanden.
페르시탄덴

Wiederholen Sie es mal
비더홀렌 지 에스 말
bitte.
비테

Könnten Sie bitte noch
쾬텐 지 비테 노흐
langsamer sprechen?
랑그자머 시프레헨

Sehr gut.
제어 구트

Wo ist die nächste U-
보 이스트 디 네히스테 우
Bahnhof?
바안호프

일본어

약도를 그려 주실까요?	地図を描いていただけませんか。 찌즈오 까이떼 이따다께마셴까
공중 전화는 어디 있읍니까?	公衆電話はどこにありますか。 꼬오슈우뎅와와 도꼬니 아리마스까
전화를 좀 써도 되겠읍니까?	電話をお借りしてもよろしいです 뎅와오 오까리시떼모 요로시이데스 か。 까
이 편지를 항공편으로 부치고 싶은데요.	この手紙を航空便で送りたいので 고노떼가미오 고오꾸우빈데 오꾸리따이노데 す。 스
어디서 만날까요?	どこで会いましょうか。 도꼬데 아이마쇼오까
늦어서 미안합니다.	遅くなってすみません。 오소꼬 낫떼 스미마셴
기다리시게 해서 죄송합니다.	お待たせしてすみません。 오마따세시떼 스미마셴
얼마 동안 체류하십니까?	どのくらいご滞在ですか。 도노꾸라이 고따이자이데스까
구경할 만한 곳을 몇 군데 가르 쳐 주십시오.	ぜひ見物すべき場所を2,3教えて 제히 껨부쓰스베끼 바쇼오 니산 오시에떼 ください。 구다사이
이 근처에 은행이 있읍니까?	この近くに銀行がありますか。 고노 찌까꾸니 깅꼬오가 아리마스까
여행자용 수표를 어디서 환금하 면 됩니까?	旅行者用小切手はどこで換金でき 료꼬오샤요오꼬깃떼와 도꼬데 깡낀데끼 ますか。 마스까
이것은 무엇입니까?	これは何ですか。 고레와 난데스까
그것을 보여 주십시오.	それを見せてください。 소레오 미세떼 구다사이
이것은 얼마입니까?	これはいくらですか。 고레와 이꾸라데스까
이것을 주십시오.	これをください。 고레오 구다사이
모두 얼마죠?	全部でいくらですか。 젬부데 이꾸라데스까
여행자용 수표를 받습니까?	旅行者用小切手でとってくれます 료꼬오샤요오꼬깃떼데 돗떼 구레마스 か。 까

프랑스어   독일어

Voudriez-vous me dessiner un
부드리에 부 므 데시네 엉
plan?
쁠랑

Können Sie mir das auf-
쾨넨 지 미어 다스 아우프
zeichnen?
짜이히넨

Où puis-je trouver un télé-
우 쀠이 져 뜨루베 엉 멜레
phone public?
포느 쀠블리끄

Wokann man telephonieren?
보 칸 만 텔레포니이렌

Puis-je me servir de ce
쀠이 져 므 세르비르 드 스
téléphone?
멜레포느

Kann ich dieses Telefon
칸 이히 디제스 텔레폰
benutzen?
베누첸

Je voudrais envoyer cette
져 부드레 장브와예 세뜨
lettre par avion.
레드르 빠 라 비용

Ich möchte diesen Brief mit
이히 뫼히테 디젠 브리프 밋
Luftpost schicken.
루프트포스트 시켄

Où est-ce que nous pourrions
우 에스 끄 누 뿌리용
nous rencontrer?
누 랑꽁뜨레

Wo wollen wir uns sehen?
보 볼렌 비르 운스 제엔

Excusez-moi d'être en retard.
엑스 뀌제 므와 데뜨르 앙 르따르

Entschuldigen Sie bitte, daß
엔트슐디겐 지 비테 다스
ich mich verspätet habe.
이히 미히 페어시페테트 하베

Pardonnez-moi de vous avoir
빠르도네 므와 드 부 자브와르
fait attendre.
페 따당드르

Entschuldigen Sie bitte, daß
엔트슐디겐 지 비테 다스
ich Sie h e warten lassen.
이히 지 하베 바르텐 라센

Combien de temps resterez-
꽁비엥 드 땅 레스뜨레
vous?
부

Wie lange bleiben Sie?
비 랑게 블라이벤 지

Dites-moi, s'il vous plaît,
디뜨 므와 실 부 쁠레
quels sont les endroits à
껠 송 레 장드르와 아
visiter.
비지떼

Können Sie mir bitte einige
쾨넨 지 미어 비테 아이니게
Sehenswürdigkeiten Zeigen?
제엔스뷔르디히카이텐 짜이겐

Y a-t-il une banque près
이 아띨 원 방끄 쁘레
d'ici?
디시

Ist hier in der Nähe eine
이스트 히어 인 데스 네에 아이네
Bank?
방크

Où puis-je toucher un chèque
우 쀠이져 뚜세 엉 세끄
de voyage?
드 브와야지

Wo kann man Reiseschecks
보 칸 만 라이제섹스
einlösen?
아인뢰젠

Qu'est-ce que c'est?
께스 끄 세

Montrez-le-moi.
몽뜨레 르 므와

Was ist das?
바스 이스트 다스

Zeigen Sie es mir bitte.
짜이겐 지 에스 미어 비테

Quel en est le prix?
껠 랑 네르 쁘리

Combien coûte cela?
꽁비엥 꾸뜨 슬라

Was kostet das?
비스 코스테트 다스

Je le prendrai.
절 르 쁘랑드레

Ich möchte das haben.
이히 뫼히테 다스 하벤

Combien cela fait-il en tout?
꽁비엥 슬라 페띨 앙 뚜

Was macht das zusammen?
바스 마하트 다스 쭈자멘

Acceptez-vous des chèques
악세쁘떼 부 데 세끄
de voyage?
드 브와야지

Empfangen Sie Reise-
엠판겐 지 라시겍
schecks?
섹스

(4) 세계 주요도시·공항 약호

약호	도 시
AMS	Amsterdam, Netherlands
ANC	Anchorage, Alaska
ARN	Stockholm, Sweden
ATL	Atlanta, Georgia
BGW	Baghdad, Iraq
BKK	Bangkok, Thailand
BNI	Benin City, Nigeria
BOS	Boston, Massachusetts
CLE	Cleveland, Ohio
CPH	Copenhagen, Denmark
DCA	Washington, D. C. (National)
DTW	Detroit, Michigan
EWR	New York, New York (Newark)
FAI	Fairbanks, Alaska
GEG	Spokane, Washington
GEN	Oslo, Norway (Gardermoen)
GUM	Guam, Mariana Islands
GVA	Geneva, Switzerland
HAM	Hamburg, Germany
HEL	Helsinki, Finland
HKG	Hong Kong, Hong Kong
HLN	Helena, Montana
HNL	Honolulu, Hawaii
IAD	Washington, D. C. (Dulles)
IST	Istanbul, Turkey
JFK	New York, New York (Kennedy)
KHI	Karachi, Pakistan
KUL	Kuala Lumpur, Malaysia
KWI	Kuwait, Kuwait
LAS	Las Vegas, Nevada
LAX	Los Angeles, California
LGA	New York, New York (La Guardia)
LGW	London, England (Gatwick)
MAD	Madrid, Spain
MAN	Manchester, England
MCO	Orlando, Florida
MIA	Miami, Florida
MKE	Milwaukee, Wisconsin

약호	도 시
MNL	Manila, Philippine Islands
MSN	Madison, Wisconsin
MSP	Minneapolis-St. Paul, Minn.
MSY	New Orleans, Louisiana
NCE	Nice, France
NRT	Tokyo, Japan
OKA	Okinawa, Ryukyu Islands
ORD	Chicago, Illinois (O'Hare)
OSA	Osaka, Japan
OSL	Oslo, Norway
PDX	Portland, Oregon
PHL	Philadelphia, Pennsylvania
PIK	Glasgow, Scotland (Prestwick)
PIT	Pittsburgh, Pennsylvania
PUS	Pusan, Republic of Korea
REK	Reykjavik, Iceland
ROM	Rome, Italy
RST	Rochester, Minnesota
RUH	Riyadh, Saudi Arabia
SEA	Seattle-Tacoma, Washington
SEL	Seoul, Korea
SFO	San Francisco-Oakland, Calif.
SNN	Shannon, Ireland
STL	St. Louis, Missouri
STO	Stockholm, Sweden
THR	Tehran, Islamic Rep. Of Iran
TPA	Tampa/St. Petersburg, Fla.
TPE	Taipei, Taiwan
YEG	Edmonton, Alberta, Canada
YVR	Vancouver, B. C., Canada
YWG	Winnipeg, Manitoba, Canada

(※ 미국에 있는 도시는 편의상 U.S.A.를 생략하였음.)

(5) 세계 주요 항공사명 및 약호

A A.......American Airlines　아메리칸 항공

A F.......Air France　에어프랑스 항공

A I.......Air India　에어인디아 항공

A Z.......Alitalia Airlines　알리탈리아 항공

B A.......British Airways　영국항공

C A.......General Administration of Civil Aviation of China
　　　　中國民用航空總局

C I.........China Airlines　中華航空

C O.......Continental Airlines　컨티넨털 항공

C P.......Canadian Pacific Airlines　캐나다 태평양항공

C X.......Cathay Pacific Airways　캐데이 파시픽 항공

E G.......Japan Asia Airways　일본 아시아 항공

G A.......Garuda Indonesian Airways　가루다 인도네시아 항공

I A.........Iraqi Airways　이라크 항공

I B.........IBERIA　이베리아 항공

I R.........Iran National Airlines　이란 항공

J L.........Japan Air Lines　일본 항공

K E.......Korean Airlines　대한 항공

K L.......KLM Royal Dutch Airlines　KLM 네덜란드 항공

L H.......Lufthansa German Airlines　루프트한자 독일항공

M H......Malaysian Airline System　말레이지아 항공

M S.......Egyptair　이집트 항공

N W......Northwest Orient Airlines　노오드웨스트 항공

P A.......Pan American World Airways　팬아메리칸 항공

P K.......Pakistan International Airlines　파키스탄 항공

P R.......Philippine Airlines　필리핀 항공

Q F.......Qantas Airways　칸타스 항공

R G.......Varig-Brazilian Airlines　바릭 브라질 항공

S K.......Scandinavian Airlines　스칸디나비아 항공

S N.......Sabena Belgian World Airlines　사베나 벨기에 항공

S Q.......Singapore Airlines　싱가포르 항공

S R.......Swissair　스위스 항공

S U.......Aeroflot Soviet Airlines　아에로플롯 소련항공

T E.......Air New Zealand　뉴우지일란드 항공

T G.......Thai Airways International　타이 국제항공

T P.......Tap Air Portugal　포르투갈 항공

U A.......United Air Lines　유나이티드 항공

U T.......UTA French Airlines　UTA 프랑스 항공

(6) 해외 한국공관주소

★남북대치공관

□대사관(EMBASSIES)

아르헨티나 ARGENTINA
Coronel Diaz 2860,
Buenos Aires, Argentina
Tel : 802-2737, 5499, 8865, 9665

호주 AUSTRALIA
113 Empire Circuit, Yarralumla, Canberra
A. C. T. 2600, Australia
Tel : 733044, 733956, 733586

★오스트리아 AUSTRIA
Reisnerstrasse 48,
1030 Vienna, Austria
Tel : 725811/2

바레인 BAHRAIN
The State of Bahrain, Manama, P. O. B. 5564, Kuwait Road
Tel : 252161

★방글라데시 BANGLADESH
NW(E) 17, Road 55,
Gulshan Model Town,
Dacca-12, Bangladesh
Tel : 304921, 304165

벨기에 BELGIUM
Avenue Hamoir 3,
1180 Bruxelles, Belgium
Tel : (02) 375-3980

볼리비아 BOLIVIA
Avenida 6 de Agosto 2592
La Paz, Bolivia
Tel : 364485, 364512

브라질 BRAZIL
SEN Ave. das Naces, Lote
14, Brasilia, D. F., Brazil
Tel : 225-2567, 4202, 3302

★버어마 BURMA
591 Prome Road Kamayut
Rangoon, Burma
Tel : 30497, 30655

★카메루운 CAMEROON
B. P. 301, Yaounde, Cameroon
Tel : 22-3223, 22-1725

캐나다 CANADA
151 Slater Street, Suite 608
Ottawa, Ontario KIP 5H3,
Canada
Tel : (613) 232-1715, 232-1716,
(232) 1717

**★중앙아프리카 CENTRAL
AFRICA**
B. P. 841, Rue Emile Gentil
Bangui, République Centrafricaine
Tel : 61-28-88

칠레 CHILE
EL Vergel 2422 Santiago, Chile
Tel : 23-7742

자유중국 CHINA
345, Chung Hsiao East Road,
Section 4, Taipei 105, Taiwan
Tel : 761-9363

콜롬비아 COLOMBIA
Calle 94, No. 9-39,
Bogota D. E., Colombia
Tel : 235-5112, 236-1616,
236-3063

코스타리카 COSTA RICA
Apartado 3150
8 Piso, Edificio Metropolitano
San José, Costa Rica
Tel : 21-2398, 33-1929

★덴마아크 DENMARK
Dronningens Tvaergade 8,

1302 Kobenhavn K, Denmark
Tel : (01) 143123, 144705
　　147907

**도미니카공화국
DOMINICAN REPUBLIC**
Av. Sarasota No. 98,
Santo Domingo, The Domin-
　ican Republic.
Tel : 533-8365

에쿠아도르 ECUADOR
Edificio 'EL Libertador' 5A
LA Calle Carrion No. 256
Quito, Ecuador
Tel : 528-553, 230-317,
　　550-447, 550-359

★이디오피아 ETHIOPIA
P. O. Box 2047 (Jimma Road,
old Airport Area) Addis Aba-
　ba, Ethiopia
Tel : 444490, 155573, 151852

피지 FIJI
14 Irving Place, Tamavua,
Suva, Fiji
Tel : 381-064

★핀란드 FINLAND
Annankatu 16 B 50,
00120 Helsinki 12, Finland
Tel : 642509, 642500

★프랑스 FRANCE
125 Rue De Grenelle,
75007 Paris, France
Tel : 705-6410

★가봉 GABON
B. P. 2620
Libreville, Gabon
Tel : 73-2584

독일 GERMANY
53 Bonn, Adenauerallee 124,
Federal Republic of Germany
Tel : (02221) 218095-6

★가나 GHANA
No. 12 First Street, Airport

Res. Area, Accra, Ghana
Tel : 76147

그리이스 GREECE
105-107 Vassilissis Sofias
Avenue Athens, Greece
Tel : 6443219, 6443210

구아테말라 GUATEMALA
16 Calle 3-38 Zone 10
Guatemala, C. A.
Tel : 680302

교황청 HOLY SEE
Via Misurina 31,
00135 Rome, Italy
Tel : 3278120

★인도 INDIA
9 Chandra Gupta Marg,
Chanakyapuri Extension,
New Delhi-110021, India
Tel : 690303

★인도네시아 INDONESIA
57, JL. Gatot Subroto,
Jakarta Selatan, Indonesia
Tel : 512309, 516234

★이란 IRAN
No. 37, Bukharest Ave.
Tehran, Iran
Tel : 621125, 621389, 624127

이탈리아 ITALY
Via Barnaba Oriani, 30
Rome, Italy
Tel : 805306, 805292, 878626

아이보리코스트 IVORY COAST
Ol. B. P. 3950 Abidjan Ol,
3eme etage, Immeuble "Le
General" Av. du Gen. de Galle,
Abidjan, Côte-d'Ivoire
Tel : 22-50, 14, 32-22, 90

★자마이카 JAMAICA
25 Seymour Avenue,
Kingston 6, Jamaica, W. I.
Tel : 92-77474, 92-74445

일본 JAPAN
2-5, Minami-Azabu, 1-Chome,
Minato-Ku, Tokyo, Japan
Tel : 452-7611/9

★요르단 JORDAN
Jabal Amman 3rd. Circle Abu
Tammam Str., Amman, Jordan
Tel : 42268

케냐 KENYA
6th Floor, Kencom House,
Gov't Road, Nairobi, Kenya
Tel : 28011, 29012,.332839

★쿠웨이트 KUWAIT
Damascus Street, Block 12,
Division 42, House No. 12,
Kuwait
Tel : 513243, 531816, 554206

레바논 LEBANON
P. O. Box 7271, Beirut,
Lebanon
Tel : 803157, 803158

리베리아 LIBERIA
P O. Box 2769, 10th Street,
Payne Avenue, Sinkor,
Monrovia, Liberia
Tel : 261804, 261532

리비아 LIBYA
A435 Trovato Partition, 6Km
Gargaresh, Tripoli, Libya
Tel : 72760

모리타니아 MAURITANIA
ILOT 0.53 B. P. 324
Nouakchott, Mauritania
Tel : 537-36, 537-88

멕시코 MEXICO
Av. Rivera de Culpa No. 75
Col. Lomas Reforma
Mexico 10, D. F. Mexico
Tel : 254-1499, 254-19-16

★말레이지아 MALAYSIA
422 Jalan Pekeliling, Kuala
Lumpur, Malaysia
Tel : 482177, 482234, 482314

모로코 MOROCCO
19 Avenue de Meknes, Rabat,
Maroc
Tel : 343-81, 343-83

★네팔 NEPAL
P. O. Box 1058 Kathmandu,
Nepal
Tel : 11172, 11584

네덜란드 NETHERLANDS
Koninginnegratcht 25,
the Hague, Netherlands
Tel : 070-469634

뉴우질랜드 NEW ZEALAND
12th Floor, Williams Parking
Center Bldg.
Corner of Boulcoutt Street &
Gilmer Terrace, Wellington,
New Zealand
Tel : 739-073, 074

★나이제리아 NIGERIA
52 Adetokunbo Ademola
Street, Victoria Island,
G. P. O. Box
4668 Lagos. Nigeria
Tel : 615353, 614591

★노르웨이 NORWAY
Bjorn Farmanns gt. 1
Skillebekk Oslo 2, Norway
Tel : 562211, 562212

오만 OMAN
P. O. Box 5220, Ruwi, Museat,
Sultanate of Omeh
Tel : 702322, 702458, 702218

파나마 PANAMA
Edificio Comosa, Ave. Samuel
Lewis, Apartado 8096,
Panama 7, Republica de
Panama
Tel : 64-8203, 64-8360

파라과이 PARAGUAY
Rep. Dominicana Y Calle 160
Asuncion, Paraguay
Tel : 26-256, 202-651

★페루 PERU
Av. Arequipa 2450, Piso 11,
Edificio "EL Dorado" Lince,
Lima 14, Peru
Tel : 40-3748, 40-4349, 41-2945

필리핀 PHILIPPINES
Third Floor Alpap 1 Bldg.
140 Alfaro St, Salcedo Village,
Makati, Metro, Manila,
Philippines
Tel : 88-64-23, 85-25-85,
　　　88-68-59, 88-64-17,
　　　88-68-13, 87-89-83,
　　　88-50-14, 88-68-97,
　　　88-77-12, 87-56-95

★포르투갈 PORTUGAL
Embaixada da Republica
da Coreia
Edificio Aviz, Bloco 3-13,
Rua Latino Coelho 1
1000 Lisbon, Portugal
Tel : 533505, 535943

카타르 QATAR
P. O. Box 3727 Al-New,
Musherib Area,
Doha, Qatar
Tel : 320159, 320158

사우디아라비아 SAUDI ARABIA
P. O. Box 4322,
Mohammed Hamza Fataverji
Bldg,
Al-Musa Adiya, Jeddah,
Saudi Arabia
Tel : 6655073, 6655074,
　　　6655061, 6675650,
　　　6692865

★세네갈 SENEGAL
66 Boulevard de La Republi-
que, B. P. 3338 Dakar, Senegal
Tel : 22-58-22, 21-86-58

★시에라레온 SIERRA LEONE
B. P. 1383, Regent House,
12 Wilberforce Street,
Freetown, Sierra Leone
Tel : 24269

★싱가포르 SINGAPORE
Rm. 2408-2414, 24th Fl.,
Shaw Centre, Scotts Road,
Singapore 0922
Tel : 7376411, 7376334,
　　　7376089, 7376782,
　　　7376109

스페인 SPAIN
Paseo de La Castellana No.
126,
Madrid-16, Spain
Tel : 2628504/6, 2624560

스리랑카 SRI LANKA
No. 98, Dharmapala Mawatha,
Colombo 7, Sri Lanka
Tel : 91325, 95084

★수단 SUDAN
House No. 2, (Block 12, A.
East) Street 1, New
Exteneion, Khartoum,
Sudan
Tel : 44368, 44028

수리남 SURINAME
Malebatrumstraat 1,
P. O. Box 1896
Paramaribo, Suriname
Tel : 76188, 77255

★스웨덴 SWEDEN
Sveavagen 90
113 95 Stockholm, Sweden
Tel : 08/16 04 80

★스위스 SWITZERLAND
Kalcheggweg 38,
3006 Bern, Switzerland
Tel : (031) 431081/2

★태국 THAILAND
6th Floor, Pra-Parwit Bldg.,
28/1 Surasak Road, Off Silom,
Bangkok, Thailand
Tel : 234-0723/6

★튀니지 TUNISIA
7, Rue Teimour, El-Menzah.
Tunis, Tunisia
Tel : 231415, 234497

터어키 TURKEY
Cinnah Caddesi Ala, Can Sokak
No. 9 Cankaya, Ankara,
Turkey
Tel : 262590, 264858,
　　262589, 270074

★우간다 UGANDA
P. O. Box 3717, Baumann
Housa, 7 Parliament Av.,
Kampala, Uganda
Tel : 33653, 33667

아랍에미리트
UNITED ARAB EMIRATES
Khamis Al Rumaithi Villa,
Plot 164, Sector Wlo/22,
Karama St. Abu Dhabi,
United Arab Emirates
Tel : 337635, 338337

영국 UNITED KINGDOM
4, Palace Gate London W8,
5NF United Kingdom
Tel : (01) 581-0247/9, 581-0250

미국
UNITED STATES OF AMERICA
2320 Massachusetts Avenue,
N. W.
Washington, D. C. 20008,
U. S. A.
Tel : (202) 483-7383

오트볼타 UPPER VOLTA
B. P. 618, Ouagadougou,
Haute-Volta
Tel : 35630

우루과이 URUGUAY
Rambla Republica de Chile
4525 Montevideo, Uruguay
Tel : 59-70-04, 59-70-05

베네수엘라 VENEZUELA
Ota. Alegria, Av. El Paseo
Con La Calle Occidente,
Prados
Del Este, Apartado No. 80671,
Caracas 1080, Venezuela

Tel : 77-0556, 77-3433,
　　978-1357

★자이르 ZAIRE
Gombe, Avenue Des Orangers
No. 2A & 2B.
Kinshasa 1, République du
Zaire
Tel : 31022, 30889

□대표부
(PERMANENT MISSIONS)

★제네바 GENEVA
75, Rue de Lyon (3rd Floor)
1203 Geneva, Switzerland
Tel : 454920

국제연합 UNITED NATIONS
866, United Nations Plaza,
Suite 300, New York,
N. Y. 10017, U. S. A.
Tel : (212) 371-1280 (Ex.) 1286

□총영사관
(CONSULATES GENERAL)

아가나 AGANA
GOIC Building, Rm. 305,
Marine Drive, Agana,
Guam 96910, U. S. A.
Tel : 472-6488, 8076

암스테르담 AMSTERDAM
Amstel 332
1017 AR Amsterdam, Nether-
lands
Tel : (020) 276994, 276896

앵커리지 ANCHORAGE
101 Benson Blvd. Suite 304,
Anchorage, Alaska 99503,
U. S. A.
Tel : 907-278-3647, 3648, 3649

아틀랜타 ATLANTA
Suite 2301, Harris Tower
233 Peachtree Street,
Atlanta, Ga, 30303, U. S. A.
Tel : (404) 522-1611/3

서베를린 BERLIN
1 Berlin 30,
Ansbacherstra 5 (4th) Floor
Federal Rep. of Germany
Tel : 243079, 243070

보스톤 BOSTON
Rm. 1032, Statler Office
Building 20 Providence Street
Boston, Mass. 02116, U. S. A.
Tel : (617) 482-6006, 6007

★카이로 CAIRO
6, El Hisn. Street,
GIZA. Cairo, A. R. E. (Egypt)
Tel : 842564, 847101,
       987576, 846637,
       843367, 347528

시카고 CHICAGO
500 N. Michigan Avenue,
Suite 600 Chicago, Ill.
60611, U. S. A.
Tel : (312) 822-9485/7

후쿠오카 FUKUOKA
10-20, 1-Chome, Akasaka,
Fukuoka, Japan
Tel : (092) 863-1455

함부르크 HAMBURG
Hagedornstr. 53
2 Hamburg 13,
Federal Rep. of Germany
Tel : 4102031/2

홍콩 HONG KONG
3/F, Korea Centre Building 11
120, Connaught Road, Central,
Hong Kong
Tel : 5-430224/7

호놀루루 HONOLULU
2756 Pali Highway, Honolulu,
Hawaii 96817, U. S. A.
Tel : 595-6109, 595-6274

휴스턴 HOUSTON
508 World Trade Building,
1520 Texas Avenue,
Houston, Texas 77002, U. S. A.
Tel : (713) 227-4205

★이슬라마바드 ISLAMABAD
House No. 38, Street No. 86
Ataturk Avenue, Ramna 6/3,
Islamabad, Pakistan
Tel : 21092, 22305, 23056

★카라치 KARACHI
51-C, Clifton
Karachi, Pakistan,
Tel : 532955, 533955,
       531457, 532755

이스탄불 ISTANBUL
Saglick Sokak 41-43 Opera in
Hani Taksim,
Istanbul, Turkey
Tel : 435073, 435074

고오베 KOBE
2-73, Nakayamate-Dori, Ikuta-
Ku, Kobe, Japan
Tel : (078) 221-5608, 221-4853,
       221-6000

라스팔마스 LAS PALMAS
c/o Luis Doreste Silva 60-1,
Las Palmas G. C., Spain
Tel : 230499, 230699

로스앤젤리스 LOS ANGELES
5455 Wilshire Blvd. Suite 1101,
Los Angeles, Calif. 90036,
U. S. A.
Tel : (213) 931-1331/5, 931-2519

마이애미 MIAMI
New World Tower, Suite 1405
100 N. Biscayne Blvd.
Miami, Florida 33132, U. S. A.
Tel : (305) 371-3970,
       (305) 371-5273

밀라노 MILANO
Via Verziere, 11
20122 Milano, Italy
Tel : (02) 791-441

몬트리올 MONTREAL
1000 Sherbrooke ST. 2
Suite 2205, Montreal P. Q. H3A
2P2, Canada
Tel : (514) 845-3243, 3244

나고야 NAGOYA
8 Higashi-Osone, Minami-1-
Chome, Higashi-Ku,
Nagoya, Japan
Tel : 052-935-9221

뉴욕 NEW YORK
460, Park Avenue at 57th St.
5th Floor, New York,
N. Y. 10022, U. S. A.
Tel : (212) 752-1700

니이가타 NIIGATA
1-63, 3 Chome, Yoneyama,
Niigata, Japan
Tel : (0252) 43-4771/2

오오사카 OSAKA
12 Mitsudera-Cho, Minami-Ku,
Osaka, Japan
Tel : (06) 213-1401/10,
211-1249

샌프란시스코 SAN FRANCISCO
3500 Clay Street, San
Francisco,
Calif. 94118, U. S. A.
Tel : (415) 921-2251/3

사웅파울로 SÃO PAULO
Rua Bom Pastor 905,
Ipiranga, São Paulo,
Brazil
Tel : 273-2781, 273-1690

삿포로 SAPPORO
Kida 3-Cho Nisi 21-Chome
Chuo-Ku, Sapporo, Japan
Tel : (011) 6211-0288/9

시애틀 SEATTLE
Suite 1125, United Airlines
Building, 2033 Sixth Avenue,
Seattle, Wa. 98121, U. S. A.

Tel : (206) 682-0132, 0133,
682-0294

센다이 SENDAI
5-22, Kamisuki, 5-Chome,
Sendai, Japan
Tel : (0222) 21-2751/4, 21-5030

시모노세키 SHIMONOSEKI
13-10, 2-Chome, Higashi,
Yamatomachi, Shimonoseki,
Japan
Tel : (0832) 66-5341/3

시드니 SYDNEY
2nd Floor, 18-Cross St. Double
Bay, N. S. W. 2028, Australia
Tel : 32-9931, 32-9932

터론토 TORONTO
439, University Ave., Ste. 700,
Toronto, Ontario M5G 1Y8,
Canada
Tel : (416) 598-4608, 4609, 4610

밴쿠버 VANCOUVER
830-1066 West Hastings Street,
Vancouver, B. C. V6E 3X1
Canada
Tel : (604) 681-9581/2

요코하마 YOKOHAMA
118, Yamatecho, Naka-Ku,
Yokohama, Japan
Tel : (045) 621-4531/3

□영사관 (CONSULATES)

나하 NAHA
3rd Fl., Meiji Building 3-2,
2-Chome, Izumizaki, Naha,
Japan
Tel : (0938) 55-3381

(7) 시 차 표

- 이 시차표는 한국표준시(K. S. T.)를 중심으로 작성되어 있다.
- 세로 읽어서 각지의 로컬 시각을 구하시오.
- 굵은 선(국제 날짜선) 내의 수자는, 한국에 대해 전날(하루 전)의 시각을 나타낸다.

　보기 : 서울 10월 1일 오전 8시에, 호놀룰루는 몇날 몇시인가를 살펴보자. 한국시간의 「8」의 수자를 세로 그은 난과, 호놀룰루에서 가로 그은 난이 마주치는 수자를 읽는다. 이 경우 「13」은 굵은선 안에 있으므로, 전날인 9월 30일 오후 1시가 된다.

Seoul, Tokyo	1 2 3 4 5 6 7 8 9 10 11 12 13 14 15 16 17 18 19 20 21 22 23 24
Guam, Sydney, ①	2 3 4 5 6 7 8 9 10 11 12 13 14 15 16 17 18 19 20 21 22 23 24 1
Noumea -	3 4 5 6 7 8 9 10 11 12 13 14 15 16 17 18 19 20 21 22 23 24 1 2
Auckland, ② ③	4 5 6 7 8 9 10 11 12 13 14 15 16 17 18 19 20 21 22 23 24 1 2 3
Midway, Samoa	5 6 7 8 9 10 11 12 13 14 15 16 17 18 19 20 21 22 23 24 1 2 3 4
Honolulu, ④	6 7 8 9 10 11 12 13 14 15 16 17 18 19 20 21 22 23 24 1 2 3 4 5
Sitka, Tahiti	7 8 9 10 11 12 13 14 15 16 17 18 19 20 21 22 23 24 1 2 3 4 5 6
Los Angeles, ⑤, ⑥, ⑦	8 9 10 11 12 13 14 15 16 17 18 19 20 21 22 23 24 1 2 3 4 5 6 7
Denver, Phoenix	9 10 11 12 13 14 15 16 17 18 19 20 21 22 23 24 1 2 3 4 5 6 7 8
Chicago, ⑧, ⑨	10 11 12 13 14 15 16 17 18 19 20 21 22 23 24 1 2 3 4 5 6 7 8 9
New York, ⑩, ⑪, ⑫, ⑬	11 12 13 14 15 16 17 18 19 20 21 22 23 24 1 2 3 4 5 6 7 8 9 10
Bermuda, ⑭, ⑮, ⑯	12 13 14 15 16 17 18 19 20 21 22 23 24 1 2 3 4 5 6 7 8 9 10 11
Buenos Aires, ⑰	13 14 15 16 17 18 19 20 21 22 23 24 1 2 3 4 5 6 7 8 9 10 11 12
Azores	14 15 16 17 18 19 20 21 22 23 24 1 2 3 4 5 6 7 8 9 10 11 12 13
Dakar, Monrovia	15 16 17 18 19 20 21 22 23 24 1 2 3 4 5 6 7 8 9 10 11 12 13 14
Madrid, ⑱, ⑲, ⑳	16 17 18 19 20 21 22 23 24 1 2 3 4 5 6 7 8 9 10 11 12 13 14 15
㉑, ㉒, ㉓, ㉔, ㉕, ㉖, ㉗	17 18 19 20 21 22 23 24 1 2 3 4 5 6 7 8 9 10 11 12 13 14 15 16
Athens, ㉘, ㉙, ㉚	18 19 20 21 22 23 24 1 2 3 4 5 6 7 8 9 10 11 12 13 14 15 16 17
Moscow, ㉛, ㉜, ㉝	19 20 21 22 23 24 1 2 3 4 5 6 7 8 9 10 11 12 13 14 15 16 17 18
Tehran	20 21 22 23 24 1 2 3 4 5 6 7 8 9 10 11 12 13 14 15 16 17 18 19
Karachi, Bombay	21 22 23 24 1 2 3 4 5 6 7 8 9 10 11 12 13 14 15 16 17 18 19 20
Calcutta, ㉞	22 23 24 1 2 3 4 5 6 7 8 9 10 11 12 13 14 15 16 17 18 19 20 21
Bangkok, ㉟, ㊱	23 24 1 2 3 4 5 6 7 8 9 10 11 12 13 14 15 16 17 18 19 20 21 22
Hong Kong, ㊲, ㊳	24 1 2 3 4 5 6 7 8 9 10 11 12 13 14 15 16 17 18 19 20 21 22 23

- 시차표 안의 ①, ②, ③, …의 수자는 다음의 각 도시를 나타낸다.

① Melbourne	② Wake	③ Fiji	④ Anchorage
⑤ San Francisco	⑥ Seattle	⑦ Vancouver	⑧ Dallas
⑨ Mexico City	⑩ Montreal	⑪ Boston	⑫ Washington
⑬ Miami	⑭ Caracas	⑮ San Juan	⑯ Santiago
⑰ Rio de Janeiro	⑱ Lisbon	⑲ Rabat	⑳ Accra
㉑ Stockholm	㉒ London	㉓ Amsterdam	㉔ Paris
㉕ Berlin	㉖ Rome	㉗ Copenhagen	㉘ Helsinki
㉙ Cairo	㉚ Beirut	㉛ Bagdad	㉜ Addis Ababa
㉝ Nairobi	㉞ Rangoon	㉟ Singapore	㊱ Djakarta
㊲ Taipeh	㊳ Manila		

(8) 통화 환산표

국 명	통 화 단 위	약 호	미화 1달러에 대한 각국의 환율
Australia	Dollar =100 Cents	$ A	1. 5565
Austria	Schilling =100 Groschen	S.	14. 5125
Belgium	Franc =100 Centimes	B. Fr.	42. 83
Brazil	Cruzeiro =100 Centavos	Cr. $	14. 055
Burma	Kyat =100 Pyas		6. 9885
Canada	Dollar =100 Cents	C. $	1. 3884
China	元 or 圓 =10角 =100分	¥	36. 55
Denmark	Krone =100 Öre	D. Kr.	7. 7675
France	Franc =100 Centimes	F. Fr.	6. 7230
[West] Germany	Deutsche Mark =100 Pfennig	DM	2. 0620
Greece	Drachma =100 Lepta	Dr.	140. 20
Hong Kong	Dollar =100 Cents	HK $	7. 8025
India	Rupee =100 Paise	I. Re.	12. 89
Ireland	Pound =100 Pence	£	0. 7533
Italy	Lira =100 Centesimi	Lit	1425. 75
Japan	Yen(円) =100 錢	¥	164. 05
Korea	Won =100 Chon	W	872. 60
Netherlands	Guilder or Florin =100 Cents	F. or D. Gl.	2. 3305
Norway	Krone =100 Öre	N. Kr	7. 5180
Pakistan	Rupee =100 Paisas	P. R	17. 0
Philippines	Peso =100 Centavos	P.	20. 430
Portugal	Escudo =100 Centavos	Esc.	149. 05
Saudi Arabia	Riyal =20 Qurush, 100 Halalahs	SR	3. 7507
South Africa	Rand =100 Cents	R	2. 2727
Spain	Peseta =100 Centimos	Pt.	137. 90
Sweden	Krona 100 Öre	S. Kr.	7. 0230
Switzerland	Franc =100 Centimes	S. Fr.	1. 7223
Turkey	Lira or T. Pound =100 Piastres	LT	718. 6
United Kingdom	Pound =100 Pence	£	1. 4285
U. S. A.	Dollar 100 Cents	$	1. 00

(국외환은행)